로스쿨

# 기본권

정종섭 · 박종보 · 명재진 · 임지봉

博 英 社

# 머 리 말

한국에서 법학전문대학원의 교육이 시작된 지 1년이 지났다. 법학전문대학원의 출범이 사전의 충분한 준비도 없이 급작스럽게 시작되었기 때문에 법학교육에서도 적지 않은 어려움이 있었다. 각 법학전문대학원은 물론이고 학생들도 많은 혼선을 겪었다. 그리고 실제 학생을 가르치는 교수들도 어려움에 봉착하기는 마찬가지였다. 법학교육은 보편적인 것이 아니라 그 나라의 구체적인 현실과 상황에 밀접한 관계를 가지면서 행해지고 그 속에서 법률가를 양성하여야 하고 또 그 나라의 법치주의의 기반이 되는 교육이 이루어져야 한다. 뿐만 아니라 국제적인 수준에서 논의되는 영역에서는 국제적인 상황과 국내적인 상황을 동시에 고려하면서 연구와 교육이 이루어져야 한다.

현재는 법학전문대학원의 교육이 초기 단계라서 다소의 혼선도 있지만, 법률가를 시험으로 선발하던 공급자패러다임에서 교육을 통하여 양성하는 수요자패러다임으로 뿌리를 내리도록 하는 것이 필요하다. 많은 교수들의 경험과 시도가 이러한 교육을 성공시킬 수 있으리라고 믿는다. 법학 분야가 워낙 다양하고 각각의 분야마다 그 분야 나름의 특성이 있기 때문에 일률적으로 말하기는 어렵지만, 법률가 양성에서 무엇보다 중요한 것은 법률가로서 생각하는 방식(regal mind)을 훈련하고 수요자에 대하여 법률가로서 충분한 서비스를 할 수 있는 기본지식과 역량을 배양하는 것이다. 그래서 교육현장에서도 이러한 목적이 달성되도록 하여야 한다고 본다. 여기서 중요한 것이 교육의 방법인데, 이러한 교육에서 교수들은 각자 터득한 교육철학과 방향 그리고 방법으로 학생들을 교육할 수 있지만, 우리 사회에 필요한 법률가를 양성함에 있어 공통분모를 이루는 법률가의 상과 역량 그리고 역할에 대해서는 일정한 합의가 있어야 한다고 본다. 개개 교수가 모두 구구하게 가르치는 것은 바람직하지 않을 것이다. 그렇다고 하여 이러한 것이 법률가의 상을 하나로 고정시키는 것은 결코 아니다.

여기서 필요한 것이 법학교육에서 필요한 기본 교재이다. 교재는 교수들의 교육방법에 따라 얼마든지 다양할 수 있다. 그리고 다양한 것이 바람직한 방향이다. 그런데 이러한 다양성이 법률가에게 요구되는 사고방법, 지식, 공통분모를 도외시하고 이루어질 수는 없다. 이러한 고민 끝에 다년간 법학교육의 현장에서 연구와 강의를 해온 우리 저자들은 법학전문대학원에서 사용할 헌법의 기본권 분야에 관한 교재를 개발하기로 했다. 이 교재를 개발하는 데는 가장 먼저 법학전문대학원의 목적과 기능에 합치하는 방향을 정립하고, 그 다음은 각 나라에서 시행되고 있는 강의의 내용과 방법에 대하여 평가를 한 다음 우리 법학전문대학원의 교육을 보다 발전시킬 수 있도록 취사선택하고 우리의 모델을 개발하는 것이었다. 이 과정에서 이웃 일본의 주요 법학전문대학원을 방문하여 강의 내용과 교재 등에 대하여 조사하고 담당교수들과 토론도 가졌다.

그 결과 이 교재를 집필하였다. 이 책은 기본적으로 헌법의 기본권판례를 중심으로 하여 편집되어 있다. 기본권 분야의 기본 내용을 이해하는데 빠져서는 안 될 사항들을 배열하고, 그에 관한 판례를 선정하고, 이러한 판례의 분석을 통하여 기본권의 실제와 이론에 대하여 이해할 수 있도록 만들었다. 이러한 것에서 가장 중요한 것은 핵심을 정확히 부각시키고, 그 법리를 충분히 이해할 수 있도록 하는 것이기에 자료를 망라하는 것은 바람직하지 않았다. 그래서 미국, 독일, 일본, 프랑스 등의 기본권 분야 교재를 면밀히 분석하고 우리에게 적합한 모델을 찾아내는 데 중점을 두었다.

이 교재는 한 학기에 충분히 소화하기에는 양이 다소 많을 수도 있다. 먼저 핵심적인 판례를 통하여 기본내용을 이해하고 연관되는 판례를 살펴보면 된다. 그리고 법률가는 기존의 법질서를 추종만 할 수는 없기에 판례의 분석을 통하여 보다 나은 법질서를 구상하는 힘을 길러야 한다. 그래서 이 교재를 공부함에 있어서는 항상 이론서에 대한 공부를 병행해야 할 것이다. 당해 판례와 관련된 질문은 물론이고 그러한 쟁점들이 법철학적으로 또는 법사회학적으로 어떠한 함의를 가지는 것인지도 이해하여야 하므로 관련되는 논문과 연구성과들을 간과해서는 안 된다. 법률가의 비판능력이 항상 살아 있을 때 우리는 보다 나은 내일을 꿈꿀 수 있기 때문이다.

판례는 2009년까지의 판례를 모두 검토하였다. 앞으로 보다 적합한 판례가 나오면 교체하고 이론도 적정한 수준에서 계속 보완할 예정이다. 그러나 이론분야는 적정한 수준에서만 언급하고 나머지는 강의시간에 행해지는 교수의 자유롭고 다양한 논의 영역으로 남겨두었다. 학생들이 생각은 하지 않고 내용을 외우는 우를 범하지 않게 하기 위해서였다.

이 책을 기획하고 출간하는 데는 그간 한국 법학교육에서 중요한 한 축을 맡아온 박영사의 安鍾萬 회장님의 강한 책임감과 결단이 뒷받침이 되었다. 더하여 출판의 최종단계까지 정성을 다하여준 趙成皓 부장님, 金善敏 부장님의 열정이 없었으면 이 책이 독자를 일찍 만나기는 어려웠을 것이다. 원고의 작성에서는 서울대학교 대학원 박사과정에서 연구를 하는 尹盛鉉 석사와 金廷泫 석사가 큰 수고를 해주었다. 모든 분들께 독자와 함께 감사를 드린다.

이 책의 출간이 우리 법학전문대학원의 교육에 조금이라도 이바지할 수 있다면 저자들의 바람은 달성된 것이다. 동시에 이 책이 더욱 발전할 수 있도록 강호제현들의 가르침과 독자들의 조언을 기대한다. 저자들은 계속 이 책이 거듭나기에 노력할 것을 약속드린다.

2010년 새봄

**鄭宗燮, 朴鍾普, 明載眞, 林智奉**

# 차 례

## 제 5 장 ‖ 인간의 존엄과 가치 및 행복추구권 ••• 109



## 제 6 장 ‖ 평 등 권 ••• 141



## 제 7 장 ‖ 신체의 자유 ••• 193

# 핵심판례 차례

01.

# 제1장 | 기본권 보장의 의의와 성격

## Ⅰ. 기본권과 인권

제10조 모든 국민은 인간으로서의 존엄과 가치를 가지며, 행복을 추구할 권리를 가진다. 국가는 개인이 가지는 불가침의 기본적 인권을 확인하고 이를 보장할 의무를 진다.
헌법재판소법 제68조(청구사유) ① 공권력의 행사 또는 불행사로 인하여 헌법상 보장된 기본권을 침해받은 자는 법원의 재판을 제외하고는 헌법재판소에 헌법소원심판을 청구할 수 있다. 다만, 다른 법률에 구제절차가 있는 경우에는 그 절차를 모두 거친 후가 아니면 청구할 수 없다.

### ▶ 개 요

우리 헌법에는 기본권이라는 말은 없다. 강학상 말하는 기본권이라는 말은 헌법상 보장된 권리, 즉 헌법상의 권리(constitutional right)를 말한다. 실정법에 명시적으로 정하고 있는 기본권이라는 용어는 헌법재판소법 제68조 제 1 항에서 사용되고 있다.

헌법적 문서에서 권리를 보장한 것은 프랑스혁명 이후에 등장한 1789년의 '인간과 시민의 권리 선언'에서 비롯한다. 이러한 권리선언은 당시 국가의 기본틀을 정하는 '헌법'(constitution)과 분리하여 '권리선언', 즉 권리장전으로 따로 존재하기도 하였다. 현대 헌법에는 이러한 권리장전을 헌법과 따로 정하지 않고 헌법에 포함시키고 있다. 권리장전이 헌법에 포함되면서 헌법의 의미도 국가의 성격, 국가의 형태, 국가기관의 조직과 권한 등 국가의 기본적인 구조와 틀을 정하는 국가법에서 나아가 국가와 국민간의 관계에 대해서도 규정하는 최고법으로 변화하였다.

기본권은 무엇보다 공동체 내의 최고의 지위에 있는 실정헌법에서 정하고 있는 권리라는 점에 본질적인 특성이 있다. 따라서 기본권은 권리적인 요소, 실정적인 요소, 헌법적인 요소를 개념요소로 가진다. 이러한 점은 기본권이 단순히 도덕적이거나 정치적인 수준의 권리가 아니라 법적 권리라는 것이며, 실정법에서 정하는 법적인 권리 가운데서도 법률의 수준에서 보장하는 권리가 아니라 헌법의 수준에서 보장하는 권리라는 것을 의미한다.

기본권의 개념과 성질에 대한 이해는 기본권 보장의 출발선에 있다. 이는 그 다음 단계에서 전개되는 기본권의 주체, 기본권의 효력, 기본권의 제한에 관한 논의의 전제가 된다.

### ▶ 핵심판례

憲 1992. 6. 26.-90헌바25 [대법원의 재판을 받을 권리 사건]

[사건의 개요]

청구인은 인천상공회의소에서 비상근 노사상담 역으로 근무한 자로서 1988. 6. 3. 인천지방법원에 인천상공회의소를 피고로 위 근무기간 동안의 퇴직금청구소송을 제기하여 1989. 2. 3. 승소판결을 받았으나 피고가 항소하여 1989. 11. 24. 같은 법원 항소부에서 청구인과 피고 사이에는 근로기준법상의 근로계약관계가 존재하지 않으며 따라서 그 존재를 전제로 한 퇴직금청구는 이유없다는 이유로 원판결을 취소하고 청구기각 판결을 하였다. 그러자 청구인은 다시 대법원에 상고하였는데, 1990. 4. 24. 대법원은 원심판단이 대법원 판례와 상반된다는 청구인 주장은 이유없을 뿐만 아니라 청구인이 내세우는 나머지 주장은 소액사건심판법 제 3 조에서 정한 어느 불복사유에도 해당하지 아니하여 적법한 상고이유가 되지 못한다는 이유로 상고를 기각하였다.

이에 청구인은 1990. 5. 23. 재심청구를 하면서 소액사건에 대하여 일반 민사사건에 비하여 상고를 제한하고 있는 소액사건심판법 제 3 조는 헌법상의 평등권 및 재판청구권에 위배된다는 이유를 들어 헌법재판소법 제41조 제 1 항에 의한 위헌제청을 신청하였으나, 대법원은 1990. 7. 24. 위 위헌제청신청을 기각하였고, 청구인은 같은 해 8. 6. 헌법재판소에 위 소액사건심판법 제 3 조에 대하여 헌법재판소법 제68조 제 2 항에 의한 헌법소원을 청구하였다.

[심판의 대상]

**소액사건심판법** 제 3 조(상고 및 재항고) 소액사건에 대한 지방법원본원합의부의 제 2 심판결이나 결정 · 명령에 대하여는 다음 각 호의 1에 해당하는 경우에 한하여 대법원에 상고 또는 재항고를 할 수 있다.

1. 법률 · 명령 · 규칙 또는 처분의 헌법위반 여부와 명령 · 규칙 또는 처분의 법률위반 여부에 대한 판단이 부당한 때
2. 대법원의 판례에 상반되는 판단을 한 때

이 사건에서 헌법재판소는 "소액사건심판법(1973. 2. 24. 법률 제2547호) 제 3 조는 헌법에 위반되지 아니한다"라고 결정하고, 그 이유를 다음과 같이 설시하였다.

헌법 제27조 제 1 항은 "모든 국민은 헌법과 법률이 정한 법관에 의하여 법률에 의한 재판을 받을 권리를 가진다"라고 규정하고 있다. 이 조항의 전단 부분인 "헌법과 법률이 정한 법관에 의하여" 재판을 받을 권리라 함은 생각건대 헌법과 법률이 정한 자격과 절차에 의하여 임명되고(헌법 제104조, 법원조직법 제41조 내지 제43조), 물적독립(헌법 제103조)과 인적독립(헌법 제106조, 법원조직법 제46조)이 보장된 법관에 의한 재판을 받을 권리를 의미하는 것이라 봄이 상당할 것이고, 대법원을 구성하는 법관에 의한 재판을 받을 권리이거나 더구나 사건의 경중을 가리지 않고 모든 사건에 대하여 대법원을 구성하는 법관에 의한 균등한 재판을 받을 권리라고는 보여지지 않는다. 나아가 후단의 "법률에 의한" 재판을 받을 권리라 함은 법관에 의한 재판은 받되 법대로의 재판 즉 절차법이 정한 절차에 따라 실체법이 정한 내용대로 재판을 받을 권리를 보장하자는 취지라고 할 것으로, 이는 재판에 있어서 법관이 법대로가 아닌 자의와 전단에 의하는 것을 배제한다는 것이지 여기에서 곧바로 상고심재판을 받을 권리가 발생한다고 보기는 어렵다고 할 것이다. 대저 재판이란 사실확정과 법률의 해석적용을 본질로 함에 비추어 법관에 의하여 사실적 측면과 법률적 측면의 한 차례의 심리검토의 기회는 적어도 보장되어야 할 것이며, 또 그와 같은 기회에 접근하기 어렵도록 제약이나 장벽을 쌓아서는 안된다고 할

것으로, 만일 그러한 보장이 제대로 안되면 재판을 받을 권리의 본질적 침해의 문제가 생길 수 있다고 할 것이다. 그러나 모든 사건에 대해 똑같이 세 차례의 법률적 측면에서의 심사의 기회의 제공이 곧 헌법상의 재판을 받을 권리의 보장이라고는 할 수 없을 것이다.

국가에 따라서는 국민에게 상고심에서 재판을 받을 권리를 헌법상 명문화한 예도 있다. 그러나 그와 같은 명문규정이 없고 상고문제가 일반 법률에 맡겨진 것이 우리 법제라면 헌법 제27조에서 규정한 재판을 받을 권리에 모든 사건에 대해 상고법원의 구성법관에 의한, 상고심 절차에 의한 재판을 받을 권리까지도 포함된다고 단정할 수 없을 것이고, 모든 사건에 대해 획일적으로 상고할 수 있게 하느냐 않느냐는 특단의 사정이 없는 한 입법정책의 문제라고 할 것으로, 결국 재판을 받을 권리의 침해라는 논지는 받아들일 수 없다.

## ▶ 해 설

### 권리, 기본권, 법률상의 권리

무엇을 헌법상의 권리라고 할 것인가 하는 문제는 권리를 분류함에 있어 중요하다. 흔히 우리 생활에서 인권(human right)이라든가 권리라는 말을 자주 사용하지만, 이러한 인권에 해당하는 권리나 그 외 모든 권리가 헌법이 보장하는 권리에 해당하는 것은 아니다.

권리의 문제에서는 사람이 살아감에 있어서 개인에게 인정되는 가치와 공동체에게 인정되는 가치가 있는데, 어떠한 것을 개인에게 속하는 가치라고 할 것이며, 어떠한 것을 공동체에 속하는 가치라고 할 것인가 하는 것이 문제가 된다.

그리고 개인에게 귀속되는 권리라고 하더라도 그러한 권리를 어느 정도의 수준에서 보장할 것인가 하는 것도 중요하다. 공동체 내에서 공동체 구성원이 누리는 권리의 수준을 어느 정도로 할 것인가를 정하는 것은 인간이 살아감에 있어 중요한 문제이다. 자유주의적 개인주의에 의하면 가능한 한 많은 가치를 개인에 귀속시키고자 할 것이고, 공동체주의적인 입장에 의하면 공동체와 개인에게 가치를 어느 정도로 배분할 것인가 하는 점에서 공동체를 중요시 할 것이다. 이러한 것은 지적재산, 이혼, 낙태, 간통, 부모의 자녀에 대한 권리 등에서 문제가 된다.

어떠한 가치를 권리로 인정하는 경우에도 이를 공동체의 최고법인 헌법에서 보장할 것인가 아닌가 하는 점이 문제가 된다. 그 나라의 상황에 따라 어떠한 제도를 만들기도

하고, 이러한 제도를 만들면서 관련되는 자에게 어떠한 권리를 부여하여 그 제도가 운용되게 할 수도 있는데, 이러한 경우에 그 제도의 채택과 폐지를 국민의 대표기관인 국회가 정하는 것이면, 이 경우에 보장되는 권리는 법률상의 권리로서의 성격을 띠게 된다. 이는 헌법상의 권리인 기본권과는 구별된다.

그런데 법률에서 정하고 있다고 하여 모두 법률상의 권리는 아니다. 법률은 헌법을 구체화하는 것이기도 하여 어떤 법률은 헌법에서 보장하는 기본권의 내용을 보다 구체적으로 정하기도 하는데, 이러한 경우에 법률에 정하고 있는 권리는 기본권을 보다 구체화하는 권리로서 여전히 기본권으로서의 성질을 가지고 있다. 그러나 법률에서 어떠한 제도나 권리를 창설하는 경우에는 이는 입법자의 입법재량의 범위에서 법률정책적으로 정하는 것이어서 헌법상의 권리가 아니고 법률상의 권리가 된다.

권리구제의 면에서 볼 때, 어떠한 권리가 헌법상의 권리인지 법률상의 권리인지는 중요한 의미를 가진다. 헌법재판소법 제68조 제 1 항에 의할 때, 헌법상의 권리는 헌법소원심판의 대상이 되지만 법률상의 권리는 헌법소원심판의 대상이 되지 못한다.

### 지방자치법에서의 주민투표권

헌법재판소는 헌법상의 권리인 기본권과 법률상의 권리를 구별하고 있다. 위 사건에서도 그러한 입장이 보이지만, 이러한 구별에 대하여 분명한 법리를 구비하고 있지는 못하였다. 그러나 2001. 6. 28. [주민투표권 사건]인 [2000헌마735] 결정에서는 지방자치법에서 보장하고 있는 주민투표권은 법률상의 권리이고 기본권이 아님을 분명히 함으로써 기본권과 법률상의 권리를 분명하게 구별하였다.

이 사건에서 문제가 된 사실은 다음과 같다. 정부는 1998. 12. 29. 울산 울주군 등지에 핵발전소 8기의 건설계획을 가지고 있다고 발표하였는데, 그곳에 사는 주민들과 울산환경운농연합 등의 시민단체에서는 핵발전소의 유치를 반대하여 왔다. 그리하여 울주군 서생면 주민들은 이 원전건설이 주민에게 중대한 영향을 미치는 사항이라 보고 지방자치법(1994. 3. 16. 법률 제4741호로 공포된 것) 제13조의2 소정의 주민투표에 붙이고자 하였으나, 주민투표의 대상 · 발의자 · 발의요건 · 기타 투표절차 등에 관하여 아무런 입법조치가 없어 그 실시가 불가능하였다. 그러자 2000. 11. 24. 이와 같은 입법부작위가 청구인들의 주민투표권, 주민자치권, 환경권, 행복추구권 등을 침해한다고 주장하면서 그 위헌확인을 구하는 헌법소원심판을 청구하기에 이르렀다.

이 사건에서 헌법재판소는 먼저 입법자가 주민투표에 대한 법률을 제정하여야 하는 것이 헌법상 의무인가 하는 문제에 대하여 이는 헌법상의 의무가 아니라고 하면서 다음과 같이 판시하였다.

「우리 헌법은 지방자치제도를 보장하기 위하여 제117조에서 "① 지방자치단체는 주민의 복리에 관한 사무를 처리하고 재산을 관리하며, 법령의 범위 안에서 자치에 관한 규정을 제정할 수 있다. ② 지방자치단체의 종류는 법률로 정한다"라고 규정하고 있고, 제118조에서 "① 지방자치단체에 의회를 둔다. ② 지방의회의 조직 · 권한 · 의원선거와 지방자치단체의 장의 선임방법 기타 지방자치단체의 조직과 운영에 관한 사항은 법률로 정한다"라고 규정함으로써 '지방자치단체의 자치'를 제도적으로 보장하고 있다. 즉 헌법 제117조 및 제118조가 보장하고 있는 본질적인 내용은 자치단체의 존재의 보장, 자치기능의 보장 및 자치사무의 보장으로 어디까지나 지방자치단체의 자치권인 것이다. 따라서 헌법은 지역 주민들이 자신들이 선출한 자치단체의 장과 지방의회를 통하여 자치사무를 처리할 수 있는 대의제 또는 대표제 지방자치를 보장하고 있을 뿐이지 주민투표에 대하여는 어떠한 규정도 두고 있지 않다. 물론 이러한 대표제 지방자치제도를 보완하기 위하여 주민발안, 주민투표, 주민소환 등의 제도가 도입될 수도 있고, 실제로 우리의 지방자치법은 주민에게 주민투표권(제13조의2)과 조례의 제정 및 개폐청구권(제13조의3) 및 감사청구권(제13조의4)을 부여함으로써 주민이 지방자치사무에 직접 참여할 수 있는 길을 열어 놓고 있다. 그렇지만 이러한 제도는 어디까지나 입법에 의하여 채택된 것일 뿐, 헌법이 이러한 제도의 도입을 보장하고 있는 것은 아니다. 이 점에서 우리 헌법이 제72조에서 대표제 민주주의를 보완하기 위하여 '국민투표제'를 직접 도입한 것과 다르다고 하겠다. 따라서 지방자치법 제13조의2가 주민투표의 법률적 근거를 마련하면서, 주민투표에 관련된 구체적 절차와 사항에 관하여는 따로 법률로 정하도록 하였다고 하더라도, 주민투표에 관련된 구체적인 절차와 사항에 대하여 입법하여야 할 헌법상 의무가 국회에 발생하였다고 할 수는 없다.」

그 다음 헌법재판소는 주민투표권이 헌법에서 보장하는 참정권에 해당하는가 하는 문제에 대하여 판단하였는데, 여기서 헌법재판소는 기본권이 아니라고 하면서 이는 법률상의 권리라고 판시하였다.

「일반적으로 참정권은 국민이 국가의 의사형성에 직접 참여하는 직접적인 참정권과 국민이 국가기관의 형성에 간접적으로 참여하거나 국가기관의 구성원으로 선임될 수 있는 권리인 간접적인 참정권으로 나눌 수 있다. 이에 따라 우리 헌법은 참정권에 관하여 간접적인 참정권으로 공무원선거권(헌법 제24조), 공무담임권(헌법 제25조)을, 직접적인 참정권으로 국민투표권(헌법 제72조, 제130조)을 규정하고 있다. 즉 우리 헌법은 법률이 정하는 바에 따른 '선거권'과 '공무담임권' 및 국가안위에 관한 중요정책과 헌법개정에 대한 '국민투표권'만을 헌법상의 참정권으로 보장하고 있다. 따라서 지방자치법 제13조의2에서 규정한 주민투표권은 그 성질상 위에서 본 선거권, 공무담임권, 국민투표권과는 다른 것이어서 이를 법률이 보장하는 참정권이라고 할 수 있을지언정 헌법이 보장하는 참정권이라고 할 수는 없다.」

헌법재판소는 2005. 12. 22. [2004헌마530] 결정에서 다시 주민투표권은 헌법상의 권리가 아니라는 점을 분명히 하면서, 헌법상의 권리와 법률상의 권리가 구별되는 것임을 분명히 하였다.

「우리 헌법은 간접적인 참정권으로 선거권(헌법 제24조), 공무담임권(헌법 제25조)을, 직접적인 참정권으로 국민투표권(헌법 제72조, 제130조)을 규정하고 있을 뿐 주민투표권을 기본권으로 규정한 바가 없다. 또한 우리 헌법은 제117조, 제118조에서 지방자치단체의 자치를 제도적으로 보장하고 있으나 이에 따라 보장되는 내용은 자치단체의 설치와 존속 그리고 그 자치기능 및 자치사무로서 이는 어디까지나 지방자치단체의 자치권의 본질적 사항에 관한 것이다. 그러므로 자치사무의 처리에 주민들이 직접 참여하는 것을 의미하는 주민투표권을 헌법상 보장되는 기본권이라고 하거나 헌법 제37조 제 1 항의 "헌법에 열거되지 아니한 권리"의 하나로 보기는 어렵다. 지방자치법은 주민에게 주민투표권(제13조의2), 조례의 제정 및 개폐청구권(제13조의3), 감사청구권(제13조의4) 등을 부여함으로써 주민이 지방자치사무에 직접 참여할 수 있는 길을 일부 열어 놓고 있지만 이러한 제도는 어디까지나 입법에 의하여 채택된 것일 뿐 헌법에 의하여 이러한 제도의 도입이 보장되고 있는 것은 아니다. 그렇다면 주민투표권은 법률이 보장하는 권리일 뿐이지 헌법이 보장하는 기본권 또는 헌법상 제도적으로 보장되는 주관적 공권으로 볼 수 없다.」

헌법재판소는 2007. 6. 28. [2004헌마643] 결정에서도 "주민투표권은 헌법상의 열거되지 아니한 권리 등 그 명칭의 여하를 불문하고 헌법상의 기본권성이 부정된다는 것이 우리 재판소의 일관된 입장"이라고 하면서 헌법재판소의 종래 견해를 재확인하고 있다.

이러한 헌법재판소의 판례에 의하면, 헌법재판소는 헌법상의 권리와 법률상의 권리를 구별하고 있음을 알 수 있다.

문제는 구체적인 사안에서 어떠한 권리를 헌법상의 권리라고 할 것이며, 어떠한 권리를 법률상의 권리라고 할 것인가 하는 문제이다. 헌법의 권리장전에서 기본권으로 명시하고 있는 권리는 헌법상의 권리임에는 의문의 여지가 없지만, 명시적으로 규정되어 있지 아니한 경우가 문제가 된다. 여기서 기본권의 도출의 문제가 제기된다. 헌법 제37조 제 1 항에 해당하는 권리는 기본권임에 의문이 없지만, 그 이외의 경우에 어떻게 할 것인가 하는 문제이다. 이에는 헌법해석상 헌법에서 원리, 원칙, 제도 등을 정하고 있는 규정에서도 기본권이 도출될 수 있는데, 이러한 도출에 의하여 헌법상의 권리임이 논증되면 이는 기본권이라고 할 것이다.

이 사건에서는 대법원의 재판을 받을 권리가 헌법상 보장하는 기본권인가 하는 점이 쟁점인데, 이에 대하여 헌법재판소는 다소 애매하지만 그 취지로 보면, 이는 기본권이 아니라는 관점을 가지고 있는 것으로 보인다. [90헌바25] 결정에서는 아래와 같은 [반대의견]에서 고려할 만한 점이 있어 원문 그대로 보기로 한다.

「다수의견은, 상고심에서 재판을 받을 권리를 헌법상 명문화한 규정이 없고 상고 문제가 일반법률에 맡겨진 우리의 법제에서는 헌법 제27조에서 규정한 재판을 받을 권리에 모든 사건에 대해 상고법원의 구성법관에 의한, 상고심 절차에 의한 재판을 받을 권리까지도 포함된다고 단정할 수 없을 것이고, 모든 사건에 대해 획일적으로 상고할 수 있게 하느냐 않느냐는 어디까지나 입법정책의 문제이므로 소액사건의 경우 일반민사사건에 비하여 상고이유를 제한시킨 소액사건심판법 제 3 조는 헌법 제27조 제 1 항의 재판을 받을 권리를 침해한 것은 아니며, 소액사건심판법 제 3 조가 상고이유로서, 첫째 법률·명령·규칙 또는 처분의 헌법위반여부와 명령·규칙 또는 처분의 법률위반여부에 대한 판단이 부당한 때와, 둘째 대법원의 판례에 상반되는 판단을 한 때의 두 가지 경우를 규정함으로써 법령해석의 통일이라는 대법원의 본질적 기능의 수행이 소액사건의 경우에도 예외없이 이루어지고 있기 때문에, 동법 제 3 조는 대법원에 상고할 수 있는 기회를 단순히 제한한 것일 뿐이지 근본적으로 박탈한 것은 아니므로 위헌법률이 아니라고 주장한다. 그러나 다수의견은 다음에서 보는 것처럼 사법권과 재판청구권의 본질 및 대법원의 기능에 대하여 잘못 이해하고 있다.
헌법 제27조 제 1 항은 "모든 국민은 헌법과 법률이 정한 법관에 의하여 법률에 의한 재판을 받을 권리가 있다"라고 규정하여 국민의 재판청구권을 기본권으로 보장하고 있다. "법률에 의한 재판"이라 함은 공법관계나 사법관계를 막론하고 국민의 권리·의무에 관한 실체법과 그 실현을 위한 절차법에 따른 재판을 말하고 그 실체법이나 절차법은 합헌적인 것이라야 함을 의미한다. 그리고 절차법 중 중요한 것의 하나가 심급에 관한 것이다. 법원이 재판을 함에 있어 사실인정이나 법률적용을 잘못하여 국민의 권리를 침해하는 수도 있을 수 있는 것이기 때문에 상급법원에 대한 상소제도야말로 사법권으로부터의 국민의 권리보호와 재판에 대한 신뢰확보를 위하여 반드시 있어야 하는 것이기 때문이다.
심급제도에 관하여 헌법은 "법률에 의한 재판을 받을 권리가 있다"라고 하였을뿐 자세한 규정을 두고 있지 않으나 헌법 제101조 제 2 항에 "법원은 최고법원인 대법원과 각급법원으로 조직된다"라고 규정하여 대법원을 최고심으로 하여 그 아래로 심급을 달리한 각급법원을 둔다고 한 것이라든지, 헌법 제110조 제 2 항이 "군사법원의 상고심은 대법원에서 관할한다"라고 규정하여 군사법원의 상고심을 대법원으로 정한 것, 그리고 헌법 제110조 제 4 항이 "비상계엄하의 군사재판은 군인·군무원의 범죄나 군사에 관한 간첩죄의 경우와 초병, 초소, 유독음식물공급, 포로에 관한 죄 중 법률이 정한 경우에 한하여 단심으로 할 수 있다. 다만 사형을 선고한 경우에는 그러하지 아니하다"라고 규정하여 비상계엄하의 단심군사재판을 어디까지나 예외적인 것으로 규정한 것 등으로 볼 때 우리의 사법제도는 대법원을 최고심으로 하는 심급제도여야 한다는 것을 명백히 하고 있다.

따라서 헌법 제27조 제 1 항에서 말하는 "법률에 의한 재판"의 절차적 측면은 대법원을 상고심으로 하는 심급제에 따른 재판을 의미하는 것이므로 모든 국민은 최고심인 대법원의 재판을 받을 권리가 있다고 보아야 한다. 따라서 대법원의 재판을 받을 권리, 즉 상고권은 헌법 제27조 제 1 항에서 도출되는 기본권으로서 일종의 헌법상 보장된 절차적 기본권이라고 할 수 있다. 그러므로 심급제를 폐지한다든가 대법원에의 상고를 부당하게 제한하는 것은 국민의 재판청구권을 침해하는 것으로서 위헌여부의 문제가 될 수 있다.

위와 같은 헌법정신에 입각하여 법원조직법은 상고 및 재항고사건의 심판권을 대법원이, 항소 및 항고사건의 심판권을 고등법원과 지방법원합의부(지방법원 단독판사가 한 재판에 대하여)가 각 행사토록 하고 1심사건을 지방법원이 행사토록 함으로써 원칙으로 3심제를 채택하였는데 우리 헌법은 대법원을 최종심으로 하는 심급제만을 규정하였을뿐 꼭 3심제라야 한다는 것은 아니므로 법원조직법이 규정한 3심제는 원칙일 따름이고 합리적이고 특별한 사유가 있으면 최종심인 대법원의 재판을 배제하지 아니하는 한 그 예외를 인정할 수 있다. 다만 대법원의 재판을 받을 권리는 헌법이 규정한 권리이기 때문에 전면 제한은 할 수 없고 기본권 제한의 일반규정인 헌법 제37조 제 2 항에 따라 질서유지와 공공복리를 위하여 필요한 경우에 한하여, 그러나 상고권의 본질적 내용을 해치지 아니하는 한도에서 상고를 제한할 수 있을 뿐이다.

사적(私的) 권리구제의 절차를 규정한 민사소송법은 상고는 고등법원이 선고한 종국판결과 지방법원 본원합의부가 제 2 심으로서 선고한 종국판결에 대하여 할 수 있도록 하여 3심제를 채용하면서 다른 한편으로 대법원의 기능을 법령해석의 통일에 치중하여 법률심으로 한정하고 상고이유를 판결에 영향을 미친 헌법, 법률, 명령 또는 규칙의 위반이 있음을 이유로 하는 일반적 상고이유와 재판에 대한 신뢰성을 깨뜨리는 중대한 절차위반을 이유로 하는 절대적 상고이유로 제한하였는데 이는 재판의 신속과 소송경제 및 대법원의 업무부담경감을 위한 것으로서 헌법 제37조 제 2 항에 의한 합리적인 제한이라고 할 수 있다.

그런데 소액사건심판법 제 3 조는 소액사건에 대해서는 상고 및 재항고의 이유를 더욱 제한하여 법률·명령·규칙 또는 처분의 헌법위반여부와 명령·규칙 또는 처분의 법률위반여부에 대한 판단이 부당한 때 및 대법원의 판례에 상반되는 판단을 한 때에 한하여 상고 또는 재항고 할 수 있도록 하였는데 소송물가액이 소액에 해당한다는 이유로 이처럼 상고를 제한하는 것이 과연 헌법 제37조 제 2 항에 의한 기본권(재판청구권)제한으로서 정당한 것이냐가 문제되지 않을 수 없는 것이다.

소액사건심판법 제 3 조에서의 이러한 상고제한이 대법원의 역할과 기능확보, 신속한 분쟁의 해결과 과다한 소송비용의 부담을 막는 등의 소송경제적 이유 그리고 당사자의 신속한 권리구제에 기여한다는 목적을 가지고 있다고는 하나 이는 헌법에 합치되는 합리적인 제한으로 보기 어렵고, 그로 인하여 헌법 제27조 제 1 항에서 보장한 국민의 재판을 받을 권리가 현저히 침해되었다고 아니할 수 없다. 왜냐하면 동 규정에 의하여 하급법원의 판결이나 결정 등의 헌법과 법률위반여부라고 하는 가장 일반적이고 중요한 법률심의 상고 및 재항고가 금지되어 있을 뿐만 아니라 심지어는 판결법원의 구성이 위법인 경우, 판결에 관여할 수 없는 판사가 판결을 한 경우, 전속 관할을 위반한 경우, 대리권 없는 자가 소송행위를 한 경우, 변론공개 규정을 어긴 경우, 판결에 이유를 명시하지 아니하거나 이유에 모순이 있는 경우 등 재판에 대한 국민의 신뢰를 크게 훼손한 경우로서 절대적 상고이유에 해당하는 사유마저도 상고이유에서 배제하고 있기 때문이다. 동규정이 상고 및 재항고를 허용하는 경우로서 들고 있는 "법률·명령·규칙 또는 처분의 헌법위반여부와 명령·규칙 또는 처분의 법률위반여부에 대한 판단이 부당한 때" 및 "대법원의 판례에 상반되는 판결을 한 때"의 두 가지 경우는 실제로 발생하기에는 매우 드문 극히 예외적인 경우이기 때문에 소액사건의 경우 대법원의 상고 및 재항고는 사실상 전면금지되어 있다고 해도 과언은 아니다. 사법권의 종국적 기능은 기본권 보장에 있다. 그리고 법원에서 사실인정이나 법령적용을 잘못함으로 인하여 발생하는 기본권 침해에 대한 대책 또한 소홀히 할 수 없는 것이며 그에 대한 가장 효과적인 대책이 바로 상소제도라 할 수 있고 법령적용을 잘못하여 오판하는 등 사실심에 의한 기본권침해에 대한 가장 효과적인 구제방법은 최고법원인 대법원에 대한 상고제도이다. 그런데 소액사건이라는 이유로 명백한 법령위반이나 절대적 상고이유가 존재하는 경우에도 대법원에의 상고권을 배제시켜 승복을 강요한다는 것은 재판청구권의 본질적 내용을 침해하는 것이라고 아니할 수 없다(일반 서민에게 500만원이라는 돈은 결코 적은 돈이 아니다).
따라서 소액사건심판법 제 3 조는 국가안전보장·질서유지·공공복리의 견지에서 기본권을 제한하는 경우에도 그 기본권의 본질적 내용을 침해하여서는 아니 된다는 헌법 제37조 제 2 항에 위반하여 헌법 제27조 제 1 항에서 보장한 재판청구권을 침해한 것이다.」

## ▶ 질 문

1. [90헌바25] 결정에서 헌법재판소는 대법원의 재판을 받을 권리를 어떠한 성질을 가지고 있는 것이라고 보고 있는가?
2. 헌법재판소는 대법원의 재판을 받을 권리가 기본권이 아니라면 최종심재판을 받을 권리는 어떠한 성격의 것으로 보는가?
3. 대법원의 재판을 받을 권리가 헌법상의 권리라면 이를 제한할 수 있는가?
4. 헌법재판소의 논증은 충분한가?
5. [2000헌마735] 결정에서 헌법재판소가 지방자치법상의 주민투표권을 법률상의 권리로 보는 이유는 무엇인가?
6. 주민투표권이 법률상의 권리라면 국회는 이를 폐지할 수 있는가 없는가? 그 이유는 무엇인가?

# Ⅱ. 기본권의 성격과 헌법상 근거

## 1. 헌법원리와 기본권 보장

### ▶ 개 요

헌법에서 기본권을 보장하는 경우는 가장 전형적인 경우가 보장하려는 권리를 기본권목록으로 정하여 권리장전으로 명시하는 경우이다. 우리 헌법 제 2 장의 규정들이 이에 해당한다. 그런데 헌법상 보장되는 기본권이 이러한 권리장전의 기본권목록에 있어야만 보장되는 것은 아니다. 해당 조항이 기본권목록에 포함되어 있지 않더라도 헌법해석을 통하여 기본권이 도출되면, 그 조항이 헌법의 기본이념이나 기본가치에 관한 것이든 헌법원리 또는 헌법상의 원칙을 정하고 있는 것이든 제도보장을 정하고 있는 것이든 관계없이 기본권이 보장되는 것이다.

우리 헌법에는 헌법상의 기본이념과 기본가치를 정하고 있는 규정도 있고, 헌법원리나 제도를 보장하고 있는 규정도 있다. 이로부터 기본권이 도출될 수 있는가는 헌법해석을 통하여 해결한다.

### ▶ 핵심판례

憲 2001. 3. 21.-99헌마139등 [한일어업협정 사건]

[사건의 개요]

청구인은 대한민국과일본국간의어업에관한협정(1998. 11. 23. 조약 제1477호로 체결되고 1999. 1. 22. 발효된 것)이 우리나라의 영토인 독도와 그 주변 영해를 공동관리수역 안에 포함시켜 이에 대한 우리나라의 배타적 지배권을 배제함으로써 국민의 한 사람인 청구인의 행복추구권과 재산권을 본질적으로 침해하여 위헌이라고 주장하면서 1999. 3. 12. 이 사건 헌법소원심판을 청구하였다.

[심판의 대상]

이 사건의 심판대상은 대한민국과 일본국간의 어업에 관한 협정(1998. 11. 23. 조약 제1477호로 체결되고 1999. 1. 22. 발효된 것)이다.

이 사건에서 헌법재판소는 “청구인 임○, 장○우, 조○희, 신○대, 정○봉의 각 심판청구를 각하하고, 나머지 청구인들의 심판청구를 모두 기각한다"라고 결정하고, 그 이유를 다음과 같이 설시하였다.

> 청구인들이 침해받았다고 주장하는 기본권 가운데 "헌법전문에 기재된 3.1정신"은 우리나라 헌법의 연혁적·이념적 기초로서 헌법이나 법률해석에서의 해석기준으로 작용한다고 할 수 있지만, 그에 기하여 곧바로 국민의 개별적 기본권성을 도출해낼 수는 없다고 할 것이므로, 본안판단의 대상으로부터 제외하기로 한다. …… 헌법 제 3 조는 "대한민국의 영토는 한반도와 그 부속도서로 한다"라고 규정하여, 대한민국의 주권이 미치는 공간적 범위를 명백히 선언하고 있다. 이러한 영토조항의 헌법적 의미가 무엇인가에 대해서는 여러 가지 견해가 존재하지만, 이러한 영토조항이 국민 개개인의 주관적 권리인 기본권을 보장하는 것으로 해석하는 견해는 거의 존재하지 않는 것으로 보인다. 이는 기본권이라는 것이 국민의 국가에 대한 주관적인 헌법상의 권리인데 대하여, 영토조항은 국가공동체를 구성하는 본질적인 요소에 대한 규정임을 고려하여 볼 때 쉽게 납득할 수 있을 것이다.
>
> 그러나 모든 국가적 권능의 정당성근거인 동시에 국가권력의 목적인 국민의 기본권을 가장 실질적으로 보장해주는 대표적인 헌법재판제도로서의 헌법소원심판의 본질은 개인의 주관적 권리구제뿐 아니라 객관적인 헌법질서의 보장도 겸하고 있다고 보아야 한다(憲 1992. 1. 28.-91헌마111 참조). 국민의 개별적인 주관적 기본권을 실질적으로 보장하기 위해서는 경우에 따라서는 객관적인 헌법질서의 보장이 전제되지 않으면 안되는 상황을 상정해 볼 수 있다. 그 예로서, 헌법 제 3 조의 영토조항은 우리나라의 공간적인 존립기반을 선언하는 것인바, 영토변경은 우리나라의 공간적인 존립기반에 변동을 가져오고, 또한 국가의 법질서에도 변화를 가져옴으로써, 필연적으로 국민의 주관적 기본권에도 영향을 미치지 않을 수 없는 것이다. 이러한 관점에서 살펴본다면, 국민의 개별적 기본권이 아니라 할지라도 기본권보장의 실질화를 위하여서는, 영토조항만을 근거로 하여 독자적으로는 헌법소원을 청구할 수 없다 할지라도, 모든 국가권능의 정당성의 근원인 국민의 기본권 침해에 대한 권리구제를 위하여 그 전제조건으로서 영토에 관한 권리를, 이를테면 영토권이라 구성하여, 이를 헌법소원의 대상인 기본권의 하나로 간주하는 것은 가능한 것으로 판단된다.

## ▶ 해 설

### 헌법전문의 "3.1정신"에서 기본권 도출 가능성

이 사건은 기본권목록에 포함되어 있지 않은 헌법조항에서 기본권이 도출될 수 있는가 하는 점에 대하여 판단한 하나의 사례이다. 이 사건은 헌법소원심판사건이기 때문에 헌법소원심판을 청구하기 위해서는 공권력의 행사나 불행사로 인하여 헌법상의 기본권이 침해되어야 하므로 청구인의 주장에서 침해되었다고 주장되는 것이 기본권이라는 점이 확정되지 않으면 이러한 헌법소원심판의 청구는 부적법하다.

청구인은 기본권이 침해되었다는 것을 주장하기 위하여 헌법전문(憲法前文)에서 정하고 있는 "3.1정신"을 기본권 보장의 근거조항이라고 주장하였다. 헌법전문의 문구에서도 기본권을 도출할 수 없는 것은 아니지만, "3.1정신"에서 도출할 수 있는 기본권은 생각하기 어렵다. 그리하여 헌법재판소는 "헌법전문에 기재된 3.1정신은 우리나라 헌법의 연혁적·이념적 기초로서 헌법이나 법률해석에서의 해석기준으로 작용한다고 할 수 있지만, 그에 기하여 곧바로 국민의 개별적 기본권성을 도출해낼 수는 없다"라고 판단하였다. 이러한 결론은 타당하다.

### 영토조항으로부터의 기본권 도출 가능성

이 사건의 또 다른 쟁점은 영토조항을 근거로 하여 헌법소원심판을 청구하는 것이 가능한가 하는 문제이다. 위에서 보았듯이, 헌법소원심판의 청구를 할 수 있기 위해서는 기본권의 침해가 있어야 하는데, 영토조항에서 침해된 기본권을 도출할 수 있는가 하는 문제이다. 헌법재판소는 이 문제에 대하여 기본적으로 영토조항이 개인의 주관적 권리를 보장하는 것은 아니라고 보아 여기서 기본권이 도출되기는 어렵다고 본다. 그렇다면 이 사건은 침해된 기본권이 존재하지 않는 것에 해당하여 청구인의 심판청구는 부적법한 청구가 되어 각하되어야 한다.

그런데 헌법재판소는 이 심판청구를 각하하지 않고, 헌법소원심판의 이중적 성격을 부각시키고 개인적인 주관적 권리에 해당하는 기본권으로서의 영토권은 인정되지 않는다고 하더라도 특별한 의미의 영토권이 인정되므로 이러한 경우에는 헌법소원심판을 청구할 수 있다고 판시하였다.

이 사건에서 문제가 되는 것은, 과연 헌법상의 권리인 기본권이라는 것이 주관적 권리에 해당하지는 않으면서도 헌법소원심판을 통하여 다툴 수 있는 특별한 권리로 존재할 수 있는가 하는 점이다. 헌법재판소의 다수의견은 이를 인정하였고, 소수의견은 반대하였다. [반대의견]은 다음과 같다.

「먼저 이 사건 어업협정의 국회비준동의 과정에서 청구인들이 주장하는 바와 같은 의결절차상의 하자가 있었다 하더라도, 그러한 사유만으로는 이 사건 어업협정으로 인하여 청구인들의 정치적 평등권이 현재, 직접적으로 침해받는다고 볼 수 없고, 또한 그러한 의결절차상의 하자를 둘러싼 분쟁은 본질적으로 국회의 심의 · 의결권을 제대로 행사하지 못한 국회의원이 국회의장을 상대로 권한쟁의에 관한 심판청구로써 해결할 사항일 뿐이지, 청구인들과 같은 일반국민이 헌법소원심판청구사건에서 다투고 나설 사항은 아니라 할 것이다(1998. 8. 27. 97헌마8 등).

다음 이 사건 어업협정에 있어서의 합의의사록은 양국 또는 양국국민의 권리의무관계를 설정하는 성질의 것도 못되고, 회의나 협상과정에서 논의된 사항을 정리하여 기록한 일종의 의사록에 불과한 것일 뿐, 이 사건 어업협정의 불가분적 요소도 못되는 것이어서, 국회의 비준동의의 대상이 되지 못할 뿐만 아니라, 합의의사록의 국회에의 불상정이 청구인들의 기본권 침해와는 아무런 관련도 없다.

이 사건 어업협정은 한 · 일 양국이 해양생물자원의 합리적인 보존 · 관리 및 최적이용의 중요성을 인식하고, 양국도 당사국인 1982. 12. 10.의 해양법에관한국제연합협약에 기초하여 양국간의 어업분야에서의 협력관계를 더욱 발전시킬 것을 희망하여 합의한 것으로서, 양국의 배타적경제수역에서의 양국의 국민 · 어선이 어획하는 것에 관한 협정이고(협정 전문 참조), 어업에 관한 사항 외의 국제법상 문제에 관한 각 체약국의 입장을 해하는 것으로 간주되어서는 안된다(협정 제15조)고 함으로써 이 사건 어업협정은 양국의 영토권과는 아무런 연관관계가 없음이 명백하고, 영토는 국민, 주권과 더불어 국가의 구성요소로서 영토권의 주체는 다만 국가일 따름이고, 국민이 국가에 대하여 자국의 영토임을 주장하거나 자국의 영토를 튼실히 지킬 것을 주장한다고 하여, 또는 영토가 국민의 삶과 기본권 향유의 터전이라 하여, 국가에게 그 보장을 요구할 수 있는, 국민의 국가에 대한 기본권으로 이해할 수는 없는 것이다.」

## ▶ 질 문

1. 헌법전문이 가지는 성질은 무엇인가? 헌법전문에서 기본권을 도출할 수 있는가?
2. 헌법전문의 "3.1정신"에서 기본권을 도출할 수 있는가?
3. 기본권의 개념과 성질상 다수의견은 타당한가?
4. 다수의견의 논증에 문제는 없는가? 있다면 무엇인가?
5. 반대의견은 타당한가?
6. 헌법상의 기본권 목록에 해당하지 않는 헌법조항에서 기본권을 도출할 수 있는가? 이에 해당하는 다른 예로는 어떠한 것들이 있는가?

7. 다수의견이 논증의 전제로 삼고 있는 헌법소원심판의 이중성은 기본권의 도출의 경우에도 적용가능한 이론인가?

## 2. 제도 보장과 기본권 보장

### ▶ 개 요

제도의 보장(Einrichtungsgarantien, institutionelle Garantien)은 국민이 삶을 영위하고 국가가 존립하고 유지하는데 필요한 일정한 객관적 제도를 헌법적 수준에서 보장하는 것을 말한다. 국민의 삶과 국가의 존속에 필요한 제도는 헌법적 수준에서 창설하여 보장하는 것(헌법적 제도)과 법률적 수준에서 창설하여 보장하는 것(법률적 제도)이 있는데, 헌법학에서 제도의 보장이라고 하는 것은 헌법적 수준에서 제도를 보장하는 것을 일컫는다.

제도의 보장은 객관적인 제도를 보장하는 것이기 때문에 주관적 권리를 보장하는 기본권의 보장과 구별된다. 다만, 유의할 것은 제도의 보장과 기본권의 보장이 개념에서는 구별되지만, 제도의 보장을 정하고 있는 헌법조항에서 기본권이 도출되는 경우도 있다. 예컨대 대통령선거제도만을 두고 있는 경우에는 대통령선거제도는 제도의 보장이지만, 이 조항에서 대통령선거에서 입후보할 피선거권과 대통령을 선출할 선거권이 도출된다. 법원에 의한 재판제도는 한편으로는 제도의 보장이지만, 여기에는 국민의 재판을 받을 권리도 포함되어 있다(현행 헌법에서는 재판받을 권리를 제27조 제 1 항에서 기본권으로 별도로 명시하고 있다).

헌법이 보장하고 있는 이러한 제도의 보장에 해당하는 것으로는 군사제도(헌법 제 5 조 제 2 항), 직업공무원제도(헌법 제 7 조), 복수정당제도(헌법 제 8 조 제 1 항), 사유재산제도(헌법 제23조), 교육제도와 대학제도(헌법 제31조 제 3 항 · 제 4 항 · 제 5 항), 혼인제도와 가족제도(헌법 제36조 제 1 항), 선거제도(헌법 제41조 제 1 항, 제67조 제 1 항), 재판제도(헌법 제101조), 헌법재판제도(헌법 제111조), 지방자치제도(헌법 제117조, 제118조) 등이 있다.

이러한 제도의 보장은 원래 바이마르공화국 당시에 역사적이고 전통적으로 그 사회에서 유지되어온 제도가 입법자의 법률에 의하여 폐지되거나 부정되는 것을 방지하기 위하여 고안된 개념이었다(제도보장이론). 즉 기본권은 헌법에서 보장되어야 하는 것이기에 성질상 법률로 창설하거나 폐지할 수 없는 것은 당연하지만, 이러한 기본권에 해당하지 않는 제도의 경우에도 법률로 창설되거나 폐지될 수 없는 성질의 것이 있는데, 이는 의회가 법률로써 임의로 창설하고 폐지할 수 있는 것이 아니라, 헌법적 수준에서 보장되는 제도의 보장이라는 것이다(법률실증주의와 법률만능주의의 부정). 이러한 제도의 보장은 기본권의 보장을 더 충실하게 하는데 기여한다는 것이다.

### ▶ 핵심판례

憲 1997. 4. 24.-95헌바48 [동장근무기간상한제 사건]

[사건의 개요]

청구인 갑은 1983. 7. 1. 서울특별시 여러 동의 동장으로 임용되어 근무하였고, 청구인 을은 1985. 12. 23. 남대문 5가 동장으로 임용된 이래 여러 동의 동장으로 임용되어 근무하였다.

그런데 지방공무원법 등 공무원관계법이 동장을 지방공무원법의 신분보장을 받는 일반직 공무원으로 정하지 아니하고 특수경력직공무원 중 별정직공무원으로 정한 탓으로 공무원관계법의 위임을 받은 서울특별시노원구동장임용등에관한규칙이 동장의 근무상한기간을 정함에 따라 서울특별시 노원구청장은 1988. 5. 7.로부터 기산하여 위 규칙이 정한 근무상한기간인 5년이 만료될 무렵 당시 노원구의 동장으로 재직 중이던 청구인들의 근무상한기간연장을 승인하여 근무기간을 2년씩 연장하였다가 1995. 5. 6. 위 연장근무기간이 각 만료되었다는 이유로 청구인들을 동장의 직무에서 각 배제하였다.

이에 청구인들은 동장의 근무상한기간을 규정한 위 규칙 제정의 근거가 된 지방공무원법(1991. 5. 31. 법률 제4370호로 개정되고, 1994. 12. 22. 법률 제4797호로 개정되기 전의 것, 이하 '구 지방공무원법'이라 한다) 제 2 조 제 3 항 제 2 호 나목 및 지방공무원법 제 2 조 제 4 항, 제 3 조 본문이 뒤에서 보는 청구인의 주장과 같은 이유로 헌법에 위반되므로 청구인들이 여전히 동장의 신분을 보유하고 있다고 주장하면서 서울특별시 노원구청장을 상대로 서울고등법원 95구15751로 동장지위확인을 구하는 소송을 제기하고, 그 사건 계속 중, 위 법원에 위 법률 조항들에 대하여 위헌제청신청(같은 법원 95부649)을 하였으나 위 법원이 이를 기각하자 이 사건 헌법소원심판을 청구하였다.

[심판의 대상]

**구 지방공무원법** 제 2 조(공무원의 구분) ③ 특수경력직공무원이라 함은 경력직공무원 외의 공무원을 말하며 그 종류는 다음 각 호와 같다.

2. 별정직공무원

나. 읍장 · 면장 · 동장. 다만, 조례로 일반직공무원으로 정한 경우에는 그러하지 아니하다.

**지방공무원법** 제 2 조(공무원의 구분) ④ 제 3 항의 규정에 의한 별정직공무원 · 전문직공무원 및 고용직공무원의 임용조건 · 임용절차 · 근무상한연령 기타 필요한 사항은 대통령령 또는 조례로 정한다.

제 3 조(적용범위) 이 법의 규정은 제 5 장 보수 및 제 6 장 복무의 규정을 제외하고, 이 법 기타 다른 법률에 특별한 규정이 없는 한 특수경력직공무원에게 적용하지 아니한다.

이 사건에서 헌법재판소는 "구 지방공무원법(1991. 5. 31. 법률 제4370호로 개정되고 1994. 12. 22. 법률 제4797호로 개정되기 전의 것) 제 2 조 제 3 항 제 2 호 나목 중 동장부분 및 지방공무원법 제 2 조 제 4 항, 제 3 조 본문은 헌법에 위반되지 아니한다"라고 결정하고, 그 이유를 다음과 같이 설시하였다.

▣ 공무원의 신분보장에 관한 헌법규정의 의의

헌법 제 7 조 제 2 항은 공무원의 신분과 정치적 중립성을 법률로써 보장할 것을 규정하고 있다. 위 조항의 뜻은 공무원이 정치과정에서 승리한 정당원에 의하여 충원되는 엽관제를 지양하고, 정권교체에 따른 국가작용의 중단과 혼란을 예방하며 일관성있는 공무수행의 독자성과 영속성을 유지하기 위하여 공직구조에 관한 제도적 보장으로서의 직업공무원제도를 마련해야 한다는 것이다. 직업공무원제도는 바로 그러한 제도적 보장을 통하여 모든 공무원으로 하여금 어떤 특정 정당이나 특정 상급자를 위하여 충성하는 것이 아니라 국민전체에 대한 봉사자로서(헌법 제 7 조 제 1 항) 법에 따라 그 소임을 다할 수 있게 함으로써 공무원 개인의 권리나 이익을 보호함에 그치지 아니하고 나아가 국가기능의 측면에서 정치적 안정의 유지에 기여하도록 하는 제도이다.

헌법이 "공무원은 국민전체에 대한 봉사자이며, 국민에 대하여 책임을 진다. 공무원의 신분과 정치적 중립성은 법률이 정하는 바에 의하여 보장된다"(헌법 제 7 조)라고 규정한 것은 바로 직업공무원제도가 국민주권원리에 바탕을 둔 민주적이고 법치주의적인 공직제도임을 밝힌 것이고, 국가공무원법(제68조, 지방공무원법 제60조도 같다)이 "공무원은 형의 선고, 징계처분 또는 이 법에 정하는 사유에 의하지 아니하고는 그 의사에 반하여 휴직, 강임 또는 면직을 당하지 아니한다. 다만 1급공무원은 그러하지 아니하다"라고 규정하고 있는 것은 바로 헌법의 위 조항을 법률로써 구체화한 것이다.

▣ 이 사건 법률조항의 위헌 여부

이 사건 법률조항과 구 지방공무원법 제 2 조 제 1 항 · 제 2 항 · 제 3 항의 내용을 살펴보면 지방공무원은 실적과 자격에 의하여 임용되고 그 신분이 보장되는 경력직공무원과 그렇지 아니한 특수경력직공무원으로 구분하고, 특수경력직공무원을 다시 정무직공무원(선거에 의하여 취임하거나 임명에 있어서 지방자치단체의 의회의 동의를 요하는 공무원과 기타 다른 법령 또는 조례가 정무직으로 인정하는 공무원), 별정직공무원(가.

비서관·비서, 나. 읍장·면장·동장, 다. 기타 다른 법령 또는 조례가 별정직으로 지정하는 공무원), 전문직공무원(지방자치단체와 채용계약에 의하여 일정한 기간 연구 또는 기술업무에 종사하는 과학자·기술자 및 특수분야의 전문가), 고용직공무원(단순한 노무에 종사하는 공무원)으로 세분하여 별정직공무원·전문직공무원 및 고용직공무원의 임용조건·임용절차·근무상한연령 기타 필요한 사항을 대통령령 또는 조례로서 정하도록 하고, 특수경력직공무원에 대하여는 지방공무원법 중 보수 및 복무의 규정을 제외한 나머지 규정의 적용을 받지 아니하도록 규정함으로써 일정한 범위의 공무원에 대하여는 지방공무원법에 의한 신분보장의 적용을 배제하고 있다. 따라서 이 사건 법률조항에 의하여 임명된 동장은 특별히 조례로 일반직공무원으로 정한 경우가 아니면, 특수경력직공무원의 하나인 별정직공무원으로 분류되어 지방공무원법이 규정한 바에 따른 신분보장을 받을 수 없도록 한 것이 명백하다.

헌법 제7조는 앞서 본 바와 같이 공무원의 공무수행의 독자성과 영속성을 유지하기 위하여 공직구조에 대하여 제도적 보장으로서의 직업공무원제도를 마련하도록 규정하고 있다. 제도적 보장은 객관적 제도를 헌법에 규정하여 당해 제도의 본질을 유지하려는 것으로서, 헌법제정권자가 특히 중요하고도 가치가 있다고 인정되고 헌법적으로 보장할 필요가 있다고 생각하는 국가제도를 헌법에 규정함으로써 장래의 법발전, 법형성의 방침과 범주를 미리 규율하려는데 있다. 다시 말하면 이러한 제도적 보장은 주관적 권리가 아닌 객관적 법규범이라는 점에서 기본권과 구별되기는 하지만 헌법에 의하여 일정한 제도가 보장되면 입법자는 그 제도를 설정하고 유지할 입법의무를 지게 될 뿐만 아니라 헌법에 규정되어 있기 때문에 법률로써 이를 폐지할 수 없고, 비록 내용을 제한한다고 하더라도 그 본질적 내용을 침해할 수는 없다.

그러나 기본권의 보장은 헌법이 "국가는 개인이 가지는 불가침의 기본적 인권을 확인하고 이를 보장할 의무를 진다"(제10조), "국민의 자유와 권리는 헌법에 열거되지 아니한 이유로 경시되지 아니한다. 국민의 모든 자유와 권리는 국가안전보장·질서유지 또는 공공복리를 위하여 필요한 경우에 법률로써 제한할 수 있으며, 제한하는 경우에도 자유와 권리의 본질적인 내용을 침해할 수 없다"(제37조)라고 규정하여 '최대한 보장의 원칙'이 적용되는 것임에 반하여, 제도적 보장은 기본권 보장의 경우와는 달리 그 본질적 내용을 침해하지 아니하는 범위 안에서 입법자에게 제도의 구체적인 내용과 형태의 형성권을 폭넓게 인정한다는 의미에서 '최소한 보장의 원칙'이 적용될 뿐인 것이다. 이 사건에서 문제된 직업공무원제도는 바로 헌법이 보장하는 제도적 보장 중의 하나임이 분명하므로 입법자는 직업공무원제도에 관하여 '최소한 보장'의 원칙의 한계 안에서 폭넓은 입법형성의 자유를 가진다. 따라서 청구인들의 주장과 같이 비록 동장이 주민에 대한 최근접 행정조직의 책임자로서 주민생활에 직접적이고 광범위한 영향을 미치는 공무원으로서 어느 공무원보다도 주민들과의 사이에 강한 근무관계가 있고 정치적 중립의 요청이 큰 한편, 그들에게 맡겨진 공무에 특별한 전문성이나 특수성을 찾아 보기 어려울 뿐만 아니라 장기간 계속하여 그 직무를 담당하게 하는 것을 회피하여야 할 필요성이 있다거나 한시적인 기간 동안만 그 직무를 담당할 것으로 예정되어 있는 것이 아니라고 할지라도 그러한 사정만으로 입법자가 동장의 임용의 방법이나 직무의 특성 등을 고려하여 공직상의 신분을 지방공무원법상 신분보장의 적용을 받지 아니하는 특수경력직공무원 중 별정직공무원의 범주에 넣었다 하여 바로 그 법률조항을 위헌이라고 할 수는 없는 것이다.

헌법 제75조는 "대통령은 법률에서 구체적으로 범위를 정하여 위임받은 사항과 법률을 집행하기 위하여 필요한 사항에 관하여 대통령령을 발할 수 있다"라고 규정하고, 제117조 제 1 항은 "지방자치단체는 주민의 복리에 관한 사무를 처리하고 재산을 관리하며, 법령의 범위 안에서 자치에 관한 규정을 제정할 수 있다"라고 규정하고 있고, 한편 지방자치법(1988. 4. 6. 법률 제4004호로 전문개정된 것)은 제15조에서 "지방자치단체는 법령의 범위 안에서 그 사무에 관하여 조례를 제정할 수 있다"라고 규정하고 있다. 따라서 이 사건 법률조항 중 제 2 조 제 4 항이 별정직공무원·전문직공무원 및 고용직공무원에 대하여는 대통령령 또는 조례로서 임용조건·임용절차·근무상한연령 기타 필요한 사항을 정할 수 있도록 구체적으로 위임의 내용과 범위를 정하였고, 이 사건 법률조항의 위임을 받은 이 사건에 문제된 대통령령과 조례는 별정직공무원의 근무상한기간을 규정하였다. 따라서 이 사건 법률조항은 구체적으로 내용과 범위를 정하여 대통령령과 조례에 위임하였으므로 결코 위임입법의 한계를 벗어난 것으로 볼 수 없다.

그렇다면 이 사건 법률조항은 직업공무원제도를 규정하고 있는 헌법 제 7 조 제 2 항에 위반되지 아니할 뿐만 아니라 직업선택의 자유에 관한 헌법 제15조 등 헌법의 어느 조항에도 위반되지 아니한다.

## ▶ 해 설

제도의 보장은 헌법적 수준에서 제도를 보장하는 것이기 때문에 이를 정하고 있는 헌법규정은 국가권력, 즉 입법권, 행정권, 사법권, 헌법재판권을 구속한다. 따라서 어떠한 국가권력도 헌법이 정하고 있는 제도보장의 규정을 위반할 수 없다. 제도보장의 규정은 국가권력을 직접 구속할 뿐 아니라, 재판규범으로도 작용한다.

헌법이 정하는 제도의 보장은 그 제도가 제 기능을 충분히 할 수 있도록 정하고 있는 규범이기 때문에 최소한으로 보장되는 것이 아니다. 입법자는 헌법상의 제도보장을 구체화하는 경우에도 헌법이 정하고 있는 제도의 기능이 충분히 작동할 수 있게 입법하여야 한다. 헌법에서 정하고 있는 해당 제도의 본질과 내용이 충분히 보장하는 범위 내에서 제도를 디자인하는 입법자의 입법형성의 자유가 광범위하게 인정된다. 제도보장을 구체화시키는데 입법자의 입법형성의 자유가 넓게 인정된다고 하여, 이러한 입법자의 결정이 제도와 관련이 있는 기본권이 헌법상 보장되는 범위를 축소하는 결과를 가져와서는 안 된다.

종래의 「기본권보장-제도보장 준별론」에 의하면, 기본권을 보장하는 것이 최대한의 보장이라면 제도의 보장은 이와 달리 최소한의 보장이라는 틀을 구축하였다. 헌법재판소의 위 판례도 이러한 틀을 추종하고 있다.

그러나 우리 헌법이 정하고 있는 제도의 보장은 이러한 바이마르공화국 당시의 「제도보장이론」에 근거하고 있는 것이 아님을 유의할 필요가 있다. 그리고 제도의 보장과 기본권의 보장이 개념에서는 구별되지만, 사유재산의 보장과 같이 제도와 기본권이 동시에 보장되는 경우(양자의 병존형), 대의제도를 채택함으로써 선거권과 피선거권이 보장되는 것과 같이 제도에 기본권이 수반되는 경우(기본권의 제도수반형), 정당제도를 보장함으로 인하여 정당의 설립·가입·활동·탈퇴의 권리가 보장되는 것과 같이 제도의 보장으로 기본권이 부수적·간접적으로 보장되는 경우(기본권의 제도종속형)가 있기 때문에, 제도의 보장이 최소한의 보장이고 기본권의 보장이 최대한의 보장이라는 도식적인 틀은 유지되기 어렵다. 제도보장과 기본권의 보장이 서로 연관이 있는 경우에는 기본권이 제도에 종속하는 경우가 아닌 경우에는 기본권 보장의 범위에 따라 제도의 보장이 이루어져야 한다(예: 사유재산제도의 보장).

## ▶ 질 문

1. 제도의 보장이라는 개념은 어떠한 것을 의미하며, 그 기능은 무엇인가?
2. 제도의 보장은 기본권의 보장과 어떻게 구별되는가?
3. 「기본권보장-제도보장 준별론」은 어떠한 배경을 가지고 등장한 것인가?
4. 이 판례에서 헌법재판소가 설시하고 있는 바와 같은 「기본권보장-제도보장 준별론」은 타당한가? 타당하지 않다면, 그 이유는 무엇인가?
5. 제도의 보장과 국가목표규정은 어떠한 차이가 있는가?

# Ⅲ. 기본권의 보호영역

## ▶ 개 요

헌법이 기본권을 보장하는 경우에 보장되는 것은 그 내용이다. 예컨대 양심의 자유를 헌법이 보장한다고 할 때, 헌법은 양심과 관련된 어떤 내용을 보장하는가 하는 것이 문제가 된다. 그래서 헌법이 어떤 기본권을 보장한다고 할 때에는 그 내용이 있기 마련인데, 문제는 그 내용이 무엇이냐 하는 것이다.

그런데 개별 기본권의 내용이 확정되고 그 보호의 범위가 정해진다고 할 때에도 다른 공익이나 사익들과 충돌하고 그러한 가치들을 모두 고려하여야 하는 경우에는 다른 가치들과 충돌이 없었던 경우와는 달리 보호의 범위가 줄어들게 된다. 이러한 경우에 기본권의 보호의 범위가 줄어드는 것을 기본권의 제한이라고 한다.

특정의 기본권을 보장하는 경우에 이와 충돌하는 다른 가치들도 고려하여 해당 기본권을 제한하는 경우에 제한의 결과 헌법이 보장하는 해당 기본권의 범위를 기본권의 보호영역이라고 한다. 제한이 행해지지 않는 경우에는 기본권의 원래의 내용이 보호영역이 되지만, 제한이 있게 되는 경우에는 원래의 내용에 대하여 제한을 하고 난 결과 남은 영역이 보호영역이 된다.

헌법재판에서는 항상 이러한 보호영역을 확정하는 것이 요구된다. 다른 이익을 고려하여 원래의 내용을 제한할 필요가 있는 경우에 이 한계를 넘은 경우를 과잉제한이라고 한다. 이러한 과잉제한이 행해지는 경우를 기본권의 침해라고 하며, 기본권의 침해가 발생하면 위헌이 된다.

## ▶ 핵심판례

### 憲 2003. 10. 30.-2002헌마518 [좌석안전띠 사건]

[사건의 개요]

청구인은 2002. 7. 21. 좌석안전띠를 착용하지 않고 순천시 조곡동 장대교 앞에서 승용차를 운전하던 중 경찰관에게 적발되어 범칙금 30,000원의 납부통고를 받고 이를 납부하였다. 청구인은 좌석안전띠를 매도록 의무화하는 도로교통법 제48조의2 제 1 항 및 이를 어겼을 경우에 범칙금을 납부하도록 통고하는 도로교통법 제118조의 해당부분은 청구인의 사생활의 비밀과 자유, 양심의 자유, 헌법 제10조의 기본적 인권을 침해한다고 주장하면서 2002. 8. 3. 그 위헌확인을 구하는 이 사건 헌법소원심판을 청구하였다.

[심판의 대상]

청구인은 도로교통법 제48조의2 제 1 항 및 이를 어겼을 경우에 범칙금을 납부하도록 통고하는 도로교통법 제118조의 해당부분을 위헌확인을 구하는 심판의 대상으로 삼고 있다. 그런데 청구인은 운전자로서 좌석안전띠를 매지 않고 운행하다가 이 사건 범칙금 납부통고처분을 받았으므로, 청구인과 기본권침해의 관련성이 있는 부분은 도로교통법 제48조의2 제 1 항 본문 전단의 "행정자치부령이 정하는 자동차의 운전자는 그 자동차를 운전할 때에는 좌석안전띠를 매어야 하며" 부분과 이를 어겼을 경우에 범칙금을 납부하도록 통고하는 도로교통법 제118조 본문의 해당부분에 한정된다.

**도로교통법**(1999. 1. 29. 법률 제5712호로 개정된 것) 제48조의2(운전자의 특별한 준수사항) ① 행정자치부령이 정하는 자동차의 운전자는 그 자동차를 운전할 때에는 좌석안전띠를 매어야 하며, 그 옆좌석의 승차자에게도 좌석안전띠(유아인 경우에는 유아보호용장구를 장착한 후의 좌석안전띠를 말한다. 이하 같다)를 매도록 하여야 한다. 다만, 질병등으로 인하여 좌석안전띠를 매는 것이 곤란하거나 행정자치부령이 정하는 사유가 있는 때에는 그러하지 아니하다.

제118조(통고처분) 경찰서장은 범칙자로 인정되는 사람에 대하여는 그 이유를 명시한 범칙금납부통고서로 범칙금을 납부할 것을 통고할 수 있다. 다만, 다음 각 호의 1에 해당하는 사람에 대하여는 그러하지 아니하다. 1. 성명 또는 주소가 확실하지 아니한 사람, 2. 달아날 염려가 있는 사람, 3. 범칙금납부통고서를 받기를 거부한 사람

이 사건에서 헌법재판소는 "청구인의 심판청구를 기각한다"라고 결정하고, 그 이유를 다음과 같이 설시하였다.

▣ 좌석안전띠착용제도의 개관

■ 좌석안전띠착용의무제도의 연혁

자동차의 운전자가 좌석안전띠를 매도록 의무화하는 최초의 법률은 1980. 12. 31. 법률 제3346호로 일부 개정된 도로교통법으로, 동법 제47조의11 제 1 항이 신설되면서 고속도로를 운행하는 자동차운전자에 대해서 좌석안전띠착용을 의무화하였다. 이후 이 내용은 1984. 8. 4. 법률 제3744호로 도로교통법이 전문개정되면서 도로교통법 제62조 제 1 항에 규정되어 오고 있다.

1990. 8. 1. 법률 제4243호로 도로교통법을 일부개정하면서 동법 제48조의2를 신설하고 제62조 제 1 항을 개정하여, 일반도로에서도 자동차의 운전자와 그 옆좌석에 승차한 사람은 반드시 좌석안전띠를 착용하도록 하고 특히 고속도로 및 자동차

전용도로에서는 모든 승차자가 이를 착용하도록 하여 좌석안전띠착용의무의 범위를 확대하였다.

이에 따라 운전자 본인이 좌석안전띠착용의무를 준수하지 않은 경우에 자동차운전자는 벌금·구류·과료의 형사처벌을 받거나 범칙금을 납부하여야 한다. 이전에는 동승자가 매지 아니한 경우에도 이와 같았으나, 2002. 12. 18. 법률 제6789호로 도로교통법이 일부개정되면서 운전자가 아닌 옆좌석승차자 등이 좌석안전띠를 매지 아니한 경우에는 운전자에게 과태료만 부과하고 있다.

■ 우리나라 교통사고의 현황과 안전벨트의 필요성

• 교통사고의 현황

우리나라는 2003. 6. 현재 자동차보유대수가 1,400만대를 넘고, 2002. 말 현재 운전면허보유자수도 2,100만명을 넘는 등 본격적인 자동차대중화시대에 접어들었다. 자동차증가에 따라 교통사고피해가 심각한 사회문제가 되어, 2001년 한해 동안 260,579건의 교통사고로 8,097명이란 귀중한 인명이 희생되었고 40만명에 가까운 부상자가 발생하였으며, 교통사고로 인한 사회적 비용이 10조원에 가까운 것으로 나타나 교통사고로 인한 인적·물적인 피해가 심각한 상황이다.

2000년을 기준으로 하여 우리나라의 인구 10만명당 교통사고발생으로 인한 사망자는 17.1명으로 독일의 9.1명, 미국의 15.2명, 일본의 9.0명, 영국의 6.0명에 비하여 많으며, 자동차 1만대당 사망자수도 우리나라는 5.5명으로 독일의 1.5명, 미국의 1.9명, 일본의 1.4명, 영국의 1.2명에 비하여 현저히 높게 나타나고 있다. 또한 우리나라는 교통사고 1건당 사망자수가 0.031명인 데 비하여, 독일은 교통사고 1건당 0.019명, 미국은 0.019명, 일본은 0.012명, 영국은 0.014명에 불과하여 우리나라의 교통사고에서 사망 등 중대한 결과를 가져오는 사고가 다른 교통선진국에 비하여 많음을 알 수 있다. 따라서 교통사고발생 자체를 줄일 필요성과 함께 교통사고발생시의 인명피해를 최소화할 필요성이 있다.

한편 우리나라에서 2001년 발생한 교통사고를 분석하면, 자동차 승차 중의 총 사망자 3,196명 중 운전자가 71.9%인 2,297명으로 동승자보다 훨씬 많았으며, 자동차 승차 중 부상자를 승차위치별로 보면 운전자와 앞좌석동승자를 포함한 201,682명이 앞좌석에서 운전 또는 동승 중이었으며, 뒷좌석 등의 승차자는 75,249명이었다. 이러한 승차위치별 사상자의 통계에 비추어 보더라도 운전자가 보호장구를 착용하여 사망이나 중한 부상의 위험을 감소시킬 필요성은 높다고 할 것이다.

• 교통사고사망자수의 감소와 좌석안전띠착용

2001년에 우리나라의 교통사고는 총 260,579건이 발생하여 2000년에 비해

10.3%(29,902건)가 감소하였으며, 이로 인한 사망자는 8,097명으로 2000년에 비해 20.9%(2,139명)가 감소하였다. 이에 따르면 교통사고건수의 감소비율보다 사망자수의 감소비율이 더 높게 나타나고 있다. 2000. 3.부터 시작한 좌석안전띠착용 생활화운동의 지속적인 추진 및 단속 등으로 인하여 좌석안전띠착용률이 2000년의 62.0%에서 2001년에는 70.2%로 높아진 것이 2001년의 교통사고사망자 감소에 크게 기여한 것으로 분석되고 있다.

■ 좌석안전띠의 착용효과

• 일반적 효과

좌석안전띠는 교통사고가 발생할 경우 그 피해를 최소화하기 위한 보호장구로, 충격력을 감소시켜 승차자의 치명적인 부상을 막아 주고, 물속 추락이나 전복시 2차 충격이 적기 때문에 의식을 빨리 회복하여 신속한 탈출을 할 수 있게 해주며, 운전 중 불필요한 동작이 방지되어 올바른 운전자세와 안정감을 가지게 할 뿐만 아니라 시야를 넓혀 주고 운전피로를 덜어 준다.

• 통 계

구체적으로 1999년 우리나라에서 인명피해가 발생한 전체 교통사고를 분석하면 좌석안전띠를 착용한 경우에는 교통사고 100건당 사망자수가 0.60명인 데 비하여 좌석안전띠를 착용하지 않은 경우에는 0.73명으로, 좌석안전띠착용으로 17.8%의 치사율 감소효과가 있었다. 승차위치별로는 좌석안전띠착용으로 운전자의 사망률은 1.9%에서 1.5%로 감소하여 21.1%의, 동승자의 사망률은 1.0%에서 0.7%로 30%의 사망률 감소효과가 있었다. 또한 교통사고로 자동차승차자가 자동차 밖으로 방출된 경우에는 사망률이 58.1%로, 방출되지 않은 경우의 사망률 14.2%에 비하여 4배 정도 높았는데, 자동차 밖으로 방출된 자의 90.5%가 좌석안전띠를 착용하지 않았으며, 차외방출된 사상자의 좌석안전띠착용률은 9.5%인 반면 미방출사상자의 착용률은 32.0%였다. 좌석안전띠를 착용한 경우에는 1.9%만이 차외로 방출되었지만, 미착용자의 경우에는 4배 이상 높은 7.9%가 차외로 방출되었다.

미국의 1998년 교통사고 통계분석에 따르면 좌석안전띠착용으로 승용차앞좌석승차자는 45%, 경트럭승차자는 60%의 사망자감소효과가 있었으며, 일본에서 사망자가 발생한 5년간의 교통사고 10만건을 조사한 결과에 따르면 자동차뒷좌석에 있는 사람이 안전띠를 매지 않을 경우 교통사고발생시에 앞좌석을 충격하게 되어 앞에 탄 사람이 사망할 확률이 5배나 더 높아진다고 분석되었다.

이와 같이 좌석안전띠의 착용이 교통사고가 발생한 경우 인명피해를 줄이는 효과가 있음은 분명하다.

• 운전자의 좌석안전띠착용의 효과

운전자가 좌석안전띠를 착용하면 교통사고로 사망하는 확률을 줄이고 부상의 정도를 가볍게 함으로써 운전자 본인이 직접적인 불이익을 면하게 된다. 또한 교통사고발생시에 동승자와의 차내충돌을 방지하여 운전자 본인 및 다른 동승자의 피해를 감소시키고, 운전자가 사고차량의 조종기능을 잃지 않은 경우에는 2차 사고발생의 확률을 줄이며, 운전자의 차외방출로 다른 차량 등과 충격해 발생할 수 있는 2차 사고피해 및 다른 차량이 입을 운행의 장애를 감소시킨다. 좌석안전띠착용으로 운전자가 의식을 잃지 않게 되면 동승자 및 다른 사고당사자의 응급구호활동에 나설 수 있고 사고신고 및 구조요청을 신속하게 할 수 있어서 다른 사고관련자의 손해를 줄일 수 있다. 사회전체적으로는 구조·의료·요양·간호비용 등의 지출을 감소시키고, 사고처리절차에 따른 행정부와 사법부의 비용을 줄인다. 또한 각종 사보험 및 국민연금, 산업재해보상보험 등의 지출을 감소시켜서 사회적 비용을 감소시키며, 이러한 사회적 비용의 감소는 곧 다른 보험가입자 및 각종 연금가입자의 보험료 또는 연금보험료의 부담을 감소시킨다. 또한 자동차손해배상보장법 제26조 이하의 규정에 따라 정부가 일정한 교통사고피해사상자에게 자동차손해배상보장사업을 하고 있는바, 좌석안전띠착용으로 인명피해의 손실을 줄이는 것은 이러한 국고의 지출감소에도 기여한다. 무엇보다도 기본권의 주체이며, 경제활동주체인 인적자원의 손실을 방지하는 것은 국가 전체적으로 중요한 의미를 가진다.

▣ 이 사건 심판대상조항들이 청구인의 일반적 행동자유권을 침해하는지의 여부

■ 일반적 행동자유권에 대한 제한의 존재

헌법 제10조 전문은 모든 국민은 인간으로서의 존엄과 가치를 지니며, 행복을 추구할 권리를 가진다고 규정하여 행복추구권을 보장하고 있고, 행복추구권은 그의 구체적인 표현으로서 일반적인 행동자유권과 개성의 자유로운 발현권을 포함한다(憲 1991. 6. 3.-89헌마204; 1998. 5. 28.-96헌가5; 1998. 10. 29.-97헌마345 등). 일반적 행동자유권은 개인이 행위를 할 것인가의 여부에 대하여 자유롭게 결단하는 것을 전제로 하여 이성적이고 책임감 있는 사람이라면 자기에 관한 사항은 스스로 처리할 수 있을 것이라는 생각에서 인정되는 것이다. 일반적 행동자유권에는 적극적으로 자유롭게 행동을 하는 것은 물론 소극적으로 행동을 하지 않을 자유, 즉 부작위의 자유도 포함되며, 포괄적인 의미의 자유권으로서 일반조항적인 성격을 가진다(憲 1991. 6. 3.-89헌마204; 1995. 7. 21.-93헌가14; 1997. 11. 27.-97헌바10; 2000. 6. 1.-98헌마216).

즉 일반적 행동자유권은 모든 행위를 할 자유와 행위를 하지 않을 자유로 가치

있는 행동만 그 보호영역으로 하는 것은 아닌 것으로, 그 보호영역에는 개인의 생활방식과 취미에 관한 사항도 포함되며, 여기에는 위험한 스포츠를 즐길 권리와 같은 위험한 생활방식으로 살아갈 권리도 포함된다.

따라서 좌석안전띠를 매지 않을 자유는 헌법 제10조의 행복추구권에서 나오는 일반적 행동자유권의 보호영역에 속한다. 이 사건 심판대상조항들은 운전할 때 좌석안전띠를 매야 할 의무를 지우고 이에 위반했을 때 범칙금을 부과하고 있으므로 청구인의 일반적 행동의 자유에 대한 제한이 존재한다.

■ 일반적 행동자유권의 제한이 헌법적으로 정당화되는지의 여부

일반적 행동의 자유는 개인의 인격발현과 밀접히 관련되어 있으므로 최대한 존중되어야 하는 것이지만, 헌법 제37조 제 2 항에 따라 국가안전보장, 질서유지 또는 공공복리를 위하여 법률로 제한될 수 있다(憲 1990. 9. 10.-89헌마82; 1991. 6. 3.-89헌마204; 1996. 2. 29.-94헌마13 등). 다만 제한하는 경우에도 기본권제한입법의 한계를 준수하여야 할 것이다.

• 입법목적의 정당성

일반도로에서 운전할 때 운전자가 좌석안전띠를 매도록 한 입법자의 목적은, 자동차의 급격한 증가에 따른 교통사고인명피해를 줄이기 위한 것이다. 즉, 일반도로의 운전자에게 좌석안전띠를 맬 의무를 부과함으로써 일반도로에서 발생하는 교통사고사상자의 발생을 줄이고, 안전운전에 대한 인식을 제고하기 위한 것으로 교통사고로 인한 공동체의 불이익과 비용부담을 감소시키려는 것이다.

앞에서 살핀 바와 같이 우리나라의 교통사고의 발생률과 사망자수는 다른 나라에 비하여 높은 편이며, 교통사고발생건수에 대한 사망자수의 비율도 교통안전선진국에 비하여 높아 교통사고발생시에 인명피해를 최소화할 필요성이 있다. 또한 승차위치별 사상자의 통계에 따르면 앞좌석에 승차한 사람 그 중에서도 운전자의 사망과 부상의 확률이 높으며, 특히 운전자가 동승자보다 사망할 확률은 매우 높았다.

그렇다면 이 사건 심판대상조항들이 좌석안전띠를 맬 의무를 부담시키는 것은 교통사고로부터 국민의 생명 또는 신체에 대한 위험과 장애를 방지·제거하고 사회적 부담을 줄여 교통질서를 유지하고 사회공동체의 상호이익을 보호하는 공공복리를 위한 것이므로 입법목적의 정당성이 인정된다.

• 방법의 적절성

1999년 우리나라에서 인명피해가 발생한 교통사고를 분석한 결과 좌석안전띠착용으로 17.8%의 치사율 감소효과가 나타나는 등 여러 연구에 따르면 좌석안전띠착용은 교통사고발생시 자동차승차자의 사망과 중상 위험을 감소시키는 것으로 나타

나는 것은 앞에서 살핀 바와 같다.

그렇다면 이 사건 심판대상조항들이 좌석안전띠착용을 의무화하고 그 의무를 위반한 경우에 범칙금납부를 통고하는 것은 교통사고사상자의 발생률을 감소시켜 국민의 생명 또는 신체에 대한 위험과 장애를 방지하고 공동체의 불이익을 줄이려는 입법목적달성 및 그 의무이행의 실효성확보를 위한 적절한 수단이다.

• 법익의 균형성

앞에서 살펴본 좌석안전띠착용의 효과에 비추어 볼 때, 좌석안전띠를 착용하지 않는 행위가 행위자 자신의 이익에만 관련된 것인지, 다른 사람과 사회공동체 전체의 이익과도 관련된 것인지가 문제된다.

우리 헌법질서가 예정하는 인간상은 "자신이 스스로 선택한 인생관·사회관을 바탕으로 사회공동체 안에서 각자의 생활을 자신의 책임 아래 스스로 결정하고 형성하는 성숙한 민주시민"(憲 1998. 5. 28.-96헌가5; 2000. 4. 27.-98헌가16 등)인바, 이는 사회와 고립된 주관적 개인이나 공동체의 단순한 구성분자가 아니라, 공동체에 관련되고 공동체에 구속되어 있기는 하지만 그로 인하여 자신의 고유가치를 훼손당하지 아니하고 개인과 공동체의 상호연관 속에서 균형을 잡고 있는 인격체라 할 것이다.

헌법질서가 예정하고 있는 이러한 인간상에 비추어 볼 때, 인간으로서의 고유가치가 침해되지 않는 한 입법자는 사회적 공동생활의 보존과 육성을 위하여 주어진 상황에서 일반적으로 기대할 수 있는 범위 내에서 개인의 일반적 행동자유권을 제한할 수 있는바, 운전자가 좌석안전띠를 착용하여야 하는 의무는 이러한 범위 내에 있다 할 것이다.

헌법 제34조 제 6 항은 "국가는 재해를 예방하고 그 위험으로부터 국민을 보호하기 위하여 노력하여야 한다"라고 규정하고 있다. 국민의 일상생활에 필수적인 것이 된 복잡한 교통상황과 교통사고의 현황에 비추어 볼 때, 국민의 보호를 위하여 국가가 좌석안전띠착용을 의무화하여 교통사고로 인한 국민의 생명 또는 신체에 대한 위험과 장애를 방지·제거하고 사회적 부담을 줄일 필요성이 있으며, 또한 이러한 국가의 개입은 운전자로서도 예측가능하다.

일반교통에 사용되고 있는 도로는 국가와 지방자치단체가 그 관리책임을 맡고 있는 영역으로 다른 운전자 및 보행자 등의 이익 및 공동체의 이익과 관련된 영역이므로, 도로에서 좌석안전띠를 매지 않고 운전할 자유는 다른 영역에서 이루어지는 위험한 스포츠를 즐기는 행위 등과 똑같게 평가될 수 없다.

좌석안전띠를 매지 않는 행위는 그로 인하여 받을 위험이나 불이익을 운전자 스스로 회피하지 못하고 매우 큰 사회적 부담을 발생시키는 점, 좌석안전띠를 매지 않고 운전하는 행위에 익숙해진다고 하여 위험이 감소하지도 않는다는 점, 동승자의 피해를 증가시키는 점 등에 비추어 볼 때, 운전자 자신뿐만이 아니라 사회공동체 전체의 이익에 해를 끼치고 있으므로 국가의 개입이 정당화된다.

이 사건 심판대상조항들로 인하여 청구인은 운전 중 좌석안전띠를 착용할 의무를 지게 되는바, 이는 운전자의 약간의 답답함이라는 경미한 부담이고 좌석안전띠 미착용으로 청구인이 부담하는 범칙금이 소액인데 비하여, 좌석안전띠착용으로 인하여 달성하려는 공익인 동승자를 비롯한 국민의 생명과 신체의 보호는 재산적인 가치로 환산할 수 없는 것일 뿐만 아니라 교통사고로 인한 사회적인 비용을 줄여 사회공동체의 이익을 증진하기 위한 것이므로, 달성하고자 하는 공익이 침해되는 청구인의 좌석안전띠를 매지 않을 자유의 제한이라는 사익보다 크다고 할 것이어서 법익의 균형성도 갖추었다고 하겠다.

• 침해의 최소성

국가가 좌석안전띠착용의 이점을 국민에게 홍보하고, 교통사고발생시 손해배상액의 산정에서 좌석안전띠미착용을 감안하는 등의 덜 침해적인 방법으로 입법목적을 달성할 수는 없는지가 문제된다.

앞에서 본 좌석안전띠착용의무규정의 입법연혁을 살피면, 처음에는 고속도로를 운행하는 자동차운전자에 대해서 좌석안전띠착용을 의무화하였다가 일반도로에서의 교통사고사상자가 증가하자 도로교통법을 개정하여 일반도로에서도 자동차의 운전자와 그 옆좌석에 승차한 사람은 반드시 좌석안전띠를 착용하도록 하고 특히 고속도로 및 자동차전용도로에서는 모든 승차자가 이를 착용하도록 하여, 좌석안전띠착용의무의 범위는 점점 확대되고 있다. 고속도로에서 좌석안전띠를 맬 의무가 입법되고 10년이 경과하는 동안 국가가 좌석안전띠착용의 이점을 홍보하는 노력을 기울였음에도 불구하고 일반도로에서의 좌석안전띠착용률이 높지 않아 교통사고사상자가 증가하였다. 그렇다면 입법자로서는 국민의 생명과 신체를 보호하고자 하는 입법목적의 달성을 위하여 더 이상 홍보활동만으로는 부족하다고 판단하고 일반도로에서도 좌석안전띠착용을 의무화한 것으로 보인다.

우리나라의 교통사고현황에 나타난 그 동안의 경과를 살펴도, 좌석안전띠미착용에 대한 경찰청의 집중적인 단속이 있을 때 좌석안전띠착용률이 높아지고 이에 따라 교통사고사망자수가 크게 감소한 사실을 알 수 있다. 일반도로에서 운전하는 경우 뒷좌석승차자에 대한 좌석안전띠착용은 현재 강제되고 있지 않고 계몽 및 홍보활동만 이루어지고 있는데, 앞좌석승차자에 비하여 뒷좌석승차자가 좌석안전띠를 매는 경우가 적은 것도 좌석안전띠의 착용의무화를 정당화한다.

그렇다면 이러한 사정에 따라 좌석안전띠착용을 의무화하는 것보다 청구인의 기본권을 덜 제한하면서 입법목적을 효과적으로 달성하는 수단이 없다고 본 입법자의 판단이 잘못이라고 하기 어렵다.

또한 이 사건 심판대상조항들은 획일적으로 모든 운전자에게 좌석안전띠를 매게 하는 것이 아니고, 도로교통법 제48조의2 제 1 항 단서 및 도로교통법시행규칙 제24조 제 2 항에 따라서 부상·질병·장해·임신·신체의 상태에 의하여 좌석안전띠의 착용이 적당하지 아니하다고 인정되는 자가 자동차를 운전하는 때 등 광범위한 좌석안전띠착용의무의 예외를 두고 있으므로, 청구인이 과도한 부담을 지고 있다고 하기도 어렵다.

정체구간과 같이 교통사고발생의 위험이 거의 없는 곳에서도 좌석안전띠를 매도록 강제하는 것은 교통사고발생위험이 없다는 합리적인 판단 아래서 좌석안전띠를 매지 않을 일반적 행동자유권을 과도하게 침해하는 것이 아닌가 문제된다.

그러나 저속으로 운전하는 경우에도 좌석안전띠의 인명피해감소의 효용은 존재하는 점, 정체구간을 지난 다음에는 고속으로 운행하게 될 것인데 통상적으로 운전 중에 좌석안전띠를 매는 것을 기대하기가 어려우며 또한 고속으로 운전하게 되는 순간 좌석안전띠를 매는 경우 사고위험이 높아지리라는 것을 예상할 수 있는 점, 국민의 생명과 신체 보호라는 입법목적의 달성을 위해서는 법위반여부에 대한 도로 위에서의 다툼을 방지할 일의적이고 명시적인 기준의 필요성이 인정되는 점, 안전운전에 대한 인식을 높일 필요성이 있는 점 등을 고려하면 저속으로 운전하는 경우를 좌석안전띠착용의무의 예외로 하지 않았다고 하여 이 사건 법률조항이 기본권을 과도하게 침해한다고 할 수 없다.

다음으로 좌석안전띠미착용에 대한 제재로 범칙금을 부과하는 것이 청구인의 기본권에 대한 과도한 침해인지가 문제된다.

어떤 행정법규위반의 행위에 대하여 이를 단지 간접적으로 행정상의 질서에 장애를 줄 위험성이 있음에 불과한 경우로 보아 행정질서벌인 과태료를 과할 것인지, 아니면 직접적으로 행정목적과 공익을 침해한 행위로 보아 행정형벌을 과할 것인지, 행정형벌을 과할 경우 그 법정형의 형종과 형량을 어떻게 정할 것인지는 당해 위반행위가 위의 어느 경우에 해당하는지에 대한 법적 판단을 그르친 것이 아닌 한 그 처벌내용은 기본적으로 입법권자가 제반 사정을 고려하여 결정할 입법재량에 속하는 문제이며(憲 1994. 4. 28.-91헌바14; 1998. 5. 28.-96헌바83 참조), 특정한 인간행위에 대하여 그것이 불법이며 범죄라 하여 국가가 형벌권을 행사하여 이를 규제할 것인지, 아니면 단순히 도덕률에 맡길 것인지의 문제는 인간과 인간, 인간과 사회의 상호관계를 함수로 하여 시간과 공간에 따라 그 결과를 달리할 수밖에 없는 것이고, 결국은 그 사회의 시대적인 상황·사회구성원들의 의식 등에 의하여 결정될 수밖에 없다(憲 1997. 7. 16.-95헌가6등; 2001. 10. 25.-2000헌바60).

따라서 좌석안전띠를 매지 않은 행위에 대하여 손해배상액의 산정 및 보험관련 법상의 불이익만을 가할 것인지, 형사적 제재도 가할 것인지의 여부 및 형사적 제재방법의 선택은 기본적으로 입법권자의 의지, 즉 입법정책의 문제로서 입법권자의 입법형성의 자유에 속한다.

교통범칙금통고처분은 형사절차의 사전절차로서의 성격을 갖는 점 등으로 일반 행정행위와 다른 법적 성질을 가지지만, 다른 한편으로 교통범칙금통고처분은 도로교통법에 위반된 행위에 대하여 벌칙을 정하면서 특정된 비교적 경미한 위반행위에 대하여는 형사절차에 앞서 행정적 처분에 의하여 일정액의 범칙금을 납부하는 기회를 부여하여 그 범칙금을 납부한 자에 대하여는 기소를 하지 아니하고 사건을 신속·간이하게 처리하는 절차로서 법원이 공판절차를 통하여 기소된 범죄사실의 유무를 심리·판단하는 재판절차와는 제도적 취지 및 법적 성질면에서 큰 차이가 있다(憲 1998. 5. 28.-96헌바4; 大 2002. 11. 22.-2001도849).

따라서 도로교통법상의 범칙금은 행정형벌도 행정질서벌도 아니면서 도로교통법상의 의무위반에 대하여 형벌적 제재를 유보하면서 행정상의 조치를 선행시키는 것을 내용으로 하는 특례를 의미한다. 통고처분의 대상이 되는 행위가 범죄행위임에 틀림없고, 통고처분에 불복할 경우 소추절차로 이행된다는 점에서 통고처분은 엄밀한 의미의 비범죄화 문제와는 구별되지만, 위반행위자가 통고처분에 승복하면 범칙금의 납부로 법적 제재가 종결되어 수형인명부에 등재되는 등 범죄행위로 인한 사후관리대상에서 제외되기 때문에 결과적으로 비범죄화의 정신에 접근하게 된다(憲 1998. 5. 28.-96헌바4).

이 사건 통고처분조항은 국민의 자유와 권리를 제한하는 정도가 가장 큰 기본권 제한수단이라고 볼 수 있는 행정형벌을 과하기 이전에 좌석안전띠착용의무위반행위에 대하여 범칙금납부로 법적 제재가 종결되도록 하고 있으므로, 청구인의 기본권을 과도하게 침해한다고 할 수 없다.

행정질서벌인 과태료를 부과하는 것이 범칙금납부통고처분보다 기본권을 덜 침해한다고 할 수 있으나, 어떤 행정법규위반의 행위에 대하여 행정질서벌인 과태료를 과할 것인지, 아니면 행정형벌을 과할 것인지는 기본적으로 입법권자가 제반

사정을 고려하여 결정할 입법재량에 속하는 문제이다.

오늘날 질서위반법의 영역이 확장되어 일상생활의 상당부분이 질서위반법의 테두리 속으로 들어와 법익침해를 보호하고, 형법도 여러 영역에서 행정명령위반적 성격을 가지는 행위태양들을 범죄구성요건으로 파악하고 있기에, 범죄행위와 질서위반행위를 그 본질적인 속성만으로 구별하는 것은 타당하지 않다. 따라서 범죄행위와 질서위반행위는 행위유형의 속성뿐만 아니라 그 행위의 불법내용 및 책임내용의 경중을 함께 검토하여야 할 것이다. 따라서 좌석안전띠미착용행위가 본질적으로 과태료를 부과하여야 할 질서위반행위라고 단정할 수는 없다.

입법권자는 운전자의 좌석안전띠미착용행위는 동승자의 좌석안전띠미착용행위에 비하여 행정목적과 공익을 침해하는 정도와 위험성이 다르다고 판단하였고, 일정한 경우에 운전면허를 취소하거나 정지하는 행정처분의 기초자료로 삼을 여지를 두고자 한 것으로, 이러한 입법자의 판단이 현저히 불합리하거나 자의적인 입법재량의 행사라고 보여지지 않는다.

또한 앞에서 본 바와 같이 범칙금은 행정형벌이 아니며 비범죄화의 정신에 접근하는 제도로서 범칙금을 납부한 교통범칙자의 기본권이 제한되는 정도는 행정질서벌인 과태료를 납부한 자의 기본권이 제한되는 정도와 크게 다르지 않다. 그렇다면 좌석안전띠착용을 의무화하고 이에 대한 제재방법으로 행정질서벌인 과태료보다는 그 정도가 강하지만 행정형벌보다는 그 정도가 약한 범칙금을 선택한 입법자의 판단이 입법재량의 한계를 벗어난 과중한 것이라고 보기 어렵다.

다음으로 이 사건 통고처분조항에 의하여 납부하여야 할 범칙금의 액수가 과다한 것인지의 여부에 대하여 살피면, 좌석안전띠미착용으로 청구인이 부담하는 범칙금 30,000원은 자동차운전에 드는 연료대금, 유료도로통행료, 책임보험료, 자동차세 등 제반비용에 비추어 과도한 부담이라고 하기 어려워, 의무위반행위와 그에 대한 책임이 현저하게 균형을 잃었거나 다른 행정법규위반자와의 사이에서 헌법상의 평등의 원리에 위반하는 것으로 평가되는 등 헌법재판소가 관여할 정도로 입법재량을 현저히 불합리하게 또는 자의적으로 행사한 것이라 할 수 없다.

그렇다면 운전자의 좌석안전띠착용을 의무화하고 이를 어겼을 때 범칙금을 부과하는 것은 청구인의 일반적 행동자유권을 헌법 제37조 제 2 항의 비례의 원칙에 위반되어 과도하게 침해하지 않는다 할 것으로 침해의 최소성요건을 준수하였다 할 것이다.

■ 소 결

이 사건 심판대상조항들에 의한 청구인의 일반적 행동자유권의 제한은 정당한 공익의 실현을 위하여 필요한 정도의 제한에 해당하는 것으로서 헌법 제37조 제2항의 비례의 원칙에 위반되어 국민의 일반적 행동자유권을 과도하게 침해하는 위헌적인 규정이라 할 수 없다.

▣ 이 사건 심판대상조항들이 청구인의 사생활의 비밀과 자유를 침해하는지의 여부

■ 사생활의 비밀과 자유의 보호영역

사생활의 비밀은 국가가 사생활영역을 들여다보는 것에 대한 보호를 제공하는 기본권이며, 사생활의 자유는 국가가 사생활의 자유로운 형성을 방해하거나 금지하는 것에 대한 보호를 의미한다. 구체적으로 사생활의 비밀과 자유가 보호하는 것은 개인의 내밀한 내용의 비밀을 유지할 권리, 개인이 자신의 사생활의 불가침을 보장받을 수 있는 권리, 개인의 양심영역이나 성적 영역과 같은 내밀한 영역에 대한 보호, 인격적인 감정세계의 존중의 권리와 정신적인 내면생활이 침해받지 아니할 권리 등이다.

우리 재판소는 '사생활의 자유'란 사회공동체의 일반적인 생활규범의 범위 내에서 사생활을 자유롭게 형성해 나가고 그 설계 및 내용에 대해서 외부로부터의 간섭을 받지 아니할 권리이며, 사생활과 관련된 사사로운 자신만의 영역이 본인의 의사에 반해서 타인에게 알려지지 않도록 할 수 있는 권리인 '사생활의 비밀'과 함께 헌법상 보장되고 있는 것이라고 판시한 바 있다(憲 2001. 8. 30.-99헌바92 등 참조).

즉, 헌법 제17조가 보호하고자 하는 기본권은 '사생활영역'의 자유로운 형성과 비밀유지라고 할 것이며, 공적인 영역의 활동은 다른 기본권에 의한 보호는 별론으로 하고 사생활의 비밀과 자유가 보호하는 것은 아니라고 할 것이다.

■ 운전 중 좌석안전띠착용이 사생활의 영역인지의 여부

자동차는 단순히 사람이나 화물을 장소적으로 떨어진 곳으로 이동시켜 주는 교통수단 또는 운송수단의 역할 이외에도, 여가시간의 여행과 오락활동 등에 이용되고 일상생활에서도 상당한 시간을 자동차 안에서 보내는 경우가 많으므로, 자동차 안에서 이루어지는 활동 중 일부는 사생활의 영역에 속할 수도 있을 것이다.

다만, 이 사건 심판대상 조항들이 규율하고 있는 것은 자신의 집 차고와 같은 사적인 공간에 세워 놓은 자동차 안에서의 행동이 아니라, 자동차를 운전할 때 운전자의 좌석안전띠착용이다. 도로교통법 제2조 제19호에서는 '운전'을 "도로에서 차를 그 본래의 사용방법에 따라 사용하는 것(조종을 포함한다)"이라고 정의하고 있으며, 제2조 제1호에서는 '도로'를 "도로법에 의한 도로, 유료도로법에 의한 유료도로 그 밖의 일반교통에 사용되는 모든 곳"이라고 정의하고 있다.

일반교통에 사용되고 있는 도로는 국가와 지방자치단체가 그 관리책임을 맡고 있는 영역이며, 수많은 다른 운전자 및 보행자 등의 법익 또는 공동체의 이익과 관련된 영역으로, 그 위에서 자동차를 운전하는 행위는 더 이상 개인적인 내밀한 영역에서의 행위가 아니다. 또한 자동차를 도로에서 운전하는 중에 좌석안전띠를 착용할 것인가의 여부의 생활관계가 개인의 전체적 인격과 생존에 관계되는 '사생활의 기본조건'이라거나 자기결정의 핵심적 영역 또는 인격적 핵심과 관련된다고 보기 어렵다.

그렇다면 운전할 때 운전자가 좌석안전띠를 착용하는 문제는 더 이상 사생활영역의 문제가 아니어서 사생활의 비밀과 자유에 의하여 보호되는 범주를 벗어난 행위라고 볼 것이므로, 이 사건 심판대상조항들은 청구인의 사생활의 비밀과 자유를 침해하는 것이라 할 수 없다.

▣ 이 사건 심판대상 조항들이 청구인의 양심의 자유를 침해하는지의 여부

헌법 제19조에서 말하는 양심에는 세계관·인생관·주의·신조 등은 물론 이에 이르지 아니하여도 널리 개인의 인격형성에 관계되는 내심에 있어서의 가치적·윤리적 판단도 포함되며, 양심의 자유는 널리 사물의 시시비비나 선악과 같은 윤리적 판단에 국가가 개입해서는 안 되는 내심적 자유는 물론 이와 같은 윤리적 판단을 국가권력에 의하여 외부에 표명하도록 강제받지 아니할 자유까지 포함한다(憲 1991. 4. 1.-89헌마160; 1997. 3. 27.-96헌가11; 1997. 11. 27.-92헌바28; 1998. 7. 16.-96헌바35; 2001. 8. 30.-99헌바92 등).

다만, 헌법이 보호하려는 양심은 어떤 일의 옳고 그름을 판단함에 있어서 그렇게 행동하지 아니하고는 자신의 인격적인 존재가치가 허물어지고 말 것이라는 강력하고 진지한 마음의 소리이지, 막연하고 추상적인 개념으로서의 양심은 아니라고 할 것이다(憲 1997. 3. 27.-96헌가11; 2001. 8. 30.-99헌바92 등).

자동차를 운전하며 좌석안전띠를 맬 것인지의 여부에 대하여 고민할 수는 있겠으나, 그 고민 끝에 제재를 받지 않기 위하여 어쩔 수 없이 좌석안전띠를 매었다 하여 청구인이 내면적으로 구축한 인간양심이 왜곡·굴절되고 청구인의 인격적인 존재가치가 허물어진다고 할 수는 없다.

따라서 운전 중 운전자의 좌석안전띠착용은 양심의 자유의 보호영역에 속하지 아니하므로 이 사건 심판대상조항들은 청구인의 양심의 자유를 침해하는 것이라 할 수 없다.

▣ 이 사건 심판대상조항들이 청구인의 인간의 존엄과 가치를 침해하는지의 여부

운전 중 좌석안전띠의 착용은 운전자에게 정신적·육체적으로 경미한 부담을 가하는 것에 불과하므로 인간으로서의 인격적 주체성을 박탈한다거나 인간의 존귀성을 짓밟는 것이라고는 할 수 없다. 더욱이 교통사고로 야기될 생명·신체에 대한 위험과 손해의 방지라는 절실한 공익목적을 위한 제약이라는 점을 생각하면 이 사건 심판대상조항들이 인간의 존엄과 가치를 침해하는 것이라고 볼 수 없다.

▣ 이 사건 통고처분조항이 청구인의 재판을 받을 권리 등을 침해하는지의 여부

통고처분만으로 범칙금을 부과하는 것은 법관이 아닌 행정기관의 처분이 바로 형사처분으로 되어 헌법상의 재판을 받을 권리와 헌법이 보장한 적법절차에 의하지 아니하고는 처벌되지 않는다는 헌법상 기본권을 침해하는 것인지가 문제된다.

우리 재판소는 관세법 제38조 제 3 항 제 2 호 위헌소원사건에서, "통고처분에 대하여 이의가 있으면 통고내용을 이행하지 않음으로써 고발되어(관세법 제232조) 형사재판절차에서 통고처분의 위법·부당함을 얼마든지 다툴 수 있다. 범죄자측에서 먼저 적극적·능동적으로 이의를 제기할 수는 없지만, 통고불이행이라는 묵시적·소극적 이의제기에 의하여 형사재판절차로 이행되는 것이다. 통고처분은 이와 같이 법관이 아닌 행정공무원에 의한 것이지만, 처분을 받은 당사자의 임의의 승복을 발효요건으로 하고 불응시 정식재판의 절차가 보장되어 있으므로 통고처분에 대하여 행정쟁송을 배제하고 있는 이 사건 법률조항이 법관에 의한 재판 받을 권리를 침해한다든가 적법절차의 원칙에 저촉된다고 볼 수 없다.

만약 통고처분에 대하여 형사제재와 별도로 행정쟁송을 제기할 수 있다고 한다면 절차의 중복과 복잡화 그리고 소송의 진행이나 그 결과의 혼란과 모순을 초래하는 점이 적지 않을 것이기 때문에 통고처분은 행정쟁송의 대상으로 하지 않고 형사소송에서만 규율하는 것이 법의 취지라고 보아야 할 것이다.

헌법은 통고처분이나 통고처분에 대한 불복방법에 관하여 직접적인 규정을 두고 있지 아니하다. 따라서 통고처분을 인정할 것인지 또는 통고처분에 대하여 어떤 형식과 절차의 불복제도를 둘 것인가의 문제는 헌법원리에 위배되지 아니하는 한 입법자가 정하여야 할 입법정책의 문제로서 그의 재량에 맡겨져 있다. 즉, 통고처분에 대하여 정면으로 행정쟁송을 인정할 것인지, 아니면 현행법 규정과 같이 통고불이행시 고발과정을 거쳐 형사재판을 받도록 할 것인지, 아니면 피통고자가 이의제기를 하면 사건을 검찰로 이관되게 하여 검찰에서 처리하게 할 것인지(독일의 질서위반금 재결이나 프랑스의 일시불 벌금부과에 대하여 이의제기가 있으면 사건이 검찰로 이관

된다)의 여부는 통고처분의 제도적 의의와 법적 성질, 행정소송과 형사소송의 관계, 관세범죄의 성향과 그 나라의 형사사법운용실정 등을 종합적으로 고려하여 결정하여야 할 입법형성의 자유에 속하는 영역이다. 그러므로 통고처분에 대하여 어떠한 불복절차도 인정하지 않는 것과 같이 그 내용이 현저하게 불합리하여 재판청구권을 침해하거나 적법절차에 위배되는 정도에 이르지 않는 한 헌법에 위반되는 것이라고 할 수 없다(憲 1998. 5. 28.-96헌바4)"라고 판시한 바 있다.

교통범칙금의 통고처분은 강제집행에 의하여 실현되지 않고 범칙자는 그 처분에 따르기를 거부할 자유를 가지며, 결국 형사소송법에 의거한 정식재판을 받을 권리를 박탈당하지 아니한다. 자동차의 격증으로 인해 혼란이 격심해지고 법규위반사례가 격증하고 있는 현실에서 위반행위에 대한 제재를 오직 법관만 다룬다면 과중한 업무부담으로 인해 산적한 범칙사건의 처리가 곤란 내지 정체되어 범칙행위의 억제력도 상실되고 교통사고의 방지가 곤란해진다고 할 것이다.

그렇다면 교통범칙금 통고처분에 대하여 별도로 행정쟁송을 제기할 수 없는 점이 법관에 의한 재판을 받을 권리 등을 침해하는가가 문제되는 이 사건에서도 헌재 1998. 5. 28. 96헌바4 결정에서 표명한 위 합헌결정의 이유는 그대로 적용될 수 있을 것이어서, 이 사건 통고처분조항은 청구인의 재판청구권 등을 침해하지 않는다.

## ▶ 해 설

이 사건에서 헌법재판소는 보호영역이라는 용어를 사용하고 있다. 보호영역은 독일어 Schutzbereich를 번역한 용어이다. 이 사건에서 헌법재판소는 보호영역을 내용(Inhalt)과 같은 의미로 사용하고 있다. 보호영역이라는 말이 기본권이론에서 의미를 가지는 경우는 기본권 제한의 이유가 있는 경우에 기본권을 제한하고 남은 영역을 의미하는 경우이다. 보호영역이라는 말을 기본권의 내용을 제한하고 남은 영역을 의미하는 것이 아니라 기본권의 「내용」과 동일한 의미로 사용한다면 이를 보호영역이라고 부를 필요는 없다. 보호영역은 항상 기본권의 제한과 표리관계를 이루는 개념이기 때문에 내용과는 개념상 구별해야 함을 유의할 필요가 있다.

## ▶ 질 문

1. 기본권의 내용과 보호영역은 어떻게 구분되는가?
2. 이 사건에서 문제가 되고 있는 기본권은 무엇인가?

3. 기본권의 내용을 구성함에 있어 무가치하거나 비도덕적인 것은 배제되는가? 헌법재판소의 견해는 어떠한가?
4. 이 사건에서는 어떠한 기본권이 제한되고 있으며, 안전띠를 착용하는 것을 강제하는 경우에 해당 기본권의 보호영역은 어떠한 것인가?

# 02.

# 제 2 장 | 기본권의 주체

## Ⅰ. 외국인의 기본권 주체성

### ▶ 개 요

대한민국의 국민은 누구나 대한민국 헌법이 정하는 기본권의 주체가 된다. 어느 나라나 그 나라의 국민의 자유와 권리를 헌법적 수준에서 보장하고자 할 때 헌법에서 기본권을 정한다.

문제는 그 나라의 국적을 가지고 있지 않은 외국인의 경우에는 해당 나라의 헌법에서 정하고 있는 기본권을 향유할 수 없는가 하는 것인데, 이것이 외국인의 기본권의 주체 문제이다. 기본권목록에 들어 있는 개별 기본권은 각기 다른 특색을 가지고 있고 이의 성질을 일률적으로 말하기는 어렵다. 현재까지 논의된 바에 따르면, 헌법에서 정하고 있는 기본권이 해당 국가의 국적을 가지지 않더라도 인간이라면 당연히 향유하는 자유와 권리에 해당하면 외국인에게도 인정된다고 본다. 반면 개별 기본권의 성질상 그 나라의 국적을 가지는 사람(=국민)에게만 인정되는 권리는 외국인에게는 인정되지 않는다고 본다.

## ▶ 핵심판례

憲 2001. 11. 29.-99헌마494 [재외동포법 사건]

[사건의 개요]

정부는 재외동포들의 출입국과 대한민국 내에서의 법적 지위를 보장하기 위하여 재외동포의출입국과법적지위에관한법률을 제정하였다. 청구인들은 현재 중화인민공화국(이하 '중국'이라 한다)에 거주하고 있는 중국국적의 재외동포들인바, 위 법률 제 2 조 제 2 호가 청구인들과 같이 1948년 대한민국 정부수립 이전에 해외로 이주한 자 및 그 직계비속을 재외동포의 범주에서 제외함에 따라, 자신들이 위 법률에서 규정하는 혜택을 받지 못하게 되어 인간으로서의 존엄과 가치 및 행복추구권(헌법 제10조), 평등권(헌법 제11조) 등을 침해당하였다고 주장하면서, 위 법률 제 2 조 제 2 호에 대한 위헌확인을 구하는 이 사건 헌법소원심판을 청구하였다.

[심판의 대상]

**재외동포의출입국과법적지위에관한법률**(1999. 9. 2. 법률 제6015호로 제정된 것) 제 2 조(정의) 이 법에서 "재외동포"라 함은 다음 각 호의 1에 해당하는 자를 말한다.

2. 대한민국의 국적을 보유하였던 자 또는 그 직계비속으로서 외국국적을 취득한 자 중 대통령령이 정하는 자(이하 "외국국적동포"라 한다)

**재외동포의출입국과법적지위에관한법률시행령**(1999. 11. 27. 대통령령 제16602호로 제정된 것) 제 3 조(외국국적동포의 정의) 법 제 2 조 제 2 호에서 "대한민국의 국적을 보유하였던 자 또는 그 직계비속으로서 외국국적을 취득한 자 중 대통령령이 정하는 자"라 함은 다음 각 호의 1에 해당하는 자를 말한다.

1. 대한민국 정부수립 이후에 국외로 이주한 자 중 대한민국의 국적을 상실한 자와 그 직계비속
2. 대한민국 정부수립 이전에 국외로 이주한 자 중 외국국적 취득 이전에 대한민국의 국적을 명시적으로 확인받은 자와 그 직계비속

이 사건에서 헌법재판소는 "1. 재외동포의출입국과법적지위에관한법률(1999. 9. 2. 법률 제6015호로 제정된 것) 제 2 조 제 2 호, 재외동포의출입국과법적지위에관한법률시행령(1999. 11. 27. 대통령령 제16602호로 제정된 것) 제 3 조는 헌법에 합치하지 아니한다. 2. 이들 조항

은 2003. 12. 31.을 시한으로 입법자가 개정할 때까지 계속 적용된다"라고 결정하고, 그 이유를 다음과 같이 설시하였다.

▣ 외국인의 기본권주체성

우리 재판소는, 헌법재판소법 제68조 제 1 항 소정의 헌법소원은 기본권을 침해받은 자만이 청구할 수 있고, 여기서 기본권을 침해받은 자만이 헌법소원을 청구할 수 있다는 것은 곧 기본권의 주체라야만 헌법소원을 청구할 수 있고 기본권의 주체가 아닌 자는 헌법소원을 청구할 수 없다고 한 다음, '국민' 또는 국민과 유사한 지위에 있는 '외국인'은 기본권의 주체가 될 수 있다고 판시하여(憲 1994. 12. 29.-93헌마120) 원칙적으로 외국인의 기본권 주체성을 인정하였다. 청구인들이 침해되었다고 주장하는 인간의 존엄과 가치, 행복추구권은 대체로 '인간의 권리'로서 외국인도 주체가 될 수 있다고 보아야 하고, 평등권도 인간의 권리로서 참정권 등에 대한 성질상의 제한 및 상호주의에 따른 제한이 있을 수 있을 뿐이다. 이 사건에서 청구인들이 주장하는 바는 대한민국 국민과의 관계가 아닌, 외국국적의 동포들 사이에 재외동포법의 수혜대상에서 차별하는 것이 평등권 침해라는 것으로서 성질상 위와 같은 제한을 받는 것이 아니고 상호주의가 문제되는 것도 아니므로, 청구인들에게 기본권주체성을 인정함에 아무런 문제가 없다.

▣ 침해되는 기본권

청구인들은, 이 사건 심판대상규정이 헌법 제11조의 평등권 외에 헌법 제10조의 인간의 존엄과 가치 및 행복추구권 내지 대한민국이 3.1운동으로 건립된 대한민국 임시정부의 법통을 계승한다고 선언한 헌법전문에 어긋난다고 주장한다. 그러나 청구인들 주장의 핵심은 이 사건 심판대상규정으로 말미암아 재외동포법이 부여하는 혜택을 받지 못하게 되었다는 것이고, 이 사건 심판대상규정으로 인하여 비로소 청구인들이 종래에 누리던 인간의 존엄과 가치 및 행복추권이 침해되었다는 것은 아니라고 할 것이므로, 이 사건은 결국 재외동포법의 혜택을 받게 되는 다른 외국국적동포들과의 관계에서 청구인들의 평등권을 침해하는지 여부의 문제로 귀착된다.

▣ 심판대상규정의 위헌성

■ 평등원칙의 의의

우리 헌법 제11조 제 1 항은 "모든 국민은 법 앞에 평등하다. 누구든지 성별 · 종교 또는 사회적 신분에 의하여 정치적 · 경제적 · 사회적 · 문화적 생활의 모든 영역에 있어서 차별을 받지 아니한다"라고 규정하여 평등원칙을 선언하고 있는바, 평등의 원칙은 국민의 기본권 보장에 관한 우리 헌법의 최고원리로서 국가가 입법을 하거나 법을 해석 및 집행함에 있어 따라야 할 기준인 동시에, 국가에 대하여 합리적 이유없이 불평등한 대우를 하지 말 것과, 평등한 대우를 요구할 수 있는 모든 국민의 권리로서, 국민의 기본권 중의 기본권인 것이다(憲 1989. 1. 25.-88헌가7). 헌법 제11조 제 1 항의 평등의 원칙은 일체의 차별적 대우를 부정하는 절대적 평등을 의미하는 것이 아니라 입법과 법의 적용에 있어서 합리적 근거 없는 차별을 하여서는 아니 된다는 상대적 평등을 뜻하고 따라서 합리적 근거 있는 차별 내지 불평등은 평등의 원칙에 반하는 것이 아니다. 그리고 합리적 근거 있는 차별인가의 여부는 그 차별이 인간의 존엄성 존중이라는 헌법원리에 반하지 아니하면서 정당한 입법목적을 달성하기 위하여 필요하고도 적정한 것인가를 기준으로 판단되어야 한다(憲 1994. 2. 24.-92헌바43; 1998. 9. 30.-98헌가7 등).

■ 차별의 기준과 효과

이 사건 심판대상규정이 나누고 있는 입법구분을 보면, 외국국적동포(재외동포법 제 2 조 제 2 호)란 "대한민국 정부수립 이후에 국외로 이주한 자 중 대한민국의 국적을 상실한 자와 그 직계비속(재외동포법시행령 제 3 조 제 1 호), 그리고 대한민국 정부수립 이전에 국외로 이주한 자 중 외국국적 취득 이전에 대한민국의 국적을 명시적으로 확인받은 자와 그 직계비속(재외동포법시행령 제 3 조 제 2 호)"만을 의미하므로, 대한민국 정부수립 이전에 국외로 이주한 자 중에 외국국적 취득 이전에 대한민국의 국적을 명시적으로 확인받지 않은 자, 즉 대부분의 중국거주동포와 구소련거주동포 등 정부수립이전이주동포는 재외동포법의 위와 같은 혜택을 누리지 못하게 된다. 왜냐하면, 재외동포법시행령 제 3 조 제 2 호에서 말하는 "대한민국의 국적을 명시적으로 확인받은 자"라 함은 거주국 소재 대한민국 재외공관 또는 대한민국정부의 위임을 받은 기관 · 단체에 재외국민등록법(제정 1949. 11. 24. 법률 제70호, 전문개정 1999. 12. 28. 법률 제6057호)에 의한 등록을 한 자를 말하는바(재외동포법시행규칙 제 2 조 제 1 항), 예컨대 청구인들과 같은 중국동포의 경우 우리나라가 중국과 외교관계를 수립한 것은 1992. 8. 24.이고 중국주재 한국대사관이 개설된 것은 같은 달 28. [대한무역진흥공사(KOTRA) 북경대표부는 1991. 1. 30. 개설되었다]이므로, 물리적으로 이 요건을 충족시킬 수 없게 되어 있다. 이와 같은 사정은 구소련지역에 거주하고 있는 동포들의 경우에도 마찬가지이다[국회법제사법위원회의 재외동포법(안)에 대한 「심사보고서」(1999. 8), 8면 참조].

이 사건 심판대상규정은 재외국민과 함께 재외동포법의 적용을 받는 외국국적동포에 관한 '정의규정'으로서 외국국적동포에 해당하는 자는 앞에서 본 바와 같은 광범한 혜택을 누릴 수 있게 된다. 즉, 원래 외국국적동포는 '외국인'이므로 원칙적으로 대한민국의 공무원이 될 수 없고(국가공무원법 제35조, 지방공무원법 제33조, 외무공무원법 제 9 조), 거주 · 이전의 자유(헌법 제14조, 출입국관리법 제 7 조, 제17조), 직업선택의 자유(헌법 제15조, 수산업법 제 5 조, 도선법 제 6 조), 재산권(헌법 제23조, 외국인토지법 제 3 조, 특허법 제25조, 항공법 제 6 조), 선거권 및 피선거권(헌법 제24조, 제25조, 공직선거및선거부정방지법 제15조, 제16조), 국가배상청구권(헌법 제29조 제 2 항, 국가배상법 제 7 조), 범죄피해자구조청구권(헌법 제30조, 범죄피해자구조법 제10조), 국민투표권(헌법 제72조, 제130조 제 2 항, 국민투표법 제 7 조) 및 사회적 기본권 등을 누릴 수 없거나 제한적으로밖에 향유하지 못하던 것(憲 2000. 8. 31.-97헌가12 참조)을 재외동포법의 시행으로 일정한 범위에서 그 제한을 완화한 것으로서, 이 사건 심판대상규정이 나누고 있는 입법구분에 의하여 재외동포법이 부여하는 혜택에서 배제된 청구인들과 같은 정부수립이전이주동포는 이러한 기본권 내지 법적 권리의 행사에 있어 차별을 받게 된 것이다.

■ 평등권의 침해 여부

평등의 원칙은 입법자에게 본질적으로 같은 것을 자의적으로 다르게, 본질적으로 다른 것을 자의적으로 같게 취급하는 것을 금하고 있다. 그러므로 비교의 대상을 이루는 두 개의 사실관계 사이에 서로 상이한 취급을 정당화할 수 있을 정도의 차이가 없음에도 불구하고 두 사실관계를 서로 다르게 취급한다면, 입법자는 이로써 평등권을 침해하게 된다. 그런데 서로 비교될 수 있는 사실관계가 모든 관점에서 완전히 동일한 것이 아니라 단지 일정 요소에 있어서만 동일한 경우에, 비교되는 두 사실관계를 법적으로 동일한 것으로 볼 것인지 아니면 다른 것으로 볼 것인지를 판단하기 위하여는 어떠한 요소가 결정적인 기준이 되는가가 문제된다. 두 개의 사실관계가 본질적으로 동일한가의 판단은 일반적으로 당해 법률조항의 의미와 목적에 달려 있다(憲 1996. 12. 26.-96헌가18).

앞에서 본 바와 같이 이 사건 심판대상규정은 실질적으로 대부분 미주지역이나 유럽 등에 거주하는 정부수립이후이주동포와 대부분 중국과 구소련지역에 거주하는 정부수립이전이주동포를 구분하여 전자에게는 재외동포법의 광범위한 혜택을 부여하고 있고, 후자는 이러한 수혜대상에서 제외하고 있다. 그런데, 정부수립이후

이주동포와 정부수립이전이주동포는 이미 대한민국을 떠나 그들이 거주하고 있는 외국의 국적을 취득한 우리의 동포라는 점에서 같고, 다만 대한민국 정부수립 이후에 국외로 이주한 자인가 또는 대한민국 정부수립 이전에 국외로 이주한 자인가 하는 점에서만 다른 것이다. 이와 같은 차이는 정부수립이후이주동포와 정부수립이전이주동포가 법적으로 같게 취급되어야 할 동일성을 훼손할 만한 본질적인 성격이 아니다. 즉, 정부수립이후이주동포인지 아니면 정부수립이전이주동포인지는 결정적인 기준이 될 수 없는 것이다.

차별을 두는 입법은 그 차별에 의하여 달성하려고 하는 목적과 그 목적을 달성하기 위한 차별을 두기 마련인데, 국민의 기본권에 관한 차별에 있어서 합리적 근거에 의한 차별이라고 하기 위하여서는 우선 그 차별의 목적이 헌법에 합치하는 정당한 목적이어야 하고 다음으로 차별의 기준이 목적의 실현을 위하여 실질적인 관계가 있어야 하며 차별의 정도 또한 적정한 것이어야 한다(憲 1996. 8. 29.-93헌바57).

재외동포법은 그 적용대상에 포함된 정부수립이후이주동포에 대하여는 위에서 본 바와 같은 광범위한 혜택을 주어 사실상 이중국적을 허용한 것과 같은 지위를 부여하고 있으면서도, 같은 동포 중 이 사건 심판대상규정에 의하여 그 적용범위에서 제외된 정부수립이전이주동포는 기본적으로 다른 일반 외국인과 동일한 취급을 받게 되는 결과가 되었다. 그리하여 정부수립이후이주동포(주로 재미동포, 그 중에서도 시민권을 취득한 재미동포 1세)의 요망사항은 재외동포법에 의하여 거의 완전히 해결된 반면, 정부수립이전이주동포(주로 중국동포 및 구소련동포)는 재외동포법의 적용대상에서 제외됨으로써 그들이 절실히 필요로 하는 출입국기회와 대한민국 내에서의 취업기회를 차단당하였고, 법무부가 이를 완화한다는 취지에서 마련한 보완대책도 정부수립이전이주동포에게 실질적인 도움이 되지 못하고 있다. 재외동포법이 정부수립이후이주동포의 요구에 의하여 제정되었다는 연혁적 이유가 그 자체만으로 이와 같은 커다란 차별을 정당화할 정도의 비중을 가진다고 할 수 없을 뿐만 아니라, 정부수립이전이주동포에게도 정부수립이후이주동포에 못지 않거나 더욱 절실한 필요가 있음을 고려하지 않으면 안된다. 사회경제적 또는 안보적 이유로 거론하는 우려도, 당초 재외동포법의 적용범위에 정부수립이전이주동포도 포함시키려 하였다가 제외시킨 입법과정에 비추어 보면 정부수립이전이주동포를 재외동포법의 적용범위에 포함하는 것이 어느 정도의 영향을 가져올 것인지에 대한 엄밀한 검증을 거친 것이라고 볼 수 없다.

정부는 재외동포법에서 외국국적동포를 정의하면서 국제관행에 따라 '과거국적주의'를 채택함으로써 정부수립이전이주동포가 그 적용대상에서 제외되었다고 전제한 다음 그렇지 아니하고 '혈통주의'에 따라 외국국적동포를 정의하여 입법을 한다면, 국제법원칙 및 국제관행에 반하고, 외교마찰을 초래할 수 있으며, 그 개념이 불명확하여 대상이 무한정 확대될 우려가 있다는 점을 강조한다. 그러나, 외국국적을 취득한 자국동포에게 출입국 등에서 특례를 인정하는 나라로 과거국적주의를 채택하였다는 아일랜드, 그리이스, 폴란드 등(국회법제사법위원회의 위 「심사보고서」, 8면)의 나라에서의 과거국적의 의미와 이 사건 심판대상규정이 정하고 있는 대한민국 정부수립(1948년)까지 국적의 과거로의 소급은 그 제한의 정도가 현저하게 다르다는 점이 지적될 수 있다. 또한 외교마찰의 우려라는 사정이 있다 하더라도 외국국적동포에 대한 이 사건 심판대상규정이 충분한 정책 검토 끝에 나온 필요하고도 적정한 입법이라고 보기는 어렵다. 정부로서는 외국국적동포의 현실적인 애로를 수용하기 위하여 단일특별법을 제정하기보다 제반 상황을 고려한 개별적인 제한 완화로 실질적으로 대처할 수는 없는지 우선 살펴보았어야 할 것이다. 나아가, 혈통주의 입법에 문제가 있다면 당초부터 외국국적동포의 법적 지위보다는 외국인 처우의 전반적 개선이라는 시각에서 출발하되, 재외동포에 대하여는 정착한 현지에서 민족적 정체성을 자각하고 문화적 유대감을 강화시키는 활동을 지원하는 데 초점을 맞추는 것이 바람직할 수도 있다.

재외동포법의 적용범위에서 정부수립이전이주동포가 제외된 것은 당초부터 과거국적주의를 채택하였기 때문이 아님은 앞에서 본 바와 같고, 사실은 그와 같은 사정 때문에 재외동포법상 외국국적동포에 대한 정의규정에는 일응 중립적인 과거국적주의를 표방하고 시행령으로, 일제시대 독립운동을 위하여 또는 일제의 강제징용이나 수탈을 피하기 위해 조국을 떠날 수밖에 없었던 중국동포나 구소련동포가 대부분인 대한민국 정부수립 이전에 이주한 자들에게 외국국적 취득 이전에 대한민국의 국적을 명시적으로 확인받은 사실을 입증하도록 요구함으로써 이들을 재외동포법의 수혜대상에서 제외한 것으로 볼 수밖에 없다. 암울했던 역사적 상황으로 인하여 어쩔 수 없이 조국을 떠나야 했던 동포들을 돕지는 못할지언정, 오히려 법적으로 차별하는 정책을 취하는 외국의 예를 찾을 수 없다는 점에서, 이 사건에서의 차별은 민족적 입장은 차치하고라도 인도적 견지에서조차 정당성을 인정받기가 심히 어렵다고 할 것이다. 이 사건 차별로써 달성하고자 하는 정부의 이익은 그로 인하여 야기되는 같은 동포 사이의 커다란 상처와 분열을 덮기에는 너무나도 미약하다고 하지 않을 수 없는 것이다.

한편, 재외동포법보다 먼저 제정된 재외동포재단법(1997. 3. 27. 법률 제5313호) 제 2 조에서는 재외동포의 정의를 "대한민국 국민으로서 외국에 장기체류하거나 영주권을 취득한 자"(제 1 호) 및 "국적을 불문하고 한민족의 혈통을 지닌 자로서 외국에서 거주 · 생활하는 자"(제 2 호)로 규정하고 있다. 여기에서 전자는 재외동포법의 "재외국민"의 정의에, 후자는 "외국국적동포"의 정의에 각 대응하는 개념이라고 할 수 있는바, 비록 이 법과 재외동포법은 그 입법목적이 다르다고 하더라도 한 나라의 법률에서 같은 용어(재외동포)의 개념을 다르게 정의하여 그 규율대상을 달리한다는 것은 입법체계상으로도 문제가 있다고 아니할 수 없다.

■ 소결론

요컨대, 이 사건 심판대상규정이 청구인들과 같은 정부수립이전이주동포를 재외동포법의 적용대상에서 제외하는 차별취급은 그 차별의 기준이 목적의 실현을 위하여 실질적인 관계가 있다고 할 수 없고, 차별의 정도 또한 적정한 것이라고는 도저히 볼 수 없으므로, 이 사건 심판대상규정은 합리적 이유없이 정부수립이전이주동포를 차별하는 자의적인 입법이어서 헌법 제11조의 평등원칙에 위배되고, 이로 인하여 청구인들의 평등권을 침해하는 것이다.

## ▶ 해 설

이 사건에서는 외국인에게 인정되기 어려운 기본권을 설시하고 있는데, 그러한 기본권이 외국인에게 아예 인정될 수 없는 것인지, 아니면 성질상으로는 인정되는데 그 제한이 따른다는 것인지에 대하여 분명하지 않다.

정책적으로 보면, 외국인의 경우에 국내인과 동일하게 헌법의 수준에서 권리를 인정하기 어려운 경우에는 법률정책적으로 이를 조정할 수 있다. 이러한 것은 해당 국가의 주권, 즉 영토고권에 근거를 두고 있다. 이 경우 명칭은 헌법상의 자유나 권리와 동일하지만, 국민에게는 헌법상의 권리로 인정되는 것이고, 외국인에게는 법률정책상 인정되는 권리이다. 국민주권원리상 외국인에게는 선거권 등이 인정되기 어렵다고 하더라도 그 나라 사정상 외국인의 활동이 많고 사회공동체의 운영에서 외국인이 상당한 비중을 차지하고 있는 공동체(예컨대, 외국인의 수가 국민의 수와 비슷한 경우)라면 국가정책적으로 지방자치단체의 선거에서는 외국인에게 선거권이나 피선거권을 인정할 수도 있다. 이러한 선거권이나 피선거권은 법률이나 조례에 의해 인정되는 것이며, 헌법에 의해 인정되는 것이 아니다. 그 대신 외국인에게 다른 의무를 부과할 수도 있다. 이러한 경우는 그 공동체마다 다르기 때문에 일률적으로 말하기 어렵다. 나라에 따라서는 헌법에서 외국인의 권리는 법률로 정한다고 규정하고 있는 경우도 있다.

이 사건에서는 다음과 같은 재판관 3인의 [반대의견]이 있다.

「우리는 다수의견과는 달리 이 사건 심판대상규정이 헌법에 위반된다고 생각하지 아니하므로 그 이유를 밝혀둔다.

헌법재판소와 입법자는 모두 헌법에 기속되나, 그 기속의 성질은 서로 다르다. 헌법은, 입법자와 같이 적극적으로 형성적 활동을 하는 국가기관에게는 행위의 지침이자 한계인 행위규범을 의미하나 헌법재판소에게는 다른 국가기관의 행위의 합헌성을 심사하는 기준으로서의 재판규범 즉 통제규범을 의미한다. 그러므로 헌법상의 평등원칙도 행위규범으로서는 입법자에게 "객관적으로 같은 것은 같게 다른 것은 다르게" 규범의 대상을 실질적으로 평등하게 규율할 것을 요구하게 되나, 통제규범으로서는 단지 자의적인 입법의 금지기준만을 의미하게 되므로 헌법재판소는 입법자의 결정에서 차별을 정당화할 수 있는 합리적인 이유를 찾아볼 수 없는 경우에만 평등원칙의 위반을 선언하게 된다. 즉, 헌법에 따른 입법자의 평등실현의무는 헌법재판소에 대하여는 단지 자의금지원칙으로 그 의미가 한정축소되어, 평등원칙의 위반이 문제되는 헌법재판에서는 원칙적으로 어떤 입법이 "가장 합리적이고 타당한 수단인가 여부"를 심사하는 것이 아니라, "입법자의 정치적 형성이 헌법적 한계 내에 머물고 있는가 여부," 즉 "자의적인 것인가 여부"를 심사하여야 하며, 그럼으로써 입법자의 형성의 자유와 민주국가의 권력분립적 기능질서가 보장될 수 있는 것이다(憲 1997. 1. 16.-90헌마110등; 1998. 9. 30.-98헌가7 등).

자의금지심사에 의하는 경우, 재외동포법과 같은 혜택부여적 법률에 관하여는 입법수단이 입법목적과의 관계에서 과소규율이라 하더라도 합헌적인 것으로서 허용된다. 즉, 규율내용이 입법목적에 의하여 상정되는 모든 경우를 한꺼번에 만족시키는 것이 아니라 그보다 좁은 범위만을 포함하는 것도 "한 번에 한 걸음씩" 현실을 개선하여 나가는 것으로서 가능하다. 이러한 경우 입법자는 그 입법의 목적, 수혜자의 상황, 국가예산 내지 보상능력 등 제반상황을 고려하여 그에 합당하다고 스스로 판단하는 내용의 입법을 할 권한이 있으며, 우리재판소도 여러 차례에 걸쳐 "헌법상 평등의 원칙은 국가가 언제 어디서 어떤 계층을 대상으로 하여 기본권에 관한 상황이나 제도의 개선을 시작할 것인지를 선택하는 것을 방해하지는 않는다 말하자면 국가는 합리적인 기준에 따라 능력이 허용하는 범위 내에서 법적 가치의 상향적 구현을 위한 제도의 단계적 개선을 추진할 수 있는 길을 선택할 수 있어야 한다. 그것이 허용되지 않는다면 모든 사항과 계층을 대상으로 하여 동시에 제도의 개선을 추진하는 예외적 경우를 제외하고는 어떠한 제도의 개선도 평등의 원칙 때문에 그 시행이 불가능하다는 결과에 이르게 되어 불합리할 뿐 아니라 평등의 원칙이 실현하고자 하는 가치와도 어긋나기 때문이다"(憲 1990. 6. 25.-89헌마107; 1991. 2. 11.-90헌가27; 1993. 12. 23.-89헌마189; 1998. 12. 24.-98헌가1)라고 판시한 바 있다.

재외국민과 외국국적동포간에는 물론이고 외국국적동포들 서로간에도 그들이 거주하는 나라들에 따라 정치적, 외교적, 경제적, 사회적 환경이 서로 다른 현실을 도외시 하여서는 아니될 뿐 아니라, 국회가 재외동포법의 제정과 동시에 법무부 및 외교통상부에 대하여 중국동포등의 한국 국적 취득 용이화, 한국 내 불법체류 동포들의 안정적 생활과 귀국 보장을 위한 제도개혁 및 지원, 국내체류 조선족을 우리가 돌보아야 할 동포로 간주하는 정책 채택 등 "재외동포에 대한 제도개선사항" 3개 항을 권고한 바 있고, 이에 따라 법무부가 재외동포법의 시행과 때를 맞추어 1999. 12. 2. 법무부예규 제525호로 "중국동포국적업무처리지침"을 개정·시행하여 중국동포에 대한 국적부여기회를 확대하고, "재외동포법시행령관련 보완대책(중국동포의 입국 및 체류관리)"을 제정·시행하여 다각적인 제한 완화책을 강구하였으므로 차등대우가 상당 부분 완화된 점도 고려하여야 한다. 또한, 가능한 한 이중국적의 발생을 회피하려는 국제법적인 원칙은 오늘날에도 엄존하고 있는바, 재외동포법이 부여하는 혜택은 사실상 이중국적을 허용한 것과 같다고 할 것이므로 그로 인하여 외국과의 간에 외교적 마찰이 있다면 이를 고려하는 것이 반드시 부당하다고는 할 수 없다. 그렇다면, 이 사건 심판대상규정에 의한 입법적 구분은 나름대로의 합리성을 지니고 있다고 할 것이므로 그것이 현저히 불합리하여 자의적이라고는 도저히 볼 수 없다.

비록 민족적·인도적 견지에서 중국동포등에 대한 추가적인 지원이 필요하다고 하더라도 이는 국회의 판단에 따라 차후의 개선입법에 의하여 해결할 수 있는 것이고, 이는 입법정책의 문제이므로, "전부 아니면 전무"라는 사고방식에 의한 위헌판단은 권력분립의 원칙에 뿌리를 두고 있는 자의금지심사에 부합되지 아니한다.」

## ▶ 질 문

1. 외국인의 지위 문제와 외국인의 기본권 주체성 인정여부 문제는 동일한가?
2. 특정한 나라에서 외국인의 지위는 어떻게 정해지는가? 이러한 것은 그 나라의 주권에 의해 규율되는가 권리의 성질에 의해 정해지는가?
3. 외국인에게 인정되는 헌법상의 권리로는 어떠한 것이 있는가?
4. 외국인에게 헌법상의 의무를 부과할 수 있는가?
5. 특정한 나라에서 외국인이 헌법상의 의무는 부담하지 않으면서 헌법상의 권리는 향유할 수 있는가? 이를 헌법이론적으로 어떻게 설명할 것인가?
6. 이 사건에서 논증은 타당한가? 오류가 있다면 어떠한 오류를 범하였는가?

# Ⅱ. 사법인과 비법인단체의 기본권 주체성

### ▶ 개 요

사법인이나 법인이 아닌 단체가 기본권의 주체가 되는가에 대해서는 헌법에서 정하고 있는 바가 없다. 이론적으로는 기본권의 성질상 허용되는 범위 내에서 사법인이나 단체도 기본권의 주체가 된다고 본다.

문제는 이러한 사법인이나 단체가 기본권의 주체가 되는 경우에 사인이 기본권의 주체가 되는 경우와 동일하게 기본권이 보장되는가 하는 점이다. 이에 대해서는 이론상 논란이 있다.

### ▶ 핵심판례

憲 1991. 6. 3.-90헌마56 [영화인협회 사건]

[사건의 개요]

청구인 사단법인 ○○협회는 영화제작에 관여하는 영화인 상호간의 친목도모 및 영화예술의 발전과 영화시책의 개선 건의 등을 목적으로 설립된 사단법인이며, 청구인 ○○협회 감독위원회는 청구인 사단법인 ○○협회의 산하에 있는 영화감독들의 모임이다. 청구인들은 그 회원들이 영화를 제작·상영함에 있어서 공연윤리위원회의 사전심의를 반드시 거치도록 하여 사전검열을 규정하고 있는 영화법 제12조 제 1 항 때문에 그 심의과정에서 제작된 영화의 일부를 삭제당하거나 사회비판적 소재를 다루는 영화의 경우 기획단계에서 중단하여야 하는 등 영화제작활동상 큰 피해를 입고 있다고 주장하면서 이러한 심의와 관련된 법률조항들의 위헌여부에 대한 이 사건 헌법소원심판의 청구에 이르렀다.

[심판의 대상]

이 사건 헌법소원심판의 대상이 되는 영화법(1973. 2. 16. 법률 제2536호 제정)의 조항은 공연윤리위원회의 심의를 규정한 제12조와 심의기준을 규정한 제13조 및 그 벌칙규정인 제32조 제 5 호(청구인들은 제32조 전부를 심판청구의 대상으로 하고 있으나, 심의와 관련된 벌칙규정은 제 5 호이다)로서, 그 법률조항의 내용은 다음과 같다.

**영화법** 제12조(심의) ① 영화(그 예고편을 포함한다)는 그 상영전에 공연법의 의하여 설치된 공연윤리위원회의 심의를 받아야 한다.

② 제 1 항의 규정에 의한 심의를 필하지 아니한 영화는 이를 상영하지 못한다.

④ 제 1 항의 규정에 의하여 심의를 받은 극영화를 텔레비젼방송에 방영하고자 할 때에는 다시 방송법에 의하여 설치된 방송위원회의 심의를 받아야 한다.

제13조(심의기준) ① 공연윤리위원회 또는 방송심의위원회는 제12조 제 1 항 또는 제 4 항의 규정에 의한 심의에 있어서 다음 각 호의 1에 해당된다고 인정되는 영화에 대하여는 이를 심의필한 것으로 결정하지 못한다. 다만, 그 해당부분을 삭제하여도 상영에 지장이 없다고 인정될 때에는 그 부분을 삭제하고 심의필을 결정할 수 있다.
1. 헌법의 기본질서에 위배되거나 국가의 권위를 손상할 우려가 있을 때
2. 공서양속을 해하거나 사회질서를 문란하게 할 우려가 있을 때
3. 국제간의 우의를 훼손할 우려가 있을 때
② 제 1 항의 심의 기준에 따르는 세부사항은 대통령령으로 정한다.
제32조 다음 각 호의 1에 해당하는 자는 2년이하의 징역 또는 500만원 이하의 벌금에 처한다.
5. 제12조 제 1 항 또는 제 4 항의 규정에 의한 심의를 받지 아니하고 영화를 상영한 자.

이 사건에서 헌법재판소는 "이 사건 심판청구를 모두 각하한다"라고 결정하고, 그 이유를 다음과 같이 설시하였다.

▣ 청구인들의 헌법소원심판청구능력

우리 헌법은 법인의 기본권향유능력을 인정하는 명문의 규정을 두고 있지 않지만, 본래 자연인에게 적용되는 기본권규정이라도 언론·출판의 자유, 재산권의 보장 등과 같이 성질상 법인이 누릴 수 있는 기본권을 당연히 법인에게도 적용하여야 한 것으로 본다. 따라서 법인도 사단법인·재단법인 또는 영리법인·비영리법인을 가리지 아니하고 위 한계 내에서는 헌법상 보장된 기본권이 침해되었음을 이유로 헌법소원심판을 청구할 수 있다.

또한, 법인 아닌 사단·재단이라고 하더라도 대표자의 정함이 있고 독립된 사회적 조직체로서 활동하는 때에는 성질상 법인이 누릴 수 있는 기본권을 침해당하게 되면 그의 이름으로 헌법소원심판을 청구할 수 있다(민사소송법 제48조 참조). 청구인 사단법인 ○○협회(이하 "영화인협회"라고 줄여 쓴다)는 "영화예술인 상호간의 친목도모 및 자질향상, 민족영화예술의 창달발전을 기함을 목적으로, 그 목적을 달성하기 위하여" 설립된 민법상의 비영리사단법인으로서 성질상 법인이 누릴 수 있는 기본권에 관한 한 그 이름으로 헌법소원심판을 청구할 수 있다.

그러나 청구인 ○○협회 감독위원회(이하 "감독위원회"라고 줄여 쓴다)는 영화인협회로부터 독립된 별개의 단체가 아니고, 영화인협회의 내부에 설치된 8개의 분과위원회 가운데 하나에 지나지 아니하며(사단법인 ○○협회의 정관 제 6 조), 달리 단체로서의 실체를 갖추어 당사자 능력이 인정되는 법인 아닌 사단으로 볼 자료도 없다.

따라서 감독위원회는 그 이름으로 헌법소원심판을 청구할 수 있는 헌법소원심판청구능력이 있다고 할 수 없는 것이므로 감독위원회의 이 사건 헌법소원심판청구는 더 나아가 판단할 것 없이 부적법하다.

■ 영화인협회의 헌법소원심판청구적격

헌법재판소법 제68조 제 1 항에 의하면 공권력의 행사 또는 불행사로 인하여 헌법상 보장된 기본권을 침해받은 자는 헌법소원심판을 청구할 수 있도록 규정하고 있고, 위 규정에 정한 공권력에는 입법권도 포함된다고 할 것이므로 당연히 법률에 대한 헌법소원심판의 청구도 가능하다.

그러나 직접 법률에 대한 헌법소원심판을 청구하려면 먼저 청구인 스스로가 당해 법률 또는 법률조항과 법적인 관련성이 있어야 할 뿐만 아니라 당해 법률 또는 법률조항에 의하여 별도의 구체적인 집행행위의 매개없이 직접·현재 헌법상 보장된 기본권을 침해당하고 있는 경우이어야 한다(憲 1989. 3. 17.-88헌마1; 1989. 7. 21.-89헌마12; 1991. 3. 11.-91헌마21 참조).

이 사건 헌법소원심판청구의 청구원인에 의하면, 영화인협회는 그 자신의 기본권이 침해당하고 있음을 이유로 하여 이 사건 헌법소원심판을 청구한 것이 아니고, 그 단체에 소속된 회원들이 영화를 제작·상영함에 있어서 공연법에 의하여 설치된 공연윤리위원회의 사전검열로 말미암아 헌법상 보장된 기본권인 예술의 자유와 표현의 자유를 각 침해당하고 있음을 이유로 하여 이 사건 헌법소원심판을 청구한 것임이 명백하다.

그러나 단체와 그 구성원을 서로 별개의 독립된 인격체로 인정하고 있는 현행의 우리나라 법제 아래에서는 헌법상 보장된 기본권을 직접 침해당한 사람만이 원칙적으로 헌법소원심판 절차에 따라 권리구제를 청구할 수 있는 것이고, 단체의 구성원이 기본권을 침해당한 경우 단체가 구성원의 권리구제를 위하여 그를 대신하여 헌법소원심판을 청구하는 것은 원칙적으로 허용될 수 없다.

헌법재판소법 제68조 제 1 항에 정한 헌법소원의 기능이 객관적 헌법보장제도의 기능도 가지고 있는 것이지만, 주관적 기본권의 보장이 보다 중요한 기능의 하나인 것으로 본다면 더욱 그러하다. 왜냐하면 특정의 기본권을 침해당한 경우, 그 권리구제를 받기 위한 헌법소원심판을 청구할 것인가 아니할 것인가의 여부는 오로지 그 본인의 뜻에 달려 있다 할 것이고, 또 그 본인이야 말로 사건의 승패에 따른 가장 큰 이해를 가진 사람이라 할 것이므로 누구보다도 적극적으로, 또한 진지하게 헌법소원절차를 유지·수행할 사람이기 때문이다.

따라서 단체는 특별한 예외적인 경우를 제외하고는 헌법소원심판제도가 가진 기능에 미루어 원칙적으로 단체 자신의 기본권을 직접 침해당한 경우에만 그의 이름으로 헌법소원심판을 청구할 수 있을 뿐이고, 그 구성원을 위하여 또는 구성원을 대신하여 헌법소원심판을 청구할 수 없는 것으로 보아야 할 것이다.

이 사건 심판의 대상이 된 법률조항은 영화를 제작하여 상영하려는 영화업자·기타 영화제작자 또는 영화의 제작에 참여하는 감독·연기인 등 영화인을 그 적용대상으로 하는 것이며(영화법 제 2 조 제 8 호·제 9 호, 제 4 조, 제 5 조의2), 영화인협회는 스스로 영화제작 또는 상영사업을 수행하지 않는 이상 직접 위 법률조항의 적용을 받는 것으로 보기 어렵다(영화인협회의 정관 제 4 조 참조). 뿐만 아니라 위 법률조항이 영화업자 또는 영화인협회 회원인 감독·연기인 등 영화인들의 헌법상 기본권을 제한한다고 하여 이로써 영화인협회가 직접적으로 회복할 수 없는 손해를 입게 된다는 특별한 사정이 있음을 인정할 자료가 없다. 더구나 이 사건에서는 영화업자 또는 영화인협회의 회원인 영화인들이 스스로 헌법소원심판을 청구하여 그들의 헌법상 보장된 기본권의 침해에 대한 구제를 받을 수 있는 길이 막혀 있다거나, 그 행사가 심히 여려운 것으로 보아야 할 사정도 찾아볼 수 없다.

따라서 영화인협회의 이 사건 헌법소원심판청구는 자기관련성의 요건을 갖추지 못한 부적법한 것이다.

## ▶ 해 설

이 사건에서 헌법재판소는 현행 헌법은 법인의 기본권향유능력을 인정하는 명문의 규정을 두고 있지 않지만, 본래 자연인에게 적용되는 기본권규정이라도 언론·출판의 자유, 재산권의 보장 등과 같이 성질상 법인이 누릴 수 있는 기본권은 당연히 법인에게도 적용된다고 본다. 따라서 법인도 사단법인·재단법인 또는 영리법인·비영리법인을 가리지 아니하고 위 한계 내에서는 헌법상 보장된 기본권이 침해되었음을 이유로 헌법소원심판을 청구할 수 있다. 그리고 법인이 아닌 사단·재단이라고 하더라도 대표자의 정함이 있고 독립된 사회적 조직체로서 활동하는 때에는 성질상 법인이 누릴 수 있는 기본권을 침해당하게 되면 그의 이름으로 헌법소원심판을 청구할 수 있다.

## ▶ 질 문

1. 공법인은 기본권의 주체가 될 수 있는가? 가능하다면 어떠한 경우에 그러한가?

2. 법인이 기본권의 주체가 되는 경우에 법인의 구성원의 기본권과 충돌하는 경우에는 어떻게 되는가?
3. 법인의 기본권은 독자적으로 인정되는 것인가, 아니면 구성원의 기본권이 보호되는 범위 내에서 인정되는 것인가?
4. 단체가 기본권의 주체가 되는 경우와 법인이 기본권의 주체가 되는 경우 사이에는 어떤 차이가 있는가?

# 03.

# 제 3 장 | 기본권의 제한과 그 한계

## Ⅰ. 기본권 제한의 형식상 한계: 명확성의 원칙과 포괄위임 금지

> 제37조 ② 국민의 모든 자유와 권리는 국가안전보장·질서유지 또는 공공복리를 위하여 필요한 경우에 한하여 법률로써 제한할 수 있으며, 제한하는 경우에도 자유와 권리의 본질적인 내용을 침해할 수 없다.

### ▶ 개 요

우리 헌법은 개인의 기본권을 보장하되, 무제한적으로 보장하는 것이 아니다. 다른 개인의 기본권을 침해하지 않는 범위 내에서 그리고 국가의 이익이나 공동체의 이익을 침해하지 않는 범위 내에서 인정한다. 이는 개인이 고립되어 존재하는 것이 아니라 공동체를 전제로 하여 공동체 내에서 다른 사람과 같이 생활하는 사회적인 존재라는 것을 의미한다. 따라서 헌법 제37조 제 2 항에서 정하고 있는 기본권의 제한은 개체로서 존재하는 개인의 자유와 권리를 보장하는 동시에 개인간의 공존의 원리와 공동체의 유지·존속의 원리를 정하고 있는 것이다.

이러한 법리를 기본권의 보장의 구조에서 보면, 기본권의 제한이라는 방법으로 행해진다. 기본권의 제한이 이러한 법리를 바탕으로 하고 있기 때문에 기본권을 제한하는 경우에도 어디까지나 개인의 기본권을 최대한으로 보장하는 것을 전제로 하여 그 한도 내에서 허용된다. 그래서 기본권의 제한에는 한계가 존재한다. 이러한 한계는 헌법에서 분명히 정하여야 하는데, 헌법 제37조 제 2 항은 이러한 기본권의 제한을 정하고 있는 동시에 제한의 한계를 함께 정하고 있다.

기본권의 제한에 어떠한 한계가 존재하는가에 대해서는 그 구조상 제한의 목적상 한계, 제한의 형식상 한계, 제한의 방법상 한계, 제한의 내용상 한계가 있다. 헌법 제37조 제 2 항은 이를 정하고 있다.

기본권의 제한에서 형식상의 한계는 기본권을 제한하는 경우에도 그 형식은 '법률'이어야 한다는 점이다. 이는 기본권의 제한이 남용되는 것을 방지하고 기본권의 제한은 국민대표기관인 국회가 제정하는 법률에 의해서만 가능하게 하여 그 제한의 정당성을 확보하도록 하는 것이다.

기본권을 법률로 제한한다는 것은 기본권의 제한에서 법치주의의 원리가 적용된다는 것을 의미한다. 이 법치주의의 개념적 징표에 해당하는 것이 법률의 형식성이며, 이를 뒷받침하는 원리로 명확성의 원칙이 존재하고, 그 명확성의 원칙의 한 내용을 이루는 것이 포괄적 위임의 금지이다.

### ▶ 핵심판례

憲 1999. 5. 27.-98헌바70 [KBS 수신료 사건]

[사건의 개요]

한국전력공사는 1998. 2. 2. 청구인에 대하여 1998년 2월분 텔레비전방송수신료(이하 "수신료"라 한다) 금 2,500원의 부과처분을 하였다. 청구인은 1998. 4. 21. 서울행정법원에 한국전력공사를 상대로 위 부과처분의 취소를 구하는 행정소송을 제기하고(98구4473), 위 소송 계속중에 부과처분의 근거가 된 한국방송공사법 제35조, 제36조 제 1 항이 헌법상의 조세법률주의에 위반된다고 주장하며 위헌심판제청신청을 하였으나(98아310), 1998. 8. 20. 부과처분 취소청구와 함께 위 신청이 기각되고 1998. 8. 25. 그 결정을 송달받자, 1998. 9. 8. 헌법재판소법 제68조 제 2 항에 따라 이 사건 헌법소원심판을 청구하였다.

[심판의 대상]

이 사건의 심판대상은 한국방송공사법(1990. 8. 1. 법률 제4264호로 개정된 것. 이하 "이 법"이라 한다) 제35조, 제36조 제 1 항의 위헌 여부이고, 이 조항들의 내용은 다음과 같다.

**한국방송공사법** 제35조(텔레비전수상기의 등록과 수신료 납부의무) 텔레비전방송을 수신하기 위하여 텔레비전수상기(이하 "수상기"라 한다)를 소지한 자는 대통령령이 정하는 바에 따라 공사에 그 수상기를 등록하고 텔레비전방송수신료(이하 "수신료"라 한다)를 납부하여야 한다. 다만, 대통령령이 정하는 수상기에 대하여는 그 등록을 면제하거나 수신료의 전부 또는 일부를 감면할 수 있다.

제36조(수신료의 결정) ① 수신료의 금액은 이사회가 심의·결정하고, 공사가 공보처장관의 승인을 얻어 이를 부과·징수한다.

이 사건에서 헌법재판소는 "1. 한국방송공사법(1990. 8. 1. 법률 제4264호로 개정된 것) 제35조는 헌법에 위반되지 아니한다. 2. 같은 법 제36조 제 1 항은 헌법에 합치되지 아니한다"라고 결정하고, 그 이유를 다음과 같이 설시하였다.

▣ 이 법 제35조의 포괄위임금지원칙 위반 여부

이 법 제35조는 "텔레비전방송을 수신하기 위하여 텔레비전수상기(이하 "수상기"라 한다)를 소지한 자는 대통령령이 정하는 바에 따라 공사에 그 수상기를 등록하고 텔레비전방송수신료(이하 "수신료"라 한다)를 납부하여야 한다. 다만, 대통령령이 정하는 수상기에 대하여는 그 등록을 면제하거나 수신료의 전부 또는 일부를 감면할 수 있다"라고 규정하고 있는바, 수신료는 앞에서 본 바와 같이 조세라고 할 수 없으므로 그 조세임을 전제로 이 법 제35조가 조세법률주의에 위반된다는 청구인의 주장은 타당하지 아니하나, 이 조항이 수신료 납부의무자의 범위에 관하여 대통령령에 포괄적으로 위임함으로써 헌법 제75조에 규정된 포괄위임금지원칙에 위반되는 것은 아닌지가 문제될 수 있다.

이 법 제35조 본문은 수신료 납부의무자의 범위에 관하여 '텔레비전방송을 수신하기 위하여 텔레비전수상기를 소지한 자는…… 텔레비전방송수신료를 납부하여야 한다'라고 규정하고 있는바, 이는 누구라도 수신료 납부의무자의 범위를 잘 알 수 있는 명확한 규정이라 할 것이다. 다만, 같은 조 단서는 등록면제 또는 수신료가 감면되는 수상기의 범위에 관하여 아무런 조건없이 단순히 대통령령이 정하도록 하고 있으나, 등록면제 또는 수신료감면에 관한 규정은 국민에게 이익을 부여하는 수익적 규정에 해당하는 것이어서 이에 대하여 요구되는 위임입법의 구체성·명확성의 정도는 상대적으로 완화될 수 있는 것이고, 또한 수신료 납부의무자의 범위가 '텔레비전방송을 수신하기 위하여' 수상기를 소지한 자로 되어 있으며, 수신료의 징수목적이 공사의 경비충당에 있다는 점을 감안하면 대통령령에서 정할 수신료감면 대상자의 범위는 텔레비전방송의 수신이 상당한 기간 동안 불가능하거나 곤란하다고 볼만한 객관적 사유가 있는 수상기의 소지자, 공사의 경비충당에 지장이 없는 범위 안에서 사회정책적으로 수신료를 감면하여 줄 필요가 있는 수상기소지자 등으로 그 범위가 정하여 질 것임을 예측할 수 있다. 따라서 이 법 제35조는 헌법 제75조에 규정된 포괄위임금지의 원칙에 위반되지 아니한다고 할 것이다.

▣ 이 법 제36조 제 1 항의 법률유보원칙 위반 여부

이 법 제36조 제 1 항은 "수신료의 금액은 이사회가 심의·결정하고, 공사가 공보처 장관의 승인을 얻어 이를 부과·징수한다"라고 규정하고 있는바, 수신료의 금액을 공보처장관의 승인을 필요로 하는 외에는 전적으로 공사(공사의 이사회)가 결정하여 부과·징수하도록 한 것이 헌법에 위반되는 것이 아닌지 문제된다.

헌법은 법치주의를 그 기본원리의 하나로 하고 있으며, 법치주의는 행정작용에 국회가 제정한 형식적 법률의 근거가 요청된다는 법률유보를 그 핵심적 내용의 하나로 하고 있다. 그런데 오늘날 법률유보원칙은 단순히 행정작용이 법률에 근거를 두기만 하면 충분한 것이 아니라, 국가공동체와 그 구성원에게 기본적이고도 중요한 의미를 갖는 영역, 특히 국민의 기본권실현에 관련된 영역에 있어서는 행정에 맡길 것이 아니라 국민의 대표자인 입법자 스스로 그 본질적 사항에 대하여 결정하여야 한다는 요구까지 내포하는 것으로 이해하여야 한다(이른바 의회유보원칙). 그리고 행정작용이 미치는 범위가 광범위하게 확산되고 있으며, 그 내용도 복잡·다양하게 전개되는 것이 현대행정의 양상임을 고려할 때, 형식상 법률상의 근거를 갖출 것을 요구하는 것만으로는 국가작용과 국민생활의 기본적이고도 중요한 요소마저 행정에 의하여 결정되는 결과를 초래하게 될 것인바, 이러한 결과는 국가의사의 근본적 결정권한이 국민의 대표기관인 의회에 있다고 하는 의회민주주의의 원리에 배치되는 것이라 할 것이다.

입법자가 형식적 법률로 스스로 규율하여야 하는 그러한 사항이 어떤 것인가는 일률적으로 획정할 수 없고, 구체적 사례에서 관련된 이익 내지 가치의 중요성, 규

제 내지 침해의 정도와 방법 등을 고려하여 개별적으로 결정할 수 있을 뿐이나, 적어도 헌법상 보장된 국민의 자유나 권리를 제한할 때에는 그 제한의 본질적인 사항에 관한 한 입법자가 법률로써 스스로 규율하여야 할 것이다. 헌법 제37조 제 2 항은 "국민의 모든 자유와 권리는 국가안전보장 · 질서유지 또는 공공복리를 위하여 필요한 경우에 한하여 법률로써 제한할 수 있다"라고 규정하고 있는바, 여기서 "법률로써"라고 한 것은 국민의 자유나 권리를 제한하는 행정작용의 경우 적어도 그 제한의 본질적인 사항에 관한 한 국회가 제정하는 법률에 근거를 두는 것만으로 충분한 것이 아니라 국회가 직접 결정함으로써 실질에 있어서도 법률에 의한 규율이 되도록 요구하고 있는 것으로 이해하여야 한다.

이러한 관점에서 볼 때, 이 법 제36조 제 1 항은 법률유보, 특히 의회유보의 원칙에 위반된다.

공사는 비록 행정기관이 아니라 할지라도 그 설립목적 · 조직 · 업무 등에 비추어 독자적 행정주체의 하나에 해당하며, 수신료는 특별부담금으로서 국민에게 금전납부의무를 부과하는 것이므로, 공사가 수신료를 부과 · 징수하는 것은 국민의 재산권에 대한 제한을 가하는 행정작용임에 분명하고, 그 중 수신료의 금액은 수신료 납부의무자의 범위, 수신료의 징수절차와 함께 수신료 부과 · 징수에 있어서 본질적인 요소이다. 대부분의 가구에서 수상기를 보유하고 있는 현실에서 수신료의 결정행위는 그 금액의 다과를 불문하고 수많은 국민들의 이해관계에 직접 관련된다. 따라서 수신료의 금액은 입법자가 스스로 결정하여야 할 사항이다.

한편 오늘날 텔레비전방송은 언론자유와 민주주의의 실현에 있어 불가결의 요소이고 여론의 형성에 결정적인 영향력을 행사하며, 정치적 · 사회적 민주주의의 발전에도 중요한 영향을 미친다. 공영방송사인 공사가 실시하는 텔레비전방송의 경우 특히 그 공적 영향력과 책임이 더욱 중하다 하지 아니할 수 없다. 이러한 공사가 공영방송사로서의 공적 기능을 제대로 수행하면서도 아울러 언론자유의 주체로서 방송의 자유를 제대로 향유하기 위하여서는 그 재원조달의 문제가 결정적으로 중요한 의미를 지닌다. 공사가 그 방송프로그램에 관한 자유를 누리고 국가나 정치적 영향력, 특정 사회세력으로부터 자유롭기 위하여는 적정한 재정적 토대를 확립하지 아니하면 아니 되는 것이다. 이 법은 수신료를 공사의 원칙적인 재원으로 삼고 있으므로 수신료에 관한 사항은 공사가 방송의 자유를 실현함에 있어서 본질적이고도 중요한 사항이라고 할 것이므로 의회 자신에게 그 규율이 유보된 사항이라 할 것이다.

이와 같이 수신료는 국민의 재산권보장의 측면에서나 공사에게 보장된 방송자유의 측면에서나 국민의 기본권실현에 관련된 영역에 속하는 것이고, 수신료금액의 결정은 납부의무자의 범위, 징수절차 등과 함께 수신료에 관한 본질적이고도 중요한 사항이므로, 수신료금액의 결정은 입법자인 국회가 스스로 행하여야 할 것이다. 물론 여기서 입법자의 전적인 자의가 허용되는 것은 아니어서, 입법자는 공사의 기능이 제대로 수행될 수 있으며 방송프로그램에 관한 자율성이 보장될 수 있도록 적정한 규모의 수신료를 책정하여야 하고, 공사에게 보장된 방송의 자유를 위축시킬 정도의 금액으로 결정하여서는 아니 된다.

국회가 수신료금액을 법률로써 직접 규정하는 것에 어려움이 있다면 적어도 그 상한선만이라도 정하고서 공사에 위임할 수도 있고, 공사의 예산을 국회에서 승인토록 하는 절차규정을 둘 수도 있을 것이며, 또 수신료금액의 1차적인 결정권한을 전문성과 중립성을 갖춘 독립된 위원회에 부여하고서 국회가 이를 확정하는 방안도 있을 수 있다.

그런데 이 법 제36조 제 1 항은 국회의 결정 내지 관여를 배제한 채 공사로 하여금 수신료의 금액을 결정하도록 맡기고 있다. 공사가 전적으로 수신료금액을 결정할 수 있게 되면 공영방송사업에 필요한 정도를 넘는 금액으로 정할 수 있고, 또 일방적 수신자의 처지에 놓여 있는 국민의 경제적 이해관계가 무시당할 수도 있다. 이 조항은 공사의 수신료금액 결정에 관하여 공보처장관의 승인을 얻도록 규정하고 있으나, 이는 행정기관에 의한 방송통제 내지 영향력 행사를 초래할 위험을 내포하는 것이어서 위와 같은 문제점에 대한 하등의 보완책이 되지 못한다.

이상과 같은 이유로 이 법 제36조 제 1 항은 법률유보원칙(의회유보원칙)에 어긋나는 것이어서, 헌법 제37조 제 2 항과 법치주의원리 및 민주주의원리에 위반된다 아니할 수 없다.

### ▶ 해 설

이 사건에서는 해당 조항이 포괄적 위임금지원칙에는 위반되는 점이 없다고 하고 다른 쟁점에서 헌법상의 의회유보원칙에 위반된다고 판시하였다. 헌법상의 법치주의의 원리에 의할 때 포괄적 위임은 금지되는데, 결국 문제는 어떠한 경우를 포괄적이라고 하고 어떠한 경우를 포괄적인 것이 아니라고 할 것인가 하는 것으로 돌아간다.

이러한 판단을 하는 기준으로 논의되는 것이 의회유보원리이다. 기본권을 제한하는 경우에도 해당 규율사항에 있어 본질적인 사항은 법률로 정하고, 그 나머지는 하위 법규범으로 위임해도 된다는 법리이다. 이를 중요사항유보설이라고 하기도 하고 본질성이론이라고 하기도 한다.

### ▶ 질 문

1. 기본권을 제한함에 있어 왜 한계가 존재하여야 하는가?
2. 「기본권을 제한함에 있어 법률로 하여야 한다」는 기본권 제한의 형식적 한계가 가지는 의미가 무엇인가?
3. 법치주의의 개념적 징표는 무엇인가?
4. 명확성의 원칙은 무엇인가? 헌법재판소의 판례는 이에 대하여 어떠한 태도를 취하고 있는가?
5. 포괄적 위임금지의 내용은 무엇인가? 헌법재판소의 판례는 이에 대하여 어떠한 입장을 취하고 있는가?
6. 의회유보원리는 무엇이며, 이를 인정하는 판례로는 어떠한 것이 있는가?

## Ⅱ. 기본권 제한의 내용상 한계: 본질적내용침해금지와 과잉제한금지

### ▶ 개 요

헌법 제37조 제 2 항은 기본권을 제한함에 있어서도 본질적인 내용은 침해할 수 없다고 정하고 있다. 이를 기본권 제한에서의 내용적 한계라고 한다.

그런데 문제는 헌법은 위 조항에서 기본권 제한의 방법적 한계로서 과잉제한금지원칙을 정하고 있으면서 또 본질적인 내용을 침해할 수 없다고 하므로 양자의 상관관계가 어떠한 것인가 하는 것이 문제가 된다.

헌법 제37조 제 2 항이 정하고 있는 과잉제한금지원칙은 그 구조에서 하위원칙으로 적합성의 원칙, 필요성의 원칙, 비례성의 원칙으로 이루어져 있다.

적합성의 원칙은 기본권의 제한의 수단 또는 방법이 기본권 제한의 목적을 실현하는데 있어 성질상 적합하여야 한다는 원칙을 말한다. 즉, 목적과 수단간의 적합성을 의미하며 이를 표현에 따라 「방법의 적절성 또는 수단의 상당성」(예: 憲 1995. 4. 20.-92헌바29) 또는 「수단의 적합성」(예: 憲 1996. 6. 26.-96헌마200)이라고 하기도 한다.

기본권 제한의 수단이나 방법이 기본권 제한의 목적에 적합하여야 한다는 것은 그 수단이나 방법이 기본권의 제한을 통하여 달성하고자 하는 목적을 완전히 실현시킬 수 있는 것이어야 한다는 것은 아니다. 기본권 제한의 수단이나 방법이 기본권 제한의 목적을 실현시키는데 부분적으로 기여하는 것이어도 된다. 따라서 헌법재판소가 기본권을 제한하는 법률이 적합성의 원칙을 충족시키는가를 심사함에 있어서는 기본권을 제한하는 법률상의 제한의 수단이나 방법이 기본권 제한의 목적을 실현시킴에 있어 전혀 적합하지 않거나 사안의 성질상 연관성이 전혀 없어 채택할 수 없는 것인 경우에 과잉제한금지원칙에 위반된다는 결정을 한다. 적합성의 원칙을 충족시키는가의 여부를 심사함에 있어서는 명백히 적합하지 않은 수단이나 방법인 경우 이외에는 대부분 적합성의 원칙을 충족한 것으로 본다.

필요성의 원칙은 기본권의 제한의 수단 또는 방법이 여러 개 있고, 그것들이 기본권 제한의 목적을 똑같이 실현할 수 있으면, 국회는 그 가운데에서 기본권을 가장 최소로 제한하는 수단이나 방법을 선택하여야 한다는 원칙을 말한다. 기본권의 제한에서도 그 목적을 달성할 수 있는 한 기본권의 주체에게는 최소의 피해만 인정하자는 것이다. 이를 표현에 따라 「피해의 최소성」(예: 憲 2005. 5. 26.-2004헌마49) 또는 「최소침해성」(예: 憲 2005. 4. 28.-2004헌바65)이라고 하기도 한다.

기본권을 제한하는 다양한 여러 개의 수단이나 방법이 존재하는 경우에 어느 것이 기본권의 주체에게 최소의 피해를 가져오는가를 판단함에 있어서는 입법자의 판단이 개입한다. 기본권의 수단이나 방법 가운데는 기본권의 목적을 동일한 수준에서 실현시키는 것도 있고, 더 나은 수준에서 실현시키는 것도 있으므로 우선 기본권의 제한의 목적이 어느 수준에서 달성되어야 하는가를 먼저 설정하여야 한다. 그 다음에는 이러한 수준의 목적을 달성하는 여러 수단이나 방법 가운데 어느 것이 최소의 피해를 가져오는가를 판단하여야 한다.

상당성의 원칙은 기본권의 제한의 수단 또는 방법이 적합성의 원칙과 필요성의 원칙을 충족시키는 것이라고 하더라도 그 제한을 받는 특정의 기본권의 주체가 이를 수인(受忍)할 수 없는 정도의 것이어서는 안 된다는 원칙을 말한다. 이는 특정의 기본권 주체가 가지는 기본권을 제한하여 얻고자 하는 이익(=기본권 제한의 목적)이 공익이라고 하더라도 기본권의 제한을 통하여 기본권 주체가 입는 피해와 비교하여 보다 크거나 균형을 이루어야 한다는 것을 의미한다. 이를 표현에 따라 「협의의 비례원칙」, 「수인가능성의 원칙」, 「법익균형성의 원칙」(예: 憲 2005. 3. 31.-2001헌바87)이라고 하기도 한다. 과잉제한금지원칙을 「광의의 비례원칙」이라고 지칭하는 것과 비교하여 상당성의 원칙을 「협의의 비례원칙」이라고 한다.

수인가능성(受忍可能性)이란 기본권 제한의 목적을 달성함에 있어서 수단이나 방법이 적합하고 여러 수단이나 방법 가운데 최소의 피해를 가져오는 것이라고 하더라도 기본권의 제한을 받는 특정의 기본권 주체가 이를 감당할 수 없는 정도의 불합리한 것이라면 아무리 기본권의 제한으로 얻고자 하는 일반적인 이익(=기본권 제한의 목적)이 존재하더라도 비례원칙이라는 법원칙상 이런 기본권의 제한은 허용되지 않는다는 것을 의미한다. 이러한 것을 허용하는 것은 사실상 특정 기본권 주체에게 해당 기본권을 부정하는 것과 다름없기 때문이다.

과잉제한금지원칙의 심사에서 상당성의 원칙은 과잉제한금지원칙의 3가지 부분원칙 가운데 최후의 단계인 제 3 단계에서 심사한다. 그런데 수인가능여부의 판단은 특정 상황에 놓인 특정의 기본권 주체를 기준으로 판단하기 때문에 판단의 객관적인 기준을 찾기가 쉽지 않다. 기본권 제한적 법률이 상당성의 원칙을 충족하였는가를 판단함에 있어서는 기본권의 제한을 통하여 달성하고자 하는 국가안전보장, 질서유지, 공공복리라는 이익의 달성 정도와 해당 국민이 입는 피해의 정도를 형량하게 된다. 이에는 공익과 사익간의 가치형량, 서로 충돌하는 기본권간의 가치형량 등이 행해진다.

### ▶ 핵심판례

憲 1990. 9. 3.-89헌가95 [조세채권 우선징수 사건]

[사건의 개요]

이 사건은 서울고등법원 89나7216 배당이의(配當異議) 사건의 원고인 주식회사 서울신탁은행이 위 민사재판의 전제가 된 국세기본법 제35조 제 1 항 제 3 호의 위헌여부심판제청을 신청함에 따라 1989. 5. 15. 위 법원이 헌법재판소에 위 법조항에 대한 위헌여부의 심판을 제청한 것이다.

위 민사재판의 기초가 된 사실관계는 다음과 같다. 즉 위 서울신탁은행은 1987. 8. 8. 채무자 김○홍 소유의 부동산(서울 강남구 방배○ 468의 5, 대지 161.3㎡ 및 위 지상 3층 건물 69평 2홉 지하실 11평 9홉)에 대하여 채권 최고액 금 102,200,000원의 근저당권 설정등기를 필하고 금 73,000,000원을 대출하는 등 금융거래를 하던 중, 위 김재홍에 대한 제 3 채권자 이○범이 위 부동산에 대하여 강제경매신청을 하자 (위 은행도) 근저당권에 기한 임의경매신청을 하여 그것이 관계사건의 집행기록에 첨부됨으로써 배당요구의 효력을 가지게 되었는바, 1988. 8. 25. 위 부동산이 금 131,096,900원에 경락되어 같은 해 9. 15 배당금을 수령하게 되었으나 위 김○홍의 체납국세(양도소득세 및 방위세) 금 1,759,860,770원에 대하여 국가(광화문 세무서)가 교부청구를 하여 경락대금 전액을 우선 배당받게 되었기 때문에 (위 은행은) 아무런 배당을 받지 못하게 된 것이다.

[심판의 대상]

**국세기본법** 제35조 제 1 항은 "국세·가산금 또는 체납처분비는 다른 공과금 기타의 채권에 우선하여 징수한다. 다만, 다음 각 호의 1에 해당하는 공과금 기타의 채권에 대하여는 그러하지 아니하다"라고 규정하고 있고 같은 항 제 3 호는 "국세의 납부기한으로부터 1년 전에 전세권·질권 또는 저당권의 설정을 등기 또는 등록한 사실이 대통령령이 정하는 바에 의하여 증명되는 재산의 매각에 있어서 그 매각금액 중에서 국세 또는 가산금(그 재산에 대하여 부과된 국세와 가산금을 제외한다)을 징수하는 경우의 그 전세권·질권 또는 저당권에 의하여 담보된 채권"이라고 규정하고 있다. 이 사건에서 심판의 대상이 된 것은 그 중 "으로부터 1년"이라는 부분이 헌법에 위반되는지의 여부에 관한 것이다.

이 사건에서 헌법재판소는 "국세기본법(1974. 12. 21. 법률 제2679호) 제35조 제 1 항 제 3 호 중 '으로부터 1년'이라는 부분은 헌법에 위반된다"라고 결정하고, 그 이유를 다음과 같이 설시하였다.

▣ 재산권의 본질적인 내용의 침해 여부

■ 재산권 및 저당권의 본질

먼저 위 국세기본법의 규정이 헌법 제23조 제 1 항에 의하여 보장된 재산권 즉 사유재산제도와 저당권을 비롯한 담보물권의 본질적인 내용을 침해하고 있는 것인지의 여부를 본다. 재산권의 본질적인 내용이라는 것은 재산권의 핵이 되는 실질적 요소 내지 근본적 요소를 뜻하며, 재산권의 본질적인 내용을 침해하는 경우라고 하는 것은 그 침해로 인하여 사유재산권이 유명무실해지거나 형해화(形骸化)되어 헌법이 재산권을 보장하는 궁극적인 목적을 달성할 수 없게 되는 지경에 이르는 경우라고 할 것이다(憲 1989. 12. 23.-88헌가13 참조).

그리고 이 사건에서 문제되고 있는 저당권은 채무자 또는 제 3 자(물상보증인)가 채무의 담보로서 제공한 목적물에 대하여 그 사용수익권은 의연히 담보제공자에게 맡겨두고 다만 그 교환가치를 배타적(排他的)으로 지배하고 채무의 변제가 없는 경우에 그 목적물의 가격에 의하여 객관적으로 공시되어 있는 순위에 따라 우선적 변제를 받을 수 있는 담보물권을 의미한다.

■ 이 사건에서 재산권 및 저당권이 침해된 내용

이와 같은 개념정의하에서 그 구체적인 일례로서 이 사건의 기초가 된 제청법원의 배당이익사건을 조명하여 볼 때, 제청신청인(서울신탁은행)이 담보목적물에 대하여 1번 근저당권을 취득한 일자(1987. 8. 8)보다 광화문세무서장이 취득한 조세채권의 "납기"는 각각(1988. 1. 3. 및 같은 해 6. 30.로서) 약 6월 내지 11월 후이고, 위 세무서가 경락대금에 대하여 교부청구를 한 일자(1988. 9. 7.)는 1년 이상 경과된 것임을 알 수 있는바, 결국 먼저 성립하고 공시(公示)를 갖춘 담보물권이 후에 발생하고 공시를 전혀 갖추고 있지 않은 조세채권에 의하여 그 우선순위를 추월당함으로써, 합리적인 사유없이 저당권이 전혀 그 본래의 취지에 따른 담보기능을 발휘할 수 없게 된 사정을 엿볼 수 있다. 이는 자금대출 당시 믿고 의지하였던 근저당권이 유명무실하게 되어 결국 담보물권의 존재의의가 상실되고 있음을 보여주는 사례로서, 담보물권이 합리적인 사유없이 담보기능을 수행하지 못하여 담보채권의 실현에 전혀 기여하지 못하고 있다면 그것은 담보물권은 물론, 나아가 사유재산제도의 본질적 내용의 침해가 있는 것이라고 보지 않을 수 없는 것이다.

■ 합헌론의 주장과 그에 대한 반론

이에 대하여 합헌론의 입장에서는 다음과 같은 주장을 펴고 있다.

조세채권이 담보채권보다 1년만 소급 우선하게 되어 있는 것을 이유로 들어 그것은 사법질서(私法秩序)에 있어서 우선순위의 확보를 목적으로 하는 담보물권을 존중하면서, 한편으로는 제한된 범위 안에서 국세의 우선원칙을 관철시킴으로써, 국세와 사법상의 담보물권과의 우선순위를 조정하고 양자의 조화를 도모하고 있는 것일 뿐, 담보물권의 본질적인 내용을 침해하는 것은 아니라는 것이다. 그러나 이와 같은 논리는 조세채권과 통상의 담보물권제도를 비교하여 전개한 이론으로서, 당해 우선 당하는 담보물권을 대상으로 하여 판단하는 한 그 담보물권은 항상 후에 성립한 조세채권에 열후(劣後)하는 것으로서, 담보물권의 근본요소가 담보부동산으로부터 우선변제를 확보하는 담보기능에 있다고 할 때, 담보물권에서 담보기능이 배제되어 피담보채권을 확보할 수 없다면 그 점에서 이미 담보물권이라고 할 수도 없는 것이므로, 담보물권 내지 사유재산권의 본질적인 내용의 침해가 있는 점은 의문의 여지가 없다고 할 것이다.

국세기본법의 규정체제로 볼 때 제35조 제 1 항 본문에서는 국세우선의 원칙을 규정하고 같은 항 제 3 호에서 위와 같은 예외규정을 두고 있고, 이에 비추어 원칙규정이 합헌임을 전제로 하면서 원칙규정상의 국세우선징수권을 제한하는 단서의 규정에 대하여 그 위헌 여부를 논한다는 것은 논리의 모순이며, 오히려 그 1년의 시한규정은 저당권 등에 의하여 담보된 채권에 대한 조세채권의 무제한적 우선순위를 시간적으로 제한함으로써 저당금융제도를 보호하고자 하는 규정이기 때문에,

그 단서의 규정이 담보물권의 본질적인 내용을 침해한 것이라고는 볼 수 없다는 것이다. 그러나 그러한 주장에 따른다면 단서에서 1년이 아니라 3년이나 5년 또는 그 이상의 기한을 규정하여도 무방하다는 뜻이 되어 이치에 합당하지 않을 뿐만 아니라, 위 법률 제35조 제 1 항 제 3 호의 규정은 규정체제로 보아서는 국세의 우선원칙을 제약하는 듯한 형태로 되어 있지만 그 실질적인 내용을 보면(전세권, 질권, 또는 저당권 등) 담보물권에 의하여 먼저 담보된 채권이라고 할지라도 그 담보물권의 등기 또는 등록일이 조세 납부기일 1년 이내일 때에는 역시 국세가 소급해서 우선한다는 시적 소급한계를 명시한 규정에 다름아닌 것이다.

이 사건 국세기본법의 규정을 위헌으로 선언하면 다른 종류의 담보권, 또는 다른 세법과의 사이에서 불평등(不平等)이 발생하게 되어 혼란을 야기시키게 된다는 것이다. 즉 국세기본법 제35조 제 2 항, 같은 법 제42조 제 1 항, 지방세법 제31조 제 1 항 단서 및 제 2 항 제 3 호에서 이 사건 심판대상과 같은 내용의 우선규정을 두고 있는데, 이 사건의 경우에만 위헌으로 결정된다면 가등기담보권·양도담보권·지방세 등과의 관계에서 불공평하고 불합리한 차별이 생겨나 오히려 혼란이 생긴다는 것이다.

그러나 그것은 헌법 제111조 제 1 항 제 1 호와 헌법재판소법 제41조 제 1 항, 제45조 본문이 법률의 위헌여부심판에 있어서 구체적 규범통제절차(具體的 規範統制節次)를 채택하고 있는데서 비롯되는 부득이한 현상으로서, 관련성이 있는 다른 법률과 동시에 해결되어야 한다는 주장은 이론상으로는 비록 경청할 가치가 있고 또 장차 그러한 방향으로 법률이 개정될 수도 있다고 할 것이나, 현행법제하에서는 이에 관한 명문규정이 없어 일괄처리하기에는 현재로서 문제가 있기 때문에 이 주장도 수긍하기 어려운 것이다.

■ 과잉금지의 원칙(비례의 원칙)의 준수 여부

위에서 살펴본 바와 같이 국민의 기본권의 하나인 재산권(담보물권)에 대한 제한에 있어서, 이 사건 심판대상이 된 법조항은 기본권 제한법률로서 그 내용상의 한계를 일탈하여 담보물권의 본질적인 내용을 침해하고 있는 것이 분명하지만, 설사 이와 견해를 달리하여 담보물권의 본질적인 내용의 침해가 없는 것이라고 할지라도 국민의 기본권을 제한하는 법률은 그 제한의 방법에 있어서도 일정한 원칙의 준수가 요구되는바, 그것이 과잉금지의 원칙이며 이하에서는 이 점을 소상히 판단하기로 한다.

과잉금지의 원칙이라는 것은 국가가 국민의 기본권을 제한하는 내용의 입법활동을 함에 있어서, 준수하여야 할 기본원칙 내지 입법활동의 한계를 의미하는 것으로서 국민의 기본권을 제한하려는 입법의 목적이 헌법 및 법률의 체제상 그 정당성이 인정되어야 하고(목적의 정당성), 그 목적의 달성을 위하여 그 방법(조세의 소급우선)이 효과적이고 적절하여야 하며(방법의 적절성), 입법권자가 선택한 기본권 제한(담보물권의 기능상실과 그것에서 비롯되는 사유재산권 침해)의 조치가 입법목적달성을 위하여 설사 적절하다 할지라도 보다 완화된 형태나 방법을 모색함으로써 기본권의 제한은 필요한 최소한도에 그치도록 하여야 하며(피해의 최소성), 그 입법에 의하여 보호하려는 공익과 침해되는 사익을 비교형량할 때 보호되는 공익이 더 커야 한다(법익의 균형성)는 헌법상의 원칙이다(헌법재판소 위 결정 참조). 위와 같은 요건이 충족될 때 국가의 입법작용에 비로소 정당성이 인정되고 그에 따라 국민의 수인(受忍)의무가 생겨나는 것으로서, 이러한 요구는 오늘날 법치국가의 원리에서 당연히 추출되는 확고한 원칙으로서 부동의 위치를 점하고 있으며, 헌법 제37조 제 2 항에서도 이러한 취지의 규정을 두고 있는 것이다.

그런데 조세국가로 표현되는 현대국가에서 조세채권을 차질없이 확보하는 것은 국가의 재정적 기초를 공고히 함과 동시에 국가의 통치활동을 원활하고 온전하게 수행하는데 있어서 필연적인 전제라고 할 수 있는데, 조세채권의 확보를 위한 제도로서 조세우선의 원칙과 자력집행의 원칙을 그 양대지주로 들 수 있다. 조세채권의 우선은 동일한 채무자에 대하여 조세채권과 공과금이나 민사 또는 상사채권이 경합되고, 그 채무자의 전재산이 경합청구된 채권 전부를 변제하기에 부족할 때 특히 그 의미를 갖게 되며, 이러한 경우 조세채권은 타채권에 우선하여 징수할 수 있게 되는 것이다(여기서는 위헌심판의 대상이 되어 있는 조세우선의 원칙에 대하여서만 살펴보기로 한다).

조세채권이 우선하여 징수되어야 할 이유에 대하여서는 조세는 국가재정의 기초이기 때문에 의당 국가의 시책으로 그 이익을 향수하는 국민으로부터 환수되어야 한다거나(공공성·공익성의 이론), 조세채권은 당사자의 임의로운 선택에 의하여 발생하는 것이 아니라 조세관계법률이 정하는 과세요건의 충족에 따라 자동적으로 과세충당부분이 창출되기 때문에 그 부분은 당연히 공제되어야 한다거나(우선공제성(優先控除性)이론), 일반채권은 예컨대 자금의 대차 또는 재화의 매매와 같이 반대급부를 수반하지만 조세채권은 비록 이론상 일반보상성(一般補償性)이 있다고는 하지만 특정한 개별적인 반대급부를 수반하지 않아 그 이행가능성이 희박하기 때문이거나(무대가성(無代價性)이론), 조세관계법률은 과세의 요건과 절차를 국민에게 공포하고 있으므로 그에 의하여 발생되는 조세채권도 일반채권과 비한다면 어느 정도 공시되어 있기 때문이라고(공시성(公示性)이론) 설명되고 있다. 이상의 논거가 조세우선의 원칙의 배경이며 일부 논거에 의문이 없는 것은 아니나 조세의 우선징수의 필요성은 일반적으로 긍인(肯認)되고 있는 바이므로 위 국세기본법 조항의 목적의 정당성은 일응 인정할 수 있다고 할 것이다.

그런데 전체주의 국가관이 지배하던 시대에는 국가의 우선권이라는 관념에서 국가가 가진 공법상의 권리는 사법상(私法上)의 권리에 대하여 무조건 그리고 무제한 우선되어야 한다고 하였으나, 통치권자(과세권자)와 피통치자(납세국민)가 이념상 자동적(自同的)인 민주국가에서는 이와 같은 논리는 통용될 수 없으며, 피통치자의 불의의 피해를 예방하고 정당한 권익을 보호하는 것 또한 바로 통치권자의 주요사명이요 공적 의무라고 할 것이므로 조세우선의 원칙에도 스스로 그 범위와 한계가 구획(區劃)되어져야 할 것이다.

국회의 입법활동에 있어서 재산권 기타 경제적 활동의 자유규제는 다른 정신적 자유규제의 경우에 비하여 보다 넓은 입법재량권을 갖는다는 것을 인정하지 않는 것은 아니지만, 재산권이라 할지라도 그 본질적인 내용이 침해될 수 없음은 물론 과잉금지원칙의 적용이 배제되는 것도 아님은 앞에서 살펴본 바이다. 즉 용이하고 편리한 방법에 의한 충분한 조세의 징수 확보라는 국가적 요구와 국민의 재산권 내지 납세자 기본권의 보장이라는 일견 모순되고 상반되는 듯한 두 개의 헌법상의 법익가치를 어떻게 조화시키는 것이 가장 이상적이며 또 그것이 헌법정신에 부합한다고 할 것인가 하는 문제가 검토되어야 하는 것이다. 따라서 과잉금지의 원칙의 4가지 구체적 내용 중 목적의 정당성을 제외한 나머지 3가지의 내용에 관련하여 위 국세기본법의 규정이 과연 합당한 것인지의 여부를 살펴보기로 한다.

■ 비공시(非公示) 조세채권이 공시된 담보물권에 우선하는 문제

• 채권자 평등의 원칙과 담보물권의 배타적 우선권

우리나라의 사법체계(私法體係)는 모든 채권 특히 금전채권에 대하여서는 그 성립의 선후에 관계없이 평등하게 취급하는 이른바 '채권자 평등의 원칙'을 정립하고 있다. 이 원칙은 일면 채권자 사이의 자유경쟁을 존중함과 동시에 담보물권의 지위를 확고히 하기 위하여 정립된 것인데, 그것은 공시의 원칙이 따르지 않는 채권을 그 성립의 선후에 따라 우선순위를 인정하게 되면 거래의 안전을 해할 뿐만 아니라, 나아가 담보물권에 의하여 보호되는 채권과도 충돌할 우려가 생기기 때문이다.

따라서 특정의 채권에 대하여 채권자 평등의 원칙에 의하여 채무자의 일반 재산에서 안분비례로 할당받는 이상의, 배타적인 만족을 받을 수 있기 위하여서는, 원

칙적으로 특정의 물건으로 이를 담보하는 물적담보제도에 의존할 수밖에 없게 되며, 오늘날 이러한 물적담보제도를 매개로 하여 신용거래를 하는 금융제도가 자본주의 경제체제에서 커다란 비중을 점하고 있는 것이다. 그리고 이러한 경우 일반채권과 담보물권 간에 있어서는 담보물권이 절대로 우선하게 되며, 담보물권 상호간에 있어서는 담보물권 설정의 선후에 따라 우선순위가 정하여지게 되는 것이다.

이러한 담보물권의 배타적 우선권 때문에 근대사법은 담보물권의 종류를 가급적 제한하고 담보목적물을 특정시켜(특정의 원칙) 그 담보물권의 존재를 엄격하게 공시하며(공시의 원칙) 동일한 재화 위의 담보물권은 각각 확정된 순위를 가지고 있어 서로 침범하지 않으며(순위확정의 원칙) 담보물권은 공시없는 채권의 하자에 영향을 받지 않고(독립의 원칙) 금융시장에서 안정·신속하게 유통되게(유통의 원칙) 함으로써 선의의 제 3 자가 불의의 손해를 입는 일이 없도록 배려하고 있는데 독립의 원칙, 유통의 원칙을 제외하고는 우리나라도 위 원칙을 채택하고 있는 것이다. 즉 대세적(對世的) 효력이 있는 권리는 그 권리의 존재 및 내용을 등기 기타의 방법을 통하여 이것이 공시되어야 하고, 공시되지 아니하거나 공시의 방법이 마련되어 있지 아니한 권리는 배타적 효력을 가질 수 없도록 하는 것이 근대 사법의 기본원리인 것이다.

이러한 공시의 원칙은 사적자치(私的自治)의 원칙이 지배하는 사법(私法) 관계에서 적용되는 것임은 물론이지만, 대세적 효력이 있는 권리는 이를 공시방법을 통하여 제 3 자가 그 권리의 존재 및 그 내용을 알 수 있게 함으로써 제 3 자의 예견가능성을 보호하고자 하는데에 그 취지가 있는 만큼, 이러한 취지는 원칙적으로 공법(公法) 관계에서도 그대로 원용되어야 할 것이며, 비록 조세채권에 대하여 앞에서 본 바와 같은 고도의 공익성을 인정한다고 할지라도 이러한 당위성에는 변함이 없다 할 것이다

■ 합헌론의 주장과 그에 대한 반론

그런데 이 점과 관련하여 합헌론의 입장에서는 다음과 같은 주장을 펴고 있다.

첫째, 조세채권은 사법상의 일반채권과는 달리 조세관계법률이 정한 과세요건의 충족에 의하여 자동적으로 성립하고 조세채무자의 신고나 과세관청의 부과처분에 의하여 확정되며 그 조세법률은 일반인에게 공포되므로 공시의 요건도 그런대로 갖춘 것이라 할 수 있어, 어느 정도의 예측은 가능하며 따라서 국민에게 불측의 피해를 준다고 하기는 어렵다는 것이다.

그러나 조세관계법률이 비록 일반인에게 공포되어 일반국민이 이를 알고 있을

것으로 의제되더라도 과세관청이 아닌 담보물권자가 담보권설정채무자의 장래에의 조세채무의 발생 및 체납여부를 예측한다는 것은 매우 기대하기 어려운 것이다. 따라서 조세관계법률이 공포된 것이라는 것을 이유로 해서 조세채무가 어느 정도 공시되고 있는 것이고 또한 예측이 가능하다는 주장은 수긍하기 어려운 것이다.

둘째, 공시의 원칙은 거래의 안전을 위하여 지켜져야 할 중요한 원칙이긴 하지만 그것은 필수적인 것이라 할 수 없고, 국가 재정의 기초인 조세징수의 중요성에 비추어 볼 때 조세채권에 대하여서는 그 예외를 인정하지 못할 바 아니며, 조세채권 이외에도 임금채권이라든가 임차보증금 등이 공시없이도 보호되고 있는 사실을 감안하건대 조세에 국한한 특례라고 할 수도 없다는 것이다.

그러나 국세기본법 제35조 제 1 항 제 4 호 및 제 5 호에서, (주택임대차보호법 제 8 조가 적용되는 임대차 관계에 있는) 주택의 임차인의 소액보증금이라든가 (근로기준법 제30조의2의 규정에 의한) 임금, 퇴직금, 재해보상금, 기타 근로관계로 인한 채권에 대하여 예외규정을 두어 이를 보호하고 있는 이유는, 국가가 특히 임차인이나 근로자 등 서민을 보호하려는 정책적 배려에서 연유한 것으로서 그에 의하여 보호되는 채권을 만족받지 못할 정도의 불의의 피해를 받는 경우는 상상하기 어려우므로 양자를 같은 차원에서 비교할 수는 없다고 할 것이다.

셋째, 조세채권이 전혀 공시가 되어 있지 않다고 할지라도 저당권제도를 이용하여 금융을 거래하려는 자는 그의 경제적인 우월한 지위를 이용하여 채무자의 신용, 재산상태, 과거의 체납여부, 납세예상액 등을 추정(推定)하는 것이 충분히 가능하고, 따라서 체납우려가 있는 자와는 거래를 개시하지 않거나 거래 규모를 대폭 축소할 수 있을 것이기 때문에 예측할 수 없는 손해를 입는다고는 할 수 없다는 것이다.

그러나 금융기관의 경우는 혹시 그 우월한 지위를 이용하여 그러한 조사를 하는 것이 어느 정도 가능할는지 모르나, 일반사인의 경우는 이를 기대할 수 없고 따라서 전세권자나 질권·저당권자가 일반사인인 경우에는 거의 대부분이 불의의 손해를 입게 된다고 할 것이다. 그리고 금융기관에서는 그러한 경우를 예상하여 담보가치에 훨씬 미급하는 금융을 함으로써 그러한 위험부담을 축소할 수도 있을 것이나, 그렇다고 하더라도 의연 불측의 손해를 입을 가능성은 상존할 뿐만 아니라, 담보권설정자의 입장에서 본다고 하더라도 그가 설정하려는 재산의 담보가치가 부당하게 저렴하게 평가되는 데서 오는 불이익 즉 경제자원의 최적배분에 어긋나는 모순도 가볍게 보아 넘길 수 없음은 물론, 채권확보를 위하여 법원에서 행한 일련의 경매절차가 어느 시점에서 무의미한 도로(徒勞)가 되고마는 데서 오는 국력의 낭비나 피폐 내지 국민의 총체적 자산가치의 감소도 소홀히 간과할 수 없는 것이다.

넷째, 국세기본법 제35조 제 1 항 제 3 호의 규정은 1949. 12. 20. 구 국세징수법 당시 조문화되어 40여년 시행되어 오는 동안 본질적인 개정이 없었으며, 비록 사법상의 거래의 안전을 해치는 면이 있다고는 하지만 그보다 공공복리의 증진에 기여하는 면이 현저할 뿐만 아니라, 이제는 국민의 경제생활에 있어서 널리 법의식화되어 있어 국민적 공감대가 조성되어 있다고 할 수 있는 것이다.

그러나 어떠한 법률조항의 내용이 국민의 자유와 권리를 신장하는 내용이라면 오랜 전통과 관행을 그대로 법질서로 정착시켜도 무방하겠지만 그 반대로 국민의 자유와 권리가 침해되는 내용의 것이라면 장기 시행되어 왔다는 이유만으로는 이를 정당화하기 어려우므로, 공권력을 배경으로 장기간 시행되어 왔다는 이유만으로는 소급우선규정의 내용이 국민의 법의식 속에 정착되어 있다고 하기도 어렵다고 할 것이다.

이상을 종합하면 이 사건 심판대상의 규정은 방법의 적정성의 원칙에 반하는 것은 물론, 법익의 균형성 또는 피해의 최소성의 원칙에도 문제가 있는 것이라고 아니할 수 없는 것이다.

■ 불확정 조세채권이 확정 담보물권에 우선하는 문제

위 국세기본법의 규정에 의하여 우선적 효력이 인정되는 조세채권은 저당권 등이 설정된 때로부터 1년 이내에 납부기한이 도래하는 한 모든 조세채권을 망라하는 것이므로, 여기에는 저당권의 설정 당시에는 아직 성립되거나 확정되지 아니한 조세채권도 당연히 포함되는 것이다.

조세의 납부기일은 법정납부기한도 있고 지정납부기한도 있으나 어느 경우에도 전세권·질권 또는 저당권을 설정하고 그 등기 또는 등록을 필(畢)할 당시에 아직 조세채무가 얼마쯤 발생될 것인지, 그리고 그 과세처분에 대하여 조세채무자가 과연 납세를 할 것인지 체납할 것인지의 여부가 예측불능인 것이다.

생각건대, 민주법치국가에서 모든 행정(과 재판)이 법률에 근거를 두어야 하며 그러한 의미에서 법치행정이 시행되어야 한다면 조세행정도 행정의 일부로서 당연히 그에 포함될 이치인데도, 유독 그것만을 분리하여 별도로 조세의 합법률성의 원칙이 강조되고 있는 것은 그것이 역사적으로 국민의 조세저항 내지 재산권 보호와 밀접한 관련이 있기 때문이다. 이는 형사상의 죄형법정주의와 함께 국민에게 가장 민감한 이해관계가 있는 헌법상의 원칙이라고 할 수 있는데, 그것은 법률에 정하여진 요건을 확인하여 장래에의 행동과 그에 따른 법적 효과를 예측할 수 있고,

그것을 토대로 하여 스스로의 행동방향을 설정하여 과세상의 불이익·형사상의 불이익을 피할 수 있는 선택이 보장되기 때문이다.

그런데 전세권자나 질권·저당권자가 담보권을 취득할 당시에 아무리 최선의 노력을 경주하고 선량한 관리자의 주의의무를 다한다고 할지라도 담보권 설정자의 장래 1년 내의 조세채무 발생여부 또는 조세체납여부가 예측불능이거나 현저히 예측곤란하다면, 담보물권자에게 피해의 감수를 강요하는 것은 그가 사법상의 담보물권제도에 대하여 가지는 법적 신뢰성을 근저에서부터 허물어뜨리는 것이 되는 것이다.

이러한 시각에서 보면 조세채권의 확보라고 하는 목적달성을 위하여 성실한 시민을 희생시키는 이 사건 위헌심판대상규정은 사법질서(私法秩序)에 대한 불신, 나아가서는 국가에 대한 불신마저도 초래하게 하는 것으로써 법익의 균형성 내지는 피해의 최소성의 원칙에 정면으로 배치되는 매우 근시안적인 규정이라고 할 것이다.

■ 합리적인 이유없이 선량한 국민의 희생을 강요하는 문제

● 조세채무의 발생 및 체납에 귀책사유 없는 제 3 자

원래 조세는 그 납세의무자 본인으로부터 징수하는 것이 원칙이고 본래의 납세의무자 이외의 제 3 자로부터 조세를 징수하려면 그와 인적·물적으로 특수한 관계(보증인·담보설정자)가 있어야 할 것이며, 그러한 관계조차 없는 제 3 자로부터 이를 징수함에 있어서는 합리적이라고 수긍될 수 있는 객관적인 사정이 있어야만 한다고 할 것이다. 이와 같은 관점에서 보면 국세기본법의 위 규정은 시간적으로 보다 늦게 성립하고, 또한 담보부동산과는 하등의 관련이 없는 조세채권을 저당권보다 우선하게 함으로써, 저당권자로 하여금 그가 저당권을 취득할 당시 일반시민으로서 할 수 있는 최선의 노력을 경주하여 채무자에 대하여 조세채무의 부존재를 확인할 경우에도, 그 채권을 보전할 수 없게 하는 것으로서 결국 성실하고 선량한 국민에게 불의의 피해를 가하게 되는 셈인 것이다.

이와 같은 사태는 민주법치국가의 원리에 비추어 매우 온당치 않은 결과로서 '법에 의한 지배'를 표방하는 민주법치국가에서 법의 준수는 민주시민의 당연한 의무로서 요구되는 것이지만, 그 반면에 성실하게 법을 준수하는 국민은 어떠한 경우에도 불이익을 받아서는 아니 된다는 원칙 또한 어떠한 이유로도 포기될 수 없는 확고한 기본이념이요 대명제라 할 수 있기 때문이다.

조세채무자와 신분상 일정한 연고(緣故)가 있는 것도 아니고 책임상 일정한 연루(連累)가 있는 것도 아닌, 그것과 전혀 무관한 선량한 거래자의 정당한 법익을 희

생시키면서 조세의 우선을 강조하는 것은 국가가 추구하는 하나의 가치를 위하여 그와 동등 또는 동등 이상의 다른 가치의 희생을 강요하는 것에 다름아닌 것이다.

• 자의개재의 소지(素地)

이 사건의 기초가 된 사건의 경우처럼 그 과세사유가 당해 담보 부동산에서 초래하는 것이 아닐 때는 과세권자의 자의에 따라 담보물권자의 이해관계가 크게 좌우될 수 있는 것이다.

예컨대 어떤 납세자가 수개의 부동산을 가지고 거기에 여러 개의 담보물권을 설정한 다음 어떤 종류의 납세를 태만히 하였을 때 과세권자가 그 어느 부동산에 대하여 그리고 얼마나 과세권을 발동하느냐에 따라 개개의 부동산에 대한 담보물권자는 부당하게 불의의 피해를 입을 수 있는 것이다.

따라서 당해 부동산에서 비롯되는 조세로서 과거에 부과·징수되었던 실적을 근거로 해서 추정할 수 있는 범위 내의 조세채권이(기존의 담보물권에 우선하는 것이) 아니고 조세발생사유와 전혀 무관한 담보설정 부동산에 대하여 전년도의 과세액과는 비교조차 할 수 없는, 그 부동산의 객관적 교환가치보다 수십배를 능가하는 조세채권이 돌출하여 전혀 예상 외의 피해를 담보물권자에게 전가하는 것은 객관적인 합리성이 있다고 인정하기가 어려운 것이다.

• 합헌론의 주장과 그에 대한 반론

합리성의 유무와 합헌론의 입장에서는 담보설정자의 체납세금을 담보물권자의 희생 위에 징수하는 것은 일견 아무 책임없는 제 3 자로부터 이를 징수하는 것처럼 보일 수 있겠으나, 담보물권자는 적어도 담보설정자와 물권거래를 한 당사자임이 분명하고 개중에는 통정하여 허위로 거래한 자도 있을 수 있을 것이기 때문에, 전혀 책임이 없는 제 3 자라고 하기는 어렵고 그러한 거래자의 부담으로 조세징수를 한다고 하더라도 객관적인 합리성이 전혀 결여된 것이라고는 할 수 없다고 주장한다.

그러나 인적·물적 특수관계도 없는 제 3 자로부터 조세를 징수하려면 국민의 법감정에 비추어 그것이 이치에 합당하며 합리적이라고 수긍될 수 있는 객관적인 사정이 있어야 비로소 그 과세는 공평하다고 할 수 있을 것이다. 물론 담보권자에게 담보권 설정자의 조세체납에 대하여 책임이 있거나 조세면탈을 위한 재산도피를 위하여 통정(通情)한 책임이 있는 경우에는 민·형사상 극에 상응하는 조처(즉 채권자 대위권, 취소권, 강제집행면탈, 공정증서 원본 부실기재 등)의 발동이 가능하며, 따라서 그러한 책임이 있는 자가 불이익을 받아야 하는 것은 이론의 여지가 없지만, 그러한 책임이 전혀 없는(단지, 장차 조세를 체납할 사람과 거래를 하였다는 사유 외에는 하등 귀책사유가 없는) 사람일 때에는 그러한 사람의 희생 위에 조세를 징수하는 것이 온당하다고 하기가 어려운 것이다.

그리고 국세기본법이 소유권을 제 3 자에게 양도하는 경우에는 조세가 우선할 수 없게 하면서도 같은 물권인 전세권이나 질권, 또는 저당권에 대하여서는 조세가 우선하도록 하고 있는 점과 관련해서 합헌론의 입장에서는 제 3 자에게 소유권이 양도된 재산에 대하여 국세의 추급효(追及效)를 인정할 수 없는 것은 국민의 재산권 보호라는 헌법적 요청상 당연한 것이라고 주장한다.

그러나 소유권과 담보물권의 물권으로서의 비중에 있어서는 완전한 물권과 제한적 물권으로서의 차등을 인정할 수 있을는지 모르나 그 비중과 기능을 따질 필요 없이 두 가지 물권이 모두 대단히 중요한 사권(私權)으로서 어느 것이나 국가가 그 것을 보호해야 할 권리인 점에서는 차이가 있을 수 없다. 요컨대 물권의 성질을 기준으로 해서 판단할 것이 아니고 합리적인 이유의 유무를 따져서 판단하여야 하며 소유권이라 할지라도 합리적인 이유가 있을 때에는 제한이 가능할 것이고 제한적 물권이라 할지라도 합리적인 이유가 없다면 그 제한은 용납되지 않는다고 할 것이다.

■ 조세확보를 위한 각종 제도의 내용과 그 실효성의 제고(提高)

조세법률관계에서 조세채권자는 그가 가지는 조세채권을 근거로 하여 민사소송 등 절차에 의하지 아니하고 바로 조세채권의 강제적인 실현을 할 수 있다(자력집행제도(自力執行制度)). 그리고 조세채권의 확보를 위하여 복수의 사람으로 하여금 동일한 납세의무를 연대하여 부담하게 하는 납세연대의무제도를 비롯하여 제 2 차 납세의무제도, 원천징수의무제도 등 의무확대제도와 인적·물적 납세담보제도, 사해행위취소제도, 납기전 조세보전제도, 납세증명제 등 간접적인 납세압력제도 등이 보장되어 있다. 즉, 국세기본법 제25조, 상속세법 제18조 제 1 항·제 2 항, 인지세법 제 2 조 제 2 항, 전화세법 제 1 조 제 2 항, 소득세법 제 2 조 제 3 항 등은 납세연대의무제도를 규정하고 있고, 국세기본법 제38조를 비롯하여 제39조·제40조·제41조에서는 제 2 차 납세의무제도를 규정하고 있다. 그리고 납세자가 조세를 체납한 경우에 그 납세자에게 양도담보재산이 있는 때에는 그것으로 납세자의 조세를 징수할 수 있게 하는 양도담보권자의 물적 납세의무제도(국세기본법 제42조)가 있고, 소득세와 법인세의 경우 원천징수제도(소득세법 제142조 내지 제183조, 법인세법 제39조)가 있다.

납세담보제도로서 납세자 또는 제 3 자(제 3 담보제공자)의 특정재산에 대하여 조세의 우선징수순위를 확보해 놓거나(물적 납세담보: 국세기본법 제29조 내지 제34조) 또는 제 3 자(보증인)의 일반재산에까지 확장하여 조세의 징수를 할 수 있도록 한 것도 있는데(인적 납세담보: 같은 법률 제29조 제 5 호), 이에 관한 구체적인 규정으로는 국세징수법 제18조, 제24조 제 2 항 · 제 5 항 제 1 호, 제85조의2 제 3 항, 특별소비세법 제10조 제 4 항 · 제 5 항, 주세법 제29조, 상속세법 제28조 제 1 항 등을 들 수 있다. 그리고 사해행위취소제도가 있어서 체납자가 압류를 면하고자 고의로 그의 재산을 양도하고 양수인이 그 정을 알고 그 재산을 양수한 경우에 그 양도행위의 취소를 요구하는 소송을 제기할 수도 있다(국세징수법 제30조). 뿐만 아니라 조세채권보전제도가 있어서 조세채권의 확정전 또는 납부기한 도래전에 납세자의 재산 일실(逸失)을 방지하여 조세채권을 보전해 두는 방법이 보장되어 있으니 납기전 징수제도(국세징수법 제14조 제 1 항)와 납기전 재산압류제도(같은 법률 제24조 제 2 항)가 그것이다. 납세의무있는 자가 특정행위를 할 때 제출하게 하는 납세증명제도(같은 법률 제 5 조)나 납세자가 정당한 사유없이 국세를 체납한 때에 대한 관허사업의 제한제도(같은 법률 제 7 조) 등은 납세자의 조세납부를 간접적으로 강제하여 조세의 적기 징수를 용이하게 해 주는 것이다.

위에서 살펴본 바와 같이 과세관청은 소급효를 갖는 국세우선징수권이 아니더라도 조세징수 확보를 위한 수많은 유리한 제도를 보유하고 있으며, 방대한 세무조직 · 정보자료 및 조세범죄 수사권 등을 배경으로 하여 그러한 제도를 적시에 적절히 활용한다면 선량한 국민의 재산권을 본질적으로 침해하지 않는 방법으로 과세목적을 달성할 수 있을 것으로 기대되는데도, 조세채권의 소급우선권까지 보유하는 것은 오직 과세관청의 과세징수상의 편의만을 도모할뿐 선량한 국민에 대하여서는 합리적인 이유없이 그 희생을 강요하는 것으로서, 결국 위 국세기본법의 규정은 방법의 적정성 내지는 피해의 최소성의 원칙에 반한다고 할 것이다.

▣ 결 론

이상을 종합하여 보건대 국세기본법의 위 규정은 재산권의 본질적인 내용을 침해할 뿐만 아니라 나아가서 과잉금지의 원칙에도 위배되어 위헌임을 면하기 어렵다고 할 것이다. 그렇다면 조세채권의 우선은 담보물권에 의하여 보호되고 있는 피담보채권과의 관계에 있어서는 앞에서 살펴본 과잉금지의 원칙에 비추어 볼 때 담보물권의 설정자가 납부하여야 할 조세의 존부 및 그 범위를 담보물권 취득자가 예측할 수 있는 시기를 기준으로 한계가 그어져야 할 것이며, 그 시기는 현행 조세법의 체계상 납부할 조세의 존재 및 액수를 담보물권 취득자가 확인가능한 최종의 시점인 조세의 납부기한이라고 하여야 할 것이다. 그렇게 되면, 조세채권은 일반채권에 항상 우선할 수 있고 담보채권과의 관계에 있어서도 조세채권의 납부기한이 먼저 도래하면 역시 우선하는 결과가 되어 조세우선의 기본원칙이 존중됨과 동시에 담보물권자에게도 불측의 피해를 주지 않아 조세에 있어서 헌법의 대원칙인 조세의 합법률성의 원칙과 그에서 파생된 예측가능성 및 법적 안정성이 보장됨과 동시에 조세의 합형평성의 원칙이 지향하는 이념도 실현될 수 있을 것이기 때문이다.

그러므로 국세기본법 제35조 제 1 항 제 3 호 소정의 "국세납부기한으로부터 1년 전에 전세권·질권 또는 저당권의 설정을…"이라고 한 규정 중에서 "으로부터 1년"이라는 부분은 헌법 전문, 제 1 조, 제10조, 제11조 제 1 항, 제23조 제 1 항, 제37조 제 2 항 단서, 제38조, 제59조의 규정에 위반된다. 이 결정은 재판관 조규광 및 재판관 한병채의 아래와 같은 반대의견이 있는 외에는 관여 재판관의 의견이 일치되었으므로 주문과 같이 결정한다.

## ▶ 해 설

이 사건에서 헌법재판소는 과잉제한금지원칙과 본질적내용금지원칙을 동시에 판단하면서 과잉제한금지원칙에도 위반되고 본질적내용금지원칙에도 위반된다고 판시하였다. 이는 양자가 다르다는 것을 인정하는 태도를 취한다.

여기서 헌법재판소는 "재산권의 본질적인 내용이라는 것은 재산권의 핵이 되는 실질적 요소 내지 근본적 요소를 뜻하며, 재산권의 본질적인 내용을 침해하는 경우라고 하는 것은 그 침해로 인하여 사유재산권이 유명무실해지거나 형해화(形骸化)되어 헌법이 재산권을 보장하는 궁극적인 목적을 달성할 수 없게 되는 지경에 이르는 경우"라고 판단하고, 이것이 법률에 의하여 침해되었다고 보았다.

그런데 기본권의 제한에서 기본권의 본질적 내용을 침해할 수 없다고 정하고 있다고 하더라도 과연 그 본질적 내용이 무엇인가 하는 문제에 대해 견해가 갈린다. 본질이라는 개념을 부정하는 견해에서부터 본질을 인정하되 그 개념이 절대적이라고 보는 견해와 상대적이라고 보는 견해가 있다.

절대설은 기본권의 내용 가운데는 어떤 경우에도 침해될 수 없는 핵심영역이 있다고 본다. 이는 기본권의 제한이 허용되는 범위 밖에 있는 부분은 바로 이런 절대적인 영역이라고 본다.

상대설은 기본권의 본질적 내용은 절대적으로 고정되어 있는 것이 아니라고 본다. 기본권은 이익형량을 통하여 제한할 수 있고, 이러한 이익형량에 따라 본질적 내용의 범위는 달라진다고 본다. 예외적인 경우에는 기본권이 부정되는 경우도 있다고 본다.

부정설은 본질이라는 개념부터 성립할 수 없다고 본다. 사물이든 일이든 이 세상에 본질은 존재하지 않는다고 본다. 따라서 기본권의 경우에도 제한할 수 있고, 제한에서는 그 한계의 일탈여부만 문제가 되는 것이지, 본질적 영역이라는 것은 더 이상 문제가 될 수 없다고 본다.

### ▶ 질　　문

1. 헌법상의 과잉제한금지원칙은 무엇인가? 헌법재판소 판례의 태도는 어떠한가?
2. 헌법상 과잉제한금지원칙과 기본권 제한에 적용되는 과잉제한금지원칙은 서로 어떠한 관계에 있는가?
3. 본질적 내용의 침해금지에서 '본질적 내용'은 무엇을 지칭하는가?
4. 과잉제한금지원칙과 본질적내용침해금지원칙간의 관계는 어떠한가?
5. 이 사건에서 헌법재판소의 판단은 타당한가? 논증에서 문제는 없는가?

04.

# 제4장 | 기본권의 경합과 충돌

## Ⅰ. 기본권의 경합

### ▶ 개 요

기본권의 경합이란 한 기본권의 주체가 하나의 사안에서 국가에 대하여 2 이상의 기본권의 적용을 주장하는 경우에 발생하는 국가에 대한 이들 기본권간의 관계를 말한다. 어떤 사건이나 상황에서 국가와 국민간에 기본권이 효력을 발하는 경우는 하나의 기본권이 작용하는 경우(예: 토지의 수용에서 재산권의 침해여부)도 있고 둘 이상의 기본권이 동시에 작용하는 경우(예: 강의실 내의 교수의 연행에서 학문의 자유와 신체활동의 자유의 침해여부)도 있는데, 후자의 경우가 기본권의 경합에 해당한다.

예컨대, 종교단체가 발행하는 종교신문을 폐간한 경우에는 종교의 자유와 언론의 자유에 대한 침해문제가 발생하고, 집회에 참석한 사람을 강제로 연행한 경우에는 집회의 자유와 신체의 자유에 대한 침해문제가 발생하며, 목사의 활동을 금지한 경우에는 직업의 자유와 종교의 자유에 대한 침해문제가 발생한다. 예술작품을 파괴한 경우에는 예술의 자유와 재산권에 대한 침해문제가 발생한다.

하나의 상황에서 여러 기본권이 문제가 되는 경우에도 그 사안의 성격상 어느 하나의 기본권이 나머지 기본권들에 대하여 특별법의 지위에 있는 경우에는 특별법의 지위에 있는 기본권만이 문제가 되므로 기본권의 경합은 발생하지 않는다. 또 여러 기본권이 각기 차례로 침해된 경우에는 각각의 경우에 해당 기본권이 차례로 침해된 것이므로 독립적인 기본권침해가 여러 개가 발생하는 것이어서 기본권의 경합은 발생하지 않는다. 이를 「擬似競合＝類似競合＝不眞正競合」이라고 부르기도 하나 기본권의 경합에 해당하지 않는다. 예컨대 예술적 수단을 사용한 상업광고의 행위에서는 영업의 자유는 주장할 수 있으나 예술의 자유를 주장할 수 없는 것이 이에 해당한다.

기본권의 경합이 주로 문제가 되는 경우는 기본권에 대하여 국가에 의한 침해 또는 제한이 가해지는 경우이다. 이러한 경우에 해당 사안의 성격상 어떤 하나의 기본권영역에 해당하는 경우에는 해당 기본권의 침해 또는 제한문제만 발생하므로 기본권의 경합이 문제가 되지 않으나, 해당 사안이 2 이상의 기본권영역에 해당하는 경우에는 어느 기본권을 기준으로 기본권의 침해 또는 제한을 판단하여야 하는가 하는 문제가 발생한다. 특히 경합하는 여러 기본권들에 대한 제한의 정도가 다른 경우에 어느 기본권을 기준으로 하는가에 따라 기본권의 침해여부가 달라지게 되므로 이는 기본권의 제한에서 중요한 의미를 가진다.

### ▶ 핵심판례

**憲 1998. 4. 30.-95헌가16 [출판사 등록취소 사건]**

[사건의 개요]

제청신청인은 1994. 3. 22. '도서출판 ○○엔터프라이즈'라는 명칭으로 스포츠, 연예, 레저, 사진, 예술을 출판분야로 한 출판사 등록을 한 뒤, 같은 해 7.경 '세미-걸(nine actress semi-girls nice photographs)'이라는 제목의 화보집을 발행하여 유통시켰다. 서울특별시 서초구청장은 위 화보집이 출판사및인쇄소의등록에관한법률(1972. 12. 26. 법률 제2393호로 개정된 것, 이하 '출판등록법'이라 한다) 제 5 조의2 제 5 호 소정의 음란·저속한 간행물에 해당한다는 이유로 같은 해 9. 30.자로 제청신청인에 대한 위 출판사등록을 취소하는 처분을 하였다. 이에 제청신청인은 위 서초구청장을 상대로 위 취소처분의 취소를 구하는 행정소송

(서울고등법원 95구6078)을 제기하는 한편, 위 소송 계속중 음란 또는 저속한 간행물을 출판한 출판사의 등록을 취소할 수 있도록 규정하고 있는 출판등록법 제 5 조의2 제 5 호가 헌법 제21조 제 1 항과 헌법 제11조에 위반된다고 주장하면서 위 규정에 대한 위헌여부심판의 제청을 신청(95부993)하였고, 위 법원은 1995. 10. 26.자로 이를 받아들여 헌법재판소에 이 사건 위헌여부의 심판을 제청하였다.

[심판의 대상]

**출판등록법** 제 5 조의2 제 5 호는 출판사의 등록을 취소할 수 있는 사유로서 "음란 또는 저속한 간행물이나 아동에 유해한 만화 등을 출판하여 공중도덕이나 사회윤리를 침해하였다고 인정되는 경우"를 들고 있다. 위 제 5 호 소정의 등록취소사유는 "음란 또는 저속한 간행물을 출판하여 공중도덕이나 사회윤리를 침해하였다고 인정되는 경우"와 "아동에 유해한 만화 등을 출판하여 공중도덕이나 사회윤리를 침해하였다고 인정되는 경우"의 둘로 나눌 수 있는데, 위 당해사건은 제청신청인이 음란·저속한 간행물을 출판하였다는 이유로 출판사의 등록이 취소된 뒤 그 취소처분의 취소를 구하고 있는 사건이므로 위 2가지 중에서 위 당해사건 재판의 전제가 되는 것은 전자에 한한다고 하겠다.

따라서 이 사건의 심판대상은 출판등록법 제 5 조의2 제 5 호 중 "음란 또는 저속한 간행물"에 관한 부분(이하 '이 사건 법률조항'이라 한다)이 헌법에 위반되는지의 여부이고, 그 내용은 다음과 같다.

**출판등록법** 제 5 조의2(등록취소) 등록청은 제 3 조 제 1 항의 규정에 의하여 출판사 또는 인쇄소의 등록을 한 자가 다음 각 호의 1에 해당하는 경우에는 그 등록을 취소할 수 있다.

5. 음란 또는 저속한 간행물 …… 등을 출판하여 공중도덕이나 사회윤리를 침해하였다고 인정되는 경우

이 사건에서 헌법재판소는 "출판사및인쇄소의등록에관한법률(1972. 12. 26. 법률 제2393호로 개정된 것) 제 5 조의2 제 5 호의 '음란 또는 저속한 간행물'에 관한 부분 중 '음란한 간행물'에 관한 부분은 헌법에 위반되지 아니하고, '저속한 간행물'에 관한 부분은 헌법에 위반된다"라고 결정하고, 그 이유를 다음과 같이 설시하였다.

▣ 출판사등록취소제와 제한되는 기본권

이 사건 법률조항은 등록된 출판사가 음란 또는 저속한 간행물을 출판하여 공중도덕이나 사회윤리를 침해하였다고 인정되는 경우 등록청이 그 출판사의 등록을 취소할 수 있도록 하고 있다. 우선 이러한 등록취소제가 제청신청인의 어떠한 기본권을 제한하고 있는지 살펴보기로 한다.

이 사건 법률조항은 공중도덕이나 사회윤리를 보호하기 위해서 등록한 모든 출판사에 대하여 음란 또는 저속한 간행물의 출판을 금지시키고(1차 규제) 이를 위반한 경우에 당해 출판사의 등록을 취소하는(2차 규제) 수단을 채택하고 있다. 여기서 1차 규제내용인 '음란 또는 저속한 출판의 금지'는 일정한 내용의 표현을 금지시키는 것이어서 헌법 제21조 제 1 항의 언론·출판의 자유를 제약하는 것으로 볼 수 있다. 한편, 등록이 취소되면 당해 출판사는 음란·저속한 간행물뿐만 아니라 합헌일 수도 있는 모든 간행물을 동일한 출판사의 이름으로는 출판할 수 없게 된다. 따라서 등록취소라는 2차 규제는 당해 출판사의 합헌적인 표현에 대한 언론·출판의 자유를 제약할 뿐만 아니라 당해 출판사에 대해 재등록에 소요되는 일정기간 동안 출판업을 못하게 함으로써 직업선택의 자유를 제약하고, 또 그 출판사의 상호를 사용할 수 없게 함으로써 상호권이라는 재산권을 제약한다고 하겠다.

그러므로 이 사건 법률조항은 언론·출판의 자유, 직업선택의 자유 및 재산권을 경합적으로 제약하고 있다. 이처럼 하나의 규제로 인해 여러 기본권이 동시에 제약을 받는 기본권경합의 경우에는 기본권침해를 주장하는 제청신청인과 제청법원의 의도 및 기본권을 제한하는 입법자의 객관적 동기 등을 참작하여 사안과 가장 밀접한 관계에 있고 또 침해의 정도가 큰 주된 기본권을 중심으로 해서 그 제한의 한계를 따져 보아야 할 것이다. 이 사건에서는 제청신청인과 제청법원이 언론·출판의 자유의 침해를 주장하고 있고, 입법의 일차적 의도도 출판내용을 규율하고자 하는 데 있으며, 규제수단도 언론·출판의 자유를 더 제약하는 것으로 보이므로 언론·출판의 자유를 중심으로 해서 이 사건 법률조항이 그 헌법적 한계를 지키고 있는지를 판단하기로 한다.

▣ 음란·저속한 표현과 언론·출판의 자유

언론·출판의 자유는 민주체제에 있어서 불가결의 본질적 요소이다. 사회구성원이 자신의 사상과 의견을 자유롭게 표현할 수 있다는 것이야말로 모든 민주사회의 기초이며, 사상의 자유로운 교환을 위한 열린 공간이 확보되지 않는다면 민주정치는 결코 기대할 수 없기 때문이다. 따라서 민주주의는 사회 내 여러 다양한 사상과 의견이 자유로운 교환과정을 통하여 여과없이 사회 구석 구석에 전달되고 자유로운 비판과 토론이 활발하게 이루어질 때에 비로소 그 꽃을 피울 수 있게 된다. 또한 언론·출판의 자유는 인간이 그 생활 속에서 지각하고 사고한 결과를 자유롭게 외부에 표출하고 타인과 소통함으로써 스스로 공동사회의 일원으로 포섭되는 동시에 자신의 인격을 발현하는 가장 유효하고도 직접적인 수단으로서 기능한다.

아울러 언론·출판의 자유가 보장되지 않는다면, 사상은 억제되고 진리는 더 이상 존재하지 않게 될 것이다. 문화의 진보는 한때 공식적인 진리로 생각되었던 오류가 새로운 믿음에 의해 대체되고 새로운 진리에 자리를 양보하는 과정 속에서 이루어진다. 진리를 추구할 권리는 우리 사회가 경화되지 않고 민주적으로 성장해가기 위한 원동력이며 불가결의 필요조건인 것이다. 요컨대, 헌법 제21조가 언론·출판의 자유를 보장하고 있는 것은 이같은 헌법적 가치들을 확보하기 위한 전제조건을 마련하기 위한 것이다.

그러나 언론·출판의 자유는 헌법이 예정하고 있듯이 결코 무제한적인 자유가 아니다. 언론·출판의 자유가 보장된다고 해서 그로 인해 공동체의 존립 자체가 파괴되거나 공동체에 소속되어 있는 다른 구성원들의 인간성과 인격이 파괴되는 것을 허용하는 것은 아니다. 헌법 제21조 제 4 항도 "언론·출판은 타인의 명예나 권리 또는 공중도덕이나 사회윤리를 침해하여서는 아니 된다"라고 하여 언론·출판의 자유에 대한 한계를 분명히 선언하고 있고, 헌법 제37조 제 2 항도 국가안전보장, 질서유지 또는 공공복리를 위하여 필요한 경우에 한하여 법률로써 언론·출판의 자유를 제한할 수 있도록 하고 있다.

문제는 헌법상 보호되지 않는 언론·출판의 한계는 무엇이며(헌법 제21조 제 4 항), 또 헌법상 보호되는 언론·출판이라 하더라도 공익을 위한 국가의 개입이 어느 시점에서 어디까지 허용될 것인가(헌법 제37조 제 2 항) 하는 점이다. 법치국가의 기본권 이론에 따를 때 원칙적으로 국민의 기본권은 최대한 보장되어야 하고, 국가의 제한은 최소한으로 억제되어야 한다. 특히 언론·출판의 자유영역에 있어서는 국가의 개입이 더욱 제한적으로 이루어져야 할 몇 가지 특수상황이 존재한다. 첫째, 위에서 살핀 언론·출판의 자유가 지니는 헌법적 가치들은 입헌민주체제에서 반드시 확보되어야 할 중요한 가치라는 점이다. 둘째, 언론·출판은 인격의 발현으로서 사상과 견해를 외부에 표출하는 것인데, 어떤 사상이나 견해가 옳고 가치있는 것인지를 판단하는 절대적인 잣대가 자유민주체제에서는 존재할 수 없다는 사실이다. 만약 국가 또는 사회의 다수가 그러한 절대적인 잣대를 가지고 사상과 견해를 재단하려 한다면, 그것이야말로 자유민주헌법이 가장 경원시하고 경계해야 할 것이 아닐 수 없다. 셋째, 언론·출판에 대한 규제는 통상 그 언론·출판으로 말미암은 해악을 시정하고 방지하기 위한 것이고 이러한 국가의 노력은 정당하고 필요한 것이기는 하나, 국가의 개입에 앞서 그 해악을 해소시킬 수 있는 1차적 메커니즘, 즉 사상의 경쟁메커니즘이 시민사회 내부에 존재한다는 사실이다. 그리하여 만일 시민사회 내부에서 서로 대립되는 다양한 사상과 의견들의 경쟁을 통하여 유해한 언론·출판의 해악이 자체적으로 해소될 수 있다면 국가의 개입은 최소한도에 그쳐야 할 것이다. 입헌민주국가에서 언론·출판의 자유를 거론할 때 견해의 다양성과 공개토론이 강조되는 소이가 여기에 있는 것이다.

결국 언론·출판의 영역에서 국가는 단순히 어떤 표현이 가치없거나 유해하다는 주장만으로 그 표현에 대한 규제를 정당화시킬 수는 없다. 대립되는 다양한 의견과 사상의 경쟁메커니즘에 의하여 그 표현의 해악이 해소될 수 없을 때에만 비로소 국가의 개입은 그 필요성이 인정되는 것이다. 따라서 언론·출판의 영역에 있어서 국가의 개입은 원칙적으로 2차적인 것이다.

그러나 모든 표현이 시민사회의 자기교정기능에 의해서 해소될 수 있는 것은 아니다. 일정한 표현은 일단 표출되면 그 해악이 대립되는 사상의 자유경쟁에 의한다 하더라도 아예 처음부터 해소될 수 없는 성질의 것이거나 또는 다른 사상이나 표현을 기다려 해소되기에는 너무나 심대한 해악을 지닌 것이 있다. 바로 이러한 표현에 대하여는 국가의 개입이 1차적인 것으로 용인되고, 헌법상 언론·출판의 자유에 의하여 보호되지 않는데, 위에서 본 헌법 제21조 제 4 항이 바로 이러한 표현의 자유에 있어서의 한계를 설정한 것이라고 할 것이다.

이 사건 법률조항이 규율하는 음란 또는 저속한 표현 중 '음란'이란, 인간존엄 내지 인간성을 왜곡하는 노골적이고 적나라한 성표현으로서 오로지 성적 흥미에만 호소할 뿐 전체적으로 보아 하등의 문학적·예술적·과학적 또는 정치적 가치를 지니지 않은 것으로서, 사회의 건전한 성도덕을 크게 해칠 뿐만 아니라 사상의 경쟁메커니즘에 의해서도 그 해악이 해소되기 어렵다고 하지 않을 수 없다. 따라서 이러한 엄격한 의미의 음란표현은 언론·출판의 자유에 의해서 보호되지 않는다고 할 것이다.

다만, 모든 성적 표현이 음란한 것은 아니기 때문에, 헌법의 보호영역 밖에 있는 음란표현과 헌법의 보호영역 안에 있는 성적 표현은 엄밀한 기준하에 구분되어야 하고 헌법적인 평가 또한 달리하여야 할 것이다. 예컨대, 뒤에서 보는 바와 같이 이 사건 법률조항 중 "저속한 간행물"은 "음란한 간행물"과 구별되는 것으로서 헌법의 보호영역 안에 있다고 보아야 할 것이다. 따라서 이 사건 심판대상조항의 위헌 여부를 판단함에 있어서는 그 헌법적 평가가 상이한 '음란'과 '저속'을 구분하여 각각 별도로 그 위헌 여부를 따져 볼 필요가 있다.

### ▣ 이 사건 법률조항 중 "음란한 간행물" 부분의 위헌 여부

#### ■ 명확성의 원칙 위반 여부

법치국가원리의 한 표현인 명확성의 원칙은 기본적으로 모든 기본권제한입법에 대하여 요구된다. 규범의 의미내용으로부터 무엇이 금지되는 행위이고 무엇이 허용되는 행위인지를 수범자가 알 수 없다면 법적 안정성과 예측가능성은 확보될 수 없게 될 것이고, 또한 법집행 당국에 의한 자의적 집행을 가능하게 할 것이기 때문이다(憲 1990. 4. 2.-89헌가113, 판례집 2, 49; 1996. 8. 29.-94헌바15, 판례집 8-2, 74; 1996. 11. 28.-96헌가15, 판례집 8-2, 526 참조).

표현의 자유를 규제하는 입법에 있어서 이러한 명확성의 원칙은 특별히 중요한 의미를 지닌다. 민주사회에서 표현의 자유가 수행하는 역할과 기능에 비추어 볼 때, 불명확한 규범에 의한 표현의 자유의 규제는 헌법상 보호받는 표현에 대한 위축적 효과를 수반하기 때문이다. 즉, 무엇이 금지되는 표현인지가 불명확한 경우에는, 자신이 행하고자 하는 표현이 규제의 대상이 아니라는 확신이 없는 기본권주체는 — 형벌 등의 불이익을 감수하고서라도 자신의 의견을 전달하고자 하는 강한 신념을 가진 경우를 제외하고 — 대체로 규제를 받을 것을 우려해서 표현행위를 스스로 억제하게 될 가능성이 높은 것이다. 그렇기 때문에 표현의 자유를 규제하는 법률은 그 규제로 인해 보호되는 다른 표현에 대하여 위축적 효과가 미치지 않도록 규제되는 표현의 개념을 세밀하고 명확하게 규정할 것이 헌법적으로 요구된다.

그러나 모든 법규범의 문언을 순수하게 기술적 개념만으로 구성하는 것은 입법기술적으로 불가능하고 또 바람직하지도 않기 때문에 어느 정도 가치개념을 포함한 일반적·규범적 개념을 사용하지 않을 수 없다. 따라서 명확성의 원칙이란 기본적으로 최대한이 아닌 최소한의 명확성을 요구하는 것이다. 그러므로 법문언이 해석을 통해서, 즉 법관의 보충적인 가치판단을 통해서 그 의미내용을 확인해낼 수 있고, 그러한 보충적 해석이 해석자의 개인적인 취향에 따라 좌우될 가능성이 없다면 명확성의 원칙에 반한다고 할 수 없다 할 것이다.

이 사건 법률조항은 "음란"에 대해서 개념규정을 하고 있지 않으며 출판등록법의 어디에도 별도의 개념규정이 존재하지 아니한다. 그러나 이 사건 법률조항은 음란한 간행물의 출판 자체를 금지시키는 규율내용을 담고 있는 점에 비추어 여기서의 "음란"이란 곧 헌법상 보호되지 않는 성적 표현을 가리키는 것임을 알 수 있다. 그리고 헌법상 보호되지 않는 성적 표현이란 앞에서 제시한 바와 같이 '인간존엄 내지 인간성을 왜곡하는 노골적이고 적나라한 성표현으로서 오로지 성적 흥미에만 호소할 뿐 전체적으로 보아 하등의 문학적·예술적·과학적 또는 정치적 가치를 지니지 않은 것'을 의미한다고 하겠다.

대법원도 형법 제243조 소정의 "음란" 개념을 해석·적용하면서 대체로 위와 동일한 의미로 그 개념을 파악하여 왔고, 그 판단을 위한 구체적 기준을 거의 일관되게 제시하여 왔다. 즉, "음란한 문서라 함은 일반 보통인의 성욕을 자극하여 성적 흥분을 유발하고 정상적인 성적 수치심을 해하여 성적 도의관념에 반하는 것을 가리킨다고 할 것이고, 문서의 음란성의 판단에 있어서는 당해 문서의 성에 관한 노골적이고 상세한 묘사서술의 정도와 그 수법, 묘사서술이 문서전체에서 차지하는 비중, 문서에 표현된 사상 등과 묘사서술과의 관련성, 문서의 구성이나 전개 또는 예술성·사상성 등에 의한 성적 자극의 완화의 정도, 이들의 관점으로부터 당해 문서를 전체로서 보았을 때 주로 독자의 호색적 흥미를 돋구는 것으로 인정되느냐의 여부 등의 모든 점을 검토하는 것이 필요하고, 이들의 사정을 종합하여 그 시대의 건전한 사회통념에 비추어 그것이 '공연히 성욕을 흥분 또는 자극시키고 또한 보통인의 정상적인 성적 수치심을 해하고, 선량한 성적 도의관념에 반하는 것'이라고 할 수 있는가의 여부를 결정하여야 할 것이다"라고 판시하고 있다(大 1995. 6. 16.-94도1758; 1995. 6. 16.-94도2413 등).

이 사건 법률조항 소정의 "음란" 개념을 형법상의 "음란" 개념과 달리 볼 특별한 이유가 없고, 대법원도 이 사건 법률조항의 음란 개념을 형법상의 음란 개념과 동일하게 보고 있다(大 1997. 12. 26.-97누11287; 1995. 6. 29.-94누2558).

그렇다면 이 사건 법률조항의 "음란" 개념은 적어도 수범자와 법집행자에게 적정한 지침을 제시하고 있다고 볼 수 있고 또 법적용자의 개인적 취향에 따라 그 의미가 달라질 수 있는 가능성도 희박하다고 하지 않을 수 없다. 따라서 이 사건 법률조항의 "음란" 개념은 그것이 애매모호하여 명확성의 원칙에 반한다고 할 수 없다.

■ 과잉금지의 원칙 위반 여부

앞에서 살핀 바와 같이 인간존엄 내지 인간성을 왜곡하는 노골적이고 적나라한 성표현으로서 오로지 성적 흥미에만 호소할 뿐 전체적으로 보아 하등의 문학적·예술적·과학적 또는 정치적 가치를 지니지 않은 음란표현은 언론·출판의 자유에 의한 헌법적 보장을 받지 못한다. 설령 음란표현이 행복추구권의 한 내용으로서 인정된다 하더라도 이를 출판의 형태로 표출하여 널리 사회에 유통시키는 것이 허용된다면 현재의 우리 사회의 성관념에 비추어 성도덕이 크게 문란 내지는 파괴될 가능성이 대단히 크다고 하겠다. 특히 주체이자 목적으로 존재하여야 할 인간을 물질적 쾌락이나 상업적 탐욕을 만족시키는 수단으로 전락시키는 표현이나 행위를 헌법이 보호하는 것은 아니다. 따라서 이러한 음란으로부터 사회의 성도덕을 보호하기 위하여 음란출판을 금지시킬 필요성은 분명 존재한다고 하지 않을 수 없다.

음란출판을 금지시키고자 하는 이러한 목적 달성을 위하여 형법 제244조는 이 사건 법률조항과 별도로 음란물을 출판한 자에 대하여 형사처벌할 수 있도록 규정함으로써 일반 및 특별예방적 효과를 도모하고 있다. 그렇다면 이 사건 법률조항은 과거 행위에 대한 제재의 의미보다는 출판사등록 자체를 취소시켜 전면적으로 출판활동을 못하게 함으로써 차후에 계속될 수도 있는 음란물의 출판을 금지시키고 나아가 이미 발간된 음란물의 유통을 억제하려는 데에 그 주된 의도가 있다고 하겠다.

이 같은 음란물의 출판금지 및 유통억제의 목적은 정당하고 또 등록취소의 수단은 이러한 목적을 위하여 적합한 수단임에 틀림없다. 그렇지만 이 사건 법률조항은 한번의 음란출판에 대해서도 출판사의 등록 자체를 취소시킬 수 있도록 함으로써 헌법상 보호받는 간행물마저도 차후에는 동일한 출판사명으로 출판할 수 없도록 하는 효과를 수반하고 있다. 또한 등록취소 이전에 기간행된 합헌적인 출판물은 불법성을 가지는 것이 아님에도 등록취소된 출판사의 발간물이라는 낙인이 찍히게 될 것이고, 이로 인하여 합헌적인 간행물의 유통과정에 상당한 불이익이 초래될 수도 있다. 나아가 어떤 간행물이 음란인지의 여부 자체는 일의적으로 확정될 수 있는 것이 아니기 때문에 객관적으로 음란물에 해당하는 경우일지라도 출판사의 입장에서는 예술적 내지 문학적 표현이라고 판단할 경우도 있을 수 있는데, 한 음란물을 단 1회라도 출판하기만 하면 출판사등록 자체를 취소시킬 수 있다는 경고는 합헌적인 표현물에 대한 위축적 효과를 초래하게 될 우려 또한 없지 아니하다. 결국 이 사건 법률조항은 헌법상 보호되지 않는 음란출판을 금지시키는 정당한 목적과 범위를 넘어서서 합헌적인 출판에 대해서도 일정한 제약을 가할 수 있는 가능성을 가지고 있다. 그러므로 이 사건 법률조항이 채택하고 있는 출판사 등록취소라는 수단이 음란물의 출판금지 및 유통억제라는 입법목적을 위해 불가피한 수단인지, 즉 최소한의 기본권제한을 가져오는 수단인지의 여부 및 위 수단으로 인해 실질적으로 획득되는 공익과 그로 인해 실질적으로 침해되는 기본권적 이익 사이에 균형이 이루어져 있는지의 여부를 구체적으로 따져 볼 필요가 있다.

먼저 등록취소의 수단은 그 불가피성이 인정되는 것으로 판단된다. 현행 법제상 이미 발간된 음란출판물의 유통을 신속히 차단시키는 방법이 마련되어 있지 않다. 형법 제243조(음화반포 등) 및 제244조(음화제조 등)에 관련된 수사단계에서 전국에 유통되고 있는 음란물을 압수수색영장만으로 전면 수거한다는 것은 법이론상 및 실제상 곤란한 일이다. 또한 민사절차상의 가처분제도는 원칙적으로 공익목적에 공하기 위한 것이 아니어서 행정청이 음란물차단이라는 공익을 위하여 가처분을 신청하는 것 또한 현행 법제상 불가능하다. 그렇다면 음란한 간행물을 발간한 출판사의 등록을 취소시키고 이러한 사실을 유통업자에게 통지함으로써 음란물의 유통을 간접적으로 억제하는 방법은 현행 법제상 불가피하다고 하지 않을 수 없다.

나아가 등록취소의 수단으로써 얻는 공익과 침해되는 기본권적 이익 사이에 균형이 이루어져 있는지의 여부에 대하여 살피건대, 이러한 법익의 균형성을 판단함에 있어서는 출판등록법상의 등록요건의 용이성, 음란출판의 유통과정과 그 실태, 음란출판규제의 필요성, 등록취소제도의 실질적인 운용현황 등을 종합적으로 고려하여야 할 것이다.

현행 출판등록법상 등록요건은 극히 완화되어 있어 누구나 사무실만 임대하여 등록신청하면 쉽게 출판사등록을 할 수 있도록 되어 있을 뿐만 아니라 등록취소되더라도 재등록을 함에 있어 법률상 아무런 제한이 없다. 그리하여 음란출판으로 인해 등록취소된 자라도 언제든지 출판사명만 바꾸어 다시 등록하면 얼마든지 합헌적인 출판활동을 할 수 있도록 되어 있다. 기록에 의하면, 실제로 제청신청인인 손○남이 대표로 있던 '도서출판 ○○엔터프라이즈'는 '세미-걸'의 출판으로 1994. 9. 30. 등록취소되고, 그로부터 불과 20여일밖에 지나지 아니한 1994. 10. 19. 대표자를 박○연으로 바꿔 동일 장소에서 '도서출판 정인'(위 손○남은 기획실장)이라는 명칭으로 등록하여 위 '세미-걸'의 일부 내용을 동일하게 담은 'XX-19'라는 화보집을 발간하였다가 이로 인하여 1995. 2. 8. 다시 등록취소를 당하였으며, 이후 박○연은 1995. 5. 24. '도서출판 정인엔터프라이즈'라는 명칭으로 다시 등록하여 'XX19(2)'라는 화보집을 발간하였다가 같은 해 11. 17. 또 다시 등록취소를 당하였다. 이러한 사실은 결국 출판의 자유를 빙자하여 음란출판을 통해 상업적 이윤만을 획득하고자 하는 자에게 있어서 출판사의 상호는 아무런 의미를 지니지 않는다는 것을 의미하며, 등록취소로 인한 기본권적 이익의 침해가 그다지 중한 것은 아니라는 점을 대변해 주고 있다.

문제는 규모가 크고 지명도가 높은 건실한 출판사의 경우 단 1회의 음란출판에 대해서도 출판사등록을 취소시킨다면 합헌적인 출판물에 대한 위축적 효과를 가져올 위험성이 있고, 아울러 그러한 출판사의 상호권이 지니는 경제적 가치 또한 전혀 무시할 수 없는 것이라는 점에 있다.

그러나 이 사건 법률조항은 단 한번의 음란물을 출판하였다는 사정만으로 곧바로 등록취소를 강요하고 있지는 않음을 주목할 필요가 있다. 즉 입법자는 등록청으로 하여금 음란한 간행물의 출판으로 인하여 공중도덕이나 사회윤리가 침해되었다고 인정될 경우에만 등록취소 여부를 결정하도록 하고 있다. 이러한 입법자의 배려는 등록취소의 수단이 혹시 초래할지도 모르는 합헌적인 출판활동에 대한 제약을 최소화시킬 수 있는 여지를 열어 놓은 것이라고 하겠다. 이처럼 이 사건 법률조항은 등록취소를 기속행위가 아닌 재량행위로 설정해 놓음으로써 행정청에 의한 재량판단이 잘못되었을 경우에 대비하여 법원에 의한 사후통제의 길까지 열어 놓고 있는 것이다. 대법원판례도 간행물이 음란물에 해당됨을 인정하면서도 당해 출판사의 그 동안의 출판업적이나 여러 사정 등을 종합하여 등록취소로써 달성하려는 공익보다는 등록취소됨으로써 당해 출판업자가 입게 될 불이익이 더욱 크다는 이유로 등록취소처분의 취소를 인정하고 있다(大 1997. 12. 26.-97누11287; 1995. 6. 29.-94누2558).

또한 기록에 나타난 등록취소제도의 실제적인 운영현황을 보면, 등록취소가 등록청의 주관적이고 자의적인 판단에 따라 이루어지는 것이 아님을 알 수 있다. 즉 음란·저속출판물에 대한 심의결정은 등록청이 직접 행하지 않고 별도의 사단법인인 한국간행물윤리위원회(이 사건의 계기가 된 출판사등록취소의 시점에서는 임의기구였으나, 청소년보호법의 제정으로 1997. 7. 1.부터 법정기구로 되었음)가 1970년 이래 계속된 심의결정례에 의하여 축적된 자체의 심의기준에 따라 심의하여 음란·저속성의 정도에 따라 제재건의, 경고, 주의 등 등급별로 결정하고 있으며, 그 결정내용을 문화체육부에 통보하면 문화체육부에서는 제재건의된 출판물에 한해 관할 등록청에서 행정처분을 하도록 지도하고, 관할 등록청은 등록취소에 앞서 한차례의 청문을 행하고 있다.

이상과 같이 등록취소에 관한 현행의 법제가 등록취소의 수단이 혹시 초래할지도 모르는 합헌적인 출판활동에 대한 제약을 최소화시킬 수 있는 장치를 마련해 놓고 있는 점을 고려하면 등록취소로 말미암은 기본권적 이익의 실질적 침해는 그다지 크다고 보이지는 않는다. 반면, 음란물의 출판금지와 유통억제의 필요성과 공익은 현저히 크다고 하지 않을 수 없다. 오늘날 출판기술의 두드러진 발전으로 인하여 음란출판은 그 어느 때보다 용이해졌을 뿐만 아니라 최근 우리 사회의 성에 관한 인식이나 관념도 다소 관대해지는 방향으로 변화하는 추세를 보이고 있다. 그리하여 이에 편승하여 음란출판의 제작·판매를 통하여 오로지 상업적 이윤만을 추구하는 등 인간성을 수단시하고 상품화하는 출판업자도 그 수가 증가하고 있고, 또 그들 중에는 형사처벌을 감수하고서라도 이윤획득을 위하여 음란출판을 계속적으로 시도하는 자도 있음을 부인할 수 없다. 특히 음란출판물은 일반적인 출판물과 같은 정상적인 유통경로를 거치지 않고, 은밀하고 파행적이며 변칙적인 경로를 통하여 배포·판매될 뿐만 아니라 출간되는 즉시 전국 유통망을 통해 신속하게 유통되고 있는 실정이다. 이러한 상황에서 인간성을 왜곡하는 음란출판으로부터 사회의 성도덕을 보호하고 특히 청소년의 건전한 심성을 보호하기 위한 공익은 현저히 크다고 하지 않을 수 없다.

결국 출판사등록취소로 인한 기본권적 이익의 실질적 침해는 그다지 크지 않은 반면, 그로써 얻게 되는 공익은 현저히 크다고 볼 수밖에 없어 이 사건 법률조항은 결코 과도한 제한이라고 볼 수 없으며 따라서 과잉금지의 원칙에 위반되지 아니한다.

■ 평등원칙 위반 여부

이 사건 법률조항은 음란한 간행물의 출판에 대하여 행정청이 독자적으로 음란성 여부를 판단하여 이에 해당되면 직접 당해 출판사의 등록을 취소시킬 수 있도록 하고 있다. 이에 대하여 정기간행물의등록등에관한법률 제12조는 공보처장관이 일정한 사유로 정기간행물의 등록을 취소시키고자 할 경우에는 법원에 등록취소의 심판을 청구하고 그에 따라 등록이 취소되도록 규정하고 있다. 여기서 이 사건 법률조항의 위와 같은 차별이 헌법 제11조의 평등원칙에 반하지는 않는지 의문이 생기게 된다.

평등의 원칙은 입법자에게 본질적으로 같은 것을 자의적으로 다르게, 본질적으로 다른 것을 자의적으로 같게 취급하는 것을 금하고 있다(憲 1996. 12. 26.-96헌가18, 판례집 8-2, 680, 701). 그러므로 비교의 대상을 이루는 두 개의 사실관계 사이에 서로 상이한 취급을 정당화할 수 있는 합리적인 이유가 존재한다면 이를 자의적인 차별이라 할 수 없음은 당연하고, 따라서 이러한 경우에는 평등원칙에 위반된다고 할 수 없다.

제청신청인은 동일한 출판물임에도 정기간행물인지 비정기간행물인지의 여부에 따라 그 등록취소의 절차를 달리하고 있는 이 사건 법률조항이 평등원칙에 위반된다고 주장한다. 그러나 정기간행물과 일반출판물은 그 사회적 기능에 있어 다소 상이한 측면을 지니고 있다. 즉 신문이나 잡지 등의 정기간행물은 동일한 표제를 내걸고 연속적으로 간행되는 출판물로서 일반출판물에 비해 정보전달의 연속성이 강조되고, 보도·감시의 기능, 논평의 기능, 오락의 기능 등이 강하며 또 그때그때 필요한 다양한 정보의 제공으로 국민생활에 보다 밀착되어 있는 등의 특성을 가지고 있다. 그리하여 정기간행물의등록등에관한법률 제6조 제3항은 일간신문이나 통신을 발행하고자 하는 자에게 일정한 시설을 갖출 것을 요구함으로써 사무실만 임대하여 등록을 신청하면 누구나 쉽게 등록할 수 있는 출판사에 비하여 그 등록

요건을 엄격하게 제한해 놓고 있다. 또한 정기간행물의 경우에는 등록이 취소되면 정기간행물의등록등에관한법률 제12조 제 5 항에 의하여 그 취소된 날로부터 2년 이내에는 재등록이 불가능하도록 되어 있는 반면, 일반출판물의 경우에는 재등록금지 규정도 없다.

결국 이들 여러 요소들을 고려할 때, 이 사건 법률조항이 정기간행물과 다르게 그 등록취소 절차를 규정하고 있다고 해서 평등의 원칙에 반할 정도의 자의적인 차별이라고 볼 수는 없다고 하겠다.

### ▣ 이 사건 법률조항 중 "저속한 간행물" 부분의 위헌 여부

#### ■ 명확성의 원칙 위반 여부

이 사건 법률조항은 음란한 간행물뿐만 아니라 "저속한 간행물"의 출판에 대해서도 등록취소를 할 수 있도록 규정하고 있다. 우선 이러한 "저속" 개념이 지나치게 애매모호하여 명확성의 원칙에 반하는지의 여부를 살핀다.

통상의 사전적 풀이에 따르면, "음란"이란 "음탕하고 난잡함"을 의미하고, "저속"이란 "품위가 낮고 속됨"이라고 풀이되고 있다. 그렇다면 이 사건 법률조항의 "저속"이란 그 외설성이 음란에는 달하지 않는 성적 표현뿐만 아니라 폭력적이고 잔인한 표현 및 욕설 등 상스럽고 천한 내용 등의 표현을 가리키는 것이라고 파악할 수 있다. 따라서 "음란"의 개념과는 달리 이 "저속"의 개념은 우선 그 적용범위가 매우 광범위하다고 하지 않을 수 없다. 그리고 "저속"이라는 문언은 보충적인 해석에 의한다 하더라도 그 의미내용을 확정하기 어려울 정도로 매우 추상적이다. 어느 정도의 성적 표현이 저속한 것인지, 어느 정도의 폭력성과 잔인성이 있는 경우에 저속에 해당되는지, 그리고 어느 정도 상스러운 표현이 저속에 해당되는지 도무지 알 수 없기 때문에 수범자나 법집행자에게 적정한 지침을 제시하지 못하고 있는 것으로 판단된다. 다시 말하면, 이 "저속"의 개념에는 출판사등록이 취소되는 성적 표현의 하한이 열려 있을 뿐만 아니라 폭력성이나 잔인성 및 천한 정도도 그 하한이 모두 열려 있어서, 출판을 하고자 하는 자는 어느 정도로 자신의 표현내용을 조절해야 되는지를 도저히 알 수 없도록 되어 있다. 성을 소재로 한 유머나 왜곡된 사회도덕이나 윤리를 풍자하는 다소 품위없는 표현도 여기의 "저속"에 해당될 수 있고, 한두 번의 폭력적인 표현이나 살인현장의 다소 상세한 묘사도 여기의 "저속"에 해당될 수도 있을 것이다. 이렇게 된다면 이 사건 법률조항은 결국 자의적인 법집행의 가능성을 열어 주는 셈이 될 것이고, 이로 말미암아 언론·출판의 자유가 매우 위축될 수 있는 것임은 의심의 여지가 없다고 하겠다.

물론 이 사건 법률조항은 출판사등록취소의 요건으로서 "저속한 간행물"의 출판 외에 "공중도덕이나 사회윤리의 침해"라는 요건을 함께 요구하고 있어서 "저속" 여부를 판단하기 위한 기준을 제시하고 있는 것으로 볼 수도 있다. 그러나 "공중도덕"이나 "사회윤리"의 개념 자체도 확정적인 개념이 아니기 때문에 이들 기준을 사용한다 하더라도 "저속"의 의미내용을 확정짓는 것이 용이한 일은 아니라고 하겠다. 그렇다면 이 사건 법률조항 중 "저속한 간행물" 부분은 불명확하고 애매모호할 뿐만 아니라 지나치게 광범위한 표현내용을 규율하는 것이어서 명확성의 원칙 및 과도한 광범성의 원칙에 반한다고 하지 않을 수 없다.

■ 과잉금지의 원칙 위반 여부

설령 저속의 개념이 명확성의 원칙 및 과도한 광범성의 원칙에 반하지 않는다고 하더라도, 저속한 간행물의 출판을 전면적으로 금지시키고 나아가 출판사의 등록을 취소할 수 있도록 규정하고 있는 이 사건 법률조항은 언론·출판의 자유를 과도하게 제한하는 위헌적인 입법이라는 비난을 면할 수 없다. 앞에서 살핀 바와 같이 저속한 표현은 음란표현과는 달리 언론·출판의 자유의 보호영역에 속하는 표현이며 일정한 사회적 가치를 지니고 있고, 이러한 표현을 전면 금지시키는 것은 특수한 상황에서 이를 정당화할 수 있는 중대한 이유가 있는 경우를 제외하고는 표현의 자유를 본질적으로 침해할 우려가 있기 때문이다.

물론 청소년의 건전한 심성을 보호하기 위해서 퇴폐적인 성표현이나 지나치게 폭력적이고 잔인한 표현 등을 규제할 필요성은 분명 존재한다. 따라서 저속한 표현을 규제하더라도 그 보호대상은 청소년에게 한정되어야 하고, 규제수단 또한 청소년에 대한 유통을 금지하는 방향으로 좁게 설정되어야 한다. 예컨대, 청소년이 보아서는 안 되는 저속한 표현물에 대해 등급표시를 하거나, 판매시 청소년의 접근을 차단시키기 위하여 별도의 코너를 마련하는 등의 규제조치를 고려할 수 있을 것이다. 그리고 은밀하고 변칙적인 유통경로를 통하여 청소년에게 유해한 저속간행물을 계속적으로 유통시키는 경우에는 그에 대한 행정적 제재로서 과징금을 부과하거나 일정 기간 영업을 정지시키거나 또는 필요한 경우 형사적 제재수단을 마련할 수도 있을 것이다. 그런데 이 사건 법률조항은 저속한 간행물의 출판을 전면 금지시키고 나아가 출판사의 등록을 취소시킬 수 있도록 하고 있는바, 이는 지나치게 과도한 수단을 선택하고 있다고 하지 않을 수 없다.

더 나아가 청소년보호라는 명목으로 성인이 볼 수 있는 것까지 전면 금지시킨다면 이는 성인의 알 권리의 수준을 청소년의 수준으로 맞출 것을 국가가 강요하는 것이어서 성인의 알 권리를 명백히 침해한다고 하지 않을 수 없다.

요컨대, 이 사건 법률조항은 헌법상 보호받는 저속한 표현에 대해서까지 이를 전면적으로 무단히 금지시킴으로써 청소년보호의 입법목적을 넘어선 과도한 기본권제한임이 분명하다. 따라서 이 사건 법률조항 중 "저속한 간행물" 부분은 헌법 제37조 제 2 항의 과잉금지의 원칙에도 위반된다.

▣ 결 론

그렇다면 이 사건 법률조항 중 "음란한 간행물" 부분은 헌법에 위반되지 아니하고, "저속한 간행물" 부분은 명확성의 원칙에 반할 뿐만 아니라 출판의 자유와 성인의 알 권리를 침해하는 규정이어서 헌법에 위반된다고 할 것이므로 재판관 전원의 의견 일치에 따라 주문과 같이 결정한다.

## ▶ 해 설

이 사건에서 헌법재판소는 기본권의 경합의 경우를 인정하고 이에 대하여 판단하고 있다. 기본권을 침해함에 있어 경합이 발생하는 경우에 해결하는 방법으로는 이론적으로 다음과 같은 방법이 제시되고 있다.

기본권의 경합이 문제가 되는 경우에는 무엇보다 먼저 이것이 기본권의 경합에 해당하는 것인지 아니면 유사경합에 해당하는 것인지를 구별하여 유사경합에 해당하는 것인 경우에는 기본권의 경합에 해당하지 않으므로 해당 기본권의 침해여부만 판단하면 된다.

헌법재판소는 헌법재판소 공무원직에 관한 한 공무담임권은 직업의 자유에 우선하여 적용되는 특별법적 규정으로 후자의 적용은 배제된다고 판시하였다(憲 1999. 12. 23.-99헌마135등).

해당 사안이 기본권의 경합에 해당하는 경우에는 이를 해결하는 방법에 있어 ① 기본권의 효력이 보다 약한(제한의 여지가 보다 더 강한) 기본권을 우선시켜야 한다고 하는 최약효력설과 ② 기본권의 효력이 보다 강한(제한의 여지가 보다 더 약한) 기본권을 우선시켜야 한다고 하는 최강효력설이 대립한다.

기본권이 경합하는 경우에는 ① 여러 기본권 가운데 문제가 된 해당 사안과 직접적으로 관련이 있는 기본권이 있는 경우에는 이 기본권을 우선적으로 적용하고, ② 모든 기본권이 해당 사안과의 관련성에서 동일한 경우에는 그 효력이 가장 강력한 기본권을 적용하여 기본권의 보장을 보다 두텁게 하며, ③ 모든 기본권이 해당 사안과의 관련성에서도 동일할 뿐만 아니라 기본권의 효력에서도 동일한 경우에는 관련이 있는 기본권 모두를 동시에 적용하여야 할 것이다.

헌법재판소는 여러 기본권이 문제가 되는 상황에서는 통상 모든 기본권을 망라하여 판단하는 태도를 보이고 있는데, 이는 기본권 경합의 문제를 올바로 이해하지 못한 태도라고 할 것이고, 이로 인하여 기본권의 적용에서 부정합성의 문제가 노정되고 있다. 그러나 헌법재판소의 판례 가운데는 해당 사안에 적용되는 기본권이 어느 것인지를 확정하려고 한 것도 있다. 예컨대, 음란·저속물의 등록취소 사건에서 기본권이 경합하는 경우에는 기본권 침해를 주장하는 제청신청인과 제청법원의 의도 및 기본권을 제한하는 입법자의 객관적인 동기 등을 참작하여 사안과 가장 밀접한 관계에 있고 또 침해의 정도가 큰 주된 기본권을 중심으로 해서 그 제한의 한계를 따져 보아야 할 것이라는 점을 전제로 하여 제청신청인과 제청법원이 언론·출판의 자유의 침해를 주장하고 있고 입법의 1차적 의도도 출판내용을 규율하고자 하는데 있으며 규제수단도 언론·출판의 자유를 더 제약하는 것에 있다고 보아 언론·출판의 자유의 침해여부를 판단한 것(憲 1998. 4. 30.-95헌가16), 경비업의 겸영금지 사건에서 청구인들의 주장취지 및 입법자의 동기를 고려하여 직업의 자유가 가장 밀접한 관련성이 있다고 판단한 것(憲 2002. 4. 25.-2001헌마614), 학교정화구역 내에서의 극장시설금지 사건에서 표현 및 예술의 자유의 제한은 극장운영자의 직업의 자유에 대한 제한을 매개로 하여 간접적으로 제약되는 것이라고 하여 입법자의 객관적인 동기 등을 참작하여 직업의 자유가 사안과 가장 밀접한 관계가 있고, 침해의 정도가 가장 큰 주된 기본권이라고 판단한 것(憲 2004. 5. 27.-2003헌가1) 등이 그에 해당한다.

## ▶ 질 문

1. 기본권의 경합은 어떠한 경우에 발생하는가?
2. 기본권의 경합이 발생할 경우에 이를 해결하는 방법은 무엇인가?
3. 헌법재판소의 태도는 타당한가?
4. 이 사건에서 헌법재판소가 경합된다고 본 기본권들은 과연 서로 경합적인 관계에 있는가?
5. 이 사건에서 헌법재판소의 논증은 타당한가?

# Ⅱ. 기본권의 충돌

## ▶ 개 요

기본권간의 충돌(=상충 Grundrechtskollision)이란 서로 다른 둘 이상의 기본권의 주체들 사이에 있어서 서로 충돌하는 각자의 기본권을 주장·행사하기 위하여 국가에 대하여 각기 자기의 기본권을 주장하는 경우에 발생하는 상황을 말한다.

예컨대 TV방송에서 사실의 보도 또는 논평이라는 언론의 자유와 해당 당사자의 인격이나 명예의 보호라는 인격권이 충돌하는 경우, 거리에서 이익단체들이 시위를 하는 시위의 자유와 시위로 피해를 입는 인근 상점의 영업의 자유나 재산권의 보호 또는 운전자나 보행자의 통행의 자유가 충돌하는 경우, 인공임신중절(=낙태)을 시행하는 모의 행복추구권과 태아의 생명권이 충돌하는 경우, 문학작품이나 예술표현에서 특정 개인의 사생활을 언급하여 묘사하고 평가하는 작가의 예술의 자유와 해당자의 사생활의 비밀·자유가 충돌하는 경우, 공해산업을 운영하는 기업주의 직업의 자유 또는 재산권의 보장과 인근 주민들의 환경권이 충돌하는 경우, 종교단체가 주거지역 내의 장소에서 공개적인 종교집회를 개최하는 종교의 자유와 주거의 평온을 향유하는 인근 주민들의 주거의 자유가 충돌하는 경우, 담배를 흡연하는 것을 즐기는 자유와 이를 싫어하고 건강을 유지하려는 혐연할 자유와 건강권이 충돌하는 경우 등이 이에 해당한다.

기본권의 충돌은 각각의 기본권의 주장·행사가 헌법적으로 보장되는 경우에 한정되며, 外見上 기본권을 주장하고 있으나 본질상 기본권으로 보호되지 못하는 경우(예: 범죄행위를 하면서 행동자유권을 주장하는 경우)에는 처음부터 기본권의 충돌은 발생할 여지가 없고 기본권간의 충돌이라는 개념도 성립하지 않는다(부진정 충돌=의사충돌=유사충돌). 따라서 어떤 문제가 기본권간의 충돌의 문제에 해당하는가의 여부를 판단하기 위해서는 먼저 상호 충돌하는 각각의 가치영역이 헌법상 유효하게 기본권으로 보호되고 있는 것들인가의 여부에 대하여 선결적으로 판단해야 한다.

기본권의 충돌은 어느 하나의 기본권주체가 기본권을 실현하고자 이를 행사하는 경우에 다른 기본권주체의 기본권행사에 제한이나 침해를 가져온다는 점에 그 특징이 있다.

기본권의 충돌은 기본권의 주체가 다른 기본권의 주체에 대하여 자기 기본권을 직접 행사하여 효력간에 서로 충돌하는 것이 아니라 서로 충돌하는 기본권의 가치간의 충돌이라는 성질을 가진다. 이는 기본권이 국가에 대한 경우와는 달리 사인에 대해서 직접 행사되지 않는다는 효력 때문이다.

## 핵심판례

### 憲 1991. 9. 16.-89헌마165 [반론권 사건 1]

[사건의 개요]

청구외 ○○유업주식회사는 이 사건 청구인이 발행하는 일반 일간신문인 중앙일보의 1988. 7. 23.자 제 8 면 취재수첩란의 기사가 자신과 관련된다고 주장하면서 정기간행물의등록등에관한법률(이하 법이라 한다) 제19조에 의하여 서울민사지방법원에 그 기사내용에 대한 정정보도게재청구의 심판을 제기하여 같은 법은 1089. 1. 13. 선고, 88카43429로 인용판결을 받았다.

위 사건의 피신청인인 이 사건 청구인이 서울고등법원 89나7209로써 항소를 제기함과 아울러 위 사건의 항소심 계속중 위 법원에 89카194로써 정정보도청구권을 규정한 이 법 제16조 제 3 항 및 그 절차를 규정한 이 법 제19조 제 3 항이 헌법상의 평등권 및 언론의 자유의 보장에 위반된다는 이유를 들어 제청을 신청하였으나, 위 법원은 1989. 7. 11. 이를 기각하였다.

청구인은 같은 달 13. 위 결정서의 송달을 받고 같은 달 27. 헌법재판소에 이 법 제16조 제 3 항 및 제19조 제 3 항에 대하여 헌법재판소법 제68조 제 2 항에 의한 헌법소원심판을 청구하였다.

[심판의 대상]

이 사건 심판의 대상은 정기간행물의등록등에관한법률 제16조 제 3 항 및 제19조 제 3 항 소정의 정정보도청구권 및 그 심판청구에 대하여 민사소송법의 가처분절차에 관한 규정을 준용하도록 한 위 각 법률조항이 헌법에 위반되는지의 여부에 관한 것이고, 그 내용은 다음과 같다.

제16조(정정보도청구권) ③ 발행인 또는 편집인이 정정보도게재청구를 받은 때에는 지체없이 피해자 또는 그 대리인과 정정보도의 내용, 크기 등에 관하여 협의한 후 일간신문과 주 1회 이상 발행하는 정기간행물 및 통신은 요구를 받은 날로부터 9일 이내에 같은 정기간행물에, 그 밖의 정기간행물은 편집이 완료되지 아니한 다음 발행호에 이를 무료로 게재하여야 한다. 다만, 피해자가 정정보도청구권의 행사에 정당한 이익을 갖지 않는 경우나 청구된 정정보도의 내용이 명백히 사실에 반하는 경우 또는 상업적인 광고만을 목적으로 하는 경우에는 이의 게재를 거부할 수 있다.

**정기간행물의등록등에관한법률** 제19조(정정보도청구사건의 심판) ③ 제 1 항의 규정에 의한 청구에 대하여는 민사소송법의 가처분절차에 관한 규정에 의하여 재판하며, 청구가 이유있는 경우에는 법원은 제16조 제 3 항 내지 제 5 항이 정하는 방법에 따라 정정보도의 게재를 명할 수 있다. 다만, 민사소송법 제697조 및 제705조는 이를 적용하지 아니한다.

이 사건에서 헌법재판소는 "정기간행물의등록등에관한법률(1987. 11. 28. 법률 제3979호) 제16조 제 3 항, 제19조 제 3 항은 헌법에 위반되지 아니한다"라고 결정하고, 그 이유를 다음과 같이 설시하였다.

▣ 정정보도청구권의 유래 및 의의와 헌법상의 근거

▪ 유 래

언론의 자유는 바로 민주국가의 존립과 발전을 위한 기초가 되기 때문에 특히 우월적인 지위를 지니고 있는 것이 현대 헌법의 한 특징이다. 그러나 다른 한편 모든 권리의 출발점이 동시에 그 구심점을 이루는 인격권이 언론의 자유와 서로 충돌하게 되는 경우에는 헌법을 규범조화적으로 해석하여 이들을 합리적으로 조정하여 조화시키기 위한 노력이 따르지 아니할 수 없고, 이는 각 나라의 역사적 전통과 사회적 배경에 따라 조금씩 다른 모습을 보이고 있다.

언론의 자유와 인격권의 충돌에 관하여 영국이나 미국에서는 전통적으로 언론에 의한 인격권의 침해에 대하여 엄중한 손해배상책임을 지우는 방법에 의하여 그 해결책을 찾았다.

프랑스에서는 1789년의 시민혁명을 계기로 국가에 의한 검열제도가 폐지되자 언론의 자유의 남용에 따른 피해가 심각한 사회문제로도 대두되고 민·형사상의 일반구제절차만으로는 개인의 인격권의 보호가 불충분하다고 인식되게 되었다. 그리하여 프랑스는 1822. 3. 25. 출판법 제11조에서 모든 신문 또는 정기간행물의 소유자 또는 편집자는 피해자로부터 반론이 있을 때에는 반론의 수리일로부터 3일 이내에, 만일 3일 이내에 발행되지 않을 때에는 다음호에 무료로 반론을 게재할 것을 규정하여 이른바 반론권을 입법화하였다.

한편 독일에서는 프랑스의 반론권제도를 본받아 제정된 1874년의 제국언론법이 정기간행물에 관청 또는 개인에 관한 사실이 보도되었을 경우에 이해관계인은 책임편집자에게 사실적 주장에 대한 '정정'을 청구할 수 있게 하였는데, 그 성질은 언론기관의 고의, 과실 등 주관적 요건을 따지지 아니하며, 보도된 사실적 주장의 내용이 진실에 반하는지의 여부도 묻지 않는 점에서 위의 '정정'이라는 용어는 그 후 '반박권' 또는 '반론권'으로 바뀌어 현재에 이르고 있다.

이와 같은 반론권제도를 받아들인 나라들의 법제는 오늘날 크게 프랑스형과 독일형의 두 가지로 나누어진다. 프랑스형의 반론권은 사실상의 주장은 물론 논평·비판 등의 의견이나 가치판단에 대하여도 반론을 허용하여 반론권의 범위를 넓게 인정하는데 반하여 독일형의 경우는 사실적 주장에 대하여서만 반론을 허용하여 반론권의 범위를 좁게 해석하는 것이 다르다.

■ 의의 및 성질

이 법 제16조 및 방송법 제41조에 규정한 정정보도청구권은 정기간행물이나 방송에 공표된 사실적 주장에 의하여 피해를 받은 사람(이하 "피해자"라고 한다)이 발행인이나 편집인 또는 방송국의 장이나 편성책임자에 대하여 그 피해자의 사실적 진술과 이를 명백히 전달하는데 필요한 설명을 게재 또는 방송하여 줄 것을 요구할 수 있는 권리이다.

즉, 위 법률조항은 비록 그 표제 및 법문 가운데 "정정"이라는 표현을 쓰고 있기는 하나 그 내용을 보면 명칭과는 달리 위에서 본 독일의 예에 따라 언론기관의 사실적 보도에 의한 피해자가 그 보도내용에 대한 반박의 내용을 게재해 줄 것을 청구할 수 있는 권리인 이른바 "반론권"을 입법화한 것이다. 따라서 여기서 말하는 정정보도청구는 그 보도내용의 진실여부를 따지거나 허위보도의 정정을 청구하기 위한 것이 아니다.

이와 같이 반론권으로서의 정정보도청구권이 인정되는 취지로는 다음의 두 가지를 들 수 있다.

첫째, 언론기관이 특정인의 일반적 인격권을 침해한 경우 피해를 받은 개인에게도 신속·적절하고 대등한 방어수단이 주어져야 함이 마땅하며, 특히 공격내용과 동일한 효과를 갖게끔 보도된 매체 자체를 통하여 방어 주장의 기회를 보장하는 반론권제도가 적절하고 형평의 원칙에도 잘 부합할 수 있다는 점이다.

둘째, 독자로서는 언론기관이 시간적 제약 아래 일방적으로 수집공급하는 정보에만 의존하기보다는 상대방의 반대주장까지 들어야 비로소 올바른 판단을 내릴 수 있기 때문에 이 제도는 진실발견과 올바른 여론형성을 위하여 중요한 기여를 할 수 있게 된다는 점이다.

■ 헌법상의 근거

우리 헌법 제10조는 "모든 국민은 인간으로서의 존엄과 가치를 가지며, 행복을 추구할 권리를 가진다"라고 규정하고 있고 제17조는 "모든 국민은 사생활의 비밀과 자유를 침해받지 아니한다"라고 규정하고 있으며 한편 제21조의 제 1 항은 "모든 국민은 언론·출판의 자유를 가진다"라고 규정하고, 제 4 항은 "언론·출판이 타인의 명예나 권리 또는 공중도덕이나 사회윤리를 침해하여서는 아니된다"라고 규정함으로써 언론·출판의 자유를 보장하는 동시에 언론·출판의 자유가 민주사회에서 비록 중요한 기능을 수행한다고 하더라도 그것이 인간의 존엄성에서 유래하는 개인의 일반적 인격권 등의 희생을 강요할 수는 없음을 분명히 밝히고 있다.

헌법의 위 조항들을 종합해 볼 때 언론기관에 의하여 일반적인 인격권이나 사생활의 비밀과 자유를 침해받은 피해자에게 인간의 존엄과 가치 및 사생활의 비밀과 자유권을 보호하기 위하여 신속하고도 적절한 방어의 수단이 주어져야 함이 형평의 원리에 부합한다고 할 것이다. 그러므로 이 법이 규정한 반론권으로서의 정정보도청구권은 바로 헌법상 보장된 인격권에 그 바탕을 둔 것으로서, 피해자에게 보도된 사실적 내용에 대하여 반박의 기회를 허용함으로써 피해자의 인격권을 보호함과 동시에 공정한 여론의 형성에 참여할 수 있도록 하여 언론보도의 객관성을 향상시켜 제도로서의 언론보장을 더욱 충실하게 할 수도 있을 것이라는 취지 아래 헌법의 위에 든 각 조항들을 근거로 하여 제정된 것이다.

▣ 법률조항의 명칭

이 법 제16조에 규정한 정정보도청구권은 그 성격이 위에서 본 바와 같이 반론권임에도 불구하고, 위 법률조항은 이를 정정보도청구권이라고 표현하고 있고 이에 관한 실무도 '정정보도문'이라는 제목을 사용하고 있어 마치 언론기관이 자신의 보도에 대하여 잘못을 시정하는 내용의 정정문을 싣는 것인 양 오해를 불러일으킬 수 있다.

보도내용의 진위를 가리지 아니한 채 정정보도문을 게재하여야 하는 현행법 아래에서 정정보도문이 만약 이름 그대로 언론보도의 잘못된 보도내용을 바로잡는다는 정정의 성격을 갖고 그와 같은 의미로 게재된다면, 이는 보도의 자유와 편집·편성의 자유에 대한 본질적인 내용의 침해가 될 수 있을 것이다.

그러나 정정보도문은 그 명칭의 표현과는 달리 위에서 본 바와 같이 보도된 사실적 주장에 대한 반박을 내용으로 하는 반박문의 성질을 가지고, 정정보도청구인의 이름으로 게재되고 있는 실무를 고려한다면, 비록 "정정"이라는 다소 오해의 소지가 있는 표현을 사용하였다고 하더라도 그 점만으로 인격권의 실현과 관련하여 부적법한 수단을 입법화함으로써 언론자유의 본질적 내용을 침해하였다고 보기는 어렵다.

더구나 법문이 비록 '정정보도문'이라는 표현을 사용하고 있다 하더라도 반박문의 표제를 꼭 그와 같이 내세워야 할 것을 강제하는 것이라고는 볼 수 없는 것이다. 따라서 실무상 언론중재위원회나 법원이 신청인의 정정보도문안에 관하여 제목과 내용을 적절히 조정함으로써 얼마든지 해결할 수 있는 것이므로 그 명칭이 바로 위헌의 근거가 될 수는 없다.

▣ 언론의 자유의 본질적 내용의 침해 여부

■ 문제의 제기

이 법 제16조에 정한 정정보도청구권이 정기간행물에 대하여 보도내용의 옳고 그름을 가리지 아니하고 피해자의 정정보도문을 무료로 게재할 의무를 부과하는 것이라는 점에서 보면 이는 현실적으로 정기간행물의 편집 내지 편서의 자유를 제한하는 것이 됨은 물론 간접적으로 보도기관의 보도활동을 위축시키고 나아가 경영을 압박함으로써 보도의 자유에 대한 장애가 될 수도 있다.

그러나 위에서 본 바와 같이 반론권은 보도기관이 사실에 대한 보도과정에서 타인의 인격권 및 사생활의 비밀과 사유에 대한 중대한 침해가 될 직접적 위험을 초래하게 되는 경우 이러한 법익을 보호하기 위한 적극적 요청에 의하여 마련된 제도인 것이지 언론의 자유를 제한하기 위한 소극적 필요에서 마련된 것은 아니기 때문에 이에 따른 보도기관이 누리는 언론의 자유에 대한 제약의 문제는 결국 피해자의 반론권과 서로 충돌하는 관계에 있는 것으로 보아야 할 것이다.

이와 같이 두 기본권이 서로 충돌하는 경우에는 헌법의 통일성를 유지하기 위하여 상충하는 기본권 모두가 최대한으로 그 기능과 효력을 나타낼 수 있도록 하는 조화로운 방법이 모색되어야 할 것이고, 결국은 이 법에 규정한 정정보도청구제도가 과잉금지의 원칙에 따라 그 목적이 정당한 것인가 그러한 목적을 달성하기 위하여 마련된 수단 또한 언론의 자유를 제한하는 정도가 인격권과의 사이에 적정한 비례를 유지하는 것인가의 여부가 문제된다 할 것이다.

■ 제한의 목적

이 법이 정한 정정보도청구권은 위에서 본 바와 같이 정기간행물의 보도에 의한 인격권 등의 침해를 받는 피해자에게 반론의 게재를 요구할 수 있는 즉 이른바 "반론권"을 뜻하는 것으로서 헌법상 보장된 인격권, 사생활의 비밀과 자유에 그 바탕을 둔 것이며, 나아가 피해자에게 반박의 기회를 허용함으로써 언론보도의 공정성과 객관성를 향상시켜 제도로서의 언론보장을 더욱 충실하게 할 수도 있다는 뜻도 함께 지닌 것이다. 따라서 그 제도의 목적은 정당하다 할 것이고, 제도의 존재 자체가 곧바로 보도의 자유를 포함한 언론의 자유의 본질적 내용을 침해하는 것으로도 볼 수 없다.

■ 제한의 적정성

• 반론의 범위

우선 정정보도문을 무료로 게재토록 한 것은 피해자의 반박 내지 반론을 보장하는 제도 자체가 이해당사자 사이의 법익의 균형을 도모하기 위한 것이기 때문에 비록 보도기관이 이로 말미암아 현실적인 손해를 입게 된다고 하더라도 이는 형평의 원칙에 따른 부득이한 것으로 이해된다.

그러나 먼저 반론의 범위에 대하여 합리적인 일정한 한계를 설정하는 것은 보도의 자유를 무리하게 침해하지 않도록 하는 안전장치의 역할을 담당하므로 과잉제한의 여부와 관련하여 그 내용을 종합적으로 판단할 필요가 있다.

이 법은 첫째, 앞에서 이미 본 바와 같이 반론의 대상을 사실적인 주장에 국한함으로써 의견의 진술 등 가치판단의 표현에 관한 언론의 자유를 보장하고 있고(이 법 제16조 제 1 항), 둘째, 사실적 주장이라고 하더라도 피해자가 정정보도청구권의 행사에 정당한 이익을 갖지 아니하거나 청구된 정정보도의 내용이 명백히 사실에 반하는 경우 또는 사업적인 광고만을 목적으로 하는 경우에는 정정보도문의 게재를 거부할 수 있도록 하여 청구권의 행사범위를 축소하고 있으며(이 법 제16조 제 3 항 단서), 셋째, 정정보도청구권의 행사는 일간신문 또는 통신의 경우에는 14일 이내, 그 밖의 정기간행물인 경우에는 1월 이내로 제한하여 단기의 제청기간을 채택하여 언론기관이 장기간 불안정한 상태에 빠져 있는 위험을 방지하고 있고(이 법 제16조 제 1 항), 넷째, 정정보도는 사실적 진술과 이를 명백히 전달하는 데 필요한 설명에 국한되고 위법한 내용을 포함할 수 없으며, 정정보도문의 자수는 이의의 대상이 된 공표내용의 자수를 초과할 수 없고(이 법 제16조 제 4 항 · 제 5 항), 다섯째, 정정보도사건의 심판청구의 전심절차로서 언론중재위원회의 중재를 필요적으로 규정함으로써 당사자간의 자율적인 교섭에 의한 해결의 기회를 보장하고 있다(이 법 제19조 제 1 항).

또한 내용상 반론의 제도인 점에서 언론기관의 이름으로 하는 정정보도가 아니라 피해자의 이름으로 해명한다는 점에서 언론기관의 명예 및 신뢰성을 직접적으로 떨어뜨리는 것으로는 되지 아니하도록 장치가 되어 있다.

따라서 현행의 정정보도청구권은 언론의 자유를 일부 제약하는 성질을 가지면서도 반론의 범위를 필요 · 최소한으로 제한함으로써 양쪽의 법익 사이의 균형을 도모하고 있다 할 것이다.

• 심판절차

이 법과 이 법 제19조 제 4 항의 위임에 따라 제정된 정정보도등청구사건심판규칙(1988. 3. 4. 대법원규칙 제1003호, 이하 이 규칙이라 한다)에 의하면 피해자는 정기간행물의 발행인이나 편집인에게 직접 정정보도의 게재를 청구하거나 언론중재위원회에 중재신청을 할 수 있는데 중재당사자 사이에 원만한 합의가 이루어지지 않아 중재가 성립하지 아니한 경우에는 법원에 정정보도심판을 청구할 수 있고(이 법 제

18조), 한편 법원의 심판절차는 민사소송법의 가처분절차에 관한 규정에 의하여 재판하되 별개의 본안소송이 있지 아니하는 관계로 민사소송법 제697조 및 제705조는 이를 적용하지 아니함으로써(법 제19조 제3항 단서) 보전의 필요성에 대한 소명이 필요하지 아니하고, 제조명령기간의 도과에 의한 취소도 있을 수 없다. 또한 정정보도명령신청을 인용한 재판에 대하여는 민사소송법 제703조에 의한 이의의 신청이나 항소를 제기하는 외에는 달리 불복을 신청할 수 없도록 재판에 대한 볼복을 제한하고 있다(이 규칙 제8조).

청구인은 이와 같이 간이한 절차에 의하여 정정보도청구사건을 심판하고 이에 더하여 인용결정에 대한 불복수단까지 제한하는 것은 언론의 자유에 대한 중대한 침해일 뿐만 아니라 재판청구권의 제한이라고 주장한다.

반론권의 제도는 전파력이 강한 대중매체인 정기간행물의 속성에 비추어 피해자의 신속한 권리구제를 위하여 마련된 것이므로 일정한 형식적 요건만 갖추면 복잡한 실체적인 권리관계를 따지지 아니하고 곧바로 인정하는 것을 제도의 본질적 특성으로 하는 것이다. 그런데 이 법 제19조 제1항에 의하면 중재위원회의 중재를 전치요건으로 규정하여 당사자간의 자율적인 교섭에 의한 해결의 기회를 보장하고 있고, 또한 원칙적으로 반론권제도가 보도 내용의 진실 여부와는 직접적으로 관계가 없으며, 오히려 진실발견의 수단으로서의 성격을 갖는다는 점에서 보면 이 법이 위와 같은 중재를 필요적으로 거친 후의 정정보도청구권에 관한 심판을 상당한 시일이 걸리는 본안소송절차에 의하지 아니하고 가처분절차에 의하도록 한 것이 유별나게 신속성을 강조한 것이어서 부당한 규정이라고 볼 수 없다.

한편 정정보도청구사건의 재판에 관하여 필요한 사항을 규정한 이 규칙은 정정보도청구사건의 심판에서 변론을 열 수 있도록 하되 변론을 열지 아니할 경우에는 필요적으로 쌍방을 심문하도록 하고 있고(이 규칙 제6조 제2항), 또한 민사소송법 제700조 제2항 내지 제4항의 규정을 적용하지 아니하도록 함으로써(이 규칙 제7조 제3항) 담보의 제공만으로 소명을 대신할 수는 없도록 하고 있으며, 정정보도명령신청을 인용한 재판에 대하여 민사소송법 제703조의 규정에 의한 이의신청이나 항소를 제기하는 외에는 불복을 신청하지 못하도록 규정하고 있다(이 규칙 제8조).

이 규칙의 위 각 규정을 종합하여 보면 이 법이 정한 정정보도청구사건은 보도내용의 진위 자체를 심판의 대상으로 하지 아니하는 것이므로 비록 민사소송법의 가처분절차에 따라 심판한다 하여 그 절차가 부당하게 간이한 것으로 볼 수 없을 뿐만 아니라 일반적인 가처분의 취소사유가 되는 사정변경에 의한 취소, 특별한 사정에 의한 취소, 제소명령기간도과에 의한 취소(정기간행물의등록등에관한법률 제19조

제 3 항 단서에 별도로 규정되어 있다), 소환신청기간도과에 의한 취소가 본안소송이 따로 없는 관계로 성질상 적용될 수 없는 것이기 때문에 이에 따른 불복절차의 제한은 법리상 당연한 것이다.

피해자는 언론기관의 보도에 대하여 즉시 반박을 함으로써 실효성 있게 자신의 인격권 침해에 대한 방어를 할 수 있게 된다. 피해자가 본안소송절차에 의하여만 그 권리를 구제받게 된다면 대중이 그 사실을 망각한 다음에야 비로소 구제조치가 가능해질 것이므로 실효를 거둘 수가 없다. 반론은 그것이 너무 늦게 집행된 나머지 현안성을 상실하여 독자나 시청자가 반론의 전제가 된 원래의 보도내용이 무엇인지를 알 수 없는 지경에 이르면 반론권을 인정하는 근거 중의 하나인 공정한 여론형성에 참여할 자유나 객관적 질서로서의 언론제도를 보장하는데도 반하는 것이 된다.

반론권으로서의 정정보도청구권은 그 자체가 인격권을 보호하고 공정한 여론의 형성을 위한 도구인 것일 뿐 진실을 발견하여 잘못을 바로잡아줄 것을 청구하는 권리가 아니기 때문에 그 행사요건은 비교적 형식적인 사유에 기한 제한적 예외사유가 없는 경우에는 이를 인용하도록 완화되어 있다. 또한 예외사유도 이 법의 문언자체에 의하여 용이하게 판단이 가능한 경우들이므로 반론권을 제도로서 인정하고 있는 한 그 심리를 위하여 시간이 많이 걸리게 되는 민사소송법에 정한 본안절차에 따르게 하기보다는 오히려 가처분절차에 따라 신속하게 처리하도록 함이 제도의 본질에 적합하다 할 것이다.

## ▣ 결 론

오늘날 자유민주적 기본질서를 유지하기 위한 여론의 형성에서 언론이 차지하는 비중은 결코 과소평가될 수 없고, 민주주의를 지키고 발전시켜 나가기 위하여 표현의 자유의 우월적 지위는 반드시 보장되어야 한다. 그러나 한편 개인의 명예와 사생활이 거대한 언론의 전파력과 언론기관의 배후에서 영향력을 행사하는 영리적인 언론기업의 막강한 위세와 편견에 의하여 부당히 침해되고 노출된 경우에는 개인의 권익을 신속·적절히 보호하고 반론을 제기할 수 있는 법적인 장치 또한 마련되지 않으면 아니된다.

물론 부당한 보도에 의하여 피해를 입은 사람이 민법과 민사소송법에 정한 전통적인 일반원칙과 절차에 따라 명예훼손 등을 원인으로 하여 소로써 손해배상에 갈음하거나 또는 손해배상과 함께 명예회복에 적당한 처분을 구할 수는 있다. 그러나 피해자가 강력한 전파력을 가진 대중매체인 정기간행물에 의하여 침해를 입게 된 경우에는 일반 민사소송절차에 따른 손해배상 또는 명예회복의 방법은 사후적인 것이고 귀책사유에 대한 입증의 곤란 등으로 말미암아 많은 시간과 노력이 소요됨으로써 명예회복의 구제수단으로서의 기능을 다하기에는 부족함이 적지 아니하다. 이에 반하여 반론권은 신속한 권리구제의 필요성에서 보도가 행해진 시간과 근접하여 그 사실 주장을 반박할 기회를 주는 점을 특색으로 하는 것이므로 반론의 제도와 언론의 자유의 관계는 단순히 제도의 평면적 비교나 판단보다 기본권간의 조화라는 전체적인 관점에서 평가되어야 한다.

현행 정정보도청구권제도는 그 명칭에 불구하고 피해자의 반론게재청구권으로 해석되고 이는 언론의 자유와는 비록 서로 충돌되는 면이 없지 아니하나 전체적으로는 상충되는 기본권 사이에 합리적인 조화를 이루고 있는 것으로 판단된다. 따라서 이 사건 심판대상인 정기간행물의등록등에관한법률 제16조 제 3 항, 제19조 제 3 항은 결코 평등의 원칙에 반하지 아니하고, 언론의 자유의 본질적 내용을 침해하거나 언론기관의 재판청구권을 부당히 침해하는 것으로도 볼 수 없어 헌법에 위반되지 아니하므로 주문과 같이 결정한다.

이 결정은 관여재판관 중 재판관 한병채, 재판관 이시윤의 반대의견이 있는 외에는 나머지 재판관 전원의 의견일치에 따른 것이다.

## ▶ 해 설

### 헌법재판소의 판단

이 사건에서는 언론의 자유와 반론권이 서로 충돌한다고 보고, 이에 관하여 정하고 있는 심판 대상의 법률이 헌법에 위반되는지를 판단한 것이다. 헌법재판소의 판단에 대해서는 아래와 같은 반대의견이 있다.

### 반대의견

「다수의견은 정기간행물의등록등에관한법률 제16조 이하의 정정보도청구권이 반론권임이 명백하다는 전제하에서 합헌이라고 이론구성을 하고 있다. 그러나 이와 같은 해석이 우리 법의 구조상 당연히 나오게 되어 있지 않으며 쉽게 논증되기가 어렵다. 원래 우리나라의 정기간행물의등록등에관한법률상의 정정보도청구권은 독일의 바덴 뷔르텐부르크주의 언론법상의 반론권이 그 모범이 된 것으로 알려져 있는데, 이와 대비하여 살펴본다.

첫째로, 독일법은 우선 표제부터 반론청구권(Gegendaustellungsanspruch)이라는 명칭을 사용하여 기왕의 보도내용에 관련있는 자 자신의 반론게재요구임을 명백히 하고 있으나, 우리

법의 경우(법 제16조)는 어디에도 반론권 내지 반박권이라는 표현은 없고 정정보도청구권(訂正報道請求權)이라는 용어를 사용하여 보도자에 대한 그 보도내용의 정정요구인 것으로 보이게 하였다.

둘째로, 독일법은 기사에 관련있는 자의 반론(Gegendaustellung)을 인쇄할 의무로 규정하여 기왕의 보도된 것은 별도로 두고 그에 대한 반박문을 내어 줄 것을 청구로 이해되게 되어 있으나 우리 법에서는 정정보도 또는 정정보도문의 게재의무로 규정함으로써 기왕의 보도된 내용은 별도로 두는 것이 아니라 이를 고쳐 바로 잡아 보도할 것의 청구로 보이게 하였다. 즉 문헌상 이른바 정정기사청구로 보이게 한 것이다. 따라서 독일법에 있어서는 문제된 기사와 동일한 간행물 부분에 동일한 문자로서 인쇄되어야 한다고 함으로써 기히 보도된 내용과 대조되는 관계당사자의 반대입장의 보도임을 뚜렷이 하였으나, 우리 법에서는 정기간행물의 어디에 어떠한 문자로 보도하는 것인지에 대해 규정하지 아니하고 기왕의 보도내용의 자수보다는 정정보도문의 자수가 초과할 수 없다고 할 뿐으로 기왕의 기사에 대한 관련자의 반박문 보도로 해석될 소지가 별로 없다. 우리법상 정정보도의 내용이나 크기에 관하여 발행인 또는 편집인이 피해자측과 협의한다고 하고(법 제16조 제 3 항), 법원이 정정보도의 내용을 정한다고 하였기 때문에(심판규칙 제 7 조) 청구된 자가 정정보도문을 주도적으로 정한다고 보기도 어렵다.

셋째로, 독일법의 경우는 관련자(Bertroffene)라는 용어를 사용하여 보도의 잘잘못을 따지기에 앞서 기사관련자의 그와의 반대입장을 게재하는 절차로 이해하게 하였지만, 우리 법에서는 "피해자"를 정정보도청구권자로 규정함으로써 잘못된 보도로 인해 명예권의 침해를 받은 피해자의 구제절차인 것으로 해석하기에 적합하며, 더구나 본법이나 그 시행령에서 정정보도청구권을 "침해에 대한 구제" 절차의 일환으로 각 규정함으로써 오보에 의한 명예권의 침해가 있었는가를 가리는 절차로 보여지기 쉽게 되어 있다.

넷째로, 우리 법에서는 중재전치주의를 취하여 정정보도를 청구하려면 반드시 언론중재위원회의 중재절차를 거쳐야 한다(법 19조). 이 점이 중재절차의 전치없이 바로 법원에 청구할 수 있는 독일법과는 다른데, 만일 정정보도청구절차가 단순한 기사의 관련당사자의 반박문 게재청구절차에 그친다면 이와 같은 중재절차의 중간개입은 공연히 절차만 지연시키는 것 뿐 제도목적에 걸맞는 것이 될 수 없다. 법 제17조 제 1 항을 보면 정정보도청구에 의한 분쟁을 중재하고 정기간행물의 게재내용에 의한 침해사항을 심의하기 위하여 언론중재위원회를 둔다고 하였으며, 중재절차에서는 증거조사를 할 수 있게 되어 있고 여기에서 정기간행물에 의한 침해사항을 심의하며 필요한 경우 당해 발행인에게 시정을 권고할 수 있게 되어 있는바(법 제18조, 법시행령 29조 단서), 이 또한 보도내용의 잘못을 따지기에 앞서 기사관련자의 반박문게재절차라고 단정하기 어려운 근거라고 할 것이다.

이상 본 바를 종합하면 정정보도청구절차는 보도내용의 잘못을 가리기 이전에 보도기사관련자 자신의 반론게재청구절차임을 분명히 한 독일법과는 거리가 있으며 문리상으로나 논리상으로 오히려 오보로 인한 명예훼손의 피해자의 구제를 위하여 보도내용의 진실여부를 따져 이를 정정하기 위한 절차인 것으로 보아 무방하게 되어 있다. 그러므로 정정보도청구권이 입법연혁상 독일법의 반론권과 연계되어 있는 것이고 판례에서도 반론권인 것으로 판시되고 있다 하더라도 제도본지대로 실무상 반론권으로 운영되기는 어려울 것으로 생각되며, 돌이켜 1987년 이 법이 제정된 후 4년이 지난 지금에도 언론중재위원회와 상의할 것을 당부하는 홍보를 내는 실정이다.

이렇듯 용어상으로나 내용상으로 반론권이라고 단정되기 어려움에도 법 제19조 제 3 항은 정정보도청구에 대해서는 민사소송법의 가처분절차에 관한 규정에 의하여 재판한다고 하였다(법 제19조 제 2 항). 따라서 가처분 절차에 의하는 이상 대석적 변론을 열어야 하는 필요적 변론절차가 아니며 대석변론 없이 당사자쌍방을 심문하는 것으로 족하다(심판규칙 제 6 조 제 2 항). 변론을 열지 않고 결정으로 재판할 수 있으며 공개재판에 의할 필요가 없다. 청구의 이유에 대해 증명까지 이르지 않고 소명만으로도 족하다. 또 상소제기의 경우에 민소법 제473조, 제474조에 의해 재판의 집행정지를 시킬 수 없다. 결국 정정보도청구절차는 대석적 공개심리주의에 의하지 않으며 신속에만 치중하는 간이 약식재판절차인 것이다. 생각건대 기왕에 보도된 내용에 대한 관련당사자의 반박문게재청구절차 정도의 가벼운 것이고 우리 법제가 그렇게 이해하기 쉽게 되어 있다면 그와 같은 약식절차에 의하여도 어떠한 절차적 기본권침해의 문제가 생길 수 없을 것이다. 그러나 현행법은 앞서 본 바와 같이 그렇게는 되어 있지 않다.

민법 제764조는 타인의 명예를 훼손한 자에 대해서는 법원은 손해배상에 갈음하거나 손해배상과 함께 명예회복에 적당한 처분을 명할 수 있다고 규정하였다. 현행법상의 정정보도청구제도 역시 민법 제764조와 마찬가지의 명예권침해를 당한 피해자의 원상회복청구제도로 보는 것이 오히려 자연스럽고, 통상인의 이해력을 기준으로 할 때에 기사관련자의 반박문게재청구인 것으로 이해를 기대하기는 어렵다. 민법 제764조가 명예훼손일반의 경우에 원상회복에 관한 것이라면, 정정보도청구는 정기간행물에 의해 명예가 훼손된 특수 경우의 원상회복에 관한 것으로 해석되기에 적합하다. 이 점은 심판규칙 제 7 조 제 2 항에서 법원은 정정보도의 내용을 정함에 있어서 신청인의 명예나 권리를 회복할 수 있도록 정해야 한다고 규정한 것이 뒷받침이 된다.

그렇다면 정정보도청구의 경우에도 민법 제764조에 의한 청구의 경우와 마찬가지로 통상의 소송사건처럼 정식 재판절차에 의하는 것이 옳지 통상의 소송사건과 달리 약식절차에 의하게 함으로써 정기간행물의 발행인이나 편집인으로 하여금 명예권침해 여부에 대한 충분한 방어의 기회를 보장하지 않고 상소의 경우 집행정지규정의 배제 등 절차상 불이익을 받게 할 일이 아니다. 그렇게 하는 것은 정기간행물의 발행주체에 대한 법적 처벌이며 법원 앞에서의 평등(헌법 제11조, 국제인권규약 B규약 제14조 제 1 항)에 위반된다. 나아가 현행법의 정정보도청구제도를 그대로 존치시키는 한 정식 재판절차에서 보장되는 헌법 제109조의 대석적 공개재판을 받을 권리, 헌법 제27조 제 1 항의 판결절차에 의하여 공정한 재판을 받을 권리 등 절차적 기본권의 침해가 불가피해질 것이라 본다.

생각건대 법 제19조 제 3 항이 위헌임을 면하려면 기사관련당사자의 반박문게재청구인 것으로 순화되고 뚜렷해지도록 현행법의 표현부터 재정비되어야 할 것이고 언론기관에 의한 피해자의 명예회복처분이 정정보도청구인 것으로의 오해소지가 불식되도록 법이 새로 고쳐지고 다듬어져야 한다. 그렇게 할 때에는 반박문게재의 재판절차가 비록 가처분절차에 의하여 심리된다 하여도 헌법상의 절차적 기본권의 침해의 위헌소지는 깨끗이 청산될 수 있을 것이라 보며 이에 우리는 위헌요소제거를 위한 새 입법을 촉구하는 바이다.」

### 기본권의 상충

기본권은 사인간에 있어서는 직접 효력을 미치지 않기 때문에 기본권의 행사에서 기본권 주체들 사이에 직접 서로 충돌하는 경우는 없다. 즉 가치적으로 서로 충돌하는 기본권을 각기 주장한다고 하더라도 사인은 사인에 대하여 자기의 기본권을 직접 행사하거나 주장할 수 없기 때문에 기본권의 행사에 있어서 실제 기본권들이 서로 충돌하는 상황은 발생하지 않는다.

기본권의 상충은 국가에 대하여 기본권을 주장하는 경우에 한하여 발생한다. 기본권의 상충이 문제가 되는 경우는 입법, 행정, 재판을 함에 있어서 관련 이익들을 조정하는 때에 기본권적인 가치들이 충돌하는 경우인데, 이는 이익형량이나 규범가치의 조화 문제로 되어 국가(예: 입법자, 행정청, 재판관, 지방자치단체의 장과 의회)가 서로 충돌하는 이익들을 형량하거나 조화되는 길을 찾는다. 이러한 기본권들의 상충은 입법, 행정, 재판을 하는 경우에 당사자인 기본권 주체들이 각기 자기의 기본권을 국가에 대하여 명시적으로 주장하여 생기기도 하고(명시적 충돌), 기본권 주체의 명시적인 주장이 없더라도 국가가 입법, 행정, 재판 등을 함에 있어서 판단이나 결정에서의 고려로 인하여 생기기도 한다(묵시적 충돌).

입법의 영역에서 기본권의 상충이 발생한 경우에는 양자의 조화점(때로는 다른 법익과의 조화도 포함됨)에서 입법이 이루어지므로 대부분의 경우는 기본권의 제한의 문제로 되고, 입법에서도 기본권의 제한으로 나타난다.

기본권의 충돌이 발생하는 경우에 어떻게 해결할 것인지에 대해서는 학설이 대립한다.

### 기본권 상충의 해결방법: 독일의 이론과 판례

**입법형성의 자유이론**(=입법자역할론) 기본권의 충돌을 해결하는 방법을 헌법이 명시적으로 정하고 있지 않은 경우에는 헌법재판소나 법원이 헌법해석을 통하여 이를 해결하면 안 되고, 입법자인 의회가 법형성의 자유에 의거하여 입법으로 해결해야 한다고 한다. 이에 대해서는 기본권의 충돌 문제는 성질상 헌법해석의 문제이므로 입법자에게 전속된 것으로 보는 것은 잘못이며, 다양하고 구체적인 양상을 보이는 충돌현상을 모두 입법으로 정형화하여 해결하는 것은 거의 불가능하다는 비판이 있다.

**기본권의 서열이론**(=기본권등급론) 헌법이 보장하는 기본권들 사이에는 그 가치의 중요도에서 서열이 존재한다고 보고, 서로 충돌하는 기본권들을 이들 서열에 비추어 보아 보다 높은 서열의 기본권을 우선하여 보호하는 방법으로 해결해야 한다고 한다. 이에 대해서는 헌법상의 기본권들을 모두 서열화하는 것은 성질상 불가능하다는 비판이 있다.

**법익형량이론** 기본권이 충돌하는 경우에 이들을 서로 비교형량하여 보다 큰 법익을 보장하는 상위의 기본권을 보다 작은 법익을 보장하는 하위의 기본권에 우선시켜 해결한다는 견해이다. 이러한 법익형량은 법익에서의 우열의 존재를 인정하는 것이기 때문에 기본권에서 서열이 존재함을 받아들여 이를 비교형량한다. 이에 대해서는 다양한 모든 기본권간의 충돌상황에 적용할 수 있는 그때그때의 법익형량의 객관적인 기준을 찾는 것이 사실상 완벽하지 못하고, 이익형량의 결과 큰 법익만 보호하고 보다 작은 법익을 완전히 무시하는 것을 정당화하기 어렵다는 비판이 있다.

**규범조화이론**(=실제적 조화이론=형평성중시론) 기본권이 충돌하는 경우에 법익형량에 따라 어느 하나의 기본권을 보호하고 다른 기본권을 배제시키는 양자택일의 방법을 취하지 않고 충돌하는 기본권들을 가능한한 모두 보호하는 조화점을 찾아 최적화(optimal)의 상태에서 이를 해결하려고 하는 견해이다. 이는 기본권의 서열에 상관없이 헌법의 통일성이라는 관점에서 문제가 된 모든 기본권의 가치를 가능한한 현실에서 타협점을 찾아 모두 실현시키려고 하는 것이다. 이에 의하면, 기본권의 충돌이 발생하면, ① 충돌하는 기본권들에 비례적인 제한을 가하여 모든 기본권을 양립할 수 있도록 시도하고(비례적 제한의 원칙), ② 모든 기본권들을 양립시키는 것이 불가능하면 대안을 모색하며(대안모색의 원칙), ③ 대안도 발견할 수 없는 경우에 어떤 기본권을 불가피하게 후퇴시키되 이러한 후퇴가 기본권을 과도하게 제한하는 것이어서는 안 되도록 하여 해결하고자 한다(과잉금지의 원칙).

기본권의 충돌의 문제를 해결함에 있어서 독일연방헌법재판소의 판례는 법익형량의 방법을 사용하면서도 충돌하는 두 기본권들을 조화시키려고 하고, 이러한 조화점을 찾기 어려운 때에는 대안을 모색해보는 태도를 취하고 있다.

### 기본권 상충의 해결방법: 국내의 이론과 판례

**제 1 설** 기본권들간에 충돌이 발생한 경우에는, 첫번째 충돌하는 기본권들간에 가치의 서열이 객관적으로 인정되는 경우에는 이익형량(=법익형량)을 통하여 가치의 서열이 앞서는 기본권을 우선하여 보호하고, 두 번째 기본권들간에 가치의 서열이 불분명한 경우에는 서로 충돌하는 기본권 모두에 공평하게 제한을 가하여 서로 조정하며, 세 번째 이러한 공평한 제한을 통해서도 해결할 수 없는 경우에는 충돌하는 기본권의 효력을 모두 유지시킬 수 있는 다른 대안을 마련하여 해결해야 한다고 한다.

**제 2 설** 기본권들이 서로 충돌하는 경우에는 이익형량의 방법과 '상충하는 기본권들의 양립을 위한 최소한의 제약', '상충하는 기본권을 모두 보호할 수 있는 대안의 제시', '극단적인 최후 수단의 억제'라는 방법을 동원하는 규범조화적 해석방법을 모두 활용하여 다각적으로 해결해야 한다고 한다.

**제 3 설** 기본권들간에 충돌이 발생한 경우에는, 첫번째 위의 실제적 조화이론에 따라 해결하고, 두 번째 충돌하는 기본권 가운데 어느 하나를 희생시킬 수밖에 없기 때문에 이러한 방법으로 해결하기 불가능한 경우에는 대안을 발견하도록 노력하고, 세 번째 이러한 방법으로도 해결할 수 없으면 구체적인 해당 사안에서 모든 상황을 고려한 구체적 법익형량을 통하여 보다 큰 법익을 선택해야 한다고 한다.

**사 견** 기본권이 충돌하는 경우에 국가가 이를 해결하는 방법은 입법을 통해서만 이루어지는 것은 아니고 헌법해석을 통해서도 이루어지고, 입법에 의하여 충돌하는 기본권들을 조정하는 것이 항상 타당한 결론에 도달하는 것은 아니라는 점에서 기본권충돌의 문제를 전적으로 입법자의 입법형성의 자유에 맡겨 해결하고자 하는 것은 충분하지 않은 점이 있다. 기본권의 충돌은 입법으로 처리하는 경우도 있고(이 경우도 기본권 충돌을 해결하는 입법이 헌법에 합치되느냐 하는 문제가 발생하는 점에서는 해당 입법이 입법형성의 자유범위 내에 있지 아니하는 한 결국에는 헌법해석을 통하여 해결된다), 재판이나 헌법재판을 통하여 이루어지기도 한다.

헌법에 보장된 개별기본권들 가운데는 그 가치나 중요도에서 우선순위를 정할 수 있는 경우도 있을 수는 있으나, 개별 기본권을 모두 서열화하는 것은 불가능하다. 정신적인 자유가 물질적인 자유에 우선한다고 언제나 말할 수도 없고, 순전히 개인적인 자유가 공적인 사항과 관련된 자유보다 열위에 존재한다고 할 수도 없다. 따라서 모든 기본권의 서열화가 불가능한 이상 기본권서열이론은 문제의 해결방안이 될 수 없다. 그렇다면 기본적으로 기본권의 서열을 전제로 하여 성립할 수 있는 법익형량이론도 언제나 타당한 이론이라고 하기는 어렵다.

결국 기본권의 충돌은 ① 해당 사안에 어떠한 기본권이 가장 직접적인 관련성을 가지는가를 따져 사안관련성에서 가장 직접적인 기본권을 고려하는 것으로 하되, ② 법익형량상 양자택일할 수밖에 없는 경우(예: 낙태)에는 고려되어야 할 이익들을 모두 고려한 상태에서 우월한 기본권을 보호하고, ③ 그렇게 할 수 없는 경우에는 충돌하는 기본권을 모두 실현시킬 수 있는 적정한 조화점을 찾아 이를 해결하는 것이 타당하다.

적정한 조화점을 찾는 것은 각 기본권에 대하여 타협과 양보를 구하는 것이므로 이러한 작업에서는 비례적 제한원칙에 따라 조화점을 찾아내게 된다. 이러한 과정에서 양자의 기본권을 모두 만족시킬 수 없는 경우에는 대안을 마련하는 방식(유아인 子의 수혈에 대하여 '여호와의 증인'의 신도인 母가 거부하고 있는 상황에서 母에게 수혈동의를 강요하는 것이 아니라 후견법원이나 친족회 등이 이에 대하여 결정하게 하는 방식)도 고려된다. 그러나 충돌하는 기본권을 서로 조화시킬 수 있음에도 그러한 작업을 함이 없이 바로 대안을 모색하는 것은 타당하지 않다. 대안의 마련도 어려운 경우에는 결국 어느 특정한 기본권을 불가피하게 후퇴시킬 수밖에 없는데 이런 때에는 과잉금지원칙에 합치하여야 한다.

헌법재판소의 태도

헌법재판소는 기본권의 충돌을 해결하는 방법으로 하나의 방법을 채택하지 않고 여러 가지의 모습을 보이고 있다.

## ▶ 질 문

1. 기본권의 충돌은 어떠한 경우에 발생하는가?
2. 기본권의 충돌은 기본권의 효력간의 충돌인가 기본권의 가치간의 충돌인가? 기본권의 충돌이 기본권의 대사인적 효력의 문제인가?
3. 기본권의 충돌을 어떻게 해결하는 것이 가장 합당한 방법인가?
4. 기본권의 충돌에 대하여 헌법재판소는 어떠한 태도를 보이고 있는가?
5. 헌법재판소의 판례에 나타난 기본권의 충돌의 해결방법이 타당한가?

05.

# 제 5 장 | 인간의 존엄과 가치 및 행복추구권

헌법 '제 2 장. 국민의 권리와 의무'에 기본권과 국민의 의무에 관한 헌법조항들이 규정되어 있다. 그 기본권조항들의 맨 앞에 위치한 것이 헌법 제10조이다. 이 헌법 제10조는 모든 개별적 기본권들이 지향해야 할 목표 내지 이념으로서의 '인간의 존엄과 가치 및 행복추구'를 규정하고 있을 뿐 아니라, 이 '인간으로서의 존엄과 가치 및 행복추구'로부터 생명권, 인격권, 행복추구권, 자기결정권 등의 기본권들을 도출해낼 수 있다. 또한 제10조 제 2 문은 국민에 대한 국가의 기본권보장의무에 대해 규정하고 있다.

# Ⅰ. 헌법 제10조의 성격과 보호영역

제10조 모든 국민은 인간으로서의 존엄과 가치를 가지며 행복을 추구할 권리를 가진다. 국가는 개인이 가지는 불가침의 기본적 인권을 확인하고 이를 보장할 의무를 진다.

### ▶ 개 요

헌법 제10조는 제 1 문에서 인간으로서의 존엄과 가치 및 행복추구에 대해 규정하고 있고, 제 2 문에서 국가의 기본권보장의무에 대해 규정하고 있다. 그런데 제 1 문의 인간으로서의 존엄과 가치 및 행복추구조항으로부터 구체적인 기본권을 도출할 수 있는가를 두고 첨예한 학설의 대립이 있어 왔다. 우리 헌법 제10조 제 1 문의 해석과 관련해 헌법학자들 사이에서 대체로 여섯 가지의 다른 입장들이 개진되고 있다.

첫 번째 입장은 헌법 제10조가 행복을 추구할 "권리"를 가진다고 규정한 것을 근거로 행복추구권이 헌법 제10조로부터 도출되며, 이것은 실제로 규범적 효력을 가지는 권리라 보고, 단지 헌법에 규정된 다른 기본권들보다는 "상위의" 위치를 점하면서 행복을 추구하는데 필요한 것이면 헌법에 열거되지 않은 자유와 권리까지도 그 내용으로 하는 "포괄적 권리"라고 본다. 같은 헌법 제10조의 "인간의 존엄과 가치" 규정과의 관계에 관해서는, 양자(兩者)를 분리하여 행복추구권이 "인간의 존엄과 가치"의 이상을 실현하기 위한 수단이라고 이해한다(권영성, 361-363).

두 번째 입장은 행복추구권이 규범적 효력을 가지는 "권리"라는 점에서는 첫 번째 입장과 같다. 하지만 동 조항의 "인간의 존엄과 가치"와 "행복을 추구할 권리"를 구분하지 않고 묶어서 이해하면서 제10조 제 1 문 전체로부터 권리가 도출되며 그 권리의 내용은 다시 광의(제11조에서 제36조에 규정된 파생적 기본권과 구별되는 주기본권으로서의 포괄적 기본권), 협의(존엄권과 행복추구권), 최협의(명예권, 성명권, 초상권, 알 권리, 읽을 권리, 들을 권리, 생명권 등을 포함하는 인격권과 신체불훼손권, 자기운명결정권, 평화롭게 살 권리 등을 포함하는 행복추구권)로 나누어 이해한다(김철수, 361-366).

세 번째 입장은 행복추구에 관한 규정의 권리성을 부정하는 점에서 앞의 두 입장과 다르다. "인간의 존엄과 가치"와 "행복추구"를 명확히 구분하지 않고 헌법 제10조 제 1 문을 전체적으로 이해하는 점에서는 두 번째 입장과 같다. 그러면서 헌법 제10조는 제11조에서 제36조에 규정된 모든 개별적 기본권이 추구해야 할 최고의 원리나 가치를 선언해 놓은 선언적 조항이라고 이해한다(허영, 319-322).

네 번째 입장은 행복추구조항이 곧 개인에게 구체적 기본권을 부여하는 것은 아니라고 보는 점에서는 위의 세 번째 입장과 같다. 그러나 그렇다고 하여 행복추구조항이 헌법의 최고원리를 규정한 선언적 규정에 불과한 것도 아니라고 하면서 양비론(兩批論)을 취하고, 행복추구조항이 규정한 것은 모든 구체적 기본권의 근거가 되는 '배경적 권리' 내지 '추상적 권리'라고 본다. 그 근거로는 우리 헌법이 명문으로 "행복을 추구할 권리"를 가진다고 규정하고 있으므로 그 권리성은 인정하되 국민의 구체적 기본권은 다른 기본권조항 및 이른바 포괄적 기본권을 규정하는 헌법 제37조 제 1 항에 의해 인정된다는 점을 든다. "행복추구"와 "인간의 존엄과 가치"와의 관계에 있어서는 양자를 명확히 구분하지 않고 우리 헌법 제10조 제 1 문을 전체적으로 이해하는 점에서는 두 번째·세 번째 입장과 같으며, 양자를 수단과 목적의 관계로 보면서 "행복추구"를 "인간의 존엄과 가치"를 그 실천적 측면에서 보완하는 규정이라고 파악한다(윤명선·김병묵, 377).

이외에도 다섯 번째 입장으로서, 행복추구조항의 구체적 기본권성을 부정하고 행복추구조항을 자유권을 위한 일반원칙조항으로 보는 견해도 있다. 이 견해에 의하면 행복추구조항은 자유권을 위한 원칙조항으로서 사회적 기본권을 위한 일반원칙조항인 헌법 제34조 제 1 항의 "인간다운 생활을 할 권리"와 함께, 다시금 "인간의 존엄과 가치"라는 최고의 이념을 지향하는 수단으로 이해된다(김운용, 64).

끝으로 여섯 번째 견해는 기존 학설들에 대한 비판적 검토 이후에, 행복추구권의 법적 성격을 일반적 인격권과 무규정적이고 비정형적인 광범한 자유행동권 및 객관적·법적 성격을 가지며 헌법 제37조 제 1 항의 헌법에 열거되지 아니한 권리를 인정하는 실질적 기준의 역할을 하는 포괄규범으로 이해한다(김선택, 359).

우리 헌법재판소의 입장은 위의 두 번째 입장에 가까와 보인다. 즉, 헌법 제10조가 우리 헌법의 기본적 원리를 선언해 놓은 데 불과한 것은 아니며, "인간으로서의 존엄과 가치" 및 "행복을 추구할 권리"로부터 인격권과 행복추구권이라는 실제적 재판규범으로서의 효력을 가진 '구체적 권리'가 나온다고 본다. 그러면서 이 중 행복추구권은 일반적으로 "소극적으로는 고통과 불쾌감이 없는 상태를 추구할 권리, 적극적으로는 만족감을 느끼는 상태를 추구할 수 있는 권리"를 의미한다고 보았다(憲 1997. 7. 16.-96헌가6 등). '행복추구권'에는 다시 '일반적 행동자유권'과 '개성의 자유로운 발현권'이 포함되어 있다고 이해했다. 그러면서 전자인 '일반적 행동자유권'이란 일반적으로 "하고 싶은 일은 하고 하기 싫은 일은 안 하며, 먹고 싶을 때 먹고, 놀고 싶을 때 놀고, 자기 멋에 살며 자기 멋대로 옷을 입고 몸을 단장하는 자유를 포함하며, 자기의 설계에 따라 인생을 살아가고 자기가 추구하는 행복관념에 따라 생활하는 자유"(憲 1997. 3. 27.-96헌가11)를 의미하는 것으로 보면서 이 일반적 행동자유권에 적극적으로 자유롭게 행동하는 것은 물론 소극적으로 행동을 하지 않을 부작위의 자유도 포함시켰다(憲 2002. 1. 31.-2001헌바42). 그러면서 이 '일반적 행동자유권'에서 '계약의 자유'를 도출할 수 있다고 판시했다(憲 1991. 6. 3.-89헌마204).

나아가서 "행복추구"가 헌법 제10조에서 "인간의 존엄과 가치"와 병렬적으로 규정되어 있어 양자가 불가분의 관계에 있다는 점에 주목하면서, 헌법 제10조의 인격권과 행복추구권 양자를 묶어서 이 인격권과 행복추구권이 '자기운명결정권'을 전제로 하고 있다고 설명한 후, 이 양자로부터 '자기운명결정권'이 도출되고 '자기운명결정권'은 다시 '성적 자기결정권', 특히 '배우자결정권'을 포함한다고 판시했다.

### ▶ 핵심판례

憲 1997. 3. 27.-95헌가14등 [친생부인의 소 제척기간 사건]

[사건의 개요]

제청신청인 甲과 신청외 여성 乙은 혼인신고를 마친 법률상의 부부이다. 이들은 혼인기간중인 1992년 12월 17일 신청외 丙을 출산하였다. 그러나 제청신청인 甲은 1994년 8월 21일에 이르러 丙이 자신의 친생자가 아니라는 이유로 서울가정법원에 丙을 상대로 한 친생부인의 소를 제기하였다. 아울러 제청신청인 甲은 민법 제847조 제1항이 친생부인의 소의 제소기간을 '그 출생을 안 날로부터 1년 내'로 규정하고 있는 것은 헌법상 기본권을 침해하여 위헌이라는 이유로 서울가정법원에 위 법률조항에 대한 위헌심판제청신청을 하였고, 위 법원은 이 신청을 받아들여 위 법률조항에 대한 위헌심판제청결정을 하였다.

[심판의 대상]

**민법** 제847조(친생부인의 소) ① 부인의 소는 자 또는 그 친권자인 모를 상대로 하여 그 출생을 안 날로부터 1년 내에 제기하여야 한다.

이 사건에서 헌법재판소는 "민법(1958. 2. 22. 법률 제471호로 제정되고 1990. 1. 13. 법률 제4199호로 최종개정된 것) 제847조 제1항 중 '그 출생을 안 날로부터 1년 내' 부분은 헌법에 합치되지 아니한다"라고 결정하고 그 이유를 다음과 같이 설시하였다.

■ 제척기간에 관한 입법재량의 한계를 넘어서서 위헌

친생부인의 소에 관하여 어느 정도의 제척기간을 둘 것인가의 문제는 부(父)뿐만 아니라 자(子)와 모(母) 및 가족들의 법적 지위와 관계되므로 법률적인 친자관계를 진실에 부합시키고자 하는 부의 이익과 친자관계의 신속한 확정을 통하여 법적 안정을 찾고자 하는 자의 이익을 어떻게 그 사회의 실정과 전통적 관념에 맞게 조화시킬 것인가에 관한 문제는 이해관계인들의 기본권적 지위와 혼인 및 가족생활에 관한 헌법적 결단을 고려하여 결정할 문제로서 원칙적으로 입법권자의 재량에 맡겨져 있다. 그런데 민법 제844조에 의하여 인정되는 친생자 추정의 효력은 법률에서 인정하는 다른 추정에 비하여 대단히 강력한 것이어서 친생자로 추정되는 한 생부가 혼인 외의 출생자로서 인지를 하는 것이나 자가 생부를 상대로 인지를 청구하는 것 모두 허용되지 않으며, 일단 제소기간이 경과된 경우에는 나중에 그 추정이 진실에 반하는 것임이 명백하여졌다고 하더라도 그 추정을 번복하는 것은 허용되지 않는다. 그 결과 친자관계를 더 이상 다툴 수 없게 된 부로서는 진실에 반하는 친자관계를 그 의사에 반하여 강요당하게 된다는 점에서 인간의 존엄과 가치, 행복추구권을 보장한 헌법 제10조나 혼인과 가족생활의 보호를 규정한 헌법 제36조에 위반할 소지가 있는 것이다. 그러므로 친생부인의 소에 대한 제소기간을 어느 정도로 할 것인가는 중요한 문제이며 원칙적으로 그것이 입법재량에 속한다 하더라도 그 제소기간 자체가 지나치게 단기간이거나 불합리하여 부가 자의 친생자 여부에 대한 확신을 가지기도 전에 그 제척기간이 경과하여 버림으로써 친생을 부인하고자 하는 부로 하여금 제소를 현저히 곤란하게 하거나 사실상 불가능하게 하여 진실한 혈연관계에 반하는 친자관계를 부인할 수 있는 기회를 극단적으로 제한하는 것이라면 이는 입법재량의 한계를 넘어서는 것으로서 위헌이라 아니할 수 없다.

일반적으로 친자관계의 존부에 관하여는 특별한 사정이나 어떤 계기가 없으면 친자관계가 존재하지 않음을 알기 어렵거나 의심하지 않는 것이 통례임에도 불구하고 친생부인의 소의 제척기간을 정함에 있어 부가 자와의 사이에 친생자관계가 존재하지 않음을 알았는지의 여부를 전혀 고려하지 않고 오직 '출생을 안 날로부터'라고만 규정하여 부에게 매우 불리한 규정이라고 할 것이다. 나아가서 "1년"이라는 제척기간 그 자체도 여러 사정에 비추어 볼 때 현저히 짧은 것이다. 친생자관계의 존부는 특별한 경우가 아니면 쉽게 알기 어려운 속성에 비추어 보통의 경우 자의 출생을 안 날로부터 1년이란 단기간의 숙려기간은 너무 짧아서 실질적으로 제소의 기회마저 주지 않는 것이나 다름없다. 이러한 심판대상조항은 혼인기간 중에는 정절이 지켜진다는 전통관념을 배경으로 한 규정이지만 현대 사회는 여성의 사회적 활동의 증가와 가치관념의 혼돈 및 윤리의식의 이완으로 전통관념에 많은 변화가 생겼고 또 출산과정도 병원 등 전문기관에서 많은 아이들이 반복적으로 출산되고 있어 서로 뒤바뀔 가능성도 배제할 수 없는 점 등 사회현실여건도 달라져서 진정한 친자관계가 존재하지 않을 가능성이 많아지고 있어서 부에게 친생부인권을 부여할 필요성은 오히려 증가하는 반면, 우리나라는 어느 나라보다 혈통을 중요시하고 혈연에 각별한 애착을 가지는 전통관습을 유지하고 있는 점 등을 종합 고려하면 제소할 수 있는 기간을 자의 출생을 안 날로부터 1년으로 규정한 것은 지나치게 짧다고 할 것이다. 결과적으로 친생을 부인하고자 하는 부로 하여금 제소를 현저히 곤란하게 하거나 사실상 불가능하게 하고 그로 인하여 진실한 혈연관계에 반하는 부자관계를 부인할 수 있는 기회를 극단적으로 제한하고 있는 것이어서 입법재량의 범위를 일탈한 것으로서 다음과 같은 헌법상의 기본권을 침해하고 있다고 할 것이다.

▣ 인간의 존엄과 가치, 행복추구권을 보장한 헌법 제10조에 위반

헌법 제10조는 모든 국민은 인간으로서의 존엄과 가치를 가지며 행복을 추구할 권리가 있다고 규정하고 있다. 이로써 모든 국민은 그의 존엄한 인격권을 바탕으로 하여 자율적으로 자신의 생활영역을 형성해 나갈 수 있는 권리를 가지는 것이다. 그런데 이 사건의 경우 친생부인의 소의 제척기간을 일률적으로 자의 출생을 안 날로부터 1년으로 규정함으로써 부가 자의 친생자 여부에 대한 의심도 가지기 전에 그 제척기간이 경과하여 버려 결과적으로 부로 하여금 혈연관계가 없는 친자관계를 부인할 수 있는 기회를 극단적으로 제한하고 또 자의 출생 후 1년이 지나서 비로소 그의 자가 아님을 알게 된 부로 하여금 당사자의 의사에 반하면서까지 친생부인권을 상실하게 하는 것이다. 이는 인간이 가지는 보편적 감정에도 반할 뿐만 아니라 자유로운 의사에 따라 친자관계를 부인하고자 하는 부의 가정생활과 신분관계에서 누려야 할 인격권 및 행복추구권을 침해하고 있는 것이다.

▣ 혼인과 가족생활의 권리침해금지를 보장한 헌법 제36조 제 1 항에 위반

헌법 제36조 제 1 항은 혼인과 가족생활은 개인의 존엄과 양성의 평등을 기초로 하여 성립되고 유지되어야 하며, 국가는 이를 보장한다고 규정하고 있다. 이는 개인의 자율적 의사와 양성의 평등에 기초한 혼인과 가족생활의 자유로운 형성을 국가가 보장할 것을 규정하고 있는 것이다. 그런데 이 사건의 경우 진실한 혈연관계에 부합하지 않고 당사자가 원하지도 않는 친자관계를 부인할 기회를 충분히 주지 않고 친생부인권을 극히 단기간 내에 상실하게 하고 나아가서 자에 대한 부양의무를 비롯한 그 밖의 법적 지위를 계속 유지하도록 강요하는 것은 개인의 존엄과 양성의 평등에 기초한 혼인과 가족생활에 관한 기본권을 침해하는 것이다.

■ 헌법불합치결정과 그 불합치상태의 제거방안

민법 제847조 제 1 항을 단순위헌선언을 한다면 친생부인의 소의 제척기간의 제한이 일시적으로 전혀 없게 되는 법적 공백상태가 되고 이로 인하여 출생 후 상당 기간이 경과되어 이미 번복할 수 없는 신분관계로서 이해관계인들에게 받아들여지고 있던 부자관계에 대하여도 개정입법이 행하여지기까지는 언제든지 다시 재론할 수 있게 됨으로써 적지 않은 법적 혼란을 초래할 우려가 있다. 또한 위헌적인 규정에 대하여 합헌적으로 조정하는 임무는 원칙적으로 입법자의 형성재량에 속하는 사항이다. 따라서, 우리 재판소는 입법자가 이 사건 심판대상조항을 적어도 이 결정에서 밝힌 위헌이유에 맞추어 새로이 개정할 때까지는 법원 기타 국가기관은 민법 제847조 제 1 항 중 '그 출생을 안 날로부터 1년 내'라는 부분을 더 이상 적용·시행할 수 없도록 중지하되 그 형식적 존속만을 잠정적으로 유지하게 하기 위하여 이 사건 심판대상 조항에 대하여 단순위헌결정을 선고하지 않고 헌법불합치결정을 선고한다.

## ▶ 해 설

이 결정은 김진우 재판관의 별개의견과 조승형 재판관의 반대의견이 있는 외에는, 나머지 재판관의 의견일치에 의한 것이다. 유의할 점은 이 사건 헌법불합치결정은 친생부인의 소에 제척기간을 설정한 것 자체가 잘못이라는 것은 아니고 단지 기간을 정함에 있어 부가 자와의 사이에 친생자관계가 존재하지 않음을 알았는지의 여부에 관계없이 일률적으로 '그 출생을 안 날로부터 1년 내'라고 규정함으로써, 친생부인권의 행사를 현저히 곤란하게 하거나 사실상 박탈하는 것과 같은 결과를 초래하는 것이 잘못이고 헌법에 위반된다는 취지라는 점이다.

## ▶ 질 문

1. '인간의 존엄과 가치' 및 '행복을 추구할 권리'가 우리 헌법에 들어간 것은 언제이며, 그 배경은 어떠했는가?
2. 헌법 제10조 제 1 문 '인간으로서의 존엄과 가치 및 행복추구'로부터 우리 헌법재판소는 어떤 구체적 기본권들을 도출하고 있는가?

# Ⅱ. 생 명 권

## ▶ 개 요

생명권은 '생명에의 권리'로 정의된다. 이 때 '생명'권의 '생명'은 자연현상으로서의 생명만을 말하는 것이 아니라, 이 자연현상으로서의 생명을 바탕으로 하여 법적 관점에서 그 내용이 정해지는 법적 개념이다. 이 생명권에 대해 독일헌법 등과는 달리 우리 헌법에 명문규정은 없다. 그러나 학설은 헌법 제10조의 인간의 존엄과 가치 및 행복추구조항이나 헌법 제12조의 신체의 자유에서 생명권을 도출해내고 있다. 법인은 생명권의 주체가 될 수 없지만, 외국인을 포함한 모든 자연인은 생명권의 주체가 될 수 있으며, 특히 태아도 수태시점부터 생명권의 주체인 인간으로 다루어진다.

생명권의 제한 및 한계와 관련해, 사형수의 생명권 침해가 문제될 수 있는 사형제도, 태아의 생명권과 임산부의 자기결정권이 충돌하는 낙태문제, 불치환자의 생명권이나 자기결정권이 문제될 수 있는 안락사문제가 주요한 쟁점이 된다.

## ▶ 핵심판례

### 憲 1996. 11. 28.-95헌바1 [사형제도 사건]

[사건의 개요]

청구인은 살인과 특수강간 등의 혐의로 기소되어 제 1 심과 항소심에서 사형을 선고받고 대법원에 상고를 함과 동시에 살인죄에 대한 법정형의 하나로서 사형을 규정한 형법 제250조 제 1 항, 사형을 형의 종류의 하나로서 규정한 형법 제41조 제 1 호, 사형집행의 방법을 규정한 형법 제66조, 사형집행의 장소를 규정한 행형법 제57조 제 1 항에 대한 위헌여부심판의 제청을 신청하였으나 대법원은 이 신청을 기각하였다. 이에 청구인은 헌법재판소법 제68조 제 2 항에 따라 이 사건 헌법소원심판을 청구하였다.

[심판의 대상]

**형법** 제41조(형의 종류)

1. 사형

제250조 제 1 항(살인, 존속살해) ① 사람을 살해한 자는 사형, 무기 또는 5년 이상의 징역에 처한다.

이 사건에서 헌법재판소는 "1. 형법 제41조 제 1 호, 제250조 제 1 항은 헌법에 위반되지 아니한다. 2. 청구인의 이 사건 심판청구 중 형법 제66조, 행형법 제57조 제 1 항에 대한 부분을 각하한다"라고 결정하고 그 이유를 다음과 같이 설시하였다.

▣ 형법 제66조, 행형법 제57조 제 1 항은 재판의 전제성 결여

형법 제66조, 행형법 제57조 제 1 항은 사형이라는 형벌 집행의 방법과 장소를 정하는 규정에 불과하므로 그 위헌 여부에 따라 이 사건 관련소송사건 재판의 주문이나 내용 및 효력에 관한 법률적 의미가 달라지는 경우라고 할 수 없다. 따라서 청구인의 이 사건 심판청구 중 형법 제66조, 행형법 제57조 제 1 항에 대한 청구부분은 재판의 전제성이 인정되지 않아 부적법하다.

▣ 형법 제41조 제 1 호는 합헌

우리 헌법은 개별적인 인간존재의 근원인 생명을 빼앗는 사형에 대하여 정면으로 이를 허용하거나 부정하는 명시적인 규정을 두고 있지 아니하지만, 헌법 제12조 제 1 항이 "모든 국민은 …… 법률과 적법절차에 의하지 아니하고는 처벌·보안처분 또는 강제노역을 받지 아니한다"라고 규정하는 한편, 헌법 제110조 제 4 항이 "비상계엄하의 군사재판은 …… 법률이 정하는 경우에 한하여 단심으로 할 수 있다. 다만, 사형을 선고한 경우에는 그러하지 아니하다"라고 규정함으로써 적어도 문언의 해석상으로는 간접적이나마 법률에 의하여 사형이 형벌로서 정해지고 또 적용될 수 있음을 인정하고 있는 것으로 보인다.

인간의 생명에 대하여는 함부로 사회과학적 혹은 법적인 평가가 행하여져서는 안 될 것이지만, 비록 생명에 대한 권리라고 하더라도 그것이 헌법상의 기본권으로서 법률상의 의미가 조영되어야 할 때에는 그 자체로서 모든 규범을 초월하여 영구히 타당한 권리로서 남아 있어야 하는 것이라고 볼 수는 없다. 다시 말해, 한 생명의 가치만을 놓고 본다면 인간존엄성의 활력적인 기초를 의미하는 생명권은 절대적 기본권으로 보아야 함이 당연하고, 따라서 인간존엄성의 존중과 생명권의 보장이란 헌법정신에 비추어 볼 때 생명권에 대한 법률유보를 인정한다는 것은 이념적으로는 법리상 모순이라고 할 수도 있다. 그러나 현실적인 측면에서 볼 때 정당한 이유없이 타인의 생명을 부정하거나 그에 못지 않은 중대한 공공이익을 침해한 경우에 국법은 그 중에서 타인의 생명이나 공공의 이익을 우선하여 보호할 것인가의 규준을 제시하지 않을 수 없게 되고, 이러한 경우에는 비록 생명이 이념적

으로 절대적 가치를 지닌 것이라 하더라도 생명에 대한 법적 평가가 예외적으로 허용될 수 있다고 할 것이므로, 생명권 역시 헌법 제37조 제 2 항에 의한 일반적 법률유보의 대상이 될 수밖에 없다.

이에 대해 청구인은 사형이란 헌법에 의하여 국민에게 보장된 생명권의 본질적 내용을 침해하는 것으로 되어 헌법 제37조 제 2 항 단서에 위반된다는 취지로 주장한다. 그러나 생명권에 대한 제한은 곧 생명권의 완전한 박탈을 의미한다 할 것이므로, 사형이 비례의 원칙에 따라서 최소한 동등한 가치가 있는 다른 생명 또는 그에 못지 않은 공공의 이익을 보호하기 위한 불가피성이 충족되는 예외적인 경우에만 적용되는 한, 그것이 비록 생명을 빼앗는 형벌이라 하더라도 헌법 제37조 제 2 항 단서에 위반되는 것으로 볼 수는 없다 할 것이다.

인간의 생명을 부정하는 등의 범죄행위에 대한 불법적 효과로서 지극히 한정적인 경우에만 부과되는 사형은 죽음에 대한 인간의 본능적인 공포심과 범죄에 대한 응보욕구가 서로 맞물려 고안된 '필요악'으로서 불가피하게 선택된 것이며 지금도 여전히 제 기능을 하고 있다는 점에서 정당화될 수 있다. 따라서 사형은 이러한 측면에서 헌법상의 비례의 원칙에 반하지 않는다 할 것이고, 적어도 우리의 현행 헌법이 스스로 예상하고 있는 형벌의 한 종류이기도 하므로 아직은 우리의 헌법질서에 반하는 것이라고는 판단되지 않는다.

▣ 형법 제250조 제 1 항도 합헌

비록 형벌로서의 사형이 위와 같이 그 자체로서 위헌이라고는 할 수 없다고 하더라도 형법 제250조 제 1 항이 살인이라는 구체적인 범죄구성요건에 대한 불법효과의 하나로서 사형을 규정하고 있는 것이 행위의 불법과 행위자의 책임에 비하여 현저히 균형을 잃음으로써 비례의 원칙에 반한다고 평가된다면 형법 제250조 제 1 항은 사형제도 자체의 위헌 여부와는 관계없이 위헌임을 면하지 못할 것이다.

형법 제250조 제 1 항이 규정하고 있는 살인의 죄는 인간생명을 부정하는 범죄행위의 전형이고, 이러한 범죄에는 그 행위의 태양이나 결과의 중대성으로 미루어 보아 반인륜적 범죄라고 규정지워질 수 있는 극악한 유형의 것들도 포함되어 있을 수 있다. 따라서 사형을 형벌의 한 종류로서 합헌이라고 보는 한 그와 같이 타인의 생명을 부정하는 범죄행위에 대하여 행위자의 생명을 부정하는 사형을 그 불법효과의 하나로서 규정한 것은 행위자의 생명과 그 가치가 동일한 하나의 혹은 다수의 생명을 보호하기 위한 불가피한 수단의 선택이라고 볼 수밖에 없으므로 이를 '비례의 원칙'에 반한다고 할 수 없어 헌법에 위반되는 것이 아니다.

## ▶ 해 설

이 사형제에 대한 합헌결정은 만장일치의 결정은 아니었으며 재판관 김진우와 재판관 조승형의 위헌의 반대의견이 개진되었다. 우선, 김진우 재판관은 헌법 제10조에 규정된 인간의 존엄에 대한 존중과 보호의 요청은 형사입법, 형사법의 적용과 집행의 모든 영역에서 지도적 원리로서 작용하므로 형사법의 영역에서 입법자가 인간의 존엄성을 유린하는 악법의 제정을 통해 국민의 생명과 자유를 박탈 내지 제한하는 것이나 잔인하고 비인간적인 형벌제도를 채택하는 것은 헌법 제10조에 반하고, 사형제도는 양심에 반하여 법규정에 의해 사형을 언도해야 하는 법관은 물론, 良心에 반해 직무상 어쩔수 없이 사형의 집행에 관여하는 자들의 양심의 자유와 인간으로서의 존엄과 가치를 침해하는 비인간적인 형벌제도이기도 하다고 보았다.

조승형 재판관은 사형제도가 생명권의 본질적 내용을 침해하는 생명권의 제한이므로 헌법 제37조 제 2 항 단서에 위반된다고 보았다. 가사 헌법 제37조 제 2 항 단서상의 생명권의 본질적 내용이 침해된 것으로 볼 수 없다고 가정하더라도, 형벌의 목적은 응보·범죄의 일반예방·범죄인의 개선에 있음에도 불구하고 형벌로서의 사형은 이와 같은 목적달성에 필요한 정도를 넘어 생명권을 제한하는 것으로 목적의 정당성·수단의 적정성·피해의 최소성 등 제 원칙에 반한다고 보았다.

이 결정으로 헌법재판소는 사형제에 대해 일단 합헌의 면죄부를 주었다. 그러나, 다수의견은 생명권 제한과 관련된 부분에서 헌법정신에 비추어 볼 때 한 생명의 가치만을 놓고 본다면 생명권은 절대적 기본권으로 보아야 함이 당연하고 생명권에 대한 법률유보를 인정한다는 것은 이념적으로 법리상 모순이라고 하면서도, 현실적인 측면에서 볼 때 생명에 대한 법적 평가가 예외적으로 허용될 수밖에 없고 생명권도 법률유보의 대상이 될 수밖에 없다고 봄으로써 생명권의 절대적 기본권성과 관련해 아리송한 태도를 취하고 있다.

## ▶ 질 문

1. 헌법재판소는 생명권이 절대적 기본권이 아니며 생명권 역시 헌법 제37조 제 2 항에 의한 일반적 법률유보의 대상이 될 수밖에 없다고 보았는데, 결정문에 나타난 그 논리적 근거는 무엇인가?
2. 헌법재판소는 사형이 헌법에 의하여 국민에게 보장된 생명권의 본질적 내용을 침해하는 것이 아니며 따라서 헌법 제37조 제 2 항 단서에 위반되지 않는다고

보았는데, 결정문에 나타난 그 논리적 근거는 무엇인가?

3. 헌법재판소는 살인죄의 법정형의 하나로서 '사형'을 규정하고 있는 형법 제250조 제 1 항이 '비례의 원칙'에 반하지 않는다고 했는데, 결정문에 나타난 그 논리적 근거는 무엇인가?

# Ⅲ. 인 격 권

제10조 제 1 문 모든 국민은 인간으로서의 존엄과 가치를 가지며 행복을 추구할 권리를 가진다.

### ▶ 개 요

인격권이란 자아와 분리될 수 없는 인격적 이익을 향유하는 권리를 말한다. 성명, 명예, 초상, 프라이버시, 건강, 정조, 신체에 관한 권리가 인격권에 포함된다. 학설의 다수설과 헌법재판소 판례는 이 인격권의 근거규정으로 헌법 제10조를 든다.

### ▶ 핵심판례

#### 憲 2001. 7. 19.-2000헌마546 [유치장 내 개방 화장실 사건]

[사건의 개요]

청구인들은 집회 및 시위에 관한 법률 위반의 현행범으로 체포되어 영등포경찰서 유치장에 수용되었다. 청구인들은 위 기간 동안 유치장 밖의 일반화장실의 사용이 허가되지 않아 유치장 내에 설치된 화장실의 사용만 가능하였다. 이 화장실은 차폐시설이 불충분하여 신체부위 등이 노출되는 개방적 구조를 가진 것이다. 이와 같은 화장실의 사용을 강제한 피청구인의 행위로 인하여 청구인들에게 보장된 헌법 제10조의 인간으로서의 존엄과 가치, 제17조의 사생활의 비밀과 자유 등 기본권을 침해당하였다고 주장하면서 청구인들이 헌법소원심판을 청구하였다.

[심판의 대상]

청구인들이 약 이틀간 영등포경찰서 유치장에 수용되어 있는 동안 차폐시설이 불충분하여 사용과정에서 신체부위가 다른 유치인들 및 경찰관들에게 관찰될 수 있고 냄새가 직접 유출되는 실내화장실을 사용하도록 강제한 것.

※ 피청구인과 관련해, 청구인들은 심판청구서에 피청구인을 경찰청장으로 기재하였으나 이 사건 심판대상행위를 행사한 주체는 영등포경찰서장이므로 직권으로 이 사건 피청구인을 영등포경찰서장으로 확정하기로 한다.

이 사건에서 헌법재판소는 "청구인들이 영등포경찰서 유치장에 수용되어 있는 동안 차폐시설이 불충분하여 사용과정에서 신체부위가 다른 유치인들 및 경찰관들에게 관찰될 수 있고 냄새가 유출되는 실내화장실을 사용하도록 강제한 피청구인의 행위는 헌법 제10조에 의하여 보장되는 청구인들의 인격권을 침해한 것으로 위헌임을 확인한다"라고 결정하고 그 이유를 다음과 같이 설시하였다.

▣ 헌법 제10조에 의해 보장되는 인격권 침해

청구인들 유치 당시 이 사건 화장실의 구조는 장방형으로서 2개면은 천장까지 이어져 있는 유치실 벽면에 붙어 있고, 나머지 2개면 중 1개면은 그 높이가 거실 바닥으로부터 약 76cm인 차폐벽으로, 유치실 전면에서 정면으로 보이는 나머지 1개면은 같은 높이의 차폐벽과 그 높이가 거실 바닥으로부터 약 74cm인 화장실문으로 가려져 있었고, 화장실문에는 그 상단으로부터 약 4cm 아래의 위치에 가로 약 30cm, 세로 약 10cm의 직사각형의 유리창이 설치되어 있었다. 그리고 차폐벽이나 화장실문의 윗 부분은 거실과의 사이에 차폐시설이 없이 개방된 구조이고, 쪼그려 앉은 자세로 사용하는 방식의 수세식변기가 설치되어 있었으며 이 사건 화장실이나 유치실 내에는 창문 등의 별도의 환기시설도 없었다. 이와 같은 상황이었으므로 이 사건 청구인들이 용변을 볼 때는 그 소리와 냄새가 같은 유치실 내 거실로 직접 유출될 수 있고, 옷을 벗고 입는 과정에서 둔부 이하가 이 사건 유치실 내의 다른 동료 유치인들에 노출될 수 있으며, 이 사건 유치실 밖에 있는 같은 층의 경찰관들이나 특히 유치실을 앞쪽에서 내려다 볼 수 있는 2층에 있는 경찰관들에게는 옷을 추스르는 과정에서 허벅지 등이 보일 수 있게 되어 있었다.

유치장에 수용되어 있는 유치인들 중에서는 불안한 심리상태에서 자해·자살을 하거나, 같이 수용된 다른 유치인들에게 가해행위를 하거나, 도주를 기도하는 등의 행동을 하는 자가 있으므로 유치인들의 동태를 감시할 필요성이 있는 점은 부인할 수 없다. 따라서 화장실을 유치실 내에 두어 유치장에 수용되어 있는 다수의 유치인들이 용변을 볼 때마다 유치실 밖으로 드나들 필요가 없도록 하고, 어느 정도 유치실 내 화장실을 포함한 그 내부를 관찰할 수 있는 구조로 설치하는 것에 대해서도 일단 그 타당성을 인정할 수 있다. 그러나 감시와 통제의 효율성에만 치중하여 앞서 본 바와 같이 지나치게 열악한 구조의 화장실 사용을 모든 유치인들에게 일률적으로 강요하는 것은 미결수용자의 자유와 권리에 대한 제한이 구금의 목적인 도망·증거인멸의 방지와 시설 내의 규율 및 안전 유지를 위한 필요최소한의 합리적인 범위를 벗어나서는 안 된다는 원칙에 부합하기 어렵다. 또한 일반적으로 유치인들의 동태에 대한 감시가 필요하다 하더라도 이러한 감시가 가능하면서도 덜 개방적인 다른 구조의 시설 설치가 불가능한 것도 아니다. 예를 들어서, 하체를 가려줄 만한 높이의 하단부 차폐벽 위에 반투명한 재료를 사용한 차폐시설을 설치하여 어느 정도 그 행동을 감시할 수 있도록 하면서도 신체부위의 노출과 냄새의 직접적 유출을 막고, 용변을 보는 자로 하여금 타인으로부터 관찰되고 있다는 느낌을 보다 덜 가질 수 있는 독립적 공간을 만들 수 있는 것이다. 더구나 구속영장이 집행된 미결수용자 또는 유죄판결이 확정된 수형자들이 사용하는 영등포구치소 또는 영등포교도소의 수용실 내 화장실은 내부의 관찰이 어느 정도 가능한 재료로 되어 있기는 하지만, 이 사건 화장실과는 달리 차폐시설이 천장까지 닿도록 되어 있어 독립적인 공간이 어느 정도 확보되어 있고 창문 등 환기시설도 따로 설치되어 있었다.

헌법 제10조에서는 "모든 국민은 인간으로서의 존엄과 가치를 가지며, 행복을 추구할 권리를 가진다"라고 하여 모든 기본권의 종국적 목적이자 기본이념이라 할 수 있는 인간의 존엄과 가치를 규정하고 있는데, 이는 인간의 본질적이고도 고유한 가치로서 모든 경우에 최대한 존중되어야 한다. 그런데 앞에서 본 사실관계에 비추어 보면, 보통의 평범한 성인인 청구인들로서는 내밀한 신체부위가 노출될 수 있고 역겨운 냄새, 소리 등이 흘러나오는 가운데 용변을 보지 않을 수 없는 상황에 있었으므로 그때마다 수치심과 당혹감, 굴욕감을 느꼈을 것이고 나아가 생리적 욕구까지도 억제해야만 했을 것임을 어렵지 않게 알 수 있다. 나아가 함께 수용되어 있던 다른 유치인들로서도 누군가가 용변을 볼 때마다 불쾌감과 역겨움을 감내하고 이를 지켜보면서 마찬가지의 감정을 느꼈을 것이다. 그렇다면, 이 사건 청구인들로 하여금 유치기간 동안 위와 같은 구조의 화장실을 사용하도록 강제한 피청구인의 행위는 인간으로서의 기본적 품위를 유지할 수 없도록 하는 것으로서, 수인하기 어려운 정도라고 보여지므로 전체적으로 볼 때 비인도적·굴욕적일 뿐만 아니라 동시에 비록 건강을 침해할 정도는 아니라고 할지라도 헌법 제10조의 인간의 존엄과 가치로부터 유래하는 인격권을 침해하는 정도에 이르렀다고 판단된다.

### ▶ 해 설

청구인들로 하여금 이 사건 유치실에 수용되어 있는 동안 차폐시설이 불충분한 이 사건 화장실을 사용하도록 강제한 피청구인의 행위는 헌법 제10조에 의하여 보장되는 인격권을 침해한 것으로서 취소되어야 할 것이지만 이 권력적 사실행위는 이미 종료되었으므로 유사한 기본권 침해의 반복을 방지하기 위해 선언적 의미에서 그에 대한 위헌확인을 하기로 하여 헌법재판소가 만장일치로 위헌결정을 내린 사건이다. 헌법재판소가 헌법소원 제기요건 중의 하나인 심판청구이익의 예외를 인정하여 헌법소원이 주관적 권리구제에는 별 도움이 되지 않는다 하더라도 그러한 침해행위가 앞으로도 반복될 위험이 있거나 당해 분쟁의 해결이 헌법질서의 수호·유지를 위하여 긴요한 사항이어서 헌법적으로 그 해명이 중대한 의미를 지니고 있는 경우에는 심판청구의 이익을 인정할 수 있다고 밝히고 있는 점에 주목을 요한다. 또한 피청구인과 관련해 청구인들이 심판청구서에 피청구인을 경찰청장으로 기재했지만 헌법재판소가 직권으로 피청구인을 영등포경찰서장으로 바꾼 점은 우리 헌법재판제도가 직권주의를 취하고 있음을 보여주는 대목이다.

### ▶ 질 문

1. 헌법재판소는 인격권의 헌법적 근거를 헌법 몇 조로 보고 있는가?
2. 헌법재판소는 "인간으로서의 기본적 품위를 유지할 수 없도록 하는 것으로서 수인하기 어려운 정도이며 전체적으로 볼 때 비인도적·굴욕적인 행위"가 어떤 기본권을 침해한다고 보았는가?

## Ⅳ. 행복추구권의 성격

### ▶ 개 요

헌법재판소 판례에 의하면, 행복추구권은 일반적으로 "소극적으로는 고통과 불쾌감이 없는 상태를 추구할 권리, 적극적으로는 만족감을 느끼는 상태를 추구할 수 있는 권리"(憲 1997. 7. 16.-95헌가6등)를 의미한다고 보았다. 행복추구권을 하나의 포괄적 기본권으로 이해한 것이다.

## ▶ 핵심판례

### 憲 1989. 10. 27.-89헌마56 [얼차려 명령 사건]

[사건의 개요]

청구인은 이 사건 사고 당시 육군 병장으로 근무하다가 이 사건 후 의병제대한 자이다. 청구인은 부대 훈련장에서 총검술 교육을 받게 되었는데, 원래 총검술교관은 하사 甲인데 이것이 같은 소대 선임분대장 하사 乙에게 위임되었으며, 동인에 의하여 일응 교육을 받다가 재위임을 간청한 제3분대장 하사 丙에게 다시 위임되어 동인에 의하여 총검술교육을 받게 되었다. 그런데 하사 丙은 총검술 동작이 완만하고 구호소리가 작다는 이유로 소대원 전원에게 얼차려를 하기로 하여 5분 내지 10분 가까이 손등을 지면에 대고 "팔굽혀펴기," 속칭 "한강철교" 그리고 "선착순 구보" 등의 기합을 내렸다. 그리고, 다시 총검술교육에 착수되었다가 훈련 동작이 여전하다는 이유로 재차 약 사오십미터 가량 떨어진 전봇대까지 왕복달리기를 하는 선착순 구보명령을 내렸다. 이에 자신보다 군대생활을 적게 한 위 丙으로부터 계속 기합을 받는다는 것에 화가 난 청구인은 상병 丁과 함께 뛰어가지 않고, 그 자리에 서 있으면서 이를 거부하였다. 이렇게 되자 당시 총검술 동작의 잘못을 시정해 주며 군데군데 서 있던 분대장 중의 하나인 辰이 이를 못마땅하게 생각하여 丁을 나무란 것이 발단이 되어 양자간에 싸움이 벌어지게 되었고, 여기에 가세한 또 다른 분대장 하사 午가 휘두른 탄띠에 청구인이 눈을 얻어 맞게 되어 요치 6개월의 눈상해를 입어 이로 인하여 의병제대하게 되었다.

이에 같은 사단 소속 군사법경찰관은 이러한 선착순 구보명령거부를 항명죄로 입건 수사하였고, 이 사건을 송치받은 같은 사단 소속의 검찰관은 청구인이 상관의 정당한 명령에 불복종한 사실은 인정되나 제반사정을 참작하여 공소를 제기하지 아니함이 상당하다고 하여 청구인의 항명죄 혐의에 대해 기소유예 처분을 내렸다. 다만 청구인과 같이 위 얼차려명령에 복종하지 않은 丁에 대하여는 항명죄로 기소하였으나 보통 군사법원과 고등 군사법원에서 그 부분 각 무죄판결을 받아 판결이 확정되었다.

[심판의 대상]

군검찰관의 기소유예처분

이 사건에서 헌법재판소는 "육군 보병 제2사단 보통군사법원 검찰부 1988년 형제52호사건에 있어서 검찰관이 1988년 9월 30일에 청구인에 대하여 한 기소유예처분은 청구인의 평등권과 행복추구권을 침해한 것이므로 이를 취소한다"라고 결정하고 그 이유를 다음과 같이 설시하였다.

■ 청구인에 대해 항명죄의 혐의를 인정해서는 안 되는 사안임

육군참모총장의 명령으로 육군 예하 부대에 하달된 구타근절 종합대책의 일환인 구타직전 보고제도, 육군 일반명령 제37호 구타행위 엄금 수정내용 및 얼차려 수정 보완 내용과 육군 본부에서 초급장교용으로 만들어진 얼차려 시행에 관한 육군본부 팜플렛 850-71 '구타 지침서' 등을 종합하면 얼차려 교육은 "법적 제재조치 이전에 정신적·육체적 특수훈련을 가하여 해이되고 이완된 군인정신을 바로잡아 잘못을 스스로 깨우치게 하는데" 그 목적을 두고 있어 총검술교육 훈련 목적과는 그 목적을 달리하고 있고, 그 구체적 방침으로 집행권자를 명확히 임명해 집행하며 얼차려의 방법을 변형하여 악용하는 것을 금지하고 얼차려에 규정된 종목 이외의 변칙적용은 구타 및 가혹행위로 간주한다고 되어 있다. 이에 따른 세부지침으로 중대장급 이상의 지휘관 및 대위급 이상 장교만이 결재없이 얼차려 교육을 시행할 수 있고 모든 소대장 이하 분대장등이 병사에 대하여 얼차려를 실시하려면 반드시 얼차려의 실시시간 및 장소, 방법 등에 관하여 결재권자의 승인 후에 실시하도록 되어 있으며, 집행시기도 일과시간 내의 개인 자유시간이나 일과시간 외의 개인 자유시간으로 제한되어 있다.

우선, 이러한 얼차려 규정에 의하면 얼차려 실시권이 하사관에게 당연히 귀속되는 권한도 아니고 반드시 그 실시기간 및 장소, 방법에 관하여 결재권자의 승인을 요하게 되어 있는데 하사 丙에게 총검술교육 실시에 관한 권한을 위임했던 하사 甲, 乙이 얼차려 실시에 관하여 미리 결재권자의 승인을 받아두었다는 특단의 사정도 발견되지 않으므로 丙의 명령권은 위임받은 총검술 실시의 범위 내에 한정될 수밖에 없을 것이고, 얼차려 교육 권한까지 확대될 성질이 될 수 없다. 따라서 하사 丙이 결재권자의 승인을 받지 않은 채, 더구나 총검술교육 실시를 하던 일과시간으로서 개인 자유시간이 아닌 때에 청구인에 대하여 얼차려 명령을 하였다면 이는 적법절차를 무시한 명령으로서 결코 상관의 정당한 명령이 될 수 없다.

다음으로, 이 사건 얼차려 명령의 내용을 검토해 보자. 얼차려교육으로는 위의 관련 규정들에 규정된 방법만이 허용되므로 여기서는 오직 구보만이 허용되어 있다 하겠고, 또한 필히 지휘자가 선두에 서야 할 뿐만 아니라 선착순 구보는 비효과적인 것임을 위의 규정들이 이미 밝히고 있다. 그렇다면 이 사건에서 하사 丙이 위 총검술교육 중 동작이 일치하지 않는다는 이유로 소대원을 상대로 손등을 지면에 대고 팔굽혀펴기, 그리고 속칭 한강철교 등의 얼차려에 규정되지 않은 제재행위를 약 5분 내지 10분 정도 시킨 다음 약 사오십미터 정도 떨어진 곳을 왕복하게

하는 이른바 선착순 구보를 2회에 걸쳐 명하고 자신이 선두에 섰다고 인정할 자료가 없는 사안이라면 전체적으로 볼 때 그 내용에 있어서 정당한 얼차려가 아닌 가혹행위에 해당된다고 볼 것이다. 또한 그 중 마지막 선착순 구보만을 떼어내어 정당한 얼차려 교육의 범주에 든다고 할 수도 없다. 그러므로 위 丙의 이 사건 얼차려 명령은 상관으로서 권한 내의 명령이 아닐 뿐더러, 적법절차를 무시한 무권한의 것이며, 그 내용에 있어서도 가혹한 행위에 해당되어 항명죄의 객체인 상관의 정당한 명령이 될 수 없음이 명백하여 청구인에 대해 어느 모로 보아도 항명죄의 혐의를 인정해서는 안 될 사안이라고 할 것이다.

▣ 피의자의 행복추구권과 평등권 침해

헌법 제10조는 "모든 국민은 인간으로서의 존엄과 가치를 가지며 행복을 추구할 권리를 가진다. 국가는 개인이 가지는 불가침의 기본적 인권을 확인하고 이를 보장할 의무를 진다"라고 규정하고 있고, 대통령령인 군인복무규율 제34조, 제35조에 의하면 군인은 직권을 남용하거나 사적 제재를 가하여서는 안 되도록 하고 있다. 이와 같은 기본적 인권보장의 헌법정신과 군인복무규율상의 규정에 입각하여 군인의 기본적 인권을 존중하고 군의 특수사정만 내세워 합리화해 오던 전근대적 구타의 폐습을 지양함으로써 군을 민주화 내지 근대화하여 국민의 신뢰를 받는 군의 새로운 위상정립의 의지로서 일찍이 구타 및 가혹행위를 근절하기 위한 육군 일반명령 제37호가 발하여졌고, 1985년에도 육군참모총장이 구타근절 종합대책을 세우고 육군 일반명령 제37호 구타행위 엄금 수정 보완 내용 및 얼차려 수정 보완 내용의 규정을 만들어 이를 준수할 것을 예하 부대에 명령하고 1985년과 1987년에는 위 내용을 구타지침서라는 팜플렛에 담아 초급장교용으로 각 예하부대에 하달하여 거듭 이를 준수토록 한 것이다.

그렇다면 인간으로서의 존엄과 가치존중의 헌법정신과 군인복무규율상의 규정은 차치하고라도, 구타와 가혹행위 근절을 통한 군의 민주화를 위한 군내부의 훈령이라고 볼 위 관계규정에 비추어 보아도, 본 얼차려명령은 군기율을 근본적으로 어긴 위법한 무권한의 명령이고 실질적인 가혹행위를 검찰관이 단순히 군상사의 명령이라는 이유만으로 항명죄의 객체인 정당한 명령으로 단정한 끝에 항명죄까지 성립한다고 보고 이 사건 처분에 이르렀으니, 적어도 자의금지의 원칙을 위배한 처분으로 말미암아 청구인에 대한 평등권이 침해되었음에 틀림없으며 이에 의하여 부당하게 청구인의 행복추구권도 침해되었다고 할 것이다.

### ▶ 해 설

제 1 기 헌법재판소가 관여재판관 전원의 일치된 의견에 의해, 무권한의 정당치 못한 상관의 명령에 따르지 않은 피의자의 행위에 항명죄의 혐의를 인정한 군검찰관의 자의적인 기소유예처분이 피의자인 청구인의 평등권과 행복추구권을 침해해 위헌이라 보면서 그러한 기소유예처분을 취소한 결정이다. 이처럼, '기소유예처분'이 헌법재판소에 의해 위헌선언을 받은 이유는 '피의자'의 평등권과 행복추구권 침해에 있지만, 다른 사건들에서 검사 등의 '불기소처분'이 위헌선언을 받은 이유는 '고소인(피해자)'의 평등권과 재판절차진술권 침해에 있었음을 구분할 줄 알아야 한다.

### ▶ 질 문

1. 헌법재판소는 검사나 군검찰관의 기소유예 처분이 위헌일 경우에 그것은 누구의 어떤 기본권을 침해해 위헌이라고 보는가?
2. 헌법재판소는 검사나 군검찰관의 불기소처분이 위헌일 경우에 그것은 누구의 어떤 기본권을 침해해 위헌이라고 보는가?

## Ⅴ. 행복추구권 — 일반적 행동자유권

### ▶ 개 요

헌법재판소는 '행복추구권'에는 다시 '일반적 행동자유권'과 '개성의 자유로운 발현권'이 포함되어 있다고 이해했다. 그러면서 전자인 '일반적 행동자유권'이란 일반적으로 "하고 싶은 일은 하고 하기 싫은 일은 안 하며, 먹고 싶을 때 먹고, 놀고 싶을 때 놀고, 자기 멋에 살며 자기 멋대로 옷을 입고 몸을 단장하는 자유를 포함하며, 자기의 설계에 따라 인생을 살아가고 자기가 추구하는 행복관념에 따라 생활하는 자유"(憲 1997. 3. 27.-96헌가11)를 의미하는 것으로 보면서 이 일반적 행동자유권에 적극적으로 자유롭게 행동하는 것은 물론 소극적으로 행동을 하지 않을 부작위의 자유도 포함시켰다(憲 2002. 1. 31.-2001헌바42). 그러면서 이 '일반적 행동자유권'에서 '계약의 자유'(憲 1991. 6. 3.-89헌마204)를 도출할 수 있다고 판시했다.

## ▶ 핵심판례

### 憲 1991. 6. 3.-89헌마204 [특약부 화재보험 사건]

[사건의 개요]

청구인은 변호사로서 서울 동작구 소재 4층 건물을 소유하고 있는 자이다. 그는 한국화재보험협회와 신체손해배상 특약부 화재보험계약을 체결하고 보험료를 지급하였다. 이후 청구인은 서울지방법원 남부지원에 한국화재보험협회를 피고로 하여 위 보험료의 반환을 구하는 소송을 제기하고(이 사건 헌법소원 제기 후 청구인은 위 건물에 관하여 '화재로 인한 재해보상과 보험가입에 관한 법률' 제 5 조 제 1 항의 규정에 의한 보험가입의무가 없음의 확인을 구하는 예비적 청구취지를 추가하였다) 그 소송에서 청구인에게 위 신체손해배상 특약부화재보험의 가입의무를 부과하고 있는 화재로 인한 재해보상과 보험가입에 관한 법률 제 5 조 제 1 항의 위헌여부 심판을 헌법재판소에 제청하여 줄 것을 신청하였으나 기각되었다. 이에 청구인은 헌법재판소법 제68조 제 2 항에 의한 이 사건 헌법소원을 제기하였다.

[심판의 대상]

**화재로 인한 재해보상과 보험가입에 관한 법률**(1973. 2. 6. 법률 제2482호) 제 5 조(보험가입의무) ① 특수건물의 소유자는 전조 제 1 항의 규정에 의한 손해배상책임의 이행을 위하여 그 건물을 손해보험회사가 영위하는 신체손해배상 특약부 화재보험에 가입하여야 한다. 다만, 종업원에 대하여 산업재해보상보험법에 의한 산업재해보상보험에 가입하고 있는 경우에는 그 종업원에 대한 제 4 조 제 1 항의 규정에 의한 손해배상책임을 담보하는 보험에 가입하지 아니할 수 있다.

이 사건에서 헌법재판소는 "화재로 인한 재해보상과 보험가입에 관한 법률 제 5 조의 '특수건물' 부분에 동법 제 2 조 제 3 호 가목 소정의 '4층 이상의 건물'을 포함시키는 것은 헌법에 위반된다"라고 결정하고 그 이유를 다음과 같이 설시하였다.

화재로 인한 재해보상과 보험가입에 관한 법률 제 5 조 제 1 항에 의하면 특수건물의 소유자는 동법 제 4 조 제 1 항의 규정에 의한 손해배상책임의 이행을 위하여 그 건물을 손해보험회사가 영위하는 신체손해배상 특약부 화재보험에 가입하여야 한다고 규정하였다. 여기의 특수건물이라 함은 위 법률 제 2 조 제 3 호에서 정한 바 첫째로 4층 이상의 건물(가목), 둘째로 국유건물 · 교육시설 · 백화점 · 시장 · 의료시설 · 흥행장 · 숙박업소 · 공장 · 공동주택 기타 다수인이 출입 또는 근무하거나 거주하는 건물로서 대통령령으로 정하는 건물(나목)을 말한다. 이렇게 되어 특수건물

소유자의 보험가입은 그 가입이 법적 의무로 되어 있는 강제보험이다.

▣ 일반적 행동자유권 내지 경제활동의 자유 등 제한

헌법 제10조 전문은 "모든 국민은 인간으로서의 존엄과 가치를 가지며, 행복을 추구할 권리를 가진다"라고 규정하고 있다. 여기의 행복추구권 속에 함축된 일반적인 행동자유권과 개성의 자유로운 발현권은 국가안전보장, 질서유지 또는 공공복리에 반하지 않는 한 입법 기타 국정상 최대의 존중을 필요로 하는 것이라고 볼 것이다. 일반적 행동자유권에는 적극적으로 자유롭게 행동을 하는 것은 물론 소극적으로 행동을 하지 않을 자유 즉 부작위의 자유도 포함되는 것으로, 법률행위의 영역에 있어서는 계약을 체결할 것인가의 여부, 체결한다면 어떠한 내용의, 어떠한 상대방과의 관계에서, 어떠한 방식으로 계약을 체결하느냐 하는 것도 당사자 자신이 자기의사로 결정하는 자유뿐만 아니라 원치 않으면 계약을 체결하지 않을 자유 즉 원치 않는 계약의 체결은 법이나 국가에 의하여 강제받지 않을 자유인 이른바 계약자유의 원칙도, 여기의 일반적 행동자유권으로부터 파생되는 것이라 할 것이다. 이는 곧 헌법 제119조 제 1 항의 개인의 경제상의 자유의 일종이기도 하다. 그렇다면 특수건물의 소유자에게 특약부 화재보험계약체결의 강제는 계약자유의 원칙에 대한 제약인 동시에 헌법상의 일반적 행동자유권 내지 경제활동의 자유의 제한이 된다고 할 것이다.

보험가입강제는 첫째, 특수건물의 소유자에게 법적 차별이라고 할 무거운 배상책임을 지우면서 이에 대하여 그 이행확보의 방법으로 채택한 예외적 법적 조치인 것이며, 둘째, 보험계약의 체결강제를 위한 간접강제의 방법으로 벌금 이외에 특수건물 소유자가 개인적으로 가진 인·허가의 취소 등을 택함으로써 직업선택의 자유 등에 제약을 주고 인간다운 생활에 큰 위협이 되게 하였고, 셋째, 영리추구를 목적으로 하는 보험회사와의 사적인 보험계약체결의 강제이어서 보험가입자의 재산권보장에 침해요소가 포함되어 있으며, 넷째, 주된 목적과 달리 화재보험만 완벽하게 된 체계부조화의 강제보험제로 되어 국민의 일반행동자유권 내지 경제활동의 자유를 제한하고 있다. 이처럼 특약부 화재보험의 가입강제가 평등권, 직업선택의 자유, 인간다운 생활을 할 권리, 국민의 재산권 나아가 일반적 행동자유권 내지 경제활동의 자유 등 국민의 기본권 제한임에 틀림없는 것이라면, 우선 이 사건 본안 문제인 위 법률 제 2 조 제 3 호 가목 소정 4층 이상의 건물도 무조건 가입강제의 특수건물에 포함시킨 입법이 헌법 제37조 제 2 항에 의하여 정당화될 수 있는 제한이라고 할 수 있는지를 다음에서 검토해보자.

■ 과잉금지원칙에 위배되는 제한으로서 위헌

위 법률 제2조 제3호 가목에서는 단순히 "4층 이상의 건물"로서만 규정하고 있을 뿐 그 용도나 연면적, 입주가구수나 인원 등의 표준을 세워 그 규모를 한정하고 있지 않다. 따라서 화재가 발생하여도 대량재해의 염려가 없는 소규모의 하잘 것 없는 4층 건물이라도 보험가입이 강제된다. 한편 4층 이상의 건물이면 가입강제가 되는 것이고 다수인이 출입 또는 근무하거나 거주하는 건물일 것을 요하지 않는다. 따라서 다수인이 출입·근무·거주하지 않는 건물 예를 들면 단독주택용이나 창고용이나 차고용 등의 건물이라도 4층 이상의 건물이면 보험가입이 강제된다. 이러한 건물을 좁은 토지의 효율적 이용을 위하여 오늘날과 같이 토지이용의 입체화가 강조되는 시대에 있어서는 얼마든지 상정할 수 있는 것이다. 보험가입강제의 주된 취의가 건물화재로 인하여 타인에게 재해를 입힌 경우 특히 타인이 사망 또는 부상한 경우에 대인적 배상책임의 이행이라는 공공복리에 있는 것이라면 응당 타인에 재해를 입히기에 적합한 건물에 대해 책임보험에의 가입강제 정도로 그쳐야 할 것인데 이에 나아가 책임보험과 무관한 건물화재보험까지로 강제되는 보험의 범위를 넓히고 오히려 화재보험제도를 더 완벽하게 정립하였다. 게다가 위 제2조 제3호 가목에서는 단순히 4층 이상의 건물이라는 이유만으로 가입을 강제함으로써 다수인이 출입하지 않고 화재가 나도 대인적 손해가 크게 문제되지 않을 경우까지 포함되게 가입강제 대상을 더 확장시켰다.

그렇다면 위 가목에 관한 한 재해를 예방하고 그 위험으로부터 국민을 보호할 수 있는 합리적이고 실효성이 있는 사회보장책으로 배려된 입법으로 단정하기도, 국민의 일반행동자유권 내지 경제활동의 자유의 제약에도 불구하고 헌법 제34조 제6항에 의하여 정당화할 제도로도 보기가 어렵다고 할 것으로, 결국 국민의 기본권을 제한하여도 공공복리를 위해 필요한 경우에 한하게 되어 있는 기본권 제한에 관한 과잉금지원칙에 반하는 것이라고 하겠다.

## ▶ 해 설

반대의견을 낸 변정수, 김양균 재판관의 합헌의견이 있기는 하지만 7인의 재판관은 다수의견을 통해 위 법률 제5조의 "특수건물" 부분에 제2조 제3호 가목 소정의 "4층 이상의 건물"을 포함시키면 그 한도에서 동 규정은 헌법에 위반된다는 한정위헌결정을 선고하였다. 계약자유의 원칙을 행복추구권의 하나인 일반적 행동자유권으로부터 도출하고 있는 점, 여기서 자세히 소개하지는 못했지만 반대의견에서 재산적·경제적 권리에 관한 합헌성의 판단기준으로서의 '이중기준의 원칙'에 대해 정의를 내리고 있는 점에 주목할 필요가 있다.

### ▶ 질 문

1. 헌법재판소는 계약자유의 원칙이 어떤 기본권에서 도출된다고 보았는가?
2. 한정위헌결정과 위헌결정 그리고 합헌결정의 차이점은 무엇인가?

## Ⅵ. 자기결정권

### ▶ 개 요

헌법재판소는 '행복추구'가 헌법 제10조에서 '인간의 존엄과 가치'와 병렬적으로 규정되어 있어 양자가 불가분의 관계에 있다는 점에 주목하면서, 헌법 제10조의 인격권과 행복추구권 양자를 묶어서 이 인격권과 행복추구권이 '자기운명결정권'을 전제로 하고 있다고 설명한 후, 이 양자로부터 '자기운명결정권'이 도출되고 '자기운명결정권'은 다시 '성적 자기결정권', 특히 '배우자결정권'을 포함한다고 보았다. 자기결정권은 자기운명결정권이라고도 불린다. 주로 어린 아이를 가질 것인가의 여부를 결정할 권리, 생명 및 신체의 처분에 관한 권리, 흡연·복장 등 라이프 스타일에 관한 권리가 이 자기결정권에 포함된다. 또한 성적 상대방 결정권, 배우자결정권, 나아가 혼인의 자유도 이 자기결정권에 포함되는 것으로 본다.

### ▶ 핵심판례

憲 1995. 7. 16.-95헌가6 [동성동본 금혼 사건]

[사건의 개요]

박홍선-박미자 부부 외 6쌍의 부부는 동성동본임을 이유로 호적부 직원이 그들의 혼인신고를 수리하지 않자 이에 불복하여 서울가정법원에 소송을 제기하였으며, 서울가정법원은 7건의 사건을 병합하고 민법 제809조 제1항의 위헌 여부가 그 재판의 전제가 된다고 판단하여 1995년 5월 17일에 헌법재판소에 그에 관한 심판을 제청하였고 헌법재판소는 5월 29

일에 이 사건을 받아들였다.

[심판의 대상]
**민법** 제809조(동성혼 등의 금지) ① 동성동본인 혈족 사이에서는 혼인하지 못한다.

이 사건에서 헌법재판소는 “1. 민법 제809조 제 1 항(1958. 2. 22. 법률 제471호로 제정된 것)은 헌법에 합치되지 아니한다. 2. 위 법률조항은 입법자가 1998. 12. 31.까지 개정하지 아니하면 1999. 1. 1. 그 효력을 상실한다. 법원 기타 국가기관 및 지방자치단체는 입법자가 개정할 때까지 위 법률조항의 적용을 중지하여야 한다”라고 결정하고 그 이유를 다음과 같이 설시하였다.

▣ 5인 재판관의 위헌의견

민법은 제809조 제 1 항에서 동성동본간의 혼인을 그 촌수에 관계없이 금지하고 있으며 제816조 제 1 호에서 이를 혼인취소사유의 하나로 규정하고 있고 호적법 제76조 제 1 항 제 1 호와 제 6 호는 호적공무원으로 하여금 동성동본혼의 혼인신고를 접수하지 못하게 하고 있다. 이 동성동본금혼제도의 위헌 여부를 결정하기 위해 우선 이 제도가 한국사회에 정착하게 된 과정을 살펴보면, 이 제도는 원래 중국의 주나라 시대에 시작되어 한나라 때에 확립된 동성불혼제도에서 유래하며 한국에는 고려중기 이후에 본격적으로 도입되었는데 중국의 것은 동성간의 혼인을 금지한데 비해 한국의 것은 동성 가운데에서도 동본간의 혼인만 금지하였다는 점에서 차이가 있다. 이 제도가 법제화된 것은 조선시대부터이고 17세기 말엽에 확실히 한국사회에 정착되었다. 이 제도의 기반이 된 윤리는 충효를 숭상하는 유교사상이었고, 국가정책은 왕족을 중심으로 한 신분적 사회계급의 확립이었으며, 이 제도의 바탕이 된 가족제도는 남계를 강조하는 가부장적 대가족제도였고, 사회경제적 기반은 자급자족을 추구하는 농업사회였다. 이러한 사회에서 동성동본불혼제도는 사회질서를 유지하는 수단으로서 기능했다.

그러나 현대의 한국사회는 사회환경적인 면에 있어 이 제도가 도입되고 정착되던 사회와 비교할 때 많은 변화를 겪었다. 사회를 지배하는 기본적 이데올로기는 유교사상에서 개인의 존엄과 양성의 평등을 내용으로 하는 자유민주주의사상으로 바뀌었고 결혼관도 가문과 가문의 결합이라는 의미에서 개인과 개인의 결합이라는 의미로 바뀌었다. 가족의 형태도 가부장적 대가족형태에서 핵가족형태로 바뀌었고

1950년대 이후의 여성교육의 확대는 여성의 활발한 사회진출과 더불어 여성의 사회적 지휘향상을 낳았다. 경제구조에 있어서도 봉건적·폐쇄적 농업사회로부터 고도로 발달된 산업사회로 바뀌었고, 인구의 폭발적 증가와 인구의 도시집중화현상은 성씨와 본의 의미를 약화시켰다. 1958년의 민법제정 이후 동성동본부부들을 구제하기 위해 세 번에 걸쳐 한시적인 혼인에 관한 특별법이 시행되었고 이 덕분에 4만여 쌍의 동성동본 부부들이 법적 보호를 받게 되었다. 이것들을 종합해보면, 동성동본불혼제도의 기반이 완전히 와해되었다고 볼 수는 없을지라도 적어도 더 이상의 지탱이 힘들 정도로 그 기반이 흔들리고 있음이 확실하다. 따라서 이 제도를 법제도로 존치시켜야 할 것인가의 여부는 한국헌법의 규정들이나 정신들에 의해 판단되어져야만 한다.

동성동본혼금지제도는 헌법 제10조의 "인간의 존엄과 가치 및 행복추구권"에 위배된다. 인격권과 행복추구권은 개인의 자기운명결정권을 전제로 하고 자기운명결정권은 다시 성적 상대방의 결정권, 나아가 배우자결정권을 포함한다. 이 제도는 헌법 제36조 제 1 항의 혼인과 가족생활에 있어서의 개인의 존엄 및 양성의 평등에도 위배되고, 합리적 이유 없이 남계만을 중심으로 한 혼인금지를 내용으로 하므로 헌법 제11조의 평등권조항에도 배치되며, 입법목적이 "질서유지"나 "공공복리"에 해당할 수 없으므로 헌법 제37조 제 2 항의 기본권제한규정에도 위배된다. 동성동본혼이 우생학적으로도 좋지 않다는 유림측의 주장은 그 과학적 근거가 없고 동성동본간 혼인의 허용이 한국의 미풍양속과 전통문화에 배치된다는 유림측 주장도 미풍양속이나 전통도 그 시대와 사회에서 보편적 적합성과 유용성을 가질 때에만 헌법 제 9 조에 의해 보호받을 수 있다는 점에서 옳지 않다. 따라서 민법 제809조 제 2 항은 위헌이다.

▣ 정경식 재판관과 고중석 재판관에 의한 헌법불합치의견

비록 민법 제809조 제 1 항이 위헌적 요소를 가지고 있으나, 본 법원은 그것을 직접 위헌무효로 하기보다는 헌법불합치결정을 내림으로써, 국회로 하여금 제반사항들을 충분히 고려한 후 새로운 혼인제도를 결정할 기회를 가지게 해야 한다.

▣ 이재화 재판관과 조승형 재판관에 의한 합헌의견

우리는 다음과 같은 이유로 다수의견에 반대한다.

첫째, 혼인관계를 규율하는 가족법은 그 특성상 합리적으로만 만들어지는 것은 아니며 전통과 관습에 강하게 지배되는 보수성과 역사성을 그 특색으로 한다. 따

라서 민법 제809조 제 1 항의 위헌여부는 합리성에 근거한 단순논리뿐만이 아니라 가족법의 이러한 특수성을 감안하여 동성동본불혼제도의 유래, 입법의 타당성과 현 상황의 변화 등을 고려하여 결정되어야 한다. 둘째, 동성동본불혼제도는 역사적 기록에 의하면 중국 주나라 때의 종법제에서 유래된 것이 아니고 이보다 천년이나 앞선 고조선 초기에 한국에서 "불취동족"의 도덕률로 비롯되었으며 조선시대에 와서 유교사상의 영향을 받으며 제도화되고 한국의 미풍양속으로 확실하게 자리를 잡았고 그 이후로 전통으로서 계승되어 왔다. 셋째, 1970년대 이래로 급속한 경제발전으로 인해 광범위한 사회적 변화가 있었던 것은 사실이지만, 지난 수십 년의 짧은 시간 동안 오랜 동안 정착된 한국의 결혼관습이 본질적으로 변화했다고 볼 증거는 없다. 동성동본금혼제도를 폐지하려는 1957년, 1975년, 1988년의 수차의 노력이 국회를 통과할 수 없었다는 사실도 한국국민의 총체적 의사는 이 제도가 유지되어야 한다는 데에 있음을 보여준다. 넷째, 가족관계에 관한 관습이 어떤 범위에서 법제화되어야 하는가는 입법정책의 문제이며, 입법부의 결정이 명백히 비합리적이지 않은 한 이를 위헌무효로 할 수 없다. 다섯째, 민법 제809조 제 1 항은 헌법상의 과잉금지의 원칙(전통적 혼인관습을 법제화함으로써 헌법 제37조 제 2 항의 "질서유지"를 도모하려는 입법목적은 정당하므로), 행복추구권(행복이라는 개념 자체가 모호하고 행복추구권도 헌법 제 9 조에 규정된 "전통문화의 계승 발전"이라는 국가의무 실현의 범위 내에서만 인정되므로), 평등권(한국의 친족제도는 오랜 기간 동안 남계중심으로 형성 발전되어 왔고 남녀평등의 친족제도는 사회·경제적 요인의 변화에 따라 서서히 이루어져야 할 것이므로)에 위배되지 않는다.

## ▶ 해 설

헌법재판소 재판관들의 의견이 5인의 위헌의견, 2인의 헌법불합치의견, 2인의 위헌의견으로 첨예하게 갈린 사건이다. 동성동본금혼이라는 우리 사회의 오랜 관습을 국회가 아닌 헌법재판소가 헌법불합치결정을 통해 폐지시킨 실로 '혁명적 결정'이라 평가된다. 5인의 위헌의견과 2인의 합헌의견은 과연 동성동본금혼제도가 헌법 제 9 조에 의해 보호받을 수 있는 우리의 고유한 '전통'인가 하는 점에서부터 견해를 달리하고 있다. 위헌의견에서 여러 위헌의 근거들 중 하나로 배우자결정권 침해를 들면서, 배우자결정권을 헌법 제10조의 '인간의 존엄과 가치 및 행복추구조항'으로부터 나오는 자기운명결정권에서 도출하고 있다는 점에도 유의할 필요가 있다. 이 사건은 비록 6인의 위헌 정족수에 1인이 모자라 5인의 위헌의견이 헌법재판소의 공식의견이 되지는 못했지만 2인의 헌법불합치결정과 합쳐지면서 결국 7인에 의한 헌법불합치결정과 입법촉구결정이 내려진 사건이다. 그런데, 결정주문에서 나타나 있듯이 민법 제809조 제 1 항에 대한 적용 중지 결정이 같이 내려짐으로써 헌법불합치결정에서 일반적으로 인정되는 심판대상 조항에 대한 잠정적 효력이 부정되고 있음에도 주목할 필요가 있다.

### ▶ 질 문

1. 혼인의 자유는 헌법 몇 조의 무슨 기본권으로부터 도출될 수 있는가?
2. 위헌결정이 선고된 것과, 헌법불합치결정 및 입법촉구결정과 적용중지명령이 같이 내려진 경우는 심판대상 규정의 효력과 관련해 어떤 차이가 있는가?

## Ⅶ. 국가의 기본권 보호의무

제10조 제 2 문 국가는 개인이 가지는 불가침의 기본적 인권을 확인하고 이를 보장할 의무를 진다.

### ▶ 개 요

기본권 보호의무란 "기본권적 법익을 기본권 주체인 사인에 의한 위법한 침해 또는 침해의 위험으로부터 보호하여야 하는 국가의 의무"를 말한다(憲 2009. 2. 26.-2005헌마764). 이 때문에 국민은 국가에 대해 방어적인 지위에만 있는 것이 아니라 국가로 하여금 기본권을 적극적으로 보호하고 실현하도록 하는 것을 요구하는 지위에 있게 된다. 헌법 제10조 제 2 문이 국가의 기본권보호의무를 명시하고 있는데, 이러한 헌법의 명시적인 규정도 국가의 기본권보호의무를 인정하는 근거가 된다.

기본권 보호의무의 내용은 국가영역에서의 기본권보호의무와 사적 영역에서의 기본권 보호의무로 나누어 볼 수 있다. 우선 '국가영역에서의 기본권보호의무'를 살펴보면, 국민은 헌법에 의해 기본권을 보장받고 그 기본권을 국가에 대해 주관적 권리로 주장하고 행사하는데 이러한 권리에 대응해 국가는 상대방으로서 의무를 부담한다. '사적 영역에서의 기본권보호의무'란 사인의 행위에 의해 기본권의 침해 또는 침해의 위험이 발생한 경우에 국가가 적극적으로 이러한 위해의 발생을 방지하거나 위해에 따른 피해를 구제해야 하는 의무를 지는 것을 말한다. 사인인 임산부나 의사의 임신중절행위에 대한 태아의 생명보호의무가 예가 될 수 있다.

기본권보호의무의 한계로서, 국가영역에서 존재하는 기본권보호의무에는 원칙적으로 한계가 존재하지 않지만, 국가가 특정 개인의 기본권을 과잉보호하면 다른 사람과의 관계에서 차별대우가 되어 평등원칙 위배의 문제가 발생한다. 국가영역에서의 기본권보호의무의 이행은 과소보호금지의 원칙에 위반되지 않아야 한다. 사적 영역에서 국가의 기본권보호의무는 국가영역과 달리 사적 자치를 침해하지 않는 한도 내에서만 인정된다. 사적 영역에서의 기본권보호의무의 이행도 과소보호금지의 원칙에 위반되지 않아야 한다. 무엇이 최소보호의 선인가는 개별적인 사안에 따라 관련된 법익의 종류, 그에 대한 침해나 위험의 양태와 정도, 개인이 스스로 기본권적 가치의 안전성을 확보할 수 있는 가능성과 자구행위의 허용여부 등을 종합적으로 고려해서 정해진다.

## ▶ 핵심판례

憲 2009. 2. 26.-2005헌마764 [교통사고 불처벌특례 사건]

[사건의 개요]

청구인 甲은 2004년에, 청구인 乙과 丙은 2007년에 각각 교통사고를 당한 피해자들로서 뇌손상으로 인한 안면마비가 있거나 외상성 스트레스 증후군 등 심각한 교통사고 후유증을 앓고 있는 자들이다. 검사가 교통사고처리특례법 제 4 조 제 1 항 규정에 따라 가해운전자에 대하여 공소권없음 결정을 하자, 위 법률규정이 국가의 기본권보호의무에 관한 과소보호금지 원칙에 위배되고, 청구인들의 평등권 및 재판절차진술권을 침해하였다고 주장하면서 이 사건 헌법소원심판을 청구하였다.

[심판의 대상]

**교통사고처리특례법**(2003. 5. 29. 법률 제6891호로 개정된 것) 제 4 조(보험 등에 가입된 경우의 특례) ① 교통사고를 일으킨 차가 보험업법 제 4 조 및 제126조 내지 제128조, 육운진흥법 제 8 조 또는 화물자동차운수사업법 제36조의 규정에 의하여 보험 또는 공제에 가입된 경우에는 제 3 조 제 2 항 본문에 규정된 죄를 범한 당해 차의 운전자에 대하여 공소를 제기할 수 없다.

이 사건에서 헌법재판소는 "교통사고처리특례법 제 4 조 제 1 항 본문 중 업무상 과실 또는 중대한 과실로 인한 교통사고로 말미암아 피해자로 하여금 중상해에 이르게 한 경우에 공소를 제기할 수 없도록 규정한 부분은 헌법에 위반된다"라고 결정하고 그 이유를 다음과 같이 설시하였다.

■ 재판절차진술권의 침해 여부

우선 교통사고 피해자가 업무상 과실 또는 중대한 과실로 인하여 '중상해'를 입은 경우를 살펴보자. 교통사고 피해자가 신체의 상해로 인하여 생명에 대한 위험이 발생하거나 불구 또는 불치나 난치의 질병에 이르게 된 경우, 즉 중상해를 입은 경우(형법 제258조 제 1 항 및 제 2 항 참조), 사고발생 경위, 피해자가 노약자 등인 경우와 같은 피해자의 특이성과 사고발생에 관련된 피해자의 과실 유무 및 정도 등을 살펴 가해자에 대하여 정식 기소 이외에도 약식기소 또는 기소유예 등 다양한 처분이 가능하고 정식 기소된 경우에는 피해자의 재판절차진술권을 행사할 수 있게 하여야 함에도, 이 사건 법률조항에서 가해차량이 종합보험 등에 가입하였다는 이유로 교통사고처리특례법 제 3 조 제 2 항 단서조항에 해당하지 않는 한 무조건 면책되도록 한 것은 기본권침해의 최소성에 위반된다.

우리나라 교통사고율이 OECD 회원국에 비하여 매우 높고, 교통사고를 야기한 차량이 종합보험 등에 가입되어 있다는 이유만으로 그 차량의 운전자에 대하여 공소제기를 하지 못하도록 한 입법례는 선진 각국의 사례에서 찾아보기 힘들다. 이로 인해 가해자는 자칫 사소한 교통법규위반을 대수롭지 않게 생각하여 운전자로서 요구되는 안전운전에 대한 주의의무를 해태하기 쉽고, 교통사고를 내고 피해자가 중상해를 입은 경우에도 보험금 지급 등 사고처리는 보험사에 맡기고 피해자의 실질적 피해회복에 성실히 임하지 않는 풍조가 있다. 이러한 점 등에 비추어 보면 이 사건 법률조항에 의하여 중상해를 입은 피해자의 재판절차진술권의 행사가 근본적으로 봉쇄된 것은 교통사고의 신속한 처리 또는 전과자의 양산 방지라는 공익을 위하여 위 피해자의 사익이 현저히 경시된 것이므로 법익의 균형성을 위반하고 있다. 따라서 이 사건 법률조항은 과잉금지원칙에 위반하여 업무상 과실 또는 중대한 과실에 의한 교통사고로 중상해를 입은 피해자의 재판절차진술권을 침해한 것이라 할 것이다

한편, 교통사고 피해자가 업무상 과실 또는 중대한 과실로 인하여 '중상해가 아닌 상해'를 입은 경우를 살펴보자. 이 사건 법률조항이 교통사고로 인한 피해자에게 중상해가 아닌 상해의 결과만을 야기한 경우 가해 운전자에 대하여 가해차량이 종합보험 등에 가입되어 있음을 이유로 공소를 제기하지 못하도록 규정한 한도 내에서는, 그 제정목적인 교통사고로 인한 피해의 신속한 회복을 촉진하고 국민생활

의 편익을 도모하려는 공익과 동 법률조항으로 인하여 침해되는 피해자의 재판절차에서의 진술권과 비교할 때 상당한 정도 균형을 유지하고 있다. 또한 단서조항에 해당하지 않는 교통사고의 경우에는 대부분 가해 운전자의 주의의무태만에 대한 비난가능성이 높지 않고, 경미한 교통사고 피의자에 대하여는 비형벌화하려는 것이 세계적인 추세이다. 이와 같은 점 등에 비추어도 위와 같은 목적의 정당성, 방법의 적절성, 피해의 최소성, 이익의 균형성을 갖추었으므로 과잉금지의 원칙에 반하지 않는다.

▣ 평등권 침해 여부

우선, 교통사고 피해자가 업무상 과실 또는 중대한 과실로 인하여 '중상해'를 입은 경우를 보자. 단서조항에 해당하지 않는 교통사고로 중상해를 입은 피해자와 단서조항에 해당하는 교통사고의 중상해 피해자 및 사망사고의 피해자 사이의 차별문제는 교통사고 운전자의 기소 여부에 따라 피해자의 헌법상 보장된 재판절차진술권이 행사될 수 있는지 여부가 결정되어 이는 기본권 행사에 있어서 중대한 제한을 구성하기 때문에 엄격한 심사기준에 의하여 판단한다. 교통사고처리특례법 제 3 조 제 2 항 단서조항에 해당하지 않는 교통사고로 인하여 중상해를 입은 피해자는, 자신에게 발생한 교통사고의 유형이 단서조항에 해당하지 않는다는 우연한 사정에 의하여 형사재판에서의 진술권을 전혀 행사하지 못하게 된다. 이는 역시 우연하게도 단서조항에 해당하는 교통사고를 당한 중상해 피해자가 재판절차진술권을 행사하게 되는 것과 비교할 때 합리적인 이유 없이 차별취급을 당한 것이다. 또한 교통사고로 인해 중상해를 입은 결과, 식물인간이 되거나 평생 심각한 불구 또는 난치의 질병을 안고 살아가야 하는 피해자의 경우, 그 결과의 불법성이 사망사고보다 결코 작다고 단정할 수 없으므로, 교통사고로 인해 피해자가 사망한 경우와 달리 중상해를 입은 경우 가해 운전자를 기소하지 않음으로써 그 피해자의 재판절차진술권을 제한하는 것 또한 합리적인 이유가 없는 차별취급이라고 할 것이다. 따라서 이 사건 법률조항으로 인하여 단서조항에 해당하지 않는 교통사고로 중상해를 입은 피해자를 단서조항에 해당하는 교통사고의 중상해 피해자 및 사망사고의 피해자와 재판절차진술권의 행사에 있어서 달리 취급한 것은, 단서조항에 해당하지 않는 교통사고로 중상해를 입은 피해자들의 평등권을 침해하는 것이라 할 것이다.

다음으로 교통사고 피해자가 업무상 과실 또는 중대한 과실로 인하여 '중상해가 아닌 상해'를 입은 경우를 살펴보자. 업무상 과실 또는 중대한 과실로 인한 교통사고로 피해자에게 중상해가 아닌 상해의 결과만을 야기한 경우에는, 앞서 본 바와 같이 재판절차진술권의 행사에 있어 중상해 피해자와 비교하여 달리 취급할 만한 정당한 사유가 있다 할 것이므로 피해자 보호 및 가해운전자의 처벌에 있어서 평등의 원칙에 반하지 않는다.

▣ 기본권보호의무 위반 여부

국가의 신체와 생명에 대한 보호의무는 교통과실범의 경우 발생한 침해에 대한 사후처벌뿐이 아니라, 무엇보다도 우선적으로 운전면허취득에 관한 법규 등 전반적인 교통관련법규의 정비, 운전자와 일반국민에 대한 지속적인 계몽과 교육, 교통안전에 관한 시설의 유지 및 확충, 교통사고 피해자에 대한 보상제도 등 여러 가지 사전적·사후적 조치를 함께 취함으로써 이행되고, 이 경우 형벌은 국가가 취할 수 있는 유효적절한 수많은 수단 중의 하나일 뿐이지, 결코 형벌까지 동원해야만 보호법익을 유효적절하게 보호할 수 있다는 의미의 최종적인 유일한 수단이 될 수는 없다. 그러므로 이 사건 법률조항은 국가의 기본권보호의무의 위반 여부에 관한 심사기준인 과소보호금지의 원칙에 위반한 것이라고 볼 수 없다.

## ▶ 해 설

헌법재판소가 1997. 1. 16.-90헌가110·136(병합) 사건 결정에서 구 교통사고처리특례법 제 4 조 제 1 항이 헌법에 위반하지 않는다고 했던 입장을 변경하여, 교통사고처리특례법 제 4 조 제 1 항 본문 중 업무상 과실 또는 중대한 과실로 인한 교통사고로 말미암아 피해자로 하여금 중상해에 이르게 한 경우에 공소를 제기할 수 없도록 규정한 부분은 헌법에 위반된다고 결정한 사건이다. 반대의견으로 민형기, 조대현 재판관의 합헌의견도 개진되었다.

이 사건 법률조항 중 업무상 과실 또는 중대한 과실로 인한 교통사고로 말미암아 피해자로 하여금 중상해에 이르게 한 경우 공소를 제기하지 못하도록 규정한 부분은 판결시점 이후로 효력을 상실하게 되어 교통사고 가해자가 종합보험 등에 가입하고 교통사고처리특례법 제 3 조 제 2 항 단서조항에 해당하지 않더라도 피해자가 중상해에 이르면 교통사고처리특례법 제 3 조 제 1 항 위반죄로 처벌될 수 있게 된 점에 주목할 필요가 있다. 또한 사건 결정에 따른 교통사고 가해자에 대한 처벌범위는 향후 교통사고 피해자가 형법 제258조 제 1 항 및 제 2 항의 중상해, 즉 신체의 상해로 인하여 생명에 대한 위험이 발생하거나 불구 또는 불치나 난치의 질병에 이르게 된 경우에 이르렀는지 여부에 관한 형사소추기관 및 법원의 법해석 및 사실관계에의 적용에 따라 비로소 구체화될 것이기 때문에, 중상해에 해당하는지에 대한 판단과 관련하여 법적용의 예측 가능성이나 통일성이 저해된다는 반대의견의 주장에도 유념할 필요가 있다.

## ▶ 질 문

1. 과소보호금지의 원칙에 의해 헌법이 요구하는 최소한의 보호수준은 어떻게 정해지게 되는가?
2. 구 교통사고처리특례법 제 4 조는 "보험 등에 가입된 경우의 특례"에 대해 규정하면서 교통사고를 일으킨 차가 보험업법 제 4 조 및 제126조 내지 제128조, 육운진흥법 제 8 조 또는 화물자동차운수사업법 제36조의 규정에 의하여 보험 또는 공제에 가입된 경우에는 제 3 조 제 2 항 본문에 규정된 죄를 범한 당해 차의 운전자에 대하여 공소를 제기할 수 없도록 규정하고 있었다. 이 규정의 합헌성에 대해 헌법재판소 판례의 입장은 변경되었다. 판례 입장 변경의 근거는 무엇인가?

06.

# 제6장 | 평 등 권

근대민주주의는 개인의 존중을 근본이념으로 삼고 있지만, 개인의 존중의 원리는 개인을 자유롭게 함과 동시에, 모든 개인을 평등하게 취급하는 것에 바탕을 둘 때 비로소 실현되어진다. 근대 정치제도와 사회제도도 인간의 평등이라는 지도적인 목적에 의해 형성되었다. 이러한 의미에서 법 앞의 평등은 개인의 기본권임과 동시에 근대국가의 법질서를 형성하는 기본적인 원칙으로서의 의미를 지닌다.

또한 정의라는 큰 문제에 있어서도, 공평한 것을 정의라고 부르는 입장이 있는 것처럼, 평등은 심오한 내용을 가지는 것이다. 그리고 평등은 모든 인권과의 관계에 있어 문제가 될 가능성이 있다. 통상적 인권은 국가와 개인간의 종적 문제인데 대하여, 평등은 어떤 사람과 어떤 사람간의 횡적관계라고 부르는 위치에 있다.

그러므로 평등권의 문제는 다른 기본권과 다른 법적인 논리와 평가가 존재하며, 비교집단을 파악하고 위헌심사의 기준을 제시하는 것이 중요한 과제가 된다.

# Ⅰ. 평등권 법리의 논리 구조와 심사기준

제11조 ① 모든 국민은 법 앞에 평등하다. 누구든지 성별·종교 또는 사회적 신분에 의하여 정치적·경제적·사회적·문화적 생활의 모든 영역에 있어서 차별을 받지 아니한다.
② 사회적 특수계급의 제도는 인정되지 아니하며, 어떠한 형태로도 이를 창설할 수 없다.
③ 훈장 등의 영전은 이를 받은 자에게만 효력이 있고, 어떠한 특권도 이에 따르지 아니한다.

## ▶ 개 요

평등권은 일반적으로 국가로부터 부당하게 차별대우를 받지 아니할 권리와 국가에 대하여 적극적으로 평등하게 취급하여 줄 것을 요구할 수 있는 권리로 정의되고 있다. 이러한 평등권의 논리구조로 인하여 국가로부터 자유를 침해받지 않을 침해배제청구권의 속성을 가지는 자유권과는 차이를 보이게 된다. 평등권은 다른 기본권과 달리 항시 타인과의 비교문제가 되고, 상대적인 권리여서 무내용·무정형의 권리로 평가된다.

헌법 제11조 제1항은 "모든 국민은 법 앞에 평등하다"라고 하여 평등보호의 원칙을 규정하고 있는데, 이 조항으로부터 평등권이라는 권리도 도출된다고 보는 것이 보편적인 견해이다. 헌법의 평등의 원칙은 국민의 기본권 보장에 관한 우리 헌법의 최고원리로서 국가가 입법을 하거나 법을 해석 및 집행함에 있어 따라야 할 기준인 동시에, 국가에 대하여 합리적 이유 없이 불평등한 대우를 하지 말 것과, 평등한 대우를 요구할 수 있는 모든 국민의 권리로서, 국민의 기본권 중의 기본권인 것이다.

헌법 제11조 제1항의 평등의 원칙은 일체의 차별적 대우를 부정하는 절대적 평등을 의미하는 것이 아니라 입법과 법의 적용에 있어서 합리적 근거 없는 차별을 하여서는 아니 된다는 상대적 평등을 뜻하고 따라서 합리적 근거 있는 차별 내지 불평등은 평등의 원칙에 반하는 것이 아니다. 그리고 합리적 근거 있는 차별인가의 여부는 그 차별이 인간의 존엄성 존중이라는 헌법원리에 반하지 아니하면서 정당한 입법목적을 달성하기 위하여 필요하고도 적정한 것인가를 기준으로 판단되어야 한다.

평등문제는 동일한 속성을 가진 일정한 집단에 속한 국민을 분류 또는 구별(classification)하여 일부를 다르게 취급하는 데서 발생한다. 평등은 곧 그 구별기준이 정당한가의 문제이다. 그 구별기준이 부당하다면 위헌적 차별(discrimination)이 되는 것이다.

평등권의 침해 여부에 대한 심사는 그 심사기준에 따라 자의금지원칙에 의한 심사와 비례의 원칙에 의한 심사(엄격심사)로 크게 나누어 볼 수 있다.

헌법재판소는 침해적인 법률에 의한 차별이 발생할 때에는 일반적으로 자의금지의 원칙을 우선적으로 적용하고, 예외적으로 그 사건 관련 자유권적 기본권에 대한 중대하고 본질적인 제한이 있는 경우에 비례의 원칙을 적용하는 태도를 보이고 있다.

법률내용이 국민들에게 급부적이고 시혜적인 성격을 가지는 경우 헌법재판소는 입법자의 광범위한 재량을 인정하여 주로 자의금지원칙을 적용한 완화된 심사를 하고 있다.

## ▶ 핵심판례

### 憲 1999. 12. 23.-98헌마363 [제대군인 가산점제도 사건]

[사건의 개요]

청구인 이화여자대학교를 졸업하였거나 재학중인 여성들과 연세대학교 4학년에 재학중이던 신체장애가 있는 남성으로서 모두 7급 또는 9급 국가공무원 공개경쟁채용시험에 응시하기 위하여 준비중에 있다. 청구인들은 제대군인이 6급 이하의 공무원 또는 공·사기업체의 채용시험에 응시한 때에 필기시험의 각 과목별 득점에 각 과목별 만점의 5퍼센트 또는 3퍼센트를 가산하도록 규정하고 있는 제대군인지원에관한법률 제 8 조 제 1 항·제 3 항 및 동법 시행령 제 9 조가 자신들의 헌법상 보장된 평등권, 공무담임권, 직업선택의 자유를 침해하고 있다고 주장하면서 헌법소원심판을 청구하였다.

[심판의 대상]

**제대군인지원에관한법률** 제 8 조(채용시험의 가점) ① 제 7 조 제 2 항의 규정에 의한 취업보호실시기관이 그 직원을 채용하기 위한 시험을 실시할 경우에 제대군인이 그 채용시험에 응시한 때에는 필기시험의 각 과목별 득점에 각 과목별 만점의 5퍼센트의 범위 안에서 대통령령이 정하는 바에 따라 가산한다. 이 경우 취업보호실시기관이 필기시험을 실시하지 아니한 때에는 그에 갈음하여 실시하는 실기시험·서류전형 또는 면접시험의 득점에 이를 가산한다.
③ 취업보호실시기관이 실시하는 채용시험의 가점대상직급은 대통령령으로 정한다.

**제대군인지원에관한법률 시행령** 제 9 조(채용시험의 가점비율 등) ① 법 제 8 조 제 1 항의 규정에 의하여 제대군인이 채용시험에 응시하는 경우의 시험만점에 대한 가점비율은 다음 각 호의 1과 같다.

1. 2년 이상의 복무기간을 마치고 전역한 제대군인 : 5퍼센트
2. 2년 미만의 복무기간을 마치고 전역한 제대군인 : 3퍼센트

② 법 제 8 조 제 3 항의 규정에 의한 채용시험의 가점대상직급은 다음 각 호와 같다.

1. 국가공무원법 제 2 조 및 지방공무원법 제 2 조에 규정된 공무원 중 6급이하 공무원 및 기능직공무원의 모든 직급
2. 국가유공자등예우및지원에관한법률 제30조 제 2 호에 규정된 취업보호실시기관의 신규 채

용 사원의 모든 직급

이 사건에서 헌법재판소는 “제대군인지원에관한법률(1997. 12. 31. 법률 제5482호로 제정된 것) 제8조 제1항·제3항 및 동법 시행령(1998. 8. 21. 대통령령 제15870호로 제정된 것) 제9조는 헌법에 위반된다”라고 결정하고, 그 이유를 다음과 같이 설시하였다.

▣ 가산점제도의 근거

가산점제도가 헌법에 근거를 둔 제도인지, 아니면 단순히 입법정책적 제도인지는 가산점제도의 위헌 여부를 판단하는데 있어 고려하여야 할 중요한 요소 중의 하나이므로 먼저 이에 관하여 본다.

헌법 제39조 제2항은 “누구든지 병역의무의 이행으로 인하여 불이익한 처우를 받지 아니한다”고 규정하고 있는데, 이 조항이 가산점제도의 헌법상 근거로 될 수 있는지 본다.

헌법 제39조 제1항에 규정된 국방의 의무는 외부 적대세력의 직·간접적인 침략행위로부터 국가의 독립을 유지하고 영토를 보전하기 위한 의무로서, 헌법에서 이러한 국방의 의무를 국민에게 부과하고 있는 이상 병역법에 따라 군복무를 하는 것은 국민이 마땅히 하여야 할 이른바 신성한 의무를 다하는 것일 뿐, 국가나 공익목적을 위하여 개인이 특별한 희생을 하는 것이라고 할 수 없다. 국민이 헌법에 따라 부과되는 의무를 이행하는 것은 국가의 존속과 활동을 위하여 불가결한 일인데, 그러한 의무를 이행하였다고 하여 이를 특별한 희생으로 보아 일일이 보상하여야 한다고 할 수는 없는 것이다.

그러므로 헌법 제39조 제2항은 병역의무를 이행한 사람에게 보상조치를 취하거나 특혜를 부여할 의무를 국가에게 지우는 것이 아니라, 법문 그대로 병역의무의 이행을 이유로 불이익한 처우를 하는 것을 금지하고 있을 뿐이다. 그리고 이 조항에서 금지하는 “불이익한 처우”라 함은 단순한 사실상·경제상의 불이익을 모두 포함하는 것이 아니라 법적인 불이익을 의미하는 것으로 보아야 한다. 그렇지 않으면 병역의무의 이행과 자연적 인과관계를 가지는 모든 불이익—그 범위는 헤아릴 수도 예측할 수도 없을 만큼 넓다고 할 것인데—으로부터 보호하여야 할 의무를 국가에 부과하는 것이 되어 이 또한 국민에게 국방의 의무를 부과하고 있는 헌법 제39조 제1항과 조화될 수 없기 때문이다. 그런데 가산점제도는 이러한 헌법 제39조 제2항의 범위를 넘어 제대군인에게 일종의 적극적 보상조치를 취하는 제도라고 할 것이므로 이를 헌법 제39조 제 2 항에 근거한 제도라고 할 수 없다.

헌법 제32조 제 6 항은 "국가유공자·상이군경 및 전몰군경의 유가족은 법률이 정하는 바에 의하여 우선적으로 근로의 기회를 부여받는다"고 규정하고 있으나, 제대군인은 여기서 말하는 "국가유공자·상이군경 및 전몰군경의 유가족"에 해당하지 아니한다. 구 국가유공자예우등에관한법률에 의하더라도 국가유공자에 해당하지 아니하며(제 4 조), 단지 입법의 편의상 국가유공자를 위한 가산점제도를 제대군인에게 준용하였을 뿐이었고(제70조), 이 법이 제정되면서부터는 제대군인을 국가유공자와 분리하여 별도로 규율하고 있다. 그러므로 헌법 제32조 제 6 항도 가산점제도의 근거가 될 수 없고, 달리 헌법상의 근거를 찾아볼 수 없다. 이와 같이 가산점제도에 헌법적 근거가 없는 이상 이 제도는 제대군인의 사회복귀를 돕겠다는 취지하에 입법정책적으로 도입된 것에 불과하다 할 것이다.

▣ 평등권 침해 여부

가산점제도로 인하여 청구인들의 평등권이 침해되는지 여부를 본다.

▪ 차별의 대상

가산점제도는 제대군인과 제대군인이 아닌 사람을 차별하는 형식을 취하고 있다. 그러나 제대군인, 비(非)제대군인이라는 형식적 개념만으로는 가산점제도의 실체를 분명히 파악할 수 없다. 현행 법체계상 제대군인과 비제대군인에 어떤 인적 집단이 포함되는지 구체적으로 살펴보아야만 한다. 위에서 본 바와 같이 제대군인에는 ① 현역복무를 마치고 전역(퇴역·면역 포함)한 남자 ② 상근예비역 소집복무를 마치고 소집해제된 남자 ③ 지원에 의한 현역복무를 마치고 퇴역한 여자, 이 세 집단이 포함되고, 비제대군인에는 ① 군복무를 지원하지 아니한 절대다수의 여자 ② 징병검사 결과 질병 또는 심신장애로 병역을 감당할 수 없다는 판정을 받아 병역면제처분을 받은 남자(병역법 제12조 제 1 항 제 3 호, 제14조 제 1 항 제 3 호) ③ 보충역으로 군복무를 마쳤거나 제 2 국민역에 편입된 남자, 이 세 집단이 포함된다.

가산점제도는 실질적으로 남성에 비하여 여성을 차별하는 제도이다. 제대군인 중 위 ③의 유형에는 전체 여성 중의 극히 일부분만이 해당될 수 있으므로 실제 거의 모든 여성은 제대군인에 해당하지 아니한다. 그리고 남자의 대부분은 제대군인 중 위 ①과 ②유형에 속함으로써 제대군인에 해당한다. 이와 같이 전체 남자 중의 대부분에 비하여 전체 여성의 거의 대부분을 차별취급하고 있으므로 이러한 법적 상태는 성별에 의한 차별이라고 보아야 한다.

가산점제도는 현역복무나 상근예비역 소집근무를 할 수 있는 신체건장한 남자와, 질병이나 심신장애로 병역을 감당할 수 없는 남자, 즉 병역면제자를 차별하는 제도이다. 현역복무를 할 수 있느냐는 병역의무자의 의사에 따르는 것이 아니라 오로지 징병검사의 판정결과에 의하여 결정되는바(병역법 제11조, 제12조, 제14조), 질병이나 심신장애가 있는 남자는 아무리 현역복무를 하고 싶어도 할 수 없고 그 결과 제대군인이 될 수 없어 가산점 혜택을 받을 수 없기 때문이다.

가산점제도는 보충역으로 편입되어 군복무를 마친 자를 차별하는 제도이기도 하다. 보충역 판정여부는 신체등위, 학력 등을 감안하고 또 병역수급의 사정에 따라 정해지는 것으로서(병역법 제5조 제1항 제3호, 제14조) 이 또한 본인의 의사와는 무관하다. 보충역으로 편입되는 자는 병역의무 이행의 일환으로 일정기간 의무복무를 마치더라도(보충역은 공익근무요원, 공익법무관, 공중보건의사, 전문연구요원 또는 산업기능요원으로 복무한다) 그 복무형태가 현역이 아니라는 이유로 가산점혜택을 받지 못하는 것이다.

■ 심사의 척도

평등위반여부를 심사함에 있어 엄격한 심사척도에 의할 것인지, 완화된 심사척도에 의할 것인지는 입법자에게 인정되는 입법형성권의 정도에 따라 달라지게 될 것이다. 먼저 헌법에서 특별히 평등을 요구하고 있는 경우 엄격한 심사척도가 적용될 수 있다. 헌법이 스스로 차별의 근거로 삼아서는 아니 되는 기준을 제시하거나 차별을 특히 금지하고 있는 영역을 제시하고 있다면 그러한 기준을 근거로 한 차별이나 그러한 영역에서의 차별에 대하여 엄격하게 심사하는 것이 정당화된다. 다음으로 차별적 취급으로 인하여 관련 기본권에 대한 중대한 제한을 초래하게 된다면 입법형성권은 축소되어 보다 엄격한 심사척도가 적용되어야 할 것이다. 가산점제도는 엄격한 심사척도를 적용하여야 하는 위 두 경우에 모두 해당한다. 헌법 제32조 제4항은 "여자의 근로는 특별한 보호를 받으며, 고용·임금 및 근로조건에 있어서 부당한 차별을 받지 아니한다"라고 규정하여 "근로" 내지 "고용"의 영역에 있어서 특별히 남녀평등을 요구하고 있는데, 가산점제도는 바로 이 영역에서 남성과 여성을 달리 취급하는 제도이기 때문이고, 또한 가산점제도는 헌법 제25조에 의하여 보장된 공무담임권이라는 기본권의 행사에 중대한 제약을 초래하는 것이기 때문이다(가산점제도가 민간기업에 실시될 경우 헌법 제15조가 보장하는 직업선택의 자유가 문제될 것이다).

이와 같이 가산점제도에 대하여는 엄격한 심사척도가 적용되어야 하는데, 엄격한 심사를 한다는 것은 자의금지원칙에 따른 심사, 즉 합리적 이유의 유무를 심사하는 것에 그치지 아니하고 비례성원칙에 따른 심사, 즉 차별취급의 목적과 수단간에 엄격한 비례관계가 성립하는지를 기준으로 한 심사를 행함을 의미한다.

■ 가산점제도의 평등위반성

• 가산점제도의 입법목적

가산점제도의 주된 목적은 군복무중에는 취업할 기회와 취업을 준비하는 기회를 상실하게 되므로 이러한 불이익을 보전해 줌으로써 제대군인이 군복무를 마친 후 빠른 기간 내에 일반사회로 복귀할 수 있도록 해 주는 데에 있다. 인생의 황금기에 해당하는 20대 초·중반의 소중한 시간을 사회와 격리된 채 통제된 환경에서 자기개발의 여지없이 군복무 수행에 바침으로써 국가·사회에 기여하였고, 그 결과 공무원채용시험 응시 등 취업준비에 있어 제대군인이 아닌 사람에 비하여 상대적으로 불리한 처지에 놓이게 된 제대군인의 사회복귀를 지원한다는 것은 입법정책적으로 얼마든지 가능하고 또 매우 필요하다고 할 수 있으므로 이 입법목적은 정당하다.

• 차별취급의 적합성 여부

가산점제도는 합리적 방법에 의한 지원책에 해당한다고 할 수 없다. 헌법은 실질적 평등, 사회적 법치국가의 원리에 입각하여 이들의 권익을 국가가 적극적으로 보호하여야 함을 여러 곳에서 천명하고 있다. 성별에 의한 차별을 금지하고 있는 헌법 제11조, 인간다운 생활을 할 권리를 보장하고 있는 헌법 제34조 제 1 항 외에도, 위에서 본 헌법 제32조 제 4 항, "국가는 여자의 복지와 권익의 향상을 위하여 노력하여야 한다"라고 규정하고 있는 헌법 제34조 제 3 항, "신체장애자 및 질병·노령 기타의 사유로 생활능력이 없는 국민은 법률이 정하는 바에 의하여 국가의 보호를 받는다"라고 규정하고 있는 헌법 제34조 제 5 항, "국가는 모성의 보호를 위하여 노력하여야 한다"라고 규정하고 있는 헌법 제36조 제 2 항 등이 여기에 해당한다. 그럼에도 불구하고 여성과 장애인은 각종의 제도적 차별, 유·무형의 사실상의 차별, 사회적·문화적 편견으로 생활의 모든 영역에서 어려움을 겪고 있고, 특히 능력에 맞는 직업을 구하기 어려운 것이 현실이다. 이러한 현실을 불식하고 평등과 복지라는 헌법이념을 구현하기 위하여 여성·장애인 관련분야에서 이미 광범위한 법체계가 구축되어 있다. 가산점제도는 아무런 재정적 뒷받침없이 제대군인을 지원하려 한 나머지 결과적으로 이른바 사회적 약자들의 희생을 초래하고 있으므로 우리 법체계의 기본질서와 체계부조화성을 일으키고 있다고 할 것이다. 제대군인에 대하여 여러 가지 사회정책적 지원을 강구하는 것이 필요하다 할지라도, 그것이 사회공동체의 다른 집단에게 동등하게 보장되어야 할 균등한 기회 자체를 박탈하는 것이어서는 아니 되는데, 가산점제도는 공직수행능력과는 아무런 합리적 관련성을 인정할 수 없는 성별 등을 기준으로 여성과 장애인 등의 사회진출기회를 박탈하는 것이므로 정책수단으로서의 적합성과 합리성을 상실한 것이라 하지 아니할 수 없다.

• 차별취급의 비례성 여부

공무원 채용시험의 합격여부에 미치는 효과가 너무나 크다. 각 과목별 득점에 각 과목별 만점의 5% 또는 3%를 가산한다는 것은 합격여부를 결정적으로 좌우하는 요인이 된다. 더욱이 7급 및 9급 국가공무원 채용시험의 경우 경쟁률이 매우 치열하고 합격선도 평균 80점을 훨씬 상회하고 있으며(심판기록에 편철된 「남·녀별 응시자 및 합격자의 평균 점수·연령, 합격선」에 의하면 1998년도의 경우 7급 일반행정직의 합격선은 남성이 86.42점, 여성이 85.28점이며, 9급 일반행정직의 경우 95.50점이다), 그 결과 불과 영점 몇 점 차이로 합격, 불합격이 좌우되고 있는 현실에서 각 과목별로 과목별 만점의 3% 또는 5%의 가산점을 받는지의 여부는 결정적으로 영향을 미치게 되고, 가산점을 받지 못하는 사람은 시험의 난이도에 따라서는 만점을 받고서도 불합격될 가능성이 없지 아니하다.

가산점제도는 승진, 봉급 등 공직내부에서의 차별이 아니라 공직에의 진입 자체를 어렵게 함으로써 공직선택의 기회를 원천적으로 박탈하는 것이기 때문에 공무담임권에 대한 더욱 중대한 제약으로서 작용하고 있다.

더욱이 심각한 것은 공무원 채용시험이야말로 여성과 장애인에게 거의 유일하다시피 한 공정한 경쟁시장이라는 점이다. 사회적·문화적 편견으로 말미암아 여성과 장애인에게 능력에 맞는 취업의 기회를 민간부문에서 구한다는 것은 매우 어려운 실정이다. 이에 반하여 공무원채용시험은 국가가 능력주의와 평등원칙에 입각하여 공개적으로 실시하는 것이고, 또 그러하여야 하므로(국가공무원법 제26조는 능력의 실증에 의한 임용원칙을, 제35조는 동일한 자격을 가진 모든 국민에게 평등하게 공개적으로 채용시험을 실시할 것을 규정하고 있다) 이들을 공무원채용시험에 있어서마저 차별을 가한다면 그만큼 이들에게 심각한 타격을 가하는 것이 된다.

가산점제도가 추구하는 공익은 입법정책적 법익에 불과하다. 그러나 가산점제도로 인하여 침해되는 것은 헌법이 강도높게 보호하고자 하는 고용상의 남녀평등, 장애인에 대한 차별금지라는 헌법적 가치이다. 그러므로 법익의 일반적·추상적 비교의 차원에서 보거나, 차별취급 및 이로 인한 부작용의 결과가 위와 같이 심각한 점을 보거나 가산점제도는 법익균형성을 현저히 상실한 제도라는 결론에 이르지 아니할 수 없다.

## ▶ 해 설

### 자의금지의 원칙

헌법재판소는 평등 위반에 관한 위헌심사의 기준으로 처음에 자의금지의 원칙을 채택하였다. 자의(恣意, arbitrariness)란 명백한 부당성 또는 비객관성을 말한다. 본질적으로 같은 것을 자의적으로 다르게 취급하거나 본질적으로 다른 것을 자의적으로 같게 취급하는 것은 평등원칙에 위배된다. 헌법재판소는 이를 "평등의 원칙은 입법자에게 본질적으로 같은 것을 자의적으로 다르게, 본질적으로 다른 것을 자의적으로 같게 취급하는 것을 금하고 있다. 그러므로 비교의 대상을 이루는 두 개의 사실관계 사이에 서로 상이한 취급을 정당화할 수 있을 정도의 차이가 없음에도 불구하고 두 사실관계를 서로 다르게 취급한다면, 입법자는 이로써 평등권을 침해하게 된다"라고 설명한다(憲 1996. 12. 26.-96헌가18 자도소주구입명령제도 사건; 2001. 11. 29.-99헌마494 재외동포법 사건 등).

이렇게 이해하면 자의금지는 여러 가지 수단 중에서 가장 목적에 적합하고 정당한 수단을 택하여야 한다는 것이 아니라, 같거나 다르게 취급하는 것이 객관적인 근거를 가지고 있어야 한다는 것을 의미한다. 그러므로 자의금지 원칙은 입법자에게 상당히 넓은 재량을 부여하고 있으며, 사실상 헌법재판소에게 사법자제(judicial restraint)를 요구하는 근거가 되고 있다. 헌법재판소는 "평등원칙은 행위규범으로서 입법자에게 객관적으로 같은 것은 같게, 다른 것은 다르게 규범의 대상을 실질적으로 평등하게 규율할 것을 요구하나, 헌법재판소의 심사기준이 되는 통제규범으로서의 평등원칙은 단지 자의적인 입법의 금지기준만을 의미하게 되므로 헌법재판소는 입법자의 결정에서 차별을 정당화할 수 있는 합리적인 이유를 찾아 볼 수 없는 경우에만 평등원칙의 위반을 선언하게 된다. 다시 말하면, 헌법에 따른 입법자의 평등실현의무는 헌법재판소에 대하여는 단지 자의금지원칙으로 그 의미가 한정축소되므로 헌법재판소가 행하는 규범에 대한 심사는 그것이 가장 합리적이고 타당한 수단인가에 있지 아니하고 단지 입법자의 정치적 형성이 헌법적 한계 내에 머물고 있는가 하는 것에 국한될 수밖에 없다"라고 판시하였다(憲 1998. 9. 30.-98헌가7 금융기관의연체대출금에관한특별조치법 사건).

### 비례의 원칙

헌법재판소는 98헌마363 결정(제대군인 가산점제도사건)에서 명시적으로 평등 심사기준을 두 가지로 구별하였다. 헌법재판소는 출범 이후 1999년까지 평등심사에 있어 원칙적으로 자의금지원칙을 기준으로 하여 심사하여 왔고, 이따금 (묵시적으로) 비례의 원칙을 기준으로 심사한 것으로 보이는 경우에도 비례심사의 본질에 해당하는 '법익의 균형성(협의의 비례성)'에 대한 본격적인 심사를 하는 경우는 찾아보기 힘들었다. 그런데 98헌마363 결정에서 평등위반심사를 하면서 '법익의 균형성' 심사에까지 이르는 본격적인 비례심사(엄격심사)를 한 것이다.

헌법재판소는 "헌법 제37조 제2항의 규정에 미루어 이러한 기본권에 대한 제한이나 차별적인 대우를 하고자 하는 때에는, 첫째, 제한 또는 차별의 목적이 국가안전보장, 질서유지 또는 공공복리를 위하여 필요하고 정당한 것이어야 하고, 둘째, 그 수단, 방법이 목적의 실현을 위하여 실질적인 관계가 있어야 할 뿐만 아니라 그 정도 또한 적정한 것이어야 한다"라고 하였다.

비례의 원칙에 의한 심사가 요구되는 경우는 두 가지로 요약되는데, 첫째, 헌법이 스스로 차별의 근거로 삼아서는 아니 되는 기준을 제시하거나 차별을 특히 금지하고 있는 영역을 제시하고 있다면 그러한 기준을 근거로 한 차별이나 그러한 영역에서의 차별에 대하여 엄격하게 심사하는 것이 정당화된다. 둘째, 차별적 취급으로 인하여 관련 기본권에 대한 중대한 제한을 초래하게 된다면 입법형성권은 축소되어 보다 엄격한 심사척도가 적용되어야 한다.

### 적극적 평등실현조치(Affirmative action)

적극적 평등실현조치란 남성중심이나 백인중심의 사회에서 차별을 받아 온 여성이나 소수인종처럼 특정집단에 대해 그러한 차별로 인한 종래의 불이익을 보상해주기 위하여 그 집단 구성원이라는 이유로 취업이나 입학 기타 사회적 이익을 직접 또는 간접으로 부여하는 정부의 정책을 말한다. 현재 여성발전기본법에는 이와 관련하여 제6조에 "국가와 지방자치단체는 여성의 참여가 현저히 부진한 분야에 대하여 합리적인 범위에서 여성의 참여를 촉진하여 실질적인 남녀평등이 이루어질 수 있도록 관계 법령으로 정하는 바에 따라 적극적 조치를 취할 수 있다"라고 규정하고 있다. 또한 공직선거법 제47조 제3항 · 제4항에는 "비례대표국회의원선거와 비례대표지방의회의원선거에서 50% 이상을 여성으로 추천하여야 한다"라고 규정하고 있고, 같은조 제6항은 "지역구 국회의원선거와 지역구 시도의원선거에서도 30% 이상을 여성으로 추천하도록 노력하여야 한다"라고 규정하고 있다. 장애인고용촉진및직업재활법은 제27조 제1항에 "국가 및 지방자치단체의 장은 장애인을 소속공무원 정원의 100분의 3 이상 고용하여야 한다"라고 규정하고 있다.

적극적 평등조치에 대해서는 반대론과 찬성론이 대립되어 있는데, 반대론에 의하면 평등의 원칙에 위배되고, 우선적 처우의 범위가 불분명하며, 과거의 차별에 대해 보상을 해주는 것이라면 이와 관련 없는 현재의 다수인은 역차별을 받는 것이 된다고 본다. 이에 반해 찬성론에 의하면 다수인은 소수의 차별로 인해 이익을 얻었으므로 보상하여야 하며, 소수인종이나 여성들은 공정한 경쟁에서 제외되어 왔기 때문에 실질적 평등의 차원에서 사실적 불평등이 제기되어야 하고, 소수에 대한 보호는 전체사회의 이익을 가져오는 결과가 된다고 주장한다.

### 비례심사 적용 예 1: 장애인고용 의무제 사건

평등권심사에 있어 비례심사를 적용한 예로서 장애인 고용 의무제 사건(憲 2003. 7. 24.-2001헌바96)이 있다. 이 사건은 대통령령이 정하는 일정 수 이상의 근로자를 고용하는 사업주는 기준고용률 이상에 해당하는 장애인을 고용해야 한다고 규정한 구 장애인고용촉진등에관한법률 제35조 제1항 본문이 사업주의 행동자유권, 경제활동의 자유, 평등권을 침해하고 포괄위임입법금지원칙에 위배되는지 여부에 관한 것이다.

평등권위반여부에 대해 헌법재판소는 합헌으로 결정하고 아래와 같이 판시하였다.

「장애인은 그 신체적·정신적 조건으로 말미암아 유형·무형의 사회적 편견 및 냉대를 받기 쉽고 이로 인하여 능력에 맞는 직업을 구하기가 지극히 어려운 것이 현실이므로, 장애인의 근로의 권리를 보장하기 위해서는 사회적·국가적 차원에서의 조치가 요구된다. 이러한 관점에서 볼 때, 자유민주적 기본질서를 지향하는 우리 헌법이 원칙적으로 기업의 경제활동의 자유를 보장(헌법 제119조 제1항)하고 개인의 계약자유의 원칙을 천명(헌법 제10조 전문)하고 있다 하더라도 일정한 범위에서 이러한 자유를 제약하는 것은 불가피한 조치라고 할 수 있다. 청구인이 주장하는 계약자유의 원칙과 기업의 경제상의 자유는 무제한의 자유가 아니라 헌법 제37조 제2항에 의하여 공공복리를 위해 법률로써 제한이 가능한 것이며, 국가가 경제주체간의 조화를 통한 경제의 민주화를 위해 규제와 조정을 할 수 있다고 천명(헌법 제119조 제2항)하고 있는 것은 사회·경제적 약자인 장애인에 대하여 인간으로서의 존엄과 가치를 인정하고 나아가 인간다운 생활을 보장하기 위한 불가피한 요구라고 할 것이어서, 그로 인하여 사업주의 계약의 자유 및 경제상의 자유가 일정한 범위 내에서 제한된다고 하여 곧 비례의 원칙을 위반하였다고는 볼 수 없다.

구법 제3조에 의하면 국가와 지방자치단체는 장애인의 고용에 관하여 사업주 및 국민일반의 이해를 높이기 위해 교육·홍보 및 장애인 고용촉진운동을 추진하고, 사업주·장애인 기타 관계자에 대한 지원과 장애인의 특성을 고려한 직업재활의 조치를 강구하여야 하며, 기타 장애인의 고용촉진 및 직업안정을 도모하기 위하여 필요한 시책을 종합적이고 효과적으로 추진하여야 할 책임이 있는 공공적 주체이며, 한편 민간사업주와는 달리 기준고용률을 미달하는 경우 부담금의 납부를 명하고 이를 징수한다든지(구법 제38조) 기준고용률을 초과하는 경우 고용지원금 및 장려금(구법 제37조)을 지급할 수 없는 등 민간사업주와는 다른 지위에 있으므로, 국가·지방자치단체와 민간사업주와의 차별취급은 합리적인 근거가 있는 차별이라고 할 것이다.」

### 비례심사 적용 예 2: 국가유공자등 가산점 사건

평등권심사에 있어 비례심사를 적용한 예로서 국가유공자등 가산점 사건(憲 2006. 2. 23.-2004헌마675등)이 있다. 이 사건은 국·공립학교의 채용시험에 국가유공자와 그 가족이 응시하는 경우 만점의 10퍼센트를 가산하도록 규정하고 있는 국가유공자등예우및지원에관한법률 제31조 제1항·제2항 등이 이 시험 응시자들의 평등권과 공무담임권을 침해하는지 여부에 관한 것이다. 평등권위반여부에 대해 헌법재판소는 종전 합헌결정(憲 2001. 2. 22.-2000헌마25)을 변경하여 헌법불합치결정을 하면서 다음과 같이 설시하였다.

「종전 결정에서 헌법재판소는 헌법 제32조 제6항의 "국가유공자·상이군경 및 전몰군경의 유가족은 법률이 정하는 바에 의하여 우선적으로 근로의 기회를 부여받는다"는 규정을 넓게 해석하여, 이 조항이 국가유공자 본인뿐만 아니라 가족들에 대한 취업보호제도(가산점)의 근거가 될 수 있다고 보았다. 그러나 오늘날 가산점의 대상이 되는 국가유공자와 그 가족의 수가 과거에 비하여 비약적으로 증가하고 있는 현실과, 취업보호대상자에서 가족이 차지하는 비율, 공무원시험의 경쟁이 갈수록 치열해지는 상황을 고려할 때, 위 조항의 폭넓은 해석은 필연적으로 일반 응시자의 공무담임의 기회를 제약하게 되는 결과가 될 수 있으므로 위 조항은 엄격하게 해석할 필요가 있다. 이러한 관점에서 위 조항의 대상자는 조문의 문리해석대로 "국가유공자," "상이군경," 그리고 "전몰군경의 유가족"이라고 봄이 상당하다.
이 사건 조항은 일반 응시자들의 공직취임의 기회를 차별하는 것이며, 이러한 기본권 행사에 있어서의 차별은 차별목적과 수단간에 비례성을 갖추어야만 헌법적으로 정당화될 수 있다. '국가유공자의 가족'의 경우 가산점의 부여는 헌법이 직접 요청하고 있는 것이 아니고, 그러한 법률상의 입법정책은 능력주의 또는 성과주의를 바탕으로 하여야 하는 공직취임권의 규율에 있어서 중요한 예외를 구성한다. 헌법적 요청이 있는 경우에는 합리적 범위 안에서 능력주의가 제한될 수 있지만, 단지 법률적 차원의 정책적 관점에서 능력주의의 예외를 인정하려면 해당 공익과 일반응시자의 공무담임권의 차별 사이에 엄밀한 법익형량이 이루어져야 한다. 이 사건 조항으로 인한 공무담임권의 차별효과는 앞서 본 바와 같이 심각한 반면, 국가유공자 가족들에 대하여 아무런 인원제한도 없이 매 시험마다 10%의 높은 가산점을 부여해야만 할 필요성은 긴요한 것이라고 보기 어렵고, 입법목적을 감안하더라도 일반 응시자들의 공무담임권에 대한 차별효과가 지나친 것이다. 이 사건 조항의 경우 명시적인 헌법적 근거 없이 국가유공자의 가족들에게 만점의 10%라는 높은 가산점을 부여하고 있는바, 그러한 가산점 부여 대상자의 광범위성과 가산점 10%의 심각한 영향력과 차별효과를 고려할 때, 그러한 입법정책만으로 헌법상의 공정경쟁의 원리와 기회균등의 원칙을 훼손하는 것은 부적절하며, 국가유공자의 가족의 공직 취업기회를 위하여 매년 많은 일반 응시자들에게 불합격이라는 심각한 불이익을 입게 하는 것은 정당화될 수 없다. 이 사건 조항의 차별로 인한 불평등 효과는 입법목적과 그 달성수단간의 비례성을 현저히 초과하는 것이므로, 이 사건 조항은 청구인들과 같은 일반 공직시험 응시자들의 평등권을 침해한다.」

▶ 질 문

1. 평등권심사의 기준에 있어 자의금지심사와 비례성심사의 차이점은 무엇인가?
2. 제대군인 가산점제도에서 비례성심사가 필요한 이유는 무엇인가?

# Ⅱ. 평등권 법리의 적용례

## 1. 외국인간의 차별적 취급

▶ 개 요

헌법소원은 기본권을 침해받은 자만이 청구할 수 있고, 여기서 기본권을 침해받은 자만이 헌법소원을 청구할 수 있다는 것은 곧 기본권의 주체라야만 헌법소원을 청구할 수 있고 기본권의 주체가 아닌 자는 헌법소원을 청구할 수 없다는 것을 의미한다. 헌법의 기본권 주체인 '국민' 또는 국민과 유사한 지위에 있는 '외국인'은 기본권의 주체가 될 수 있다(憲 1994. 12. 29.-93헌마120). 기본권 중 인간의 권리에 해당하는 경우에는 외국인도 누릴 수 있는 기본권이고, 오직 국민에게 인정되는 참정권이나 사회적 기본권은 외국인에게 인정되기 힘든 기본권으로 분류된다. 인간의 존엄과 가치, 행복추구권 등 기본적 인권은 대체로 '인간의 권리'로서 외국인도 주체가 될 수 있다고 보아야 한다.

평등권은 외국인에게 인정되는 기본권의 영역에서 차별이 발생한 경우에 그 주체성이 인정된다고 본다.

## ▶ 핵심판례

### 憲 2001. 11. 29.-99헌마494 [재외동포법 사건]

[사건의 개요]

정부는 재외동포들의 출입국과 대한민국 내에서의 법적 지위를 보장하기 위하여 재외동포의출입국과법적지위에관한법률을 제정하였다. 청구인들은 중화인민공화국에 거주하고 있는 중국국적의 재외동포들인바, 위 법률 제 2 조 제 2 호가 청구인들과 같이 1948년 대한민국 정부수립 이전에 해외로 이주한 자 및 그 직계비속을 재외동포의 범주에서 제외함에 따라, 자신들이 위 법률에서 규정하는 혜택을 받지 못하게 되어 기본권들을 침해당하였다고 주장하면서, 위 법률 제 2 조 제 2 호에 대한 위헌확인을 구하는 헌법소원심판을 청구하였다.

[심판의 대상]

**재외동포의출입국과법적지위에관한법률** 제 2 조(정의) 이 법에서 "재외동포"라 함은 다음 각 호의 1에 해당하는 자를 말한다.

1. 대한민국의 국민으로서 외국의 영주권을 취득한 자 또는 영주할 목적으로 외국에 거주하고 있는 자
2. 대한민국의 국적을 보유하였던 자 또는 그 직계비속으로서 외국국적을 취득한 자 중 대통령령이 정하는 자

**재외동포의출입국과법적지위에관한법률 시행령** 제 3 조(외국국적동포의 정의) 법 제 2 조 제 2 호에서 "대한민국의 국적을 보유하였던 자 또는 그 직계비속으로서 외국국적을 취득한 자 중 대통령령이 정하는 자"라 함은 다음 각 호의 1에 해당하는 자를 말한다.

1. 대한민국 정부수립 이후에 국외로 이주한 자 중 대한민국의 국적을 상실한 자와 그 직계비속
2. 대한민국 정부수립 이전에 국외로 이주한 자 중 외국국적 취득 이전에 대한민국의 국적을 명시적으로 확인받은 자와 그 직계비속

이 사건에서 헌법재판소는 "1. 재외동포의출입국과법적지위에관한법률(1999. 9. 2. 법률 제6015호로 제정된 것) 제 2 조 제 2 호, 재외동포의출입국과법적지위에관한법률 시행령(1999. 11. 27. 대통령령 제16602호로 제정된 것) 제 3 조는 헌법에 합치하지 아니한다. 2. 이들 조항은 2003. 12. 31.을 시한으로 입법자가 개정할 때까지 계속 적용된다"라고 결정하고, 그 이유를 다음과 같이 설시하였다.

▣ 차별의 기준과 효과

이 사건 심판대상규정이 나누고 있는 입법구분을 보면, 외국국적동포(재외동포법 제 2 조 제 2 호)란 "대한민국 정부수립 이후에 국외로 이주한 자 중 대한민국의 국적을 상실한 자와 그 직계비속(재외동포법 시행령 제 3 조 제 1 호), 그리고 대한민국 정부수립 이전에 국외로 이주한 자 중 외국국적 취득 이전에 대한민국의 국적을 명시적으로 확인받은 자와 그 직계비속(재외동포법 시행령 제 3 조 제 2 호)"만을 의미하므로, 대한민국 정부수립 이전에 국외로 이주한 자 중에 외국국적 취득 이전에 대한민국의 국적을 명시적으로 확인받지 않은 자, 즉 대부분의 중국거주동포와 구소련거주동포 등 정부수립이전이주동포는 재외동포법의 위와 같은 혜택을 누리지 못하게 된다. 왜냐하면, 재외동포법 시행령 제 3 조 제 2 호에서 말하는 "대한민국의 국적을 명시적으로 확인받은 자"라 함은 거주국 소재 대한민국 재외공관 또는 대한민국정부의 위임을 받은 기관·단체에 재외국민등록법(제정 1949. 11. 24. 법률 제70호, 전문개정 1999. 12. 28. 법률 제6057호)에 의한 등록을 한 자를 말하는바(재외동포법 시행규칙 제 2 조 제 1 항), 예컨대 청구인들과 같은 중국동포의 경우 우리나라가 중국과 외교관계를 수립한 것은 1992. 8. 24.이고 중국주재 한국대사관이 개설된 것은 같은달 28.이므로, 물리적으로 이 요건을 충족시킬 수 없게 되어 있다. 이와 같은 사정은 구소련지역에 거주하고 있는 동포들의 경우에도 마찬가지이다.

이 사건 심판대상규정은 재외국민과 함께 재외동포법의 적용을 받는 외국국적동포에 관한 '정의규정'으로서 외국국적동포에 해당하는 자는 앞에서 본 바와 같은 광범한 혜택을 누릴 수 있게 된다. 즉, 원래 외국국적동포는 '외국인'이므로 원칙적으로 대한민국의 공무원이 될 수 없고(국가공무원법 제35조, 지방공무원법 제33조, 외무공무원법 제 9 조), 거주·이전의 자유(헌법 제14조, 출입국관리법 제 7 조, 제17조), 직업선택의 자유(헌법 제15조, 수산업법 제 5 조, 도선법 제 6 조), 재산권(헌법 제23조, 외국인토지법 제 3 조, 특허법 제25조, 항공법 제 6 조), 선거권 및 피선거권(헌법 제24조, 제25조, 공직선거및선거부정방지법 제15조, 제16조), 국가배상청구권(헌법 제29조 제 2 항, 국가배상법 제 7 조), 범죄피해자구조청구권(헌법 제30조, 범죄피해자구조법 제10조), 국민투표권(헌법 제72조, 제130조 제 2 항, 국민투표법 제 7 조) 및 사회적 기본권 등을 누릴 수 없거나 제한적으로밖에 향유하지 못하던 것을 재외동포법의 시행으로 일정한 범위에서 그 제한을 완화한 것으로서, 이 사건 심판대상규정이 나누고 있는 입법구분에 의하여 재외동포법이 부여하는 혜택에서 배제된 청구인들과 같은 정부수립이전이주동포는 이러한 기본권 내지 법적 권리의 행사에 있어 차별을 받게 된 것이다.

▣ 평등권의 침해 여부

차별을 두는 입법은 그 차별에 의하여 달성하려고 하는 목적과 그 목적을 달성하기 위한 차별을 두기 마련인데, 국민의 기본권에 관한 차별에 있어서 합리적 근거에 의한 차별이라고 하기 위하여서는 우선 그 차별의 목적이 헌법에 합치하는 정당한 목적이어야 하고 다음으로 차별의 기준이 목적의 실현을 위하여 실질적인 관계가 있어야 하며 차별의 정도 또한 적정한 것이어야 한다.

재외동포법은 그 적용대상에 포함된 정부수립이후이주동포에 대하여는 위에서 본 바와 같은 광범위한 혜택을 주어 사실상 이중국적을 허용한 것과 같은 지위를 부여하고 있으면서도, 같은 동포 중 이 사건 심판대상규정에 의하여 그 적용범위에서 제외된 정부수립이전이주동포는 기본적으로 다른 일반 외국인과 동일한 취급을 받게 되는 결과가 되었다. 그리하여 정부수립이후이주동포(주로 재미동포, 그 중에서도 시민권을 취득한 재미동포 1세)의 요망사항은 재외동포법에 의하여 거의 완전히 해결된 반면, 정부수립이전이주동포(주로 중국동포 및 구소련동포)는 재외동포법의 적용대상에서 제외됨으로써 그들이 절실히 필요로 하는 출입국기회와 대한민국 내에서의 취업기회를 차단당하였고, 법무부가 이를 완화한다는 취지에서 마련한 보완대책도 정부수립이전이주동포에게 실질적인 도움이 되지 못하고 있다. 재외동포법이 정부수립이후이주동포의 요구에 의하여 제정되었다는 연혁적 이유가 그 자체만으로 이와 같은 커다란 차별을 정당화할 정도의 비중을 가진다고 할 수 없을 뿐만 아니라, 정부수립이전이주동포에게도 정부수립이후이주동포에 못지 않거나 더욱 절실한 필요가 있음을 고려하지 않으면 안 된다. 사회경제적 또는 안보적 이유로 거론하는 우려도, 당초 재외동포법의 적용범위에 정부수립이전이주동포도 포함시키려 하였다가 제외시킨 입법과정에 비추어 보면 정부수립이전이주동포를 재외동포법의 적용범위에 포함하는 것이 어느 정도의 영향을 가져올 것인지에 대한 엄밀한 검증을 거친 것이라고 볼 수 없다.

재외동포법의 적용범위에서 정부수립이전이주동포가 제외된 것은 당초부터 과거국적주의를 채택하였기 때문이 아니고, 사실은 그와 같은 사정 때문에 재외동포법상 외국국적동포에 대한 정의규정에는 일응 중립적인 과거국적주의를 표방하고, 시행령으로 일제시대 독립운동을 위하여 또는 일제의 강제징용이나 수탈을 피하기 위해 조국을 떠날 수밖에 없었던 중국동포나 구소련동포가 대부분인 대한민국 정부수립 이전에 이주한 자들에게 외국국적 취득 이전에 대한민국의 국적을 명시적으로 확인받은 사실을 입증하도록 요구함으로써 이들을 재외동포법의 수혜대상에서 제외한 것으로 볼 수밖에 없다. 암울했던 역사적 상황으로 인하여 어쩔 수 없이 조국을 떠나야 했던 동포들을 돕지는 못할지언정, 오히려 법적으로 차별하는 정책을 취하는 외국의 예를 찾을 수 없다는 점에서, 이 사건에서의 차별은 민족적 입장은 차치하고라도 인도적 견지에서조차 정당성을 인정받기가 심히 어렵다고 할 것이다. 이 사건 차별로써 달성하고자 하는 정부의 이익은 그로 인하여 야기되는 같은 동포 사이의 커다란 상처와 분열을 덮기에는 너무나도 미약하다고 하지 않을 수 없는 것이다.

이 사건 심판대상규정이 청구인들과 같은 정부수립이전이주동포를 재외동포법의 적용대상에서 제외하는 차별취급은 그 차별의 기준이 목적의 실현을 위하여 실질적인 관계가 있다고 할 수 없고, 차별의 정도 또한 적정한 것이라고는 도저히 볼 수 없으므로, 이 사건 심판대상규정은 합리적 이유 없이 정부수립이전이주동포를 차별하는 자의적인 입법이어서 헌법 제11조의 평등원칙에 위배되고, 이로 인하여 청구인들의 평등권을 침해하는 것이다.

## ▶ 해 설

### 사후경과

헌법재판소의 위헌결정 이후 동법은 아래와 같이 개정되었다.

재외동포의출입국과법적지위에관한법률 제 3 조(외국국적동포의 정의) 법 제 2 조 제 2 호에서 “대한민국의 국적을 보유하였던 자(대한민국정부수립 이전에 국외로 이주한 동포를 포함한다) 또는 그 직계비속으로서 외국국적을 취득한 자 중 대통령령이 정하는 자”란 다음 각 호의 어느 하나에 해당하는 자를 말한다.

1. 대한민국의 국적을 보유하였던 자(대한민국정부 수립 이전에 국외로 이주한 동포를 포함한다. 이하 이 조에서 같다)로서 외국국적을 취득한 자
2. 부모의 일방 또는 조부모의 일방이 대한민국의 국적을 보유하였던 자로서 외국국적을 취득한 자

## ▶ 질 문

1. 재외동포법사건에서 차별의 비교집단은 무엇인가?
2. 국내거주 재외국민의 투표권제한의 위헌여부심사시 적용되는 기준은 무엇인가?

## 2. 국적 취득의 차별

### ▶ 개 요

헌법전문은 헌법을 제정한 주체는 국민임을 밝히고 있고, 제1조 제2항은 "대한민국의 주권은 국민에게 있다"라고 하여 '국민'이 주권자임을 선언하고 있다. 제2장은 「국민의 권리와 의무」라고 제목을 붙이고 각 조항에서 '국민'이 기본권의 주체임을 명시하고 있을 뿐만 아니라, 제2조 제1항은 "대한민국의 국민이 되는 요건은 법률로 정한다"라고 하여 기본권의 주체인 국민에 관한 내용을 입법자가 형성하도록 하였다.

그러나 이러한 입법형성에 대해서도 헌법적 통제가 존재한다. 헌법 제11조 제1항은 모든 사람은 평등하게 법규범을 통해서 의무를 부담하고 권리를 부여받으며, 반대로 모든 공권력주체에 대해서는 일정한 사람들에게 유리하거나 불리하게 법을 적용하거나 적용하지 않는 것이 금지된다. 한편, 헌법 제11조 제1항의 규범적 의미는 이와 같은 '법 적용의 평등'에서 끝나지 않고, 더 나아가 입법자에 대해서도 그가 입법을 통해서 권리와 의무를 분배함에 있어서 적용할 가치평가의 기준을 정당화할 것을 요구하는 '법 제정의 평등'을 포함한다.

따라서 평등원칙은 입법자가 법률을 제정함에 있어서 법적 효과를 달리 부여하기 위하여 선택한 차별의 기준이 객관적으로 정당화될 수 없을 때에는 그 기준을 법적 차별의 근거로 삼는 것을 금지한다. 이때 입법자가 헌법 제11조 제1항의 평등원칙에 어느 정도로 구속되는가는 그 규율대상과 차별기준의 특성을 고려하여 구체적으로 결정된다.

### ▶ 핵심판례

#### 憲 2000. 8. 31.-97헌가12 [부계혈통주의 국적법 사건]

[사건의 개요]

제청신청인은 서울고법의 강제퇴거명령무효확인의 재판에 있어 출생할 당시의 국적취득을 구 국적법 제2조 제1항 제1호에서 부계혈통주의(父系血統主義)로 규정한 것이 헌법에 위반되는지 여부가 재판의 전제가 된다는 이유로 위헌제청신청을 하였고, 제청법원은 이를 받아들여 헌법재판소에 위헌심판을 제청하였다.

[심판의 대상]

심판대상은 구법 제2조 제1항 제1호 및 신법 부칙 제7조 제1항 중 "……10년 동안에" 부분의 위헌 여부이다.
**구 국적법** 제 2 조(출생에 의한 국적취득) ① 다음 각 호의 1에 해당하는 자는 대한민국의 국민이다.
1. 출생한 당시에 부가 대한민국의 국민인 자
**국적법** 제 2 조(출생에 의한 국적취득) ① 다음 각 호의 1에 해당하는 자는 출생과 동시에 대한민국의 국적을 취득한다.
1. 출생한 당시에 부 또는 모가 대한민국의 국민인 자
부칙 제 7 조(부모양계혈통주의 채택에 따른 모계출생자에 대한 국적취득의 특례) ① 이 법 시행 전 10년 동안에 대한민국의 국민을 모로 하여 출생한 자로서 다음 각 호의 1에 해당하는 자는 이 법의 시행일부터 3년 내에 대통령령이 정하는 바에 의하여 법무부장관에게 신고함으로써 대한민국의 국적을 취득할 수 있다.
1. 모가 현재 대한민국의 국민인 자
2. 모가 사망한 때에는 그 사망 당시에 모가 대한민국의 국민이었던 자

이 사건에서 헌법재판소는 "국적법(1997. 12. 13. 법률 제5431호로 전문개정된 것) 부칙 제 7 조 제 1 항 중 '……10년 동안에' 부분은 헌법에 합치하지 아니한다. 이 법률조항은 입법자가 개정할 때까지 계속 적용된다"라고 결정하고, 이유를 다음과 같이 설시하였다.

▣ 재판전제성

법원이 이 사건 위헌여부심판을 제청할 당시, 구법조항이 위헌이라면 대한민국 국민을 모로 하여 출생한 제청신청인은 대한민국 국적을 취득할 수 있기 때문에 제청신청인이 외국인임을 전제로 한 강제퇴거명령은 이를 집행할 수 없게 되므로(제청신청인은 서울고등법원의 1996. 4. 13.자 강제퇴거명령처분 효력정지 결정에 의하여 같은달 15. 보호해제되었다), 구법조항의 위헌 여부는 당해사건의 재판에 전제성이 있었다. 그러나 1997. 12. 13. 개정된 신법에서는 부모양계혈통주의로 개정하였고(제 2 조 제 1 항 제 1 호), 당해사건에서도 1998. 6. 14.부터는 신법을 적용하여야 한다(부칙 제 1 조). 따라서 구법조항은 이 심판 계속중 재판의 전제성을 상실하여 부적법하므로 각하결정을 하기로 한다.

그러므로 재판의 전제성이 되는 조문은 신법의 제 2 조 제 1 호와 신법 부칙 제 7 조 제 1 항 중 "…… 10년 동안에" 부분이다. 그러나 부칙조항은 신법이 구법상의 부계혈통주의를 부모양계혈통주의로 개정하면서 구법상 부가 외국인이기 때문에

대한민국 국적을 취득할 수 없었던 한국인 모의 자녀 중에서 신법 시행 전 10년 동안에 태어난 자에게 신고 등 일정한 절차를 거쳐 대한민국 국적을 취득하도록 하는 경과규정이다. 그러므로 부칙조항의 위헌 여부, 즉 '10년'의 경과규정을 둔 것이 헌법에 위반되는지 여부를 판단하기 위하여는 출생에 의한 국적취득에 있어 부계혈통주의를 규정한 구법조항의 위헌 여부에 대한 판단이 전제가 된다.

▣ 구법조항의 위헌성

헌법은 제36조 제1항에서 "혼인과 가족생활은 개인의 존엄과 양성의 평등을 기초로 성립되고 유지되어야 하며 국가는 이를 보장한다"고 규정하고 있다.

헌법 제36조 제1항은 혼인제도와 가족제도에 관한 헌법원리를 규정한 것으로서 혼인제도와 가족제도는 인간의 존엄성 존중과 민주주의의 원리에 따라 규정되어야 함을 천명한 것이다. 이 규정은 가족생활이 '양성의 평등'을 기초로 성립, 유지될 것을 명문화한 것으로 이해되므로 입법자가 가족제도를 형성함에 있어서는 이를 반드시 고려할 것을 요구하고 있다.

구법조항이 규율하는 사실관계를 다시 살펴보면, 한국인과 외국인간의 혼인에서 배우자의 한쪽이 한국인 부인 경우와 한국인 모인 경우 사이에 성별에 따른 특별한 차이가 있는 것도 아니고, 양쪽 모두 그 자녀는 한국의 법질서와 문화에 적응하고 공동체에서 흠없이 생활해 나갈 수 있는 동등한 능력과 자질을 갖추었는데도 불구하고 전체 가족의 국적을 가부(家父)에만 연결시키고 있다. 그러나 이와 같이 가족의 장(長) 또는 중심을 부로 정하는 것은 가족생활에서 양성평등의 원칙을 선언하고 있는 헌법의 명문에 비추어 타당성이 있는지 의심스럽다.

국적취득에서 혈통주의는 사회적 단위인 가족에로의 귀속을 보장하는 한편 특정한 국가공동체로의 귀속을 담보하며 부모와 자녀간의 밀접한 연관관계를 잇는 기본이 된다. 만약 이러한 연관관계를 부와 자녀 관계에서만 인정하고 모와 자녀 관계에서는 인정하지 않는다면, 이는 가족 내에서의 여성의 지위를 폄하하고 모의 지위를 침해하는 것이다.

그러므로 구법조항은 헌법 제36조 제1항이 규정한 "가족생활에 있어서의 양성의 평등원칙"에 위배된다.

▣ 부칙조항의 헌법불합치

입법자는 1997. 12. 13. 법률 제5431호로 구법을 전문개정하면서 출생에 의한 국적취득에 있어 부계혈통주의를 부모양계혈통주의로 바꾸었다(신법 제2조 제1항 제1

호). 이로써 구법조항의 위헌성은 제거되었으나 신법 시행 이전에 출생한, 모가 한국인인 자녀가 구법조항으로 인하여 침해받은 기본권을 회복시켜 줌에 있어 부칙조항은 신법 시행 전 10년 동안에 출생한 자녀에게는 대한민국 국적을 부여한 반면, 청구인과 같이 신법 시행 10년 이전에 출생한 자에게는 국적을 부여하지 아니하였다. 그러므로 이와 같은 '10년'의 기간제한이 헌법적으로 정당화될 수 있는지 여부가 문제된다.

법무부장관은, 신법 시행 전에 대한민국 국민인 모와 외국인 부 사이에 출생한 소위 모계출생의 10세 이상인 자들은 구법이나 신법에 의하여 대부분 귀화나 인지 등의 방법으로 우리 국적을 취득하였기 때문에 이미 국적문제가 해결되었다고 주장한다. 그러나 10세 이상의 자들의 국적문제가 해결되었다는 점에 대하여 합리적인 논증을 하지 아니하였고, 10세 이상의 자로서 무국적상태로 남아 있는 자에 대한 믿을 수 있는 통계도 제시한 바가 없다.

또한 부칙조항이 신법 시행 전 10년 동안에 출생한 자들에 대해서만 국적취득의 기회를 부여한 것은 성별에 관한 가치관이 근래에 변천한 데 따른 것이라는 주장도 있을 수 있으나, 성별에 의한 차별금지의 법의식이 신법 시행 전 10년 동안에 생긴 것으로 단정할 합리적인 자료가 있는 것도 아니다. 제헌헌법 제8조는 "모든 국민은 법률 앞에 평등이며 성별, 신앙 또는 사회적 신분에 의하여 정치적·경제적·사회적 생활의 모든 영역에 있어서 차별을 받지 아니한다"고 규정하고 있었기 때문에, 성별에 의한 차별금지라는 법의식의 변화는 늦어도 이 때부터 시작된 것으로 볼 수 있다.

따라서 그 적용범위를 구법조항의 모든 피해자에게 확대하는 것은 소급입법으로 인한 법적 안정성을 해칠 우려가 있다는 법무부장관의 주장에 더 무게를 둘 필요는 없다. 구법조항의 위헌적인 차별로 인하여 불이익을 받은 자를 구제하는 데 신법 시행 당시의 연령이 10세가 되는지 여부는 헌법상 적정한 기준이 아닌 또 다른 차별취급이므로 부칙조항은 헌법 제11조 제1항의 평등원칙에 위배된다.……

이 규정으로 혜택을 입을 국적에 관련된 자에 대하여 법을 다시 개정할 때까지 일시적이나마 법적 공백상태를 야기하거나 관련 행정기관 및 해당 가족에 대하여 법적 불안정이라는 새 불씨를 만들고 이를 방치하는 것은 또 다른 위헌 사태에 다름 아니므로, 이 규정은 법률이 개정될 때까지 그 요건에 맞아 한국국적을 취득할 수 있는 자에게는 그대로 적용할 수 있게 하여야 한다. 따라서 부칙조항은 헌법에 합치하지 아니하나 입법자가 새로운 입법을 할 때까지 이를 잠정적으로 적용하도록 명하는 것이다.

## ▶ 해 설

### 이중국적 해소의 국가의무존재 여부

국적취득에 의한 차별에 관해서는 다음과 같은 중국동포 이중국적 해소의 국가의무 존재 여부에 관한 사건(憲 2006. 3. 30.-2003헌마806)이 있다. 이 사건은 중국동포의 특수한 상황을 고려하여 이들의 이중국적 해소 또는 대한민국 국적선택을 위한 특별법의 제정 또는 조약체결의 헌법적 의무가 헌법의 명문규정상 또는 헌법해석상 대한민국 정부에 있다고 인정할 수 있는지 여부에 관한 것이다. 이에 대해 헌법재판소는 "중국동포들의 현재의 법적 지위는 일반적으로 중국국적을 가진 외국인으로 보고 있고, 가사 중국동포들은 어쩔 수 없이 중국국적을 취득한 것이므로 당시 그들의 중국국적 취득에도 불구하고 대한민국 국적을 상실한 것이 아니라고 보는 경우에도, 1997년 전문개정된 국적법은 국적선택 및 판정제도를 규정하고 있으므로, 청구인들의 주장과 같이 중국동포들이 대한민국과 중국의 이중국적을 갖고 있었다면 이들에게도 이러한 국적선택 및 국적판정의 기회가 주어진 것으로 볼 수 있다. 그럼에도 불구하고, 이와는 별도로 헌법 전문의 '대한민국임시정부 법통의 계승' 또는 제 2 조 제 2 항의 '재외국민 보호의무' 규정이 중국동포와 같이 특수한 국적상황에 처해 있는 자들의 이중국적 해소 또는 국적선택을 위한 특별법 제정의무를 명시적으로 위임한 것이라고 볼 수 없고, 뿐만 아니라 동 규정 및 그 밖의 헌법규정으로부터 그와 같은 해석을 도출해 낼 수도 없다"고 판시하였다.

## ▶ 질 문

1. 부의 국적에 따라 국적을 취득하는 구 국적법 조항의 위헌근거는 무엇인가?
2. 헌법불합치 결정을 하는 근거는 무엇인가?

# 3. 형사처벌의 차별

## ▶ 개 요

우리 헌법은 근대자유민주주의헌법의 원리에 따라 국가의 기능을 입법·사법·행정으로 분립하여 상호간의 견제와 균형을 이루게 하는 권력분립제도를 채택하고 헌법 제40조에서 입법권은 주권자인 국민의 대의기관인 국회에 귀속시키고 있어 형벌법규의 제정은 원칙적으로 국회의 고유권한에 속하는 것으로서 법정형의 종류와 범위의 선택은 국회의 입법정책적인 고려에 따라 결정되며 국가의 모든 기관과 국민은 이를 존중하여야 함은 당연하다 할 것이다.

그러나 한편 우리 헌법은 국가권력의 남용으로부터 국민의 기본권을 보호하려는 법치국가의 실현을 기본이념으로 하고 있고 그 법치국가의 개념에는 헌법이나 법률에 의하여 명시된 죄형법정주의와 소급효의 금지 및 이에 유래하는 유추해석금지의 원칙 등이 적용되는 일반적인 형식적 법치국가의 이념뿐만 아니라 법정형벌은 행위의 무거움과 행위자의 부책에 상응하는 정당한 비례성이 지켜져야 하며, 적법절차를 무시한 가혹한 형벌을 배제하여야 한다는 자의금지 및 과잉금지의 원칙이 도출되는 실질적 법치국가의 실현이라는 이념도 포함되는 것이다. 형사법영역에 있어서의 처벌의 차별은 간혹 평등권위반의 문제가 된다.

### ▶ 핵심판례

憲 2002. 3. 28.-2000헌바53 [존속상해치사죄의 가중처벌규정 사건]

[사건의 개요]

청구인은 부(父)에게 두부출혈상을 가하여 사망에 이르게 하였다는 내용의 존속상해치사죄로, 서울지방법원에 기소되었다. 청구인은 위 사건이 계속중에 존속상해치사죄에 관한 형법 제259조 제2항이 헌법에 위배된다는 등의 이유로 위헌법률심판제청신청을 하였으나 기각되었고, 이에 헌법소원심판청구를 하였다.

[심판의 대상]

**형법** 제259조(상해치사) ① 사람의 신체를 상해하여 사망에 이르게 한 자는 3년 이상의 유기징역에 처한다.

② 자기 또는 배우자의 직계존속에 대하여 전항의 죄를 범한 때에는 무기 또는 5년 이상의 징역에 처한다.

이 사건에서 헌법재판소는 "형법 제259조 제2항(1953. 9. 18. 법률 제293호로 제정된 것)은 헌법에 위반되지 아니한다"라고 결정하고, 그 이유를 다음과 같이 설시하였다.

▣ 평등의 원칙에 위배되는지 여부

■ 합리적 근거에 기한 차별

이 사건 법률조항은 존속의 비속에 대한 범죄는 가중처벌하지 아니하면서도 "자기 또는 배우자의 직계존속"에 대한 범죄를 가중처벌하도록 함으로써 비속을 차별하고 있다.

그러나, 헌법 제11조 제1항의 평등의 원칙은 일체의 차별적 대우를 부정하는 절대적 평등을 의미하는 것이 아니라 입법과 법의 적용에 있어서 합리적 근거 없는 차별을 하여서는 아니 된다는 상대적 평등을 뜻하고, 따라서 합리적 근거있는 차별 내지 불평등은 평등의 원칙에 반하는 것이 아니므로, 이 사건 법률조항이 위와 같이 비속을 차별 취급하더라도 거기에 합리적 근거가 있으면 헌법상의 평등의 원칙에 위배된다고 할 수 없다.

혼인과 혈연에 의하여 형성되는 친족에 있어서는 존경과 사랑이 그 존재의 기반이라고 말할 수 있고, 이를 바탕으로 직계존속은 비속에 대하여 경제적 측면에서는 물론 정신적·육체적 측면에서 올바른 사회구성원으로 성장할 수 있도록 양육하며 보호하고 그 비속의 행위에 대하여 법률상·도의상 책임까지 부담하는 한편, 비속은 직계존속에 대하여 가족으로서의 책임 분담과 존경과 보은(報恩)의 기본적 의무를 부담하게 되는데, 이는 인류가 가족을 구성하고 사회를 형성하기 시작한 이래 확립되어진 친족 내지 가족에 있어서의 자연적·보편적 윤리로서, 이러한 윤리는 가정은 물론 사회를 유지·발전시키는 기본질서를 형성하게 된다는 점에서 형법상 보호되어야 할 가치이며, 이는 배우자의 직계존속에 대하여도 마찬가지이다.

따라서, 존속상해치사의 범행은 위와 같은 보편적 사회질서나 도덕원리, 나아가 인륜에도 반하는 행위로 인식되어 그 패륜성에 대하여는 통상의 상해치사죄에 비하여 고도의 사회적 비난을 받아야 할 이유가 충분하므로, 이를 엄벌하여 반인륜·패륜행위를 억제하는 것이 꼭 불합리하다고만은 할 수 없으며, 우리의 윤리관에 비추어 볼 때 아직은 합리적이라 할 것이다.

그리고, 범죄의 처벌에 관한 문제, 즉 법정형의 종류와 범위의 선택은 그 범죄의 죄질과 보호법익에 대한 고려뿐만 아니라 우리의 역사와 문화, 입법 당시의 시대적 상황, 국민 일반의 가치관 내지 법감정 그리고 범죄예방을 위한 형사정책적 측면 등 여러 가지 요소를 종합적으로 고려하여 입법자가 결정할 사항으로서 광범위한 입법재량 내지 형성의 자유가 인정되어야 할 분야이므로, 어느 범죄에 대한 법정형이 그 범죄의 죄질 및 이에 따른 행위자의 책임에 비하여 지나치게 가혹한 것이어서 현저히 형벌체계상의 균형을 잃고 있다거나 그 범죄에 대한 형벌 본래의 목적과 기능을 달성함에 있어 필요한 정도를 일탈하였다는 등 헌법상의 평등의 원칙 및 비례의 원칙 등에 명백히 위배되는 경우가 아닌 한 쉽사리 헌법에 위반된다고 단정하여서는 아니되는바, 이 사건에 있어서 보통의 상해치사죄의 법정형이 3년 이상의 유기징역인 데 비하여 이 사건 법률조항의 법정형은 무기 또는 5년 이상의 징역으로서 형벌 본래의 목적이나 역할, 기능 등 보통 상해치사죄와의 차이를 고려하면 이를 특히 과중한 형벌이라고 볼 수 없고, 더욱이 위 법정형에 대하여는 1회의 법률상 감경 또는 작량감경에 의하더라도 집행유예의 선고가 가능한 점 등에 비추어 볼 때, 이 사건 법률조항에 의한 가중처벌의 정도는 지나치게 가혹하여 형벌체계상의 균형을 상실한 것도 아니고 형벌 본래의 목적과 기능을 달성함에 있어 필요한 정도를 일탈한 것도 아니라 할 것이므로 이를 불합리하다거나 과잉금지원칙에 위반된 것이라고 말할 수도 없다.

## ▶ 해 설

### 존속살인죄에 대한 일본의 판례

형사처벌의 차별에 관해 존속살인죄에 대한 다음과 같은 일본의 판례(最大判 昭和 48. 4. 4. 第1310号)가 있다. 이는 우리와는 달리 존속살인죄를 위헌이라고 판시하였다. 이 사건은 피고인은 부로부터 14세부터 10년 이상 부부 같은 생활을 강요당하고 5명의 자녀를 낳았는데, 결국 부를 살인하고 자수한 경우이다. 15인의 재판관 중 14인의 의견으로 존속살인죄 조항은 위헌이라고 판단하였는데, 14인 중 8인은 목적의 정당은 인정되나 목적달성을 위한 수단의 위헌성으로 인해 평등의 원칙에 위반된다고 보았고, 그 중 6인은 입법목적 자체가 위헌이라고 판시하였다. 1인의 재판관은 목적과 수단에 대해 모두 합헌으로 보았다.

이에 반해 최고재판소는 법정형이 '무기 또는 3년 이상의 징역'인 존속상해치사 조항에 대하여는 그 합헌성을 긍정하였다. 그 후 이 규정은 다른 존속관련 가중처벌 규정들과 함께 1995. 5. 12. 법률 제91호 개정에 의하여 모두 삭제되어 입법적으로 해결되었다.

### 군사법원법과 군행형법 시행령에서의 미결수용자의 차별대우

형사처벌의 차별과 관련하여 군사법원등에서의 미결수용자 차별대우에 관한 다음과 같은 사건(憲 2003. 11. 27.-2002헌마193)이 있다. 이 사건의 심판대상인 군사법원법 제242

조는 "보통군사법원 군판사는 검찰관 또는 군사법경찰관의 신청에 의하여 수사를 계속함에 상당한 이유가 있다고 인정한 때에는 10일을 초과하지 아니하는 한도에서 제239조 또는 제240조의 구속기간의 연장을 각각 1차에 한하여 허가할 수 있다"라고 규정하고, 군행형법 시행령 제43조는 "미결수용자의 면회횟수는 매주 2회로 하되, 참모총장은 미결수용자의 접견교통권을 보장하기 위하여 필요한 경우에는 그 횟수를 증가시킬 수 있다"라고 되어 있어 일반 행형법의 경우보다 미결수용자의 기본권적 지위가 열악하였다.

이에 대해 헌법재판소는 구속기간의 연장을 검사의 구속기간에 한하여 허용하고 사법경찰관의 구속기간에 관하여는 이를 허용하지 아니하는 형사소송법의 규정과는 달리, 군사법경찰관의 구속기간의 연장을 허용하고 있다. 결국 군사법원법의 적용을 받는 피의자의 수사기관에 의한 구속기간은 군사법경찰관에 의하여 최장 20일까지, 검사에 의하여 최장 20일까지로 각 연장이 가능한 것이어서, 결국 군사법경찰관의 구속기간의 연장을 허용하는 이 사건 법률규정은 무죄추정의 원칙에 위반되고, 또한 방법의 적정성 및 피해의 최소성이 확보되지 않고 있는 점에서 과잉금지의 원칙에도 위반되며, 그 결과 청구인의 신체의 자유 및 신속한 재판을 받을 권리를 침해하는 것이고 또한 군인신분의 피의자라는 이유로 군인이 아닌 일반 민간인 신분의 국민과 다르게, 합리적인 이유 없이, 청구인을 차별하여 그의 평등권을 침해하는 것으로 보았다.

또한 헌법재판소는 행형법 시행령에서 미결수용자의 접견횟수를 매일 1회로 하고 있는 것과는 달리 이 사건 시행령규정은 미결수용자의 면회횟수를 매주 2회로 제한하고 있고, 이 사건 시행령규정은 군행형법 시행령의 적용을 받는 미결수용자를 행형법 시행령의 적용을 받는 미결수용자에 비하여 자의적으로 다르게 취급하는 것이고, 그와 마찬가지로 군행형법 시행령의 적용을 받는 미결수용자의 가족을 행형법 시행령의 적용을 받는 미결수용자의 가족에 비하여 자의적으로 다르게 취급하는 것이므로 결국 청구인들의 평등권을 침해한다고 결정하였다.

## ▶ 질 문

1. 존속살해의 경우 가중처벌하는 것이 혼인제도와 가족제도에 관한 헌법 제36조 제1항에 위배되거나 인간으로서의 존엄과 가치 또는 행복추구권을 침해하는가?
2. 존속관련 범죄조항은 폐지되는 것이 바람직한가?

## 4. 공직 취임 기회의 차별

### ▶ 개 요

"모든 국민은 법률이 정하는 바에 의하여 공무담임권을 가진다"라고 규정하고 있는 헌법 제25조는 모든 국민이 누구나 그 능력과 적성에 따라 공직에 취임할 수 있는 균등한 기회를 보장함을 내용으로 한다. 현재 국민의 기본권보장을 위하여 특히 직무의 독립성과 공정성이 강조되는 대법원장 및 대법관, 헌법재판소장 및 재판관과 감사원장 등의 경우에 그 퇴직 후 일정기간 동안 공직에의 임명을 제한하는 특별규정이 존재하지 아니한다. 또한 검찰총장이나 경찰청장의 경우 그 퇴직 후 공직취임 등을 제한하도록 규정하였던 유사 법률조항들은 이미 헌법재판소가 모두 위헌이라고 결정하여 효력을 상실한 바 있다(憲 1997. 7. 16.-97헌마26).

### ▶ 핵심판례

憲 2007. 12. 27.-2005헌가11 [동일 지역 사범대학 졸업자 가산점 사건]

[사건의 개요]

제청신청인은 인천 소재 ○○대학교 사범대학 체육교육과를 졸업한 자로서 중등학교 2급 정교사(체육) 자격을 취득하고 2005학년도 대전광역시 공립중등학교 교사 임용후보자 선정경쟁시험에 응시하였다. 대전광역시 교육감은 위 시험과 관련하여 '2005학년도 대전광역시 공립 중등학교 교사 임용후보자 선정경쟁시험 시행요강'을 공고하면서 교육공무원법 제11조의2 [별표 2] 제2호에 근거하여 대전·충남 지역 소재 사범계 대학 졸업자 및 졸업예정자로 교원경력이 없는 자에게는 제1차 시험 배점의 2%(2점)에 해당하는 점수를 가산하도록 하였다. 제청신청인은 위 제1·2차시험에서 합계 148.27점의 성적을 얻었으나 최종합격선 148.34점에 미달하여 대전광역시 교육감으로부터 불합격처분을 받았다. 제청신청인은 대전지방법원에 위 불합격처분의 취소를 구하는 소를 제기하여 그 소송계속중 교육공무원법 제11조의2 [별표 2] 제2호에 대하여 위헌제청신청을 하였고 제청법원이 이를 받아들여 위헌제청을 하였다.

[심판의 대상]

**교육공무원법** 제11조의2(채용시험의 가점) 제11조 제1항의 규정에 의하여 실시하는 공개전형에 있어서 임용권자는 [별표 2]에 해당하는 자에 대하여 제1차 시험성적 만점의 100분의 10 이내의 범위에서 가산점을 부여할 수 있다.

[별표 2] 가산점의 종류(제11조의2 관련)

2. 고등교육법 제41조 및 제43조에 의하여 설치된 사범대학(대학의 교육과를 포함한다)을 졸업한 자(졸업예정자를 포함한다)로서 임용권자가 정하는 지역에서 응시하는 자

이 사건에서 헌법재판소는 "교육공무원법(2004. 10. 15. 법률 제7223호로 개정된 것) 제11조의2 [별표 2]의 제2호 중 '종합교원양성대학을 졸업한 자' 및 '다만, 교원경력자를 제외한다'를 제외한 부분은 헌법에 위반되지 아니한다"라고 결정하고, 그 이유를 다음과 같이 설시하였다.

■ 공무담임권의 제한과 차별의 발생

이 사건 법률조항은 교사자격증을 소지한 전체 응시자들 중 그 지역 사범대학 졸업자라는 일부 특정 집단에 대해서만 가산점을 부여함으로써 그 이외의 자들의 공직취임의 기회를 제한한다. 즉 위 법률조항은 당해 지역 사범대학 출신자가 아니어서 가산점의 수혜를 받지 못하는 교사자격자의 공무담임의 기회를 제약하는 한편, 그들을 당해 지역 사범대학 출신자와 차별취급하는 것이므로 공무담임권과 평등권의 침해여부가 경합적으로 문제된다. 결국 제청신청인의 주장은 공무담임권의 제한이 평등원칙에 위반된다는 것이므로 평등권과 공무담임권을 함께 심사하기로 한다.

■ 심사기준

헌법재판소는 평등위반심사를 함에 있어 엄격한 심사척도에 의하여야 할 경우로서, 첫째, 헌법이 차별의 근거로 삼아서는 아니 되는 기준 또는 차별을 금지하고 있는 영역을 제시하고 있음에도 그러한 기준을 근거로 한 차별이나 그러한 영역에서의 차별의 경우, 둘째, 차별적 취급으로 인하여 관련 기본권에 대한 중대한 제한을 초래하게 되는 경우를 들고 있다. 이 사건 법률조항은 헌법이 정하고 있는 차별금지사유나 영역에는 해당하지 아니한다. 그러나 중등교사 임용시험에서 이 사건 지역가산점을 받지 못하는 자가 입을 수 있는 불이익은 공직에 진입하는 것 자체에 대한 제약이라는 점에서 당해 기본권에 대한 중대한 제한이므로 이 사건 법률조항의 위헌여부에 대하여는 비례의 원칙에 따른 엄격한 심사척도를 적용함이 상당하다.

■ 이 사건 법률조항의 위헌 여부

이 사건 법률조항은 기본적으로 우수한 인재를 그 지역의 사범대학으로 유치하

여 지역 사범대의 질적 수준을 유지·향상시킴으로써 지역교육의 균등한 발전과 지역실정에 맞는 교육정책의 실현을 기하고, 이를 통해 국민의 교육받을 권리를 보장하는 것을 궁극적인 목적으로 하고 있으므로 입법목적의 정당성이 인정된다.

이 사건 지역가산점은 우수한 고교졸업자를 지역의 사범대에 유치하여 지역 사범대의 존립을 안정화시키기 위한 것이다. 즉 지역가산점이라는 임용시험에서의 혜택은 우수한 고교졸업생들이 지역 사범대학에 지원하는데 긍정적인 영향을 줄 것이 명백하므로, 지역 사범대의 질적 수준을 유지·향상시키려는 입법목적에 부합한다. 나아가 지역 사범대학은 교사양성은 물론 지역에서의 교육발전기구로서의 역할도 갖고 있음을 고려할 때, 지역 사범대학의 보호육성은 지역 내 교육기반을 공고히 하여 교육기관과 교육과정의 충실한 발전의 기초가 되고 이를 통해 지역 내 교사들의 전반적인 역량을 발전시킬 수 있는 토대가 될 것이다.

이 사건 지역가산점은 전국적으로 유사하게 실시되고 있는바, 모든 사범대학 졸업자는 자신의 출신 사범대 지역에서 응시하는 경우에는 가산점을 받는 반면, 다른 지역에서 응시하는 경우에는 상대적으로 불이익을 받는다. 즉 하나의 제도가 자신의 선택에 따라 이익이 될 수도, 불이익이 될 수도 있으므로, 이 사건 법률조항으로 인하여 타 지역 사범대 출신 응시자들이 받는 피해는 입법 기타 공권력행사로 인하여 자신의 의사와 관계없이 받아야 하는 기본권의 침해와는 달리 보아야 할 여지가 있다. 임용권자는 제1차 시험성적의 100분의 10 범위(10점)에서 가산점을 부여할 수 있고, 그 가산점에는 '복수·부전공 가산점', '어학·정보처리·체육·기술 분야에서의 능력에 대한 가산점', '도서·벽지지역 가산점' 등이 있으므로, 결국 임용권자는 지역 사범대 출신자에게 제한된 범위 내의 가산점만을 부여할 수밖에 없고, 현실적으로도 2005학년도 임용시험에서의 지역가산점으로 대전광역시는 2점을, 그 이외 각 지역에서는 2점 내지 3.5점 정도만 배정하였다. 결국 교사채용시험의 최종 합격자는 제1차시험 성적과 제2차시험 성적을 합산한 점수의 고득점 순에 의해 결정되는 점 및 이 사건 지역가산점 이외에도 여러 가산점(복수·부전공 가산점, 컴퓨터능력 가산점, 영어능력 가산점, 체육교과의 메달획득자 및 지도자에 대한 가산점, 대학성적의 환산점에 따른 가산점)이 있는 점에 비추어 볼 때, 해당 지역 사범대 출신자에 대하여 위와 같은 범위의 가산점을 부여하는 것이 입법목적을 달성하기 위하여 필요한 최소한의 범위를 넘었다고 볼 수 없다.

이 사건 법률조항이 이루려는 국가 또는 사회의 이익이 그로 인하여 타 지역 사범대 출신 응시자들이 입을 불이익보다 적다 할 수 없다. 더구나 국가는 이러한 가산점제도를 믿고 지역 사범대에 입학한 재학생이나 졸업생의 신뢰를 보호하여야 할 책무도 있는바, 양자의 이해(利害)를 조정하기 위하여 지역가산점제도가 한시적으로만 적용되도록 하였으므로 법익의 균형성도 갖추었다고 할 수 있다. 따라서 이 사건 법률조항이 비례의 원칙에 반하여 제청신청인의 평등권이나 공무담임권을 침해한다고 보기 어렵다.

## ▶해 설

### 지역가산점에 대한 위헌결정의 예

공직취임기회의 차별과 관련하여 지역가산점 위헌결정 사건[인천지방법원 2003. 10. 29.-2003구합1411]이 있다. 이 사건은 공립중등학교 교사 임용후보자 선정경쟁시험에 있어서 지역사범대 출신 응시자에게 가산점을 부여하는 지역가산점제도가 헌법에 위반되는지 여부에 대해 판시하고 있다. 인천지방법원은 지역가산점제도를 위헌으로 보는 다음과 같은 판결을 하였다.

「지역가산점제도에 의하여 달성하려는 목적으로서 ① 지역 실정에 맞는 교육을 통한 교육자치의 실현, ② 지역 출신 우수 교원의 확보, ③ 지역사범대의 보호·육성 등을 들고 있다. 그러나 지역가산점제도가 이러한 입법목적을 달성하기 위한 합리적인 제도라고 보기에는 다음과 같은 문제점이 있다.

첫째로, 국토가 좁고 지역별로 문화적 차이가 그다지 크지 않은 우리나라의 교육현실에서 반드시 해당 지역 출신자가 그 지역 실정에 더욱 적합한 교육을 실시할 위치에 있다고 선뜻 단정하기는 어렵다. 또한 '응시지역 소재 사범계 대학' 출신자가 그 지역 출신자의 범위와 반드시 일치하는 것도 아니다. 더욱이 지역가산점제도는 해당 지역 국·공립중등학교 교사를 그 지역 소재 사범대학 출신자로 다수 채우게 되는 요인으로 작용하는데, 이는 우리나라의 교육이념인 민주교육의 목표를 달성하는 데 필요한 교육의 다양성을 저해하게 되는 점을 간과할 수 없다(위 헌법재판소 89헌마89 결정 참조).

둘째로, 지역가산점제도가 과연 해당 지역에 우수한 교사를 확보하여 그 지역 학생들로 하여금 균등하게 양질의 교육을 받을 수 있게 한다는 당초의 취지를 달성하는 효과가 있는지도 의문이다. 우수한 교사를 확보하여 지역의 학생들에게 양질의 교육을 제공하는 것은 국가 및 지방자치단체의 책무임이 분명하다. 이러한 책무는 교육시장이라는 관점에서 보면 교육서비스의 수요자인 학생과 학부모에게는 보다 우수한 교사에 의한 학습을 받고 싶은 욕구를 충족시켜 주고 다른 한편 교육서비스의 공급자인 교원에게는 능력에 따라 균등하게 임용될 수 있는 기회를 보장하는 교육제도에 의하여 효율적으로 달성될 수 있다고 할 것이다. 그러나 현재 전국에 걸쳐 시행되고 있는 지역가산점제도는 각 시·도 교육위원회별로 교육시장의 진입장벽을 설치하여 자유로운 경쟁의 원리를 제약함으로써 타지역 출신 우수 교사의 임용을 제한하는 부작용을 초래하고 있는 실정이다.

셋째로, 지역가산점제도가 지역사범대를 보호·육성하는 합리적인 정책수단이라고 보기도 어렵다. 지역사범대를 보호·육성하기 위해서는 무엇보다도 우수한 인재의 유치, 유능한 교수진의 확보, 내실 있는 교과과정 등을 통하여 그 졸업자들을 경쟁력 있는 교육전문인으로 양성하는 것이 필수적이다. 그런데 지역가산점제도 아래에서 교원 희망자들은 입학하려는 사범대학의 선택 기준으로 임용되기를 희망하는 시·도 소재지 위치여부를 우선적으로 고려하게 되는데, 이는 지역사범대의 입장에서 보아도 우수한 인재를 유치하는 데 제약이 된다. 지역사범대의 보호·육성이라는 정책목표는 우수한 인재를 유치하기 위한 각종 유인책을 마련하거나 지역사범대 상호간의 경쟁을 촉진함으로써 효율적으로 달성될 수 있는 것이지 그 졸업자들에게 소재지 지역의 교원으로 임용되는 데 우대를 받는다는 사실에 안주하도록 하거나 또는 대부분의 지역에서 학생에 의한 학교선택의 길이 막혀 있는 중등교육의 현실을 고려할 때 해당 지역 교육수요자들의 정당한 요구를 희생함으로써 실현할 성질의 것은 아니다.

이상과 같은 점을 고려하여 볼 때 지역가산점제도는 국·공립학교 교사로 채용되고자 하는 교사자격자를 그 출신학교의 소재지에 따라 불합리하게 차별하는 제도일 뿐만 아니라 아래에서 보는 것처럼 그들의 공무담임권 등 기본권마저 침해한다는 점에서 그에 의하여 달성하려고 하는 목적과 수단 사이에 균형을 잃고 있어서 비례의 원칙에도 어긋난다.」

### 교사채용에 있어 국공립교육대학 등 졸업자를 우대하는 것은 위헌

공직취임차별과 관련해 교사채용에 있어 국·공립교육대학 졸업자 우대 위헌사건(憲 1990. 10. 8.-89헌마89)이 있다. 헌법재판소는 이 사건에서 국·공립의 사범대학과 사립의 사범대학 사이에는 설립주체가 다르다는 점 이외에는 입학에서부터 졸업에 이르기까지의 교육과정 등 교육에 필요한 제반사항에 있어서 아무런 차이점을 발견할 수 없고, 교육법이 모든 학교는 국가의 공기로서 법령의 정하는 기준에 의하여 설립되어야 하며 동등한 학교의 수료자 또는 졸업자는 국립·공립 또는 사립의 구별 없이 동등한 자격을 가진다고 규정(교육법 제7조)하고 있는 것도 국립과 사립의 사범대학 사이에 인정되는 교육의 실질적 균질성을 전제로 한 것으로 보고, 결국 국·공립 사범대학을 졸업한 교사자격자와 사립 사범대학을 졸업한 교사자격자 사이에는 개인차를 제외하고서는 교원자격의 본질적 요소에 아무런 차이가 없다고 보아야 할 것이므로, 우선채용제도에 의하여 사립 사범대학 졸업자와 교직과정이수자들을 차별하는 것은 이를 정당화할 합리적 근거가 없다고 판시하였다.

### 지방자치단체장의 임기중 입후보 금지

지방자치단체장의 임기중 공직취임과 관련된 차별을 규정한 공직선거및선거부정방지법 제53조 제 3 항 "지방자치단체의 장은 그 임기중에 그 직을 사퇴하여 대통령선거, 국회의원선거, 지방의회의원선거 및 다른 지방자치단체의 장 선거에 입후보할 수 없다"는 규정에 대한 위헌여부사건(憲 1999. 5. 27.-98헌마214)에서 헌법재판소는 이 사건 법률조항은 지방자치단체의 장이 대통령·국회의원선거, 지방의회의원선거 및 다른 지방자치단체의 장의 선거에 입후보할 경우 그 직을 사퇴하여도 입후보할 수 없도록 규정함으로써 선거일 전 60일까지 사퇴함으로써 입후보할 수 있는 다른 공무원 등에 비하여 피선거권에 있어서 차별대우를 하고 있는데, 이는 국민주권의 원리와 민주주의의 실현을 위하여 받아들일 수밖에 없는 것으로서 다른 공무원과 자방자치단체의 장 사이의 차별을 정당화한다고 볼 수도 없어, 평등의 원칙에 위반된다고 판시하였다.

### 정부투자기관 직원의 입후보 금지

지방의회의원선거에 있어서 정부투자기관 직원의 입후보를 제한하는 지방의회의원선거법 제35조 제 1 항 제 6 호의 위헌 여부에 관한 이 사건(憲 1995. 5. 25.-91헌마67)에서 헌법재판소는 정부투자기관의 경영에 관한 결정이나 집행에 상당한 영향력을 행사할 수 있는 지위에 있다고 볼 수 없는 직원을 임원이나 집행간부들과 마찬가지로 취급하여 지방의회의원직에 입후보를 하지 못하도록 하고 있는 구 지방의회의원선거법 제35조 제 1 항 제 6 호의 입후보금지 규정은 정부투자기관의 직원이라는 사회적 신분에 의하여 합리적인 이유 없이 청구인들을 차별하는 것이어서 헌법 제10조의 평등원칙에 위배되고, 헌법 제37조 제 2 항의 비례의 원칙에 어긋나서 청구인들의 기본적인 공무담임권을 침해하는 것이므로 헌법에 위반된다고 결정하였다.

## ▶ 질 문

1. 지방자치단체장이 해당지역 국회의원후보로 출마하는 것은 지역주민과의 약속을 저버린 것으로 민주주의원칙에 위배되는가?
2. 지역의 사범대출신에게 교원자격인정시험에서 가산점을 주는 것과 군제대자 가산점제도와 헌법적 차이가 존재하는가?

## 5. 직업 선택 기회의 차별

### ▶ 개 요

직업의 선택 혹은 수행의 자유는 각자의 생활의 기본적 수요를 충족시키는 방편이 되고, 또한 개성신장의 바탕이 된다는 점에서 주관적 공권의 성격이 두드러진 것이기는 하나, 다른 한편으로는 국민 개개인이 선택한 직업의 수행에 의하여 국가의 사회질서와 경제질서가 형성된다는 점에서 사회적 시장경제질서라고 하는 객관적 법질서의 구성요소이기도 하다. 따라서, 각 개인이 향유하는 직업에 대한 선택 및 수행의 자유는 공동체의 경제사회질서에 직접적인 영향을 미치는 것이기 때문에 공동체의 동화적 통합을 촉진시키기 위하여 필요불가결한 경우에는 헌법 제37조 제2항 전문규정에 따라 이에 대하여 제한을 가할 수 있다. 즉, 국가의 안전보장·질서유지 또는 공공복리를 위한 목적의 정당성이 인정되는 경우에는 그러한 목적을 달성하는데 필요한 범위 내에서 법률로써 국민의 기본권을 제한할 수 있다. 특히 직업결정의 자유나 전직의 자유는 직업의 자유에서 차지하는 위상 및 기본권 질서에서의 중요성이 직업수행의 자유보다 높기 때문에 보다 강화된 심사가 요청된다고 본다.

### ▶ 핵심판례

憲 2002. 9. 19.-2000헌바84 [약국법인 사건]

[사건의 개요]

청구인은 그 주주들 중 일부 및 이사들이 약사들인 주식회사로서 약국들을 경영해 왔는데, 약국들은 각각 청구인의 이사들 중 1인의 명의로 약국개설등록을 하고, 세무 및 회계상의 편의를 위하여 청구인의 명의로 관할세무서에 사입자등록을 하었나. 식품의약품안전청장은 법인명의로 약국을 운영하는 것은 “약사 또는 한약사가 아니면 약국을 개설할 수 없다”라고 규정한 약사법 제16조 제1항 및 “약국개설자가 아니면 의약품을 판매하거나 판매의 목적으로 취득할 수 없다”라고 규정한 약사법 제35조 제1항에 위반된다고 하면서 약사법 제38조 및 동법 시행규칙 제57조 제1항 제1호에 의거하여 전 제약회사 및 약국도매상들을 상대로 청구인과 같이 법인 명의로 운영되는 약국에 의약품을 공급하는 경우에는 해당 의약품에 대하여 3개월의 판매업무정지처분을 하겠다는 경고처분을 하였고, 경고처분을 받은 위 제약회사 등이 청구인에게 의약품공급을 중단하여 청구인은 경영난에 처하게 되었다. 이에 청구인은 서울행정법원에 경고처분의 취소를 구하는 소송을 제기하고, 약사법 제16조 제1항, 제19조 제1항·제2항, 제35조 제1항이 위헌이라는 취지의 위헌제청신청을 하였으나 위헌제청신청이 기각되자, 이 헌법소원심판을 청구하였다.

[심판의 대상]
**약사법** 제16조(약국의 개설등록) ① 약사 또는 한약사가 아니면 약국을 개설할 수 없다.

이 사건에서 헌법재판소는 "약사법(2000. 1. 12. 법률 제6153호로 개정된 것) 제16조 제1항은 헌법에 합치하지 아니한다. 이 법률조항은 입법자가 개정할 때까지 계속 적용된다"라고 결정하고, 그 이유를 다음과 같이 설시하였다.

▣ 평등심사기준

헌법재판소에서는 평등위반여부를 심사함에 있어 엄격한 심사척도와 완화된 심사척도의 두 가지 척도를 구별하고, 어떤 심사척도를 적용할 것인가를 결정하는 기준으로서 헌법에서 특별히 평등을 요구하고 있는 경우(즉, 헌법이 스스로 차별의 근거로 삼아서는 아니 되는 기준을 제시하거나 차별을 특히 금지하고 있는 영역을 제시하고 있는 경우)와 차별적 취급으로 인하여 관련 기본권에 대한 중대한 제한을 초래하게 되는 경우에는 엄격한 심사척도가 적용되어야 하고, 그렇지 않은 경우에는 완화된 심사척도에 의한다는 원칙을 적용하고 있다. 이 경우 엄격한 심사를 한다는 것은 자의금지원칙에 따른 심사, 즉 합리적 이유의 유무를 심사하는 것에 그치지 아니하고 비례성원칙에 따른 심사, 즉 차별취급의 목적과 수단간에 엄격한 비례관계가 성립하는지를 기준으로 한 심사를 행함을 의미하며(憲 1999. 12. 23.-98헌바33, 판례집 11-2, 732, 749; 1999. 12. 23.-98헌마363, 판례집 11-2, 770, 787-788; 2001. 2. 22.-2000헌마25, 판례집 13-1, 386, 403-404; 2001. 6. 28.-2001헌마132, 판례집 13-1, 1441, 1464-1465 참조), 완화된 심사척도, 즉 자의심사의 경우에는 차별을 정당화하는 합리적인 이유가 있는지만을 심사하기 때문에 그에 해당하는 비교대상간의 사실상의 차이나 입법목적(차별목적)을 발견하고 확인하여(憲 2001. 2. 22.-2000헌마25, 판례집 13-1, 386, 403), 그 차별이 인간의 존엄성 존중이라는 헌법원리에 반하지 아니하면서 정당한 입법목적을 달성하기 위하여 필요하고도 적정한 것인가를 기준으로 판단되어야 한다(憲 1994. 2. 24.-92헌바43, 판례집 6-1, 72, 75).

이 사건 법률조항에 관하여 보건대, 이 사건 법률조항은 헌법에서 특별히 평등을 요구하는 부분에 대한 것이 아니고, 직업수행의 자유는 공익을 위하여 상대적으로 넓은 규제가 가능하다고 인정되기 때문에 이 사건 법률조항에 의하여 직업수행의 자유가 일부 제한된다고 하여 관련기본권에 대한 중대한 침해가 있다고 볼 수 없으므로, 완화된 심사기준, 즉 차별기준 내지 방법의 합리성여부가 헌법적 정당성여부의 판단기준이 된다고 하겠다.

▣ 약사법상의 다른 직종과의 비교

약사법은 약사와 마찬가지로 국민의 건강문제에 직결되는 의약품을 취급하는 의약품제조업자, 의약품수입자, 의약품도매상 등의 직종에 대하여 약사자격을 요구하지 않으며 필요한 시설을 갖추고 허가를 받으면 그 영업을 할 수 있도록 하되, 다만, 실제로 그 업무를 관리할 약사를 반드시 두도록 하였다. 따라서, 위의 직종들은 법인을 설립하여 그 업무를 수행하는 것도 당연히 허용되고 있다.

▣ 다른 전문직종과의 비교

변호사법은 직무를 전문적·조직적으로 행하기 위하여 5인 이상의 변호사를 구성원으로 하는 법무법인을 설립할 수 있도록 하고, 법무법인에 관하여 변호사법에서 정한 것을 제외하고는 상법 중 합명회사에 관한 규정을 준용하도록 하고 있다(변호사법 제40조, 제47조, 제58조 참조). 이와 같은 취지의 법인설립에 관한 규정은 공인회계사법(제23조, 제26조, 제40조 참조), 변리사법(제6조의 3 제1항, 제6조의4 제2항, 제6조의10 제2항 참조), 세무사법(제13조의2 제1항·제3항·제4항 참조)에도 규정되어 있다(다만, 회계법인에 관하여는 다른 법인과 달리 합명회사가 아닌 유한회사에 관한 규정을 준용한다). 이 밖에 건축사법(제23조 제1항, 동 시행령 제22조 제4호), 법무사법(제33조 내지 제47조), 공인노무사법(제7조의2 내지 제7조의7), 관세사법(제17조 내지 제20조) 등의 경우에도 법인을 설립하여 업무를 수행하는 것이 인정되고 있다.

▣ 차별취급의 합리성 여부

평등권침해에 관한 완화된 심사기준인 합리성의 심사에 의하여 살펴보더라도, 이 사건 법률조항이 약사에 대하여는 다른 전문직과 달리 법인을 구성하여 직업을 수행하는 것을 금지함으로써 약사로 구성된 법인 또는 그 구성원인 약사를 차별취급하는 것에는 정당한 입법목적을 발견할 수 없고, 약사와 다른 전문직과의 사실상의 차이도 이러한 차별을 정당화해주지 않는다. 약사가 다른 전문직과 다른 취급을 받아야 할 사실상의 차이나 입법목적이라고 한다면, 약사가 국민의 건강에 직결되는 의약품을 취급하기 때문에 약사가 아닌 사람이 의약품을 판매하고 조제하는 것을 막아야 한다는 점이라 하겠는데, 이러한 목적은 실제로 약을 취급하는

> 사람(약국의 관리약사)은 반드시 약사자격을 가질 것을 요구함으로써 이룰 수 있는 것이고, 약국의 개설자를 자연인 약사로 한정하여 법인의 약국개설을 금지할 필요는 없는 것이기 때문이다.
>
> 또한 법인설립에 관하여 약사와 의약품제조업자 등 약사법상의 다른 직종들을 차별할 합리적 이유도 발견할 수 없다.
>
> 그러므로 이 사건 법률조항은 합리적 근거없이 자의적으로 약사로 구성된 법인에 대하여 변호사 등 다른 전문직종들 및 의약품제조업자 등 약사법상의 다른 직종들로 구성된 법인과는 달리 그 직업 즉 약국을 개설하고 운영하는 일을 수행할 수 없게 하고, 또한 약사들에 대하여는 법인을 구성하는 방법으로 그 직업을 수행할 수 없게 함으로써, 약사들만으로 구성된 법인 및 그 구성원인 약사들의 헌법상 기본권인 평등권을 침해하고 있다고 할 것이다.

## ▶ 해 설

### 합헌의 반대의견

판례에서 3인의 반대의견이 개진되었다. 이 소수견해는 법인의 설립 및 존속이 간접적인 직업선택 또는 직업수행의 한 방법으로 인정된다고 하여, 개인이 법인을 설립하여 구성원 개개인에게만 허용되는 직업을 법인이 수행할 자유까지 헌법이 인정하는 것은 아니며, 이 사건 법률조항은 약사들이 그들의 권익을 옹호하기 위한 단체나 그들의 활동을 보조할 수 있는 단체 등을 설립하는 것을 제한하지 않고 다만 그 법인의 활동 중 약국의 개설이라는 특수한 활동만을 제한하므로, 개개의 약사들이 법인을 설립하는 방법으로 그들의 직업을 수행하는 자유를 침해하거나 그들의 결사의 자유를 침해하는 것으로 볼 수 없다고 판시하였다.

### 법무사자격취득의 기회를 시행규칙으로 박탈하는 경우

직업선택의 기회를 차별한 예로서 법무사자격취득 기회를 박탈한 사건(憲 1990. 10. 15.-89헌마178)이 있다. 이 사건 관련규정인 법무사법 시행규칙 제 3 조 제 1 항은 법원행정처장이 법무사를 보충할 필요가 없다고 인정하면 법무사시험을 실시하지 아니해도 된다는 것으로서 상위법인 법무사법 제 4 조 제 1 항에 의하여 모든 국민에게 부여된 법무사 자격취득의 기회를 하위법인 시행규칙으로 박탈하고, 법무사업을 법원·검찰청 등의 퇴직공무원에게 독점시키는 것이 되며, 이는 결국 대법원이 규칙제정권을 행사함에 있어 위임입법권의 한계를 일탈하여 청구인이나 기타 법무사자격을 취득하고자 하는 모든 국민의 헌법 제11조 제 1 항의 평등권과 헌법 제15조의 직업선택의 자유를 침해한 것이다.

### ▶ 질 문

1. 법인에게 약국의 개설을 금지시키는 기본권제한은 직업의 자유의 제한 중 어느 제한에 속하는가?
2. 법무사자격시험을 대법원 법원행정처장의 재량으로 하는 것은 직업의 자유의 제한 중 어느 제한에 속하는가?

## 6. 근로조건의 차별

### ▶ 개 요

헌법 제11조에서 요구하는 경제적 생활영역에서의 차별금지의 원칙은 근로환경인 근로조건에 있어서의 평등도 포함한다. 근로조건과 관련하여 헌법 제32조 제 3 항은 "근로조건의 기준은 인간의 존엄성을 보장하도록 법률로 정한다"라고 규정하고 있고, 이를 구체화한 근로기준법 제 5 조는 "사용자는 근로자에 대하여 …… 국적 · 신앙 또는 사회적 신분을 이유로 근로조건에 대한 차별적 처우를 하지 못한다"라고 규정하고 있다.

인간의 존엄에 상응하는 근로조건의 기준이 무엇인지를 구체적으로 정하는 것은 일차적으로 입법자의 형성의 자유에 속하고, 이는 근로자보호의 필요성, 사용자의 법 준수능력, 국가의 근로감독능력 등을 모두 고려하여 입법정책적으로 결정할 문제이지만, 그 차별에는 합리적 근거가 있어야 하고, 자의적(恣意的)이어서는 안 된다.

### ▶ 핵심판례

憲 2007. 8. 30.-2004헌마670 [외국인산업기술연수생 보호관리지침 사건]

[사건의 개요]

청구인은 외국인산업기술연수생(이하 '산업연수생'이라 한다)의 신분으로 입국하여 3일간의 연수를 받은 후, 춘천시의 제지회사에서 근무하다가 위 연수업체에서의 근무를 중단하였다. 청구인은, 현행 산업연수생제도가 외국인력에 대하여 본래의 목적인 연수를 위하여 운용되어야 함에도 불구하고 실질적으로 단순노무를 위한 취업에 활용되고 있는바, 위 제도의 근거가 되는 '외국인산업인력정책심의위원회의 대책', '외국인산업연수제도운영에 관한 지침' 및 '외국인산업기술연수생의 보호 및 관리에 관한 지침' 등이 청구인과 같은 산업연수생의 기본권을 침해하고 있다고 주장하면서 헌법소원심판을 청구하였다.

[심판의 대상]

**'외국인산업기술연수생의 보호 및 관리에 관한 지침'** 제 4 조(연수생의 지위) 연수생은 출입국관리법령에 의한 연수생 신분의 체류자격을 가지되 연수과정에서 현장연수의 특성상 사실상의 노무를 제공함으로써 임금·수당 등 여하한 명칭으로든지 근로의 대상을 지급받고 있는 경우에는 이 지침이 정하는 한도 내에서 근로자로서의 권리의무를 갖는다.

제 8 조(연수생의 보호) ① 연수생은 근로기준법, 최저임금법, 산업안전보건법, 산업재해보상보험법 및 의료보험법의 기본적 입법정신에 준거하여 다음 각 호의 사항에 관한 보호를 받는다.

1. 폭행 및 강제근로금지
2. 연수수당의 정기·직접·전액·통화불 지급 및 금품청산
3. 연수기간, 휴게·휴일, 시간외·야간 및 휴일연수
4. 최저임금수준의 보장

제17조(외국인의 체류 및 활동범위) ① 외국인은 그 체류자격과 체류기간의 범위 내에서 대한민국에 체류할 수 있다.

이 사건에서 헌법재판소는 "1. 외국인산업기술연수생의 보호 및 관리에 관한 지침(1998. 2. 23. 노동부 예규 제369호로 개정된 것) 제 4 조, 제 8 조 제 1 항 및 제17조는 헌법에 위반된다. 2. 청구인의 나머지 심판청구를 모두 각하한다"고 결정하고, 그 이유를 다음과 같이 설시하였다.

### ▣ 평등권 침해 여부

#### ■ 쟁점의 정리

이 사건 노동부 예규는 산업연수생에 대하여 근로기준법상 일부 사항에 관하여만 보호대상으로 규정하고 나머지 사항들을 보호대상에서 배제하고 있는바, 이것이 실질적 근로자인 산업연수생을 다른 근로자와 차별함으로써 헌법상의 평등원칙을 위반하였는지 여부가 이 사건의 쟁점이고, 그 전제로서 외국인 산업연수생을 근로기준법상의 근로자로 인정할 수 있는지가 문제된다.

#### ■ 외국인 산업연수생의 근로자성

근로기준법상 "근로자"라 함은 직업의 종류를 불문하고 사업 또는 사업장에 임

금을 목적으로 근로를 제공하는 자이므로(제14조), 명목이 산업연수생이라 할지라도 근로의 실질관계에 의해 사용·종속관계가 인정되는지를 따져서 근로자성을 인정하여야 할 것이다.

먼저 이 사건 노동부 예규 제4조는 "연수생은 출입국관리법령에 의한 연수생 신분의 체류자격을 가지되 연수과정에서 현장연수의 특성상 사실상의 노무를 제공함으로써 임금·수당 등 여하한 명칭으로든지 근로의 대상을 지급받고 있는 경우에는 이 지침이 정하는 한도 내에서 근로자로서의 권리의무를 갖는다"라고 규정하여 산업연수생의 근로자로서의 권리를 부분적으로 인정하고 있다. 그리고 대법원도 "외국인 산업연수생이 산업기술의 연수만에 그치는 것이 아니고 대상 업체가 지시하는 바에 따라 소정시간 근로를 제공하고 그 대가로 일정액의 금품을 지급받기로 하였으며, 이에 따라 당해 외국인이 대상 업체의 사업장에서 실질적으로 대상 업체의 지시·감독을 받으면서 근로를 제공하고 수당 명목의 금품을 수령하여 왔다면 당해 외국인도 근로기준법 제14조 소정의 근로자에 해당한다"라고 하여 산업연수생의 근로자성을 인정하여 오고 있다(大 1995. 12. 22.-95누2050; 1997. 10. 10.-97누10352; 2005. 11. 10.-2005다50034 참조).

■ 심사기준

헌법 제11조 제1항이 규정하고 있는 평등의 원칙은 일체의 차별적 대우를 부정하는 절대적 평등을 의미하는 것이 아니라 법의 적용이나 입법에 있어서 불합리한 조건에 의한 차별을 하여서는 안 된다는 것을 뜻하고, 따라서 합리적 근거 없이 차별하는 경우에 한하여 평등의 원칙에 위반된다. 한편 앞에서 본 바와 같이 이 사건 노동부 예규는 근로의 권리를 어느 범위까지 보호할 것인가에 관한 것인바, 이는 헌법에서 특별히 평등을 요구하는 부분이 아니고 특히 근로의 권리는 사회권적 기본권으로서의 성격이 강하여 그 보호범위를 제한하는 것이 기본권에 대한 중대한 침해가 된다고 보기도 어려우므로 평등권심사에 있어서의 완화된 심사기준인 자의(恣意)금지원칙에 따라 판단하여야 할 것이다.

■ 차별의 발생

일반 근로자는 내·외국인에 관계없이 근로기준법상 모든 보호를 받는데 반하여, 산업연수생은 이 사건 노동부 예규 제4조(연수생의 지위), 제8조(연수생의 보호) 제1항, 제17조(지도감독과 제재)에 의하여, 실질적 근로관계에 있는지 여부에 불문하고, 근로기준법상 ① 폭행 및 강제근로금지(제6조 및 제7조), ② 연수수당의 정기·직접·전액·통화불 지급 및 금품청산(제36조, 제42조), ③ 연수기간, 휴게·휴일, 시간

외·야간 및 휴일연수(제49조, 제53조, 제54조, 제55조)에 관한 보호만을 받을 뿐, 그 밖에 퇴직급여(제34조), 임금채권 우선변제(제37조), 연차유급휴가(제59조), 임산부의 보호(제72조) 등 주요사항에 관하여는 보호를 받지 못함으로써, 일반 국내·외 근로자(외국인 취업연수생 및 피고용허가자 포함)와 산업연수생 사이에 차별이 발생한다.

■판 단

살피건대, 위와 같은 차별의 근거로서, ① 근로의 권리와 같은 사회권적 기본권의 영역에서는 차별이 폭넓게 인정될 수 있다는 점, ② 외국인 산업연수생은 그 체류목적이 '연수'로서 일반 외국인 근로자와도 구별된다는 점, ③ 산업연수생은 국내 근로자에 비하여 언어문제 등으로 생산성이 낮다는 점, ④ 국내 고용시장의 안정을 위하여 외국인 근로자에 대한 차별이 불가피하다는 점, ⑤ 외국인 산업연수생에 대한 임금 수준이 생산성에 비하여 높으므로 근로기준법상 일부 조항을 적용하지 않더라도 전체적으로 평등권을 침해하지 않는다는 점, ⑥ 외국인 산업연수생의 취업 전 연수기간인 1년은 한국어와 기술을 습득하기 위하여 필요한 적응기간이라는 점 등이 주장되고 있다.

그러나 위와 같은 목적을 달성하기 위하여, 정부가 사업주로 하여금 산업연수생을 순수하게 '연수' 목적으로만 사용하도록 철저하게 지도감독하거나, 사실상 노무를 제공하게 허용하려면 산업연수생의 임금을 생산성에 맞게 책정하거나, 국내 고용시장의 안정을 위하여 외국인 근로자의 체류기간을 한정하는 것은 별론으로 하고, 산업연수생이 연수라는 명목하에 사업주의 지시·감독을 받으면서 사실상 노무를 제공하고 수당 명목의 금품을 수령하는 등 실질적인 근로관계에 있는 경우에도, 근로기준법이 보장한 근로기준 중 주요사항을 외국인 산업연수생에 대하여만 적용되지 않도록 하는 것은 합리적인 근거를 찾기 어렵다. 특히 연수업체는 이 사건 중소기업청 고시가 정한 요건(중소기업기본법 제2조 해당, 산업연수생에 대한 숙박시설 제공 능력 등)을 갖추어야 하고(제28조), 연수업체의 규모에 상응한 인원만을 배정받을 수 있어(제32조 제2항, 별표 2), 사용자의 법 준수능력이나 국가의 근로감독능력 등 사업자의 근로기준법 준수와 관련된 제반 여건이 갖추어졌다 할 것이므로, 이러한 사업장에서 실질적 근로자인 산업연수생에 대하여 일반 근로자와 달리 근로기준법의 일부 조항의 적용을 배제하는 것은 자의적인 차별이라 아니할 수 없다. 그 밖에 이 사건 노동부 예규에 의하여 적용이 제한되는 근로기준법상 권리들이 실질적 근로자인 외국인 산업연수생에게 적용되지 않아야 한다고 볼 만한 합리적 이유가 없다.

그렇다면 이 사건 노동부 예규는 청구인의 평등권을 침해한다고 할 것이다.

## ▶ 해　　설

### 예규의 법적 구속력을 부인하는 반대의견

결정에서는 다음과 같은 재판관 2인의 반대의견이 개진되었다.

「이 사건 노동부 예규의 직접적인 수범자는 어디까지나 행정기관인 지방노동관서의 장이므로, 지방노동관서의 장이 행정관행에 기하여 그 상대방인 사업주에 대한 관계에서 위 예규에 따라야 할 자기구속을 당하게 된다고 하더라도 곧 그것이 위 예규 자체가 대외적 구속력이 있는 규범으로서 산업연수생의 권리관계를 직접 변동시키거나 그 법적 지위에 영향을 주게 되는 것을 의미하는 것은 아니다.
산업연수생에 대하여는 근로기준법의 일부 조항의 적용을 배제하는 것처럼 규정된 이 사건 노동부 예규 제8조 제1항은 재량권의 행사에 관한 것이 아니라 근로기준법 등 법률의 해석 내지 그 적용범위에 관한 것이므로 이에 대해서는 자기구속의 법리에 의한 대외적 구속력이 인정될 여지가 없다. 그러므로 위 예규가 법령의 근거도 없이 임의로 산업연수생에 대하여 근로기준법의 적용범위를 제한한들 이는 아무런 법적 효력이 없는 것이다.
따라서 이 사건 노동부 예규는 공권력의 행사로 인하여 국민의 기본권침해 가능성이 있는 경우라고 볼 수 없어 그 심판청구는 각하되어야 한다.」

### 일할 환경에 관한 권리의 자유권성

헌법재판소는 위 결정에서 근로의 권리의 헌법적 성격에 대해 근로의 권리가 '일할 자리에 관한 권리'만이 아니라 '일할 환경에 관한 권리'도 함께 내포하고 있는바, 후자는 인간의 존엄성에 대한 침해를 방어하기 위한 자유권적 기본권의 성격도 갖고 있어 건강한 작업환경, 일에 대한 정당한 보수, 합리적인 근로조건의 보장 등을 요구할 수 있는 권리 등을 포함한다고 할 것이므로 외국인 근로자라고 하여 이 부분에까지 기본권 주체성을 부인할 수는 없다고 판시하였다.

## ▶ 질　　문

1. 외국인 산업기술연수생은 기본권의 주체성을 인정받게 되는 근거가 어디에 있는가?
2. 외국인 산업기술연수생의 평등권침해여부에 있어 심사기준은 왜 자의금지심사이

어야 하는가?

## 7. 국가보상 등을 받을 자격의 차별

### ▶ 개 요

국가배상 등의 청구권적 기본권을 형성하는 경우는 자유권과는 달리 국가적 재정상황과 법률체계의 구조 등을 고려하여 입법자의 형성재량이 높게 인정된다. 한편 이에 대한 제한으로 평등권의 합리적 이유의 요구는 입법자의 재량남용을 견제하는 역할을 한다.

헌법 제11조 제1항이 규정하는 평등의 원칙은 국가가 언제 어디에서 어떤 계층을 대상으로 하여 기본권에 관한 상황이나 제도의 개선을 시작할 것인지를 선택하는 것을 방해하지는 아니한다. 그것이 허용되지 아니한다면, 모든 사항과 계층을 대상으로 하여 동시에 제도의 개선을 추진하는 예외적 경우를 제외하고는 어떠한 제도의 개선도 평등의 원칙 때문에 그 시행이 불가능하다는 결과에 이르게 되어 불합리할 뿐 아니라 평등의 원칙이 실현하고자 하는 가치와도 어긋나기 때문이다. 그러나 이 경우에도 국가의 합리적 이유 없는 자의적 차별은 인정되지 않는다.

### ▶ 핵심판례

憲 2005. 10. 27.-2004헌바37 [동원예비군 보상 제외 사건]

[사건의 개요]

조○○는 예비역 병장으로 서울지방병무청장으로부터 동원교육대로 입영하라는 병력동원훈련소집통지를 받고, 자신의 오토바이를 운전하여 위 동원교육대로 가던 중 서울 마포구 노상에서 교통사고를 당하여 같은날 사망하였다. 청구인(부)은 조○○가 국가유공자등예우및지원에관한법률 제4조 제1항 제5호 소정의 순직군경에 해당한다고 주장하면서 서울지방보훈청장에게 국가유공자유족등록신청을 하였으나, 서울지방보훈청장은 망인이 병역법 제75조 제1항 소정의 '군복무중' 순직한 것에 해당하지 않는다는 이유로 청구인이 국가유공자의 유족에 해당하지 않는다는 결정처분을 하였다. 이에 청구인은 서울행정법원에 위 결정처분의 취소를 구하는 행정소송을 제기하면서 그 소송 계속중 병역법 제75조 제1항이 헌법에 위반된다며 위 병역법 조항에 대하여 위헌법률심판제청신청을 하였으나, 위 법원은 위 행정소송과 함께 청구인의 제청신청을 기각하였다. 그러자 청구인은 헌법재판소법 제68조 제2항에 근거하여 위 병역법 조항의 위헌확인을 구하는 헌법소원심판을 청구하였다.

[심판의 대상]
**병역법** 제75조(보상 및 가료) ① 군복무(징집 또는 소집되어 관계공무원의 인솔하에 집단수송중인 경우를 포함한다)중 전사·순직한 사람의 유족과 전상·공상 또는 공무상 질병으로 인하여 전역되거나 병역이 면제된 사람 및 그 가족은 국가유공자등예우및지원에관한법률이 정하는 바에 따라 보상을 받을 수 있다.

이 사건에서 헌법재판소는 "병역법 제75조 제 1 항(1997. 1. 13. 법률 제5271호로 개정된 것) 중 '군복무(징집 또는 소집되어 관계공무원의 인솔하에 집단수송중인 경우를 포함한다) 중' 부분은 헌법에 위반되지 아니한다"라고 결정하고, 그 이유를 다음과 같이 설시하였다.

▣ 평등심사의 기준

헌법 제11조는 "모든 국민은 법 앞에 평등하다. 누구든지 성별·종교·사회적 신분에 의하여 정치적·경제적·사회적·문화적 생활의 모든 영역에 있어서 차별을 받지 아니한다"라고 하여 법 앞의 평등원칙을 규정하고 있다. 평등의 원칙은 입법자에게 본질적으로 같은 것을 자의적으로 다르게, 본질적으로 다른 것을 자의적으로 같게 취급하는 것을 금지한다. 그러므로 비교의 대상을 이루는 두 개의 사실관계 사이에 서로 상이한 취급을 정당화할 수 있을 정도의 차이가 없음에도 불구하고 두 사실관계를 서로 다르게 취급한다면 평등원칙에 위배된다.

국가가 국가유공자에게 예우할 구체적인 의무의 내용이나 범위, 그 방법·시기 등은 국가의 재정부담능력과 전체적인 사회보장의 수준, 국가유공자에 대한 평가기준 등에 따라 정하여지는 입법자의 광범위한 입법형성의 자유영역에 속하는 것으로 기본적으로는 국가의 입법정책에 달려 있다고 할 것이므로 이 사건에서는 자의금지원칙에 입각하여 이 사건 법률조항의 평등원칙 위배여부를 판단한다.

▣ 군복무중인 자와 입영중인 자에 대한 차별취급의 합리성

국가유공자법은 국가를 위하여 공헌하거나 희생한 국가유공자와 그 유족에 대하여 응분의 예우를 행함으로써 이들의 생활안정과 복지향상을 도모하고 국민의 애국정신함양에 이바지함을 목적으로 하여 제정된 것(제 1 조)으로, 국가유공자의 공헌과 희생이 우리들과 우리들의 자손들에게 숭고한 애국정신의 귀감으로서 항구적으로 존중되고 그 공헌과 희생의 정도에 상응하여 국가유공자와 그 유족의 영예로운 생활이 유지·보장되도록 실질적인 보상이 이루어져야 한다는 것을 예우의 기본이

념으로 삼고 있다(제2조).

이러한 국가유공자에 대한 보상의 목적과 이념에 비추어 볼 때, 병역법 제75조 제1항 및 이에 근거한 국가유공자법상의 순직군경에 대한 보상은 대한민국의 자유와 독립을 보전하고 국토를 방위하며 국민의 생명과 재산을 보호하고 나아가 국제평화의 유지에 이바지함을 그 사명으로 하는 국군의 구성원으로서 군인이 교육훈련 또는 직무수행 중에 입은 특별한 희생에 대하여 정의와 사회적 연대의 관점에서 그 희생에 상응하는 보상과 예우를 행함으로써 군인 또는 그 유족의 영예로운 생활이 유지·보장되도록 하는 데 그 주된 취지가 있다고 하겠다.

따라서 입법자가 국가유공자법에 의한 보상의 대상과 범위를 구체적으로 정함에 있어서도 원칙적으로 그 희생과 공헌의 성격 및 그 정도가 가장 중요한 기준이 되어야 할 것인바, 아직 입영하지 않은 병역의무자가 입은 생명·신체에 대한 사고나 재해의 경우 그로 인한 희생은 국가공동체의 존속과 유지를 위한 개인의 특별한 희생이라기보다 교통사고나 자연재해 등 일반적인 사회적 또는 자연적 위험이 개인에게 현실화된 것으로서 국가유공자법이 정하는 보상의 대상으로서 특별한 희생이라고 평가하기는 어렵다.

그리고 입영중의 사고나 재해에 대하여 국가에게 전혀 책임이 없다고 하기는 어렵지만, 특별한 희생에 대한 국가의 책임유무가 국가배상 등 다른 국가책임제도의 근거가 되는 것은 별론으로 하고, 이로써 바로 국가유공자법상의 보상책임이 도출된다고 보기도 어렵다. 그러므로 이미 입영하여 군복무중인 자와 입영과정에 있는 자를 구별하여 그 보상 여부를 달리한 것에는 합리적인 이유가 있다고 하겠다.

■ 단체이동중인 자와 개별이동중인 자에 대한 차별취급의 합리성 여부

병역의무를 이행하기 위하여 징집 또는 소집되어 지정된 군부대로 입영하는 과정에서 발생한 생명 또는 신체에 대한 사고나 재해의 경우에는 그 자체가 바로 국가공동체의 존속과 유지를 위한 개인의 특별한 희생으로 평가되기는 어렵다고 하겠지만, 입영과정에서의 이동행위는 병역의무의 이행을 위한 군복무와 밀접불가분의 관계에 있는 행위로서 병역의무자 개인의 생활영역에서 발생하는 스스로 책임져야 할 사적 행위와는 뚜렷이 구별된다. 그리고 입영과정에서 이동중에 발생한 사고나 재해라고 하더라도 관계공무원의 인솔하에 단체로 군부대로 입영하는 과정에서 발생한 사고나 재해의 경우 아직 군통수권의 지휘와 통제하에서 군부대의 구성원으로서의 지위에서 발생한 사고나 재해는 아니라고 하더라도, 이미 사실상 군의 지휘와 통제를 받고 있으므로 개별적으로 입영하는 과정에서 발생한 사고나 재

해와 그 성격을 달리한다고 볼 것이다.

사실적 또는 규범적 평가의 차이에 근거하여 이 사건 법률조항은 군복무중에 발생하는 사고나 재해만을 보상의 대상으로 하면서도 예외적으로 관계공무원의 인솔하에 단체로 입영하는 과정에서 발생하는 사고나 재해의 경우 이를 군복무중에 발생한 것으로 평가하여 이에 대하여 국가유공자법이 정하는 보상을 하고 있는 것이다. 물론 국가유공자법이 정하는 보상과 예우의 기준으로서 공헌과 희생의 정도(제 7 조 제 1 항)에 비추어 볼 때, 단체로 이동중인 경우와 개별이동중인 경우를 달리 취급할 합리적인 이유가 없으므로 개별이동중인 경우도 보상의 대상으로 삼음이 바람직하지만, 이것이 어렵다면 입법자로서는 국가예산 내지 보상능력, 그 입법목적과 수혜자의 상황 등을 종합적으로 고려하여 스스로 합당하다고 판단하는 범위로 그 대상을 정할 권한이 있다고 할 것이다.

이 사건 법률조항이 관계공무원의 인솔하에 단체이동중인 경우와 개별적으로 이동하는 경우를 달리 취급한 것에는 나름대로 합리성을 갖추고 있다고 할 것이므로 이를 두고 객관적으로 정의와 형평에 반한다거나 자의적인 차별이라고 하기는 어렵다.

## 해 설

### 병역의무이행으로 인한 불이익한 처우인지의 여부

위 사건에서 청구인은 추가적인 항변을 통해 병력동원소집에 응하여 소집장소로 가다가 사고로 사망하였음에도 불구하고 이를 국가유공자의 대상에서 제외함으로써 그 죽음을 무의미하게 한 것은 결과적으로 청구인의 명예권을 침해하고, 공무원의 경우와는 달리 예비군이 출근중 사고로 사망한 경우를 국가유공자의 대상에서 제외한 것은 병역의무의 이행으로 인하여 오히려 불이익한 처우를 받는 것으로 헌법 제39조 제 2 항에도 위반된다고 주장한다.

이에 대해 헌법재판소는 병역의무는 외부 적대세력의 직·간접적인 침략행위로부터 국가의 독립을 유지하고 영토를 보전하기 위한 의무로서 헌법에서 이러한 국방의 의무를 국민에게 부과하고 있는 이상, 병역법에 따라 군복무를 하는 것은 국민이 마땅히 하여야 할 의무를 이행하는 것일 뿐, 특별한 희생을 한다고 볼 수는 없고, 헌법 제39조 제 2 항은 병역의무를 이행한 사람에게 보상조치를 취하거나 특혜를 부여할 의무를 국가에게 지우는 것이 아니라, 법문 그대로 병역의무의 이행을 이유로 불이익한 처우를 하는 것을 금지하고 있을 뿐이므로 이 사건 법률조항이 개별입영중인 자를 보상의 대상에서 제외하였다고 하여 이를 두고 위 헌법조항에 위배된다고 할 수 없다고 판시하였다.

### 국가배상청구에서 향토예비군을 제외하는 것이 위헌적 차별인지의 여부

헌법 제29조 제2항은 "군인·군무원·경찰공무원 기타 법률이 정하는 자가 전투·훈련 등 직무집행과 관련하여 받은 손해에 대하여는 법률이 정하는 보상 외에 국가 또는 공공단체에 공무원의 직무상 불법행위로 인한 배상은 청구할 수 없다"라고 규정하고 있다. 이에 따라 국가배상법 제2조 제1항은 "국가 또는 지방자치단체는 공무원이 그 직무를 집행함에 당하여 고의 또는 과실로 법령에 위반하여 타인에게 손해를 가하거나, 자동차손해배상보장법의 규정에 의하여 손해배상의 책임이 있는 때에는 이 법에 의하여 그 손해를 배상하여야 한다. 다만, 군인·군무원·경찰공무원 또는 향토예비군대원이 전투·훈련 기타 직무집행과 관련하거나 국방 또는 치안유지의 목적상 사용하는 시설 및 자동차·함선·항공기 기타 운반기구 안에서 전사·순직 또는 공상을 입은 경우에 본인 또는 그 유족이 다른 법령의 규정에 의하여 재해보상금·유족연금·상이연금 등의 보상을 지급받을 수 있을 때에는 이 법 및 민법의 규정에 의한 손해배상을 청구할 수 없다"라고 규정하여 향토예비군을 헌법의 '기타 법률이 정하는 자'의 하나로 규정함으로써 이들이 직무집행과 관련하여 사망하거나 상해를 입은 경우 국가배상청구권 행사를 금지하고 있다.

헌법재판소는 위와 규정의 위헌여부사건(憲 1996. 6. 13.-94헌바20)에서 헌법 제29조 제2항의 명시적인 위임에 따라 임무수행중 사고를 당한 향토예비군대원에 대한 이중의 보상으로 인한 일반인들과의 불균형을 시정하고 국가재정의 지출부담을 절감한다는 공공의 이익을 보호하기 위하여 다른 법령의 규정에 의하여 재해보상금 등을 지급받을 수 있는 권리가 보장된 향토예비군대원의 개별적인 국가배상청구권의 행사를 금지하는 것이므로 그로 인하여 보호되는 법익과 침해되는 법익간에 입법자의 자의라고 할 정도의 불균형이 있다고 보여지지 아니하고, 기본권제한규정으로서 헌법상 요청되는 과잉금지의 원칙에 반한다고 볼 수 없고, 나아가 그 자체로서 평등의 원리에 반한다거나 향토예비군대원의 재산권의 본질적인 내용을 침해하는 위헌규정이라고 할 수도 없다고 결정하였다.

### 소방공무원과 경찰공무원의 보훈혜택의 차별

군인 또는 경찰공무원이 교육훈련 또는 직무수행중 사망한 경우 직무의 내용에 관계없이 국가유공자등예우및지원에관한법률(이하 '예우법'이라 한다) 제4조 제1항 제5호 가목에 의하여 '순직군경'이 되지만, 소방공무원의 경우 이 사건 법률조항에 의하여 화재진압, 구조·구급 업무수행 또는 이와 관련된 교육훈련중 사망한 경우에 한하여 예우법 제4조 제1항 제5호 가목의 순직군경으로 간주되고, 그 이외의 직무수행중 사망한 자는 예우법 제4조 제1항 제11호 가목에 의하여 순직공무원이 될 뿐이고, 이에 따라 연금과 장례에 있어 차별이 발생한다.

이러한 차별에 대해 제기된 헌법소원(憲 2005. 9. 29.-2004헌바53)에서 헌법재판소는 소방공무원과 경찰공무원은 업무의 내용이 서로 다르고, 그로 인해 업무수행중에 노출되는 위험상황의 성격과 정도에 있어서도 서로 동일하다고 볼 수 없고, 국가에 대한 공헌과 희생, 업무의 위험성의 정도, 국가의 재정상태 등을 고려하여 화재진압, 구조·구급 업무수행 또는 이와 관련된 교육훈련 이외의 사유로 직무수행중 사망한 소방공무원에 대하여 순직군경으로서의 보훈혜택을 부여하지 않는다고 해서 이를 합리적인 이유 없는 차별에 해당한다고 볼 수 없다고 합헌으로 결정하였다. 이에 대해 2인의 헌법재판관은 평등권을 침해한다는 소수의견을 제시하였다.

### ▶ 질　문

1. 예비군의 동원훈련소집을 이행하기 위한 출근시 사망하는 경우에 국가보상에서 제외하는 것은 다른 공무원 통근재해에 대한 국가보상과 비교할 때 부당한 차별에 해당하는가?
2. 예비군에 대한 국가부상의 차별문제에 대해 평등권심사기준이 자의금지원칙이 되는 이유는 무엇인가?

## 8. 사경제주체로서의 국가와 국민의 차별

### ▶ 개　요

헌법은 그 전문에 "정치, 경제, 사회, 문화의 모든 영역에 있어서 각인의 기회를 균등히 하고"라고 규정하고, 제11조 제1항에 "모든 국민은 법 앞에 평등하다"고 규정하여 기회균등 또는 평등의 원칙을 선언하고 있는바, 평등의 원칙은 국민의 기본권 보장에 관한 우리 헌법의 최고원리로서 국가가 입법을 하거나 법을 해석 및 집행함에 있어 따라야 할 기준인 동시에, 국가에 대하여 합리적 이유 없이 불평등한 대우를 하지 말 것과 평등한 대우를 요구할 수 있는 모든 국민의 권리로서, 국민의 기본권 중의 기본권이다.

이러한 평등의 원칙은 헌법 제23조에 의하여 보장된 "모든 국민의 재산권"과 헌법 제27조 제3항에 의하여 보장된 "모든 국민의 신속한 재판을 받을 권리"의 실현에도 당연히 적용되어야 할 것이므로 재산권 등 사권(私權)의 구제절차인 민사소송에서도 당사자가 누구인가에 따라 차별대우가 있어서는 아니 되는 것이며, 국가가 민사소송의 당사자가 되었다고 해서 합리적 이유 없이 우대받아서는 아니 되는 것이다. 왜냐하면 비록 국가라 할지라도 권력적 작용이 아닌, 민사소송의 대상이 되는 국고작용(國庫作用)으로 인한 법률관계에 있어서는 사인(私人)과 동등하게 다루어져야 하기 때문이다.

## ▶ 핵심판례

憲 1989. 1. 25.-88헌가7 [국가에 대한 가집행 선고 사건]

[사건의 개요]

서울민사지방법원은 관련사건의 전제가 되는 소송촉진등에관한특례법 제6조의 규정이 헌법 제11조 제1항의 평등의 원칙에 위배되는 위헌 규정이라고 해석될 여지가 있다는 이유로 위헌법률심판을 제청하였다(1988. 12. 12.-88카56573 위헌제청).

[심판의 대상]

**소송촉진등에관한특례법** 제6조(가집행의 선고) ① 재산권의 청구에 관한 판결에는 상당한 이유가 없는 한 당사자의 신청유무를 불문하고 가집행할 수 있음을 선고하여야 한다. 다만, 국가를 상대로 하는 재산권의 청구(請求)에 관하여는 가집행의 선고를 할 수 없다.

이 사건에서 헌법재판소는 "소송촉진등에관한특례법(1981. 1. 29. 법률 제3361호) 제6조 제1항 중 '다만, 국가를 상대로 하는 재산권의 청구에 관하여는 가집행의 선고를 할 수 없다'라는 부분은 헌법에 위반된다"고 결정하고, 그 이유를 다음과 같이 설시하였다.

소송촉진등에관한특례법 제6조 제1항을 보건대, 가집행의 선고는 불필요한 상소권의 남용을 억제하고 신속한 권리실행을 하게 함으로써 국민의 재산권과 신속한 재판을 받을 권리를 보장하기 위한 제도인데, 위 특례법의 규정에 따르면, 법원은 국가가 원고가 되어 얻은 승소판결에는 상당한 이유가 없는 한 반드시 가집행의 선고를 하여야 하나, 반면에 국민이 국가를 상대로 한 소송에서 얻어낸 승소판결에는 아무리 확신있는 판결이라고 할지라도 가집행의 선고를 할 수 없게 되어 있어 결국 재산권과 신속한 재판을 받을 권리의 보장에 있어 소송당사자를 차별하여 국가를 우대하고 있는 것이 명백하고 이처럼 민사소송의 당사자를 차별하여 국가를 우대할만한 합리적 이유도 찾기 어렵다.

법무부장관은 국가에 대하여 가집행을 금지한 예외규정을 두었다고 해서 헌법 제11조의 평등의 원칙에 위배된다고 볼 수 없을 것이라는 의견서를 당 재판소에 제출하고 그 이유로서, 첫째, 가집행제도의 근본취지는 집행불능을 사전에 방지하려는 것인데 국가는 성질상 집행불능의 상태가 생길 수 없으므로 국가에 대한 가집행을 불허하더라도 집행불능의 문제가 생길 수 없고, 둘째, 국가에 대한 가집행을 허용할 경우에는 소송과 직접 관계가 없는 국가기관에 대한 집행 등으로 국가회계질서의 문란이 초래될 우려가 있으며, 셋째, 가집행을 한 후 상소심에서 판결이 번복되었으나 원상회복이 어려운 경우에는 국고손실이 예상되며, 회복이 가능한 경우라도 회복에 따르는 인력과 예산낭비 등의 우려가 있다고 주장한다.

그러나, 가집행의 선고는 불필요한 상소권의 남용을 억제하고 신속한 권리실현을 위하여 둔 제도이지 집행불능을 사전에 방지하려는 제도가 아니므로, 국가에 대하여 집행이 불가능하게 될 염려가 없다고 해서 가집행 선고의 필요가 없는 것도 아니고, 가집행으로 인한 국가회계질서 문란의 우려는 국가 스스로 얼마든지 이를 예방할 수 있는 것이므로 아무런 문제가 될 수 없으며, 가집행 후 상소심에서 판결이 번복되었을 경우 원상회복이 어렵게 될 경우를 예상할 수 있으나, 이러한 문제는 국가가 피고일 경우에만 생기는 문제가 아니라 가집행제도의 일반적인 문제라 할 것이어서, 이러한 문제는 법원이 판결을 함에 있어 가집행을 붙이지 아니할 상당성의 유무를 신중히 판단하고 민사소송법 제199조 제1항에 의한 담보제공명령이나 같은법조 제2항에 의한 가집행 면제제도를 적절하게 운용하며 또, 국가로서도 민사소송법 제473조, 제474조에 의하여 법원에 신청하여 가집행 정지명령을 받는 등의 방법으로 사전에 예방할 수 있는 것이므로 위와 같은 문제가 있다고 해서 그것이 국가에 대하여 예외적으로 가집행선고를 금지할 이유가 될 수 없다. 따라서, 법무부장관이 주장하는 사유는 어느 것이나 필요적 가집행선고를 규정한 소송촉진등에관한특례법 제6조 제1항 본문에도 불구하고 국가에 대하여 차별적 우대를 하는 예외적 규정을 두어야 할 합리적 이유가 될 수 없다.

## ▶ 해 설

### 국가의 납입고지의 시효중단의 효력

사경제활동에서 국가와 사인간의 차별과 관련해서 다음과 같은 합헌 결정이 있다. 이 사건(憲 2004. 3. 25.-2003헌바22)은 "법령의 규정에 의하여 국가가 행하는 납입의 고지는 시효중단의 효력이 있다"고 한 예산회계법 제98조가 이 사법상의 원인에 기한 납입의 고지에도 민법상의 최고와 달리 종국적인 시효중단을 인정하는 것이 평등권을 침해하는지 여부에 관한 것이다. 이에 대해 헌법재판소는 다음과 같이 판시하였다.

「입법자가 소멸시효의 중단 문제를 어떻게 정할 것인가 하는 점은 상당한 정도로 입법재량이 허용된다. 예산회계법 제98조상 국가채권에 대한 납입의 고지는 "법령의 규정에 의하여" 하는 것이므로, 절차와 형식이 명확하게 정하여져 있어 채무이행을 구하는 국가의 의사가 그 절차에서 명확히 드러나며, 이 점에서 민법상 사인간에 행해지는 최고가 아무런 형식을 요하지 않는 점과 차이가 있고, 국가채권의 정당한 회수는 공공복리의 증진을 위한 사항이다. 만일 국가채권의 납부의 고지에서도 일정 기간(6개월) 내에 재판상의 청구나 가압류, 가처분 등을 행하여만 시효중단 효력을 받을 수 있다면, 법령에 따라 적법절차에 의하여 명확하게 이루어지는 국가채권의 납입의 고지에 추가하여 불필요한 추가적 국가재정의 손실과 국가업무의 낭비를 초래할 수 있다. 또한 공법과 사법의 구분이 명확한 것은 아니고, 입법기술상 그러한 구분을 행하기는 쉽지 않다. 따라서 입법자가 비록 사법상의 원인에 기한 국가채권의 경우에도 납입의 고지에 있어 민법상의 최고의 경우보다 더 강한 시효중단 효력을 인정한 것은 합리적 이유가 있어 평등권을 침해하지 않는다.」

### 국유재산의 시효취득 금지

사인에 비해 국가를 우대하고 있는 국유재산 시효취득 금지에 대해 위헌이라는 다음과 같은 판시가 있다. 이 사건(憲 1991. 5. 13.-89헌가97)은 "국유재산은 민법 제245조의 규정에 불구하고 시효취득의 대상이 되지 아니한다"라고 하는 국유재산법 제5조의 헌법위반여부에 관한 것이다. 이에 대해 헌법재판소는 국유재산법의 잡종재산은 행정재산, 보존재산과는 달리 사권(私權)의 설정과 사거래의 대상이 되는 것을 전제로 하여 동법에서 별도의 장으로 규정하고 있으며, 특히 잡종재산의 대부·매각·교환·양여 등 처분과 현물(現物)출자를 할 수 있도록 명시하고 있고, 그것은 국유·사유를 막론하고 권리주체가 누구이든 권리의 객체가 되는 물건은 법률행위의 자유의 원칙에 따라 매매, 임대차, 기타 사권(私權)의 설정 등 사적 거래의 목적이 되고, 이 때에는 민법 등 사법(私法)의 규정이 적용된다는 근대법치국가의 기본원칙에서 나온 것임을 알 수 있어, 국유잡종재산은 사경제적 거래의 대상으로서 사적 자치의 원칙이 지배되고 있으므로 시효제도의 적용에 있어서도 동일하게 보아야 하므로 국유잡종재산에 대한 시효취득을 부인하는 동규정은 합리적 근거없이 국가만을 우대하는 불평등한 규정으로서 헌법상의 평등의 원칙과 사유재산권 보장의 이념 및 과잉금지의 원칙에 반한다고 설시하였다.

## ▶ 질　문

1. 국가를 상대로 하는 재산권의 청구에 관하여는 가집행의 선고를 할 수 없는 제도는 다른 사법상의 제도와 비교할 때 평등권을 침해하는가? 그 근거는 무엇인가?
2. 법령의 규정에 의하여 국가가 행하는 납입의 고지는 시효중단의 효력이 있게 하는 제도는 이와 다른 민법상의 최고와 비교할 때 평등의 원칙에 위배되는가? 그 근거는 무엇인가?

07.

# 제7장 | 신체의 자유

헌법 제12조 제1항 제1문은 "모든 국민은 신체의 자유를 가진다"고 하여 신체의 자유를 보장하고 있다. 신체의 자유 보장은 인권의 역사에서 중핵을 이룬다. 신체의 자유는 헌법이념의 핵심인 인간의 존엄과 가치를 구현하기 위한 가장 기본적인 자유로서 모든 기본권 보장의 전제조건이다. 통치자들은 흔히 국민의 신체활동을 억압함으로써 통치의 목적을 달성하고자 하였으므로, 신체의 자유는 통치자의 강압으로부터 가장 빈번히 침해받아 왔다. 신체의 자유가 보장되기 위하여 기본적으로 요구되는 것은 불법적인 체포 또는 구속을 당하지 않는 것이다. 그러나 신체의 자유를 보장하기 위한 법리와 제도는 여기서 그치지 않고 오랜 세월 동안 더 정교하게 발전하였다. 신체의 자유는 국가의 형벌권 행사와 관련하여 침해될 여지가 많기 때문에 구체적으로 형사절차와 관련하여 발전하였다. 헌법 제12조는 신체의 자유를 보장하기 위한 원리로 죄형법정주의·적법절차·고문금지·사전영장의 원칙·변호인의 조력을 받을 권리 등을, 제13조는 이중처벌금지, 연좌제의 금지 등을 규정하고 있고, 나아가 제27조는 신속한 재판을 받을 권리와 함께 무죄추정의 원칙을 규정함으로써 신체의 자유를 보장하기 위한 장치를 세심하게 마련하고 있다.

## Ⅰ. 신체의 안전성과 자율성

제12조 ① **모든 국민은 신체의 자유를 가진다.** 누구든지 법률에 의하지 아니하고는 체포·구속·압수·수색 또는 심문을 받지 아니하며, 법률과 적법한 절차에 의하지 아니하고는 처벌·보안처분 또는 강제노역을 받지 아니한다.

### ▶ 개 요

신체의 자유는 근본적으로 신체의 안전성과 자율성을 침해당하지 않는 자유, 다시 말해서 자기의 신체를 자기의 의지에 따라 움직이고 임의적으로 행동할 수 있는 권리이다. 그러므로 강제로 체포하거나 일정한 신체의 동작을 강요하거나 금지하는 것은 신체의 자유를 침해한다. 헌법재판소는 신체의 자유는 모든 기본권 보장의 전제가 되는 것으로서 신체활동을 자율적으로 할 수 있는 신체거동의 자유와 함께 신체의 안전성이 외부로부터의 물리적인 힘이나 정신적인 위협으로부터 침해당하지 아니할 자유를 포함한다고 설명하였다(憲 1992. 12. 24.-92헌가8; 2003. 12. 18.-2001헌마163).

### ▶ 핵심판례

憲 2004. 12. 16.-2002헌마478 [수형자 운동금지 사건]

[사건의 개요]

이 사건 심판 청구인은 사기 등으로 징역 5년을 선고받고 그 형이 확정되어 안양교도소에 수감 중이다. 피청구인(안양교도소장)은 청구인에 대하여 부정물품을 은닉하였다는 등의 이유로 2개월의 금치처분을 하였다.

[심판의 대상]

이 사건 심판의 대상(일부)은 행형법 시행령 제145조 제2항 중 '운동' 부분이다.

**행형법 시행령** 제145조(징벌의 집행) ② 금치의 처분을 받은 자는 징벌실에 수용하고 그 기간 중 접견, 서신수발, 전화통화, 집필, 작업, 운동, 신문·도서열람, 라디오청취, 텔레비전

시청 및 자비부담물품의 사용을 금지한다. 다만, 미결수용자의 소송서류작성, 변호인과의 접견 및 서신수발은 예외로 하며, 소장이 교화 또는 처우상 특히 필요하다고 인정하는 때에는 접견·서신수발 또는 도서열람을 허가할 수 있다.

이 사건에서 헌법재판소는 "행형법 시행령(2000. 3. 28. 대통령령 제16759호로 개정된 것) 제145조 제 2 항 중 '금치의 처분을 받은 자는 …… 운동 …… 을 금지한다' 부분은 헌법에 위반된다"고 결정하고, 그 이유를 다음과 같이 설시하였다.

▣ 행형법 시행령 제145조 제 2 항 중 운동 부분의 위헌 여부

■ 금치의 의의

징벌은 수용 시설 내의 안전과 질서 유지를 위하여 제정된 규율을 위반한 수용자에 대해 과해지는 불이익처분을 말한다. 징벌 중에서 금치는 가장 중한 징벌로서 대상자를 징벌실에 구금하고 일정한 생활조건에 제약을 가하는 것을 말한다. …… 행형법 제46조 제 1 항에서는 징벌의 종류로서 "2월 이내의 금치"를 규정하고 있을 뿐이며 그 내용이나 집행방법에 대해서는 아무런 정함이 없으므로, 우리 행형법의 해석만으로는 '금치'가 징벌실 수용 외에 어떠한 불이익을 수반하는 것인지 알 수 없으며, 행형법 시행령 제145조 제 2 항 본문에서 "금치의 처분을 받은 자는 징벌실에 수용하고 그 기간 중 …… 운동 …… 을 금지한다"고 규정함으로써 금치 기간 중 수형자는 접견, 서신수발, 운동이 금지되는 것이다.

■ 수형자의 법적 지위와 그 기본권 제한

징역·금고 등 자유형을 선고받아 그 형이 확정된 자는 그 집행을 위하여 교도소에 구금되며, 교도소는 "수형자를 격리하여 교정·교화하며 건전한 국민사상과 근로정신을 함양하고 기술교육을 실시하여 사회에 복귀하게 하는 것"을 목적으로 하는 국가기관이다(행형법 제 1 조, 제 2 조, 제 3 조). 수형자는 격리된 시설에서 강제적인 공동생활을 하게 되므로 헌법이 보장하는 신체의 자유 등 기본권에 대한 제한은 불가피하다.

그러나 이러한 수형자의 경우에도 모든 기본권의 제한이 정당화될 수 없으며 국가가 개인의 불가침의 기본적인 인권을 확인하고 보장할 의무(헌법 제10조)로부터 자유로워질 수는 없다. 따라서 수형자의 지위에서 제한이 예정되어 있는 자유와 권리는 형의 집행과 도망의 방지라는 구금의 목적과 관련된 신체의 자유 및 거주

이전의 자유 등 몇몇 기본권에 한정되어야 하며 그 역시 필요한 범위를 벗어날 수 없다. 특히 수용시설 내의 질서 및 안전 유지를 위하여 행해지는 규율과 징계를 통한 기본권의 제한은 수형자에게 구금과는 별도로 부가적으로 가해지는 고통으로서 다른 방법으로는 그 목적을 달성할 수 없는 경우에만 예외적으로 허용되어야 할 것이다.

### ▣ 과잉금지원칙 준수 여부

#### ▪ 입법목적의 정당성 및 수단의 상당성

수형자를 격리하고 교정·교화하여 사회에 복귀하도록 하는 행형법의 목적을 달성하기 위해서는 무엇보다 수형자의 안전한 구금이 확보되어야 한다. 이를 위해서 행형 기관은 교도소의 안전과 질서를 유지해야 할 과제를 안게 된다. 규율과 질서의 문란으로 인하여 수형자나 시설직원의 생명 혹은 신체에 위험을 야기하게 되면, 행형의 본질적 목표인 수형자교육을 통한 재사회화는 말할 것도 없고 시설처우의 기본적 전제조건인 구금확보가 불가능하게 되고, 나아가 수형자 및 교도소직원의 안전에도 직접적으로 영향을 미칠 수 있다.

그러므로 징벌 중에서 가장 중한 징벌인 금치 처분을 받은 자를 엄격한 격리에 의하여 외부와의 접촉을 금지시키고 구속감과 외로움 속에 반성에 전념토록 함으로써 수용 질서를 확립하고자 하는 행형법 시행령 제145조 제 2 항의 입법 목적은 정당하며, 금치 기간 동안 징벌실에 수용하는 것 이외에 일반 수형자에게 허여(許與)된 권리인 접견, 서신수발, 운동에 제한을 가하는 것은 이와 같은 목적을 달성하기 위하여 필요 적절한 수단이다.

#### ▪ 최소침해성 및 법익균형성

자유형 수형자는 구금에 의하여 신체의 자유를 비롯한 기본권이 불가피하게 제한되며, 외부접촉을 전제로 하거나 행형 시설의 적극적인 조력을 요하는 기본권들도 행형 목적을 달성하기 위하여 상당 정도 제한된다. 그러므로 교도소의 안전과 질서를 위협하는 규율 위반 행위를 한 수형자에 대하여 징벌을 통하여 법질서 준수 의식을 향상하고자 할 때, 그 징벌이 효과가 있으려면 일반 수형자에게도 제한적으로 인정되고 있는 권리를 더 제한하는 것이 불가피하다. 일반 수형자에게 허여(許與)되는 권리에 대한 제한을 하지 않은 채 징벌실에 수용하는 것은 일반 독거구금과 다를 바 없으므로 징벌로서의 의미가 없다. 다만, 그 기본권 제한의 정도가 필요 최소한의 제한이어야 하며, 기본권의 본질적인 내용을 침해해서는 안 된다.

수형자가 규율 위반을 한 경우에, 교도소의 안전과 질서를 유지하기 위해서는 징벌을 부과하여 일반 수형자에 비하여 더 강한 기본권의 제한을 하는 것은 불가피하다. 그러나 헌법 제10조에서 “모든 국민은 인간으로서의 존엄과 가치를 가지며, 행복을 추구할 권리를 가진다”라고 천명하고 있다. 이는 우리 헌법이 보장하고 있는 모든 기본권의 이념적 기초일 뿐 아니라 그 종국적 목적임을 엄숙히 확인하는 것이라 아니할 수 없다. 이는 비록 자유형 수형자, 그 중에서도 규율을 위반하여 금치 처분을 받은 수형자라고 하여도, 우리와 같은 인간으로서 가지는 기본적인 존엄과 가치를 훼손할 수 없다는 의미를 내포한 것이다. 우리나라가 가입되어 있는 시민적 및 정치적 권리에 관한 국제규약(이른바 B규약) 제10조에서 “자유를 박탈당한 모든 사람은 인도적으로 또한 인간의 고유한 존엄성을 존중하여 취급되어야 한다”고 규정하고, 제 7 조에서 “가혹한, 비인도적인 또는 모욕적인 처우나 형벌”의 금지규정을 두고 있는 것은 바로 이와 같은 인간에 대한 기본적 권위를 존중하는 보편적 정신의 제도적 발현이라 할 것이다.

이 사건으로 돌아와 보면, 실외운동은 구금되어 있는 수형자의 건강유지에 필요하며, 일반 독거수용자의 경우 행형법 시행령에서 혼거 수용자에게 매일 1시간 이내로 실시하는 실외운동의 운동시간을 2시간까지 연장할 수 있다고 규정할 정도로 운동은 신체적·정신적 건강 유지를 위하여 최소한의 기본적 요청이라고 할 수 있다(행형법 시행령 제96조 제 2 항). 그런데 외부세계와의 교통이 단절된 채 1평 남짓한 좁은 징벌실에 수용되는 수형자에 대하여, 최장 2개월 동안 일체의 운동이 금지될 경우 수형자는 신체적 건강뿐만 아니라 정신적 건강을 해칠 위험성이 현저히 높다. 아무리 가장 중한 징벌인 금치 처분을 받은 수형자라고 하여도 인간으로서의 기본적 건강을 유지할 수 없도록 하는 조치를 수인하도록 강요하는 것은 문명국가에서는 수용하기 어려운 비인도적인 징벌이라 아니할 수 없다. 또한 금치 기간의 장단(長短)에 관계없이, 또한 예외의 여지없이 금치 처분을 받은 수형자의 운동을 절대적으로 금지하는 것은 지나치게 징벌 집행의 편의만을 위한 조치라고 할 것이다.

그렇다면 금치 처분을 받은 수형자에 대한 절대적인 운동의 금지는 징벌의 목적을 고려하더라도 그 수단과 방법에 있어서 필요한 최소한도의 범위를 벗어난 것이며, 수형자의 헌법 제10조의 인간의 존엄과 가치 및 신체의 안전성이 훼손당하지 아니할 자유를 포함하는 제12조의 신체의 자유를 침해하는 정도에 이르렀다고 판단된다.

## ▶ 해 설

### 법률유보

이 사건에서 청구인은 행형법 시행령 제145조 제 2 항이 법률의 위임 없는 기본권의 제한으로서 위헌이라고 주장하였다. 이 문제에 관하여 헌법재판소는 행형법 시행령 제145조 제 2 항 본문이 법률의 근거 없이 새로운 기본권 제한을 하고 있다고는 볼 수 없다고 판시하였다. 다만 금치 기간 중의 실외운동의 절대적 금지가 법률상 근거규정에 위배되거나 과잉금지원칙에 위배되어 위헌인지의 문제가 있을 수 있다고 보아 그 부분만을 판단한 것이다.

### 접견·서신수발 금지

이 사건에서 수형자 운동금지 외에 또 문제되었던 것은 행형법 시행령 제145조 제 2 항 중 금치의 처분을 받은 자에게 접견과 서신수발을 금지하는 부분이었다. 헌법재판소는 이 부분에 대해서는 기각결정을 선고하였다.

### 계구(戒具) 사용의 위헌성

헌법재판소가 신체의 자율성과 관련하여 위헌성을 인정한 다른 예로 계구사용을 들 수 있다. 헌법재판소는 교도소장이 총 392일 동안 수용자에게 상시적으로 양팔을 사용할 수 없도록 금속수갑과 가죽수갑을 착용하게 한 것이 기본권제한의 한계를 넘어 필요 이상으로 장기간, 그리고 과도하게 청구인의 신체거동의 자유를 제한하고 최소한의 인간적인 생활을 불가능하도록 하여 청구인의 신체의 자유를 침해하고, 나아가 인간의 존엄성을 침해한 것으로 판시하였다(憲 2003. 12. 18.-2001헌마163). 또한 구속된 피의자가 검사조사실에 소환되어 피의자신문을 받을 때 계호교도관이 포승으로 청구인의 팔과 상반신을 묶고 양손에 수갑을 채운 상태에서 피의자조사를 받도록 한 계구사용행위도 위헌이며(憲 2005. 5. 26.-2001헌마728), 검사조사실에서의 계구사용을 원칙으로 정한 계호근무준칙도 위헌이다(憲 2005. 5. 26.-2004헌마49).

## ▶ 질 문

1. [2002헌마478](수형자 운동금지) 사건 심판의 대상인 행형법 시행령 제145조 제 2 항은 본문에서 수형자의 기본권을 제한하고 단서에서 수형자의 기본권을 보장해

주는 입법 형식을 취하고 있다. 수형자와 국가기관간의 특별권력(행정법)관계라는 관점에서 이러한 입법 형식을 헌법적으로 어떻게 평가할 수 있는가?

## Ⅱ. 죄형법정주의와 명확성의 원칙

제12조 ① 모든 국민은 신체의 자유를 가진다. **누구든지** 법률에 의하지 아니하고는 체포·구속·압수·수색 또는 심문을 받지 아니하며, **법률과 적법한 절차에 의하지 아니하고는 처벌·보안처분 또는 강제노역을 받지 아니한다.**

### ▶ 개 요

죄형법정주의 원칙은 법률이 처벌하고자 하는 행위가 무엇이며 그에 대한 형벌이 어떠한 것인지를 누구나 예견할 수 있고, 그에 따라 자신의 행위를 결정할 수 있도록 구성요건을 명확하게 규정할 것을 요구한다. 그러나 처벌법규의 구성요건이 명확하여야 한다고 하더라도 입법자가 모든 구성요건을 단순한 의미의 서술적인 개념에 의하여 규정하는 데에는 한계가 있다. 헌법재판소는 처벌법규의 구성요건이 다소 광범위하여 어떤 범위에서는 법관의 보충적인 해석을 필요로 하는 개념을 사용하였다고 하더라도 그 점만으로 헌법이 요구하는 처벌법규의 명확성의 원칙에 반드시 배치되는 것이라고 볼 수 없다고 한다(憲 1989. 12. 22.-88헌가13; 1990. 1. 15.-89헌가103). 즉 건전한 상식과 통상적인 법감정을 가진 사람이라면 처벌법규의 적용대상자가 누구이며 구체적으로 어떠한 행위가 금지되고 있는지를 충분히 알 수 있도록 규정되어 있다면 죄형법정주의의 명확성의 원칙에 위배되지 않는다고 보아야 한다는 것이다. 그렇게 보지 않으면 처벌법규의 구성요건이 지나치게 구체적이고 정형적이 되어 부단히 변화하는 다양한 생활관계를 제대로 규율할 수 없게 될 것이기 때문이다(憲 1998. 7. 16.-97헌바23). 다만, 자의(恣意)를 허용하지 않는 통상의 해석방법에 의하더라도 당해 처벌법규의 보호법익과 그에 의하여 금지된 행위 및 처벌의 종류와 정도를 누구나 알 수 있도록 규정되어야 한다. 따라서 처벌법규의 구성요건이 어느 정도 명확하여야 하는가는 일률적으로 정할 수 없고, 각 구성요건의 특수성과 그러한 법적 규제의 원인이 된 여건이나 처벌의 정도 등을 고려하여 종합적으로 판단할 수밖에 없다(憲 1994. 7. 29.-93헌가4; 1996. 12. 26.-93헌바65; 1998. 5. 28.-97헌바68 등). 다음 사건들을 통하여 이 법리가 적용되는 구체적인 모습을 살펴보자.

### ▶ 핵심판례

憲 2005. 3. 31.-2003헌바12 [부당해고죄 사건]

[사건의 개요]

청구인은 공중전화기 판매 및 보수·관리업체인 ○○닷컴(주)의 대표이사로서, 2001. 7. 13. 경 동 회사의 영업직 수습사원인 정○환, 최○덕, 천○우 등이 회사의 유류비 지급 방침에 반발하여 집단으로 근로제공을 거부하고 항의하자 정○환 등이 '집단적으로 근로제공을 거부하여 회사의 정상적 운영을 저해하였다'는 등의 사유를 들어 이들을 해고하였는데, 이것이 부당해고행위에 해당한다는 이유로 2002. 4. 30. 부산지방법원에 근로기준법 위반죄로 기소되었다.

[심판의 대상]

이 사건의 심판대상은 근로기준법 제110조 중 "제30조 제1항의 규정에 위반한 자는 5년 이하의 징역 또는 3,000만 원 이하의 벌금에 처한다"고 규정한 것 가운데 "근로자에 대하여 정당한 이유 없이 해고를 함으로써 제30조 제1항을 위반한 사용자"에 대한 부분이다.

**근로기준법** 제110조(벌칙) 제6조, 제7조, 제8조, 제30조 제1항·제2항 또는 제39조의 규정에 위반한 자는 5년 이하의 징역 또는 3,000만 원 이하의 벌금에 처한다.

제30조(해고 등의 제한) ① 사용자는 근로자에 대하여 정당한 이유 없이 해고, 휴직, 정직, 전직, 감봉 기타 징벌을 하지 못한다.

이 사건에서 헌법재판소는 "근로기준법 제110조 중 '근로자에 대하여 정당한 이유 없이 해고를 하여 근로기준법 제30조 제1항을 위반한 사용자는 5년 이하의 징역 또는 3,000만 원 이하의 벌금에 처한다'는 부분은 헌법에 위반되지 아니한다"고 결정하고, 그 이유를 다음과 같이 설시하였다.

▣ 이 사건 법률조항의 명확성 원칙 위배 여부에 대한 판단

■ 명확성 판단의 기준

법률 명확성의 원칙은 법치주의와 신뢰보호의 원칙에서 비롯되는 것이며, 불명확한 법률이 무효가 되어야 하는 것은 그것이 수범자(受範者)에 대하여 '공정한 경고'를 흠결하기 때문이다. 여기서의 수범자는 준법정신을 가진 사회의 평균적 일반

인을 의미하는데, 특정의 금지규정 내지 처벌규정의 내용을 파악함에 있어서 평균인의 입장에서 전문가의 조언이나 전문서적 등을 참고하여 자기의 책임하에 행동방향을 잡을 수 있고 그러한 결론이 보편성을 띠어 대부분 같은 결론에 도달할 수 있다면 명확성을 인정할 수 있고, 법률전문가 등의 조언을 구하여도 자신의 행위가 금지되는 것인지 아닌지를 도저히 정확히 예측할 수 없다면 그 규정은 불명확하여 무효가 될 수밖에 없는 것이다.

한편 명확성 원칙의 준수 여부는 문제된 법령의 문구가 확실하지 않음으로써 자의적이고 차별적인 적용을 가져올 수 있는지 여부에 의하여서도 판별될 수 있다. 또한 당해 법령의 성질 및 규제대상 등에 비추어 입법기술상 최고의 상태로 작성되었는지 여부가 명확성 판단의 또 하나의 기준이 될 수 있다. ……

■ 이 사건 법률조항의 '정당한 이유'에 대한 해석

근로기준법은 사용자가 근로자를 해고함에 있어서 무엇이 정당한 이유인가에 대하여 더 이상 구체적으로 규정하지 아니하고 있으며, 현실적으로는 취업규칙이나 단체협약을 통하여 당해 사업장의 근로자에 대한 해고사유들이 정하여지고 있다. 이에 대하여는 오랜 기간 학문적 연구의 성과가 쌓이고 행정해석 및 관련 판례들이 집적되어 다음과 같은 요지의 해석이 이루어져 있음이 일반적으로 인정되고 있다.

여기서 정당한 이유의 유무는 개별적 사안에 따라 구체적으로 결정될 일이지만 그 일반적 내용은 해당 근로자와 사용자 사이의 근로관계를 계속 유지할 수 없을 정도의 이유, 즉 해당근로자와의 근로관계의 유지를 사용자에게 더 이상 기대할 수 없을 정도의 것이 되어야 하는 것이다. 여기에는 업무에 대한 적성에 흠이 있거나 직무능력이 부족한 경우, 계약상의 노무급부를 곤란하게 하는 질병, 사업상의 기밀누설의 가능성, 무단결근이나 지각·조퇴, 근로제공의 거부, 업무능력을 갖추었음에도 불구하고 불완전급부 내지 열등한 급부의 제공, 범법행위의 초래, 특정 신조나 사상과 밀접히 연관된 소위 경향사업(傾向事業)에 있어서 근로자가 이러한 경향성을 상실한 경우 등이 일반적으로 이러한 정당한 이유에 해당하는 것으로 인정되고 있다. 이와 같이 해석에 의한 기준이 확립되어 있기는 하나 해고가 정당한가의 여부는 항상 개별적 사례에 따라 구체적으로 판단되어야 하며, 근로자가 직장을 상실함으로써 받게 되는 손해와 근로관계를 종료시킴으로써 얻게 되는 사용자의 이익 사이의 신중하고 포괄적인 이해형량이 이루어져야 한다. ……

특히 대법원은 사용자가 근로자에게 어떤 징벌을 가함에 있어서 …… 징벌이 그 내용에 있어 징벌권을 남용하거나 또는 그 범위를 벗어난 것으로 인정되고 또 그

것이 사회통념상 가벌성이 있는 것으로 평가되는 경우에 한하여 형사처벌의 대상이 된다고 해석한다(大 1994. 6. 14.-93도3128). 결국 대법원에 의하면 형사처벌의 대상이 되는 사회적 정당성의 개념 범위는 구체적 사안에 따라 문제된 해고행위를 형사처벌하는 것이 사회적 통념에 비추어 합당한가 여부에 의하여 결정되고 있는 것이다.

■ 이 사건 법률조항의 '정당한 이유'가 명확성 원칙에 반하는지 여부에 대한 판단

이 사건 법률조항은 정당한 사유 없이 근로자를 해고한 사용자는 5년 이하의 징역 또는 3,000만 원 이하의 벌금에 처하는 것으로 그 수범자를 제재하는 처벌조항이다. 따라서 이 사건 법률조항의 명확성 여부를 심사함에 있어서는 해고에 '정당한 사유가 있는지 여부'의 기준이 행위규범으로서 수범자에게 충분한 사전경고기능을 가질 수 있는지 여부를 중심으로 하여 엄격한 심사가 이루어져야 할 것이다. ……

그러나 근로자의 해고에 관하여 법문상 사용되고 있는 '정당한 이유'는 앞서 말한 바와 같이 오랜 기간 그것의 의미에 대한 학문적 연구가 진행되어 그 성과가 쌓여 있고 다수의 행정해석과 관련 판례들이 풍부하게 집적되어 왔다. 그리하여 이러한 경험과 사례의 축적에 의하여 이제는 그 의미 내용의 전체적 윤곽이 형성되고 구체적 사안들에서 특히 법률전문가들에게는 무엇이 여기에 해당하고 무엇이 해당되지 않는 것을 판단하기에 그다지 어려움을 느끼지 아니할 정도에까지 이르렀다고 보아야 할 것이다.

그렇다면 이 사건 법률조항은 비록 법문상으로는 '정당한 이유'라는 일반추상적 용어를 사용하고 있으나 일반인이라도 법률전문가의 도움을 받아 무엇이 금지되는 것인지 여부에 관하여 예측하는 것이 가능한 정도라고 할 것이어서 수범자인 사용자가 해고에 관하여 자신의 행위를 결정해 나가기에 충분한 기준이 될 정도의 의미내용을 가지고 있다고 할 것이다.

한편 '정당한 이유'는 해고기준은 다소 일반추상적인 것이기는 하나, 앞서 본 바와 같은 학설, 행정해석 및 판례의 집적을 통하여 실무적 기준이 충분히 확립되어 있으므로 그 집행자가 정당한 사유를 자의적으로 해석하는 것을 허용하지 아니하고 있다. 결국 이 사건 법률조항은 그 집행자에게 신뢰할 수 있는 합리적 기준을 제시하고 있으며 임의로 해석 적용될 여지를 주고 있다고는 할 수 없다.

근로자의 해고는 본질상 그 태양이 다양하고 장래 근로조건과 환경의 변화에 따라 발전, 변화하게 되는 것이다. 따라서 현재의 상황에서 여러 가지의 해고의 태양을 분류하고 그에 따른 정당한 사유의 종류를 정의한다고 하더라도 장래에 이와

같은 규범이 적절히 유지되기는 어렵다. 또한 모든 해고의 형태를 일일이 열거하여 그 해고의 정당성의 범위를 규정해두는 것은 입법기술적으로도 불가능한 것이다. 그렇다면 이 사건 법률조항과 같이 법문상으로는 부당해고의 금지를 일반추상적으로 규정하고 구체적인 근로계약에서 어떤 유형이 부당해고에 해당하는지를 법원의 판례를 통하여 구체화하고 그 집적을 통하여 판단기준을 발전시켜 나가는 것이 반드시 부적절한 입법태도라고 할 수도 없다.

■ 소 결

그렇다면 비록 이 사건 법률조항이 형사처벌의 대상이 되는 해고의 기준을 일반추상적 개념인 '정당한 이유'의 유무에 두고 있기는 하지만, 그 의미에 대하여 법적 자문을 고려한 예견가능성이 있고, 집행자의 자의가 배제될 정도로 의미가 확립되어 있으며, 입법 기술적으로도 개선가능성이 있다는 특별한 사정이 보이지 아니하므로 헌법상 명확성의 원칙에 반하지 아니한다.

## ▶ 해 설

### 반대의견

위와 같은 다수의견에 대하여 재판관 2인의 반대의견이 있다. 그 요지는 다음과 같다.

「이 사건 법률조항에서 처벌의 대상이 되는 구성요건은 '사용자가 근로자에 대하여 정당한 이유 없이 해고를 하는 것'이다. 여기서 '정당하다'고 하는 개념은 매우 주관적이고 추상적인 개념이어서 어떠한 해고가 정당한 이유를 가지고 있는지 여부는 사람마다의 가치관과 윤리관에 따라 크게 달라질 수 있고, 법집행자의 통상적 해석을 통하여 그 의미내용을 보다 구체화하거나 객관적으로 확정하기 어렵다. 또한 해고행위의 실태는 유동하는 사회 내에서 발생하는 각종 고용관계의 구체적 경우에 따라 항상 다양하고 새롭게 나타나는 것이다. 현대사회와 같이 기업활동이 빠르게 발전하고 사회적·경제적 여건도 급격히 변화되는 상황에서는 해고의 유형과 형태도 이러한 사회변화에 따라 변모될 것이기 때문이다. 따라서 기존의 사례에 대한 이론과 판례의 집적도 미래에 발생하는 다양한 형태의 새로운 해고행위에 관하여 수범자인 국민에게 완전한 행위기준을 제시하고 공정한 경고의 기능을 다한다고 보기 어렵다. 그렇다면 이 사건 법률조항은 준법정신을 가진 사용자가 실제상황에서 해고행위를 할 경우 처벌을 각오하여야만 하는 결과를 초래하고 있으며, 행위자에게 공정한 사전 예고기능을 발휘하지 못하여 법률명확성의 원칙에 위반되어, 이 점에 있어서도 헌법에 위반된다.」

### 헌법재판소가 명확성의 원칙에 위배되지 않는다고 인정한 주목할 만한 형벌법규들

헌법재판소는 명확성의 원칙이 문제된 다음과 같은 범죄구성요건에 대하여 합헌결정을 선고하였다.

#### 토지거래허가제

헌법재판소는 1989. 12. 22. [88헌가13] 결정에서 구 국토이용관리법 제31조의2("제21조의3 제1항의 규정에 위반하여 허가 없이 토지 등의 거래계약을 체결하거나 사위 기타 부정한 방법으로 토지 등의 거래계약허가를 받은 자는 2년 이하의 징역 또는 500만 원 이하의 벌금에 처한다")에 대하여 합헌결정을 내렸다. 헌법재판소는 이 조문 표현상의 약간의 의문점은 건전한 법관의 양식이나 조리에 따른 보충적인 해석에 의하여 법문의 의미가 구체화되어 해결될 수 있다고 믿어지므로 이 정도로는 명확성의 원칙에 위배된다고 할 수는 없다고 보았다. 이 벌칙규정에 대해서는 재판관 5인의 위헌의견이 있다.

#### 제 3 자 개입금지

헌법재판소는 1990. 1. 15. [89헌가103] 결정에서 구 노동쟁의조정법 제13조의2("직접 근로관계를 맺고 있는 근로자나 당해 노동조합 또는 사용자 기타 법령에 의하여 정당한 권한을 가진 자를 제외하고는 누구든지 쟁의행위에 관하여 관계당사자를 조종·선동·방해하거나 기타 이에 영향을 미칠 목적으로 개입하는 행위를 하여서는 아니 된다. 다만, 총연합 단체인 노동조합 또는 당해 노동조합이 가입한 산업별 연합단체인 노동조합의 경우에는 제 3 자 개입으로 보지 아니한다") 및 그 처벌조항인 제45조의2에 대하여 합헌결정을 내렸다. 헌법재판소는 "영향을 미칠 목적"이라든가 "개입"이란 용어가 광범위한 해석의 여지를 두고 있는 것은 사실이지만, "기타 이에 영향을 미칠 목적으로 개입하는 행위"란, 노동쟁의에 개입한 제 3 자의 행위를 전체적으로 평가하여 노동관계 당사자의 자유롭고 자주적인 의사결정에 대하여 영향을 미칠 목적 아래 이루어진 쟁의행위의 강요·유도·조장·억압 등의 간섭행위를 포괄하는 것으로 보아야 할 것이므로, 어떠한 행위가 법이 규정한 "기타 이에 영향을 미칠 목적으로 개입하는 행위"에 해당하는지의 여부는 누구나 예견할 수 있다고 설명하였다. 헌재 1993. 3. 11.-92헌바33 결정도 같은 취지이다.

#### 위력업무방해

헌법재판소는 1998. 7. 16. [97헌바23] 결정에서 구 형법 제314조("전조의 방법 또는 위력으로써 사람의 업무를 방해한 자는 5년 이하의 징역 또는 2만5천환 이하의 벌금에 처한다") 중 "또는 위력" 부분에 대하여 합헌결정을 내렸다. '위력', '업무', '방해' 등의 용어들이

다소 광범위한 해석의 여지를 두고 있는 것은 사실이나 일반적으로 '위력'이라 함은 사람의 의사의 자유를 제압·혼란케 할 만한 일체의 세력을 뜻하고, '업무'란 사람이 그 사회적 지위에 있어서 계속적으로 종사하는 사무 또는 사업을 뜻하며, '방해'란 업무에 어떤 지장을 주거나 지장을 줄 위험을 발생하게 하는 것을 뜻하는 것으로 해석할 수 있고, 이러한 해석은 건전한 상식과 통상적인 법감정을 가진 일반인으로서도 능히 인식할 수 있는 것으로서 어떠한 행위가 이에 해당하는지 의심을 가질 정도로 불명확한 개념이라고는 볼 수 없다는 것이다.

한방의료행위

헌법재판소는 1996. 12. 26. [93헌바65] 결정에서 보건범죄단속에관한특별조치법 제5조("의료법 제25조의 규정을 위반하여 영리를 목적으로 의사가 아닌 자가 의료행위를, 치과의사가 아닌 자가 치과의료행위를, 한의사가 아닌 자가 한방의료행위를 업으로 한 자는 무기 또는 2년 이상의 징역에 처한다. 이 경우에는 100만 원 이상 1천만 원 이하의 벌금을 병과한다")에 대하여 합헌결정을 내렸다. 헌법재판소는 처벌법규의 구성요건을 일일이 세분하여 명확성의 요건을 모든 경우에 요구하는 것은 입법기술상 불가능하거나 현저히 곤란한 것이므로 어느 정도의 보편적이거나 일반적인 뜻을 지닌 용어를 사용하는 것은 부득이 하고, 당해 법률이 제정된 목적과 다른 법률조항과의 연관성을 고려하여 합리적인 해석이 가능한지의 여부에 따라 명확성의 요건을 갖추었는지의 여부를 가릴 수밖에 없다고 전제한 후, '한방의료행위'는 우리의 옛선조들로부터 전통적으로 내려오는 한의학을 기초로 한 질병의 예방이나 치료행위를 하는 것을 의미하며, 의료법의 입법목적, 의료인의 사명에 관한 의료법상의 여러 규정들과 한방의료행위에 관련된 법령의 변천과정 등에 비추어 보면 '침시술행위'는 한방의료행위에 포함되는 것이 명백하다고 보았다.

변호사법 위반

헌법재판소는 2000. 4. 27. [98헌바95] 결정에서 변호사법 제90조 제2호("변호사가 아니면서 금품·향응 기타 이익을 받거나 받을 것을 약속하고 또는 제3자에게 이를 공여하게 하거나 공여하게 할 것을 약속하고 소송사건·비송사건·가사조정 또는 심판사건·행정심판 또는 심사의 청구나 이의신청 기타 행정기관에 대한 불복신청사건, 수사기관에서 취급 중인 수사사건 또는 법령에 의하여 설치된 조사기관에서 취급 중인 조사사건 기타 일반의 법률사건에 관하여 감정·대리·중재·화해·청탁·법률상담 또는 법률관계문서작성 기타 법률사무를 취급하거나 이러한 행위를 알선한 자는 5년 이하의 징역 또는 1천만 원 이하의 벌금에 처하거나 이를 병과할 수 있다")에 대하여 합헌결정을 내렸다. 헌법재판소는 형벌조항은 그 규율대상에 포섭되는 모든 사례를 구성요건으로

빠짐없이 열거하는 방식과 규율대상의 공통적인 징표를 모두 포섭하는 용어를 구성요건으로 규정하는 방식 외에 이른바 '예시적 입법'이라는 규율방식이 있다고 한다. 예시적 입법에서는 규율대상인 대전제를 규정함과 동시에 구성요건의 외연(外延)에 해당되는 대부분의 개별사례들을 예시적으로 규정하는데, 이 사건 법률규정은 바로 이러한 예시적 입법의 형식으로 규정되어 있다는 것이다. '일반의 법률사건'이란 「법률상의 권리·의무의 발생·변경·소멸에 관한 다툼 또는 의문에 관한 사건」을 의미하고 그 구체적인 예가 바로 위 규정에 열거된 소송사건 등이며, '법률사무'란 「법률상의 효과를 발생·변경·소멸시키는 사항의 처리 및 법률상의 효과를 보전하거나 명확화하는 사항의 처리」를 뜻하는 것이고 법률사무의 전형적·구체적인 예로 열거된 감정 등은 법률사무가 무엇인지를 해석하는 판단지침으로서 '법률사무'도 법관의 보충적 해석에 의하여 확정될 수 있는 개념이라고 설명하였다.

직무유기

헌법재판소는 2005. 9. 29. [2003헌바52] 결정에서 형법 제122조("공무원이 정당한 이유없이 그 직무수행을 거부하거나 그 직무를 유기한 때에는 1년 이하의 징역이나 금고 또는 3년 이하의 자격정지에 처한다")에 대하여 합헌결정을 내렸다. 헌법재판소는 직무유기죄의 입법취지 및 보호법익, 그 적용대상의 특수성 등을 고려할 때 '직무'란 공무원이 법령의 근거 또는 특별한 지시, 명령에 의하여 맡은 일을 제때에 집행하지 아니함으로써 그 집행의 실효를 거둘 수 없게 될 가능성이 있는 때의 구체적인 업무를 말하고, '유기'는 직무를 수행하여야 할 작위의무가 있는데도 불구하고 이러한 직무를 버린다는 인식하에 그 작위의무를 수행하지 아니하는 것, 즉 직무의 의식적 방임 내지 포기를 말하며, 단순한 태만, 분망, 착각 등으로 인하여 직무를 성실히 수행하지 아니한 경우나 형식적으로 또는 소홀히 직무를 수행하였기 때문에 성실한 직무수행을 못한 것에 불과한 경우는 제외된다는 대법원의 판례에 근거하여, 과연 직무의 유기가 있다고 볼 것인지는 구체적인 상황의 고려하에 시간적·장소적 요소와 직무수행의 가능성 등을 종합하여 사회의 통념에 따라 합리적으로 판단할 수 있다고 보았다. 그러므로 이 사건 법률조항이 지닌 약간의 불명확성은 법관의 통상적인 해석작용에 의하여 충분히 보완될 수 있고, 건전한 상식과 통상적인 법감정을 가진 일반인 및 이 사건 법률조항의 피적용자인 공무원이라면 금지되는 행위가 무엇인지 예측할 수 있다는 것이다. 이러한 법정의견에 대하여, 이 사건 법률조항이 죄형법정주의의 명확성 원칙에 위반되고, 공무원의 직무유기 행위에 대해 행정상 징계 외에 형사처벌을 과하는 것 자체가 부당하다는 재판관 2인의 반대의견이 있다.

인권옹호명령

헌법재판소는 2007. 3. 29. [2006헌바69] 결정에서 형법 제139조("경찰의 직무를 행하는 자 또는 이를 보조하는 자가 인권옹호에 관한 검사의 직무집행을 방해하거나 그 명령을 준수하지 아니한 때에는 5년 이하의 징역 또는 10년 이하의 자격정지에 처한다") 중 인권옹호에 관한 검사의 명령 불준수에 관한 부분에 대하여 합헌결정을 내렸다. 이러한 법정의견에 대하여, 이 사건 법률조항이 명확성의 원칙에 반하여 헌법에 위반된다는 재판관 1인의 반대의견이 있다.

## 헌법재판소가 명확성의 원칙에 위배된다고 인정한 주목할 만한 형벌법규들

헌법재판소는 명확성의 원칙이 문제된 다음과 같은 범죄구성요건에 대하여 위헌결정을 선고하였다.

정부관리기업체

헌법재판소는 2005. 9. 29. [2003헌바52] 결정에서 특정범죄가중처벌등에관한법률 제 4 조 제 1 항("형법 제129조 내지 제132조의 적용에 있어서는 정부관리기업체의 간부직원은 이를 공무원으로 본다")이 위헌이라고 선언하였다. 헌법재판소는 특가법상 "정부관리기업체"라는 용어에 관한 아무런 정의규정이나 해설규정이 없으며 다른 법률에서도 그러한 규정을 찾아볼 수가 없는데, "관리"라는 용어는 적어도 구성요건의 개념으로서는 그 의미가 지나치게 추상적이고 광범위하다고 인정하였다. 이와 같이 수뢰죄와 같은 이른바 신분범에 있어서 그 주체(신분)에 관한 구성요건 규정이 지나치게 광범위하고 불명확하다면 결국 그 구성요건은 전체로서 명확성을 결여한 것으로서 죄형법정주의에 위배된다는 것이다.

가정의례

헌법재판소는 1998. 10. 15. [98헌마168] 결정에서 가정의례에관한법률 제 4 조 제 1 항("누구든지 가정의례에 있어서 다음 각호의 행위를 하여서는 아니 된다. 다만, 가정의례의 참뜻에 비추어 합리적인 범위 안에서 대통령령이 정하는 행위는 그러하지 아니하다") 제 7 호 및 제15조 제 1 항("제 4 조의 규정에 위반한 경우에는 다음 각호의 1에 해당하는 자에 대하여 200만원 이하의 벌금에 처한다") 제 1 호에 대하여 위헌결정을 내렸다. 헌법재판소는 '가정의례의 참뜻에 비추어 합리적인 범위 안'이란 개념은 그 대강의 범위를 예측하여 이를 행동의 준칙으로 삼기에는 부적절한 것이며, 법집행자의 자의를 초래할 우려가 크므로 이 사건 규정은 죄형법정주의에 있어서 명확성 원칙을 위배하여 청구인의 일반적 행동자유권을 침해하였다고 보았다.

새마을금고법에 의한 명령

헌법재판소는 2001. 1. 18. [99헌바112] 결정에서 새마을금고법 제66조 제 1 항("금고 또는 연합회의 임·직원이 다음 각 호의 1에 해당하는 행위를 한 때에는 5년 이하의 징역 또는 500만원 이하의 벌금에 처한다") 제 2 호("2. 이 법과 이 법에 의한 명령 또는 정관에 위반하는 행위를 함으로써 금고 또는 연합회에 손해를 끼쳤을 때")가 위헌이라고 선언하였다. 헌법재판소는 '이 법과 이 법에 의한 명령'은 그 내용을 짐작할 수 있는 어떠한 구체적인 내용도 이 규정 자체에서 담고 있지 않다는 점을 지적하였다. 이 명령을 법에서 정한 개개의 시정명령 내지는 의무규정으로 본다 하더라도 이 규정 자체로서 그 명령의 내용을 예측할 수는 없을 뿐만 아니라 시행령으로 보는 경우라도 정해질 내용이 예측불가능하고, '정관' 부분은 형벌 구성요건의 실질적 내용을 법률에서 직접 규정하지 아니하고 금고의 정관에 위임하고 있어 죄형법정주의 원칙에 위배되며, '손해를 끼쳤을 때' 부분은 법관의 보충해석으로도 명확하게 된다고 보기 어렵다고 판시하였다.

불량만화

헌법재판소는 2002. 2. 28. [99헌가8] 결정에서 미성년자보호법 제 2 조의2("누구든지 다음 각 호의 행위를 하여서는 아니 된다") 제 1 호("1. 미성년자에게 음란성 또는 잔인성을 조장할 우려가 있거나 기타 미성년자로 하여금 범죄의 충동을 일으킬 수 있게 하는 만화[이하 '불량만화'라 한다]를 미성년자에게 반포, 판매, 증여, 대여하거나 관람시키는 행위와 이러한 행위를 알선하거나 또는 이에 제공할 목적으로 불량만화를 소지·제작·수입·수출하는 행위") 및 그 처벌조항인 제 6 조의2, 제 7 조에 대하여 위헌결정을 내렸다. 헌법재판소는 '음란성'은 법관의 보충적인 해석을 통하여 그 규범내용이 확정될 수 있는 개념이라고 할 수 있으나, '잔인성'에 대하여는 아직 판례상 개념규정이 확립되지 않은 상태이고 그 사전적 의미는 "인정이 없고 모짊"이라고 할 수 있는바, 살인이나 폭력 등 범죄행위를 이루는 것에서부터 윤리적·종교적·사상적 배경에 따라 도덕적인 판단을 달리할 수 있는 영역에 이르기까지 천차만별이어서 법집행자의 자의적인 판단을 허용할 여지가 높고, 여기에 '조장' 및 '우려'까지 덧붙여지면 사회통념상 정당한 것으로 볼 여지가 많은 것까지 처벌의 대상으로 할 수 있게 된다고 보았다. 다음으로 "범죄의 충동을 일으킬 수 있게"라는 표현은 그것이 과연 확정적이든 미필적이든 고의를 품도록 하는 것에만 한정되는 것인지, 인식의 유무를 가리지 않고 실제로 구성요건에 해당하는 행위로 나아가게 하는 일체의 것을 의미하는지, 더 나아가 단순히 그 행위에 착수하는 단계만으로도 충분한 것인지, 결과까지 의욕하거나 실현하도록 하여야만 하는 것인지를 전혀 알 수 없어 그 규범내용이 확정될 수 없다는 것이다. 그러므로, 이 사건 미성년자보호법 조항은 법관의 보충적인 해석을 통하여도 그 규범내용이 확정될 수 없는 모호하고 막연한 개념을 사용함으로써 그 적용범위를 법집행기관의 자의적인 판단에 맡기고 있으므로, 죄형법정주의에서 파생된 명확성의 원칙에 위배된다고 판시하였다.

감사보고서에 기재하여야 할 사항

헌법재판소는 2004. 1. 29. [2002헌가20] 결정에서 주식회사의외부감사에관한법률 제20조 제 1 항("상법 제635조 제 1 항에 규정된 자, 그 외의 회사의 회계업무를 담당하는 자, 감사인 또는 그에 소속된 공인회계사나 감사업무와 관련된 자가 다음 각 호의 1에 해당하는 행위를 한 때에는 3년 이하의 징역 또는 3천만 원 이하의 벌금에 처한다") 제 2 호("감사보고서에 기재하여야 할 사항을 기재하지 아니하거나 허위의 기재를 한 때") 중 '감사보고서에 기재하여야 할 사항을 기재하지 아니하거나' 부분은 위헌이고, '감사보고서에 허위의 기재를 한 때' 부분은 합헌이라고 선언하면서 그 이유를 다음과 같이 밝혔다. 첫째, 주식회사의외부감사에관한법률이나 상법 등 관련 법률들은 '감사보고서에 기재하여야 할 사항'이 어떠한 내용과 범위의 것을 의미하는지에 관하여는 별도로 아무런 규정을 두고 있지 않다. 둘째, 감사보고서는 회계감사기준에 따라 작성되는 것인데 이 감사기준은 증권관리위원회 혹은 금융감독위원회에 의하여 정하여지도록 법률에 규정되어 있으므로 감사보고서에 기재하여야 할 사항도 전적으로 이 위원회들의 판단에 따라 정하여지고 수시로 변경될 수 있다. 셋째, 이 법률조항의 주된 수범자는 공인회계사들이어서 이들이 일반인들보다는 감사보고서에 기재하여야 할 사항을 더 잘 알 수 있는 지위에 있는 것은 사실이지만, 회계감사기준상 사용되고 있는 일반적·추상적 개념들을 수범자가 어느 정도로 엄격하게 혹은 광범하게 해석하느냐에 따라 폭넓은 재량을 가져오고 있기 때문에 그 기재의 범위가 반드시 명확하다고 할 수 없다. 따라서 이 사건 법률조항 중 '감사보고서에 기재하여야 할 사항' 부분은 그 의미가 법률로서 확정되어 있지 않고, 법률 문언의 전체적·유기적인 구조와 구성요건의 특수성, 규제의 여건 등을 종합하여 고려하여 보더라도 수범자가 자신의 행위를 충분히 결정할 수 있을 정도로 내용이 명확하지 아니하여 명확성의 원칙에 위배된다는 것이다. 그러나 헌법재판소는 '감사보고서에 허위의 기재를 한 때'라고 한 부분은 형사처벌의 구성요건을 이루는 개념으로서 수범자가 법률의 규정만으로 충분히 그 내용의 대강을 파악할 만큼 명확한 것이라고 할 것이므로 형벌법규의 명확성의 원칙에 반한다고 할 수 없다고 판시하였다. '감사보고서에 기재하여야 할 사항'이 어느 범위에 이르는지 여부가 불명확하더라도 이러한 불명확성은 '감사보고서에 허위의 기재를 한 행위'의 내용을 정하는데 있어서는 영향을 미칠 수 없다고 본 것이다. '감사보고서에 허위의 기재를 한 때' 부분에 대한 합헌결정에는 재판관 4인의 반대의견이 있다.

### 공중도덕상 유해한 업무

헌법재판소는 2005. 3. 31. [2004헌바29] 결정에서 직업안정법 제46조 제 1 항("다음 각 호의 1에 해당하는 자는 7년 이하의 징역 또는 3천만 원 이하의 벌금에 처한다") 제 2 호("공중위생 또는 공중도덕상 유해한 업무에 취직하게 할 목적으로 직업소개·근로자 모집 또는 근로자공급을 한 자") 중 '공중도덕상 유해한 업무' 부분이 위헌이라고 선언하였다. 헌법재판소는 이 사건 법률조항에서 말하는 공중도덕은 공중의 복리를 위하여 준수해야 할 모든 행동규범을 의미하는 것이 아니라 사람이 사회생활상의 지위에 기하여 계속하여 행하는 업무와 관련하여 그 업무의 내용이 직업의 대상으로서 허용되는지 여부를 결정하는 준칙으로서의 공중도덕을 말한다고 한정하여 해석할 수 있을 것이라고 보았다. 결국 이 사건 법률조항에 위반되는지 여부를 판단하기 위해서는 가변적이고 가치판단을 요하는 개념인 공중도덕을 금지기준으로 삼아야 할 뿐만 아니라 언뜻 공중도덕에 반한다고 여겨짐에도 불구하고 다른 법률에서 허용하고 있다면 이러한 업무를 모두 파악하여 이를 제외하여야만 할 것인데, 수범자의 입장에서 가변적이고 광범위한 위반기준을 행위준칙으로 삼고 다시 허용되는 일정한 영역을 제외하여 나머지만을 도출하여 위법한 행위내용으로 파악하거나 이를 예측하여 준수하기란 매우 어렵다고 본 것이다.

### 한정합헌

형벌법규의 문언이 너무 불명확하여 '법관의 보충적인 해석'이나 '건전한 상식과 통상적인 법감정을 가진 사람'에 관한 법리를 적용하여도 도저히 합헌이라고 할 수 없는 수준이지만, 이를 전면적으로 무효화시키는 것도 부적당하다고 판단하는 경우 헌법재판소는 한정합헌결정을 선택한다. 해석에 따라서는 위헌이 될 수 있는 부분을 포함하고 있는 법률의 의미를 헌법의 정신에 합치하도록 한정적으로 해석하여 법률의 위헌선언을 회피하는 것이 한정합헌결정이다. 이 결정형식은 법률의 다양한 해석 가능성 가운데 최소한 하나의 해석방법이 헌법에 합치하는 경우 그 법률을 위헌무효로 선언하지 않고 합헌인 부분의 효력을 유지하게 해 준다. 1990. 4. 2. 헌법재판소는 [89헌가113] 사건에서 "반국가단체나 그 구성원 또는 그 지령을 받은 자의 활동을 찬양·고무 또는 이에 동조하거나 기타의 방법으로 반국가단체를 이롭게 한 자"를 처벌하는 구 국가보안법 제 7 조 제 1 항과 제 5 항에 대하여 "각 그 소정 행위가 국가의 존립·안전을 위태롭게 하거나 자유민주적 기본질서에 위해를 줄 경우에 적용된다고 할 것이므로 이러한 해석 하에 헌법에 위반되지 아니한다"고 결정하였다.

국가보안법은 1991. 5. 31. 법률 제4373호로 개정되었다. 제 7 조 제 1 항에는 두 가지 점에서 변경이 있었다. 그 하나는 "국가의 존립·안전이나 자유민주적 기본질서를 위태롭게 한다는 정을 알면서"라는 주관적 구성요건을 추가한 점이고, 다른 하나는 구법 제 7 조 제 1 항 후단의 "기타의 방법으로 반국가단체를 이롭게 한 자"라는 부분을 삭제한 대신 "국가변란을 선전·선동한 자"라는 부분을 삽입한 점이다. 국가보안법 제 7 조 제 1 항에 위와 같은 주관적 구성요건이 추가된 것은 입법자가 구법 제 7 조 제 1 항 및 제 5 항에 대한 헌법재판소의 [89헌가113] 결정의 취지를 받아들인 것으로 보인다. 헌법재판소는 2004. 8. 26. [2003헌바85] 결정에서 신법규정이 구법규정보다는 그 구성요건이 훨씬 명확히 규정되었고, 그래도 남는 용어의 추상성은 법적용·집행자의 합리적 해석에 맡겨도 된다고 보아 단순합헌결정을 선고하였다.

## ▶ 질 문

1. 헌법재판소가 [2003헌바12](부당해고죄) 사건의 '정당한 이유'가 "행위규범으로서 수범자에게 충분한 사전경고기능"을 가질 수 있다고 보는 근거는 무엇인가?
2. 위의 '정당한 이유'가 입법된 지 얼마 되지 않은 조항이라서 그 의미에 관한 학문적 연구 성과가 쌓여 있지 않고 다수의 행정해석과 관련 판례들이 집적되어 있는 상태가 아니라면 결론이 달라질 수 있겠는가?
3. 위 사건 청구인의 입장에서 명확성 원칙 위반 외에 이 사건 법률조항의 위헌성을 주장할 근거는 더 없는가?
4. 일반 추상적 표현을 사용하면서 예시의 방법, 정의규정을 별도로 두는 방법, 주관적 요소를 가중하는 방법 등으로 더 구체적으로 입법하는 경우의 예를 생각해 보라.
5. '합헌적 법률해석'이란 무엇인가? 이 법리를 형벌법규에 적용하는 것은 타당한가?
6. 헌법재판소가 [89헌가113] 결정에서 국가보안법상 찬양·고무·동조죄 조항에 대하여 '법관의 보충적인 해석'이나 '건전한 상식과 통상적인 법감정을 가진 사람'에 관한 법리를 구사하여 단순합헌결정을 못하는 것은 무엇 때문인가?

7. '자유민주적 기본질서'는 우리 헌법 어디에 근거한 원리인가? 이 원리를 형벌법규의 명확성 여부를 판단하는 기준으로 삼는 것이 타당한가?

## Ⅲ. 죄형법정주의와 형벌법규의 위임

제12조 ① 모든 국민은 신체의 자유를 가진다. **누구든지** 법률에 의하지 아니하고는 체포·구속·압수·수색 또는 심문을 받지 아니하며, **법률**과 적법한 절차**에 의하지 아니하고는 처벌**·보안처분 또는 강제노역을 **받지 아니한다.**

### ▶ 개 요

죄형법정주의는 이미 제정된 정의로운 법률에 의하지 아니하고는 처벌되지 아니한다는 원칙으로서 이는 무엇이 처벌될 행위인가를 국민이 예측할 수 있는 형식으로 정하도록 하여 개인의 법적 안정성을 보호하고 성문의 형벌법규에 의한 실정법질서를 확립하여 국가형벌권의 자의적 행사로부터 개인의 자유와 권리를 보장하려는 법치국가 형법의 기본원칙이다. 그런데 고도로 복잡다양하고 급속히 변화하는 현대사회에서 전문기술적인 사항이나 급변하는 상황과 연관된 사항에 대하여는 법률의 하위규범인 행정부의 명령을 통하여 신속하고 탄력적인 대응이 가능하기 때문에 국민의 권리·의무에 관한 사항이라도 모두 입법부에서 제정한 법률만으로 다 정할 수는 없다. 헌법 제75조는 "법률에 구체적으로 범위를 정하여 위임받은 사항……에 관하여 대통령령을 발할 수 있다"고 규정하여 일반적인 위임입법의 근거와 아울러 그 범위 및 한계를 제시하고 있다. 이와 같이 국회입법 원칙의 예외인 헌법 제75조가 형벌영역에서도 적용되는가가 문제된다. 이 점에 관하여 헌법재판소는 헌법 제75조는 처벌법규에도 적용되지만 처벌법규의 위임은 그 요건과 범위가 더 엄격하게 제한적으로 적용되어야 한다는 일반적 원칙을 제시하였다. 처벌법규의 위임은 첫째, 특히 긴급한 필요가 있거나 미리 법률로써 자세히 정할 수 없는 부득이한 사정이 있는 경우에 한정되어야 하며, 둘째, 이러한 경우에도 법률에서 범죄의 구성요건은 처벌대상행위가 어떠한 것일 것이라고 예측할 수 있을 정도로 구체적으로 정하고, 셋째, 형벌의 종류 및 그 상한과 폭을 명백히 규정하여야 한다는 것이다(憲 1991. 7. 8.-91헌가4). 다만, 위임입법의 예측가능성의 유무를 판단할 때에는 당해 특정 조항 하나만을 가지고 판단할 것이 아니고 관련 법조항 전체를 유기적·체계적으로 종합판단하여야 하며, 각 대상법률의 성질에 따라 구체적·개별적으로 검토하여야 한다는 것이 전제된다(憲 1997. 5. 29.-94헌바22). 다음 사건들을 통하여 이 법리가 적용되는 구체적인 모습을 살펴보자.

### ▶ 핵심판례

憲 2005. 5. 26.-2003헌가17 [주식시세조작죄 사건]

[사건의 개요]

○○주식회사의 대표이사 회장이었던 김○동은 2000. 3.경부터 2002. 4. 12.까지 수차례에 걸쳐 단독으로 또는 ○○의 부사장이었던 노○상과 공모하여, 회사 임직원들이나 퇴직한 임직원들에게 자금을 대여하여 그 자금으로 자사주식을 매수하게 한 후 회사에서 일괄 관리하면서 장기간 보유함으로써 유통물량을 줄여 ○○의 주가를 상승시키는 방법으로 주가를 적정수준으로 안정시켰다는 등의 범죄사실로, ○○은 법인의 대표자인 위 김○동이 위와 같은 범행을 하였다는 범죄사실로 기소되었다.

[심판의 대상]

이 사건 심판대상은 증권거래법 제207조의2 제 2 호 중 제188조의4 제 3 항에 관한 부분 및 제188조의4 제 3 항이다.

**증권거래법** 제207조의2(벌칙) 다음 각 호의 1에 해당하는 자는 10년 이하의 징역 또는 2천만원 이하의 벌금에 처한다. 다만, 그 위반행위로 얻은 이익 또는 회피한 손실액의 3배에 해당하는 금액이 2천만원을 초과하는 때에는 그 이익 또는 회피손실액의 3배에 상당하는 금액 이하의 벌금에 처한다.

2. 제188조의4의 규정에 위반한 자

제188조의4(시세조종 등 불공정거래의 금지) ③ 누구든지 단독 또는 공동으로 대통령령이 정하는 바에 위반하여 유가증권의 시세를 고정시키거나 안정시킬 목적으로 유가증권시장 또는 협회중개시장에서의 매매거래 또는 그 위탁이나 수탁을 하지 못한다.

이 사건에서 헌법재판소는 "증권거래법(1997. 1. 13. 법률 제5254호로 개정되고, 2002. 4. 27. 법률 제6695호로 개정되기 전의 것) 제207조의2 제 2 호 중 제188조의4 제 3 항에 관한 부분 및 같은법 제188조의4 제 3 항은 헌법에 위반된다"고 결정하고, 그 이유를 다음과 같이 설시하였다.

▣ 증권거래법 제188조의4 제 3 항의 위헌 여부 ……

■ 위임입법의 한계 일탈 여부 ……

• 위임입법의 필요성

증권시장은 발행시장이나 유통시장에 있어서 사이버 거래 등 매매기술의 진보와 선물, 옵션, 파생거래와 연계된 신종상품의 등장 등으로 거래행위 자체가 복잡하고 가변적이며, 인위적인 거래를 통해 부당한 이득을 취득하거나 손해를 회피하려는 새로운 수법들이 지속적으로 생겨나고 있는 등 전문화되어가고 있다. 따라서 이와 같은 증시환경의 변화에 맞추어 규제 또는 허용해야 될 주가고정·안정행위들을 국회에서 그때그때 사전에 예측하여 법률에 반영하는 것은 국회의 기술적·전문적 능력이나 시간적 적응능력의 한계를 벗어나므로, 일반적으로는 법률로서는 기본적인 사항만을 규정하고 세부적인 사항은 대통령령 등 하위규정에 위임함으로써 탄력적인 적용이 가능하도록 할 필요성은 있다고 할 수 있다.

그런데 실제로 위 조항의 위임을 받은 시행령 제83조의8 제 1 항은, 1974. 12. 31. 구 증권거래법 시행령(대통령령 제7465호) 제52조의2 제 1 항으로 최초로 신설된 이후 현재에 이르기까지 수차례 조문의 위치 및 일부 사소한 부분의 표현만이 변경되었을 뿐 기본적인 내용에 있어서 동일성을 유지하여 왔는바, 이와 같은 점을 고려할 때 위 시행령에 규정된 내용이 증시환경의 변화나 신종 주가조작행위의 출현 등에 의하여 수시로 변경을 요하는 성격을 갖고 있는 것이라고 할 수는 없고 최소한 유가증권의 모집 또는 매출과 관련된 것이라는 점에 관하여는 법률조항 자체에 포함시켜 구체적으로 규정하는 것이 충분히 가능하였다고 할 것이다.

그러므로 이 사건 법률조항은 형벌법규의 위임 요건인 특히 긴급한 필요가 있거나 미리 법률로써 자세히 정할 수 없는 부득이한 사정이 있는 경우에 해당한다고 하기 어렵다.

• 위임입법의 한계 일탈 여부

일반적으로 위임입법이 필요한 분야라고 하더라도 입법권의 위임은 법치주의의 원칙과 의회민주주의의 원칙, 권력분립의 원칙에 비추어 구체적으로 범위를 정하여 하는 경우만 허용된다. 더구나 처벌규정의 위임은 처벌대상인 행위가 어떠한 것이 될 것이라고 이를 예측할 수 있을 정도로 구체적으로 정하고 형벌의 종류 및 그 상한과 폭을 명백히 규정하여야 한다.

유가증권 시세의 고정·안정행위 전반을 의미하는 광의의 안정조작행위에는 유가증권의 모집 또는 매출과 관련하여 이루어지는 협의의 안정조작 및 시장조성뿐만 아니라 금융기관이 신용을 유지하기 위한 경우, 유가증권의 담보가치를 유지하기 위한 경우, 회사의 지배권을 획득하기 위한 주식 매수의 경우 등 유가증권의 모집 또는 매출과 관련 없이 이루어지는 경우도 포함된다. 한편, 법 제188조의4 제 3 항은 동조 제 2 항과 같이 현실거래에 의한 시세조종행위이면서도 '매매거래를 유인할 목적'을 요구하고 있지는 않으므로 비상장주식의 경우를 제외하고 거래소 및 협회중개시장에서의 안정조작행위 전체를 광범위하게 규율 대상으로 삼게 된다.

법 제188조의4 제 3 항에 의하여 유가증권의 시세를 고정·안정시킬 목적의 매매거래가 원칙적으로 전면 금지되는 것으로 해석하는 입장에서는 광의의 안정조작행위 중 예외적으로 허용되는 유형을 대통령령에서 규정하도록 위임하고 있다고 해석한다. 그런데, 법 제188조의4 제 3 항은 규율대상인 안정조작행위에 관하여 아무런 위임기준을 두고 있지 않으므로 위와 같이 광의의 안정조작행위 중 어떠한 형태의 행위가 대통령령에서 허용될 것인지를 법 188조의4 제 3 항 자체로부터는 예측하기 어렵다. '유가증권의 시세를 고정시키거나 안정시킬 목적으로' 하는 거래란 안정조작행위와 같은 의미에 불과하기 때문이다.

또한, 관련 법조항 전체를 유기적·체계적으로 종합하여 판단하더라도 대통령령에 규정될 내용의 범위가 곧바로 도출된다고 단정할 수도 없다. 어떠한 형태의 안정조작행위가 허용되어야 하는가 하는 점에 관하여 다툼의 여지가 없는 명백한 것이라고 할 수 없기 때문이다.

한편, 법 제188조의4 제 3 항이 대강의 금지대상만을 규정하고 대통령령에서 유가증권 시세의 고정·안정행위 가운데 구체적으로 금지되는 행위의 유형을 특정하도록 위임한 것이라고 해석하는 입장에서 보더라도 법 제188조의4 제 3 항은 규율대상인 안정조작행위에 관하여 아무런 위임기준을 두고 있지 않으므로, 광의의 안정조작행위 중 어떠한 형태의 행위가 대통령령에서 금지될 것인지를 법 제188조의4 제 3 항 자체로부터 예측하기 어렵다.

따라서 법 제188조의4 제 3 항을 어느 쪽으로 해석하더라도 위 조항 자체에서 안정조작행위와 유가증권의 모집 또는 매출과의 관계에 대한 기준을 규정하지 않는 한 관련 법조항 전체를 유기적·체계적으로 종합하여 판단한다고 하더라도 대통령령에서 규정될 내용의 대강을 예측하는 것이 가능한 것은 아니다.

그러므로 법 제188조의4 제 3 항은 위임입법의 한계도 일탈한 것이다. ……

▣ 법 제207조의2 제 2 호 중 법 제188조의4 제 3 항에 관한 부분의 위헌 여부

법 제207조의2 제 2 호와 관련하여 형벌의 구성요건을 이루는 법 제188조의4 제

3항이 위헌으로 판단되는 이상 처벌조항인 법 제207조의2 제2호 중 법 제188조의4 제3항에 관한 부분 또한 헌법에 위반된다.

## ▶ 해 설

### 헌법재판소가 위임입법의 한계를 벗어나지 않아 합헌이라고 인정한 주목할 만한 형벌법규

헌법재판소는 위임입법의 한계가 문제된 다음 형벌조항에 대하여 합헌결정을 선고하였다.

명령불복종죄

헌법재판소는 1995. 5. 25. 선고한 [91헌바20] 결정에서 군형법 제47조("정당한 명령 또는 규칙을 준수할 의무가 있는 자가 이를 위반하거나 준수하지 아니한 때에는 2년 이하의 징역이나 금고에 처한다")에 대하여 합헌결정을 내렸다. 헌법재판소는 형벌법규에서 위임이 허용되는 범위나 구성요건의 명확성의 정도는 일률적으로 정할 수 없고 당해법률의 성질과 구성요건의 특수성 및 그러한 법적 규제의 원인이 된 여건이나 처벌의 정도 등을 종합하여 판단하여야 할 것이라고 전제하고, 명령의 구체적 내용에 관하여는 위임이 이루어질 수밖에 없고 그러한 명령에 대한 복종관계가 유지되어야 하는 군의 특수성에 비추어 볼 때, 정당한 명령에 대한 준수의무를 과하고 그 위반에 대하여 구체적 형벌의 종류와 범위를 명시하고 있는 이 사건 법률규정이 위임입법의 한계를 벗어난 것이라고 할 수는 없다고 보았다. 이 결정에는 재판관 1인의 한정합헌의견, 재판관 1인의 반대의견 및 재판관 3인의 반대의견이 있다.

### 헌법재판소가 위임입법의 한계를 벗어나 위헌이라고 인정한 주목할 만한 형벌법규들

헌법재판소는 위임입법의 한계가 문제된 다음 형벌조항에 대하여 위헌결정을 선고하였다.

각령(閣令)의 규정에 위반된 행위

헌법재판소는 일찍이 1991. 7. 8. 선고한 [91헌가4] 결정에서 구 복표발행·현상기타사행행위단속법 제9조 중 "제5조의 규정에 의한 각령의 규정에 위반한 행위로서 각령에서 본조의 벌칙을 적용할 것을 정한 조항에 해당한 자"라는 부분에 대하여 위헌결정을 내렸다. 헌법재판소는 이 결정에서 위 개요에서 설명한 형벌법규의 위임에 관한 일반이론을 정립하였는데, 이 사건 벌칙조항의 경우 형벌만을 규정하고 범죄의 구성요건 설정은 완전히 각령에 백지위임하고 있는 것이나 다름없으므로 위임입법의 한계를 규정한 헌법 제75조와 죄형법정주의를 규정한 헌법 제12조 제 1 항, 제13조 제 1 항에 위반된다는 것이다.

대통령령이 정하는 건축물 용도 변경

헌법재판소는 1997. 5. 29. 선고한 [94헌바22] 결정에서 "도시계획구역 안에서 제 8 조 제 1 항 ……의 규정에 위반하여 건축물을 건축 …… 한 건축주 및 공사시공자"를 처벌하는 건축법 제78조 제 1 항이 위헌이라고 선언하였다. 이 사건과 관련된 건축법 조항은 제 8 조 제 1 항("건축물을 건축 …… 하고자 하는 자는 미리 시장 · 군수 · 구청장의 허가를 받아야 한다")과 제14조 제 1 항("건축물의 용도를 변경하는 행위는 대통령령이 정하는 바에 의하여 이를 건축물의 건축으로 본다")이다. 헌법재판소는 건축법 제78조 제 1 항 중 제14조의 규정에 의하여 허가 없이 한 대통령령이 정하는 용도변경행위를 건축으로 보아 처벌하는 것은 이에 관련된 법조항 전체를 유기적 · 체계적으로 종합판단하더라도 그 위임내용을 예측할 수 없는 경우로서 결국 그 구체적인 내용을 하위법령인 대통령령에 백지위임하고 있는 것이므로 죄형법정주의를 규정한 헌법 제12조 제 1 항 후문 및 제13조 제 1 항 전단과 위임입법의 한계를 규정한 헌법 제75조에 위반된다고 보았다. 헌재 2000. 1. 27. [98헌가9] 결정과 헌재 1997. 9. 25. [96헌가16] 결정도 같은 취지이다.

단체협약 위반

헌법재판소는 1998. 3. 26. 선고한 [96헌가20] 결정에서 구 노동조합법 제46조의3 중 단체협약에 관한 부분("제34조 제 1 항의 규정에 의하여 체결된 단체협약(후단부분 생략)에 위반한 자는 1,000만 원 이하의 벌금에 처한다")에 대하여 위헌결정을 내렸다. 헌법재판소가 밝힌 이유는 다음과 같다. 단체협약은 노동조합과 사용자 또는 사용자단체가 노동조건 등에 관하여 합의에 의하여 서면으로 체결하는 협정으로서, 개별적 노사관계 및 집단적 노사관계에 관한 기준을 설정함으로써 일정기간 노사관계를 안정시키는 기능을 한다. 그런데 이 사건 법률조항은 형벌 구성요건의 실질적 내용을 법률에서 직접 규정하지 아니하고 모두 단체협약에 위임하고 있어 처벌법규의 내용을 형성할 권한을 노사(勞使)에 넘겨준 것이나 다름없다. 단체협약이 단순히 근로조건에 관한 계약에 불과한 것이 아니라 개별적 · 집단적 노사관계를 규율하는 최상위 자치규범으로서 법규범에 준하는 법적 성질을 인정받고 있다 하더라도 이를 국회가 제정한 형식적 의미의 법률과 동일시할 수는 없다는 것이다. 헌법재판소는 이 사건 법률조항의 "단체협약 …… 에 위반한 자"라는 구성요건은 명확성의 원칙에도 위배된다고 보았다.

### 증권관리위원회 명령 위반

헌법재판소는 2004. 9. 23. 선고한 [2002헌가26] 결정에서 "증권감독위원회의 명령에 위반한 자"를 형사처벌하도록 한 구 증권거래법 제209조 제7호 중 제54조에 관한 부분이 포괄위임금지의 원칙에 위반한다고 선언하였다. 구 증권거래법 제54조는 "(증권관리)위원회는 '대통령령이 정하는 바에 의하여' 과도한 투기거래의 방지와 공익 또는 투자자의 보호를 위하여 증권회사에 대하여 필요한 명령을 할 수 있다"고만 규정하여 처벌법규의 구성요건적 내용의 대강을 전혀 정하지 않은 채 포괄적·전면적으로 하위명령에 위임하고 있어서 수권조항(授權條項)에서는 대통령령에 규정될 구성요건적 요소가 어떠한 것일지를 전혀 예측할 수 없다는 것이 그 이유이다. 이에 덧붙여 헌법재판소는 증권관리위원회의 명령제정에 있어서의 과도한 투기거래의 방지와 공익 또는 투자자의 보호라는 제한적 개념요소를 고려하더라도 법관의 보충해석만으로 그 한계를 정하기가 어렵고, 결국 행정부의 자의적인 입법을 가능케 하여 죄형법정주의의 명확성의 원칙에도 반한다고 판시하였다.

### 한정위헌

헌법재판소는 어떤 법률조항에 다의적(多義的)인 해석가능성이 있을 때 합헌적인 한정축소 해석의 타당영역 밖에 있는 위헌적인 법적용 영역과 그에 상응하는 해석가능성을 적극적으로 배제하는 뜻으로 한정위헌결정을 할 수 있고, 이러한 한정위헌결정의 효력은 헌법에 위반된다는 이유로 그 적용이 배제된 범위 내에서 법원을 비롯하여 모든 국가기관 및 지방자치단체를 기속한다는 확립된 견해를 밝혀왔다(憲 1997. 12. 24.-96헌마172). 헌법재판소는 2003. 3. 27. 선고한 [2001헌바39] 사건에서 "(새마을)금고 또는 (새마을금고)연합회의 임·직원 또는 청산인이 감독기관의 인가 또는 승인을 얻어야 할 사항에 관하여 인가 또는 승인을 얻지 아니한 때" 처벌하도록 규정한 구 새마을금고법 제66조 제2항 제1호 중 '승인'에 관한 부분에 대하여 "새마을금고법시행령 제23조가 정하는 '연합회장의 승인'을 받지 않은 경우에도 처벌하는 것으로 해석하는 한 헌법에 위반된다"는 취지의 한정위헌결정을 선고하였다. 새마을금고 또는 새마을금고연합회의 업무와 관련된 사항의 구체적 내용들을 하위법령으로 위임할 수 있다고 하더라도, 적어도 법 자체에서 그 위임사항이 승인사항임을 분명히 한 다음 위임한 경우에 한하여, 하위 법령에서 정한 구체적 승인사항이 처벌규정인 이 사건 법률조항에서 말하는 '승인'의 범위에 포섭될 수 있는데, 모법인 새마을금고법 제26조 제 3 항은 단지 '대출의 한도'를 시행령을 통하여 구체화할 것을 위임할 뿐 이를 감독기관의 승인사항이라고 규정한 바 없음에도, 하위법령인 새마을금고법시행령 제23조에서 '대출의 한도'에 관한 구체적 내용을 정하면서 비로소 당해사항을 감독기관의 승인을 얻어야 할 사항으로 규정한 것이기 때문에 수범자(受範者)의 입장에서는 관련법률조항의 유기적·체계적 해석을 통해서도 '어떠한 사항이 처벌을 수반하는 승인사항인지를 예견하기 어렵기 때문이라는 것이 그 이유이다.

### 위임입법의 재위임

헌법재판소는 법률에서 위임받은 사항을 전혀 규정하지 않고 재위임하는 것은 "위임받은 권한을 그대로 다시 위임할 수 없다"는 복위임(複委任)금지의 법리에 반할 뿐 아니라 수권법의 내용변경을 초래하는 것이기 때문에, 대통령령이 부령에 재위임하는 경우에도 법률이 대통령령에 위임할 때 적용되는 헌법상의 제한이 당연히 적용되어야 한다고 본다. 헌법재판소가 이러한 법리를 밝힌 헌재 1996. 2. 29. 선고 [94헌마213] 결정에서 재위임이 문제된 부분은 "……법 제 3 조 제 7 호의 규정에 의하여 풍속영업자 등이 지켜야 할 사항은 해당 영업에 관한 관계법령이 정하는 바에 의하되, 특별한 규정이 없는 경우에는 내무부령이 정하는 바에 의한다"라고 규정한 풍속영업법 시행령 제 6 조 제 2 항이었다. 이 조항은 풍속영업법 이외에 해당영업에 관한 관계법령이 없는 노래연습장업의 경우에 관하여는 아무런 규정도 두지 아니하고 그대로 내무부령에 재위임하고 있다. 그러나 헌법재판소는 이 대통령령 조항이 백지재위임이 아니라 영업시간의 제한을 지켜야 할 풍속영업 및 영업시간에 관하여 관계 법령에 규정이 있는 경우(식품위생법 제30조, 공중위생법 제11조 제 1 항, 관광진흥법 제 7 조 제 3 항)에는 그 정하는 바에 의하는 것을 원칙으로 하고, 그러한 규정이 없는 경우에는 내무부령이 정하는 바에 의하도록 대강의 규정을 하고 있고, 이에 따라 관계법령이 없는 풍속영업의 경우에도 영업시간의 제한을 받게 될 것인지 여부 및 구체적 영업시간은 관계법령이 있는 영업에 대한 규정과의 비교에 의하여 더욱 구체적 예측이 가능하므로 한계를 일탈한 재위임이 아니라고 보았다.

### ▶ 질　　문

1. [2003헌가17](주식시세조작죄) 사건에서 위헌성을 주장할 수 있는 다른 근거는 없는가?
2. [91헌바20](명령위반죄) 사건에서 "명령위반죄의 입법목적, 구성요건과 적용대상의 특수성" 등을 고려하지 않는다면 군형법 제47조의 위헌성을 부인할 수 있는가?
3. 위 사건에서 명령의 "제정권자," 명령의 "성격," 명령의 "대상" 및 명령의 "내용" 등에 관한 기본적인 사항을 법률에 규정하는 것이 입법기술상 불가능한가?

## Ⅳ. 형벌과 책임의 비례성

> 제12조 ① 모든 국민은 신체의 자유를 가진다. **누구든지** 법률에 의하지 아니하고는 체포·구속·압수·수색 또는 심문을 받지 아니하며, 법률과 **적법한 절차에 의하지 아니하고는 처벌**·보안처분 또는 강제노역을 **받지 아니한다.**

### ▶ 개　　요

어떤 범죄를 어떻게 처벌할 것인가 하는 문제, 즉 법정형의 종류와 범위의 선택은 그 범죄의 죄질과 보호법익에 대한 고려뿐만 아니라 우리의 역사와 문화, 입법 당시의 시대적 상황, 국민 일반의 가치관 내지 법감정 그리고 범죄예방을 위한 형사정책적 측면 등 여러 가지 요소를 종합적으로 고려하여 입법자가 결정할 사항으로서 광범위한 입법재량 내지 형성의 자유가 인정되어야 할 분야이다. 그러나 이러한 입법재량이 무제한일 수는 없다. 즉 법정형의 종류와 범위를 정할 때에는 형벌의 위협으로부터 인간의 존엄과 가치를 존중하고 보호하여야 한다는 헌법 제10조의 요구에 따라야 하고, 헌법 제37조 제 2 항이 규정하고 있는 과잉입법금지의 정신에 따라 형벌개별화의 원칙에 적용될 수 있는 범위의 법정형을 설정하여 실질적 법치국가의 원리를 구현하도록 하여야 하며, 형벌이 죄질과 책임에 상응하도록 적절한 비례성을 지켜야 한다. 이러한 요구는 특별형법의 경우도 마찬가지여서 입법취지에서 보아 중벌(重罰)주의로 대처할 필요성이 인정되는 경우라 하더라도 범죄의 실태와 죄질의 경중, 이에 대한 행위자의 책임, 처벌규정의 보호법익 및 형벌의 범죄예방효과 등에 비추어 전체 형벌체계상 지나치게 가혹한 것이어서, 그러한 유형의 범죄에 대한 형벌 본래의 기능과 목적을 달성함에 있어 필요한 정도를 현저히 일탈함으로써 입법재량권이 헌법규정이나 헌법상의 제원리에 반하여 자의적으로 행사된 것으로 평가되는 경우에는 헌법에 반한다고 보아야 한다(憲 1992. 4. 28.-90헌바24; 2003. 11. 27.-2002헌바24; 2006. 4. 27.-2006헌가5 등).

### ▶ 핵심판례

憲 1992. 4. 28.-90헌바24 [사고 후 도주운전자 가중처벌 사건]

[사건의 개요]

청구인은 그가 운전하던 자동차로 사람을 치어 상해한 후 피해자를 다른 곳으로 옮겨 유기도주하여 사망에 이르게 하였다는 이유로 1심 법원에서 징역 5년의 형을 선고받고 고등법원에 항소 중 그 재판의 전제가 되는 법률의 위헌여부심판의 제청을 구하는 신청을 하였다.

[심판의 대상]

**특정범죄가중처벌등에관한법률** 제 5 조의3 ② 사고운전자가 피해자를 사고장소로부터 옮겨 유기하고 도주한 때에는 다음의 구분에 따라 가중처벌한다.

1. 피해자를 치사하고 도주하거나 도주 후에 피해자가 사망한 때에는 사형·무기 또는 10년 이상의 징역에 처한다.

이 사건에서 헌법재판소는 "특정범죄가중처벌등에관한법률(1966. 2. 23. 법률 제1744호, 개정 1973. 2. 24. 법률 제2550호, 1984. 8. 4. 법률 제3744호) 제 5 조의3 제 2 항 제 1 호는 헌법에 위반된다"고 결정하고, 그 이유를 다음과 같이 설시하였다.

■ 국가의 형벌권에 관한 입법정책의 한계 ……

우리 헌법은 국가권력의 남용으로부터 국민의 기본권을 보호하려는 법치국가의 실현을 기본이념으로 하고 있고 그 법치국가의 개념에는 헌법이나 법률에 의하여 명시된 죄형법정주의와 소급효의 금지 및 이에 유래하는 유추해석금지의 원칙 등이 적용되는 일반적인 형식적 법치국가의 이념뿐만 아니라 법정형벌은 행위의 무거움과 행위자의 부책에 상응하는 정당한 비례성이 지켜져야 하며, 적법절차를 무시한 가혹한 형벌을 배제하여야 한다는 자의금지 및 과잉금지의 원칙이 도출되는 실질적 법치국가의 실현이라는 이념도 포함되는 것이다. …… 형벌을 가중하는 특별법의 제정에 있어서도 형벌위협으로부터 인간의 존엄과 가치를 존중하고 보호하여야 한다는 헌법 제10조의 요구와 그에 따른 입법상의 한계가 있는 것이며 나아가 입법자가 법관들에게 구체적 양형을 선고함에 있어서 그 책임에 알맞은 형벌을 선고할 수 있도록 형벌개별화(刑罰個別化)의 원칙이 적용될 수 있는 폭넓은 범위의 법정형을 설정하여 실질적 법치국가의 원리를 구현하여야 하는 헌법적 제약이 불가피하다고 할 것이다. …… 더군다나 우리 헌법이 선언하고 있는 "인간의 존엄성"과 "법앞에 평등"(헌법 제10조, 제11조 제 1 항)이란 행정부나 사법부에 의한 법적용상의 평등을 뜻하는 것 외에도 입법권자에게 정의와 형평의 원칙에 합당하게 합헌적으로 법률을 제정하도록 하는 것을 명령하는 이른바 법내용상의 평등을 의미하고 있기 때문에 아무리 특정한 분야의 특별한 목적을 위하여 제정되는 특가법이라 하더라도 입법권자의 법제정상의 형성의 자유는 무한정으로 허용될 수는 없는 것이며 나아가 그 입법내용이 정의와 형평에 반하거나 자의적으로 이루어진 경우에는 평등권 등의 기본권을 본질적으로 침해한 입법권행사로서 위헌성을 면하기 어렵다고 할 것이다. ……

▣ 이 사건 법률조항의 두 가지 구성요건

첫째는 사고운전자가 피해자를 치어 사망케 한 후 사고장소로부터 옮겨 유기하고 도주한 경우이고, 둘째는 사고운전자가 피해자를 치여 상해를 입힌 상태에서 사고장소로부터 옮겨 유기하고 도주한 후에 사망한 경우나 옮기던 도중에 사망하여 유기한 경우로서, 일종의 결합범의 형태를 띠고 있다고 할 수 있다. …… 일반형법만을 적용하는 경우라면 이는 형법상 수개의 죄에 해당하여 경합범으로 가중되어 처단되는데, 이와 같은 가중처벌을 감안하거나 그렇지 아니하고 이 사건 법률조항의 법정형을 형법상의 각종 중형에 해당하는 범죄들의 죄질과 법정형을 비교 교량해 보더라도 이 사건 법률조항의 법정형이 최하 징역 10년 이상, 무기징역 또는 사형에 처한다고 되어 있어 일반형사범의 법정형을 정하는 일반원리를 무시하고 지나치게 높은 가혹한 형벌위하(刑罰威嚇)로써 국민의 자유와 생존권을 불안하게 하는 위헌적인 법률이라고 평가하지 않을 수 없다. …… 업무상과실로 인하여 성립되는 범죄에 대하여 일반예방적 효과를 기대하고 사형이나 10년 이상의 형벌을 법정한다는 것은 형벌의 목적이나 형사처벌의 정책적인 효과에도 부합하지 않으며, …… 나아가 형벌체계상으로 검토하여 보아도 우리나라 형사법의 법정형에는 과실범에 대하여 사형에 처하는 경우를 찾아 볼 수 없고, 과실로 사람을 치상하게 한 자가 구호행위를 하지 아니하고 도주하거나 고의로 유기함으로써 치사의 결과에 이르게 한 경우에 고의적 살인범과 동일하게 처벌하는 것은 별개로 하고 그보다 더 무겁게 처벌할 수 없다 할 것인데 위 법률 조항에서는 그 법정형의 상한이 사형일 뿐만 아니라 하한이 살인죄의 징역 5년 이상보다 무려 갑절이 되는 징역 10년 이상으로 처벌하도록 규정한 것은 그 죄질에 비하여 그 가중의 정도가 너무 심하게 불평등한 법정형을 설정하고 있음을 쉽게 알 수 있으며 이는 일반형사범의 법정형과 비교하여 지나치게 과중한 것으로 평가되어 형벌체계상 균형을 잃고 있음이 명백하다고 할 것이다. 심지어 고의로 자동차를 가지고 사람을 살해하고 그 사체를 유기한 악랄한 모살의 살인범의 형벌보다 훨씬 무거운 형벌을 과하는 결과를 가져오게 되는 내용의 법규정이 되어 있으므로 이 사건 법률조항의 법정형은 형벌체계상의 정당성을 상실하였을 뿐 아니라 형벌의 기능과 목적에도 본질적으로 배치되는 것이라고 볼 수밖에 없다. 따라서 이 사건 법률조항을 두게 된 입법정책은 가중처벌이라는 형벌위하로써 사회질서를 유지하려는 입법 목적에만 주안을 두었을 뿐 모든 국민은 인간으로서의 존엄과 가치를 가지며 국가는 개인이 가지는 불가침의 기본적 인권을 보장할 의무를 가진다는 헌법의 기본정신에 배치되는 법규라고 아니할 수 없다. ……

▣ 법관의 양형판단의 재량권 침해 여부

법정형이라 함은 형사법 각 조항의 일정한 구성요건에 대응하여 법률상 추상적으로 한정한 형벌을 설정하는 것으로서 법관이 구체적인 형벌을 적용 선고함에 있어서 기본적인 표준이 되는 형벌인 것이다. 우리 형사법상의 법정형은 형법 제93조의 여적죄와 같은 예외적인 경우를 제외하고는 원칙적으로 법관에게 그 범죄의 정상에 따라 그 형벌의 종류와 형량을 선택할 수 있게 하고 있을 뿐 아니라 법률상 과할 수 있는 일정한 상하한의 재량의 폭을 넓게 둠으로써 법관에게 죄질과 정상에 따라 적정한 형을 선고할 수 있게 하는 이른바 상대적 법정형주의 원칙을 채택하고 있다. 이는 법관에게 진실을 발견하여 범죄사실에 형을 적용함에 있어서는 이 법정형의 범위 내에서의 형종의 선택과 필요한 가중 또는 감경을 한 다음 해당 범죄의 귀책사유에 알맞게 형량을 정하게 함으로써 구체적 정의를 구현하는 선고형의 합리성과 사법권 독립을 보장하는 중요한 기능을 하고 있는 것이다. ……

그런데 이 사건 법률조항에 해당하는 사건은 그 죄질의 형태와 정상의 폭이 넓어 탄력적으로 운용하여야 할 성질의 것인데 그 법정형이 최하 10년 이상의 유기징역과 무기징역 및 사형으로 규정하고 있어서 실무상 법관이 양형을 선택하고 선고하는 데에 그 재량의 폭이 너무 한정되어 인간존중의 이념에 따라 재판을 할 수 없을 뿐 아니라 양형상 참작할 만한 사유가 있어서 최대한 작량감경을 하더라도 별도의 법률상 감경사유가 없는 한 집행유예를 선고할 수 없도록 법관의 양형선택과 판단권을 극도로 제한하고 있고 또 범죄자의 귀책사유에 알맞는 형벌을 선고할 수 없도록 법관의 양형결정권을 원천적으로 제한하고 있는 것이다.

우리 형법이 태고적부터 가장 엄한 형벌을 내리는 사람의 생명을 박탈한 고의적인 살인범마저 고살과 모살의 구분 없이 사형·무기 또는 5년 이상의 유기징역형으로 규정하여 구체적 사건을 재판하는 법관에게 범행의 정상과 범죄인의 죄질을 참작한 후 탄력적으로 형을 선택하여 선고하고 작량감경할 사유가 있는 경우에는 집행유예의 선고가 가능하도록 폭넓은 법정형을 정하고 있는 것과 이 사건의 법률조항을 비교하여 보아도 이 사건 해당 범죄는 비록 사체유기 내지 유기치사라는 제 2 의 고의의 범행이 결합되기는 하지만 그 원인행위나 기본적인 구성요건은 우발적인 과실범인 업무상과실치사상에서 비롯되는 것인데 이를 가지고 사형, 무기징역 또는 10년 이상의 유기징역형으로 한정하여 집행유예선고의 여지마저 제한하고 있는 것은 범죄인의 교육개선과 사회복귀를 배려하여야 한다는 형사정책적인 관점에서 보거나 작금의 세계적인 입법추세에 비추어 보더라도 형벌제정의 일반원리에 어긋나는 것이 명백하고 이로 인하여 형벌체계상의 정당성을 잃은 과중한 법정형이라 아니할 수 없다.

결국 이 사건 법률조항은 일반예방적 차원에만 치중한 전근대적인 중형위주의 가혹한 응보형주의에 따른 입법규정은 될 수 있지만 범죄인의 교육개선과 사회복귀를 기본으로 하는 우리 헌법의 기본원리에 반하는 것이라 아니할 수 없고 나아가 이 사건 법률조항의 법정형은 다른 형사법이나 특가법과 비교 교량하여 보아도 지나치게 높아 법정형벌의 체계상 균형을 잃은 것으로 평등의 원리와 과잉입법금지의 원칙에 반하고 사법권행사의 기본인 법관의 양형재량의 독립적 권한을 지나치게 제한하는 것이다.

## ▶ 해　　설

### 법관의 양형재량권

위 결정에서 위헌인 이유 중의 하나로 법관의 양형재량권 침해를 들고 있지만, 이 법리는 위헌 여부 판단의 절대적 기준이 아니라는 데 주의하여야 한다. 아래에 예를 드는 합헌결정들에서 헌법재판소는 작량감경을 하더라도 별도의 법률상 감경사유가 없는 한 집행유예의 선고를 할 수 없도록 그 법정형의 하한을 높여 놓았다 하여 곧 그것이 법관의 양형결정권을 침해하였다거나 법관독립의 원칙에 위배된다고 할 수 없고 나아가 법관에 의한 재판을 받을 권리를 침해하는 것이라고도 할 수 없다고 판시하고 있기 때문이다.

### 헌법재판소가 비례의 원칙에 위배되지 않아 합헌이라고 인정한 주목할 만한 형벌법규들

헌법재판소는 비례의 원칙이 문제된 다음과 같은 형벌법규에 대하여 합헌결정을 선고하였다. 특수강도강제추행죄의 법정형을 특수강도강간죄의 그것과 동일하게 사형·무기 또는 10년 이상의 징역으로 규정한 것(憲 2001. 11. 29.-2001헌가16; 2009. 6. 25.-2007헌바25), 죄질이 서로 다른 주거침입강간죄, 야간주거침입절도강간죄, 특수절도강간죄를 무기 또는 5년 이상의 징역이라는 같은 법정형으로 처벌하는 것과 모든 주거침입강간죄의 법정형을 가중하는 것(憲 2004. 6. 24.-2003헌바53), 주거침입강제추행죄의 법정형을 주거침입강간죄의 그것과 동일하게 무기 또는 5년 이상의 징역으로 규정한 것(憲 2006. 12. 28.-2005헌바85) 등이 그것이다.

### 헌법재판소가 비례의 원칙에 위배되어 위헌이라고 인정한 주목할 만한 형벌법규들

헌법재판소는 비례의 원칙이 문제된 다음과 같은 형벌법규에 대하여 위헌결정을 선고하였다. 국가보안법 위반을 특수가중하여 법정형의 최고를 사형으로 하는 것(憲 2002. 11. 28.-2002헌가5), 야간특수폭행죄를 범한 자를 5년 이상의 유기징역에 처하는 것(憲 2004. 12. 16.-2003헌가12. 선례변경), 마약 단순매수죄를 범한 자를 사형·무기 또는 10년 이상의 징역에 처하는 것(憲 2003. 11. 27.-2002헌바24. 선례변경), 금융기관 임·직원의 뇌물죄를 가중처벌하는 것(憲 2006. 4. 27.-2006헌가5), 문화재의 은닉을 처벌하면서 은닉·보유·보관된 당해 문화재의 필요적 몰수를 규정한 것(憲 2007. 7. 26.-2003헌마377), 종업원의 위반행위에 대하여 양벌조항으로서 개인인 영업주에게도 동일하게 무기 또는 2년 이상의 징역형으로 처벌하는 것(憲 2007. 11. 29.-2005헌가10), 사형만을 유일한 법정형으로 규정하고 있는 군형법상 상관살해죄(憲 2007. 11. 29.-2006헌가13) 등이 그것이다.

## ▶ 질　문

1. 헌법재판소가 말하는 '법관의 양형권'이 위헌심판의 절대적인 기준이라면 입법자에게 허용되는 법정형의 하한은 어디까지인가?

2. '법관의 양형권'은 기본권인가? 그것이 반드시 준수하여야 할 헌법원리라면 그 근거는 무엇인가?
3. 헌법재판소가 법관의 양형권을 제한하는지 여부를 위헌심사기준으로 삼는 것은 타당한가?

# Ⅴ. 이중처벌의 금지

제13조 ① **모든 국민은** 행위시의 법률에 의하여 범죄를 구성하지 아니하는 행위로 소추되지 아니하며, **동일한 범죄에 대하여 거듭 처벌받지 아니한다.**

### ▶ 개　　요

이중처벌금지의 원칙은 동일한 범죄행위에 대하여 국가가 형벌권을 거듭 행사할 수 없도록 함으로써 국민의 기본권 특히 신체의 자유를 보장하기 위한 것이다. 그런데 헌법재판소는 헌법 제13조 제 1 항이 금지하는 '처벌'을 좁게 해석하여, 그것은 원칙적으로 범죄에 대한 국가의 형벌권 실행으로서의 과벌을 의미하는 것이고, 국가가 행하는 일체의 제재나 불이익처분이 모두 포함되는 것은 아니라고 본다(憲 1994. 6. 30.-92헌바38). 그러므로 형벌과 보호감호를 병과하여도 이 원칙에 위반되지 않으며(憲 1989. 7. 14.-88헌가5; 1996. 11. 28.-95헌바20; 2001. 3. 21.-99헌바7), 누범 가중처벌(憲 1995. 2. 23.-93헌바43; 2002. 10. 31.-2001헌바68), 상습범 가중처벌(憲 1995. 3. 23.-93헌바59), 형사처벌과 별도인 과태료 또는 과징금 부과(憲 1994. 6. 30.-92헌바38; 2001. 5. 31.-99헌가18), 형벌과 별도의 신상공개(憲 2003. 6. 26.-2002헌가14) 등도 이중처벌이 아니다.

대법원도 행정법상의 질서벌인 과태료를 납부한 후에 형사처벌한다고 하여 이를 일사부재리의 원칙에 반하는 것이라고 할 수는 없다고 본다(大 1996. 4. 12.-96도158). 형사처벌을 받은 자에 대한 운행정지 처분(大 1983. 6. 14.-82누439), 동일한 범죄에 대한 확정된 외국판결과 국내법원의 재판(大 1983. 10. 25.-83도2366)도 마찬가지이다.

## ▶ 핵심판례

### 憲 2003. 7. 24.-2001헌가25 [부당내부거래 과징금 사건]

[사건의 개요]

법원에 계속 중인 당해사건의 원고들인 에스케이주식회사(이하 '에스케이') 등 12개의 회사는 대규모기업집단으로 지정된 SK의 계열회사들로서, 독점규제및공정거래에관한법률 제 2 조 제 1 호 소정의 사업자에 해당된다. 공정거래위원회는 다양한 사실을 인정하여 에스케이 등이 에스케이증권과 중원을 부당하게 지원하였다고 보아, 1998. 8. 5. 공정거래법 제23조 제 1 항 제 7 호, 제24조에 따라 시정명령, 법위반사실 공표명령을 함과 아울러 공정거래법 제24조의2에 따라 에스케이에 4,113,000,000원을 부과하는 등 위 회사들에게 모두 19,051,000,000원의 과징금을 부과하였다.

이에 위 회사들은 공정거래위원회를 상대로 위 시정명령, 공표명령 및 과징금부과처분이 위법하다고 주장하면서 서울고등법원에 그 취소를 구하는 소송을 제기하였으며, 위 법원은 이 사건 과징금 부과의 근거규정인 구 공정거래법 제24조의2는 위헌이라고 인정할 만한 상당한 이유가 있다고 하여 직권으로 2001. 9. 11. 위헌여부의 심판을 제청하였다.

[심판의 대상]

이 사건 심판의 대상은 구 독점규제및공정거래에관한법률 제24조의2 중 동법 제23조 제 1 항 제 7 호에 관한 부분, 즉 "부당하게 특수관계인 또는 다른 회사에 대하여 가지급금 · 대여금 · 인력 · 부동산 · 유가증권 · 무체재산권 등을 제공하거나 현저히 유리한 조건으로 거래하여 특수관계인 또는 다른 회사를 지원하는 행위"로서 "공정한 거래를 저해할 우려가 있는 행위를 하거나, 계열회사 또는 다른 사업자로 하여금 이를 행하도록" 한 경우에는 "당해 사업자에 대하여 대통령령이 정하는 매출액에 100분의 2를 곱한 금액을 초과하지 아니하는 범위 안에서 과징금을 부과할 수 있다"는 규정의 위헌 여부이다.

이 사건에서 헌법재판소는 "구 독점규제및공정거래에관한법률 제24조의2(1999. 12. 28. 법률 제6043호로 개정되기 전의 것) 중 동법 제23조 제 1 항 제 7 호에 관한 부분은 헌법에 위반되지 아니한다"고 결정하고, 그 이유를 다음과 같이 설시하였다.

■ 부당내부거래의 의의 및 규제의 필요성

이 사건 법률조항이 규제하고 있는 부당지원행위에는 개인사업자의 부당지원행위도 포함될 수 있지만, 주로 규제의 대상이 되는 행위는 대기업집단 내의 계열회사간의 부당지원행위인 이른바 부당내부거래일 것이다. 부당내부거래라 함은 부당하게 특수관계인이나 다른 회사에 대하여 상품, 용역, 자금, 자산, 인력 등을 무상으로 제공하거나 현저히 유리한 조건으로 거래함으로써 특수관계인 또는 다른 회사를 지원하는 행위를 말한다(공정거래법 제23조 제 1 항 제 7 호).

부당내부거래가 초래하는 폐해를 보면 첫째, 퇴출되어야 할 효율성이 낮은 부실기업이나 한계기업을 계열회사의 형태로 존속케 함으로써 당해 시장에서 경쟁자인 독립기업을 부당하게 배제하거나 잠재적 경쟁자의 신규 시장진입을 억제함으로써 시장의 기능을 저해한다. 둘째, 계열회사간에 이루어지는 지속적인 부당내부거래는 독과점적 이윤을 상호간에 창출시키게 되고, 그 결과 대기업집단 소속 계열회사들의 독점력을 강화함으로써 경제력 집중의 폐해를 야기한다. 셋째, 부당내부거래는 우량 계열기업의 핵심역량이 부실 계열기업으로 분산·유출되어 우량기업의 경쟁력이 저하됨에 따라 기업집단 전체가 동반 부실화할 위험을 초래한다. 넷째, 부당내부거래는 또한 기업의 투명성을 저해하고 주주, 특히 소액주주와 채권자 등의 이익을 침해하게 된다.

이러한 폐해를 효과적으로 규제하기 위하여 1996. 12. 30. 법률 제5235호로 공정거래법을 개정, 부당내부거래를 불공정거래행위의 한 유형으로 규정하여 이를 금지하고, 그 위반행위에 대하여 시정조치, 과징금, 형사처벌을 규정하고 있다.

▣ 이중처벌금지원칙 위반 여부 ……

어떤 행정처분에 제재(制裁)와 억지(抑止)의 성격·기능만이 있다 하여 이를 '국가형벌권의 행사'로서의 '처벌'이라고 볼 수 없다.

행정법은 의무를 명하거나 금지를 설정함으로써 일정한 행정목적을 달성하려고 하는데, 그 실효성을 확보하기 위하여는 의무의 위반이 있을 때에 행정형벌, 과태료, 영업허가의 취소·정지, 과징금 등과 같은 불이익을 가함으로써 의무위반 당사자나 다른 의무자로 하여금 더 이상 위반을 하지 않도록 유도하는 것이 필요하다. 이와 같이 '제재를 통한 억지'는 행정규제의 본원적 기능이라 볼 수 있는 것이고, 따라서 어떤 행정제재의 기능이 오로지 제재(및 이에 결부된 억지)에 있다고 하여 이를 헌법 제13조 제 1 항에서 말하는 '처벌'에 해당한다고 할 수 없다. 부당이득 환수와 같은 부가적 기능 없이 오로지 제재적 기능만 있는 행정제재는 실질적으로 형사처벌과 다를 바 없다고 본다면 헌법 제13조 제 1 항에 규정된 이중처벌금지원칙의 적용범위가 너무 넓어지고, 그 결과 행정목적 실현을 위한 제재의 체계에 경직성을 초래하게 된다.

오히려 행정권에는 행정목적 실현을 위하여 행정법 위반자에 대한 제재의 권한도 포함되어 있다고 보아야 하고, 복잡다기한 행정현상에 대응하여 행정목적의 최적 실현을 위하여는 그 지향점과 효과에 차이가 있는 다양한 의무이행수단을 동원하는 것이 필요할 때도 있을 것이다. 제재적 성격이 있는 국가작용을 모두 형사처벌로 본다면 위와 같이 제재를 병과하는 것은 어느 것이나 이중처벌금지원칙에 위반된다고 보지 않으면 아니 된다.

그러나 행정벌, 행정강제, 영업허가의 취소·정지와 같은 종래의 수단만으로는 행정기능의 확대와 질적 고도화에 따른 행정현상의 변화에 상응하는 실효성을 확보할 수 없어, 이를 보완하는 여러 가지 새로운 의무이행확보수단이 등장하게 되었는데, 제재적 성격의 유무를 기준으로 하여 이중처벌금지원칙을 폭넓게 적용하게 되면 오늘날의 행정현실에 탄력적으로 대응할 수 없게 될 우려가 있다.

이중처벌금지의 원칙을 적용하지 않는다 하여 어떤 하나의 법 위반행위에 대하여 국가가 아무런 제한 없이 제재를 거듭하는 것이 헌법상 용인된다는 것은 아니다. 국민에게 부담을 가하는 공권력작용은 궁극적으로 비례성 원칙의 제약을 벗어날 수 없으므로, 형벌적 제재와 비형벌적 제재의 병과 또는 비형벌적 제재간의 병과를 인정하더라도 그 제재의 총합이 법 위반행위에 비하여 지나치게 과잉된 것이어서는 아니 된다는 헌법적 견제원리는 여전히 유효하다. 이와 관련하여 입법자는 필요한 경우 여러 제재수단간의 선택가능성을 열어놓되 그 병과를 금지함으로써 부당한 과잉제재로부터 국민을 보호할 수 있는 법적 장치를 마련할 수도 있다.

이 사건 과징금은 위에서 본 바와 같은 폐해를 초래하는 대규모 기업집단 내 계열회사들간의 부당내부거래를 규제함으로써 공정한 경쟁을 촉진하고 궁극적으로 국민경제의 균형있는 발전을 도모하기 위하여 도입된 것이다. 시장에서 퇴출되어야 할 부실기업 또는 한계기업에 대하여 대규모 기업집단의 차원에서 의도적으로 거액의 지원행위를 은밀히 감행하여 시장의 경쟁질서를 교란하고 경제현상을 왜곡하는 등 갖가지 폐해를 낳는데도 이에 대한 형사처벌은 2년 이하의 징역 또는 1억 5천만 원 이하의 벌금에 불과하여 이것만으로 규제의 효과를 거둘 것을 기대하기는 어려웠다. 이에, 자본력이 강한 대기업에 대하여 충분한 제재 및 억지 효과를 거둘 수 있을 정도의 금전적 제재를 행정제재로서 부과하는 것이 반드시 필요하며, 이 경우 부당지원을 한 기업을 제재 및 억지의 대상으로 삼는 것이 시장의 경쟁질서를 보다 효과적으로 회복·유지할 수 있다는 정책적 판단하에 부당지원을 한 기업을 상대로 과징금을 부과할 수 있도록 이 사건 법률조항을 신설하였던 것이다.

이러한 취지에서 비롯된 이 사건 법률조항에 의한 과징금의 기능은 본질적으로 '부당이득액의 정확한 환수'에 있다기보다 '제재를 통한 위반행위의 억지'에 있다고 할 것이지만, 그렇다고 하여 부당이득환수적 성격이 전혀 없다고 단정하기도 어렵다. ……

결론적으로 이 사건 법률조항에 의한 과징금은 그 취지와 기능, 부과의 주체와 절차(형사소송절차에 따라 검사의 기소와 법원의 판결에 의하여 부과되는 형사처벌과 달리 과징금은 공정거래위원회라는 행정기관에 의하여 부과되고 이에 대한 불복은 행정쟁송절차에 따라 진행된다) 등을 종합할 때 부당내부거래 억지라는 행정목적을 실현하기 위하여 그 위반행위에 대하여 제재를 가하는 행정상의 제재금으로서의 기본적 성격에 부당이득환수적 요소도 부가되어 있는 것이라 할 것이고, 이를 두고 헌법 제13조 제1항에서 금지하는 국가형벌권 행사로서의 '처벌'에 해당한다고는 할 수 없으므로, 공정거래법에서 형사처벌과 아울러 과징금의 병과를 예정하고 있더라도 이중처벌금지원칙에 위반된다고 볼 수 없다.

이러한 결론은 이중처벌금지원칙에 관한 미국, 프랑스, 유럽연합(EU), 독일 등의 주요 외국의 입법례 및 판례와 그 궤를 같이 한다.

## ▶ 해　　설

### 기타 쟁점

이 사건에서 위헌법률심판을 제청한 법원은 이 사건 법률조항이 이중처벌금지원칙 외에도 무죄추정원칙, 비례성원칙, 적법절차원칙 및 권력분립원칙 등에 위배된다는 이유를 들었다. 그러나 헌법재판소의 다수의견은 이러한 주장을 모두 배척하였다.

### 반대의견

위 결정에는 재판관 3인의 반대의견과, 또 다른 재판관 1인의 반대의견이 있다. 이 반대의견들의 요지는 다음과 같다.

「위 과징금은 형벌은 아니라고 하더라도 부당지원행위에 대한 응징 내지 처벌로서의 의미를 가지고 있는데, 위법행위와 그에 대한 처벌 내지 제재 사이에는 정당한 상관관계가 있어야 한다는 헌법상의 자기책임의 원리는 지켜져야 한다. 매출액의 규모와 부당지원과의 사이에는 원칙적으로 상관관계가 없으므로 부당지원행위에 대하여 매출액을 기준으로 과징금을 부과할 수 있도록 하는 것은 자기책임의 원리에 위배된다. 한편, 그 부과절차는 적법절차의 원칙상 적어도 재판절차에 상응하게 조사기관과 심판기관이 분리되어야 하고, 심판관의 전문성과 독립성이 보장되어야 하며, 증거조사와 변론이 충분히 보장되어야 하고, 심판관의 신분이 철저하게 보장되어야만 할 것인데도, 현행 제도는 이러한 점에서 매우 미흡하므로 적법절차의 원칙에 위배된다. 나아가 위 과징금은 부당이득환수적 요소는 전혀 없이 순수하게 응보와 억지의 목적만을 가지고 있는 실질적 형사제재로서 절차상으로 형사소송절차와 전혀 다른 별도의 과징금 부과절차에 의하여 부과되므로 행정형벌과는 별도로 거듭 처벌된다고 하지 않을 수 없어 이중처벌금지의 원칙에 위반되고, 위반사실에 대한 확정판결이 있기 전에 이미 법 위반사실이 추정되어 집행되고, 집행정지를 신청할 수 있는 당사자의 절차적 권리도 배제되어 있으므로 무죄추정원칙에도 위배된다.」

### 법정형의 단기 가중

헌법재판소는 누범 가중의 특수한 경우로 법정형의 상한뿐만 아니라 하한도 가중된다고 하더라도 책임과 형벌의 비례를 요구하는 책임원칙에 위반되지 않는다고 판단하였다. 헌법재판소가 2008. 12. 26. 선고한 [2005헌바16] 결정에서 특정강력범죄의 처벌에 관한 특례법 제 3 조 중 "특정강력범죄로 형을 받아 그 집행을 종료하거나 면제받은 후 3년 이내에 다시 형법 제337조의 강도치상죄를 범한 때에는 그 죄에 정한 형의 장기 및 단기의 2배까지 가중한다"는 부분이 문제되었는데, 헌법재판소는 지나치게 과중하고 가혹한 형벌을 규정하는 조항이라고 단정할 수 없다고 보았다.

### ▶ 질 문

1. 일사부재리 원칙과 이중처벌금지 원칙은 어떻게 다른가?
2. 이중처벌금지의 원칙과 영미법상 이중위험금지원칙을 비교해 보라.
3. "범죄에 대한 국가의 형벌권 실행으로서의 과벌"과 "그 밖의 제재나 불이익처분"을 구별하는 기준은 무엇인가?
4. [2001헌가25](부당내부거래 과징금) 사건에서 이중처벌금지 외에 위헌성을 주장할 만한 다른 이유를 구상해 보라.

## Ⅵ. 무죄추정의 원칙

제27조 ④ 형사피고인은 유죄의 판결이 확정될 때까지는 무죄로 추정된다.

## ▶ 개 요

피고인은 검사가 범죄혐의와 유죄판결의 가능성이 있다고 인정하여 법원에 공소를 제기한 사람이다. 그럼에도 불구하고 헌법이 무죄추정의 원칙을 규정한 것은 형사절차의 본질적 특성 때문이다. 무죄추정의 원칙은 언제나 불리한 처지에 놓여 인권이 유린되기 쉬운 피의자, 피고인의 지위를 옹호하여 형사절차에서 그들의 불이익을 필요한 최소한에 그치게 하자는 것으로서 인간의 존엄성 존중을 궁극의 목표로 하고 있는 헌법이념에서 나온 것이다(憲 1992. 1. 28.-91헌마111). 무죄추정의 원칙에 따라 공소가 제기된 피고인이라도 유죄의 확정판결이 있기까지는 원칙적으로 죄가 없는 자에 준하여 취급하여야 하고, 불이익을 입혀서는 안 되며, 설령 불이익을 입힌다 하더라도 필요한 최소한도에 그치도록 비례의 원칙이 존중되어야 한다(憲 1990. 11. 19.-90헌가48).

## ▶ 핵심판례

### 憲 1999. 5. 27.-97헌마137 [재소자용 의류 사건]

[사건의 개요]

청구인은 1997. 3. 28. 공용물건손상 및 폭력행위등처벌에관한법률위반 혐의로 성동구치소에 수감되고, 같은 해 4. 4. 기소되었다. 피청구인 성동구치소장은 수용 시는 물론 수사 및 재판을 받을 때에 재소자용 의류(관급의복과 법무부장관이 지정하는 자비부담의 평상복)를 입게 하였다.

[심판의 대상]

이 사건 심판의 대상은 청구인이 성동구치소에 수감된 1997. 3. 28.부터 같은 해 5. 8.까지 수용 시, 수사 또는 재판을 받을 때 피청구인이 청구인에게 사복을 입지 못하게 하고 재소자용 의류를 입게 한 행위이다.

이 사건에서 헌법재판소는 "1. 피청구인 성동구치소장이 청구인 강○현을 1997. 3. 28.부터 같은 해 5. 8.까지 성동구치소에 수용하는 동안 재소자용 의류를 입게 하여 수사 또는 재판을 받게 한 행위는 무죄추정의 원칙에 반하고 청구인들의 인격권, 행복추구권, 공정한 재판을 받을 권리를 침해한 것으로 위헌임을 확인한다. 2. 청구인의 나머지 청구를 기각한다"고 결정하고, 그 이유를 다음과 같이 설시하였다.

■ 본안에 대한 판단

…… 미결수용자는 관급의류를 입는 것을 원칙으로 하되, 소장의 허가에 의하여 자비부담의 의류도 입을 수 있다. 자비부담의 의류는 계절 및 위생에 적합하고 교도소 등의 규율을 해치지 아니하는 것에 한한다(행형법 제20조, 제22조 및 같은 법시행령 제73조, 제85조, 제86조). 미결수용자인 청구인은 구치소 안에서는 물론, 수사 또는 재판을 받을 때에도 재소자용 의류를 입었다.

■ 구치소 안에서 사복을 입지 못하게 하는 것의 위헌 여부

미결수용자에게 구치소 안에서 사복을 입지 못하게 하고 재소자용 의류를 입게 하는 것은 개인의 자유로운 인격의 발현을 억제하고 모욕감이나 수치심을 느끼게 하여 인간으로서의 존엄과 가치를 침해하는 면이 있다. 그러나 시설 안에서는 재소자용 의류를 입더라도 일반인의 눈에 띄지 않고, 수사 또는 재판에서 변해(辯解)·방어권을 행사하는데 지장을 주는 것도 아니다. 미결수용자에게 사복을 입도록 하면 면회객 등과 구별이 되지 아니하며, 의복의 수선이나 세탁 및 계절에 따라 의복을 바꾸는 과정에서 증거인멸 또는 도주를 기도하거나 흉기, 담배, 약품 등 소지금지품이 반입될 염려도 있다. 또한 사회적 신분이나 빈부의 차이가 의복을 통하여 드러나고 이로 인한 수용자간의 위화감으로 사고발생도 예상된다.

따라서 미결수용자에게 시설 안에서 재소자용 의류를 입게 하는 것은 구금 목적의 달성, 시설의 규율과 안전유지를 위한 필요최소한의 제한으로서 정당성·합리성을 갖춘 재량의 범위 내의 조치이다.

■ 미결수용자가 수사 또는 재판을 받기 위해서 구치소 밖으로 나올 때에 사복을 입지 못하게 하는 것의 위헌 여부

미결수용자가 일반인과 같은 사복을 입고 시설 밖으로 나오게 되면 중형에 해당하는 죄의 수사 또는 재판을 받는 자는 도주할 생각을 갖는 경우가 있고, 또 도주를 하면 일반인과 구별이 어려워 이를 제지하거나 체포하는 데도 어려움이 있다. 수사 또는 재판을 받을 때에 재소자용 의류를 입게 하는 것은 이와 같은 사고 방지에 필요하고도 유용한 수단이다.

그러나 미결수용자가 수사 또는 재판을 받기 위하여 시설 밖으로 나오면 일반인의 눈에 띄게 되어 재소자용 의류 때문에 모욕감이나 수치심을 느끼게 된다. 미결수용자는 수사단계부터 고지·변해·방어의 권리가 보장되어야 하고 재판단계에서는 당사자로서의 지위를 가지므로, 유죄가 확정되지 아니한 미결수용자에게 재소자용 의류를 입게 하는 것은 심리적인 위축으로 위와 같은 권리를 제대로 행사할 수

없게 하여 실체적 진실의 발견을 저해(沮害)할 우려가 있다.

우리의 교정 현실이 인적·물적 설비에서 상대적으로 부족하다고 할지라도, 미결수용자의 도주 방지는 계구(戒具)의 사용이나 계호 인력을 늘리는 등의 수단에 의할 것이지 기본권 보호의 필요성이 현저한 수사 또는 재판에서 사복을 입지 못하게 하는 것은 어떠한 이유를 내세우더라도 그 제한은 정당화될 수 없으므로 헌법 제37조 제 2 항의 기본권 제한에서의 비례원칙에 위반된다고 할 것이다.

그러므로 미결수용자에게 재소자용 의류를 입게 하는 것은 무죄추정의 원칙에 반하고 인간으로서의 존엄과 가치에서 유래하는 인격권과 행복추구권, 공정한 재판을 받을 권리를 침해하는 것이다.

## ▶ 해　　설

### 사후경과

이 사건 위헌결정에 따라 구 행형법을 대체하여 2007년 제정된 '형의 집행 및 수용자의 처우에 관한 법률' 제82조는 미결수용자가 수사·재판·국정감사 또는 법률로 정하는 조사에 참석할 때에는 사복을 착용할 수 있되, 구치소장이 도주우려가 크거나 특히 부적당한 사유가 있다고 인정하면 교정시설에서 지급하는 의류를 입게 할 수 있도록 규정하고 있다.

### 무죄추정 원칙의 주관적 적용범위

헌법 제27조 제 4 항은 형사피고인에 대하여서만 규정하였으나 공소가 제기된 형사피고인에게 무죄추정이 적용되는 이상 아직 공소제기조차 되지 아니한 형사피의자에게 무죄추정이 적용되는 것은 당연하다(憲 1992. 4. 14.-90헌마82).

### 불구속수사·불구속재판 원칙과 구속기간의 연장

무죄추정의 원칙으로 인하여 불구속수사·불구속재판이 원칙이고 예외적으로 피의자 또는 피고인이 도피할 우려가 있으나 증거를 인멸할 우려가 있는 때에 한하여 구속수사 또는 구속재판이 인정될 따름이며 구속수사 또는 구속재판이 허용될 경우라도 인신의 구속은 신체의 자유에 대한 본질적인 제약임에 비추어 그 구속기간은 가능한 한 최소한에 그쳐야 한다.

이러한 이유에서 헌법재판소는 국가보안법 제 3 조 내지 제10조 위반의 피의자에 대하여 구속기간의 한도를 넓혀서 지방법원판사로 하여금 사법경찰관에 대하여 10일간의 구속기간을 1차 연장허가 할 수 있게 하고, 검사에 대하여는 2차에 걸쳐 연장허가 할 수 있게 함으로써 다른 범죄피의자에 대한 최대한의 구속기간 30일보다 20일을 더 구속당할 수 있게 한 국가보안법 제19조에 대하여 "제 7 조(찬양 · 고무 등) 및 제10조(불고지)의 죄에 관한 구속기간연장부분은 헌법에 위반된다"는 일부위헌결정을 선고하였다(憲 1992. 4. 14.-90헌마82). 그러나 헌법재판소는 국가보안법 제19조 중 국가보안법 제 3 조(반국가단체의 구성 등), 제 5 조(자진지원 · 금품수수), 제 8 조(회합 · 통신 등), 제 9 조(편의제공)에 해당하는 범죄에 관한 구속기간의 연장부분에 대해서는 합헌결정을 내렸다(憲 1997. 8. 21.-96헌마48). 그러나 이 법률조항은 2009년 현재 개정되지 않은 상태로 있다.

### 무죄추정 원칙의 객관적 적용범위

헌법재판소는 일찍이 무죄추정의 원칙이 형사절차상의 처분뿐만 아니라 그 밖의 기본권 제한과 같은 처분에도 적용된다고 판시하였다. 그러므로 약식명령이 청구된 자는 제외하고 형사사건으로 공소가 제기된 변호사에 대하여 법무부장관이 판결이 확정될 때까지 업무정지를 명할 수 있도록 규정한 변호사법 조항은 비례의 원칙에 어긋난 직업선택의 자유의 제한일뿐만 아니라, 나아가 아직 유무죄가 가려지지 아니한 상태에서 유죄로 추정한 불이익한 처분이므로 위헌이다(憲 1990. 11. 19.-90헌가48). 마찬가지로 약식명령이 청구된 자는 제외하고 형사사건으로 기소된 사립학교 교원을 반드시 직위해제하도록 규정한 사립학교법 조항(憲 1994. 7. 29.-93헌가3)이나, 형사사건으로 기소되면 필요적으로 직위해제처분을 하도록 규정한 국가공무원법 조항(憲 1998. 5. 28.-96헌가12)도 위헌이다.

### 미결수용자의 기본권

헌법재판소는 미결수용자의 기본권과 관련하여, 변호인 접견에 교도관 등이 참여한 행위(憲 1992. 1. 28.-91헌마111), 무죄 등 판결 선고 후 본인의 의사에 반하여 교도소로 연행하는 행위(憲 1997. 12. 24.-95헌마247) 등은 모두 위헌이라고 선언하였다. 반면에 서신의 검열(憲 1995. 7. 21.-92헌마144), 일간지 기사의 일부 삭제(憲 1998. 10. 29.-98헌마4) 등은 구금 목적 달성을 위한 필요최소한의 제한이므로 합헌이라고 판단하였다.

▶ 질 문

1. 헌법 제27조 제 4 항은 원칙규정이다. 이 '무죄추정의 원칙'으로부터 '무죄추정을 받을 권리'가 기본권으로 도출되는가?

# Ⅶ. 책임주의와 연좌제 금지

제13조 ③ 모든 국민은 자기의 행위가 아닌 친족의 행위로 인하여 불이익한 처우를 받지 아니한다.

▶ 개 요

형벌의 본질은 법질서에 의해 부정적으로 평가된 행위에 대한 비난이다. 만약 법질서가 부정적으로 평가한 결과가 발생하였다고 하더라도 그것에 대하여 책임이 없는 자에게 형벌을 부과할 수 없다. 이러한 형벌에 관한 책임주의는 형사법의 기본원리로서, 헌법상 법치국가의 원리에 내재하는 원리인 동시에, 헌법 제10조의 취지로부터 도출되는 원리이다(憲 2009. 7. 30.-2008헌가10).

연좌제 금지는 근대 형법의 이념인 자기책임의 원리를 헌법원칙으로 확인한 것이다. 이 조항은 1980년의 헌법개정에서 처음으로 규정되었는데, 그 취지는 남북분단이라는 특수한 시대적 상황으로 말미암아 그 무렵까지 여전히 잔존하던 전근대적인 연좌(緣坐)의 사회적 병폐를 해소하겠다는 데에 있었던 것으로 보인다. 그런데 헌법은 '불이익한 처우'라고 규정하고 있으므로 여기에는 형벌뿐만 아니라 국가로부터 받는 모든 종류의 불이익이 포함된다고 해석된다.

▶ 핵심판례

憲 2005. 12. 22.-2005헌마19 [배우자의 선거범죄 사건]

[사건의 개요]

이 사건 심판 청구인은 2004. 4. 15. 실시된 제17대 국회의원 선거에서 ○○시 갑선거구에 출마하여 당선되었다. 그 후 청구인의 배우자 정○자는 공직선거및선거부정방지법 제230조

제 1 항 제 4 호 위반으로 공소제기되었다.

[심판의 대상]

이 사건 심판의 대상은 공선법 제265조 본문 중 "배우자" 부분이다.

**공직선거및선거부정방지법** 제265조(선거사무장등의 선거범죄로 인한 당선무효) 선거사무장·선거사무소의 회계책임자(선거무소의 회계책임자로 선임·신고되지 아니한 자로서 후보자와 통모하여 당해 후보자의 선거비용으로 지출한 금액이 선거비용제한액의 3분의 1 이상에 해당되는 자를 포함한다) 또는 후보자(후보자가 되고자 하는 자를 포함한다)의 직계존·비속 및 배우자가 당해 선거에 있어서 제230조(매수 및 이해유도죄) 내지 제234조(당선무효유도죄), 제257조(기부행위의 금지제한등 위반죄) 제 1 항 중 기부행위를 한 죄 또는 정치자금에관한법률 제30조(정치자금 부정수수죄) 제 1 항의 정치자금 부정수수죄를 범함으로 인하여 징역형 또는 300만 원 이상의 벌금형의 선고를 받은 때(선거사무장, 선거사무소의 회계책임자에 대하여는 선임·신고되기 전의 행위로 인한 경우를 포함한다)에는 그 후보자(대통령후보자, 비례대표국회의원후보자 및 비례대표시·도의원후보자를 제외한다)의 당선은 무효로 한다. 다만, 다른 사람의 유도 또는 도발에 의하여 당해 후보자의 당선을 무효로 되게 하기 위하여 죄를 범한 때에는 그러하지 아니하다.

이 사건에서 헌법재판소는 "청구인의 심판청구를 기각한다"고 결정하고, 그 이유를 다음과 같이 설시하였다.

▣ 헌법 제13조 제 3 항 위반 여부 ……

개인의 존엄과 자율성을 인정하는 바탕 위에 서 있는 우리 헌법질서하에서는 자기의 행위가 아닌 타인의 행위에 대하여 책임을 지지 않는 것이 원칙이지만, 사람은 타인과의 연관 속에 살아가는 사회적 존재이므로 타인과의 사이에 일정한 법적 연관이 형성되는 것은 불가피하고, 이는 친족과의 관계에 있어서도 마찬가지이다. 혼인과 출산을 고리로 형성되는 친족관계의 속성상 필요한 때 또는 어떤 입법목적을 추구하기 위하여 필요한 때에 법은 친족간의 신분이나 재산 그 밖의 법률관계에 관하여 일정한 자유를 제약하거나 책임을 부담시킬 수 있다. 그러나 이러한 법적 규율들이 모두 헌법 제13조 제 3 항에 의하여 금지되는 것이 아니다.

헌법 제13조 제 3 항은 '친족의 행위와 본인간에 실질적으로 의미 있는 아무런 관련성을 인정할 수 없음에도 불구하고 오로지 친족이라는 사유 그 자체만으로' 불이익한 처우를 가하는 경우에만 적용된다. 원래 연좌제(緣坐制)라는 것이 본인과 아무런 관련이 없는 사태에 대하여 오로지 가족 또는 친족이라는 이유만으로 처벌하거나 불이익을 주는 제도를 말하고 바로 그 이유로 봉건적 인습으로 여겨져 폐기된 제도이므로, 이렇게 보는 것이 이 헌법조항이 우리 헌법전(憲法典)에 도입된 취지나 역사적 맥락에 맞닿은 해석일 뿐만 아니라, 그 밖의 경우에는 문제된 불이익을 보호하는 다른 헌법규범이나 기본권규범을 찾아 그 친족과의 관계에서 본인에게 그러한 불이익을 주는 것이 과연 합리적 근거가 있는지, 또는 입법목적 달성을 위해 필요한 한도 내의 수단인지를 살펴봄으로써 그러한 법적 규율의 정당성 여부를 충분히 판단할 수 있기 때문이다. ……

선거에서는 다수 득표를 한 자의 당선의 효력을 가능한 한 그대로 유지시키는 것이 원칙이겠지만, 선거가 '국민의 자유로운 의사와 민주적인 절차에 의하여 공정히'(법 제1조) 행해지지 아니하고 선거과정에서 선거범죄가 심각하게 개재된 경우에 선거의 결과를 그대로 유지시키는 것은 대의제이념에 반하고 나아가 선거제도 자체에 대한 신뢰를 훼손할 수 있다. 선거과정에서 현저히 부정한 행위가 존재하는 경우에는 선거의 공정성 확보를 위하여 선거결과를 번복시킬 수도 있을 것이고, 때로는 후보자가 선거부정행위에 직접 관여하지 아니하였더라도 당선의 효력을 부인하는 것이 필요할 수 있다. 선거에서는 후보자를 중심으로 선거사무장, 후보자의 배우자 등이 일체가 되어 후보자의 당선이라는 공동목표를 위하여 조직적·체계적으로 선거운동을 하게 되므로, 그 과정에서 이들이 중대한 선거범죄를 범한 경우에는 그 후보자를 위한 선거운동 전체가 부정한 방법으로 이루어진 것이라고 보아 그러한 불공정한 선거방법을 통하여 얻어진 당선이라는 선거결과를 부정하는 것에 바로 이 사건 법률조항의 본질이 있다.

종래의 선거법에서는 선거사무장의 행위에 대해서만 후보자에게 책임을 추궁하도록 되어 있었으나, 1994. 3. 16. 법률 제4739호로 제정된 공직선거및선거부정방지법에서부터 연대책임을 강화하여 선거사무소의 회계책임자, 후보자의 직계 존·비속 및 배우자의 행위에까지 후보자의 책임범위를 확대한 것이다. 이는 후보자의 가족 등이 선거의 이면에서 음성적으로 또한 조직적으로 역할을 분담하여 불법·부정을 자행하는 경우가 많은 우리 선거의 실상에 직면하여 이러한 불법·부정을 근절하고 공명하고 깨끗한 선거풍토를 확립하기 위해서는 후보자와 이를 보좌하는 선거관계자와의 연대책임을 강화하는 것이 절실하다는데 입법자의 의지가 모아졌기 때문이다. 이러한 제도는 선거관계자 및 후보자의 친족 등이 저지른 일정한 중대선거범죄는 선거에 있어서 전적으로 후보자의 당선을 위하여, 또한 후보자와의 의사연락하에 이루어진 행위로서 총체적으로는 후보자 자신의 행위와 다를 바 없다고 보아, 후보자를 공범으로 인정하여 형사처벌은 하지 않는다 하더라도 그러한 불법행위에 따른 이익을 박탈하는 것이 정당하다는 고려에 터잡은 것이다.

특히 배우자는 후보자와 일상을 공유하는 자로서 선거에서는 후보자의 최측근에서 수시로 후보자와 협의할 수 있고, 후보자와 유기적으로 역할을 분담하여 당선에 유리한 여러 활동을 할 수 있으며, 선거사무장, 선거사무소의 회계책임자 등에 대하여 실질적인 지시를 할 수 있는 등 후보자의 분신과도 같은 역할을 하게 된다. 그리하여 입법자는 배우자의 중대한 위법행위에 대해서도 후보자가 연대하여 책임을 지는 것, 즉 후보자 자신의 선거범죄로 인한 당선무효제도를 배우자의 선거범죄에까지 확장하는 것 또한 필요하다고 보아 이 사건 법률조항을 두게 된 것인데, 이러한 입법자의 사실적·정책적 판단은 나름의 합리적 근거가 있다 할 것이므로 이를 존중하여야 할 것이다.

이와 같이 이 사건 법률조항은 '친족인 배우자의 행위와 본인 간에 실질적으로 의미있는 아무런 관련성을 인정할 수 없음에도 불구하고 오로지 배우자라는 사유 그 자체만으로' 불이익한 처우를 가하는 것이 아니다. 배우자가 죄를 저질렀다는 이유만으로 후보자에게 불이익을 주는 것이 아니라, 후보자와 불가분의 선거운명공동체를 형성하여 활동하게 마련인 배우자의 실질적 지위와 역할을 근거로 후보자에게 연대책임을 부여한 것이므로, 이 사건 법률조항은 헌법 제13조 제 3 항에서 금지하고 있는 연좌제에 해당하지 아니한다.

## ▶ 해 설

### 공무담임권 침해 여부

이 사건 심판 청구인은 이 사건 법률조항이 연좌제금지에 위배될 뿐만 공무담임권도 침해한다고 주장하였다. 헌법재판소는 이 사건 법률조항이 당선무효를 초래하는 배우자의 위법행위의 범위를 그 불법성이 대단히 중대하여 금권선거의 중핵을 이루는 범죄들로 국한하고 있으며, 당선이 무효로 된 자에 대하여 동일 선거구에서 상당기간 동안 동일 선거에 입후보할 수 없도록 제한함이 없이 단지 당해 보궐선거 등에서만 후보자가 될 수 없도록 당선무효에 수반되는 불이익을 최소화하고 있고, 후보자에게 감독상의 주의의무 이행이라는 면책사유를 인정하지 않고 일종의 법정무과실책임을 지우는 제도를 형성한 것이 반드시 필요 이상의 지나친 규제를 가하는 것이라 단정하기 어렵다고 하여 후보자의 공무담임권을 침해하는 것이라 볼 수 없다고 판시하였다.

이 합헌결정은 전원일치이지만, 국회의원의 직무수행권은 헌법상의 공무담임권의 내용에 포함되지 않고 따라서 이 사건 법률조항은 공무담임권이라는 기본권을 침해하지 않는다는 재판관 1인의 별개의견이 있다.

### 친족 재산의 몰수

헌법재판소는 구 반국가행위자의처벌에관한특별조치법 전체에 대하여 위헌결정을 선고한 바 있는데, 그 중 피고인의 소환불응에 대하여 전재산 몰수를 규정한 제 8 조의 연장선에서 같은 법 제10조가 친족의 재산까지도 검사가 적시하기만 하면 증거조사 없이 몰수형이 선고되게 한 것은 연좌형이 될 소지도 크다고 보았다(憲 1996. 1. 25.-95헌가5).

### 양벌규정

헌법재판소는 다른 사람의 범죄에 대해 그 책임 유무를 묻지 않고 형벌을 부과하는 것은 법치국가의 원리 및 죄형법정주의로부터 도출되는 책임주의 원칙에 반한다고 일관되게 판시하고 있다. 헌법재판소는 영업주가 고용한 종업원 등의 업무에 관한 범법행위에 대하여 영업주도 함께 처벌하는 청소년보호법 제54조 중 "개인의 대리인, 사용인 기타 종업원이 그 개인의 업무에 관하여 제51조 제 8 호의 위반행위를 한 때에는 그 개인에 대하여도 해당 조의 벌금형을 과한다"는 부분(憲 2009. 7. 30.-2008헌가10), 개인의 대리인, 사용인, 그 밖의 종업원이 무면허의료행위를 하면 그 행위자를 벌할 뿐만 아니라 그 개인도 같이 처벌하는 의료법 제91조 제 2 항(憲 2009. 10. 29.-2009헌가6)에 대하여 위헌결정을 선고하였다.

그리고 법인에 대한 양벌규정인 사행행위 등 규제 및 처벌특례법 제31조 중 "법인의 대리인·사용인 기타 종업원이 그 법인의 업무에 관하여 무허가 사행행위영업을 한 때에는 그 법인에 대하여도 동조의 벌금형을 과한다"는 부분(憲 2009. 7. 30.-2008헌가14), 의료법 제91조 제 1 항 중 "법인의 대리인·사용인 그 밖의 종업원이 제87조 제 1 항 제 2 호 중 제27조 제 1 항의 규정에 따른 위반행위를 하면 그 법인에도 해당 조문의 벌금형을 과한다"는 부분(憲 2009. 7. 30.-2008헌가16) 등도 위헌이라고 선언하였다.

## ▶ 질 문

1. [2005헌마19] 사건의 법률조항으로 인하여 청구인이 입은 불이익의 내용은 무엇인가?
2. 이 불이익이 청구인의 자기책임이라면 그 근거는 무엇인가?

# Ⅷ. 영장주의

제12조 ① 모든 국민은 신체의 자유를 가진다. **누구든지 법률에 의하지 아니하고는 체포·구속·압수·수색** 또는 심문을 **받지 아니하며,** 법률과 적법한 절차에 의하지 아니하고는 처벌·보안처분 또는 강제노역을 받지 아니한다.
③ 체포·구속·압수 또는 수색을 할 때에는 적법한 절차에 따라 검사의 신청에 의하여 법관이 발부한 영장을 제시하여야 한다. 다만, 현행범인인 경우와 장기 3년 이상의 형에 해당하는 죄를 범하고 도피 또는 증거인멸의 염려가 있을 때에는 사후에 영장을 청구할 수 있다.

### ▶ 개 요

체포·구속 등의 강제처분은 피의자나 피고인의 입장에서 보면 심각한 기본권 제한에 해당한다. 특히 수사기관에 의한 강제처분은 범인을 색출하고 증거를 확보한다는 수사의 목적상 국민의 기본권을 침해할 가능성이 크다. 이에 헌법은 형사절차와 관련하여 체포·구속·압수·수색 등의 강제처분을 하는 경우에 중립적인 법관이 구체적 판단을 거쳐 발부한 영장에 의하도록 하는 영장주의를 천명하고 있다. 따라서 영장주의는 사법권독립에 의하여 신분이 보장되는 법관의 사전적·사법적 억제를 통해 수사기관의 강제처분남용을 방지하고 국민의 기본권을 보장하는 것을 그 본질로 한다(憲 1997. 3. 27.-96헌바28).

영장주의는 적법절차원리에서 나온 것으로서 체포·구속 그리고 압수·수색까지도 법관의 판단에 의하여만 결정되어야 하고, 구속개시의 시점에 있어서 신체의 자유에 대한 박탈만이 아니라 구속영장의 효력을 계속 유지할 것인지 아니면 정지 또는 실효시킬 것인지 여부도 법관의 판단에 의하여만 결정되어야 한다는 것을 의미한다. 그러므로 구속영장의 실효 여부를 검사의 의견에 좌우되도록 하는 것은 영장주의에 반하고, 적법절차의 원칙에도 위배된다. 헌법재판소는 검사로부터 사형, 무기 또는 10년 이상의 징역이나 금고의 형에 해당한다는 취지의 의견진술이 있는 사건에 대하여는 무죄, 면소, 형의 면제, 형의 선고유예, 형의 집행유예, 공소기각 또는 벌금이나 과료를 과하는 판결이 선고된 때에도 구속영장이 효력을 잃지 않도록 예외를 인정하거나(憲 1992. 12. 24.-92헌가8), 보석허가결정에 대하여 검사가 즉시항고(卽時抗告)를 인정하여 그 항고심의 재판이 확정될 때까지 보석허가결정의 집행이 정지되도록 한(憲 1993. 12. 23.-93헌가2) 형사소송법 조항은 위헌이라고 선언하였다.

그런데 헌법 제12조 제 3 항 본문은 법관도 검사의 신청이 있는 경우에 한하여 영장을 발부할 수 있다는 뜻인가? 헌법재판소는 헌법 제12조 제 3 항 중 '검사의 신청'이라는 부분의 취지는 모든 영장의 발부에 검사의 신청이 필요하다는 것이 아니라 수사단계에서 영장의 발부를 신청할 수 있는 자를 검사로 한정한 것으로 해석함이 타당하다고 본다(憲 1997. 3. 27.-96헌바28). 이렇게 보면 공판단계에서의 법원의 직권에 의한 영장발부(法廷拘束)의 헌법적 근거는 제12조 제 1 항이다. 한편, 지방의회에서 증인에 대한 동행명령장을 법관이 아닌 지방의회 의장이 발부하고, 이에 기하여 증인을 일정한 장소로 인치하도록 하는 것은 영장주의에 위반된다는 것이 대법원의 견해이다(大 1995. 6. 30.-93추83).

## ▶ 핵심판례

### 憲 1997. 12. 24.-95헌마247 [무죄 선고 후 재구금 사건]

[사건의 개요]

청구인은 1995. 7. 27. 10 : 00 무죄판결을 선고받았다. 청구인의 변호인은 같은 날 12 : 07경 피청구인(제주교도소장)에게 청구인을 지체 없이 석방할 것을 요구하였다. 그러나 피청구인은 검사의 석방지휘 없이는 미결수용자를 석방할 수 없다는 이유로 거부하였고, 제주검찰청 검사의 석방지휘서가 같은 날 15 : 06경 도착하자, 비로소 청구인을 석방하였다.

[심판의 대상]

이 사건의 심판대상은 법원이 미결수용자로 구속 중에 있는 피고인인 청구인에 대하여 1995. 7. 27. 10 : 00경 무죄판결을 선고하였음에도 불구하고 피청구인이 즉시 석방하지 아니하고 같은 날 15 : 06까지 청구인을 계속 구금한 이 사건 구금행위의 위헌 여부이다.

[당사자들의 주장]

청구인의 주장 요지는 아래와 같다.

모든 국민은 법률에 의하여 법관이 발부한 영장에 의하지 아니하고는 구속되지 아니하고(헌법 제12조 제 1 항, 제 3 항) 무죄 판결이 선고된 때에는 구속영장의 효력은 상실되므로(형사소송법 제331조) 즉시 피구속자를 석방하여야 한다. 구속영장의 효력이 상실된 경우 검사의 석방지휘 등 특별한 요건이 필요하다는 규정을 헌법이나 법률에서 찾아볼 수 없다. 청구인에 대하여 무죄판결이 선고되었음에도 불구하고 구속을 계속한 것은 헌법과 법률에 위반된다.

무죄 등 판결의 선고를 받은 피고인을 교정기관 내부의 사무처리 편의 때문에 계속 구금할 수는 없다. 첫째로 유죄판결이 확정되지 아니한 미결수용자에게 수의(囚衣) 등을 착용하도록 하는 행위는 그 자체가 헌법에 위반되는 기본권침해인 것이므로 수의의 회수 등을 이유로 구속영장의 효력이 상실된 피고인을 계속하여 구금하는 것을 정당화할 수 없는 것이고, 둘째로 식기류, 침구류 등은 당초부터 교도소 당국이 소유, 관리하면서 미결수용자 등에게 사용하게 하는 것이므로 이를 회수하기 위해 구금이 필요하다는 주장은 근거가 없다. 셋째로 수용 당시의 휴대금품 또는 영치된 금품 등은 판결선고 전에 미리 반환할 수 있게 준비하여 법정에서 무죄 등 판결이 선고된 즉시 이를 반환할 수 있는 것이고, 넷째로 오인석방을 방지하기 위한 확인절차와 귀가에 필요한 여비 등의 파악과 보호대책의 강구 역시 미리 준비하여 판결의 선고와 동시에 집행할 수 있다.

법무부장관과 제주교도소장의 의견 요지는 아래와 같다.

신체의 자유는 헌법 제37조 제 2 항에 의하여 제한될 수 있다. 교정시설과 같은 사회방위적 역할을 하고 있는 수용기관이 행형법이 정하는 바에 따른 석방절차를 위하여 필요한 시간 무죄선고를 받은 자를 수용시설에 보호하는 것은 정당하고, 헌법에 위반된다고 볼 수 없다.

형사소송법 제460조 제 1 항, 제461조 및 검찰청법 제 4 조 제 1 항 제 4 호에 따르면, "재판집행의 지휘·감독"은 검사의 직무와 권한인 것으로 규정되어 있고, 이를 구체화하고 있는 검찰사건사무규칙 제126조는 "검사는 형사소송법 제331조의 규정에 의하여 구속영장이 실효된 때에는 판결이 선고된 날에 지체 없이 피고인을 석방하여야 한다. 사건사무담당직원은 법원으로부터 제 1 항의 재판결과통지를 송부받은 때에는 당일에 구속감독부에 소정의 사항을 기재하고 석방지휘서를 작성하여 검사의 서명·날인을 받아 피고인이 재소하고 있는 구치소 또는 교도소의 장에게 송부하여야 한다"라고 규정하고 있다. 이러한 석방절차는 ① 수용 중 지급한 각종 지급품의 회수, ② 수용시 휴대금품 또는 수용 중 영치된 금품의 수량 확인 및 환급, ③ 오인석방을 방지하기 위한 석방지휘서류와 석방될 자의 본인 여부의 확인, 귀가에 필요한 피복·여비의 유무 및 무의탁자의 석방 후 귀가보호대책의 강구 등을 위하여 필요한 것이므로 이를 헌법에 위반된다고 말할 수 없다.

법정에서 판결선고만으로 바로 구속피고인을 석방한다면, 피고인의 계호에 임한 교도관이 판결내용을 듣고, 본 것만을 근거로 즉시 석방하여야 한다는 것이나, 법관이 선고한 사실을 확정적으로 증명할 수 있는 형식과 절차를 둠으로써, 피고인을 구속한 검사에게 재판의 내용을 통고하고, 이를 검사가 확인한 뒤 수용시설의 장에게 석방을 명하는 것은 인신구속과 석방의 신중을 기하는 것으로서 헌법에 위반되지 아니한다.

교도소장이 구속피고인의 석방을 예상하여 사전에 준비를 하면 된다는 주장은 재판결과가 없는 상태에서 교정시설의 장이 법관의 고유권한인 재판을 일방적으로 예측하여 출소대상자를 미리 정하고 출소준비를 한다는 것으로서 현실적으로 불가능한 것이다. 출소당사자에 대한 휴대금품이나 영치금품의 수불도 출소시점을 기준으로 하여 확인 지급되어야 하며, 수용생활에 필요한 용품도 출소직전까지 사용되어야 한다. 따라서 석방을 위한 절차는 반드시 필요한 것으로서 헌법적으로 정당성을 가진다.

이 사건에서 헌법재판소는 결론적으로는 "이 심판청구를 각하한다"고 결정하였으나, 다음과 같이 그 이유에서 법원에서 무죄판결의 선고로 구속영장의 효력이 상실된 석방대상 피고인을 법정에서 즉시 석방하지 아니하고 석방절차를 밟기 위하여 일정한 시간 사실상 구금한 행위는 헌법상 정당성이 없다고 판시하였다.

> ▣ 청구인의 제주교도소장에 대한 청구 부분
>
> 청구인은 1995. 7. 27. 10:00 무죄판결을 선고받고 같은 날 15:06경 석방되었으므로 청구인에 대한 기본권 침해 상태는 이미 종료되었다고 하겠다.
>
> 형사소송법 제331조에 의하면 무죄 등 판결 선고와 동시에 바로 구속영장의 효력이 상실되는 것이므로, 무죄 등 판결을 받은 피고인은 법정에서 즉시 석방되어야 하는 것이다. 바꾸어 말하면 교도관이 석방절차를 밟는다는 이유로 법정에 있는 석방대상 피고인을 그의 의사에 반하여 교도소로 다시 연행하는 것은 어떠한 이유를 내세운다고 할지라도 헌법상의 정당성을 갖는다고 볼 수 없는 것이다. ……
>
> 이 헌법소원 심판 계속 중, 법무부장관은 1997. 11. 20. "구속피의·피고인석방절차개선지침시달"을 수립·시행하고, 검찰총장은 1997. 12. 1. "석방지휘신속처리지침"을 제정·시행하고 있는데 이들 지침의 요지는 아래와 같다.
>
> 형사소송법 제331조에 의하여 구속영장의 효력이 상실된 경우, 교도관은 석방대상 피고인에 대하여 포승·수갑 등 계구(戒具)사용을 금하고, 교도소에 임의(任意) 동행하되 자유인으로서 처우한다. 공판관여 검사는 법정에서 선고내용을 확인하고, 재판장으로부터 석방대상자에 대한 판결문 또는 판결초고 사본이나 재판결과통지 또는 석방대상자 명단을 교부받아 석방지휘서를 작성하여 즉석에서 교도관에게 교부한다. 교도소에 석방자 명단 또는 석방지휘서를 유선으로 알려주거나 팩스로 보내어 석방에 따르는 행정처리절차를 진행하도록 하고, 석방대상 피고인이 교도소 도착 후 지체 없이 탈의·영치품 반환 등 필요한 절차를 마친 다음 귀가할 수 있도록 한다. 교도소에 임의로 동행하는 석방대상 피고인에 대하여 실질적인 불이익이 없도록 만전을 기한다. 재판장은 판결 선고직후 석방대상 피고인의 재판결과통지 등을 공판관여 검사에게 교부하여 주도록 법원과 긴밀히 협조한다.
>
> 이러한 일련의 사실에 의하여 생각건대, 무죄 등 판결 선고 후 석방대상 피고인이 교도소에서 지급한 각종 지급품의 회수, 수용시의 휴대금품 또는 수용 중 영치된 금품의 반환 내지 환급문제 때문에 임의로 교도관과 교도소에 동행하는 것은 무방하나 피고인의 동의를 얻지 않고 의사에 반하여 교도소로 연행하는 것은 헌법 제12조의 규정에 비추어 도저히 허용될 수 없는 것이다.

그러나 법무부장관과 검찰총장의 위 지침의 각 제정·시행으로 더 이상 법정에서 석방대상 피고인을 교도관이 석방절차라는 명목으로 피고인의 동의 없이 교도소로 연행 내지 구금하는 행위를 계속 반복할 위험이 있는 것으로는 보이지 아니하고, 헌법질서의 수호·유지를 위하여 특히 해명이 필요한 것으로도 인정되지 아니하므로 이 사건 심판은 권리보호의 이익이 없다고 하겠다.

따라서 청구인의 제주교도소장에 대한 이 심판청구는 심판청구의 이익이 없으므로 부적법하다.

## ▶ 해　설

### 영장주의의 적용범위

헌법재판소는 영장주의가 적용되는 강제처분을 물리적 강제력을 행사하는 경우로 제한하고 있다는 데 주의하여야 한다. 그러므로 주취운전 단속을 위하여 이루어지는 호흡측정기에 의한 음주측정은 성질상 강제될 수 있는 것이 아니며 궁극적으로 당사자의 자발적 협조가 필수적인 것이므로 이를 두고 법관의 영장을 필요로 하는 강제처분이라 할 수 없으므로, 주취운전 혐의자에게 영장 없는 음주측정에 응할 의무를 지우고 이에 불응한 사람을 처벌한다고 하더라도 헌법 제12조 제3항에 규정된 영장주의에 위배되지 아니한다(憲 1997. 3. 27.-96헌가11). 마찬가지로 피의자가 수사기관의 지문채취에 동의하지 않는 경우 이를 간접적으로 강제하기 위하여 정당한 이유 없이 이를 거부한 사람을 처벌하는 것은 비록 피의자에게 지문채취를 강요하는 측면이 있다 하더라도 수사의 편의성만을 위하여 영장주의의 본질을 훼손하고 형해화한다고 할 수는 없다(憲 2004. 9. 23.-2002헌가17·18). 물론 수사상 필요에 의하여 수사기관이 직접강제에 의하여 지문을 채취하려 하는 경우에는 반드시 법관이 발부한 영장에 의하여야 한다.

### 행정상 즉시강제

영장주의가 행정상 즉시강제에도 적용되는지에 관하여는 논란이 있으나, 행정상 즉시강제는 상대방의 임의이행을 기다릴 시간적 여유가 없을 때 하명 없이 바로 실력을 행사하는 것으로서, 그 본질상 급박성을 요건으로 하고 있어 법관의 영장을 기다려서는 그 목적을 달성할 수 없다고 할 것이므로, 원칙적으로 영장주의가 적용되지 않는다고 보아야 할 것이다. 그러나 만일 어떤 법률조항이 영장주의를 배제할 만한 합리적인 이유가 없을 정도로 급박성이 인정되지 아니함에도 행정상 즉시강제를 인정하고 있다면,

이러한 법률조항은 이미 그 자체로 과잉금지의 원칙에 위반되는 것으로서 위헌이다. 헌법재판소는 관계행정청이 등급분류를 받지 아니하거나 등급분류를 받은 게임물과 다른 내용의 게임물을 발견한 경우 관계공무원으로 하여금 이를 수거·폐기하게 할 수 있도록 한 구 음반·비디오물및게임물에관한법률 조항은 합헌이라고 보았다(憲 2002. 10. 31.-2000헌가12).

### 일제단속식 주취운전단속

도로를 차단하고 불특정 다수인을 상대로 실시하는 일제단속식 주취운전단속의 위헌 여부가 문제된다. 헌법재판소는 일제단속식 음주단속 자체는 도로교통법 제41조 제2항 전단에 근거를 둔 적법한 경찰작용임을 인정하면서, 이 경우에도 과잉금지원칙은 준수되어야 하므로, 음주단속의 필요성이 큰, 즉 음주운전이 빈발할 것으로 예상되는 시간과 장소를 선정하여야 할 것이고, 운전자 등 관련국민의 불편이 극심한 단속은 가급적 자제하여야 하며, 전방지점에서의 사전 예고나 단시간 내의 신속한 실시 등과 같은 방법상의 한계도 지켜야 할 것이라는 일반원칙만을 제시하였다(憲 2004. 1. 29.-2002헌마293). 대법원은 도로교통법상 교통안전과 위험방지를 위하여 필요한 경우가 아닌, 주취운전을 하였다고 인정할 만한 상당한 이유가 있다는 이유만으로 이루어지는 음주측정은 이미 행하여진 주취운전이라는 범죄행위에 대한 증거 수집을 위한 수사절차로서의 의미를 가지는 것인데, 구 도로교통법상의 규정들이 음주측정을 위한 강제처분의 근거가 될 수 없으므로 위와 같은 음주측정을 위하여 당해 운전자를 강제로 연행하기 위해서는 수사상의 강제처분에 관한 형사소송법상의 절차에 따라야 하고, 이러한 절차를 무시한 채 이루어진 강제연행은 위법한 체포에 해당한다고 판시하였다(大 2006. 11. 9.-2004도8404).

## ▶ 질 문

1. 헌법소원심판에서 권리보호의 이익이란 무엇인가?
2. 임의동행이란 무엇인가? 경찰관직무집행법 제 3 조를 참고하라. 이것은 사전영장주의를 규정한 헌법 규정에 반하지 않는가?
3. 임의동행 또는 동행보호에 관한 대법원의 1997. 6. 13. [96다56115] 판결과 대법원의 2006. 7. 6. [2005도6810] 판결의 타당성도 검토해 보라.
4. 헌법재판소의 1997. 3. 27. [96헌가11] 결정과 대법원의 2006. 11. 9. [2004도8404] 판결은 양립가능한가?

# Ⅸ. 변호인의 조력(助力)을 받을 권리

제12조 ④ 누구든지 체포 또는 구속을 당한 때에는 즉시 변호인의 조력을 받을 권리를 가진다. 다만, 형사피고인이 스스로 변호인을 구할 수 없을 때에는 법률이 정하는 바에 의하여 국가가 변호인을 붙인다.

## ▶ 개 요

변호인의 조력을 받을 권리란 국가권력의 일방적인 형벌권행사에 대항하여 자신에게 부여된 헌법상·소송법상의 권리를 효율적이고 독립적으로 행사하기 위하여 변호인의 도움을 얻을 피의자·피고인의 권리를 의미한다. 이러한 변호인의 조력을 받을 권리의 출발점은 변호인선임권에 있고, 이는 변호인의 조력을 받을 권리의 가장 기초적인 구성부분으로서 법률로써도 제한할 수 없다(憲 2004. 9. 23.-2000헌마138). 그리고 변호인의 조력을 받을 권리의 필수적 내용은 신체구속을 당한 사람과 변호인과의 접견교통이다. 헌법 제12조 제 4 항 본문은 특히 신체구속을 당한 사람에 대하여 변호인의 조력을 받을 권리를 기본권으로 보장하고 있다. 이것은 무죄추정을 받고 있는 피의자, 피고인에 대하여 신체구속의 상황에서 생기는 여러 가지 폐해를 제거하고 구속이 그 목적의 한도를 초과하여 이용되거나 적용하지 않게끔 보장하기 위한 것이다. 개정 전 형사소송법이 아직 구금된 피의자의 피의자신문에 변호인이 참여할 수 있다는 명문규정을 두고 있지는 아니한 당시에도 대법원은 다른 형사소송법 규정을 유추적용하여 구금된 피의자가 신문을 받을 때 변호인의 참여를 요구할 수 있고 그러한 경우 수사기관은 이를 거절할 수 없는 것으로 해석하는 것이 헌법정신에 부합한다고 보았다. 그러나 대법원은 이 권리가 신문을 방해하거나 수사기밀을 누설하는 등의 염려가 있다고 의심할 만한 상당한 이유가 있는 특별한 사정이 있음이 객관적으로 명백한 경우에는 변호인의 참여를 제한할 수 있다고 한계를 인정하였다(大 2003. 11. 11.-2003모402). 그렇다면 불구속 피의자와 피고인이 변호인의 조력을 받을 권리는 헌법상의 권리라고 볼 수 없는가? 헌법재판소는 변호인의 조력을 받을 권리가 불구속 피의자·피고인 모두에게 포괄적으로 인정된다는 점을 긍정한다. 다음 사건에서 그 근거가 되는 헌법해석론을 살펴보자.

## ▶ 핵심판례

憲 2004. 9. 23.-2000헌마138 [불구속 피의자 신문 변호인 참여 사건]

[사건의 개요]

이 사건 심판청구인 최열은 '2000년 총선시민연대'의 공동대표로서, 청구인 박원순은 위 단체의 상임공동집행위원장으로서 각 활동하였는데, 제16대 국회의원 총선거를 앞둔 2000. 1. 24. 위 총선시민연대는 정당들에 대하여 공천을 반대하는 후보자 명단을 공개한 바 있다. 이에 대하여 피청구인(서울중앙지방검찰청 검사)은 청구인들의 이러한 행위가 공직선거및선거부정방지법 위반 또는 명예훼손의 혐의가 있다는 이유로 2000. 2. 16. 청구인들을 소환하여 피의자신문을 하였다. 그런데 위 피의자신문에 앞서, 청구인들은 변호인들을 통하여 피청구인에게 청구인들에 대한 피의자신문에 변호인들이 참여하여 조력할 수 있도록 해 줄 것을 구두와 서면으로 요청하였으나, 피청구인은 이를 거부한 채 청구인들에 대한 피의자신문을 하고 피의자신문조서를 작성하였다.

[심판의 대상]

청구인들은 2000. 2. 24. 피청구인의 위 거부행위가 변호인의 조력을 받을 권리 등을 침해하였다고 주장하면서, 이의 위헌확인을 구하는 헌법소원심판을 청구하였다. 한편, 당시 형사소송법 제243조는 "검사가 피의자를 신문함에는 검찰청수사관 또는 서기관이나 서기를 참여하게 하여야 하고 사법경찰관이 피의자를 신문함에는 사법경찰관리를 참여하게 하여야 한다"고 규정하고 있었다.

이 사건에서 헌법재판소는 "피청구인이 2000. 2. 16. 청구인들에 대한 피의자신문시 변호인들이 참여하여 조력할 수 있도록 해 달라는 청구인들의 요청을 거부한 행위는 청구인들의 변호인의 조력을 받을 권리를 침해한 것으로서 위헌임을 확인한다"고 결정하고, 그 이유를 다음과 같이 설시하였다.

▣ '변호인의 조력을 받을 권리'의 헌법적 근거

헌법은 제12조 제 4 항에서 "누구든지 체포 또는 구속을 당한 때에는 즉시 변호인의 조력을 받을 권리를 가진다. 다만, 형사피고인이 스스로 변호인을 구할 수 없을 때에는 법률이 정하는 바에 의하여 국가가 변호인을 붙인다"고 규정하고, 제12조 제 5 항 제 1 문에서 "누구든지 체포 또는 구속의 이유와 변호인의 조력을 받을 권리가 있음을 고지받지 아니하고는 체포 또는 구속을 당하지 아니한다"고 하여 '변호인의 조력을 받을 권리'를 헌법상 기본권으로서 명시적으로 언급하고 있다.

…… 위 '변호인'의 조력을 받을 권리가 수사의 개시에서부터 판결의 확정시까지 존속한다는 점에 관하여는 의문이 없다. ……

그런데 헌법 제12조 제 4 항 본문은 '체포 또는 구속을 당한' 경우에 변호인의 조력을 받을 수 있다고 규정하고 있다. 그러므로 불구속 피의자·피고인의 경우는 변호인의 조력을 받을 수 있는 범위에서 제외되는지가 문제될 수 있다. 그러나 위 조항이 '체포 또는 구속을 당한 경우에만' 변호인의 조력을 받을 권리를 인정하는 취지는 아니다. 그 이유는 다음과 같다.

첫째, 우리 헌법의 기본질서 중 하나인 법치국가원리는 법에 따른 국가권력의 행사 및 위법한 국가권력의 행사에 대한 효과적인 권리구제제도의 완비를 요구하고 있다. 형사절차에서 효과적인 권리구제절차는 피의자·피고인을 형사절차의 단순한 객체로 삼는 것을 금지할 뿐만 아니라, 평등원칙을 그 지도이념으로 하여 절차상 무기 대등의 원칙에 따라 권리구제절차가 구성될 것을 요구한다. 이에 따라 헌법과 현행 형사법은 '무기 대등의 원칙'을 실현하기 위하여 피의자·피고인으로 하여금 절차의 주체로서 자신의 권리를 적극적으로 행사하게 함으로써 국가권력의 형벌권행사에 대하여 적절하게 방어할 수 있는 여러 가지 수단과 기회를 보장하고 있으며, 그 중 가장 실질적이고 효과적인 수단이 변호인의 조력을 받을 권리이다. 그런데 변호인의 조력을 받을 권리의 가장 기초적인 구성부분은 변호인선임권이라고 할 것인데, 이는 구속 여부를 떠나 모든 피의자·피고인에게 인정되어야 함은 법치국가원리, 적법절차원칙에 비추어 당연하다.

둘째, 헌법 제12조 제 4 항은 본문과 단서로 이루어져 있는데, 일반적으로 단서규정은 본문규정 중 특별히 제외하는 영역을 설정하거나 본문 이외에 특별히 추가하고자 하는 영역을 포함하고자 할 때 사용된다. 그런데 헌법 제12조 제 4 항 단서는, 국선변호인의 조력을 받을 권리에 관하여는 (구속 여부를 불문하고) 피고인에게만 이를 보장하고 있으므로, 그 본문인 (사선)변호인의 조력을 받은 권리는 (구속 여부를 불문하고) 피의자·피고인 모두에게 인정됨을 전제로 하는 규정이라고 해석해야만 본문과 단서의 관계가 자연스럽고 논리적이다. 따라서 헌법 제12조 제 4 항 본문이 '체포 또는 구속을 당한' 경우 변호인의 조력을 받을 권리가 있다고 규정한 것은 불구속 피의자·피고인에 대한 변호인의 조력을 받을 권리를 배제하기 위해서가 아니라 이를 전제로 하여 체포 또는 구속을 당한 피의자·피고인의 변호인의 조력을 받을 권리를 특별히 더 강조하기 위한 것이라고 보아야 한다.

헌법 제12조 제 4 항 본문이 '체포 또는 구속을 당한' 경우 변호인의 조력을 받을 권리가 있다고 규정한 것은 불구속 피의자·피고인에 대한 변호인의 조력을 받을 권리를 배제하기 위해서가 아니라 이를 전제로 하여 체포 또는 구속을 당한 피의자·피고인의 변호인의 조력을 받을 권리를 특별히 더 강조하기 위한 것이라고 보아야 한다.

결국 우리 헌법이 변호인의 조력을 받을 권리가 불구속 피의자·피고인 모두에게 포괄적으로 인정되는지 여부에 관하여 명시적으로 규율하고 있지는 않지만, 불구속 피의자의 경우에도 변호인의 조력을 받을 권리는 우리 헌법에 나타난 법치국가원리, 적법절차원칙에서 인정되는 당연한 내용이고, 헌법 제12조 제 4 항도 이를 전제로 특히 신체구속을 당한 사람에 대하여 변호인의 조력을 받을 권리의 중요성을 강조하기 위하여 별도로 명시하고 있다고 할 것이다.

▣ '변호인의 조력을 받을 권리'의 보호영역 ……

변호인선임권에서 나아가 변호인의 조력을 받을 권리가 구체적으로 어떠한 내용을 포함하는가, 그러한 권리가 헌법의 위 조항상 막바로 도출될 수 있는지 아니면 구체적인 입법형성이 있어야 비로소 부여되는지의 문제는 형사절차에서 변호인의 역할과 기능의 관점에 의하여 결정된다.

형사절차에서의 변호인은 피의자·피고인이 수사·공소기관과 대립되는 당사자의 지위에서 스스로 방어하는 것을 지원하는 조력자로서의 역할과 피의자·피고인에게 유리하게 형사절차에 영향을 미치고 피의자·피고인의 권리가 준수되는지를 감시·통제하는 역할을 담당하고 있다. 변호인의 위 역할 중 보다 중요한 것은 조력자로서의 역할이고, 이를 수행하기 위한 구체적인 권리는 입법형성이 있어야 비로소 부여되는 것이 원칙이다. 이에 형사소송법은 변호인을 통하여 수사기록을 포함한 소송기록, 증거물을 열람하고 등사할 수 있는 권리, 증거보전을 청구할 권리 및 기타 증거자료를 수집할 권리, 그리고 이에 대한 검토 결과를 토대로 공격과 방어의 준비를 할 수 있는 권리 등 변호인의 조력을 받을 권리의 구체적 내용을 자세하게 규정하고 있다.

그러나 피의자·피고인의 구속 여부를 불문하고 조언과 상담을 통하여 이루어지는 변호인의 조력자로서의 역할은 변호인선임권과 마찬가지로 변호인의 조력을 받을 권리의 내용 중 가장 핵심적인 것이 되고, 변호인과 상담하고 조언을 구할 권리는 변호인의 조력을 받을 권리의 내용 중 구체적인 입법형성이 필요한 다른 절차적 권리의 필수적인 전제요건으로서 변호인의 조력을 받을 권리 그 자체에서 막바로 도출되는 것이다. ……

다시 말하면, 불구속 피의자나 피고인의 경우 형사소송법상 특별한 명문의 규정이 없더라도 스스로 선임한 변호인의 조력을 받기 위하여 변호인을 옆에 두고 조언과 상담을 구하는 것은 수사절차의 개시에서부터 재판절차의 종료에 이르기까지 언제나 가능하다. 따라서 불구속 피의자가 피의자신문시 변호인을 대동하여 신문과정에서 조언과 상담을 구하는 것은 신문과정에서 필요할 때마다 퇴거하여 변호인으로부터 조언과 상담을 구하는 번거로움을 피하기 위한 것으로서 불구속 피의자가 피의자신문장소를 이탈하여(예컨대, 변호인 사무실에 찾아가) 변호인의 조언과 상담을 구하는 것과 본질적으로 아무런 차이가 없다. 그렇다면, 불구속 피의자가 피의자신문시 조언과 상담을 구하기 위하여 자신의 변호인을 대동하기를 원한다면, 수사기관은 특별한 사정이 없는 한 이를 거부할 수 없다고 할 것이다.

다만, 피의자가 피의자신문시 변호인을 대동하여 조언과 상담을 받을 수 있는 권리가 변호인의 조력을 받을 권리의 핵심적 내용으로 형사절차에 직접 적용된다 하더라도, 위 조언과 상담과정이 피의자신문을 방해하거나 수사기밀을 누설하는 경우 등에까지 허용되는 것은 아니다. 왜냐하면, 조언과 상담을 통한 변호인의 조력을 받을 권리는 변호인의 '적법한' 조력을 받을 권리를 의미하는 것이지 위법한 조력을 받을 권리까지도 보장하는 것은 아니기 때문이다.

피청구인은, 형사소송법 제243조에서 피의자신문시 참여하여야 하는 자에 변호인을 포함시키지 않았고, 그 밖에 변호인의 참여를 적극적으로 보장하거나 허용하는 규정을 두고 있지 않으므로 피의자의 구속 여부를 불문하고 수사기관이 피의자신문시 변호인을 참여하게 해야 할 의무를 부담하는 것은 아니라고 주장한다.

살피건대, 형사소송법 제243조는 "검사가 피의자를 신문함에는 검찰청수사관 또는 서기관이나 서기를 참여하게 하여야 하고, 사법경찰관이 피의자를 신문함에는 사법경찰관리를 참여하게 하여야 한다"고 규정하고 있다. 그러나 위 조항은 피의자신문시 의무적으로 참여하여야 하는 자를 규정하고 있을 뿐 적극적으로 위 조항에서 규정한 자 이외의 자의 참여나 입회를 배제하고 있는 것은 아니다. 왜냐하면 위 조항의 입법취지는 조서기재의 정확성과 신문절차의 공정성을 담보하기 위하여 수사기관 스스로 준수해야 할 의무를 규정한 것일 뿐 변호인의 조력을 받을 권리를 포함하여 피의자·피고인에 대하여 절차법상의 권리를 제한하기 위한 것이 아니기 때문이다. 따라서 불구속 피의자가 피의자신문시 변호인의 조언과 상담을 원한다면, 앞서 본 바와 같은 위법한 조력의 우려가 있어 이를 제한하는 다른 규정이 있고 그가 이에 해당한다고 하지 않는 한 수사기관은 피의자의 위 요구를 거절할 수 없다.

■ 이 사건 행위의 위헌 여부

이 사건에 관하여 보건대, 피청구인은 청구인들이 조언과 상담을 구하기 위하여 한 피의자신문시 변호인의 참여 요구를 거부하면서 그 사유를 밝히지도 않았고, 그에 관한 자료도 제출하지도 않았다. 따라서 아무런 이유 없이 피의자신문시 청구인들의 변호인과의 조언과 상담요구를 제한한 이 사건 행위는 청구인들의 변호인의 조력을 받을 권리를 침해한다 할 것이다.

## ▶ 해 설

### 변호인 접견교통권

헌법재판소는 일찍이 국가안전기획부 수사관들이 구속된 피의자와 변호인의 접견에 참여하여 대화내용을 듣고 기록한 행위가 문제되자 변호인과의 자유로운 접견은 신체구속을 당한 사람에게 보장된 변호인의 조력을 받을 권리의 가장 중요한 내용이어서 국가안전보장·질서유지·공공복리 등 어떠한 명분으로도 제한될 수 있는 성질의 것이 아니라고 밝힌 바 있다(憲 1992. 1. 28.-91헌마111). '변호인의 조력'은 '변호인의 충분한 조력'을 의미하는데, 이것은 구속된 자와 변호인의 대화내용에 대하여 비밀이 완전히 보장되고 어떠한 제한, 영향, 압력 또는 부당한 간섭 없이 자유롭게 대화할 수 있는 접견을 통하여서만 가능하다는 것이다. 그러나 헌법재판소는 법정 옆 피고인 대기실에서 재판대기 중인 피고인이 공판을 앞두고 호송교도관에게 변호인 접견을 신청하였으나, 교도관이 이를 허용하지 아니한 것은 피고인의 변호인의 조력을 받을 권리를 침해한 것이 아니라고 보았다(憲 2009. 10. 29.-2007헌마992).

### 미결수용자의 서신검열

헌법재판소는 미결수용자와 변호인이 아닌 자 사이의 서신검열과, 미결수용자와 변호인 사이의 서신검열에 대하여 각각 다른 판단을 내렸다. 미결수용자와 변호인이 아닌 자 사이의 서신을 검열하는 것은 그 필요성이 인정되고, 이로 인하여 미결수용자의 통신의 비밀이 일부 제한되는 것은 헌법에 위반된다고 할 수 없으나, 미결수용자와 변호인 사이의 서신은 그 비밀이 보장되어야 한다고 판시하였다(憲 1995. 7. 21.-92헌마144). 다만 미결수용자와 변호인 사이의 서신으로서 그 비밀을 보장받기 위해서는, 첫째, 교도소 측에서 상대방이 변호인이라는 사실을 확인할 수 있어야 하고, 둘째, 서신을 통하여 마약 등 소지금지품의 반입을 도모한다든가 그 내용에 도주·증거인멸·수용시설의 규율과 질서의 파괴 · 기타 형벌법령에 저촉되는 내용이 기재되어 있다고 의심할 만한 합리적인 이유가 있는 경우가 아니어야 한다는 조건을 갖추어야 한다고 그 적용범위를 제한하였다.

한편, 형사절차가 종료되어 교정시설에 수용중인 기결수형자는 원칙적으로 변호인의 조력을 받을 권리의 주체가 될 수 없다. 예외가 인정된다면 재심절차 등에서 변호인 선임을 위한 일반적인 교통 · 통신이 보장되는 경우일 것이다. 헌법재판소는 기결수용자의 서신수발에 교도관의 검열을 거치도록 한 것은 합헌이라고 결정하였다(憲 1998. 8. 27.-96헌마398).

### 임의동행된 피의자와 피내사자의 변호인 접견교통권

대법원은 임의동행의 형식으로 수사기관에 연행된 피의자나 피내사자에게도 변호인 또는 변호인이 되려는 자와의 접견교통권은 당연히 인정된다고 본다. 이와 같은 접견교통권은 피고인 또는 피의자나 피내사자의 인권보장과 방어준비를 위하여 필수불가결한 권리이므로 법령에 의한 제한이 없는 한 수사기관의 처분은 물론 법원의 결정으로도 이를 제한할 수 없다(大 1996. 6. 3.-96모18).

### 사후경과

2007년 개정된 신형사소송법은 위에서 본 대법원과 헌법재판소의 판례이론을 반영하여 피의자신문시의 변호인참여권을 명문으로 규정하기에 이르렀다(제243조의2). 구속된 피의자와 변호인의 접견에 수사관이 참여한 것과 서신검열은 구 행형법에 근거한 것이었는데, 행형법을 대체하여 2007년 전부개정된 '형의 집행 및 수용자의 처우에 관한 법률'은 미결수용자와 변호인과의 접견에는 교도관이 참여하지 못하고, 그 내용을 청취 또는 녹취하지 못하며, 보이는 거리에서 미결수용자를 관찰할 수 있다고 규정하고 있다. 그리고 미결수용자와 변호인간의 접견은 시간과 횟수를 제한하지 아니하며, 미결수용자와 변호인간의 서신은 교정시설에서 상대방이 변호인임을 확인할 수 없는 경우를 제외하고는 검열할 수 없도록 하였다(제84조).

## ▶ 질 문

1. 기본권의 분류로서 "어떠한 경우에도 제한할 수 없는" 절대적 기본권이 존재하는가?

2. 헌법재판소가 변호인과의 자유로운 접견은 어떠한 명분으로도 제한될 수 있는 성질의 것이 아니라고 본 것은 어떤 의미로 이해하여야 하는가?

# X. 불리한 진술거부권

> 제12조 ② 모든 국민은 고문을 받지 아니하며, 형사상 자기에게 불리한 진술을 강요당하지 아니한다.

### ▶ 개 요

헌법이 진술거부권을 국민의 기본적 권리로 보장하는 것은, 첫째 피고인 또는 피의자의 인권을 실체적 진실발견이나 사회정의의 실현이라는 국가이익보다 우선적으로 보호함으로써 인간의 존엄성과 가치를 보장하고 나아가 비인간적인 자백의 강요와 고문을 근절하려는 데 있고, 둘째 피고인 또는 피의자와 검사 사이에 무기평등을 도모하여 공정한 재판의 이념을 실현하려는 데 있다. 이와 같은 의미를 지닌 진술거부권은 형사절차뿐만 아니라 행정절차나 국회에서의 조사절차 등에서도 보장되며, 현재 피의자나 피고인으로서 수사 또는 공판절차에 계속 중인 자뿐만 아니라 장차 피의자나 피고인이 될 자에게도 보장된다. 또한 진술거부권은 고문 등 폭행에 의한 강요는 물론 법률로써도 진술을 강요당하지 아니함을 의미한다(憲 1997. 3. 27.-96헌가11). 이러한 '형사상 불리한 진술을 거부할 수 있는 권리'는 본래 영미법상의 '자기부죄거부의 특권'(privilege against self-incrimination)에서 유래한 것이다.

### ▶ 핵심판례

#### 憲 1990. 8. 27.-89헌가118 [교통사고 신고의무 사건]

> [사건의 개요]
> 
> 이 사건 제청신청인은 1989. 10. 11. 도로교통법위반 등의 죄로 기소되었는데, 그 기소된 내용 중 도로교통법 위반의 요지는 제청신청인이 자동차를 운전하다가 교통사고를 일으키고도 그 사고내용을 경찰에 신고하지 아니하였다고 하여 도로교통법 제50조 제 2 항, 제111조 제 3 호의 죄에 해당한다는 것이다.

[심판의 대상]

**도로교통법** 제50조(사고발생시의 조치) ② 차량의 교통으로 인하여 사람을 사상하거나 물건을 손괴한 때에는 그 차의 운전자 등은 경찰공무원이 현장에 있는 때에는 그 경찰공무원에게, 경찰공무원이 현장에 없는 때에는 가장 가까운 경찰관서에 지체없이 사고가 난 곳, 사상자 수 및 부상정도, 손괴한 물건 및 손괴정도 그 밖의 조치상황 등을 신속히 신고하여야 한다.

제111조(벌칙) 3. 제50조 제 2 항의 규정에 의한 신고를 하지 않은 사람은 20만원 이하의 벌금이나 구류의 형으로 벌한다.

이 사건에서 헌법재판소는 "도로교통법(1984. 8. 4. 법률 제3744호) 제50조 제 2 항 및 동법 제111조 제 3 호는 피해자의 구호 및 교통질서의 회복을 위한 조치가 필요한 상황에만 적용되는 것이고 형사책임과 관련되는 사항에는 적용되지 아니하는 것으로 해석하는 한 헌법에 위반되지 아니한다"고 결정하고, 그 이유를 다음과 같이 설시하였다.

▣ 교통사고의 본질과 도로교통법의 적용실태

도로교통법은 도로에서 일어나는 교통상의 모든 위험과 장해를 방지·제거하여 안전하고 원활한 교통을 확보하기 위한 목적으로 제정된 법률이고, 동법 제50조는 그 목적을 달성하기 위하여 동조 제 1 항에서 교통사고가 있는 때에는 그 차의 운전자 등은 곧 정차하여 사상자의 구호 등 필요한 조치를 취할 것을 규정하고, 동조 제 2 항은 제 1 항의 경우 그 차의 운전자 등은 경찰공무원이 현장에 있으면 경찰공무원에게, 경찰공무원이 현장에 없는 때에는 가장 가까운 경찰관서에 지체 없이 사고가 일어난 곳, 사상자 수 및 부상정도, 손괴한 물건 및 손괴정도 그 밖의 조치상황 등을 신속히 신고하도록 규정하고, 동조 제 3 항과 제 4 항은 신고받은 경찰관이 현장에 도착할 때까지 현장에서 대기할 것을 명할 수 있고 그 운전자 등은 부상자의 구호 및 그 밖의 교통위험방지상 필요한 조치에 관한 경찰공무원의 지시에 따를 것을 규정하고 있으므로 결국 동법 제50조는 교통사고 발생시에 운전자 등이 취해야 할 긴급한 조치사항과 경찰관의 지시에 따라야 할 의무를 규정하고 있다고 하겠다.

이는 경찰공무원으로 하여금 교통사고의 발생을 신속하게 알게 하여 교통질서의 안전유지 및 도로상의 위험과 그에 따른 피해의 확대를 방지하며 피해자의 구호와 교통질서회복에 대하여 적절한 조치를 취하도록 함으로써 교통소통을 원활하게 하는 도로교통법의 목적을 달성하기 위한 규정이라고 할 것이다. 이를 위해 동법 제111조 제3호는 교통사고발생시 그 차의 운전자 등이 동법 제50조 제2항에 규정된 신고를 하지 않을 경우에 20만원 이하의 벌금이나 구류의 형으로 벌하도록 규정하고 있다. 그러므로 실제로 차량을 운전하다가 교통사고를 일으킨 자에 대해서 과실유무 및 정도에 따라 형사책임을 물어 교통사고처리특례법위반(업무상과실치사상 및 업무상재물손괴)으로 형사벌을 과하는 것과는 별도로 교통행정의 목적으로 운전자가 사고발생을 경찰에 신고하지 아니한 사실에 대하여 행정벌을 과하도록 하고 있다. 따라서 도로교통법 제50조 제2항, 제111조 제3호에 의한 벌금이나 구류형은 교통사고에 대한 형사상의 책임을 규정한 형사범죄의 구성요건에 관계없이 교통사고의 신고불이행에 대한 행정벌로서 벌하는데 불과하여 교통사고로 인한 형사벌과는 본질적으로 구별되는 것이다. 그런데 실제에 있어서는 교통사고에 대한 신고의무 속에 형사상의 자기부죄(自己負罪)의 신고도 포함되어 있거나 경합하고 있는 것으로 혼동하여 이를 구별하지 않고 취급함으로써 자기부죄거절의 헌법상 국민의 기본권을 무시하거나 부정하는 사례가 없지 않아 본건의 위헌성 문제가 제기된 것이다.

▣ 헌법상 국민의 기본권인 진술거부권의 침해 여부

…… 진술거부권은 형사절차에서만 보장되는 것은 아니고 행정절차나 국회에서의 질문 등 어디에서나 그 진술이 자기에게 형사상 불리한 경우에는 묵비권을 가지고 이를 강요받지 아니할 국민의 기본권으로 보장된다. 따라서 현재 형사피의자나 피고인으로서 수사 및 공판절차에 계속 중인 자뿐만 아니라 교통사고를 일으킨 차량의 운전자 등과 같이 장차 형사피의자나 피고인이 될 가능성이 있는 자에게도 그 진술내용이 자기의 형사책임에 관련되는 것일 때에는 그 진술을 강요받지 않을 자기부죄(自己負罪) 거절의 권리가 보장되는 것이다. 또한 진술거부권은 형사상 자기에게 불리한 내용의 진술을 강요당하지 아니하는 것이므로 고문 등 폭행에 의한 강요는 물론 법률로서도 진술을 강제할 수 없음을 의미한다. 그러므로 만일 법률이 범법자에게 자기의 범죄사실을 반드시 신고하도록 명시하고 그 미신고를 이유로 처벌하는 벌칙을 규정하는 것은 헌법상 보장된 국민의 기본권인 진술거부권을 침해하는 것이 된다.

그런데 도로교통법 제50조 제2항은 교통사고가 발생한 경우에 교통사고를 야기한 운전자로 하여금 경찰공무원에게 사고가 일어난 곳, 사상자 수 및 부상정도, 손괴한 물건 및 손괴정도 그 밖의 조치상황을 신고하도록 규정하고 동법 제111조 제

3 호는 만일 이를 신고하지 않는 경우에 처벌하도록 규정하고 있어서 이 조항들이 헌법 제12조 제 2 항의 진술거부권을 침해할 소지가 없는가의 여부가 본건 심판의 기본적인 문제로 제기된다.

첫째, 교통사고처리특례법이 처벌 대상으로 하고 있는 범죄는 업무상과실치사상 또는 업무상과실재물손괴 등 과실범에 해당하는 것인데 그 과실범의 구성요건은 사고의 일시·장소 그 사고의 결과로 인한 사상자의 수 및 부상정도, 손괴한 물건 및 손괴정도 등 객관적인 사실만으로도 충족될 수 있을 뿐만 아니라 또한 중요한 양형자료가 되는 것이다. 이러한 범죄구성요건 및 양형의 요소들을 신고케 하는 것은 사실상 범죄발각의 단서를 제공하고 형사상 자기부죄(自己負罪) 거부의 권리를 침해하는 결과가 될 수도 있다.

둘째, 교통경찰관은 교통의 단속과 위해의 방지 및 공공의 안녕과 질서를 유지하는 직무 외에도 경찰관직무집행법 제 2 조 제 1 호에 의하여 범죄의 수사를 그 직무로 하게 되어 있을 뿐만 아니라 형사소송법 제196조에 의하여 경찰관은 누구나 사법 경찰의 임무를 수행하도록 되어 있다. 이러한 사건수사가 고유한 자기직무로 되어 있는 경찰관에게 교통사고 발생을 신고하면 사고현장에 나온 경찰관이 운전자 등에 대하여 피해자의 구호나 교통질서 회복을 위해 필요한 조치를 취하는 교통경찰관의 직무 외에 피해자를 언제 어느 지점에서 발견하였는지, 당시 어떤 상태로 운전을 하였는지, 차체의 어느 부위를 충격하였는지, 음주운전을 하였는지 등 운전자의 과실 등 형사책임에 관련되는 사항을 질문하거나 조사하는 것이 당연한 것으로 행해지고 있는 것이 현재의 실정이다. ……

셋째, 단순한 재물을 손괴한 사고로서 당사자간에 쉽게 합의가 이루어지고 차량이 장시간 노상에 방치되지 아니하여 교통소통이나 타인의 통행을 방해하지 않는 경우에는 피해자의 구호 및 교통질서 회복을 위하여 경찰관이 굳이 새로운 조치를 강구할 필요가 없으며 또는 교통이 거의 없는 시골이나 산간도로에서의 경미한 교통사고의 경우에도 경찰공무원에 의한 교통질서 회복조치 등이 반드시 필요한 것도 아니다. ……

본래 도로교통법 제50조 제 2 항은 피해자의 구호 및 교통질서의 회복을 위한 조치가 필요한 범위 내에서 교통사고의 객관적 내용만을 신고토록 한 것이지만 실제 운영에서는 오히려 이를 확대적용하는 결과 이것이 오히려 피해자의 구호와 교통질서의 안정을 문란케 하고 교통소통을 방해하는 경우도 있게 되어 교통질서유지법으로서의 목적보다 도리어 경찰관이 운전자 등의 형사입건을 용이하게 하는 범죄수사의 편의로 활용하게 되고 운전자 등에 대하여는 자기의 형사책임을 추궁당할 위험을 부담하게 하는 것이 된다. 그리고 이는 헌법상 모든 국민은 자기의 형사상 책임을 추궁당할 위험이 있는 사항에 대한 진술을 강요당하지 않는다는 것을 보장하는 진술거부권을 침해하는 것이 될 것이다. 그러므로 도로교통법 제50조 제 2 항의 신고의무규정을 형사책임과 관련되는 사항에까지 확대적용하게 되면 헌법 제12조 제 2 항의 규정에 위반되는 소지가 없지 않다고 하겠다.

그러나, 현대 사회는 산업의 발전으로 차량 운행이 급격히 증가하고 차량이 현대생활의 필수적인 교통수단이 되고 있어 교통질서유지는 갈수록 어려워지고 있음을 감안할 때 교통사고로 인한 피해자의 구호와 교통질서의 회복을 위하여 사고운전자 등에게 교통사고의 신고를 의무화하고 교통경찰관으로 하여금 이에 대한 적절한 조치를 하도록 하는 법규는 현실적으로 불가피하게 요청되는 절대적으로 필요한 것이라고 아니할 수 없다 할 것이다. ……

이러한 현실적 상황에서 운전자 등에게 하등의 신고의무를 인정하지 않거나 단순하게 위헌이라고 보아 본건 쟁점조항을 폐기하는 것은 현대사회의 동맥이라고 할 수 있는 교통의 마비를 초래하고 국민생활의 경제적 사회적 안정을 해치고 교통질서를 극도로 문란하게 할 우려도 있는 것이다. 그러므로 동 조항은 경찰공무원으로 하여금 교통사고의 발생을 신속하게 알게 하여 사상자의 구호나 교통질서 회복에 대한 적절한 조치를 취하도록 하고 교통사고로 인하여 빚어지는 도로상의 소통장해를 제거하고 피해자가 늘어나는 것을 방지하며 교통질서의 유지 및 안전을 도모한다는 교통행정상의 필요에서 불가피하게 제정된 규정이라고 하지 않을 수 없다. 따라서 동 규정을 이러한 도로교통법의 취지와 목적에 한정하여 해석하고 적용하는 한 동 조항은 필요하고 합리적인 것으로 헌법에 합치하는 것이라고 하지 않을 수 없다. ……

헌법상 국민의 기본권을 보장하면서 교통질서의 혼란과 마비도 사전에 방지할 수 있어야 하는 것이므로 교통사고의 본질적 양면성을 엄격히 구분하여 도로교통법 제50조 제 2 항, 제111조 제 3 호는 피해자의 구호 및 교통질서의 회복을 위한 조치가 필요한 상황에서만 적용되는 것이고 형사책임과 관련되는 사항의 신고에는 적용되지 않는 것으로 해석하는 한 헌법에 위반되지 아니한다고 할 것이다.

## ▶ 해 설

### 사후경과

개정된 도로교통법 제54조 제 2 항은 단서를 신설하여, 운행 중인 차만이 손괴된 것이 분명하고 도로에서의 위험방지와 원활한 소통을 위하여 필요한 조치를 한 때에는 신고하지 않아도 되도록 예외를 인정하였다.

### 불리한 진술거부권의 적용범위와 주취측정

헌법재판소는 헌법 제12조 제 2 항의 '진술'은 언어적 표출, 즉 개인의 생각이나 지식, 경험사실을 정신작용의 일환인 언어를 통하여 표출하는 것만을 의미하는 것으로 한정한다. 헌법재판소가 1997. 3. 27. 선고한 [96헌가11] 사건에서 제기된 문제는 주취운전의 혐의자에게 주취여부의 측정에 응할 의무를 지우고 이에 불응한 사람을 처벌하는 도로교통법 조항이 진술거부권을 침해하는 위헌조항이 아닌가 하는 것이었다. 이 문제에 대하여 헌법재판소는 이 음주측정은 호흡측정기에 입을 대고 호흡을 불어 넣음으로써 신체의 물리적·사실적 상태를 그대로 드러내는 행위에 불과하므로 이를 두고 '진술'이라 할 수 없고, 따라서 주취운전 혐의자에게 호흡측정기에 의한 주취여부의 측정에 응할 것을 요구하고 이에 불응할 경우 처벌한다고 하여도 이는 형사상 불리한 '진술'을 강요하는 것에 해당한다고 할 수 없다고 판시하였다.

### 정치자금 허위기재와 회계장부 보존

그렇다면 정치자금의 수입·지출에 관한 내역을 회계장부에 허위 기재하거나 관할 선거관리위원회에 허위 보고한 정당의 회계책임자를 형사처벌하는 정치자금에관한법률 조항은 어떠한가? 헌법재판소는 '보고'뿐만 아니라 '기재'도 당사자가 자신의 경험을 말로 표출한 것의 등가물(等價物)로 평가하여 '진술'의 범위에 포함시킨다. 그러나 회계장부·명세서·영수증을 보존하는 행위는 진술거부권의 보호대상이 되는 '진술' 즉 언어적 표출의 등가물로 볼 수 없으므로, 정당의 회계책임자가 불법 정치자금이라도 그 수수내역을 회계장부에 기재하고 이를 신고할 의무가 있다고 규정하고 있는 정치자금법 조항들이 과잉금지 원칙에 위배되어 진술거부권을 침해한다고 할 수 없다고 판시하였다(憲 2005. 12. 22.-2004헌바25).

### ▶ 질 문

1. [89헌가118](교통사고 신고의무) 사건에서 헌법재판소는 한정합헌결정을 선고하였다. 입법자가 이 결정의 취지를 수용하여 법률을 개정하기 전이라면 검찰이나 법원은 교통사고 신고의무 위반사건을 어떻게 처리해야 하는가?
2. 다른 국가기관들이 한정합헌결정을 존중하도록 헌법재판소가 강제할 수 있는 수단은 무엇인가?
3. 진술거부권에서의 '불이익', 무죄추정의 원칙에서 피의자 또는 피고인에게 가해서는 안 되는 '불이익', 연좌제 금지원칙에서 말하는 '불이익'을 비교해 보라.

## XI. 자백의 증거능력 및 증명력 제한

제12조 ⑦ 피고인의 자백이 고문·폭행·협박·구속의 부당한 장기화 또는 기망 기타의 방법에 의하여 자의로 진술된 것이 아니라고 인정될 때 또는 정식재판에 있어서 피고인의 자백이 그에게 불리한 유일한 증거일 때에는 이를 유죄의 증거로 삼거나 이를 이유로 처벌할 수 없다.

### ▶ 개 요

자백은 자기가 범죄사실의 전부 또는 일부를 범하였음을 인정하는 진술을 말한다. 헌법 제12조 제 7 항 전단은 임의성이 없는 자백의 증거능력을 제한하는 자백배제법칙을, 후단은 임의성이 있는 자백일지라도 그 증명력을 제한하는 자백보강법칙을 규정한 것이다. 자백은 범죄사실을 입증하는 강력한 증거가 되기 때문에 자백을 확보하기 위하여 고문 등의 강압수사가 가해질 수 있다. 형사소송에서 증거재판주의에 따라 사실의 인정은 증거에 의해야 하는데(형사소송법 제307조 제 1 항), 자백배제법칙은 임의성이 없는 자백을 재판절차에서 아예 증거로 사용할 수 없도록 함으로써 인권침해의 소지를 없애려는 것이다. 또한 형사소송법은 자유심증주의를 채택하여 요증사실(要證事實)을 증명할 수 있는 증거의 실질적 가치, 즉 증명력을 법률로 규정하지 않고 법관의 자유로운 판단에 맡기고 있는데(형사소송법 제308조), 자백보강법칙은 자유심증주의의 중요한 제한이 된다. 법관은 자백에 의하여 유죄의 심증을 얻더라도 보강증거가 없으면 피고인에게 유죄를 선고할 수 없기 때문이다. 자백보강법칙의 필요성은 허위자백의 배제와 자백편중 수사관행의 견제라는 두 가지 측면에서 인정된다(신동운, 1100).

## ▶ 핵심판례

### 大 1997. 6. 27.-95도1964 [밤샘수사 사건]

[사건의 개요]

1994. 7. 18. 부산지방검찰청 제363호 검사실에서 담당검사에 의하여 피고인에 대하여 처음으로 진술조서가 작성되었는데 그 당시 피고인은 공소사실을 모두 부인하였고, 같은 달 19. 같은 검사에 의하여 제 1 회 피의자신문조서가 작성될 때에도 위 피고인은 이를 부인하였는데, 같은 날 수사검사가 교체되어 제 2 회 피의자신문조서가 작성되면서 피고인은 그 때까지 부인하였던 공소사실을 모두 자백하였고, 다시 같은 날 원래의 담당검사에 의하여 제 3 회 피의자신문조서가 작성될 때에도 이를 자백하였다. 한편 위 각 서류의 증거조사시에 피고인은 위 제2, 3회 피의자 신문조서의 임의성을 부인하였다.

[심판의 대상]

상고이유의 요지는 다음과 같다. 원심이 유죄의 증거로 삼은 증거들 중 피고인의 검찰에서의 자백은 피고인이 1994. 7. 18. 08:10경 부산지방검찰청에 연행되어 같은 달 19. 14 : 00경까지 약 30시간 동안 잠도 자지 못한 채 검사 2명에 의하여 교대로 계속 조사를 받아 심신이 몹시 지친 상태에서, 검사가 사안이 무겁지 아니하고 취업할 처지도 아니니 유죄판결을 받더라도 집행유예의 형이 선고될 것인데 범행을 부인하여 고생을 할 것이 아니라 속히 귀가하는 것이 좋지 않겠느냐고 회유하는 바람에 우선 귀가하고 보자는 자포자기의 심정에서 하게 된 허위의 자백이므로, 이를 유죄의 증거로 삼은 원심판결에는 채증법칙 위배의 위법이 있다는 것이다.

이 사건에서 대법원은 "각 상고를 기각한다"고 결정하고, 그 이유를 다음과 같이 설시하였다.

이 사건에서와 같이 동일한 피의자에 대하여 하루 동안에 3회의 피의자신문조서가 작성된 것과 뚜렷한 이유 없이 같은 날 중간에 검사가 교체되었다가 다시 원래의 담당검사에 의하여 수사가 진행된 것은 지극히 이례적이라 할 것인바, 이러한 이례적인 수사과정과, 비록 위 제 2 회 피의자신문조서에는 위 피고인이 그 때까지의 진술을 번복하는 이유를 "사실대로 진술을 하고 선처를 바라는 마음에서 바른대로 진술을 하는 것"이라고 기재되어 있지만, 그러한 사정만으로 그 동안 공소사실을 부인하여 오던 위 피고인이 진술을 갑자기 번복하게 된다는 것은 선뜻 수긍이 되지 아니하는 점, 또한 기록에 의하여 인정되는 바와 같이 위 피고인이 위 제 2 회 피의자신문조서 작성시에 "마음이 괴로워서 조사를 빨리 끝내고 싶다"는 심경을 밝히고 있고, 위 제 3 회 피의자신문조서 작성시에도 "전회의 진술이 사실인가"라는 검사의 신문에 대하여 처음에는 묵묵부답을 한 다음, 그 이유를 "진술조서와 제 1 회 피의자신문조서 작성시에는 극구 부인을 하였다가 나중에 순순히 자백을 하고 보니 오히려 마음이 허전하고 자책감에서 아무런 말도 못하고 침묵을 지켰다"고 자백을 후회하는 듯한 진술을 하였으며, "달리 유리한 진술이나 증거가 있는가"라는 검사의 신문에 대하여도 괴로운 듯 얼굴을 찡그리고 아무런 말을 하지 아니하는 태도를 보인 점, 그 이후 제 1 심 법정에서부터는 다시 위 공소사실을 일관하여 부인하고 있는 점 등에 비추어 보고 특히 피의자에게는 진술거부권이 있는 점을 감안하면, 위 피고인의 검찰에서의 자백은 위 피고인의 자유로운 의사에 의하여 임의로 되었다기보다는 위 상고이유의 주장과 같이 검사 2명이 위 피고인을 잠을 재우지 아니한 채 교대로 신문을 하면서 회유한 끝에 받아낸 것이 아닌가 하는 강한 의심을 가지게 한다.

그렇다면, 검사 작성의 위 피고인에 대한 제2, 3회 피의자신문조서에 기재된 위 피고인의 자백은 위 피고인을 잠을 재우지 아니한 상태에서 이루어진 것으로 임의로 진술한 것이 아니라고 의심할 만한 이유가 있는 때에 해당한다 할 것이므로 형사소송법 제309조의 규정에 의하여 위 각 피의자신문조서는 증거능력이 없다고 보아야 할 것이고, 따라서 이를 유죄의 증거로 삼은 원심판결은 잘못이라고 할 것이다.

다만, 원심은 위 피고인에 대한 유죄의 증거로서 그 외에도 공진기의 수사기관 이래 원심에 이르기까지의 진술 및 압수된 경비가불장의 기재 등을 들고 있는바, 위 나머지 증거들을 기록에 비추어 살펴보면, 위 나머지 증거들에 의하더라도 위 피고인에 대한 판시 범죄사실을 유죄로 인정할 수 있다고 보이므로, 결국 원심의 위와 같은 잘못은 판결 결과에 영향이 없다 할 것이다. 이 점에 관한 상고이유의 주장은 이유 없음에 귀착된다.

## ▶ 해 설

### 자백에 대한 보강증거의 정도

자백에 대한 보강증거는 범죄사실 전체에 대한 것이 아닐지라도 피고인의 자백이

가공적이 아니고 진실한 것이라고 인정할 수 있는 정도이면 되는 것이고 이러한 증거는 직접증거만이 아니라 정황증거나 간접증거라도 상관없다는 것이 대법원의 확립된 판례이다(大 1992. 4. 24.-92도256; 1995. 7. 25.-95도1148 등).

### 임의성 없는 심리상태의 계속

피고인이 검사 이전의 수사기관에서 고문 등 가혹행위로 인하여 임의성 없는 자백을 하고 그 후 검사의 조사단계에서도 임의성 없는 심리상태가 계속되어 동일한 내용의 자백을 하였다면 검사의 조사단계에서 고문 등 자백의 강요행위가 없었다고 하여도 검사 앞에서의 자백도 임의성 없는 자백이다(大 1992. 11. 24.-92도2409).

### 밤샘조사와 휴식

대법원은 피고인이 밤늦게 조사를 받은 경우에는 그 다음 조사시까지 충분한 휴식이 보장되었던 사실이 인정되는 사건에서는 일부 야간 조사가 이루어졌다고 하여 자백의 임의성을 부정할 것은 아니라고 보았다(大 2005. 11. 10.-2004도42).

## ▶ 질 문

1. 자백배제법칙이나 자백보강법칙이 형사소송법이 아니라 헌법에 직접 규정된 것은 어떤 의미인가?
2. 헌법 제12조 제 7 항의 문장은 "a 또는 b이면, c 또는 d이다"는 구조를 갖추고 있다. 이러한 문장구조는 정확한가?

# 08.

# 제 8 장 | 정신적 자유

헌법 제19조부터 제22조에 걸쳐 정신적 자유권들이 규정되어 있다. 헌법 제19조의 양심의 자유, 제20조의 종교의 자유, 제21조의 언론·출판의 자유와 집회·결사의 자유, 제22조의 학문과 예술의 자유가 그것이다. 이 중에서 양심의 자유, 종교의 자유, 학문과 예술의 자유는 인간의 내심의 영역에 관한 '내심의 자유'로, 언론·출판의 자유와 집회·결사의 자유는 이를 외부로 표출하는 '표현의 자유'로 분류된다.

이러한 정신적 자유권은 인간의 존엄성을 유지하기 위한 기본조건이고 민주주의체제의 존립을 위한 불가결의 전제이기 때문에 다른 기본권에 비하여 보다 고도로 보장되어야 한다는 '정신적 자유의 우월론'이 존재한다. 이 '정신적 자유의 우월론' 때문에 정신적 자유를 규제하는 법률의 경우에 그 합헌성판단에는 경제적 기본권을 규제하는 법률보다 더 엄격한 기준이 적용되며(합헌성판단의 이중기준의 원칙), 정신적 자유를 규제하는 입법에 대해서는 합헌성추정의 원칙이 배제되고(합헌성추정배제의 원칙), 정신적 자유를 규제하는 입법이 막연하거나 불명확한 경우에는 무효이며(막연하므로 무효의 이론), 표현의 자유를 규제하는 입법은 해악발생의 확실성과 규제의 절대적 필요성이 인정될 경우에만 정당화될 수 있다(명백 · 현존하는 위험의 원칙).

# Ⅰ. 양심의 자유

> 제19조 모든 국민은 양심의 자유를 가진다.

### ▶ 개 요

양심의 자유는 인격권의 중요 요소이다. 헌법재판소는 "인간의 존엄성 유지와 개인의 자유로운 인격발현을 최고의 가치로 삼는 우리 헌법상의 기본권체계 내에서 양심의 자유의 기능은 개인적 인격의 정체성과 동질성을 유지하는 데 있다"고 본다(憲 2004. 8. 26.-2002헌가1). 헌법 제17조가 말하는 양심은 "옳고 그른 것에 대한 판단을 추구하는 가치적 · 도덕적 마음가짐으로, 개인의 소신에 따른 다양성이 보장되어야 하고 그 형성과 변경에 외부적 개입과 억압에 의한 강요가 있어서는 아니 되는 인간의 윤리적 내심영역"이라고 정의되어 왔다(憲 2002. 1. 31.-2001헌바43). 여기에는 세계관 · 인생관 · 주의 · 신조 등은 물론 이에 이르지 아니하여도 널리 개인의 인격형성에 관계되는 내심에 있어서의 가치적 · 윤리적 판단도 포함된다(憲 1991. 4. 1.-89헌마160 등). 헌법재판소는 "'양심상의 결정'이란 선과 악의 기준에 따른 모든 진지한 윤리적 결정으로서 구체적인 상황에서 개인이 이러한 결정을 자신을 구속하고 무조건적으로 따라야 하는 것으로 받아들이기 때문에 양심상의 심각한 갈등이 없이는 그에 반하여 행동할 수 없는 것"이라고 부연하였다(憲 2004. 8. 26.-2002헌가1). 다만, 헌법이 보호하려는 양심은 "어떤 일의 옳고 그름을 판단함에 있어서 그렇게 행동하지 아니하고는 자신의 인격적인 존재가치가 허물어지고 말 것이라는 강력하고 진지한 마음의 소리로서 절박하고 구체적인 양심"이지 막연하고 추상적인 개념으로서의 양심은 아니다(憲 1997. 3. 27.-96헌가11 등). 양심상 결정의 내용을 객관적으로 정할 수 없기 때문에, 양심의 자유의 보호영역도 구체적인 경우에 주관적 기준에 따라 정할 수밖에 없다. 양심의 자유의 적용 대상은 불특정하고 무제한적이다. 그러므로 양심의 자유는 종교의 자유에 귀속시키기가 의문스러운 경우들을 총괄하는 기능을 한다.

## 1. 양심의 자유의 개념

### ▶ 핵심판례

憲 2002. 1. 31.-2001헌바43 [공정거래법위반사실 공표 사건]

[사건의 개요]

청구인 사단법인 대한병원협회는 의약분업 시행을 앞두고 1999. 11. 30. 서울 소재 장충체육관에서 제 1 차 의사대회를 개최하였다. 공정거래위원회는 청구인의 위 행위가 독점규제및공정거래에관한법률 제26조 제 1 항 제 3 호가 금지하는 '구성사업자의 사업내용 또는 활동을 부당하게 제한하는 행위'에 해당한다는 이유로 같은 달 24. 청구인에게 동 행위를 금지함과 동시에 4대 중앙일간지에 동 법위반사실을 공표하도록 함과 아울러 청구인을 고발하는 내용의 시정명령 등 처분을 하였다.

[심판의 대상]

이 사건의 심판대상은 독점규제및공정거래에관한법률 제27조 중 "법위반사실의 공표" 부분이다.

**공정거래법** 제27조(시정조치) 공정거래위원회는 제26조(사업자단체의 금지행위)의 규정에 위반하는 행위가 있을 때에는 당해 사업자단체(필요한 경우 관련 구성사업자를 포함한다)에 대하여 당해 행위의 중지, 법위반사실의 공표 기타 시정을 위한 필요한 조치를 명할 수 있다.

이 사건에서 헌법재판소는 "독점규제및공정거래에관한법률(1999. 2. 5. 법률 제5813호로 개정된 것) 제27조 중 '법위반사실의 공표' 부분은 헌법에 위반된다"고 결정하고, 그 이유를 다음과 같이 설시하였다.

▣ 양심의 자유의 침해 여부

양심은 옳고 그른 것에 대한 판단을 추구하는 가치적·도덕적 마음가짐으로, 개인의 소신에 따른 다양성이 보장되어야 하고 그 형성과 변경에 외부적 개입과 억압에 의한 강요가 있어서는 아니 되는 인간의 윤리적 내심영역이다. 보호되어야 할 양심에는 세계관·인생관·주의·신조 등은 물론, 이에 이르지 아니하여도 보다 널리 개인의 인격형성에 관계되는 내심에 있어서의 가치적·윤리적 판단도 포함될 수 있다. 그러나 단순한 사실관계의 확인과 같이 가치적·윤리적 판단이 개입될 여지가 없는 경우는 물론, 법률해석에 관하여 여러 견해가 갈리는 경우처럼 다소의 가치관련성을 가진다고 하더라도 개인의 인격형성과는 관계가 없는 사사로운 사유나 의견 등은 그 보호대상이 아니라고 할 것이다. 이 사건의 경우와 같이 경제규제법적 성격을 가진 공정거래법에 위반하였는지 여부에 있어서도 각 개인의 소신에 따라 어느 정도의 가치판단이 개입될 수 있는 소지가 있고 그 한도에서 다소의 윤리적·도덕적 관련성을 가질 수도 있겠으나, 이러한 법률판단의 문제는 개인의 인격형성과는 무관하며, 대화와 토론을 통하여 가장 합리적인 것으로 그 내용이 동화되거나 수렴될 수 있는 포용성을 가지는 분야에 속한다고 할 것이므로 헌법 제19조에 의하여 보장되는 양심의 영역에 포함되지 아니한다고 봄이 상당하다. 한편 누구라도 자신이 비행을 저질렀다고 믿지 않는 자에게 본심에 반하여 사죄 내지 사과를 강요한다면 이는 윤리적·도의적 판단을 강요하는 것으로서 경우에 따라서는 양심의 자유를 침해하는 행위에 해당한다고 할 여지가 있으나, '법위반사실의 공표명령'은 법규정의 문언상으로 보아도 단순히 법위반사실 자체를 공표하라는 것일 뿐, 사죄 내지 사과하라는 의미요소를 가지고 있지는 아니하다. 공정거래위원회의 실제 운용에 있어서도 '특정한 내용의 행위를 함으로써 공정거래법을 위반하였다는 사실'을 일간지 등에 공표하라는 것이어서 단지 사실관계와 법을 위반하였다는 점을 공표하라는 것이지 행위자에게 사죄 내지 사과를 요구하고 있는 것으로는 보이지 않는다. 따라서 이 사건 법률조항의 경우 사죄 내지 사과를 강요함으로 인하여 발생하는 양심의 자유의 침해문제는 발생하지 않는다.

## ▶ 해 설

### 위헌결정의 이유

위 사건에서 헌법재판소는 재판관 전원일치의 위헌결정을 선고하였다. 일반적 행동의 자유 및 명예권 침해, 무죄추정의 원칙 위반, 진술거부권 침해 등이 그 이유이다.

### 주관적 양심개념

인권의 기초개념으로서 양심을 정의할 때 그것은 '절대적으로 옳은 것'과는 다르게 이해되어야 한다(이재승, 177). 양심의 객관적 내용이 무엇이라고 미리 정해 놓을 수는 없기 때문에, 어떤 이의 양심적 결정의 내용을 판단하는 데 '평균인'의 기준을 적용하는 것은 헌법의 취지에 합치할 수 없다(박종보a, 249). 헌법재판소도 "양심의 자유가 보장하고자 하는 '양심'은 민주적 다수의 사고나 가치관과 일치하는 것이 아니라, 개인적

현상으로서 지극히 주관적인 것이다. 양심은 그 대상이나 내용 또는 동기에 의하여 판단될 수 없으며, 특히 양심상의 결정이 이성적·합리적인가, 타당한가 또는 법질서나 사회규범, 도덕률과 일치하는가 하는 관점은 양심의 존재를 판단하는 기준이 될 수 없다"고 하여 양심의 개념이 주관적이라는 것을 인정하였다(憲 2004. 8. 26.-2002헌가1). 대법원도 주관적 양심개념을 대체로 수용하고 있는 것으로 보이지만, '사회적 평균인'의 관점에서 그 기대가능성 유무를 논하기도 한다(大 2004. 7. 15.-2004도2965).

### 윤리적 판단의 진지성의 정도

자신의 인격적 존재가치가 허물어지고 말 것이라는 정도의 진지성이 없이 법질서가 요구하는 특정행위에 대하여 마음이 내키지 않는 막연한 감정은 양심으로 보호받지 못한다. 헌법재판소는 초기 판례인 사죄광고 사건에서 법원이 명하는 사죄광고가 타인의 명예를 훼손하여 비행을 저질렀다고 믿지 않는 자에게 본심에 반하여 깊이 "사과한다"고 하면서 죄악을 자인하는 의미의 사죄의 의사표시를 강요하는 것이라는 이유로 양심의 자유를 침해한다고 보았다(憲 1991. 4. 1.-89헌마160). 그러나 헌법재판소는 주취운전 혐의자에게 주취여부의 측정에 응할 의무를 지우고 이에 불응한 사람을 처벌하는 도로교통법 조항은 양심의 자유를 침해하지 않는다고 판시하였다. 마찬가지로 탈법방법에 의한 문서·도화의 배부·게시 등을 금지하고 있는 공직선거법 조항이나(憲 2001. 8. 30.-99헌바92), 자동차 운전자에게 좌석안전띠를 매도록 하고 이를 위반했을 때 범칙금을 납부하도록 통고하는 것(憲 2003. 10. 30.-2002헌마518)은 양심의 자유를 침해하지 않는다. 내면적으로 구축한 인간양심이 왜곡·굴절되고 청구인의 인격적인 존재가치가 허물어진다고 할 수는 없기 때문이다.

## ▶ 질 문

1. [89헌마160](사죄광고) 사건의 법리는 [2001헌바43](공정거래법위반사실 공표) 결정에 의해서 번복되었다고 할 수 있는가?

## 2. 양심의 자유의 보호영역

### ▶ 핵심판례

憲 2002. 4. 25.-98헌마425 [준법서약서 사건]

[사건의 개요]

청구인은 1978. 2. 2. 국가보안법 위반으로 구속되어 같은 해 12. 26. 무기징역형이 확정된 후 안동교도소에서 복역하던 중, 당국의 준법서약서 제출요구를 거절하여 1998. 8. 15. 단행된 가석방에서 제외되었다.

[심판의 대상]

**가석방심사등에관한규칙** 제14조(심사상의 주의) ② 국가보안법위반, 집회및시위에관한법률위반 등의 수형자에 대하여는 가석방 결정 전에 출소 후 대한민국의 국법질서를 준수하겠다는 준법서약서를 제출하게 하여 준법의지가 있는지 여부를 확인하여야 한다.

이 사건에서 헌법재판소는 “청구인 조○록, 조○원의 심판청구를 각 기각하고, 나머지 청구인들의 심판청구를 모두 각하한다”고 결정하고, 그 이유를 다음과 같이 설시하였다.

▣ 양심의 자유의 침해 여부

헌법상 그 침해로부터 보호되는 양심은 첫째, 문제된 당해 실정법의 내용이 양심의 영역과 관련되는 사항을 규율하는 것이어야 하고, 둘째, 이에 위반하는 경우 이행강제, 처벌 또는 법적 불이익의 부과 등 법적 강제가 따라야 하며, 셋째, 그 위반이 양심상의 명령에 따른 것이어야 한다.

■ 준법서약의 내용과 양심의 영역의 관련 여부

국법질서의 준수에 대한 국민의 일반적 의무가 헌법적으로 명백함을 감안할 때, 내용상 단순히 국법질서나 헌법체제를 준수하겠다는 취지의 서약을 할 것을 요구하는 이 사건 준법서약은 국민이 부담하는 일반적 의무를 장래를 향하여 확인하는 것에 불과하며, 어떠한 가정적 혹은 실제적 상황하에서 특정의 사유(思惟)를 하거나 특별한 행동을 할 것을 새로이 요구하는 것이 아니다. 따라서 이 사건 준법서약은 어떤 구체적이거나 적극적인 내용을 담지 않은 채 단순한 헌법적 의무의 확인·서약에 불과하다 할 것이어서 양심의 영역을 건드리는 것이 아니다.

■ 준법서약의 법적 강제와 양심의 자유의 침해 여부

양심의 자유는 내심에서 우러나오는 윤리적 확신과 이에 반하는 외부적 법질서의 요구가 서로 회피할 수 없는 상태로 충돌할 때에만 침해될 수 있다. 그러므로 당해 실정법이 특정의 행위를 금지하거나 명령하는 것이 아니라 단지 특별한 혜택을 부여하거나 권고 내지 허용하고 있는 데에 불과하다면, 수범자(受範者)는 수혜를 스스로 포기하거나 권고를 거부함으로써 법질서와 충돌하지 아니한 채 자신의 양심을 유지, 보존할 수 있으므로 양심의 자유에 대한 침해가 된다 할 수 없다.

이 사건의 경우, 준법서약서의 제출이 반드시 법적으로 강제되어 있는 것이 아니다. 당해 수형자는 가석방심사위원회의 판단에 따라 준법서약서의 제출을 요구받았다고 하더라도 자신의 의사에 의하여 준법서약서의 제출을 거부할 수 있다. 또 이를 거부하더라도 가석방심사위원회는 당해 수형자에게 준법서약서의 제출을 강제할 아무런 법적 권한이 없다. 또한 가석방이 그 법적 성격상 수형자의 개별적 요청이나 희망에 따라 행하여지는 것이 아니라 행형기관의 교정정책 혹은 형사정책적 판단에 따라 수형자에게 주는 은혜적 조치일 뿐이고 수형자에게 주어지는 권리가 아니어서, 준법서약서의 제출을 거부하는 당해 수형자는 결국 이 사건 규칙조항에 의하여 가석방의 혜택을 받을 수 없게 될 것이지만, 단지 그것뿐이며 더 이상 법적 지위가 불안해지거나 법적 상태가 악화되지 아니한다. 즉, 원래의 형기대로 복역하는 수형생활에 아무런 변화가 없는 것이다. 이와 같이 이 사건 규칙조항은 내용상 당해 수형자에게 하등의 법적 의무를 부과하는 것이 아니며 이행강제나 처벌 또는 법적 불이익의 부과 등 방법에 의하여 준법서약을 강제하고 있는 것이 아니므로 당해 수형자의 양심의 자유를 침해하는 것이 아니다.

## ▶ 해 설

### 반대의견

위와 같은 다수의견에 대하여 재판관 2인의 반대의견이 있다. 그 요지는 다음과 같다.

「다수의견은 이 사건 준법서약은 "단순한 헌법적 의무의 확인·서약에 불과하다고 할 것이어서 양심의 영역을 건드리는 것이 아니"라고 한다. 그러나 공산주의자에게 대한민국의 국가체제와 국가보안법을 준수하겠다는 서약서를 제출하면 가석방시켜 주겠다는 상황이어서 문제는 달라진다. 폭력적 방법으로 정부를 전복할 권리는 누구에게도 보장되어 있지 않지만, 그러한 사고가 개인의 내면에 머무는 한 이를 고백하게 하거나 변경하게 하는 것은 양심의 자유를 침해하는 것이다.

양심의 자유는 원칙적으로 국가의 세계관적·도덕적 중립성을 전제로 한다. 이는 개개인의 내면의 세계관·도덕관이 어떠하든 국가가 특정한 세계관·도덕관을 개인에게 강요할 수가 없고 관용하여야 한다는 이념에서 나오는 것이다. 국가는 폭력적인 국가전복을 시도하는 극단적 공산주의자의 "행위"를 처벌할 수는 있어도, 그들로 하여금 자신의 신념을 번복하게 해서는 안 된다.

다수의견이 준법서약서 부제출시의 가석방 배제라는 효과를 여하한 "법적 불이익"도 없는 것이라고 단언한 것은 지나친 형식논리이다. 양심의 자유나 표현의 자유와 같은 기본권은 국가에 의한 중요한 혜택의 배제 시에도 제한될 수 있다고 보아야 한다. 적어도 장기수에 있어 가석방의 배제는 그의 일생일대의 중요한 문제로서 이에 포함시켜야 할 문제이다.

준법서약서제도는 내심의 의사를 고백하게 하거나 혹은 침묵하지 못하게 하는 것이므로, 신념의 고백 여부에 관한 자유를 침해하는 것이다. 준법서약서제도는 어느 법률에서도 이를 직접 규정하고 있지 않으며 또한 이를 하위법령에 위임하는 근거규정도 없으므로 헌법 제37조 제 2 항에 위반된다. 설사 이를 내심의 자유에 관련된 것이 아니라, 양심 "실현"의 자유에 대한 제한으로 보는 경우에도 이 사건 규칙은 비례의 원칙을 준수한 것이라 볼 수 없다.」

### ▶ 질 문

1. 국법질서의 준수는 국민의 의무이다. 그런데 국법질서의 준수를 '서약'하는 것도 국민의 당연한 의무인가?
2. 양심의 자유 보장으로부터 '국가는 세계관적 중립성을 유지하여야 한다'는 원칙이 도출될 수 있는가?
3. 양심의 자유가 국가이념의 설정을 금지하고 개별 국민의 신념을 존중하고 평등하게 취급할 의무를 국가에게 지우는가?
4. 국가가 중요한 혜택(가석방)을 부여할 때 기본권(양심의 자유)을 포기하는 것(준법서약서 제출)을 조건으로 하는 것이 헌법상 허용되는가?

## 3. 양심의 자유의 제한

### ▶ 핵심판례

**憲 2004. 8. 26.-2002헌가1 [집총거부 병역법위반 사건]**

[사건의 개요]

당해사건의 피고인 겸 제청신청인은 현역입영대상자로서 현역병으로 입영하라는 병무청장의 현역입영통지서를 받고도 입영일로부터 5일이 지나도록 이에 응하지 아니하여 병역법 제88조 제 1 항 제 1 호 위반으로 공소가 제기되어 재판 계속 중이다.

[심판의 대상]

이 사건 심판의 대상은 병역법 제88조 제 1 항 제 1 호이다.

**병역법** 제88조(입영의 기피) ① 현역입영 또는 소집통지서(모집에 의한 입영통지서를 포함한다)를 받은 사람이 정당한 사유 없이 입영 또는 소집기일부터 다음 각 호의 기간이 경과하여도 입영하지 아니하거나 소집에 불응한 때에는 3년 이하의 징역에 처한다.

1. 현역입영은 5일

이 사건에서 헌법재판소는 "병역법 제88조 제 1 항 제 1 호(1999. 2. 5. 법률 제5757호로 개정된 것)는 헌법에 위반되지 아니한다"고 결정하고, 그 이유를 다음과 같이 설시하였다.

▣ 양심의 자유의 헌법적 의미 및 보장 내용

헌법 제19조의 양심의 자유의 보장 내용은 내심의 자유인 '양심형성의 자유'와 양심적 결정을 외부로 표현하고 실현하는 '양심실현의 자유'로 구분된다. 양심형성의 자유란 외부로부터의 부당한 간섭이나 강제를 받지 않고 개인의 내심영역에서 양심을 형성하고 양심상의 결정을 내리는 자유를 말하고, 양심실현의 자유란 형성된 양심을 외부로 표명하고 양심에 따라 삶을 형성할 자유, 구체적으로는 양심을 표명하거나 또는 양심을 표명하도록 강요받지 아니할 자유(양심표명의 자유), 양심에 반하는 행동을 강요받지 아니할 자유(부작위에 의한 양심실현의 자유), 양심에 따른 행동을 할 자유(작위에 의한 양심실현의 자유)를 모두 포함한다.

양심의 자유 중 양심형성의 자유는 내심에 머무르는 한, 절대적으로 보호되는 기본권이라 할 수 있는 반면, 양심적 결정을 외부로 표현하고 실현할 수 있는 권리인 양심실현의 자유는 법질서에 위배되거나 타인의 권리를 침해할 수 있기 때문에 법률에 의하여 제한될 수 있는 상대적 자유라 할 것이다.

▣ 양심실현의 자유의 보장문제

양심의 자유가 개인의 내면세계에서 이루어지는 양심형성의 자유뿐만 아니라 외부세계에서 양심을 실현할 자유를 함께 보장하므로, 양심의 자유는 법질서나 타인의 법익과 충돌할 수 있고 이로써 필연적으로 제한을 받는다. 양심의 자유가 보장된다는 것은, 곧 개인이 양심상의 이유로 법질서에 대한 복종을 거부할 수 있는 권리를 부여받는다는 것을 의미하지는 않는다. 따라서 이 사건의 경우 헌법 제19조의 양심의 자유는 개인에게 병역의무의 이행을 거부할 권리를 부여하지 않는다. 양심의 자유로부터 대체복무를 요구할 권리도 도출되지 않는다. 양심상의 이유로 병역의무의 이행을 거부할 권리는 단지 헌법 스스로 이에 관하여 명문으로 규정하는 경우에 한하여 인정될 수 있다.

▣ 이 사건 법률조항이 양심실현의 자유를 침해하는지 여부

이 사건 법률조항이 양심의 자유를 침해하는지의 문제는 '입법자가 양심의 자유를 고려하는 예외규정을 두더라도 병역의무의 부과를 통하여 실현하려는 공익을 달성할 수 있는지'의 여부를 판단하는 문제이다. 입법자가 공익이나 법질서를 저해함이 없이 대안을 제시할 수 있음에도 대안을 제시하지 않는다면, 이는 일방적으로 양심의 자유에 대한 희생을 강요하는 것이 되어 위헌이라 할 수 있다.

현재 우리의 안보상황에서 대체복무제를 도입하더라도 국가안보란 중대한 공익의 달성에 아무런 지장이 없는지에 관하여는 상이한 평가와 판단이 가능하다. 기본권을 제한하는 법률의 위헌성여부가 미래에 나타날 법률 효과에 달려 있다면, '국가가 대체복무제를 채택하더라도 국가안보란 공익을 효율적으로 달성할 수 있기 때문에 이를 채택하지 않은 것은 양심의 자유에 반하는가'에 대한 판단은 '입법자의 판단이 현저하게 잘못 되었는가' 하는 명백성의 통제에 그칠 수밖에 없다.

한국의 안보상황, 징병의 형평성에 대한 사회적 요구, 대체복무제를 채택하는 데 수반될 수 있는 여러 가지 제약적 요소 등을 감안할 때, 대체복무제를 도입하더라도 국가안보라는 중대한 헌법적 법익에 손상이 없으리라고 단정할 수 없는 것이 현재의 상황이라 할 것인바, 대체복무제를 도입하기 위해서는 남북한 사이에 평화공존관계가 정착되어야 하고, 군복무여건의 개선 등을 통하여 병역기피의 요인이 제거되어야 하며, 나아가 우리 사회에 양심적 병역거부자에 대한 이해와 관용이 자리잡음으로써 그들에게 대체복무를 허용하더라도 병역의무의 이행에 있어서 부담의 평등이 실현되며 사회통합이 저해되지 않는다는 사회공동체 구성원의 공감대가 형성되어야 하는데, 이러한 선행조건들이 충족되지 않은 현 단계에서 대체복무제를 도입하기는 어렵다고 본 입법자의 판단이 현저히 불합리하다거나 명백히 잘못되었다고 볼 수 없다.

▣ 입법자에 대한 권고

입법자는 헌법 제19조의 양심의 자유에 의하여 공익이나 법질서를 저해하지 않

는 범위 내에서 법적 의무를 대체하는 다른 가능성이나 법적 의무의 개별적인 면제와 같은 대안을 제시함으로써 양심상의 갈등을 완화해야 할 의무가 있으며, 이러한 가능성을 제공할 수 없다면, 적어도 의무위반시 가해지는 처벌이나 징계에 있어서 그의 경감이나 면제를 허용함으로써 양심의 자유를 보호할 수 있는 여지가 있는가를 살펴보아야 한다.

## ▶ 해 설

### 반대의견

이 결정에는 재판관 2인의 위헌의견이 있다. 그 요지는 다음과 같다.

「내면에 머무르는 양심은 절대적 자유로 인정되며 제한이 허용되지 않는 데 반해 표명여부나 작위·부작위 등에 의해 양심을 실현하는 경우에는 다른 대부분의 자유권과 마찬가지로 헌법 제37조 제 2 항에 의해 제한될 수 있다고 보아야 한다. 다만 내심에 따른 행동은 '다른 사람의 기본권이나 사회질서에 피해를 줄 가능성'이 있다는 점에서 내심의 생각에 머무른 것에 비하여 사회적 관련성이 크므로 상대적으로 제한될 수 있을 뿐이다.
일반적으로 우열을 가리기 어려운 헌법가치들이 갈등관계에 있을 때 입법자는 각 헌법가치들이 공존하면서 최적의 상태로 실현되어 조화를 이룰 수 있는 방안을 찾아야 한다. 만일 대안의 마련이 필요하고 가능함에도 불구하고 입법자가 이를 위해 최소한의 노력조차 하지 않았다면, 입법자는 기본권제한 원리를 준수하였다고 할 수 없다.
양심의 자유가 정신적 자유권 중에서도 기본적인 중요한 권리이며 양심실현의 자유도 경시되어서는 안 된다는 점, 양심적 병역거부를 둘러싼 현행법과 양심과의 갈등의 심각성, 이를 둘러싼 국내외의 축적된 논의와 경험, 이 문제에 관한 입법자의 재량 정도에 비추어 볼 때, 입법자에게 대안의 마련 등으로 양심의 자유와 병역의무의 평등한 이행 등의 갈등관계를 해소하여 조화를 도모할 수 있는 방안을 모색할 의무가 생겼으며 현실적으로 그 이행도 충분히 가능하다.
입법자가 양심적 병역거부자에 대한 예외인정과 관련하여 우려할 것이 있다면 병역의무의 형평문제일 것이다. 그들에게 현역복무이행의 기간과 부담 등을 총체적으로 고려하여 이와 유사하거나 그보다 높은 정도의 의무를 부과한다면, 국방의무이행의 형평성회복이 가능하며, 부당한 특혜를 준다는 논란도 불식할 수 있다. 엄격한 사전심사절차와 사후관리를 통하여 진정한 양심적 병역거부자와 그렇지 않은 자를 가려내는 것이 가능하다. 이와 같이 병역의무의 형평과 병역기피의 급증 등 양심적 병역거부자들의 현역입영면제로부터 발생할 수 있는 문제에 대응해 나아갈 방법이 존재한다면, 그 시행과정에서 해결해야 할 현실적인 어려움이 있다 하더라도 양심에 따라 병역을 기피한 자들에게 현역집총복무를 강요하기 위하여 징역형으로 처벌할 필요성이 반드시 있다고 보기는 어렵다. 또한 양심적 병역거부는 국제법규 측면에서도 인정할 필요성이 높다. 그럼에도 불구하고 입법자가 이러한 사정을 감안하여 양심적 병역거부자들에 대하여 어떠한 최소한의 고려라도 한 흔적을 찾아볼 수 없다.
입법자가 병역의무의 이행을 강제하면서 양심적 병역거부자들의 양심의 자유와의 심각하고도 오랜 갈등관계를 해소하여 조화를 도모할 최소한의 노력도 하지 않고 있다고 판단하므로 이들에게도 일률적으로 입영을 강제하고 형사처벌을 하는 범위에서는 이 사건 법률조항은 위헌이다.」

### 내심-표현 이분론

헌법재판소는 특정 기본권의 내용을 '질적으로' 분해하여 그 기본권의 어떤 부분(예컨대 양심상 결정, 종교선택, 연구와 창작 자체 등 "침해하려고 해도 침해할 수 없는" 내심의 작용)은 절대적 권리이고 나머지 부분(예컨대 양심상 결정의 외부적 표현, 연구결과의 발표, 예술작품의 전시)은 상대적 권리이므로 제한가능하다는 논리형식을 취하고 있다. 이러한 논리구성은 일견 내심의 자유를 적극적으로 옹호하는 것 같지만, 사실은 기본권의 보호영역을 축소시키는 위험한 이론이 될 수 있다. 양심의 자유의 보호영역은 '절대적으로' 내심의 영역에만 머물고 그 외부적 표현은 '상대적 자유'이므로 쉽게 제한할 수 있다는 논리적 비약을 허용할 수 있기 때문이다(박종보, 287-321). 그러한 예로 불고지죄 사건(憲 1998. 7. 16.-96헌바35)과 보안감호 사건(大 1997. 6. 13.-96다56115)을 들 수 있다. 다행히 헌법재판소는 [2002헌가1](양심적 집총거부) 사건에서 '상대적 자유'론을 반복하면서도 거기서 심사를 그치지 아니하고 양심실현의 자유의 보장문제를 충실히 논함으로써, 진일보한 태도를 보여 주었다.

## ▶ 질 문

1. [2002헌가1] 결정의 다수의견과 같이 양심적 병역거부권이 헌법이 명문으로 규정하는 경우에 한하여 인정될 수 있다면, 그런 명문조항이 있는지 여부만 확인하면 되는 것이지 따로 이 사건 법률조항이 양심실현의 자유를 침해하는지 여부를 검토할 필요가 있는가?
2. 헌법재판소가 '입법자의 판단이 현저하게 잘못 되었는가' 하는 명백성의 통제에 그칠 수밖에 없다고 하면서 다른 한편으로는 입법을 권고하는 것은 타당한가?
3. 집총병역은 '헌법적 효력을 가지는 의무'인가?
4. 양심의 자유와 헌법 제39조 제 1 항의 국방의 의무가 충돌한다고 볼 수 있는가?

헌법상의 의무는 헌법상 기본권과 등위의 가치를 지닌 것인가?

5. [2002헌가1] 결정의 반대의견이 단순위헌 의견인 것은 논리적인가?
6. 양심의 자유가 절대적으로 제한할 수 없는 권리가 아니라는 점을 설명하기 위하여 내심-표현 이분론이 필요한가? 반대로 일정한 내심의 자유는 불가침이라는 점을 설명할 수 있는 다른 이론은 없는가?

## Ⅱ. 종교의 자유

제20조 ① 모든 국민은 종교의 자유를 가진다.
② 국교는 인정되지 아니하며, 종교와 정치는 분리된다.

### ▶ 개 요

종교의 자유에 관해 우리 헌법은 제20조 제1항과 제2항을 두고 있다. 특히 제20조 제1항은 개인을 위한 주관적 공권으로서의 종교의 자유를, 제2항은 국교부인과 정교분리의 원칙이라는 제도적 보장을 규정한 것으로 이해된다. 우선, 종교의 자유에는 다시 무신앙의 자유, 신앙선택·변경의 자유, 신앙고백의 자유를 포함하는 절대적 기본권으로서의 '신앙의 자유', 예배, 기도, 독경 등 신앙을 외부로 표현하는 일체의 종교적 의식과 종교선전에 관한 '종교행위의 자유', 종교적 목적의 회합과 단체형성에 대한 종교적 집회·결사의 자유가 포함된다. 국교부인과 정교분리원칙의 내용으로는 국교의 부인, 종교의 정치관여금지 및 정치의 종교관여금지, 국가에 의한 특정종교의 우대금지가 있다.

### ▶ 핵심판례

#### 憲 2001. 9. 27.-2000헌마159 [사법시험 시행일자 사건]

[사건의 개요]

피청구인인 행정자치부장관은 2000. 1. 3. 행정자치부 공고 제2000-1호로 2000년도 공무원임용시험시행계획을 공고하였다. 위 계획 제5항에는 제42회 사법시험 제1차 시험일자를 2000. 2. 20. 시행한다고 되어 있는데 이 날은 일요일이다. 청구인은 A대학교 법대 4학년에 재학 중인 자로서 제42회 사법시험 제1차 시험에 응시원서를 접수하였으나 청구인이 신봉하는 기독교의 교리상 일요일에는 교회에 출석하여 예배행사에 참석하는 것이 신앙적 의무이기 때문에 일요일에 시행하는 위 사법시험 제 1 차 시험에 응시할 수 없었다. 이에 청구인은 위 시험일자를 일요일로 한 피청구인의 위 공고가 청구인의 헌법상 보장된 종교의 자유, 공무담임권, 휴식권 등의 기본권을 침해하는 공권력의 행사에 해당한다는 이유로 2000. 3. 3. 헌법소원심판을 청구하였다.

[심판의 대상]

피청구인인 행정자치부장관이 2000. 1. 3. 행정자치부공고 제2000-1호로 공고한 2000년도 공무원 임용시험 시행계획공고 중 제42회 사법시험 제 1 차 시험을 일요일인 2000. 2. 20.로 정하여 공고한 것.

※ 공고의 근거조항

**구 사법시험령** 제 9 조(시험의 시행 및 공고) ① 시험은 매년 1회 이상 실시하되 연초에 그 실시계획을 공고한다.

② 행정자치부장관은 시험을 실시하고자 할 때에는 그 일시·장소·시험방법 및 과목·응시자격·선발예정인원과 출원절차 등을 모든 응시자가 알 수 있도록 시험기일 30일 전에 공고하여야 한다. 다만, 불가피한 사유로 공고내용을 변경할 경우에는 시험기일 10일 전까지 그 변경사항을 공고하여야 한다.

이 사건에서 헌법재판소는 “청구인의 심판청구를 기각한다”라고 결정하고 그 이유를 다음과 같이 설시하였다.

■ 종교의 자유와 평등의 원칙 침해하지 않음

이 사건에서 청구인은 자신의 신앙적 의무를 지키기 위하여 사법시험 응시를 포기하고 예배행사에 참여하였다는 것이므로 사법시험 시행일을 일요일로 정한 피청구인의 처분이 직접적으로 청구인의 종교의 자유를 침해하였다고 보기는 어렵다. 다만 사법시험 시행일을 일요일로 정하는 것이 청구인의 일요일에 예배행사에 참석할 종교적 행위의 자유를 제한하는 것으로 볼 수 있는지가 문제이다.

생각건대, 종교적 행위의 자유는 신앙의 자유와는 달리 절대적 자유가 아니다. 따라서 질서유지, 공공복리 등을 위하여 제한할 수 있는 것이다. 사법시험 제 1 차 시험에 응시한 응시생들에 대한 시험관리를 위하여는 2,000여 명의 공무원이 필요한데 이러한 대규모 응시생들을 수용할 시험장소는 중·고등학교 건물을 임차하는 것 이외에 특별한 방법이 없고 만일 일요일이 아닌 평일에 사법시험을 실시한다면 해당 학교의 학생들이 수업을 받지 못하게 되고 또한 시험관리를 위한 2,000여 명의 공무원이 업무에 공백을 가져오게 된다. 뿐만 아니라 일요일이 아닌 평일을 시험일로 할 경우 직장인 또는 학생 신분인 사람들은 결근, 결석할 수밖에 없는 문제가 있게 되고 시험당일 문제지 수송과 수험생 입실시간이 교통혼잡시간대와 겹치게 되어 원활한 시험관리에도 상당한 지장을 가져오게 된다. 이러한 사정을 참작한다면 시험 시행일을 일요일로 정하여 공고한 것은 국가공무원법 제35조에 의하여 다수 국민의 편의를 위한 것이므로 이로 인하여 청구인의 종교의 자유가 어느 정도 제한된다 하더라도 이는 공공복리를 위한 부득이한 제한으로 보아야 할 것이고 그 정도를 보더라도 비례의 원칙에 벗어난 것으로 볼 수 없고 청구인의 종교의 자유의 본질적 내용을 침해한 것으로 볼 수도 없다. 또한 기독교 문화를 사회적 배경으로 하고 있는 구미 제국과 달리 우리나라에서는 일요일은 특별한 종교의 종교의식일이 아니라 일반적인 공휴일로 보아야 할 것이고 앞서 본 여러 사정을 참작한다면 사법시험 제 1 차 시험 시행일을 일요일로 정한 피청구인의 이 사건 공고가 청구인이 신봉하는 종교를 다른 종교에 비하여 불합리하게 차별대우하는 것으로 볼 수도 없다.

▣ 공무담임권도 침해하지 않음

사법시험은 원칙적으로 자격시험의 성격이 있고 그 시험에 합격하여 사법연수원의 소정 과정을 마친 사람 중에서 판사나 검사를 임용하고 있으므로 그 한도에서 공무원임용시험의 성격을 가지나, 피청구인이 사법시험 제 1 차 시험의 시행일을 일요일로 정하였다고 하여 청구인의 공무담임권이 침해되었다고 볼 수는 없다. 즉 청구인이 자신이 신봉하는 종교의 특별한 교리를 이유로 일요일에는 예배행사 참여와 기도와 선행 이외의 다른 행위를 할 수 없다는 것일 뿐이므로 다수 국민의 편의를 위하여 시험 시행일을 일요일로 정한 피청구인의 이 사건 공고가 특별히 청구인의 사법시험 응시 기회를 차단한다고 볼 수 없다.

▣ 휴식권도 침해하지 않음

휴식권은 헌법상 명문의 규정은 없으나 포괄적 기본권인 행복추구권의 한 내용으로 볼 수 있을 것이다. 이 행복추구권은 헌법 제10조에 의하여 보장되는 것으로 포괄적이고 일반조항적인 성격을 가지며 또한 그 구체적인 표현으로서 일반적인 행동자유권과 개성의 자유로운 발현권을 포함한다. 사법시험 시행일을 일요일로 정한 피청구인의 이 사건 공고는 청구인 등에게 공무담임의 기회를 제공하는 것이어서 행복추구의 한 방편이 될지언정 거꾸로 이를 침해한다고 볼 수는 없다.

▶ 해　　설

헌법재판소가 사법시험 제1차 시험 시행일을 일요일로 정하여 공고한 것에 대해 만장일치로 합헌결정을 내린 사건이다. 즉, 사법시험 제1차 시험을 일요일로 정하여 공고한 것이 종교의 자유도, 평등권도, 공무담임권도, 휴식권도 침해하지 않는다고 보았다. 종교의 자유를 신앙의 자유, 종교행위의 자유, 종교적 집회·결사의 자유라는 세 가지로 나누고, 이 중 신앙의 자유는 절대적 기본권이지만 종교행위의 자유나 종교적 집회·결사의 자유는 질서유지, 공공복리 등을 위하여 필요한 경우 제한할 수 있는 상대적 기본권으로 보고 있다. 이 사건에서도 일요일을 시험일로 지정하는 것이 예배 참가 등 종교행위의 자유의 제한에 해당하는 것으로 비례성의 원칙에도 어긋나지 않아, 결국 종교의 자유를 침해하지 않는다고 보았다.

▶ 질　　문

1. 헌법 제20조 제1항의 종교의 자유 조항으로부터 우리 헌법재판소는 어떤 구체적 기본권들을 도출하고 있는가?
2. 헌법재판소는 종교의 자유 중 어떤 구체적 기본권을 절대적 기본권이나 상대적 기본권으로 보고 있는가?

# Ⅲ. 언론·출판의 자유

## 1. 언론기관 설립의 자유

제21조 ③ 통신·방송의 시설기준과 신문의 기능을 보장하기 위하여 필요한 사항은 법률로 정한다.

## ▶ 개 요

보도의 자유란 신문, 잡지, 통신 등 출판물과 라디오, 텔레비전 등 전파매체에 의하여 뉴스를 보도하고 논평을 할 수 있는 자유를 말하는데, 이 보도의 자유는 언론기관을 자유로이 설립할 수 있는 언론기관 설립의 자유를 포함한다. 따라서 신문, 통신, 방송기관 등의 설립에 지나칠 정도로 과중한 시설기준을 요구하는 것은 언론·출판의 자유를 침해하는 것이 된다.

현대사회에서 언론기관이 가지는 중요성에 비추어 언론·출판의 자유의 실질적 보장을 위해서는 언론기관이 건전하게 존립·운용될 수 있는 조직과 형태를 갖추고 언론의 독과점을 방지하는 것이 필요하다. 이를 위해 헌법 제21조 제 3 항은 위에서와 같이 '언론기관의 시설기준 법정주의'를 규정하고 있는 것이다. 이에 따라 '신문 등의 자유와 기능보장에 관한 법률' 및 '방송법'이 제정되어 언론기관의 설립 및 그 시설기준 등에 관해 일정한 제한을 정하고 있다.

## ▶ 핵심판례

### 憲 2006. 6. 29.-2005헌마165 [신문법 사건]

[사건의 개요]

국회는 2005년 1월 27일 종전의 '정기간행물 등에 관한 법률'을 신문법으로 바꾸면서 전문 개정·공포하였고, 같은 날 언론중재법도 제정·공포하였다. 이들 법률은 공포 후 6월이 경과한 2005년 7월 28일부터 시행되었으며, 다만 신문법 제16조 제 3 항 및 제38조 제 3 항의 개정규정은 2006년 7월 28일부터 시행된다(신문법 부칙 제 1 조, 언론중재법 부칙 제 1 조). 청구인들은 신문법과 언론중재법 규정들이 청구인들의 헌법상 보장된 기본권을 침해한다고 주장하며 각 헌법소원심판을 청구하였다.

한편, 2006헌가3 사건의 제청신청인은 2005년 7월 26일에 자신이 발행하는 조선일보 A1면에 "국정원, 올 1월 도청테이프 성문분석, 목소리 주인공 확인했었다"라는 제목 하에 도청테이프와 관련된 기사를 보도하였고, 이에 국가정보원은 언론중재위원회에 제청신청인 스스로 이를 바로잡는다는 취지의 '정정보도문'을 작성·게재하라는 조정신청을 하였고, 이러한 조정신청에 대해 언론중재위원회는 직권으로 '반론보도문'을 작성·게재하라는 조정을 하였다. 국가정보원은 이 직권조정결정에 대하여 이의신청을 하였고, 이에 따라 위 정정보도에 관한 조정신청은 법원에 대하여 정정보도청구의 소를 제기한 것으로 간주되었다. 제청신청인은 위 사건의 계속중 언론중재법 조항들에 대한 위헌법률심판 제청신청을 하였고, 동 법원은 관련조항들에 대해 헌법재판소에 위헌법률심판을 제청하였다.

[심판의 대상]
**신문 등의 자유와 기능 보장에 관한 법률**(2005. 1. 27. 법률 제7369호로 전문 개정된 것, 이하 신문법) 제 3 조(편집의 자유와 독립) 제 2 항 · 제 3 항, 제 4 조(정기간행물 등의 사회적 책임), 제 5 조(정기간행물의 공정성과 공익성), 제 6 조(연수 등) 제 3 항, 제 8 조(독자의 권익보호), 제15조(겸영금지 등) 제 2 항 · 제 3 항, 제16조(자료의 신고 등), 제17조(시장지배적 사업자), 제18조(편집위원회 등), 제27조(신문발전위원회의 설치), 제28조(위원회의 구성) 제 3 항, 제29조(위원회의 직무), 제33조(신문발전기금의 설치 및 조성), 제34조(기금의 용도), 제35조(기금의 관리 · 운용), 제37조(신문유통원의 설립), 제39조(벌칙) 제 1 호, 제40조(벌칙) 제 3 호, 제42조(양벌규정), 제43조(과태료) 제 1 항 제 4 호
**언론중재 및 피해구제 등에 관한 법률**(2005. 1. 27. 법률 제7370호로 제정된 것, 이하 언론중재법) 제 4 조(언론의 사회적 책임 등), 제 5 조(인격권의 보장 등), 제 6 조(고충처리인), 제 7 조(언론중재위원회의 설치) 제 3 항, 제14조(정정보도청구의 요건) 제 2 항, 제15조(정정보도청구권의 행사) 제 4 항, 제18조(조정신청) 제 2 항 · 제 6 항, 제25조(중재결정의 효력), 제26조(정정보도청구등의 소) 제 6 항 본문 전단 중 '정정보도청구' 부분, 제30조(손해의 배상) 제 1 항 · 제 2 항, 제31조(명예훼손의 경우의 특칙) 후문, 제32조(시정권고), 제34조(과태료) 제 1 항 제 1 호, 부칙(시행 전 언론보도에 관한 경과조치) 제 2 조
**방송법**(2004. 3. 22. 법률 제7213호로 개정된 것) 제 8 조(소유제한등) 제 3 항

이 사건에서 헌법재판소는 "1. 신문법 제17조, 제34조 제 2 항 제 2 호, 언론중재법 제26조 제 6 항 본문 전단 중 '정정보도청구' 부분, 부칙 제 2 조 중 '제14조 제 2 항, 제26조 제 6 항 본문 전단 중 정정보도청구 부분, 제31조 후문' 부분은 각 헌법에 위반된다. 2. 위 신문법 제15조 제 3 항은 헌법에 합치하지 아니한다. 이 법률조항은 입법자가 개정할 때까지 계속 적용된다. 3. 청구인 주식회사 동아일보사, 주식회사 조선일보사, 주식회사 환경건설일보의 심판청구 중 위 신문법 제15조 제 2 항, 제16조 제 1 항 · 제 2 항 · 제 3 항, 위 언론중재법 제 6 조 제 1 항 · 제 4 항 · 제 5 항, 제14조 제 2 항, 제31조 후문에 대한 부분을 모두 기각한다. 4. 청구인 주식회사 동아일보사, 주식회사 조선일보사, 주식회사 환경건설일보의 나머지 심판청구 및 청구인 정, 강, 조, 유, 방, 이의 심판청구를 모두 각하한다"고 결정하고 그 이유를 다음과 같이 설시하였다.

▣ 일간신문과 뉴스통신·방송사업의 겸영을 금지하는 신문법 제15조 제 2 항은 합헌

신문법 제15조 제 2 항은 일간신문이 뉴스통신이나 일정한 방송사업을 겸영하는 것을 금지하고 있다. 그런데 일간신문이 뉴스통신이나 방송사업과 같은 이종 미디

어를 겸영하는 것을 어떻게 규율할 것인가 하는 것은 고도의 정책적 접근과 판단이 필요한 분야로서, 겸영금지의 규제정책을 지속할 것인지, 지속한다면 어느 정도로 규제할 것인지의 문제는 입법자의 미디어정책적 판단에 맡겨져 있다. 신문법 제15조 제 2 항은 신문의 다양성을 보장하기 위하여 필요한 한도 내에서 그 규제의 대상과 정도를 선별하여 제한적으로 규제하고 있다고 볼 수 있다. 규제 대상을 일간신문으로 한정하고 있고, 겸영에 해당하지 않는 행위, 즉 하나의 일간신문법인이 복수의 일간신문을 발행하는 것 등은 허용되며, 종합편성이나 보도전문편성이 아니어서 신문의 기능과 중복될 염려가 없는 방송채널사용사업이나 종합유선방송사업, 위성방송사업 등을 겸영하는 것도 가능하다. 그러므로 신문법 제15조 제 2 항은 헌법에 위반되지 아니한다.

※ 재판관 권성, 재판관 김효종, 재판관 조대현의 반대의견(위헌)

오늘날 통신기술 및 디지털기술의 발달과 위성방송, 인터넷 등 새로운 매스미디어의 발전에 따라 신문산업은 위축의 징후를 보이고 있으므로 신문사업자는 방송이나 통신의 컨텐츠사업자 등이 되어 활동영역을 넓히거나, 방송·통신의 겸영을 통하여 신문사업의 경영효율화를 도모할 필요성이 현저하게 되었다. 이러한 상황에서는 일간신문사의 뉴스통신·방송사업 겸영을 일률적으로 금지할 것이 아니라 겸영으로 인한 언론의 집중 내지 시장지배력의 효과를 고려하여 선별적으로 통제하는 방법이 바람직함에도 불구하고, 신문법 제15조 제 2 항이 일률적으로 겸영을 금지하는 것은 입법수단으로서 필요한 최소한의 것이라고 볼 수 없다. 따라서 이 조항은 신문사업자인 청구인들의 언론표현 방법의 자유와 기업경영의 자유를 침해하는 것이다.

### ▣ 일간신문사 지배주주의 뉴스통신사나 다른 일간신문사 주식·지분의 소유·취득을 제한하는 신문법 제15조 제 3 항은 헌법불합치

신문법 제15조 제 3 항에서 일간신문의 지배주주가 뉴스통신 법인의 주식 또는 지분의 2분의 1 이상을 취득 또는 소유하지 못하도록 함으로써 이종 미디어간의 결합을 규제하는 부분은 언론의 다양성을 보장하기 위한 필요한 한도 내의 제한이라고 할 것이어서 신문의 자유를 침해한다고 할 수 없다. 그런데 제15조 제 3 항은 나아가 일간신문의 지배주주에 의한 신문의 복수소유를 규제하고 있다. 신문의 다양성을 보장하기 위하여 신문의 복수소유를 제한하는 것 자체가 헌법에 위반된다고 할 수 없지만, 신문의 복수소유가 언론의 다양성을 저해하지 않거나 오히려 이에 기여하는 경우도 있을 수 있는데, 이 조항은 신문의 복수소유를 일률적으로 금지하고 있어서 필요 이상으로 신문의 자유를 제약하고 있다. 그러나 신문의 다양성 보장을 위한 복수소유 규제의 기준을 어떻게 설정할지의 여부는 입법자의 재량에 맡겨져 있으므로 이 조항에 대해서는 단순위헌이 아닌 헌법불합치결정을 선고하고, 다만 입법자의 개선입법이 있을 때까지 계속 적용을 허용함이 상당하다.

※ 재판관 송인준, 재판관 이공현의 반대의견(합헌)

신문법 제15조 제3항은 일간신문의 지배주주에 의한 신문의 복수소유를 규제하고 있는데, 이는 1인 사주의 지배하에 놓이는 신문의 출현을 억제하겠다는 것으로 이 또한 신문의 다양성 제고라는 입법목적 달성을 위해 필요한 것이므로 헌법에 위반되지 않는다.

■ 일간신문의 전체 발생부수 등 신문사의 경영자료를 신고·공개하도록 규정한 신문법 제16조 제1항, 제2항, 제3항은 합헌

신문법 제16조가 신문기업 자료의 신고·공개 제도를 둔 것은 신문시장의 투명성을 제고하고, 신문법 제15조의 겸영금지 및 소유제한 규정의 실효성을 담보함으로써 신문의 다양성이라는 헌법적 요청을 구현하기 위해서이다. 신문기업은 일반기업에 비하여 공적 기능과 사회적 책임이 크기 때문에 그 소유구조는 물론 경영활동에 관한 자료를 신고·공개하도록 함으로써 그 투명성을 높이고 신문시장의 경쟁질서를 정상화할 필요성이 더욱 크다. 신문법 제16조에서 신고·공개하도록 규정하고 있는 사항 중 상당부분은 상법 등 다른 법률에 의해 이미 공시 또는 공개되고 있는 것들이고, 그 밖에 발행부수, 광고수입 등과 같은 사항을 추가적으로 신고·공개하도록 하고 있지만, 이는 신문 특유의 기능보장을 위하여 필요한 범위 내의 것이다. 따라서 이 조항들이 신문의 자유를 지나치게 침해한다거나, 일반 사기업에 비하여 평등원칙에 반하는 차별을 가하는 위헌규정이라 할 수 없다.

※ 재판관 권성, 재판관 김효종, 재판관 조대현의 반대의견(위헌)

신문의 투명성 확보라는 모호한 입법목적을 위하여 신문기업의 자유를 침해하면서까지 신문기업의 여러 자료들을 제출시켜 검증·공개할 필요가 있는지 의문이다. 또한 신문기업의 주식 소유자에 대한 정보공개는 개인의 프라이버시를 노출시키게 되고, 그 결과 특정 신문에 대한 개인의 투자를 저해할 수도 있다. 다수의견은 신문법 제16조 제1항·제2항·제3항이 신문법 제15조의 겸영·소유금지 규정의 실효성을 담보하기 위해 필요하다고 하나, 우리는 신문법 제15조 제2항·제3항

이 위헌이라고 판단하기 때문에 위헌조항의 실효성을 담보한다는 입법목적은 그 자체로 정당성이 없다. 따라서 신문법 제16조 제 1 항 · 제 2 항 · 제 3 항은 신문사업자인 청구인들의 신문의 자유를 침해하는 것이다.

■ 1개 일간신문사의 시장점유율 30%, 3개 일간신문사의 시장점유율 60% 이상인 자를 '시장지배적사업자'로 추정하는 신문법 제17조는 위헌

신문법 제17조는 신문사업자를 일반사업자에 비하여 더 쉽게 시장지배적사업자로 추정되도록 규정하고 있는데, 이러한 규제는 신문의 다양성 보장이라는 입법목적 달성을 위한 합리적이고도 적정한 수단이 되지 못한다. 첫째, 발행부수만을 기준으로 신문시장의 점유율을 평가하고 있는 점, 둘째, 신문시장의 시장지배력을 평가함에 있어 서로 다른 경향을 가진 신문들에 대한 개별적인 선호도를 합쳐 이들을 하나의 시장으로 묶고 있는 점, 셋째, 그 취급분야와 독자층이 완연히 다른 일반일간신문과 특수일간신문 사이에 시장의 동질성을 인정하고 있는 점, 넷째, 신문의 시장지배적 지위는 결국 독자의 개별적 · 정신적 선택에 의하여 형성되는 것인 만큼 그것이 불공정행위의 산물이라고 보거나 불공정행위를 초래할 위험성이 특별히 크다고 볼만한 사정이 없는데도 신문사업자를 일반사업자에 비하여 더 쉽게 시장지배적사업자로 추정되도록 하고 있는 점 등이 모두 불합리하다. 따라서 신문법 제17조는 신문사업자인 청구인들의 평등권과 신문의 자유를 침해하여 헌법에 위반된다.

※ 재판관 주선회, 재판관 이공현의 반대의견(합헌)

발행부수는 신문시장의 시장지배력을 판단할 수 있는 1차적이고도 직접적인 요소라는 점, 신문사는 사시(社是)와 논조(論調)와 같은 정신적 경쟁관계와 별개로 경제적인 분야에서 과점적 지위를 유지하기 위하여 담합하여 시장질서를 어지럽히는 행위를 할 수 있다는 점, 일반일간신문과 특수일간신문이 상호 경쟁관계가 성립할 수 없는 완전히 별개의 시장이라고 단언하기 어려운 점에 비추어 보면, 시장지배적사업자 추정요건은 입법재량의 범위 내에 있다. 신문시장의 독과점은 다양한 의견이나 정보의 제공을 불가능하게 하고 일방적인 보도와 정보의 제공으로 여론의 왜곡을 초래할 수 있어 일반 상품시장의 독과점보다 그 폐해가 국가와 사회에 미치는 정도가 훨씬 심각하다. 이러한 신문시장의 특성을 반영하여 시장지배적사업자로 추정되는 시장점유율을 일반 상품보다 다소 하향 조정하였다고 하여 이것이 신문의 자유를 침해한다거나 다른 일반사업자와 비교하여 합리적 이유 없이 신문사

업자를 차별하는 것이라고 할 수 없다.

▣ 시장지배적사업자를 신문발전기금의 지원대상에서 배제한 신문법 제34조 제2항 제2호는 위헌

시장점유율이 높다는 이유만으로, 즉 독자의 선호도가 높아서 발행부수가 많다는 점을 이유로 신문사업자를 차별하는 것, 그것도 시장점유율 등을 고려하여 신문발전기금 지원의 범위와 정도에 있어 합리적 차등을 두는 것이 아니라 기금 지원의 대상에서 아예 배제하는 것은 합리적이 아니다. 발행부수가 많은 신문사업자를 시장지배적사업자제도를 이용하여 규제하려고 한다면 먼저 그 지배력의 남용 유무를 조사하여 그 남용이 인정될 때에만 기금 지원의 배제라는 추가적 제재를 가하는 것이 시장지배적사업자제도의 취지에 맞다. 따라서 신문법 제34조 제2항 제2호는 합리적인 이유 없이 발행부수가 많은 신문사업자를 차별하는 것이므로 평등원칙에 위배된다(재판관 전원일치).

▣ 일간신문사에 고충처리인을 두고 그 활동사항을 매년 공표하도록 규정한 언론중재법 제6조 제1항·제4항·제5항은 합헌

언론중재법 제6조에 의하여 신문사에게 강제되는 것은 고충처리인을 두어야 한다는 것과 고충처리인에 관한 사항을 공표하여야 한다는 것뿐이고, 그 외에 고충처리인제도의 운영에 관한 사항은 전적으로 신문사업자의 자율에 맡겨져 있다. 뿐만 아니라 고충처리인제도의 직무권한은 권고나 자문에 불과하여 실질적으로 신문사를 구속하는 효과도 적다. 이에 비해 고충처리인제도가 원활하게 기능할 경우 달성되는 공익은 매우 크다. 고충처리인제도는 언론피해의 예방, 피해발생시의 신속한 구제 및 분쟁해결에 있어서 적은 비용으로 큰 효과를 나타낼 수 있다. 그러므로 언론중재법 제6조 제1항·제4항·제5항은 헌법에 위반되지 아니한다.

※ 재판관 권성, 재판관 김효종의 반대의견(위헌)

신문사가 언론피해의 예방이나 구제를 위하여 고충처리인을 둘 것인지 여부는 신문사가 자율적으로 정할 문제이므로 국가가 나서서 이들 조항과 같이 고충처리인을 두고 그 활동사항을 매년 공표하라고 요구하는 것은 신문사업자의 신문의 자유를 침해하는 것이다.

▣ 정정보도청구의 요건으로 언론사의 고의·과실이나 위법성을 요하지 않도록 규정한 언론중재법 제14조 제 2 항, 제31조 후문은 합헌

언론중재법 제14조에서 규정하고 있는 정정보도청구권은 반론보도청구권이나 민법상 불법행위에 기한 청구권과는 전혀 다른 새로운 성격의 청구권이다. 허위의 신문보도로 피해를 입었을 때 피해자는 기존의 민·형사상 구제제도로 보호를 받을 수도 있지만, 신문사 측에 고의·과실이 없거나 위법성조각사유가 인정되는 등의 이유로 민사상의 불법행위책임이나 형사책임을 추궁할 수 없는 경우도 있다. 이러한 경우 피해자에 대한 적합한 구제책은 신문사나 신문기자 개인에 대한 책임추궁이 아니라, 문제의 보도가 허위임을 동일한 매체를 통하여 동일한 비중으로 보도·전파하도록 하는 것이다. 더욱이 정정보도청구권은 그 내용이나 행사방법에 있어 필요 이상으로 신문의 자유를 제한하고 있지 않다. 일정한 경우 정정보도를 거부할 수 있는 사유도 인정하고 있고, 제소기간도 단기간으로 제한하고 있으며, 정정보도의 방법도 동일 지면에 동일 크기로 보도문을 내도록 하여 원래의 보도 이상의 부담을 지우고 있지도 않다. 따라서 언론중재법 제14조 제 2 항이 신문의 자유를 침해하는 것이라고 볼 수 없으며, 언론중재법 제31조 후문은 그 위치에도 불구하고 제14조 제 2 항과 동일한 내용을 명예훼손에 관하여 재확인하는 규정으로 보아야 할 것이므로 역시 헌법에 위반되지 않는다(재판관 전원일치).

▣ 정정보도청구의 소를 민사집행법상 가처분절차에 의해 재판하도록 규정한 언론중재법 제26조 제 6 항 본문 전단 중 "정정보도청구" 부분은 위헌

언론중재법 제26조 제 6 항 본문 전단은 정정보도청구의 소를 민사집행법상의 가처분절차에 의하여 재판하도록 규정하고 있다. 그 결과 정정보도청구의 소에서는 그 청구원인을 구성하는 사실의 인정을 '증명' 대신 '소명'으로 할 수 있게 되었다. 그런데 언론중재법상의 정정보도청구소송은 통상의 가처분과는 달리 그 자체가 본안소송이다. 이러한 정정보도청구의 소에서, 승패의 관건인 "사실적 주장에 관한 언론보도가 진실하지 아니함"이라는 사실의 입증에 대하여, 통상의 본안절차에서 반드시 요구하고 있는 증명을 배제하고 그 대신 간이한 소명으로 이를 대체하는 것인데 이것은 소송을 당한 언론사의 방어권을 심각하게 제약하므로 공정한 재판을 받을 권리를 침해한다. 정정보도청구를 가처분절차에 따라 소명만으로 인용할 수 있게 하는 것은 나아가 언론의 자유를 매우 위축시킨다. 진실에 부합하지 않을 개연성이 있다는 소명만으로 정정보도 책임을 지게 되므로 언론사로서는 사후의 분쟁에 대비하여 진실임을 확신할 수 있는 증거를 수집·확보하지 못하는 한, 사실

주장에 관한 보도를 주저하게 될 것이다. 이러한 언론의 위축효과는 중요한 사회적 관심사에 대한 신속한 보도를 자제하는 결과를 초래하고 그로 인한 피해는 민주주의의 기초인 자유언론의 공적 기능이 저하된다는 것이다. 이와 같이 피해자의 보호만을 우선하여 언론의 자유를 합리적인 이유 없이 지나치게 제한하는 것은 위헌이다.

※ 재판관 김경일, 재판관 송인준, 재판관 조대현의 반대의견(합헌)

언론중재법 제26조 제 6 항이 정정보도청구에 대한 심리절차를 가처분절차에 의하도록 하고 있는 것은 허위보도로 인한 피해를 신속하게 구제하기 위하여 필요하고도 적절한 수단이다. 정정보도청구사건을 심리할 때에는 변론을 열어 당사자 쌍방에게 주장과 입증의 기회가 균등하게 주어진다. 또한 소명의 증명정도와 증명의 증명정도는 이론상으로는 구분되지만, 실제에 있어서는 크게 차이가 나지 않는다. 그리고 언론의 보도가 허위임이 밝혀진 경우에 허위보도를 정정하는 것은 진실보도의무를 부담하는 언론사가 당연히 취해야 할 조치이고, 정정보도는 사실에 관한 보도가 허위인 경우에 인정되는 것이므로 그것이 언론의 비판·견제기능을 약화시킨다고 볼 수도 없다.

▣ 언론중재법 시행 전의 언론보도로 인한 정정보도청구에 대해서도 언론중재법을 적용하도록 규정한 언론중재법 부칙 제 2 조 중 '제14조 제 2 항, 제26조 제 6 항 본문 전단 중 정정보도청구 부분, 제31조 후문' 부분은 위헌

언론중재법 부칙 제 2 조 본문은 언론중재법의 시행 전에 행하여진 언론보도에 대하여도 동법을 적용하도록 규정하고 있다. 이에 따라 정정보도청구권의 성립요건과 정정보도청구소송의 심리절차에 관하여 언론중재법이 소급하여 적용됨으로써 언론사의 종전의 법적 지위가 새로이 변경되었다. 이것은 이미 종결된 과거의 법률관계를 소급하여 새로이 규율하는 것이기 때문에 소위 진정 소급입법에 해당한다. 진정 소급입법은 헌법적으로 허용되지 않는 것이 원칙이고 이를 예외적으로 허용할 특단의 사정도 이 부칙조항에 대해 인정되지 않으므로 부칙 제 2 조 중 '제14조 제 2 항, 제26조 제 6 항 본문 전단 중 정정보도청구 부분, 제31조 후문' 부분은 헌법에 위반된다.

※ 재판관 조대현의 반대의견(합헌)

언론의 허위보도 자체는 보도와 동시에 완료되지만 그로 인한 피해는 보도 후에도 계속 진행되고 확산된다. 따라서 언론중재법 시행 전에 이루어진 허위보도로

인한 피해의 계속을 막기 위하여 언론중재법에 의하여 신설된 정정보도청구권을 적용하는 것이 진정 소급입법에 해당된다고 보기 어렵다. 또한 가처분절차에 의하도록 한 것이 헌법에 위반되지 않는다고 보는 이상, 언론중재법 시행 후에 청구된 정정보도청구사건을 가처분절차에 의하여 심리하도록 한 부분도 위헌이라고 볼 수 없다.

### ▶ 해 설

소위 신문법과 언론중재법의 조항들에 대해 헌법재판소가 언론기관설립의 자유 등의 관점에서 헌법적 판단을 내린 유명한 사건이다. 위에서 본 바와 같이 적법요건에 대한 판단은 제외하고 본안에 대한 판단의 쟁점만 해도 9가지에 달하는 등, 언론의 자유에 대한 많은 쟁점들을 다룬 결정이다. 이 9가지 쟁점에 대해서도 시장지배적 사업자를 신문발전기금의 지원대상에서 배제한 신문법 제34조 제 2 항 제 2 호가 신문사업자인 청구인들의 평등권을 침해해 위헌이라고 한 결정, 정정보도청구의 요건으로 언론사의 고의·과실이나 위법성을 요하지 않도록 규정한 언론중재법 제14조 제 2 항, 제31조 후문이 합헌이라고 한 결정만 재판관 전원일치의 결정이고 나머지 쟁점들에서는 의견들이 첨예하게 나뉘었음에 주목을 요한다. 본 결정문에는 반대의견들이 결정문의 후반부에 몰아서 기재되어 있으나, 위에서는 각 쟁점별로 다수의견과 반대의견을 비교하기 쉽게 각 쟁점별로 다수의견 바로 다음에 반대의견들을 배치하였다.

### ▶ 질 문

1. 헌법재판소의 신문법사건 결정(2005헌마165)에서 위헌결정과 헌법불합치결정을 받은 사항들은 무엇이며 그 근거는 무엇인가?
2. 헌법재판소의 신문법사건 결정(2005헌마165)에서 합헌결정을 받은 사항들은 무엇이며 그 근거는 무엇인가?

## 2. 반 론 권

### ▶ 개 요

헌법재판소 판례와 학설의 통설은 반론권을 언론·출판의 자유의 하나로 본다. 그리고 반론권은 반론보도청구권과 추후보도청구권으로 나누어진다. 반론보도청구권은 '언론기관의 사실에 관한 보도로 인하여 피해를 입은 자가 반박의 게재를 요구할 수 있는 반박권'으로 정의된다. 이 때 반론권 행사의 대상은 논평이나 비판 등의 의견이나 가치판단에 관한 보도가 아니라 사실에 관한 보도로 한정된다. 물론 그 보도내용의 진위여부에 관계없이 반론권을 청구할 수 있다. 반론권의 인정취지는 반론보도에 의해 상대방의 반대주장을 들을 수 있으므로 진실발견과 올바른 여론형성에 기여할 수 있다는 데 있다.

추후보도청구권은 범죄혐의가 있다거나 형사상 조치를 받았다고 보도·방송된 자가 그에 대한 형사절차가 무죄판결 또는 이와 동등한 형태로 종결된 때에 서면으로 추후보도나 추후방송을 청구할 수 있게 하는 권리이다. 이 때 추후보도나 추후방송의 범위는 청구인의 명예나 권리회복에 필요한 범위에 국한된다.

### ▶ 핵심판례

憲 1991. 9. 16.-89헌마165 [반론권 사건 1]

[사건의 개요]

청구외 주식회사 갑은 이 사건 청구인이 발행하는 일반 일간신문인 중앙일보의 특정 기사가 자신과 관련된다고 주장하면서 '정기간행물의 등록 등에 관한 법률' 제19조에 의하여 서울민사지방법원에 그 기사내용에 대한 정정보도게재청구의 심판을 제기하여 인용판결을 받았다. 위 사건의 피신청인인 이 사건 청구인이 서울고등법원에 항소를 제기함과 아울러 위 사건의 항소심 계속중 위 법원에 정정보도청구권을 규정한 이 법 제16조 제 3 항 및 그 절차를 규정한 이 법 제19조 제 3 항이 헌법상의 평등권 및 언론의 자유의 보장에 위반된다는 이유를 들어 제청을 신청하였으나, 위 법원은 이를 기각하였다. 청구인은 위 결정서의 송달을 받고 같은 달 헌법재판소에 이 법 제16조 제 3 항 및 제19조 제 3 항에 대하여 헌법재판소법 제68조 제 2 항에 의한 헌법소원심판을 청구하였다.

[심판의 대상]

**정기간행물의 등록 등에 관한 법률**(1987. 11. 28. 법률 제3979호) 제16조(정정보도청구권)

③ 발행인 또는 편집인이 정정보도게재청구를 받은 때에는 지체없이 피해자 또는 그 대리인과 정정보도의 내용, 크기 등에 관하여 협의한 후 일간신문과 주 1회 이상 발행하는 정기간행물 및 통신은 요구를 받은 날로부터 9일 이내에 같은 정기간행물에, 그 밖의 정기간행물은 편집이 완료되지 아니한 다음 발행호에 이를 무료로 게재하여야 한다. 다만, 피해자가 정정보도청구권의 행사에 정당한 이익을 갖지 않는 경우나 청구된 정정보도의 내용이 명백히 사실에 반하는 경우 또는 상업적인 광고만을 목적으로 하는 경우에는 이의 게재를 거부할 수 있다.

제19조(정정보도청구사건의 심판) ③ 제 1 항의 규정에 의한 청구에 대하여는 민사소송법의 가처분절차에 관한 규정에 의하여 재판하며, 청구가 이유있는 경우에는 법원은 제16조 제 3 항 내지 제 5 항이 정하는 방법에 따라 정정보도의 게재를 명할 수 있다. 다만, 민사소송법 제697조 및 제705조는 이를 적용하지 아니한다.

이 사건에서 헌법재판소는 “정기간행물의 등록 등에 관한 법률 제16조 제 3 항, 제19조 제 3 항은 헌법에 위반되지 아니한다”라고 결정하고 그 이유를 다음과 같이 설시하였다.

▣ 정정보도청구권의 ‘정정’이라는 명칭이 위헌의 근거가 될 수는 없음

이 법 제16조 및 방송법 제41조에 규정한 정정보도청구권은 정기간행물이나 방송에 공표된 사실적 주장에 의하여 피해를 받은 피해자가 발행인이나 편집인 또는 방송국의 장이나 편성책임자에 대하여 그 피해자의 사실적 진술과 이를 명백히 전달하는데 필요한 설명을 게재 또는 방송하여 줄 것을 요구할 수 있는 권리이다. 즉, 위 법률조항은 비록 그 표제 및 법문 가운데 “정정”이라는 표현을 쓰고 있기는 하나 그 내용을 보면 명칭과는 달리 언론기관의 사실적 보도에 의한 피해자가 그 보도내용에 대한 반박의 내용을 게재해 줄 것을 청구할 수 있는 권리인 이른바 “반론권”을 입법화한 것이다. 그럼에도 불구하고 이 법률조항은 이를 “정정보도청구권”이라 표현하고 있고 이에 관한 실무도 “정정보도문”이라는 제목을 사용하고 있어 마치 언론기관이 자신의 보도에 대하여 잘못을 시정하는 내용의 정정문을 싣는 것인 양 오해를 불러일으킬 수 있다. 보도내용의 진위를 가리지 않은 채 정정보도문을 게재해야 하는 현행법 아래에서 정정보도문이 만약 이름 그대로 언론보도의 잘못된 보도내용을 바로 잡는다는 정정의 성격을 갖고 그와 같은 의미로 게재된다면, 이는 보도의 자유와 편집·편성의 자유에 대한 본질적인 내용의 침해가 될 수 있을 것이다. 그러나 정정보도문은 그 명칭의 표현과는 달리 보도된 사실적 주장에 대한 반박을 내용으로 하는 반박문의 성질을 가지고, 정정보도청구인의 이름으로 게재되고 있는 실무를 고려한다면 비록 “정정”이라는 다소 오해의 소지가 있는 표현을 사용하였다고 하더라도 그 점만으로 인격권의 실현과 관련하여 부적법한 수단을 입법화함으로써 언론자유의 본질적 내용을 침해하였다고 보기는 어렵다.

▣ 언론의 자유에 대한 합헌적 제한

반론권에 따른 보도기관이 누리는 언론의 자유에 대한 제약의 문제는 결국 피해자의 반론권과 서로 충돌하는 관계에 있는 것으로 보아야 할 것이다. 이와 같이 두 기본권이 서로 충돌하는 경우에는 헌법의 통일성를 유지하기 위하여 상충하는 기본권 모두가 최대한으로 그 기능과 효력을 나타낼 수 있도록 하는 조화로운 방법이 모색되어야 할 것이고, 결국은 이 법에 규정한 정정보도청구제도가 과잉금지의 원칙에 따라 그 목적이 정당한 것인가 그러한 목적을 달성하기 위하여 마련된 수단 또한 언론의 자유를 제한하는 정도가 인격권과의 사이에 적정한 비례를 유지하는 것인가의 여부가 문제된다.

첫째, 제한의 목적의 정당성이 있다. 이 법이 정한 정정보도청구권은 "반론권"을 뜻하는 것으로서 헌법상 보장된 인격권, 사생활의 비밀과 자유에 그 바탕을 둔 것이며, 나아가 피해자에게 반박의 기회를 허용함으로써 언론보도의 공정성과 객관성을 향상시켜 제도로서의 언론보장을 더욱 충실하게 할 수 있다는 뜻도 함께 지닌 것이다. 따라서 그 제도의 목적은 정당하다. 둘째, 제한의 방법의 적정성도 있다. 이 법은 반론의 대상을 사실적인 주장에 국한함으로써 의견의 진술 등 가치판단의 표현에 관한 언론의 자유를 보장하고 있고, 사실적 주장이라고 하더라도 피해자가 정정보도청구권의 행사에 정당한 이익을 갖지 않거나 청구된 정정보도의 내용이 명백히 사실에 반하는 경우 또는 사업적인 광고만을 목적으로 하는 경우에는 정정보도문의 게재를 거부할 수 있도록 하여 청구권의 행사범위를 축소하고 있으며, 정정보도청구권의 행사는 일간신문 또는 통신의 경우에는 14일 이내 그 밖의 정기간행물인 경우에는 1월 이내로 제한하여 단기의 제청기간을 채택하여 언론기관이 장기간 불안정한 상태에 빠져 있는 위험을 방지하고 있고, 정정보도는 사실적 진술과 이를 명백히 전달하는 데 필요한 설명에 국한되고 위법한 내용을 포함할 수 없으며 정정보도문의 자수는 이의의 대상이 된 공표내용의 자수를 초과할 수 없고, 정정보도사건의 심판청구의 전심절차로서 언론중재위원회의 중재를 필요적으로 규정함으로써 당사자간의 자율적인 교섭에 의한 해결의 기회를 보장하고 있다. 또한 내용상 반론의 제도인 점에서 언론기관의 이름으로 하는 정정보도가 아니라 피해자의 이름으로 해명한다는 점에서 언론기관의 명예 및 신뢰성을 직접적으로 떨어뜨리는 것으로는 되지 않도록 장치가 되어 있다. 따라서 현행의 정정보도청구권은 언론의 자유를 일부 제약하는 성질을 가지면서도 반론의 범위를 필요·최소한으로 제한함으로써 양쪽의 법익 사이의 균형을 도모하고 있다.

■ 재판청구권을 침해하지 않음

심판절차와 관련해, 피해자는 언론기관의 보도에 대하여 즉시 반박을 함으로써 실효성 있게 자신의 인격권 침해에 대한 방어를 할 수 있게 된다. 피해자가 본안 소송절차에 의하여만 그 권리를 구제받게 된다면 대중이 그 사실을 망각한 다음에야 비로소 구제조치가 가능해질 것이므로 실효를 거둘 수가 없다. 반론은 그것이 너무 늦게 집행된 나머지 현안성을 상실하여 독자나 시청자가 반론의 전제가 된 원래의 보도내용이 무엇인지를 알 수 없는 지경에 이르면 반론권을 인정하는 근거 중의 하나인 공정한 여론형성에 참여할 자유나 객관적 질서로서의 언론제도를 보장하는데도 반하는 것이 된다. 반론권으로서의 정정보도청구권은 그 자체가 인격권을 보호하고 공정한 여론의 형성을 위한 도구인 것일 뿐 진실을 발견하여 잘못을 바로잡아 줄 것을 청구하는 권리가 아니기 때문에 그 행사요건은 비교적 형식적인 사유에 기한 제한적 예외사유가 없는 경우에는 이를 인용하도록 완화되어 있다. 또한 예외사유도 이 법의 문언자체에 의하여 용이하게 판단이 가능한 경우들이므로 반론권을 제도로서 인정하고 있는 한 그 심리를 위하여 시간이 많이 걸리게 되는 민사소송법에 정한 본안절차에 따르게 하기보다는 오히려 가처분절차에 따라 신속하게 처리하도록 함이 제도의 본질에 적합하다.

## ▶ 해　　설

이 사건에서 헌법재판소 다수의견은 정정보도청구권을 반론권으로 이해하면서 이것을 언론기관의 언론의 자유와 개인의 인격권 및 사생활의 비밀과 자유라는 기본권간의 '기본권 상충'의 문제로 파악하고, 이를 전체적으로 보아 상충되는 기본권 사이에 합리적 조화를 이루는 내용을 규정한 합헌규정으로 판단했다. 이에 비해 한병채, 이시윤 재판관의 반대의견은 정정보도청구권이 용어상으로나 내용상으로 반론권이라고 단정되기 어려움에도 불구하고 이에 대해 민사소송법의 가처분절차에 관한 규정을 준용하는 것은 공정한 재판을 받을 권리 등 절차적 기본권을 침해해 위헌이라고 보았다. 이 판결 이후에 제정된 '언론중재 및 피해구제 등에 관한 법률'은 반론보도청구와 정정보도청구를 명확하게 구분하고 있다.

## ▶ 질　　문

1. 헌법재판소는 이 결정에서 정정보도청구제도를 보도기관의 언론의 자유와 피해

자의 반론권의 충돌에 따른 언론의 자유의 제한의 문제로 보고, 언론의 자유에 과잉금지의 원칙을 적용하고 있다. 과잉금지원칙의 세부기준들을 적용한 과정과 결과는 어떠했는가?

2. 헌법재판소는 반론보도청구와 정정보도청구의 차이가 무엇이라고 보았는가?

## 3. 사전검열

제21조 ② 언론·출판에 대한 허가나 검열과 집회·결사에 대한 허가는 인정되지 아니한다.

### ▶ 개 요

언론·출판의 자유에 대한 사전통제로 허가나 검열이 문제된다. 헌법은 제21조 제2항에서 언론·출판에 대한 사전검열을 명문의 규정을 통해 금지하고 있다. 검열이란 '국가기관이 주체가 되어 사상이나 의견이 발표되기 이전에 그 내용을 심사·선별하여 발표를 사전에 억제하는 제도'를 말한다. 헌법재판소는 여러 결정들을 통해 사전검열의 요건들을 설시한 바 있다.

### ▶ 핵심판례

憲 1996. 10. 4.-93헌가13 [영화심의 사건]

[사건의 개요]

서울지방법원은 제청신청인 갑에 대한 영화법위반 피고사건을 심리하던 중 제청신청인의 위헌법률심판제청신청에 따라 영화법 제12조 제1항, 제2항 및 제13조 제1항의 위헌 여부가 위 영화법 위반 피고사건의 재판의 전제가 되고, 언론·출판에 대한 사전허가인 검열을 금지하고 있는 헌법 제21조 제2항에 위반될 소지가 있다는 이유로 이 사건 위헌법률심판 제청을 하였다.

[심판의 대상]

**영화법**(1984. 12. 31. 법률 제3776호로 개정된 것) 제12조(심의) ① 영화는 그 상영 전에 공연법에 의하여 설치된 공연윤리위원회의 심의를 받아야 한다.

② 제1항의 규정에 의한 심의를 필하지 아니한 영화는 이를 상영하지 못한다.

제13조(심의기준) ① 공연윤리위원회 또는 방송심의위원회는 제12조 제1항 또는 제4항의 규정에 의한 심의에 있어서 다음 각호의 1에 해당된다고 인정되는 영화에 대하여는 이를

심의필한 것으로 결정하지 못한다. 다만, 그 해당부분을 삭제하여도 상영에 지장이 없다고 인정될 때에는 그 부분을 삭제하고 심의필을 결정할 수 있다.
1. 헌법의 기본질서에 위배되거나 국가의 권위를 손상할 우려가 있을 때
2. 공서양속을 해하거나 사회질서를 문란하게 할 우려가 있을 때
3. 국제간의 우의를 훼손할 우려가 있을 때
4. 국민정신을 해이하게 할 우려가 있을 때

이 사건에서 헌법재판소는 "영화법 제12조 제 1 항 및 제 2 항, 같은 법 제13조 제 1 항 중 공연윤리위원회의 심의에 관한 부분은 각 헌법에 위반된다"라고 결정하고 그 이유를 다음과 같이 설시하였다.

■ 헌법 제21조 제 2 항의 검열금지의 원칙

의사표현의 자유는 헌법 제21조 제 1 항이 규정하는 언론·출판의 자유에 속하고, 여기서 의사표현의 매개체는 어떠한 형태이건 그 제한이 없다고 할 것이다. 영화도 의사표현의 한 수단이므로 영화의 제작 및 상영은 다른 의사표현수단과 마찬가지로 헌법에 의한 보장을 받음은 물론 영화는 학문적 연구결과를 발표하는 수단이 되기도 하고, 예술표현의 수단이 되기도 하므로 그 제작 및 상영은 학문·예술의 자유를 규정하고 있는 헌법 제22조 제 1 항에 의해서도 보장을 받는다. 헌법 제21조 제 1 항과 제 2 항은 모든 국민은 언론·출판의 자유를 가지며, 언론·출판에 대한 허가나 검열은 인정되지 않는다는 규정을 통해 언론·출판에 대한 '검열금지의 원칙'을 규정하고 있다. 헌법 제21조 제 2 항이 언론·출판에 대한 검열금지를 규정한 것은 비록 헌법 제37조 제 2 항이 국민의 자유와 권리를 국가안전보장·질서유지 또는 공공복리를 위하여 필요한 경우에 한하여 법률로써 제한할 수 있도록 규정하고 있다고 할지라도 언론·출판의 자유에 대하여는 검열을 수단으로 한 제한만은 법률로써도 허용되지 않는다는 점을 밝힌 것이다. 물론 여기서 말하는 검열은 그 명칭이나 형식에 구애됨이 없이 실질적으로 검열의 개념에 해당되는 모든 것을 그 대상으로 하는 것이다. 그러나 검열금지의 원칙은 모든 형태의 사전적인 규제를 금지하는 것이 아니고, 단지 의사표현의 발표여부가 오로지 행정권의 허가에 달려있는 사전심사만을 금지하는 것을 뜻한다. 그러므로 검열은 일반적으로 허가를 받기 위한 표현물의 제출의무, 행정권이 주체가 된 사전심사절차, 허가를 받지 않은 의사표현의 금지 및 심사절차를 관철할 수 있는 강제수단 등의 요건을 갖

춘 경우에만 이에 해당하는 것이다.

심의기관에서 허가절차를 통하여 영화의 상영 여부를 종국적으로 결정할 수 있도록 하는 것은 검열에 해당하나, 예컨대, 영화의 상영으로 인한 실정법 위반의 가능성을 사전에 막고 청소년 등에 대한 상영이 부적절할 경우 이를 유통단계에서 효과적으로 관리할 수 있도록 미리 등급을 심사하는 것은 사전검열이 아니다. 설사 등급심사를 받지 않은 영화의 상영을 금지하고 이에 위반할 때에 행정적 제재를 가하는 경우에도 검열에는 해당하지 않는다. 여기서의 상영금지는 심의의 결과가 아니고 단지 일괄적인 등급심사를 관철하기 위한 조치에 지나지 않기 때문이다.

▣ 영화법 제12조 제 1 항, 제 2 항 및 제13조 제 1 항은 검열금지의 원칙에 위배되어 위헌

영화법은, 영화는 상영 전에 공연윤리위원회의 사전심의를 받아야 할 의무를 부과하고(제12조 제 1 항), 사전심의를 거치지 않은 모든 영화의 상영을 금지하고(제12조 제 2 항), 사전심의를 받지 않고 영화를 상영한 자는 2년 이하의 징역 또는 500만원 이하의 벌금에 처하도록(제32조 제 5 호) 규정하고 있다. 한편 영화법 제13조 제 1 항은 영화에 대한 심의기준을 정하고, 심의기관인 공연윤리위원회가 그 기준에 적합하지 않은 영화에 대하여는 심의필 결정을 할 수 없으나, 해당 부분을 삭제하여도 상영에 지장이 없다고 인정되는 경우에는 그 부분을 삭제하고 심의필을 결정할 수 있도록 규정하고 있다. 그렇다면 법이 규정하고 있는 영화에 대한 심의제의 내용은 심의기관인 공연윤리위원회가 영화의 상영에 앞서 그 내용을 심사하여 심의기준에 적합하지 않은 영화에 대해서는 상영을 금지할 수 있고, 심의를 받지 않고 영화를 상영할 경우에는 형사처벌까지 가능하도록 한 것이 그 핵심이므로 이는 명백히 앞에서 밝힌 헌법 제21조 제 2 항이 금지한 사전검열제도를 채택하고 있다고 볼 수밖에 없다.

헌법상의 검열금지의 원칙은 검열이 행정권에 의하여 행하여지는 경우에 한하므로 영화의 심의기관인 공연윤리위원회가 이에 해당하는지에 대하여 의문이 있을 수 있다. 그러나 검열을 행정기관이 아닌 독립적인 위원회에서 행한다고 하더라도 행정권이 주체가 되어 검열절차를 형성하고 검열기관의 구성에 지속적인 영향을 미칠 수 있는 경우라면 실질적으로 보아 검열기관은 행정기관이라고 보아야 한다. 왜냐하면 그렇게 해석하지 않는다면 검열기관의 구성은 입법기술의 문제이므로 정부에게 행정관청이 아닌 독립된 위원회의 구성을 통하여 사실상 검열을 하면서도 헌법상 검열금지원칙을 위반하였다는 비난을 면할 수 있는 길을 열어주기 때문이

다. 그런데 법은 영화를 상영하기 전에 공연윤리위원회의 사전심의를 받아야 한다고 규정하고 있고, 공연법과 그 시행령에 의하면 공연윤리위원회의 위원은 문화체육부장관에 의하여 위촉되고(공연법 제25조의3 제 3 항), 위원장과 부위원장의 선출은 장관의 승인을 받아야 하며(같은법 시행령 제20조 제 1 항), 위원장은 심의결과를 장관에게 보고하여야 하고(같은법 시행령 제21조), 공연윤리위원회가 국가예산의 범위 안에서 공연윤리위원회의 운영에 필요한 경비의 보조를 받을 수 있도록(같은법 제25조의3 제 6 항) 규정하고 있다. 그렇다면 공연윤리위원회가 민간인으로 구성된 자율적인 기관이라고 할지라도 법에서 영화에 대한 사전허가제도를 채택하고, 공연법에 의하여 공연윤리위원회를 설치토록 하여 행정권이 공연윤리위원회의 구성에 지속적인 영향을 미칠 수 있게 하였으므로 공연윤리위원회는 검열기관으로 볼 수밖에 없다. 또한 공연윤리위원회가 비록 그의 심의활동에 있어서 독립성이 보장된 심의기관이라 할지라도 검열기관인가를 판단하는데 있어서 그것은 결정적인 것이 되지 못한다. 심의기관의 독립성이 보장되어야 하는 것은 단지 심의절차와 그 결과의 공정성 및 객관성을 확보하기 위하여 모든 형태의 심의절차에 요구되는 당연한 전제일 뿐이기 때문이다. 국가에 의하여 검열절차가 입법의 형태로 계획되고 의도된 이상, 비록 검열기관을 문화체육부장관에서 민간인들로 구성된 공연윤리위원회로 대체했다고 하여 법이 정한 사전심의제도의 법적 성격이 바뀌는 것은 아니다.

## ▶ 해 설

이 만장일치의 위헌결정을 통해 헌법재판소는 영화법상의 공연윤리위원회에 의한 영화 사전심의제가 헌법 제21조 제 2 항이 금하는 검열제도에 해당한다고 보면서 위헌을 선언한다. 이 위헌결정에서 헌법재판소는 검열에 해당하기 위한 세 가지 요건으로 '(1) 허가를 받기 위한 표현물의 제출의무, (2) 행정권이 주체가 된 사전심사절차, (3) 허가를 받지 않은 의사표현의 금지 및 심사절차를 관철할 수 있는 강제수단의 존재'를 제시하고 있음에 주목을 요한다. 이 세 가지 요건을 갖추고 있으면 그 명칭이나 형식에 상관없이 모두 검열에 해당되어 위헌이라는 것이다.

## ▶ 질 문

1. 이 결정에서 헌법재판소가 "검열기관을 문화체육부장관에서 민간인들로 구성된 공연윤리위원회로 대체했다고 하여 법이 정한 사전심의제도의 법적 성격이 바뀌

는 것은 아니"라고 본 근거는 무엇인가?

2. 언론·출판에 대한 사전검열의 금지를 명문화한 헌법 제21조 제 2 항은 언제부터 우리 헌법에 존재했는가?

## 4. 표현의 사후적 내용 규제

### 가. 반국가적 표현

#### ▶ 개 요

언론·출판에 대한 사후통제는 사전통제보다는 넓게 인정되지만 언론·출판의 자유가 정신적 자유권의 하나인만큼 이중기준의 원칙, 명확성의 원칙, 명백·현존하는 위험의 원칙을 모두 충족시켜야 합헌적인 사후통제가 된다. 따라서 헌법 제37조 제 2 항의 "국가안전보장"을 위해 반국가적인 표현에 대해 어느 정도의 제한이 가해질 수 있는가가 중요한 문제로 대두된다.

#### ▶ 핵심판례

憲 1990. 4. 2.-89헌가113 [반국가단체 찬양·고무죄 사건 1]

[사건의 개요]

제청신청인들은 이 사건 제청법원인 마산지방법원 충무지원에 국가보안법 위반 등의 죄로 기소되었다. 그 기소된 내용 중 국가보안법 위반의 점의 요지는 제청신청인들이 반국가단체를 이롭게 할 목적으로 도서 및 표현물을 소지하고 이를 반포하여 국가보안법 제 7 조 제 5 항, 제 1 항의 죄에 해당한다는 것이다. 제청법원은 제청신청인들의 제청신청에 따라 헌법재판소에 재판의 전제가 되는 국가보안법 제 7 조 제 1 항 및 제 5 항의 위헌여부의 심판을 제청하였다.

[심판의 대상]

**국가보안법** 제 7 조(찬양·고무 등) ① 반국가단체나 그 구성원 또는 그 지령을 받은 자의 활동을 찬양·고무 또는 이에 동조하거나 기타의 방법으로 반국가단체를 이롭게 한 자는 7년 이하의 징역에 처한다.

⑤ 제 1 항 내지 제 4 항의 행위를 할 목적으로 문서·도화 기타의 표현물을 제작·수입·복사·소지·운반·반포·판매 또는 취득한 자는 그 각 항에 정한 형에 처한다.

이 사건에서 헌법재판소는 "국가보안법 제 7 조 제 1 항 및 제 5 항(1980. 12. 31. 법률 제3318호)은 각 그 소정 행위가 국가의 존립·안전을 위태롭게 하거나 자유민주적 기본질서에 위해를 줄 경우에 적용된다고 할 것이므로 이러한 해석하에 헌법에 위반되지 아니한다"라고 결정하고 그 이유를 다음과 같이 설시하였다.

▣ 국가보안법 제 7 조 제 1 항

국가보안법 제 7 조 제 1 항의 문언을 그대로 해석·운영한다면 다음과 같은 문제가 생긴다.

▪ 헌법상의 언론·출판, 학문·예술의 자유 위축시킬 염려

헌법상의 언론·출판, 학문·예술의 자유를 위축시킬 염려가 있다. 개인적으로는 자기가 행한 행위가 헌법상 보장된다고 생각되어도 그것이 법률의 문언상 규제 대상에 포함될 수 있기 때문에 북한문제에 관한 한 비난 빼고는 하고 싶은 말, 쓰고 싶은 글, 그리고 학술적 활동이나 예술활동이 일체 금기가 될 소지가 생길 것이며 북한의 남침정책이나 대한민국의 체제전복과 관계가 없는 무해한 표현행위라 하더라도 안심하고 자기 의사의 창달이 힘들게 된다. 다시 말하면 국가의 존립·안전의 법익 수호의 목적도 달함이 없이 국민의 표현의 자유만 위협하고 위축시킬 경우가 나타날 것이다.

헌법 제37조 제 2 항은 국민의 자유와 권리는 질서유지 또는 공공복리 이외 국가안전보장을 위하여 필요한 경우에 한하여 법률로써 제한할 수 있도록 규정하였다. 따라서 국가의 안전보장의 희생 위에 언론·출판의 자유, 학문·예술의 자유가 보장될 수는 없지만, 국가안전보장과 관계없는 경우에는 그것이 북한집단이나 그 구성원인 주민에 관한 것이라 하여도 그와 같은 자유를 보장하는 것이 헌법이다. 국가는 헌법이 수호하려는 최고의 가치인 자유민주적 기본질서를 전복하려는 언동 등에 대하여는 단호히 대처를 할 수밖에 없지만, 그와 무관한 경우에는 개인이 갖는 기본적 인권을 최대한 보장할 의무를 지는 것이다. 따라서 국가보안법 제 7 조 제 1 항이 국가안전보장이나 자유민주적 기본질서의 수호에 관계없는 경우까지 확대적용될 만큼 불투명하고 구체성이 결여되어 있다는 것은 분명히 헌법 제37조 제 2 항을 어겨 헌법 제21조 제 1 항의 언론·출판의 자유와 헌법 제22조 제 1 항의 학문·예술의 자유를 침해할 개연성 나아가 그와 같은 자유의 전제가 되는 헌법 제19조의 양심의 자유의 침해가능성을 남긴다.

■ 법치주의에 위배되고 죄형법정주의에 저촉될 소지

문리 그대로 적용범위가 과도하게 광범위하고 다의적인 것이 되면 법운영 당국에 의한 자의적(恣意的) 집행을 허용할 소지가 생긴다. 차별적으로 법을 집행하는 이른바 선별집행이 가능할 수 있다. 법규의 문언대로 확대적용하느냐 한정적으로 축소적용하느냐는 법운영 당국의 재량의 여지가 있으므로 사람에 따라서는 법규의 문언 그대로 적용하여 합헌적인 행위까지도 처벌하여 기본적 인권을 침해할 수 있는가 하면, 그 운영당국은 가능한 한의 축소해석을 통해 위헌성을 띠는 행위마저 처벌을 면제시킬 수 있다. 다시 말하면 법운영 당국으로서 가장 경계하여야 할 편의적·자의적 법운영이 가능할 수 있다.

무릇 법운영에 있어서 객관적인 자의성을 주는 것은 법치주의 원리에 반하는 것이고 결국 법의 집행을 받는 자에 대한 헌법 제11조의 평등권 침해가 되는 것이다. 나아가 법규의 적용범위가 과도하게 광범위해지면 어떠한 경우에 법을 적용하여야 합헌적인 것이 될 수 있는가 즉 법을 적용하여도 좋은 경우와 적용하여서는 안 되는 경우가 법집행자에게도 불확실하고 애매해지는 사태가 온다. 이러한 의미에서도 과도한 광범성은 잠재적인 명확성 결여의 경우로 볼 수 있기 때문에 형벌법규에 관한 명확성의 원칙에 위배되는 한가지 예에 해당될 수 있다. 이리하여 어떠한 것이 범죄인가를 법제정 기관인 입법자가 법률로 확정하는 것이 아니라 사실상 법운영 당국이 재량으로 정하는 결과가 되어 법치주의에 위배되고 죄형법정주의에 저촉될 소지가 생겨날 것이다.

■ 찬양·고무죄의 처벌범위의 광범성

찬양·고무죄의 처벌범위의 광범성 때문에 자유민주적 기본질서에 입각한 통일정책의 추구나 단순한 동포애의 발휘에 지나지 않을 경우라도 그 문언상으로는 북한의 활동에 동조하거나 북한을 이롭게 하는 것이 된다는 해석으로 처벌될 위험이 있다.

▣ 국가보안법 제 7 조 제 5 항

제 7 조 제 5 항 문언대로라면 북한을 비롯한 공산국가 발행의 서적이라면 민주주의 체제를 전복하고 공산화를 획책하기 위한 수단이 아닌 것까지도 이적표현물이 되어 이에의 접근이 무제한하게 금기가 될 위험이 있다. 또 국내외 간행의 서적이라도 북한이나 공산계열 국가의 문화·예술활동을 서술한 간행물까지도 접근이 어려워질 것이다. 이로써 앞서 제 7 조 제 1 항에 대해서 본 바 같은 표현의 자유 등의 위축문제, 민주체제 전복으로부터의 방어의 차원에서 국가존립·안전에 무해한 서적의 제작·소지 등까지 처벌되는 자의적 집행의 우려, 또 자유민주적 기본질서

에 입각한 평화정착의 노력과 통일정책의 추진을 위한 남북간의 문화교류에 지장을 줄 가능성이 있다.

▣ 한정합헌결정형식을 채택한 이유

어떤 법률의 개념이 다의적이고 그 어의의 테두리 안에서 여러 가지 해석이 가능할 때, 헌법을 최고법규로 하는 통일적인 법질서의 형성을 위하여 헌법에 합치되는 해석, 즉 합헌적인 해석을 택하여야 하며, 이에 의하여 위헌적인 결과가 될 해석은 배제하면서 합헌적이고 긍정적인 면은 살려야 한다는 것이 헌법의 일반법리이다. 국가보안법 제 7 조 제 1 항 및 제 5 항의 규정은 위에서 본 바와 같이 문언 그대로 해석·운영된다면 위헌의 소지가 있지만, 각 소정의 행위가 국가의 존립·안전을 위태롭게 하거나 자유민주적 기본질서에 위해를 줄 명백한 위험이 있을 경우에만 축소적용되는 것으로 해석한다면 헌법에 위반되지 않는다고 보아야 한다.

## ▶ 해　　설

변정수 재판관은 유일한 반대의견에서, 국가보안법 제 7 조 제 1 항과 제 5 항이 죄형법정주의에 위배되고 신체의 자유 및 표현의 자유의 본질적 내용을 침해하는 것으로 위헌이라고 보았다. 다수의견의 결정주문이 "대한민국의 존립·안전을 위태롭게 하거나 자유민주적 기본질서에 위해를 줄 경우"라는 매우 애매모호한 표현을 쓰면서 한정합헌결정을 내린 것은 그렇지 않아도 불명확하고 광범위한 구성요건에다 또 다시 불명확한 구성요건을 보태는 것이라 비판했다. 여하튼 이 한정위헌결정으로 말 많던 국가보안법상의 찬양·고무죄 규정이 전면폐지되는 위기를 넘길 수 있었고, 이듬해인 1991년 5월 31일에 국회는 헌법재판소 결정의 취지를 받아들여 "국가의 존립·안전이나 자유민주적 기본질서를 위태롭게 한다는 정을 알면서"라는 주관적 요건을 찬양·고무죄 규정에 추가하는 법개정을 단행했다. 이렇게 개정된 찬양·고무죄 규정에 대해 헌법재판소는 합헌결정(憲 1996. 10. 4.-95헌가2)으로 화답하고 있다.

## ▶ 질　　문

1. 이 결정에서 헌법재판소는 위헌결정도 아니고 합헌결정도 아닌 한정합헌결정을 결정형식으로 채택한 이유를 무엇이라 밝히고 있는가?
2. 이 결정이 있기 전의 국가보안법 제 7 조 제 1 항 및 제 5 항과 이 결정이 있은

후의 국가보안법 제 7 조 제 1 항 및 제 5 항의 규정은 어떤 차이가 있는가?

## 나. 선거여론조사 공표

### ▶ 개 요

과거의 대통령선거법, 국회의원선거법 등의 선거법이나 이 선거법들을 1994. 3. 16.에 통합하여 제정된 공선법에서는 투표일이 임박한 일정기간 내에는 선거여론조사의 공표를 금지하고 있다. 이 때의 선거여론조사 공표는 선거의 공정을 해칠 수 있는 여러 부정적 효과들을 발생시킨다고 보기 때문이다. 이 선거여론조사 공표 금지와 관련해 헌법재판소가 수회에 걸쳐 그 위헌 여부에 대한 판단을 내렸다.

### ▶ 핵심판례

憲 1998. 5. 28.-97헌마362 [선거여론조사결과 공표금지 사건 2]

[사건의 개요]

청구인 국민신당은 1997. 11. 26. 청구외 甲을 제15대 대통령선거 후보자로 추천·등록하였다. 청구인 乙은 1997. 11. 6. 결성된 시민단체인 공정선거민주개혁국민위원회의 대표이고, 청구인 丙, 丁은 1997. 1. 30. 및 같은 해 5. 9. 각 만 20세가 되어 선거권을 갖게 되었다. 공선법 제108조 제 1 항은 제15대 대통령 선거기간 개시일인 1997. 11. 26.부터 투표일인 1997. 12. 18.까지 정당에 대한 지지도나 당선인을 예상하는 여론조사의 경위와 그 결과의 공표를 금지함으로써 청구인들의 알권리와 언론의 자유, 참정권을 제한하고 있다. 청구인 국민신당은 1997. 12. 14. 나머지 청구인들은 1997. 11. 24. 위 기본권 침해를 원인으로 헌법재판소에 위 조항에 대한 각 위헌확인 심판청구를 하였다.

[심판의 대상]

**공직선거 및 선거부정 방지법** 제108조(여론조사의 결과공표금지 등) ① 누구든지 선거기간개시일부터 선거일의 투표마감시각까지 선거에 관하여 정당에 대한 지지도나 당선인을 예상하게 하는 여론조사(모의투표나 인기투표에 의한 경우를 포함한다. 이하 이 조에서 같다)의 경위와 그 결과를 공표하거나 인용하여 보도할 수 없다.

※ 참조조문

대통령선거법(1994. 3. 16. 법률 제4739호 공직선거및선거부정방지법 부칙 제 2 조에 의하여 폐지) 제65조(여론조사의 결과 공표 금지) ① 누구든지 선거일공고일부터 선거일까지에는 선거에 관하여 정당에 대한 지지도나 당선인을 예상하게 하는 여론조사(인기투표나 모의투표를 포함한다)의 경위와 그 결과를 공표하여서는 아니 된다.

이 사건에서 헌법재판소는 "1. 청구인 乙의 심판청구를 각하한다. 2. 청구인 국민신당, 丙, 丁의 심판청구를 모두 기각한다"라고 결정하고 그 이유를 다음과 같이 설시하였다.

▣ 청구인 乙의 심판청구는 부적법하여 각하

이 법률조항으로 인하여 기본권의 침해를 받는 자는 그 사유가 발생한 것을 안 날로부터 60일 이내에, 그 사유가 발생한 날로부터 180일 이내에 위 조항에 대한 위헌여부 심판청구를 하여야 한다. 청구인은 1934년생이고 1995. 6. 27. 공선법에 따라 시행된 지방의회의원과 지방자치단체의 장 선거 당시에 선거권자였다. 따라서 청구인으로서는 적어도 위 선거당시에 여론조사결과를 일정기간 공표하지 못하게 한 사실을 알았다고 볼 것이고, 이 심판청구는 이미 그 청구기간이 도과된 것이 분명한 1997. 11. 24.에 제기되었으므로 부적법하다.

▣ 청구인 국민신당, 丙, 丁의 심판청구는 기각

헌법소원은 심판청구 당시에 기본권의 침해가 있었다 할지라도 결정 당시 이미 그 침해 상태가 종료되었다면 심판청구는 권리보호의 이익이 없음이 원칙이다. 청구인들은 1997. 12. 18. 실시 예정인 대통령선거에서 선거기간 개시일인 1997. 11. 26.부터 투표일인 1997. 12. 18.까지 정당에 대한 지지도나 당선인을 예상하게 하는 여론조사의 경위와 그 결과를 알 수 없게 됨으로써 알 권리와 언론의 자유, 참정권을 침해받고 있다는 이유로 이 헌법소원 심판청구를 하였으나 대통령선거는 이미 끝났으므로 이 법률조항에 의한 주관적인 기본권의 침해상태는 종료되었다. 하지만 통합선거법인 공선법이 새로 제정되었고 이 사건은 선거기간에 여론조사의 경위와 결과를 공표할 수 없게 한 것은 기본권을 침해하는지 여부를 헌법적으로 해명할 필요가 있고, 앞으로도 각종 선거에서 계속·반복될 성질의 사안인 것이다. 이 심판청구는 대통령 선거일에 임박하여 제기된 관계로 우리 재판소로서는 선거일 이전에 결론을 내리지는 못하였으나, 헌법판단의 적격은 갖추고 있는 것으로 인정되어 본안판단을 하기로 한다.

헌법재판소는 1995. 7. 21. 92헌마177등(병합) 대통령선거법 제65조에 대한 위헌확인 사건에서 합헌임을 이유로 심판청구를 기각하는 결정을 선고한 바 있다. 이 결정의 요지는 다음과 같다. 대통령선거에 관한 여론조사는 그것이 공정하고 정확하게 이루어졌다 하여도 그 결과가 공표되게 되면 투표자로 하여금 승산이 있는 쪽으로 가담하도록 만드는 이른바 밴드왜곤효과(bandwagon effect)나, 이와 반대로 불리한 편을 동정하여 열세에 놓여 있는 쪽으로 기울게 하는 이른바 열세자효과(underdog effect)가 나타나게 된다. 따라서 결과적으로 선거에 영향을 미쳐 국민의 진의를 왜곡하고 선거의 공정성을 저해할 우려가 있다. 더구나 선거일에 가까워질수록 여론조사결과의 공표가 갖는 부정적 효과는 극대화되고 특히 불공정하거나 부정확한 여론조사결과가 공표될 때에는 선거의 공정성을 결정적으로 해칠 가능성이 높지만 이를 반박하고 시정할 수 있는 가능성은 점점 희박해진다고 할 것이다. 그러므로 대통령선거의 중요성에 비추어 선거의 공정을 위하여 선거일을 앞두고 어느 정도의 기간 동안 선거에 관한 여론조사결과의 공표를 금지하는 것 자체는 그 금지기간이 지나치게 길지 않은 한 위헌이라고 할 수 없다. 선거에 관한 여론조사결과의 공표금지기간을 어느 정도로 할 것인가는 그 나라의 입법당시의 시대적 상황과 선거문화 및 국민의식수준 등을 종합적으로 고려하여 입법부가 재량에 의하여 정책적으로 결정할 사항이라 할 것이다. 우리나라에서의 여론조사에 관한 여건이나 기타의 상황 등을 고려할 때, 대통령선거의 공정성을 확보하기 위하여 선거일 공고일로부터 선거일까지의 선거기간 중에는 선거에 관한 여론조사의 결과 등의 공표를 금지하는 것은 필요하고도 합리적인 범위 내에서의 제한이라고 할 것이다. 그러므로, 이 규정이 헌법 제37조 제 2 항이 정하고 있는 한계인 과잉금지의 원칙에 위배하여 언론·출판의 자유와 알 권리 및 선거권을 침해하였다고 할 수 없다.

그런데 1994. 3. 16. 선거관리의 효율성을 제고하고 새로운 선거문화의 정착을 도모하기 위하여 종전에 여러 갈래로 나누어졌던 대통령선거법, 국회의원선거법, 지방의회의원선거법, 지방자치단체의장선거법 등을 통합한 공선법을 새로 제정하였다. 공선법은 제 2 조에서 대통령선거·국회의원선거·지방의회의원 및 지방자치단체의 장의 선거에 적용하는 것으로 규정하고 있다. 이것은 대통령선거가 국회의원선거·지방의회의원 및 지방자치단체의 장의 선거와 특별히 다르지 않다는 점을 염두에 두었기 때문이다. 따라서 대통령선거법 제65조 제 1 항에 대한 헌법재판소의 위 결정 이유는 이 법률조항에서도 그대로 타당하고, 위 결정 선고 이후에 그 이유와 결론을 달리할 만한 사정 변경이 있는 것도 아니다. 그리고 이 법률조항과 대통령선거법 제65조 제 1 항의 규정을 서로 비교하면 그 내용이 거의 같으므로 이 법률조항은 헌법에 위반되는 규정으로 볼 수 없다.

## ▶ 해 설

선거기간 개시일부터 선거일의 투표 마감시각까지 선거여론조사결과의 공표를 금지한 공선법조항에 대해 헌법재판소가 합헌결정을 내린 사건이다. 이 결정 이전인 1995. 7. 21. 92헌마177등(병합) 결정에서도 선거일 공고일부터 선거일까지의 여론조사 결과공표 금지를 규정한 구 대통령선거법 제65조에 대해 헌법재판소가 비슷한 이유로 합헌결정을 내린 바 있었다.

물론 이 결정에서도 이영모 재판관은 이 사건 법률조항이 대통령후보자를 추천·등록한 정당과 선거권을 갖는 국민의 알 권리와 참정권을 침해하여 위헌이라는 반대의견을 냈다. 위헌의 이유로 오늘날 수많은 정보가 위성방송이나 인터넷 등 공권력이 제대로 제어하지 못하는 통신매체에 의하여 국적과 남녀노소·시간과 장소를 가리지 않고 가장 빠른 시간 안에 아무런 장애없이 누구나 손쉽게 접근할 수 있게 되어 우리들이 알고 싶어하는 여론조사결과는 물론 공정성과 객관성이 없는 조사결과가 정보로 제공될 가능성도 있고 이와 같은 정보에 대한 규제는 기술적으로도 불가능한 영역에 속하게 되어 이 법률조항의 실질적인 효력면에서 의문이 들고 국제화·정보화 시대에 걸맞지 않다는 점, 이 법률조항이 규정하는 기본권 제한의 내용은 선거기간에 여론조사는 할 수 있으나 그 결과의 공표를 금지하여 형성된 여론을 알 수 없도록 하는데 있으며 이는 민주주의가 자유로운 의견교환을 필요·불가결한 조건으로 하고 있고 선거가 대의민주제의 근간이며 여론조사결과의 공표는 선거권자들의 의견을 알 수 있는 유일한 수단이라는 것에 맞지 않다는 점 등을 들었다.

이 사건 심판계속 중 대통령 선거가 이미 끝나 권리보호의 이익이 상실되었으나, 이러한 쟁점에 대해 헌법적으로 해명할 필요가 있고 앞으로도 각종 선거에서 계속·반복될 성질의 사안임을 이유로 헌법소원심판 제기요건의 하나인 권리보호이익에 대한 예외를 인정하여 본안판단을 내리고 있는 점에도 주목을 요한다.

## ▶ 질 문

1. 헌법재판소는 대통령선거일에 가까워진 시점에서 이루어지는 여론조사 공표가 갖는 이른바 밴드왜곤효과(bandwagon effect)나, 열세자효과(underdog effect)가 무엇이라고 설명하고 있는가?
2. 헌법재판소가 이 결정에서 심판대상 규정이 헌법 제37조 제 2 항이 정하고 있는 한계인 과잉금지의 원칙에 위배하여 언론·출판의 자유와 알 권리 및 선거권을

침해하지 않았다고 본 근거는 무엇인가?

## 다. 광고표현의 자유

### ▶ 개 요

광고표현도 언론·출판의 자유의 하나로 볼 수 있다. 그런데 이 광고표현에 대한 사전통제가 있다면, 어떤 사전통제가 언론·출판의 자유로서의 광고표현의 자유에 대한 검열이 될 수 있는지가 중요한 쟁점이 될 수 있다.

### ▶ 핵심판례

憲 1998. 2. 27.-96헌바2 [옥외광고물 사건]

[사건의 개요]

청구인은 서울특별시 중구청장으로부터 '광고물 등 관리법'(1990. 8. 1. 법률 제4242호로 '옥외광고물 등 관리법'으로 전문개정되기 전의 것) 제 3 조에 의하여 허가기간 1989년 9월 8일부터 1991년 9월 7일까지, 허가기간이 만료되었을 때에는 광고물을 자진철거하는 것을 조건으로 광고물 표시 및 게시시설 설치허가, 건축법상의 공작물 축조허가를 받아 서울 중구 태평로 1가 25에 뉴스속보 및 상업성 광고를 하는 전광판으로 된 높이 18m의 광고탑을 설치하였다. 청구인은 위 허가기간이 만료되어 개정된 '옥외광고물 등 관리법'에 의하여 위 중구청장에게 기간연장신청을 하였으나, 중구청장은 위 광고물의 규격이 현행법에 저촉된다는 이유로 기간연장 허가를 유보한 채 1991년 9월 27일에 위 광고물의 운용중지를 지시하고 내무부 지침을 받아 청구인에게 현행법령에 적합하도록 이전 설치하여 신규허가를 받을 것을 지시하였다. 그러나 청구인은 중구청장의 지시에 응하지 않은 채 광고탑을 종전대로 운영하였고, 이에 중구청장은 광고탑이 무허가 광고물임을 이유로 '옥외광고물 등 관리법' 제10조 제 1 항·제 2 항에 의하여 일정시점까지 자진 철거 또는 이전 설치할 것을 명하고 이를 이행하지 않을 경우 행정대집행을 실시한다는 내용의 계고처분을 하였다. 청구인이 이를 이행하지 않자 중구청장은 행정대집행법에 의하여 대집행영장에 의한 대집행통지를 하였다. 이에 청구인은 서울고등법원에 행정대집행계고처분 취소소송을 제기하였다. 소송계속 중 청구인은 같은 법원에 '옥외광고물 등 관리법' 제 3 조에 대해 위헌제청을 신청하였으나 기각되었고 이에 청구인은 헌법재판소법 제68조 제 2 항에 의하여 '옥외광고물 등 관리법' 제 3 조를 대상으로 이 사건 헌법소원심판을 청구하였다.

[심판의 대상]

**옥외광고물 등 관리법**(1990. 8. 1. 법률 제4242호) 제 3 조(광고물 등의 허가 또는 신고) ①

다음 각 호의 1에 해당하는 지역·장소 및 물건에 광고물 또는 게시시설 중 대통령령이 정하는 광고물 등을 표시하거나 설치하고자 하는 자는 대통령령이 정하는 바에 의하여 특별시장·직할시장 또는 도지사의 허가를 받거나 시·도지사에게 신고하여야 한다. 허가 또는 신고사항을 변경하고자 하는 때에도 또한 같다.

1. 도시계획법에 의한 도시계획구역
2. 문화재보호법에 의한 문화재 및 문화재보호구역
3. 산림법에 의한 보전임지
4. 자연공원법에 의한 자연공원
5. 도로·철도·공항·항만·궤도·삭도·하천 및 대통령령이 정하는 그 부근의 지역
6. 기타 미관풍치의 유지 및 도시환경의 보전을 위하여 대통령령이 정하는 지역·장소 및 물건

② 제 1 항의 규정에 의한 광고물 등의 종류·모양·크기·색깔, 표시 또는 설치의 방법 및 기간 등 허가 또는 신고의 기준에 관하여 필요한 사항은 대통령령으로 정한다.

이 사건에서 헌법재판소는 "옥외광고물 등 관리법 제 3 조는 헌법에 위반되지 아니한다"라고 결정하고 그 이유를 다음과 같이 설시하였다.

■ 헌법 제21조 제 2 항이 금하는 사전허가·검열에 해당되지 않음

헌법 제21조 제 1 항과 제 2 항은 모든 국민은 언론·출판의 자유를 가지며, 언론·출판에 대한 허가나 검열은 인정되지 않는다고 규정하고 있다. 이는 비록 헌법 제37조 제 2 항이 국민의 자유와 권리를 국가안전보장·질서유지 또는 공공복리를 위하여 필요한 경우에 한하여 법률로써 제한할 수 있도록 규정하고 있다고 할지라도 언론·출판의 자유에 대하여는 허가·검열을 수단으로 한 제한만은 법률로써도 허용되지 않는다는 것을 밝힌 것이다. 여기서의 허가나 검열은 행정권이 주체가 되어 사상이나 의견 등이 발표되기 이전에 예방적 조치로서 그 내용을 심사·선별하여 발표를 사전에 억제하는, 즉 허가받지 않은 것의 발표를 금지하는 제도를 뜻한다. 이러한 허가·검열제가 허용될 경우에는 국민의 정신활동의 독창성과 창의성을 침해하여 정신생활에 미치는 위험이 클 뿐만 아니라 행정기관이 집권자에게 불리한 내용의 표현을 사전에 억제함으로써 이른바 관제의견이나 지배자에게 무해한 여론만이 허용되는 결과를 초래할 염려가 있기 때문에 헌법이 직접 그 금지를 규정하고 있는 것이다. 이 법 제 3 조는 일정한 지역·장소 및 물건에 광고물 또는 게시시설을 표시하거나 설치하는 경우에 그 광고물 등의 종류·모양·크기·색깔,

표시 또는 설치의 방법 및 기간 등을 규제하고 있는 것으로서, 이 법 제 3 조가 광고물 등의 내용을 심사·선별하여 광고물을 사전에 통제하려는 제도가 아님은 명백하다. 따라서 이 법 제 3 조가 헌법 제21조 제 2 항이 금하는 사전허가·검열에 해당되지 않는다.

▣ 헌법 제37조 제 2 항의 과잉금지원칙에도 위배되지 않음

이 법 제 3 조가 허가나 검열에는 해당되지 않는다고 하더라도 광고물 등의 표시·설치라는 표현을 제한하는 효과를 가지고 있음은 부인할 수 없으므로, 이 법 제 3 조가 헌법에 합치하기 위해서는 헌법 제37조 제 2 항의 과잉금지원칙을 준수하여야 함은 물론이다. 이 법 제 1 조에 의하면, 이 법은 옥외광고물의 표시장소·표시방법과 게시시설의 설치·유지 등에 관하여 필요한 사항을 규정함으로써 미관풍치와 미풍양속을 유지하고 공중에 대한 위해를 방지함을 목적으로 하고 있어, 모든 국민은 건강하고 쾌적한 환경에서 생활할 권리를 가지며 국가와 국민은 환경보전을 위하여 노력하여야 한다는 헌법 제35조 제 1 항에 비추어 그 입법목적의 정당성이 인정됨은 물론이다.

나아가 이 법 제 2 조에 의하면, 이 법 제 3 조에서 규제하는 "옥외광고물"이란 상시 또는 일정기간 계속하여 공중에게 표시되어 공중이 자유로이 통행할 수 있는 장소에서 볼 수 있는 것으로서 간판·입간판·현수막·벽보·전단 기타 이와 유사한 것을 말한다. 또한 "게시시설"이라 함은 광고탑·광고판과 기타 공작물로서 옥외광고물을 게시 또는 표시하기 위한 시설을 말하는데, 이러한 광고물이나 게시시설이 방임될 경우 각양각색의 광고물로 인하여 주거지역, 녹지지역, 자연보존지구, 묘지, 고속도로변, 교량, 하천 등 국민의 주거환경과 국토경관이 크게 침해당하게 되어 결과적으로 헌법 제35조 제 1 항이 보장하는 국민의 쾌적한 환경에서 생활할 권리를 침해하게 될 것임은 손쉽게 이해할 수 있다. 또한 광고물 관리를 사후적인 지도·감독에만 의존하게 되면 옥외광고물의 대형화·고급화 추세를 감안할 때, 이미 거액의 시설투자가 이루어져 광고물 설치가 완료된 상황에서 법령에 위반됨을 이유로 이전 또는 철거하도록 조치하는 것이 쉽지 않고, 이를 둘러싼 행정당국과 당사자간에 갈등·마찰을 심화시키는 등 효과적인 광고물 관리를 어렵게 할 것이다. 따라서 이 법 제 3 조에서 사후제한에 그치지 않고 사전허가제도를 도입할 필요성은 인정할 수 있다.

그리고 이 법 제 3 조에 의하면, 이 법 제 3 조는 광고물 및 광고시설이 제한되는 지역을 특정하여 도시계획법에 의한 도시계획구역, 문화재보호법에 의한 문화재 및

> 문화재보호구역, 산림법에 의한 보전임지, 자연공원법에 의한 자연공원, 도로·철도·공항·항만·궤도·삭도·하천 및 대통령령이 정하는 그 부근의 지역, 기타 미관풍치의 유지 및 도시환경의 보전을 위하여 대통령령이 정하는 지역·장소 및 물건에 한정하고 있고, 광고물 등의 종류·모양·크기·색깔, 표시 또는 설치의 방법 및 기간 등 허가 또는 신고의 기준에 관하여 필요한 사항은 대통령령으로 정한다고 규정하여 허가나 신고의 기준에 관하여도 일정한 제한을 둠으로써 제한을 필요 최소한으로 규정하고 있음을 볼 수 있다. 그렇다면 이 법 제 3 조는 그 입법목적에 필요한 범위 내에서 최소한의 규제만을 규정하고 있다고 할 것이므로, 헌법 제37조 제 2 항이 정하는 과잉금지원칙에 위반된다고 볼 수 없다.

## ▶ 해 설

주문표시에 관한 조승형 재판관의 별개의견이 있는 외에는 관여재판관 전원의 만장일치로, '옥외광고물 등 관리법' 제 3 조의 광고물 등의 종류·모양·크기·색깔, 표시 또는 설치의 방법 및 기간 등의 규제가 합헌이라 선언한 결정이다. 헌법 제21조 제 2 항이 금하는 허가나 검열은 행정권이 주체가 되어 사상이나 의견 등이 발표되기 이전에 '형식'이 아니라 그 '내용'을 심사·선별하여 발표를 사전에 억제하는 제도임을 헌법재판소가 분명히 하고 있음에 유념할 필요가 있다.

## ▶ 질 문

1. 광고물의 '형식'에 대한 사전심사에는 광고물의 종류·모양·크기·색깔, 표시 또는 설치의 방법 및 기간 등의 규제 이외에 어떤 규제가 있을 수 있는가?
2. 헌법재판소는 이 사건 심판대상조항이 언론·출판의 자유를 제한함에 있어 왜 과잉금지원칙을 위반하지 않고 있다고 보았는가?

## 5. 언론·출판의 자유의 헌법상 한계

### 가. 언론보도와 명예훼손

#### ▶ 개 요

언론기관은 언론·출판의 자유의 하나로서 보도의 자유를 가진다. 또한 언론기관의 보도의 자유의 충족은 국민의 알 권리 실현으로 연결된다. 반면에 보도를 당하는 개인은 자신의 명예와 관련해 인격권의 하나인 명예권을 가진다. 이 언론기관의 보도의 자유 및 국민의 알 권리와 개인의 명예권이 충돌하는 경우, 이 기본권의 충돌을 조화적으로 해결하는 해결이론으로 권리포기의 이론, 공익의 이론, 공적 인물의 이론이 나타났다.

#### ▶ 핵심판례

憲 1999. 6. 24.-97헌마265 [김일성 애도편지 사건]

[사건의 개요]

강원도의회 의원인 甲 등이 김정일에게 김일성 사망 '애도'편지를 보냈다는 사실, 편지의 내용, 통일원의 조치, 경찰 및 검찰의 수사상황 등에 대해 강원일보는 기사와 독자투고를 게재하였다. 이에 갑 등은 강원일보의 보도가 자신들의 명예를 훼손했다는 이유로 강원일보 기자들을 명예훼손죄로 각각 고소하였다. 검찰이 이에 대해 무혐의 불기소처분을 내리자 청구인들은 항고, 재항고를 거쳐 헌법소원심판을 청구하였다.

[심판의 대상]

고소인이 강원일보 기자들을 출판물에 의한 명예훼손죄로 고소한 데 대해 검찰이 내린 무혐의 불기소처분

이 사건에서 헌법재판소는 "이 심판청구를 기각한다"라고 결정하고 그 이유를 다음과 같이 설시하였다.

■ 언론의 자유와 인격권의 충돌

이 사건은 도의회 의원이라는 공적 인물의 공적인 활동과 관련된 사실을 보도한 신문기사가 명예훼손적 표현을 담고 있는 경우, 헌법 제10조에서 도출되는 인격권

으로서의 개인의 명예 보호와 언론의 자유의 보장이라는 상반되는 두 권리를 조정하는 한계 설정을 하는 것이 쟁점으로 된 사건이다. 헌법은 제21조에서 "모든 국민은 언론·출판의 자유 …… 를 가진다(제 1 항). 언론·출판은 타인의 명예나 권리 또는 공중도덕이나 사회윤리를 침해하여서는 아니 된다(제 4 항)"라고 하고, 제37조 제 2 항은 "국민의 모든 자유와 권리는 국가안전보장, 질서유지 또는 공공복리를 위하여 필요한 경우에 한하여 법률로써 이를 제한할 수 있으며, 제한하는 경우에도 자유와 권리의 본질적인 내용은 침해할 수 없다"라고 규정하고 있다. 개인의 기본권인 언론의 자유와 타인의 인격권인 명예는 모두 인간으로서의 존엄과 가치, 행복추구권에 그 뿌리를 두고 있으므로 두 권리의 우열은 쉽사리 단정할 성질의 것이 아니다. 그러나 자기의 사상과 의견 표현에 아무런 제한도 받지 않고 타인의 인격권인 명예를 함부로 침해할 수 있다고 한다면 언론의 자유는 자기모순에서 헤어나지 못하므로, 헌법은 언론의 자유는 보장하되 명예 보호와의 관계에서 일정한 제한을 받는 것을 분명히 한 것이다. 언론의 자유는 개인이 언론 활동을 통하여 자기의 인격을 형성하는 개인적 가치인 자기실현의 수단임과 동시에 사회 구성원으로서 평등한 배려와 존중을 기본원리로 공생·공존관계를 유지하고 정치적 의사결정에 참여하는 사회적 가치인 자기통치를 실현하는 수단이다. 개인의 언론 활동이 타인의 명예를 훼손하는 경우 행위자와 피해자라는 개인 대 개인 간의 사적 관계에서는 언론의 자유보다 명예 보호라는 인격권이 우선하나, 그 표현이 공공적·사회적·객관적인 의미를 가진 정보에 해당되는 것은 그 평가를 달리 하여야 한다. 왜냐하면 국민이 알아야 할 정보에 대한 권리인 알 권리는 개인의 인격형성과 자기실현은 물론 정치적 의사 형성과정에 참여하는 자기통치를 실현하는 공적 성격도 아울러 갖고 있기 때문이다.

언론매체의 명예훼손적 표현에 실정법을 해석·적용할 때에는 언론의 자유와 명예 보호라는 상반되는 헌법상의 두 권리의 조정 과정에 다음과 같은 사정을 고려하여야 한다. 즉, 당해 표현으로 인한 피해자가 공적 인물인지 아니면 사인인지, 그 표현이 공적인 관심 사안에 관한 것인지 순수한 사적인 영역에 속하는 사안인지, 피해자가 당해 명예훼손적 표현의 위험을 자초한 것인지, 그 표현이 객관적으로 국민이 알아야 할 공공성·사회성을 갖춘 사실로서 여론형성이나 공개토론에 기여하는 것인지 등을 종합하여 구체적인 표현 내용과 방식에 따라 상반되는 두 권리를 유형적으로 형량한 비례관계를 따져 언론의 자유에 대한 한계 설정을 할 필요가 있는 것이다. 공적 인물과 사인, 공적인 관심 사안과 사적인 영역에 속하는 사안간에는 심사기준에 차이를 두어야 하고, 더욱이 이 사건과 같은 공적 인물이 그의 공적 활동과 관련된 명예훼손적 표현은 그 제한이 더 완화되어야 하는 등 개별사례에서의 이익형량에 따라 그 결론도 달라지게 된다.

▣ 형법 제310조의 명예훼손죄의 성립요건과 공적 인물

형법 제310조는 "제307조 제1항(사실적시 명예훼손)의 행위가 진실한 사실로서 오로지 공공의 이익에 관한 때에는 처벌하지 아니한다"라고 규정하여 언론의 자유와 명예 보호라는 두 가치를 유형적으로 형량하는 조정을 꾀하고 있다. 그런데 진실성의 증명과 공공의 이익이라는 위법성의 조각 요건을 엄격하게 요구하면 형사제재의 범위는 넓어지고 언론의 자유는 위축된다. 가치있는 공적인 사안이나 국민이 알아야 할 사안(알 권리)에 대하여 자유로운 비판이나 토론을 하지 못하게 형사벌로 규율한다면 언론의 자유는 질식하고, 비교형량의 비중은 명예 보호 쪽에 너무 치우치게 된다. 이와 같은 언론 자유의 위축이나 질식은 바로 다수결 원리의 형해화로 이어지고 민주주의 또한 이름뿐인 존재로 전락하게 만드는 것이다. 따라서 명예훼손적 표현에 대한 형사법을 해석함에 있어서는 이러한 헌법적인 요청을 고려하여 첫째, 그 표현이 진실한 사실이라는 입증이 없어도 행위자가 진실한 것으로 오인하고 행위를 한 경우, 그 오인에 정당한 이유가 있는 때에는 명예훼손죄는 성립되지 않는 것으로 해석하여야 한다. 둘째, "오로지 공공의 이익에 관한 때에"라는 요건은 언론의 자유를 보장한다는 관점에서 그 적용범위를 넓혀야 한다. 국민의 알 권리의 배려라는 측면에서 객관적으로 국민이 알아야 할 필요가 있는 사실에는 공공성이 인정되어야 하고, 또 사인이라도 그가 관계하는 사회적 활동의 성질과 이로 인하여 사회에 미칠 영향을 헤아려 공공의 이익은 쉽게 수긍할 수 있도록 하여야 한다. 셋째, 명예훼손적 표현에서의 "비방할 목적"은 그 폭을 좁히는 제한된 해석이 필요하다. 법관은 엄격한 증거로써 입증이 되는 경우에 한하여 행위자의 비방 목적을 인정하여야 한다.

객관적으로 국민이 알아야 할 공공성·사회성을 갖춘 사실은 민주제의 토대인 여론형성이나 공개토론에 기여하므로 형사제재로 인하여 이러한 사안의 게재를 주저하게 만들어서는 안 된다. 신속한 보도를 생명으로 하는 신문의 속성상 허위를 진실한 것으로 믿고서 한 명예훼손적 표현에 정당성을 인정할 수 있거나, 중요한 내용이 아닌 사소한 부분에 대한 허위보도는 모두 형사제재의 위협으로부터 자유로워야 한다. 시간과 싸우는 신문보도에 오류를 수반하는 표현은, 사상과 의견에 대한 아무런 제한없는 자유로운 표현을 보장하는 데 따른 불가피한 결과이고 이러한 표현도 자유토론과 진실확인에 필요한 것이므로 함께 보호되어야 하

기 때문이다. 그러나 허위라는 것을 알거나 진실이라고 믿을 수 있는 정당한 이유가 없는데도 진위를 알아보지 않고 게재한 허위보도에 대하여는 면책을 주장할 수 없다.

▣ 이 사건 불기소처분은 합헌

"조선민주주의 인민공화국 김정일 인민군 총사령관 귀하. 안녕 하셨습니까. 김일성 주석께서 서거 이후 애통한 마음으로 나날을 보내셨을 총사령관께 삼가 위로와 격려 말씀 드립니다"로 시작되는 이 사건 편지의 인사말에는 김일성의 죽음을 적시하고 그로 인한 김정일의 슬픔에 대해 위로와 격려를 표시하고 있다. 여기에 사용된 "위로"와 격려는 김일성의 사망과 관련된 것이고, 상주의 슬픔을 위로하는 이른바 "조문"에 해당된다. 이 "조문"은 "애도"의 뜻을 나타낸 것으로 못 볼 바 아니다. 비록 조문과 애도의 사전적인 의미는 다소 다르다 하더라도 일상적인 어법에서 그 차이가 뚜렷한 것은 아니다. 이 인사말이 문제된 사건경위에 비춰보면, 이 사건 편지는 애도가 주된 목적이 아니라 하더라도 그 당시 공적 토론의 쟁점이었던 애도의 뜻이 담긴 인사말 부분이 있었기 때문에 신문사가 사건의 성격을 "김일성 사망 애도편지"라고 규정한 것이 비합리적이었다고 보기 어렵다.

그러므로 검찰이 무혐의 불기소처분을 한 것은 결론은 옳기 때문에 이를 취소하지 않는다. 그리고 청구인이 제기한 정정보도 심판사건과 위자료에 따른 손해배상 청구사건이 각 일부승소로 판결이 확정된 사정은, 이 사건과는 인정사실에 대한 평가와 적용법률의 차이로 인하여 결론이 다르게 된 것이다.

## ▶ 해 설

강원도의회 의원 등인 고소인들이 소위 '김일성 사망 애도편지'를 보도한 강원일보 기자들을 출판물에 의한 명예훼손죄로 고소한 데 대해 검찰이 내린 무혐의 불기소처분을 헌법재판소가 만장일치의견으로 합헌결정을 내린 사건이다. 미국 판례이론을 통해 형성된 '공적 인물의 이론'을 우리 헌법재판소가 어느 정도 받아들이고 있음에 주목할 필요가 있다. 즉, 공적 인물의 경우 공적 활동과 관련된 명예훼손적 표현은 그 제한이 더 완화되어야 한다고 본 것이다. 또한 언론기관이 진실한 것으로 오인하고 보도한 경우에 그 오인에 정당한 이유가 있는 때에는 그 표현의 진실성에 대한 입증이 없어도 형법상의 명예훼손죄가 성립하지 않는다고 선언한 점에도 주목을 요한다.

### ▶ 질 문

1. '공적 인물의 이론'에서 '공적 인물'의 개념은 무엇이며, 공적 인물의 범위는 어떻게 확대되어 왔는가? 지금 공적 인물의 범위는 대체로 어디까지인가?
2. 미국 연방대법원의 New York Times v. Sullivan 375 U.S. 254(1964) 판결에서 공적 인물의 이론은 어떻게 적용되고 있는가?

## 나. 음란물 금지

제21조 ④ 언론·출판은 타인의 명예나 권리 또는 공중도덕이나 사회윤리를 침해하여서는 아니된다. 언론·출판이 타인의 명예나 권리를 침해한 때에는 피해자는 이에 대한 피해의 배상을 청구할 수 있다.

### ▶ 개 요

헌법 제21조 제4항은 언론·출판의 자유의 헌법적 한계로서 "타인의 명예나 권리 또는 공중도덕이나 사회윤리"를 규정하고 있다. 이로 인해 명예훼손, 사생활의 비밀과 자유의 침해, 공중도덕과 사회윤리에의 위배는 헌법상의 언론·출판의 자유로 보호받지 못한다. 이 중 "공중도덕과 사회윤리"에 위배되는 언론·출판으로 '음란'이 대표적으로 거론된다.

### ▶ 핵심판례

#### 憲 1998. 4. 30.-95헌가16 [출판사 등록취소 사건]

[사건의 개요]

제청신청인은 '도서출판 정인엔터프라이즈'라는 명칭으로 스포츠, 연예, 레저, 사진, 예술을 출판분야로 한 출판사 등록을 한 뒤, '세미-걸(nine actress semi-girls nice photographs)'이라는 제목의 화보집을 발행하여 유통시켰다. 서울특별시 서초구청장은 위 화보집이 '출판사 및 인쇄소의 등록에 관한 법률' 제5조의2 제5호 소정의 음란·저속한 간행물에 해당한다는 이유로 제청신청인에 대한 위 출판사등록을 취소하는 처분을 하였다. 이에 제청신청인은 서초구청장을 상대로 위 취소처분의 취소를 구하는 행정소송을 제기하는 한편, 위 소송 계속중 음란 또는 저속한 간행물을 출판한 출판사의 등록을 취소할 수 있도록 규정하고 있는 출판등록법 제5조의2 제5호가 헌법 제21조 제1항과 헌법 제11조에 위반된다고 주장하면서 위 규정에 대한 위헌여부심판의 제청을 신청하였고, 법원은 이를 받아들여 헌법재판소에 이 사건 위헌 여부의 심판을 제청하였다.

[심판의 대상]

**출판사 및 인쇄소의 등록에 관한 법률**(1972. 12. 26. 법률 제2393호로 개정된 것) 제 5 조의2(등록취소) 등록청은 제 3 조 제 1 항의 규정에 의하여 출판사 또는 인쇄소의 등록을 한 자가 다음 각 호의 1에 해당하는 경우에는 그 등록을 취소할 수 있다.

5. 음란 또는 저속한 간행물이나 아동에 유해한 만화 등을 출판하여 공중도덕이나 사회윤리를 침해하였다고 인정되는 경우

이 사건에서 헌법재판소는 "출판사 및 인쇄소의 등록에 관한 법률 제 5 조의2 제 5 호의 '음란 또는 저속한 간행물'에 관한 부분 중 '음란한 간행물'에 관한 부분은 헌법에 위반되지 아니하고, '저속한 간행물'에 관한 부분은 헌법에 위반된다"라고 결정하고 그 이유를 다음과 같이 설시하였다.

▣ "음란한 간행물" 부분은 합헌

이 사건 법률조항이 규율하는 음란 또는 저속한 표현 중 '음란'이란 인간존엄 내지 인간성을 왜곡하는 노골적이고 적나라한 성표현으로서 오로지 성적 흥미에만 호소할 뿐 전체적으로 보아 하등의 문학적, 예술적, 과학적 또는 정치적 가치를 지니지 않은 것으로서, 사회의 건전한 성도덕을 크게 해칠 뿐만 아니라 사상의 경쟁메커니즘에 의해서도 그 해악이 해소되기 어렵다고 하지 않을 수 없다. 따라서 이러한 엄격한 의미의 음란표현은 언론·출판의 자유에 의해서 보호되지 않는다고 할 것이다. 다만, 모든 성적 표현이 음란한 것은 아니기 때문에, 헌법의 보호영역 밖에 있는 음란표현과 헌법의 보호영역 안에 있는 성적 표현은 엄밀한 기준하에 구분되어야 하고 헌법적인 평가 또한 달리하여야 할 것이다. 예컨대, 이 사건 법률조항 중 "저속한 간행물"은 "음란한 간행물"과 구별되는 것으로서 헌법의 보호영역 안에 있다고 보아야 할 것이다. 따라서 이 사건 심판대상조항의 위헌 여부를 판단함에 있어서는 그 헌법적 평가가 상이한 '음란'과 '저속'을 구분하여 각각 별도로 그 위헌 여부를 따져 볼 필요가 있다.

그런데, 이 사건 법률조항 소정의 "음란" 개념을 형법상의 "음란" 개념과 달리 볼 특별한 이유가 없고, 대법원도 이 사건 법률조항의 음란개념을 형법상의 음란 개념과 동일하게 보고 있다. 그렇다면 이 사건 법률조항의 "음란" 개념은 명확성의

원칙에 위배되지 않는다. 또한 단 한번의 음란물을 출판하였다는 사정만으로 곧바로 등록취소를 강요하고 있지는 않고 출판사 등록취소로 인한 기본권적 이익의 실질적 침해는 그다지 크지 않은 반면 그로써 얻게 되는 공익은 현저히 크다고 볼 수밖에 없어 과잉금지의 원칙에도 위반되지 않는다. 정기간행물과 일반출판물은 그 사회적 기능에 있어 다소 상이한 측면을 지니고 있음 등을 고려할 때, 이 사건 법률조항이 정기간행물과 다르게 그 등록취소 절차를 규정하고 있다고 해서 평등의 원칙에 반할 정도의 자의적인 차별이라고 볼 수도 없다.

▣ "저속한 간행물" 부분은 위헌

첫째, 명확성의 원칙 위반 여부를 보자. 통상의 사전적 풀이에 따르면, "음란"이란 "음탕하고 난잡함"을 의미하고, "저속"이란 "품위가 낮고 속됨"이라고 풀이되고 있다. 그렇다면 이 사건 법률조항의 "저속"이란 그 외설성이 음란에는 달하지 않는 성적 표현뿐만 아니라 폭력적이고 잔인한 표현 및 욕설 등 상스럽고 천한 내용 등의 표현을 가리키는 것이라고 파악할 수 있다. 따라서 "음란"의 개념과는 달리 이 "저속"의 개념은 우선 그 적용범위가 매우 광범위하다고 하지 않을 수 없다. 그리고 "저속"이라는 문언은 보충적인 해석에 의한다 하더라도 그 의미내용을 확정하기 어려울 정도로 매우 추상적이다. 다시 말하면, 이 "저속"의 개념에는 출판사등록이 취소되는 성적 표현의 하한이 열려 있을 뿐만 아니라 폭력성이나 잔인성 및 천한 정도도 그 하한이 모두 열려 있어서, 출판을 하고자 하는 자는 어느 정도로 자신의 표현내용을 조절해야 되는지를 도저히 알 수 없도록 되어 있다. 이렇게 된다면 이 사건 법률조항은 결국 자의적인 법집행의 가능성을 열어 주는 셈이 될 것이고, 이로 말미암아 언론·출판의 자유가 매우 위축될 수 있는 것임은 의심의 여지가 없다고 하겠다. 물론 이 사건 법률조항은 출판사등록취소의 요건으로서 "저속한 간행물"의 출판 외에 "공중도덕이나 사회윤리의 침해"라는 요건을 함께 요구하고 있어서 "저속" 여부를 판단하기 위한 기준을 제시하고 있는 것으로 볼 수도 있다. 그러나 "공중도덕"이나 "사회윤리"의 개념 자체도 확정적인 개념이 아니기 때문에 이들 기준을 사용한다 하더라도 "저속"의 의미내용을 확정짓는 것이 용이한 일은 아니다. 그렇다면 이 사건 법률조항 중 "저속한 간행물" 부분은 불명확하고 애매모호할 뿐만 아니라 지나치게 광범위한 표현내용을 규율하는 것이어서 명확성의 원칙 및 과도한 광범성의 원칙에 반한다고 하지 않을 수 없다.

둘째, 과잉금지의 원칙 위반 여부를 보자. 저속한 간행물의 출판을 전면적으로 금지시키고 나아가 출판사의 등록을 취소할 수 있도록 규정하고 있는 이 사건 법률조항은 언론·출판의 자유를 과도하게 제한하는 위헌적인 입법이라는 비난을 면할 수 없다. 앞에서 살핀 바와 같이 저속한 표현은 음란표현과는 달리 언론·출판의 자유의 보호영역에 속하는 표현이며 일정한 사회적 가치를 지니고 있고, 이러한 표현을 전면 금지시키는 것은 특수한 상황에서 이를 정당화할 수 있는 중대한 이유가 있는 경우를 제외하고는 표현의 자유를 본질적으로 침해할 우려가 있기 때문이다. 물론 청소년의 건전한 심성을 보호하기 위해서 퇴폐적인 성표현이나 지나치게 폭력적이고 잔인한 표현 등을 규제할 필요성은 분명 존재한다. 따라서 저속한 표현을 규제하더라도 그 보호대상은 청소년에게 한정되어야 하고, 규제수단 또한 청소년에 대한 유통을 금지하는 방향으로 좁게 설정되어야 한다. 예컨대, 청소년이 보아서는 안 되는 저속한 표현물에 대해 등급표시를 하거나, 판매시 청소년의 접근을 차단시키기 위하여 별도의 코너를 마련하는 등의 규제조치를 고려할 수 있을 것이다. 그리고 은밀하고 변칙적인 유통경로를 통하여 청소년에게 유해한 저속간행물을 계속적으로 유통시키는 경우에는 그에 대한 행정적 제재로서 과징금을 부과하거나 일정 기간 영업을 정지시키거나 또는 필요한 경우 형사적 제재수단을 마련할 수도 있을 것이다. 그런데 이 사건 법률조항은 저속한 간행물의 출판을 전면 금지시키고 나아가 출판사의 등록을 취소시킬 수 있도록 하고 있다. 이는 지나치게 과도한 수단을 선택하고 있다고 하지 않을 수 없어 과잉금지의 원칙에 위배된다.

셋째, 더 나아가 청소년보호라는 명목으로 성인이 볼 수 있는 것까지 전면 금지시킨다면 이는 성인의 알 권리의 수준을 청소년의 수준으로 맞출 것을 국가가 강요하는 것이어서 성인의 알 권리를 명백히 침해한다.

## ▶ 해　설

만장일치의견을 통해 출판사 및 인쇄소 등록 취소사유로, "음란한" 간행물 출판 부분은 헌법에 위반되지 않고, "저속한" 간행물 출판 부분은 명확성의 원칙, 과잉금지의 원칙에 반할 뿐만 아니라 성인의 알 권리를 침해해 위헌이라고 본 결정이다. 위헌결정에는 '일부 위헌결정'도 포함되고 '일부 위헌결정'은 다시 '양적 일부위헌결정'과 '질적 일부위헌결정'으로 나뉜다. 본 결정은 "저속한"이라는 부분을 지적하며 이 부분만 위헌이라 본 결정이므로 '양적 일부위헌결정'의 대표적인 예에 속한다.

▶ 질 문

1. 헌법재판소가 이 결정에서 밝히고 있는 '음란'의 정의는 무엇인가? 그것은 대법원판례에 따른 '음란'의 정의와 어떻게 다른가?
2. 위헌결정의 결정형식 중 양적 일부위헌결정과 질적 일부위헌결정은 어떻게 다른가?

## Ⅳ. 집회·결사의 자유

집회·결사의 자유(the freedom of assembly and association)는 국민들이 집단적으로 자기들의 의사를 발표할 수 있는 자유이다.

집회·결사의 자유는 민주정치의 과정을 유지한다는 데 있어 특히 중대한 의미를 가진다. 특히 정보의 송부를 하는 역할을 하는 그룹과 정보를 받기만 하는 국민의 구분이 현대에서 분리·고정화되고 있는 현상을 볼 때 더욱 그러하다. 오늘날 언론시장에서 막강한 영향력을 행사하는 전파·인쇄 등 매스미디어는 국가권력이나 거대한 자본이 거의 독점하다시피 하고 있다. 이와 같은 현대적 상황하에서 그런 것을 소유하지 못한 일반민중이 단체를 결성하거나 혹은 집회와 집단시위라는 집단적 행동을 통하여 스스로 표현의 장을 구축하고 그들의 의견이나 요구를 표명하고 전달하기 위한 수단을 마련한다는 것은 필요한 것이다.

오늘날 집회·결사의 자유는 민주주의사회에서의 정치적 자유로서 민주정치실현에 불가결의 전제가 되기 때문에 민주주의사회의 원동력으로서 이 자유의 보장이 절실히 요청되고 있다.

### 1. 집회의 자유

제21조 ① 모든 국민은 언론·출판의 자유와 집회·결사의 자유를 가진다.
② 언론·출판에 대한 허가나 검열과 집회·결사에 대한 허가는 인정되지 아니한다.

## 가. 집회의 자유의 의의와 성격

### ▶ 개 요

헌법은 타인과의 의견교환을 위한 기본권인 표현의 자유, 집회의 자유, 결사의 자유를 함께 국민의 기본권으로 보장하고 있다. 집회는 특정 또는 불특정 다수인이 특정한 공동목적을 위하여 일시적으로 일정한 장소에 모이는 것을 말한다. 헌법은 집회의 자유를 국민의 기본권으로 보장함으로써, 평화적 집회 그 자체는 공공의 안녕질서에 대한 위험이나 침해로서 평가되어서는 아니 되며, 개인이 집회의 자유를 집단적으로 행사함으로써 불가피하게 발생하는 일반대중에 대한 불편함이나 법익에 대한 위험은 보호법익과 조화를 이루는 범위 내에서 국가와 제3자에 의하여 수인되어야 한다는 것을 헌법 스스로 규정하고 있는 것이다. 집회의 자유는 개인의 인격발현의 요소이자 민주주의를 구성하는 요소라는 이중적 헌법적 기능을 가지고 있다. 집회의 개념에는 내적인 유대 외에 공통의 의사형성과 의사표현이라는 공동의 목적이 포함되어 있다는 견해(광의설)가 헌법재판소와 학설의 일반적인 입장이다.

집회의 자유는 공동으로 인격을 발현하기 위하여 타인과 함께 하고자 하는 자유, 즉 타인과의 의견교환을 통하여 공동으로 인격을 발현하는 자유를 보장하는 기본권이자 동시에 국가권력에 의하여 개인이 타인과 사회공동체로부터 고립되는 것으로부터 보호하는 기본권이다. 즉 공동의 인격발현을 위하여 타인과 함께 모인다는 것은 이미 그 자체로서 기본권에 의하여 보호될 만한 가치가 있는 개인의 자유영역인 것이다. 집회의 자유는 결사의 자유와 더불어 타인과 함께 모이는 자유를 보장하는 것이다.

집회를 통하여 국민들이 자신의 의견과 주장을 집단적으로 표명함으로써 여론의 형성에 영향을 미친다는 점에서, 집회의 자유는 표현의 자유와 더불어 민주적 공동체가 기능하기 위하여 불가결한 근본요소에 속한다. 집회의 자유는 집단적 의견표명의 자유로서 민주국가에서 정치의사형성에 참여할 수 있는 기회를 제공한다.

### ▶ 핵심판례

憲 1994. 4. 28.-91헌바14 [옥외집회와 시위의 개념정의의 차별문제 사건]

[사건의 개요]

청구인은 대구 북구 산격동 소재 경북대학교 야외공연장에서 대구 경북지역 교사들과 대학생 및 노동자들이 참석한 가운데 "전국교직원노동조합 대구·경북지부 결성식 전야제"를 준비·주최함으로써 법률상 금지된 야간옥외집회를 주최하였으며, 같은 장소에서 개최된 집회가 신고서 기재사항의 보완불이행으로 관할 경찰서장으로부터 금지통고를 받은 집회임에도 불구하고 위 집회를 주관하여 동 집회에서 청구인이 전국교직원노동조합 경북지부장으로 선출되고 참교육을 실천하자는 내용의 결성선언문을 낭독하는 등 금지 통고된 옥외집회를 주최한 혐의로, 대구지방법원에 구속 기소되어 벌금형 선고받고 항소하여 같은 법원 항소부로부터 선고유예 판결을 선고받고 상고하였으나 상고가 기각됨으로써 위 항소심판결이 확정되었다. 한편 청구인은 위 사건의 항소심 재판에서 청구인에게 적용된 법률조항 중 집회및시위에관한법률(이하 '집시법'이라 한다) 제 8 조 제 1 항, 제10조 및 제19조 제 2 항 외에 적용법조로 표시되지는 아니하였으나 당연히 적용되었다고 볼 수 있는 동법 제 2 조 제 1 호까지도 합쳐서 이것들이 헌법에 위반된다는 이유로 위헌제청신청을 하였으나 기각되자 헌법재판소에 헌법재판소법 제68조 제 2 항에 의한 헌법소원심판을 청구하였다.

[심판의 대상]

**집회및시위에관한법률** 제 2 조(정의) 1. "옥외집회"라 함은 천장이 없거나 사방이 폐쇄되지 않은 장소에서의 집회를 말한다.

제 8 조(집회 및 시위의 금지통고) ① 제 6 조 제 1 항의 규정에 의한 신고서를 접수한 관할 경찰관서장은 신고된 옥외집회 또는 시위가 제 5 조 제 1 항, 제10조 본문 또는 제11조의 규정에 위반된다고 인정될 때, 제 7 조 제 1 항의 규정에 의한 기재사항을 보완하지 아니한 때 또는 제12조 제 1 항의 규정에 의하여 금지할 집회 또는 시위라고 인정될 때 그 신고서를 접수한 때부터 48시간 이내에 집회 또는 시위의 금지를 주최자에게 통고할 수 있다.

제10조(옥외집회 및 시위의 금지시간) 누구든지 일출시간 전, 일몰시간 후에는 옥외집회 또는 시위를 하여서는 아니된다. 다만, 집회의 성격상 부득이하여 주최자가 질서유지인을 두고 미리 신고하는 경우에는 관할 경찰관서장은 질서유지를 위한 조건을 붙여 일출시간 전, 일몰시간 후에도 옥외집회를 허용할 수 있다.

제19조(벌칙) ② 제 5 조 제 1 항 또는 제 6 조 제 1 항의 규정에 위반하거나 제 8 조의 규정에 의하여 금지를 통고한 집회 또는 시위를 주최한 자는 2년 이하의 징역 또는 200만원 이하의 벌금에 처한다.

이 사건에서 헌법재판소는 "1. 집회및시위에관한법률(1989. 3. 29. 법률 제4095호로 전문개정된 것) 제 2 조 제 1 호, 제10조, 제19조 제 2 항은 헌법에 위반되지 아니한다. 2. 같은 법률 제 8 조 제 1 항에 대한 심판청구는 이를 각하한다"라고 결정하고, 그 이유를 다음과 같이 설시하였다.

■ 집시법 제 2 조 제 1 호의 위헌 여부에 대한 판단

집시법 제 2 조 제 1 호는 "'옥외집회'라 함은 천장이 없거나 사방이 폐쇄되지 않은 장소에서의 집회를 말한다"고 규정하고, 같은 법조 제 2 호에서는 "'시위'라 함은 다수인이 공동목적을 가지고 도로 · 광장 · 공원 등 공중이 자유로이 통행할 수 있는 장소를 진행하거나 위력 또는 기세를 보여 불특정다수인의 의견에 영향을 주거나 제압을 가하는 행위를 말한다"고 규정하고 있다. 청구인 주장의 핵심은 "시위"에 관한 정의규정에서는 "공중이 자유로이 통행할 수 있는 장소"라는 장소적 제한의 개념을 사용하였는데 "옥외집회"에 대한 정의에서는 "천장이 없거나 사방이 폐쇄되지 않은 장소"라는 개념만 사용하였을 뿐 "시위"에서처럼 공중이 자유로이 통행할 수 있는 장소라는 제한적 개념을 추가하지 않음으로써 공중이 자유로이 통행할 수 없는 장소인 대학구내에서의 시위는 집시법의 규제대상이 아닌 반면, 대학구내에서의 옥외집회는 집시법의 적용대상이 되게 하여 결국 청구인과 같은 집회주최자를 시위주최자에 비하여 합리적 이유 없이 불리하게 차별적 취급을 하고 있다는 것이다.

▪ 먼저 "공중이 자유로이 통행할 수 있는 장소"라는 장소적 제한개념이 "시위"에 관한 정의규정의 필요불가결한 요소(要素)인가를 보기로 한다.

"시위(示威)"라는 용어의 정의에 관하여, 1989. 3. 29. 법률 제4095호로 전문개정되기 전의 집시법(이하 "구 집시법"이라 한다) 제 1 조의2 제 2 호는 "'시위'라 함은 다수인이 공동목적을 가지고 도로 기타 옥외장소를 진행하거나 위력 또는 기세를 보여 불특정 다수인의 의견에 영향을 주거나 제압을 가하는 행위를 말한다"라고 규정하고 있었는데, 현행 집시법 제 2 조 제 2 호는 그 중 "도로 기타 옥외장소"라는 부분만을 보다 명확하게 "도로 · 광장 · 공원 등 공중이 자유로이 통행할 수 있는 장소"로 고쳤을 뿐 그 여타 부분은 아무 것도 고친 것이 없다. 그렇다면 집시법 제 2 조 제 2 호의 "시위(示威)"는, 그 문리와 위 개정연혁에 비추어, 다수인이 공동목적을 가지고 (1) 도로 · 광장 · 공원 등 공중이 자유로이 통행할 수 있는 장소를 진행함으로써 불특정다수인의 의견에 영향을 주거나 제압을 가하는 행위와 (2) 위력 또는 기세를 보여 불특정다수인의 의견에 영향을 주거나 제압을 가하는 행위를 말한다고 풀이해야 할 것이다. 따라서 위 (2)의 경우에는 위력 또는 기세를 보인 장소가 공중이 자유로이 통행할 수 있는 장소이든 아니든 상관없이 그러한 행위가 있고 그로 인하여 불특정다수인의 의견에 영향을 주거나 제압을 가할 개연성이 있으면 집시법상의 "시위"에 해당하는 것이고, 이 경우에는 "공중이 자유로이 통행할

수 있는 장소"라는 장소적 제한개념은 "시위"라는 개념의 요소라고 볼 수 없다. 즉 위의 장소적 제한개념은 모든 시위에 적용되는 "시위" 개념의 필요불가결한 요소는 아님을 알 수 있다. 또 실제로도 이렇게 풀이하지 아니하면, 공중이 자유로이 통행할 수 없는 장소이지만 그 장소의 위치, 그 장소와 공중의 자유통행이 허용된 장소 사이의 차단장치나 시설의 높이, 구조, 형태 등에 따라서는 그 곳에서의 위력 또는 기세의 과시가 불특정다수인의 의견에 영향을 주거나 제압을 가할 개연성이 있고 또 그것이 명백히 위법한 시위인데도 단지 그 곳이 공중이 자유로이 통행할 수 있는 장소가 아니라는 이유만으로 이를 규제할 수 없는 불합리한 결과(집시법 제 1 조 참조)가 생길 수도 있는 것이다. 그러므로 공중이 자유로이 통행할 수 없는 장소인 대학구내에서의 시위도 그것이 위 (2)의 요건에 해당하면 바로 집시법상의 시위로서 집시법의 규제대상이 되는 것이다.

■ 한편 집시법 제 2 조 제 1 호는 옥외집회의 정의로서 "'옥외집회'라 함은 천장이 없거나 사방이 폐쇄되지 않은 장소에서의 집회를 말한다"고 규정하고 있는바 그 취지는 천장이 없거나 사방이 폐쇄되지 아니한 장소에서의 집회는 설사 그 곳이 공중이 자유로이 통행할 수 있는 장소가 아닐지라도 그 장소의 위치, 넓이, 또는 형태, 참가인원의 수, 그 집회의 목적, 성격 및 방법 등에 따라서는 시위와 마찬가지로 공공의 안녕질서에 해를 끼칠 우려가 있어 규제의 필요가 있다고 보고 이를 옥외집회로 하여 시위와 동일하게 규제의 대상으로 삼겠다는 데에 있는 것으로 이해된다. 일반적으로는 시위가 집회(옥외집회)보다 공공의 안녕질서에 미치는 영향이 크다고 할 수 있을 것이나, 반드시 그런 것만은 아니고 개별적·구체적 사안에 따라서는 그 반대의 경우도 얼마든지 있을 수 있다. 집시법 제 2 조 제 1 호의 규정취지를 위와 같이 이해하고, 이에 더하여 "공중이 자유로이 통행할 수 있는 장소"라는 장소적 제한개념은 위에서 본 바와 같이 집시법상 "시위" 개념(집시법 제 2 조 제 2 호) 전부의 필요불가결한 요소도 아니라는 점, 집회(특히 옥외집회) 및 시위라는 개념은 집시법의 여러 규정에 공통적으로 사용된 기초개념으로서 이러한 기초개념은 집시법의 규제목적(제 1 조)이 실현될 수 있도록 개별적·구체적인 여러 가지 사안에 대하여서도 빠짐없이 또 모순 없이 적용될 수 있게끔 포괄적이면서도 명확히 규정되어야 한다는 점 등을 고려하면, 옥외집회의 정의규정에 위와 같은 장소적 제한개념을 추가하지 아니한 것은 합리적인 이유가 있다고 인정되고 그것이 집회(옥외집회)의 주최자를 시위의 주최자보다 합리적 이유 없이 불리하게 차별한 것이라든가 또는 옥외집회의 개념을 너무 넓게 규정하여 집회의 자유의 본질적 내용을 침해하였거나 그것을 필요 이상으로 과도하게 제한하였다고는 볼 수 없다.

■ 따라서 집시법 제 2 조 제 1 호는 평등의 원칙이나 헌법 제21조 제 1 항, 제 2 항 및 제37조 제 2 항에 위반된다고 할 수 없다.

## ▶ 해 설

### 반대의견

이 결정에서는 다음과 같은 2인의 재판관의 별개의 반대의견이 개진되었다.

「다수설의 해석과는 달리 옥외집회의 개념에 "공중이 자유로이 통행할 수 있는 장소"라는 제한이 내포되어 있는 것으로 해석하여야 한다는 반대의견이 존재한다. 이에 의하면 의사표현이라는 집회의 헌법상 의의에 비추어 볼 때, 집회란 본래 공동목적을 가진 다수인이 일정 장소에 모여 상호 의견을 교환하거나 이를 통하여 공동의 의사를 수렴하는 등 정적인 차원과 함께 이에서 더 나아가, 그 수렴된 의사를 대외에 과시 · 유포한다는 능동적인 차원을 가지는 복합적이며 생동하는 모습으로 파악하여야 하며, 이러한 뜻에서 집회란 시위의 가장 소극적이고도 기본적인 형태의 하나가 되고, 역으로 시위란 움직이는 집회에 다름 아닌 것으로 보아야 한다는 것이다. 그러므로 이 견해에 의할 때, 심판대상규정에는 "공중이 자유로이 통행할 수 있는 장소"라는 제한이 내포되어 있는 것으로 해석하여야 하고, 그렇게 한정해석하는 한 위 규정은 합헌이라는 결론에 이른다.
또 다른 반대의견에 의하면 집시법 제 2 조 제 1 호는 "'옥외집회'라 함은 천장이 없거나 사방이 폐쇄되지 않은 장소에서의 집회를 말한다"라고 규정하고 사방이 폐쇄되었더라도 천장이 없거나 천장이 있더라도 사방이 폐쇄되지 않은 장소에서의 집회를 집시법의 규제대상인 옥외집회로 정의하고 있는 것은 표현의 자유의 중요성을 인식하지 못한 위헌적 규정으로 본다. 이 견해에 의하면 집회 · 시위의 자유는 민주정치를 하는데 있어 필수불가결한 기본권으로서 최대한으로 보장되어야 하고 이것이 집회 · 시위를 일반적으로 금지하고 특정한 경우에 금지를 해제하는 이른바 허가제를 부정하는 우리 헌법 제21조 제 1, 2 항의 정신일진대 옥외집회의 범위를 위와 같이 넓게 규정하여 법의 규제대상으로 삼는 것은 집회의 자유를 보장하고 있는 헌법의 이념에 배치되어 위헌이라고 한다.」

### 야간 옥외집회 · 시위의 원칙적 금지

야간 옥외집회 · 시위를 금지하는 집시법 제10조의 위헌 여부에 대해 위헌논쟁이 있지만 위 결정에서 헌법재판소는 다음과 같이 합헌으로 판시하였다.

「국가안전보장, 질서유지, 공공복리 등 기본권 제한입법의 목적원리에 의한 제한의 필요성이 그만큼 더 요구되는 기본권으로서 특히 야간의 옥외집회 및 시위는 "야간"이라는 상황적 특수성과 "옥외집회 · 시위"의 속성상 주간의 옥외집회 · 시위의 경우보다 공공의 안녕질서를 침해할 수 있는 높은 개연성을 지니고 있다는 점에서 야간의 옥외집회 · 시위의 원칙적 금지에 대한 현실적 타당성을 수긍할 수 있다. ……

현행 집시법 제10조가 과거처럼 어떠한 경우에도 야간의 옥외집회 · 시위를 일률적으로 금지하지 아니하고(구 집시법 제 6 조 참조) 집회의 성격상 부득이한 경우에는 일정한 조건을 붙여 일출시간 전, 일몰시간 후의 옥외집회를 허용할 수 있는 단서규정을 두고 있는 점, 이 단서규정에 따른 야간옥외집회의 허용 여부는 헌법이념 및 조리상 관할 경찰관서장의 편의재량사항이 아니고 기속재량사항이라고 해석되는 점, 학문 · 예술 · 체육 · 종교 · 의식 · 친목 · 오락 등에 관한 집회에는 이러한 금지규정이 적용되지 않을 뿐만 아니라(집시법 제13조) 야간이라도 옥내집회는 일반적으로 허용되는 점 등을 고려할 때, 야간의 옥외집회 · 시위의 금지에 관한 집시법 제10조의 규정이 집회의 자유의 본질적 내용을 침해한 것이라고는 볼 수 없다.

다만 규정의 체재로는 야간의 옥외집회 · 시위도 원천적으로 이를 허용하고 예외적으로 금지할 수 있는 경우를 구체적으로 규정하는 것이 집회의 자유를 보장한 헌법규정에 비추어 바람직스러운 것이나, 야간의 옥외집회 · 시위를 원칙적으로 금지하고 야간옥외집회에 한하여 예외적으로 조건을 붙여 허용하였다고 하여 즉 원칙적 금지와 예외적 허용이라는 규정체재로 되어 있다 하여 그 사실만으로 곧 기본권 제한입법의 한계로서 요구하는 과잉금지의 원칙에 위배된다고는 볼 수 없고, 더구나 집시법 전체의 규정체재에서 보면 이 법은 일정한 신고절차만 밟으면 일반적, 원칙적으로 옥외집회 및 시위를 할 수 있도록 보장하면서(즉 옥외집회 및 시위의 원칙적 허용) 그 집회 및 시위의 목적, 방법, 시간, 장소 등에 따라 그것이 공공의 안녕질서에 미칠 영향의 강약 등을 고려하여 개별적으로 이에 상응한 여러 가지의 규제를 하고 있는바 집시법 제10조는 바로 일몰상태하의 옥외집회 및 시위라는 특수한 상황조건하의 옥외집회 · 시위에 관한 특별한 예외적 규제규정(즉 옥외집회 및 시위의 예외적 금지규정 또는 "옥외집회 및 시위의 금지시간"에 관한 규정)이라고 볼 수도 있다. 따라서 집시법 제10조는 헌법 제21조 제 2 항이나 제37조 제 2 항에 위반된다고 할 수 없다.」

## ▶ 질 문

1. 집시법에 규정된 시위의 정의에 "공중이 자유로이 통행할 수 있는 장소"라는 개념이 반드시 포함되어야 하는가?
2. 시위와 옥외집회의 정의가 다른 것은 표현의 자유의 면에서 볼 때 자의적인 차별적 규정인가? 합리적 이유가 존재하는가?

## ▶ 핵심판례

### 憲 2009. 9. 24.-2008헌가25 [야간옥외집회금지 헌법불합치 사건]

[사건의 개요]

제청신청인은 2008. 5. 9. 19:35경부터 21:47경까지 야간에 옥외에서 미국산 쇠고기 수입 반대 촛불집회를 주최하였다는 등의 이유로 집회 및 시위에 관한 법률 위반 등 혐의로 기소되었다(서울중앙지방법원 2008고단3949). 제청신청인은 1심 계속중 제청신청인에게 적용된 '집회 및 시위에 관한 법률' 제10조, 제23조 제 1 호가 헌법상 금지되는 집회의 사전 허가제를 규정한 것으로서 헌법에 위반된다고 주장하며 위헌법률심판 제청신청(서울중앙지방법원 2008초기2418)을 하였다. 서울중앙지방법원은 위 법률조항들이 당해 사건 재판의 전제가 되고, 위헌이라고 인정할 만한 상당한 이유가 있다며 2008. 10. 13. 이 사건 위헌법률심판제청을 하였다.

[심판의 대상]

**집회 및 시위에 관한 법률** 제10조(옥외집회와 시위의 금지 시간) 누구든지 해가 뜨기 전이나 해가 진 후에는 옥외집회 또는 시위를 하여서는 아니 된다. 다만, 집회의 성격상 부득이하여 주최자가 질서유지인을 두고 미리 신고한 경우에는 관할경찰관서장은 질서 유지를 위한 조건을 붙여 해가 뜨기 전이나 해가 진 후에도 옥외집회를 허용할 수 있다.

제23조(벌칙) 제10조 본문 또는 제11조를 위반한 자, 제12조에 따른 금지를 위반한 자는 다음 각 호의 구분에 따라 처벌한다.

1. 주최자는 1년 이하의 징역 또는 100만 원 이하의 벌금

이 사건에서 헌법재판소는 "집회 및 시위에 관한 법률 제10조 중 '옥외집회' 부분 및 제23조 제 1 호 중 '제10조 본문의 옥외집회' 부분은 헌법에 합치되지 아니한다. 위 조항들은 2010. 6. 30.을 시한으로 입법자가 개정할 때까지 계속 적용된다"라고 결정하고, 그 이유를 다음과 같이 설시하였다.

▣ 재판관 이강국, 재판관 이공현, 재판관 조대현, 재판관 김종대, 재판관 송두환의 위헌의견

■ 현대 대의민주국가에서의 집회의 자유의 의미와 역할

● 헌법 제21조 제 1 항은 "모든 국민은 언론·출판의 자유와 집회·결사의 자유를 가진다"고 규정하여 집회의 자유를 표현의 자유로서 언론·출판의 자유와 함께 국민의 기본권으로 보장하고 있다. 그러므로 우리 헌법상 집회의 자유는 우선, 국가

에 대한 방어권으로서 집회의 주체, 주관, 진행, 참가 등에 관하여 국가권력의 간섭이나 방해를 배제할 수 있는 주관적 권리로서의 성격을 가지며, 아울러 자유민주주의를 실현하려는 사회공동체에 있어서는 불가결한 객관적 가치질서로서의 이중적 성격을 갖는다.

• 인간으로서의 존엄과 가치를 보장하기 위하여 자유로운 인격발현을 최고 가치중의 하나로 삼는 우리 헌법질서 내에서 집회의 자유는 국민들이 타인과 접촉하고 정보와 의견을 교환하며 공동의 목적을 위하여 집단적으로 의사표현을 할 수 있게 함으로써 개성신장과 아울러 여론형성에 영향을 미칠 수 있게 하여 동화적 통합을 촉진하는 기능을 가지며, 나아가 정치·사회현상에 대한 불만과 비판을 공개적으로 표출케 함으로써 정치적 불만세력을 사회적으로 통합하여 정치적 안정에 기여하는 역할을 한다. 또한, 선거와 선거 사이의 기간에 유권자와 그 대표 사이의 의사를 연결하고, 대의기능이 약화된 경우에 그에 갈음하는 직접민주주의의 수단으로서 기능하며, 현대사회에서 의사표현의 통로가 봉쇄되거나 제한된 소수집단에게 의사표현의 수단을 제공한다는 점에서, 언론·출판의 자유와 더불어 대의제 자유민주국가에서는 필수적 구성요소가 되는 것이다(憲 2009. 5. 28.-2007헌바22, 공보 152, 1125 이하 참조). 이러한 의미에서 헌법이 집회의 자유를 보장한 것은 관용과 다양한 견해가 공존하는 다원적인 '열린사회'에 대한 헌법적 결단인 것이다(憲 2003. 10. 30.-2000헌바67, 판례집 15-2하, 41, 53).

■ 집회의 자유에 대한 제한의 한계로서의 '집회에 대한 허가 금지'

• 헌법 제21조 제 2 항의 취지와 의미

1) 헌법 제21조 제 2 항(이하 '이 사건 헌법규정'이라 한다)은 "언론·출판에 대한 허가나 검열과 집회·결사에 대한 허가는 인정되지 아니한다"고 규정함으로써 헌법자체에서 언론·출판에 대한 허가나 검열의 금지와 더불어 집회에 대한 허가금지를 명시함으로써, 집회의 자유에 있어서는 다른 기본권 조항들과는 달리, '허가'의 방식에 의한 제한을 허용하지 않겠다는 헌법적 결단을 분명히 하고 있다.

헌법 연혁적으로 살펴보건대, 집회에 대한 허가 금지조항은 위에서 보는 바와 같이 처음으로 1960. 6. 15. 개정헌법 제28조 제 2 항 단서에서 규정되었으며, 1962. 12. 26. 개정헌법 제18조 제 2 항 본문에서 그대로 유지되었으나 1972. 12. 27. 개정헌법에서 삭제되었다가 1987. 10. 29. 개정된 현행 헌법에서 다시 규정된 것이다. 위와 같은 이 사건 헌법규정의 연혁적 변천과정, 그 중에서도 특히 1972년 소위 유신헌법에서 삭제되었던 언론·출판에 대한 허가나 검열의 금지와 함께 집회에 대한 허가제 금지규정을 다시 부활시킨 역사적 배경 내지 정치·사회·문화적 상황 등을 종합하여 보면, 이 사건 헌법규정은, 언론·출판의 자유와 더불어 집회의 자유가 형식적·장식적 기본권으로 후퇴하였던 과거의 헌정사에 대한 반성적 고려에서, 집회의 자유가 실질적으로 보장되지 않는 한 자유민주주의적 헌정질서가 발전·정착되기는 어렵다는 역사적 경험을 토대로, 그동안 삭제되었던 언론·출판에 대한 허가나 검열 금지와 함께 집회에 대한 허가제 금지를 다시금 살려내어, 집회의 허용 여부를 행정권의 일방적·사전적 판단에 맡기는 집회에 대한 허가제는 집회에 대한 검열제와 마찬가지이므로 이를 절대적으로 금지하겠다는 헌법개정권력자인 국민들의 헌법가치적 합의이며 헌법적 결단이라고 보아야 할 것이다.

2) 또한, 비교헌법적으로 보더라도, 이 사건 헌법규정처럼 헌법자체에서 집회의 자유에 대하여 허가제금지를 규정하고 있는 입헌례는 우리나라와 독일을 제외하고는 그 유례를 찾기 어려울 정도로 매우 드문 경우인바, 현행 헌법이 이처럼 매우 독특한 입헌례를 가지게 된 이유는 앞서 본 바와 같이 과거의 헌정사에 대한 반성에서 집회의 자유를 더욱 철저하게 보장하기 위한 헌법적 결단이므로 이 사건 헌법규정을 해석함에 있어서는 이러한 비교법적 연구의 결과도 충분히 감안되어야 할 것이다.

3) 따라서 이 사건 헌법규정은 헌법 자체에서 직접 집회의 자유에 대한 제한의 한계를 명시하고 있으므로 기본권 제한에 관한 일반적 법률유보조항인 헌법 제37조 제2항에 앞서서, 우선적이고 제1차적인 위헌심사기준이 되어야 하는 것이다.

따라서, 집회의 자유를 제한하는 법률규정이 비록 헌법 제37조 제2항이 정하고 있는 기본권제한의 요건을 갖추고 있다고 하더라도, 그것이 허가제의 방식을 취하고 있다면 그 법률규정은 이 사건 헌법규정에 위반되는 것이어서 허용될 수 없는 것이다.

• 이 사건 헌법규정에 의하여 금지되는 '집회'에 대한 허가의 의미

1) 우선 옥내집회에 대하여 허가가 금지되는 것은 물론이다. 옥외집회에 관하여는 현행 헌법 자체가 특별한 의미를 가지고 있다. 즉 위에서 보는 바와 같이, 1962. 12. 26. 개정헌법 제18조 제2항에서 집회에 대한 허가 금지를 규정하는 한편, 같은조 제4항에서 "옥외집회에 대하여는 그 시간과 장소에 관한 규제를 법률로 정할 수 있다"는 개별적 법률유보규정을 두었으나, 1980. 10. 27. 개정 헌법에서는 같은 취지의 규정을 두지 아니하였고 현행 헌법에서도 이 사건 헌법규정에서 집회에 대한 허가 금지를 규정하였을 뿐 옥외집회에 대하여 특별히 개별적 법률유보조항을 두고 있지 아니한바, 이는 현행 헌법에서는 옥외집회에 대하여 그 시간

과 장소에 관하여 특별히 개별적 법률유보에 의한 제한을 하지 않겠다는 헌법개정 권력자인 국민들의 헌법적 선택과 결단의 결과라고 보아야 할 것이다. 따라서 옥외집회에 대한 시간과 장소에 관한 규제부분을 해석함에 있어서는 이 부분에 관한 헌법규정의 연혁적 변천과정까지도 주목하고 감안해야 할 것이다.

2) 현행 헌법에서는 위에서 본 바와 같이 옥외집회의 시간과 장소에 관하여 개별적 법률유보조항을 두지 아니하였을 뿐만 아니라, 또한, 집회의 자유는 집회의 시간·장소·방법과 목적을 스스로 결정할 권리를 보장하는 것이며, 구체적으로 보호되는 주요행위는 집회의 준비 및 조직, 지휘, 참가, 집회장소·시간의 선택을 포함하는 것이다(憲 2003. 10. 30.-2000헌바67 등, 판례집 15-2하, 41, 53-54 참조).

그러므로 결국 집회의 자유에 대한 허가금지를 규정한 이 사건 헌법규정의 취지는, 집회의 내용 그 자체를 기준으로 한 허가뿐만 아니라 집회의 시간·장소·방법을 기준으로 한 허가도 이 사건 헌법규정에 의하여 금지되는 허가에 해당하는 것으로 볼 수밖에 없는 것이다. 따라서 옥내·외의 집회나 주·야간의 집회를 막론하고 집회 전반에 걸쳐 집회에 대한 허가는 모두 이 사건 헌법규정에 의하여 금지되는 것이다. 이에 대하여 2인 재판관의 반대 견해는, 집회의 내용에 관한 규제와 집회의 시간·장소에 관한 규제를 구분하여, 집회의 내용 규제가 아닌 시간·장소에 관한 허가는 내용 중립적인 것이어서, 헌법에서 금지하고 있는 허가에 해당하지 않는다고 보아야 하며, 이렇게 해석하는 것이 언론·출판에 대한 허가나 검열금지에 관한 우리 재판소의 기존 선례와도 부합할 것이라고 주장한다. 그러나 이러한 견해는 앞서 본 바와 같은 이 사건 헌법규정에 대한 문리해석과 연혁적 검토 결과로부터는 도출되기 어려운 해석이다. 뿐만 아니라, 언론·출판에 대한 허가나 검열금지의 경우에는 표현물이 전제가 되는 것이어서 표현의 내용 그 자체가 심판대상이 되는 것이지만(憲 2001. 5. 31.-2000헌마43, 판례집 13-1, 1167, 1179 참조), 집회의 자유는 표현내용이 선재하지 아니하는 상태에서, 공동의 목적을 가진 다수인이 일정한 장소에서 일시적으로 회합하는 행위 자체를 보호하는 것이므로(憲 2009. 5. 28.-2007헌바22, 공보 152, 1130 참조), 위와 같은 견해는, 표현물을 대상으로 하는 언론·출판의 자유와 표현물이 아닌 표현행위를 본질로 하는 집회의 자유와의 차이를 오해하고, 더욱이 집회의 자유에 있어서 집회의 내용의 중요성뿐만 아니라 집회의 시간·장소 등이 갖는 중요성을 간과한 것이며, 그것들 상호간의 밀접연관성을 고려하지 아니한 것이어서 합당하지 않은 것이다(憲 2003. 10. 30.-2000헌바67등, 판례집 15-2하, 41, 54 참조).

• 이 사건 헌법규정에 의하여 금지되는 집회에 대한 '허가'의 의미

이 사건 헌법규정에서 금지하고 있는 '허가'는 행정권이 주체가 되어 집회 이전

에 예방적 조치로서 집회의 내용·시간·장소 등을 사전심사하여 일반적인 집회금지를 특정한 경우에 해제함으로써 집회를 할 수 있게 하는 제도, 즉 허가를 받지 아니한 집회를 금지하는 제도를 의미한다(憲 2001. 5. 31.-2000헌마43, 판례집 13-1, 1167, 1179; 2008. 6. 26.-2005헌마506 판례집 20-1하, 397, 410 등 참조). 그러므로 이 사건 헌법규정에서 금지하고 있는 '허가'제는 집회의 자유에 대한 일반적 금지가 원칙이고 예외적으로 행정권의 허가가 있을 때에만 이를 허용한다는 점에서, 집회의 자유가 원칙이고 금지가 예외인 집회에 대한 신고제와는 집회의 자유에 대한 이해와 접근방법의 출발점을 달리 하고 있는 것이다(집회 신고제를 규정한 집회 및 시위에 관한 법률 제 6 조 제 1 항에 관하여 헌법재판소는 이미 2009. 5. 28. 2007헌바22 결정(공보 152, 1125 이하)에서 합헌결정을 한 바 있다). 따라서 집회에 대한 '허가'를 금지하고 있는 이 사건 헌법규정 속에 담겨져 있는 국민들의 가치적 합의는 집회의 자유가 행정권의 사전판단에 따라 그 허용 여부가 결정되는 이상, 그것은 언론출판의 자유에 있어서 허가나 검열과 같은 것이므로 비록 그 허용 여부가 행정권의 기속재량이라고 하더라도 이를 헌법자체에서 직접 금지하겠다는 헌법적 결단의 표현인 것이다.

■ 집시법 제10조가 이 사건 헌법규정에 위배되는지 여부

● 집시법 제10조 본문은 "누구든지 해가 뜨기 전이나 해가 진 후에는 옥외집회 또는 시위를 하여서는 아니 된다"고 규정하여 '야간옥외집회'를 일반적으로 금지하면서 그 단서에서는, "다만 집회의 성격상 부득이하여 주최자가 질서유지인을 두고 미리 신고한 경우에는 관할경찰서장은 질서 유지를 위한 조건을 붙여 해가 뜨기 전이나 해가 진 후에도 옥외집회를 허용할 수 있다"고 규정하고 있는바, 위 조항 본문에 의하면 야간옥외집회는 일반적으로 금지하되, 그 단서에서는 행정권인 관할 경찰서장이 집회의 성격 등을 포함하여 야간옥외집회의 허용 여부를 사전에 심사하여 결정한다는 것이므로, 결국 야간옥외집회에 관한 일반적 금지를 규정한 집시법 제10조 본문과 관할 경찰서장에 의한 예외적 허용을 규정한 단서는 그 전체로서 야간옥외집회에 대한 '허가'를 규정한 것이라고 보지 않을 수 없고, 이는 이 사건 헌법규정에 정면으로 위반되는 것이다.

● 한편, 집시법 제11조 내지 제14조에서도 집회의 장소, 방법 등에 관하여 집회의 자유를 제한하는 규정을 두고 있긴 하지만, 위 규정들은 집시법 제10조와 같이 행정권에 의한 사전허가의 방식으로 집회의 자유를 규제하지 아니하고, 법률에 의한 제한의 방식을 취하고 있으므로 이 사건 헌법규정에 대한 위반의 문제는 발생하지 않는다. 나아가 집시법 제11조 제 4 호는, 원래 국내 주재 외국의 외교기관이나 외교사절의 숙소부근에서는 옥외집회 및 시위를 절대적으로 금지하는 규정을

두었다가 헌법재판소의 위헌결정(憲 2003. 10. 30.-2000헌바67등 결정)에 따라 단서조항이 신설되는 개선입법이 이루어졌지만, 이때에도 행정권에 의한 사전허가의 방식이 아니라 법률에 의한 규제방식을 택하였을 뿐이므로, 행정권에 의한 사전허가의 방식으로 집회의 자유를 제한하고 있는 집시법 제10조와는 다르다는 점을 주목할 필요가 있다(집시법 제11조 제1호 중 "각급 법원" 부분에 관하여 헌법재판소는 2005. 11. 24. 2004헌가17(판례집 17-2, 360 이하)에서 합헌결정을 한 바 있다).

• 다음, 야간옥외집회의 금지 여부에 관한 세계적인 입법례를 살펴보건대, 이미 앞에서 본 바와 같이 헌법자체에서 집회에 대한 '허가'를 금지하고 있는 나라는 우리나라와 독일의 경우뿐이지만 영국, 독일, 일본, 오스트리아 등에서도 야간옥외집회를 특별히 금지하거나 행정권에 의한 '허가'의 방법으로 이를 제한하는 규정을 두고 있지 않으며, 프랑스의 경우에는 밤 11시 이후의 집회만을 금지하고 있고, 러시아의 경우에도 밤 11시부터 아침 7시까지의 집회를 금지하고 있을 뿐이다. 다만 미국의 경우에는 집회 및 시위에 관하여는 연방차원이 아닌 각 주의 주법이나 시의 조례 등에 의하여 규제하고 있을 뿐이어서 우리나라의 경우와 단순 비교하기가 적절하지 않다.

따라서 전세계적으로 볼 때 야간옥외집회만을 특별히 금지하거나 '허가'의 방법으로 제한하는 규정을 가지고 있는 국가가 많지 않다는 점도 집시법 제10조의 위헌여부를 평가함에 있어서 고려되어야 할 것이다.

• 우리 재판소는 이전에 집시법 제10조가 이 사건 헌법규정에 위배되지 않는다고 판시한 바 있지만(憲 1994. 4. 28.-91헌바14, 판례집 6-1, 281, 302), 위 선례는 앞서 본 바와 같은 집회의 자유에 대한 자유민주주의 국가에서의 현대적 의의와 기능 및 이 사건 헌법규정에 담긴 국민들의 헌법의지에 대하여 충분히 고려하지 않은 채, 제2차적인 위헌심사 기준이며 일반적 법률유보조항인 헌법 제37조 제2항의 위반 여부만을 주된 쟁점으로 삼아 판단한 것에 불과하므로, 변경되어야 할 것이다.

■ 소 결

• 집시법 제10조 중 "옥외집회" 부분은 이 사건 헌법규정에 의하여 금지되는 허가제를 규정한 것으로서 헌법에 위반되고, 따라서 헌법에 위반되는 집시법 제10조 본문의 "옥외집회" 부분을 위반한 경우에 적용되는 처벌조항인 집시법 제23조 제1호 중 "제10조 본문의 옥외집회" 부분도 헌법에 위반된다.

• 끝으로 덧붙이자면, 집회의 자유는 현대 대의민주국가에서 민주적 공동체의 필수적 구성요소이기 때문에 고도로 보장되어야 할 기본권이지만, 다른 한편, 집회의

자유는 다수인이 집단적 형태로 의사를 표현하는 것이므로 공공의 질서 내지 법적 평화와 마찰을 일으킬 가능성이 상당히 높은 것이어서, 집회의 자유에 대한 일정 범위 내의 제한은 불가피할 것인바, 그러한 경우에는 헌법이 직접 금지하고 있는 허가제 이외의 방법으로 관련 법익들을 비교형량하여 그러한 법익들이 실제적 조화의 원칙에 따라 모두 동시에 최대한 실현될 수 있도록 정리·정돈되어야 할 것이다. 또한, 특별히 강조되어야 할 점은, 우리 헌법상 집회의 자유에 의하여 보호되는 것은 오로지 '평화적' 또는 '비폭력적' 집회에 한정되는 것이므로 집회의 자유를 빙자한 폭력행위나 불법행위 등은 헌법적 보호범위를 벗어난 것인 만큼, '집회 및 시위에 관한 법률', 형법, 국가보안법, '폭력행위 등 처벌에 관한 법률', 도로교통법 등에 의하여 형사처벌되거나 민사상의 손해배상책임 등에 의하여 제재될 수 있을 것임은 말할 나위가 없는 것이다.

▣ 재판관 조대현, 재판관 송두환의 위헌보충의견

▪ 우리는 이 사건 법률조항들은 헌법 제21조 제 2 항에 위반될 뿐만 아니라 집시법 제10조 본문이 야간옥외집회를 일반적·전면적으로 금지하고 있는 점은 헌법 제37조 제 2 항에도 위반된다고 생각한다. 이 사건 법률조항들이 헌법 제21조 제 2 항에 위반된다고만 선언할 경우에, 국회가 집시법 제10조 단서를 삭제하면 행정청이 집회의 허부를 결정하는 허가제에 해당되지 않게 되어 헌법 제21조 제 2 항에 위반되는 점은 해소되지만, 집시법 제10조 본문이 야간옥외집회를 일반적·전면적으로 금지하고 있는 점의 위헌성은 해소되지 않게 된다. 그러므로 이 사건 법률조항들이 헌법 제21조 제 2 항에 위반된다고 선언할 뿐만 아니라 더 나아가 집시법 제10조 본문이 야간옥외집회를 일반적·전면적으로 금지하고 있는 점도 헌법 제37조 제 2 항에 위반된다고 선언할 필요가 있다고 생각한다.

▪ 그러므로 집시법 제10조 본문이 헌법 제37조 제 2 항에 위반된다는 이유를 추가로 설명하고자 한다.

집시법 제10조 본문이 야간옥외집회를 일반적으로 금지하고 있는 이유는 야간옥외집회가 집단적인 행동으로 공공질서나 타인의 법익을 침해할 개연성이 높기 때문에 그러한 위험성을 예방할 필요가 있다는 것이다.

그러나 헌법과 집시법은 평화적인 집회만을 보호하는 것이고 집회과정에서 공공질서나 타인의 법익을 침해하는 경우에는 형법 기타의 법률에 의하여 처벌대상으로 되기 때문에, 공공질서나 타인의 법익을 침해할 위험이 있다고 하여 집회를 금지할 필요가 있다고 할 수 없다. 집시법은 집단적인 폭행·협박·손괴·방화 등으로 공공의 안녕질서에 직접적인 위협을 끼칠 것이 명백한 집회 또는 시위를 금지하고(제5조), 모든 옥외집회를 48시간 전에 신고하게 하며(제6조), 옥외집회가 신고된 경우에 공공의 질서유지를 위하여 필요한 경우에는 질서 유지선을 설정할 수 있도록 하고(제13조), 집회의 주최자나 참가자가 타인에게 심각한 피해를 줄 수 있는 소음을 발생시키는 것을 금지하면서 이에 위반하는 경우 관할경찰서장이 확성기 사용 중지 등 필요한 조치를 할 수 있도록(제14조) 규정하고 있으므로, 공공질서나 타인의 법익을 침해할 위험을 방지하기 위하여 야간옥외집회를 원천적으로 금지할 필요가 있다고 볼 수 없다.

그리고 집회의 자유는 개인의 사회생활과 여론형성 및 민주정치의 토대를 이루고 소수자의 집단적 의사표현을 가능하게 하는 중요한 기본권이기 때문에 단순히 위법행위의 개연성이 있다는 예상만으로 집회의 자유를 제한할 수는 없는 것이다. 집회 과정에서 구체적인 위법행위가 현실적으로 발생하면 그 때에 현존하는 위법행위를 제재하면 되는 것이지, 그러한 위법행위가 발생하기도 전에 미리 위법상황을 예상하여 집회의 자유를 제한할 수는 없는 것이다. 야간옥외집회의 폭력행위 빈도가 주간옥외집회에 비하여 높다는 증거도 없고, 현실적으로 야간옥외집회 과정에서 폭력사태가 발생하는 주된 이유는 야간옥외집회 자체를 불법집회로 취급하여 강제적으로 금지·해산시키려고 하는 과정에서 충돌이 생기기 때문이므로, 야간옥외집회를 합법적으로 허용하고 보호할 경우에도 야간옥외집회의 속성으로 인하여 저절로 폭력사태가 발생할 것이라고 보기 어렵다. 야간옥외라는 이유만으로 집회를 원천적으로 금지할 사유로 삼을 수는 없는 것이다.

야간옥외집회가 공공질서나 타인의 법익을 해칠 위험성이 있다고 하나, 야간옥외집회의 시간과 장소에 따라 타인의 법익을 침해할 개연성이 확실하게 인정될 경우도 있을 수 있겠지만, 모든 야간옥외집회가 항상 타인의 법익을 침해할 것이라고 볼 수 있는 것은 아니다. 야간옥외집회가 타인의 법익을 침해할 개연성이 확실하다고 인정할 수 있는 경우를 가려내어 그러한 위험성을 예방하기에 필요하고도 적절한 조치를 강구하면 되는 것이므로, 야간옥외집회의 법익침해가능성을 내세워 모든 야간옥외집회를 금지할 수는 없는 것이다. 야간은 어두움 속에 감추어지는 은닉성을 가지지만, 현대의 도시생활에서는 야간조명이 충분하고 야간생활이 보편화·일상화되었기 때문에, 야간의 은닉성을 이유로 야간옥외집회를 전면적으로 금지하는 것은 집회의 자유를 제한하는 정도가 매우 중대함에도 불구하고 그 합리성은 아주 미약하다고 생각된다.

그리고 해가 진 후부터 해가 뜨기 전까지 옥외집회를 전면적으로 금지하면 주간에 직장에서 일하거나 학교에서 공부하는 사람들에게는 집회의 자유를 명목상의 자유에 그치게 할 것이다.

결국 집시법 제10조 본문이 야간옥외집회를 일반적·전면적으로 금지하는 것은 합리적인 사유도 없이 집회의 자유를 상당 부분 박탈하는 것이므로 헌법 제37조 제 2 항에 위반된다고 보지 않을 수 없다. 이는 집시법 제10조 단서가 삭제되어 집회허가제가 없어지는 경우에도 마찬가지이다.

따라서 집시법 제10조의 본문과 단서가 헌법 제21조 제 2 항에 위반될 뿐만 아니라 집시법 제10조 본문만 남더라도 헌법 제37조 제 2 항에 위반된다고 선언하여야 한다.

## ▣ 재판관 민형기, 재판관 목영준의 헌법불합치의견

### ■ 헌법 제21조 제 2 항 위반 여부

#### • 헌법 제21조 제 2 항의 '집회에 대한 사전허가금지'

우리 헌법 제21조 제 2 항은 "…… 집회에 대한 허가는 인정되지 아니한다"고 규정함으로써 집회에 대한 사전허가제를 금지하고 있다. 한편, 헌법 제21조 제 2 항의 '허가'는 '행정청이 주체가 되어 집회의 허용 여부를 사전에 결정하는 것'으로서 행정청에 의한 사전허가는 헌법상 금지되지만, 입법자가 법률로써 일반적으로 집회를 제한하는 것은 헌법상 '사전허가금지'에 해당하지 않는다는 점은 5인의 위헌의견도 인정하고 있다(憲 2001. 5. 31.-2000헌바43, 판례집 13-1, 1167, 1179 참조).

따라서 입법자는 법률로써 옥외집회에 대하여 일반적으로 시간적, 장소적 및 방법적인 제한을 할 수 있고, 실제로도 우리 집시법은 이 사건 법률조항인 제10조에 의한 시간적 제한 이외에도, 국회의사당 등 특정장소에서의 집회 금지와 같은 장소적 제한(제11조), 교통소통을 위한 제한(제12조)이나 확성기 등 사용의 제한(제14조) 등과 같은 방법적 제한에 관하여 규정하고 있다.

물론 이러한 법률적 제한이 실질적으로는 행정청의 허가없는 옥외집회를 불가능하게 하는 것이라면 헌법상 금지되는 사전허가제에 해당되지만, 그에 이르지 않는 한 헌법 제21조 제 2 항에 반하는 것이 아니라, 위 법률적 제한이 헌법 제37조 제 2 항에 위반하여 집회의 자유를 과도하게 제한하는지 여부만이 문제된다고 할 것이다.

#### • 집시법 제10조의 규정

집시법 제10조 본문은 "누구든지 해가 뜨기 전이나 해가 진 후에는 옥회집회 또는 시위를 하여서는 아니 된다"고 규정함으로써, 옥외집회를 시간적으로 제한하고 있다. 또한, 그 단서는 "다만 집회의 성격상 부득이하여 주최자가 질서유지인을 두고 미리 신고한 경우에는 관할경찰관서장은 질서 유지를 위한 조건을 붙여 해가 뜨기 전이나 해가 진 후에도 옥외집회를 허용할 수 있다"라고 규정하여 행정청의 허가를 받아 야간옥외집회를 할 수 있도록 하고 있다.

5인의 위헌의견은, 집회금지의 범위를 법률에 의하여 일정한 목적·시간·장소·방법 등에 국한하여 금지한 뒤에 예외적으로 허용하여 주는 경우도 헌법상 금지되는 '집회에 대한 허가'에 해당한다고 하면서, 집시법 제10조의 본문과 단서는 일체로서 '야간옥회집회에 대한 허가제'를 규정한 것이라고 보고 있다.

그러나 그와 같은 해석은 법률의 형식과 입법취지를 전혀 고려하지 않은 것이다. 집시법 제10조 본문은 '해가 뜨기 전이나 해가 진 후에는' 옥외집회를 못하도록 시간적 제한을 규정한 것이고, 단서는 오히려 본문에 의한 제한을 완화시키려는 규정이다. 따라서 본문에 의한 시간적 제한이 집회의 자유를 과도하게 제한하는지 여부는 별론으로 하고, 단서의 '관할경찰관서장의 허용'이 '옥외집회에 대한 일반적인 사전허가'라고는 볼 수 없는 것이다.

만일 5인의 위헌의견과 같이 해석한다면, 집시법 제10조의 본문만 규정되어 있는 경우에는 헌법 제21조 제 2 항에 위반되지 아니하여 그 다음 단계인 과잉금지원칙 위반 여부를 심사받게 되는 반면, 오히려 제한에 대한 완화조항인 단서가 있음으로써 바로 헌법 제21조 제 2 항의 위반이 되어 과잉금지 원칙 위반 여부를 따져 볼 필요조차 없게 되는 논리적 모순에 이르게 된다. 위헌의견 중 재판관 조대현, 재판관 송두환의 의견(집시법 제10조에 대하여 헌법 제21조 제 2 항 위반만을 선언할 경우 입법자가 제10조 단서만을 폐지시키면 위 조항의 위헌성이 치유되므로 위 조항 본문도 헌법 제37조 제 2 항에 위반된다고 함께 선언하여야 한다는 취지)도 이와 같은 논리적 문제점을 전제로 하였다고 볼 것이다.

• 소 결

결국 집시법 제10조는 법률에 의하여 옥외집회의 시간적 제한을 규정한 것으로서 그 단서 조항의 존재에 관계없이 헌법 제21조 제 2 항의 '사전허가금지'에 위반되지 않는다고 할 것이다.

■ 헌법 제37조 제 2 항 위반 여부

집회의 자유 역시 국가안전보장·질서유지 또는 공공복리를 위하여 필요한 경우에는 법률로써 제한될 수 있으나(헌법 제37조 제 2 항), 그 경우에도 그 본질적 내용을 침해하지 않는 필요최소한의 범위에 그쳐야 하므로, 집시법 제10조가 위와 같은 비례의 원칙을 준수하고 있는지를 본다.

• 목적의 정당성 및 수단의 적합성

옥외집회는 천장이 없거나 사방이 폐쇄되지 않은 장소에서 여는 집회로서(집시법 제2조 제1호) 이는 다수인의 집단적인 행동을 수반하기 때문에 그 속성상 개인적인 의사표현의 경우보다 공공의 안녕질서, 법적 평화 및 타인의 평온과 마찰을 빚을 가능성이 크다. 특히 야간이라는 특수한 시간적 상황은 집회장소 인근에서 거주하거나 통행하는 시민들의 평온이 더욱더 요청되는 시간대일 뿐 아니라, 집회참가자 입장에서도 주간보다 감성적으로 민감해져 자제력이 낮아질 가능성이 높다. 또한, 옥외집회를 관리하는 행정관서 입장에서도 야간옥외집회는 주간옥외집회보다 질서를 유지시키기가 어렵고, 예기치 못한 폭력적 돌발상황이 발생하여도 어둠 때문에 행위자 및 행위의 식별이 어려워 이를 진압하거나 채증하기가 쉽지 않다. 집시법 제10조는 야간옥외집회의 위와 같은 특징과 차별성을 고려하여, 원칙적으로 야간옥외집회를 제한하는 것이므로, 그 입법목적의 정당성과 수단의 적합성이 인정된다.

• 침해의 최소성 및 법익균형성

그러나 집회의 자유는 집회의 시간, 장소, 방법과 목적을 스스로 결정할 권리, 즉 집회를 하루 중 언제 개최할지 등 시간 선택에 대한 자유와 어느 장소에서 개최할지 등 장소 선택에 대한 자유를 내포하고 있다(憲 2003. 10. 30.-2000헌바67, 판례집 15-2하, 41, 53 참조). 따라서 옥외집회를 야간에 주최하는 것 역시 집회의 자유로 보호됨이 원칙이고, 이를 사회의 안녕질서 또는 국민의 주거 및 사생활의 평온 등을 위하여 제한함에는 목적 달성에 필요한 최소한의 범위로 한정되어야 한다.

그런데 오늘날 우리 사회 대다수의 직장과 학교는 그 근무 및 학업 시간대를 오전 8-9시부터 오후 5-6시까지로 하고 있어 평일의 위 시간대에는 개인적 활동을 할 수 없으므로, 집회를 주최하거나 참가하려는 직장인이나 학생은 특별한 사정이 없는 한 빨라도 퇴근 또는 하교 후인 오후 5-6시 이후에 할 수밖에 없다. 그 결과 낮 시간이 짧은 동절기의 평일의 경우에는 직장인이나 학생은 사실상 집회를 주최하거나 참가할 수 없게 되어, 헌법이 모든 국민에게 보장하는 집회의 자유를 실질적으로 박탈하거나 명목상의 것으로 만드는 결과를 초래하게 된다.

또한, 도시화·산업화가 진행된 현대 사회는 낮과 밤의 길이에 따라 그 생활형태가 명확하게 달라지지 않는 경우가 많고, 해가 진 후라고 할지라도 일정한 시간 동안에는 낮 시간 동안 이루어지던 활동이 계속되는 것이 일반적이다. 그러므로 전통적 의미의 야간 즉, '해가 뜨기 전이나 해가 진 후'라는 광범위하고 가변적인 시간대는 앞에서 본 바와 같은 '야간'이라는 시간으로 인한 특징이나 차별성이 명백하게 존재한다고 할 수 없고, 설사 일부 있다고 하여도 그 정도가 심각한 수준에 이른다고 보기 어렵다. 오히려 위와 같은 특징이나 차별성은 보다 구체적으로 표현하면 '야간'이 아닌 '심야'의 특수성으로 인한 위험성이라고도 할 수 있다. 그럼에도 불구하고 집시법 제10조는 '해가 뜨기 전이나 해가 진 후'라는 광범위하고 가변적인 시간대의 옥외집회를 금지하고 있으므로, 이는 목적달성을 위해 필요한 정도를 넘는 지나친 제한이라고 할 것이다.

나아가 우리 집시법은 다른 사람의 주거지역이나 이와 유사한 장소로서 집회나 시위로 재산 또는 시설에 심각한 피해가 발생하거나 사생활의 평온을 뚜렷하게 해칠 우려가 있는 경우 또는 학교의 주변 지역으로서 집회 또는 시위로 학습권을 뚜렷이 침해할 우려가 있는 경우로서 거주자나 관리자가 시설·장소의 보호를 요청하는 때에는 관할경찰관서장이 집회의 금지 또는 제한통고를 할 수 있도록 규정하고(제8조 제3항 제1호, 제2호), 집회의 주최자나 참가자가 타인에게 심각한 피해를 줄 수 있는 소음을 발생시키는 것을 금지하면서 이에 위반하는 경우에는 관할경찰관서장이 확성기 사용 중지 등 필요한 조치를 할 수 있도록 규정하며(제14조), 관할경찰관서장이 대통령령으로 정하는 주요 도시의 주요 도로에서의 집회 또는 시위에 대하여는 교통 소통을 위하여 필요하다고 인정하면 이를 금지하거나 교통질서 유지를 위한 조건을 붙여 제한할 수 있도록 규정하는(제12조 제1항) 등 국민의 주거 및 사생활의 평온과 사회의 공공질서가 보호될 수 있는 보완장치를 마련하고 있으므로, 옥외집회가 금지되는 야간시간대를 집시법 제10조와 같이 광범위하게 정하지 않더라도 위와 같은 입법목적을 달성하는데 큰 어려움이 없다고 할 것이다.

한편, 집시법 제10조 단서는, 위와 같은 과도한 제한을 완화하기 위하여 관할경찰관서장이 일정한 조건하에 이를 허용할 수 있도록 규정하고 있으나, 그 허용 여부를 행정청의 판단에 맡기고 있는 이상, 과도한 제한을 완화하는 적절한 방법이라고 할 수 없다.

따라서 집시법 제10조는 침해최소성의 원칙에 반한다고 할 것이고, 이와 같은 광범위한 시간대의 제한으로 인하여 집회예정자가 받을 침해가 이로 인하여 달성할 공익보다 결코 작다고 할 수 없으므로 법익균형성도 갖추지 못하였다고 할 것이다.

• 소 결

결국 집시법 제10조 중 "옥외집회"에 관한 부분은 목적달성을 위하여 필요한 범위를 넘어 과도하게 야간옥외집회를 제한함으로써, 과잉금지 원칙에 위배하여 집회의 자유를 침해하는 것으로 헌법에 위반되고, 이를 구성요건으로 하는 집시법 제

23조 제 1 호의 해당 부분 역시 헌법에 위반된다.

■ 헌법불합치 결정의 필요성

앞에서 본 바와 같이, 이 사건 법률조항들이 가지는 위헌성은 야간옥외집회를 제한하는 것 자체에 있는 것이 아니라, 사회의 안녕질서와 국민의 주거 및 사생활의 평온 등을 보호하는데 필요한 범위를 넘어 '해가 뜨기 전이나 해가 진 후'라는 광범위하고 가변적인 시간대에 일률적으로 옥외집회를 금지하는데 있다. 즉, 위와 같은 시간대 동안 옥외집회를 금지하는 것에는 위헌적인 부분과 합헌적인 부분이 공존하고 있는 것이다.

그런데 '해가 뜨기 전이나 해가 진 후' 중 어떠한 시간대에 옥외집회를 금지하는 것이 위와 같은 입법목적을 달성하면서도 집회예정자의 집회의 자유를 필요최소한 범위에서 제한하는 것인지에 관하여는 이를 입법자의 판단에 맡기는 것이 바람직하다고 할 것이다. 입법자로 하여금 우리나라 일반인의 시간대 별 생활형태, 주거와 사생활의 평온이 절실히 요청되는 '심야'시간의 범위 및 우리나라 옥외집회의 현황과 실정 등 제반 사정을 참작하여 옥외집회가 금지되는 시간대를 법률로 한정하도록 하는 것이 이 사건 법률조항들의 위헌성을 제거하면서도 입법자의 재량을 존중하는 것이기 때문이다(참고로, 프랑스의 경우 원칙적으로 오후 11시 이후로, 중국의 경우 오후 10시 이후로, 러시아의 경우 오후 11시 이후로 금지시간대를 규정하고 있고, 미국은 각 지방자치단체마다 조례로써 정하는데 오후 8시 이후, 오후 9시 이후 또는 오후 10시 이후 등 다양하다).

따라서 이 사건 법률조항들에 대하여 헌법불합치의 결정을 선고하되, 위 법률조항에는 위헌적인 부분과 합헌적인 부분이 공존하고 있으므로 입법자가 2010. 6. 30. 이전에 개선입법을 할 때까지 계속 적용되어 그 효력을 유지하도록 하고, 만일 위 일자까지 개선입법이 이루어지지 않는 경우 위 법률조항들은 2010. 7. 1.부터 그 효력을 상실하도록 한다.

### 야간옥외집회등 금지에 대한 합헌의 소수의견

위 결정에 대해 집회법 제10조가 합헌이라는 2인의 재판관 의견이 있었다.

「야간옥외집회를 원칙적으로 금지하되 예외적으로 허용하는 내용의 집시법 제10조가 헌법 제21조 제 2 항에서 금지하는 집회에 대한 허가에 해당하는지의 여부는 결국 그 사전적 제한의 기준이 내용중립적인 것으로서 구체적이고 명확한 것인지에 따라 결정되어질 문제라고 할 것이다.

그런데 집시법 제10조는 옥외집회의 자유를 제한함에 있어서 야간, 즉 '해가 뜨기 전이나 해가 진 후'라는 내용중립적이고 구체적이며 명확한 시간적 기준을 정하고 있다. 따라서 집시법 제10조가 헌법 제21조 제 2 항에서 금지하고 있는 허가에 해당한다고 볼 수는 없는 것이고, 이는 그 단서조항에서 그 기본권제한을 완화시키려는 목적에서 관할경찰관서장의 기속재량권의 행사에 의한 예외적 허용을 가능하도록 규정하고 있다고 하여 달리 볼 것은 아닌 것이다.

이와 같은 견지에서 우리 재판소는 이미 집시법 제10조에 대한 위헌소원사건에서, "집시법 제10조는 바로 일몰 상태하의 옥외집회 및 시위라는 특수한 상황 조건하의 옥외집회·시위에 관한 특별한 예외적 규제규정(즉 옥외집회 및 시위의 예외적 금지규정 또는 '옥외집회 및 시위의 금지시간'에 관한 규정)이라고 볼 수도 있다. 따라서 집시법 제10조는 헌법 제21조 제 2 항에 위배된다고 할 수 없다"고 판시하였던 것이고, 또 옥외집회에 관한 장소적 규제를 정한 집시법 제11조 제 1 호에 대한 위헌소원사건에서도 이와 같은 장소적 규제가 헌법상 금지된 허가제에 해당하는지는 아예 쟁점으로 판단조차 하지 않거나, 오히려 헌법합치적 관점에서 금지에 대한 예외적인 허용 규정을 두어야 한다고 판시하였던 것이다.

이에 대하여 재판관 5인의 위헌의견은, 집시법 제10조의 규정형식, 특히 단서조항이 '행정청'에 의한 예외적 허용의 규제방식을 띠고 있는 것만을 중시하여 이를 헌법상 금지되는 허가제에 해당한다고 보고 있는 듯하다. 그러나 이러한 견해는 만일 집시법 제10조에서 예외적 허용의 단서조항이 신설되지 않고 전면적 금지의 본문조항만이 남아 있었더라면, 이는 헌법상 금지되는 허가가 아니라는 모순된 결론에 도달할 수밖에 없게 되는데, 이와 같은 결론이 집회의 자유를 한층 더 보장하기 위한 헌법 제21조 제 2 항이나 집시법 제10조 단서조항의 취지에 부합되지 않는 것임은 명백하다. 결국 재판관 5인의 위헌의견은, 앞에서 언급한 바와 같이 '원칙적 금지, 행정청에 의한 예외적 허용'이라는 형식적 도식에 집착한 나머지 헌법상 금지되는 집회에 대한 허가의 헌법적 의미와 집시법 제10조 단서 조항의 입법연혁과 취지를 도외시한 데서 비롯된 것이라고 할 수밖에 없는 것이다.」

## ▶ 질 문

1. 야간집회에 대한 원칙적 금지는 사전적 허가금지를 명한 헌법 제21조 제 2 항에 위반되는가?
2. 야간집회에 대한 원칙적 금지는 과잉금지원칙에 위배되는가?

## 나. 집회의 자유의 내용과 제한

### ▶ 개 요

집회의 자유는 집회의 시간, 장소, 방법과 목적을 스스로 결정할 권리를 보장한다. 집회의 자유에 의하여 구체적으로 보호되는 주요행위는 집회의 준비 및 조직, 지휘, 참가, 집회장소·시간의 선택이다. 따라서 집회의 자유는 개인이 집회에 참가하는 것을 방해하거나 또는 집회에 참가할 것을 강요하는 국가행위를 금지할 뿐만 아니라, 예컨대 집회장소로의 여행을 방해하거나, 집회장소로부터 귀가하는 것을 방해하거나, 집회참가자에 대한 검문의 방법으로 시간을 지연시킴으로써 집회장소에 접근하는 것을 방해하는 등 집회의 자유행사에 영향을 미치는 모든 조치를 금지한다.

집회의 자유도 절대적 자유가 아닌 이상 헌법 제37조 제 2 항에 따라 국가안전보장·질서유지·공공복리를 위하여 필요한 경우에 한하여 제한할 수 있다.

또한 헌법 제21조 제 2 항은 집회에 대한 허가는 인정되지 아니한다고 규정하여 명시적으로 허가제금지를 두고 있다. 이는 표현의 자유의 사전억제금지원칙을 구현하고 있는 것이다. 그러므로 표현의 자유의 제한에 적용되는 명백하고 현존하는 위험의 원리가 집회의 자유에도 존중되어야 할 것이다.

### ▶ 핵심판례

憲 2003. 10. 30.-2000헌바67 [외교기관인근 집회금지 사건]

[사건의 개요]

청구인 '민주주의 민족통일 전국연합'은 전국 규모의 시민운동단체로서 서울 종로구 광화문 시민열린마당 내 공터에서 '한국전쟁 당시 미군의 양민학살 진상규명 규탄대회'라는 제목의 옥외집회를 개최하고자, 집회장소를 관할하는 종로경찰서장에게 집회및시위에관한법률 제 6 조에 정한 비대로 옥외집회 신고서를 제출하였다. 그러나 종로경찰서장은 '이 사건 집회장소가 서울 종로구 세종로 소재 미국대사관의 경계로부터는 97m, 같은 구 수송동 일본대사관 영사부의 경계로부터는 35m 밖에 떨어져 있지 않으므로, 동 법률 제11조에 의한 옥외집회 및 시위의 금지장소에 해당한다'는 이유로, 같은 달 위 장소에서 이 사건 집회를 금지하는 내용의 옥외집회 금지통고를 하였다. 이에 청구인은 위 처분의 근거가 된 동 법률 제11조 제 1 호가 헌법에 위반된다는 이유로 서울행정법원에 위 처분의 취소를 구하는 행정소송을 제기하고 위 법률조항에 대하여 위헌여부심판의 제청신청을 하였는데, 위 법원이 이를 기각하자 헌법재판소법 제68조 제 2 항에 의한 헌법소원심판을 청구하였다.

[심판의 대상]
집회및시위에관한법률 제11조 중 당해사건 재판과 관련이 있는 것은 제 1 호 중 "국내주재 외국의 외교기관" 부분이다.
**집회및시위에관한법률** 제11조(옥외집회 및 시위의 금지장소) 누구든지 다음 각 호에 규정된 청사 또는 저택의 경계지점으로부터 1백 미터 이내의 장소에서는 옥외집회 또는 시위를 하여서는 아니 된다.
1. 국회의사당, 각급법원, 헌법재판소, 국내주재 외국의 외교기관
2. 대통령관저, 국회의장공관, 대법원장공관, 헌법재판소장공관
3. 국무총리공관, 국내주재 외국의 외교사절의 숙소. 다만, 행진의 경우에는 예외로 한다.

이 사건에서 헌법재판소는 "집회및시위에관한법률 제11조 제 1 호 중 '국내주재 외국의 외교기관' 부분은 헌법에 위반된다"라고 결정하고, 그 이유를 다음과 같이 설시하였다.

▣ 이 사건 법률조항의 입법목적

외교기관 인근에서의 집회는 일반적으로 다른 장소와 비교할 때 중요한 보호법익과의 충돌상황을 야기할 수 있고, 이로써 법익에 대한 침해로 이어질 개연성이 높으므로, 이 사건 법률조항은 이와 같은 고도의 법익충돌상황을 사전에 효과적으로 방지하기 위하여 외교기관 인근에서의 집회를 전면적으로 금지한 것이다. 이 사건 법률조항의 보호법익으로는 국내주재 외교기관에의 자유로운 출입 및 원활한 업무의 보장, 외교관의 신체적 안전이 고려된다. 이 사건 법률조항의 입법목적은 궁극적으로 '외교기관의 기능보장'과 '외교공관의 안녕보호'에 있는 것으로 판단된다.

▣ 비례의 원칙의 위반 여부

이 사건 법률조항이 중대한 법익의 보호라는 정당한 목적을 가지고 집회의 자유를 제한한다 하더라도, 집회의 자유에 대한 제한은 비례의 원칙을 엄격하게 준수하여야 한다. 따라서 위 규정의 입법목적이 정당하다고 하더라도 기본권의 제한은 입법목적의 달성을 위하여 필요한 정도만 허용된다.

■ 최소침해성의 위반 여부

• 집회금지장소에 관한 특별규정을 둔 것이 과도한 규제인지 여부

집회의 자유를 국민의 기본권으로 보장한 헌법의 정신에 비추어 보거나 이러한 헌법의 정신에 부합하여 일정한 신고절차만 밟으면 원칙적으로 집회를 할 수 있도

록 보장하는 집시법의 규정체계를 볼 때, 법익충돌이 특별히 우려되는 장소에서의 집회의 경우에도 원칙적으로 집회가 허용되는 것으로 규정하는 방식을 택하는 것이 보다 바람직하다고 할 수 있다.

그러나 다른 한편으로 보건대, 특정 장소가 그 기능수행의 중요성 때문에 특별히 보호되어야 하고 중요한 기관에 대한 효과적인 보호가 그 장소에서의 집회를 원칙적으로 금지함으로써 이루어질 수 있다고 입법자가 판단하였다면, 이러한 입법자의 판단이 현저하게 잘못되었다고 할 수 없다. 입법자는 야간의 옥외집회나 특정 장소에서의 옥외집회의 경우와 같이 법익침해의 고도의 개연성이 있는 특수한 상황에 대해서는 집회가 공공의 안녕질서에 미칠 영향이나 법익충돌의 위험성의 정도에 따라 그에 상응하는 규제를 할 수 있다.

따라서 주요 헌법기관이나 외교기관의 보호와 관련하여, 특정 장소를 보호하는 특별규정을 두기로 한 입법자의 결정 자체가 국민의 기본권을 과도하게 침해하는 것이라고 할 수는 없다.

● 예외를 허용하지 않는 전면적인 집회금지가 반드시 필요한지 여부

특정장소에서의 집회가 이 사건 법률조항에 의하여 보호되는 법익에 대한 직접적인 위협을 초래한다는 일반적 추정이 구체적인 상황에 의하여 부인될 수 있다면, 입법자는 '최소침해의 원칙'의 관점에서 금지에 대한 예외적인 허가를 할 수 있도록 규정해야 한다. 이 사건 법률조항에 의하여 전제된 추상적 위험성에 대한 입법자의 예측판단은 구체적으로 다음과 같은 경우에 부인될 수 있다고 할 것이다.

첫째, 외교기관에 대한 집회가 아니라 우연히 금지장소 내에 위치한 다른 항의대상에 대한 집회의 경우, 이 사건 법률조항에 의하여 전제된 법익충돌의 위험성이 작다고 판단된다. 이 사건 법률조항의 문제점은, 집회금지구역 내에서 외교기관이나 당해 국가를 항의의 대상으로 삼지 않는, 다른 목적의 집회가 함께 금지된다는데 있다. 특히, 서울과 같은 대도시에서 주요건물이 밀집해 있는 경우, 그 곳에 우연히 위치한 하나의 보호대상건물이 1백미터의 반경 내에 위치한 다수의 잠재적 시위 대상에 대한 집회를 사실상 함께 금지하는 효과가 있다.

둘째, 소규모 집회의 경우, 일반적으로 이 사건 법률조항의 보호법익이 침해될 위험성이 작다. 예컨대 외국의 대사관 앞에서 소수의 참가자가 소음의 발생을 유발하지 않는 평화적인 피켓시위를 하고자 하는 경우, 일반 대중의 합세로 인하여 대규모시위로 확대될 우려나 폭력시위로 변질될 위험이 없는 이상, 이러한 소규모의 평화적 집회의 금지를 정당화할 수 있는 근거를 발견하기 어렵다.

셋째, 예정된 집회가 외교기관의 업무가 없는 휴일에 행해지는 경우, 외교기관에

의 자유로운 출입 및 원활한 업무의 보장 등 보호법익에 대한 침해의 위험이 일반적으로 작다고 할 수 있다.

■법익균형성의 위반 여부

이 사건 법률조항은 집회의 자유와 보호법익간의 적정한 균형관계를 상실하고 있다. 이 사건 법률조항은 개별적인 경우 보호법익이 위협을 받는가와 관계없이 특정 장소에서의 모든 집회를 전면적으로 금지함으로써, 개별적 집회의 경우마다 구체적인 상황을 고려하여 상충하는 법익간의 조화를 이루려는 아무런 노력 없이, 이 사건 법률조항에 의하여 보호되는 법익에 대하여 일방적인 우위를 부여하였다. 이로써 이 사건 법률조항은 민주국가에서 집회의 자유가 가지는 중요한 의미, 특히 대의민주제에서 표현의 자유를 보완하는 집회의 자유의 중요성을 간과하고 있다. 따라서 이러한 관점에서도 이 사건 법률조항은 비례의 원칙에 위반되어 집회의 자유를 과도하게 제한하는 규정이다.

## ▶ 해 설

### 합헌의 반대의견

이 사건에서 반대의견이 있었다. 이 견해의 요지는 다음과 같다.

「비폭력집회를 담보하기 위하여 어느 정도의 장소이격이 필요할 것인가 하는 문제는, 법과 질서에 대한 존중의 정도, 체제경쟁에 집회가 이용되는 빈도, 군중심리의 속성, 사회의 분위기 등을 종합적으로 고려하여 궁극적으로 의회가 입법재량으로 결정할 문제인 것이다. 이러한 재량에 있어서는 집회를 보호, 규제하는 실제의 업무를 제 1 선에서 담당하는 행정부가 위에서 본 여러 상황적 요소에 대하여 그 동안 축적하여온 경험과 판단 등이 당연히 하나의 참고가 될 것이다. 물론, 의회의 입법재량이 기본권의 본질을 침해할 정도로 현저히 잘못된 것이라면 이는 헌법재판소의 위헌판단대상이 될 것이지만 "끓는 물"의 현장에서 떨어져 있게 마련인 헌법재판소의 판단은 가일층 신중을 요한다. …… 계쟁조항이 정하고 있는 100m의 장소이격은, 이 시대가 보여주는 법과 질서에 대한 존중의 정도, 군중심리의 표동정도, 체제경쟁에 집회가 이용되는 정도 등에 비추어 볼 때, 집회 평화의 원칙 및 장소이격의 원칙 그리고 상대존중의 원칙을 준수하기 위하여 필요한 정도를 현저히 벗어나는 것이라고는 볼 수 없다. 그러므로 계쟁조항은 위헌이 아니다.」

### 다른 기본권과의 관계

집회의 자유를 행사하는 것은 다른 기본권과 중복되는 측면이 있다. 기본권 경합의 문제가 발생하는 것이다. 일반적인 행동의 자유에 비추어 집회의 자유는 특수한 관계에 있으므로 집회의 자유가 적용된다. 집회의 자유는 결사의 자유와 밀접한 관계를 가진다. 결사의 자유도 집단적인 자유권이고, 결사 자체가 집회의 주최자로서 집회의 자유를 행사할 수 있다. 특히 쟁의권을 행사하는 근로자는 노동 3 권에 의하여 보호되지만, 사업장을 떠나서 여론과 대중에게 호소하기 위하여 옥외집회를 가진다면 보통 쟁의권과 집회의 자유가 동시에 적용된다고 할 것이다. 그러나 정치적 쟁의는 노동 3 권에 포함되지 않는다.

### 법 개 정

헌법재판소의 위 결정 이후에 집회및시위에관한법률 제11조는 아래와 같이 개정되었다.

집회및시위에관한법률 제11조(옥외집회와 시위의 금지 장소) 누구든지 다음 각 호의 어느 하나에 해당하는 청사 또는 저택의 경계 지점으로부터 100 미터 이내의 장소에서는 옥외집회 또는 시위를 하여서는 아니 된다.

1. 국회의사당, 각급 법원, 헌법재판소
2. 대통령 관저, 국회의장 공관, 대법원장 공관, 헌법재판소장 공관
3. 국무총리 공관. 다만, 행진의 경우에는 해당하지 아니한다.
4. 국내 주재 외국의 외교기관이나 외교사절의 숙소. 다만, 다음 각 목의 어느 하나에 해당하는 경우로서 외교기관 또는 외교사절 숙소의 기능이나 안녕을 침해할 우려가 없다고 인정되는 때에는 해당하지 아니한다.
   가. 해당 외교기관 또는 외교사절의 숙소를 대상으로 하지 아니하는 경우
   나. 대규모 집회 또는 시위로 확산될 우려가 없는 경우
   다. 외교기관의 업무가 없는 휴일에 개최하는 경우

## ▶ 질 문

1. 외교관 관저와 국가 주요기관의 관저는 그 보호정도가 동일해야 하는가?
2. 야간옥외집회 금지의 법률적 근거는 무엇이며 헌법적으로 정당한 것인가?

## 2. 단체 결성의 자유

### ▶ 개 요

헌법 제21조 제 2 항의 '결사의 자유'란 다수의 자연인 또는 법인이 공동의 목적을 위하여 단체를 결성하거나 또는 이미 결성된 단체에 자유롭게 가입할 수 있는 자유를 말한다.

헌법의 결사의 자유에서 결사라 함은 특정의 다수인이 정치적 · 경제적 · 종교적 · 문화적 · 학문적 · 예술적 기타 어떠한 공동의 목적을 가지고 어느 정도 계속적으로 결합한 자율적인 인적 · 정신적 결합체를 말한다.

입법자가 회사법 등과 같이 단체의 설립과 운영을 가능하게 하는 법규정을 마련해야 비로소 개개의 국민이 헌법상 보장된 결사의 자유를 법질서에서 실질적으로 행사할 수 있으므로, 결사의 자유는 입법자에 의한 형성을 필요로 한다. 특정 형태의 단체를 설립하기 위하여 일정 요건을 충족시킬 것을 규정하는 법률은, 한편으로는 결사의 자유를 행사하기 위한 전제조건으로서 단체제도를 입법자가 법적으로 형성하는 것이자, 동시에 어떠한 조건하에서 단체를 결성할 것인가에 관하여 자유롭게 결정하는 결사의 자유를 제한하는 규정이다.

입법자는 결사의 자유에 의하여, 국민이 모든 중요한 생활영역에서 결사의 자유를 실제로 행사할 수 있도록 그에 필요한 단체의 결성과 운영을 가능하게 하는 최소한의 법적 형태를 제공해야 한다는 구속을 받을 뿐만 아니라, 단체제도를 법적으로 형성함에 있어서 지나친 규율을 통하여 단체의 설립과 운영을 현저하게 곤란하게 해서도 안 된다는 점에서 입법자에 의한 형성은 비례의 원칙을 준수해야 한다.

특정한 장소를 전제로 하지 않는 점에서 집회와 구별된다. 정당(제 8 조), 종교(제20조), 학문과 예술단체(제22조), 노동조합(제33조)은 결사의 자유 이외에 헌법상 가중된 보호를 받는다.

### ▶ 핵심판례

憲 1996. 4. 25.-92헌바47 [복수조합 설립 금지 사건]

[사건의 개요]

청구인은 축산업협동조합법(이하 "축협법"이라 한다)에 의하여 이천군을 조합구역으로 하여 설립절차를 밟아 설립중에 있는 업종별축산업협동조합으로서 축협법 제100조 소정의 설립요건을 갖추어 같은 조의 규정에 따라 농림수산부장관에게 조합설립인가를 신청하였는바, 농림수산부장관은 위 조합구역인 이천군이 인가를 받은 서울우유협동조합의 구역인 서울특별시, 경기도, 인천직할시와 중복되므로 조합구역이 같은 경우 같은 업종조합의 복수설립을 금하는 취지의 축협법 제99조 제 2 항에 반한다는 이유로 위 신청에 대한 거부처분을 하였다.

청구인은 서울고등법원에 위 거부처분취소의 소를 제기하였으나 농림수산부장관의 위 거부처분은 위 축협법 제99조 제 2 항에 의한 적법·정당한 처분이라는 이유로 패소하였고, 대법원에 상고를 한 후 제 1 심법원이 그 판단의 근거로 한 위 축협법 제99조 제 2 항이 양축인들의 기본권을 침해하여 헌법에 위반되었음을 지적하면서 헌법재판소에 위헌법률인지 여부의 제청을 하여 줄 것을 신청하였다. 대법원이 이 위헌제청신청을 기각하자 청구인은 헌법소원심판을 청구하였다.

[심판의 대상]

**구 축산업협동조합법** 제99조 제 2 항이 헌법에 위반되는지 여부인바, 위 조항의 내용은 다음과 같다.

제99조(구역) ② 조합의 구역 내에서는 같은 업종의 조합을 2개 이상 설립할 수 없다.

이 사건에서 헌법재판소는 "구 축산업협동조합법(1994. 12. 22. 법률 제4821호로 개정되기 전의 것) 제99조 제 2 항은 헌법에 위반된다"라고 결정하고, 이유를 다음과 같이 설시하였다.

▣ 결사의 자유의 제한 여부

공법상의 사단법인은 국가의 목적을 위하여 존재하고 국가에 의하여 설립된다는 점에서 사법상의 법인과 근본적인 차이가 있는바, 기본적으로 축협은 축산업의 진흥과 그 구성원의 경제적·사회적 지위향상과 공동이익을 도모함을 목적으로 하는 양축인의 자주적 협동조직이고(축협법 제 1 조, 제98조), 구역 내에 거주하는 유자격자 50인 이상이 발기인이 되어 설립하며(축협법 제14조, 제100조), 조합원의 출자로 자금을 조달하며(축협법 제103조, 제20조), 축협의 결성이나 가입이 강제되지 아니하고, 조합원의 임의탈퇴나 해산이 허용되며(축협법 제103조, 제27조, 제74조), 조합장은 조합원 중에서 조합원이 선출하는 등(축협법 제103조, 제41조 제 3 항) 그 목적이나 설립·관리면에서 자주적인 단체로서 공법인이라고 하기보다는 사법인이라고 할 것이다(憲 1991. 3. 11.-90헌마28 참조). 따라서 축협의 설립과 관련하여도 결사의 자유는 보장된다고 할 것인바, 이 사건 심판대상조항은 기존의 조합과 구역을 같이하는 경우 신설 조합의 설립을 제한하고 있으므로 결사의 자유를 제한하고 있다고 할 것이다.

▣ 기본권제한입법의 한계

국민의 기본권은 국가안전보장 · 질서유지 또는 공공복리를 위하여 제한할 수 있지만, 권리의 본질적인 내용을 침해할 수 없는바(헌법 제37조 제 2 항), 위 제한의 한계로 "과잉금지의 원칙"을 적용할 수 있다.

즉, 국민의 기본권을 제한하는 입법의 목적이 헌법 및 법률의 체제상 그 정당성이 인정되어야 하고(목적의 정당성), 그 목적의 달성을 위하여 그 방법이 효과적이고 적절하여야 하며(방법의 적절성), 입법권자가 선택한 방법이 설사 적절하다고 하더라도 보다 완화된 형태나 방법을 모색함으로써 기본권의 제한은 필요한 최소한도에 그치도록 하여야 하며(피해의 최소성), 그 입법에 의하여 보호하려는 공익과 침해되는 사익을 비교형량할 때 보호되는 공익이 더 커야 한다(법익의 균형성).

■ 이 사건 심판대상조항의 입법목적

이 사건 심판대상조항은 같은 구역 내에 2개 이상의 조합의 설립을 허용하는 경우 조합 사이의 부당한 경쟁을 초래하여 도리어 조합의 건전한 발전을 저해하는 결과를 가져올 수가 있으므로, 이러한 폐해를 방지함으로써 양축인의 자주적인 협동조합을 육성하고 축산업의 진흥과 구성원의 경제적 · 사회적 지위향상을 도모하여 국민경제의 균형있는 발전을 기하기 위한 것이라고 이해된다.

■ 방법의 적절성 및 합리적 차별의 문제

기존 조합구역 내의 양축인들이 기존 조합의 존재에도 불구하고 새로운 조합을 설립하려고 하는 주된 이유는 기존 조합의 업무수행 목표나 방법, 운영실적 등에 만족할 수 없는 사정이 있기 때문에 그들의 이상에 맞는 새로운 조합을 설립하려는데 있을 것이다. 그런데 이 사건 심판대상조항 때문에 그들은 원칙적으로 새로운 조합을 설립할 수가 없고 조합활동을 하기 위하여는 기존조합에 가입할 수밖에 없는바(이 경우에도 기존조합이 정당한 사유를 들어 가입을 거절할 경우에는 조합활동을 할 수조차 없다), 이에 의하여 조합운영의 목표나 이념이 다르고 조합업무에 관하여 이해관계가 대립하는 자들이 하나의 조합에서 활동할 수밖에 없어 오히려 조합원간의 갈등을 초래함으로써 사회적 · 경제적 이해관계를 같이하는 자들이 그들의 권익을 옹호하기 위하여 자발적으로 결합함을 특질로 하는 협동조합의 본질에 반하게 된다.

축협법의 규정들에 의하더라도 조합공개의 원칙이 보장되지 아니하고, 따라서 이 사건 심판대상조항은 입법목적의 달성을 위하여 앞서 본 바와 같은 우리 헌법의 기본원리에 배치되고 협동조합의 본질에 반하는 수단을 택하여 양축인이 자주적으로 협동조합을 설립하여 그들의 권익을 보호할 수 없게 함으로써 양축인의 결사의 자유, 직업수행의 자유의 본질적인 내용을 침해하고 있으며, 이 사건 심판대상조항에 의하여 기존 조합과 달리 신설 조합에 가해지는 위와 같은 설립제한에 합리적 이유가 있다고도 할 수 없다.

■ 정책수행수단의 선택과 입법재량의 문제

입법재량이라는 것도 자유재량을 말하는 것은 아니므로 입법목적을 달성하기 위한 수단으로서 반드시 가장 합리적이며 효율적인 수단을 선택하여야 하는 것은 아니라고 할지라도 적어도 현저하게 불합리하고 불공정한 수단의 선택은 피하여야 할 것인바, 이 사건의 경우 앞서 본 입법목적은 조합의 설립요건을 강화한다든가(축협법은 조합의 설립에 관하여 자유설립주의나 준칙주의를 택하지 아니하고 인가주의를 택하고 있으므로 설립요건의 강화에 의하여도 조합의 난립을 어느 정도 방지할 수 있다), 조합에 대한 국가의 지원과 감독권의 적절한 행사나 그 밖에 협동조합의 본질에 반하지 않는 수단들을 통하여서도 달성할 수 있을 것임에도, 앞서 살펴 본 바와 같이 결사의 자유 등 기본권의 본질적 내용을 해하는 복수조합설립금지라는 수단을 선택한 것은 현저하게 불합리하고 불공정한 것이므로 이는 위헌임이 명백하다.

## ▶ 해 설

### 주택조합과 직장조합의 조합원 자격제한

주택조합(지역조합)과 직장조합의 조합원 자격을 무주택자로 한정하고 있는 주택건설촉진법 제 3 조 제 9 호가 헌법상의 결사의 자유를 침해하는지의 여부에 관한 사건(憲 1994. 2. 24.-92헌바43)이 있다. 헌법재판소는 이에 대해 주택건설촉진법상의 주택조합은 주택이 없는 국민의 주거생활의 안정을 도모하고 모든 국민의 주거수준의 향상을 기한다는(동법 제 1 조) 공공목적을 위하여 법이 구성원의 자격을 제한적으로 정해 놓은 특수조합이어서 이는 헌법상 결사의 자유가 뜻하는 헌법상 보호법익의 대상이 되는 단체가 아니며 또한 위 법률조항이 위 법률 소정의 주택조합 중 지역조합과 직장조합의 조합원 자격을 무주택자로 한정하였다고 해서 그로 인하여 유주택자가 위 법률과 관계없는 주택조합의 조합원이 되는 것까지 제한받는 것이 아니므로 위 법률조항은 유주택자의 결사의 자유를 침해하는 것은 아니라고 판시하였다.

### 상호신용금고법의 연대변제책임 한정위헌결정

임원이나 과점주주에게 제한 없이 연대변제책임을 인정하고 있는 법규정이 결사의 자유를 침해하는지 여부에 관한 위헌심사사건(憲 2002. 8. 29.-2000헌가 5 등)이 있다. 헌법재판소는 이 사건에서 상호신용금고법 제37조의3이 달성하고자 하는 바가 금고의 경영부실 및 사금고화로 인한 금고의 도산을 막고 이로써 예금주를 보호하고자 하는 데에 있다면, 이를 실현하기 위한 입법적 수단이 적용되어야 하는 인적 범위도 마찬가지로 '부실경영에 관련된 자'에 제한되어야 한다. 부실경영을 방지하는 다른 수단에 대하여 부가적으로 민사상의 책임을 강화하는 이 사건 법률조항은 원칙적으로 '최소침해의 원칙'에 부합하나, 부실경영에 아무런 관련이 없는 임원이나 과점주주에 대해서도 연대변제책임을 부과하는 것은 입법목적을 달성하기 위하여 필요한 범위를 넘는 과도한 제한이어서 이 사건 법률조항은 '부실경영의 책임이 없는 임원'과 '금고의 경영에 영향력을 행사하여 부실의 결과를 초래한 자 이외의 과점주주'에 대해서도 연대채무를 부담하게 하는 범위 내에서 헌법에 위반된다는 한정위헌결정을 하였다.

#### ▶ 질 문

1. 결사의 자유에 대한 위헌심사척도는 무엇인가?
2. 공법의 결사와 사법의 결사의 헌법적 보호정도는 어떻게 다른가?

## 3. 정당 설립 및 가입의 자유

> 제 8 조 ① 정당의 설립은 자유이며, 복수정당제는 보장된다.
> ② 정당은 그 목적·조직과 활동이 민주적이어야 하며, 국민의 정치적 의사형성에 참여하는데 필요한 조직을 가져야 한다.
> ③ 정당은 법률이 정하는 바에 의하여 국가의 보호를 받으며, 국가는 법률이 정하는 바에 의하여 정당운영에 필요한 자금을 보조할 수 있다.
> ④ 정당의 목적이나 활동이 민주적 기본질서에 위배될 때에는 정부는 헌법재판소에 그 해산을 제소할 수 있고, 정당은 헌법재판소의 심판에 의하여 해산된다.

#### ▶ 개 요

정당은 국민의 정치적 의사형성과정에 참여할 뿐만 아니라, 정부와 국회의 주요 핵심 공직을 선출, 임면하는데 결정적인 역할을 하고 의회와 정부 등 정치적 지도기관의 정책과 결정에 영향을 행사함으로써, 국가의사형성에 결정적 영향을 미친다. 다시 말하면, 정당은 국가의 의사형성에 참여하는 것이 그 목적이며, 이러한 목적은 오로지 국민의 지지를 통해서만 이루어질 수 있기 때문에 국민의 정치의사형성에 참여하는 것이다.

헌법은 정당을 일반적인 결사의 자유로부터 분리하여 제 8 조에 독자적으로 규율함으로써 오늘날의 의회민주주의에서 정당이 가지는 중요한 의미와 헌법질서 내에서의 정당의 특별한 지위를 강조하고 있다. 헌법 제 8 조는 제 1 항에서 “정당의 설립은 자유이며, 복수정당제는 보장된다”라고 규정하여 국민 누구나가 원칙적으로 국가의 간섭을 받지 아니하고 정당을 설립할 권리를 국민의 기본권으로서 보장하면서, 아울러 정당설립의 자유를 보장한 것의 당연한 법적 산물인 복수정당제를 제도적으로 보장하고 있다.

헌법은 제 8 조 제 2 항에서 “정당은 그 목적·조직과 활동이 민주적이어야 하며, 국민의 정치적 의사형성에 참여하는 데 필요한 조직을 가져야 한다”라고 규정하고 있다. 이로써 헌법은 헌법상 부여된 정당의 과제와 기능을 ‘국민의 정치적 의사형성에의 참여’로 규정하면서, 입법자에게 정당이 헌법상 부여된 과제를 민주적인 내부질서를 통하여 이행할 수 있도록 그에 필요한 입법을 해야 할 의무를 부과하고 있다.

헌법 제 8 조 제 4 항은 “정당의 목적이나 활동이 민주적 기본질서에 위배될 때에는 정부는 헌법재판소에 그 해산을 제소할 수 있고, 정당은 헌법재판소의 심판에 의하여 해산된다”라고 규정하고 있다. 정당의 해산에 관한 위 헌법규정은 민주주의를 파괴하려는 세력으로부터 민주주의를 보호하려는 소위 ‘방어적 민주주의’의 한 요소이고, 다른 한편으로는 헌법 스스로가 정당의 정치적 성격을 이유로 하는 정당금지의 요건을 엄격하게 정함으로써 되도록 민주적 정치과정의 개방성을 최대한으로 보장하려는 것이다.

### ▶ 핵심판례

憲 1999. 12. 23.-99헌마135 [경찰청장 퇴임 2년 내 정당활동금지 사건]

[사건의 개요]

청구인들은 경찰청장, 각 경찰청 차장, 경찰대학장으로 근무하고 있던 사람들이다. 청구인들은, 경찰청장은 퇴직일부터 2년 이내에는 정당의 발기인이나 당원이 될 수 없도록 정한 경찰법 제11조 제 4 항의 규정과 이에 상응하는 내용을 정당법에 신설할 것을 정한 위 법 부칙 제 2 조의 규정이 청구인들의 정당설립 및 가입의 자유와 직업선택의 자유라는 기본권을 침해하고 있다며, 헌법재판소법 제68조 제 1 항에 의하여 헌법소원심판을 청구하였다.

[심판의 대상]
**경찰법** 제11조(경찰청장) ④ 경찰청장은 퇴직일부터 2년 이내에는 정당의 발기인이 되거나 당원이 될 수 없다.
부칙 제 2 조(다른 법률의 개정) 정당법 중 다음과 같이 개정한다. 제 6 조에 제 5 호를 다음과 같이 신설한다.
5. 경찰법 제11조 제 4 항의 규정에 의한 경찰청장 퇴직 후 2년 이내인 자

이 사건에서 헌법재판소는 "경찰법(1991. 5. 31. 법률 제4369호로 제정되어 1997. 1. 13. 법률 제5260호로 개정된 것) 제11조 제 4 항 및 부칙 제 2 조는 헌법에 위반된다"라고 결정하고, 그 이유를 다음과 같이 설시하였다.

▣ 입법목적의 정당성

정당이 국민의 정치적 의사형성에서 차지하는 중요성과 정당에 대한 각별한 보호를 규정한 헌법적 결정에 비추어, 국민의 자유로운 정당설립 및 가입을 제한하는 법률은 그 목적이 헌법상 허용된 것이어야 할 뿐 아니라 중대한 것이어야 하고, 그를 넘어서 제한을 정당화하는 공익이나 대처해야 할 위험이 어느 정도 명백하게 현실적으로 존재해야만 비로소 헌법에 위반되지 아니한다. '경찰청장 직무의 독립성과 정치적 중립의 확보'라는 입법목적이 입법자가 추구할 수 있는 헌법상 정당한 공익이라는 점에서는 의문의 여지가 없다. 또한, 이러한 공익은 매우 중요한 것이라고 보아야 할 것이고, 이러한 공익을 실현해야 할 현실적인 필요성이 존재한다는 것도 과거의 경험에 비추어 이를 부정하기 어렵다 할 것이다.

▣ 수단의 적합성

경찰청장이 퇴직 후 공직선거에 입후보하는 경우 당적취득금지의 형태로써 정당의 추천을 배제하고자 하는 이 사건 법률조항이 어느 정도로 입법목적인 '경찰청장 직무의 정치적 중립성'을 실현할 수 있을지 그 효율성이 의문시된다. 더욱이 선거직이 아닌 다른 공직에 취임하거나 공기업의 임원 등이 될 수 있는 그 외의 다양한 가능성을 그대로 개방한 채, 단지 정당의 공천만을 금지하는 경우에는 더욱 그러하다.

경찰청장의 경우에는 검찰총장과 달리 임기를 보장하는 조항이나 중임금지조항 등 재직중의 정치적 중립성을 확보하기 위하여 전제되어야 하는 기본적인 규정이 없다. 이러한 법적 상태에서 단순히 퇴직 후 정당추천만을 배제한다고 하여 어느

정도로 경찰청장의 정치적 중립성을 확보할 수 있을지 의문이 제기된다. 이 사건 법률조항은 입법목적과 입법수단간의 인과관계가 막연하고, 입법목적을 달성할 수 있는가 하는 법률의 효과 또한 불확실하므로 정당의 자유를 제한함에 있어서 갖추어야 할 적합성의 엄격한 요건을 충족시키지 못한 것으로 판단된다.

▣ 최소침해성의 원칙

이 사건 법률조항의 기본권 제한수단으로서의 적합성을 인정한다 하더라도, 최소침해성의 관점에서는 다음과 같은 문제가 제기된다. '과거에 보유한 공직을 이유로 개인의 정당설립의 자유를 침해하는 방법이 아니라 임기중 경찰청장의 정치적 중립성을 확보하는 데 기여할 수 있는 다른 여러 가지의 방법, 예컨대 임기보장조항 및 중임금지조항의 신설 등을 통해서도 위의 입법목적을 달성할 수 있는가' 하는 것을 별론으로 하더라도, 정당공천을 통하여 공직선거에 입후보할 수 있는 가능성을 차단하려는 것이 입법자의 진정한 의도라면, 정당의 설립 및 가입 그 자체를 포괄적으로 금지하지 않고서도 '지구당위원장으로의 임명'이나 '정당추천의 금지' 등 개인의 정당의 자유를 보다 적게 침해하는 방법으로도 충분히 입법목적을 달성할 수 있다고 할 것이다. 따라서 이 사건 법률조항은 위와 같은 이유로 '입법자는 입법목적을 달성하기 위하여 고려되는 여러 가지의 방법 중에서 국민의 기본권을 가장 존중하고 가장 적게 침해하는 수단을 택해야 한다'는 내용의 최소침해성의 원칙에도 위반된다.

▣ 법익의 균형성

정당설립 및 가입의 자유를 제한함으로써 실현되는 공익은 그 효과에 있어서 매우 불확실하다. 반면, 청구인들은 경찰청장 퇴직 후 2년 동안 정당의 설립 및 가입이 금지됨으로써 모든 형태의 정당활동이 불가능하게 되었다. 더욱 본질적인 것은 이 사건 법률조항이 '국민의 정치적 의사형성의 자유'에 미치는 부정적인 효과이다. 국민 누구나가 자유롭게 정당을 설립하고 이에 가입할 수 있는 자유는 국민의 정치의사형성에 있어서 매우 중요하다. 헌법은 제8조에서 정당설립의 자유의 중요성을 강조하여 정당설립의 자유에 대한 제한은 원칙적으로 허용될 수 없다는 것을 표현하고 있다.

그렇다면 이 사건 법률조항이 입법목적의 달성에 기여할 수 있다는 일말의 개연성 때문에 국민의 민주적 의사형성에 있어서 중요한 정당설립 및 가입의 자유를 금지하는 것은, 제한을 통하여 얻는 공익적 성과와 제한이 초래하는 부정적인 효과가 합리적인 비례관계를 현저하게 일탈하고 있다고 하겠다.

## ▶ 해 설

### 지구당 등 폐지

지구당을 폐지하고 시·도당을 정당설립 요건으로 하는 정당법 규정의 위헌 여부에 관한 사건(憲 2004. 12. 16.-2004헌마456)이 있다. 이 사건은 구 정당법 제 3 조 "정당은 수도에 소재하는 중앙당과 국회의원지역선거구를 단위로 하는 지구당으로 구성한다. 다만, 필요한 경우에는 특별시·광역시·도에 당지부를, 구·시·군에 당연락소를 둘 수 있다"라는 규정이 "정당은 수도에 소재하는 중앙당과 특별시·광역시·도에 각각 소재하는 시·도당으로 구성한다"는 내용의 정당법(2004. 3. 12. 법률 제7190호, 이하 '정당법'이라고 하면 개정된 위 정당법을 가리킨다) 제 3 조로 개정되어, 지구당이 폐지된 것이 헌법의 정당의 자유를 침해하는지의 여부에 관한 것이다.

이에 대해 헌법재판소는 합헌 결정하고 다음과 같이 그 이유를 설시하였다.

「첫째, 이 사건 법률조항들의 입법목적인 '고비용 저효율의 정당구조를 개선함'은 그 정당성을 인정할 수 있고, 둘째, 지구당 폐지는 위 입법목적을 달성하는데 효과적이고 적절한 수단일 뿐만 아니라, 지구당을 강화할 것인가 여부에 관한 선택은 헌법의 테두리를 벗어나지 않는 한 입법자가 합목적적으로 판단할 당·부당의 문제에 그치고 합헌·위헌의 문제로까지 되는 것은 아니어서 지구당을 폐지한 것에 수단의 적정성이 있는가 하는 것은 상대적으로 완화된 심사기준에 의하여 판단하여야 하므로, 수단의 적정성을 인정할 수 있으며, 셋째, 지구당을 폐지하지 않고서는 문제점를 해결할 수 없다는 한국정당정치의 현실에 대한 입법자의 진단이 타당할 뿐만 아니라 이 사건 법률조항들하에서도 정당활동을 할 수 있는 길이 있으므로 침해의 최소성을 인정할 수 있고, 넷째, 이 사건 법률조항들이 달성하려는 공익과 이로 인하여 침해되는 사익 사이에 현저한 불균형이 있다고 보기 어려워 법익의 균형성을 인정할 수 있으므로, 비례원칙에 반하지 아니한다.」

### 정당등록요건으로서 '각 시도당 1,000명 이상의 당원' 요구

정당의 등록요건으로 "5 이상의 시·도당"과 "각 시·도당 1,000명 이상의 당원"이라는 두 가지 상수(常數)를 정당등록의 기준으로 하고 있는 정당법 제25조의 위헌 여부(憲 2006. 6. 30.-2004헌마246)에 대해 헌법재판소는 이는 지역정당 및 군소정당을 배제하려는 취지이며, 이와 같은 규정내용은 특정 지역에만 조직이 형성되는 것을 막고, 5개 이상의 시·도에 각 조직이 구성되고 그 조직 내에 일정 수 이상의 당원이 활동할 것을 요구함으로써 선거단체 및 소규모 지역정치단체들이 무분별하게 정당에 편입되는 것을 억제하기에 적합한 수단이라고 할 것이고, 이 사건 법률조항은 헌법 제 8 조 제 2 항이 규정하고 있는 "국민의 정치적 의사형성에 참여하는데 필요한 조직" 요건을 구체화한 모습이며, 이러한 입법자의 판단이 자의적이거나 우리나라 전체 및 각 시·도의 인구를 고려해 볼 때, 청구인과 같은 군소정당 또는 신생정당이라 하더라도 과도한 부담이라고 할 수 없다고 판시하였다.

### 정당 국고보조금

정당에 보조금을 배분함에 있어 교섭단체의 구성 여부에 따라 차등을 두는 정치자금에관한법률 제18조 제 1 항 내지 제 3 항이 평등원칙에 위반되는지 여부에 관한 사건(憲 2006. 7. 27.-2004헌마655)이 있다. 헌법재판소는 입법자가 정당에 대한 보조금의 배분기준을 정함에 있어 입법정책적인 재량권을 가지므로, 그 내용이 현재의 각 정당들 사이의 경쟁상태를 현저하게 변경시킬 정도가 아니면 합리성을 인정할 수 있다고 판시하고, 정당의 공적기능의 수행에 있어 교섭단체의 구성 여부에 따라 차이가 나타날 수밖에 없고, 이 사건 법률조항이 교섭단체의 구성 여부만을 보조금 배분의 유일한 기준으로 삼은 것이 아니라 정당의 의석수비율과 득표수비율도 함께 고려함으로써 현행의 보조금 배분비율이 정당이 선거에서 얻은 결과를 반영한 득표수비율과 큰 차이를 보이지 않고 있는 점 등을 고려하면, 교섭단체를 구성할 정도의 다수 정당과 그에 미치지 못하는 소수 정당 사이에 나타나는 차등지급의 정도는 정당간의 경쟁상태를 현저하게 변경시킬 정도로 합리성을 결여한 차별이라고 보기 어렵다고 결정하였다.

[심판대상조문]

**재외동포의출입국과법적지위에관한법률**(2004. 3. 12. 법률 제7191호로 개정되고, 2005. 8. 4. 법률 제7682호로 전문 개정되기 전의 것) 제18조(보조금의 배분) ① 제17조(보조금의 계상) 제 1 항 및 제 2 항의 규정에 의한 보조금은 지급 당시 국회법 제33조 제 1 항 본문의 규정에 의하여 동일정당의 소속의원으로 교섭단체를 구성한 정당에 대하여 그 100분의 50을 정당별로 균등하게 분할하여 배분·지급한다.

② 보조금 지급 당시 제 1 항의 규정에 의한 배분·지급대상이 아닌 정당으로서 5석 이상의 의석을 가진 정당에 대하여는 100분의 5씩을, 의석이 없거나 5석 미만의 의석을 가진 정당 중 다음 각 호의 1에 해당하는 정당에 대하여는 보조금의 100분의 2씩을 배분·지급한다.

1. 최근에 실시된 국회의원총선거에 참여한 정당의 경우에는 국회의원선거의 득표수 비율이

100분의 2 이상인 정당

2. 최근에 실시된 국회의원총선거에 참여한 정당 중 제 1 호에 해당하지 아니하는 정당으로서 의석을 가진 정당의 경우에는 최근에 전국적으로 실시된 후보추천이 허용되는 비례대표 시·도의회의원선거, 지역구 시·도의회의원선거, 시·도지사선거 또는 자치구·시·군의 장의 선거에서 당해 정당이 득표한 득표수 비율이 100분의 0.5 이상인 정당
3. 최근에 실시된 국회의원총선거에 참여하지 아니한 정당의 경우에는 최근에 전국적으로 실시된 후보추천이 허용되는 비례대표 시·도의회의원선거, 지역구 시·도의회의원선거, 시·도지사선거 또는 자치구·시·군의 장의 선거에서 당해 정당이 득표한 득표수 비율이 100분의 2 이상인 정당

③ 제 1 항 및 제 2 항의 규정에 의한 배분·지급액을 제외한 잔여분 중 100분의 50은 지급당시 국회의석을 가진 정당에 그 의석수의 비율에 따라 배분·지급하고, 그 잔여분은 최근에 실시된 국회의원선거의 득표수 비율에 따라 배분·지급한다.

### ▶ 질 문

1. 경찰청장에게 퇴직 후 정당가입을 일정기간 금지시키는 것은 정당한가?
2. 노동조합에게 다른 사회단체들과는 달리 정치자금 기부를 금지시키는 것은 타당한가?

## Ⅴ. 학문·예술의 자유

우리 헌법은 제22조에 학문과 예술의 자유를 동일조항에서 규정하고 있다. 이는 학문의 자유와 예술의 자유가 추구하는 진리와 미의 추구가 공통적 성격을 지니고 있기 때문이다.

이들 기본권은 인간이면 누구나 누릴 수 있는 자연권적 성격, 정신적 자유권이라는 성격, 창조적 성격, 문화국가형성이라는 제도적 성격, 제한하는 경우에 있어 명백하고 현존하는 위험의 원칙이 적용된다는 점, 위헌 여부의 심사에 있어 엄격심사가 적용된다는 면 등을 공유하는 특징이 있다.

이들 기본권은 자유권이 가지는 전형적인 특징인 국가에 대한 국민의 방어권이라는 성격을 전면에 지니며, 국가는 또한 이들 기본권이 가지는 객관적 질서성을 존중하여 모든 국가작용을 통해 그 기본권적 가치를 형성해야 하는 의무를 진다.

## 1. 학문의 자유

제22조 ① 모든 국민은 학문과 예술의 자유를 가진다.
② 저작자 · 발명가 · 과학기술자와 예술가의 권리는 법률로써 보호한다.

### ▶ 개 요

학문의 자유와 관련하여 우리 헌법 제22조 제 1 항은 "모든 국민은 학문과 예술의 자유를 가진다"라고 규정하고 있다. 예술의 자유와 함께 학문의 자유는 인간의 독창적 사고의 창조라는 고유한 과정이며, 진리탐구의 자유를 뜻한다. 진리탐구란 인간의 생활권 내에서 일어나는 실체적 내지 관념적 현상과 그들 상호관계를 논리적 · 철학적 · 실험적 방법으로 분석 · 정리함으로써 새로운 사실과 진리를 찾아내려는 모든 인간적 노력의 대명사이다. 학문의 자유는 외부의 강압이나 구속이 없는 상태에서 연구자가 자유롭게 학문적 활동, 즉 연구 · 강의 · 토의하며 그 연구내용을 출판하는 권리라고 정의할 수 있다. 또한 이러한 학문의 자유가 대학에서 행하여지므로 헌법 제22조 제 1 항에는 대학의 자치가 보호영역으로서 포함된다.

진리탐구의 과정과는 무관하게 단순히 기존의 지식을 전달하거나 인격을 형성하는 것을 목적으로 하는 '교육'은 학문의 자유의 보호영역이 아니라 교육에 관한 헌법 제31조의 보호영역에 속한다.

학문의 자유는 주관적 권리의 성격과 객관적 질서의 성격을 모두 지니고 있다. 학문의 자유는 연구와 교수 및 연구결과의 발표나 학문 활동을 위한 집회 · 결사에 있어서 국가의 간섭이나 침해에 대한 방어권이라는 주관적 성격을 갖는다. 또한 이와 더불어 학문의 자유는 사회전체의 지적 수준을 향상시키고 문화국가질서를 형성하는 객관적 질서의 성격을 포함한다.

### ▶ 핵심판례

大 1982. 5. 25.-82도716 [반공법 위반 사건]

[사건의 개요]

피고인은 공소외 한○○과 이○○에게 (1) 영국의 모리스 · 돕이 쓴 공산주의에 입각한 경제이론 서적인 "자본주의의 발달연구" 등 서적 수권을 읽어보라고 추천하는 한편, 월남의 공산화는 월남민중이 티 · 우정권을 버리고 공산정권을 택한 것이므로 월남은 결코 패망한 것이 아니라 오히려 통일된 것이라는 취지의 말을 하고, (2) 제 3 세계의 모임인 비동맹회의에 북한이 이미 가입하였음에도 불구하고 남한이 가입하지 못한 것은 남한의 실력부족에 기인한 것으로서 남한은 북한에 비하여 외교적 영향에 있어 열세에 몰려있다는 취지의 말을 함으로써 국외공산계열 및 반국가단체의 활동을 찬양·고무·동조하여 이를 이롭게 하였다는 것이다.

[심판의 대상]

학문연구 자료로써 공산주의 경제이론에 관한 서적의 취득, 보관이 구 반공법 제 4 조 제 2 항에 해당되는지 여부

**구 반공법** 제 4 조(찬양, 고무등) ① 반국가단체나 그 구성원 또는 국외의 공산계열의 활동을 찬양, 고무 또는 이에 동조하거나 기타의 방법으로 반국가단체(국외공산계열을 포함한다)를 이롭게 하는 행위를 한 자는 7년 이하의 징역에 처한다. 이러한 행위를 목적으로 하는 단체를 구성하거나 이에 가입한 자도 같다.
② 전항의 행위를 할 목적으로 문서, 도화 기타의 표현물을 제작, 수입, 복사, 보관, 운반, 반포, 판매 또는 취득한 자도 전항의 형과 같다.

이 사건에서 대법원은 "원심판결을 파기하고 사건을 서울형사지방법원 합의부에 환송한다"라고 결정하고, 이유를 다음과 같이 설시하였다.

▣ 판결 전문

원심이 인정한 판시 제 2 사실의 요지는, 피고인이 서울 시내의 종로서적센타, 민중서점, 논장서점 및 서강대학교 도서관 등에서 마르크스주의 경제학자인 모리스·돕(MAURICE DOBB)을 비롯한 에르내스트·만델(ERNST MANDEL), 앙드레 프랑크(ANDRE FRANK), 게오르그·루카치(GEORG LUKACS), 죠지·리히타임(GEORGE LICHEHEIM), 리차드·에드워드(RICHARD EDWARD), 유르겐·하버마스(JURGEN HABERMAS), 제르미·샤피로(JEREMY SHAPIRO)등이 마르크스주의 경제이론 등에 관하여 저술한 저작물 등을 구입하거나 대출받아 복사하여 탐독·보관함으로써 반국가단체나 국외공산계열을 이롭게 할 목적으로 표현물을 취득 또는 복사하였다고 함에 있고, 원심은 위와 같은 피고인의 소위에 대하여 구 반공법 제 4 조 제 2 항을 적용 처단하고 있다.

그러나 구 반공법 제 4 조 제 2 항의 죄는 반국가단체나 그 구성원 또는 국외의 공산계열의 활동을 찬양·고무 또는 이에 동조하거나 기타의 방법으로 반국가단체를 이롭게 하는 행위를 할 목적으로 문서, 도화 기타의 표현물을 제작, 수입, 복사, 보관, 운반, 반포, 판매 또는 취득하는 것으로서 이른바 목적범이므로 동 죄의 성립에는 위와 같은 목적의식이 있음을 요하는 것인바, 피고인은 학문연구의 목적

으로 위 각 저작물을 취득, 보관한 것이며 반국가단체 또는 국외공산계열을 이롭게 하는 행위를 할 목적의식은 없었다고 변명하고 있다.

생각건대, 헌법상 보장되는 학문연구의 자유는 학문연구를 순수한 목적으로 하는 경우에 한하여 인정되는 것이고 그것이 불법한 목적을 달성하기 위한 수단으로서 행하여지는 경우, 예컨대, 구 반공법 제 4 조 제 2 항 또는 국가보안법 제 7 조 제 5 항에서 규정한 것과 같은 반국가단체 또는 국외공산계열의 활동을 찬양, 고무, 동조 기타 이롭게 하는 행위를 할 목적으로 학문연구활동에 빙자하여 문서, 도서 기타의 표현물을 제작, 수입, 복사, 운반 또는 반포하는 등의 행위를 하는 경우에는 이는 이미 학문의 연구라고 볼 수 없음은 더 말할 것도 없다.

그러나 위와 같은 불법목적의 인정은 확실하고 객관적인 증거에 의한 엄격한 증명을 요하는 것이며, 단순히 피고인이 학문연구를 위하여 취득, 보관한 연구자료가 반국가단체 또는 국외공산계열의 사상, 가치체계에 관한 것이라는 사실만으로 위와 같은 불법목적을 추정하여서는 안 될 것이다. 왜냐하면 원래학문의 연구는 기존의 사상 및 가치에 대하여 의문을 제기하고 비판을 가함으로써 이를 개선하거나 새로운 것을 창출하려는 노력이므로 연구의 자료가 그 사회에서 현재 받아들여지고 있는 기존의 사상 및 가치체계와 상반되거나 저촉되는 것이라고 하여도 용인되어야 할 것이기 때문이다.

돌이켜 이 사건을 살펴보건대, 기록에 의하면 피고인이 취득, 보관한 판시 저작물들이 마르크스주의 또는 공산주의 경제이론에 관한 저작물들인 사실은 명백하나, 원심판시 사실에 의하더라도 피고인은 위 각 저작물을 은밀한 출처로부터 취득한 것이 아니라 시내 일반서점과 대학도서관에서 구입 또는 대출받았다는 것이고, 피고인은 위 각 저작물을 취득할 당시 서강대학교 경제학과에서 경제학을 전공하던 학생으로서 피고인이 취득한 동종의 저작물 중 비록 한권에 지나지 않지만 피고인의 졸업논문의 참고문헌으로 인용한 바 있으며(인용된 저작물도 판시 저작물들과 동 종류의 것인데도 공소사실 적시에서 제외되었다), 또 1심증인 장일조의 증언과 변형윤이 제출한 소견서 기재에 보면 위 판시 저작물의 대부분이 국내대학에서 경제관계의 학문연구를 위한 자료 또는 참고문헌으로서 경제학 전공자들이 읽거나 인용하고 있는 실정임을 알 수 있으므로, 위와 같은 피고인의 저작물취득 경위 및 전공내용과 학계의 실정 등에 비추어 보면 위 각 저작물을 학문연구의 목적으로 취득 또는 대출받은 것이라는 피고인의 변명에 일응 수긍이 가고, 이와 달리 피고인이 반국가단체 등을 이롭게 할 목적의식이 있었음을 인정할만한 뚜렷한 자료를 원심인용의 증거 중에서는 찾아볼 수가 없다.

결국 원심은 증거없이 사실을 인정하여 법률적용을 그릇친 위법이 있는 것으로서 논지는 이유있다.

그러므로 원심판결을 파기하고 사건을 다시 심리케 하고자 서울형사지방법원 합의부에 환송하기로 하여 관여법관의 일치된 의견으로 주문과 같이 판결한다.

## ▶ 해 설

### 이적표현물과 학문의 자유

마르크스이론의 학문영역 내 수용이 헌법적으로 인정되는지 여부에 대한 사건이 있었다. 대법원은 이 사건(大 2007. 5. 31.-2004도254)에서 마르크스 방법론의 대학강의 적용에 대해 학문의 연구는 기존의 사상 및 가치에 대하여 의문을 제기하고 비판을 가함으로써 이를 개선하거나 새로운 것을 창출하려는 노력이므로 그 연구의 자료가 사회에서 현재 받아들여지고 있는 기존의 사상 및 가치체계와 상반되거나 저촉된다고 하여도 용인되어야 할 것이고, 학문연구의 방법으로서 마르크스주의 방법론을 수용하고, 이에 입각하여 단순한 현실의 묘사나 이에 따른 분석, 예측 또는 설명을 시도하는 것 자체는 그것이 이론적인 영역을 넘어 직접적으로 그 이념이 추구하는 사회적인 행동을 지향하는 것이 아닌 한, 헌법이 보장하는 학문의 자유의 범주 내에 속하는 것이라 할 것이라고 판시하였다.

또한 대법원은 이 사건 서적 중 피고인이 다른 서적으로부터 인용 혹은 발췌하여 이 사건 서적에 게재한 한국의 근현대사, 사회운동의 전개과정의 서술 부분에는 공소사실에서 기재되어 있는 바와 같이 민족해방운동사에서 직접적인 친일세력뿐만 아니라 일부 언론기관의 친일행적을 비판하고, 이승만을 친미 사대세력으로 비판하며, 해방 이후 미군정사, 남북분단과정 등을 통하여 미국을 비판한 반면, 북한이 주장하는 김일성의 1926년 타도제국주의동맹, 1931년 항일유격대활동, 1936년 조국광복회 활동 등을 자주 독립투쟁으로 파악하는 내용이 포함된 사실을 알 수 있어, 전체적으로 북한의 역사적 관점과 비슷한 시각에서 한국근대사를 약술한 부분이 일부 포함되어 있기는 하나, 전체적으로 저자가 북한 공산집단의 주장을 적극적이고 직접적인 방법으로 찬양하거나 이에 동조하는 듯한 내용은 없는 점에 비추어 보면, 이것 역시 학문적으로 그 진위의 검증이 가능한 역사서술로서 한국 현대사에 대하여 바라볼 수 있는 여러 가지 역사적인 관점 또는 입장에 불과하며 그 내용이 현재 대한민국의 존립과 헌법의 기본 질서에 대한 적극적인 공격성을 가지는 것이라 단정할 수 없다고 판결하였다.

### 대학 자치의 주체

학문의 자유와 관련하여 대학 자치의 주체에 관한 사건이 있었다. 헌법재판소는 이 사건(憲 2006. 4. 27.-2005헌마1047 등)에서 대학의 자율성은 헌법 제22조 제 1 항이 보장하고 있는 학문의 자유의 확실한 보장수단으로 꼭 필요한 것으로서 대학에게 부여된 헌법상의 기본권으로 보고 있다(憲 1992. 10. 1.-92헌마68등, 판례집 4, 659, 670). 또한 헌법재판소는 대학의 자치의 주체를 기본적으로 대학으로 본다고 하더라도 교수나 교수회의 주체성이 부정된다고 볼 수는 없고, 가령 학문의 자유를 침해하는 대학의 장에 대한 관계에서는 교수나 교수회가 주체가 될 수 있고, 또한 국가에 의한 침해에 있어서는 대학 자체 외에도 대학 전구성원이 자율성을 갖는 경우도 있을 것이므로 문제되는 경우에 따라서 대학, 교수, 교수회 모두가 단독, 혹은 중첩적으로 주체가 될 수 있다고 보아야 할 것이라고 판시하였다.

### ▶ 질　　문

1. 초 · 중 · 고에서의 교사활동과 비교하여 볼 때, 대학에서의 교수의 연구활동은 헌법적으로 어떠한 다른 보호를 받는가?
2. 교과서 검정제도에 대한 위헌론의 근거는 무엇인가?

## 2. 예술의 자유

### ▶ 개　　요

헌법 제22조 제 1 항에 학문의 자유와 함께 예술의 자유를 규정하고 있다. 헌법의 규정형식으로 볼 때, 동일한 조항에 명시되어 있지만, 학문의 자유와 따로 예술의 자유를 정하고 있기 때문에 예술은 학문의 개념에 포함되지 않는다.

예술은 예술가의 행위를 말할 뿐 아니라 예술의 자유는 모든 사람이 가지기 때문에 예술가만이 예술의 자유를 가지는 것도 아니다. 이러한 이유로 헌법에서의 예술개념은 확정하기가 어렵다. 적어도 헌법상의 예술개념은 모든 장르를 포함할 뿐만 아니라 새롭게 형성되는 예술분야까지도 수용할 수 있는 여지를 갖고 있는 객관적이고 가치중립적인 것이어야 한다.

예술의 자유는 우선적으로 국가의 간섭없이 인간의 창조적 작업을 보장받는 주관적 공권의 성격이 강한 것이고, 또한 문화국가를 이루는 중요한 객관적 질서로서의 역할도

하는 것이다.

예술의 자유는 예술창작의 자유, 예술표현의 자유, 예술적 집회·결사의 자유를 내용으로 한다.

### ▶ 주요판례

大 1995. 6. 16.-94도2413 [즐거운 사라 사건]

[사건의 개요]

피고인은 대학교수로서 작품인 소설 "즐거운 사라"의 출판으로 인해 서울형사지방법원에서 형을 선고받고 상고하였다.

[심판의 대상]

**형법** 제243조(음화반포등) 음란한 문서, 도화, 필름 기타 물건을 반포, 판매 또는 임대하거나 공연히 전시 또는 상영한 자는 1년 이하의 징역 또는 500만원 이하의 벌금에 처한다.

제244조(음화제조등) 제243조의 행위에 공할 목적으로 음란한 물건을 제조, 소지, 수입 또는 수출한 자는 1년 이하의 징역 또는 500만원 이하의 벌금에 처한다.

이 사건에서 대법원은 "상고를 기각한다"라고 결정하고, 이유를 다음과 같이 설시하였다.

▣ 음란한 문서의 정의

형법 제243조의 음화등의반포등죄 및 같은 법 제244조의 음화등의제조등죄에 규정한 음란한 문서라 함은 일반 보통인의 성욕을 자극하여 성적 흥분을 유발하고 정상적인 성적 수치심을 해하여 성적 도의관념에 반하는 것을 가리킨다고 할 것이고, 문서의 음란성의 판단에 있어서는 당해 문서의 성에 관한 노골적이고 상세한 묘사·서술의 정도와 그 수법, 묘사·서술이 문서 전체에서 차지하는 비중, 문서에 표현된 사상 등과 묘사·서술과의 관련성, 문서의 구성이나 전개 또는 예술성·사상성 등에 의한 성적 자극의 완화의 정도, 이들의 관점으로부터 당해 문서를 전체로서 보았을 때 주로 독자의 호색적 흥미를 돋우는 것으로 인정되느냐의 여부 등의 여러 점을 검토하는 것이 필요하고, 이들의 사정을 종합하여 그 시대의 건전한 사회통념에 비추어 그것이 공연히 성욕을 흥분 또는 자극시키고 또한 보통인의 정상적인 성적 수치심을 해하고, 선량한 성적 도의관념에 반하는 것이라고 할 수 있는가의 여부에 따라 결정되어야 할 것이다(大 1970. 10. 3.-70도1879; 1975. 12. 9.-74도976; 1995. 2. 10.-94도2266 참조).

▣ 예술작품을 통한 표현의 자유의 한계

헌법은 그 제22조 제 1 항에 "모든 국민은 학문과 예술의 자유를 가진다," 그 제21조 제 1 항에 "모든 국민은 언론과 출판의 자유를 가진다"고 각 규정하고 있어 예술의 영역에 속하는 문학에 있어서의 표현의 자유를 국민의 기본권으로 보장하고 있으나, 한편 제21조 제 4 항에 "언론·출판은 …… 공중도덕이나 사회윤리를 침해하여서는 아니 된다," 제37조 제 2 항에 "국민의 모든 자유와 권리는 …… 공공복리를 위하여 필요한 경우에 한하여 법률로써 제한할 수 있으며, 제한하는 경우에도 자유와 권리의 본질적인 내용을 침해할 수 없다"라고 각 규정하고 있으므로 문학에 있어서의 표현의 자유도 공중도덕이나 사회윤리를 침해하는 경우에는 이를 제한할 수 있도록 하였으며, 이에 따라 우리 형법에서는 건전한 성적 풍속 내지 성도덕을 보호하기 위하여 그 제243조에서 음란한 문서를 판매한 자를, 그리고 그 제244조에서 음란한 문서를 제조한 자를 각 처벌하도록 규정하고 있으므로, 문학작품이라고 하여 무한정의 표현의 자유를 누려 어떠한 성적 표현도 가능하다고 할 수는 없고, 그것이 건전한 성적 풍속이나 성도덕을 침해하는 경우에는 위 각 형법 규정에 의하여 이를 처벌할 수 있다고 할 것이다.

## ▶ 해 설

### 영화에 의한 명예훼손의 판단기준 [영화 '실미도' 사건]

헌법의 예술의 자유에 속하는 영화에 의한 명예훼손의 한계에 대해 다음과 같은 사건이 있다. 이 사건(서울고등법원 2006. 12. 6.-2005나68532 판결)은 영화의 내용이 특정인의 명예를 훼손하는 내용을 담고 있는지 여부의 판단기준과, 영화의 모델인 684부대의 훈련병들을 살인범 등으로 표현한 부분이 명예훼손에 해당되는지 여부에 대해 관한 것이다.

이에 대해 법원은 "영화의 내용이 특정인의 명예를 훼손하는 내용을 담고 있는지 여부는 당해 영화의 객관적인 내용과 아울러 일반의 관객이 보통의 주의로 영화를 접하는 방법을 전제로, 영화 내용의 전체적인 흐름, 이야기와 화면의 구성방식, 사용된 대사의 통상적인 의미와 그 연결 방법, 영화의 등장인물과 그 특정인의 관계가 묘사된 정도 등을 종합적으로 고려하여 그 영화 내용이 관객에게 주는 전체적인 인상을 그 판단 기준으로 삼아야 하고, 여기에다가 당해 영화가 내포하고 있는 보다 넓은 주제나 배경이 되는 사회적 흐름 등도 함께 고려하여야 한다"라고 판시하였다.

또한 "영화와 같이 실제 인물을 모델로 한 영화가 피해자의 인격권을 침해하는지 여부를 검토함에 있어서는, 시간이 경과함에 따라서 역사적 진실을 확인할 수 있는 객관적 자료의 한계로 인하여 진실 여부를 확인하는 작업이 용이하지 않을 수 있기 때문에 점차적으로 망인이나 그 유가족의 인격권보다는 역사적 사건을 소재로 하는 창작 내지 예술의 자유에 대한 보호의 정도가 상대적으로 중시될 수 있다는 점 등을 고려하여야 하고(大 1998. 2. 27.-97다19038), 따라서 영화제작의 토대가 된 각종 자료들의 확실성과 신빙성, 역사적 사건에 대한 구체적이고 실질적인 사실확인작업이 비교적 용이하였는지 여부 등 여러 사정을 종합하여 영화제작자가 적절하고도 충분한 조사를 다하였는가, 그 영화의 내용이 객관적이고도 합리적인 자료나 근거에 의하여 뒷받침되는가 하는 점에 비추어 인격권 침해 여부를 판단해야 할 것이다(大 1998. 10. 27.-98다24624). 특히 법원에서 '예술적 창작물'인 영화의 상영 자체를 금지하거나 혹은 그 영화내용을 직접적으로 수정·삭제하여 달라는 취지의 피해자의 청구를 인용하는 것은 사법절차를 통하여 예술의 자유를 직접적으로 제한하는 결과를 야기할 수 있다는 점에 비추어 볼 때, 피해자에게 위와 같이 직접적 구제수단이 허용되는 사안은 명예훼손 또는 인격권 침해의 태양 및 그 정도, 침해경위 등 제반 사정을 종합적으로 고려하여 그 인격권의 핵심적 내용이 중대하게 훼손되는 경우 등으로 한정하여야 할 것이다"라고 설시하고, "역사적 사실과 극적 허구 사이의 적절한 조화와 선택을 요소로 하는 상업영화에 있어서 영화의 내용이 '진실'이라고 홍보하였다고 하여 그 영화의 모든 내용이 진실이라는 의미라고 보아서는 안 되고, 전체적으로 역사적 사실에 바탕을 하였으며 극적 허구와의 조화 속에서 확인된 사실관계를 최대한 반영하였다는 취지로 이해하여야 하며, 나아가 영화제작 당시까지 밝혀진 사실관계를 토대로 하여 영화제작자가 그 광고·홍보 중 사실을 적시한 내용을 진실이라고 믿었고 또 그렇게 믿을 만한 상당한 이유가 있으면 영화제작자에게 그 명예훼손에 대한 책임을 물을 수 없다"라고 판결하였다.

## ▶ 질 문

1. 음란을 예술의 자유의 한계로 기능한다면 그 개념정의는 어떠해야 하는가?
2. 명예훼손과 예술의 자유가 충돌하는 경우 해결방법은 무엇인가?
3. 영화에 의한 명예훼손의 판단기준은 어떠해야 하는가?

# 09.

# 제 9 장 | 사생활과 정보의 자유

## Ⅰ. 사생활의 비밀과 자유

제17조 모든 국민은 사생활의 비밀과 자유를 침해받지 아니한다.

### ▶ 개 요

헌법 제17조에 근거규정을 두고 있는 '사생활의 비밀과 자유'는 '사회생활과 구별되는 개인생활의 내용을 부당히 공개당하지 않고 개인생활의 자유로운 형성과 전개를 방해받지 않을 권리'로 정의된다. 이 '사생활의 비밀과 자유'의 내용으로는 '사생활 비밀의 불가침'과 '사생활 자유의 불가침'뿐만이 아니라 '개인정보자기결정권'도 포함된다.

이 때 '사생활의 자유의 불가침'은 다시 '자유로운 사생활의 형성과 유지의 불가침'과 '사생활평온의 불가침'으로 나누어진다.

## ▶ 핵심판례

### 憲 2007. 5. 31.-2005헌마1139 [공직자 병역사항 공개 사건]

[사건의 개요]

청구인은 징병검사에서 한쪽 눈 실명으로 병역면제처분을 받았다. 청구인은 국회에서 근무하고 있는 공무원으로서, '공직자 등의 병역사항 신고 및 공개에 관한 법률'에 따라 2005년 8월 1일에 병역사항을 신고하였는데, 법 제 3 조 제 4 호 나목에 따라 병역처분을 할 때의 질병명을 신고해야 했고, 이 신고사항은 법 제 8 조 제 1 항에 의하여 관보와 인터넷에 게재하는 방식으로 공개되었다. 이에 청구인은 질병명까지 신고·공개토록 하고 있는 위 법률조항 등이 사생활의 비밀과 자유 등의 기본권을 침해한다고 주장하면서 2005년 11월 22일에 위 조항 등의 위헌확인을 구하는 헌법소원심판을 청구하였다.

[심판의 대상]

**공직자 등의 병역사항 신고 및 공개에 관한 법률** 제 3 조(신고대상자와 신고할 병역사항) 신고의무자는 본인 또는 본인의 18세 이상인 직계비속에 대한 다음 각 호의 병역사항을 신고하여야 한다.

1. 18세인 신고대상자는 제 1 국민역 편입사항

1의2. 징병검사 또는 징집·소집대상인 신고대상자는 징병검사연도 및 병역처분내용

2. 징집 또는 소집복무를 마쳤거나 마친 것으로 보는 신고대상자의 경우에는 복무분야, 계급, 군번, 입영연월일, 전역·소집해제 연월일 및 전역·소집해제사유
3. 현역·보충역·전환복무중인 신고대상자의 경우에는 복무분야, 복무부대 또는 복무기관, 계급 및 입영 또는 편입연월일
4. 다음 각 목의 1에 해당하는 신고대상자의 경우에는 병역법 제11조의 규정에 의한 징병검사시부터 동법 제72조의 규정에 의한 병역의무 종료시까지의 병역사항
   가. 제 2 국민역에 편입된 자
   나. 병역이 면제되거나 병적에서 제적된 자
   다. 현역 또는 보충역의 복무나 의무종사를 마치지 아니하고 병역의무가 종료된 자

제 8 조(신고사항의 공개 및 이의신청 등) ① 병무청장은 신고기관의 장으로부터 제 4 조 제 3 항의 규정에 의하여 병역사항을 통보받은 때에는 1월 이내에 관보와 인터넷에 게재하여 공개하여야 한다.

제 9 조(공직선거후보자의 병역사항신고 및 공개) ① 공직선거및선거부정방지법 제 2 조의 규정에 의한 선거의 후보자가 되고자 하는 사람이 당해 선거의 후보자등록을 하는 때에는 등

록일 전 1월 현재의 제 3 조의 규정에 의한 병역사항을 서면으로 관할선거구선거관리위원회에 신고하여야 한다.

③ 관할선거구선거관리위원회는 후보자등록공고시에 후보자의 병역사항을 공개하여야 한다. 이 경우 제 8 조 제 3 항의 규정을 준용한다.

**공직선거법** 제65조(선거공보) ⑦ 대통령선거, 지역구국회의원선거, 지역구지방의회의원선거 및 지방자치단체의장선거에 있어서 책자형 선거공보를 제출하는 경우에는 중앙선거관리위원회규칙이 정하는 바에 따라 다음 각 호에 따른 내용을 게재하여야 한다. 이 경우 후보자정보공개자료에 대하여 소명이 필요한 사항은 그 소명자료를 함께 게재할 수 있다.

2. 병역사항

 후보자 및 후보자의 직계비속의 군별·계급·복무기간·복무분야·병역처분사항 및 병역처분사유('공직자 등의 병역사항 신고 및 공개에 관한 법률' 제 8 조(신고사항의 공개) 제 3 항의 규정에 따라 질병명 또는 심신장애내용의 비공개를 요구하는 경우에는 이를 제외한다)

이 사건에서 헌법재판소는 "4급 이상 공무원들의 병역 면제사유인 질병명을 관보와 인터넷을 통해 공개하도록 하고 있는 위 법률 제 8 조 제 1 항의 해당 부분은 사생활의 비밀과 자유를 침해하여 헌법에 합치되지 아니한다. 다만, 입법자의 개선입법이 있을 때까지 이 조항은 계속 적용되며, 국회는 2007년 12월 31일까지 개선입법을 마련하여야 한다"라고 결정하고 그 이유를 다음과 같이 설시하였다.

■ 4급 이상의 공무원들까지 대상으로 삼아 모든 질병명을 아무런 예외 없이 공개토록 한 것이 사생활의 비밀과 자유를 침해하는지 여부

법 제 8 조 제 1 항 본문 가운데 '4급 이상의 공무원 본인의 질병명에 관한 부분'에 의하여 공개되는 것은 질병명으로서, 이는 내밀한 사적 영역에 근접하는 민감한 개인정보이며, 해당 공무원의 공적 활동과 관련하여 생성된 정보가 아니라 그 이전에, 그와 무관하게 개인에게 부과된 것으로서 극히 사적인 정체성을 드러내는 정보이다. 따라서 공개 대상자의 사생활 침해가 최소화되도록 하는 방안을 강구하여야 했다. 그러나 이 사건 법률조항은 사생활 보호의 헌법적 요청을 거의 고려하지 않은 채 인격 또는 사생활의 핵심에 관련되는 질병명과 그렇지 않은 것을 가리지 않고 무차별적으로 공개토록 하고 있으며, 아무런 비공개요구권도 인정하고 있지 않다. 따라서, 공개시에 인격이나 사생활의 심각한 침해를 초래할 수 있는 후천성면역결핍증, 정신분열장애, 매독, 인공항문 등의 질병명을 예외 없이 공개함으로

써 사생활의 비밀을 심각하게 침해하고 있다.

우리 현실에 비추어 질병명 공개와 같은 처방을 통한 병역풍토의 쇄신이 필요하다 하더라도 특별한 책임과 희생을 추궁할 수 있는 소수 사회지도층에 국한하여야 할 것이다. 4급 공무원이면 주로 과장급 또는 계장급 공무원에 해당하여 주요 정책이나 기획의 직접적·최종적 결정권을 가진다고는 할 수 없고, 사회의 일반적 관념에 비추어 보면 평범한 직업인의 하나에 불과한 경우도 많을 것이다. 이런 점에서 이들의 병역정보가 설사 공적 관심의 대상이 된다 할지라도 그 정도는 비교적 약하다고 하지 않을 수 없고, 그렇다면 공무원 개인을 위한 정보 보호의 요청을 쉽사리 낮추어서는 안 되며, 그 정보가 질병명과 같이 인격 또는 사생활의 핵심에 관련되는 것일 때에는 더욱 그러하다.

## ▶ 해 설

헌법재판소는 이 사건에서 헌법불합치결정과 입법촉구결정을 내렸다. 즉, 우리 현실에서 병역공개제도 자체의 필요성이 인정되는 이상 단순위헌 결정을 함으로써 4급 이상 공무원 모두에 대해 어떤 질병명도 당장 공개할 수 없는 결과를 초래하는 것은 적절하지 않으며 입법자가 사생활 제한을 완화하는 조치를 취할 수 있도록 헌법불합치 결정을 선고하되, 입법자의 개선입법이 있을 때까지 계속적용을 명한다고 판시하면서 법개정의 시한까지 제시했다. 좀처럼 위헌판단의 근거로 잘 활용되지 않던 사생활의 비밀과 자유가 헌법불합치의 근거로 사용되고 있는 점에 주목을 요한다.

## ▶ 질 문

1. 헌법재판소는 이 결정문에서 사생활의 비밀과 자유의 보호대상인 개인정보는 어떤 정보라고 설명하고 있는가?
2. 헌법재판소는 이 결정문에서 4급 공무원의 경우 이들의 병역정보가 공적 관심의 대상이 된다는 점은 인정하면서도 그 정도는 비교적 약해서 이들을 위한 정보 보호의 요청을 쉽사리 낮추어서는 안 된다고 보고 있다. 그 근거로 헌법재판소는 무엇을 들고 있는가?

# Ⅱ. 주거의 자유

제16조 모든 국민은 주거의 자유를 침해받지 아니한다. 주거에 대한 압수나 수색을 할 때에는 검사의 신청에 의하며 법관이 발부한 영장을 제시하여야 한다.

## ▶ 개 요

헌법 제16조는 주거의 자유를 기본권으로 보장하고, 그 제한의 한 유형인 주거에 대한 압수·수색에는 법관이 발부한 영장이 필요하다는 '영장주의'를 규정하고 있다. 이러한 주거의 자유는 "자신의 주거를 공권력이나 제3자로부터 침해당하지 않을 권리"로 정의된다. 주거의 자유의 법적 성격은 헌법 제16조의 "침해받지 아니한다"라는 규정에서 알 수 있듯이 침해 방지를 위한 소극적 방어권인 '자유권'이다. 주거의 자유는 외국인도 주체가 될 수 있으나 법인은 그 주체가 될 수 없다.

주거의 자유의 내용은 크게 '주거의 불가침'과 '영장주의'로 나누어진다. '주거의 불가침'이란 주거의 자유의 주체의 동의나 승낙을 받지 않거나 그 의사에 반하여 주거에 들어가는 행위를 할 수 없음을 말한다. 이 때 거주자의 '동의'에는 명시적인 동의 외에 추정적인 동의도 포함된다. 또한 주체가 복수인 경우에는 주거가 각 주체에게 개별공간으로 분할되지 않는 이상 주체인 전원의 동의나 승낙이 필요하다. 자유와 권리는 다수결로 박탈할 수 없기 때문이다. 대법원은 일반인의 출입이 허용된 음식점에 도청의 목적으로 출입한 경우에도 영업주의 명시적 또는 추정적 의사에 반하여 들어가면 주거침입죄가 성립된다고 판시했고(大 1997. 3. 28.-95도2674), 간통을 위해 처의 동의를 얻어 주거에 들어간 경우에도 남편의 동의가 없음을 들어 주거침입죄의 성립을 인정했으며(大 1958. 5. 23.-4291형상117), 대리시험자의 시험장 입장도 주거침입죄로 처벌한 바 있다(大 1967. 12. 19.-67도1281).

'영장주의'와 관련해 행정상 즉시강제에도 영장주의가 적용되는지를 두고 영장제도는 국가형벌권으로부터 국민의 자유를 보장하기 위한 것이므로 행정상 즉시강제의 내용으로 주거의 압수나 수색이 이루어지는 경우에는 영장이 필요없다는 영장불요설, 적법절차원칙을 따르는 영장주의는 행정절차에도 예외없이 적용되어야 한다는 영장필요설, 가택수색에 해당되지 않는 단순한 주거제한으로서 순수한 행정목적을 위한 경우나 긴급을 요하는 경우에는 영장주의가 적용되지 않지만 개인의 자유가 지속적으로 제한을 받는 경우나 행정상의 목적 이외에 형사상의 목적을 위한 경우에는 영장주의가 적용된다는 절충설이 대립하고 있다. 절충설이 다수설이다.

### ▶ 핵심판례

憲 2004. 6. 24.-2003헌바53 [주거침입강간죄 가중처벌 사건]

[사건의 개요]

청구인 甲은 술에 취하여 사물을 변별하거나 의사를 결정할 능력이 미약한 상태에서 서울 서초구에 있는 A모텔 107호실에 피해자 乙이 투숙한 사실을 알고 침입하여 동녀를 강간하였다는 이유로 성폭력범죄의 처벌 및 피해자보호 등에 관한 법률 위반죄(주거침입강간등)로 구속 기소되었다. 甲은 서울지방법원 및 서울고등법원에서 징역 1년을 선고받고 대법원에 상고하여 소송계속 중, 성폭력범죄의 처벌 및 피해자보호 등에 관한 법률 제 5 조 제 1 항에 대하여 법원에 위헌제청신청을 하였으나 기각되었다. 이에 甲은 위 규정에 대해 헌법재판소법 제68조 제 2 항에 의한 이 사건 헌법소원심판을 청구하였다.

[심판의 대상]

**성폭력범죄의 처벌 및 피해자보호 등에 관한 법률**(1997. 8. 22. 법률 제5343호로 개정된 것) 제 5 조(특수강도강간 등) ① 형법 제319조 제 1 항(주거침입), 제330조(야간주거침입절도), 제331조(특수절도) 또는 제342조(미수범. 다만, 제330조 및 제331조의 미수범에 한한다)의 죄를 범한 자가 동법 제297조(강간) 내지 제299조(준강간, 준강제추행)의 죄를 범한 때에는 무기 또는 5년 이상의 징역에 처한다.

이 사건에서 헌법재판소는 "성폭력범죄의 처벌 및 피해자보호 등에 관한 법률 제 5 조 제 1 항 중 '형법 제319조 제 1 항(주거침입)……의 죄를 범한 자가 동법 제297조(강간)……의 죄를 범한 때에는 무기 또는 5년 이상의 징역에 처한다'는 부분은 헌법에 위반되지 아니한다"라고 결정하였다. 그리고 그 이유를 다음과 같이 설시하였다.

▣ 평등원칙 위반인지 여부

헌법 제11조 제 1 항의 평등원칙은 일체의 차별적 대우를 부정하는 절대적 평등을 의미하는 것이 아니라 입법과 법의 적용에 있어서 합리적인 근거가 없는 차별을 하여서는 안 된다는 상대적 평등을 뜻한다. 이러한 평등원칙은 입법자가 본질적으로 같은 것을 자의적으로 다르게, 본질적으로 다른 것을 자의적으로 같게 취급하는 것을 금하고 있다. 청구인은 먼저 주거침입을 한 자가 강도나 상해 등의 죄를 범한 경우에는 이를 가중하여 처벌하지 않으면서 강간의 죄를 범한 경우에는 가중하는 것은 평등원칙에 위반된다고 주장한다.

청구인의 주장처럼 주거침입을 한 자가 강도나 상해의 죄를 범한 경우에는 형법상의 주거침입죄와 강도죄 또는 상해죄의 경합범으로 처벌되고, 주거침입을 한 자가 강간행위를 한 경우에는 성폭력법에 의해 주거침입강간죄라는 결합범으로 가중처벌되는 것이 현행 형벌체계이다. 그런데 강도죄나 상해죄에 있어서 보호법익은 재산이나 신체의 완전성 등임에 반해 강간죄에 있어서의 보호법익은 성적 자기결정권이라는 점에서 이들은 전혀 다른 범죄이므로 주거침입을 한 자가 강간을 했을 경우에만 가중처벌하는 것은 서로 다른 것을 다르게 취급하는 것으로서 평등원칙에 위반된다고 할 수 없다. 더구나 강간과 같은 성폭력범죄에서 보호법익으로 하고 있는 성적 자기결정권은 개인의 인격과 불가분적으로 연결되어 있기 때문에 그 피해자들은 심각한 정신적, 정서적 장애를 경험하게 되고 그 후유증으로 장기간 사회생활에 큰 지장을 받는다는 점에서, 그리고 이러한 범죄는 피해자가 속한 가정의 존립까지도 파괴할 가능성이 있다는 점에서 그 불법의 정도가 크다고 할 것이므로 그 예방과 근절을 위해서는 어느 정도의 가중처벌의 필요성이 인정된다 할 것이다. 따라서 주거침입을 한 자가 강간을 한 경우 그 불법에 상응하는 책임을 묻기 위해 이를 경합범으로 처벌하지 않고 결합범으로 가중처벌하는 것은 자의적인 입법으로 볼 수 없다.

또한 청구인은 주거침입죄는 야간주거침입절도죄나 특수절도와는 명백히 다른 행위 태양으로서 그 불법의 정도가 다름에도 불구하고 이들 행위에 강간이 결합되는 경우에는 모두 동일한 법정형으로 처벌하는 것은 문제가 있다고 주장한다. 물론 위 세 범죄는 형법상 법정형이 다르다. 주거침입죄는 3년 이하의 징역 또는 500만 원 이하의 벌금형이고, 야간주거침입절도죄는 10년 이하의 징역형이며, 특수절도죄는 1년 이상 10년 이하의 징역형이다. 이러한 법정형을 통해서 위 범죄들은 서로 그 불법의 정도가 다르게 평가되고 있음을 알 수 있고, 따라서 위의 범죄를 저지른 자가 강간죄를 범한 경우에는 그 불법의 정도가 각각 다르다고 보아야 마땅한 것처럼 생각할 수도 있다. 그러나 성폭력법은 날로 흉포화, 집단화되고 있는 성폭력범죄에 대해 기존의 형법이 적절한 일반예방적 기능을 수행하지 못하자 성폭력범죄 예방의 효율성을 높여 피해자의 개인적 법익의 침해는 물론 생활의 기초단위인 가정이 파괴되는 것을 막기 위해 제정된 법률이다. 따라서 이러한 입법목적에 비추어 보면 강간과 결합되는 주거침입이나 야간주거침입절도, 특수절도 그 자체는 이 사건 범죄의 법정형을 어떻게 정할 것이냐에 있어 결정적인 요소는 아닌 것으로 보인다. 주거침입강간죄에 대해 높은 법정형을 부과하는 것이 죄질과 법익침해 정도에 상응하고 범죄예방에 효과가 있을지, 아니면 낮은 법정형만으로도 충분한지에 관한 중요 판단요소는 사생활의 중심이 되는 주거에서 피해자의 인격적인 침해와 더불어 그 가정의 파괴를 가져올 수도 있는 강간행위가 있었다는 점에 있다고 보아야 할 것이다. 주거침입죄는 주거의 평온과 안전을 침해하는 범죄이다. 주거는 사생활의 중심이 되는 장소이기 때문에 그 불가침이 보장되지 않고서는 개인의 생명, 신체, 재산의 안전은 물론, 나아가 인간 행복의 최소한의 조건인 개인의 사적 영역이 지켜질 수 없다는 점에서 주거침입죄가 강간죄와 결합될 경우에는 그 불법의 정도가 높아진다고 할 것이다.

이 사건 규정이 속해 있는 성폭력법 제 5 조 제 1 항의 행위 태양을 보면, 형법 제319조 제 1 항(주거침입)과 제330조(야간주거침입절도), 제331조 제 1 항(특수절도)은 모두 주거침입이 그 구성요건으로 되어 있는데, 이것들은 모두 주거의 평온을 깨뜨리는 행위와 결합하여 성적 자기결정권이라는 동일한 법익을 침해한다는 면에서 같은 법적 평가를 내릴 수 있다. 다만 제331조 제 2 항의 특수절도는 주거침입이 구성요건으로 되어 있지 않고 흉기 휴대나 2인 이상이 합동할 것이 요구되나, 강간 행위가 이러한 상황에서 이루어지는 경우에는 피해자는 두려움으로 인해 쉽게 항거 불능의 상태에 빠지게 되고 가해자는 범죄수법이 대담해지고 잔인해질 가능성이 있어 피해자에 대한 구체적 위험성과 사회 일반에 대한 위험성이 모두 증가한다는 점에서 주거에서 강간이 이루어지는 경우와 마찬가지로 가중처벌의 필요성이 인정된다 할 것이다. 물론 위에 열거한 범죄들이 완전히 같은 범죄는 아니므로 항상 같은 불법의 정도를 가지고 있다고 말할 수는 없다. 그러나 같은 강간 행위라도 행위 태양에 따라 그 불법의 정도는 다를 수 있으며, 각 행위유형마다 정확한 불법의 크기를 측정하여 그 서열에 따라 법정형을 정하는 것은 거의 불가능에 가깝다. 따라서 입법자는 법정형을 정할 때 행위 유형들을 일정하게 범주화할 수밖에 없는데, 이 때의 법정형이 각 행위 유형의 불법성 정도에 적절히 대응되는 것이면 합리성이 있다고 할 것이다. 다만 구체적으로 불법성의 정도가 다른 행위들을 하나로 묶어 같은 법정형을 정함으로써 생기는 문제점은 개개의 사건에서 그 정상에 따라 여러 가지 요소를 종합적으로 고려한 법관의 양형을 통해 조정할 수 있으면 될 것이다.

따라서 살펴보면, 이 사건 주거침입강간죄의 법익 침해의 중대성에 비추어 볼 때 이 사건 규정이 야간주거침입절도강간이나 특수절도강간과 같이 무기 또는 5년 이상 징역의 법정형을 정하고 있다고 하더라도 그것이 위헌으로 선언될 만큼 형벌체계상의 균형을 잃은 자의적인 입법이라고 할 수 없으므로 결국 평등원칙에 위반된다고 볼 수 없다.

▣ 과잉금지원칙 위반인지 여부

청구인은 모든 주거침입강간죄가 가정파괴범은 아님에도 불구하고 이 사건 규정은 이를 전제로 하여 주거침입강간죄를 모두 가중처벌하고 있으므로 이는 과잉금지원칙 위반이라고 주장한다. 그러나 어떤 범죄를 어떻게 처벌할 것인가 하는 문제, 즉 법정형의 종류와 범위의 선택은 그 범죄의 죄질과 보호법익에 대한 고려뿐만 아니라 우리의 역사와 문화, 입법 당시의 시대적 상황, 국민일반의 가치관 내지 법 감정 그리고 범죄예방을 위한 형사정책적 측면 등 여러 가지 요소를 종합적으로 고려하여 입법자가 결정할 사항으로서 광범위한 입법재량 내지 형성의 자유가 인정되어야 할 분야이다. 따라서 어느 범죄에 대한 법정형이 그 범죄의 죄질 및 이에 따른 행위자의 책임에 비하여 지나치게 가혹한 것이어서 현저히 형벌체계상의 균형을 잃고 있다거나 그 범죄에 대한 형벌 본래의 목적과 기능을 달성함에 있어 필요한 정도를 일탈하였다는 등 헌법상의 비례원칙 등에 명백히 위배되는 경우가 아닌 한, 쉽사리 헌법에 위반된다고 단정하여서는 안 된다. 물론 청구인의 주장처럼 성폭력법상의 주거침입강간죄가 모두 가정파괴범이라고 할 수는 없다. 그러나 성폭력범죄가 가정을 파탄으로 내모는 사례가 많다는 사실이 형사정책적 고려로서 입법 배경의 하나가 되었던 것은 부인할 수 없다. 성폭력범죄는 종종 그 피해가 당사자 본인에게만 국한되지 않고 그가 속한 가정을 파괴하거나 사회의 기초질서를 어지럽힐 정도로 해악이 크다는 점에서 이를 엄단할 필요가 있었던 것이다.

한편, 주거침입강간죄는 인간 행복의 최소한의 조건인 주거에서 개인의 인격과 불가분적으로 연결되어 있는 성적 자기결정권을 침해하는 범죄라는 점에서 반드시 위와 같은 가정적, 사회적 파급효과를 수반하지 않더라도 피해자에 대한 법익침해 또한 중대하다. 이러한 점들을 고려하면, 성폭력법이 주거침입강간죄를 결합범으로 취급하여 무기 또는 5년 이상의 징역에 처하도록 하는 것은 과도하다고 할 수 없다.

▣ 법관의 양형권을 제한하는지 여부

청구인은 이러한 성폭력법의 법정형이 법관의 양형재량권을 박탈하는 것이라고 주장한다. 그런데 양형은 입법자와 법관의 협력을 요하는 분야로 입법자는 구성요건에 정형화된 불법의 경중을 법정형으로 규정하고, 법관은 이에 따라 해당 행위에 대한 형을 양정하게 된다. 따라서 법정형은 법관으로 하여금 구체적 사건의 정상에 따라 그에 알맞는 적정한 선고형을 이끌어 낼 수 있게끔 하면 족한 것으로 입법자가 법정형 책정에 관한 여러 가지 요소의 종합적 고려에 따라 법률 그 자체로 법관에 의한 양형재량의 범위를 좁혀 놓았다고 하더라도, 그것이 당해 범죄의 보호법익과 죄질에 비추어 범죄와 형벌간의 비례의 원칙상 수긍할 수 있는 정도의 합리성이 있다면 이러한 법률을 위헌이라고 할 수 없다.

그런데 이 사건 규정의 법정형은 무기 또는 5년 이상의 징역형이므로 행위자에게 특별히 고려해야 할 사정이 있다면 법관은 작량감경을 통해 집행유예까지도 선고할 수 있다. 물론 벌금형의 선고는 불가능하나 이는 그 불법의 중대성으로 볼 때 불합리하다고 할 수 없다. 그러므로 이 사건 규정은 법관의 양형권을 제한하는 것으로 보기 어렵다.

## ▶ 해　설

주거침입강간죄가 모두 가정파괴범이 되는 것은 아님에도 불구하고 일률적으로 모든 주거침입강간죄의 법정형을 가중한 '성폭력범죄의 처벌 및 피해자보호 등에 관한 법률' 제 5 조에 대해 헌법재판소가 만장일치의견으로 합헌결정을 내린 사건이다. 이러한 규정이 평등원칙이나 과잉금지원칙에 위반되지 않고 법관의 양형권을 침해하는 것도 아님을 근거로 들었다. 입법자가 법정형 책정에 관한 여러 가지 요소의 종합적 고려에 따라 법률 그 자체로 법관에 의한 양형재량의 범위를 좁혀 놓았다 하더라도 그것이 당해 범죄의 보호법익과 죄질에 비추어 범죄와 형벌간의 비례원칙상 수긍할 수 있는 정도의 합리성이 있다면 합헌이라 하면서 입법부의 법정형 책정의 입법형성권을 비교적 넓게 보고 있음에 주목을 요한다.

## ▶ 질　문

1. 이 헌법재판소 결정에서 사건 규정이 자의적인 차별이 아니어서 평등원칙에 위배되지 않는다고 본 근거는 무엇인가?
2. 헌법재판소는 이 사건 결정에서 과잉금지원칙을 적용하면서 그 세부원칙인 목적의 정당성, 방법의 적정성, 피해의 최소성, 법익의 균형성을 하나하나 적용해주고 있는가?

# Ⅲ. 통신의 자유

제18조 모든 국민은 통신의 비밀을 침해받지 아니한다.

## ▶ 개 요

통신의 자유란 '개인이 그 의사나 정보를 대화, 우편물이나 전기통신(전화, 전자우편, 모사전송, 무선호출, 회원제정보서비스) 등의 수단으로 전달하는 경우에 그 내용이 본인의 의사에 반하여 공개되지 않을 자유'를 말한다. 내국인은 물론 외국인과 법인도 그 주체가 될 수 있다. 통신의 자유에서 말하는 '통신'이란 '격지자간의 의사 전달 혹은 물품 수수'를 말하며, '통신의 비밀'은 통신의 내용, 형태, 당사자, 배달방법과 관련된 것을 말한다. 통신비밀의 '불가침'은 통신의 내용을 알리기 위해 통신물을 열어읽는 행위를 금하는 '열람금지,' 직무상 알게 된 사실을 남에게 알리는 것을 금지하는 '누설금지,' 통신업무내용을 정보활동의 목적에 제공하거나 제공받으려는 행위를 금지하는 '정보금지'를 포함한다. 통신의 자유의 제한과 관련해 불법적으로 다른 사람의 전기통신의 내용을 청취하는 '도청'과, 법률에 따라 적법하게 다른 사람의 전기통신의 내용을 청취하는 '감청'이 문제된다.

## ▶ 핵심판례

### 憲 1995. 7. 21.-92헌마144 [미결수용자 서신검열 사건]

[사건의 개요]

청구인 갑은 '집회 및 시위에 관한 법률' 위반죄 등으로 구속 · 기소되어 1, 2심에서 징역 2년 6월의 형을 선고받고 이에 불복하여 상고한 후 진주교도소에 수용중이었으며, 청구인 을은 갑의 변호사이다.

피청구인은, ① 청구인 갑이 1992. 5. 25.자로 발송의뢰한 서신을 검열한 다음 그 발송을 거부하였고, ② 청구인 을이 위 갑에게 보낸 1992. 5. 25.자 서신 및 같은 해 5. 26.자 서신을 검열하고 지연교부하였으며, ③ 위 갑이 위 을에게 보내기 위하여 발송의뢰한 1992. 6. 2.자 서신을 검열하고 지연발송하였다. 청구인들은, 피청구인의 행위로 청구인들의 헌법상 보장된 기본권을 침해받았다고 주장하면서 이 사건 헌법소원심판을 청구하였다. 이후 청구인 갑은 상고기각으로 그 형이 확정되어 복역중 사면으로 출소하였다.

[심판의 대상]

피청구인이 청구인 갑의 1992. 5. 25.자 서신을 각 검열·발송거부한 행위, 청구인 을의 1992. 5. 25.자 서신과 5. 26.자 서신을 각 검열·지연교부·지연발송한 행위, 청구인 갑의 1992. 6. 2.자 서신을 각 검열·지연발송한 행위

**구 행형법**(1995. 1. 5. 법률 제4936호로 개정되기 전의 것) 제62조(미결수용자에 대한 본법의 준용) 미결수용자에 대하여 본법 또는 본법의 규정에 의하여 발하는 명령에 특별한 규정이 없는 때에는 수형자에 관한 규정(제46조 제 2 항 제 7 호의 접견·서신금지 중 변호인 또는 변호인이 되려고 하는 자와의 접견·서신금지를 제외한다)을 준용한다.

※ 관련조항

구 행형법 제18조(접견과 서신의 수발) ③ 수형자의 접견과 서신수발은 교도관의 참여 또는 검열을 요한다.

행형법 시행령 제62조(서신의 검열) ① 소장은 재소자가 수발하는 서신을 검열하여야 한다. ② 수형자가 발송하는 서신은 봉함을 하지 아니하고 교도소에 제출하게 하며, 수형자가 수령할 서신은 교도소에서 개피하여 검인을 압날하여야 한다.

이 사건에서 헌법재판소는 "1. 청구인 을이 1992. 5. 26. 청구인 갑에게 발송한 서신 및 청구인 갑이 같은 해 6. 2. 청구인 을에게 보내기 위하여 발송의뢰한 서신을 피청구인이 각 검열한 행위는 청구인들의 통신의 비밀을 침해받지 아니할 권리, 청구인 갑의 변호인의 조력을 받을 권리를 침해한 것으로서 위헌임을 확인한다. 2. 청구인 갑이 1992. 5. 25. 청구외 병에게 보내기 위하여 발송의뢰한 서신을 피청구인이 발송거부한 부분에 관한 심판청구를 각하하고, 나머지 부분에 관한 심판청구를 기각한다. 3. 구 행형법 제62조의 준용규정 중 같은법 제18조 제 3 항 및 같은법 시행령 제62조를, 미결수용자와 그 변호인 또는 변호인이 되려는 자 사이의 서신으로서 그 서신에 마약 등 소지금지품이 포함되어 있거나 그 내용에 도주·증거인멸·수용시설의 규율과 질서의 파괴 기타 형벌법령에 저촉되는 내용이 기재되어 있다고 의심할 만한 합리적인 이유가 없는 경우에도 준용하는 것은 헌법에 위반된다"라고 결정하고 그 이유를 아래와 같이 실시하였다.

▣ 발송거부행위에 대한 청구가 부적법한지 여부

헌법소원심판은 다른 법률에 구제절차가 있는 경우에는 그 절차를 모두 거친 후가 아니면 청구할 수 없게 되어 있는데, 피청구인은 위 발송거부행위에 대하여는 행정소송법 및 행정심판법에 의하여 행정소송이나 행정심판이 가능할 것이므로 이

러한 절차를 거치지 않은 이 사건 심판청구부분은 부적법하다. 반면에 서신검열, 지연발송, 지연교부행위에 대한 청구는 적법하다. 위 각 행위는 권력적 사실행위로서 행정심판이나 행정소송의 대상이 된다고 단정하기도 어려울 뿐 아니라 설사 그 대상이 된다고 하더라도 이미 종료된 행위로서 소의 이익이 부정될 가능성이 많아 헌법소원심판을 청구하는 외에 달리 효과적인 구제방법이 있다고 보기 어려우므로 보충성의 원칙에 대한 예외에 해당하고, 또한 비록 피청구인의 위 각 행위는 이미 종료되었고 청구인 甲이 출소하였지만 이 사건 심판청구는 헌법질서의 수호·유지를 위하여 긴요한 사항으로서 그 해명이 중대한 의미를 지니고 있고 동종행위의 반복위험성도 있어 심판청구의 이익이 있기 때문이다.

▣ 미결수용자와 변호인과의 서신검열행위가 통신의 자유와 변호인의 조력을 받을 권리를 침해하는지 여부

변호인이 아닌 자와의 서신 검열행위로 미결수용자의 통신의 비밀이 일부 제한되는 것은 질서유지 또는 공공복리라는 정당한 목적을 위해 불가피할 뿐만 아니라 유효적절한 방법에 의한 최소한의 제한으로서 헌법에 위반된다고 할 수 없다. 그러나 헌법 제12조 제 4 항은 변호인의 조력을 받을 권리를 보장하고 있으므로, 미결수용자의 서신 중 변호인과의 서신은 다른 서신에 비하여 특별한 보호를 받아야 할 것이다. 다만 피의자나 피고인과 변호인 사이의 서신의 비밀을 보장받기 위해서는, 첫째, 교도소측에서 상대방이 변호인 또는 변호인이 되려는 자라는 사실을 확인할 수 있어야 하고, 둘째, 서신을 통하여 마약 등 소지금지품의 반입을 도모한다든가, 그 내용에 도주·증거인멸·수용시설의 규율과 질서의 파괴·기타 형벌법령에 저촉되는 내용이 기재되어 있다고 의심할 만한 합리적인 이유가 있는 경우가 아니어야 한다.

먼저 청구인 甲이 변호인이 아닌 청구외 丙에게 발송한 서신은 위에서 본 미결수용자의 서신검열에 관한 일반원칙에 따라 검열이 가능하고, 또한 청구인 乙이 1992. 5. 25.자로 위 甲에게 보낸 서신의 경우 위 乙이 변호인이라는 사실이 피청구인에게 확인되었다고 볼 수 없으므로, 피청구인이 위 각 서신을 검열한 행위로 인하여 청구인들의 기본권이 침해되었다고 볼 수는 없다. 그러나 乙이 甲에게 보낸 같은 해 5. 26.자 서신과 甲이 같은 해 6. 2.자로 乙에게 보낸 서신의 경우에는 그 각 서신의 봉투에 발신인 또는 수신인이 변호사라는 사실이 표시되어 있고, 甲은 乙로부터 발송된 위 5.25.자 서신을 전달받으면서 변호인으로부터 온 서신을 검열한 데 대하여 항의하였음을 알 수 있으며, 그 서신에 소지금지품이 포함되어

있거나 불법적인 내용이 기재되어 있다고 의심할 만한 사정은 보이지 않는다. 따라서 청구인 乙과 甲 사이의 위 5. 26.자 서신과 6. 2.자 서신에 대하여는 그것이 변호인과의 사이의 서신교환이라는 사실이 확인되었고 또 甲의 범죄혐의내용(집시법 위반)이나 신분(교사) 등에 비추어 소지금지품의 포함 또는 불법내용의 기재 등이 있다고 의심할 만한 사정이 없음에도 피청구인이 이를 검열한 것이므로, 이는 헌법상 보장된 청구인들의 통신의 비밀을 침해받지 않을 권리와 청구인 甲의 변호인의 조력을 받을 권리를 침해한 것이라 할 것이다.

▣ 위헌적 공권력행사의 근거가 된 구 행형법 제62조도 위헌인지 여부

구 행형법 제62조는 형이 확정된 수형자에 대하여 서신검열을 규정한 같은법 제18조 제 3 항 및 시행령 제62조를 미결수용자에 대하여도 준용하도록 규정하고 있고 피청구인의 위 검열행위도 위 규정에 따른 것이므로, 위 검열행위가 위헌임을 확인함에 있어서 위 구법 제62조의 규정 중 앞서 본 변호인과의 사이의 서신검열이 허용되는 조건을 갖추지 않은 경우에도 검열을 할 수 있도록 준용하는 부분에 대하여는 헌법재판소법 제75조 제 5 항에 따라 위헌선언을 하기로 한다.

▣ 서신의 지연교부 및 지연발송행위가 합헌인지 여부

위 각 서신의 발송 및 교부가 어느 정도 지연되었다고 하더라도 이는 교도소 내의 서신발송과 교부 등 업무처리과정에서 불가피하게 소요되는 정도에 불과할 뿐 피청구인이 고의로 발송이나 교부를 지연시킨 것이라거나 또는 업무를 태만히 한 것이라고 볼 수 없으므로, 그로 인하여 청구인들의 통신의 자유, 청구인 甲의 변호인의 조력을 받을 권리가 침해되었다고 할 수는 없다.

## ▶ 해 설

헌법재판소 재판관의 만장일치의견으로 미결수용자의 변호인 혹은 변호인이 되려는 자와의 서신검열행위가 '그 서신에 마약 등 소지금지품이 포함되어 있거나 그 내용에 도주·증거인멸·수용시설의 규율과 질서의 파괴 기타 형벌법령에 저촉되는 내용이 기재되어 있다고 의심할 만한 합리적인 이유가 없는 경우'에도 이루어지는 것으로 해석하는 한에 있어서는 위헌이라는 한정위헌결정이 내려진 사건이다. 헌법재판소가 헌법재판소법 제75조 제 5 항에 따라, 위헌적인 공권력 행사의 근거법률조항에 대해서도 위헌선언을 하고 있음에 주목할 필요가 있다.

### ▶ 질 문

1. 이 사건 결정에서 헌법재판소법 제75조 제 5 항에 따라 위헌선언을 받은 것은 무엇인가?
2. 이 사건 결정에서 헌법재판소는 피의자나 피고인과 변호인 사이의 서신의 비밀을 보장받기 위해서는 어떤 요건이 충족되어야 한다고 보고 있는가?

## Ⅳ. 개인정보자기결정권

### ▶ 개 요

'개인정보자기결정권'은 '자기정보관리통제권'이라고도 불린다. '자기에 관한 정보를 열람, 정정, 사용중지, 삭제 등을 요구할 수 있는 권리'를 말한다. 개인정보자기결정권의 내용은 첫째, 정보주체가 개인정보보유기관에 대해 자신에 대한 정보의 열람을 청구할 수 있는 '자기정보열람청구권,' 둘째, 정보주체가 자신에 관한 정보를 열람한 결과 정보내용이 부정확하거나 불완전한 것이면 정정을 요구할 수 있는 '자기정보정정청구권,' 셋째, 정보주체가 자기 정보의 무단공표·이용의 금지 내지 사용중지 또는 삭제를 요구할 수 있는 '자기정보사용중지·삭제청구권'으로 나누어진다.

### ▶ 핵심판례

憲 2005. 5. 26.-99헌마513 [지문날인제도 사건]

[사건의 개요]

청구인 갑 외 1인은 주민등록법 제17조의8 및 주민등록법시행령 제33조 제 2 항에 의하여 이미 주민등록증을 발급받은 사람들로서, 사회운동단체인 인권실천시민연대와 사회진보연대에 각 소속되어 있으면서 1999년부터 주민등록증 일제갱신을 계기로 지문날인반대운동을 해 오고 있다. 위 청구인들은 주민등록증을 발급받을 당시 자신들이 주민등록증발급신청서에 날인함으로써 만들어진 열 손가락의 지문정보를 피청구인 경찰청장이 보관·전산화하고 이를 범죄수사목적에 이용하는 공권력 행사로 인하여 자신들의 인간의 존엄과 가치, 행복추구권, 인격권, 신체의 자유, 사생활의 비밀과 자유, 개인정보자기결정권 등을 침해받았다고 주장하면서 그 위헌확인을 구하는 이 사건 헌법소원심판을 청구하였다.

[심판의 대상]

**주민등록법 시행령**(2005. 3. 31. 대통령령 제18772호로 개정되기 전의 것) 제33조(주민등록증의 발급절차) ② 제1항의 규정에 의하여 주민등록증 발급통지를 받은 자 또는 공고된 자는 그 통지서 또는 공고문에 기재된 발급신청기간 내에 본인이 직접 주민등록이 되어 있는 시·군·자치구의 관계공무원에게 사진 1매를 제출하거나 그 사무소에서 직접 사진을 촬영하고, 본인임을 소명한 후, 그 공무원 앞에서 별지 제30호 서식에 의한 주민등록증발급신청서에 지문을 날인하여 신청하여야 한다.

**주민등록법 시행규칙** 제9조(주민등록발급신청서의 송부) 시장·군수 또는 구청장은 주민등록증발급신청서와 별지 제5호 서식의 주민등록증발급신청서집계표를 다음달 5일까지 해당자의 주민등록지를 관할하는 경찰서의 파출소장에게 송부하여야 한다.

이 사건에서 헌법재판소는 "청구인 갑 외 1인의 심판청구를 모두 기각한다"라고 결정하고 그 이유를 아래와 같이 설시하였다.

▣ 개인정보자기결정권에 대한 제한 여부

이 사건 심판대상조항과 행위 중 본안판단의 대상이 되는 것은 주민등록법 시행령 제33조 제2항에 의한 별지 제30호 서식 중 열 손가락의 회전지문과 평면지문을 날인하도록 한 부분과 경찰청장이 청구인들의 주민등록증발급신청서에 날인되어 있는 지문정보를 보관·전산화하고 이를 범죄수사목적에 이용하는 행위의 각 위헌 여부인데, 결국 이 사건 심판청구는 개인정보의 하나인 지문정보의 수집·보관·전산화·이용이라는 일련의 과정에서 적용되고 행해진 규범 및 행위가 헌법에 위반되는지 여부를 그 대상으로 하는 것이다. 개인정보자기결정권은 자신에 관한 정보가 언제 누구에게 어느 범위까지 알려지고 또 이용되도록 할 것인지를 그 정보주체가 스스로 결정할 수 있는 권리, 즉 정보주체가 개인정보의 공개와 이용에 관하여 스스로 결정할 권리를 말한다. 개인의 고유성, 동일성을 나타내는 지문은 그 정보주체를 타인으로부터 식별가능하게 하는 개인정보이므로, 시장·군수 또는 구청장이 개인의 지문정보를 수집하고, 경찰청장이 이를 보관·전산화하여 범죄수사목적에 이용하는 것은 모두 개인정보자기결정권을 제한하는 것이다.

▣ 법률유보원칙 위배 여부

주민등록법 제17조의8 제2항 본문은 주민등록증의 수록사항의 하나로 지문을 규정하고 있을 뿐 "오른손 엄지손가락 지문"이라고 특정한 바가 없으며, 이 사건 시행령조항에서는 주민등록법 제17조의8 제 5 항의 위임규정에 근거하여 주민등록증발급신청서의 서식을 정하면서 보다 정확한 신원확인이 가능하도록 하기 위하여 열 손가락의 지문을 날인하도록 하고 있는 것이므로, 이를 두고 법률에 근거가 없는 것으로서 법률유보의 원칙에 위배되는 것으로 볼 수는 없다.

'공공기관의 개인정보 보호에 관한 법률' 제10조 제 2 항 제 6 호는 컴퓨터에 의하여 이미 처리된 개인정보뿐만 아니라 컴퓨터에 의하여 처리되기 이전의 원 정보자료 자체도 경찰청장이 범죄수사목적을 위하여 다른 기관에서 제공받는 것을 허용하는 것으로 해석되어야 하고, 경찰청장은 같은법 제 5 조에 의하여 소관업무를 수행하기 위하여 필요한 범위 안에서 이를 보유할 권한도 갖고 있으며, 여기에는 물론 지문정보를 보유하는 것도 포함된다. 따라서 경찰청장이 지문정보를 보관하는 행위는 '공공기관의 개인정보 보호에 관한 법률' 제 5 조, 제10조 제 2 항 제 6 호에 근거한 것으로 볼 수 있고, 그 밖에 주민등록법 제17조의8 제 2 항 본문, 제17조의10 제 1 항, 경찰법 제 3 조 및 경찰관직무집행법 제 2 조에도 근거하고 있다.

경찰청장이 보관하고 있는 지문정보를 전산화하고 이를 범죄수사목적에 이용하는 행위가 법률의 근거가 있는 것인지 여부에 관하여 살펴보면, 경찰청장은 개인정보화일의 보유를 허용하고 있는 '공공기관의 개인정보 보호에 관한 법률' 제 5 조에 의하여 자신이 업무수행상의 필요에 의하여 적법하게 보유하고 있는 지문정보를 전산화할 수 있고, 지문정보의 보관은 범죄수사 등의 경우에 신원확인을 위하여 이용하기 위한 것이므로, 경찰청장이 지문정보를 보관하는 행위의 법률적 근거로서 거론되는 법률조항들은 모두 경찰청장이 지문정보를 범죄수사 목적에 이용하는 행위의 법률적 근거로서 원용될 수 있다.

따라서 이 사건 시행령조항 및 경찰청장의 보관 등 행위는 모두 그 법률의 근거가 있다.

▣ 개인정보자기결정권에 대한 과잉제한 여부

이 사건 시행령조항 및 경찰청장의 보관 등 행위는 불가분의 일체를 이루어 지문정보의 수집·보관·전산화·이용이라는 넓은 의미의 지문날인제도를 구성하고 있다고 할 수 있으므로, 지문정보의 수집·보관·전산화·이용을 포괄하는 의미의 지문날인제도가 과잉금지의 원칙을 위반하여 개인정보자기결정권을 침해하는지 여부가 문제된다.

이 사건 지문날인제도가 범죄자 등 특정인만이 아닌 17세 이상 모든 국민의 열 손가락 지문정보를 수집하여 보관하도록 한 것은 신원확인기능의 효율적인 수행을 도모하고, 신원확인의 정확성 내지 완벽성을 제고하기 위한 것으로서, 그 목적의 정당성이 인정되고, 또한 이 사건 지문날인제도가 위와 같은 목적을 달성하기 위한 효과적이고 적절한 방법의 하나가 될 수 있다.

범죄자 등 특정인의 지문정보만 보관해서는 17세 이상 모든 국민의 지문정보를 보관하는 경우와 같은 수준의 신원확인기능을 도저히 수행할 수 없는 점, 개인별로 한 손가락만의 지문정보를 수집하는 경우 그 손가락 자체 또는 지문의 손상 등으로 인하여 신원확인이 불가능하게 되는 경우가 발생할 수 있고 그 정확성 면에 있어서도 열 손가락 모두의 지문을 대조하는 것과 비교하기 어려운 점, 다른 여러 신원확인수단 중에서 정확성·간편성·효율성 등의 종합적인 측면에서 현재까지 지문정보와 비견할만한 것은 찾아보기 어려운 점 등을 고려해 볼 때, 이 사건 지문날인제도는 피해 최소성의 원칙에 어긋나지 않는다.

이 사건 지문날인제도로 인하여 정보주체가 현실적으로 입게 되는 불이익에 비하여 경찰청장이 보관·전산화하고 있는 지문정보를 범죄수사활동, 대형사건사고나 변사자가 발생한 경우의 신원확인, 타인의 인적 사항 도용 방지 등 각종 신원확인의 목적을 위하여 이용함으로써 달성할 수 있게 되는 공익이 더 크다고 보아야 할 것이므로, 이 사건 지문날인제도는 법익의 균형성의 원칙에도 위배되지 않는다.

결국 이 사건 지문날인제도가 과잉금지의 원칙에 위배하여 청구인들의 개인정보자기결정권을 침해하였다고 볼 수 없다.

## ▶ 해 설

주민등록시 지문을 날인하도록 하여 개인의 지문정보를 수집하고 경찰청장이 이를 보관·전산화하여 범죄수사 목적에 이용하는 지문날인제도에 대해 헌법재판소 다수의견이 합헌결정을 내린 사건이다. 즉, 이러한 지문날인제도는 자신에 관한 정보가 언제 누구에게 어느 범위까지 알려지고 또 이용되도록 할 것인지를 정보주체가 스스로 결정할 수 있는 헌법상 개인정보자기결정권을 침해하지 않는다고 본 것이다. 이에 대해 송인준, 주선회, 전효숙 재판관은 반대의견인 위헌의견을 개진했다. 주민등록증발급기관이 주민등록증에 지문정보를 수록하는 것에 대하여만 주민등록법 제17조의8 제 2 항에 근거가 마련되어 있을 뿐 경찰청장이 지문원지를 수집·보관할 수 있도록 하는 법률의 직접적인 규정은 찾아볼 수 없어 기본권 제한에 관한 법률유보원칙에 위배된다는 점, 가사 이 사건 시행령조항을 포함한 심판대상행위가 모두 법률적 근거를 갖추었다고 하더라도 기본권 제한의 최소침해성, 법익균형성에 어긋나 과잉금지원칙에 위배된다는 점을 위헌의 근거로 들었다. 헌법재판소가 헌법 제17조에 규정된 '사생활의 비밀과 자유'는 개인의 사생활이 타인으로부터 침해되거나 사생활이 함부로 공개되지 않을 소극적 권리는 물론, 고도로 정보화된 사회에서 자신에 대한 정보를 자율적으로 통제할 수 있는 적극적 권리도 보장하는 것으로 보면서 개인정보자기결정권을 이에 포함시키고 있는 점에 주목을 요한다.

### ▶ 질 문

1. 헌법재판소는 이 사건결정에서 시장·군수 또는 구청장이 개인의 지문정보를 수집하고, 경찰청장이 이를 보관·전산화하여 범죄수사목적에 이용하는 것이 왜 개인정보자기결정권을 제한하는 것이라 보았는가?
2. 개인정보자기결정권에 대한 제한이기는 한데 과잉한 제한은 아니라는 근거로 어떤 설명을 하고 있는가?

## Ⅴ. 알 권리

### ▶ 개 요

알 권리란 '의사형성을 위해 필요한 정보에 접근, 수집, 처리할 수 있는 권리'이다. 표현의 자유가 추구하는 의견의 자유로운 표명은 자유로운 의사의 형성을 전제로 하고 자유로운 의사의 형성은 정보에의 접근이 보장됨으로써 가능하다. 이 때문에 헌법재판소는 표현의 자유를 규정한 헌법 제21조를 알 권리의 근거규정으로 보고 있다(憲 1992. 2. 25.-89헌가104). 알 권리의 법적 성격으로, 알 권리는 정보 수집활동에 대한 침해배제 요구라는 측면에서는 자유권으로서의 성격을, 정보공개청구라는 측면에서는 청구권으로서의 성격을 가지므로 복합적 성격의 권리이다. 알 권리는 읽을 권리, 들을 권리, 볼 권리를 내용으로 한다. 정보를 '주는 쪽'이 아니라 '받는 쪽'의 권리라는 특징도 가진다.

## ▶ 핵심판례

### 憲 1989. 9. 4. -88헌마22 [임야조사서 열람·복사 불응 사건]

[사건의 개요]

청구인은 이 사건 임야와 밭에 대한 소유권을 회복하기 위해 수차례에 걸쳐서 피청구인인 경기도 이천 군수에게 임야와 밭에 대한 구임야대장, 임야조사서, 토지조사부, 지세명기장 등의 열람·복사 신청을 하였으나 피청구인은 그 중 토지조사부와 임야조사서에 대하여서는 그 신청이 정당한 이해관계인에 의하여 제출된 것인지의 여부도 검토하지 아니한 채 아무런 조처도 하지 않는 방법으로 불응하였다. 이에 청구인은 헌법재판소에 이 사건 헌법소원심판을 청구하였다.

[심판의 대상]

청구인의 이 사건 문서들에 대한 열람·복사 신청에 대한 피청구인의 부작위가 있었는지, 또 있었다면 그것이 헌법상 보장된 청구인의 기본권을 침해하였는지의 여부

이 사건에서 헌법재판소는 "1. 피청구인이 청구인으로부터 1988. 3. 22.부터 동년 12.10.경까지의 시간에 수차에 걸쳐 문서 또는 구두로 경기도 이천군 마장면 표교리 산 18 내지 산 21, 산 23, 326의 1 및 129의 2 소재 임야와 전에 대한 임야조사서 또는 토지조사부의 열람·복사 신청이 있었음에도 이에 불응한 부작위는 청구인의 '알 권리'를 침해한 것이므로 위헌임을 확인한다. 2. 청구인의 나머지 청구를 기각한다"라고 결정하고 그 이유를 다음과 같이 설시하였다.

▣ 보충성의 원칙의 예외사유에 해당되는지 여부

청구인의 토지조사부 등에 대한 열람·복사 신청에 대한 피청구인의 대응은 이를 두 가지로 나누어 볼 수 있는데, 하나는 본건 신청에 대하여 적극적으로 이를 거부한 거부처분의 경우이고, 둘은 거부의 의사표시도 하지 않고 방치해 버린 사실상의 부작위의 경우인데 본 건의 경우는 사실상의 부작위의 경우에 해당하는 것으로 보여진다. 행정소송법상 "부작위"라 함은 행정청이 당사자의 신청에 대하여 상당한 기간 내에 일정한 처분을 하여야 할 법률상 의무가 있음에도 불구하고 이를 하지 않은 것을 의미하는 것으로서, 피청구인이 청구인의 문서 열람·복사 신청에 불응한 것이 위 부작위로 되어 행정쟁송의 대상이 되려면 피청구인에게 법률상의 처분의무가 존재하여야 한다. 그런데 공문서의 개시의무에 관한 법률상 명문규

정은 찾아볼 수 없고, 대법원의 판례를 종합해 보면 행정청 내부의 사실행위나 사실상의 부작위에 대하여 일관하여 그 행정처분성을 부인함으로써 이를 행정쟁송 대상에서 제외시켜 왔음을 알 수 있어 본건과 같은 경우도 행정쟁송에서 청구인의 주장이 받아들여질 가능성은 종래의 판례 태도를 변경하지 않는 한 매우 희박함을 짐작하기에 어렵지 않은 것이다. 과연 그렇다면 사실상의 부작위에 대하여 행정소송을 할 수 있는지의 여부를 잠시 접어두고 그에 관한 대법원의 태도가 소극적이고 아울러 학설상으로도 그 가부가 확연하다고 할 수 없는 상황에서 법률의 전문가가 아닌 일반국민에 대하여 전심절차의 예외없는 이행을 요구하는 것이 합당하겠는가의 의문이 생겨나는 것이다. 그러나 헌법소원심판 청구인이 그의 불이익으로 돌릴 수 없는 정당한 이유있는 착오로 전심절차를 밟지 않은 경우 또는 전심절차로 권리가 구제될 가능성이 거의 없거나 권리구제절차가 허용되는지의 여부가 객관적으로 불확실하여 전심절차 이행의 기대가능성이 없을 때에는 그 예외를 인정하는 것이 청구인에게 시간과 노력과 비용의 부담을 지우지 않고 헌법소원심판제도의 창설취지를 살리는 방법이라고 할 것이므로, 본건의 경우는 위의 예외의 경우에 해당하여 적법하다고 할 것이다.

▣ 임야조사서와 토지조사부의 열람·복사 불응행위가 알 권리를 침해하는지 여부

청구인은 피청구인이 이 사건 문서의 열람·복사신청에 불응함은 헌법상 보장된 재산권 침해라고 주장하나, 청구인의 주장은 본건 부동산에 대한 소유권 회복을 위하여 그 준비단계에서 그 입증 자료로 사용하고자 본건 문서의 열람·복사를 허용해 달라는 데 있으므로, 그에 불응하였다고 해서 그로 인해서 청구인의 재산권이 침해당하였다고 보기는 어렵다. 그런데 헌법소원심판이 청구되면 헌법재판소로서는 청구인의 주장에만 얽매이어 판단을 한정할 것이 아니라 가능한 한 모든 범위에서 헌법상의 기본권 침해의 유무를 직권으로 심사하여야 할 것이므로, 청구인이 주장하는 사실관계라면 오히려 헌법상 기본권인 표현의 자유에서 파생된 국가에 대한 정보접근권 즉 이른바 "알 권리"의 침해 여부가 검토되어야 할 것으로 판단된다.

우리나라는 헌법 제21조에 언론출판의 자유 즉 표현의 자유를 규정하고 있는데, 이 자유는 전통적으로는 사상 또는 의견의 자유로운 표명과 그것을 전파할 자유를 의미하는 것으로서, 개인이 인간으로서의 존엄과 가치를 유지하고 행복을 추구하며 국민주권을 실현하는 데 필수불가결한 것으로 오늘날 민주국가에서 국민이 갖는 가장 중요한 기본권의 하나로 인식되고 있는 것이다. 그런데 사상 또는 의견의 자

유로운 표명은 자유로운 의사의 형성을 전제로 하는데, 자유로운 의사의 형성은 충분한 정보에의 접근이 보장됨으로써 비로소 가능한 것이며, 다른 한편으로 자유로운 표명은 자유로운 수용 또는 접수와 불가분의 관계에 있다고 할 것이다. 그러한 의미에서 정보에의 접근·수집·처리의 자유 즉 "알 권리"는 표현의 자유에 당연히 포함되는 것으로 보아야 하는 것이다. 이와 관련하여 인권에 관한 세계선언 제19조는 "모든 사람은 모든 수단에 의하여 국경을 초월하여 정보와 사상을 탐구하거나 입수 또는 전달할 자유를 갖는다"라고 하여 소위 "알 권리"를 명시하고 있는 것이다.

"알 권리"는 민주국가에 있어서 국정의 공개와도 밀접한 관련이 있는데 우리 헌법에 보면 입법의 공개, 재판의 공개에는 각각 제50조 제 1 항과 제109조에서 명문규정을 두고 행정의 공개에 관하여서는 명문규정을 두고 있지 않으나, "알 권리"의 생성기반을 살펴볼 때 이 권리의 핵심은 정부가 보유하고 있는 정보에 대한 국민의 알 권리, 즉 국민의 정부에 대한 일반적 정보공개를 구할 권리인 일종의 청구권적 기본권이라고 할 것이며, 또한 자유민주적 기본질서를 천명하고 있는 헌법 전문과 제 1 조 및 제 4 조의 해석상 당연한 것이라고 봐야 할 것이다. "알 권리"의 법적 성질을 위와 같이 해석한다고 하더라도 헌법 규정만으로 이를 실현할 수 있는가 구체적인 법률의 제정이 없이는 불가능한 것인가에 대하여서는 다시 견해가 갈릴 수 있지만, 본건 서류에 대한 열람·복사 민원의 처리는 법률의 제정이 없더라도 불가능한 것이 아니라 할 것이고, 또 비록 공문서 공개의 원칙보다는 공문서의 관리·통제에 중점을 두고 만들어진 규정이기는 하지만 "정부공문서 규정" 제36조 제 2 항이 미흡하나마 공문서의 공개를 규정하고 있는 터이므로 이 규정을 근거로 해서 국민의 알 권리를 곧바로 실현시키는 것이 가능하다고 보아야 할 것이다.

"알 권리"도 헌법 제21조 제 4 항의 헌법유보와 헌법 제37조 제 2 항의 일반적 법률유보에 의하여 제한될 수 있음은 물론이며, "알 권리"는 아무에게도 달리 보호되고 있는 법익을 침해하는 권리를 부여하는 것은 아니다. 그리하여 여러 가지 특별법에 알 권리를 제한하는 규정을 두고 있으나, 그 제한은 본질적 내용을 침해하지 않은 범위 내에서 최소한도에 그쳐야 할 것이다. 아울러 국가안보, 질서유지, 공공복리 등 개념이 넓은 기준에서 일보 전진하여 구체적 기준을 정립해야 할 것이며, 제한에서 오는 이익과 "알 권리" 침해라는 해악을 비교·형량하여 그 제한의 한계를 설정하여야 할 것이다. 알 권리에 대한 제한의 정도는 청구인에게 이해관계가 있고 공익에 장해가 되지 않는다면 널리 인정해야 할 것으로 생각하며, 적어도 직접의 이해관계가 있는 자에 대하여서는 의무적으로 공개하여야 한다.

본건 토지조사부 등이 비밀 또는 대외비로 분류되어 있다거나 그 공개로 타인의 사생활의 비밀이 침해된다거나 하는 사정을 발견할 수 없고, 아울러 이를 금지해야 할 법령상의 근거도 물론 찾아볼 수 없으므로, 본건 문서 자체에는 공개제한요인이 없음을 알 수 있다. 그럼에도 불구하고, 청구인의 정당한 이해관계가 있는 정부 보유 정보의 개시 요구에 대해 행정청이 아무런 검토없이 불응한 부작위는 헌법 제21조에 규정된 표현의 자유와 자유민주적 기본질서를 천명하고 있는 헌법 전문, 제 1 조, 제 4 조의 해석상 국민의 정부에 대한 일반적 정보 공개를 구할 청구권적 기본권으로서 인정되는 알 권리를 침해한 것이므로 그 행위는 위헌임을 확인한다. 청구인의 구임야대장 및 지세명기장의 복사 또는 열람의 청구는 모두 이유 없으므로 이를 기각한다.

## ▶ 해 설

행정관청의 임야조사서와 토지조사부 열람·복사에 불응한 것에 대해 헌법재판소가 알 권리 침해를 이유로 위헌결정을 내린 사건이다. 이에 대해 최광률 재판관은 반대의견을 통해, 청구인에게는 정부공문서규정 제36조 제 2 항에 의해 임야조사서 및 토지조사부의 열람·복사청구권이 있고 이에 대한 행정청의 부작위는 행정쟁송의 대상이 되므로 헌법소원심판청구의 보충성의 원칙에 대한 예외사유가 될 수 없다는 각하의견을 냈다. 헌법재판소가 알 권리를 비록 직접적 명문규정은 없지만 헌법 제21조에 규정된 표현의 자유의 하나로서 인정하면서, 알 권리는 이를 구체화하는 법률의 제정이 없더라도 헌법 제21조에서 직접 보장된다고 판시하고 있음에 주목할 필요가 있다.

## ▶ 질 문

1. 이 사건 결정에서 헌법재판소는 알 권리의 헌법적 근거를 무엇으로 보고 있는가?
2. 이 사건 결정에서 헌법재판소는 알 권리도 헌법 제21조 제 4 항의 헌법유보와 헌법 제37조 제 2 항의 일반적 법률유보에 의해 제한될 수 있다고 하면서, 그 제한의 한계로 무엇을 이야기하고 있는가?

# 10.

# 제10장 | 사회·경제적 자유

우리 헌법은 인간의 존엄성을 누리며, 행복한 생활을 위해 경제적 생활의 자유를 보장하기 위한 여러 기본권을 마련해 놓고 있다. 우리 헌법 제14조의 거주이전의 자유와 제15조의 직업선택의 자유, 제23조의 재산권의 보장이 그것이다.

정신적 자유권 및 신체의 자유와 함께 경제적 자유는 인권보장의 중핵을 이루는 자유로서 근대헌법에 명문화되었다. 이 헌법은 19세기에 자본주의경제의 급속한 발전을 지지하면서 자유방임의 경제체제와, 소유권을 재산권으로 보장하였다. 그러나 이러한 자본주의의 고도성장은 빈부의 확대, 경제적 약자의 증대 등 사회구조에서 여러 모순이 발생하고, 이에 대응으로서 헌법은 경제적 자유에 대한 제약의 조항을 규정하기에 이른다. 즉 경제적 자유의 보장에는 인권으로서 당연히 내재하는 제약으로서 경제적 약자의 보호의 문제가 항상 연결되어 있는 것이다. 경제적 자유와 사회국가의 실현의 양자의 균형이 중요하다고 본다.

# Ⅰ. 거주·이전의 자유

제14조 모든 국민은 거주 · 이전의 자유를 가진다.

거주 · 이전의 자유란 국민이 국가의 간섭을 받지 않고 자기가 원하는 장소에 주소나 거소를 설정하고, 체류지와 거주지를 자유롭게 정하고, 그 의사에 반하여 체류나 거주의 장소를 이전하지 아니할 자유를 의미한다. 시민혁명으로 형성된 입헌주의 시대에 들어서 거주 · 이전의 자유는 경제적 자유의 성장으로 인해 당연한 것으로 여겨졌다.

거주 · 이전의 자유는 재화의 자유로운 이동과 관련된 경제적 자유로서의 성격을 가지고 있지만, 그 밖에 정치적 의사표현으로서의 이주의 자유 및 행복추구권의 실현과도 연결된다. 또한 이 자유는 오늘날 정치적 활동을 위한 기회를 제공하는 면이 있어 정치적 자유와도 관련된다.

## 1. 국내이전의 자유

### ▶ 개 요

국내에서의 거주 · 이전의 자유는 국내에서 자유로이 거소 및 주소를 설정하고, 마음대로 이동할 수 있는 자유를 말한다. 모든 국민은 대학민국의 영토 안에서 자유롭게 거소와 주소를 설정하고, 변경할 수 있다. 그러나 통치권이 미치지 않는 북한지역에로의 거주 · 이전은 인정되지 않는다. 국내에서의 거주 · 이전의 자유는 또한 단순한 휴양이나 관광의 자유를 포함하지만, 청소년들의 국내에서의 거주 · 이전의 자유는 부모의 거소지정권에 의해 제한된다.

국내에서의 거주 · 이전의 자유는 소극적 자유인 이주하지 않을 자유도 포함된다. 따라서 법률적 근거와 헌법적 한계를 넘는 강제이주나 주거의 강제지정은 거주 · 이전의 자유를 침해하게 된다. 그러나 법적 근거가 명확하고 과잉금지원칙을 위반하지 않는 경우(민법 第826조 제1항의 부부의 동거의무)는 거주 · 이전의 자유를 침해하지 않는다.

## ▶ 핵심판례

### 憲 1996. 3. 28.-94헌바42 [대도시 지역 등록세 중과세 사건]

[사건의 개요]

청구인은 전자제품판매업을 목적으로 하여 설립된 법인이다. 청구인은 서울 관악구 신림동 소재 대지를 취득하여 그 지상에 2층 근린생활시설을 신축하고, 그에 대한 청구인 명의의 소유권보존등기를 경료하였다. 서울 관악구청장은 청구인의 위 신축건물과 부속토지에 대하여 법인이 그 설립 이후에 대도시 내에서 하는 부동산등기에 대하여는 통상세율의 5배에 해당하는 등록세를 중과할 수 있도록 규정하고 있는 구 지방세법 제138조 제1항 제3호의 규정에 따라 등록세 금 45,870,540원과 교육세 금 8,409,590원 및 취득세 금 6,484,770원을 부과하였다.

청구인은 서울고등법원에 서울 관악구청장을 상대로 위 등록세등부과처분의 취소를 구하는 행정소송을 제기하고 그 소송중인 같은 법원에 위 등록세등부과처분의 근거가 된 법 제138조 제1항 제3호 및 같은항 단서가 헌법의 기본권을 침해하고 포괄적 위임입법금지의 원칙에 위반되는 위헌규정이라고 주장하여 그에 대한 위헌심판제청신청을 하였으나, 위 위헌심판제청신청이 기각되자, 헌법소원심판청구를 하였다.

[심판의 대상]

**구 지방세법** 제138조(대도시지역 내 법인등기등의 중과) ① 다음 각 호의 1에 해당하는 등기를 하는 때에는 그 세율을 제131조 및 제137조에 규정한 당해세율의 5배로 한다. 다만, 대통령령이 정하는 업종에 대하여는 그러하지 아니하다.

1. 2. (생략)

3. 대도시 내에서의 법인의 설립과 지점 또는 분사무소의 설치 및 대도시 내로의 법인의 본점·주사무소·지점 또는 분사무소의 전입에 따른 부동산등기와 그 설립·설치·전입 이후의 부동산등기.

이 사건에서 헌법재판소는 "구 지방세법(법률 제3878호, 1993. 12. 27. 법률 제4611호로 개정되기 전의 것) 제138조 제1항 제3호 및 같은항 단서는 헌법에 위반되지 아니한다"고 결정하고, 이유를 다음과 같이 설시하였다.

■ 평등권의 침해 여부

헌법 제11조 제1항이 천명하고 있는 평등의 원칙은 국민에 대한 절대적·산술적 평등을 보장함을 의미하는 것이 아니라 차별할 합리적인 이유가 없는 경우에 차별하는 것을 금지하는 것을 의미하므로 위와 같은 부동산등기등록세율의 불균형이 과연 합리적 이유가 없는 차별적 취급인지의 여부를 본다.

살피건대 위 조항은 부동산등기등록세의 중과를 통하여 인구와 경제력의 대도시 집중을 억제함으로써 대도시 주민의 생활환경을 보존·개선함과 동시에 지역간의 균형발전 내지는 지역경제의 활성화를 도모하는데 궁극의 목적이 있다고 보여진다.

그런데 일반적으로 법인은 조직과 규모에 있어 강한 확장성을 가지고 활동의 영역과 효과가 넓고 다양하므로 그러한 법인이 대도시 내에서 부동산을 취득하고 그에 터잡은 활동을 할 경우에는 인구와 경제력의 집중효과가 자연인의 경우에 비하여 훨씬 더 강하게 나타날 것이고 동시에 대도시가 가지는 고도의 집적의 이익을 향유함으로써 대도시 외의 법인에 비하여 훨씬 더 큰 활동상의 편의와 경제적 이득을 얻을 수 있게 될 것이다.

그러므로 위 조항이 법인이 대도시 내에서 하는 부동산등기에 대하여, 인구와 경제력의 집중효과가 낮은 자연인이나 직접적으로는 인구와 경제력의 대도시 집중효과를 초래하지 아니하고 대도시가 가지는 집적의 이익을 누리지도 못하는 대도시 외의 법인이 하는 부동산등기에 비하여 상대적으로 높은 세율의 등록세를 부과하도록 하고 있는 것에는 합리적 이유가 충분하다고 할 것이고 그로써 헌법상 보장된 청구인의 평등권이 침해되었다거나 조세평등주의 내지는 실질과세의 원칙에 반한다고 할 수 없다.

▣ 직업수행 및 거주·이전의 자유의 본질적 내용의 침해 여부

위 조항은 대도시 내에서의 법인의 설립 등 행위를 직접적으로 제한하는 내용의 규정이라고 볼 수 없고, 다만 법인이 대도시 내에서 설립 등의 목적을 위하여 취득하는 부동산등기에 대하여 통상보다 높은 세율의 등록세를 부과함으로써 대도시 내에서의 법인의 설립 등 행위가 억제될 것을 기대하는 범위 내에서 사실상 법인의 그러한 행위의 자유가 간접적으로 제한되는 측면이 있을 뿐이다.

따라서 어떠한 법인이라도 위 조항이 정하는 중과세의 부담을 감수하기만 한다면 자유롭게 대도시 내에서 설립 등 행위를 할 수 있고 또한 그에 필요한 부동산등기도 할 수 있는 것이므로, 위 조항이 법인의 대도시 내 부동산등기에 대하여 통상세율의 5배를 규정하고 있다 하더라도 그것이 대도시 내에서 업무용 부동산을 취득할 정도의 재정능력을 갖춘 법인의 담세능력을 일반적으로 또는 절대적으로 초과하는 것이어서 그 때문에 법인이 대도시 내에서 향유하여야 할 직업수행의 자유나 거주·이전의 자유가 형해화할 정도에 이르러 그 본질적인 내용이 침해되었다고 볼

수 없다.

▣ 과잉금지의 원칙의 위배 여부

▪ 위 조항은 단순히 지방자치단체의 재원조달이라는 목적을 넘어서 인구와 경제력의 대도시 집중을 억제함으로써 대도시주민의 생활환경을 보존·개선하고 지역간의 균형발전 내지는 지역경제를 활성화하려는 복지국가적 정책목표에 이바지하는 규정이므로 그 목적의 정당성이 인정된다.

▪ 위 조항은 위와 같은 목적달성을 위하여 인구와 경제력집중의 효과가 큰 법인의 대도시 내 활동을 직접 제한하지 아니하고 법인이 대도시 내에서 그 설립 등을 위하여 하는 부동산등기에 대하여 통상보다 높은 세율의 등록세를 부과함으로써 간접적으로 이를 억제하려는 방법을 선택하고 있고, 중과세의 필요성이 인정되는 경우 그 정도를 어느 정도로 할 것인가는 결국 법인의 담세능력과 중과세에 대한 국가적·사회적 요청의 강도를 비교교량하여 결정되어야 할 것이며, 위 조항이 정한 중과세가 대도시 내에 위치한 고가의 부동산을 취득할 정도의 재정능력을 갖춘 법인에 대한 것이라는 점에 비추어 볼 때, 그 정도가 통상세율의 5배라고 하여 반드시 그 목적달성에 필요한 정도를 넘는 자의적인 세율의 설정이라고 볼 수도 없으므로 그 수단의 상당성과 침해의 최소성도 충족되어 있다.

▪ 현대 산업사회에 있어서 대도시 주민의 생활환경을 보호하고 지역간의 균형있는 발전을 도모하는 것은 전체 국가사회의 긴요한 공익적 요청이라고 할 것이므로 이를 위하여 인구와 경제력의 대도시 집중이라는 강한 역효과가 예상되는 법인의 대도시 내 부동산취득에 대하여 통상보다 높은 세율의 등록세를 부과하였다고 하여 위 조항에 의하여 보호되는 공익과 제한되는 기본권 사이에 현저한 불균형이 있다고 볼 수 없으므로 법익의 균형성을 갖추었다.

그러므로 위 조항의 규정내용은 기본권제한입법의 한계로서 기능하는 과잉금지의 원칙에 반하지 아니한다.

## ▶ 해 설

### 지방자치단체장 피선거권의 자격요건으로서의 90일 이상의 거주

국내이전의 자유와 관련하여 지방자치단체장 피선거권의 자격요건의 제한에 대한 다음과 같은 사례가 있다. 이 사건(憲 1996. 6. 26.-96헌마200)은 지방자치단체장의 피선거권 자격요건으로서 90일 이상 관할구역 내에 주민등록이 되어 있을 것을 요구하는 공직선거(公職選擧)및선거부정방지법(選擧不正防止法) 제16조 제 3 항의 위헌 여부이다. 이에 대해 헌법재판소는 합헌결정을 내리며, "직업에 관한 규정이나 공직취임의 자격에 관한 제한규정이 그 직업 또는 공직을 선택하거나 행사하려는 자의 거주·이전의 자유를 간접적으로 어렵게 하거나 불가능하게 하거나 원하지 않는 지역으로 이주할 것을 강요하게 될 수 있다 하더라도, 그와 같은 조치가 특정한 직업 내지 공직의 선택 또는 행사에 있어서의 필요와 관련되어 있는 것인 한, 그러한 조치에 의하여 직업의 자유 내지 공무담임권이 제한될 수는 있어도 거주·이전의 자유가 제한되었다고 볼 수는 없다"라는 내용의 판시를 하였다.

### 한약업사 영업지 제한 사건

국내이전의 자유에 대한 제한으로 한약업사 영업지에 대한 규제의 위헌 여부에 대해 다음과 같은 사건이 있다. 이 사건(憲 1991. 9. 16.-89헌마23)은 "한약업사는 보건사회부령이 정하는 지역에 한하여 대통령령이 정하는 한약업사시험에 합격한 자에게 허가한다"는 약사법 제37조 제 2 항의 위헌 여부에 관한 것이다. 이에 대해 헌법재판소는 "한약업사의 경우에는 시험을 공고할 때 영업허가 예정지역과 그 허가 예정인원을 공고하고, 그 시험에 응시하고자 하는 자는 응시원서에 영업예정지 및 약도를 첨부하도록 하고 있으며, 미리 공고한 영업허가예정지별로 허가 예정 인원수를 합격시키고 있어 한약업사는 처음부터 지역적 제한과 인원제한이 있음을 전제로 시험을 치르고 영업허가도 받게 되고, 현행 약사법체계상 한약업사의 지위는 약사가 없는 제한된 지역에서 약사업무의 일부를 수행하는 보충적인 직종에 속하는 것으로 보이고, 이와는 달리 의약품 가운데에서 한약만을 독자적으로 분류하여 그 조제·판매권을 한약업사에게 전속적·배타적으로 부여하고 있는 규정은 찾아볼 수 없으므로 한약업사가 영업지 제한의 규제를 받는 것이 그의 거주이전의 자유 또는 직업선택의 자유를 제한하는 것이거나 평등의 원칙에 위배된다고 할 수 없다"는 내용의 결정을 하였다.

## ▶ 질 문

1. "보안관찰 해당범죄를 다시 범할 위험성이 있다고 인정할 충분한 이유"가 있는 경우 보안관찰처분을 하는 보안관찰법 제 4 조의 규정은 위헌인가?
2. 헌법상 대한민국의 영토인 북한지역에 잠입하고 탈출한 경우를 처벌하는 것은 헌법의 거주·이전의 자유를 침해하는가?

## 2. 해외여행 및 해외이전의 자유

### ▶ 개 요

거주 · 이전의 자유는 해외여행, 출국의 자유(입국의 자유) 및 해외이전(국외이주)의 자유를 포함한다. 해외여행의 자유는 출국의 자유를 전제로 하고, 대한민국의 통치권이 미치지 않는 곳으로 여행할 수 있는 자유를 말한다. 해외이전의 자유는 대한민국의 통치권이 미치지 않는 곳에 영주하거나 장기간에 걸쳐 거주하는 것을 말한다. 그런데 통치권은 한 국가의 영역 내에 미치는 것이 원칙이므로 그 국가를 떠난 국민이 외국에서 하는 거주이전의 내용은 외국의 국내법과 국제법에 의해 우선적으로 규율된다.

### ▶ 핵심판례

憲 2004. 10. 28.-2003헌가18 [출국금지 사건]

[사건의 개요]

제청신청인은 관세법위반죄 등으로 기소되어, 서울지방법원에서 징역 1년 6월에 집행유예 3년, 추징금을 선고받고, 서울고등법원에서 형의 선고유예 및 추징금을 선고받았으며, 대법원에서 상고기각되어 위 항소심 판결이 확정되었다. 법무부장관은 제청신청인이 추징금을 납부하지 않았다는 이유로 출입국관리법 제 4 조 제 1 항 제 4 호에 근거하여 출국을 금지하는 처분을 하였다. 제청신청인은 서울행정법원 2003구합24144호로 이 사건 처분의 취소를 구하는 소송을 제기하는 한편 이 사건 위헌법률심판 제청신청을 하였다. 서울행정법원은 제청신청인의 위헌법률심판 제청신청이 이유 있다고 이를 받아들여 이 사건 위헌법률심판 제청결정을 하였다.

[심판의 대상]

이 사건 심판의 대상은 출입국관리법 제 4 조(출국의 금지) 제 1 항 제 4 호 "법무부령이 정하는 금액 이상의 벌금 또는 추징금을 납부하지 아니한 자" 중 추징금 부분이다.

이 사건에서 헌법재판소는 "출입국관리법(2001. 12. 29. 법률 제6540호로 개정된 것) 제 4 조 제 1 항 제 4 호 중 추징금 부분은 헌법에 위반되지 아니한다"고 결정하고, 이유를 다음과 같이 설시하였다.

▣ 심판대상 법조항에 의해 제한되는 기본권과 그 제한목적의 정당성

우리 헌법 제14조는 '모든 국민은 거주·이전의 자유를 가진다'고 규정하고 있다. 거주·이전의 자유는 국가의 간섭없이 자유롭게 거주와 체류지를 정할 수 있는 자유로서 정치·경제·사회·문화 등 모든 생활영역에서 개성신장을 촉진함으로써 헌법상 보장되고 있는 다른 기본권들의 실효성을 증대시켜 주는 기능을 한다. 구체적으로는 국내에서 체류지와 거주지를 자유롭게 정할 수 있는 자유영역뿐 아니라 나아가 국외에서 체류지와 거주지를 자유롭게 정할 수 있는 '해외여행 및 해외이주의 자유'를 포함하고 덧붙여 대한민국의 국적을 이탈할 수 있는 '국적변경의 자유' 등도 그 내용에 포섭된다고 보아야 한다. 따라서 해외여행 및 해외이주의 자유는 필연적으로 외국에서 체류 또는 거주하기 위해서 대한민국을 떠날 수 있는 '출국의 자유'와 외국체류 또는 거주를 중단하고 다시 대한민국으로 돌아올 수 있는 '입국의 자유'를 포함한다.

심판대상 법조항은 일정금액 이상의 추징금을 납부하지 아니한 자에게 법무부장관이 출국을 금지할 수 있도록 함으로써 헌법 제14조상의 거주·이전의 자유 중 출국의 자유를 제한하고 있다.

그러나 이 법조항은 추징금을 미납한 국민이 출국을 이용하여 재산을 해외로 도피하는 방법으로 강제집행을 곤란하게 하는 것을 방지함으로써 추징금에 관한 국가의 형벌권을 실현하고자 하는 것에 그 목적이 있으므로 그 정당성은 인정된다고 할 것이다.

▣ 과잉금지원칙의 위배 여부

■ 방법의 적절성

국가가 고액의 추징금미납자에게 출국금지처분을 하는 것은 적어도 국가가 추징금에 관한 형벌권을 실현하는 목적을 달성하는데 적합한 하나의 수단이 될 수 있다.

■ 피해의 최소성

출국금지의 대상이 되는 추징금은 2,000만원 이상으로 규정하여 비교적 고액의 추징금 미납자에 대하여서만 출국의 자유를 제한할 수 있도록 하고 있으며 실무상 추징금 미납을 이유로 출국금지처분을 함에 있어서는 재산의 해외도피 우려를 중요한 기준으로 삼고 있다. 구체적으로 법무부령인 출국금지업무처리규칙 제2조 제1항도 추징금 미납자에 대한 출국금지는 필요한 최소한의 범위에서 행한다고 규정하고 있고, 단순히 공무수행의 편의나 형벌 또는 행정벌을 받은 자에 대한 행

정제재의 목적으로 할 수는 없으며(동 규칙 제2조 제2항), 출국금지는 유효한 여권을 소지한 자에 대하여 가능하고(동 규칙 제2조 제3항), 출국금지 여부를 심사·결정함에 있어서는 위와 같은 출국금지업무처리규칙 제2조에 규정된 기본원칙, 출국금지대상자의 성별·연령·학력·성행 및 범죄사실, 출국금지대상자의 가족관계 및 사회적 신분, 출국금지대상자의 해외도피가능성 유무 등을 반드시 참작하도록 하고 있다(동 규칙 제10조). 특히 출국금지요청서에는 출국금지를 요청하는 소명자료를 첨부하도록 하면서(동 규칙 제5조 제2항), 미납자가 재산의 해외도피 목적으로 국외도주할 우려가 있다고 인정할 수 있는 자료, 가족 등의 국외이주 또는 장기국외체류사실 입증자료, 재산의 해외도피 목적으로 국외도주할 우려가 있음을 구체적으로 적시한 관계공무원의 조사보고서 등을 제출토록 하고, 출국금지심의위원회에서 제출된 자료를 검토하여 출국금지여부를 결정하고 있다. 이와 같이 이 사건 법률조항은 출입국관리법시행령과 출국금지업무처리규칙의 관련 조항들과 유기적으로 결합하여 살피면 일정한 액수의 추징금 미납사실 외에 '재산의 해외도피 우려'라는 국가형벌권실현의 목적에 부합하는 요건을 추가적으로 요구함으로써 출국과 관련된 기본권의 제한을 최소한에 그치도록 배려하고 있다고 할 것이다.

■ 법익의 균형성

나아가 추징금을 납부하지 않는 자에 대한 출국금지로 국가형벌권 실현을 확보하고자 하는 국가의 이익은 형벌집행을 회피하고 재산을 국외로 도피시키려는 자가 받게 되는 출국금지의 불이익에 비하여 현저히 크다 하지 않을 수 없다. 이처럼 고액 추징금미납자에게 하는 출국금지조치는 정당한 목적실현을 위해 상당한 비례관계가 유지되는 합헌적 근거 법조항에 따라 시행되는 제도라 할 것이다.

## ▶ 해 설

### 해외체재자의 병역의무면제시점

해외이전의 자유의 제한과 관련된 이 사건(憲 2004. 11. 25.-2004헌바15)은 통상 31세가 되면 입영의무 등이 감면되나 해외체재를 이유로 병역연기를 한 사람에게는 36세가 되어야 이에 해당되도록 한 구 병역법 제71조 제1항 단서 제6호가 거주이전의 자유를 제한하는지 여부에 관한 것이다. 이에 대해 헌법재판소는 합헌결정을 내리면서 청구인은 자유롭게 해외에 거주하거나 해외로 이전할 수 있는바, 거주이전의 자유의 보호범위를 '거주이전을 이유로 국방의 의무를 면할 수 있는 혜택의 시기가 다른 사람보다도 늦어지지 않을 것'까지 포함하는 것으로 볼 수 없으므로, 해외에 체재한 사실 때문에 입영의무 등 감면연령이 31세부터가 아닌 36세부터 적용된다고 해서 이를 거주 · 이전의 자유의 제한이라고 할 수 없다고 판시하였다.

#### 해외 위난지역에서의 여권사용제한 등

해외여행의 자유의 제한과 관련된 이 사건(憲 2008. 6. 26.-2007헌마1366)은 외교통상부가 해외 위난지역에서의 국민을 보호하고자 특정 해외 위난지역에서의 여권사용, 방문 또는 체류를 금지한 고시가 거주 · 이전의 자유를 침해하는지의 여부에 관한 것이다. 헌법재판소는 합헌결정을 하면서 이 사건 고시는 국민의 생명 · 신체 및 재산을 보호하기 위한 것으로 그 목적의 정당성과 수단의 적절성이 인정되며, 대상지역을 당시 전쟁이 계속 중이던 이라크와 소말리아, 그리고 실제로 한국인에 대한 테러 가능성이 높았던 아프가니스탄 등 3곳으로 한정하고, 그 기간도 1년으로 하여 그다지 장기간으로 볼 수 없을 뿐 아니라, 부득이한 경우 예외적으로 외교통상부장관의 허가를 받아 여권의 사용 및 방문 · 체류가 가능하도록 함으로써 국민의 거주 · 이전의 자유에 대한 제한을 최소화하고 법익의 균형성도 갖추었다고 판시하였다.

### ▶ 질 문

1. 출입국관리법 제 4 조 제 1 항 제 6 호 "대한민국의 이익이나 공공의 안전 또는 경제질서를 해할 우려가 있어 그 출국이 부적당하다고 법무부령이 정하는 자"의 규정은 지나치게 추상적이어서 위헌인가?
2. 여권법상의 여권발급제한에 대한 헌법심사의 척도는 어떠해야 하는가?

## 3. 국적이탈의 자유

### ▶ 개 요

국적이탈의 자유란 한국 국적을 이탈하고 외국에 귀화하여 외국국적을 취득할 수 있는 자유를 말한다. 세계인권선언 제15조 제 2 항에도 규정되어 있다. 그러나 국적이탈의 자유에서 무국적의 자유가 인정되는 것은 아니다. 무국적자는 최종적으로 보호할 국가가 존재하지 않게 되고, 또한 무국적자를 인정하게 되면 국가가 구성원을 잃는 경우가 발생하므로 인정되기 어렵다.

## 핵심판례

### 憲 2006. 11. 30.-2005헌마739 [국적이탈 사건]

[사건의 개요]

청구인은 이중국적자로서 병역법상 제1국민역에 편입되었다. 국회는 병역을 기피할 목적으로 원정출산 등 편법적인 방법으로 자녀에게 외국 국적을 취득시키는 것을 방지하기 위하여 직계존속이 외국에서 영주할 목적 없이 체류한 상태에서 출생하여 이중국적자가 된 자는 소정의 병역의무를 마친 후에만 비로소 국적이탈신고를 할 수 있도록 하는 등의 내용으로 국적법 제12조 제1항 단서 · 제3항, 제14조 제1항 단서를 개정하고, 위 개정규정들은 개정법 시행 후 최초로 국적이탈신고를 하는 사람부터 적용하도록 하였다. 이에 청구인은 위 국적법 개정조항들로 인하여 병역의무 이행을 하지 않고서는 자유롭게 국적을 이탈할 수 없게 되어 기본권을 침해받았다고 주장하면서 헌법소원심판을 청구하였다.

[심판의 대상]

국적법 제12조 제1항 단서 · 제3항, 제14조 제1항 단서, 부칙 제2항이다.

**국적법** 제12조(이중국적자의 국적선택의무) ① 출생 기타 이 법의 규정에 의하여 만 20세가 되기 전에 대한민국의 국적과 외국 국적을 함께 가지게 된 자(이하 "이중국적자"라 한다)는 만 22세가 되기 전까지, 만 20세가 된 후에 이중국적자가 된 자는 그 때부터 2년 내에 제13조 및 제14조의 규정에 의하여 하나의 국적을 선택하여야 한다. 다만, 병역법 제8조의 규정에 따라 제1국민역에 편입된 자는 편입된 때부터 3월 이내에, 제3항 각 호의 어느 하나에 해당하는 때부터 2년 이내에 하나의 국적을 선택하여야 한다.

③ 직계존속이 외국에서 영주할 목적 없이 체류한 상태에서 출생한 자는 병역의무의 이행과 관련하여 다음 각 호의 어느 하나에 해당하는 때에 한하여 제14조의 규정에 따른 국적이탈신고를 할 수 있다.

1. 현역 · 상근예비역 또는 보충역으로 복무를 마치거나 마친 것으로 보는 때
2. 병역면제처분을 받은 때
3. 제2국민역에 편입된 때

제14조(대한민국 국적의 이탈절차) ① 이중국적자로서 외국 국적을 선택하고자 하는 자는 제12조 제1항에 규정된 기간 내에 법무부장관에게 대한민국의 국적을 이탈한다는 뜻을 신고할 수 있다. 다만, 동조 동항 단서 또는 동조 제3항에 규정된 자는 그 기간 이내에 또는 해당 사유가 발생한 때부터 신고할 수 있다.

② 제1항의 규정에 의하여 국적이탈의 신고를 한 자는 그 신고를 한 때에 대한민국의 국적을 상실한다.

③ 제1항의 규정에 의한 신고절차 기타 필요한 사항은 대통령령으로 정한다.

부칙 ② (이중국적자의 국적이탈신고에 관한 적용례) 제12조 제1항 단서 · 제3항 및 제14조 제1항 단서의 개정규정은 이 법 시행 후 최초로 국적이탈신고를 하는 사람부터 적용

한다.

이 사건에서 헌법재판소는 "국적법(2005. 5. 24. 법률 제7499호로 개정된 것) 제12조 제1항 단서, 제14조 제1항 단서 중 제12조 제1항 단서에 관한 부분, 부칙 제2항 중 앞의 법률조항들에 관한 부분에 대한 심판청구를 기각한다"고 결정하고, 이유를 다음과 같이 설시하였다.

▣ 이중국적자에 대한 병역부과와 병역면탈 차단의 필요성

법 제12조 제1항 단서 및 그에 관한 제14조 제1항 단서는 이중국적자라 하더라도 대한민국 국민인 이상 병역의무를 이행하여야 한다는 것을 원칙적인 전제로 하여, 이중국적자로서 구체적인 병역의무 발생(제1국민역 편입)시부터 일정기간(3월) 내에 한국 국적을 이탈함으로써 한국의 병역의무를 면하는 것은 허용하되, 위 기간 내에 국적이탈을 하지 않은 이중국적자는 병역문제를 해소하지 않는 한 한국국적을 이탈하지 못하게 함으로써 국적선택제도를 통하여 병역의무를 면탈하지 못하게 하려는 데에 그 입법취지가 있다. 이중국적자가 국적이탈을 통해 병역회피하는 것을 방치하면 다음과 같은 폐해가 발생하거나 발생할 우려가 높다.

첫째, 병역자원의 일정한 손실을 초래한다. 병역자원의 유지는 국방이라는 헌법적 가치를 수호하기 위한 중요한 요소임에 틀림없고, 이중국적자의 수도 적지 않은데 남자인 이중국적자의 상당수는 국적선택제도를 통하여 병역을 회피할 수 있게 된다.

둘째, 국민개병주의를 규정한 헌법 제39조, 평등의 원칙을 규정한 헌법 제11조에서 나오는 병역부담평등의 원칙은 헌법적 요청일 뿐만 아니라, 우리나라에서 그것은 다른 어느 사회와도 비교할 수 없을 정도로 강력하고도 절대적인 사회적 요구이다. 이중국적자가 생활의 근거를 한국에 두면서 한국인으로서 누릴 각종 혜택을 누리다가 정작 국민으로서 의무를 다해야 할 때에는 한국 국적을 버리는 기회주의적 행태가 허용된다면 병역부담평등의 원칙은 심각하게 훼손된다. 특히 이중국적자들은 사회지도층이나 부유층 인사들의 자녀가 많아서 이들의 기회주의적 병역면탈을 일정하게나마 규제하지 않는다면 병역정의에 대한 일반국민의 불신은 커지고, 병역부담에 관한 국민적 일체감이 저해되어 국방이라는 국민의 총체적 역량에 손상을 미치게 된다.

■ 국적이탈의 자유에 대한 과잉규제인지 여부

법 제12조 제1항 단서 및 그에 관한 제14조 제1항 단서에 의하더라도 국적선택의 자유가 완전히 박탈되는 것이 아니라 부분적인 제한을 받을 뿐이다. 18세가 되어 제1국민역에 편입된 때부터 3월이 지나기 전이라면 자유롭게 국적을 이탈할 수 있고, 그 이후부터 입영의무 등이 해소되는 시점(36세)까지만 국적이탈이 금지되므로 일정한 시기적인 제약을 받을 뿐이다. 제1국민역에 편입된 때부터 3월이 지났더라도 병역의무를 이행하거나 면제받는 등으로 병역문제를 해소한 때에는 역시 자유롭게 국적을 이탈할 수 있음은 물론이다. 다만, 주된 생활의 근거를 외국에 두고 있는 이중국적자에 대해서는 그 정도의 국적이탈의 제한조차 부당한 것이라는 의문이 제기될 여지가 있다. 그러나 병역법에 의하면 국외에 체재 또는 거주하고 있는 사람은 징병검사나 징집·소집을 연기할 수 있다. 따라서 상주거소를 외국에 두고 있는 이중국적자는 징병검사 또는 징집의 연기를 통하여 36세에 이르러 징병검사 또는 입영의무를 면제받을 수 있고, 이를 통하여 사실상 병역의무를 면할 수 있다. 법 제12조 제1항 단서 및 그에 관한 제14조 제1항 단서에 따라 적극적으로 국적이탈을 함으로써 병역의무를 조기에 해소할 수도 있고, 소극적인 방법으로 병역의 문제를 자연스럽게 해결할 수도 있다. 그렇다면 주된 생활의 근거를 외국에 두고 있는 이중국적자들에 대하여 위 법률조항들의 적용을 명시적으로 배제하는 규정을 두지 않았다 하더라도 그 점만으로 이들의 국적이탈의 자유를 침해하는 것이라 할 수 없다.

## ▶ 해　설

### 국적선택권이 자연권인지 여부

국적이탈의 자유가 인정된다면, 이탈 이후에 어느 국가의 국적을 취득하느냐의 문제가 실정법상의 권리인가 자연권인가의 문제가 대두될 수 있다. 우리 헌법재판소는 다음과 같은 이유로 자연권이 아니라는 입장을 취하고 있다(憲 2006. 3. 30.-2003헌마806).

「근대국가 성립 이전의 영민(領民)은 토지에 종속되어 영주(領主)의 소유물과 같은 처우를 받았다. 근대국가에서도 개인은 출생지 또는 혈통에 기속되고 충성의무를 강요당하는 지위에 있었으므로 국적선택권이 인정될 여지가 없었다. 그러나 천부인권(天賦人權) 사상은 국민주권을 기반으로 하는 자유민주주의 헌법을 낳았고 이 헌법은 인간의 존엄과 가치를 존중하므로, 개인은 자신의 운명에 지대한 영향을 미치는 정치적 공동체인 국가를 선택할 수 있는 권리, 즉 국적선택권을 기본권으로 인식하기에 이르렀다. 세계인권선언(1948. 12. 10.)이 제15조에서 "① 사람은 누구를 막론하고 국적을 가질 권리를 가진다. ② 누구를 막론하고 불법하게 그 국적을 박탈당하지 아니하여야 하며 그 국적변경의 권리가 거부되어서는 아니 된다"는 규정을 둔 것은 이를 뒷받침하는 좋은 예다. 그러나 개인의 국적선택에 대하여는 나라마다 그들의 국내법에서 많은 제약을 두고 있는 것이 현실이므로, 국적은 아직도 자유롭게 선택할 수 있는 권리에는 이르지 못하였다고 할 것이다 그러므로 "이중국적자의 국적선택권"이라는 개념은 별론으로 하더라도, 일반적으로 외국인인 개인이 특정한 국가의 국적을 선택할 권리가 자연권으로서 또는 우리 헌법상 당연히 인정된다고는 할 수 없다고 할 것이다.」

### ▶ 질 문

1. 무국적의 자유가 인정되지 않는 이유는 무엇인가?
2. 병역의 의무이행과 국적이탈의 자유를 조화시킬 수 있는 방법은 무엇인가?

## Ⅱ. 직업의 자유

제15조 모든 국민은 직업선택의 자유를 가진다.

직업의 자유, 교육권, 근로의 권리, 노동 3 권, 그리고 경제에 관한 헌법 제 9 장은 직업생활, 노동생활 및 직업교육을 비롯한 경제생활을 그 규율대상으로 삼고 있다. 특히 헌법 제15조의 직업의 자유의 기본권은 개인의 삶의 수요를 충족하고 동시에 자신의 인격을 발현하기 위해 수행되는 경제활동과 관련한 국민의 자유와 창의를 보호한다.

헌법 제15조에 의한 직업선택의 자유는 자신이 원하는 직업 내지 직종을 자유롭게 선택하는 직업선택의 자유와 그가 선택한 직업을 자기가 결정한 방식으로 자유롭게 수행할 수 있는 직업수행의 자유를 포함하는 개념이다. 직업의 선택 혹은 수행의 자유는 각자의 생활의 기본적 수요를 충족시키는 방편이 되고, 또한 개성신장의 바탕이 된다는 점에서 주관적 공권의 성격이 두드러진 것이기는 하나, 다른 한편으로는 국민 개개인이 선택한 직업의 수행에 의하여 국가의 사회질서와 경제질서가 형성된다는 점에서 사회적 시장경제질서라고 하는 객관적 법질서의 구성요소이기도 하다.

따라서 각 개인이 향유하는 직업에 대한 선택 및 수행의 자유는 공동체의 경제사회질서에 직접적인 영향을 미치는 것이기 때문에 공동체의 동화적 통합을 촉진시키기 위하여 필요불가결한 경우에는 헌법 제37조 제 2 항 전문규정에 따라 이에 대하여 제한을 가할 수 있다. 즉, 국가의 안전보장·질서유지 또는 공공복리를 위한 목적의 정당성이 인정되는 경우에는 그러한 목적을 달성하는데 필요한 범위 내에서 법률로서 국민의 기본권을 제한할 수 있다. 그러나 그 제한의 방법이 합리적이어야 함은 물론 과잉금지의 원칙에 위배되거나 제한의 한계규정인 헌법 제37조 제 2 항 후문의 규정에 따라 직업선택의 자유의 본질적인 내용을 침해하는 것이어서는 아니 된다.

## 1. 직업의 자유의 의의와 보호영역

### ▶ 개　　요

직업은 인간이 삶을 영위함에 있어 필요한 경제적인 수요를 충족시키기 위해 소득을 얻는 수단으로서 중요한 의미를 가질뿐 아니라 사회적으로 활동을 함에 있어서 자기의 소망과 인격을 실현하는 수단으로서도 중요하다. 헌법이 보장하는 직업의 자유로서 보장되는 직업이기 위해서는 생활수단성, 계속성, 공공무해성을 갖추어야 한다. 직업의 개념표지들은 개방적 성질을 지녀 엄격하게 해석할 필요는 없는바, '계속성'과 관련하여서는 주관적으로 활동의 주체가 어느 정도 계속적으로 해당 소득활동을 영위할 의사가 있고, 객관적으로도 그러한 활동이 계속성을 띨 수 있으면 족하다고 해석되므로 휴가기간 중에 하는 일, 수습직으로서의 활동 따위도 이에 포함된다고 볼 것이고, '생활수단성'과 관련하여서는 단순한 여가활동이나 취미활동은 직업의 개념에 포함되지 않으나 겸업이나 부업은 삶의 수요를 충족하기에 적합하므로 직업에 해당한다고 말할 수 있다.

직업선택의 자유에는 직업선택, 직업종사, 직업변경 및 직장선택의 자유가 포함된다. 또한 자기가 선택한 직업을 계속하고 유지하는 자유도 직업선택의 자유에 포함된다. 따라서 국가는 어떤 사람이 선택한 직업을 포기하도록 강제하지 못한다. 직업선택의 자유에는 직업교육장 선택의 자유도 포함시키는 것이 일반적인 태도이다. 직업교육장이란 일반적인 학교교육을 넘어서 하나 또는 몇 개의 직업교육에 기여하는 모든 시설을 의미한다. 우리 헌법은 직업교육장 선택의 자유를 명문으로 포함하고 있지 않으나 넓은 의미의 직업활동의 자유를 보장한다는 관점에서 보면 우리 헌법상 직업의 자유 역시 이러한 직업교육장 선택의 자유도 보호한다고 볼 수 있다.

### ▶ 핵심판례

憲 1996. 8. 29.-94헌마113 [감정평가사 사건]

[사건의 개요]

청구인은 지가공시및토지등의평가에관한법률 제14조 제1항 소정의 감정평가사 자격을 취득하고, 청구외 백00 등 14인과 함께 법 제18조에 따라 건설부에 감정평가사 합동사무소 개설등록을 하고, 같은 날부터 감정평가사 업무를 시작하였다.

청구인은 법 시행령 제30조가 감정평가사 30인, 건설부장관이 필요하다고 인정할 경우에는 최대한 40인 이상이 아니면 감정평가법인을 구성할 수 없도록 하고, 동 시행령 제35조가 감정평가사 합동사무소의 업무범위를 감정평가법인에 비하여 제한한 것이 청구인의 헌법상의 권리를 침해하는 것이라 하며 헌법소원심판청구를 하였다.

[심판의 대상]

**지가공시및토지등의평가에관한법률 시행령** 제30조(감정평가법인의 구성) 법 제19조 제2항의 규정에 의한 감정평가법인의 사원은 30인 이상으로 한다. 다만, 건설부장관은 감정평가사의 수, 감정평가업무의 양 등을 감안하여 감정평가업의 건전한 발전을 위하여 필요하다고 인정할 때에는 40인의 범위 내에서 사원의 수를 증원하여 정할 수 있다(이 사건 심판청구 후인 1994. 12. 23. 대통령령 제14447호로 건설부장관을 건설교통부장관으로 개정하고 1995. 6. 30. 대통령령 제14690호로 제31조만을 개정하였을 뿐 제정된 이래 시행령 제30조의 조문내용은 개정된 바 없이 현행되고 있다).

제35조(업무범위) 법 제20조 제2항의 규정에 의한 감정평가업자의 종별에 따른 업무범위는 다음 각 호와 같다.

1. 감정평가법인의 경우 다른 법령에 따로 규정이 있는 경우를 제외한 감정평가업자의 모든 업무
2. 감정평가사 합동사무소의 경우
   가. 법 제10조 제1항 각 호(제2호를 제외한다)의 목적을 위한 토지의 감정 평가 중 평가 예정액이 10억원 이하인 감정평가
   나. 법 제20조 제1항 제4호의 감정평가
   다. 법 제21조 제2항의 규정에 의한 토지 등의 감정평가 중 대출신청액이 3억원 이하인 대출을 위한 토지 등의 감정평가
   라. 일반거래를 위한 토지 등의 감정평가
3. 감정평가사 사무소의 경우
   가. 법 제10조 제1항 각 호(제2호를 제외한다)의 목적을 위한 토지의 감정 평가 중 평가 예정액이 5억원 이하인 감정평가
   나. 법 제20조 제1항 제4호의 감정평가
   다. 법 제21조 제2항의 규정에 의한 토지 등의 감정평가 중 대출신청액이 2억원 이하

인 대출을 위한 토지 등의 감정평가
라. 일반거래를 위한 토지 등의 감정평가

이 사건에서 헌법재판소는 "심판청구를 기각한다"고 결정하고, 이유를 다음과 같이 설시하였다.

▣ 입법목적의 정당성

감정평가라는 업무의 성질은 동일하다고 하더라도, 감정평가의 대상이나 목적에 따라 그 공신력이 요구되는 정도는 다르다. 감정평가업자의 업무 중에는 공시지가 산정의 기초가 되는 표준지의 적정가격의 조사 · 평가와 같이 보다 높은 공신력이 요구되는 것과 개인의 의뢰에 의하여 개별 토지의 감정평가를 하는 것과 같이 공신력이 비교적 덜 요구되는 것으로 나눌 수 있고, 또한 같은 종류의 감정평가라 하더라도 감정대상물의 가액에 따라 공신력이 요구되는 정도가 다르다고 할 수 있다.

이 사건 심판대상의 시행령 제30조 및 제35조가 공신력이 요구되는 정도에 따라 업무의 영역을 나누고, 감정평가업자를 그 법적 존재형태와 구성원의 수에 따라 3종으로 나눈 것은 보다 높은 공신력이 요구되는 감정평가의 업무에 대하여 객관성 · 공정성 · 정확성을 보다 확실히 확보하고자 하는 것으로 공공복리를 위한 경우라 할 것이므로 그 입법목적에 있어서의 정당성은 인정된다.

▣ 방법의 적정성

이 문제는 감정평가사 30인 이상 또는 최대한 40인 이상의 구성원으로 이루어지는 감정평가법인만이 보다 높은 공신력이 요구되는 감정평가 업무를 할 수 있도록 하고, 그에 미치지 못하는 인원의 감정평가사를 구성원으로 한 감정평가사 사무소 내지 감정평가사 합동사무소에 대하여 그러한 업무에 종사할 수 없도록 제한하는 것이 앞서 본 입법목적을 달성하기 위하여 필요하고, 또 그러한 목적의 달성에 적절하고도 유효한 수단이라 할 수 있는지의 여부 즉 감정평가법인에 의한 감정평가가 감정평가사 사무소 내지 감정평가사 합동사무소에 의한 감정평가보다 더 객관적이고 정확하며 공정하리라고 일반적으로 기대할 수 있는지의 여부라 할 것인바, ……

감정평가라는 업무의 성격은 동일하다 하더라도 그 평가의 대상과 목적에 따라 그 공정성이 요구되는 정도를 확연히 구별할 수 있을 뿐만 아니라 감정평가법인이 감정평가사 사무소 내지 감정평가사 합동사무소보다는 그 존재와 활동의 양상에 있어서 보다 객관적이고 영속적임을 알 수 있다. 즉 감정평가에 필요한 자료와 정보의 축적 및 이를 이용한 체계적이고 효율적인 업무수행, 그리고 이러한 과정에서의 객관성을 유지함으로써 확보할 수 있는 공신력의 정도에 있어서 그와 같은 차이가 있다고 할 것이다. 따라서 이 사건 심판대상의 시행령 조항들이 감정평가업자의 유형에 따라 업무범위 등에 관하여 앞서 본 바와 같은 방식으로 차등을 두는 방법은 감정평가업자의 규모와 업무수행능력에 따른 것으로서 적절하다고 할 것이며, 감정평가업자의 대형화 · 조직화 · 법인화를 오히려 유도하는 의미도 있다고 할 것이므로 더욱 적절하다고 할 것이다.

▣ 비 례 성

먼저 심판대상인 시행령 제35조가 앞서 본 바와 같이 감정평가업자의 업무범위 등을 차등을 두어 감정평가사 사무소와 합동사무소의 업무범위 등을 특히 감정평가법인에 비하여 제한하고 있으나, 고도의 공신력이 요구되는 표준지의 적정가격의 조사 · 평가 및 국 · 공유토지의 취득 또는 처분을 목적으로 하는 감정평가업무에 대하여서만 감정평가법인 이외의 감정평가업자가 감정평가를 행할 수 없도록 금지하고 있을 뿐, 일반거래를 위한 토지 등의 감정평가 및 법원에 계속중인 소송 또는 경매를 위한 토지 등의 감정평가업무에 대하여서는 모든 감정평가업자에게 무제한적으로 허용하고 있으며, 다만 공공용지의 매수 및 토지의 수용 · 사용에 대한 보상을 목적으로 하는 등의 법 제10조 제 1 항 제 1 호, 제 3 호 내지 제 6 호의 목적을 위한 감정평가와 금융기관 · 보험회사 · 신탁회사 등이 대출 등에 관련하여 의뢰하는 감정평가에 관하여는 평가대상물의 가액에 따른 제한을 가하고 있을 뿐이다. 또한 앞에서 본 바와 같이 감정평가업무에 대한 차별적 제한의 필요성이 수긍되는 이상, 법 10조 제 1 항 각 호(제 2 호를 제외)의 목적을 위한 토지의 감정평가는 평가예정액 10억원 또는 5억원, 법 제21조 제 2 항의 규정에 의한 토지 등의 감정평가는 대출신청액 3억원 또는 2억원을 기준으로 하여 제한한 것이 현저히 불합리한 것이라고는 할 수 없으며, 감정평가사 사무소와 합동사무소에 소속된 감정평가사는 시행령 제30조가 정하는 바에 따라 감정평가법인을 설립함으로써 위와 같은 제한에서 벗어나 감정평가업자로서의 모든 업무에 참여할 수 있는 길이 열려 있으므로, 위와 같은 제한의 정도는 필요한 최소한의 정도로써 그 목적에 비례하여 과도한 것이라고는 할 수 없다.

다음 심판대상인 시행령 제30조가 감정평가법인의 설립을 위한 최소한의 감정평가사 인원으로 30인 또는 최대한 40인 이상으로 정한 입법취지는 감정평가업자의 대형화·조직화·법인화를 유도함에 있다고 할 것이므로, 위와 같은 인원의 제한은 그 정도가 입법의 목적에 비하여 과중하다고 보기는 어렵다.

따라서 이 사건 심판대상의 시행령 조항들에 의한 제한은 그로 인하여 입게 되는 손해가 그 대가로서 기대되는 공동체 전체의 이익과 합리적인 비례의 관계에 있다고 할 수 있다.

▣ 본질적인 내용의 침해 여부

타인의 의뢰에 의하여 일정한 보수를 받고 토지 등의 감정평가를 업으로 행하는 감정평가업에 관하여, 일반인에게는 감정평가사 자격제도의 관문을 통과하여 그에 종사할 수 있도록 문호가 개방되어 있고, 감정평가사의 자격을 취득한 자에게는 기본적으로 일반거래를 위한 토지 등의 감정평가 및 법원에 계속중인 소송 또는 경매를 위한 토지 등의 감정평가의 업무에는 무제한적으로 종사할 것이 허용되고, 그 밖의 사항에 대하여는 감정평가의 목적과 대상이 보다 공공성을 더 요구하는 것에 한정하여 감정평가법인의 형태를 취하여 그 업무에 종사할 수 있도록 하면서, 한편으로 감정평가사 30인, 또는 최대한 40인 이상이 감정평가법인을 설립하여 그러한 업무에 종사할 수 있는 길을 열어 놓고 있으므로, 이 사건 심판대상의 시행령 조항들이 직업선택의 자유를 형해화할 정도로 그 본질적인 내용을 침해하는 것이라고는 볼 수 없다.

## ▶ 해 설

### 직업의 자유의 제한과 단계이론

직업선택의 자유는 인간이 생활을 유지·영위하기 위하여 그가 원하는 바에 따라 자유로이 직업을 선택하고 선택한 직업에 종사할 수 있는 기본권을 말하는 것이다. 여기서 직업이라 함은 공공에 해가 되지 않는 한, 생활의 기본적 수요를 충족시키기 위한 계속적인 활동을 말하는 것으로서, 역사적·연혁적으로는 자유경쟁을 기반으로 하는 자본주의 경제체제의 발달과 더불어 영업의 자유에서부터 비롯된 것이지만, 개인의 존엄과 평등을 강조하는 민주국가에 있어서는 이에 그치지 않고 인격의 구체적 실현까지도 의미하게 되었다. 그리하여 직업선택의 자유는 자유민주적 헌법질서 내에 있어서는 개성 신장의 수단으로서의 주관적 공권으로서뿐만 아니라, 사회적 시장경제질서의 불가결한 요소로서 객관적인 가치 질서로서도 중요한 의미를 가지고 있는 것이다.

그러나 다른 한편으로 헌법상 보장된 직업선택의 자유도 역시 절대적인 것은 아니고 이를 제한하는 것이 필요하고 불가피한 경우에는 그 본질적 내용을 침해하지 않는 한, 헌법 제37조 제2항의 기본권 제한입법의 범위 내에서 이를 제한할 수도 있는 것이다. 다만, 그 제한의 범위 및 한계에 관하여 일반적으로 보면, 선택된 직업의 행사를 제한하는 것은 직업의 선택을 제한하는 경우보다는 개성신장에 대한 침해의 진지성이 적다고 할 것이므로 직업선택에 대한 제한은 행사에 대한 제한보다 더 엄격한 제약을 받는다 할 것이고, 나아가 직업선택의 자유를 제한하는 경우에도 그 제한의 사유가 기본권 주체에 일정한 자격을 요구하는 주관적 사유를 이유로 하는 경우보다는 기본권 주체와는 전혀 무관하여 그 스스로는 요건을 충족시킬 수 있는 방법이 없는 객관적 사유를 이유로 하는 경우에 직업의 자유에 대한 침해의 진지성이 가장 크다 할 것이므로, 매우 엄격한 요건을 갖춘 경우에만 이를 허용할 수 있다고 할 것이다(憲 1990. 10. 15.-89헌마178 참조). '직업의 행사의 자유의 제한'의 경우에는 일반적인 과잉금지원칙이 적용되고, '주관적 사유에 의한 직업결정의 자유의 제한'에 있어서는 그보다 강화된 과잉금지의 원칙인 우월한 공익이 존재하여야 직업선택의 자유가 제한될 수 있으며, '객관적 사유에 의한 직업결정의 자유의 제한'은 '명백하고 현존하는 위험'이 존재하고 필요불가피한 중대한 공익이 요구되는 경우에 한하여 허용된다고 본다.

### 경제활동규제와 입법목적에 의한 심사기준의 구별

일본에서는 최고재판소의 판례에 따라 경제활동규제가 적극적인 사회경제정책의 실현을 목적으로 하는 경우에는 심사가 완화되어 '명백성 기준'을 적용하고, 해당조치가 소극적 · 경찰적 목적에 의한 것인 경우에는 보다 강화된 '엄격한 합리성 기준'을 사용한다.

일본 최고재판소는 소매시장 거리제한 사건(最大昭和47年11月22日刑集26卷9号586頁)에서 기존시장에서 소매시장 개설의 경우는 일정한 거리를 두어야 한다는 규정에 대해 이는 소매상 보호라는 적극적 목적을 위한 것으로 합헌으로 결정하였다. 이에 반해 약사법 거리제한 규정에 있어서는(最大昭和50年4月30日民集29卷4号572頁) 국민의 건강에 대한 위험 방지라는 소극적 목적을 위한 것이어서 엄격한 심사를 한 결과 위헌이라 판시하였다.

## ▶ 질 문

1. 직업선택의 자유의 보호영역의 구체적 내용은 무엇인가?
2. 경제적 자유권에 적용되는 미국판례법상의 이중기준의 원리란 무엇인가?

## 2. 직업결정의 자유

### 가. 자격제도 및 자격시험제도

#### ▶ 개 요

전문분야에 있어 직업선택의 자유는 주로 주관적 사유에 의한 직업선택의 자유에 대한 제한의 일종으로 자격제를 두고 있다. 이러한 자격제(면허제)는 헌법상 보장된 직업선택의 자유를 국회가 제정한 법률로 전면적으로 금지시켜 놓은 다음 일정한 자격을 갖춘 자에 한하여 직업선택의 자유를 회복시켜 주는 것에 해당한다. 의사 · 변호사 · 법무사 · 학원강사 등이 그 예이다. 이러한 자격제는 직업이 요구하는 전문성을 갖춘 자만이 그 직업을 선택할 수 있게 하여 소비자인 국민의 폐해를 줄이고자 하는 목적도 있다.

입법부가 일정한 전문분야에 관한 자격제도를 마련함에 있어서는 그 제도를 마련한 목적을 고려하여 정책적인 판단에 따라 자유롭게 제도의 내용을 구성할 수 있고, 그 내용이 명백히 불합리하고 불공정하지 아니하는 한 원칙적으로 입법부의 정책적 판단은 존중되어야 한다.

#### ▶ 핵심판례

憲 2008. 10. 30.-2006헌마1098 [의료법 안마사 자격 비맹제외기준 사건]

[사건의 개요]

청구인들과 공동심판참가인들은 안마, 마사지 또는 지압을 업으로 하려는 사람들이다. 헌법재판소가 2006. 5. 25. 시각장애인만 안마사자격을 취득할 수 있도록 한 '안마사에 관한 규칙' 제3조 제1항 제1호와 제2호 중 각 "앞을 보지 못하는" 부분이 법률유보원칙 또는 과잉금지원칙에 위배된다는 이유로 위헌선언을 하였으나(憲 2006. 5. 25.-2003헌마175), 국회는 시각장애인만 안마사 자격을 취득할 수 있도록 의료법 제61조 제1항을 새로 개정함으로써 비시각장애인의 안마사 자격취득제한을 그대로 유지하였다. 청구인들 및 공동심판참가인들은 안마업 또는 마사지업에 종사하기 위해 안마사자격인정신청을 하였으나, 관할 시 · 도지사로부터 장애인복지법에 따른 시각장애인이 아니라는 이유로 이를 거부하는 처분을 받았거나 이러한 처분을 받을 예정에 있다. 그러자 청구인들은 개정 의료법이 장애인복지법에 따른 시각장애인 중 일정한 사람만이 안마사 자격인정을 받을 수 있도록 하고 시각장애인이 아닌 일반인은 안마사 자격인정을 받을 수 없도록 규정함으로써 청구인들의 기본권을 침해하고 있다고 주장하면서 헌법소원심판을 청구하였고, 또한 공동심판참가인들도

'헌법소원심판청구인 보정서'를 통하여 공동심판참가를 한 이래 여러 차례에 걸쳐 위와 같은 공동심판참가를 하였다.

[심판의 대상]

이 사건 심판대상은 구 의료법 제61조 제1항 중 "「장애인복지법」에 따른 시각장애인 중" 부분 및 의료법 제82조 제1항 중 "「장애인복지법」에 따른 시각장애인 중" 부분이다.

**구 의료법** 제61조(안마사) ① 안마사는 「장애인복지법」에 따른 시각장애인 중 다음 각 호의 어느 하나에 해당하는 자로서 시·도지사의 자격인정을 받아야 한다.

1. 「초·중등교육법」 제2조 제5호의 규정에 따른 특수학교 중 고등학교에 준한 교육을 하는 학교에서 제4항의 규정에 의한 안마사의 업무한계에 따라 물리적 시술에 관한 교육과정을 마친 자
2. 중학교 과정 이상의 교육을 받고 보건복지부장관이 지정하는 안마수련기관에서 2년 이상의 안마수련과정을 마친 자

**의료법** 제82조(안마사) ① 안마사는 「장애인복지법」에 따른 시각장애인 중 다음 각 호의 어느 하나에 해당하는 자로서 시·도지사의 자격인정을 받아야 한다.

1. 「초·중등교육법」 제2조 제5호의 규정에 따른 특수학교 중 고등학교에 준한 교육을 하는 학교에서 제4항의 규정에 의한 안마사의 업무한계에 따라 물리적 시술에 관한 교육과정을 마친 자
2. 중학교 과정 이상의 교육을 받고 보건복지부장관이 지정하는 안마수련기관에서 2년 이상의 안마수련과정을 마친 자

이 사건에서 헌법재판소는 "이 사건 심판청구를 모두 기각한다"고 결정하고, 그 이유를 다음과 같이 설시하였다.

▣ 문제되는 기본권과 위헌심사방법

■ 헌법 제34조 제1항은 "국가는 사회보장·사회복지의 증진에 노력할 의무를 진다"고 규정하여 국민의 생존권 보장의무를 부과하고, 제5항에서는 "신체장애자 및 질병·노령 기타의 사유로 생활능력이 없는 국민은 법률이 정하는 바에 의하여 국가의 보호를 받는다"고 규정함으로써 특히 신체장애자를 비롯한 자립능력이 부족한 국민에 대한 국가의 보호의무를 천명하고 있다.

이와 같이 입법자로서는 사회적 약자인 신체장애자의 생존권 보호라는 헌법적 요청에 상응하여 적극적으로 복지정책을 형성할 의무를 부담하는데, 이러한 입법이 일반국민의 기본권과 충돌하는 상황을 예상할 수도 있다. 시각장애인 안마사제도를

규정한 이 사건 법률조항의 경우, 헌법 제34조 제5항에 따른 헌법적 요청과 일반 국민의 직업선택의 자유 등 기본권이 충돌하는 상황이 문제될 수 있는 것이므로 위 법률조항에 대한 위헌심사 과정에서 이러한 상황을 충분히 고려하여야 할 것이다. 그 경우 헌법 제37조 제2항에 의한 기본권제한입법의 한계를 벗어날 수 없지만, 구체적인 최소침해성 및 법익균형성 심사과정에서 이러한 헌법적 요청뿐만 아니라, 일반국민의 기본권 제약 정도, 시각장애인을 둘러싼 기본권의 특성과 복지정책의 현황, 시각장애인을 위한 직업으로서의 안마사제도와 그와 다른 대안의 가능성 등을 종합하여 형량할 필요가 있을 것이다.

▪이 사건 법률조항과 같이 시각장애인에 대한 우대처우로 인하여 비시각장애인의 직업선택의 자유 등 기본권이 제한받는 경우 직업선택의 자유에 대한 과잉제한 여부와 평등권 침해 여부가 동시에 문제된다. 그러한 경우에는 직업선택의 자유와 평등권 침해 여부는 따로 분리하여 심사할 것이 아니라 하나로 묶어 판단함이 상당하다고 할 것이다. 왜냐하면, 입법자의 차별취급의 결과 거기에 포함되거나 포함되지 않는 집단이 제한받는 직업선택의 문제와 불평등 처우의 문제는 상당히 밀접하게 결합되어 있기 때문이다. 특히 이 사건 법률조항의 입법의도가 시각장애인의 우대에 있고 그 결과 일반인의 직업선택의 자유가 제한되는 경우라는 점에 비추어, 위헌 여부를 판단함에 있어 직업선택의 자유에 대한 제한과 차별취급의 정당성을 함께 심사하는 것이 보다 타당하다고 본다.

### ▣ 이 사건 법률조항에 대한 위헌 여부

▪위와 같이 헌법 제34조 제5항은 신체장애자를 비롯한 생활능력이 없는 국민에 대하여 국가의 보호의무를 천명하고 있는바, 이는 장애인에 대한 차별금지를 규정한 장애인복지법 제8조 제1항 및 사회보장과 고용촉진 등을 규정한 '장애인 권리 선언' 등의 정신과도 상통하는 것으로서 이러한 국가의 보호의무는 입법자의 입법을 통하여 구체화될 필요가 있다. 다시 말하면, 입법자는 장애인의 연령·능력·장애의 종류 및 정도에 따라 적정한 교육을 받고 적성과 능력에 맞는 직업에 종사할 수 있도록 직업훈련, 취업알선, 고용 등 필요한 복지정책을 강구해야 하는데, 특히 장애의 정도가 심하여 자립하기가 어려운 중증장애인에 대하여는 보다 적극적인 정책이 요청된다고 할 것이다.

이러한 장애인에 대한 복지정책은 제1차적으로는 장애인의 생존권을 보장하는 데 있지만 거기에 그쳐서는 안 되고, 사회통합의 이념에 기초하여 소수자인 장애인이 진정한 사회공동체의 일원으로 대우받을 수 있도록 제반 여건을 형성하는 데에도 초점을 맞추어 헌법 제10조 및 제34조에 따라 인간의 존엄과 가치를 지키며 인간다운 삶을 영위할 수 있도록 하여야 한다. 다만, 장애인에 대한 적극적인 복지 정책은 때로 일반국민에 비하여 장애인을 우대하는 형태로 나타나게 되는데, 그로 말미암아 일반국민의 기본권 행사가 제한받게 될 경우 입법자로서는 장애인의 보호와 일반국민의 기본권 보장이라는 양 법익 사이에 조화와 균형을 이룰 수 있도록 하여야 하므로 그와 같은 범위 안에서 형성의 자유를 가진다고 할 것이다.

■ 이 사건 법률조항은 위와 같이 신체장애자 보호에 대한 헌법적 요청, 장애인복지정책의 원칙 등에 바탕을 두고서 시각장애인의 생계를 보장하기 위한 것으로서 궁극적으로는 그들에게 삶의 보람을 얻게 하고 인간다운 생활을 할 권리를 실현시키려는 데에 위 법률조항의 입법목적이 있다고 할 것이므로, 그 목적의 정당성은 충분히 인정된다.

나아가 다른 직종에 비해 공간이동과 기동성을 거의 요구하지 않을 뿐더러 촉각이 발달한 시각장애인이 영위하기에 용이한 안마업의 특성 등에 비추어 시각장애인에게 안마업을 독점시킴으로써 그들의 생계를 지원하고 직업활동에 참여할 수 있는 기회를 제공하는 이 사건 법률조항의 경우 이러한 입법목적을 달성하는 데 적절한 수단이라고 할 것이다.

(다) 한편, 시각장애인에게 안마사 자격을 독점시키는 방법 외에도 위와 같은 입법목적을 달성시킬 수 있는 여러 가지 대안으로서 ① 시각장애인에게 직접 경제적 지원을 하는 방법, ② 직업의 선택 및 수행에 있어서 일반인보다 우대하는 방법, ③ 고용과 직업재활을 촉진하는 프로그램 등을 상정할 수 있다. 실제로 장애인복지법은 장애의 정도와 경제적 수준을 고려하여 장애인의 소득 보전 및 직업재활을 위해서 장애수당지급(제49조), 의료비지급(제36조), 자녀의 교육비지급(제38조), 자립훈련비지급(제43조), 자금의 대여(제41조) 등과 같은 제도를 두고 있고, 그 이외에도 공공시설 내의 매점, 자판기설치나 담배 및 우표 판매 등에 있어서 장애인에게 우선권을 주는 생업지원(제42조) 및 국가기관으로 하여금 장애인단체가 만든 생산품을 우선 구매하도록 하는 인센티브제도(제44조) 등을 규정하고 있다. 그러나 장애인 특히 시각장애인의 복지현실은 이러한 규정들과는 상당한 괴리가 있음을 부정할 수 없다. 예컨대, 장애수당, 의료비지급 등의 재정적 지원은 그 대상이 매우 제한적일 뿐 아니라 액수도 너무 소액이어서 시각장애인에게는 실질적인 도움이 되지 못하고 있다. 담배소매업이나 자판기설치에 있어서 우선권을 주는 생업지원도 실제로 혜택을 받는 장애인은 많지 않고, 더욱이 시각장애인에게는 신체특성상 위와 같은 혜택이 거의 돌아가고 있지 않다. 또한 시각장애인 안마사가 취업할 수 있도록 일

정한 규모의 사업장에 안마사를 의무적으로 고용하도록 하거나 시각장애인 안마사의 영업활동에 세제혜택 기타 인센티브를 주는 방법도 비시각장애인 안마사와 경쟁한다고 가정할 경우 그 효과가 크다고 볼 수도 없다.

이러한 시각장애인 복지정책에서의 실제적인 측면을 감안할 때, 현재의 우리 사회에서 시각장애인의 복지와 인간다운 생활권을 보장하기 위해서는 시각장애인에게 안마직업을 독점시키는 방법이 불가피한 입법적 선택이라고 할 수밖에 없을 것이다. 물론, 안마업에 종사하려는 일반인의 안마사 자격취득 기회 자체를 원천적으로 박탈하는 것은 기본권 제한의 정도가 가장 크기 때문에 이러한 차별은 입법목적 달성을 위하여 불가피하고 최후적인 수단으로만 발동되어야 한다는 점에는 이론(異論)이 있을 수 없다. 그러나 시각장애인에 대하여 이동권(移動權)조차 보장되지 못하고 있는 사회 현실 속에서 다른 직업을 선택하도록 지원한다고 하더라도 직업선택은 쉽지 않다. 시각장애인에게 있어서 안마사라는 직업은 그들이 선택할 수 있는 극소수의 직업 가운데 하나이고, 이를 제외하면 현실적으로 선택할 수 있는 직업은 거의 없다고 할 것이다. 특히, 지금까지 확인된 여러 통계자료에 의하여 중증시각장애인 상당수가 안마사 자격을 취득하고 안마로 생계를 유지하고 있음을 어렵지 않게 알 수 있다는 점에 비추어 보더라도 현실적으로 안마업은 시각장애인이 선택·종사할 수 있는 거의 유일한 직업이라고 하지 않을 수 없다. ……

물론 안마업을 시각장애인에게 독점시키는 이 사건 법률조항으로 말미암아 일반국민의 직업선택의 자유가 제한되는 것은 사실이지만, 안마업은 시각장애인이 정상적으로 영위할 수 있는 거의 유일한 직업이라는 점에서 시각장애인 안마사제도는 시각장애인의 생존권 보장을 위한 불가피한 선택으로 볼 수밖에 없다. 이에 반하여 일반국민이 선택할 수 있는 직업은 상대적으로 넓고 안마업 외에도 선택할 수 있는 직업이 많다는 점 또한 고려할 필요가 있다. 특히 물리치료사의 경우는 안마사와 거의 유사한 직종으로서 일련의 수련과정과 시험을 거쳐 물리치료사 자격을 취득하고 그 분야에서 직업에 종사할 수 있다는 점에 비추어 넓게 보면 반드시 안마 등을 직업으로 선택할 다른 방법이 완전히 봉쇄되었다고 볼 수도 없다.

위와 같은 사정에 비추어 보면, 시각장애인 안마사제도를 정한 이 사건 법률조항이 최소침해성 원칙에 반한다고 할 수도 없을 것이다.

■과거 우리 사회에서 시각장애인은 생활 전반에 걸쳐 유·무형의 차별을 받았고, 특히 교육·고용 등에서 많은 차별을 받아왔음을 부인할 수 없다. 그렇다고 시각장애인의 소득보장 내지 직업재활 등과 관련한 복지정책이 이들의 인간다운 삶을 보장할 정도로 갖추어져 있었던 것도 아니다. 시각장애인 안마사제도는 바로

이러한 현실에서 시각장애인의 생계 및 인간다운 삶을 보장하기 위한 최소한의 우선적 처우이며 시각장애인에게 가해진 사회적 차별을 보상해주고 실질적인 평등을 이룰 수 있는 수단으로 채택된 것이라고 평가할 수 있을 것이다.

이와 관련하여, 정부가 시각장애인에 대한 금전적 보상을 통해서 사회보장을 달성해야지 일반국민의 기본권을 제한하는 방법은 적절하지 않다는 지적이 있을 수 있다. 그러나, 정부가 시각장애인에게 경제적 지원만 하는 것이야말로 공동체의 일원으로서 신체장애자를 보호하도록 규정하고 있는 헌법 제10조 및 제34조 제5항의 기본정신을 저버리는 것이다. 시각장애인이 원하는 바도 단지 경제적 지원이 아니라 정당한 직업에 종사하는 것이다. 사회통합의 관점에서 보나, 기본권 보장의 관점에서 보나 장애인에 대해서 국가는 특별한 보호를 해야 하고, 이는 결코 국가의 은전(恩典)이나 혜택이 아니라 헌법상의 권리인 것이다. 인간다운 삶은 다른 국민과 마찬가지로 주어진 여건에서 자신의 능력에 맞게 인격을 발현할 수 있는 직업활동을 통해 생존의 조건을 갖추어가는 것이므로, 단지 정부로부터 금전적 지원을 받는 것보다 적극적으로 직업을 갖고 사회활동을 하는 것이 시각장애인의 직업의식을 고양하고 소외감을 방지할 수 있을 것임은 당연하다. 또한 시각장애인의 상당수가 후천적인 원인에 기하여 발생한다는 점에서 알 수 있듯이 일반국민도 언제든지 장애인이 될 수 있는 점을 염두에 둔다면, 장애인, 특히 시각장애인을 우대한다고 하여 일반국민에 대한 부당한 차별이 된다고 보기도 어렵다.

■ 우리 입법자는 헌법 제10조 및 제34조 제5항에 의한 헌법적 요청에 따라 시각장애인 복지정책의 일환으로서 이 사건 법률조항을 규정한 것인바, 그 과정에서 입법자는 앞서 본 바와 같은 제반 사정들, 즉 시각장애인에 대한 복지정책이 미흡한 현실에서 안마사는 시각장애인이 선택할 수 있는 거의 유일한 직업이라는 점, 안마사 직역을 비시각장애인에게 허용할 경우 시각장애인의 생계를 보장하기 위한 다른 대안이 충분하지 않다는 점, 시각장애인은 역사적으로 교육 · 고용 등 일상생활에서 차별을 받아온 소수자로서 실질적인 평등을 구현하기 위해서는 이들을 우대하는 조치를 취할 필요가 있는 점 등을 충분히 고려하여 입법화한 것으로서 이를 존중할 필요가 있다고 할 것이다. 위와 같이 이 사건 법률조항은 시각장애인의 생존권보장이라는 헌법적 요청에 따라 시각장애인과 비시각장애인을 둘러싼 여러 상황을 적절하게 형량한 것으로서, 위 법률조항으로 인해 얻게 되는 시각장애인의 생존권 등 공익과 그로 인해 잃게 되는 일반국민의 직업선택의 자유 등 사익을 비교해 보더라도, 공익과 사익 사이에 법익 불균형이 발생한다고 단정할 수도 없을 것이다. 따라서 이 사건 법률조항이 비시각장애인을 시각장애인에 비하여 비례의

원칙에 반하여 차별하는 것이라고 할 수 없을 뿐 아니라, 비시각장애인의 직업선택의 자유를 과도하게 침해하여 헌법에 위반된다고 보기도 어렵다.

■ 이 사건 법률조항은 시각장애인의 생존과 인간다운 생활을 보장하기 위하여 입법자가 선택한 수단으로서 헌법에 위반된다고 볼 수는 없지만, 이 사건 법률조항으로 인하여 비시각장애인이 입게 되는 불이익에 대하여 보다 진지한 고려가 필요할 것이다. 우리 사회에서는 현재까지 시각장애인 안마사제도를 유지함으로써 비시각장애인인 일반국민이 안마를 직업으로서 선택할 수 없는 불이익과 그에 따른 소모적인 갈등상황이 반복되어 왔음을 부인할 수 없다. 이와 같이 일반국민이 안마를 직업으로 선택할 수 없는 문제 역시 사회경제적 약자를 보호하는 것 못지않게 중요한 사회적 문제라는 점에 비추어 입법자를 비롯한 정부 당국에서는 시각장애인에 대한 복지정책을 실시하는 과정에서 이러한 문제를 해소하는 데 주의를 게을리 해서는 안 될 것이다. 이 사건 법률조항은 시각장애인의 직업활동과 생존을 보장하기 위한 다른 효율적인 대안들이 아직까지 우리 사회에서 제대로 작동하지 않기 때문에 불가피하게 선택할 수밖에 없는 정책수단인 것이다. 따라서 지금보다 이러한 사회경제적 여건이 향상되어 시각장애인을 위한 복지정책이 선진화될 경우에는 일반 국민의 기본권을 제한함으로써 시각장애인의 생존권 등을 확보할 수밖에 없는 정책수단이 그대로 유지되기는 어렵다고 할 것이다.

이에 입법자를 비롯한 정부 당국으로서는 일반국민에 대한 기본권제약을 하루빨리 해소시키기 위해서라도 시각장애인에 대한 복지정책을 보다 적극적으로 강구할 필요가 있으나, 현재로서는 시각장애인 안마사제도 외에는 시각장애인의 생존권보장에 효율적인 정책수단을 발견하기 어려운 실정이다. 입법자를 비롯한 정부 당국에서는 이러한 문제들에 대하여 심각하게 인식하고 시각장애인의 생존권과 비시각장애인의 직업선택의 자유라는 상충되는 기본권간의 갈등관계를 해소하고 조화롭게 양 기본권을 공존시킬 수 있는 방안, 특히 시각장애인으로 하여금 직업활동을 통한 인간다운 생활권을 향유하게 할 방안이 무엇인지에 대하여 보다 진지하고 적극적인 검토가 요구된다고 할 것이다.

따라서 이 사건 법률조항이 헌법상 보장된 청구인들의 직업선택의 자유와 평등권을 침해한다고 볼 수는 없을 것이다.

## ▶ 해 설

### 재판관 3인의 반대의견

위와 같은 다수의견에 대해 3인의 재판관은 그동안 헌법재판소가 객관적 사유에 의한 직업의 자유의 제한은 '월등하게 중요한 공익을 위하여 명백하고 확실한 위험을 방지하기 위한 경우'에만 정당화될 수 있고, 따라서 이 경우 헌법 제37조 제 2 항이 요구하는 과잉금지의 원칙, 즉 엄격한 비례의 원칙이 그 심사척도가 된다고 판시한 바 있다(憲 2002. 4. 25.-2001헌마614, 판례집 14-1, 410, 427)고 주장하면서, 이 사건 법률조항이 정하는 시각장애인의 안마사 직역 독점은 입법목적 달성을 위한 불가피한 수단이라고 보기 어려우며, 기본권의 최소침해성 원칙에 위반된다고 할 것이고, 위와 같은 다양한 대안들이 제시되고 있음에도 그에 관한 검토나 또 다른 대안의 개발을 하지 아니한 채 이 사건 법률조항에 안주하려는 입법자의 태도는 신체장애자 등 생활능력이 없는 국민은 법률이 정하는 바에 의하여 국가의 보호를 받도록 한 헌법규정(헌법 제34조 제 5 항)에 기대어 사회보장 · 사회복지 증진에 노력할 국가의 의무(헌법 제34조 제 2 항)를 게을리 한 것이라고 볼 수도 있을 것이고, 결국 이 사건 법률조항이 달성하려는 시각장애인의 생계보장 등 공익은 그 중요성이 충분히 인정되나, 비시각장애인들이 받게 되는 직업선택의 자유의 박탈이 기본권의 본질적 내용까지 침해하는 것인 점에 비추어 공익의 우월함을 인정하기 어렵다. 따라서 이 사건 법률조항은 과잉금지원칙에 위배하여 직업의 자유의 본질적 내용을 침해하는 것으로 헌법에 위반된다(憲 2006. 5. 25.-2003헌마715, 판례집 18-1하, 112, 123-126 참조)고 판시하였다.

### 겸직금지 위헌결정

이 사건(憲 1997. 4. 24.-95헌마90)은 행정사의 직업겸직을 금지하는 행정사법 제35조의 규정이 직업선택의 자유를 침해하는지 여부에 관한 것이다. 헌법재판소는 위헌결정을 하면서 그 이유에 대해 일반적으로 겸직금지규정은 당해 업종의 성격상 다른 업무와의 겸직이 업무의 공정성을 해칠 우려가 있을 경우에 제한적으로 둘 수 있다 할 것이므로 겸직금지규정을 둔 그 자체만으로는 위헌적이라 할 수 없으나, 위 법률 제35조 제 1 항 제 1 호는 행정사의 모든 겸직을 금지하고, 그 위반행위에 대하여 모두 징역형을 포함한 형사처벌을 하도록 하는 내용으로 규정하고 있으므로 공익의 실현을 위하여 필요한 정도를 넘어 직업선택의 자유를 지나치게 침해하는 위헌적 규정이라고 판시하였다.

### ▶ 질 문

1. 자격제를 통한 직업선택의 자유에 대한 제한과 비맹기준이라는 객관적 사유에 의한 제한이 혼합된 경우 이에 관한 위헌심사의 척도는 어떠해야 되는가?
2. 헌법재판소가 그동안 안마사 자격기준으로서 비맹제외기준에 대해 위헌결정과 합헌결정을 내리고 있다. 충돌되는 양 결정의 근거들은 무엇인가?

## 나. 허가제와 등록제

### ▶ 개 요

직업의 성격상 공공성·윤리성이 강한 경우에 허가제가 주로 활용되고 있다. 허가제는 법령에 의하여 일반적으로 금지된 행위를 특정한 경우에 한하여 일정한 행위를 적법하게 할 수 있는 행정행위를 말한다. 이 경우 주관적 사유 이외에 객관적 사유에 의한 제한도 이루어진다. 또한 그 허가의 기준은 일반적으로 법률에 정하여져 있는 경우가 대부분이지만 법률에 그 기준이 없고 하위 행정입법에 위임하는 경우도 존재한다.

### ▶ 핵심판례

憲 2004. 1. 29.-2001헌바30 [의료기관개설자 의약품도매상 개업금지 사건]

[사건의 개요]

청구인은 동대문보건소장에게 의약품도매상 허가신청을 하였으나 동대문보건소장은 청구인이 의료기관의 개설자이므로 약사법 제37조 제4항 제4호에 따라 의료기관의 개설자에 대하여는 의약품도매상 허가를 할 수 없다는 이유로 청구인의 위 허가신청을 반려하는 처분을 하였다.

그러자 청구인은 서울행정법원에 동대문보건소장을 상대로 위 반려처분의 취소를 구하는 소송을 제기하였고, 그 소송 계속 중 위 반려처분의 근거 법률인 법 제37조 제4항 제4호와 약사법 부칙 제3조의 위헌제청신청을 하였으나, 각하 및 기각되자 2001. 5. 4. 헌법소원심판을 청구하였다.

[심판의 대상]

이 사건 심판의 대상은 법 제37조 제4항 제4호 중 의약품도매상 부분 및 약사법부칙 제3조이다.

**약사법** 제37조(의약품판매업의 허가기준) ④ 다음 각 호의 1에 해당하는 자에 대하여는 한약업사 또는 의약품도매상의 허가를 하지 아니한다.
4. 의료기관의 개설자
부칙 제 3 조(의약품도매상의 허가제한에 관한 경과조치) 이 법 시행 당시 종전의 규정에 의하여 의약품도매상의 허가를 받은 자 중 의료기관의 개설자는 제37조 제 4 항 제 4 호의 규정에 불구하고 이 법 시행일부터 1년까지 의약품도매상의 영업을 할 수 있다.

이 사건에서 헌법재판소는 "약사법(1991. 12. 31. 법률 제4486호로 개정되고, 2001. 8. 14. 법률 제6511호로 개정되기 전의 것) 제37조 제 4 항 제 4 호 중 의약품도매상 부분은 헌법에 위반되지 아니한다"고 결정하고, 이유를 다음과 같이 설시하였다.

▣ 이 사건 법률조항의 입법목적

▪ 의약품의 오·남용 가능성의 제거를 통한 국민의 건강권 보호

이 사건 법률조항은 부속병원을 개설한 학교법인으로 하여금 의약품도매상의 설립을 금지함으로써, 부속병원이 같은 학교법인 소유의 의약품도매상의 경제적 이윤 증대를 위하여 의약품을 상대적으로 과다 처방하고 이를 조제 · 투약(판매)할 가능성을 원천적으로 제거함으로써 의약품의 과다 투약에 따른 의약품의 오 · 남용을 예방하여 장기적으로 국민의 건강을 보호 · 향상시키려는 입법목적을 갖는 것이다.

▪ 불공정거래행위의 원인 제거

학교법인이 의약품도매상을 경영할 경우 그로서는 같은 학교법인 소유의 부속병원이라는 확고한 의약품 수요자(의약분업의 예외 영역에서는 병원은 여전히 상당한 양의 의약품의 수요자이다)를 확보하고 있는 셈이므로 이러한 지위를 남용하여 다른 의약품 도매상의 경쟁을 부당하게 제한하거나, 의약품을 공급할 제약회사에게 의약품대금 등 계약 조건과 관련하여 자신에게 일방적으로 유리한 부당한 거래를 강요하는 등 공정한 의약품 유통질서를 해치는 불공정거래행위를 할 가능성은 대단히 높다고 보이는바, 이 사건 법률조항은 이러한 불공정거래행위의 발생 가능성을 사전에 배제하는 수단으로 기능하는 것이다.

▣ 직업선택의 자유침해 여부

의료기관을 개설한 학교법인의 직업(의약품도매상) 선택의 자유를 제한한 이 사건 법률조항이 헌법적 정당성을 얻기 위해서는, 그 입법목적이 헌법 및 법률의 체제상 정당하고, 입법자가 선택한 수단이 의도하는 입법목적을 달성하기에 효과적이고

적합하여야 할 뿐만 아니라, 입법목적을 달성하기 위하여 똑같이 효율적인 수단 중에서 기본권을 되도록 적게 침해하는 수단을 사용하여야 하며, 침해의 정도와 공익의 비중을 전반적으로 비교 형량하여 양자 사이에 적정한 비례관계가 이루어져야 한다.

■ 입법목적의 정당성과 수단의 적합성

우리 헌법 제36조 제3항은 "모든 국민은 보건에 관하여 국가의 보호를 받는다"고 규정하여 국가의 국민보건에 관한 보호 의무를 명시하고 있으므로 국가는 국민건강 및 보건의 양적·질적 향상을 위한 의료 정책을 적극적으로 수립·시행하여야 한다.

동일한 주체가 의료기관과 의약품도매상을 소유·경영할 경우 의료기관의 의사가 그 의약품도매상의 매출 증가에 따른 경제적 이윤 획득의 동기에 의하여 의약품을 과다 처방하고, 또 의료기관의 약사는 적절한 감시와 견제 없이 이를 조제·투약(판매)할 가능성이 있게 됨에 따라 나타날 의약품의 오·남용을 방지하여 궁극적으로 국민의 건강을 유지·향상시키고자 하는 이 사건 법률조항의 주된 입법목적은 바로 위 헌법규정을 근거로 입법자가 추구한 것으로서 정당하다.

불공정거래행위로 인하여 건전한 의약품 유통질서를 해칠 가능성을 배제하고자 한 입법목적 또한 자유시장 경제질서에서 발생할 수 있는 경제력의 남용을 방지하기 위하여 국가적 규제와 조정을 용인하고 있는 헌법 제119조 제2항에 근거를 둔 것으로 보이므로 정당성을 갖추었다고 판단된다.

한편, 이 사건 법률조항은 의료기관의 개설자로 하여금 의약품도매상을 하지 못하도록 함으로써 위와 같은 입법목적을 침해할 가능성 자체를 제거하였다는 점에서 수단의 적합성도 인정된다.

■ 최소 침해성의 위배 여부

의약품의 오·남용을 예방하여 궁극적으로 국민의 건강을 유지·향상하려는 이 사건 법률조항의 주된 입법목적을 달성할 수 있는 유효한 수단으로서 과연 직업선택을 금지하는 것 이외에 보다 국민의 기본권을 적게 침해하는 대체 입법 수단이 존재하는가의 의문에 대하여 본다.

위와 같은 입법목적을 달성하면서도 보다 덜 제한적인 방법으로 생각해 볼 수 있는 것은, 의료기관이 환자의 질병 치료에 필요한 정도를 초과하여 의약품을 처방·투약하고, 그러한 상대적 과다 처방 및 투약이 의학적 동기가 아닌 의료기관개설자가 소유·경영하는 의약품도매상의 경제적 이윤 획득 증가를 위한 동기에 의한 것이라는 점을 입증하여 이를 사후에 규제하는 방법 정도가 있는데, 전문가인 의사의 일정한 재량 영역에 속한다고 볼 수 있는 진단 처방의 분야에서 이러한 사후적 규제의 요건 사실을 입증한다는 것 자체가 사실상 불가능에 가깝고, 입증 책임의 전환 등의 방법에 의하여 가능하다고 하더라도 이러한 개별적·사후적 규제만으로는 입법목적의 장기간에 걸친 근본적 실천이 제약받을 것임이 상당하다는 점이다.

그렇다면, 위와 같은 입법목적 실현에 이 사건 법률조항보다 덜 기본권 제한적인 입법수단은 존재하지 않거나 실효성이 없을 것이라는 입법자의 예측·판단을 수긍할 수 있다고 보아야 할 것이다.

■ 법익 균형성의 위배 여부

이 사건 법률조항에 의하여 의료기관개설자인 학교법인의 직업선택의 자유가 크게 제한을 받고 있기는 하나, 학교법인에게 의약품도매상이라는 직업은 인간의 존엄과 가치를 실현하기 위한 수단으로서 개인의 인격발전과 개성신장의 불가결한 요소로서 의미하는 것도 아니고 의약품도매상을 선택할 수 없다고 하더라도 의료기관의 개설·경영이라는 본래의 직업의 영위 가능성이 박탈되는 것도 아니므로, 학교법인에 대한 이러한 기본권 제한은 의약품의 오·남용 방지를 통한 국민의 건강 보호·유지, 불공정행위의 규제라는 우리 사회 공동체가 근본적으로 추구하여야 할 근본적이고도 중대한 공익보다 결코 우월하다고 할 수 없다는 점에서, 이 사건 법률조항이 추구하는 공익의 비중이 위와 같은 기본권 제한의 정도와 합리적인 비례관계를 일탈하였다고 볼 수 없다.

## ▶ 해 설

### 유료직업소개소의 허가제

이 사건(憲 1996. 10. 31.-93헌바14)은 직업안정및고용촉진에관한법률 제10조가 유료직업소개소업을 하고자 하는 자는 노동부장관의 허가를 받아야 한다는 허가제규정으로 되어 있는 것이 직업선택의 자유를 침해하는지 여부에 관한 것이다. 헌법재판소는 이에 합헌결정을 하면서 그 이유를 직업소개업은 그 성질상 사인이 영리목적으로 운영할 경우 근로자의 안전 및 보건상의 위험, 근로조건의 저하, 공중도덕상 해로운 직종에의 유입, 미성년자에 대한 착취, 근로자의 피해, 인권침해 등의 부작용이 초래될 수 있는 가능성이 매우 크므로 노동부장관의 허가를 받아야만 유료직업소개사업을 할 수 있도록 제한하는 것은 그 목적의 정당성, 방법의 적절성, 피해의 최소성, 법익의 균형성 등에 비추어 볼 때 합리적인 제한이라고 할 것이고 그것이 직업선택자유의 본질적 내용을 침해하는 것으로 볼 수 없다고 판시하였다.

### ▶ 질 문

1. 유료직업소개소업이 허가제로 운영되어야 하는 이유는 무엇인가?
2. 직업선택에 있어 과거에는 해당 직종이 신고제로 운영되다가 나중에 허가제로 변경되는 것이 헌법적으로 허용되는가?

## 3. 직업수행의 자유

### 가. 경쟁 제한

### ▶ 개 요

직업의 자유는 영업의 자유와 기업의 자유를 포함하고, 이러한 영업 및 기업의 자유를 근거로 원칙적으로 누구나가 자유롭게 경쟁에 참여할 수 있다. 경쟁의 자유는 기본권의 주체가 직업의 자유를 실제로 행사하는 데에서 나오는 결과이므로 당연히 직업의 자유에 의하여 보장되고, 다른 기업과의 경쟁에서 국가의 간섭이나 방해를 받지 않고 기업활동을 할 수 있는 자유를 의미한다. 소비자는 물품 및 용역의 구입·사용에 있어서 거래의 상대방, 구입장소, 가격, 거래조건 등을 자유로이 선택할 권리를 가진다. 소비자가 시장기능을 통하여 생산의 종류, 양과 방향을 결정하는 소비자주권의 사고가 바탕을 이루는 자유시장경제에서는 경쟁이 강화되면 될수록 소비자는 그의 욕구를 보다 유리하게 시장에서 충족시킬 수 있고, 자신의 구매결정을 통하여 경쟁과정에 영향을 미칠 수 있기 때문에 경쟁은 또한 소비자보호의 포기할 수 없는 중요 구성부분이다.

이러한 경쟁에 있어 입법자는 경제정책의 목표와 그 목표를 달성하기 위하여 적합한 수단을 결정하는데 있어서 광범위한 형성의 자유가 부여되고, 또한 경제정책적 조정조치를 통하여 시장경제의 자유로운 힘의 대결을 수정할 수 있다. 기업활동의 경쟁을 제한하는 법률이 헌법에 저촉되지 아니하기 위해서는 그 기본권의 침해가 합리적이고 이성적인 공익상의 이유로 정당화될 수 있어야 하고, 헌법 제37조 제2항이 요구하는 과잉금지원칙도 존중되어야 한다.

## ▶ 핵심판례

### 憲 1996. 12. 26.-96헌가18 [자도소주구입명령제도 사건]

[사건의 개요]

정부가 70년대초부터 전국에 400여개의 소주업체가 난립한 소주시장을 1도 1사의 원칙을 최종목표로 하여 통폐합정책을 추진한 결과 소주제조업자의 수는 1981년에 현재의 10개업체로 통합·축소되었다. 한편 정부는 소주제조업체의 통폐합정책을 추진함과 아울러 소위 특정업체의 독과점방지와 지방산업의 균형발전을 위하여 1970년에는 소주용주정배정제도를 도입하였고 1976년부터는 자도소주구입제도를 시행하였다. 주정배정제도는 정부가 주정총수요량을 소주회사별로 전년도 소주출고실적에 비례하여 배분함으로써 경쟁을 제한하려는 정책이고, 이 제도와 함께 시행된 자도소주구입제도 또한 소주도매업자로 하여금 그 영업장소 소재지에서 생산되는 자도소주를 의무적으로 총구입액의 100분의 50 이상을 구입하도록 제도화함으로써 경쟁을 억제하고 소주시장의 현상태를 유지하는데 기여하였다. 이 제도는 한동안 폐지되었다가 1995. 8. 4. 공포되어 1995. 10. 1.부터 시행된 주세법 중 개정법률에 의하여 신설된 주세법 제38조의7 규정에 따라 다시 되살아났고, 위 법률조항은 1995. 12. 29. 법률 제5036호로 개정되어 1996. 1. 1.부터 시행되었다.

제청신청인의 주세법 제38조의7 위반을 이유로 주세법 제18조 제1항 제9호에 근거하여 한 주류판매업정지처분에 대하여, 제청신청인은 그 취소를 구하는 주류판매업정지처분취소의 행정소송을 제기하였다. 대전고등법원은 이 사건을 심리하던 중 제청신청인 주세법 제38조의7 및 제18조 제1항 제9호가 위헌법률이고, 그 위헌 여부가 이 사건의 재판의 전제가 된다며 신청한 위헌법률심판제청신청을 받아들여 위헌법률심판제청을 하였다.

[심판의 대상]

**주세법** 제38조의7(희석식소주의 자도소주 100분의 50이상 구입명령) ① 국세청장은 주류판매업자(주류중개업자를 포함한다. 이하 이 조에서 같다)에 대하여 매월 제3조의3 제2호에 규정하는 희석식소주의 총구입액의 100분의 50 이상을 당해 주류판매업자의 판매장이 소재하는 지역(서울특별시·인천광역시 및 경기도, 대구광역시 및 경상북도, 광주광역시 및 전라남도, 대전광역시 및 충청남도는 이를 각각 1개 지역으로 보며, 부산광역시와 그 밖의 도는 이를 각각 별개의 지역으로 본다. 이하 이 조에서 같다)과 같은 지역에 소재하는 제조장(제5조 제5항의 규정에 불구하고 용기주입제조자를 제외한다. 이하 이 항에서 같다)으로부터 구입하도록 명하여야 한다.

이 사건에서 헌법재판소는 "주세법(1950. 4. 28. 법률 제132호 제정, 1995. 12. 29. 법률 제5036호 최종 개정) 제38조의7 및 제18조 제1항 제9호는 헌법에 위반된다"고 결정하고, 이유를 다음과 같이 설시하였다.

## ▣ 직업의 자유와 소비자의 자기결정권의 침해 여부

### ■ 문제의 제기

이 사건 법률조항이 규정한 구입명령제도는 소주판매업자에게 자도소주의 구입의무를 부과함으로써, 어떤 소주제조업자로부터 얼마만큼의 소주를 구입하는가를 결정하는 직업활동의 방법에 관한 자유를 제한하는 것이므로 소주판매업자의 “직업행사의 자유”를 제한하는 규정이다. 또한 구입명령제도는 비록 직접적으로는 소주판매업자에게만 구입의무를 부과하고 있으나 실질적으로는 구입명령제도가 능력경쟁을 통한 시장의 점유를 억제함으로써 소주제조업자의 “기업의 자유” 및 “경쟁의 자유”를 제한하고, 소비자가 자신의 의사에 따라 자유롭게 상품을 선택하는 것을 제약함으로써 소비자의 행복추구권에서 파생되는 “자기결정권”도 제한하고 있다.

직업의 자유는 영업의 자유와 기업의 자유를 포함하고, 이러한 영업 및 기업의 자유를 근거로 원칙적으로 누구나가 자유롭게 경쟁에 참여할 수 있다. 경쟁의 자유는 기본권의 주체가 직업의 자유를 실제로 행사하는 데에서 나오는 결과이므로 당연히 직업의 자유에 의하여 보장되고, 다른 기업과의 경쟁에서 국가의 간섭이나 방해를 받지 않고 기업활동을 할 수 있는 자유를 의미한다. 소비자는 물품 및 용역의 구입·사용에 있어서 거래의 상대방, 구입장소, 가격, 거래조건 등을 자유로이 선택할 권리를 가진다. 소비자가 시장기능을 통하여 생산의 종류, 양과 방향을 결정하는 소비자주권의 사고가 바탕을 이루는 자유시장경제에서는 경쟁이 강화되면 될수록 소비자는 그의 욕구를 보다 유리하게 시장에서 충족시킬 수 있고, 자신의 구매결정을 통하여 경쟁과정에 영향을 미칠 수 있기 때문에 경쟁은 또한 소비자보호의 포기할 수 없는 중요 구성부분이다.

기본권인 직업행사의 자유를 제한하는 법률이 헌법에 저촉되지 아니하기 위하여는 그 기본권의 침해가 합리적이고 이성적인 공익상의 이유로 정당화할 수 있어야 한다. 물론 입법자는 경제정책의 목표와 그 목표를 달성하기 위하여 적합한 수단을 결정하는데 있어서 광범위한 형성의 자유가 부여되고, 또한 경제정책적 조정조치를 통하여 시장경제의 자유로운 힘의 대결을 수정할 수 있다. 그러나 자유로운 직업행사에 대한 침해는 그 침해가 공익상의 충분한 이유로 정당화되고 또한 비례의 원칙을 준수하여야 비로소 직업의 자유와 조화될 수 있다. 즉 입법자가 선택한 수단이 의도하는 입법목적을 달성하기에 적정해야 하고, 입법목적을 달성하기 위하여 똑같이 효율적인 수단 중에서 기본권을 되도록 적게 침해하는 수단을 사용하여야 하며, 침해의 정도와 공익의 비중을 전반적으로 비교형량하여 양자 사이에 적정한 비례관계가 이루어져야 한다.

우리 헌법은 헌법 제119조 이하의 경제에 관한 장에서 "균형있는 국민경제의 성장과 안정, 적정한 소득의 분배, 시장의 지배와 경제력남용의 방지, 경제주체간의 조화를 통한 경제의 민주화, 균형있는 지역경제의 육성, 중소기업의 보호육성, 소비자보호 등"의 경제영역에서의 국가목표를 명시적으로 규정함으로써 국가가 경제정책을 통하여 달성하여야 할 "공익"을 구체화하고, 동시에 헌법 제37조 제2항의 기본권 제한을 위한 일반법률유보에서의 "공공복리"를 구체화하고 있다. 그러나 경제적 기본권의 제한을 정당화하는 공익이 헌법에 명시적으로 규정된 목표에만 제한되는 것은 아니고, 헌법은 단지 국가가 실현하려고 의도하는 전형적인 경제목표를 예시적으로 구체화하고 있을 뿐이므로 기본권의 침해를 정당화할 수 있는 모든 공익을 아울러 고려하여 법률의 합헌성 여부를 심사하여야 한다.

■ 구입명령제도와 주세보전, 물류비증가와 교통량체증의 방지

주세는 제조장으로부터 출고한 주류의 수량 또는 가격에 응하여 제조자로부터 징수한다(주세법 제21조). 주세의 보전을 위하여 필요한 경우에는 국세청장은 주류판매업자에 대하여 저장, 양도, 양수, 이동, 설비, 또는 가격에 대하여 원료, 품질, 시기, 방법, 상대방 기타의 사항에 관하여 명령을 할 수 있도록 하고 있다(주세법 제38조, 같은법 시행령 제57조). 따라서 주세는 제조장으로부터 출고한 주류의 수량 또는 가격에 따라 제조자로부터 징수되므로 소주판매업자가 어느 소주제조업자로부터 구입하는가와 관계없이 징수가 가능하기 때문에 이 사건 법률조항은 주세보전과는 아무런 관계가 없다.

구입명령제도가 물류비증가와 교통량체증의 방지에 적정하고 필요한 수단인가 하는 것은 별론으로 하더라도, 구입명령제도의 도입을 통하여 달성하려는 성과가 직업의 자유에 대한 침해의 정도와 현저한 불균형을 이루고 있다. 입법을 통하여 달성하려는 공익은 그 중요성에 있어서 기본권침해의 정도와 적정한 비례관계를 유지하여야 한다. 그러나 소주제품에만 국한된 자도소주구입명령제도는 현재 우리나라의 전체 물동량에 비추어 물류비증가 및 교통량체증을 방지하는 효과가 작은 데 반하여, 이로써 소주판매업자, 제조업자, 소비자의 기본권을 침해하는 정도와 침해의 효과는 상당히 크다. 특히 소주판매업자의 경우 자도의 소주제조업자로부터 의무적으로 반 이상의 자도소주를 구입해야 하고 또한 구입의무에 대응하는 계약체결의 강제를 법률이 규정하고 있지도 아니하므로 이에 따른 지방소주제조업자의 거의 독점적 지위로 말미암아 소주판매업자의 제조업자에 대한 의존의 정도가 매

우 크고 경제적 활동의 자유에도 큰 제약을 받게 된다. 따라서 구입명령제도가 물류비증가 및 교통량체증의 방지에 기여하는 정도는 비교적 작은데 반하여 그로 말미암아 특히 소주판매업자의 경우에는 상대적으로 심각한 기본권침해를 가져오므로 침해를 통하여 얻는 성과와 침해의 정도가 합리적인 비례관계를 벗어났다고 아니할 수 없다.

■ 구입명령제도와 독과점규제

헌법 제119조 제 2 항은 "국가는 …… 시장의 지배와 경제력의 남용을 방지하기 위하여 …… 경제에 관한 규제와 조정을 할 수 있다"고 규정함으로써, 독과점규제라는 경제정책적 목표를 개인의 경제적 자유를 제한할 수 있는 정당한 공익의 하나로 명문화하고 있다. 국가목표로서의 "독과점규제"는 스스로에게 맡겨진 경제는 경제적 자유에 내재하는 경제력집중적 또는 시장지배적 경향으로 말미암아 반드시 시장의 자유가 제한받게 되므로 국가의 법질서에 의한 경쟁질서의 형성과 확보가 필요하고, 경쟁질서의 유지는 자연적인 사회현상이 아니라 국가의 지속적인 과제라는 인식에 그 바탕을 두고 있다. 독과점규제는 국가의 경쟁정책에 의하여 실현되고 경쟁정책의 목적은 공정하고 자유로운 경쟁의 촉진에 있다. 독점규제의 목표는 독점규제및공정거래에관한법률(이하 "독점규제법"이라 한다)이 그 규제의 목표를 보다 구체화하고 있는바, 독점규제법 제 1 조는 "사업자의 시장지배적 지위의 남용과 과도한 경제력의 집중을 방지하고 부당한 공동행위 및 불공정거래행위를 규제하여 공정하고 자유로운 경쟁을 촉진함으로써 창의적 기업활동을 조장하고 소비자를 보호함과 아울러 국민경제의 균형있는 발전을 도모함을 목적으로 하고 있다"고 규정하여 이 법의 입법목적을 밝히고 있다. 즉 국가의 경쟁정책은 시장지배적 지위의 남용방지, 기업결합의 제한, 부당한 공동행위의 제한 등을 통하여 시장경제가 제대로 기능하기 위한 전제조건으로서의 가격과 경쟁의 기능을 유지하고 촉진하려고 하는 것이다. 따라서 독과점규제의 목적이 경쟁의 회복에 있다면 이 목적을 실현하는 수단 또한 자유롭고 공정한 경쟁을 가능하게 하는 방법이어야 한다.

그러나 이 사건 법률조항이 규정한 소주판매업자가 매월 소주류 총구입액의 100분의 50 이상을 자도소주로 구입하도록 하는 구입명령제도는 실질적으로는 지방소주제조업자에게 경쟁으로부터의 면제라는 특권을 부여하고, 그로 말미암아 기업의 능력과 관계없이 구입명령제도를 통하여 확보되고 유지되는 현상태에 안주하는 결과를 가져오게 한다. 결국 구입명령제도는 전국적으로 자유경쟁을 배제한 채 지역나누어먹기 식의 지역할거주의로 자리잡게 하고, 그로써 지방소주업체들이 각 도마다 최소한 50%의 지역시장 점유율을 보유하게 하여 지역 독과점적 현상의 고착화를 초래하게 한다. 이로 말미암아 사실상 경쟁이 본래의 기능을 읽고, 경쟁을 통하여 얻으려는 효과는 얻을 수 없게 된다. 그러므로 이 사건 법률조항이 규정한 구입명령제도는 지방소주업체를 경쟁으로부터 직접 보호함으로써 오히려 경쟁을 저해하는 것이기 때문에 공정하고 자유로운 경쟁을 유지하고 촉진하려는 목적인 "독과점규제"라는 공익을 달성하기 위한 적정한 조치로 보기 어렵다.

경쟁의 회복이라는 독과점규제의 목적을 달성할 수 있는 방법은 되도록 균등한 경쟁의 출발선을 형성함으로써 경쟁을 가능하게 하고 활성화하는 방법이어야 한다. 비록 소주시장에서 이미 시장지배적 지위가 형성되었거나 또는 형성될 우려가 있다고 하더라도, 구입명령제도는 독점화되어 있는 시장구조를 경쟁적인 시장구조로 전환시키기 위한 적정한 수단으로 볼 수 없으므로 위 법률조항은 비례의 원칙에 위반된다.

■ 구입명령제도와 지역경제의 육성

헌법 제123조는 농수산업정책, 지역적 경제촉진과 중소기업정책의 필요성을 구체적으로 강조함으로써, 지역간의 경제적 차이를 조정하고, 국민경제적 이유에서 일정 경제부문이 변화한 시장조건에 적응하는 것을 용이하게 하거나 또는 경쟁에서의 상이한 조건을 수정하기 위하여, 경제적으로 낙후한 지역이나 일정 경제부문을 지원할 국가의 과제를 규정하고 있다. 즉 국가가 보조금이나 세제상의 혜택 등을 통하여 시장의 형성과정에 지역적으로 또는 경제부문별로 관여함으로써, 시장에서의 경쟁이 국가의 지원조치에 의하여 조정된 새로운 기초 위에서 이루어질 수 있도록 하는 것이 헌법 제123조의 목적이다.

헌법 제123조가 규정한 지역경제육성의 목적은 일차적으로 지역간의 경제적 불균형의 축소에 있다. 특히 농업과 수산업에 의존하는 지역이 지역적 경제구조에 있어서 심한 불균형을 나타내기 때문에 헌법 제123조 제1 · 4 · 5항에서 경제력이 일반적으로 전국 평균 이하인 농어촌 지역과 농 · 어업 경제부문에 대한 보호 · 육성을 강조하고 있다. 또한 "지역경제의 육성"의 목표는 경제적으로 낙후된 지역의 주민이 단지 경제적인 이유로 말미암아 경제력이 강한 지역으로 이주하도록 강요되어서는 아니 되고, 그의 거주지역에서 생업에 종사할 수 있는 적절한 기회가 제공되어야 한다는 일반정책적인 고려에 따른 것이기도 하다. 이로써 국가지역정책은 농 · 어촌의 이주현상과 대도시에로의 지나친 인구집중을 방지하고 국토의 균형있는 인구분산을 이루게 함으로써, 궁극적으로 경제성장과 안정이라는 경제적 목표를 달성하는데 기여할 뿐만 아니라 전국적으로 균형있는 경제, 사회, 문화적 관계를 형성하는 사회정책적 목표를 촉진토록 하는데 있다.

그러나 구입명령제도를 통하여 지방소주업체를 경쟁으로부터 보호하고 그 결과로 각 도에 하나씩의 소주제조기업이 존재한다는 것 그 자체만으로는 헌법 제123조의 "지역경제의 육성"이란 공익을 의미한다고 보기는 어렵다. 입법자가 개인의 기본권침해를 정당화하는 입법목적으로서의 "지역경제"를 주장하기 위하여는, 각 지역에 하나의 기업이 더 존재하는 것이 지역경제에 어떠한 의미로든 기여를 한다는 지극히 당연한 사실을 넘는, 문제되는 지역의 현존하는 경제적 낙후성이라든지 아니면 특정 입법조치를 취하지 않을 경우 발생할 지역간의 심한 경제적 불균형과 같은 납득할 수 있는 구체적이고 합리적인 이유가 있어야 한다. 왜냐하면 지역경제의 육성이란 한마디로 지역간의 상이한 경제력과 경쟁조건의 수정과 조정을 그 목적으로 하기 때문이다. 그러나 전국 각 도에 균등하게 하나씩의 소주제조기업을 존속케 하려는 주세법에서는 수정되어야 할 구체적인 지역간의 차이를 확인할 수 없고, 따라서 1도 1소주 제조업체의 존속유지와 지역경제의 육성간에 상관관계를 찾아 볼 수 없으므로 "지역경제의 육성"은 이 사건 법률조항의 위에서 지적한 기본권침해를 정당화할 수 있는 공익으로 고려하기 어렵다고 할 것이다.

■ 구입명령제도와 중소기업의 보호

우리 헌법은 제123조 제 3 항에서 중소기업을 보호·육성해야 할 국가의 과제를 부과하고, 같은조 제 5 항에서는 국가는 중소기업의 자조조직을 육성하여야 하며, 그 자율적 활동과 발전을 보장해야 한다고 규정하고 있다. 중소기업은 생산과 고용의 증대에 기여하고 대기업보다 경기의 영향을 작게 받으며, 수요의 변화에 적절히 대처하고 새로운 기술의 개발을 기대하게 할 뿐만 아니라 사회적 분업과 기업간의 경쟁을 촉진함으로써 전체국민경제에 크게 기여하고 있다. 그러나 중소기업은 대기업에 비하여 자금력, 기술수준, 경영능력 등에 있어서 열세하기 때문에 자력으로는 경영의 합리화와 경쟁력의 향상을 도모할 수 없는 경우가 많다. 우리 헌법은 중소기업이 국민경제에서 차지하는 중요성 때문에 "중소기업의 보호"를 국가경제정책적 목표로 명문화하고, 대기업과의 경쟁에서 불리한 위치에 있는 중소기업의 지원을 통하여 경쟁에서의 불리함을 조정하고, 가능하면 균등한 경쟁조건을 형성함으로써 대기업과의 경쟁을 가능하게 해야 할 국가의 과제를 부과하고 있다. 중소기업의 보호는 넓은 의미의 경쟁정책의 한 측면을 의미하므로, 중소기업의 보호는 원칙적으로 경쟁질서의 범주 내에서 경쟁질서의 확립을 통하여 이루어져야 한다. 중소기업육성이라는 공익을 경쟁질서의 테두리 안에서 실현해야 한다는 것은 독점규제법도 간접적으로 표현하고 있다. 즉 능력에 의한 경쟁을 원칙으로 하는 독점규제법에서는 단지, 제19조 제 1 항 단서 및 제26조 제 2 항에서 중소기업의 경쟁력 향상을 위한 경우에 한하여 공동행위와 사업자단체의 경쟁제한행위를 예외적으로 허용할 뿐, 중소기업을 경쟁으로부터 직접 보호하는 지원조치는 이를 찾아볼 수 없다.

중소기업 또한 대기업과 마찬가지로 경쟁에서 능력을 인정받고 시장에서의 자신의 위치를 관철해야 한다. 단지 대기업 및 재벌기업과의 경쟁에서 중소기업이 불리하다면, 불리한 경쟁조건을 완화하고 되도록이면 균등한 경쟁조건을 형성하는 수단을 통하여 조정함이 마땅하다. 현상태의 유지를 법률의 형태로 보장함으로써 중소기업을 대기업과의 경쟁에서 제외하는 방법은 결코 바람직한 것이 못된다. 중소기업의 육성은 세법상의 혜택이나 중소기업기본법 등 중소기업지원을 위한 특별법에 규정된 특수한 중소기업육성책을 통하여 이루어져야 한다. 중소기업의 보호란 공익이 자유경쟁질서 안에서 발생하는 중소기업의 불리함을 국가의 지원으로 보완하여 경쟁을 유지하고 촉진시키려는 데 그 목적이 있으므로, 이 사건 법률조항이 규정한 구입명령제도는 이러한 공익을 실현하기에 적합한 수단으로 보기 어렵다. (따라서 구입명령제도에 의하여 혜택을 받는 지방소주제조업자들이 실제로 중소기업에 해당하는가 하는 것은 별도의 해명을 요하지 아니한다.)

일반적으로 고알콜주류에 국한하여 시행되는 일부 국가의 전매제도는 그 목적이 주류소비량의 억제 내지는 적정유지를 통하여 국민보건에 기여하고, 아울러 조세정책의 일환으로서 세수를 확보하려는데 있는 것이다. 그러나 이 사건 법률조항이 규정한 구입명령제도는 앞서 본 바와 같이 오로지 일정 주류시장의 중소기업을 경쟁으로부터 보호하는 것을 목적으로 하는 것으로밖에 볼 수 없고, 달리 구입명령제도의 정당성을 인정할 수 있는 근거를 찾아 볼 수 없다.

■ 따라서 이 사건 법률조항은 소주판매업자의 직업의 자유는 물론 소주제조업자의 경쟁 및 기업의 자유, 즉 직업의 자유와 소비자의 행복추구권에서 파생된 자기결정권을 지나치게 침해하는 위헌적인 규정이라 아니할 수 없다.

## ▶ 해　설

### 반대의견

위 사건의 다수의견에 대해 반대하는 다음과 같은 3인의 반대의견이 존재한다.

「이 사건 구입명령제도가 직업행사의 자유에 대한 과잉제한인지의 여부를 판단함에 있어서는 헌법 제9장에 규정된 경제질서 조항의 의미를 충분히 고려하여야 할 것이다. 헌법은 제119조 제1항에서 대한민국의 경제질서는 개인과 기업의 경제상의 자유와 창의를 존중함을 기본으로 한다고 규정함으로써 경쟁을 바탕으로 하는 시장경제질서를 원칙으로 하면서 한편 제119조 제2항에서 국가는 시장의 지배와 경제력의 남용을 방지하고 경제의 민주화를 위하여 경제에 관한 규제와 조정을 할 수 있다고 규정하고, 나아가 제123조 제2항에서는 지역간의 균형있는 발전을 위한 지역경제 육성의무를, 제123조 제3항에서는 중소기업의 보호육성의무를 국가에게 부여하고 있다. 우리 헌법은 자유와 경쟁에 대한 보완원리로서 사회정의, 경제정의와 경제민주화 이념을 채택하고 이를 위한 구체적인 경제목표로서 독과점규제, 지역경제육성, 중소기업보호를 들고 있으며 이를 실현하기 위해 국가적 규제와 조정을 광범위하게 인정하고 있는 것이다. ……

이 사건 구입명령제도가 비록 주류판매업자나 소주제조업자의 직업의 자유 내지 영업의 자유를 다소 제한한다고 하더라도 그 정도가 지나치게 과도하여 입법형성권의 범위를 현저히 일탈한 것이라고 볼 수는 없다.」

### 복수면허 의료인의 복수의료기관 개설금지

경쟁제한과 관련된 이 사건(憲 2007. 12. 27.-2004헌마1021)은 의료법 제2조가 의료인은 하나의 의료기관만을 개설하도록 규정하고 있는 것의 위헌 여부이다. 청구인들은 의사 및 한의사의 복수면허 의료인들로서 이 사건 법률조항으로 인하여 면허에 따른 복수의 의료기관을 개설할 수 없게 되자, 이 사건 법률조항이 직업의 자유, 평등권 등을 침해하였다고 주장하며 그 위헌확인을 구하는 헌법소원심판청구를 하였다. 헌법재판소는 이 사건에서 관련 법률조항이 헌법에 합치하지 않는다고 선고하였다. 이 결정에 의하면 면허를 취득하였다는 것은 그 면허에 따른 직업의 자유를 회복한 것이고, 이렇게 회복된 자유에 대하여 전문분야의 성격과 정책적 판단에 따라 면허를 실현할 수 있는 방법이나 내용을 정할 수는 있지만 이를 다시 전면적으로 금지하는 것은 입법형성의 범위 내라고 보기 어렵다고 한다.

이 결정에서 헌법재판소는 복수면허 의료인도 '하나의' 의료기관만을 개설할 수 있다는 점에서는 단수면허 의료인과 '같은' 대우를 받는데 복수면허 의료인은 의과 대학과 한의과 대학을 각각 졸업하고, 의사와 한의사 자격 국가고시에 모두 합격하였다. 따라서 단수면허 의료인에 비하여 양방 및 한방의 의료행위에 대하여 상대적으로 지식 및 능력이 뛰어나거나, 그가 행하는 양방 및 한방의 의료행위의 내용과 그것이 인체에 미치는 영향 등에 대하여도 상대적으로 더 유용한 지식과 정보를 취득하고 이를 분석하여 적절하게 대처할 수 있다고 평가될 수 있음에도, 복수면허 의료인들에게 단수면허 의료인과 같이 하나의 의료기관만을 개설할 수 있다고 한 이 사건 법률조항은 '다른 것을 같게' 대우하는 것으로 합리적인 이유를 찾기 어렵다고 결정하였다.

#### 약사의 한약제조권

경쟁제한과 관련된 이 사건(憲 1997. 11. 27.-97헌바10) 심판대상은 한약사제도를 신설하면서 그 이전부터 한약을 조제하여 온 약사들에게 향후 2년간 만 한약을 조제할 수 있도록 하고 있는 약사법(1994. 1. 7. 법률 제4731호) 부칙 제4조 제2항이 직업의 자유의 본질적 내용을 침해하는지 여부이다.

이에 대해 헌법재판소는 약사법을 개정하여 한약사제도를 신설하면서 그 개정 이전부터 한약을 조제하여 온 약사들에게 향후 2년간 만 한약을 조제할 수 있도록 하고 있는 약사법 부칙 제4조 제2항은 직업수행의 자유를 제한하고 있기는 하나, 약사라는 직업에 있어서 한약의 조제라는 활동은 약사직의 본질적인 구성부분으로서의 의미를 갖기보다는 예외적이고 부수적인 의미를 갖고 있었음에 불과하여 약사가 한약의 조제권을 상실한다고 하더라도 어느 정도 소득의 감소만을 초래할 뿐 약사라는 본래적인 직업의 주된 활동을 위축시키거나 그에 현저한 장애를 가하여 사실상 약사라는 직업을 포기하게 하는 결과를 초래하는 것은 아니라고 판시하였다.

### ▶ 질 문

1. 기업의 경쟁의 자유는 직업의 자유(제15조)에 속하는 것인가, 경제질서(제119조)의 내용인가?
2. 복수면허 의료인의 복수의료기관 개설금지는 위헌인가?
3. 약사의 그동안 활동영역이었던 한약제조권을 박탈하는 것은 법치국가원칙에 위배되는가?

## 나. 개업지 제한

### ▶ 개 요

헌법 제15조에 따라 모든 국민은 직업선택의 자유를 가진다. 따라서 국민은 누구나 자유롭게 자신이 종사할 직업을 선택하고, 그 직업에 종사하며, 이를 변경할 수 있다. 이에는 개인의 직업적 활동을 하는 장소 즉 개업지를 선택할 자유도 포함된다.

직업선택의 자유에 포함된 개업지 결정의 자유는 삶의 보람이요 생활의 터전인 직업을 개인의 창의와 자유로운 의사에 따라 선택케 함으로써 자유로운 인격의 발전에 이바지하게 하는 한편 자유주의적 경제·사회질서의 요소가 되는 기본적 인권이라 아니할 수 없다. 따라서 개업지에 대한 제한은 반드시 법률로써 하여야 할 뿐 아니라 국가안전보장, 질서유지 또는 공공복리 등 정당하고 중요한 공공의 목적을 달성하기 위하여 필요하고 적정한 수단·방법에 의하여서만 가능한 것이다.

### ▶ 핵심판례

憲 1989. 11. 20.-89헌가102 [변호사 개업지 제한 사건]

[사건의 개요]

이 사건 위헌심판의 제청신청인은 사법시험에 합격하고 사법연수원을 수료하여 변호사의 자격을 취득한 후, 군법무관으로 육군에 입대하여 병역의무를 마치고 전역하였다.

제청신청은 서울지방변호사회를 경유하여 대한변호사협회에 변호사자격등록신청과 개업신고를 하였으나, 대한변호사협회는 제청신청인이 그 개업신고 전 2년 이내에 서울지방법원의 관할구역 안에 소재하는 육군본부 법무감실에서 송무장교로 근무한 사실을 들어 변호사법(이하 법이라 한다) 제10조 제 2 항에 의하여 그 등록 및 신고를 거부하였다.

이에 제청신청인은 대한변호사협회를 상대로 서울민사지방법원에 변호사자격등록이행청구의 소를 제기하였다가 각하되자 다시 서울고등법원에 항소하였는데, 서울고등법원은 헌법재판소법 제41조 제 1 항에 따라 법 제10조 제 2 항의 위헌여부에 대한 심판을 제청하였다.

[심판의 대상]

**변호사법** 제10조 ② 판사·검사·군법무관 또는 변호사의 자격이 있는 경찰공무원으로서 판사·검사·군법무관 또는 경찰공무원의 재직기간이 통산하여 15년에 달하지 아니한 자는 변호사의 개업신고 전 2년 이내의 근무지가 속하는 지방법원의 관할구역 안에서는 퇴직한 날로부터 3년간 개업할 수 없다. 다만, 정년으로 퇴직하거나 대법원장 또는 대법관이 퇴직하는 경우에는 그러하지 아니하다.

이 사건에서 헌법재판소는 "변호사법(1982. 12. 31. 법률 제3594호 전문개정, 1987. 12. 4. 법률 제3992호 개정) 제10조 제 2 항·제 3 항은 헌법에 위반된다"고 결정하고, 이유를 다음과 같이 설시하였다.

▣ 입법의 목적

위 법률조항의 입법제안 이유에 의하면, 그 입법취지는 판사나 검사 등으로 근무하던 공무원이 그 근무지에서 변호사로 개업함으로써 생길 수 있는 정실개입의 위험을 배제하고, 공무원 직무의 공정성에 대한 신뢰확보에 있음이 분명하다.

또한 위 법률조항에 의한 제한 대상자를 관계공무원으로서 재직기간이 통산하여 15년에 달하지 아니한 자에 대해서만 적용하도록 규정한 점으로 미루어 보면, 법무부장관이 주장하듯 중견판사 및 검사를 확보하기 위함도 위 법률조항의 입법취지의 하나로 인정된다.

▣ 제한의 적정성 여부

▪ 변호사로 개업하고자 하는 판사나 검사 등의 개업지를 제한함으로써 개업을 막겠다는 것은 중견판사 및 검사의 확보라는 목적에 비추어 적절하거나 합리적인 방법이라 할 수 없다. 왜냐하면, 판사나 검사 등으로서의 직무의 수행이 국민의 의무에 따른 복무가 아닌 한 필요한 인력의 확보는 인력충당의 장기계획이나 스스로 전직을 원하지 아니하도록 제도적 뒷받침을 마련함으로써 이루어야 하는 것이지 본인의 의사에 반하여 전직을 어렵게 하는 방법으로써 이루어서는 아니 되기 때문이다. 특히 판사나 검사 등과 같이 단순한 노무의 제공만을 요하는 것이 아니라 직무에 대한 고도의 전문성과 함께 사명감을 요하는 사람에 대하여는 더욱 그러하다.

▪ 법 제10조 제2항은 법조경력이 15년이 되지 아니한 변호사가 개업신고 전 2년 이내의 근무지가 속하는 지방법원의 관할구역 안에서 3년간 개업하는 것을 금지하고 있기는 하나, 개업이 금지된 곳에서 법률사무를 취급하는 행위 자체를 금지하고 있지는 않다. 따라서 위 법률조항이 변호사의 개업지를 제한하는 그 자체에 목적이 있는 것이 아니라 특정사건으로부터 정실개입의 소지가 있는 변호사의 관여를 배제하여 법률사무의 공정성과 공신성을 확보하자는데 그 목적이 있는 것이라면, 그 제한이 획일적인 점을 감안해 볼 때 위 법률조항이 정한 개업지의 제한은 결국 정실배제라는 목적실현에도 필요하고 적정한 수단이라고 할 수 없다.

▪ 법 제10조 제2항은 개업지의 제한 단위를 지방법원의 관할구역으로 정하고 있다. 공무원이 법원이나 검찰청에서 근무하면서 그 동료들과 사이에 형성하는 친분관계는 그 관청의 규모나 본원 · 본청과 지원 · 지청간의 거리, 교통편의, 생활권의 범위 등에 따라 달라질 수 있을 것이다.

법원의 경우 관할구역별로 비교해 보면, 서울지역의 서울민사지방법원, 서울형사지방법원, 서울가정법원은 그 관할 내에 동부, 남부, 북부, 서부, 의정부 등 5개 지원을 거느리고 있고, 대법원, 법원행정처, 사법연수원 및 서울고등법원 등 다수의 단위기관들이 존재하고 있을 뿐 아니라, 그 관할구역 내에 실제 근무하는 법관의 수는 1989. 9. 1. 현재 443명에 이르고 있는데, 이는 국내에서 근무하는 전체 법관의 수 982명의 약 45퍼센트(전국 검사정원 중 서울지방법원의 관할 내에 근무하는 검사정원의 비율도 이와 거의 일치한다)에 이르는 숫자이다. 이에 비하여 지원이 없는 인천지방법원의 경우 근무중인 법관의 수는 35명에 불과하고, 지원이 없으면서 가장 규모가 작은 제주지방법원의 경우는 불과 10명의 판사가 근무하고 있을 뿐이다.

또 생활권의 규모로 보더라도 제주지방법원은 비교적 좁은 지역에서 단일한 생활권을 이루고 있는데 비하여, 대구지방법원은 소년부지원 이외에 안동, 경주, 김천, 상주, 의성, 영덕 등 6개 지원이 비교적 넓은 지역에 산재해 있고, 교통이나 거리, 산업배치상황 등을 감안해 볼 때 지원이나 본원 또는 지원 상호간에 생활권을 같이 한다고는 도저히 볼 수 없다.

서울에서와 같이 다수의 인력이 여러 기관에 분산되어 배치되거나, 대구지방법원의 경우와 같이 여러 지원이 광범위한 지역에 산재해 있는 경우에는 공무원 사이에 같은 지방법원 관할구역 안에서 근무하였다는 사정만으로는 직무상 정실이 개입될 정도의 친분관계가 형성되기는 상대적으로 어려울 것이 분명하다. 그럼에도 불구하고 법 제10조 제 2 항은 각 지방법원의 규모 및 사회환경에 따른 특성에 관한 합리적 고려없이 일률적으로 지방법원의 관할구역을 단위로 하여 개업지를 제한하고 있다. 그 결과 예컨대, 서울의 경우 정실개입의 개연성은 위에서 본 바와 같이 상대적으로 낮은데 비하여 개업지 제한의 범위는 오히려 국내에 근무하는 판사의 약 45퍼센트를 대상으로 하게 된다. 이는 국민에게 자신이 선택한 직업에 자유롭게 종사할 수 있는 직업행사의 자유를 심히 부당하게 제한하는 것이라 아니할 수 없다.

더욱이 군법무관의 경우에는 군복무기간중 주로 법률사무 가운데 군사법원이 관할하는 한정된 범위에만 종사하는 데다가 그 조직의 성격상 판사·검사나 경찰관과의 직무상 교류가 적은만큼 변호사로 개업한다 하여 군사법원 관할사건 이외에 정실의 영향을 미칠 소지도 거의 없다. 또 군사법원 자체가 법원이나 검찰청에 비하여 작은 단위로 나누어져 산재해 있고, 군법무관은 소속 군사법원이 설치된 비교적 제한된 관할구역 안에서 생활하게 되는 까닭에 직무를 떠나서라도 법률사무를 취급하는 다른 공무원과 접촉하기 어려운 실정이다.

그럼에도 불구하고 지방법원의 관할구역을 기준으로 하여 개업지를 제한함으로써 군사법원에 비하여 업무의 양이나 조직이 월등히 방대한 법원이나 검찰을 상대로 한 변호사로서의 활동까지 제한한다는 것은 법 제10조 제2항의 제정으로 이루고자 하는 공익과 비교하여 보아도 과잉제한이라 아니할 수 없다. 서울지방법원의 관할구역이 미치는 최전방 소재의 군사법원에서 복무하던 군법무관이 전역하여 변호사로 개업하고자 할 때 서울지방법원의 관할구역 어느 곳에서도 개업할 수 없다는 점을 상정해 보면 그 제한의 정도가 얼마나 부당하게 과잉한 것인가를 쉽사리 알 수 있다.

■ 아울러 법 제10조 제2항은 변호사의 개업지를 제한하면서 판사 · 검사 · 군법무관 또는 경찰공무원의 재직기간이 통산하여 15년에 달하는 경우와 정년으로 퇴직하거나 대법원장 또는 대법관이 퇴직하는 경우에는 위 법률의 조항이 정한 개업지 제한의 적용을 배제하고 있다.

그런데, 개업지의 제한을 둔 입법의 목적이 위에서 본 바와 같이 법률사무를 취급하는 공무원의 업무에 정실이 개입하지 못하도록 하자는데 있는 것이라면, 재직기간이 길면 길수록 정실개입의 소지가 줄어든다는 사정이 있을 때에만 위 규정은 합리적이라 할 것이다.

그러나 변호사로 개업하는 공무원의 재직기간이 길수록 그가 법률사무를 취급하는 공무원의 업무에 친분관계로 인한 영향을 미칠 소지는 적어진다고 볼 합리적 근거는 발견되지 않는다. 그렇다면 법 제10조 제2항은 재직경력이 긴 사람에 대하여 그러하지 아니한 사람과 구별하여 그 개업지 제한 규정의 적용을 배제하고 있어 변호사로서의 개업을 하고자 하는 동일한 처지에 있는 자를 합리적 이유없이 차별하고 있다 할 것이므로 이는 법 앞에서의 평등을 규정한 헌법 제11조 제1항에 위반된다.

끝으로 특히 위 법률의 조항이 병역의무의 이행으로 군법무관으로 복무한 자에게도 적용될 때에는 다음의 문제가 제기된다. 즉 사법연수원을 수료하고 즉시 개업하는 변호사의 경우 개업지를 선택함에 있어 아무런 제한을 받지 아니하나, 병역의무의 이행을 위하여 군법무관으로 복무한 자는 전역 후 변호사로 개업함에 있어 개업지의 제한을 받게 된다. 군법무관으로의 복무 여부가 자신의 선택에 의하여 정해지는 경우와는 달리 병역의무의 이행으로 이루어지는 경우, 이는 병역의무의 이행으로 말미암아 불이익한 처우를 받게 되는 것이라 아니할 수 없어 이의 금지를 규정한 헌법 제39조 제2항에 위반된다.

■ 따라서 법 제10조 제2항이 변호사의 개업지를 일정한 경우 제한함으로써 직업선택의 자유를 제한한 것은 그 입법취지의 공익적 성격에도 불구하고 선택된 수

단이 그 목적에 적합하지 아니할 뿐 아니라, 그 정도 또한 과잉하여 비례의 원칙에 벗어난 것이고, 나아가 합리적 이유없이 변호사로 개업하고자 하는 공무원을 근속기간 등에 따라 차별하여 취급하고 있다.

그러므로 법 제10조 제2항은 헌법 제11조 제1항, 제15조, 제37조 제2항에 각 위반된다. 또한 병역의무를 이행한 군법무관의 경우는 헌법 제39조 제2항의 경우에도 위반된다.

## ▶ 해 설

### 탁주의 공급구역제한

영업 개업지를 제한하는 것과 관련된 이 사건(憲 1999. 7. 22-98헌가5)은 "주류제조장 소재지의 시(서울특별시와 광역시를 포함한다)·군의 행정구역으로 하지만 주류 공급사정과 주세보전상 그 공급구역을 변경할 필요가 있다고 인정될 경우에는 동일지방국세청관내에 한하여 당해 지방국세청장이 이를 변경할 수 있다"라는 탁주의 공급구역제한제도를 규정하고 있는 주세법 제5조 제3항이 헌법에 위반되는지 여부에 관한 것이다.

이에 대해 헌법재판소는 합헌결정을 하면서 국민보건에 직접적인 영향을 미치는 주류의 특성상 주류제조·판매와 관련되는 직업의 자유 내지 영업의 자유에 대하여는 폭넓은 국가적 규제가 가능하고, 또 입법자의 입법형성권의 범위도 광범위하게 인정되는 분야라고 할 수 있으므로 탁주의 공급구역제한제도는 국민보건위생을 보호하고, 탁주제조업체간의 과당경쟁을 방지함으로써 중소기업보호·지역경제육성이라는 헌법상의 경제목표를 실현한다는 정당한 입법목적을 가진 것으로서 그 입법목적을 달성하기에 이상적인 제도라고까지는 할 수 없을지라도 전혀 부적합한 것이라고 단정할 수 없고, 탁주의 공급구역제한제도가 비록 탁주제조업자나 판매업자의 직업의 자유 내지 영업의 자유를 다소 제한한다고 하더라도 그 정도가 지나치게 과도하여 입법형성권의 범위를 현저히 일탈한 것이라고 볼 수는 없다고 판시하였다.

### 학교환경위생정화구역 안에서의 극장시설금지

학생보호를 위한 개업지제한과 관련된 이 사건(憲 2004. 5. 27.-2003헌가1등)은 학교 정화구역 내에서의 극장시설 및 영업을 금지하고 있는 학교보건법 제6조 제1항 본문 제2호 중 '극장' 부분이 직업의 자유를 과도하게 침해하여 위헌인지 여부에 관한 것이다. 이에 대해 헌법재판소는 위헌결정을 내리면서 대학생의 신체적·정신적 성숙성에 비추어 볼 때 대학생이 영화의 오락성에 탐닉하여 학습을 소홀히 할 가능성이 적으며, 그와 같은 가능성이 있다고 하여도 이는 자율성을 가장 큰 특징으로 하는 대학교육이 용인해야 할 부분이고, 국가·지방자치단체 또는 문화재단 등 비영리단체가 운영하는 공연장 및 영화상영관, 순수예술이나 아동·청소년을 위한 전용공연장 등을 포함한 예술적 관람물의 공연을 목적으로 하는 공연법상의 공연장, 순수예술이나 아동·청소년을 위한 영화진흥법상의 전용영화상영관 등의 경우에는 정화구역 내에 위치하더라도 초·중·고등학교 학생들에게 유해한 환경이라고 하기보다는 오히려 학생들의 문화적 성장을 위하여 유익한 시설로서의 성격을 가지고 있어 바람직한 방향으로 활용될 가능성이 높다는 점을 부인하기 어렵기 때문에 정화구역 내의 절대금지구역에서는 이와 같은 유형의 극장에 대한 예외를 허용할 수 있는 가능성을 전혀 인정하지 아니하고 일률적으로 금지하고 있는 이 사건 법률조항은 그 입법목적을 달성하기 위하여 필요한 정도 이상으로 극장운영자의 기본권을 제한하는 법률이라고 판시하였다.

### ▶ 질 문

1. 변호사 개업지에 대한 제한이 직업선택의 자유에 대한 위헌적 침해가 되는 이유는 무엇인가?
2. 헌법재판소의 탁주공급구역제한제도에 대한 합헌결정과 자도소주구입명령제도의 위헌결정의 차이점은 무엇인가?

## 다. 업무범위 제한

### ▶ 개 요

헌법상 한 기본권주체에게 영업의 자유가 보장된다고 해서 그가 행하는 가능한 모든 활동이 영업의 자유의 내용으로서 당연히 헌법적으로 보장되는 것은 아니다. 즉 영업주체의 당해 영업활동과 관련해서 밀접하게 관련되는 활동만이 영업의 자유의 보호영역에 포함되는 것으로 이해되어야 한다. 예컨대 시장경제질서하에서 영리추구를 목적으로 하는 영업활동을 당해 영업과 관련한 직·간접적인 모든 부수적인 활동을 포함하는 것으로 넓게 해석하는 경우에 이는 사실상 소득활동을 도모하는 자연인 또는 법인의 모든 행위를 의미하게 됨으로써 영업의 자유의 보호영역이 무한정 확대되고, 이로써 타인의 권리와의 충돌가능성이 그만큼 커지게 된다.

## ▶ 핵심판례

### 憲 2001. 6. 28.-2001헌마132 [백화점 셔틀버스 사건]

[사건의 개요]

청구인은 백화점 또는 대형 할인매장을 경영하는 주식회사로서 백화점 등을 이용하는 고객들의 편의를 위하여 자가용자동차를 운행하는 자들이고, 청구인 8. 및 9.는 백화점 등을 이용하는 소비자들이다. 여객자동차운수사업법(이하 "법"이라 한다)이 개정되어 신설된 제73조의2, 제81조 제7호의2 및 부칙 제1항의 규정에 의하면 공포 후 6월이 경과 후부터 백화점 등의 셔틀버스운행은 금지되고 이를 위반하는 자는 형사처벌하도록 되어 있다. 이에 청구인들은 이 사건 법률조항은 청구인들에게 보장된 기본권들을 침해하고 헌법소원심판을 청구하였다.

[심판의 대상]

이 사건 심판의 대상은 이 사건 법률조항인 여객자동차운수사업법 제73조의2, 제81조 제7호의2의 위헌여부이다.

**여객자동차운수사업법** 제73조의2(자가용자동차의 노선운행금지) ① 자가용자동차는 고객을 유치할 목적으로 노선을 정하여 운행하여서는 아니 된다. 다만, 다음 각 호의 1에 해당하는 경우에는 그러하지 아니하다.

1. 학교, 학원, 유치원, 보육원, 호텔, 교육·문화·예술·체육시설(유통산업발전법 제2조 제3호의 규정에 의한 대규모점포에 부설된 시설은 제외한다), 종교시설, 금융기관 또는 병원의 이용자를 위하여 운행하는 경우
2. 대중교통수단이 없는 지역 등 대통령령이 정하는 사유에 해당하는 경우로서 시·도지사의 허가를 받은 경우

② 제1항 제2호의 규정에 의한 허가의 대상·조건 등에 관하여 필요한 사항은 건설교통부령으로 정한다.

제81조(벌칙) 다음 각 호의 1에 해당하는 자는 2년 이하의 징역 또는 2천만원 이하의 벌금에 처한다.

1. 내지 7. (생략)

7의2. 제73조의2 제1항의 규정에 위반하여 자가용자동차를 고객유치를 목적으로 노선을 정하여 운행한 자.

이 사건에서 헌법재판소는 "청구인들의 심판청구는 이를 기각한다"고 결정하고, 이유를 다음과 같이 설시하였다.

▣ 영업의 자유의 침해 여부

▪ 헌법 제15조에 의한 직업선택의 자유는 자신이 원하는 직업을 자유롭게 선택하는 좁은 의미의 직업선택의 자유와 그가 선택한 직업을 자기가 원하는 방식으로 자유롭게 수행할 수 있는 직업수행의 자유(영업의 자유)를 포함하는 직업의 자유를 뜻하고, 법인도 직업수행의 자유(영업의 자유)의 주체가 될 수 있다. 이와 같은 직업의 자유는 각자의 생활의 기본적 수요를 충족시키는 방편이 되고 또한 개성신장의 바탕이 된다는 점에서 주관적 공권의 성격이 두드러진 것이기는 하나, 다른 한편으로는 국민 개개인이 선택한 직업의 수행에 의하여 국가의 사회질서와 경제질서가 형성된다는 점에서 사회적 시장경제질서라고 하는 객관적 법질서의 구성요소이기도 하다.

한편 직업의 자유는 기본권제한입법의 한계조항인 헌법 제37조 제 2 항에 따라 국가안전보장 · 질서유지 또는 공공복리를 위하여 불가피한 경우에는 이를 제한할 수 있는 것이고, 직업의 자유를 구체적으로 어느 정도까지 제한할 수 있는지에 관하여 헌법재판소는 좁은 의미의 직업선택의 자유에 비하여 직업행사의 자유에 대하여는 상대적으로 더욱 폭넓은 법률상의 규제가 가능하다고 판시하고 있다(憲 1993. 5. 13.-92헌마80, 판례집 5-1, 365, 374; 1998. 5. 28.-95헌바18, 판례집 10-1, 583, 594).

▪ 직업의 자유는 기본권제한입법의 한계조항인 헌법 제37조 제 2 항에 따라 국가안전보장 · 질서유지 또는 공공복리를 위하여 불가피한 경우에는 이를 제한할 수 있는 것이고, 직업의 자유를 구체적으로 어느 정도까지 제한할 수 있는지에 관하여 헌법재판소는 좁은 의미의 직업선택의 자유에 비하여 직업행사의 자유에 대하여는 상대적으로 더욱 폭넓은 법률상의 규제가 가능하다고 판시하고 있다(憲 1993. 5. 13.-92헌마80, 판례집 5-1, 365, 374; 1998. 5. 28.-95헌바18, 판례집 10-1, 583, 594).

▪ 청구인들과 같이 '다양한 상품을 구매할 수 있도록 현대적 판매시설과 소비자 편익시설이 설치된 직영위주의 형태로 운영되는 매장'인 백화점과 '상품을 통상의 가격보다 저렴한 가격으로 계속하여 소매하는 매장으로서 그 명칭을 할인점 · 전문점 · 편의점 기타 양판점 등으로 하는' 대형점 등은 그 기본적인 업태가 '상품의 판매'이지 '고객의 운송'이 아니다. 또한 백화점 등의 셔틀버스의 경우는 무상으로 운행되는 관계로 형식상 여객자동차운송사업에 해당하지 않기 때문에 아무런 규제를 받지 않고 있다. 셔틀버스운행은 청구인들도 주장하듯이 업체간의 경쟁에서 승리하기 위한 창의적인 아이디어인 것은 사실이나, 무분별한 셔틀버스의 운행으로 말미암아 위와 같이 공공성을 띤 여객운송사업체의 경영에 타격을 줌으로써 건전

한 여객운송질서의 확립에 장애를 불러 왔다. 이해관계인들은 셔틀버스의 운행으로 시내버스 등의 여객이 감소하여 시내버스와 농어촌은 물론 이러한 현상이 전적으로 셔틀버스운행으로 인한 영업손실 때문이라고 볼 수는 없으나(지하철 등 대체적인 대중교통수단의 발달과 자가용승용차 이용의 증가 등도 한 원인으로 볼 수 있다), 이와 같은 사정은 입법자가 이 사건 법률조항의 입법을 하게 된 배경의 하나라고 할 수 있다.

■ 이 사건 법률조항은 입법자가 위와 같은 현실인식과 앞에서 본 백화점업계의 자율적 감축노력의 실패를 거울삼아, 우리 사회공동체의 동화적 통합을 촉진시키기 위해서 취한 불가피한 조치라고 평가할 수 있다. 따라서 건전한 여객운송질서를 확립하고 여객운송사업자를 보호하고자 하는 이 사건 법률조항의 입법조치는 그 목적의 정당성을 수긍할 수 있고, 이러한 셔틀버스의 원칙적 운행금지는 이 사건 법률조항의 입법목적을 달성하기 위하여 적합한 수단이라고 할 수 있다.

■ 제73조의 규정에 의하면 자가용자동차의 유상운송은 금지되는 것이 원칙이다. 백화점 등의 셔틀버스운행은 형식상 고객에 대한 무상운행서비스의 제공이지만, 사실상 이는 백화점 등이 고객유치를 통해 이익을 증대하기 위한 영업전략 · 영업활동이고, 이러한 셔틀버스의 운행비용은 백화점 등의 영업활동 경비로 지출되고 있으며, 이는 결국 모든 상품가격에 전가되게 되어 있다. 즉 백화점 등의 셔틀버스운행은 형식상 무상운송이나 실질상은 유상운송으로 보아야 한다. 뿐만 아니라 백화점 등의 셔틀버스는 청구인들이 제출한 자료에 의하더라도 상당부분이 용역업체(일부 지입운영 포함)에 의한 운행인 것으로 보이고(이해관계인들은 차량명의만 백화점 등으로 등록하고 실질적 소유 및 운영은 대부분 일반 용역회사에 위탁하고 있다고 주장한다), 이러한 지입제 또는 용역회사에 의뢰하여 셔틀버스를 운행하는 형태는 일반적으로 개인 또는 용역회사 소유 자동차를 백화점 등의 명의로 등록하고 백화점 등에서 직영하는 것처럼 위장하여 고객을 운송하고 백화점 등으로부터 운송대가를 받는 형태이므로, 실제차주 또는 용역회사는 고객 개개인으로부터 요금을 받지는 않지만 백화점 등으로부터 운송의 대가를 받기 때문에 법 제73조에서 규정한 '유상으로 운송용에 제공'하는 행위에 해당하여 명백히 위법이라는 것이 건설교통부의 입장이다.

■ 이 사건 법률조항은 '고객을 유치할 목적으로', '노선을 정하여' 셔틀버스를 운행하는 경우만을 규제하고 있으며, 법 제73조의2 제 1 항 제 2 호는 대중교통수단이 없는 지역 등 대통령령이 정하는 사유에 해당하는 경우로서 시 · 도지사의 허가를 받은 경우에는 셔틀버스를 계속 운행할 수 있도록 규정하였고, 또한 법 제24조 제 1 항은 건설교통부장관 또는 시 · 도지사는 여객의 원활한 운송과 서비스의 개선을 위하여 필요하다고 인정할 때에는 운송사업자에게 '노선의 연장 및 변경', '벽지노

선 기타 수익성이 없는 노선의 운행'을 명할 수 있도록 규정함으로써(같은항 제2호 · 제10호) 소비자의 불편을 최소화하는 장치를 마련하고 있다. 한편 셔틀버스의 운행횟수 · 노선수 · 운행거리 등의 제한을 내용으로 하는 자율감축노력은 대도시와 중소도시의 교통환경의 차이, 백화점 등 상호간 또는 기타 유통업체간의 무한경쟁의 특성상 성공하지 못하였음은 앞에서 이미 살펴보았다. 따라서 이 사건 법률조항보다 완화된 입법수단의 채택은 현실적으로 그 효과가 없을 것이라고 보아 이 사건 법률조항을 신설한 입법자의 판단이 명백히 불합리하다거나 자의적인 것으로는 인정되지 않는다고 하겠다.

■ 백화점 등은 무엇보다도 상품판매가 그 주된 영업활동이다. 상품판매와 관련된 직접적인 영업활동이나 그와 밀접하게 관련된 활동이라고 할 수 없는 셔틀버스운행을 규제하는 이 사건 법률조항은 상대적으로 폭넓은 규제가 가능한 영업의 자유영역 중에서도 기본권에 미치는 침해의 강도가 더욱 약한 부분을 규율하는 것이다. 그러므로 셔틀버스운행이 금지되는 경우에 청구인들이 입을 수 있는 매출액 감소라는 사익과, 여객자동차운송사업에 관한 질서를 확립하고 여객의 원활한 운송과 여객자동차운송사업의 종합적인 발달을 도모하고자 하는 이 법의 입법목적, 나아가 균형있는 국민경제의 성장과 안정, 경제주체간의 조화를 통한 경제의 민주화라는 우리 헌법상 경제조항이 표방하는 사회적 시장경제질서의 확립이라는 공익을 비교할 때, 이 사건 법률조항은 법익의 균형성을 잃지 않고 있다.

## ▶ 해 설

### 재판관 3인의 위헌의견

위와 같은 다수의견에 대해 3인은 "셔틀버스의 운행은 사회적 유해성이 없는 행위로서 자유롭게 보장되어야 하는 기본권 행사의 일환이므로 원칙적으로 허용되어야 하는 것이고, 운송사업자의 보호를 위하여 규제할 필요가 있는 구체적 유형이나 범위를 선별하여 그 경우에만 개별적으로 규제하는 입법방식을 취하는 것이 헌법이 요구하는 기본권제한입법의 체계와 방식에 부합하는 것인데, 이 사건 법률조항은 원칙적 · 망라적으로 모든 셔틀버스의 운행을 금지하면서 극히 협소한 예외사항만을 인정하고 있으므로, 이와 같이 거꾸로 된 규제방식은 필연적으로 규제의 필요성이 인정되지 않는 행위 즉 운송사업자의 경영에 그다지 불이익을 초래하지 않을 셔틀버스의 운행까지 광범위하게 금지하는 결과를 초래하게 되어 과잉금지라는 비례성의 원칙에 어긋난다"라는 위헌의견을 개진하였다.

### 담배자판기 철거조례

청소년보호를 위한 업무범위제한과 관련된 이 사건(憲 1995. 4. 20.-92헌마264)은 기존의 담배자동판매기를 부천시와 강남구 전지역에서 조례 시행일로부터 3개월 이내에 철거하도록 한 부천시 및 강남구 조례의 부칙규정이 직업수행의 자유를 침해하는지의 여부에 관한 것이다. 이 사건에서 헌법재판소는 합헌으로 결정하고, 자동판매기를 통한 담배판매는 구입자가 누구인지를 분별하는 것이 곤란하여 청소년의 담배구입을 막기 어렵고, 또 그 특성상 판매자와 대면하지 않는 익명성 · 비노출성으로 인하여 청소년으로 하여금 심리적으로 담배구입을 용이하게 하고, 주야를 불문하고 언제라도 담배구입을 가능하게 하며, 청소년이 쉽게 볼 수 있는 장소에 설치됨으로써 청소년에 대한 흡연유발효과도 매우 크다고 아니할 수 없으므로, 청소년의 보호를 위하여 자판기설치의 제한은 반드시 필요하다고 할 것이고, 이로 인하여 담배소매인의 직업수행의 자유가 다소 제한되더라도 법익형량의 원리상 감수되어야 할 것이라고 판시하였다.

### ▶ 질 문

1. 백화점 무상셔틀버스운행에 대한 국가의 금지는 허용되는가?
2. 담배자판기를 부천시내 전 지역에서 철거하도록 하는 조례 규정은 위헌인가?

## 라. 업무범위 강제

### ▶ 개 요

강제지정제에 의하여 직업활동이 포괄적으로 제한을 받는다 하더라도 강제지정제에 의하여 제한되는 기본권은 '직업선택의 자유'가 아닌 '직업행사의 자유'이다. 직업선택의 자유는 개인의 인격발현과 개성신장의 불가결한 요소이므로, 그 제한은 개인의 개성신장의 길을 처음부터 막는 것을 의미하고, 이로써 개인의 핵심적 자유영역에 대한 침해를 의미하지만, 일단 선택한 직업의 행사방법을 제한하는 경우에는 개성신장에 대한 침해의 정도가 상대적으로 적어 핵심적 자유영역에 대한 침해로 볼 것은 아니다.

직업의 자유도 다른 기본권과 마찬가지로 절대적으로 보호되는 것이 아니라, 공익상의 이유로 제한될 수 있음은 물론이다. 직업선택의 자유와 직업행사의 자유는 기본권

주체에 대한 그 제한의 효과가 다르기 때문에 제한에 있어서 적용되는 기준도 다르며, 특히 직업행사의 자유에 대한 제한은 인격발현에 대한 침해의 효과가 일반적으로 직업선택 그 자체에 대한 제한에 비하여 적기 때문에, 그에 대한 제한은 보다 폭넓게 허용된다고 할 수 있다.

그러나 이 경우에도 개인의 자유가 공익실현을 위해서 과도하게 제한되어서는 아니되며 개인의 기본권은 꼭 필요한 경우에 한하여 필요한 만큼만 제한되어야 한다는 비례의 원칙(헌법 제37조 제 2 항)을 준수해야 한다.

### ▶ 핵심판례

憲 2002. 10. 31.-99헌바76 [건강보험 요양기관 강제지정제 사건]

[사건의 개요]

청구인은 대장항문과 전문의 자격을 가지고 서울에서 외과의원을 개설하여 운영하는 자인데, 의료보험요양기관의 지정신청을 하지 않고 의료보험 피보험자에게 보험수가가 아닌 일반수가로 진료를 하는 등 민원을 야기하자, 의료보험연합회는 청구인에게 의료보험요양기관 지정신청을 하도록 촉구하였고, 청구인이 이를 거부하자 의료보험연합회는 구 의료보험법 제32조에 의하여 청구인에 대하여 의료보험요양기관 지정처분을 하였다. 이에 청구인은 의료보험연합회를 상대로 서울행정법원에 위 요양기관지정처분의 취소를 구하는 소송을 제기하고, 위 행정소송의 진행 중 의료보험요양기관을 강제로 지정할 수 있도록 규정하고 있는 구 의료보험법 제32조 제 1 항 · 제 4 항 · 제 5 항이 헌법상 보장된 청구인의 기본권들을 침해한다고 주장하면서 위 규정에 대한 위헌여부심판의 제청신청(99아464)을 하였으나, 위 법원이 이를 기각하자 헌법소원심판을 청구하였다.

[심판의 대상]

**구 의료보험법** 제32조(요양기관의 지정) ① 제29조 제 2 항 제 1 호의 요양기관은 보건복지부장관이 정하는 바에 따라 보험자 또는 보험자단체가 이를 정한다.

②, ③ (생략)

④ 보건복지부장관은 필요하다고 인정할 때에는 보험자 또는 보험자단체에 대하여 요양기관을 지정하게 할 수 있다.

⑤ 제 1 항 또는 제 4 항의 규정에 의하여 지정을 받은 의료기관 및 약국은 정당한 이유없이 이를 거부하지 못한다.

**국민건강보험법** 제40조(요양기관) ① 요양급여(간호 및 이송을 제외한다)는 다음 각 호의 요양기관에서 행한다. 이 경우 보건복지부장관은 공익 또는 국가시책상 요양기관으로 적합하지 아니하다고 인정되는 의료기관등으로서 대통령령이 정하는 의료기관등은 요양기관에서 제외할 수 있다.

1. 의료법에 의하여 개설된 의료기관
2. 약사법에 의하여 등록된 약국
3. 지역보건법에 의한 보건소·보건의료원 및 보건지소
4. 농어촌등보건의료를위한특별조치법에 의하여 설치된 보건진료소

② 내지 ④ (생략)

이 사건에서 헌법재판소는 "구 의료보험법(1994. 1. 7. 법률 제4728호로 제정되어 1999. 2. 8. 법률 제5857호로 개정되기 전의 것) 제32조 제1항·제4항·제5항은 헌법에 위반되지 아니한다"고 결정하고, 이유를 다음과 같이 설시하였다.

▣ 요양기관 강제지정제의 입법목적

■ 우리 의료보험제도는 법률에 자격이 정해진 자가 보험료를 낼 것을 전제로 하여 보험급여를 하는 사회보험방식을 택하고 있다. 소득재분배와 위험분산의 효과를 거두려는 사회보험의 목표는 임의가입의 형식으로 운영하는 한 달성하기 어려우므로, 피보험자에게 가입의무를 강제로 부과하는 것은 의료보험의 목적을 달성하기 위하여 적합하고도 필요한 조치로써, 이로 인한 피보험자의 기본권에 대한 제한은 원칙적으로 정당화된다.

우리 의료보험제도는 피보험자인 국민뿐이 아니라 의료공급자도 또한 의료보험체계에 강제로 동원하고 있다. 사회보험의 강제성은 피보험자의 강제가입에 관한 것이므로, 요양기관의 '강제지정제'는 사회보험의 본질적 구성요소에 포함되는 것은 아니다. 사회보험방식을 취하는 선진 외국의 의료보장 운영실태를 살펴보더라도, 요양기관을 강제로 지정하는 제도를 취하고 있는 국가는 없는 것으로 보이며, 모든 국가가 보험자 또는 국가와의 계약을 통하여 보험의(保險醫)를 확보하고 있다.

현행 의료보험제도가 요양기관 강제지정제를 택하고 있는 것은, 우리나라의 의료기관의 대부분이 공공의료기관이 아니라 민간소유이기 때문에 의료보험을 시행함에 있어서 민간의료기관에 대한 의존도가 매우 높다는 특수한 상황에 기인하는 것으로 보인다. 국가가 의료보장의무를 이행하기 위해서는 국민에게 질병·부상에 대하여 적정한 요양급여를 행해야 하며, 이를 위해서는 요양급여를 제공할 수 있는 적정수의 의료기관과 약국을 확보해야 한다. 더욱이 의료보험이 전 국민에게로 확대됨에 따라 의료급여를 제공하는 의료기관의 안정적인 확보를 통하여 의료보험 수급질서가 보장되어야 하는데, 이러한 상황에서 민간의료기관의 전반적인 참여없

이는 의료보장체계가 사실상 실현될 수 없는 것이다.

따라서 이 사건 '요양기관 강제지정제'의 목적은 법률에 의하여 모든 의료기관을 국민건강보험체계에 강제로 편입시킴으로써 요양급여에 필요한 의료기관을 확보하고 이를 통하여 피보험자인 전 국민의 의료보험수급권을 보장하고자 하는 것이다.

### ▣ 위헌성 심사기준으로서의 비례의 원칙

강제지정제는 원칙적으로 모든 의료기관을 요양기관으로 지정함으로써 전 국민에 해당하는 의료보험 피보험자의 의료보험수급권을 보장하고자 하는 것이다. 따라서 강제지정제는 사회보험의 형태로 이루어지는 현 의료보험체계의 기능을 확보하고 피보험자인 전 국민에게 원활한 보험급여를 보장하고자 하는 것으로서, 그 입법목적이 정당하다.

모든 의료기관을 보험급여의 의무가 있는 요양기관으로 강제지정하는 것이 원칙적으로 위의 입법목적을 달성하는데 크게 기여한다는 점에서, 수단의 적정성도 마찬가지로 인정된다.

### ▣ 최소침해성의 위반 여부

#### ▪ 계약지정제가 아니라 강제지정제를 택한 것의 최소침해성 위반 여부

비록 강제지정제에 의하여 의료인의 직업활동이 포괄적으로 제한을 받는다 하더라도 강제지정제에 의하여 제한되는 기본권은 '직업선택의 자유'가 아닌 '직업행사의 자유'이다. 직업선택의 자유는 개인의 인격발현과 개성신장의 불가결한 요소이므로, 그 제한은 개인의 개성신장의 길을 처음부터 막는 것을 의미하고, 이로써 개인의 핵심적 자유영역에 대한 침해를 의미하지만, 일단 선택한 직업의 행사방법을 제한하는 경우에는 개성신장에 대한 침해의 정도가 상대적으로 적어 핵심적 자유영역에 대한 침해로 볼 것은 아니다.

뿐만 아니라 직업활동이 사회전반에 대하여 가지는 의미에 따라 직업의 자유에 대한 제한이 허용되는 정도가 달라진다. 이는 개인의 직업활동 또는 사회적 · 경제적 활동 등이 타인의 자유영역과 접촉하고 충돌할수록 입법자가 타인과 공동체의 이익을 위하여 개인의 자유를 제한하는 것을 보다 수인해야 함을 의미한다.

이 사건의 경우, 의료인은 의료공급자로서의 기능을 담당하고 있고, 의료소비자인 전 국민의 생명권과 건강권의 실질적 보장이 의료기관의 의료행위에 의존하고 있으므로, '의료행위'의 사회적 기능이나 사회적 연관성의 비중은 매우 크다고 할 수 있다.

이러한 관점에서 볼 때, '국가가 계약지정제를 택하더라도 입법목적을 똑같이 효율적으로 달성할 수 있기 때문에 강제지정제를 택한 것은 최소침해의 원칙에 반하는가'에 대한 판단은 '입법자의 판단이 현저하게 잘못되었는가' 하는 명백성의 통제에 그치는 것이 타당하다고 본다.

이 사건의 경우, 입법자는 우리 현실에서 요양기관의 지정을 계약제로 하는 경우 보험의(保險醫)의 확보가 곤란하여 전 국민에 대한 균등하고 원활한 의료공급을 보장하기 어렵고, 특히 보험의로 구성되는 이익단체가 의료보험수가의 인상 등 그들의 특수이익을 관철하기 위하여 보험자와의 계약체결을 거부하는 등 국민의 의료보험수급권을 위태롭게 하는 집단행동이 나타날 수 있기 때문에, 현재의 상황에서는 계약지정제보다는 강제지정제가 의료보장체계의 기능을 확보하는 데 필요하다고 판단한 것으로 보인다.

이러한 관점 등을 고려할 때, 입법자가 계약지정제를 취하는 경우 의료보장이란 공익을 실현할 수 없다는 현실 판단이 잘못되었다고 할 수 없으므로, 강제지정제를 택한 것은 최소침해의 원칙에 위반되지 않는다.

■ 강제지정제를 택하면서 예외를 두지 않은 것의 최소침해성 위반 여부

일정 비율의 의료기관에게 일반의(一般醫)로서 진료할 수 있는 예외를 허용한다면, 의료공급시장의 자유경쟁에서 살아 남기 힘든 의료기관은 건강보험에 편입되기를 원할 것이고, 시설투자나 진료기법, 의료인의 능력 · 경력 등으로 보아 보다 양질의 의료행위를 제공할 수 있는 경쟁력있는 의료기관이나 의료인은 요양기관으로서의 지정에서 벗어나 일반의로서 활동하게 되리라는 점이 쉽게 예상된다. 이렇게 되면 보험진료는 결국 2류 진료로 전락하고, 그 결과 다수의 국민이 보험진료보다는 많게는 서너배가 넘는 고액의 진료비를 지불해야 하는 일반진료를 선호하게 되고, 이는 중산층 이상의 건강보험의 탈퇴요구와 맞물려 자칫 의료보험체계 전반이 흔들릴 위험이 있다.

따라서 강제지정제의 예외를 허용한다면, 의료보장체계의 원활한 기능확보가 보장될 수 없다는 판단이 가능하고, 입법자의 이러한 예측이 명백히 잘못되었다고 할 수 없으므로, 강제지정제에 대한 예외를 허용하지 않은 것은 최소침해의 원칙에 위반되지 않는다.

### ▶ 해 설

재판관 2인의 반대의견

위와 같은 다수의견에 대해 재판관 2인은 이 사건 법률조항이 위헌이라는 반대의견을 개진하면서, 그 이유에 대해 요양기관 강제지정제는 일의 순서에서 문제가 생긴 것이고, 그 이유는 첫째, 획일적 통제제도의 성공가능성에 대한 과신이고 다른 하나는 인간의 이기적 습성에 대한 무시(無視)라고 보면서, 이러한 과신과 무시에서 출발하는 모든 제도는 장기적으로 볼 때 모두 소기의 성과를 거두지 못하였음을 역사는 보여주고 있다고 주장하였다. 또한 이 견해는 결국, 요양기관 강제지정제는 자유와 창의를 존중하고 이로써 문화의 발전을 지향하는 우리 헌법의 이념에 비추어 그 채택이 주저되는 수단이고 둘째, 획일적 통제제도의 비효율성에 비추어 그 제도의 장기적 성과가 상대적으로 의심되는 수단이고 이러한 의심은 요양기관 강제지정제가 기본권 제한의 입법으로서 갖추어야 할 수단의 적정성을 결한다는 결론을 짓게 하며, 따라서 헌법상의 과잉금지의 원칙에 어긋남으로써 의사의 직업의 자유를 침해하므로 위헌이라고 판시하였다.

### ▶ 질 문

1. 요양기관 강제지정제의 입법목적은 합당한 것인가?
2. 요양기관 강제지정제는 과잉금지원칙의 요소인 최소침해의 원칙에 위반되는가?

## 마. 영업일수 선택 제한

### ▶ 개 요

헌법에 의하여 보장된 직업선택의 자유는 선택한 직업을 자유롭게 수행할 권리를 포함한다. 영업일수를 국가가 제한하는 경우 이는 직업수행의 자유의 축소를 의미하며, 이러한 경우에도 다른 기본권의 경우와 마찬가지로 국가의 안전보장 · 질서유지 또는 공공복리를 위하여 필요한 경우에는 제한이 가하여질 수 있는 것은 물론이지만 그 제한의 방법은 법률로서만 가능하고 제한의 정도도 필요한 최소한도에 그쳐야 하며 과잉금지의 원칙에 위배되거나 직업선택의 자유의 본질적인 내용을 침해하는 것이어서는 아니 된다고 할 것이다(헌법 제37조 제 2 항).

## ▶ 핵심판례

### 憲 1995. 7. 21.-94헌마125 [국산영화의무상영제 사건]

[사건의 개요]

청구인 유○○은 공연법 제3조 및 같은법 시행령 제3조의 규정에 의한 공연자등록을 하고 그 때부터 서울 영등포동에서 A예술소극장이란 상호로, 다른 청구인 이○○은 공연자등록을 하고 그 때부터 충주시 충의동에서 B소극장이란 상호로 각 공연장을 경영하고 있는바, 공연장의 경영자가 국산영화를 연간상영일수의 5분의 2 이상 상영하여야 한다는 영화법 제26조와 같은법 시행령 제20조의3 규정은 청구인들에게 국산영화를 상영하도록 강제적으로 의무를 지우는 것으로서 청구인들의 기본권을 침해하는 규정이라 주장하며 헌법소원심판을 청구하였다.

[심판의 대상]

**영화법** 제26조(국산영화의 상영의무) 공연장의 경영자는 연간 대통령령이 정하는 일수 이상 국산영화를 상영하여야 한다.

**영화법 시행령** 제20조의3(국산영화의 상영의무) ① 공연장의 경영자는 법 제26조의 규정에 의하여 국산영화를 연간상영일수의 5분의 2 이상 상영하여야 한다. 다만, 문화체육부장관은 특히 필요하다고 인정되는 경우에는 국산영화의 연간상영일수를 20일의 범위 안에서 단축할 수 있다.

② 서울특별시·직할시 기타 문화체육부령이 정하는 시의 지역 안에 있는 공연장의 경영자는 외국영화를 상영한 다음에는 반드시 국산영화를 상영하여야 한다.

이 사건에서 헌법재판소는 "이 사건 심판청구를 기각한다"고 결정하고, 이유를 다음과 같이 설시하였다.

▣ 직업선택의 자유에 대한 제한과 그 한계

헌법 제15조에 의한 직업선택의 자유라 함은 자신이 원하는 직업 내지 직종을 자유롭게 선택하는 직업의 선택의 자유뿐만 아니라 그가 선택한 직업을 자기가 결정한 방식으로 자유롭게 수행할 수 있는 직업의 수행의 자유를 포함한다고 할 것인바, 이 자유는 각자의 생활의 기본적 수요를 충족시키는 방편이 되고 개성신장의 바탕이 된다는 점에서 주관적 공권의 성격을 가지면서도 국민 개개인이 선택한 직업의 수행에 의하여 국가의 사회질서와 경제질서가 형성된다는 점에서 사회적 시장경제질서라고 하는 객관적 법질서의 구성요소이기도 하다. 따라서 이와 같은 자유도 다른 기본권의 경우와 마찬가지로 국가의 안전보장 · 질서유지 또는 공공복리를 위하여 필요한 경우에는 제한이 가하여질 수 있는 것은 물론이지만 그 제한의 방법은 법률로서만 가능하고 제한의 정도도 필요한 최소한도에 그쳐야 하며 과잉금지의 원칙에 위배되거나 직업선택의 자유의 본질적인 내용을 침해하는 것이어서는 아니 된다고 할 것이다(헌법 제37조 제2항). 이 사건 심판대상 규정들이 위 직업선택의 자유에 대한 제한을 함에 있어서 위와 같은 한계를 일탈하였는지의 여부를 순차로 살핀다.

▣ 목적의 정당성에 관하여

현대사회는 영상문화의 시대이며 영화가 이 시대에 미치고 있는 영향력은 막중하다 할 것이다. 영화는 민족공동체의 문화적 창작력의 중요한 표현양식일 뿐 아니라 텔레비전, 종합유선방송, 위성방송 등 방송매체가 영화를 기반으로 성장하여 왔으며, 비디오, 컴퓨터게임 등의 관련영상산업분야도 영화를 바탕으로 하여 제작 혹은 촉발되어지는 등 영화는 이 산업분야의 기반이 되는 고부가가치산업이라 할 것이다. 그러나 우리 영화계의 실정을 살피면, 국산영화의 창작기반은 극도로 열악한 반면에 대중적 흥행성이 높은 외국산 영화는 무제한으로 수입되어 일정한 통제가 가하여지지 아니하면 우리의 공연장을 독점할 위험이 지대하여 국산영화의 존립 자체가 극도로 위태로운 지경에 이르고 있음을 충분히 알 수 있다. 따라서 이와 같은 실정을 감안하면, 이 사건 심판대상 규정이 국산영화의무상영제를 두어 직업선택의 자유를 일부 제한하였더라도 위와 같은 공공복리를 위한 목적의 정당성은 인정된다고 할 것이다.

▣ 방법의 적정성에 관하여

영화의 제작은 많은 자본과 시간과 노력이 소요되는 것이지만 그 흥행 여부는 사전에 예측할 수 없고, 가사 예측이 가능하다 하더라도 그 예측이 반드시 실제와 부합하는 것은 아니므로 개봉관의 확보 여부는 영화제작의 사활문제라 할 수 있다. 따라서 이 사건 국산영화의무상영제는 질과 양에 있어서 압도적 우위에 있는 외국영화의 홍수 속에서 국산영화로 하여금 상영의 기회를 가질 수 있게 하여 주는 것으로서 국산영화의 제작과 상영의 기회를 보장하는 가장 효과적이고 적정한 방법이라고 아니할 수 없다.

▣ 최소성 및 비례성에 관하여

이 사건 국산영화의무상영제에 의하면, 공연장의 경영자는 공연장을 영화 상영의 장소로서 사용함에 있어 국산영화를 연간상영일수의 5분의 2 이상 상영하여야 하더라도 공연장 등록자는 첫째, 그 기간 동안 국산영화이기만 하면 어떠한 내용이나 종류의 영화를 상영할 것인지의 여부는 전적으로 공연장의 경영자가 자유로이 결정할 수 있고, 둘째, 나머지 연간상영일수의 5분의 3에 대하여는 상영할 영화의 국적이나 내용 및 종류에 있어서 아무런 제한을 받지 아니한다. 그러나 만약에 국산영화에 대한 의무상영제가 폐지될 경우에는 질과 양에 있어 압도적인 경쟁력이 있는 외국영화(특히 미국영화)에 의하여 우리의 영화시장이 독점되고, 국산영화는 그 제작이 포기됨으로써 그 존립 자체가 위협받을 것이 앞서 본 바와 같이 국내 영화시장의 실정이다.

이와 같은 사정들을 감안하면 이 사건 국산영화의무상영제로 말미암아 청구인들과 같은 공연장의 경영자에게 가해지는 직업선택의 자유에 대한 제한은 국산영화의 존립과 진흥의 발판을 확보하여 장래의 발전을 도모하려는 입법목적의 달성을 위한 필요한 최소한도의 제한이라 아니할 수 없고, 이러한 제한으로 인하여 입게 되는 손해는 그 대가로서 기대되는 민족공동체 전체의 이익과 합리적인 비례의 관계에 있다고 할 수 있어 과잉금지의 원칙에 반한다고는 볼 수 없다.

▣ 본질적 내용의 침해 여부

이 사건 심판대상 규정이 직업의 자유 중 직업수행의 자유를 제한하고 있고, 그것도 연간상영일수의 5분의 2 이상으로 한정하여 국산영화를 상영할 의무를 지우고 있으나, 국산영화를 상영하는 경우에도 어떠한 종류의 국산영화를 상영할 것인지의 여부는 공연장의 경영자의 전적인 자유에 맡겨져 있으므로, 직업선택의 자유에 대한 본질적 내용을 침해하는 것이라고는 할 수 없다.

## ▶ 해　　설

### 무도장 영업시간제한

영업시간제한과 관련된 이 사건(憲 2000. 7. 20.-99헌마455)은 식품위생법 시행령 제7조 제8호 라목의 유흥주점 영업행위 중 "무도장을 갖추고 손님으로 하여금 춤을 추게 하는 행위"를 오전 9시부터 오후 5시까지 제한하는 식품접객업소영업행위제한기준이 직업행사의 자유를 침해하는지 여부에 관한 것이다.

이에 대해 헌법재판소는 위 기준의 입법목적은 국민경제가 어려운 시기에 과소비, 사치, 향락분위기 등의 재발을 막고 건전한 사회기풍을 조성하기 위한 것으로서 그 목적의 정당성이 인정되고, 무도영업행위에 대한 영업시간의 제한은 위와 같은 입법목적을 달성하기 위한 적절한 방법이라고 할 수 있으며, 위 기준에 의한 직업행사의 자유의 제한은 피해의 최소성 및 법익의 균형성의 원칙에도 위배되지 아니하므로, 위 기준이 과잉금지의 원칙에 위배하여 청구인의 직업행사의 자유를 침해하였다고 볼 수 없다고 판시하였다.

### ▶ 질 문

1. 극장에서 국산영화의 일정시간 의무상영제는 직업의 자유에 대한 최소침해의 원칙에 반하는가?
2. 카바레 영업행위에 대한 시간제한은 법익의 균형성을 준수하고 있는가?

## 바. 법정보수제도

### ▶ 개 요

이른바 전문직에 대한 보수기준제도는 변호사 등 전문자격사의 보수기준을 정하고 이를 초과하여 보수를 받는 것을 금지하는 제도를 말한다. 우리 법제에서도 변호사, 행정사, 공인회계사, 세무사, 관세사, 변리사, 건축사, 수의사 및 공인노무사 등의 보수를 미리 해당사업자단체로 하여금 정하도록 하고 주무부처 장관이 이를 인가 내지 승인하는 이 제도를 두고 있었다. 법률에 의하여 특정업무에 대한 전문자격을 부여받은 자는 그 영역에 대한 용역의 제공을 독점하기 때문에 부당히 과다한 보수가 형성될 위험이 크고 그로 인하여 국민들에게 경제적 부담을 주고 전문자격사 제도의 건전한 발전 내지 원활한 운용을 해칠 우려가 있다.

전문직종의 업무는 비록 개인의 직업활동의 영역에 속하지만, 사법, 조세, 특허 등 국가가 자신의 임무를 수행하기 위하여 도입한 제도나 정책과 밀접한 관련을 맺고 있어 공공적 성격도 갖는다고 할 것이다. 그러므로 입법자는 전문직의 업무의 공공성을 확보하기 위하여 동종사업자 사이에 과당경쟁으로 인한 거래질서의 문란을 방지할 필요가 있고 이를 위하여 적정한 보수를 확보해 줄 필요도 있다.

## ▶ 핵심판례

### 憲 2003. 6. 26.-2002헌바3 [법무사보수기준제 사건]

[사건의 개요]

청구인은 법무사자격을 인정받아 법무사업무를 개시하여 수원시 팔달구 원천동에 사무소를 개설하고 법무사업에 종사하는 자로서, 정○○으로부터 수원시 팔달구 화서동 토지의 분할등기 등에 관한 등기사건을 위임받아 위 토지등에 대한 분필등기 등을 경료하고 수수료 금 10,000,000원을 수수하였다. 수원지방법원장은 법무사징계위원회의 의결을 거쳐 청구인이 위 정○○으로부터 위임받은 등기사건을 처리하면서 그 보수로 대한법무사협회가 회칙으로 정한 법무사보수산정기준에 의한 금 124,800원보다 훨씬 더 많은 보수를 수수하였다는 이유로 청구인에 대하여 업무정지 1개월에 처하는 내용의 징계처분을 하였다.

이에 청구인은 수원지방법원에 위 업무정지처분의 취소를 구하는 소송을 제기함과 동시에 법무사의 보수를 대한법무사협회의 회칙으로 정하도록 하여 법무사의 보수를 규제하는 법무사법 제19조는 헌법상의 평등원칙 및 비례원칙에 반하여 헌법에 위반된다는 이유로 위 헌제청신청을 하였으나, 위 신청을 각하당하자 법무사법 제19조에 대하여 헌법재판소법 제68조 제 2 항에 의한 이 사건 헌법소원심판을 청구하였다.

[심판의 대상]

**법무사법** 제19조(보수) ① 법무사는 그 업무에 관하여 위임인으로부터 소정의 보수를 받는다.
② 법무사는 그 업무에 관하여 제 1 항의 규정에 의한 보수 외에는 명목의 여하를 불문하고 위임인으로부터 금품을 받지 못한다.
③ 제 1 항의 규정에 의한 보수의 기준에 관한 사항은 대한법무사협회 회칙으로 정한다.

이 사건에서 헌법재판소는 "법무사법 제19조(1996. 12. 12. 법률 제5180호로 전문개정된 것)는 헌법에 위반되지 아니한다"고 결정하고, 이유를 다음과 같이 설시하였다.

■ 직업행사의 자유제한으로서의 '법무사보수기준제'

'법무사보수기준제'는 법무사라는 직업의 선택을 금지하거나 직업에의 접근 자체를 봉쇄하는 규정이 아니고 법무사라는 직업을 구체적으로 행사하는 방법을 제한하는 규정이다. 즉, 법무사법에 의하여 법무사라는 자격을 부여받은 법무사가 자신이 수임한 업무에 대하여 회칙에 규정된 보수기준을 초과하여 위임인과 자유롭게 보수를 정할 수 없으므로 법무사보수기준제는 직업의 자유 중에서 '직업행사의 자유'를 제한하는 제도이다.

직업의 자유도 다른 기본권과 마찬가지로 공익상의 이유로 제한될 수 있다. 다만 직업의 자유에 대한 제한이라도 직업행사의 자유를 제한하는 것은 개성신장의 길을 처음부터 막는 직업의 선택 그 자체를 제한하는 것보다 기본권주체에 대한 침해의 진지성이 적다고 할 것이므로 그에 대한 제한은 보다 넓게 허용된다. 그러나 이 경우에도 법무사에게 직업활동에 대한 과도한 제한을 부과함으로써 직업활동을 형해화할 정도로 희생을 강요하는 것은 비례원칙(헌법 제37조 제 2 항)에 반하여 허용되지 않는다.

▣ 이 사건 법률조항이 헌법 제37조 제 2 항에서 정한 한계인 비례의 원칙을 지킨 것인지 여부를 살펴본다

우선 법무사보수기준제를 둔 입법목적은 법무사들간의 과다경쟁으로 인한 거래질서의 문란을 방지하고 국민으로 하여금 예측가능한 적정한 비용으로 쉽게 법률서비스를 이용할 수 있도록 함으로써 국민의 법률생활의 편익을 도모하고 사법제도의 건전한 발전에 기여하려는데 있으므로 그 입법목적은 정당하다.

▣ 수단의 적합성

법무사의 업무인 서류의 작성과 제출대행 또는 등기신청의 대리는 국민의 일상생활 속에서 빈번하게 일어나는 다반사이며 국민의 권리보호를 위하여 중요하고 때로는 분·초를 다투는 시급한 경우도 있다. 만약 그 보수를 법정하지 아니하고 당사자 사이의 계약으로 정하도록 한다면 보수의 과다에 따라 시급한 등기 등이 지연될 가능성도 배제할 수 없고, 많은 보수를 줄 수 없는 일반서민의 법무사에의 접근이 지체 또는 봉쇄될 수도 있다.

한편 법무사의 업무형태는 비교적 단순하고 대체로 정형화되어 있다. 따라서 많은 국민이 보다 넓게 이용하고 국민의 법률생활의 편익 등을 도모하기 위하여는 법무사의 보수를 어느 정도 일률적으로 정하는 것이 필요하고 또 가능하다.

이와 같이 법무사의 보수가 국민의 법률생활에 미치는 영향이 크고, 그것을 일률적으로 정할 필요성도 있으므로 이 사건 법률조항이 법무사의 보수의 기준을 정하고 그 기준 외에는 명목의 여하를 불문하고 금품을 받지 못하도록 규정하고 있는 것은 그 입법목적을 달성하기 위하여 필요하고도 적절한 방법이라고 할 것이다.

▣ 최소침해성 및 법익균형성

■ 입법자는 법무사제도가 국민의 법률생활의 편익을 도모하고 사법제도의 건전

한 발전에 기여할 수 있도록 함과 동시에 법무사라는 기본권의 주체가 자유로운 직업활동을 통하여 인격의 자유로운 발현을 이룰 수 있도록 규율해야 한다. 국민의 법률생활의 편익을 위해서 법무사의 보수를 제한하더라도 법무사에게 직업수행에 대한 과도한 제한을 부과함으로써 일방적인 희생을 강요할 수 없기 때문이다. 이러한 관점에서 법무사보수기준제가 입법목적을 달성할 수 있는 유효한 수단 중에서 법무사의 직업수행의 자유를 가장 적게 침해하는 수단을 택하여야만 하고 침해되는 사익보다 추구되는 공익이 더 커야 한다.

■ 이 사건 법률조항은 입법자가 보수를 일방적으로 규정하거나 감독기관이 획일적으로 정하도록 한 것이 아니고, 기본권행사의 주체인 법무사들에게 자신들의 업무에 대하여 사회적 · 경제적 사정을 참작하여 적정한 보수를 정하도록 위임함으로써 기본권을 제한받는 기본권주체의 의사가 우선적으로 반영되도록 하는 방법을 택하고 있다. 비록 법무사협회가 정한 보수기준에 대하여 대법원장의 인가를 받도록 하고는 있지만 이는 자율이라는 이름으로 법무사들이 과다한 보수를 책정하는 것을 견제하기 위한 국가의 최소한의 개입이라고 할 것이고 국가가 일방적으로 보수를 규제하려는 것이라고는 볼 수 없다. 또 이 사건 법률조항은 사회적 · 경제적 여건의 변화에 따라 수시로 보수를 증액할 수 있도록 제한을 두지 않음으로써 법무사들이 보수기준제로 인하여 입게 될 피해를 최소화하고 있다. 한편, 이 사건 보수기준제에 의하여 청구인을 비롯한 법무사들이 직업활동의 자유를 제한받지만, 그보다는 보수를 제한함으로써 달성하고자 하는 공익인 국민의 법률생활의 편익과 사법제도의 건전한 발전의 중대함에 비추어 볼 때, 제한을 통하여 얻는 공익적 성과와 법무사의 직업행사의 자유에 대한 제한의 정도가 합리적인 비례관계를 벗어났다고 볼 수 없다.

그렇다면, 이 사건 보수기준제가 장래 사회적 · 경제적 여건의 변화에 따라 폐지되는 것이 바람직한 것인지 여부는 별론으로 하더라도 현재 법무사의 직업행사의 자유를 과도하게 침해하여 헌법에 위반되는 것은 아니라고 할 것이다.

## ▶ 해 설

### 반대의견

위와 같은 다수의견에 대해 이 사건 법률조항이 위헌이라는 반대의견이 개진되었다. 이에 의하면 법 제73조 제 2 항은 보수기준을 초과하여 보수를 받거나 보수 외의 명목으로 금품을 받는 행위를 처벌하는 규정이고, 그 보수기준은 법 제19조 제 3 항에서 대한법무사협회회칙에 위임하고 있으므로 처벌법규의 구성요건에 해당하는 보수기준의 위임은 그 위임입법의 한계가 엄격히 준수되어야 하는데, 법 제19조 제 3 항은 보수를 정하는 기준이나 그 상한과 하한에 대한 아무런 언급 없이 대한법무사협회회칙에 위임하고 있기 때문에 위 규정만 가지고는 대한법무사협회회칙에 규정될 보수기준에 대하여 대강이라도 예측하는 것이 불가능하므로 법 제19조 제 3 항이 법무사의 보수기준에 관하여 구체적인 기준이나 범위를 정함이 없이 대한법무사협회회칙에 위임하고 있는 것은 죄형법정주의 내지 포괄위임금지 규정에 위반된다고 한다.

### ▶ 질 문

1. 법무사와 다른 전문직종의 보수기준에 관한 입법자의 태도는 어떻게 다른가?
2. 법무사 보수기준에 대해 법률이 구체적인 상 · 하한선을 정하지 않고 대한법무사협회회칙에 위임하는 것이 위임입법의 한계를 침해하는가?

## 사. 필요적 제재조치

### ▶ 개 요

등록(면허)취소에 있어도 과잉금지의 원칙은 적용되어야 하므로 임의적 취소제도로도 입법목적을 달성할 수 있는 경우에는 필요적 취소를 자제하여야 할 것이다. 국민의 건강에 직결되는 의료업무에 종사하는 의료인 및 약사 · 한약사 · 의료기사 등의 경우, 법이 정한 업무범위를 넘는 등 업무수행상 법규위반 사항이 발생한 때 의료기관 · 약국 등의 개설허가 등을 취소할 수 있도록 임의적 취소사유로 하고 있다(의료법 제51조, 약사법 제19조 제 3 항, 제69조 제 1 항 제 3 호, 의료기사법 제13조의7).

제재조치의 선택에 대한 판단은 그 제도가 추구하는 목적이 어느 정도의 공익을 보호하는 것인가에 따라 달라지며, 임의적 취소의 경우보다 필요적 취소의 경우에는 보다 급박하고 중요한 공익이 요구된다고 본다.

## ▶ 핵심판례

### 憲 1995. 2. 23.-93헌가1 [필요적 등록취소 사건 1]

[사건의 개요]

신청인은 건축사로서 건축사법에 따른 2급건축사 자격을 취득하고, 경기도 오산에서 건축사사무소를 개설하여 사무소 등록을 마쳤다. 종래 다세대주택은 주택건설촉진법상 "3층 이하"의 연건축면적 660평방미터 이하의 것을 의미하였고, 2급건축사의 업무범위는 건축사법상 "3층 이하"이고 연건축면적 1500평방미터 이하의 건축물에 대한 설계 또는 공사 감리업무였으므로 다세대주택에 대하여도 감리업무를 행할 수 있었는데, 주택건설촉진법 시행령이 개정되어 다세대주택을 "4층 이하"로 확대함으로써 4층의 다세대주택에 대하여는 2급건축사가 감리를 할 수 없게 되었다.

신청인이 경기지부 직할분회 감리자사무소로부터 4층 다세대주택 38건을 배정받아 감리업무를 행하던 중 위 주택건설촉진법시행령의 개정 사실을 알고 그 중 37건은 반납하였으나, 1건은 이미 준공검사가 끝난 상태여서 감리업무를 행하였다. 이에 경기도지사는 신청인이 건축사법 제28조 제 1 항 제 2 호 소정의 "업무범위를 위반하여 업무를 행하였다"는 이유로 건축사사무소의 등록을 취소하였다. 신청인은 이에 대하여 행정심판을 청구하였다가 기각되었고, 서울고등법원에 건축사사무소등록취소처분취소소송을 제기하고, 아울러 동 법원에 건축사법 제28조 제 1 항 제 2 호에 대한 위헌심판제청신청을 하여 동 법원이 위헌심판을 제청하였다.

[심판의 대상]

**건축사법** 제28조(건축사사무소의 등록취소 또는 건축사의 업무정지명령) ① 건설부장관은 건축사사무소개설자 또는 건축사가 다음 각 호의 1에 해당된 때에는 건축사사무소개설자에 대하여는 당해 건축사사무소의 등록을 취소할 수 있고, 건축사에 대하여는 1년 이내의 기간을 정하여 업무정지를 명할 수 있다. "다만 제 1 호 내지 제 4 호, 제 4 호의2 및 제 5 호의1에 해당되는 경우에는 건축사사무소의 등록을 취소하여야 한다."

2. 이 법에 의한 업무범위를 위반하여 업무를 행한 때

이 사건에서 헌법재판소는 "건축사법(1995. 1. 5. 법률 제4918호로 개정되기 전의 것) 제28조 제 1 항 단서의 제 1 호 내지 제 4 호 중 제 2 호는 헌법에 위반된다"고 결정하고, 이유를 다음과 같이 설시하였다.

■ 이 사건 심판대상법률 규정은 건축사법 소정의 업무범위를 위반한 2급건축사에 대하여 필요적으로 사무소등록을 취소하도록 하고 있는데, 등록이 취소되면 2년간

은 재등록을 할 수 없으므로(건축사법 제24조 제 2 호) 그 기간 동안 건축사업무를 할 수 없게 되어 헌법상 보장된 직업선택의 자유, 그 중 '직업수행의 자유'를 제한하게 되는 것이라 할 수 있다. 직업수행의 자유는 공공성이 비교적 강한 기본권으로서 공공복리를 위하여 어느 정도의 제한은 할 수 있다 하겠으나, 그 경우에도 제한하는 목적의 상당성이 인정되어야 하고, 제한의 방법이 합리적이어야 함은 물론 과잉금지의 원칙에 위배되어서는 안 되며 직업선택의 자유의 본질적인 내용을 침해하는 것이어서는 안 된다.

이 사건 법률규정의 입법목적을 보면 그 상당성이 인정된다 할 것이다. 건설부장관의 답변요지와 같이 건축분야의 특성과 현상에 비추어 부실공사를 예방하여 국민의 생명과 재산을 보호하여야 한다는 공공복리의 측면에서 건축사가 법정 업무행위를 위반하는 경우 제재조치를 하도록 한 것은 필요한 제한으로 볼 수 있다.

▣ 문제는 이 사건 법률규정이 기본권 제한의 수단과 방법 및 그 정도에 있어서 합리성이 있는가 하는 것인데 유사한 경우와 대비하여 살펴본다

■ 건축사와 같이 건축관련직종인 '건설업자'의 경우, 건설업의 면허는 건설업의 규모 · 내용 · 전문성 등에 따라 일반 · 특수 · 전문건설업 등 3종으로 구분되어 있고(건설업법 제 5 조) 면허기준이 다르며(동법 제 7 조, 동법 시행령 제10조), 영업범위도 다른데(동법 제12조), 면허기준에 미달하는 경우 건설업 면허를 취소하거나 1년 이내의 기간을 정하여 영업정지를 명할 수 있도록 하여 임의적 취소나 영업정지사유로 규정하고 있다(동법 제52조 제 1 항 제 2 호). 건축사와 같이 자격취득을 요하는 '기술사'의 경우, 과학기술처장관에게 사무소개설등록을 하여야 개업을 할 수 있는데(기술사법 제 6 조 제 1 항), 사위 기타 부정한 방법으로 등록을 하였거나 등록기준에 미달하게 된 때, 기타 동법상의 명령이나 처분에 위반한 때에는 등록을 취소할 수 있도록 임의적 취소사유로 하고 있다(동법 제12조). 국민의 건강에 직결되는 의료업무에 종사하는 의료인 및 약사 · 한약사 · 의료기사 등의 경우, 법이 정한 업무범위를 넘는 등 업무수행상 법규위반 사항이 발생한 때 의료기관 · 약국 등의 개설허가 등을 취소할 수 있도록 임의적 취소사유로 하고 있다(의료법 제51조, 약사법 제19조 제 3 항, 제69조 제 1 항 제 3 호, 의료기사법 제13조의7). 전문지식과 엄격한 자격을 요하는 전문적인 변호사, 법무사, 공인회계사, 세무사 등의 경우도 법이 정한 업무범위를 넘는 경우 등록취소 또는 업무정지 등 징계를 받게 되어 있으나(변호사법 제71조, 법무사법 제29조 제 2 항, 공인회계사법 제16조 제 1 항 제 3 호, 주식회사의외부감사에관한법률 제 3 조 제 2 항, 감사인의업무등에관한규정 제 2 조 제 1 항, 세무사법 제17조), 징계의 종류 및 실시 여부

는 징계권자의 재량에 맡겨져 있다.

그 밖에 어느 직종의 경우도 업무범위 위반행위를 필요적 등록취소사유로 규정한 예를 찾아보기 어렵다.

■ 건축사법 제28조 제1항 중 건축사사무소 등록의 "필요적 취소사유"와 "임의적 취소사유"로 규정된 다른 경우와 비교하여 본다.

"필요적 취소사유"는 제1호 내지 제4호, 제4호의2 및 제5호에 해당되는 경우인데, 제1호는 사위 기타 부정한 방법으로 등록을 받은 경우이고, 제3호는 등록기준에 미달된 때이며, 제4호는 업무정지명령을 받은 자가 업무를 속행한 때, 제4호의2는 건축물의 구조상 안전에 관한 규정에 위반하여 설계 또는 공사감리를 함으로써 공중에 위해를 끼친 때, 제5호는 연 2회 이상 업무정지명령을 받고 그 기간이 통산 1년이 넘는 때로서 모두 단순히 업무범위를 위반한 이 사건 심판대상 법률의 규정내용에 비하여 위법의 정도가 현저히 무거운 경우라 할 것이다.

"임의적 취소사유" 중 제9호의 "업무에 관하여 불성실한 행위를 한 때"와 제10호의 "이 법 또는 건축법에 의한 명령 또는 처분에 위반하거나 고의 또는 중대한 과실로 위 각 법의 규정에 위반한 때"는 부실공사를 초래할 가능성이 큰 중대한 위반사항으로서 이 사건 규정보다 결코 가볍다고 볼 수 없으며, 특히 제10호의 "고의로 법규정에 위반한 때"에는 제2호의 "업무범위를 위반한 때"가 포함될 수 있으므로 규정체제상으로도 문제가 있다 할 것이다.

이 사건 법률규정은 다른 필요적 또는 임의적 등록취소사유를 위반한 경우에 비하여 과도하게 무거운 제재를 가하는 것이고, 건축사법을 위반하는 건축사 상호간에 불합리한 차별을 하는 것이라 할 것이다. 이상을 종합하여 볼 때, 건축사가 업무범위를 위반한 경우에는 그 위반의 경위와 정도, 위반의 결과 등을 고려하여 업무의 정지 또는 등록의 취소를 행정청이 재량으로 선택하여 실시할 수 있도록 임의적 제재사유로 하는 것이 합리적이라 할 것이다.

■ 결국 이 사건 심판대상법률은 신청인의 헌법상 기본권인 직업선택의 자유를 제한하는 입법으로서 제한의 방법이 부적절하고 제한의 정도가 과도하여 헌법 제37조 제2항 소정의 과잉금지의 원칙에 위배되어 헌법 제15조에서 보장하고 있는 직업선택의 자유의 본질적 내용을 침해하였다 할 것이고, 또한 건축사법 위반 건축사 상호간에 있어서 다른 유형의 위반자에 비하여 신청인을 불합리하게 차별하여 헌법 제11조의 평등권을 침해하였다 할 것이다.

## ▶ 해 설

### 양벌규정의 문제

개인의 대리인, 사용인, 그 밖의 종업원이 의료법 제87조부터 제90조까지의 규정에 따른 위반행위를 하면 그 행위자를 벌할 뿐만 아니라 그 개인에게도 해당조문의 벌금형을 과하는 양벌규정에 대해 헌법재판소는(憲 2009. 10. 29.-2009헌가16) 개인이 고용한 종업원 등의 무면허의료행위 사실이 인정되면 종업원 등의 범죄행위에 대한 영업주의 가담 여부나 종업원 등의 행위를 감독할 주의의무의 위반여부 등을 전혀 묻지 않고 곧바로 영업주인 개인을 종업원 등과 같이 처벌하도록 규정하고 있는바, 이는 아무런 비난받을 만한 행위를 한 바 없는 자에 대해서까지 다른 사람의 범죄행위를 이유로 처벌하는 것으로서 형벌에 관한 책임주의에 반하므로 헌법에 위반된다고 판시하였다(헌법재판소는 2007. 11. 29. 개인에 대한 양벌규정에 대하여 위헌이라는 결정(2005헌가10)을 선고한 바 있으며, 지난 2009. 7. 30. 개인 및 법인에 대한 양벌규정에 대하여 위헌이라는 결정(2008헌가10·14·16·17·18·24)을 선고한 바 있다).

### 자동차를 이용한 범죄행위에 대한 필요적 운전면허 취소사건

필요적 제재조치와 관련된 이 사건(憲 2005. 11. 24.-2004헌가28)은 자동차를 이용한 범죄행위에 대해 운전면허를 필요적으로 취소토록 한 도로교통법 제78조 제1항 제5호의 위헌 여부에 관한 것이다. 이에 대해 헌법재판소는 위헌결정을 내리면서, 우선 이 사건 규정의 법문이 '운전면허를 받은 사람이 자동차 등을 이용하여 범죄행위를 한 때'를 필요적 운전면허 취소사유로 규정하고 있는바 이는 범죄의 중함 정도나 고의성 여부 측면을 전혀 고려하지 않고 자동차 등을 범죄행위에 이용하기만 하면 운전면허를 취소하도록 하고 있는 것은 그 포섭범위가 지나치게 광범위한 것으로서 명확성 원칙에 위반된다고 판시하였고, 또한 이 사건 규정은 자동차 등을 이용하여 범죄행위를 하기만 하면 그 범죄행위가 얼마나 중한 것인지, 그러한 범죄행위를 행함에 있어 자동차 등이 당해 범죄행위에 어느 정도로 기여했는지 등에 대한 아무런 고려 없이 무조건 운전면허를 취소하도록 하고 있으므로 이는 구체적 사안의 개별성과 특수성을 고려할 수 있는 여지를 일체 배제하고 그 위법의 정도나 비난의 정도가 극히 미약한 경우까지도 운전면허를 취소할 수밖에 없도록 하는 것으로 최소침해성의 원칙에 위반되며, 운전면허가 취소되면 2년 동안은 운전면허를 다시 발급받을 수 없게 되는바, 이는 지나치게 기본권을 제한하는 것으로서 법익균형성원칙에도 위반된다고 설시하였다.

### 공소제기된 사립학교교원의 필요적 직위해제 사건

필요적 제재조치와 관련한 이 사건(憲 1994. 7. 29.-93헌가3)은 사립학교법 제58조의2 제 1 항 단서 규정이 제 3 호 소정의 형사사건으로 기소된 교원에 대하여 필요적으로 직위해제처분을 하도록 규정하고 있는 것이 제15조의 직업수행의 자유, 제27조 제 4 항의 무죄추정의 원칙, 제37조 제 2 항의 비례의 원칙에 위반되는지의 여부이다. 이에 대해 헌법재판소는 위헌결정을 하면서, 제소된 사안의 심각한 정도, 증거의 확실성 여부 및 예상되는 판결의 내용 등을 고려하지 아니하고 약식명령을 청구한 사건 이외의 형사사건으로서 공소가 제기된 경우, 당해 교원이 자기에게 유리한 사실의 진술이나 증거를 제출할 방법조차 없이 일률적으로 판결의 확정시까지 직위해제처분을 하는 것은, 징계절차에서도 청문의 기회가 보장되고 정직처분도 3월 이하만 가능한 사정 등과 비교하면, 사립학교법 제58조의2 제 1 항 단서 규정은 방법의 적정성 · 피해의 최소성 · 법익의 균형성을 갖추지 못하였다고 할 것이므로, 헌법 제15조, 제27조 제 4 항 및 제37조 제 2 항에 위반된다고 판시하였다.

### ▶ 질　　문

1. 건축사의 업무범위 위반행위에 대해 필요적 등록취소 사유로 하는 것은 직업선택의 자유의 본질적 내용의 침해인가?
2. 임의적 등록취소와 필요적 등록취소의 경우에 헌법심사의 태도는 어떻게 달라지는가?

## 4. 객관적 사유에 의한 직업의 자유 제한

### ▶ 개　　요

이미 선택한 직업을 어떠한 제약 아래 수행하느냐의 관점이나 당사자의 능력이나 자격과도 상관없는 객관적 사유에 의한 이러한 제한은 직업의 자유에 대한 제한 중에서도 가장 심각한 제약으로 볼 수 있다.

당사자의 능력이나 자격과 상관없는 객관적 사유에 의한 제한은 월등하게 중요한 공익을 위하여 명백하고 확실한 위험을 방지하기 위한 경우에만 정당화될 수 있고, 헌법재판소는 이 경우 심사함에 있어서 엄격한 비례의 원칙을 심사척도로 삼는다.

## ▶ 핵심판례

### 憲 2002. 4. 25.-2001헌마614 [경비업 겸영 금지 사건]

[사건의 개요]

청구인들은 서울지방경찰청장으로부터 경비업 허가를 받은 후 시설경비업, 기계경비업 등을 영위하고 있는 회사들로서, 그동안 경비업을 영위하면서 갖추게 된 사업설비, 경영능력 등을 바탕으로 안전·설비기기판매업, 도난차량회수사업 등 다른 영업을 함께 영위하고 있다. 청구인들은 위와 같은 사업을 영위하는 데 필요한 전기공사업등록, 정보통신공사업허가 등 관련 법령에 의한 인·허가 및 등록을 모두 적법·유효하게 취득 또는 경료하였으며, 위와 같은 사업 이외에도 각종 새로운 사업모델의 개발 및 진출을 계획하고 있다.

그런데 2001. 4. 7. 법률 제6467호로 전문개정된 경비업법 제 7 조 제 8 항, 제19조 제 1 항 제 3 호, 부칙 제 4 조는 경비업자에게 경비업 이외의 영업을 금지하고, 이를 위반할 경우 경비업 허가를 취소하도록 하면서, 다만 기존에 경비업 허가를 받은 자에 대하여는 위 법 시행일(부칙 제 1 조에 의하여 공포 후 3월이 경과한 날)부터 1년까지만 종전의 규정에 의하여 다른 영업을 겸영할 수 있도록 하고 있다. 이에 청구인들은 위 법률조항들로 말미암아 기본권을 침해당하게 되었다고 주장하며 헌법소원심판을 청구하였다.

[심판의 대상]

**경비업법** 제 7 조(경비업자의 의무) ①-⑦ (생략)

⑧ 경비업자는 이 법에 의한 경비업 외의 영업을 하여서는 아니 된다.

제19조(경비업허가의 취소 등) ① 허가관청은 경비업자가 제 1 호 내지 제 6 호의1에 해당하는 때에는 그 허가를 취소하고, 제 7 호에 해당하는 때에는 그 허가를 취소하거나 6월 이내의 기간을 정하여 영업의 전부 또는 일부에 대하여 영업정지를 명할 수 있다.

1.-2. (생략)

3. 제 7 조 제 8 항의 규정에 위반하여 경비업 외의 영업을 한 때

4.-7. (생략)

부칙 제 4 조(경비업 외 다른 영업의 겸영에 관한 경과조치) 이 법 시행당시 종전의 규정에 의한 경비업 허가를 받은 자에 대하여는 제 7 조 제 8 항 및 제19조 제 1 항 제 3 호의 개정규정에 불구하고 이 법 시행일부터 1년까지는 경비업 외의 다른 영업의 겸영에 관하여는 종전의 규정에 의한다.

이 사건에서 헌법재판소는 "경비업법(2001. 4. 7. 법률 제6467호로 전문개정된 것) 제 7 조 제 8 항, 제19조 제 1 항 제 3 호, 부칙 제 4 조는 헌법에 위반된다"라고 결정하고, 이유를 다음과 같이 설시하였다.

■ 직업의 자유의 제한과 심사척도

국민은 누구나 자유롭게 자신이 종사할 직업을 선택하고, 그 직업에 종사하며, 이를 변경할 수 있다. 직업선택의 자유는 삶의 보람이요 생활의 터전인 직업을 개인의 창의와 자유로운 의사에 따라 선택케 함으로써 다양한 인격의 발현, 행복추구에 이바지하는 것이므로, 실로 우리 헌법이 지향하는 자유주의적 경제 · 사회질서의 본질적 요소가 되는 기본적 인권의 하나가 아닐 수 없다. 따라서 직업의 자유를 최대한 보장하는 것이야말로 우리 헌법을 관류하는 이념 가운데 자리하고 있는 기본정신이다. 이러한 헌법정신에서 볼 때 설혹 이를 제한하는 경우라도 반드시 법률로써 하여야 하고 국가안전보장, 질서유지 또는 공공복리 등 정당하고 중요한 공공의 목적을 달성하기 위하여 필요하고 적정한 수단 · 방법에 의하여서만 가능한 것이다.

이 사건 법률조항은 청구인들과 같이 경비업을 경영하고 있는 자들이나 다른 업종을 경영하면서 새로이 경비업에 진출하고자 하는 자들로 하여금 경비업을 전문으로 하는 별개의 법인을 설립하지 않는 한 경비업과 그 밖의 업종간에 택일하도록 법으로 강제하고 있다. 따라서 이미 선택한 직업을 어떠한 제약 아래 수행하느냐의 관점이나 당사자의 능력이나 자격과도 상관없는 객관적 사유에 의한 이러한 제한은 직업의 자유에 대한 제한 중에서도 가장 심각한 제약이 아닐 수 없다. 따라서 이러한 제한은 월등하게 중요한 공익을 위하여 명백하고 확실한 위험을 방지하기 위한 경우에만 정당화될 수 있다고 보아야 한다. 헌법재판소가 이 사건을 심사함에 있어서는 헌법 제37조 제 2 항이 요구하는바 과잉금지의 원칙, 즉 엄격한 비례의 원칙이 그 심사척도가 된다는 것도 바로 이러한 이유 때문이다.

■ 과잉금지원칙의 위배 여부

국민의 기본권을 제한하는 법률은 그 제한의 방법에 있어서도 일정한 원칙의 준수가 요구된다는 것은 너무나 당연한 이치이다. 즉, 국민의 기본권을 제한하려는 입법의 목적이 헌법 및 법률의 체계상 정당성이 인정되어야 하고, 그 목적의 달성을 위하여 방법이 효과적이고 적절하여야 함은 물론이고, 그로 인한 기본권의 제한은 필요한 최소한도에 그치며, 그 입법에 의하여 보호하려는 공익과 침해되는 사익을 비교형량할 때 보호되는 공익이 더 커야 한다. 그런데 이 사건 법률조항은 아래에서 보는 바와 같이 과잉금지원칙을 준수하지 못하고 있다.

■ 목적의 정당성

이 사건 법률조항의 입법목적은 앞에서 설시한 바와 같이 "경비업자가 경비업무 외 제조업, 근로자파견업 등 다른 업무를 병행할 경우 무자격자 유입, 총기유출의 위험성이 높으므로 이를 차단하기 위해 경비업자는 경비업 이외의 영업을 할 수 없도록" 하고, 그 밖에 "경비업체의 겸업을 금지함으로써 영세한 경비업체의 무분별한 난립을 막을 수 있고, 경비업체는 경비업 및 경비관련 부대사업을 중심으로 전문성을 확보하도록" 한다는 점에 있다. 그러므로 비전문적인 영세경비업체의 난립을 막고 전문경비업체를 양성하며, 경비원의 자질을 높이고 무자격자를 차단하고자 하는 입법목적 자체는 정당하다고 보여진다.

■ 방법의 적절성

국가가 어떠한 목적을 달성함에 있어서는 어떠한 조치나 수단 하나만으로서 가능하다고 판단할 경우도 있고 다른 여러 가지의 조치나 수단을 병과하여야 가능하다고 판단하는 경우도 있을 수 있으므로 목적달성에 필요한 유일의 수단선택을 요건으로 하는 것이라고 할 수는 없다. 그러나 그렇다고 하더라도, 기본권을 제한하는 방법은 최소한 그 목적의 달성을 위하여 효과적이고 적절하여야 한다.

먼저 "경비업체의 전문화"라는 관점에서 보면, 앞에서 살핀 바와 같이 현대의 첨단기술을 바탕으로 한 소위 디지털시대에 있어서 경비업은 단순한 경비 자체만으로는 '전문화'를 이룰 수 없다. 오히려 경비장비의 제조 · 설비 · 판매업이나 네트워크를 통한 정보산업, 시설물 유지관리, 나아가 경비원교육업 등을 포함하는 '토탈서비스(total service)'를 절실히 요구하고 있는 추세이다. 그러므로 이 법에서 규정하고 있는 좁은 의미의 경비업만을 영위하도록 법에서 강제하는 수단으로는 오히려 영세한 경비업체의 난립을 방치하는 역효과를 가져올 수도 있다.

또한 "경비원의 자질을 높이고 무자격자를 차단하고자" 하는 점도, 경비원교육을 강화하거나 자격요건이나 보수 등 근무여건의 향상을 통하여 그 목적을 효과적이고 적절하게 달성할 수 있을지언정 경비업체로 하여금 일체의 겸영을 금지하는 것이 적절한 방법이라고는 볼 수 없다. 그동안 노사분규 현장에서 제조업이나 인력파견업을 겸영하는 경비업체가 사용주의 요청에 따라 근로자들의 적법한 노동쟁의 행위를 분쇄하기 위하여 이른바 "구사대"라는 이름으로 경비원을 투입한 사례가 많았다는 지적에 대하여 보건대, 경비업체로 하여금 다른 영업 예컨대 제조업이나 인력파견업을 하지 못하도록 함으로써 이러한 사태의 발생을 막고자 하는 것은 어느 정도 연관관계를 인정할 수 있다. 그러나 이러한 '구사대'로서의 근로자 단체행동 진압행위는 그 자체가 불법행위로 금지되고 있으므로 별도로 이 사건 법률조항과 같이 경비업체의 제조업 등 겸영을 일체 금지할 필요는 없다. 따라서 제조업이나 인력파견업을 겸영하는 경비업체에서 이러한 불법적인 노사분규 개입이 있었다 하여 경비관련 업종은 물론 그 밖의 모든 업종의 겸영을 일체 금지하는 것은 그 수단으로서는 심히 적절하지 않다고 할 것이다.

■ 피해의 최소성

이 사건 법률조항은 경비업과 그 밖의 영업 사이에서 한쪽을 선택하도록 강제하고 있으므로 직업의 자유라는 기본권행사의 '방법'이 아닌 '여부'에 대한 강한 규제이다. 이와 같은 규제방법을 선택하려면 이 사건 법률조항으로 달성하려는 공익을 위한 다른 수단이 없는 경우에만 가능하다고 보아야 한다. 우선 이 사건 법률조항은 그 입법목적 중 경비업체의 전문화 추구라는 목적달성을 위하여 효과적이거나 적절하지 아니하고 오히려 그 반대의 결과를 가져올 수 있다는 점은 앞에서 본 바와 같고, 다른 입법목적인 경비원의 자질향상과 같은 공익은 이 법의 다른 조항에 의하여도 충분히 달성할 수 있는 것으로 보인다.

특수경비업자는 물론 기타 다른 경비업자의 경우에도 무자격자가 소속 종사자로 유입될 우려는 방지될 수 있고, 특수경비업자로부터 무기가 외부로 유출되거나 과·오용될 위험은 충분히 제거될 수 있으며, 경비업자가 경비원을 본연의 직무 외에 다른 활동에 종사하게 하거나 다른 회사의 경영 또는 노사문제에 개입하는 등의 부작용은 제도적으로 봉쇄되고 있다. 그러함에도 노사분규 개입을 예방한다는 이유로 경비업자의 겸영을 일체 금지하는 접근은 기본권침해의 최소성 원칙에 어긋나는 과도하고 무리한 방법이 아닐 수 없다.

■ 법익의 균형성

청구인들과 같이 경비업과 그 밖의 영업을 겸영하고 있는 자들이나 다른 영업을 경영하면서 새로이 경비업에 진출하고자 하는 자들이 경비업 외 다른 영업의 경영을 유시하변서 이 사건 법률조항을 충속하려면 경비업을 전문으로 하는 별개의 법인을 설립하지 않으면 안 된다. 그런데 경비업을 별개의 회사로 분리하여 영위하는 경우, 경비업을 전문으로 하는 회사의 설립단계 또는 분사단계에서부터 막대한 비용부담이 발생한다. 뿐만 아니라, 한 회사가 경비업과 다른 영업을 겸영하는 경우와는 달리, 경비업과 다른 영업을 별도로 영위하는 경우에는 상법규정에 따라 각 회사에 3인 이상의 이사 및 감사 등을 두어야 하고 각종 운영비용도 회사별로 이중으로 지급하여야 하는 회사 재정상의 부담요인이 발생한다. 또한 현행법상 단일회사 체제인 경우에 비해 지주회사 체제인 경우에는 세제상 불이익을 입는 경우도 있다. 나아가 경비업을 분리시키기 위하여 설정된 지주회사 관계가 독점규제및공정거래에관한법률상 지주회사로 인정되는 경우 그 지주회사는 부채비율의 제한 등 각종 의무를 부담하게 되고, 또 지주회사 또는 자회사가 동법에 의한 기업집단 또는 대규모기업집단에 속하는 것으로 인정되는 경우 출자총액의 제한, 상호출자금지 등의 각종 규제를 받게 되는 등, 단일회사 체제에 의할 때보다 그 영업의 자유를 크게 제한받게 된다.

그러므로 이 사건 법률조항으로 달성하고자 하는 공익인 경비업체의 전문화, 경비원의 불법적인 노사분규 개입방지 등은 그 실현여부가 분명하지 않은데 반하여, 이 법률조항으로 말미암아 경비업자인 청구인들이나 새로이 경비업에 진출하고자 하는 자들이 짊어져야 할 직업의 자유에 대한 기본권침해의 강도는 지나치게 크다고 할 수 있으므로, 이 사건 법률조항은 보호하려는 공익과 기본권침해간의 현저한 불균형으로 법익의 균형성을 잃고 있다.

이상과 같이 이 사건 법률조항은 과잉금지원칙을 위배하여 청구인들의 직업의 자유를 침해하는 위헌의 법률이라고 보는 이상, 직업의 자유에 대한 제한의 반사적 효과이거나 직업의 자유의 침해여부에 포섭하여 논의될 수 있는 재산권이나 평등권의 침해여부에 대하여는 따로 판단하지 아니한다.

## ▶ 해 설

### 사후경과

국회는 이 결정 후 헌법재판소의 판시를 반영하여 경비업법(2002. 12. 18. 법률 제6787호)의 이 사건 법률조항을 다음과 같이 개정하였다.

제 7 조 ⑧ 특수경비업자는 이 법에 의한 경비업과 경비장비의 제조 · 설비 · 판매업, 네트워크를 활용한 정보산업, 시설물 유지관리업 및 경비원교육업 등 대통령령이 정하는 경비관련업 외의 영업을 하여서는 아니 된다.

### 겸직금지

일체의 겸직을 합리적 이유 없이 금지하는 것과 관련된 이 사건(憲 1997. 4. 24.-95헌마90)은 행정사가 등록된 행정사로서 법이 규정한 업무 외의 업무를 행한 경우 처벌하는 행정사법 제35조 제 1 항 제 1 호 규정의 위헌 여부에 관한 것이다. 이에 대해 헌법재판소는 위헌결정을 내리고, 그 이유에 대해 일반적으로 겸직금지규정은 당해 업종의 성격상 다른 업무와의 겸직이 업무의 공정성을 해칠 우려가 있을 경우에 제한적으로 둘 수 있다 할 것이므로 겸직금지규정을 둔 그 자체만으로는 위헌적이라 할 수 없으나, 행정사법 제35조 제 1 항 제 1 호는 행정사의 모든 겸직을 금지하고, 그 위반행위에 대하여 모두 징역형을 포함한 형사처벌을 하도록 하는 내용으로 규정하고 있으므로 공익의 실현을 위하여 필요한 정도를 넘어 직업선택의 자유를 지나치게 침해하는 위헌적 규정이라고 판시하였다.

#### ▶ 질 문

1. 주관적 사유에 의한 직업선택의 자유제한과 객관적 사유에 의한 직업선택의 자유제한의 차이는 무엇인가?
2. 객관적 사유에 의한 직업선택의 자유제한의 종류는 어떠한 것이 존재하는가?

## Ⅲ. 재 산 권

> 第23조 ① 모든 국민의 재산권은 보장된다. 그 내용과 한계는 법률로 정한다.
> ② 재산권의 행사는 공공복리에 적합하도록 하여야 한다.
> ③ 공공필요에 의한 재산권의 수용 · 사용 또는 제한 및 그에 대한 보상은 법률로써 하되, 정당한 보상을 지급하여야 한다.

재산권은 역사적 개념이다. 시민혁명 후 근대초기에는 재산권이 신성불가침한 천부인권(天賦人權)으로서 자연법상의 권리로 간주되었다. 그러나 자본주의가 산업자본주의, 독점자본주의로 발전함에 따라 재산권 개념도 자유주의적 · 개인주의적 소유권 개념에서 사회구속적인 재산권 개념으로 수정되었다. 헌법 제23조 제 1 항의 재산권 보장의 법적 성격에 관해서는 사유재산제라는 제도의 보장과 기존의 법에 의해 창설된 현존 권리상태의 보장(존속보장, 또는 현상보장)을 의미한다고 보는 견해가 통설이다(김문현, 131 이하). 헌법재판소는 헌법 제23조 제 1 항의 재산권 보장은 국민 개개인이 재산권을 향유할 수 있는 법제도로서의 사유재산제도를 보장함과 동시에 그 기초 위에서 그들이 현재 갖고 있는 구체적 재산권을 개인의 기본권으로 보장한다는 이중적 의미를 가지고 있으며, 후자에 따라 모든 국민은 헌법에 합치하는 법률이 정하는 범위 내에서 구체적 재산권을 보유하여 이를 자유롭게 이용·수익·처분할 수 있음을 의미한다"고 설명한다(憲 1993. 7. 29.-92헌바20; 1994. 2. 24.-92헌가15 등).

## 1. 재산권의 의의와 보호영역

### ▶ 개 요

헌법 제23조 제1항이 보장하는 재산권은 사적 유용성 및 그에 대한 원칙적 처분권을 내포하는 재산가치 있는 구체적 권리이다. 이러한 재산권의 범위에는 동산·부동산에 대한 모든 종류의 물권은 물론, 재산가치 있는 모든 사법상의 채권과 특별법상의 권리 및 재산가치 있는 공법상의 권리 등이 포함되나, 단순한 기대이익·반사적 이익 또는 경제적인 기회 등은 재산권에 속하지 않는다(憲 1998. 7. 16.-96헌마246; 2000. 6. 1.-98헌바34). 헌법재판소는 임금 내지 퇴직금 채권(憲 1998. 6. 25.-96헌바27), 정당한 지목을 등록함으로써 토지소유자가 누리게 될 이익(憲 1999. 6. 24.-97헌마315) 등은 헌법이 보장하는 재산권의 내용에 포함되는 권리라고 본다. 그러나 의약품(한약)을 판매하여 얻게 되는 장래의 불확실한 기대이익(憲 1997. 11. 27.-97헌바10)이나, 영리획득의 단순한 기회나 기업활동의 사실적 법적 여건(憲 1996. 8. 29.-95헌바36)은 재산권 보장의 대상이 아니다.

### ▶ 핵심판례

#### 憲 1993. 7. 29.-92헌바20 [점유취득시효 사건]

[사건의 개요]

이 사건 토지는 원래 청구외 한○동의 소유였는데, 1971. 3.경 이 사건 토지에 관하여 청구외 지○순 앞으로 소유권이전등기가 경료되었고 위 지○순이 1980. 8. 19. 사망하여 청구인이 이 사건 토지를 상속하였다. 청구외 최○녀는 1991. 4. 8. 청구인을 상대로 이 사건 토지에 관하여 위 청구외인이 1965. 6.경 위 한○동으로부터 위 토지를 매수한 이래 20년간 소유의 의사로 평온, 공연하게 점유하였음을 이유로 1985. 6.경 취득시효완성을 원인으로 한 소유권이전등기청구의 소를 제기하였다. 이에 청구인은 민법 제245조 제1항이 헌법에 위반된다고 주장하면서 위 소송이 계속 중인 법원에 그에 관한 위헌제청신청을 하였다.

[심판의 대상]
**민법** 제245조(점유로 인한 부동산소유권의 취득기간) ① 20년간 소유의 의사로 평온, 공연하게 부동산을 점유하는 자는 등기함으로써 그 소유권을 취득한다.

이 사건에서 헌법재판소는 "민법(제정 1958. 2. 22. 법률 제471호, 최종 개정 1990. 1. 13. 법률 제4199호) 제245조 제 1 항은 헌법에 위반되지 아니한다"라고 결정하고, 그 이유를 다음과 같이 설시하였다.

▣ 재산권 보장과 기본권형성적 법률유보

우리 헌법상의 재산권에 관한 규정은 다른 기본권 규정과는 달리 그 내용과 한계가 법률에 의해 구체적으로 형성되는 기본권형성적 법률유보의 형태를 띠고 있다. 그리하여 헌법이 보장하는 재산권의 내용과 한계는 국회에서 제정되는 형식적 의미의 법률에 의하여 정해지므로 이 헌법상의 재산권 보장은 재산권형성적 법률유보에 의하여 실현되고 구체화하게 된다. 따라서 재산권의 구체적 모습은 재산권의 내용과 한계를 정하는 법률에 의하여 형성된다. 물론 헌법이 보장하는 재산권의 내용과 한계를 정하는 법률은 재산권을 제한한다는 의미가 아니라 재산권을 형성한다는 의미를 갖는다. 이러한 재산권의 내용과 한계를 정하는 법률의 경우에도 사유재산제도나 사유재산을 부인하는 것은 재산권 보장규정의 침해를 의미하고, 결코 재산권형성적 법률유보라는 이유로 정당화될 수 없다. 한편 재산권 행사의 사회적 의무성을 헌법에 명문화한 것은 사유재산제도의 보장이 타인과 더불어 살아가야 하는 공동체 생활과의 조화와 균형을 흐트러뜨리지 않는 범위 내에서의 보장임을 천명한 것이다(憲 1989. 12. 22.-88헌가13 참조). 공공필요에 의하여 공권력의 행사로서 특정인에게 재산권의 수용·사용 또는 제한을 가하여 일반인에게 예기치 않은 특별한 희생을 가할 수 있는 경우도 국회에서 제정한 법률에 규정된 경우에 한하고 이에 대한 보상도 국회에서 제정한 법률에 의한 정당한 보상을 하여야만 한다고 헌법은 규정하였다. 여기서 말하는 정당한 보상은 원칙적으로 완전보상을 의미한다. 이러한 재산권에 관한 규정은 민사법질서의 기본구조라고 할 수 있다.

▣ 취득시효제도로 인하여 원소유자가 보상 없이 소유권을 상실하게 하는 것의 위헌 여부

점유로 인한 취득시효제도는 고대 로마법에 그 기원을 두고 있으며 대륙법을 거

쳐 우리나라에 계수되었다. 취득시효제도가 로마법시대로부터 인정되고 세계 각국의 법제가 이를 인정하고 있는 이유는 다음과 같다.

첫째, 일정한 사실상태가 장구한 기간 지속되게 되면 사회생활상 이를 정당한 법률상태로 신뢰하게 될 뿐만 아니라, 그것을 기초로 하여 여러 가지의 법률관계가 구축된다. 따라서 후일 이것이 진실의 권리관계와 맞지 않는다 하여 이를 뒤집어 정당한 권리관계를 부활시키는 것은 결과적으로 그러한 사실상태를 기초로 하여 이미 구축된 사회질서 내지 법률관계를 근본적으로 뒤집는 것이 된다. 그러므로 법률질서의 안정과 사회질서의 유지를 위하여 취득시효제도는 필요하다.

둘째, 오랜 기간이 경과한 후에는 증거자료가 흩어져서, 예컨대 매매증서나 매매대금영수증의 분실, 증인의 사망 등으로 인하여 잔존하는 증거만으로 재판을 하는 것은 진실한 권리관계의 인정에 관하여 정확을 기대하기가 곤란하다. 따라서 이러한 경우에는 장구한 기간 지속된 사실상태를 그대로 정당한 것으로 보는 것이 도리어 진실에 적합할 개연성이 많다. 즉 시효제도는 장구한 기간 동안 지속된 사실상태에 대한 증거보전의 곤란을 구제하여 민사소송의 적정을 기할 수 있고 소송경제의 이념에 부합되므로 필요한 제도이다.

셋째, 권리 위에 잠자는 형식적 권리자보다는 권리의 객체에 대하여 두터운 실질적 이해관계를 갖는 자를 보호할 필요가 있다. 즉 권리자가 영구적으로 권리의 행사를 태만히 하는 때는, 그 자가 권리의 객체에 대하여 갖고 있는 실질적 이해관계는 극히 박약함에 반하여 표현적 권리자인 점유자는 권리의 객체에 대한 강한 실질적 이해관계를 구축하여 왔으므로 양자를 상관적으로 비교할 때 오히려 후자를 보호하는 것이 타당하다.

이러한 이유 등에서 로마법부터 이어 온 점유로 인한 취득시효제도를 계수하여 세계 각국이 채택한 취득시효제도를 우리도 도입하였다. 그리하여 민법 제245조 제 1 항이 헌법 제23조 제 1 항 제 2 문에 의거하여 재산권의 내용과 한계를 형성한 법률조문의 하나로서 제정된 것이다.

결국 민법 제245조 제 1 항은 부동산에 대한 소유권자이면서 오랜 동안 권리행사를 태만히 한 자와, 원래 무권리자이지만 소유의 의사로서 평온, 공연하게 부동산을 거의 영구적으로 보이는 20년 동안 점유한 자와의 사이의 권리의 객체인 부동산에 대한 실질적인 이해관계를, 위에서 본 취득시효제도의 필요성을 종합하고 상관적으로 비교형량하여 형평의 견지에서 실질적 이해관계가 보다 두터운 점유자가 원소유자에게 이전등기청구권을 취득하게 한 것이다. 그리고 그 반사적 효과로서 아무런 보상이나 배상이나 부당이득의 반환이 없이 원소유권자의 소유권을 상실케

하는 결과를 낳게 한 내용으로, 헌법이 보장하는 재산권인 부동산소유권의 득실에 관한 내용과 한계를 구체적으로 형성한 것이다.

헌법 제23조 제3항에 의한 손실보상은 사인간의 이익 충돌시의 형평의 문제가 아니라 공공필요에 의하여 공권력의 행사로서 특정인의 재산권을 수용·사용 또는 제한을 하여 일반인에게 예기치 않은 특별한 희생을 가하는 경우의 보상이다. 그러나 민법 제245조 제1항은 공권력의 행사로 특정인에게 특별한 희생을 가하는 경우가 아니고 사인간의 법적 질서유지와 이익충돌시의 형평의 견지 등에서 사법적 분쟁해결의 기준을 정한 것이다. 그러므로 민법 제245조 제1항에 의한 취득시효기간 만료의 반사적 효과로서의 원권리자의 권리상실의 결과는 공공필요에 의한 공권력의 행사로 특정인에게 특별한 희생을 적극적으로 가하는 수용·사용 및 제한으로 인한 손실과는 그 성질을 달리한다. 따라서 민법 제245조 제1항에 의한 원권리자의 권리상실로 인한 손해에 대하여는 헌법 제23조 제3항이 적용될 수는 없다.

## ▶ 해 설

### 국유재산의 시효취득 제한

헌법재판소는 1991. 5. 13. [89헌가97] 결정에서 국유재산 중 잡종재산을 시효취득의 대상에서 제외하는 국유재산법 제5조 제2항이 위헌이라고 선언하였다. 그 이유의 요지는 국유잡종재산은 사경제적(私經濟的) 거래의 대상으로서 사적자치(私的自治)의 원칙이 지배하고 있으므로 시효제도의 적용에 있어서도 동일하게 보아야 하는데, 국유잡종재산에 대한 시효취득을 부인하는 동규정은 합리적 근거 없이 국가만을 우대하는 불평등한 규정으로서 헌법상의 평등의 원칙과 사유재산권 보장의 이념 및 과잉금지의 원칙에 반한다는 것이다.

이 결정에 대하여 재판관 3인이 반대의견을 표시하였는데, 그 요지는 국유의 부동산은 전체 국민의 복리를 위하여 특히 보호하여야 할 기본적인 국가재산이므로 국유재산의 사유화로 인한 잠식을 방지하고 국유재산관리의 효율성을 도모하기 위하여 취득시효제도를 배제하여야 한다는 것이다.

헌법재판소는 공유재산에 관하여 시효취득을 제한한 지방재정법 조항에 대하여도 같은 취지의 한정위헌 결정을 내렸다(憲 1992. 10. 1.-92헌가6).

### 공법상의 권리의 재산권성

헌법 제23조의 재산권은 민법상의 소유권뿐만 아니라, 재산적 가치 있는 사법상의 물권, 채권 등 모든 권리를 포함하며, 또한 국가로부터의 일방적인 급부가 아닌 자기 노력의 대가나 자본의 투자 등 특별한 희생을 통하여 얻은 공법상의 권리, 즉 군인연금법상의 연금수급권, 공무원연금법상의 연금수급권, 국가유공자의 보상수급권도 포함한다. 헌법재판소에 따르면 공법상의 권리가 헌법상의 재산권 보장의 보호를 받기 위해서는 다음과 같은 요건을 갖추어야 한다. 첫째, 공법상의 권리가 권리주체에게 귀속되어 개인의 이익을 위하여 이용가능해야 하며(사적 유용성), 둘째, 국가의 일방적인 급부에 의한 것이 아니라 권리주체의 노동이나 투자, 특별한 희생에 의하여 획득되어 자신이 행한 급부의 등가물에 해당하는 것이어야 하며(수급자의 상당한 자기기여), 셋째, 수급자의 생존의 확보에 기여해야 한다. 이러한 요건을 통하여 사회부조와 같이 국가의 일방적인 급부에 대한 권리는 재산권의 보호대상에서 제외되고, 단지 사회법상의 지위가 자신의 급부에 대한 등가물에 해당하는 경우에 한하여 사법상의 재산권과 유사한 정도로 보호받아야 할 공법상의 권리가 인정된다. 즉 공법상의 법적 지위가 사법상의 재산권과 비교될 정도로 강력하여 그에 대한 박탈이 법치국가원리에 반하는 경우에 한하여, 그러한 성격의 공법상의 권리가 재산권의 보호대상에 포함되는 것이다(憲 2000. 6. 29.-99헌마289).

### 사회보장수급권

헌법재판소는 건강보험조합의 적립금은 헌법 제23조에 의하여 보장되는 재산권의 보호대상이 아니라고 보았다(위 99헌마289 결정). 그런데 법률에 의하여 구체적으로 형성된 건강보험수급권에 대하여 헌법재판소는 이를 재산권의 보장을 받는 공법상의 권리로서 헌법상의 사회적 기본권의 성격과 재산권의 성격을 아울러 지니고 있다고 보아, 경과실에 의한 범죄행위에 기인하는 보험사고에 대하여 건강보험급여를 제한하는 것은 재산권과 사회적 기본권으로서의 의료보험수급권을 침해한다고 판시하였다(憲 2003. 12. 18.-2002헌바1). 그리고 산재보험제도에 따른 산재보험수급권은 산업재해보상보험법에 의하여 구체적으로 형성되는 권리인데, 산재법상의 보험급여가 보험사고로 초래되는 가입자의 재산상의 부담을 전보하여 주는 경제적 유용성을 가진다는 점(산재보험은 보험급여의 지급에 대응하여 사용자의 보상책임을 면제한다)에서 산재보험수급권은 적어도 수급권자의 보험급여를 받을 권리를 대위하여 보험급여의 지급을 구하는 보험가입자(사업주)에게 있어서는 재산권의 성질을 가진다(憲 2004. 11. 25.-2002헌바52).

### 공무원의 퇴직급여수급권

공무원연금법에 의한 퇴직급여의 재원은 공무원 자신의 기여금과 이와 동액의 국가 또는 지방자치단체의 부담금으로 형성되는데, 퇴직급여 중 공무원 본인의 기여금에 해당하는 부분은 재직 중 근무의 대가로서 지급하였어야 할 임금의 후불(後拂)로서의 성격이 강하고, 나머지 부분은 재직 중의 성실한 복무에 대한 공로보상 또는 사회보장적 급여로서의 성격이 강하다(憲 1995. 6. 29.-91헌마50). 헌법재판소는 공무원 또는 공무원이었던 자가 재직 중의 사유로 금고 이상의 형을 받은 때 퇴직급여 및 퇴직수당의 일부를 감액하여 지급하도록 한 공무원연금법 제64조 제 1 항 제 1 호에 대하여 2건의 합헌선례를 변경하여 헌법불합치 결정을 선고하였다(憲 2007. 3. 29.-2005헌바33. 이 결정에는 재판관 3인의 반대의견이 있다). 그리고 군인 또는 군인이었던 자가 복무 중의 사유로 금고 이상의 형을 받은 때에는 대통령령이 정하는 바에 의하여 퇴직급여 및 퇴직수당의 일부를 감액하여 지급하도록 한 군인연금법 제33조 제 1 항 제 1 호(憲 2009. 7. 30.-2008헌가1)도 헌법에 합치되지 않는다고 선언하였다. 한편, 헌법재판소는 공무원연금법 제64조 제 3 항의 급여제한을 퇴직 후의 사유에도 적용하는 것은 재산권을 침해한다고 보았다(憲 2002. 7. 18.-2000헌바57).

## ▶ 질 문

1. 헌법상 재산권 보장의 논리 구조는 다른 일반적인 자유권 보장의 경우와 다른가?
2. 기본권제한적 법률유보와 기본권형성적 법률유보는 어떻게 다른가?
3. 재산권의 내용과 한계가 법률에 의해 구체적으로 형성된다면 입법자의 재량권에는 아무런 제약이 없는가? 헌법 제37조 제 2 항의 본질적내용침해금지원칙은 재산권에는 적용되지 않는가?
4. 국유재산의 종류는 어떻게 나뉘는가?
5. 민법상의 취득시효의 대상으로서 사유재산과 국·공유재산을 구별할 필요성은 전혀 없는가?
6. 사유재산권 주체로서의 국가와 일반 국민 사이의 평등 문제로 다루는 논증방법은 타당한가?

## 2. 토지재산권의 제한과 정당한 보상

### ▶ 개 요

헌법 제23조 제 3 항은 공공필요에 의해 재산권을 수용할 때에는 정당한 보상을 지급해야 한다고 규정하고 있다. 여기서 '정당한 보상'의 기준은 무엇인가? 헌법재판소는 헌법 제23조 제 3 항이 규정하는 정당한 보상이란 원칙적으로 피수용재산의 객관적인 재산가치를 완전하게 보상하는 완전보상을 의미한다고 본다. 그런데 토지의 경우에는 그 특성상 인근 유사토지의 거래가격을 기준으로 하여 토지의 가격형성에 미치는 제 요소를 종합적으로 고려한 합리적 조정을 거쳐서 객관적인 가치를 평가할 수밖에 없는데, 이 때 소유자가 갖는 주관적인 가치, 투기적 성격을 띠고 우연히 결정된 거래가격 또는 흔히 불리는 호가, 객관적 가치의 증가에 기여하지 못한 투자비용이나 그 토지 등을 특별한 용도에 사용할 것을 전제로 한 가격 등에 좌우되어서는 안 되며, 공익사업의 시행으로 지가가 상승하여 발생하는 개발이익은 그 성질상 완전보상의 범위에 포함되지 아니한다. 그러므로 토지수용으로 인한 손실보상액을 표준지 공시지가를 기준으로 산정하도록 한 것은 합헌이다(憲 1995. 4. 20.-93헌바20; 2007. 11. 29.-2006헌바79; 2009. 11. 26.-2009헌바141; 2009. 12. 29.-2009헌바142). 환원하면 헌법재판소는 개별공시지가에 따라 손실보상액을 산정하지 아니하였다고 하여 위헌이 되는 것은 아니라고 본다(憲 1999. 12. 23.-98헌바13; 2001. 4. 26.-2000헌바31). 그리고 개시시점 지가를 실제 매입가액 기준으로 산정할 수 있는 경우를 대통령령에 위임하는 것도 포괄위임입법금지원칙에 위배되지 않고 청구인의 재산권을 침해하지 않는다(憲 2009. 12. 29.-2008헌바123).

### ▶ 핵심판례

憲 1998. 12. 24.-89헌마214 [개발제한구역 사건]

[사건의 개요]

청구인은 도시계획법 제21조 제 1 항에 따라 건설부 고시에 의하여 개발제한구역으로 지정된 토지 위에 관할관청의 허가를 받지 아니하고 건축물을 건축하여 소유하고 있다는 이유로 구청장으로부터 위 건축물에 대한 철거대집행계고처분 등을 받고, 법원에 구청장을 상대로 건축물철거대집행계고처분 등의 취소를 구하는 행정소송을 제기하고, 위 법 제21조가 재판의 전제가 된다고 주장하면서 위헌심판제청을 신청하였다.

[심판의 대상]

**도시계획법** 제21조(개발제한구역의 지정) ① 건설교통부장관은 도시의 무질서한 확산을 방지하고 도시주변의 자연환경을 보존하여 도시민의 건전한 생활환경을 확보하기 위하여 또는 국방부장관의 요청이 있어 보안상 도시의 개발을 제한할 필요가 있다고 인정되는 때에는 도시개발을 제한할 구역(이하 "개발제한구역"이라 한다)의 지정을 도시계획으로 결정할 수 있다.

② 제 1 항의 규정에 의하여 지정된 개발제한구역 안에서는 그 구역지정의 목적에 위배되는 건축물의 건축, 공작물의 설치, 토지의 형질변경, 토지면적의 분할 또는 도시계획사업의 시행을 할 수 없다. 다만, 개발제한구역 지정당시 이미 관계법령의 규정에 의하여 건축물의 건축·공작물의 설치 또는 토지의 형질변경에 관하여 허가를 받아(관계법령에 의하여 허가를 받을 필요가 없는 경우를 포함한다) 공사 또는 사업에 착수한 자는 대통령령이 정하는 바에 의하여 이를 계속 시행할 수 있다.

③ 제 2 항의 규정에 의하여 제한될 행위의 범위 기타 개발제한에 관하여 필요한 사항은 대통령령으로 정하는 범위 안에서 건설교통부령으로 정한다.

이 사건에서 헌법재판소는 "도시계획법(1971. 1. 19. 법률 제2291호로 제정되어 1972. 12. 30. 법률 제2435호로 개정된 것) 제21조는 헌법에 합치되지 아니한다"라고 결정하고, 그 이유를 다음과 같이 설시하였다.

▣ 재산권의 침해 여부

■ 재산권의 보장과 토지재산권의 사회적 의무

헌법 제23조 제 1 항 및 제 2 항은 재산권은 법률로써 규제될 수 있고, 그 행사 또한 일정한 제약을 받을 수 있다는 것을 밝히고 있다. 입법자는 재산권의 내용을 구체적으로 형성함에 있어서 헌법상의 재산권보장(헌법 제23조 제 1 항 제 1 문)과 재산권의 제한을 요청하는 공익 등 재산권의 사회적 기속성(헌법 제23조 제 2 항)을 함께 고려하고 조정하여 양 법익이 조화와 균형을 이루도록 하여야 한다.

토지는 원칙적으로 생산이나 대체가 불가능하여 공급이 제한되어 있고, 우리나라의 가용토지면적은 인구에 비하여 절대적으로 부족한 반면에, 모든 국민이 생산 및 생활의 기반으로서 토지의 합리적인 이용에 의존하고 있으므로, 그 사회적 기능에 있어서나 국민경제의 측면에서 다른 재산권과 같게 다룰 수 있는 성질의 것이 아니므로 공동체의 이익이 보다 강하게 관철되어야 한다. 헌법은 토지가 지닌 위와 같은 특성을 감안하여 "국가는 국민 모두의 생산 및 생활의 기반이 되는 국토의 효율적이고 균형 있는 이용·개발과 보전을 위하여 법률이 정하는 바에 의하여 그에 관한 필요한 제한과 의무를 과할 수 있다"(제122조)고 규정함으로써 토지재산권에 대한 광범위한 입법형성권을 부여하고 있다.

■ 이 사건 법률조항의 위헌 여부

헌법상의 재산권은 토지소유자가 이용가능한 모든 용도로 토지를 자유로이 최대한 사용할 권리나 가장 경제적 또는 효율적으로 사용할 수 있는 권리를 보장하는 것을 의미하지는 않는다. 토지의 개발이나 건축은 합헌적 법률로 정한 재산권의 내용과 한계 내에서만 가능한 것일 뿐만 아니라 토지재산권의 강한 사회성 내지는 공공성으로 말미암아 이에 대하여는 다른 재산권에 비하여 보다 강한 제한과 의무가 부과될 수 있다. 그렇다고 하더라도 토지재산권에 대한 제한입법 역시 다른 기본권을 제한하는 입법과 마찬가지로 과잉금지의 원칙(비례의 원칙)을 준수해야 하고, 재산권의 본질적 내용인 사용·수익권과 처분권을 부인해서는 아니 된다.

• 구역지정 후 토지를 종래의 목적으로 사용할 수 있는 원칙적인 경우

개발제한구역의 지정에도 불구하고 토지소유자는 원칙적으로 종래와 같이 토지를 계속 이용할 수 있다. 구역 내 토지 중 이미 개발된 토지의 경우에는 도시계획법 시행령이 구역지정 당시부터 있던 기존 건축물의 증·개축을 허용하고 있으므로, 이 사건 법률조항이 개발제한구역으로 지정된 토지소유자에게 부과하는 현상태의 유지의무나 변경금지의무는, 토지소유자가 자신의 토지를 원칙적으로 종래의 용도대로 사용할 수 있는 한, 재산권의 내용과 한계를 비례의 원칙에 부합하게 합헌적으로 규율한 규정이라고 보아야 한다.

구역의 지정으로 인한 개발가능성의 소멸과 그에 따른 지가의 하락이나 지가상승률의 상대적 감소는 토지소유자가 감수해야 하는 사회적 제약의 범주에 속하는 것으로 보아야 한다. 자신의 토지를 장래에 건축이나 개발목적으로 사용할 수 있으리라는 기대가능성이나 신뢰 및 이에 따른 지가상승의 기회는 원칙적으로 재산권의 보호범위에 속하지 않는다. 구역지정 당시의 상태대로 토지를 사용·수익·처분할 수 있는 이상, 구역지정에 따른 단순한 토지이용의 제한은 원칙적으로 재산권에 내재하는 사회적 제약의 범주를 넘지 않기 때문이다. 따라서 토지소유자가 종래의 목적대로 토지를 이용할 수 있는 한, 구역의 지정으로 인하여 토지재산권의 내재적 제약의 한계를 넘는 가혹한 부담이 발생했다고 볼 수 없다. ……

• 구역지정 후 토지를 종래의 목적으로도 사용할 수 없거나 또는 토지를 이용할 수 있는 방법이 전혀 없는 예외적인 경우

구역지정으로 말미암아 예외적으로 토지를 종래의 목적으로도 사용할 수 없거나

또는 법률상으로 허용된 토지이용의 방법이 없기 때문에 실질적으로 토지의 사용·수익권이 폐지된 경우에는 다르다. 이러한 경우에는 재산권의 사회적 기속성으로도 정당화될 수 없는 가혹한 부담을 토지소유자에게 부과하는 것이므로 입법자가 그 부담을 완화하는 보상규정을 두어야만 비로소 헌법상으로 허용될 수 있기 때문이다.

언제 이 사건 법률조항에 의한 제한이 토지재산권의 내재적 한계로서 허용되는 사회적 제약의 범위를 넘어 감수하라고 할 수 없는 특별한 재산적 손해가 발생하였는가의 문제는 일률적으로 확정할 수는 없고 당해 토지가 놓여 있는 객관적 상황(공부상 지목, 토지의 구체적 현황 등)을 종합적으로 고려하여 판단해야 할 것이나, 토지소유자가 보상 없이 수인해야 할 한계를 설정함에 있어서 일반적으로 다음의 두 가지 관점이 중요한 기준이 된다고 하겠다.

첫째, 토지를 합법적인 용도대로 계속 사용할 수 있는 가능성이 있는가 하는 것이다.

법률개정으로 인하여 종래의 용도대로 토지를 더 이상 사용할 수 없게 된 경우에는 종래 합법적으로 행사된 토지사용·수익권 등 이미 형성된 상태는 '그의 종래의 기능'을 변경하려는 규정에 대하여 계속 그의 존속을 관철할 수 있어야 하므로 입법자는 보상 없이는 종래의 합법적인 사용·수익을 제거 또는 금지할 수 없다. 토지를 종래 합법적으로 행사된 토지이용의 목적으로도 사용할 수 없는 경우, 토지재산권의 이러한 제한은 국민 누구나가 수인해야 하는 사회적 제약의 범위를 넘는 것으로 판단해야 한다.

둘째, 토지에 대한 이용방법의 제한으로 말미암아 토지소유자에게 법적으로 전혀 이용방법이 없기 때문에 실질적으로 토지에 대한 사용·수익을 전혀 할 수 없는 경우에도, 수인의 한계를 넘는 특별한 재산적 손해가 발생하였다고 보아야 한다. 토지소유자가 자신의 토지를 사적으로 의미 있게 사용할 방법이 더 이상 없게끔 토지재산권이 제한된다면, 자신의 토지가 단지 이름만 자신에게 귀속되었을 뿐 실질적으로는 토지와 자신과의 귀속관계가 단절된 것이므로 이러한 경우에는 국민 누구나가 수인해야 하는 사회적 제약의 범위를 넘었다고 보아야 하기 때문이다.

• 소결론

결국, 이 사건 법률조항에 의한 재산권의 제한은 개발제한구역으로 지정된 토지를 원칙적으로 지정 당시의 지목과 토지현황에 의한 이용방법에 따라 사용할 수 있는 한, 재산권에 내재하는 사회적 제약을 비례의 원칙에 합치하게 합헌적으로 구체화한 것이라고 할 것이나, 종래의 지목과 토지현황에 의한 이용방법에 따른 토지의 사용도 할 수 없거나 실질적으로 사용·수익을 전혀 할 수 없는 예외적인 경우에도 아무런 보상 없이 이를 감수하도록 하고 있는 한, 비례의 원칙에 위반되어 당해 토지소유자의 재산권을 과도하게 침해하는 것으로서 헌법에 위반된다 할 것이다.

재산권의 침해와 공익간의 비례성을 다시 회복하기 위한 방법은 헌법상 반드시 금전보상만을 해야 하는 것은 아니다. 입법자는 지정의 해제 또는 토지매수청구권 제도와 같이 금전보상에 갈음하거나 기타 손실을 완화할 수 있는 제도를 보완하는 등 여러 가지 다른 방법을 사용할 수 있다. 즉, 입법자에게는 헌법적으로 가혹한 부담의 조정이란 '목적'을 달성하기 위하여 이를 완화·조정할 수 있는 '방법'의 선택에 있어서는 광범위한 형성의 자유가 부여된다.

## ▶ 해 설

### 헌법불합치결정을 하는 이유

이 사건에서 헌법불합치결정을 하는 이유에 관하여 헌법재판소는 다음과 같이 설명하였다.

「첫째, 이 사건 법률조항이 규정한 개발제한구역의 지정이라는 제도 그 자체는 토지재산권에 내재하는 사회적 기속성을 구체화한 것으로서 원칙적으로 합헌적인 규정인데, 다만 구역지정으로 말미암아 일부 토지소유자에게 사회적 제약의 범위를 넘는 가혹한 부담이 발생하는 예외적인 경우에도 보상규정을 두지 않은 것에 위헌성이 있는 것이므로, 불합치결정을 선고함으로써 입법자가 이 사건 법률조항을 헌법에 적합하게 개정할 때까지 그대로 유지해야 할 필요성과 당위성이 있다.

둘째, 개발제한구역의 지정에 따라 생기게 된 가혹한 부담의 유무와 정도 및 이에 따른 보상의 구체적인 기준과 방법은 헌법재판소가 일률적으로 확정할 수 없고 개개의 토지에 대하여 구체적이고 객관적인 사정을 종합하여 입법자가 판단하여야 할 사항이다. 또한 보상을 위한 입법의 형태, 보상의 대상과 방법 등도 선택의 여지가 다양하여 과연 어느 것이 가장 바람직하고 합리적인 것인가의 선택은 광범위한 입법형성권을 가진 입법자의 과제로서 입법정책적으로 해결되어야 할 문제이지 헌법재판소가 결정할 성질의 것이 아니다.」

그리고 이 사건 헌법불합치결정의 효력에 관하여 다음과 같이 설명하였다.

「불합치결정은 위헌적 상태를 조속한 시일 내에 제거해야 할 입법자의 입법개선의무를 수반하게 된다. 사회적 제약의 한계를 넘는 가혹한 부담을 초래하는 예외적인 경우에도 아무런 보상규정을 두지 아니함으로써 헌법상의 재산권보장에 위반되는 이 사건 법률조항을 입법자는 더 이상 그대로 존치시켜서는 아니 되며, 이 사건 법률조항의 입법목적과 재산권의 보장 사이에 비례성이 회복될 수 있도록 보상입법을 하여 위헌적 상태를 제거할 의무가 있다.
행정청은 위헌적 상태를 제거하기 위한 보상입법이 마련되기 전에는 이 사건 법률조항에 근거하여 새로이 개발제한구역의 지정을 하여서는 아니 된다.
이 사건 청구인들을 포함한 모든 토지소유자가 토지재산권의 사회적 한계를 넘는 가혹한 부담을 받은 경우에 한하여 보상입법을 기다려 그에 따른 권리행사를 할 수 있음은 별론으로 하고, 이 사건 결정에 근거하여 이 사건 법률조항에 의한 개발제한구역의 지정이나 그에 따른 토지재산권의 제한 그 자체의 효력을 다투거나 이 사건 법률조항에 위반하여 행하여진 자신들의 행위의 정당성을 주장할 수는 없다.」

### 도시계획시설결정

헌법재판소는 도시계획의 결정·고시로 인한 토지재산권의 제약에 대하여 손실보상규정을 두지 아니한 도시계획법 제 4 조에 대해서도 헌법불합치 결정을 선고하였다(憲 1999. 10. 21.-97헌바26).

### 학교환경위생정화구역

헌법재판소는 학교환경위생정화구역 안에서 여관시설과 영업을 금지한 학교보건법 제 6 조 제 1 항 제11호(초등학교에 관한 부분에 한하여)가 재산권을 침해하지 않는다고 판시하였다. 이 사건 금지조항은 초등학교 교육의 능률화를 기하기 위하여 정화구역 안에 여관시설과 영업을 금지함으로써 재산권의 사회적 제약을 구체화하는 입법이라고 할 수 있으므로, 이는 공익목적을 위하여 개별적·구체적으로 이미 형성된 구체적 재산권을 박탈하거나 제한하는 것으로서 보상을 요하는 헌법 제23조 제 3 항 소정의 수용·사용 또는 제한과는 구별된다고 보기 때문이다(憲 2004. 10. 28.-2002헌바41).

### 공용수용과 환매권

헌법재판소는 공용수용(公用收用)된 토지 등에 대한 환매권(還買權)은 헌법상의 재산권 보장규정으로부터 도출되는 것으로서 헌법이 보장하는 재산권의 내용에 포함되는 권리이며, 피수용자(被收用者)가 손실보상을 받고 소유권의 박탈을 수인할 의무는 그 재산권의 목적물이 공공사업에 이용되는 것을 전제로 하기 때문에 위 헌법상 권리는 피수용자가 수용 당시 이미 정당한 손실보상을 받았다는 사실로 말미암아 부인되지 않는다고 보았다. 헌법재판소는 '공공용지의 취득 및 손실보상에 관한 특례법'에 의한 협의취득(協議取得)이나(憲 1994. 2. 24.-92헌가1) '징발재산정리에 관한 특별조치법'상의 징발매매(徵發賣買)는(憲 1995. 10. 26.-95헌바22) 실질적으로 강제취득방법과 비슷한 기능을 수행하므로 헌법 제23조 제 3 항에 의한 공용수용(公用收用)에 해당하고, 이에 따른 환매권도 헌법 제23조 제 1 항이 보장하는 재산권의 내용에 포함되는 권리라고 설시하였다.

### ▶ 질　문

1. 재산권의 수용, 사용, 제한은 어떻게 구별되는가? 개발제한구역 지정은 이 중 어느 것에 해당하는가?
2. '지가공시 및 토지 등의 평가에 관한 법률'은 공시지가를 어떻게 산정하는가?
3. 국가가 국민에 대한 재산권을 '수용'할 때 적용하는 기준(표준지 공시지가)과 '과세'할 때 적용하는 기준(개별공시지가)을 달리 하는 것은 바람직한가?
4. 공공필요에 의한 재산권 수용과 재산권의 사회적 구속성에 따르는 한계는 어떻게 구별되는가?

## 3. 토지거래 및 소유의 제한

### ▶ 개　요

재산권을 제한하는 대표적인 유형 중 하나로 토지거래 및 소유를 제한하는 경우를 들 수 있다. 헌법재판소는 일찍이 규제구역 내에 있는 토지 등의 거래계약을 체결하고자 하는 당사자가 공동으로 관할도지사의 허가를 받아야 하는 의무를 부과하고, 이에 위반하여 허가 없이 토지 등의 거래계약을 체결하거나 사위 기타 부정한 방법으로 토지 등의 거래계약허가를 받은 자를 처벌하는 구 국토이용관리법 조항이 합헌이라고 선언하였다(憲 1989. 12. 22.-88헌가13. 처벌조항에 대해서는 재판관 5인이 위헌의견이었다). 그러나 일정한 택지에 관하여 그 소유시기와 상관없이 개인은 가구별로 정한 소유상한을 초과하여 이를 소유할 수 없도록 하고, 법인에 대하여는 아예 택지의 소유를 금지하면서, 개인이 가구별 소유상한을 초과하여 택지를 취득하거나 법인이 택지를 취득하고자 하는 경우에는 시장 · 군수의 허가를 받도록 하는 한편, 법 시행 이전부터 가구별 소유상한을 초과하여 소유하고 있는 택지 및 법인 소유의 택지에 대하여도 법에 의한 규제가 적용되도록 규정한 택지소유상한에관한법률은 그 전부에 대하여 위헌결정을 선고하였다(憲 1999. 4. 29.-94헌바37).

다음으로 문제가 된 것은 명의신탁의 금지인데, 여기서는 부동산에 관한 권리자가 등기를 할지 여부를 스스로 결정할 수 있는지가 다투어졌다. 판례에 의하여 인정된 우리나라 특유의 제도인 명의신탁은 공부상의 소유명의를 수탁자 앞으로 하되 신탁자와 수탁자 사이의 내부관계에 있어서는 신탁자가 여전히 소유권을 보유하기로 하는 것을 말하는데, 그 성질에 따라 다음 세 가지 유형으로 나눌 수 있다. 매도인(갑)으로부터 매수인 겸 명의신탁자(을)가 부동산을 매입하면서 등기를 명의수탁자(병) 앞으로 하는 '3자간 등기명의신탁', 소유자인 명의신탁자(을)가 명의수탁자(병)에게 등기를 이전해 주면서 명의신탁약정을 하는 '2자간 등기명의신탁', 그리고 명의신탁자(을)가 명의수탁자(병)로 하여금 계약당사자가 되도록 하여 매도인(갑)과 매매계약을 체결하도록 하고 그 등기 또한 병 명의로 경료하는 '계약명의신탁'이 그것이다.

### ▶ 핵심판례

憲 2001. 5. 31.-99헌가18 [명의신탁금지 사건]

[사건의 개요]

법원에 계속 중인 당해사건의 원고인 제청신청인은 1987. 11. 10. 아파트 분양계약에 따른 입주금을 완납하고 입주하여 거주하면서 재산세, 종합토지세 등을 납부하여 왔으나, 소유권이전등기를 경료하지 않고 있다가 1998. 7. 18. 이를 매도하기 위하여 소유권이전등기를 경료하였는데, 대전 중구청장은 부동산실권리자명의등기에관한법률의 시행일인 1995. 7. 1. 이전에 위 분양계약에 따른 입주금의 지급을 완료하고도 부동산실명법 시행일로부터 3년 이내에 소유권이전등기신청을 하지 아니하였다는 이유로 같은 법 제10조 제1항, 부칙 제1조, 제3조 등에 의하여 1998. 10. 19. 제청신청인에게 위 아파트 평가액의 100분의 30에 상당하는 과징금 765만원의 부과처분을 하였다.

[심판의 대상]

이 사건 심판의 대상(일부)은 명의신탁약정을 무효로 하고, 명의신탁약정에 따라 행하여진 등기에 의한 부동산에 관한 물권변동을 무효로 하는 부동산실권리자명의등기에관한법률(1995. 3. 30. 법률 제4944호) 제4조 제1항, 제2항 본문이다.

**부동산실권리자명의등기에관한법률** 제4조(명의신탁약정의 효력) ① 명의신탁약정은 무효로 한다.

② 명의신탁약정에 따라 행하여진 등기에 의한 부동산에 관한 물권변동은 무효로 한다. 다만, 부동산에 관한 물권을 취득하기 위한 계약에서 명의수탁자가 그 일방당사자가 되고 그 타방당사자는 명의신탁약정이 있다는 사실을 알지 못한 경우에는 그러하지 아니하다.

③ 제1항 및 제2항의 무효는 제3자에게 대항하지 못한다.

이 사건에서 헌법재판소는 "부동산실권리자명의등기에관한법률(1995. 3. 30. 법률 제4944호) 제4조 제1항, 제2항 본문 …… 은 헌법에 위반되지 아니한다"고 결정하고, 그 이유를 다음과 같이 설시하였다.

### ▣ 부동산실권리자명의등기에관한법률('부동산실명법')의 입법목적과 규정내용

#### ■ 입법목적

명의신탁은 원래 일제하 토지조사령(1912) 및 임야조사령(1918)에 의한 토지 및 임야의 사정 당시 종중 재산을 종중 자체의 명의로 등기하는 방법이 없어 편의상 종중원 중의 1인 또는 수인의 명의로 사정을 받고 그 명의로 등기를 하게 된 것에서 비롯된 것이지만, 종중 명의의 등기가 가능한 현재에 있어서는 종중 재산의 등기방법으로서의 명의신탁의 효용성은 많이 줄었다고 할 것이다.

오늘날 명의신탁은 오히려 조세를 포탈하거나 토지에 관한 각종 공법적 규제를 회피하기 위한 탈법적 수단으로 사용되고 있는 것이 현실로서, 상속재산을 명의신탁재산인 것처럼 위장하여 상속세를 내지 않거나 명의신탁해지 판결을 이용하여 부동산을 자녀에게 변칙적으로 증여하는 경우, 비농민이 투기목적으로 농민 명의로 농지를 사들이는 경우, 강제집행면탈, 공직자재산등록 회피, 세무조사 회피 등의 의도하에 타인 명의로 신탁하는 경우 등이 그 사례이다.

그러나 1993. 8.경 금융실명제가 실시되어 금융 · 경제부분에 대한 투명화가 촉진되면서, 부동산을 차명으로 소유하는 관행을 계속 허용할 경우 금융시장에서 이탈한 비실명 자금이 부동산시장으로 흘러 들어가 자금흐름이 왜곡될 우려가 나왔고, 특히 부동산 거래의 관행으로 널리 이용되어 온 명의신탁으로 인하여 부동산 실소유자들은 토지관련 의무는 회피하면서 필요한 경우 언제든지 부동산에 관한 권리를 행사할 수 있음에도, 부동산정책은 대외적으로 드러나 있는 부동산 명의자만을 대상으로 하게 되므로 그 실효성이 떨어질 수밖에 없었다.

이러한 배경에서, 부동산 물권의 실명등기를 의무화하고 명의신탁을 무효화함으로써, 그동안 만연하던 투기 · 탈세 · 탈법 등 반사회적 행위를 방지하고 부동산거래를 정상화하여 경제정의가 확고히 될 수 있는 기반을 마련하고, 부동산시장에서의 은닉적 · 투기적 수요를 감소시키며, 부동산 실명화 과정에서의 매각처분에 따른 공급의 증가를 통하여 부동산가격의 안정을 도모하여 국민경제의 건전한 발전을 이루려는 목적으로 부동산실명법이 제정되게 되었다.

특히, 우리나라는 좁은 국토에 많은 인구가 밀집되어 있어 부동산가격의 비정상적 상승을 여러 차례 경험하였고, 부동산이 투기의 대상이 되어 빈부의 현격한 격차를 초래하고 건전한 근로의욕을 떨어뜨리는 등 사회불안의 요인으로까지 작용하여 온 상황이므로, 투기나 탈세 등의 행위를 방지하고 부동산거래의 정상화와 부동산가격의 안정을 도모하려는 부동산실명법의 입법목적은 지극히 정당하고도 필요하다 할 것이다.

■ 명의신탁의 사법적 효력

부동산실명법은 명의신탁약정의 사법적 효력을 부정하여 규제의 실효성을 확보한다는 측면에서 명의신탁약정은 예외 없이 무효라고 규정하고 있으므로(제 4 조 제 1 항) 명의신탁약정에 기한 채권채무관계는 전혀 발생하지 아니하는바, 이는 부동산실명법 제정 전에 판례상 명의신탁약정 및 그에 따른 물권변동이 유효라고 보았던 이론을 전면적으로 뒤엎은 것으로서, 수탁자는 제 3 자에 대한 관계에서도 처음부터 소유권을 가지지 못하고, 신탁자는 단지 자신이 당사자가 된 부동산취득계약의 상대방에 대하여 그 계약상의 권리를 가질 뿐이다.

나아가 명의신탁약정에 따라 행하여진 물권변동도 원칙적으로 무효이므로(제 4 조 제 2 항 본문) 수탁자 앞으로 행하여진 등기는 원인무효로서 말소 기타 정정되어야 하나, 다만 계약명의신탁에서 부동산취득의 원인계약상 소유권이전의무자가 "명의신탁약정이 있다는 사실을 알지 못한 경우" 그 물권변동은 유효하다(같은 조항 단서).

그러나 이와 같은 명의신탁약정과 물권변동의 무효는 제 3 자에게 대항하지 못하므로(제 4 조 제 3 항), 제 3 자가 비록 악의라도, 즉 자신의 계약상대방이 명의수탁자임을 알고 있는 경우라도, 그는 종전의 판례와 같이 계약의 효력대로 목적물에 대한 권리를 취득한다.

▣ 명의신탁의 사법적 효력에 관한 규정(제 4 조 제 1 항, 제 2 항 본문)의 위헌 여부에 관한 판단

■ 재산권보장의 원칙의 본질을 침해하였는지 여부

부동산실명법이 제정됨에 따라 명의신탁약정의 효력과 그에 기한 물권변동의 효력은 계약 주체의 의사에 상관없이 법률에 의하여 정하여지게 되었으나, 계약 주체의 의사와 상관없이 법률이 어떠한 계약의 효력을 무효로 본다고 하여 그것이 곧 기본권의 본질적 내용을 침해한다고는 볼 수 없다. 부동산의 실권리자는 처음부터 자신의 명의로 등기를 하여 권리를 행사하면 되는 것이고, 부동산실명법 시행 전의 명의신탁자도 같은 법 제11조 제 1 항에 의하여 주어진 1년의 유예기간 내에 실명등기를 하면 부동산실명법에 의하여 아무런 제한을 받지 않게 된다는 점에서, 같은

법이 명의신탁을 무효로 본다고 하여 실권리자의 권리가 원천적으로 박탈되거나 봉쇄됨으로써 재산권보장이라는 헌법상 원칙이 훼손되는 것은 아니라 할 것이다.

더욱이 부동산실명법은 명의신탁약정에 따라 행하여진 등기에 의한 물권변동도 무효로 하고 있으므로 재산권의 본질적 침해와는 더욱 거리가 있게 되는바, 만일 명의신탁약정만을 무효로 하고 그에 기한 물권변동을 유효로 본다면, 명의신탁된 부동산에 관한 권리가 언제나 명의수탁자에게 확정적으로 귀속되는 결과가 되어 명의신탁자는 그 부동산에 관한 권리를 상실하게 되고, 이러한 경우 명의신탁자는 자신의 재산을 직접적으로 박탈당하는 결과를 감수하여야 하므로 재산권의 본질적 부분을 침해하게 될 소지가 크다고 하겠으나, 부동산실명법은 명의신탁약정에 기한 물권변동도 원칙적으로 무효로 함으로써 등기명의신탁의 경우 명의신탁자가 부동산실명법에 대한 행정적 제재나 처벌은 별론으로 하고 그 부동산에 대한 소유권을 회복할 가능성을 열어 놓고 있으므로, 재산권의 본질적 부분을 침해하는 정도에는 이르지 않았다고 볼 것이다. 다만, 계약명의신탁의 경우에는 명의신탁자가 계약의 당사자가 아니고 명의신탁도 무효가 되어 있으므로 명의신탁자는 매도인이나 수탁자에게 소유권이전을 구할 아무런 권원을 가지지 못하게 되나, 이 경우에도 부당이득의 법리에 따라 매매대금에 상당하는 금원을 반환받을 가능성은 열려있다고 보이므로 이 역시 재산권의 본질적 침해가 있다고 보기는 어려운 것이다.

한편, 부동산실명법 제4조 제3항에서는 명의신탁의 무효는 제3자에게 대항할 수 없다고 규정하여, 명의신탁된 부동산이 제3자에게 이전되는 경우에는 명의신탁자가 부동산에 관한 권리를 회복할 방법이 없게 되지만, 이는 명의신탁에 기한 물권변동의 효력이 명의신탁약정의 당사자가 아닌 다른 사람의 권리와 충돌할 경우 그 제3자의 권리를 보호하고 거래의 안전을 지키기 위하여 예외를 인정한 것으로서 명의신탁의 유·무효와 관계없이 유지될 수 있는 정당한 법리이므로, 이 점을 이유로 위 제4조 제1항, 제2항의 규정이 사적자치의 본질에 반한다거나 재산권의 본질을 침해한다고 볼 것도 아니라 할 것이다.

결국, 위와 같은 각 사정 및 부동산실명법의 입법목적 등에 비추어 보면, 명의신탁의 효력과 관련된 위 규정들은 헌법 제37조 제2항의 질서유지 또는 공공복리를 위하여 필요한 조항이라고 할 것이다.

■ 과잉금지의 원칙에 위반되는지 여부

입법목적의 정당성에 관하여는 앞서 살핀 바와 같고, 위와 같은 입법목적을 달성하기 위하여 명의신탁약정의 사법적 효력을 부인하는 것 또한 그 수단으로서 적절한 것으로 판단된다.

다음으로, 입법목적의 달성을 위하여 기본권 침해를 최소화할 수 있는 다른 방법이 있는지에 관하여 살피건대, 부동산등기명의자를 실권리자와 일치시키기 위한 방법으로는 등기신청절차에서의 등기원인서류의 공증방법과 실질심사주의가 있고, 등기공신력을 인정하여 간접적으로 실권리자 명의의 등기를 유도하는 방법 등이 있으나, 우리나라의 경우, 그동안의 토지거래관행이나 등기에 관한 인식의 미비, 형식적인 등기절차, 불안정한 역사적 배경 등의 이유로 상당히 많은 수의 부실등기가 존재한다고 보이고, 그와 더불어 공증제도나 실질심사제도를 도입하기 위한 공증인이나 등기공무원의 수가 현실적으로 크게 부족하여 당장 공증제도나 실질심사제도를 도입하기 어려운 점이 있으며, 이러한 점에 비추어 등기의 공신력도 현 시점에서 인정하기 힘들다 할 것이므로, 장기적으로는 위와 같은 제도의 도입이 가능하지만 현재 상태에서 부동산실명법의 규정과 같이 명의신탁의 효력을 부인하는 방법이 불가피하다고 할 것이다.

법익균형성에 관하여는, 명의신탁을 무효로 하여 결과적으로 명의신탁을 어느 정도 방지할 수 있고 그로 인하여 입법목적에서 살핀 바와 같은 공익을 얻을 수 있는 반면, 그에 따라 제한되는 기본권은, 명의신탁이 효력을 잃어 명의수탁자에게 명의신탁해지를 원인으로 한 소유권이전등기를 청구하지 못하게 되거나 경우에 따라서는 소유권을 회복하지 못하는 결과가 된다는 것인데, 이를 명의신탁의 유형에 따라 세분하여 살펴보면, 3자간 등기명의신탁의 경우에는 명의신탁자가 명의수탁자에게 직접 어떠한 권리를 행사할 수 없으나 명의신탁약정에 기한 물권변동도 무효가 되므로 권리자는 원소유자가 되고, 따라서 명의신탁자는 원소유자에게 매매계약 등을 원인으로 한 이전등기를 청구하고, 명의수탁자에게 원소유자를 대위하여 말소등기를 청구할 수 있을 것이며, 2자간 등기명의신탁의 경우에는 명의신탁해지를 원인으로 한 이전등기를 구할 수는 없으나 물권변동이 무효가 되었으므로 소유권에 기하여 명의수탁자에게 말소를 구할 수 있을 것이고, 계약명의신탁의 경우에는 명의신탁자가 명의수탁자는 물론 원소유자에 대하여도 그 부동산에 관한 소유권이전등기를 청구할 수 없게 되는 지위에 있게 되지만, 부당이득의 법리에 의하여 구제받을 수 있게 된다.

따라서 명의신탁자는 어느 경우에나 궁극적으로 소유권을 이전받거나 부당이득의 법리에 의하여 금전적인 반환을 받는 구제방법을 가지고 있다고 보이고, 다만, 목적 부동산이 제 3 자에게 이미 이전된 경우에는 제 3 자에게 대항할 수 없으므로 (제 4 조 제 3 항) 소유권을 이전받을 방법이 없게 되나, 이는 법익간의 충돌시 거래의 안정 등을 위하여 불가피할 뿐만 아니라 제 3 자 보호의 문제는 명의신탁의 효력을 인정하더라도 제기되는 문제라 할 것이어서, 결국 부동산실명법에 의하여 달성되는 공익에 비하여 제한받는 기본권의 정도가 과하다고 볼 수 없으므로 법익균형성은 달성되었다고 볼 것이다.

## ▶ 해 설

### 명의신탁과 관련한 기타 쟁점

위 사건에서는 부동산실명법의 다음 조항들의 위헌 여부도 심사되었다. 헌법재판소는 기존 명의신탁에 대해 법 시행일부터 1년의 유예기간 내에 실명으로 등기하도록 의무화한 제11조 제 1 항 본문, 제12조 제 1 항, 부동산실명법 시행일과 관련하여 장기미등기자에 대하여 소유권이전등기를 신청할 기간을 별도로 3년 보장하고 있는 부칙 제 3 조, 과징금 부과의 주체에 관한 부동산실명법 제 5 조 제 4 항 전문 중 "구청장" 부분은 합헌이라고 선언하고, 부동산실명법 시행 후 법을 위반한 명의신탁자 및 법 시행일로부터 1년 이내에 실명등기를 하지 아니한 기존 명의신탁자 등에 대하여 부동산가액의 100분의 30에 해당하는 과징금을 부과할 수 있도록 규정한 제 5 조 제 1 항, 제12조 제 2 항 중 제 5 조 제 1 항 적용부분, 장기미등기자에 대하여 부동산가액의 100분의 30에 해당하는 과징금을 부과할 수 있도록 규정한 제10조 제 1 항 본문, 기존 양도담보권자의 서면제출의무 위반시 부동산가액의 100분의 30에 해당하는 과징금을 부과할 수 있도록 규정한 제14조 제 2 항 등에 대해서는 헌법불합치결정을 선고하면서 법원 기타 국가기관 및 지방자치단체에 대하여 입법자의 개정시까지 위 법 조항의 적용 중지를 명하였다.

## ▶ 질 문

1. 부동산실권리자명의등기에관한법률보다 먼저 제정된 부동산등기특별조치법(1990. 8. 1. 법률 제4244호)은 부동산 취득 후 60일 내에 소유권이전등기를 신청할 의무를 부과하고(제 2 조), 계약을 원인으로 소유권이전등기를 신청할 때에는 시장 · 군수의 검인을 받은 검인계약서를 첨부하도록 의무화하며(제 3 조), 이를 위반할 때에는 처벌하거나(제 8 조), 과태료를 부과하였다(제11조). 그러나 이 특별조치법은 명의신탁을 막는 데는 별 효과를 발휘하지 못하였다. 이 특별조치법과 부동산실명법의 차이는 무엇인가?

## 4. 우선변제권

### ▶ 개 요

헌법재판소는 일련의 사건에서 일부 채권에 우선변제권을 인정하는 것이 헌법이 보장하는 재산권을 침해하는 것이 아닌지를 심사하였다.

### ▶ 핵심판례

憲 1990. 9. 3.-89헌가95 [국세 소급우선징수 사건 1]

[사건의 개요]

서울신탁은행은 1987. 8. 8. 채무자 김재홍 소유의 부동산에 대하여 채권 최고액 금 102,200,000원의 근저당권 설정등기를 필하고 금 73,000,000원을 대출하는 등 금융거래를 하던 중, 위 김재홍에 대한 제3채권자 이석범이 위 부동산에 대하여 강제경매신청을 하자 (위 은행도) 근저당권에 기한 임의경매신청을 하여 그것이 관계사건의 집행기록에 첨부됨으로써 배당요구의 효력을 가지게 되었는바, 1988. 8. 25. 위 부동산이 금 131,096,900원에 경락되어 같은 해 9. 1. 배당금을 수령하게 되었으나 위 김재홍의 체납국세(양도소득세 및 방위세) 금 1,759,860,770원에 대하여 국가(광화문 세무서)가 교부청구를 하여 경락대금 전액을 우선 배당받게 되었기 때문에 (위 은행은) 아무런 배당을 받지 못하게 되었다.

[심판의 대상]

이 사건 심판의 대상은 국세기본법 제35조 제1항 제3호 중 "으로부터 1년"이라는 부분이다.

**국세기본법** 제35조(국세의 우선) ① 국세 · 가산금 또는 체납처분비는 다른 공과금 기타의 채권에 우선하여 징수한다. 다만, 다음 각 호의 1에 해당하는 공과금 기타의 채권에 대하여는 그러하지 아니하다.

3. 국세의 납부기한으로부터 1년 전에 전세권 · 질권 또는 저당권의 설정을 등기 또는 등록한 사실이 대통령령이 정하는 바에 의하여 증명되는 재산의 매각에 있어서 그 매각금액 중에서 국세 또는 가산금(그 재산에 대하여 부과된 국세와 가산금을 제외한다)을 징수하는 경우의 그 전세권 · 질권 또는 저당권에 의하여 담보된 채권

이 사건에서 헌법재판소는 "국세기본법(1974. 12. 21. 법률 제2679호) 제35조 제1항 제3호 중 '으로부터 1년'이라는 부분은 헌법에 위반된다"고 결정하고, 그 이유를 다음과 같이 설시하였다.

▣ 재산권의 본질적인 내용의 침해 여부

이 사건의 기초가 된 제청법원의 배당이의사건을 조명하여 볼 때, 제청신청인(서울신탁은행)이 담보목적물에 대하여 1번 근저당권을 취득한 일자(1987. 8. 8)보다 광화문세무서장이 취득한 조세채권의 "납기"는 각각(1988. 1. 3. 및 같은 해 6. 30.로서) 약 6월 내지 11월 후이고, 위 세무서가 경락대금에 대하여 교부청구를 한 일자(1988. 9. 7.)는 1년 이상 경과된 것임을 알 수 있는바, 결국 먼저 성립하고 공시(公示)를 갖춘 담보물권이 후에 발생하고 공시를 전혀 갖추고 있지 않은 조세채권에 의하여 그 우선순위를 추월당함으로써, 합리적인 사유 없이 저당권이 전혀 그 본래의 취지에 따른 담보기능을 발휘할 수 없게 된 사정을 엿볼 수 있다. 이는 자금대출 당시 믿고 의지하였던 근저당권이 유명무실하게 되어 결국 담보물권의 존재의의가 상실되고 있음을 보여주는 사례로서, 담보물권이 합리적인 사유 없이 담보기능을 수행하지 못하여 담보채권의 실현에 전혀 기여하지 못하고 있다면 그것은 담보물권은 물론, 나아가 사유재산제도의 본질적 내용의 침해가 있는 것이라고 보지 않을 수 없는 것이다.

▣ 과잉금지의 원칙(비례의 원칙)의 준수 여부

조세국가로 표현되는 현대국가에서 조세채권을 차질 없이 확보하는 것은 국가의 재정적 기초를 공고히 함과 동시에 국가의 통치활동을 원활하고 온전하게 수행하는데 있어서 필연적인 전제라고 할 수 있는데, 조세채권의 확보를 위한 제도로서 조세우선의 원칙과 자력집행의 원칙을 그 양대지주로 들 수 있다. 조세의 우선징수의 필요성은 일반적으로 긍인(肯認)되고 있는 바이므로 위 국세기본법 조항의 목적의 정당성은 일응 인정할 수 있다고 할 것이다.

▪ 비공시(非公示) 조세채권이 공시된 담보물권에 우선하는 문제

우리나라의 사법체계(私法體係)는 모든 채권 특히 금전채권에 대하여서는 그 성립의 선후에 관계없이 평등하게 취급하는 이른바 '채권자 평등의 원칙'을 정립하고 있다. 따라서 특정의 채권에 대하여 채권자 평등의 원칙에 의하여 채무자의 일반재산에서 안분비례로 할당받는 이상의, 배타적인 만족을 받을 수 있기 위하여서는, 원칙적으로 특정의 물건으로 이를 담보하는 물적담보제도에 의존할 수밖에 없게 되며, 오늘날 이러한 물적담보제도를 매개로 하여 신용거래를 하는 금융제도가 자본주의 경제체제에서 커다란 비중을 점하고 있는 것이다. 그리고 이러한 경우 일반채권과 담보물권간에 있어서는 담보물권이 절대로 우선하게 되며, 담보물권 상호간에

있어서는 담보물권 설정의 선후에 따라 우선순위가 정하여지게 되는 것이다.

대세적(對世的) 효력이 있는 권리는 그 권리의 존재 및 내용을 등기 기타의 방법을 통하여 이것이 공시되어야 하고, 공시되지 아니하거나 공시의 방법이 마련되어 있지 아니한 권리는 배타적 효력을 가질 수 없도록 하는 것이 근대 사법의 기본원리인 것이다. 이러한 공시의 원칙은 사적자치(私的自治)의 원칙이 지배하는 사법(私法) 관계에서 적용되는 것임은 물론이지만, 대세적 효력이 있는 권리는 이를 공시방법을 통하여 제3자가 그 권리의 존재 및 그 내용을 알 수 있게 함으로써 제3자의 예견가능성을 보호하고자 하는 데에 그 취지가 있는 만큼, 이러한 취지는 원칙적으로 공법(公法) 관계에서도 그대로 원용되어야 할 것이며, 비록 조세채권에 대하여 고도의 공익성을 인정한다고 할지라도 이러한 당위성에는 변함이 없다 할 것이다.

■ 불확정 조세채권이 확정 담보물권에 우선하는 문제

위 국세기본법의 규정에 의하여 우선적 효력이 인정되는 조세채권은 저당권 등이 설정된 때로부터 1년 이내에 납부기한이 도래하는 한 모든 조세채권을 망라하는 것이므로, 여기에는 저당권의 설정 당시에는 아직 성립되거나 확정되지 아니한 조세채권도 당연히 포함되는 것이다.

그런데 전세권자나 질권·저당권자가 담보권을 취득할 당시에 아무리 최선의 노력을 경주하고 선량한 관리자의 주의의무를 다한다고 할지라도 담보권 설정자의 장래 1년 내의 조세채무 발생여부 또는 조세체납여부가 예측불능이거나 현저히 예측곤란이라면, 담보물권자에게 피해의 감수를 강요하는 것은 그가 사법상의 담보물권제도에 대하여 가지는 법적 신뢰성을 근저에서부터 허물어뜨리는 것이 되는 것이다.

이러한 시각에서 보면 조세채권의 확보라고 하는 목적달성을 위하여 성실한 시민을 희생시키는 이 사건 위헌심판대상규정은 사법질서(私法秩序)에 대한 불신, 나아가서는 국가에 대한 불신마저도 초래하게 하는 것으로써 법익의 균형성 내지는 피해의 최소성의 원칙에 정면으로 배치되는 매우 근시안적인 규정이라고 할 것이다.

■ 합리적인 이유 없이 선량한 국민의 희생을 강요하는 문제

국세기본법의 위 규정은 시간적으로 보다 늦게 성립하고, 또한 담보부동산과는 하등의 관련이 없는 조세채권을 저당권보다 우선하게 함으로써, 저당권자로 하여금 그가 저당권을 취득할 당시 일반시민으로서 할 수 있는 최선의 노력을 경주하여 채무자에 대하여 조세채무의 부존재를 확인할 경우에도, 그 채권을 보전할 수 없

게 하는 것으로서 결국 성실하고 선량한 국민에게 불의의 피해를 가하게 되는 셈이다. 이 사건의 기초가 된 사건의 경우처럼 그 과세사유가 당해 담보 부동산에서 초래하는 것이 아닐 때는 과세권자의 자의에 따라 담보물권자의 이해관계가 크게 좌우될 수 있는 것이다.

■ 조세확보를 위한 각종 제도의 내용과 그 실효성의 제고(提高)

조세법률관계에서 조세채권자는 그가 가지는 조세채권을 근거로 하여 민사소송 등 절차에 의하지 아니하고 바로 조세채권의 강제적인 실현을 할 수 있다(자력집행제도(自力執行制度)). 그리고 조세채권의 확보를 위하여 복수의 사람으로 하여금 동일한 납세의무를 연대하여 부담하게 하는 납세연대의무제도를 비롯하여 제2차 납세의무제도, 원천징수의무제도 등 의무확대제도와 인적·물적 납세담보제도, 사해행위취소제도, 납기전 조세보전제도, 납세증명제 등 간접적인 납세압력제도 등이 보장되어 있다.

과세관청은 소급효를 갖는 국세우선징수권이 아니더라도 조세징수 확보를 위한 수많은 유리한 제도를 보유하고 있으며, 방대한 세무조직·정보자료 및 조세범죄수사권 등을 배경으로 하여 그러한 제도를 적시에 적절히 활용한다면 선량한 국민의 재산권을 본질적으로 침해하지 않는 방법으로 과세목적을 달성할 수 있을 것으로 기대되는데도, 조세채권의 소급우선권까지 보유하는 것은 오직 과세관청의 과세징수상의 편의만을 도모할 뿐 선량한 국민에 대하여서는 합리적인 이유 없이 그 희생을 강요하는 것으로서, 결국 위 국세기본법의 규정은 방법의 적정성 내지는 피해의 최소성의 원칙에 반한다고 할 것이다.

## ▶ 해 설

### 국세 단순우선징수

헌법재판소는 신고납세방식(申告納稅方式)의 국세(법인세, 부가가치세 등)에 있어서 납세의무자가 과세표준과 세액을 신고한 경우 '신고일'을 기준으로 국세채권이 저당권 등에 의하여 담보되는 채권보다 우선하도록 한 국세기본법 조항(憲 1995. 7. 21.-93헌바46)과, 부과납세방식(賦課納稅方式)의 국세(양도소득세·상속세·증여세 등)에 있어서 고지한 당해 세액에 대하여는 그 '납세고지서의 발송일' 전에 전세권·질권 또는 저당권의 설정을 등기 또는 등록한 재산의 매각금액 중에서 국세 또는 가산금을 징수하는 경우에 그 전세권·질권 또는 저당권에 의하여 담보된 채권이 국세보다 우선하도록 규정한 국세기본법 조항에 대하여 합헌결정을 하였다(憲 1997. 4. 24.-93헌마83). 헌법재판소는 위 [89헌가95] 결정에서 "납부기한으로부터 1년 전"을 기준으로 국세채권과 저당권 등의 피담보채권의 우열을 가리도록 한 구 국세기본법 제35조 제1항 제3호 중 "으로부터 1년"이라는 부분에 대해서만 위헌결정을 한 취지는 국세채권이 그 존부 및 범위를 확인할 수 있는 시점으로부터 1년이나 소급하여 저당권 등에 우선하도록 하는 것이 헌법에 위반된다는 것이었을 뿐 당해 국세의 납부기한을 기준으로 우선 여부를 가리는 것만이 헌법에 합치된다는 것은 아니라고 해명하였다.

### 퇴직금의 우선변제

헌법재판소는 임금과는 달리 '퇴직금'에 관하여는 아무런 범위나 한도의 제한없이 질권이나 저당권에 우선하여 그 변제를 받을 수 있다고 규정한 근로기준법 조항에 대하여 헌법불합치결정을 선고하였다(憲 1997. 8. 21.-94헌바19). 그 이유의 요지는 이 법률조항이 근로자에게 그 퇴직금 전액에 대하여 질권자나 저당권자에 우선하는 변제수령권을 인정함으로써 결과적으로 질권자나 저당권자가 그 권리의 목적물로부터 거의 또는 전혀 변제를 받지 못하게 되는 경우에는, 그 질권이나 저당권의 본질적 내용을 이루는 우선변제수령권이 형해화하게 되기 때문이라는 것이다. 헌법불합치선언을 하는 이유는 퇴직금의 전액이 아니고 근로자의 최저생활을 보장하고 사회정의를 실현할 수 있는 적정한 범위 내의 퇴직금채권을 다른 채권들보다 우선변제하는 것은 퇴직금의 후불임금적 성격 및 사회보장적 급여로서의 성격에 비추어 상당한데, 이 '적정한 범위'의 결정은 입법자의 정책적 판단에 맡기는 것이 옳기 때문이라고 설명하였다.

### 과징금 및 가산금 채권의 우선변제

헌법재판소는 독점규제 및 공정거래에 관한 법률 위반으로 인한 과징금 및 가산금 채권을 파산절차에서 특별히 취급하여 다른 파산채권보다 먼저 변제받게 하는 것은 과잉금지원칙에 위반되어 재산권을 침해한다고 판시하였다(憲 2009. 11. 26.-2008헌가9). 입법목적의 정당성과 수단의 적절성은 인정되지만, 실체법상 우선권이 인정되지 않는 이 사건 과징금 및 가산금 채권을 일반우선파산채권으로 취급하는 것에서 더 나아가 재단채권으로까지 인정할 강한 공익성과 정책적 필요성을 인정하기는 어렵고, 파산절차상의 특성을 고려하여 볼 때에도 이 사건 과징금 및 가산금 채권이 일반적으로 파산절차의 진행을 위하여 필수불가결한 것, 채권자 전체의 이익을 도모하기 위한 것이라고 보거나 또는 파산절차상 형평의 이념상 우선적 지위를 인정하는 것이 필요한 경우라고 보기도 어렵기 때문에 최소침해성의 원칙을 충족하지 못한다는 것이다. 그리고 이 사건 과징금 및 가산금 채권의 징수확보라는 공익이 일반 파산채권자들의 불이익보다 크다고 할 수 없으므로 법익균형성 원칙도 충족하지 못한다고 평가하였다.

### ▶ 질　　문

1. 기본권의 본질적 내용이 침해되었다고 판단해 놓고, 다시 과잉금지의 원칙에 위배하여 기본권을 침해했는지 따로 심사할 필요가 있는가?

## 5. 부당한 과세가액 또는 부담금 결정, 차익반환, 부담금 징수

### ▶ 개　　요

헌법재판소는 일련의 사건에서 부당한 과세나 부담금 징수가 재산권을 침해하는 것은 아닌지를 심사하였다. 예컨대 헌법재판소는 증여세를 납부하지 아니한 납세자에게 10% 내지 30%의 납부불성실가산세를 부과하는 구 상속세법 제26조가 합헌이라고 선언하였으나(憲 1999. 6. 24.-98헌바68), 신고를 하지 아니하거나 신고에서 누락된 상속재산의 가액(상속재산가액에 가산되는 증여재산가액 포함)을 상속개시당시의 현황에 의하지 않고 상속세부과당시의 가액으로 평가하도록 규정한 구 상속세법 조항은 위헌으로 결정하였다(憲 1992. 12. 24.-90헌바21). 상속재산 가액에 상속인 이외의 자에 대한 생전증여재산 가액을 가산하는 구 상속세법 조항은 합헌이지만(憲 2002. 10. 31.-2002헌바43), 상속재산에 가산할 증여의 가액을 증여당시가 아니라 상속개시당시의 현황에 의해 산정하도록 한 구 상속세법 조항은 위헌이다(憲 1997. 12. 24.-96헌가19). 그리고 헌법재판소는 상속재산의 가액을 상속개시당시의 현황에 의해 산정하도록 막연히 규정하고, 그 평가방법에 관한 내용을 규정하지 않은 구 상속세법 조항에 대해서는 헌법불합치결정을 선고하였다(憲 2001. 6. 28.-99헌바54. 이 결정에는 재판관 2인의 단순위헌의견이 있다).

### ▶ 핵심판례

#### 憲 1994. 7. 29.-92헌바49등 [토지초과이득세 사건]

[심판의 대상]

이 사건 심판의 대상은 토지초과이득세법(제정 1989. 12. 30. 법률 제4177호, 개정 1993. 6. 11. 법률 제4561호, 1993. 6. 11. 법률 제4563호) 중 임대에 쓰이고 있는 개인 소유 토지를 토지초과이득세의 과세대상이 되는 유휴토지로 정한 제 8 조 제 1 항 제13호, 세액의 계산에 관한 제10조, 과세표준을 과세기간의 지가상승액에서 정상지가상승분과 개량비 및 자본적 지출액을 공제한 금액으로 정한 제11조, 세율을 100분의 50으로 정한 제12조, 물납 및 매각의뢰 등을 정한 제22조, 예정결정기간의 지가상승액이 당해 예정결정기간의 정상지가상승분의 100분의 150에 해당하는 금액과 개량비 등의 합계액을 초과하는 경우에는 그 초과하는 금액에 대하여 토지초과이득세를 부과하도록 정한 제23조 등이다.

이 사건에서 헌법재판소는 "토지초과이득세법(제정 1989. 12. 30. 법률 제4177호, 개정 1993. 6. 11. 법률 제4561호, 1993. 6. 11. 법률 제4563호)은 헌법에 합치되지 아니한다"고 결정하고, 그 이유를 다음과 같이 설시하였다.

▣ 제도 자체의 헌법적 정당성 문제

■ 미실현이득 과세 문제

미실현이득에 대한 과세도 실현이득에 대한 과세와 마찬가지로 원본과는 구별되는 소득에 대한 과세에 지나지 아니하므로, 과세대상인 자본이득(資本利得)의 범위를 실현된 소득에 국한할 것인가 혹은 미실현이득(未實現利得)을 포함시킬 것인가의 여부는, 과세목적, 과세소득의 특성, 과세기술상의 문제 등을 고려하여 판단할 입법정책의 문제일 뿐, 헌법상의 조세개념에 저촉되거나 그와 양립할 수 없는 모순이 있는 것으로는 보이지 아니한다.

미실현이득에 대한 과세제도가 이론상으로는 조세의 기본원리에 배치되는 것이 아니라고 하더라도, 이를 수득세(收得稅)의 형태로 환수함에 있어서는 과세대상이득의 공정하고도 정확한 계측 문제, 조세법상의 응능부담(應能負擔) 원칙과 모순되지 않도록 납세자의 현실 담세력을 고려하는 문제, 지가변동 순환기(循環期)를 고려한 적정한 과세기간의 설정문제, 지가하락에 대비한 적절한 보충규정 설정문제 등 선결되지 아니하면 아니 될 여러 가지 과제가 있다. 토초세의 헌법적합성을 논함에 있어서는 무엇보다도 먼저 그 과세대상이득의 공평하고도 정확한 계측 여부가 제일의 과제가 되어야 할 것이고, 나아가 앞에서 본 여러 가지 문제점에 대한 적절한 해결책이 마련되어 세제 자체가 체계적으로 모순 없이 조화를 이루고 있는가 하는 점을 특히 염두에 두지 아니할 수 없다.

■ 이중과세 문제

종합토지세는 과다한 토지보유를 억제함으로써 지가안정과 토지소유의 저변을 확대할 목적으로 도입된 제도로서, 전국에 있는 모든 토지를 과세물건으로 하고 소유자별로 합산한 토지가액을 과세표준으로 삼는 재산세의 일종인 점에서, 토지의 보유단계에서 미실현자본이득 중 정상지가상승분을 초과하는 이득에 대하여 과세하는 토초세와는 각각 그 과세목적 또는 과세물건을 달리한다. 그러므로 토초세와 종합토지세 사이에 이중과세문제가 발생할 여지는 없다고 본다.

토초세는 양도소득세가 지니지 못한 별개의 목적과 기능을 가지고 있는 것으로 보지 아니할 수 없다. 그러나 토초세는 이득의 미실현단계, 즉 토지의 보유단계에서 과세한다는 점에서 어느 정도 재산세적인 성격을 띠고 있다 하더라도, 본질적으로는 양도소득세와 마찬가지로 수득세의 일종이라고 보아야 함은 이미 밝힌 대로이고, 토초세가 그 과세대상으로 삼고 있는 이득은 양도소득세의 그것과 완전히 중복되고 있을 뿐만 아니라, 과세목적 또한 크게 다르지 아니하므로 양세의 과세대상 중 중복되는 부분은 원칙적으로 이중과세에 해당한다고 보지 아니할 수 없다.

■ 과세대상의 범위 문제

토초세법은 그 과세대상을 유휴토지 등으로만 한정하고 있는 관계로 아무리 많은 불로소득이 생기더라도 유휴토지 등에 해당하지 아니하는 토지는 과세대상에서 제외되기 때문에, 불로소득의 환수 및 지가안정이라는 토초세법의 본래 목적달성에 있어서는 극히 제한적으로만 기능할 수밖에 없는 불합리한 점이 있다고 할 수 있다. 이와 같은 과세대상토지 범위의 제한으로 발생하는 불합리성은 세율의 조정 기타 어떠한 방법으로든지 보완되어야 할 것이다.

▣ 개별조항에 대한 구체적 검토

■ 과세표준 조항(토초세법 제11조)

• 지가산정 방법

전국의 표준지수가 적어 표준지 선택의 폭이 지나치게 좁고, 개별토지 지가의 조사·산정업무를 이렇다 할 전문적 지식이 있다고 볼 수 없는 하부행정기관의 공무원이 담당하도록 되어 있는 현행의 행정실태하에서는, 토지초과이득 계측수단의 구조적인 미비점으로 인하여, 토초세가 이득에 대한 과세가 아니라 원본에 대한 과세가 되어버릴 위험부담률이 높아져 결국 헌법이 보장하고 있는 국민의 재산권을 부당하게 침해할 개연성이 커지지 않을 수 없으므로 관계당국에 대하여 지가산정 관련법규의 정비와 아울러 그에 따른 행정의 개선책을 조속히 마련하도록 촉구하지 않을 수 없다.

• 지가등락에 따르는 대책

토초세법상 여러 과세기간에 걸쳐 장기간 토지를 보유하는 경우, 전체 보유기간 동안의 지가의 변동상황에 대처함에 있어서는 아무런 보충규정도 두고 있지 않은 결과 장기간에 걸쳐 지가의 앙등과 하락이 반복되는 경우에 최초 과세기간 개시일의 지가와 비교할 때는 아무런 토지초과이득이 없는 경우에도, 그 과세기간에 대한 토초세를 부담하지 않을 수 없는 불합리한 결과가 발생할 수 있게 되고, 이는 토초세 과세로 인하여 원본 자체가 잠식되는 경우로서, 수득세인 토초세의 본질에도 반함으로써 헌법 제23조가 정하고 있는 사유재산권보장 취지에 위반된다.

■ 세율 조항(토초세법 제12조)

토초세는 그 계측의 객관성 보장이 심히 어려운 미실현이득을 과세대상으로 삼고 있는 관계로 토초세 세율을 현행법과 같이 고율로 하는 경우에는 자칫 가공이득에 대한 과세가 되어 원본잠식으로 인한 재산권침해의 우려가 있고, 또한 적어도 토초세와 같은 이득에 대한 조세에 있어서는, 조세의 수직적 공평을 이루어 소득수준이 다른 국민들 사이의 실질적인 평등을 도모하여야 할 뿐만 아니라, 토초세는 어느 의미에서 양도소득세의 예납적(豫納的) 성격을 띠고 있음에도 불구하고 굳이 토초세의 세율체계를 단일비례세로 한 것은 소득이 많은 납세자와 소득이 적은 납세자 사이의 실질적인 평등을 저해하는 것이다.

■ 세액공제 조항(토초세법 제26조)

토초세는 양도소득세와 같은 수득세의 일종으로서 그 과세대상 또한 양도소득세 과세대상의 일부와 완전히 중복되고 양세의 목적 또한 유사하여 어느 의미에서는 토초세가 양도소득세의 예납적 성격을 가지고 있다 봄이 상당한 데도 토초세법 제26조 제 1 항과 제 4 항이 토초세액 전액을 양도소득세에서 공제하지 않도록 규정한 것은 조세법률주의상의 실질과세의 원칙에 반한다.

## ▶ 해 설

### 심판대상의 확대와 불합치결정의 선택

헌법재판소는 위 사건에서 지가에 관한 제11조 제 2 항과 세율에 관한 제12조는 모두 토초세제도의 기본요소로서 그 중 한 조항(條項)이라도 위헌결정으로 인하여 그 효력을 상실한다면 토초세법 전부를 시행할 수 없게 될 것이므로, 헌법재판소법 제45조 단서 규정에 따라 토초세법 전부에 대하여 위헌결정을 선고할 수밖에 없다고 하면서도,

토초세법은 개발이익환수에관한법률 및 여타 세법과의 사이에 구조적·내용적인 연계를 지니고 있어, 당장무효로 한다면 법제 및 재정 양면에 걸쳐 적지 않은 법적 혼란 내지는 공백을 초래할 우려가 있다고 하면서 토초세법 전체에 대하여 단순위헌결정 대신 헌법불합치결정을 선고하였다.

## 6. 소급입법에 의한 재산권 침해

제13조 ② **모든 국민은 소급입법에 의하여** 참정권의 제한을 받거나 **재산권을 박탈당하지 아니한다.**

### ▶ 개 요

소급입법이란 새로운 법을 제정하면서 그 이전의 과거의 사실관계 또는 법률관계에 소급하여 적용하도록 입법하는 것을 말한다. 헌법재판소는 소급입법을 이미 과거에 완성된 사실 또는 법률관계를 새로 규율하는 '진정소급입법'과, 과거에 시작되었으나 아직 완성되지 않고 진행 중인 사실관계 또는 법률관계에 적용되는 '부진정소급입법'으로 나눈다(憲 1989. 3. 17.-88헌마1). 진정소급효는 헌법적으로 허용되지 않는 것이 원칙이지만 국민이 소급입법을 예상할 수 있었거나 또는 법적 상태가 불확실하거나 혼란스러워 보호할 만한 신뢰이익이 적은 경우, 소급입법에 의한 당사자의 손실이 없거나 아주 경미한 경우, 그리고 신뢰보호의 요청에 우선하는 심히 중대한 공익상의 사유가 소급입법을 정당화하는 경우 등 특단의 사정이 있는 경우에만 예외적으로 허용될 수 있는 반면, 부진정소급효는 원칙적으로 허용되고 단지 소급효를 요구하는 공익상의 사유와 신뢰보호의 요청 사이의 교량과정에서 신뢰보호의 관점이 입법자의 형성권에 제한을 가할 뿐이다(憲 1996. 2. 16.-96헌가2; 2006. 4. 27.-2005헌마406 등).

### ▶ 핵심판례

#### 憲 1993. 9. 27.-92헌가5 [위헌규정 계속 적용 사건]

[사건의 개요]

압류등기말소 사건의 원고인 제청신청인은 1988. 7. 15. 소외 남성종합개발주식회사 소유의 부동산에 대하여 매매예약을 원인으로 한 소유권이전청구권보전을 위한 가등기를 경료하였고, 그 후 1989. 1. 18. 위 가등기에 기한 소유권이전의 본등기를 경료하였다. 한편 위 민사소송의 피고 대한민국은 1989. 1. 9. 위 소외 회사가 국세 등을 체납하였다는 이유로 위 부동산을 압류하여, 위 가등기 후이고 본등기 이전인 1989. 1. 12. 압류등기를 경료하였다.

[심판의 대상]

이 사건 심판의 대상은 (1) 구 국세기본법 제35조 제2항 중 "으로부터 1년"이라는 부분과, (2) 국세기본법중개정법률 부칙 제5조 중 "제35조 제1항 제3호, 제2항" 부분이다.

**구 국세기본법**(1990. 12. 31. 법률 제4277호로 개정되기 전의 것) 제35조 ② 납세의무자를 등기의무자로 하고 채무불이행을 정지조건으로 하는 대물변제의 예약에 기하여 권리이전의 청구권의 보전을 위한 가등기(가등록을 포함한다. 이하 같다) 기타 이와 유사한 담보의 목적으로 된 가등기가 되어 있는 재산을 압류하는 경우에 당해 가등기에 기한 본등기가 압류 후에 행하여진 때에는 그 가등기의 권리자는 그 재산에 대한 체납처분에 대하여 그 가등기에 기한 권리를 주장할 수 없다. 다만, 국세 또는 가산금(그 재산에 대하여 부과된 국세와 가산금을 제외한다)의 납부기한으로부터 1년 이전에 가등기가 된 재산에 대하여는 그러하지 아니하다.

**국세기본법중개정법률**(1990. 12. 31. 법률 제4277호) 부칙 제5조 이 법 시행 전에 제35조 제1항 제3호 각 목(目)의 개정규정에 해당하는 기일이 도래한 국세 또는 가산금에 대하여는 종전의 제35조 제1항 제3호, 제2항 및 제42조 제1항의 규정에 의한다.

이 사건에서 헌법재판소는 "구 국세기본법(1990. 12. 31. 법률 제4277호로 개정되기 전의 것) 제35조 제2항 중 '으로부터 1년'이라는 부분 및 1990. 12. 31. 법률 제4277호 국세기본법중개정법률 부칙 제5조 중 '제35조 제1항 제3호, 제2항' 부분은 각 헌법에 위반된다"고 결정하고, 그 이유를 다음과 같이 설시하였다.

▣ 구법 제35조 제2항 중 "으로부터 1년" 부분에 관한 판단

구법 제35조 제1항 제3호는 체납처분의 목적이 된 부동산 등에 전세권, 질권 또는 저당권 설정등기가 경료된 경우에 있어서 국세와 저당권 등의 피담보채권의 우선순위에 관하여 국세의 납부기한으로부터 1년 전에 저당권 등의 설정을 등기하지 않는 한, 국세를 우선하여 징수한다는 규정이다. 한편, 구법 제35조 제2항은 담보목적의 가등기가 경료된 경우에 있어서 국세의 납부기한으로부터 1년 전에 담보가등기가 행하여진 것이 아닌 한, 담보가등기 권리자는 그 재산에 대한 체납처분에 대하여 그 가등기에 기한 권리를 주장할 수 없다는 규정이다. 위 두 개의 규정은 그 등기의 종류가 다를 뿐 그 규정형식이나 취지는 거의 같은 규정이라 할 수 있으며 요컨대 담보가등기가 경료된 부동산인 경우에도 저당권 등이 등기된 경

우와 마찬가지로 조세의 납부기한으로부터 1년 전에 등기가 경료되지 아니한 경우에는 국세를 그 피담보채권에 우선하여 징수한다는 취지의 규정인 것이다.

그런데, 1984. 1. 1.부터 시행된 가등기담보등에관한법률(1983. 12. 30. 법률 제3681호) 제17조 제3항에 의하면 "담보가등기권리는 국세기본법, 국세징수법, 지방세법, 회사정리법의 적용에 있어서는 이를 저당권으로 본다"라고 규정되어 있어 국세기본법의 적용에 관한 한, 담보가등기권리는 이를 저당권으로 봐야 할 것이므로 구법 제35조 제2항의 규정은 구법 제35조 제1항 제3호의 규정으로 그 적용이 통일되었다고 할 수 있을 것이다.

헌법재판소는 1990. 9. 3. 선고, 89헌가95 결정에서 구법 제35조 제1항 제3호 중 "으로부터 1년"이라는 부분이 헌법 전문, 제1조, 제10조, 제11조 제1항, 제23조 제1항, 제37조 제2항 단서, 제38조, 제59조의 규정에 위반된다고 판시한 적이 있는바, 이제 이와 달리 판단하여야 할 필요가 있다고 인정되지 아니하므로, 구법 제35조 제2항 중 "으로부터 1년" 부분도 역시 헌법에 위반된다고 할 것이다.

▣ 개정법률 부칙 제5조 중 "제35조 제1항 제3호, 제2항" 부분에 관한 판단

개정법률 부칙 제5조는 "이 법 시행 전에 제35조 제1항 제3호 각 목(目)의 개정규정에 해당하는 기일이 도래한 국세 또는 가산금에 대하여는 종전의 제35조 제1항 제3호, 제2항 및 제42조 제1항의 규정에 의한다"고 규정하고 있는바, 위 부칙규정의 "종전의 제35조 제1항 제3호"는 전세권, 질권 또는 저당권에 의하여 담보된 채권과 국세의 우선순위에 관한 규정이고 "종전의 제35조 제2항"은 담보가등기권리에 의하여 담보된 채권과 국세의 우선순위에 관한 규정이다.

개정법률은 1991. 1. 1.부터 시행하도록 하고(부칙 제1조), 동 부칙 제5조에 (국세보다 우선하는 피담보채권에 관한 경과조치로서) "이 법 시행 전에 제35조 제1항 제3호 각 목의 개정규정에 해당하는 기일이 도래한 국세 또는 가산금에 대하여는 종전의 제35조 제1항 제3호, 제2항 및 제42조 제1항의 규정에 의한다"고 규정하고 있는바, 국세기본법이 이와 같이 개정되게 된 경위는 위 헌법재판소 89헌가95 결정에서 구법 제35조 제1항 제3호의 "으로부터 1년"이라는 부분이 위헌으로 선고된 데 따라 그 결정취지에 맞추어, 구법의 위 조항 및 가등기담보에 관한 규정인 같은 조 제2항과 양도담보에 관한 규정인 제42조의 각 "납부기한으로부터 1년"이라는 기준을 철폐하고 그 대신에 신법 제35조 제1항 제3호의 가 내지 마목(目) 소정의 "법정기일"을 신설한 것인데, 그럼으로써 국세와 담보물권, 가등기담보권 및 양도담보권에 의하여 담보된 피담보채권자의 우선순위를 조정하고자 한 데 있는 것이다.

> 헌법재판소가 1990. 9. 3. 89헌가95 사건의 결정에서 구법 제35조 제1항 제3호 중 "으로부터 1년"이라는 부분을 헌법에 위반된다고 선고함으로써, 헌법재판소법 제47조 제2항 본문의 "위헌으로 결정된 법률의 조항은 그 결정이 있는 날로부터 효력을 상실한다"는 규정에 따라 위헌선고된 위 법조항 부분은 1990. 9. 3.부터 그 효력이 상실되었다고 할 것이므로 위 선고일 이후에는 저당권자 등은 저당권 등 목적물의 소유자에 대한 국세의 납부기한이 저당권 등 설정등기일 이후에 도달하였다면 저당권자 등의 피담보채권은 국세에 우선하여 변제받을 수 있게 되었다고 할 것이다.
>
> 그런데 그 이후에 제정된 개정법률 부칙 제5조에 의하여 위헌으로 선고된 위 구법 조항을 적용하게 됨으로써 위 89헌가95 결정의 효력에 의하여 우선변제권을 갖게 된 일정한 범위의 저당권자 등의 권리가 박탈당하는 결과가 되었는바, 그것은 소급입법에 의하여 재산권을 박탈당하지 아니한다는 헌법 제13조 제2항의 규정에 위반되는 규정임이 명백하다고 할 것이고, 위 규정부분에 통일된 "종전의 제35조 제2항" 부분도 역시 헌법에 위반되는 규정이라고 할 것이다.

## ▶ 해 설

### 재산권 보장과 소급입법

헌법 제13조 제2항은 재산권에 관하여 위와 같은 소급입법금지의 원칙을 강조한 것이다. 그러나 이를 근거로 재산권이 소급입법으로부터 절대적으로 보호받는다고 할 수는 없다. 헌법재판소는 기존 명의신탁자가 법시행일로부터 1년 이내에 실명등기를 하도록 규정한 부동산실권리자명의등기에관한법률 제11조 제1항 본문과, 기존 명의신탁자가 실명등기 등을 하지 않은 경우 명의신탁약정과 그에 기한 물권변동을 무효로 한다고 규정한 동법 제12조 제1항이 합헌이라고 판시하였다. 기존 명이신탁까지 규율대상에 포함시킴으로써 제한되는 사익보다 공적인 이익이 클 뿐만 아니라, 기존 명의신탁자의 권리가 부당하게 일방적으로 침해될 위험성을 여러 규정을 통하여 배제하고 있다는 점에서, 기존 명의신탁에 대한 부동산실명법의 조항은 보호될 공익에 비하여 국민의 신뢰보호나 법적 안정성을 더 크게 해치지는 않으므로 소급입법에 의한 재산권 박탈 또는 이로 인한 재산권보장 원칙의 침해에 해당하지 않는다고 본 것이다(憲 2001. 5. 31.-99헌가18).

## ▶ 질 문

1. 진정소급입법과 부진정소급입법의 예를 들어 보라.

2. 헌법재판소가 1990. 9. 3. 89헌가95 사건에서 단순위헌결정 대신 헌법불합치결정을 선고했다면 92헌가5 사건의 결론이 달라질 수 있겠는가?

# Ⅳ. 근로 3 권

> 第33조 ① 근로자는 근로조건의 향상을 위하여 자주적인 단결권 · 단체교섭권 및 단체행동권을 가진다.
> ② 공무원인 근로자는 법률이 정하는 자에 한하여 단결권 · 단체교섭권 및 단체행동권을 가진다.
> ③ 법률이 정하는 주요방위산업체에 종사하는 근로자의 단체행동권은 법률이 정하는 바에 의하여 이를 제한하거나 인정하지 아니할 수 있다.

## ▶ 개 요

헌법 제33조 제 1 항은 근로자의 근로 3 권을 보장하고 있는데, 전통적으로는 근로 3 권을 사회권적 기본권으로 보는 시각이 일반적이었으나 최근에는 근로 3 권의 본질에 대해 자유권적 성격을 보충하는 것이 최근 판례와 학계의 경향이다. 근로 3 권은 근로자가 국가에 대하여 권리보장을 위한 입법 등의 조치를 적극적으로 요구할 수 있는 사회권적 성격뿐만 아니라, 국가권력으로부터의 부당한 간섭이나 방해를 받지 아니할 자유권적 성격을 아울러 가진다. 근로 3 권의 큰 헌법적 의미는 근로자단체라는 사회적 반대세력의 창출을 가능하게 함으로써 노사관계의 형성에 있어서 사회적 균형을 이루어 노사간의 실질적 가치를 보장하려는 데에 있으며, 근로자는 노동조합과 같은 근로자단체의 결성을 통하여 집단으로 사용자에 대항함으로써 사용자와 대등한 세력을 이루어 근로조건의 형성에 영향을 미칠 수 있는 기회를 가지게 되므로 이러한 의미에서 근로 3 권은 "사회적 보호기능을 담당하는 자유권" 또는 사회권적 성질을 띤 자유권이다.

단결권은 근로자 개인의 권리로서 각 근로자가 노동조합과 같은 단체의 조직 · 가입 · 탈퇴에 있어서 국가의 부당한 개입 또는 간섭을 받지 아니할 권리와 노동조합에 참여하지 않을 수 있는 소극적인 단결권을 그 내용으로 한다.

헌법 제33조 제 1 항이 근로자에게 단결권, 단체교섭권, 단체행동권을 기본권으로 보장하는 뜻은 근로자가 사용자와 대등한 지위에서 단체교섭을 통하여 자율적으로 임금 등 근로조건에 관한 단체협약을 체결할 수 있도록 하기 위한 것이다. 비록 헌법이 위 조항에서 '단체협약체결권'을 명시하여 규정하고 있지 않다고 하더라도 근로조건의 향상을 위한 근로자 및 그 단체의 본질적인 활동의 자유인 '단체교섭권'에는 단체협약체결권이 포함되어 있다고 보아야 한다.

근로자의 단체행동권은 근로자가 작업환경의 유지·개선을 관철시키기 위해서 집단적으로 시위행동을 함으로써 업무의 정상적인 운영을 방해할 수 있는 권리를 말한다. 단체행동권에는 파업, 태업, 불매운동, 감시행위 등이 있다. 단체행동권은 근로조건의 향상을 효과적으로 관철하기 위해서 필요 불가피한 범위 내에서만 인정되는 권리여서, 정치목적의 단체행동은 허용되지 않는다고 할 것이다.

### ▶ 핵심판례

#### 憲 2004. 8. 26.-2003헌바58 [단체협약 승인 거부 사건]

[사건의 개요]

청구인들은 국민건강보험공단의 직원들이자 국민건강보험공단직장노동조합의 조합원들이다. 공단과 직장노동조합은 단체협약을 체결하였는데 이 단체협약의 제27조 제2항 내지 제4항은 장기 근속자의 대우(승진)에 관한 사항을 규정하고 있다. 청구인들은 서울지방법원 서부지원에 단체협약상 예정되어 있는 승진일을 기준으로 한 지위 확인 및 임금차액의 지급을 구하는 소송을 제기하였으나, 위 법원은, "공단의 조직·인사·보수 등에 관한 규정에 대하여는 이사회의 의결을 거쳐 보건복지부장관의 승인을 얻어 정하도록 하고 있는 국민건강보험법 제27조는 단순한 내부절차규정이 아닌 효력규정이라고 판단되고, 공단의 조직·인사 규정 등에 있어서 보건복지부 장관의 승인은 법률행위의 법률상 효력을 완성시키는 보충적 행정행위라 할 것이므로, 결국 지출이 수반되는 행위는 예산에 편성되어 보건복지부장관의 승인을 얻어야 그 효력이 생긴다고 봄이 상당하며, 이는 이 사건과 같이 단체협약으로 직원을 승급시키는 조항을 둔 경우에도 마찬가지인바, 이 사건 단체협약상의 근속승진 조항은 이러한 보건복지부장관의 승인을 얻지 못함으로써 효력이 발생하지 못하게 되었다"는 이유로 이를 기각하였다. 이에 청구인들은 서울고능법원에 항소를 제기하고, 그 소송 계속 중 공단과 직장노동조합 사이에 체결된 단체협약상의 인사·보수에 관한 규정의 경우에도 위 국민건강보험법 제27조를 적용하는 것은 헌법상 보장된 청구인들의 단체교섭권 등을 침해한다고 주장하면서 이 조항에 대하여 위헌법률심판제청신청을 하였으나 기각되었다. 청구인들은 헌법재판소법 제68조 제2항에 따라 헌법소원심판을 청구하였다.

[심판의 대상]

**국민건강보험법** 제27조(규정등) 공단의 조직·인사·보수 및 회계에 관한 규정은 이사회의 의결을 거쳐 보건복지부장관의 승인을 얻어 정한다.

이 사건에 대해 헌법재판소는 "국민건강보험법(1999. 2. 8. 법률 제5854호로 제정된 것) 제27조는 헌법에 위반되지 아니한다"고 결정하고, 이유를 다음과 같이 설시하였다.

▣ 쟁 점

이 사건 법률조항은 공단의 조직·인사·보수 및 회계에 관한 규정은 이사회의 의결을 거쳐 보건복지부장관의 승인을 얻어 정한다고 규정하고 있다. 이와 같은 규정은 공단이 국민보건을 향상시키고 사회보장을 증진함을 목적으로 하는 건강보험사업을 수행하기 위하여 설립된 공법인으로서 고도의 공익적 사업을 국가로부터 위임받아 수행하고 있으며, 운영비 내지 지역보험급여비용 등의 상당액을 국고 내지 국민건강증진기금 등에서 지원받고 있으므로, 국가가 공단 이사장의 권한행사 및 공단 운영을 통제하기 위하여 마련한 것으로서 단순한 내부절차규정이 아닌 효력규정으로 판단된다.

그러므로 이 사건 법률조항에 따라 공단이 보건복지부장관의 승인을 얻지 않은 채 보수나 인사 등에 관한 사항을 변경하는 경우에는 그 효력이 없으며, 이러한 법리는 공단이 노동조합과 사이에 체결한 단체협약에 근거하여 보수나 인사 등에 관한 사항을 변경하는 경우에도 마찬가지이다(大 2002. 4. 11.-2002다69563). 그러나 공단 이사장과 노동조합간의 단체협약에 근거하여 보수와 인사 등에 관한 사항을 변경하는 경우에도 보건복지부장관의 승인이 필요하다고 해석하는 경우, 공단과 노동조합 사이에 체결된 단체협약의 이행 여부가 노사관계에 있어서는 제 3 자적 지위에 있는 보건복지부장관의 승인에 의하여 최종적으로 결정되어 단체협약의 효력이 제한되는 효과가 발생한다.

따라서 이 사건에서의 쟁점은 이 사건 법률조항의 '인사, 보수 등에 관한 규정'에 공단 이사장과 노동조합간의 단체협약에 의하여 결정된 사항까지 포함시켜 해석함으로써 보건복지부장관의 승인 여부에 따라 단체협약의 효력이 제한되는 것이 공단 근로자들의 근로 3 권, 그 중에서도 단체교섭권을 부당하게 침해하는지 여부이다.

▣ 헌법상 근로 3 권의 보장과 단체교섭권의 의의

헌법 제33조 제 1 항은 "근로자는 근로조건의 향상을 위하여 자주적인 단결권·

단체교섭권 및 단체행동권을 가진다"고 규정하여, 근로자가 근로조건의 향상을 위하여 단결하고, 사용자와 집단적으로 교섭하며 나아가 그 교섭이 원만하게 이루어지지 아니할 경우에 단체행동을 할 수 있는 권리를 헌법상 부여하고 있다.

헌법 제33조 제1항이 보장하는 근로3권은 근로자가 자주적으로 단결하여 근로조건의 유지·개선과 근로자의 복지증진 기타 사회적·경제적 지위의 향상을 도모함을 목적으로 단체를 자유롭게 결성하고, 이를 바탕으로 사용자와 근로조건에 관하여 자유롭게 교섭하며, 때로는 자신의 요구를 관철하기 위하여 단체행동을 할 수 있는 자유를 보장하는 자유권적 성격과 사회·경제적으로 열등한 지위에 있는 근로자로 하여금 근로자단체의 힘을 배경으로 그 지위를 보완·강화함으로써 근로자가 사용자와 실질적으로 대등한 지위에서 교섭할 수 있도록 해주는 기능을 부여하는 사회권적 성격도 함께 지닌 기본권이다.

헌법 제33조 제1항이 근로자에게 단결권, 단체교섭권, 단체행동권을 기본권으로 보장하는 뜻은 근로자가 사용자와 대등한 지위에서 단체교섭을 통하여 자율적으로 임금 등 근로조건에 관한 단체협약을 체결할 수 있도록 하기 위한 것이다. 비록 헌법이 위 조항에서 '단체협약체결권'을 명시하여 규정하고 있지 않다고 하더라도 근로조건의 향상을 위한 근로자 및 그 단체의 본질적인 활동의 자유인 '단체교섭권'에는 단체협약체결권이 포함되어 있다고 보아야 한다(憲 1998. 2. 27.-94헌바13등, 판례집 10-1, 32, 42 참조).

단체협약은 노동조합과 사용자 또는 사용자단체가 노동조건 기타 노사관계의 제반사항에 관하여 합의에 의하여 서면으로 체결하는 협정으로서(노동조합및노동관계조정법 제31조 제1항 참조), 개별적 노사관계 및 집단적 노사관계에 관한 기준을 설정함으로써 일정기간 노사관계를 안정시키는 기능을 한다(憲 1998. 3. 26.-96헌가20, 판례집 10-1, 213, 218 참조). ……

■ 공단 근로자의 단체교섭권의 제한

우리 헌법 제33조 제2항에서 공무원은 법률이 정하는 자에게만 근로3권이 보장된다고 규정한다. 이에 따라 공무원의 단체교섭권은 법률이 정하는 경우에만 인정되며, 개별 법률에서 이를 제한적으로 인정하고 있다. 예를 들어 교원의노동조합설립및운영등에관한법률 제7조 제1항은 "……단체협약의 내용 중 법령·조례 및 예산에 의하여 규정되는 내용과 법령 또는 조례에 의한 위임을 받아 규정되는 내용은 단체협약으로서의 효력을 가지지 아니한다"고 정하고 있다.

그러나 이 사건 공단 근로자의 경우 공무원이 아니므로 헌법상 이들의 단체교섭권을 제한하는 규정이 없으며, 원칙적으로 민간부문의 노동관계와 마찬가지로 노동조합및노동관계조정법의 적용을 받는다.

하지만 현실적으로 정부투자기관의 경우 정부투자기관관리기본법의 규정에 의한 예산의 통제로 인하여 노동조합과 기관장간의 임금협상이 제한되며, 이 사건 공단과 같은 정부출연 · 위탁기관인 국민건강보험공단, 산업재해보상보험공단, 국립공원관리공단, 장애인고용촉진공단, 한국국제교류재단, 한국산업안전공단, 한국컨테이너부두공단 등은 모두 법률에서 이 사건 법률조항과 같이 공단의 인사와 보수에 관한 규정은 주무장관의 승인을 받아야 함을 규정하고 있다([별지 2] 참조). 이에 따라 단체협약이 성립하더라도 주무장관의 승인 여부에 따라, 그리고 기타 특별법의 존재나 예산상의 제약 등으로 인해 근로조건을 개선하는 내용의 단체협약의 효력을 발휘할 수 없게 되는 경우가 생긴다.

### ▣ 단체교섭권의 침해 여부

#### ■ 심사기준

헌법 제33조 제 1 항이 보장하는 단체교섭권은 어떠한 제약도 허용되지 아니하는 절대적인 권리가 아니라 헌법 제37조 제 2 항에 의하여 국가안전보장 · 질서유지 또는 공공복리 등의 공익상의 이유로 제한이 가능하며, 그 제한은 노동기본권의 보장과 공익상의 필요를 구체적인 경우마다 비교형량하여 양자가 서로 적절한 균형을 유지하는 선에서 결정된다(憲 1998. 2. 27.-94헌바13등, 판례집 10-1, 32, 46 참조). 이 사건 법률조항이 이와 같은 심사 기준 아래에서 헌법에 위반되는지 여부를 살펴본다.

#### ■ 목적의 정당성

공단은 이윤추구를 목적으로 하는 사기업이 아니라 국민보건을 향상시키고 사회보장을 증진함을 목적으로 하는 건강보험사업을 수행하기 위하여 설립된 공법인으로서(국민건강보험법 제 1 조) 비록 자체 사업수입이 있기는 하나 매년 국가로부터 지역보험급여비용 등의 100분의 40에 상당하는 금액을 지원받고 있다(국민건강보험재정건전화특별법 제15조).

따라서 이 사건 법률조항은 공단 이사장의 권한 행사 및 공단 운영에 대한 적절한 규제를 통하여 국가로부터 건강보험사업을 위탁받아 행하는 공법인의 원활한 사업추진을 도모하고 국고와 연결되는 인사, 보수 등과 관련하여 방만한 운영이 발생하지 않도록 공단에 대한 보건복지부장관의 지도, 감독 권한을 확보하기 위한 것으로서 그 입법목적이 정당하다.

■ 수단의 적합성

보건복지부장관의 승인 없이 공단의 인사 및 보수 등에 관한 사항을 변경할 수 있도록 하면 충분한 예산이 확보되지 않은 경우에는 사실상 이행할 수 없는 경우가 발생할 수도 있고, 이러한 경우 공법인으로서 공단의 기능이 저해될 가능성이 있는 한편 국가의 지원하에 운영되는 공단에 대한 정부의 감독권이 유명무실하게 된다.

그러므로 공단이 인사 및 보수에 관한 사항을 정하거나 변경함에 있어 공단의 공익성에 반한다거나 예산이 확보되지 않아 집행이 어렵다는 등의 이유로 보건복지부장관이 이를 승인하지 않은 경우에 당해 규정의 효력이 발생하지 않도록 하는 것은 위와 같은 입법목적을 달성하기 위한 적정한 수단이다.

■ 최소침해성 및 법익균형성

이 사건 법률조항에 의하면 공단 노동조합이 단체교섭권을 행사하여 인사 및 보수 등에 관한 단체협약을 체결하고 이에 근거하여 공단의 인사 및 보수 등의 사항을 변경하는 경우에도 보건복지부장관이 이를 승인하지 아니하면 효력이 없으므로, 노동조합으로서는 최종적인 결정권이 없는, 즉 사실상 대표권이 제약되는 협상주체인 공단 이사장과 협상할 수밖에 없게 되어 단체협약체결권이 제한된다.

여기서 공단 노동조합의 단체교섭권을 덜 제한하는 방법으로서, 공단 이사장과 주무관청의 사전협의를 전제로 하여 단체협약상 보수 및 인사에 관한 규정은 별도의 승인 없이 그 효력을 인정하는 방법도 생각할 수 있다. 그러나 노사간의 협상이 협상 테이블에 앉아 끊임없이 서로의 제안을 교환하며 투쟁과 조정의 과정을 거쳐 공동의 의사결정을 행하는 것임을 생각할 때 협상의제에 대한 사전의 기준을 마련하기란 현실적으로 어렵다. 또한 주무관청이 단체협약에 앞서 보수, 인사에 관한 상한 기준을 마련하고 공단이 이에 구속된다면 이는 결국 정부가 공단에 대하여 임금가이드라인을 제시하는 것이 되므로 역시 단체교섭권을 제한하는 것이 되어 이 사건 법률조항에 의한 제한보다 덜 제한적인 수단이라고 볼 수도 없다.

공단의 경우 현재 국가로부터 보험재정에 관한 지원을 받고 고도의 공익성을 띠는 건강보험사업을 행하는 것이므로 원칙적으로 시장경제의 원리가 지배한다고 볼 수 없다. 즉, 공단의 경우 사기업에서와 같은 사용자와 근로자의 상반된 이해관계가 존재하지 않는다. 공단의 이사장은 정부에서 임명되어 회사(공단)에 대하여 주인의식을 가지기 어렵고, 사기업의 사용자가 비교적 영속적인 지위에서 계속적인 노사관계에 임하는 것에 비하여 공단의 이사장은 언제나 교체가능성이 있다. 또한 사기업에서 임금의 인상과 같은 비용의 증가는 사용자의 손실로 귀결되어 영업수익의 증대로 이를 보전하지 않으면 극단적으로는 파산까지 초래될 수 있는 반면, 공단의 경우 재정적자시 이를 해소하기 위해 정부가 적극적으로 개입하고 있다(국민건강보험공단법 제92조, 국민건강보험재정건전화특별법 참조).

이와 같이 공단의 단체협약 중 보수, 인사에 관한 사항은 단체협약 당사자 사이의 단순한 단체협약이라는 의미를 넘어 국고 부담의 증가를 초래함으로써 결과적으로 공단의 사업계획과 예산의 변경을 수반할 수밖에 없는데, 만약 공단 이사장이 아무런 통제를 받지 않고 임금이나 퇴직금을 인상하는 내용의 단체협약을 체결하고 이것이 그대로 이행된다면 사업계획 및 예산의 통제를 위한 제반 법규정(국민건강보험법 제34조, 제37조 참조)의 의미가 반감되고 공단에 대한 국가의 감독·규제도 전반적으로 불가능해진다.

또한 이미 편성된 예산의 범위를 벗어나는 단체협약으로 인하여 운영비가 증가하여 사업비를 삭감하게 되면 이는 극단적으로 공익사업의 부실로 이어질 수 있어 또 다른 공익이 침해되는 결과가 될 수 있다. 그러므로 보수, 인사에 관한 사항을 단체협약으로 정하거나 이를 변경하는 경우에도 보건복지부장관의 승인을 얻도록 하는 것은 불가피한 제한이라고 할 것이다.

공단 노동조합은 공단 이사장과의 단체협약 체결에 있어서 단체협약의 내용 중 보수, 인사에 관한 사항에 대해서는 주무장관의 승인을 조건으로 합의를 하거나 불승인의 경우 보충협약을 할 수 있도록 함으로써 보수, 인사에 관한 단체협약의 내용이 제한되는 효과를 극복할 수 있다.

▣ 이 사건 법률조항으로 인하여 인사 및 보수에 관한 단체교섭권이 제한되는 측면이 있음을 부정할 수 없지만, 인사 및 보수에 관한 사항에 관하여 주무장관의 승인을 받으면 당해 단체협약은 온전히 효력을 발생하게 되며, 인사 및 보수에 관한 규정을 보건복지부장관이 승인하지 않는 경우에도 장관의 불승인 처분에 대하여 행정소송으로 다툴 수 있으므로 보건복지부장관의 자의적인 불승인에 대하여 이를 시정할 방법이 있다. 또한 조직, 인사, 보수 및 회계에 관한 사항을 제외한 나머지 사항에 대하여는 보건복지부장관의 승인 없이도 단체협약의 효력이 직접적으로 발생하므로, 이 사건 법률조항으로 인하여 단체교섭권의 본질적 내용이 침해되었다고 볼 수 없다. ……

이 사건 법률조항으로 인하여 간접적으로 단체협약의 효력이 제약됨으로써 단체교섭권이 제한되나, 이 사건 공단의 성격 및 설립목적의 공공성, 업무 및 예산에 대한 정부의 관여와 감독의 필요성에 비추어 그 제한의 목적이 정당하고, 수단이 적정하며, 단체교섭권에 대한 제한의 정도가 공단의 공익성에 비추어 타당한 범위 내로서 본질적인 내용의 침해로 볼 수 없으므로, 이 사건 법률조항이 단체교섭권을 침해하거나 다른 사기업에 비하여 공단 근로자들을 차별함으로써 헌법을 위반하였다고 볼 수 없다.

## ▶ 해 설

### 반대의견

위와 같은 다수의견에 대해 3인의 반대의견이 있다. 이에 의하면 단체교섭권의 본질은 사용자와 근로자의 공동결정인 단체협약의 체결 및 그 이행을 통한 근로조건의 향상이라 할 것이고, 이와 관련하여 헌법상 근로 3 권의 실질적 실현을 위하여 마련된 노동조합및노동관계조정법은 단체협약 중 '근로조건' 기타 근로자의 대우에 관한 규정에 대하여 규범적 효력을 인정하고 있는바, 고도의 공익성을 띤 사업을 행하는 공단의 인사, 보수 등에 관한 사항에 대한 규제는 사실상 공단 임원에 대한 인사권 및 공단에 대한 관리·감독권 등을 통하여 이루어질 수 있고, 공단의 노사간에 발생하는 분쟁 역시 기본적으로는 현행 노사관계법이 마련하고 있는 제도로 해결하는 것이 바람직함에도 불구하고, 공단 노사간의 자율적인 단체교섭을 통하여 체결된 단체협약 조항의 효력 유무를 노사관계의 제 3 자인 보건복지부장관의 승인 여부에 맡기는 것은 근로자의 단체협약체결권을 형해화시킨 것으로 헌법상 과잉금지원칙에 위배하여 단체교섭권을 침해한 것이라고 한다.

### 노동위원회 구제명령위반 사건

노동조합법 제42조 제 1 항이 노동위원회가 부당노동행위가 성립한다고 판정한 경우에는 사용자에게 구제명령을 발하여야 한다고 규정하고, 동법 제46조는 동법 제42조 및 제43조의 규정에 의한 구제명령을 위반한 자 등에게 2년 이하의 징역 또는 3천만원 이하의 벌금에 처하도록 규정하고 있었다. 또한 동법 제44조는 노동위원회의 구제명령·기각결정 또는 재심판정은 전조의 규정에 의한 중앙노동위원회에의 재심신청이나 행정소송의 제기에 의하여 그 효력이 정지되지 아니한다고 규정하고 있었다.

이 사건(憲 1995. 3. 23.-92헌가14)은 이러한 노동위원회의 확정된 명령의 위반에 대해 형사처벌하는 것의 위헌 여부에 관한 것이다.

이에 대해 헌법재판소는 위헌결정을 내리고, 이 사건 구제명령은 노동위원회가 부당노동행위가 성립한다고 판정한 경우에 사용자에게 발하는 것인바 위법·부당하여 취소될 수도 있는 확정되지 아니한 구제명령과 또 그 구제명령이 위법·부당하여 재심 또는 행정소송으로 취소된 경우까지 이를 신속히 이행하지 않았다 하여 그 이행확보 내지 제재방법으로 징역형을 택하여 그 위반자인 사용자를 교도소에 장기간 수감하는 등으로 물심양면의 고통을 가하거나 형벌인 벌금형으로 처벌하는 것은 정의에 반하고 행정형벌이 행정명령의 이행확보수단으로서 최후적·보충적이어야 하는 점에 비추어 합리성과 정당성이 없고, 위 법률조항에 의하여 달성하려는 구제명령의 이행확보 수단으로서도 적절치 못하며 기본권제한이 필요한 최소한도에 그쳤다고도 할 수 없고, 그에 의하여 보호하려는 법익과 이 사건 규정에 의하여 제한되는 사용자의 이익 사이에 균형도 갖추지 못하므로 적법절차의 원리에 반하고 과잉금지의 원칙에도 저촉된다고 판시하였다.

### 유니온 샵(Union Shop) 조항 사건

노조 가입강제와 관련한 이 사건(憲 2005. 11. 24.-2002헌바95)은 당해 사업장에 종사하는 근로자의 3분의 2 이상을 대표하는 노동조합의 경우 단체협약을 매개로 한 조직강제[이른바 유니언 샵(Union Shop) 협정의 체결]를 용인하고 있는 노동조합및노동관계조정법 제81조 제 2 호 단서(이하 '이 사건 법률조항'이라 한다)가 근로자의 단결권을 보장한 헌법 제33조 제 1 항 등에 위반되는지 여부에 관한 것이다.

이에 대해 헌법재판소는 합헌결정을 내리고, 이 사건 법률조항은 단체협약을 매개로 하여 특정 노동조합에의 가입을 강제함으로써 근로자의 단결선택권과 노동조합의 집단적 단결권(조직강제권)이 충돌하는 측면이 있으나, 이러한 조직강제를 적법·유효하게 할 수 있는 노동조합의 범위를 엄격하게 제한하고 지배적 노동조합의 권한남용으로부터 개별근로자를 보호하기 위한 규정을 두고 있는 등 전체적으로 상충되는 두 기본권 사이에 합리적인 조화를 이루고 있고 그 제한에 있어서도 적정한 비례관계를 유지하고 있으며, 또 근로자의 단결선택권의 본질적인 내용을 침해하는 것으로도 볼 수 없으므로, 근로자의 단결권을 보장한 헌법 제33조 제 1 항에 위반되지 않는다고 판시하였다.

### 사용자의 단체교섭거부에 대한 형사처벌 사건

단체교섭과 관련한 이 사건(憲 2002. 12. 28.-2002헌바12)은 사용자가 "노동조합의 대표자 또는 노동조합으로부터 위임을 받은 자와의 단체협약체결 기타의 단체교섭을 정당한 이유없이 거부하거나 해태"하지 못하도록 하고 이를 위반하는 경우 2년 이하의 징역 또는 2천만원 이하의 벌금에 처하도록 하는 노동조합및노동관계조정법 제81조 제3호와 제82조가 계약의 자유, 기업활동의 자유 등을 침해하는지 여부에 대한 것이다.

이에 대해 헌법재판소는 합헌결정을 내리고, 이 사건 조항은 사용자로 하여금 단체교섭 및 단체협약체결을 일방적으로 강요하는 것은 아니며 "정당한 이유 없이 거부하거나 해태"하지 말 것을 규정한 것일 뿐이고, 어차피 노사간에는 단체협약을 체결할 의무가 헌법에 의하여 주어져 있는 것이므로, 이 사건 조항이 기본권 제한에 있어서 최소침해성의 원칙에 위배된 것이라고 단정할 수 없고, 노동관계 당사자가 대립의 관계로 나아가지 않고 대등한 교섭주체의 관계로서 분쟁을 평화적으로 해결하게 함으로써 근로자의 이익과 지위의 향상을 도모하고 헌법상의 근로3권 보장 취지를 구현한다는 공익을 위한 것인데 비해, 이로 인해 제한되는 사용자의 자유는 단지 정당한 이유 없는 불성실한 단체교섭 내지 단체협약체결의 거부 금지라는 합리적으로 제한된 범위 내의 기본권 제한에 그치고 있으므로, 법익간의 균형성이 위배된 것이 아니므로 비례의 원칙에 위배하여 청구인의 계약의 자유, 기업활동의 자유, 집회의 자유를 침해한 것이라 볼 수 없다고 판시하였다.

### 택시 사납금제에 대한 법률적 금지

단체협약권의 제한과 관련한 이 사건(憲 1998. 10. 29.-97헌마345)은 사납금제를 금지하기 위하여 택시운송사업자의 운송수입금 전액 수납의무와 운수종사자의 운송수입금 전액 납부의무를 규정한 자동차운수사업법 제24조 제3항 및 제33조의5 제2항이 기업의 자유·계약의 자유·단체협약체결의 자유를 침해하는지 여부에 관한 것이다.

이에 대해 헌법재판소는 합헌결정을 내리고, 다음과 같이 판시하였다.

「이 사건 법률조항들에 의하여 근로조건에 관한 노사단체의 자율적인 단체협약권이 제한된다는 주장에 대하여 보더라도, 헌법이 제33조 제1항에서 노사단체에게 근로조건에 관한 자율적인 결정을 위임한 것은 국가가 노동영역에서 근로조건에 관하여 독자적인 규율을 할 수 없다는 것을 의미하는 것은 아니다. 오히려 헌법은 근로조건에 관한 노사의 자율결정의 원칙에 대하여 필요한 범위 내에서 수정을 가할 수 있는 가능성을 규정하고 있다. 즉, 헌법은 제32조 제1항에서 국가에게 사회적·경제적 방법을 통해서 근로자에게 적정임금을 보장하도록 노력할 의무 및 최저임금제의 실시의무를 부과하고, 같은 조 제3항에서는 국가에게 인간의 존엄성에 부합하는 근로조건의 기준의 법정의무를 부과하고 있으며, 제119조 제2항에서는 국가가 균형있는 국민경제의 성장 및 안정과 적정한 소득의 분배를 유지하고, 시장의 지배와 경제력의 남용을 방지하며, 경제주체간의 조화를 통한 경제의 민주화를 위하여 경제에 관한 규제와 조정을 할 수 있다고 규정하고 있다. 그러므로 헌법은 근로조건에 관한 규율을 전적으로 노사단체에 의한 집단적 자치에 맡겨둘 경우 국가가 위와 같은 헌법적 과제를 이행하기 어려운 경우에는 근로조건을 필요한 범위 내에서 규율할 수 있는 권한을 입법자에게 부여하고 있는 것이다.

이 사건 법률조항들은 일반택시운송에 종사하는 근로자의 생활안정을 부수적인 목적으로 하고 있다. 위와 같은 목적의 달성을 위한 이 사건 법률조항들에 의한 단체협약의 자유에 대한 제한은 헌법이 입법자에게 부과한 과제의 이행을 위하여 필요한 범위 안에서 이루어진 것이며, 따라서 이 사건 법률조항들이 노사의 단체협약체결의 자유를 필요 이상으로 과도하게 제한하여 헌법에 위반된다고 볼 수는 없다.」

## ▶ 질　　문

1. 공공법인에 대한 감독청의 승인권과 노사간의 단체협약의 법적 상호관계는 어떠한가?
2. 필수적 공익사업장에 대한 노동위원장의 직권중재결정권은 과잉적 공권력개입인가?
3. 단체협약 위반에 대해 형사적 처벌이 가능한가?

# 11.

# 제11장 | 국정참여의 자유

민주정치의 실현을 위해서는 주권자인 국민이 국가의 의사형성에 참여하고 국가기관의 구성에도 참가하며 국민이 정치과정을 적절히 통제할 수 있어야 한다. 이를 위한 기본권이 '국정참여의 자유'이다. 이 '국정참여의 자유'에는 전통적 의미의 참정권이라 할 수 있는 헌법 제24조의 선거권, 제25조의 공무담임권, 국민표결권이 포함되며, 그 외에도 '정치적 활동권'으로서의 헌법 제116조 제1항의 선거운동의 자유가 포함된다. 끝으로 헌법 제26조의 청원권도 '국정참여의 자유'에 속한다고 볼 수 있다.

# Ⅰ. 선 거 권

> 제24조 모든 국민은 법률이 정하는 바에 의하여 선거권을 가진다.

## 1. 선거권의 의의와 내용

### ▶ 개 요

헌법 제24조는 「모든 국민은 법률이 정하는 바에 의하여 선거권을 가진다」라고 하여 선거권을 헌법상의 기본권으로 규정하고 있다. 헌법은 국민주권의 실현 방법으로 대의민주주의를 채택하고 있는데, 선거권은 피선거권과 함께 대의제도를 작동시키는 데 필수적인 요소로서, 정책결정권자인 국민의 대표자를 선정하는 권리를 말한다. 대의제도를 채택하는 경우에는 그 제도의 특성상 국민에게 선거권과 피선거권을 부여하지 않을 수 없으므로 선거권은 헌법 제24조와 같이 명시적으로 정하지 않더라도 헌법상 인정되는 권리이다. 이와 같이 선거권은 대의제도와 함께 보장되는 권리이기 때문에 인간이기 때문에 당연히 가지는 자연적 권리는 아니다.

헌법 제24조의 선거권은 지방자치에는 해당하지 않는다. 헌법재판소는 지방자치단체의 선거도 헌법 제24조에 근거한다고 본 경우가 있다(예: 憲 2002. 3. 28.-2000헌마283등). 지방의회는 헌법 제118조 제1항과 제2항에 따라 선거로 구성되는데, 지방의회의 의원을 선출하는 선거권은 헌법 제118조 제2항에 근거하여 헌법상의 권리로 인정된다. 지방자치단체의 장을 선거하는 선거권도 헌법 제118조 제2항에 인정되는 권리이다.

헌법이 직접 정하고 있는 경우 이외에 공직이나 공공기관 가운데 어떠한 직을 선거직으로 할 것인가 임명직으로 할 것인가 하는 것은 이를 규율하는 법률에 의하여 정해진다. 이 경우 선거직과 선거제도에 따라 인정되는 선거권과 피선거권은 법률에 유보된 법률상의 권리이며, 헌법 제24조에서 보장하는 헌법상의 권리로서의 선거권이 아니다. 이러한 경우에는 선거직을 임명직으로 변경하면 선거권은 소멸하고, 국민은 헌법 제24조를 근거로 하여 다툴 수 없다.

## ▶ 핵심판례

### 憲 2007. 6. 28.-2004헌마644등 [재외국민 공직선거 부재자투표 사건]

[사건의 개요]

▣ 2004헌마644

청구인들은 모두 대한민국 국적을 보유한 일본 영주권자들로서 현재 일본에 거주(청구인 1 내지 6)하고 있거나 국내에 거주(청구인 7 내지 10)하고 있는 만 19세 이상의 국민들인바, 구 '공직선거 및 선거부정방지법'(2005. 8. 4. 법률 제7681호로 개정되기 전의 것) 제15조 제2항, 제16조 제3항 및 제37조 제1항이 국민의 참정권 행사를 위한 요건으로 주민등록을 요구함으로써 주민등록을 할 수 없는 청구인들로 하여금 대통령·국회의원 선거권, 지방선거 선거권 및 피선거권을 행사할 수 없도록 한 것은 청구인들의 헌법상 기본권을 침해한다고 주장하면서 2004. 8. 14. 이 사건 헌법소원심판을 청구하였다.

청구인들은 2005. 10. 11. 청구취지의 추가적 변경을 통해 국민투표법 제14조 제1항이 국가의 중요정책 및 헌법개정안에 대한 국민투표권 행사의 요건으로 주민등록을 요구함으로써 주민등록을 할 수 없는 청구인들로 하여금 국민투표권을 행사할 수 없도록 한 것은 청구인들의 기본권을 침해한다고 주장하면서 위 국민투표법 조항에 대한 헌법소원심판청구를 추가하였다.

▣ 2005헌마360

청구인들은 대한민국 국적을 보유한 만 19세 이상의 미국 또는 캐나다 영주권자들로서, 구 '공직선거 및 선거부정방지법'(2005. 8. 4. 법률 제7681호로 개정되기 전의 것) 제37조 제1항이 국내에 주민등록이 되어 있는 자만이 선거인명부에 등재되어 선거권을 행사할 수 있도록 함으로써, 국내에 주민등록이 되어 있지 아니하거나 말소된 국외거주자에 대하여는 선거권을 행사할 수 없도록 하고, 동법 제38조 제1항이 선거인명부에 오를 자격이 있는 국내거주자에 대하여만 부재자신고를 할 수 있도록 함으로써 주민등록이 되어 있지 아니한 국외거주자가 부재자로서 투표권을 행사할 수 없도록 한 것은 청구인들의 헌법상 기본권을 침해한다고 주장하면서 2005. 4. 6. 이 사건 헌법소원심판을 청구하였다.

[심판의 대상]

청구인들은 구 '공직선거 및 선거부정방지법'(2005. 8. 4. 법률 제7681호로 개정되기 전의 것) 조항들에 대하여 이 사건 헌법소원을 제기하였으나, 위 법률은 그 동안에 2005. 8. 4. 법률 제7681호로 법명이 "공직선거법"으로 바뀌었고 그 내용에도 변화가 있었다. 그런데 개정 전의 제15조 제2항의 경우 개정 후에는 제15조 제2항 제1호로 조문의 위치가 조정된 것에 불과하고, 제37조 제1항의 경우에도 조문내용에 일부 추가가 있었지만 청구인들과 관련된 부분에서는 아무런 변화가 없으며, 제38조 제1항의 경우에도 부재자투표를 할 수 있는 국내거주자의 범위 제한을 폐지하는 방향으로 개정이 이루어졌지만 국외거주자에 대하여는 부재자투표를 인정하지 않고 있다는 점에서는 개정 전후에 아무런 변화가 없다. 그렇다면 이 사건에서는 심판의 대상을 현행 공직선거법(2005. 8. 4. 법률 제7681호로 개정된 것, 이하 이를 '법'이라 한다) 해당 조항으로 함이 상당하다.

결국 이 사건 심판의 대상은 법 제15조 제2항 제1호 중 "당해 지방자치단체의 관할 구역 안에 주민등록이 되어 있는 자"에 관한 부분, 법 제16조 제3항 중 "당해 지방자치단체의 관할 구역 안에 주민등록이 되어 있는 주민"에 관한 부분, 법 제37조 제1항 중 "그 관할 구역 안에 주민등록이 되어 있는 선거권자"에 관한 부분, 법 제38조 제1항 중 "선거인명부에 오를 자격이 있는 국내 거주자"에 관한 부분 및 국민투표법(1994. 12. 22. 법률 제4796호로 개정된 것) 제14조 제1항 중 "그 관할 구역 안에 주민등록이 된 투표권자"에 관한 부분(이하 '이 사건 국민투표법 조항'이라 한다)이 청구인들의 기본권을 침해하는지 여부이다(이 사건 심판대상 조항들 모두를 이하 '이 사건 법률조항들'이라 한다).

이 사건 법률조항들과 관련규정들의 내용은 다음과 같다.

**공직선거법**(2005. 8. 4. 법률 제7681호로 개정된 것) 제15조(선거권) ① 19세 이상의 국민은 대통령 및 국회의원의 선거권이 있다.

② 다음 각 호의 어느 하나에 해당하는 자는 그 구역에서 선거하는 지방자치단체의 의회의원 및 장의 선거권이 있다.

1. 19세 이상의 국민으로서 제37조(명부작성) 제1항의 선거인명부작성기준일 현재 당해 지방자치단체의 관할 구역 안에 주민등록이 되어 있는 자
2. 「출입국관리법」 제10조(체류자격)의 규정에 따른 영주의 체류자격 취득일 후 3년이 경과한 19세 이상의 외국인으로서 제37조 제1항의 선거인명부작성기준일 현재 「출입국관리법」 제34조(외국인등록표등의 작성 및 관리)의 규정에 따라 당해 지방자치단체의 외국인등록대장에 등재된 자

제16조(피선거권) ① 선거일 현재 5년 이상 국내에 거주하고 있는 40세 이상의 국민은 대통령의 피선거권이 있다. 이 경우 공무로 외국에 파견된 기간과 국내에 주소를 두고 일정기간 외국에 체류한 기간은 국내거주기간으로 본다.

② 25세 이상의 국민은 국회의원의 피선거권이 있다.

③ 선거일 현재 계속하여 60일 이상(공무로 외국에 파견되어 선거일 전 60일 후에 귀국한 자는 선거인명부작성기준일부터 계속하여 선거일까지) 당해 지방자치단체의 관할 구역 안에 주민등록이 되어 있는 주민으로서 25세 이상의 국민은 그 지방의회의원 및 지방자치단체의 장의 피선거권이 있다. 이 경우 60일의 기간은 그 지방자치단체의 설치·폐지·분할·합병 또는 구역변경[제28조(임기중 지방의회의 의원정수의 조정 등)의 규정에 의한 경우를 포함한다]에 의하여 중단되지 아니한다.

④ (생략)

제37조(명부작성) ① 선거를 실시하는 때에는 그때마다 구청장(자치구의 구청장을 포함하며, 도농복합형태의 시에 있어서는 동 지역에 한한다)·시장(구가 설치되지 아니한 시의 시장을 말하며, 도농복합형태의 시에 있어서는 동 지역에 한한다)·읍장·면장(이하 "구·시·읍·면의 장"이라 한다)은 대통령선거에 있어서는 선거일 전 28일, 국회의원선거와 지방자

치단체의 의회의원 및 장의 선거에 있어서는 선거일 전 19일(이하 "선거인명부작성기준일"이라 한다) 현재로 그 관할 구역 안에 주민등록이 되어 있는 선거권자[지방자치단체의 의회의원 및 장의 선거의 경우 제15조(선거권) 제2항 제2호의 규정에 따른 외국인을 포함한다]를 투표구별로 조사하여 선거인명부작성기준일부터 5일 이내(이하 "선거인명부작성기간"이라 한다)에 선거인명부를 작성하여야 한다.

제38조(부재자신고) ① 선거인명부에 오를 자격이 있는 국내거주자[제15조(선거권) 제2항 제2호의 규정에 따른 외국인을 제외한다]로서 선거일에 자신이 투표소에 가서 투표할 수 없는 때에는 선거인명부작성기간 중에 구·시·읍·면의 장에게 서면으로 부재자신고를 할 수 있다. 이 경우 우편에 의한 부재자신고는 등기우편으로 처리하되, 그 우편요금은 국가 또는 당해 지방자치단체가 부담한다.

**국민투표법**(1994. 12. 22. 법률 제4796호로 개정된 것) 제14조(투표인명부의 작성) ① 국민투표를 실시할 때에는 그때마다 구청장(자치구의 구청장을 포함하며, 도농복합형태의 시에 있어서는 동 지역에 한한다)·시장(구가 설치되지 아니한 시의 시장을 말하며, 도농복합형태의 시에 있어서는 동 지역에 한한다)·읍장·면장(이하 "구·시·읍·면의 장"이라 한다)은 국민투표일공고일 현재로 그 관할 구역 안에 주민등록이 된 투표권자를 투표구별로 조사하여 국민투표일공고일로부터 5일 이내에 투표인명부를 작성하여야 한다.

**국민투표법**(2007. 5. 17. 법률 제8449호로 개정된 것) 제7조(투표권) 19세 이상의 국민은 투표권이 있다.

**지방자치법**(2007. 5. 11. 법률 제8423호로 전부 개정된 것) 제12조(주민의 자격) 지방자치단체의 구역 안에 주소를 가진 자는 그 지방자치단체의 주민이 된다.

제13조(주민의 권리) ② 국민인 주민은 법령으로 정하는 바에 따라 그 지방자치단체에서 실시하는 지방의회의원과 지방자치단체의 장의 선거(이하 "지방선거"라 한다)에 참여할 권리를 가진다.

이 사건에서 헌법재판소는 "1. 공직선거법(2005. 8. 4. 법률 제7681호로 개정된 것) 제15조 제2항 제1호 중 '당해 지방자치단체의 관할 구역 안에 주민등록이 되어 있는 자'에 관한 부분, 제16조 제3항 중 '당해 지방자치단체의 관할 구역 안에 주민등록이 되어 있는 주민'에 관한 부분, 제37조 제1항 중 '그 관할 구역 안에 주민등록이 되어 있는 선거권자'에 관한 부분, 제38조 제1항 중 '선거인명부에 오를 자격이 있는 국내거주자'에 관한 부분과 국민투표법(1994. 12. 22. 법률 제4796호로 개정된 것) 제14조 제1항 중 '그 관할 구역 안에 주민등록이 된 투표권자'에 관한 부분은 각 헌법에 합치되지 아니한다. 2. 위 각 법률조항 부분은 2008. 12. 31.을 시한으로 입법자가 개정할 때까지 계속 적용된다"고 결정하고, 그 이유를 다음과 같이 설시하였다.

▣ 대통령·국회의원선거에 대한 선거권의 경우

■ 선거권의 법적 의의와 선거권 제한의 한계

헌법 제1조는 "대한민국은 민주공화국이다," "대한민국의 주권은 국민에게 있고 모든 권력은 국민으로부터 나온다"라고 규정하여 국민주권의 원리를 천명하고 있다. 그 중요한 의미는 국민의 합의로 국가권력을 조직한다는 것이다(憲 1989. 9. 8.-88헌가6, 판례집 1, 199, 205). 이를 위해서는 주권자인 국민이 정치과정에 참여하는 기회가 되도록 폭넓게 보장될 것이 요구된다. 대의민주주의를 원칙으로 하는 오늘날의 민주정치 아래에서 국민의 참여는 기본적으로 선거를 통하여 이루어진다. 따라서, 선거는 주권자인 국민이 그 주권을 행사하는 통로인 것이다(憲 2001. 7. 19.-2000헌마91등, 판례집 13-2, 77, 93).

그러한 국민주권의 원리와 선거를 통한 국민의 참여를 위하여 헌법 제24조는 모든 국민에게 법률이 정하는 바에 의하여 선거권을 보장하고 있고, 헌법 제11조는 정치적 생활영역에서의 평등권을 규정하고 있으며, 또한 헌법 제41조 제1항 및 제67조 제1항은 국회의원선거와 대통령선거에 있어서 보통·평등·직접·비밀선거의 원칙을 보장하고 있다. 헌법이 선거권과 선거원칙을 이같이 명문으로 보장하고 있는 것은 국민주권주의와 대의민주주의하에서는 국민의 선거권 행사를 통해서만 국가와 국가권력의 구성과 창설이 비로소 가능해지고 국가와 국가권력의 민주적 정당성이 마련되기 때문이다(憲 1999. 5. 27.-98헌마214, 판례집 11-1, 675, 697).

이러한 국민의 선거권 행사는 국민주권의 현실적 행사수단으로서 한편으로는 국민의 의사를 국정에 반영할 수 있는 중요한 통로로서 기능하며, 다른 한편으로는 주기적 선거를 통하여 국가권력을 통제하는 수단으로서의 기능도 수행한다. 국회의원과 대통령에 대한 선거권(이하 이를 편의상 '국정선거권'이라 한다)을 비롯한 국민의 참정권이 국민주권의 원칙을 실현하기 위한 가장 기본적이고 필수적인 권리로서 다른 기본권에 대하여 우월한 지위를 갖는 것(憲 1989. 9. 8.-88헌가6, 판례집 1, 199, 207 참조)으로 평가되는 것도 바로 그러한 이유 때문이다.

헌법 제24조는 모든 국민은 '법률이 정하는 바에 의하여' 선거권을 가진다고 규정함으로써 법률유보의 형식을 취하고 있지만, 이것은 국민의 선거권이 '법률이 정하는 바에 따라서만 인정될 수 있다'는 포괄적인 입법권의 유보하에 있음을 의미하는 것이 아니다. 국민의 기본권을 법률에 의하여 구체화하라는 뜻이며 선거권을 법률을 통해 구체적으로 실현하라는 의미이다.

이러한 법률유보는 선거권을 실현하고 보장하기 위한 것이지 제한하기 위한 것이 아니므로, 선거권의 내용과 절차를 법률로 규정하는 경우에도 국민주권을 선언하고 있는 헌법 제 1 조, 평등권에 관한 헌법 제11조, 국회의원선거와 대통령선거에 있어서 보통·평등·직접·비밀선거를 보장하는 헌법 제41조 및 제67조의 취지에 부합하도록 하여야 한다. 그리고 민주주의 국가에서 국민주권과 대의제 민주주의의 실현수단으로서 선거권이 갖는 이 같은 중요성으로 인해 한편으로 입법자는 선거권을 최대한 보장하는 방향으로 입법을 하여야 하며, 또 다른 한편에서 선거권을 제한하는 법률의 합헌성을 심사하는 경우에는 그 심사의 강도도 엄격하여야 하는 것이다.

따라서 선거권을 제한하는 입법은 위 헌법 제24조에 의해서 곧바로 정당화될 수는 없고, 헌법 제37조 제 2 항의 규정에 따라 국가안전보장·질서유지 또는 공공복리를 위하여 필요하고 불가피한 예외적인 경우에만 그 제한이 정당화될 수 있으며, 그 경우에도 선거권의 본질적인 내용을 침해할 수 없다.

더욱이 보통선거의 원칙은 선거권자의 능력, 재산, 사회적 지위 등의 실질적인 요소를 배제하고 성년자이면 누구라도 당연히 선거권을 갖는 것을 요구하므로 보통선거의 원칙에 반하는 선거권 제한의 입법을 하기 위해서는 헌법 제37조 제 2 항의 규정에 따른 한계가 한층 엄격히 지켜져야 한다(憲 1999. 1. 28.-97헌마253등, 판례집 11-1, 54, 60 참조).

■ 법 제37조 제 1 항의 위헌 여부

● 법 제37조 제 1 항의 의미

법 제37조 제 1 항은 선거인명부 작성책임자로 하여금 선거를 실시할 때마다 선거인명부작성기준일로부터 일정기간 내에 그 관할 구역 안에 주민등록이 되어 있는 선거권자를 조사하여 선거인명부를 작성하도록 의무지우고 있다. 이 규정에 의해 국내에 '주민등록이 되어 있지 않은 자'는 법 제15조 제 1 항이 부여하고 있는 국정선거권을 행사할 수 없게 되므로, 이 규정은 외형상 선거절차에 관한 규율의 형태를 취하고 있지만 실질적으로는 주민등록이 되어 있지 않은 자의 국정선거권 행사를 불가능하게 하는 법적 효과를 발휘하고 있다.

이 사건 청구인들 중 외국의 영주권을 취득하고 국내에 거주하고 있지 않은 재외국민은 국내에 주민등록이 되어 있지 않으므로 법 제37조 제 1 항에 따라 국정선거권을 행사할 수 없게 된다. 한편 청구인들 중 재외국민으로서 국내에 거주하고 있는 자들의 경우에도, 주민등록법 제 6 조 제 3 항이 해외이주를 포기한 후가 아니면 주민등록을 할 수 없도록 하고 있으므로 해외이주를 포기하지 않는 한 국외거주 재외국민과 마찬가지로 국정선거권을 행사할 수 없게 된다. 결국 법 제37조 제 1 항은 해외이주의 포기의사를 밝힘으로써 주민등록이 가능해진 국내거주 재외국민을 제외한 모든 재외국민에 대해 전면적, 획일적으로 국정선거권의 행사를 불가능하게 하고 있는 규정이다.

나아가 법 제37조 제 1 항은 아직 영주권을 취득하지 않은 상태에 있는 해외이주 목적의 해외장기체류자 또는 해외이주목적 없는 해외장기체류자 및 단기해외체류자(예컨대 유학생, 상사주재원, 외교관 등)로서 주민등록이 말소된(주민등록법 제17조의2, 제10조 참조) 자들에 대해서는, 이들이 국내에 체류하는지 여부와는 무관하게, 국정선거권을 박탈하고 있다.

• 법 제37조 제 1 항의 위헌 여부(종전 헌법재판소 결정의 재검토)

법 제37조 제 1 항에 대해서는 다양한 논거가 합헌의 근거로 제시된 바 있고 헌법재판소는 1999. 1. 28.-97헌마253등 결정에서 그러한 논거들에 기초하여 법 제37조 제 1 항과 동일한 내용을 규정하고 있던 구 '공직선거 및 선거부정방지법' 제37조 제 1 항(1994. 12. 22. 법률 제4796호로 개정되고, 2002. 3. 7. 법률 제6663호로 개정되기 전의 것)을 합헌으로 판단한 바 있다. 하지만 위 결정에 대해서는, 그간의 정보기술의 발달, 경제규모의 성장과 국제화로 인한 재외국민의 증가, 공직선거의 자유와 공정에 대한 국민의식의 성장, 그리고 법리적 관점의 변경 필요성 등을 고려할 때 다음과 같이 재검토가 필요하다.

첫째, 북한주민이나 조총련계 재일동포가 선거에 영향을 미칠 위험성이 있다는 것이 재외국민의 선거권 행사를 부정하는 근거가 되기는 어렵다.

그 이유는 설사 재외국민에게 선거권 행사를 인정할 경우라도, 남북한의 대치상태가 종식되지 않고 있는 우리의 특수한 상황하에서는, 북한주민이나 조총련계 재일동포의 선거권 행사에 대한 제한은 어느 정도 허용될 수 있을 것으로 보기 때문이다. 한편 북한주민이나 조총련계 재일동포가 신분을 위장하여 선거권을 행사할 위험성도 존재한다고 하지만 현행 재외국민등록법에 의한 재외국민등록제도 및 현행 '재외동포의 출입국과 법적 지위에 관한 법률'에 의한 재외국민 국내거소신고제도를 활용하여 그러한 위험성을 예방하는 것이 선거기술상 불가능한 것은 아니다. 또한 북한주민이나 조총련계 재일동포가 아닌 재외국민의 경우에는 북한주민이나 조총련계 재일동포와는 달리 우리나라 여권을 소지하고 있으므로 양자의 구분이 가능하다. 따라서 북한주민이나 조총련계 재일동포가 선거에 영향을 미칠지도 모른다는 막연하고 추상적인 위험성만으로 재외국민의 선거권 행사를 전면적으로 부정하는 것을 정당화할 수는 없다.

둘째, 재외국민 모두에게 선거권 행사를 인정한다면, 근소한 표 차이로 당락이 결정되는 경우에는 재외국민이 결정권(casting vote)을 행사하게 될 위험성이 있으므로 재외국민의 선거권 행사를 제한해야 한다는 주장도 있는데, 이는 보통선거의 원칙에 반하는 주장이다.

보통선거의 원칙은 선거권자의 능력, 재산, 사회적 지위 등의 실질적인 요소를 배제하고 일정 연령에 도달한 국민이면 누구라도 당연히 선거권을 가진다는 원칙으로, 일정 연령에 도달한 국민인 이상 누구든지 선거의 결과에 영향을 미칠 수 있고, 또 영향을 미칠 수 있어야 한다는 것은 보통선거원칙의 이념적 전제인 동시에 필연적 귀결이다. 따라서 선거의 결과에 영향을 미칠 수 있으므로 선거권을 행사할 수 없도록 해야 한다는 주장은 보통선거원칙에 어긋나는 부적절한 주장이다.

셋째, 외국 영주권자를 포함한 재외국민에게 전면적으로 국정선거권행사를 인정할 경우 선거의 공정성 확보가 어렵다는 점, 예컨대 투표용지의 분실이나 교체가능성, 부정한 선거운동비용의 지출, 2중투표나 대리투표의 가능성, 선거권자의 의사의 왜곡, 금품매수 현상 등 현지에서의 선거과정이 불공정하게 진행될 가능성을 배제할 수 없다는 우려도 재외국민에게 선거권 행사를 전면적으로 배제하는 정당한 논거가 되기 곤란하다.

선거의 공정성을 확보하는 것은 일차적으로 국가의 과제이므로 이를 선거권자의 책임으로 돌리는 것은 타당치 못하며, 선거의 공정성에 대한 우려가 있다는 이유로 민주국가의 기능적 전제인 선거권 행사를 특정 국민들에 대해 부정할 수는 없다. 외국에서의 선거관리가 국내에서와 비교할 때 더 어려우리라는 것은 짐작할 수 있지만, 그렇다고 선거권 행사를 전면 부정해야 할 만큼 선거의 공정성 확보가 불가능할 정도라고 볼 수는 없다. 예상되는 부정선거가능성은 해외에서 이루어지는 선거운동방법의 적절한 제한, 투표자 본인의 신분확인방법의 도입, 선거운동비용 지출에 대한 사전 사후의 관리 등 필요한 조치를 통하여 차단하는 방법이 있으며, 법원의 재판 등을 통한 사후적 통제도 가능하다. 또한 과거에 비하여 오늘날 우리 국민들의 선거문화는 선거의 공정성과 투명성에 대하여 타율적 규제가 줄어도 될 만큼 성숙하였다고 볼 것이다.

넷째, 선거기술상의 어려움, 예컨대 선거운동기간 내에 외국에 있는 모든 국민에게 선거의 실시와 후보자를 홍보하고, 선거운동을 하며, 투표용지를 발송하여 기표된 용지를 회수하는 등 각종 실무상 어려움이 있다는 것도 재외국민의 선거권 행사를 전면 배제할만한 정당한 이유가 될 수 없다.

선거운동기간을 어느 정도 늘이는 방안으로 그러한 어려움을 줄일 수 있고, 후보자홍보의 경우 정보통신기술이 세계적인 규모로 발달하고 있는 오늘날의 상황에서 재외국민에게 후보자 개인에 관한 정보를 적정하게 전달하는 것이 현저히 곤란하다고 할 수 없으며, 재외국민의 입장에서도 인터넷 등을 통해 후보자의 정보에 대한 접근이 용이해지고 있다. 나아가 오늘날의 선거가 인물투표로서의 성격보다 정당투표로서의 성격을 강하게 가지는 경향을 보이고 있다는 점, 선거운동의 경우 재외국민을 상대로 한 선거운동이 선거운동기간의 전 기간에 걸쳐 국내에서와 같은 정도로 이루어지지 못하더라도 이는 선거권자인 재외국민의 입장에서 감수해야 할 사정이라는 점, 투표용지 발송과 기표용지 회수의 경우에도 현지인쇄 등 대안이 없다 할 수 없고 기표용지 회수 및 개표는 시기적으로 선거 이후 상당한 시간이 지난 후에도 가능한 점 등에 비추어 볼 때, 선거기술상의 어려움 역시 재외국민의 선거권 행사를 전면적으로 박탈하기 위한 합당한 사유라 보기 어렵다.

다섯째, 재외국민의 선거권을 인정할 경우, 우선 우편제도가 발달한 일부 국가에 거주하는 재외국민에 대해서만 선거권 행사를 인정하게 되면 그렇지 못한 국가에 거주하는 재외국민과의 사이에서 또 다른 평등의 문제가 야기될 것으로 볼 수도 있다.

그러나 우편제도를 제대로 못 갖춘 일부 국가에 거주하는 재외국민이 당분간 선거권을 행사할 수 없게 되더라도 이는 애초부터 차별적 목적이 있었던 것이 아닌 사실상의 결과일 뿐이므로 그러한 사유 때문에 재외국민 전부에 대해 선거권 행사를 부정할 수는 없다. 헌법상 평등의 원칙은 국가가 언제 어디에서 어떤 계층을 대상으로 하여 제도의 개선을 시작할 것인지를 선택하는 것을 방해하지 않으며, 국가는 합리적인 기준에 따라 능력이 허용하는 범위 내에서 법적 가치의 상향적 구현을 위한 제도의 단계적 개선을 추진할 수 있으므로(憲 1991. 2. 11.-90헌가27, 판례집 3, 11, 25 참조), 가능한 지역에서 먼저 재외국민의 투표를 실시한다고 하여 평등원칙에 대한 침해가 문제될 여지는 없다.

여섯째, 선거권이 국가에 대한 납세, 병역의무와 결부되기 때문에 이와 같은 의무이행을 하지 아니하는 재외국민에게 선거권 행사를 허용하기 곤란하다는 주장도 다시 생각해 봐야 한다.

헌법 제1조 제2항은 "대한민국의 주권은 국민에게 있고, 모든 권력은 국민으로부터 나온다"라고 규정할 뿐 주권자인 국민의 지위를 국민의 의무를 전제로 인정하고 있지는 않다. 역사적으로 납세 및 국방의 의무이행을 선거권부여의 조건으로 하고 있었는지의 여부는 별론으로 하고, 현행 헌법의 다른 규정들도 국민의 기본권행사를 납세나 국방의 의무 이행에 대한 반대급부로 예정하고 있지 않다.

특히 이 사건 재외국민들은 '이중과세 방지협정'에서 정한 바에 따라 납세의무가 면제되는 것일 뿐이므로 재외국민이 국가에 대한 납세의무를 다하지 않고 있다고 볼 수도 없으며, 병역의무의 경우에도 재외국민에게 병역의무 이행의 길이 열려 있는 점, 이 사건 청구인들 중에는 이미 국내에서 병역의무를 필한 사람도 있는 점, 오늘날 넓은 의미의 국방은 재외국민의 애국심과 협력에 의존하는 바도 적지 않다는 점, 현재 병역의무가 남자에게만 부여되고 있다는 점 등을 감안하면 선거권과 병역의무 간에 필연적 견련관계를 인정하기 어렵다.

끝으로, 재외국민도 엄연히 대한민국의 국민으로서 국가기관의 구성에 참여할 헌법적 권리가 인정되어야 한다는 점에서, 뿐만 아니라 나날이 심화되고 있는 국제화, 지구촌화 시대의 국민통합은 재외국민의 의사 역시 대한국민의 의사의 한 부분으로 편입될 것을 요구하고 있다는 점에서 재외국민의 선거권 행사를 전면적으로 박탈하는 법 제37조 제 1 항은 헌법적 정당성을 발견하기 어렵다.

• 판 단

국민이면 누구나 그가 어디에 거주하든지 간에 주권자로서 평등한 선거권을 향유하여야 하고, 국가는 국민의 이러한 평등한 선거권의 실현을 위해 최대한의 노력을 기울여야 할 의무를 진다는 것은 국민주권과 민주주의의 원리에 따른 헌법적 요청이다. 입법자는 국민의 선거권 행사를 제한함에 있어서 주권자로서의 국민이 갖는 선거권의 의의를 최대한 존중하여야만 하고, 선거권 행사를 제한하는 법률이 헌법 제37조 제 2 항의 과잉금지원칙을 준수하고 있는지 여부를 심사함에 있어서는 특별히 엄격한 심사가 행해져야 한다.

따라서 선거권의 제한은 그 제한을 불가피하게 요청하는 개별적·구체적 사유가 존재함이 명백할 경우에만 정당화될 수 있으며, 막연하고 추상적 위험이라든지 국가의 노력에 의해 극복될 수 있는 기술상의 어려움이나 장애 등의 사유로는 그 제한이 정당화될 수 없다.

그런데 법 제37조 제 1 항은 단지 주민등록이 되어 있는지 여부에 따라 선거인명부에 오를 자격을 결정하여 그에 따라 선거권 행사 여부가 결정되도록 함으로써, 엄연히 대한민국의 국민임에도 불구하고 주민등록법상 주민등록을 할 수 없는 재외국민의 선거권 행사를 전면적으로 부정하고 있는바, 그와 같은 재외국민의 선거권 행사에 대한 전면적인 부정에 관해서는 위에서 살펴본 바와 같이 어떠한 정당한 목적도 찾기 어렵다.

그러므로 법 제37조 제 1 항은 헌법 제37조 제 2 항에 위반하여 재외국민의 선거권과 평등권을 침해하고 헌법 제41조 제 1 항 및 제67조 제 1 항이 규정한 보통선거원칙에도 위반된다.

■법 제38조 제1항의 위헌 여부

•법 제37조 제1항과의 관계

법 제38조 제1항은 선거인명부에 오를 자격이 있는 국내거주자에 대해서만 부재자신고를 허용하고 있다. 따라서 법 제37조 제1항이 위헌으로 선언됨으로써 이 사건 청구인들이 선거인명부에 오를 자격을 갖추게 되더라도 법 제38조 제1항으로 인해 이 사건 청구인들 중 국외거주자에 해당하는 경우에는 부재자신고를 할 수 없어 여전히 국정선거권을 행사할 수 없게 된다. 즉 법 제37조 제1항은 주민등록을 할 수 없는 재외국민에 대해 선거인명부에 오를 수 있는 자격 자체를 박탈하고 있는 것임에 비해, 법 제38조 제1항은 선거권 행사를 위한 요건으로서 국내거주 요건을 추가함으로써 실질적으로는 국외거주자의 선거권 행사를 불가능하게 하는 규정이다. 따라서 법 제38조 제1항은 법 제37조 제1항과 결합하여 중첩적으로 국외거주 재외국민의 선거권 행사를 부인하는 규정이다.

한편 재외국민이 아니고 현행법상 주민등록이 되어 있는 국민이더라도, 국외여행자는 물론 재외공관원, 상사주재원, 유학생 등 단기 해외체류자로서 국내에 주민등록이 말소되지 않고 있는 국민은 법 제38조 제1항으로 인해 선거당일까지 국내에 귀국하지 않으면 선거권을 행사할 수 없게 된다.

•법 제38조 제1항의 위헌 여부(종전 헌법재판소 결정의 재검토)

헌법재판소는 1999. 3. 25.-97헌마99 결정에서, 법 제38조 제1항과 동일한 내용을 규정하고 있던 구 '공직선거 및 선거부정방지법' 제38조 제1항(2004. 3. 12. 법률 제7189호로 개정되기 전의 것)이 헌법에 위반되지 않는 것으로 판단한 바 있으나, 앞에서 본 법 제37조 제1항에 대한 판단과 마찬가지의 관점에서 위 결정의 내용을 재검토할 필요성이 있다.

첫째, 선거기술상의 이유와 선거의 공정성에 대한 우려는 국외거주 재외국민에게 선거권 행사를 허용할 경우에 동일하게 발생하는 문제로서, 그와 같은 논거들이 타당하지 않음은 앞에서 검토한 바와 같다.

둘째, 선거기간의 연장에 따른 후보자들의 선거비용증가 및 국가적 부담증가를 우려하여 선거권 행사를 제한할 수 있다는 논거 역시 부적절한 측면이 있다.

중앙선거관리위원회가 간행한 '국외부재자투표 도입방안 연구'에서는 국외선거운동비용을 선거비용제한액에 포함시키지 않도록 하는 방안을 제시하고 있으며, 국외부재자에 대한 일부 선거운동(방송광고, 방송연설 중계 및 예비후보자 홍보물 우편발송 등)이 허용되는 경우에 선거비용이 발생할 수는 있으나, 이는 국내에서 그 비용이 발생하는 것이어서 선거비용에 대한 관리가 가능하다고 본다. 그리고 일정한 정도

비용부담의 증가가 예상되더라도 우리나라의 경제력으로 감당할 수 없을 정도라고 볼 수 없으며, 그러한 선거비용의 부담 우려만으로 민주국가에서 가장 근본적이고도 중요한 국민의 선거권 행사를 제한하는 것은 더 이상 타당성을 인정하기 어렵다.

더욱이 우리 선거법 역사를 뒤돌아보면 1960년대와 1970년대 초에 이미 국회의원 및 대통령 선거에서 해외체류 재외국민의 부재자투표를 허용하였던 경험이 있다. 이러한 경험을 바탕으로 현재 재외국민의 선거권을 인정하고 있는 선진 국가들의 다양한 사례를 참조하면 재외국민의 부재자투표제도를 도입하는 것이 불가능하지는 않다고 판단된다.

셋째, 자발적으로 출국한 자에 대해서는 선거권을 보장해 주지 않는다 해도 부당할 것이 없다는 주장이 있으나 이 또한 타당하지 아니하다.

직업이나 학문 등의 사유로 자진 출국한 자들이 선거권을 행사하려고 하면 반드시 귀국해야 하고 귀국하지 않으면 선거권 행사를 못하도록 하는 것은 헌법이 보장하는 해외체류자의 국외 거주·이전의 자유, 직업의 자유, 공무담임권, 학문의 자유 등의 기본권을 희생하도록 강요한다는 점에서 부적절하다. 나아가 오늘날 점점 가속화되고 있는 국제화시대에 해외로 이주하여 살 가능성이 높아지고 있는 상황에서, 그것이 자발적 계기에 의해 이루어졌다는 이유만으로 국민이면 누구나 향유해야 할 가장 기본적인 권리인 선거권의 행사가 부인되는 것은 타당성을 갖기 어렵다.

넷째, 재외공관원이나 상사주재원, 유학생 등과 같이 국내에 이미 주민등록이 되어 있는 단기해외체류자들에 대해서는, 법 제38조 제 1 항이 단지 선거권 행사에 대한 편의제공 여부에 관한 규정에 불과하고, 선거권의 제한 여부와는 직접 관련이 없는 조항으로 보는 것도 잘못이다.

많은 여행비용을 들이면서 스스로 귀국하여 투표당일에 투표를 하고 다시 출국할 것을 요구하는 것은 사실상 불가능을 강요하는 것으로서 실질적으로는 그들의 선거권을 부정하는 것과 같은 효과를 지니기 때문이다.

• 판 단

이상에서 살핀 바와 같이, 선거인명부에 오를 자격이 있는 국내거주자에 대해서만 부재자신고를 허용함으로써 재외국민과 단기해외체류자 등 국외거주자 전부에 대해 국정선거권의 행사 가능성을 부인하고 있는 법 제38조 제 1 항은 정당한 입법목적을 갖추지 못하여 헌법 제37조 제 2 항에 위반하여 국외거주자의 선거권과 평등권을 침해하고 보통선거원칙에도 위반된다.

## ▣ 지방선거 참여권(선거권 및 피선거권)의 경우

### ▪ 지방선거 참여권의 제한이 헌법상 기본권에 대한 제한인지 여부

헌법 제118조는 제 1 항에서 "지방자치단체에 의회를 둔다"는 규정을 두고, 제 2 항에서 "지방의회의 …… 의원선거 …… 에 관한 사항은 법률로 정한다"라고 함으로써 지방의회 의원선거권이 헌법상의 기본권임을 분명히 하고 있다. 하지만 헌법 제118조 제 2 항은 " …… 지방자치단체의 장의 선임방법 …… 에 관한 사항은 법률로 정한다"라고만 규정하고 있어 지방자치단체의 장의 선거권에 대한 제한이 헌법상의 기본권에 대한 제한인지 여부가 문제된다.

헌법이 지방자치단체의 장에 대해서는 '선임방법'이라고 표현함으로써 지방의원의 '선거'와는 구별하고 있으므로 지방자치단체의 장의 선거권을 헌법상 기본권이라 단정하기는 어렵다. 하지만 지방자치단체의 장의 선거권을 법률상의 권리로 본다 할지라도, 비교집단 상호간에 차별이 존재할 경우에 헌법상 기본권인 평등권 심사까지 배제되는 것은 아니므로, 지방선거권에 대한 제한은 지방의원의 경우이든 지방자치단체의 장의 경우이든 모두 헌법상의 기본권에 대한 제한에 해당한다.

한편 헌법 제25조는 '모든 국민은 법률이 정하는 바에 의하여 공무담임권을 가진다'고 규정하여 국민에게 공무담임권을 보장하고 있고, 선거에 의하여 국가기관 또는 지방자치단체의 의원이나 장으로 선출될 수 있는 자격을 의미하는 피선거권은 공무담임권에 포함되므로, 지방의원 및 지방자치단체의 장의 피선거권에 대한 제한이 헌법상의 기본권에 대한 제한임은 명백하다.

### ▪ 법 제15조 제 2 항 제 1 호, 제16조 제 3 항, 제37조 제 1 항이 청구인들의 지방선거 참여권을 침해하는지 여부

지방자치법 제13조 제 2 항은, "국민인 주민은 법령이 정하는 바에 의하여 그 지방자치단체에서 실시하는 지방의회의원 및 지방자치단체의 장의 선거(이하 '지방선거'라 한다)에 참여할 권리를 가진다"라고 규정함으로써 지방선거에서의 선거권을 '국민인 주민' 모두에게 부여하고 있다.

그런데 법 제15조 제 2 항 제 1 호는 지방선거 선거권 부여의 요건으로, 법 제37조 제 1 항이 규정하고 있는 선거인명부작성기준일 현재 "관할 구역 안에 주민등록이 되어 있는 자"로 규정하고 있고, 법 제16조 제 3 항은 지방선거 피선거권 부여의 요건으로 "관할 구역 안에 주민등록이 되어 있는 주민"일 것으로 규정하고 있어, '주민등록이 되어 있지 않은 국내거주 재외국민'으로부터 지방선거에서의 선거권과 피선거권을 박탈하고 있다. 이와 같이 주민등록이 되어 있지 않은 국내거주 재외국민에 대해 지방선거 참여권을 박탈하는 것이 헌법적으로 정당화될 수 있는지 문제된다.

● 선거권 제한에 대한 판단

지방자치법 제13조 제 2 항에 따를 경우 '국민인 주민'에게는 지방선거 선거권이 인정되므로, '국민'이라는 요건과 당해 지방자치단체의 '주민'이라는 요건이 동시에 충족되면 원칙적으로 선거권이 인정된다.

국외에 거주하는 재외국민의 경우 '주민' 요건이 충족되지 못하므로 선거권이 인정될 수 없음은 물론이나, 국내에 거주하는 재외국민의 경우에는 위 두 요건을 동시에 갖춘 경우가 얼마든지 있을 수 있다. 특히 국내에 주소를 두고 있는 재외국민은 형식적으로 주민등록법에 의한 주민등록을 할 수 없을 뿐이지, '국민인 주민'이라는 점에서는 '주민등록이 되어 있는 국민인 주민'과 실질적으로 동일하다. 즉 이들은 그가 속한 자치단체 구역 내의 동질적 환경 속에서 동등한 책임을 부담하고 권리를 향유할 자격이 있는 것이다. '주민등록이 되어 있는 국민인 주민'과 '주민등록을 하지 못하는 재외국민인 주민'은 주민등록이 되어 있는지 여부에 대한 차이만 존재할 뿐, 국민의 신분을 가지고 있는 지방자치단체의 주민이라는 점에서는 양자 사이에 아무런 차이가 없다. 따라서 지방선거 선거권 부여에 있어 양자에 대한 차별을 정당화할 어떠한 사유도 존재하지 않는다.

다른 한편, 2005. 8. 4. 법률 제7681호로 개정된 공직선거법은 제15조 제 2 항 제 2 호에서 '영주의 체류자격 취득일로부터 3년이 경과한 19세 이상의 외국인'에 대해서도 일정한 요건하에 지방선거 선거권을 부여하고 있다. 그런데 외국인의 지방선거 선거권은 헌법상의 권리라 할 수는 없고 단지 공직선거법이 인정하고 있는 '법률상의 권리'에 불과하다. 따라서 현행법에 의하면 지방의회 선거권에 관한 한, 헌법상의 권리인 국내거주 재외국민의 선거권이 법률상의 권리인 외국인의 선거권에 못 미치는 현상을 초래하고 있는데, 이러한 결과가 부당한 것임은 재론의 여지가 없다.

결국 국내에 영주하는 외국인에 대해서까지 부여하는 지방선거 선거권을 국내거주 재외국민에 대해서는 그 체류기간을 불문하고 전면적·획일적으로 박탈하는 것은 헌법상 평등원칙에 어긋날 뿐 아니라 헌법 제37조 제 2 항이 요구하는 기본권제한의 한계를 넘은 것이라 할 것이다.

따라서 법 제15조 제 2 항 제 1 호, 제37조 제 1 항은 국내거주 재외국민의 평등권과 지방의회 의원선거권을 침해한다.

• 피선거권 제한에 대한 판단

법 제16조 제3항은 지방선거에서의 피선거권자의 범위를 '선거일 현재 계속하여 60일 이상 당해 지방자치단체의 관할 구역 안에 주민등록이 되어 있는 주민으로서 25세 이상의 국민'으로 한정함으로써 주민등록이 불가능한 국내거주 재외국민의 피선거권을 박탈하고 있다.

지방선거에 관한 입법에 있어서는 지방자치제도가 가지는 특성을 고려할 필요가 있고 지방선거 피선거권의 자격요건을 어떻게 규정할 것인지는 지방자치제도의 구체적 내용에 관한 입법형성권을 가지고 있는 입법권자에게 비교적 넓은 입법재량이 인정된다고 볼 수 있다. 그러나 지방선거 피선거권의 자격을 제한하는 것은 곧 헌법상 기본권인 공무담임권을 제한하는 것이므로 그 제한에는 여전히 헌법 제37조 제2항에 의한 한계가 지켜져야 한다.

법 제16조 제3항이 '당해 지방자치단체 관할 구역 내에서의 60일 이상 주민등록'을 지방선거 피선거권 자격 요건으로 한 취지는, 일정기간 이상 지방자치단체의 주민으로 생활함으로써 그 지방자치단체의 사무와 어느 정도 밀접한 이해관계를 형성하고 있다고 판단되는 자에 한해 그 지방자치단체의 의원이나 장이 될 수 있도록 한 것으로 보인다. 이에 따라 60일을 주민으로서의 최소한의 거주요건으로 보고 그러한 거주 사실을 공적으로 확인하기 위한 수단으로 주민등록을 요구한 것으로 이해된다.

그런데 '외국의 영주권을 취득한 재외국민'과 같이 주민등록을 하는 것이 법령의 규정상 아예 불가능한 자들이라도 지방자치단체의 주민으로서 오랜 기간 생활해 오면서 그 지방자치단체의 사무와 얼마든지 밀접한 이해관계를 형성할 수 있으며, 주민등록이 아니더라도 그와 같은 거주 사실을 공적으로 확인할 수 있는 방법은 존재한다.

그럼에도 법 제16조 제3항은 오로지 일정기간 이상의 '주민등록'만을 기준으로 지방선거 피선거권 자격을 결정함으로써, 일정기간 이상 주민으로 생활하면서 당해 지방자치단체의 사무와 밀접한 이해관계를 가지고 있는 재외국민이라도 주민등록이 되지 않는다는 이유로 지방선거 피선거권을 전면적으로 부정하는 것은 이를 정당화할 어떠한 합리적 근거도 찾아보기 어렵다.

나아가 법 제16조 제2항이 국회의원 선거에 있어서는 주민등록 여부와 관계없이 만 25세 이상의 국민이라면 누구든지 피선거권을 가지는 것으로 규정함으로써, 국내거주 여부를 불문하고 재외국민도 국회의원 선거의 피선거권을 가진다는 사실을 고려할 때, 지방선거에서의 피선거권에 대해서만 주민등록 여부를 기준으로 하여 주민등록이 되어 있지 않은 자의 피선거권을 부정하는 것은 설득력이 없다.

따라서 지방선거 피선거권의 부여에 있어 주민등록만을 기준으로 함으로써 주민등록이 불가능한 재외국민인 주민의 지방선거 피선거권을 부인하는 법 제16조 제3항은 헌법 제37조 제2항에 위반하여 국내거주 재외국민의 공무담임권을 침해한다.

## ▣ 국민투표권의 경우

### ■ 국민투표권의 의의와 유형

국민투표권이란 국가의 특정 사안에 대해 국민투표라는 형식을 통해 국민이 직접 결정권을 행사하는 권리로서, 각종 선거에서의 선거권 및 피선거권과 더불어 국민의 참정권의 한 내용을 이루는 헌법상 기본권이다. 헌법은 외교·국방·통일 기타 국가안위에 관한 중요정책을 결정하는 경우(제72조)와 헌법개정안을 확정하는 경우(제130조 제2항)에 국민투표권을 인정하고 있다.

헌법 제72조에 의한 중요정책에 관한 국민투표는 국가안위에 관계되는 사항에 관하여 대통령이 제시한 구체적인 정책에 대한 주권자인 국민의 승인절차라 할 수 있고, 헌법 제130조 제2항에 의한 헌법개정에 관한 국민투표는 대통령 또는 국회가 제안하고 국회의 의결을 거쳐 확정된 헌법개정안에 대하여 주권자인 국민이 최종적으로 그 승인 여부를 결정하는 절차이다.

### ■ 이 사건 국민투표법 조항의 위헌 여부

국민투표권을 구체화하는 법률로 국민투표법이 제정되어 있으며 국민투표법 제7조는 일정 연령 이상의 국민에게 원칙적으로 국민투표권을 부여하고 있다. 그런데 이 사건 국민투표법 조항은 투표인명부 작성의무자로 하여금 국민투표일공고일 현재 그 관할 구역 안에 주민등록이 된 투표권자만을 투표인명부에 등재하도록 하고 있어, 청구인들과 같이 주민등록을 할 수 없는 재외국민들은 국민투표권을 전혀 행사할 수 없도록 하고 있다.

국민투표는 위에서 본 바와 같이 국가의 중요정책이나 헌법개정안에 대해 주권자로서의 국민이 그 승인 여부를 결정하는 절차인데, 주권자인 국민의 지위에 아무런 영향을 미칠 수 없는 주민등록 여부만을 기준으로 하여, 주민등록을 할 수 없는 재외국민의 국민투표권 행사를 전면적으로 배제하고 있는 이 사건 국민투표법 조항은 앞서 본 국정선거권의 제한에 대한 판단에서와 동일한 이유에서 청구인들의 국민투표권을 침해한다고 할 것이다.

▣ 헌법불합치결정과 잠정적용명령

이 사건 법률조항들은 대한민국 국민임에도 불구하고 주민등록이 되어 있지 않다는 이유로 대통령 및 국회의원 선거권과 국민투표권을 행사할 수 없도록 하고, 국민인 주민임에도 불구하고 역시 주민등록이 되어 있지 않다는 이유로 지방선거 선거권과 피선거권을 부인함으로써, 주민등록을 할 수 없는 재외국민의 기본권을 침해한다. 그럼에도 불구하고 아래에서 보는 바와 같이 이 사건 법률조항들에 대해서 단순위헌결정을 하는 것은 적절하지 않다고 본다.

법률이 헌법에 위반되는 경우 헌법의 규범성을 보장하기 위하여 원칙적으로 그 법률에 대하여 위헌결정을 하여야 하는 것이지만, 위헌결정을 통하여 위헌법률조항을 법질서에서 제거하는 것이 법적 공백과 그로 인한 혼란을 초래할 우려가 있는 경우에는 위헌조항의 잠정적 적용을 명하는 헌법불합치결정을 할 수 있다. 위헌적인 법률조항을 잠정적으로 적용하는 위헌적인 상태가, 위헌결정으로 말미암아 발생하는 법적 규율이 없는 합헌적인 상태보다 오히려 헌법적으로 더욱 바람직하다고 판단되면, 헌법재판소는 법적 안정성의 관점에서 용인하기 어려운 법적 공백과 그로 인한 혼란을 방지하기 위하여 입법자가 합헌적인 방향으로 법률을 개선할 때까지 일정기간 위헌적인 법규정을 존속케 하고 또한 잠정적으로 적용하게 할 필요가 있기 때문이다(憲 2005. 6. 30.-2005헌가1, 판례집 17-1, 796, 810).

만약 이 사건 법률조항들이 위헌으로 선언되어 즉시 효력을 상실하면 다가올 제17대 대통령 선거와 제18대 국회의원 선거 등을 제대로 실시할 수 없게 되는 법적 혼란상태를 초래할 가능성이 명백해 보인다. 또한 재외국민에 대해 원칙적으로 선거권을 부여하는 것이 헌법적 요청이라 하더라도, 선거기술적인 측면과 선거의 공정성 확보 측면에서 해결되어야 할 많은 문제들이 존재한다. 예컨대 해외체류자를 포함하여 국외거주 재외국민에게 국정선거권과 국민투표권을 행사하도록 할 경우 선거관리를 담당할 기구와 투표소의 설치, 재외국민 등에 대한 신분확인절차, 투표의 방식, 선거운동방법, 나아가 기타 공정선거를 위한 구체적 방안 등에 대해 충분히 검토하고 준비할 시간이 필요하다. 그리고 국내거주 재외국민에 대해 지방선거 참여권을 부여하는 경우에, 거주요건을 부과할 것인지, 부과한다면 그 기간을 어느 정도로 할 것인지 등에 대한 검토도 필요하다. 그런데 이와 같은 문제들은 궁극적으로 입법자가 충분한 논의와 사회적 합의를 거쳐 결정해야 할 사항에 속한다.

그러므로 이 사건 법률조항들에 대하여 헌법불합치결정을 선고하되, 다만 입법자의 개선입법이 있을 때까지 계속적용을 명하기로 한다. 입법자는 늦어도 2008.

12. 31.까지 개선입법을 하여야 하며, 그때까지 개선입법이 이루어지지 않으면 이 사건 법률조항들은 2009. 1. 1.부터 그 효력을 상실한다.

## ▶해 설

헌법재판소는 이 사건에서 선거권의 의미와 기능을 설시하고 동시에 선거권이 헌법상의 권리임을 선언하고 있다. 헌법 제24조는 국민은 "법률이 정하는 바에 의하여" 선거권을 가진다고 하고 있는데, 이 문구의 의미가 선거권을 법률상의 권리로 정하고 있는 것은 아니라고 한다.

선거권이 국민에게 인정되는 권리라고 할 때, 외국에 살고 있는 국민, 더 나아가 외국에서 그 나라의 영주권을 취득하여 살고 있는 사람에게도 한국 국적을 가지고 있다는 것을 근거로 하여 인정할 수 있는가 하는 점이 문제가 되었다. 국적으로 볼 때는 엄연히 대한민국의 국민이기 때문에 국민이 선거권을 가지는 이상 재외국민도 선거권을 가진다는 논리가 성립할 수 있기 때문이다.

종래에는 법률이나 헌법재판소의 판례나 재외국민에게는 선거권을 인정하지 않을 수 있다는 것을 거주요건을 사유로 하여 선거권행사를 제한하는 것이 타당하다고 보았다(憲 1999. 3. 25.-97헌마99). 그러나 헌법재판소는 위 사건에서 종래의 태도를 변경하여 재외국민에게도 선거권이 인정된다고 하였다.

이 판례 이후에 국회는 관련된 법률을 개정하여, 국내에 거소를 정하여 거소신고를 한 재외국민에게 지방선거의 선거권과 피선거권을 부여하고, 국정선거와 지방선거를 실시하는 때마다 선거인명부에 올리도록 하며, 대통령선거와 임기만료에 의한 국회의원선거에서 국외부재자투표제도 및 재외선거제도를 도입하여 대한민국 국적을 보유하고 있는 재외국민 중 외국에 있는 사람은 재외공관을 경유하여 주소를 관할하는 구·시·군의 장 또는 중앙선거관리위원회에게 국외부재자신고 또는 재외선거인 등록을 하고, 현지 재외공관에 설치한 재외투표소에 직접 가서 투표할 수 있도록 하는 것으로 하였다. 그 주요내용은 다음과 같다.

1. 지방자치단체의 관할구역에 국내거소신고인명부에 올라 있는 한 재외국민에게 해당 지방자치단체의 의회의원 및 장의 선거에 대한 선거권을 부여함.

2. 선거일 현재 계속하여 60일 이상 지방자치단체의 관할구역에 국내거소신고인명부에 올라 있는 25세 이상의 재외국민에게 해당 지방의회의원 및 지방자치단체의 장의 피선거권을 부여함.

3. 재외선거도입에 따라 일반 선거인명부의 작성권자를 구·시·군의 장으로 하고,

재외선거를 실시하는 때에는 확정된 국외부재자신고인명부에 올라 있는 사람은 선거인명부의 비고란에 표시하도록 함.

4. 중앙선거관리위원회는 대통령선거와 국회의원선거를 실시하는 때마다 선거일 전 180일부터 선거일 후 30일까지 재외선거의 공정한 관리를 위하여 공관마다 재외선거관리위원회를 설치·운영하도록 함.

5. 주민등록이 되어 있지 아니하고 국내거소신고도 하지 아니한 사람으로서 외국에서 투표하려는 선거권자는 임기만료에 따른 대통령선거와 비례대표국회의원선거를 실시하는 때마다 선거일 전 150일부터 선거일 전 60일까지 재외선거인 등록을 신청할 수 있도록 함.

6. 중앙선거관리위원회는 주민등록과 국내거소신고가 모두 없는 재외국민을 대상으로 재외선거인 등록신청서에 따라 재외선거인명부를 작성하고, 구·시·군의 장은 주민등록이 되어 있거나 국내거소신고를 한 재외국민을 대상으로 국외부재자신고서에 따라 국외부재자신고인명부를 작성하되, 그 기간은 각각 선거일 전 49일부터 선거일 전 40일까지 10일간으로 함.

7. 중앙선거관리위원회와 구·시·군의 장은 재외선거인명부 및 국외부재자신고인명부의 작성기간 만료일의 다음 날부터 5일간 장소를 정하여 재외선거인명부를 열람할 수 있도록 하여야 하고, 선거권자는 누구든지 열람기간 중 자유로이 재외선거인명부를 열람할 수 있도록 함.

8. 작성된 재외선거인명부에 대하여는 일반 선거인명부와 같이 이의신청 및 명부누락자 구제절차를 두도록 함.

9. 대통령의 궐위로 인한 선거 또는 재선거에서는 재외선거인 등록신청기간 및 국외부재자 신고기간을 선거의 실시사유가 확정된 때부터 선거일 전 40일까지, 재외선거인명부 작성기간 및 국외부재자신고인명부 작성기간은 선거일 전 34일부터 선거일 전 30일까지로 각각 단축하고, 재외선거인명부에 대한 열람과 이의신청을 위한 기간은 따로 두지 아니하도록 함.

10. 재외선거인명부는 선거일 전 30일에 확정되고, 해당 선거에 한하여 효력을 가지며, 중앙선거관리위원회와 구·시·군의 장은 재외선거인명부등이 확정되면 즉시 그 명부 사본을 국외부재자신고서와 함께 관할 구·시·군선거관리위원회에 보내도록 함.

11. 재외선거인을 대상으로 하는 선거운동은 정당 또는 후보자 등의 인터넷 홈페이지를 이용한 방법, 국내에서 재외국민을 대상으로 위성으로 송출하는 방송시설을 이용한 방송광고와 방송연설에 의한 방법, 정보통신망 또는 인터넷 광고를 이용한 방법, 전화를 이용하거나 말로 하는 방법으로만 할 수 있도록 하되, 단체는 그 명의 또는 그

대표의 명의로 재외선거권자를 대상으로 선거운동을 할 수 없도록 함.

12. 재외선거권자를 대상으로 하는 선거운동을 위하여 국외에서 지출한 비용은 선거비용으로 보지 아니하도록 함.

13. 재외선거의 투표는 대통령선거와 지역구국회의원선거에서는 후보자의 성명이나 기호 또는 소속정당의 명칭을, 비례대표국회의원선거에서는 정당의 명칭이나 그 기호를 재외투표소에 가서 투표용지에 직접 적는 방법으로 하고, 재외선거인이 투표용지를 가지고 귀국한 경우 부재자투표소에서 투표할 수 있도록 함.

14. 재외투표소는 공관에 설치하되, 공관의 협소 등의 사유로 부득이 공관에 재외투표소를 설치할 수 없는 경우에는 공관의 대체시설에 재외투표소를 설치할 수 있도록 함.

15. 구 · 시 · 군선거관리위원회는 선거일 전 25일까지 재외선거인명부등에 올라 있는 사람에게 투표용지 · 재외선거안내문과 회송용 봉투를 배달확인이 가능한 국제특급우편으로 발송하되, 임기만료에 따른 국회의원선거에서 주민등록과 국내거소신고가 모두 없는 재외국민에게는 지역구국회의원선거의 투표용지는 보내지 아니하도록 함.

16. 재외투표소의 투표절차는 국내의 부재자투표소 투표절차와 동일하게 본인여부를 확인받은 다음 기표소에 들어가 후보자의 성명, 정당의 명칭이나 기호를 직접 적는 방식으로 함.

17. 재외투표소의 책임위원은 매일의 재외투표 마감 후 투표참관인의 참관 아래 투표함을 열고 투표자 수를 계산한 다음 재외투표를 포장 · 봉인하여 재외투표관리관에게 인계하고, 재외투표관리관은 재외투표기간 만료일의 다음 날까지 재외투표를 외교통상부를 경유하여 중앙선거관리위원회에 보내며, 중앙선거관리위원회는 이를 관할 구 · 시 · 군선거관리위원회에 등기우편으로 보내도록 함.

18. 국외에서 범한 선거범죄의 공소시효는 해당 선거일 후 5년을 경과함으로써 완성되도록 함.

19. 이 법은 공포한 날부터 시행하되, 대통령의 궐위로 인한 선거 또는 재선거에 있어 재외선거에 관한 개정규정은 2018년 1월 1일 이후 최초로 그 선거의 실시사유가 확정된 선거부터 적용하도록 함.

## ▶ 질 문

1. 재외국민에게 선거권을 부여하는 문제는 헌법원리적으로 무엇과 연관이 있는가?
2. 재외국민에게 선거권을 부여할 때, 재외국민의 범위는 어떻게 정해지는 것이 헌법상 타당한가? 단기체류자와 장기체류자를 구별할 필요가 있는가?

3. 재외국민에게 선거권을 인정할 때 대통령선거에 참여하게 하는 것이 타당한가?
4. 재외국민에게 선거권을 인정할 때 국회의원선거에 참여하게 하는 것이 타당한가? 지역구와 비례대표의 경우에 차등을 두는 것이 타당한가?
5. 재외국민에게 지방자치단체장이나 지방의회의 의원선거에 참여하게 하는 것이 타당한가?
6. A국에 방송사를 설립하여 활동하는 甲은 대한민국의 국적을 가지고 있으면서 A국에 30년 동안 살고 있다. 甲은 대한민국에 대하여 부정적인 생각을 가지고 활동하여 왔으며, A국과 대한민국의 이익이 충돌하는 상황에서는 항상 A국의 입장을 두둔하였다. 甲에게 대한민국 대통령의 선거에서 선거권을 부여하는 것이 타당한가?
7. 재외국민에게 선거권을 부여할 때 대한민국에 대한 기여여부를 따져 대한민국의 존립과 발전에 기여한 사람에게만 인정하는 것은 가능한가?
8. 대통령선거에서 후보자 A와 후보자 B에 대한 국내 선거권자의 지지율은 5:3의 비율로 나타났다. 그런데 재외국민의 투표에 의하여 B가 당선자로 되었다. 이러한 결과는 타당한가?
9. 현행법상 재외국민에게 선거권을 부여하고 있는 내용은 타당한가?

## 2. 선거권의 제한

### ▶ 개 요

선거권도 제한할 수 있다. 선거라는 것은 대의제도가 제 기능을 할 수 있도록 하는 것이기 때문에 대의제도의 기능을 왜곡할 가능성이 있는 경우에는 이를 제한할 수 있다. 이러한 것은 선거권의 제한으로 나타나지만, 그 실질은 해당 범위에서 선거권의 보호영역이 인정되는 것이다.

### ▶ 핵심판례

#### 憲 1997. 6. 26.-96헌마89 [선거권 연령 사건 1]

[사건의 개요]

청구인들은 1996. 2.경 고등학교를 졸업하고 같은 해 3.경 대학에 입학하였는데 같은 해 4. 11. 실시 예정인 국회의원 선거에서 선거권을 행사하려 하였다. 그런데 1994. 3. 16. 법률 제4739호로 제정 공포된 공직선거및선거부정방지법(이하, '공선법'이라 한다) 제15조는 20세 이상의 국민만 선거권을 행사할 수 있도록 규정하고 있어 당시 20세 미만인 청구인들(생년월일 1976. 5. 22.부터 1977. 5. 24.까지)은 선거권을 행사하지 못하게 되었다.

이에 청구인들은 선거권을 행사할 수 있는 연령을 20세 이상으로 제한한 위 규정은 헌법 제11조 제1항의 평등권과 제24조의 선거권을 침해한 위헌조항이라고 주장하면서 1996. 3. 12. 이 헌법소원심판청구를 하였다.

[심판의 대상]

**공직선거및선거부정방지법** 제15조(선거권) ① 20세 이상의 국민은 대통령 및 국회의원의 선거권이 있다.

② 20세 이상의 국민으로서 제37조(명부작성) 제1항의 선거일명부작성기준일 현재 당해 지방자치단체의 관할구역안에 주민등록이 되어 있는 자는 그 구역에서 선거하는 지방의회의원 및 지방자치단체의 장의 선거권이 있다.

이 사건에서 헌법재판소는 "이 심판청구를 기각한다"라고 결정하고, 그 이유를 다음과 같이 설시하였다.

▣ 재판관 김용준, 재판관 정경식, 재판관 고중석, 재판관 신창언, 재판관 이영모의 의견

헌법소원은 심판청구 당시에 기본권의 침해가 있었다 할지라도 결정당시 이미 그 침해 상태가 종료되었다면 심판청구는 권리보호의 이익이 없음이 원칙이다. 청구인들은 1996. 4. 11. 실시 예정인 국회의원선거에 선거권을 행사할 목적으로 1996. 3. 12. 평등권과 선거권의 기본권 침해를 이유로 이 헌법소원 심판청구를 하였으나 국회의원선거는 이미 끝났고 이 심판 계속중 청구인들은 모두 20세가 됨으로써 이 사건 법률조항에 의한 주관적인 기본권의 침해상태는 종료되었다. 그러나 이 사건은 선거권연령을 20세 이상의 국민으로 정한 것이 18-19세의 국민들에 대한 평등권과 선거권을 침해하는지 여부를 가리는 헌법적으로 해명할 필요가 있는 중요한 사안으로 우리 재판소로서는 국회의원선거일 이전에 결론을 내리기가 어려운 문제였고 앞으로도 계속 반복될 성질이 있는 것이므로 헌법판단의 적격을 갖춘 것으로 인정하여 본안판단을 하기로 한다(憲 1992. 1. 28.-91헌마111, 판례집 4, 51, 56).

우리 헌법은 제24조에서 '모든 국민은 법률이 정하는 바에 의하여 선거권을 가진다'고 규정하고 제41조 제1항(제67조 제1항)은 '보통·평등·직접·비밀선거'를

선거의 기본원칙으로 규정하고 있다. 여기서 말하는 보통선거라 함은 개인의 납세액이나 소유하는 재산을 선거권의 요건으로 하는 제한선거에 대응하는 것으로 이러한 요건뿐만 아니라 그 밖에 사회적 신분·인종·성별·종교·교육 등을 요건으로 하지 않고 일정한 연령에 달한 모든 국민에게 선거권을 인정하는 제도를 말한다. 보통선거제도를 채용하고 있는 모든 국가들은 연령에 의한 선거권의 제한을 인정하고 있다. 이와 같이 연령에 의하여 선거권을 제한할 수밖에 없는 것은 국정참여수단으로서의 선거권행사는 일정한 수준의 정치적인 판단능력이 전제되어야 하기 때문이다.

이 사건의 쟁점은 선거권연령을 20세 이상으로 정한 이 사건 법률조항이 18-19세 국민들의 평등권과 선거권을 침해하는지 여부이다.

우리 헌법이 선거의 기본원칙 중 하나로 채택하고 있는 보통선거제도는 일정한 연령에 이르지 못한 국민에 대하여 선거권을 제한하는 것을 당연한 전제로 삼고 있다. 그런데 헌법은 제24조에서 모든 국민은 '법률이 정하는 바'에 의하여 선거권을 가진다고만 규정함으로써 선거권연령의 구분을 입법자에게 위임하고 있다. 이와 같이 선거권연령의 구분이 입법자의 몫이라 하여도, 선거권연령에 이르지 못한 국민들의 선거권이 제한되고 그들과 선거권연령 이상의 국민들 사이에 차별취급이 발생하므로, 이에 관한 입법은 국민의 기본권을 보장하여야 한다는 헌법의 기본이념과 연령에 의한 선거권제한을 인정하는 보통선거제도의 취지에 따라 합리적인 이유와 근거에 터잡아 합목적적으로 이루어져야 할 것이며, 그렇지 아니한 자의적 입법은 헌법상 허용될 수 없는 것이다.

선거권연령은 선거권행사에 요구되는 정치적 판단능력의 수준을 설정하고 일정 연령집단의 정치적 판단능력의 보편적 수준을 파악하는 일이 기본적으로 요구된다. 그런데 대의민주제에서 선거권행사에 요구되는 최소한의 정치적 판단능력의 수준과, 또 일정 연령집단의 정치적 판단능력의 보편적 수준을 계측할 객관적 기준과 방법이 없다. 그리고 이러한 사항의 판단에 관하여 우리 재판소가 입법자보다 고도의 전문적 식견을 가지고 있는 것도 아니다.

각국 의회의원선거 발전연대기(중앙선거관리위원회 1995)와 중앙선거관리위원회의 자료에 의한 각국의 국회의원 선거연령에 관한 외국의 입법례를 보면, 15세 이상 1개국, 16세 이상 3개국, 17세 이상 2개국, 18세 이상 77개국, 19세 이상 1개국, 20세 이상 6개국, 21세 이상은 13개국으로 되어 있다.

보통선거에서 선거권연령을 몇 세로 정할 것인가의 문제는 입법자가 그 나라의 역사, 전통과 문화, 국민의 의식수준, 교육적 요소, 미성년자의 신체적·정신적 자율성, 정치적 사회적 영향 등 여러 가지 사항을 종합하여 결정하는 것이므로 입법례 또한 15세에서 21세까지 다양하게 나뉘어져 있음을 알 수 있다.

우리나라의 선거권연령의 연혁을 보면 제헌헌법부터 제2차 개헌시까지는 대통령부통령선거법과 국회의원선거법에 21세 이상으로 규정하였으나, 제3차 개헌(1960. 6. 15. 개정) 당시부터 제4공화국 헌법(유신헌법)과 제5공화국 헌법까지는 헌법에 20세의 규정을 두었다. 제6공화국 헌법(1987. 10. 29. 개정)인 현행헌법은 법률에 위임하였고, 공선법이 제정되기 전까지는 개별 선거법에서 20세 이상으로 제한하였다. 현행헌법은 개정당시 선거권연령을 헌법에 규정할 것인지의 여부에 의견일치를 보지 못하여 법률에 위임하게 된 것이다.

공선법 제정당시 선거권 연령에 관하여 여당인 민주자유당은 20세 이상, 야당인 민주당은 18세 이상으로 주장하여 논의하다가 1994. 2.경 민법상의 성년연령인 20세로 합의하였다.

1997. 5. 중앙선거관리위원회가 보낸 자료에 의하여 37개국 헌법의 선거권연령 규정형식을 보면, 23개국은 헌법에 규정하고 10개국은 법률에 위임하였으며 4개국은 아무런 규정을 두지 않고 있다.

민법은 행위의 결과를 인식함에 충분한 정신능력을 갖춘시기를 만 20세로 보고 있다(제4조). 20세 미만의 미성년자는 미성숙성, 즉 정신적·신체적 자율성이 충분하지 못하므로 성년자와 달리 취급한 것이다. 미성년자는 법률에서 흡연과 음주를 하는 행위, 흥행장·유흥업소·사행행위장·유기장 등에 출입하는 행위를 금지하여 보호하고 있는 것도 미성숙을 전제로 한 것이다(미성년자보호법 제2조 제1항). 인간의 능력은 점진적으로 발달하고 개인차이가 있는데도 불구하고 입법자가 위의 법률규정과 공선법에서 20세를 기준으로 획일적인 구분을 한 것은 실질에 부합하지 않는 경우가 있겠지만, 법률관계의 안정과 객관성을 위한 부득이한 조치이므로 헌법상 수긍할 수밖에 없는 것이다.

1996년 말 현재 18세 727,818명, 19세 786,418명 도합 1,514,236명 중 고등학교 재학생은 187,364명 대학재학생은 644,659명 도합 832,023명이고, 고등학교는 모두 3년생이므로 대학진학과 취업을 앞둔 고등학교에 재학중인 학생 일부를 정치에 참여케 하는 선거권 부여는 교육상 바람직 하지 않는 것으로 보인다(교육법 제96조, 제102조의2, 제107조). 또한 18-19세의 미성년자들은 부모나 보호자에게 의존하므로 이러한 미성년자의 정치적 의사표현은 독자적인 판단에 의한 바람직한 결과가 나타나지 않을 수도 있다. 입법자가 공선법에서 민법상의 성년인 20세 이상으로 선거권연령을 합의한 것은 위에서 본 미성년자의 정신적·신체적 자율성의 불충분 외에도 교육적인 측면에서 예견되는 부작용과 일상생활 여건상 독자적으로 정치적인 판단을 할 수 있는 능력에 대한 의문 등을 고려한 것이다.

제2차 세계대전이 끝난 뒤에 세계경제의 급속한 발전으로 지역과 지역, 국가와 국가간의 경제적·정치적인 간격이 좁아지고 인쇄와 방송매체들로 인한 전반적인 문화수준의 향상과 상대적으로 국민들의 교육열이 높아져서 1970년대 전후에 각국의 선거권연령이 하향조정되었다는 청구인들의 주장은 부정하지 아니한다. 그리고 선거권 연령을 18-19세의 국민들에게까지 확대하여야 하는 이유로서 들고 있는 근로기준법, 병역법, 민법상의 약혼(혼인)연령, 공무원임용및시험시행규칙, 도로교통법 등의 규정은 개개 법률의 입법목적에 따른 것이고, 특히 공무원임용및시험시행규칙 소정의 공무담임권의 연령 18세는 고등학교 졸업연령을 고려한 것으로 보인다.

선거권과 공무담임권의 연령을 어떻게 규정할 것인가는 입법자가 입법목적 달성을 위한 선택의 문제이고 입법자가 선택한 수단이 현저하게 불합리하고 불공정한 것이 아닌 한 재량에 속하는 것이다. 위에서 설시한 이유를 되돌아보고 다시 생각건대, 선거권 연령을 공무담임권의 연령인 18세와 달리 20세로 규정한 것은 청구인들이 주장하는 사정을 감안하더라도 입법부에 주어진 합리적인 재량의 범위를 벗어난 것으로 볼 수 없다.

이 사건 법률조항이 18-19세 미성년자들에게 보장된 헌법 제11조 제1항의 평등권과 제24조의 선거권을 침해한 위헌조항이라는 청구인들의 이 심판청구는 이유가 없는 것이다.

■ 재판관 이영모의 보충의견

공선법이 선거권연령을 20세 미만인 18-19세로 정하지 않고 20세 이상으로 규정한 것은 입법목적과 수단과의 합리적 관련성이 있으므로 입법자의 재량범위에 속하는 것이라는 5인 재판관의 의견 설시에 이론은 없다. 그러나 선거권연령 구분은 국민들의 정치에 대한 지식과 의식수준만을 기준으로 판단하여야 하고 입법재량의 여지가 없다는 청구인들의 주장에 대한 설시로는 미흡하므로 이 점을 보충하고자 한다.

헌법 제11조 제1항이 보장하는 법 앞에 평등은 가장 중요한 기본적 인권으로서 절대적·기계적 평등이 아닌 상대적·합리적 차별취급을 수긍하는 개념임은 두말할 필요가 없다. 평등권이 재판에서 문제가 되는 경우에 헌법 제11조 제1항 후단이 일정사유로 예시하고 있는 '성별·종교·또는 사회적 신분'은 중요한 의미를 갖는다. 왜냐하면 여기에 열거된 사유는 민주제의 기본요소에 해당되고 동 사유에 의한 차별취급은 통상 허용할 수 없는 것으로 인정되어 합리적인 근거가 없는 차별로 추정되기 때문에 합헌이라고 주장하는 측이 합리적 차별취급이라는 점을 입증하여야 한다. 그러나 일정사유로 예시되지 아니한 그 밖의 사유에 의한 차별취급에 관하여는 대의민주기관의 입법행위는 합헌으로 추정되고, 차별취급 또한 합리성의 추정을 받게 되는 것이다. 이 사건에서의 쟁점인 선거권 '연령'은 예시사유 중 '사회적 신분'으로 볼 수도 없으므로 18-19세 국민들에 대한 선거권연령 제한이 위헌이라고 주장하는 청구인들이 합리성이 결여된 차별취급이라는 점을 논증할 책임이 있는 것이다.

이와 같이 논증책임을 부담하고 있는 청구인들이 현재 18-19세 국민들의 정치에 대한 의식수준은 과거(1960년대에서 1980년대) 20세 국민들의 수준과 같다고 주장만 하고 아무런 입증을 하지 않고 있는 이 사건에서는, 우리 재판소로서는 이 점을 판단할 수 있는 전문지식이 없을 뿐더러 원용할 수 있는 사회과학적인 자료도 갖고 있지 않다. 청구인들은 뚜렷한 근거도 없이 현재의 시점에서 과거의 시대상황과 제반여건을 고려하지 않고 수평적으로 비교·주장하는 것에 불과하므로 이유가 없는 것이다.

▣ 재판관 김문희, 재판관 황도연, 재판관 이재화, 재판관 조승형의 의견

선거는 오늘날의 대의민주주의에서 국민이 주권을 행사할 수 있는 가장 중요한 방법이고, 이로써 선출된 국가기관과 그의 결정에 민주적 정당성을 부여한다. 민주주의는 참정권의 주체와 국가권력의 지배를 받는 국민이 되도록 일치할 것을 요구하고, 국민의 참정권에 대한 이러한 민주주의적 요청의 결과가 바로 보통선거의 원칙이다. 따라서 보통선거원칙은 원칙적으로 모든 국민에게 선거권을 인정하며, 특정한 국민을 정치적·경제적 또는 사회적인 이유로 선거권의 행사로부터 배제하는 것을 금지한다. 보통선거원칙은 평등선거원칙과 함께 선거에 있어서의 평등원칙이 구체화된 표현이나, 우리 헌법 제11조의 일반적인 평등원칙이 단지 자의적인 차별을 금지하는 상대적인 평등이라면, 보통선거 및 평등선거의 원칙은 모든 국민에게 가능한한 형식적으로 동등하게 선거권을 부여하기를 요구하므로, 형식적이고 엄격한 평등이라는 뜻에서 헌법 제11조의 평등원칙과 차이가 있다.

물론 선거참여에 있어서의 평등은 선거권에 대한 모든 제한을 금지하는 것은 아니다. 그러나 보통선거원칙에 대한 예외는 원칙적으로 부득이한 경우에 한하여 제한적으로 허용되어야 하며, 제한한다 하더라도 불가피한 최소한의 정도이어야 한다. 즉 보통선거원칙의 예외는 이를 정당화할 수 있는 이유가 있는 경우에만 헌법

적으로 허용될 수 있다.

선거권의 제한을 정당화하는 부득이한 이유로는 무엇보다도, 일정 연령에 도달해야만 선거를 할 수 있다는 선거연령의 제한을 들 수 있다. 그러나 이 또한 선거연령이 자의적으로 또는 임의로 확정될 수 있다는 것을 의미하는 것은 아니다. 국민이 독자적으로 선거권을 행사할 만한 정신적 수준에 도달했다면 입법자는 선거권을 부여해야 한다.

선거연령의 확정에 있어서 결정적인 기준은 독자적으로 선거권을 행사할 수 있는 정치적 판단능력이다. 일반적인 정치적 판단능력을 몇 세부터 인정할 수 있겠는가의 문제는 입법자가 국민의 정치적 의식수준 및 전반적인 교육수준, 국가와 사회의 민주화의 정도, 언론의 자유의 보장 정도, 비교법적인 관점에서 세계 각국의 추세 등을 고려하여 결정해야 할 사항이다. 이 과정에서 입법자는, 되도록 전체 국민의 정치적 참여를 요청하는 민주주의원칙과 선거의 본질과 기능에 내재하는, 유권자의 최소한의 정치적 판단능력에 대한 요구를 서로 비교형량하여 합리적으로 결정해야 한다.

1960. 6. 15. 제3차 헌법개정에 의하여 선거연령이 20세로 규정된 이래 지금까지 선거연령을 그대로 두고 있는데, 우리는 그 사이 정치·사회·경제 등 모든 분야에서 발생한 엄청난 변화를 확인할 수 있다.

오늘날 의무교육의 실시 및 확대, 중등교육의 보편화, 높은 교육열 등으로 말미암아 국민의 전체적인 교육수준이 대폭 향상되었다. 이러한 교육의 확대와 교육수준의 향상은 정치적으로 독자적인 판단을 할 수 있는 국민계층을 확대하고, 최소한의 정치적 판단능력을 갖추는 연령을 인하하는 결과를 가져왔다.

뿐만 아니라 국가경제가 성장하고 국민소득이 높아짐에 따라 국민의 전반적인 의식수준이 향상되고, 언론매체의 발달과 언론의 자유가 보장됨에 따라 국민의 정치적 의식수준이 크게 고양되었다. 언론의 자유는 국민이 정치적 의사를 형성하고 참정권을 올바르게 행사하기 위한 전제조건으로서 여론형성의 기반과 선거권행사의 실질적 판단근거를 제공하므로, 민주화로 인한 표현 및 언론의 자유의 보장은 정치의 투명성을 확보하고 유권자의 정치적 판단을 용이하게 하는 데 큰 기여를 한다. 이러한 정치환경의 변화는 적어도 중등교육을 받은 국민이라면 누구나 정치적 문제에 있어서 스스로 자신의 견해를 가질 수 있게 되고, 독자적인 판단능력을 가질 수 있게 한다.

대한민국 수립 이래 지속적으로 향상해 온 국민의 교육수준, 국가와 사회의 민주화, 그 사이의 엄청난 국가경제의 발전 및 국민의 경제·문화수준의 향상, 현실적으로 보장되는 언론의 자유와 언론매체의 발달 등을 종합적으로 고려한다면, 이미 18-19세 연령층의 국민은 스스로 정치적 판단을 할 최소한의 능력이 있다고 보여진다.

물론 입법목적이나 보호법익은 다르다 하더라도 연령기준을 정하는 다른 법률을 보더라도, 병역법 제8조 제1항은 18세부터 병역의무를 부과하고, 국가공무원법 제36조는 8급 및 9급 공무원의 채용시험에 응시할 수 있는 연령을 18세 이상으로 규정하고 있으며, 근로기준법 제51조는 18세 이상의 자를 도덕상 또는 보건상 유해, 위험한 사업에 사용할 수 있도록 함으로써, 18세 이상의 국민을 국가와 사회의 형성에 적극적으로 참여시키고 있다. 한편 민법 제4조는 만 20세로 성년이 된다고 규정하여 원칙적으로 20세 이상의 사람에게 민법상의 행위능력을 부여하고 있다. 민법상의 행위능력이 자신의 책임있는 행위로 법적 효과를 발생케 하는 능력인데 비하여, 국민은 선거를 통하여 공적인 의사표시를 하고 선거결과는 다수에 의하여 압도당한 소수를 포함한 전 국민과 국가에 대하여 법적인 구속력을 가지므로 어떠한 의미에서는 국가의 장래에 관한 법적 효과를 발생케 하는 정치적인 행위능력이라고도 볼 수 있다. 그러나 민법상의 행위능력은 행위능력이 없는 자의 보호, 거래의 안전, 계약의 안정성 등을 그 주된 목적으로 하는 반면, 선거연령은 민주주의의 원리를 실현함에 있어서 국민참여의 한계를 의미하므로 선거연령과 민법상의 행위능력자가 일치할 필요는 없다.

오늘날 세계 각국이 규정하는 선거연령을 살펴보아도 70개국 이상이 18세를 기준으로 하여 선거권을 부여하고 있으며, 더욱이 이들 70여개국 중에는 선진법치국가뿐이 아니라 국민의 교육·경제·문화수준에 있어서 우리보다 못한 많은 국가가 포함되어 있다는 것은, 우리의 입법자가 과연 국민이라면 원칙적으로 모두 선거권을 갖는다는 민주주의의 원리에 가장 부합하는 형태로 선거연령을 확정하였는가 하는 문제를 다시 한번 생각해 보는 계기를 제공한다. 따라서 오늘날의 변화한 현실과 세계 각국의 추세에 비추어 우리도 선거연령을 현재의 20세에서 보다 하향조정하는 것이 바람직하지 않은가 생각된다.

다만, 우리는 입법자가 정치의 민주화가 본격적으로 시작된 90년대에 들어와서야 비로소 선거연령에 관한 문제를 인식할 수 있었고, 따라서 아직 이에 관하여 충분한 경험과 인식을 축적하지 못한 처지에 변화한 현실에 적응할 충분한 시간적인 여유도 갖지 못하였으므로 선거연령을 20세로 규정하는 이 사건 법률조항을 아직은 헌법에 위반되는 것으로는 판단되지 아니한다. 그러나 입법자는 1960. 6. 15. 제3차 헌법개정 이래 우리 사회가 겪은 전반적인 변화를 고려하여 민주주의원리와 보통선거원칙에 보다 부합되고 또한 장래에 있어서 그에 대한 위반을 배제할 수 있는 합리적인 해결책을 찾도록 노력해야 한다는 것이 우리의 의견이다.

### ▶ 해 설

선거권을 부여함에 있어서는 연령을 제한하는 것이 필요하다. 이는 대의민주주의에서 대의기관을 구성하는 것인데, 공동체의 구성원 가운데 어느 정도의 연령에 이르렀을 때 이러한 대의기관을 구성하는데 참여하는 것이 적정한가 하는 것이 선거권에서의 연령제한의 문제이다. 선거는 자연적인 권리가 아니라 대의제도가 올바로 작동하도록 하기 위하여 공동체 구성원에게 권리로서 선거권이라는 것을 부여하는 것이므로 선거권의 부여 연령의 하한선을 내리는 것이 능사가 아니다. 오히려 사려깊고 합리적인 판단이 가져야 하는 질적인 부분만을 고려한다면 나이를 올리는 것이 더 타당할 수 있다. 문제는 국가정책의 결정에 관련되는 연령과 이에 참여하는 연령을 어느 정도에서 결정할 것인가 하는 문제이다.

이 사건에서 헌법재판소는 선거권의 연령을 어떻게 규정할 것인가는 입법자가 입법목적 달성을 위한 선택의 문제이고 입법자가 선택한 수단이 현저하게 불합리하고 불공정한 것이 아닌 한 재량에 속하는 것이라고 판시하였다.

이 헌법재판소의 결정 이후에 법률이 개정되어 선거권을 부여하는 연령을 20세에서 19세로 낮추었다. 현행 공직선거법은 다음과 같이 정하고 있다.

공직선거법 제15조(선거권) ① 19세 이상의 국민은 대통령 및 국회의원의 선거권이 있다. 〈개정 2005. 8. 4〉

② 19세 이상으로서 제37조 제1항에 따른 선거인명부작성기준일 현재 다음 각 호의 어느 하나에 해당하는 사람은 그 구역에서 선거하는 지방자치단체의 의회의원 및 장의 선거권이 있다. 〈개정 2009. 2. 12〉

1. 해당 지방자치단체의 관할 구역에 주민등록이 되어 있는 사람
2. 「재외동포의 출입국과 법적 지위에 관한 법률」 제6조 제1항에 따라 해당 지방자치단체의 국내거소신고인명부(이하 이 장에서 "국내거소신고인명부"라 한다)에 올라 있는 국민
3. 「출입국관리법」 제10조에 따른 영주의 체류자격 취득일 후 3년이 경과한 외국인으로서 같은 법 제34조에 따라 해당 지방자치단체의 외국인등록대장에 올라 있는 사람

### ▶ 질 문

1. 선거의 기능이 무엇인가?
2. 선거권에 연령제한을 두는 것의 헌법원리적 근거는 무엇인가?
3. 선거권의 하한연령이 내려감으로 인하여 대의기관의 구성이나 민주주의의 질적인 면에서 저하되는 점은 없는가?
4. 선거의 기술이 발달하고, 선거에 선거기술자의 영향력이 강한 경우에 선거권의 연령을 낮추는 것이 타당한가 아니면 높이는 것이 타당한가?
5. 이 사건에서 보충의견을 제외하면 4인 재판관 의견과 다른 4인 재판관 의견이 따로 설시되어 있다. 각 의견의 차이는 무엇인가? 이러한 의견의 차이가 따로 설시될 만한 가치를 가지는 것인가?
6. 선거권을 제한하는 다른 사유로는 어떠한 것이 있을 수 있는가?

# Ⅱ. 공무담임권

| 제25조 모든 국민은 법률이 정하는 바에 의하여 공무담임권을 가진다. |
|---|

## 1. 공무담임권의 의의와 내용

### ▶ 개 요

헌법 제25조에서 정하고 있는 공무담임권은 국민주권의 실현 방법으로 국가의 공적인 업무를 수행함에 있어 참여하고 이를 수행하는 권리이다. 이러한 공무담임권은 헌법이 인정하는 임명직과 선거직의 공직에 취임할 수 있는 권리를 뜻한다.

선거직의 공무를 담당하기 위해서는 선거직에 선출될 수 있는 권리가 필연적으로 보장되어야 하는데, 선거직에 입후보하고 선거권자에 의하여 이에 선출되어 그 직에 취임할 수 있는 권리를 피선거권이라고 한다. 우리 헌법상 이러한 피선거권도 헌법 제25조가 정하는 공무담임권에 포함된다(예: 憲 1996. 6. 26.-96헌마200; 1999. 12. 23.-98헌바33). 물론 헌법에서 선거직과 선거제도를 정하고 있는 경우에는 헌법 제25조와 같은 명시적인 규정이 없어도 피선거권은 해당 규정에 의해 보장되는 헌법상의 권리이다.

헌법 제25조가 정하고 있는 공무담임권의 보장은 모든 국민에게 공무를 담당할 기회를 보장하는 것이며, 현실적으로 모든 국민을 공직에 취임시켜 줄 것을 요구하는 권리를 보장하는 것은 아니다. 이러한 기회의 보장에는 원칙적으로 능력주의(能力主義)가 적용된다(예: 憲 1999. 12. 23.-98헌바33; 2001. 2. 22.-2000헌마25).

## ▶ 핵심판례

### 憲 2002. 8. 29.-2001헌마788, 2002헌마173(병합) [공무원 선고유예 당연퇴직 사건]

[사건의 개요]

▣ 2001헌마788 사건

청구인은 1992. 8.경 9급 수산직 지방공무원으로 채용된 이후, 1995. 2. 6.경 부산광역시 기장군 장안읍사무소 산업계에서 근무하던 중 직무수행과 관련하여 허위공문서 작성 및 동행사의 혐의로 기소된 후, 2001. 1. 12. 부산고등법원에서 징역 6월의 선고유예 판결을 받고 대법원에 상고하였다가 2001. 9. 7. 상고가 기각됨으로써 위 선고유예의 원심판결이 확정되었다. 이로써 청구인은 지방공무원법 제61조 및 제31조 제5호의 금고 이상의 형의 선고유예의 판결이 확정된 경우에 해당되어 공무원직으로부터 당연퇴직 당하게 되었다. 청구인은 이에 위 지방공무원법 규정에 의하여 헌법상 보장된 평등권 및 공무담임권 등이 침해되었다고 주장하면서 2001. 10. 24. 이 사건 헌법소원심판을 청구하였다.

▣ 2002헌마173 사건

청구인은 1990. 6. 5. 충남 공주군 유구면 지방건축서기보로 임용되어 1996. 4.부터 공주시 문화관광과, 도시건축과 등에서 재직하던 중, 특정범죄가중처벌등에관한법률위반(도주차량) 혐의로 기소된 후 2000. 11. 7. 대전지방법원에서 징역 6월의 선고유예 판결을 받고, 대법원에 상고하였다가 2002. 1. 11. 상고가 기각됨으로써 위 선고유예의 판결이 확정되었다. 청구인은 위 확정판결에 의해 지방공무원법 제61조, 제31조 제5호에 의거 당연퇴직 당하게 되자, 위 규정이 헌법상 보장된 평등권, 공무담임권 등 청구인의 기본권을 침해한다면서 2002. 3. 9. 이 사건 헌법소원심판을 청구하였다.

[심판의 대상]

이 사건 심판의 대상은 지방공무원법 제61조 중 제31조 제5호 부분(1966. 4. 30. 법률 제1794호로 개정된 것, 이하 '이 사건 법률조항'이라 한다)의 위헌 여부이며, 그 내용 및 관련 조항은 다음과 같다.

**지방공무원법** 제61조(당연퇴직) 공무원이 제31조 각 호의 1에 해당할 때에는 당연히 퇴직한다.

제31조(결격사유) 다음 각 호의 1에 해당하는 자는 공무원이 될 수 없다.

1. 금치산자 및 한정치산자

2. 파산자로서 복권되지 아니한 자
3. 금고 이상의 형을 받고 그 집행이 종료되거나, 집행을 받지 아니하기로 확정된 후 5년이 경과하지 아니한 자
4. 금고 이상의 형을 받고 그 집행유예의 기간이 만료된 날로부터 2년을 경과하지 아니한 자
5. 금고 이상의 형의 선고유예를 받은 경우에 그 선고유예기간 중에 있는 자
6. 법원의 판결 또는 다른 법률에 의하여 자격이 상실 또는 정지된 자
7. 징계에 의하여 파면의 처분을 받은 날로부터 5년을 경과하지 아니한 자
8. 징계에 의하여 해임의 처분을 받은 날로부터 3년을 경과하지 아니한 자

이 사건에서 헌법재판소는 "지방공무원법 제61조 중 제31조 제 5 호 부분(1966. 4. 30. 법률 제1794호로 개정된 것)은 헌법에 위반된다"라고 결정하고, 그 이유를 다음과 같이 설시하였다.

▣ 이 사건 법률조항의 위헌 여부

먼저 공무담임권을 침해하였는지 여부에 관하여 본다.

▪ 공무담임권의 보호영역

헌법 제25조는 "모든 국민은 법률이 정하는 바에 의하여 공무담임권을 가진다"라고 하여 공무담임권을 기본권으로 보장하고 있다. 공무담임권이란 입법부, 집행부, 사법부는 물론 지방자치단체 등 국가, 공공단체의 구성원으로서 그 직무를 담당할 수 있는 권리를 말한다. 여기서 직무를 담당한다는 것은 모든 국민이 현실적으로 그 직무를 담당할 수 있다고 하는 의미가 아니라, 국민이 공무담임에 관한 자의적이지 않고 평등한 기회를 보장받음을 의미하는바, 공무담임권의 보호영역에는 공직취임의 기회의 자의적인 배제뿐 아니라, 공무원 신분의 부당한 박탈까지 포함되는 것이라고 할 것이다. 왜냐하면, 후자는 전자보다 당해 국민의 법적 지위에 미치는 영향이 더욱 크다고 할 것이므로, 이를 보호영역에서 배제한다면, 기본권 보호체계에 발생하는 공백을 막기 어려울 것이며, 공무담임권을 규정하고 있는 위 헌법 제25조의 문언으로 보아도 현재 공무를 담임하고 있는 자를 그 공무로부터 배제하는 경우에는 적용되지 않는다고 해석할 수 없기 때문이다(憲 2000. 12. 14.-99헌마112 등, 판례집 12-2, 399, 409-414; 1997. 3. 27.-96헌바86, 판례집 9-1, 325, 332-333 참조).

▪ 과잉금지 원칙의 위반 여부

헌법 제37조 제 2 항에 의하면, 국민의 자유와 권리는 국가안전보장, 질서유지

또는 공공복리를 위하여 필요한 경우에 한하여 법률로써 제한할 수 있으며, 그 경우에도 자유와 권리의 본질적인 내용을 침해할 수 없다고 규정하여 국가가 국민의 기본권을 제한하는 내용의 입법을 함에 있어서 준수하여야 할 기본원칙을 천명하고 있다. 따라서, 기본권을 제한하는 입법은 입법목적의 정당성과 그 목적달성을 위한 방법의 적정성, 입법으로 인한 피해의 최소성, 그리고 그 입법에 의해 보호하려는 공익과 침해되는 사익의 균형성을 모두 갖추어야 한다는 것이며, 이를 준수하지 않은 법률 내지 법률조항은 기본권 제한의 입법적 한계를 벗어난 것으로서 헌법에 위반된다(憲 1997. 3. 27.-94헌마196등 판례집 9-1, 375, 383-384).

헌법 제25조는 "모든 국민은 법률이 정하는 바에 의하여 공무담임권을 갖는다"라고 규정하고 있으므로, 공무담임권의 내용에 관하여는 입법자에게 넓은 입법형성권이 인정된다고 할 것이지만, 그렇다고 하더라도 헌법 제37조 제 2 항의 기본권제한의 입법적 한계를 넘는 지나친 것이어서는 아니 된다. 그러므로 이 사건 법률조항에 의한 공무담임권이라는 기본권의 제한이 과연 이러한 헌법적 한계 내의 것인지 살펴보기로 한다.

• 이 사건 법률조항의 입법목적의 정당성, 방법의 적정성

위에서 살펴본 바와 같이 당연퇴직제도를 두는 입법목적은 임용결격사유에 해당하는 자를 공무원의 직무로부터 배제함으로써 그 직무수행에 대한 국민의 신뢰, 공무원직에 대한 신용 등을 유지하고, 그 직무의 정상적인 운영을 확보하며, 공무원범죄를 사전에 예방하고, 공직사회의 질서를 유지하고자 함에 그 목적이 있는 것이다. 이러한 입법목적은 입법자가 추구할 수 있는 헌법상 정당한 공익이라고 할 것이고, 이러한 공익을 실현하여야 할 현실적 필요성이 존재한다는 것도 명백하다.

또한 공무원이 범죄로 인하여 형사 유죄판결의 일종인 선고유예의 판결을 받은 경우에 공직 전체에 대한 신뢰의 유지라는 공익에 영향을 미치므로, 이 경우 당해 공무원에게 그에 상응하는 신분상의 불이익을 가하는 것은 공익을 위하여 적절한 수단이 될 수 있다.

• 최소침해성 원칙 위반 여부

입법자는 공익실현을 위하여 기본권을 제한하는 경우에도 입법목적을 실현하기에 적합한 여러 수단 중에서 되도록 국민의 기본권을 가장 존중하고 기본권을 최소로 침해하는 수단을 선택해야 한다(憲 1998. 5. 28.-96헌가5 판례집 10-1, 541, 556).

이 사건 법률조항은 공무원이 저지른 범죄의 종류나 내용을 불문하고 범죄행위로 금고 이상의 형의 선고유예를 받게 되면 당연히 공직에서 퇴직하도록 하고 있

다. 그런데, 같은 금고 이상의 형의 선고유예를 받은 경우라고 하여도 범죄의 종류, 죄질, 내용이 지극히 다양하므로, 그에 따라 국민의 공직에 대한 신뢰 등에 미치는 영향도 큰 차이가 있다. 또한 일반적으로 선고유예의 판결을 받은 경우는 법정형이 1년 이하의 징역이나 금고 또는 벌금형인 경우로서 개전의 정상이 현저한 경우를 그 요건으로 하여 법원이 재량으로써 특별히 가벼운 제재를 하는 경우이다. 이 사건 법률조항이 규율하는 경우는 비록 선고유예 가운데에서 금고 이상의 형을 받은 경우로 한정되어 있으나, 이 경우에도 역시 당해 피고인의 책임 및 불법의 정도가 현저하게 크다고 할 수 없는 것이다. 그렇다면, 입법자로서는 유죄판결의 확정에 따른 당연퇴직의 사유로서 금고 이상의 형의 선고유예의 판결을 받은 모든 범죄를 포괄하여 규정할 것이 아니라, 입법목적을 달성함에 반드시 필요한 범죄의 유형, 내용 등으로 그 범위를 가급적 한정하여 규정하거나, 혹은 적어도 지방공무원법상에 마련된 징계 등 별도의 제도로써도 입법목적을 충분히 달성할 수 있는 것으로 판단되는 경우를 당연퇴직의 사유에서 제외시켜 규정하였음이 마땅하였으며, 이와 같은 방식으로 규정함이 최소침해성의 원칙에 따른 기본권 제한 방식이라고 할 것이다.

그런데, 이 사건 법률조항은 과실범의 경우마저 당연퇴직의 사유에서 제외하지 않고 있는바, 일반적으로 과실범은 법적인 주의의무를 게을리한 데 대한 법적인 비난가능성은 존재하지만, 이러한 범죄로 인하여 금고 이상의 형의 선고유예를 받게 되었다고 하더라도 그로 인하여 당연히 그 공무원을 공직에서 퇴직시켜야 할 만큼 그 행위가 공직자로서의 품위를 크게 손상시킨다고 보기는 어려운 측면이 있다. 더욱이 이 사건 법률조항의 제정 당시와는 달리 오늘날에는 자동차 등 위험성이 잠재되어 있는 현대 문명의 이기의 이용이 일상화되고 있기 때문에 공무원이 그와 같은 문명의 이기를 이용하는 과정에서 순간적인 과실로 인하여 범죄를 저지를 수 있는 위험에 노출되어 있는 상황이고, 이러한 위험에 따른 과실범의 문제를 바라보는 일반 국민들의 시각에도 많은 변화가 생겼다는 점도 고려하여야 할 것이다.

한편, 독일, 미국, 영국 등의 외국의 입법례를 살펴보더라도, 범죄의 종류 내지 내용, 경중을 중시하여 직무관련범죄, 일정 기간 이상의 징역형의 실형을 선고받은 고의범, 중죄(felony)의 유죄판결을 받은 경우 등으로 그 당연퇴직사유의 범위를 제한하고 있음을 알 수 있다.

가령, 독일의 경우는 고의범으로서 1년 이상의 자유형을 선고받은 경우, 평화에 대한 죄, 내란·외환의 죄 등의 범죄를 저지른 자로서 6개월 이상의 자유형을 선고받은 경우에 한정하여 당연퇴직사유를 제한하고 있다.

• 법익균형성 원칙의 위반 여부

공무원의 퇴직이란 당해 공무원의 법적 지위에 대한 가장 본질적인 제한이며, 이 가운데 당연퇴직이란 일정한 사유만 발생하면 별도의 실체적·절차적 요건없이 바로 퇴직되는 것이므로 공무원직의 상실 가운데에서도 법적 지위가 가장 예민하게 침해받는 경우이다. 따라서, 공익과 사익간의 비례성 형량에 있어서 더욱 엄격한 기준이 요구되는 경우라고 할 것이다.

이 사건 법률조항은 위에서 살펴본 바와 같이 당연퇴직사유를 적절한 제한없이 포괄적으로 규정함으로써 공익을 사익에 비해 지나치게 우선시키고 있어 법익균형성의 원칙에 반하는 것이다. 하지만, 이 사건 법률조항은 그 외에도 다음과 같은 이유로 공익과 사익이 적절한 균형을 이루고 있는 입법이라고 할 수 없다고 할 것이다.

산업사회를 거쳐 정보화사회로 이행되어 가는 오늘날의 사회구조는 공직사회 및 민간기업조직에 많은 변화를 가져왔다. 즉, 민간기업사회에도 공직사회와 같은 대규모의 관리조직이 생겨나게 된 한편, 국가조직도 능률성·효율성의 개념을 중시하면서 민간기업의 관리 경영기법이 도입되고, 그 인적구성에 있어서도 전문적인 지식·경험·기술로 무장된 관료집단을 필요로 하여 공무원과 일반의 근로자간, 공직과 사직간의 유사성의 증대, 신분적 특성의 동질화를 가져왔고, 이러한 현상은 점점 더 심화되리라고 보인다. 이와 같은 사회구조의 변화는 일반인의 공직에 대한 인식에도 변화를 가져오게 되었는바, 사회구조의 변화에 따른 사회국가적 행정임무의 증대와 이에 따른 공무원 수의 대폭적인 증가현상은 자연히 공무원의 질과 사회적 지위에 영향을 미치게 되었고, 결과적으로 공무원이 종래 누렸던 엘리트적인 면모가 손상을 입게 되었다. 물론 오늘날 공직의 구조 및 공직에 대한 인식의 변화에도 불구하고 공무원은 국민에 대한 봉사자로서의 지위를 지니는 것이고 공정한 공직수행을 위한 직무상의 높은 수준의 염결성은 여전히 강조되는 것이다. 다만, 엘리트적 면모와 사회적 명예직으로서의 공직 인식은 더 이상 유효하지 않다고 할 것이며, 따라서, '모든 범죄로부터 순결한 공직자 집단'이라는 신뢰를 요구하는 것은 오히려 국민의 공직에 대한 신뢰를 과장하여 해석하는 것이라고 아니할 수 없다.

다른 한편, 현대민주주의 국가에 이르러서는 사회국가원리에 입각한 공직제도의 중요성이 특히 강조되고 있는바, 이는 사회적 법치국가이념을 추구하는 자유민주국가에서 공직제도란 사회국가의 실현수단일 뿐 아니라, 그 자체가 사회국가의 대상이며 과제라는 점을 이념적인 기초로 한다. 이는 모든 공무원들에게 보호가치 있는 이익과 권리를 인정해 주고, 공무원에게 자유의 영역이 확대될 수 있도록 공직자의 직무의무를 가능한 선까지 완화하며, 공직자들의 직무환경을 최대한으로 개선해 주고, 공직수행에 상응하는 생활부양을 해 주고, 퇴직 후나 재난, 질병에 대처한 사회보장의 혜택을 마련하는 것 등을 그 내용으로 한다. 그런데, 공무원의 생활보장의 가장 일차적이며 기본적인 수단은 '그 일자리의 보장'이라는 점에서 오늘날 사회국가원리에 입각한 공직제도에서 개개 공무원의 공무담임권 보장의 중요성은 더욱 큰 의미를 가지고 있다고 할 것이다.

이와 같은 공익과 사익의 현대적인 상황 속에서 단지 금고 이상의 선고유예의 판결을 받았다는 이유만으로 예외없이 그 직으로부터 퇴직당하는 것으로 정하고 있는 이 사건 법률조항은 지나치게 공익만을 강조한 입법이라고 아니할 수 없다.

더욱이 이 사건 법률조항은 지방공무원의 당연퇴직사유를 지방공무원의 임용결격사유와 동일한 것으로 규정하고 있는바, 이는 규정체계상 공익과 사익간에 적절한 균형이 이루어진 입법이라고 할 수 없다.

같은 입법목적을 위한 것이라고 하여도 공무원으로 채용되려고 하는 자에게 채용될 자격을 인정하지 아니하는 사유와 기존에 공무원으로서 근무하는 자를 퇴직시키는 사유를 동일하게 취급하는 것은 타당하다고 할 수 없다. 왜냐하면, 공무원을 새로 채용하는 경우에는 채용될 자격이 인정되지 않는다고 하여도 해당자가 잃는 이익은 크다고 할 수 없지만, 일단 채용된 공무원을 퇴직시키는 것은 공무원이 장기간 쌓은 지위를 박탈해 버리는 것이므로 당해 공무원이 잃는 이익은 대단히 크기 때문이다. 이와 같이 다루고 있는 이익의 크기가 현저하게 상이함에도 불구하고 이를 공무원의 직무를 수행하기 위한 자격의 문제로 파악하여 그 사유를 규정함에 있어 공직취임 이전의 임용결격사유와 이후의 당연퇴직사유를 동일하게 규율하는 것은 공직취임 이후의 퇴직자의 사익에 비하여 지나치게 공익을 우선한 입법이라고 하지 않을 수 없을 것이다.

또한 이 사건 법률조항과 같이 선고유예와 같은 판결의 경우를 당연퇴직의 사유로서 규정하는 것은 법원으로 하여금 형사범죄의 판단을 함에 있어 불필요한 왜곡을 가져오기도 한다. 즉, 지방공무원법상의 당연퇴직 규정이 당해 공무원의 법적 지위에 미치는 효과는 중대한 것으로, 경미한 죄의 경우에는 오히려 형법상의 형벌의 효과보다 크다고 할 수 있는 정도이기 때문에 피고인의 책임 정도에 따른 처벌을 하고자 하는 법원으로서는 당해 형사범죄에 대한 유·무죄 및 선택형의 결정, 양형 판단을 하면서, 법원으로 하여금 벌금형을 선택하게 하는 압력으로 작용함으로써 자칫 형사판결이 왜곡되는 원인이 될 수 있다. 뿐만 아니라, 형법 및 특별법상 범죄에 대한 법정형 중 벌금형이 선택형으로 규정되어 있지 않은 경우가 다수 존재하는데, 증거에 의하여 범죄사실이 인정된다고 판단한 법원으로서는 형사처벌 외에 공무원직마저 상실하게 하는 것이 범죄행위에 비하여 지나치게 가혹하다고 판단한다고 하여도 달리 선택할 수 있는 방안이 없게 된다.

• 소 결

결국 이 사건 법률조항은 범죄의 종류와 내용을 가리지 않고 모두 당연퇴직사유로 규정함으로써 입법목적을 달성하기 위하여 필요한 최소한의 정도를 넘어 청구인들의 기본권을 과도하게 제한하였고, 공직제도의 신뢰성이라는 공익과 공무원의 기본권이라는 사익을 적절하게 조화시키지 못하고 과도하게 공무담임권을 침해하였다고 할 것이다.

## ▶ 해 설

헌법이 정하는 공무담임권의 내용에는 공무담임의 기회 보장, 공직선거에의 입후보, 공직의 취임·유지, 공무의 수행이 포함된다.

### 공무담임의 기회 보장

공무담임에서는 국민에게 공무를 담당할 기회가 주어져야 한다. 공무의 성질상 일정한 제한이 가해질 수 있지만 그러하지 아니한 경우에는 공무담임의 기회가 보장되어야 한다. 공무담임의 기회가 침해되면 공무담임권의 보장은 형해화된다.

### 공직선거에의 입후보

피선거권에는 공직에 선출되기 위해서는 선거직의 선거에 입후보할 수 있는 권리가 필수적으로 보장되어야 한다. 따라서 피선거권에는 공직선거에의 입후보의 자유가 그 내용에 포함된다.

### 공직의 취임·유지

임명직의 경우에는 임명권자에 의해 임명되면 해당 공직을 유지할 권리가 공무담임권으로 보장되고, 선거직의 경우에는 당선되면 해당 공직을 유지할 권리가 공무담임권으로 보장된다. 따라서 임명권자에 의하여 임명되거나 선거에서 당선된 자에게 제한의 사유가 없이 그 직을 유지할 수 없게 하는 것은 공무담임권을 침해하는 것이다(예: 憲

2002. 8. 29.-2001헌마788등).

공무원의 경우에는 공직의 유지를 강하게 보장하기 위하여 특별히 신분보장을 하고 있다.

공무담임권은 주관적인 권리이기 때문에 공직에 취임할 것인지의 여부와 공직을 계속 유지할 것인지의 여부를 특별한 이유(예: 사직의 제한)가 없는 한 자유로이 결정할 수 있다. 따라서 공무담임권은 공무수행의 계속성이나 공직 기능의 유지에 문제를 발생하지 않는 한 공직을 수행하는 자가 사직의 의사를 표명하면 바로 공직에서 자유로이 사퇴할 수 있어야 한다.

### 공무의 수행

공무담임권에는 해당 공직의 업무를 수행하는 권리가 포함된다. 공직에의 취임과 공직의 유지는 해당 공직을 수행하기 위한 것이므로 공무의 수행은 공무담임권의 내용이다. 그런데 이러한 공무의 수행은 공무를 담임한 자의 책무이기도 하므로 공무원의 신분을 유지한 채 정당한 이유없이 공무의 수행을 거부하는 것은 공무담임권의 내용이 되지 못한다. 정당한 이유없이 공무를 수행하지 아니하는 경우에는 이에 대한 제재를 가할 수 있다.

헌법재판소는 이 사건에서 공무담임권을 입법부, 집행부, 사법부는 물론 지방자치단체 등 국가, 공공단체의 구성원으로서 그 직무를 담당할 수 있는 권리라고 하고, 그 직무를 담당한다는 것의 내용은 모든 국민이 현실적으로 그 직무를 담당할 수 있다고 하는 의미가 아니라, 국민이 공무담임에 관한 자의적이지 않고 평등한 기회를 보장받음을 의미한다고 하고, 공무담임권의 보호영역에는 공직취임의 기회의 자의적인 배제뿐 아니라, 공무원 신분의 부당한 박탈까지 포함되는 것이라고 하였다.

그리고 그 보호영역을 확정함에 있어 범죄의 종류와 내용을 가리지 않고 유죄의 판결을 받으면 모두 당연퇴직하게 하는 것은 과잉제한금지원칙에 위반된다고 판시하였다.

이에 대해서는 이는 과잉제한금지원칙에 위반되지 않고 공직의 성질상 인정되는 것이라는 취지의 반대의견이 있다.

「다수의견은 이 사건 법률조항이 공무담임권을 과잉금지원칙에 위반하여 제한함으로써 청구인들의 기본권인 공무담임권을 침해하고 있는 것으로 판단하나, 나는 아래와 같은 이유로 반대한다.

### 가. 공무원근무관계의 특수성과 공무원의 신분보장

기본권의 보장 등 헌법이 목표로 하는 가치, 즉 공공의 이익을 실현하기 위한 국가의 작용은 현실적으로 공직을 담당하고 있는 개개인에 의하여 이루어진다. 이와 같이 공익실현이라는 국가작용을 현실적으로 수행하는 공무원은 직무의 내용인 공무수행 그 자체가 공공의 이익을 위한 활동이라는 근무관계의 특수성 때문에 국가의 공적사무를 수행할 권리와 이에 따른 신분상·재산상의 부수적 권리를 향유함과 동시에 이에 상응하는 고도의 윤리적·도덕적 의무를 부담한다.

즉, 공무원은 법령을 준수하고(법령준수의무) 소속 상관의 직무상 명령에 복종하여야 할 뿐 아니라(복종의무), 나아가 전인격과 양심을 바쳐 공공의 이익을 도모하기 위하여 성실히 근무하는 등의(성실의무) 직무상 의무를 다하여야 함은 물론이고(국가공무원법 제56조, 제57조, 지방공무원법 제48조, 제49조), 공익실현이라는 국가작용의 궁극적 목표를 효과적으로 달성하기 위하여 공무원 개개인에 대한 국민의 신뢰가 그 바탕이 되어야 하기 때문에 공무원은 직무수행능력뿐 아니라, 직무의 내외를 불문하고 품위를 손상하는 행위를 하여서는 아니되고(품위유지의무, 국가공무원법 제63조, 지방공무원법 제55조), 국민전체의 봉사자로서 친절·공정하게 집무하여야 하며(친절·공정의 의무, 국가공무원법 제59조, 지방공무원법 제51조), 직무와 관련하여 직접 또는 간접을 불문하고 사례나 향응 등을 수수하여서는 아니되는 등(청렴의무, 국가공무원법 제61조, 지방공무원법 제53조) 직무의 공공성에 상응하는 고도의 윤리성까지 갖추어야 하는 것이다.

헌법 제7조 제2항은 "공무원의 신분과 정치적 중립성은 법률이 정하는 바에 의하여 보장된다"라고 규정하고 있는바, 이는 공무원이 정당한 이유없이 해임되지 아니하도록 신분을 보장하여 국민전체에 대한 봉사자로서 성실히 근무할 수 있도록 하기 위한 것임과 동시에, 공무원의 신분은 무제한 보장되는 것이 아니라, 공무의 특수성을 고려하여 헌법이 정한 신분보장의 원칙 아래 법률로 그 내용을 정할 수 있도록 한 것이며(憲 1990. 6. 25.-89헌마220, 판례집 2, 201, 204-206), 이에 따라 국가공무원법 제68조와 지방공무원법 제60조는 "공무원은 형의 선고·징계처분(징계) 또는 이 법이 정하는 사유에 의하지 아니하고는 그 의사에 반하여 휴직·강임 또는 면직을 당하지 아니한다. 다만 1급 공무원은 그러하지 아니하다"라고 규정하고 있으며, 당연퇴직 규정인 국가공무원법 제69조와 지방공무원법 제61조, 직권면직 규정인 국가공무원법 제70조와 지방공무원법 제62조 등에서 공무원에 대하여 신분상 불이익처분을 할 수 있는 사유를 규정하고 있다.

### 나. 유죄판결과 공무원신분상 불이익 처분의 관련성

이 사건 법률조항에 의하면, 청구인들과 같이 금고 이상의 형의 선고유예를 받은 경우에는 공무원으로 임용될 수 없고, 임용된 후에는 공무원직에서 당연퇴직하도록 되어 있다.

앞서 본 바와 같이 공무원은 국민전체에 대한 봉사자로서 고도의 윤리·도덕성을 갖추어야 할 뿐 아니라, 그가 수행하는 직무 그 자체가 공공의 이익을 위한 것이고 원활한 직무수행을 위하여는 공무원 개개인이나 공직에 대한 국민신뢰가 기본바탕이 되어야 하는바, 공무원이 범죄행위로 인하여 형사처벌을 받은 경우에는 당해 공무원에 대한 국민의 신뢰가 손상되어 원활한 직무수행에 어려움이 생기고, 이는 곧바로 공직전체에 대한 신뢰를 실추시켜 공공의 이익을 해하는 결과를 초래하게 되므로, 범죄행위로 인하여 형사처벌을 받은 공무원에게 그에 상응하는 신분상의 불이익을 과하는 것은 국민전체의 이익을 위해 적절한 수단이 될 수 있고 공무원에게 공무를 위임한 국민의 일반의사에도 부합할 것이다.

그런데 범죄행위로 인하여 형사처벌을 받은 공무원에 대하여 신분상 불이익처분을 하는 법률을 제정함에 있어서 형사처벌을 받은 사실 그 자체를 이유로 일정한 신분상 불이익처분이 내려지도록 법률에 규정하는 방법과 별도의 징계절차를 거쳐 신분상 불이익처분을 하는 방법 중 어느 방법을 선택할 것인가는 입법자의 재량에 속한 것으로서, 그 중 어느 방법만이 헌법에 합치하고 다른 방법은 헌법에 위반된다고 단정할 수는 없으나, 다만 형사처벌을 받은 사실 그 자체만으로 별도의 징계절차를 거치지 아니하고 신분상 불이익처분을 하는 경우에는 형사처벌에 따라 공무원에 대하여 부과되는 신분상 불이익과 그로 인하여 보호하려고 하는 공익이 합리적 균형을 이루어야 한다는 헌법적 제약이 따른다고 할 것이다.

우리나라의 형사소송제도에 의하면, 검사는 범죄의 혐의가 인정되더라도 범인의 성행, 환경, 범행의 동기와 수단 및 결과, 범행 후의 정황 등을 고려하여 공소를 제기하지 아니할 수도 있으며(형사소송법 제247조 제1항, 형법 제51조), 검사가 공소를 제기하더라도 법관은 위와 같은 양형의 조건을 고려하여 형종·형량을 선택하게 되어 있어 재판을 받는 지방공무원에 대하여 지방공무원법상의 당연퇴직사유를 고려하여 그 선고형을 결정할 수 있는 폭넓은 양형판단의 재량권을 가지고 있으므로, 법관이 지방공무원에 대하여 금고 이상의 형의 선고유예의 판결을 함에는 기소된 지방공무원을 공직으로부터 배제하겠다는 판단이 내재된 것으로 보아야 한다. 다만, 범정이 매우 무거운 범죄 또는 공무원의 직무와 관련된 범죄 등에는 벌금형 등 금고형보다 가벼운 형이 법정형으로 규정되어 있지 아니한 까닭에 유죄로 인정되는 이상 법관으로서도 기소된 지방공무원의 직을 유지시켜 줄 길은 없으나, 이러한 범죄에 관하여는 범죄의 중대성 및 공무원 신분의 특수성에 비추어 당연히 공무집행으로부터 배제시키겠다는 입법자의 확고한 의사가 현출된 것으로 보아 긍인될 수 있다고 생각한다.」

## ▶ 질 문

1. 공무담임권의 성질과 내용은 어떠한가?
2. 공무담임권을 헌법에 명시적으로 정하지 않고 임명직/선거직 공무원제도만 정하고 있는 경우에도 공무담임권은 헌법상의 권리인가?
3. 이 사건 헌법재판소의 판단은 타당한가?
4. 이 사건 반대의견은 타당한가?

## 2. 피선거권

### ▶ 개 요

선거직의 공무를 담당하기 위해서는 선거직에 선출될 수 있는 권리가 필연적으로 보장되어야 하는데, 선거직에 입후보하고 선거권자에 의하여 이에 선출되어 그 직에 취임할 수 있는 권리를 피선거권이라고 한다. 우리 헌법상 이러한 피선거권도 헌법 제25조가 정하는 공무담임권에 포함된다는 점에서는 의문이 없다(예: 憲 1996. 6. 26.-96헌마200; 1999. 12. 23.-98헌바33). 물론 헌법에서 선거직과 선거제도를 정하고 있는 경우에는 헌법 제25조와 같은 명시적인 규정이 없어도 피선거권은 해당 규정에 의해 보장되는 헌법상의 권리이다.

### ▶ 핵심판례

憲 2008. 1. 17.-2004헌마41 [선거범 피선거권 제한 사건]

[사건의 개요]

청구인 최○진은 2000. 4. 13. 실시된 국회의원선거에 강원 ○○선거구의 후보로 출마하였다가, 선거기간 중 '공직선거 및 선거부정방지법' 제250조 제 2 항을 위반하였다는 이유로 기소되어 2002. 2. 8. 벌금 300만원을 선고받고(춘천지방법원 영월지원 2000고합74호), 항소하였으나 기각되고(서울고등법원 2002노602호) 상고하지 아니함으로써 2002. 10. 30. 위 벌금형이 확정되었다.

청구인 이○기는 2002. 6. 13. 실시된 제 3 회 전국동시지방선거에 서울 송파구 ○○동 선거구의 구의원 후보로 출마하여 당선되었으나, 선거기간 중 '공직선거 및 선거부정방지법' 제250조 제 2 항 등을 위반하였다는 이유로 기소되어 2003. 1. 17. 벌금 250만원을 선고받았다(서울동부지방법원 2002고합330호). 이에 위 청구인은 항소하였으나, 공소사실 중 후보자 비방으로 인한 '공직선거 및 선거부정방지법' 위반의 점에 대해서만 무죄가 선고되고 나머지 공소사실에 대해서는 다시 벌금 250만원이 선고되자(서울고등법원 2003노294호), 상고하였으나 기각되어(대법원 2003도5063호) 2003. 11. 28. 위 벌금형이 확정되었다.

청구인들은 선거범으로서 100만원 이상의 벌금형이 확정되면 5년 동안 피선거권을 제한하는 공직선거법 제19조 제 1 호가 청구인들의 공무담임권을 침해하고 있다고 주장하면서 2004. 1. 15. 이 사건 헌법소원심판을 청구하였다.

[심판의 대상]

청구인들은 공직선거법 제19조 제 1 호 전체의 위헌확인을 구하고 있으나, 청구인들이 다투고자 하는 바는 선거범죄로 100만원 이상의 벌금형을 선고받아 확정되면 5년 동안 피선거권을 제한하도록 하는 것이 헌법에 위반된다는 것이므로, 이 사건 심판의 대상은 청구인들과 관련 있는 공직선거법(법률명이 '공직선거 및 선거부정방지법'에서 2005. 8. 4. 법률 제7681호로 공직선거법으로 변경되었다) 제19조 제1호 중 제18조 제1항 제3호의 '선거범으로서 100만원 이상의 벌금형의 선고를 받고 그 형이 확정된 후 5년을 경과하지 아니한 자' 부분(1994. 3. 16. 법률 제4739호로 제정된 것, 이하 '이 사건 법률조항'이라고 한다)으로 한정함이 상당하다. 이 사건 법률조항의 내용 및 관련조항의 내용은 다음과 같다.

**공직선거법** 제19조(피선거권이 없는 자) 선거일 현재 다음 각 호의 1에 해당하는 자는 피선거권이 없다.

1. 제18조 제1항 제1호·제3호 또는 제4호에 해당하는 자
2.-3. (생략)

제18조(선거권이 없는 자) ① 선거일 현재 다음 각 호의 1에 해당하는 자는 선거권이 없다.

1.-2. (생략)
3. 선거범, 정치자금법 제45조(정치자금부정수수죄) 및 제49조(선거비용관련 위반행위에 관한 벌칙)에 규정된 죄를 범한 자 또는 대통령·국회의원·지방의회의원·지방자치단체의 장으로서 그 재임중의 직무와 관련하여 형법('특정범죄가중처벌 등에 관한 법률' 제2조에 의하여 가중처벌되는 경우를 포함한다) 제129조(수뢰, 사전수뢰) 내지 제132조(알선수뢰)·'특정범죄가중처벌 등에 관한 법률' 제3조(알선수재)에 규정된 죄를 범한 자로서, 100만원 이상의 벌금형의 선고를 받고 그 형이 확정된 후 5년 또는 형의 집행유예의 선고를 받고 그 형이 확정된 후 10년을 경과하지 아니하거나 징역형의 선고를 받고 그 집행을 받지 아니하기로 확정된 후 또는 그 형의 집행이 종료되거나 면제된 후 10년을 경과하지 아니한 자(형이 실효된 자도 포함한다)
4. (생략)

② 제1항 제3호에서 "선거범"이라 함은 제16장 벌칙에 규정된 죄와 국민투표법 위반의 죄를 범한 자를 말한다.

③ (생략)

[공직선거법 제18조 제1항 제3호는 2004. 3. 12. 법률 제7189호와 2005. 8. 4. 법률 제7681호로 '선거범' 외에 '정치자금 부정수수죄를 범한 자 또는 선출직 공직자로서 그 재임중의 직무와 관련하여 수뢰죄 등을 범한 자'를 추가하는 내용으로 개정된 것이나, 이 사건 법률조항 부분은 그 내용에 변동이 없다.]

이 사건에서 헌법재판소는 "청구인 최○진의 심판청구를 각하하고, 청구인 이○기의 심판청구를 기각한다"라고 결정하고, 그 이유를 다음과 같이 설시하였다.

▣ 청구인 이○기의 심판청구에 관하여

■ 공무담임권의 침해 여부

이 사건 법률조항은 선거범으로서 100만원 이상의 벌금형을 선고받아 확정되면 5년간 피선거권을 정지시킨다는 내용으로 위 청구인의 피선거권, 즉 헌법 제25조가 보장하는 국민의 기본권인 공무담임권을 제한하고 있다.

공무담임권은 그 본질적 내용을 침해하지 아니하는 한 국가의 안전보장·질서유지 또는 공공복리를 위하여 필요한 경우에 한하여 제한할 수 있으므로(헌법 제37조 제2항), 이 사건 법률조항이 규정하는 공무담임권에 대한 제한이 헌법적으로 허용되는 한계를 준수한 것인지 여부에 관하여 살펴보기로 한다.

• 입법목적의 정당성 및 수단의 적합성

국민주권의 원리와 의회민주주의에 바탕을 둔 우리 헌법상의 선거제도는 국민의 주권행사 내지 참정권행사를 위한 필수적인 과정으로서, 국가권력의 창출과 국가 내에서 행사되는 모든 권력의 정당성을 뒷받침하고 담보하는 민주주의 실현을 위한 불가결한 수단이다. 따라서 국민의 선거과정에의 참여행위는 원칙적으로 자유롭게 행하여질 수 있도록 최대한 보장되어야 하며, 공정한 선거에 영향을 미칠 수 있는 금권이나 관권, 폭력 등의 개입을 배제하여 불공정·타락선거를 방지함으로써 선거의 공정성이 확보되도록 하여야 한다. 한편 선거의 공정성을 해친 바 있는 선거범에 대하여는 주권자인 국민의 정치적 의사형성과 표현의 과정인 참정권의 행사를 공명하게 담보하기 위하여 일정기간 피선거권의 행사를 정지시키는 등으로 부정선거의 소지를 차단할 필요가 있다.

따라서 100만원 이상의 벌금형을 선고받은 선거범에 대하여 5년간 피선거권을 정지시킴으로써 선거의 공정성을 해친 바 있는 선거범에 의한 부정선거를 방지함과 아울러 선거범에 대한 제재를 강화하여 선거법을 경시하는 선거풍토를 일신하고 선거문화를 쇄신하여 선거의 공정성을 확보하고자 하는 이 사건 법률조항은 그 입법목적의 정당성이 인정된다.

그리고 선거범에 대하여 피선거권을 제한하는 것은 선거범죄를 방지하기 위한 효과적인 제재수단이므로 선거범죄를 방지하여 공정한 선거를 보장하려는 입법목적의 달성을 위하여 적절한 수단이 될 수 있다.

• 침해의 최소성

국민이 자신의 정치적 의사를 자유로이 결정하고 표명하여 주권행사를 실현하는 선거과정에서 선거부정행위를 저질러 국민의 자유로운 의사를 왜곡한 바 있는 선거범으로부터 부정선거의 소지를 차단하여 공정한 선거가 이루어지도록 하기 위하여는 선거범 스스로 공직선거의 후보자가 되는 길을 제한하는 것이 효과적인 방법이 될 수 있으므로, 선거범으로서 형벌을 받은 자에 대하여 일정기간 피선거권을 정지하는 규정 자체는 국민의 공무담임권을 제한하는 위헌규정이라고 할 수 없다(憲 1997. 12. 24.-97헌마16, 판례집 9-2, 881, 887-888 참조).

다만 선거범으로서 형벌을 받은 자에 대하여 일정기간 피선거권을 제한하는 법률을 제정함에 있어 구체적으로 어떤 종류의 형벌을 얼마만큼 선고받은 자에 대하여 어느 정도의 기간 동안 피선거권의 행사를 정지시킬 것인가가 문제이나, 이는 그 나라의 역사와 정치문화, 선거풍토와 선거문화의 수준 등 제반사정을 고려하여 입법자가 결정할 문제이다(憲 1993. 7. 29.-93헌마23, 판례집 5-2, 221, 227; 1997. 12. 24.-97헌마16, 판례집 9-2, 881, 888).

이 사건 법률조항은 선거의 공정성을 확보하기 위하여 선거범에 대하여 피선거권을 제한함에 있어 선거범이 선고받은 벌금형의 액수(100만원 이상)를 기준으로 5년 동안 피선거권의 행사를 정지시키고 있는바, 이 사건 법률조항이 피선거권의 제한기준으로 100만원의 벌금형을 정한 것은 지나치게 엄격한 기준설정이 아닌가 하는 의문을 가질 수 있다. 그러나, 그동안 우리의 선거사에서 지적되어 오던 선거의 과열과 타락, 불법으로 인한 선거풍토를 일신하고 공정한 선거문화를 정착시키기 위하여는 선거부정 및 부패에 대한 제재를 강화할 필요성이 있다.

그리고 위 100만원 이상의 벌금형은 법정형이나 처단형이 아닌 선고형으로서, 법원은 선거범에 대한 형사재판에 있어서 형법 제51조 소정의 양형의 조건을 참작하여 형을 정할 때에 피선거권이 제한되는 사정을 고려하여 선고형인 벌금액을 결정할 수 있는 재량이 있으므로, 법원의 사법적 판단 내지 양형재량에 의하여 선거범에 대한 피선거권 제한이 이루어질 수 있도록 한 것은 합리성을 인정할 수 있다(憲 1993. 7. 29.-93헌마23, 판례집 5-2, 221, 232; 2005. 10. 27.-2004헌바41, 판례집 17-2, 292, 305 참조).

이에 대하여는 법원이 선거범죄의 형량을 정함에 있어 범죄의 태양과 죄질에 따른 양형판단보다 피선거권의 제한 여부를 위주로 한 양형판단을 하게 되어 범죄와 형벌간의 비례성에 기반한 양형체계를 왜곡하는 원인이 될 수 있다는 비판이 가능할 것이나, 이 사건 법률조항은 선거에 대한 규율이 광범위하고도 포괄적이어서 선거법위반의 가능성이 많은 우리 선거법 체계하에서 선거범에 대하여 일률적으로 피선거권을 제한하는 대신, 선거범죄에 대한 구체적·개별적인 사정을 반영하여 타당성 있는 제재를 하도록 함으로써 피선거권을 가급적 폭넓게 보장하고자 하는 뜻에서, 입법부로부터 양형재량을 부여받은 법원의 사법적 판단에 의하여 피선거권이 제한되도록 한 것으로 이해된다.

그리고 이 사건 법률조항은 100만원 이상의 벌금형을 선고받은 선거범에 대하여 5년간 피선거권을 제한하고 있는데, 임기만료에 의한 선거에 있어 대통령선거는 5년마다, 국회의원선거와 지방의회의원 및 지방자치단체의 장 선거는 각 4년마다 행하여지므로 위 조항에 의한 피선거권의 제한은 각 공직선거마다 통상 1회에 그치게 되는바, 선거의 공정성을 확보하기 위한 이 사건 법률조항의 입법취지 및 피선거권의 제한이 선거범 스스로가 선거법을 위반함에 따른 불이익이라는 점을 고려하면 5년간의 제한기간은 지나치게 장기간이라고 보기 어렵다.

이와 같이 선거의 공정성을 해친 바 있는 선거범으로부터 부정선거의 소지를 차단하여 공정한 선거가 이루어지도록 하기 위하여는 피선거권을 제한하는 것이 효과적인 방법이 될 수 있는 점, 법원이 형량을 결정함에 있어서 양형의 조건뿐만 아니라 피선거권의 제한 여부에 대한 합리적 평가도 하게 되는 점, 제한기간이 공직선거의 참여를 1회 정도 제한하게 되는 점 및 입법자가 이 사건 법률조항에서 피선거권의 제한기준으로 채택한 수단이 지나친 것이어서 입법형성권의 범위를 벗어난 것이라고 단정하기 어려운 점 등을 종합하여 보면, 이 사건 법률조항은 침해의 최소성원칙에 어긋나지 아니한다.

• 법익의 균형성

이 사건 법률조항으로 인하여 선거범의 피선거권이 일정기간 제한되지만 이를 통하여 달성하려는 선거의 공정성 확보라는 공익이 선거범 자신의 귀책사유로 인하여 피선거권을 행사하지 못하게 되는 불이익보다 크다고 할 것이므로 법익의 균형성도 인정된다.

## ▶ 해 설

피선거권도 무제한으로 보장되는 것이 아니라 공직제도와 선거제도가 정상적으로 기능하도록 하는데 필요한 경우에는 헌법 제37조 제2항에 근거하여 제한이 가능하다.

이 사건에서 헌법재판소는 이에 대하여 제한이 가능한 것으로 판시하였는데, 다른 사건에서도 마찬가지의 태도를 취하고 있다(憲 1995. 12. 28.-95헌마196).

공직에 선출될 수 있는 피선거권은 인간이 자연적인 권리로 향유하는 것이 아니라 국가를 전제로 하여 공직제도와 선거제도를 유지하는 경우에 인정되는 권리이다. 따라서 무엇보다 여기서는 공직제도와 선거제도가 원래의 기능을 하도록 하는 것이 가장 중요하고, 국민의 피선거권도 이러한 기능을 왜곡하거나 침해하지 않는 범위 내에서 인정된다.

그래서 공직에의 피선거권에는 공직제도와 선거제도의 기능상 많은 제한이 가해진다. 이러한 제한은 자유에 대한 제한이라기보다 기능적으로 그 보호범위가 정해지는 것이라고 할 것이다.

예컨대, 피선거권의 연령을 제한하는 경우(憲 2005. 4. 28.-2004헌마219), 거주요건을 두는 경우(憲 1996. 6. 26.-96헌마200), 입후보의 난립으로 인한 선거제도의 왜곡을 방지하기 위하여 기탁금을 두는 경우(憲 2001. 7. 19.-2000헌바91; 2003. 8. 21.-2001헌마687) 등이 이에 해당한다.

▶ 질　　문

1. 피선거권이 가지는 성질은 어떠한가?
2. 이 사건 헌법재판소의 결정에서 그 논증은 충분한가?
3. 피선거권을 부여함에 거주요건을 요구하는 것을 정당화할 수 있는가?
4. 선거범에 대한 제재의 방법으로 어떠한 것이 있을 수 있는가?

## Ⅲ. 선거운동의 자유와 기회균등

제116조 ① 선거운동은 각급 선거관리위원회의 관리하에 법률이 정하는 범위 안에서 하되, 균등한 기회가 보장되어야 한다.

### 1. 선거운동의 자유

#### 가. 선거운동자유의 헌법상 근거

▶ 개　　요

헌법 제116조는 선거운동에 대하여 정하고 있는데, 이론상 선거운동의 자유가 보장되는 헌법적 근거는 무엇인가 하는 문제가 있다. 이는 선거제도와 불가분의 관계를 이루는 것이어서 선거운동의 자유가 인정되더라도 그 근거가 밝혀져야 선거운동의 자유가 가지는 법적 성격을 확정할 수 있고, 이에 따라 그 규율의 법리가 정해지기 때문이다.

## ▶ 핵심판례

### 憲 1994. 7. 29.-93헌가4, 6(병합) [선거운동 주체 및 기간 제한 사건]

[사건의 개요]

제청신청인 김○춘은 서울형사지방법원에 대통령선거법위반죄로 기소되어 위 법원 92고합2076으로, 제청신청인 장○국은 서울지방법원 서부지원에 같은 죄 등으로 기소되어 위 법원 93고합46으로, 각 공판 계속중에 있다. 서울형사지방법원은 제청신청인 김○춘의 신청에 따라 1993. 4. 27. 구 대통령선거법(제정 1987. 11. 7. 법률 제3937호, 개정 1992. 11. 11. 법률 제4495호, 폐지 1994. 3. 16. 법률 제4739호, 이하 "법"이라 한다) 제36조 제1항 본문과 그 벌칙조항인 제162조 제1항 제1호에 대하여, 서울지방법원 서부지원은 제청신청인 장○국의 신청에 따라 법 제34조, 제36조 제1항 본문과 그 벌칙조항인 제162조 제1항 제1호에 대하여, 위헌 여부의 의심이 있다는 이유를 들어 각 심판을 제청하였다.

[심판의 대상]

서울지방법원 서부지원은 법 제34조와 제36조 제1항 전체에 대하여 위헌제청을 하였으나 제36조 제1항 단서는 후보자의 배우자 등 가족에 대하여 선거운동을 허용하는 조항에 불과하고, 제청신청인에게 적용되어 처벌의 근거가 되는 금지조항은 정당·후보자 등 이외의 자의 선거운동을 금지하고 있는 같은 조 제1항 본문이므로 그 본문과 이에 대한 벌칙조항만을 심판의 대상으로 삼기로 한다. 그렇다면 이 사건 위헌법률심판의 대상이 되는 법률조항은 법 제34조, 제36조 제1항 본문과 제162조 제1항 제1호 중 제34조 및 제36조 제1항 본문 부분으로서 그 내용은 다음과 같다.

**구 대통령선거법** 제34조(선거운동의 기간) 선거운동은 당해 후보자의 등록이 끝난 때로부터 선거일 전일까지에 한하여 이를 할 수 있다.

제36조(선거운동을 할 수 없는 자) ① 정당·후보자·선거사무장·선거연락소장·선거운동원 또는 연설원이 아닌 자는 선거운동을 할 수 없다. 다만, 후보자의 배우자, 후보자 및 그 배우자의 직계존·비속과 형제자매, 후보자의 직계비속 및 형제자매의 배우자(이하 "가족"이라 한다)는 그러하지 아니하다.

제162조(사전운동·특수지위이용·호별방문 등 부정선거운동죄) ① 다음 각 호의 1에 해당하는 자는 3년 이하의 징역이나 금고 또는 300만원 이하의 벌금에 처한다.

1. 제34조 내지 제37조 제1항, 제40조 제2항 및 제7항, 제49조, 제56조, 제60조, 제61조의3, 제61조의4, 제63조, 제64조, 제67조, 제67조의3, 제67조의4 또는 제74조의 규정에

위반한 자

한편, 이 사건 심판의 대상이 되는 법률조항과 관련이 있는 법률조항은 법 제33조 및 제40조이고, 그 내용은 다음과 같다.

제33조(정의) ① 이 법에서 "선거운동"이라 함은 당선되거나 되게 하거나 되지 못하게 하기 위한 행위를 말한다.

② 선거에 관한 단순한 의견의 개진, 입후보를 위한 준비행위 및 선거운동을 위한 준비행위와 정당의 통상적인 활동은 선거운동으로 보지 아니한다.

제40조(선거사무장 · 선거운동원 · 연설원 등) ① 정당 또는 후보자는 선거사무소에 선거사무장 1인을, 연락소에 선거연락소장 1인을 두어야 한다.

② 선거사무장 또는 선거연락소장은 선거에 관한 사무의 처리를 하게 하기 위하여 선거사무소에 있어서는 100인 이내의, 연락소에 있어서는 연락소에 40인 이내와 투표구마다 3인 이내의 선거운동원을 둘 수 있다. 이 경우 연설회의 고지벽보를 첩부하기 위한 노무원은 선거운동원으로 보지 아니한다.

③ 정당 또는 후보자는 방송시설 또는 연설회에서 연설하게 하기 위하여 연설원을 둘 수 있다.

이 사건에서 헌법재판소는 "구 대통령선거법(제정 1987. 11. 7. 법률 제3937호, 개정 1992. 11. 11. 법률 제4495호, 폐지 1994. 3. 16. 법률 제4739호) 제36조 제 1 항 본문과 제162조 제 1 항 제 1 호의 제36조 제 1 항 본문 부분 중 별지목록에 적은 자 이외의 자들에까지 선거운동을 금지하고, 이를 위반한 자를 처벌하는 것은 헌법에 위반된다. 2. 위 구 대통령선거법 제34조와 제162조 제 1 항 제 1 호 중 제34조 부분은 헌법에 위반되지 아니한다"라고 결정하고, 그 이유를 다음과 같이 설시하였다.

■ 선거운동의 헌법적 의의와 그 규제의 한계

민주정치는 주권자인 국민이 되도록 정치과정에 참여하는 기회가 폭넓게 보장될 것을 요구한다. 이는 국민주권의 원리로부터 나오는 당연한 요청이다. 특히 대의민주주의를 원칙으로 하는 오늘날의 민주정치 아래에서의 선거는 국민의 참여가 필수적이고, 주권자인 국민이 자신의 정치적 의사를 자유로이 결정하고 표명하여 선거에 참여함으로써 민주사회를 구성하고 움직이게 하는 것이다. 따라서 국민의 주권행사 내지 참정권 행사의 의미를 지니는 선거과정에의 참여행위는 원칙적으로 자유롭게 행하여질 수 있도록 최대한 보장하여야 한다.

한편 자유선거의 원칙은 비록 우리 헌법에 명시되지는 않았지만 민주국가의 선거제도에 내재하는 법원리인 것으로서 국민주권의 원리, 의회민주주의의 원리 및 참정권에 관한 규정에서 그 근거를 찾을 수 있다. 이러한 자유선거의 원칙은 선거의 전 과정에 요구되는 선거권자의 의사형성의 자유와 의사실현의 자유를 말하고, 구체적으로는 투표의 자유, 입후보의 자유, 나아가 선거운동의 자유를 뜻한다.

선거운동의 자유는 널리 선거과정에서 자유로이 의사를 표현할 자유의 일환이므로 표현의 자유의 한 태양이기도 하다. 표현의 자유, 특히 정치적 표현의 자유는 선거과정에서의 선거운동을 통하여 국민이 정치적 의견을 자유로이 발표·교환함으로써 비로소 그 기능을 다하게 된다 할 것이므로 선거운동의 자유는 헌법에 정한 언론·출판·집회·결사의 자유 보장규정에 의한 보호를 받는다.

또한 우리 헌법은 참정권의 내용으로서 모든 국민에게 법률이 정하는 바에 따라 선거권을 부여하고 있는데, 선거권이 제대로 행사되기 위하여는 후보자에 대한 정보의 자유 교환이 필연적으로 요청된다 할 것이므로, 선거운동의 자유는 선거권 행사의 전제 내지 선거권의 중요한 내용을 이룬다고 할 수 있다. 그러므로 선거운동의 제한은 선거권, 곧 참정권의 제한으로도 귀결된다.

민주적 의회정치의 기초인 선거는 본래 자유로와야 하는 것이지만 그것은 동시에 공정하게 행하여지지 아니하면 아니 된다. 금권, 관권, 폭력 등에 의한 타락선거를 방지하고, 무제한적이고 과열된 선거운동으로 말미암아 발생할 사회경제적 손실과 부작용을 방지하고, 실질적인 선거운동의 기회균등을 보장하기 위하여는 선거의 공정성이 확보되어야 한다. 선거의 공정성 확보를 위하여는 어느 정도 선거운동에 대한 규제가 행하여지지 않을 수 없고, 이는 곧 선거운동의 자유를 제한하는 셈이 되므로 기본권제한의 요건과 한계에 따라야 한다. 그러므로 우리 헌법상 선거운동의 자유도 다른 기본권과 마찬가지로 헌법 제37조 제 2 항에 따라 국가안전보장·질서유지·공공복리를 위하여 필요한 경우에 한하여 법률로 제한할 수 있되, 다만 선거운동의 자유에 대한 본질적 내용은 침해할 수 없다.

한편 헌법 제116조 제 1 항은 "선거운동은 각급 선거관리위원회의 관리하에 법률이 정하는 범위 안에서 하되, 균등한 기회가 보장되어야 한다"라는 별도의 규정을 두고 있다. 그러나 이 규정의 의미를 선거운동의 허용범위를 아무런 제약 없이 입법자의 재량에 맡기는 것으로 해석하여서는 아니 된다. 오히려 위에서 본 바와 같이 선거운동은 국민주권 행사의 일환일 뿐 아니라 정치적 표현의 자유의 한 형태로서 민주사회를 구성하고 움직이게 하는 요소이므로 그 제한입법에 있어서도 엄격한 심사기준이 적용된다 할 것이다.

민주정치는 선거를 바탕으로 유지·발전되는 것이고, 선거는 국민의 자유로운 의사결정과 후보자들의 공정한 경쟁을 통하여 훌륭한 대표자를 선출하는 것을 그 이상으로 한다. 따라서 입법자는 선거에 관한 입법을 함에 있어서 위와 같은 선거의 이상이 실현될 수 있도록 선거의 공정성을 크게 해치지 아니하는 한 국민의 선거운동의 자유를 최대한 보장하여야 하고, 그 시대에 있어서의 국민총체의 정치·사회발전단계, 민주시민의식의 성숙도, 종래에 있어 왔던 선거풍토 기타 제반상황을 종합하여 자유·공정의 두 이념이 슬기롭게 조화되도록 정하여야 한다.

### ▣ 법이 정한 선거운동 제한의 문제점

법은 "국민의 자유의사에 의하여 대통령을 공정히 선거함으로써 민주정치의 발전에 기여함을 목적으로"(제 1 조) 제정된 것으로, 제 6 장 선거운동의 장에서 선거운동의 기간, 방법, 주체에 관한 제한들을 규정하고 있다.

법은 제33조에서 제 6 장 전체에 사용되는 개념으로서 금지 및 벌칙조항의 전제가 되는 "선거운동"의 개념을 "당선되거나 되게 하거나 되지 못하게 하기 위한 행위"라고 한 다음, 이 사건 심판의 대상인 제34조에서는 선거운동의 기간을 제한하고 있으며, 제35조에서는 "선거운동은 이 법에 규정된 이외의 방법으로는 이를 할 수 없다"고 하여 선거운동방법에 관한 포괄적 제한규정을 두고, 이 사건 심판의 대상인 제36조 제 1 항 본문에서는 정당·후보자·선거사무장·선거연락소장·선거운동원 연설원(이하 이들을 포괄하여 "선거관계자"라 한다)이 아닌 자의 선거운동을 원칙적으로 금지하고 있다. 같은 조 제 2 항, 제 3 항, 제 4 항은 선거관계자(이들만이 선거운동을 할 수 있다)가 될 수 없거나 되는 데 제한을 받는 사람들을 규정하고 있으며, 제37조 내지 제41조에서는 선거사무소 등의 설치, 선거사무장 등 선거관계자의 선거관리위원회에 대한 신고, 신분보장 등에 관하여 규정하고 있고, 제43조 내지 제78조에서는 개별 선거운동방법에 관하여 규제하고 있다. 그 중 제49조, 제52조, 제53조, 제55조 내지 제78조(제63조 제 2 항 제외)에서는 금지된 선거운동방법을 규정하고 있으므로, 결국 제43조 내지 제48조(제45조 제외), 제50조 내지 제51조, 제63조 제 2 항에 규정된 선거운동방법만이 가능한 것으로 되고, 이 중에서 정당·후보자·선거관계자가 아니고서도 할 수 있는 선거운동방법은 제50조에 규정된 연설회장에서의 선전물의 착용·휴대 및 제63조 제 2 항에 규정된 일정한 장소에서의 지지호소 정도뿐이다.

한편 법 제162조와 제163조에는 위 각 법률조항에 정한 제한 및 금지의 위반행위에 대한 벌칙을 규정하고 있다.

이상의 선거운동 규제체계를 요약하면 선거운동의 주체, 방법, 기간에 관하여 포괄적·원칙적으로 금지한 다음 특별히 법이 허용한 사람들만이 법정의 기간 내에 법정의 방법으로만 선거운동을 할 수 있게 한 것이다.

■ 심판대상 법률조항의 위헌 여부

이 사건 심판대상조항인 법 제34조와 제36조 제 1 항 본문은 선거운동의 기간과 주체에 관한 제한을 규정하고 있고, 그 위반행위에 대하여는 법 제162조 제 1 항 제 1 호에 벌칙조항이 마련되어 있으므로 위 각 법률조항에서 규정한 "선거운동"은 바로 처벌대상 구성요건이 된다. 그러므로 먼저 법 제33조가 선거운동을 "당선되거나 되게 하거나 되지 못하게 하기 위한 행위"로 규정한 것이 죄형법정주의의 요청인 명확성의 원칙에 위반되는지에 관하여 본다.

헌법 제12조 제 1 항은 누구든지 법률과 적법한 절차에 의하지 아니하고는 처벌·보안처분 또는 강제노역을 받지 아니한다고 규정하고 있다. 이러한 죄형법정주의의 원칙은 법률이 처벌하고자 하는 행위가 무엇이며 그에 대한 형벌이 어떠한 것인지를 누구나 예견할 수 있고, 그에 따라 자신의 행위를 결정할 수 있게끔 구성요건을 명확하게 규정할 것을 요구한다.

그러나 처벌법규의 구성요건이 명확하여야 한다고 하여 입법권자가 모든 구성요건을 단순한 의미의 서술적인 개념에 의하여 규정하여야 한다는 것은 아니다. 처벌법규의 구성요건이 다소 광범위하여 어떤 범위에서는 법관의 보충적인 해석을 필요로 하는 개념을 사용하였다고 하더라도, 그 점만으로 헌법이 요구하는 처벌법규의 명확성에 반드시 배치되는 것이라고는 볼 수 없다. 그렇지 않으면, 처벌법규의 구성요건이 지나치게 구체적이고 정형적이 되어 부단히 변화하는 다양한 생활관계를 제대로 규율할 수 없게 될 것이기 때문이다. 다만, 자의를 허용하지 않는 통상의 해석방법에 의하더라도 당해 처벌법규의 보호법익과 그에 의하여 금지된 행위 및 처벌의 종류와 정도를 누구나 알 수 있도록 규정되어 있어야 하는 것이다. 따라서 처벌법규의 구성요건이 어느 정도 명확하여야 하는가는 일률적으로 정할 수 없고, 각 구성요건의 특수성과 그러한 법적 규제의 원인이 된 여건이나 처벌의 정도 등을 고려하여 종합적으로 판단하여야 한다(憲 1993. 3. 11.-92헌바33; 1992. 4. 28.-90헌바27 등 병합 등 참조).

이 사건 심판대상인 법률조항들은 단지 선거운동이라고만 규정하고 있을 뿐이고, 선거운동이 무엇을 뜻하는지는 앞서 본 바와 같이 법 제33조에서 규정하고 있다. 즉 법 제33조는 선거운동을 "당선되거나 되게 하거나 되지 못하게 하기 위한 행위"라고 정의하고, 선거에 관한 단순한 의견의 개진, 입후보를 위한 준비행위 및 선거운동을 위한 준비행위와 정당의 통상적인 활동은 선거운동이 아니라고 규정하고 있다. 여기에서 "당선되거나 되게 하거나 되지 못하게 하기 위한 행위"라는 말과 "단순한 의견개진"이라는 말은 애매하고 불명확한 요소가 있고, 광범위한 해석의 여지가 없지 아니하다. 그러나 이러한 입법의 애매성은 통상적인 해석방법에 의하여 해소될 수 있는 것인가가 문제이고 해석으로 선거운동과 단순한 의견개진 등 선거운동이 아닌 것과의 구별을 가능하게 하는 잣대를 제공할 수 있다면 위헌이라고 말할 수 없다.

위 법률조항들의 입법목적, 법에 규정된 선거운동 규제조항의 전체적 구조 등을 고려하면 선거운동이라 함은 특정 후보자의 당선 내지 이를 위한 득표에 필요한 모든 행위 또는 특정 후보자의 낙선에 필요한 모든 행위 중 당선 또는 낙선을 위한 것이라는 목적의사가 객관적으로 인정될 수 있는 능동적·계획적 행위를 말하는 것으로 풀이할 수 있다. 즉, 단순한 의견개진 등과 구별되는 가벌적 행위로서의 선거운동의 표지로 당선 내지 득표(반대후보자의 낙선)에의 목적성, 그 목적성의 객관적 인식가능성, 능동성 및 계획성이 요구된다 할 것이다.

선거운동을 위와 같이 풀이한다면 법률적용자의 자의를 허용할 소지를 제거할 수 있고, 건전한 상식과 통상적인 법감정을 가진 사람이면 누구나 그러한 표지를 갖춘 선거운동과 단순한 의견개진을 구분할 수 있을 것이므로 이른바 공정한 고지의 기능도 다할 수 있게 된다.

그렇다면 법 제34조, 제36조 제 1 항 본문 및 그 벌칙조항인 제162조 제 1 항 제 1 호 중 각 해당부분은 통상의 일반인에게 구체적으로 어떠한 행위들이 금지되고 있는가를 미리 알려주고 그들이 불이익한 처분을 받는 일을 하지 아니하도록 상당한 주의, 경고를 하고 있는 것으로 볼 수 있으므로 헌법 제12조 제 1 항이 요구하는 죄형법정주의의 명확성의 원칙에 위배된다고 할 수 없다.

■ 법 제34조의 위헌 여부

주권자인 국민이 선거과정에 폭넓게 참여하고 올바르게 선거권을 행사하기 위하여는 기본적으로 선거운동은 자유로워야 한다. 여기서 자유롭다는 것은 누구나, 어떤 방법으로든, 언제든지 그의 뜻에 따라 선거운동을 할 수 있음을 뜻한다. 그러나 선거는 국민의 자유로운 의사결정과 후보자들의 공정한 경쟁을 통하여 훌륭한 대표자를 뽑는 것을 그 이상으로 하는 것이므로 자유로워야 할 뿐만 아니라 또한 공정하여야 한다.

법 제34조는 "당해 후보자의 등록이 끝난 때로부터 선거일 전일까지에 한하여"

선거운동을 허용하고, 그 외 시기의 선거운동을 금지하고 있다. 기간의 제한 없이 선거운동을 무한정 허용할 경우에는 후보자간의 오랜 기간 동안의 지나친 경쟁으로 선거관리의 곤란으로 이어져 부정행위의 발생을 막기 어렵게 된다. 또한 후보자간의 무리한 경쟁의 장기화는 경비와 노력이 지나치게 들어 사회경제적으로 많은 손실을 가져올 뿐만 아니라 후보자간의 경제력 차이에 따른 불공평이 생기게 되고 아울러 막대한 선거비용을 마련할 수 없는 젊고 유능한 신참 후보자의 입후보의 기회를 빼앗는 결과를 가져올 수 있다.

선거운동의 기간제한은 각 나라의 정치적 수준과 선거행태, 국민들의 선거의식과도 함수관계에 있다. 미국·독일과 같은 나라에서는 선거운동의 기간에 대한 제한이 없는 반면, 프랑스·일본에서는 우리와 같이 선거운동기간을 제한하고 있다. 그런데 우리나라는 반세기 가까이 수많은 선거를 치러 왔으면서도 아직껏 우리가 바라는 이상적인 선거풍토를 이룩하지 못하고 금권, 관권 및 폭력에 의한 부정, 과열선거가 항상 문제되어 왔다. 이러한 상황 아래 위와 같은 폐해를 방지하고 공정한 선거를 실현하기 위하여 선거운동의 기간에 일정한 제한을 두는 것만으로 위헌으로 단정할 수는 없다. 다만, 선거운동기간이 헌법적합성과 관련하여 문제가 되는 것은 선거운동기간을 어느 정도 허용할 것인지, 선거운동의 시기와 종기를 어떻게 정할 것인가 등이 문제이다.

법에 의하면 대통령선거운동은 당해 후보자의 등록이 끝난 때로부터 선거일 전일까지에 한하여 이를 할 수 있고(제34조), 한편 대통령선거일은 선거일 전 28일에 공고되며(제93조 제1항), 후보자는 선거일공고일로부터 5일 이내에 중앙선거관리위원회에 등록신청을 해야 하고(제26조 제1항), 등록신청이 있는 때에는 중앙선거관리위원회는 즉시 이를 수리하도록 규정하고 있다(제26조 제6항). 이에 따르면 선거운동의 시기는 후보자의 선택에 따라 선거일공고일 내지 그로부터 5일 이내이고, 선거운동의 종기는 선거일 전일이며, 선거운동기간은 선거일공고일 당일에 후보자등록을 한 후보자의 경우에는 등록일을 포함하여 28일간, 등록마감일에 후보자등록을 한 후보자의 경우에는 23일간임을 알 수 있다.

선거운동의 시기를 당해 후보자의 등록이 끝난 때로부터 정한 것은 후보자나 국민들의 입장에서 본격적인 선거분위기에 젖어드는 것은 경험칙상 선거일의 공고시부터라고 할 수 있으므로 타당성이 있다고 할 것이다. 후보자는 선거일 공고 이전에도 입후보를 위한 준비행위와 선거운동을 위한 준비행위를 할 필요가 있지만, 이러한 일은 선거운동이 아닌 것으로 규정하여(제33조 제2항), 얼마든지 사전 준비작업을 할 수 있기 때문에 더욱 그러하다.

선거운동의 종기에 관하여는 이를 선거일 전일로 정해 놓았으므로 선거일 전일의 경쟁후보자측에 의한 최후의 비난에 대하여 적절하게 대응하지 못하게 된다는 문제점이 생길 수도 있다. 그러나 경쟁후보자의 비난에 대한 반박기회의 상실문제는 선거일 당일까지 선거운동을 할 수 있도록 하더라도 시간적인 한계 때문에 여전히 발생할 수 있는 것이고, 오히려 선거일 당일의 끊임없는 비난과 반박으로 인하여 발생할 혼란으로부터 유권자를 보호할 필요가 있으므로 선거일 전일까지로 선거운동기간을 제한한 것을 나무랄 수 없다.

법상 선거운동의 시기와 종기가 위와 같이 정해짐에 따라 선거운동이 가능한 기간은 앞서 본 바와 같이 28일 내지 23일이 된다. 28일 내지 23일이라는 선거운동기간은 우리나라의 영토넓이와 유권자의 수, 특히 오늘날 신문, 방송 등 대중정보매체가 광범위하게 보급되어 있고, 선거운동에 있어서도 그와 같은 대중정보매체의 활용이 중요성을 더해 가고 있는 점, 전국이 1일 교통권에 들어간 현재의 교통수단 등에 미루어 볼 때 유권자인 국민으로서 각 후보자의 인물, 정견, 신념 등을 파악하기에 결코 부족한 기간이라 할 수 없다.

그렇다면 법 제34조에서 정하는 선거운동의 기간제한은 제한의 입법목적, 제한의 내용, 우리나라에서의 선거의 태양, 현실적 필요성 등을 고려할 때 필요하고도 합리적인 제한이며, 선거운동의 자유를 형해화할 정도로 과도하게 제한하는 것으로 볼 수 없다 할 것이므로 헌법에 위반되지 아니하고, 따라서 그 벌칙조항인 제162조 제1항 제1호 중 제34조 부분 역시 헌법에 위반되지 아니한다.

■ 법 제36조 제1항 본문의 위헌 여부

법 제36조 제1항 본문은 "정당 · 후보자 · 선거사무장 · 선거연락소장 · 선거운동원 또는 연설원이 아닌 자는 선거운동을 할 수 없다"라고 규정하고 있다. 이에 따라 후보자가 아닌 일반국민은 후보자의 가족이 아니면(같은조 제1항 단서) 위 법률조항에 정한 선거관계자의 신분을 획득하지 아니하는 한 선거운동을 할 수 없고, 이를 위반하면 법 제162조 제1항 제1호에 의하여 처벌된다. 즉, 위 법률조항은 일반국민이 선거권자라는 신분만으로는 선거운동을 전혀 할 수 없도록 금지하여 선거운동의 자유를 제한하고 있다.

국민이 선거권자라는 자격에서는 일체의 선거운동을 할 수 없도록 제한한 법 제36조 제1항 본문은 다음과 같은 문제점이 있다.

선거는 원칙적으로 자유롭게 치러져야 하는 것이지만, 선거의 공정성의 확보라든가 선거질서의 유지를 위하여 선거운동에 일정한 규제를 가하지 않을 수 없다.

그러나, 선거의 공정성 확보와 질서의 유지를 위한 규제는 일반국민의 선거운동을 포괄적 · 전면적으로 금지하는 것이 되어서는 아니 된다. 선거에 있어 자유와 공정은 반드시 상충관계에 있는 것만이 아니라 서로 보완하는 기능도 함께 가지고 있기 때문에 더욱 그러하다. 국민 일반의 선거에 관한 자유로운 의견교환과 토론의 기회가 폭넓게 보장될 때 오히려 금권 및 관권의 개입여지가 상대적으로 적어져 공명선거가 이룩될 수 있는 것이다. 선거의 공정을 이루기 위한 선거규제의 요체는 선거운동 그 자체를 제한하는 데 있는 것이 아니라 선거자금의 규제, 금권 및 관권의 개입차단, 언로의 개방을 통한 흑색선전 · 허위사실 유포의 차단, 후보자간의 무기대등의 확보 등에 있는 것이다.

위 법률조항은 선거의 공정성 확보라는 목적에 비추어 보더라도 필요한 정도를 넘어 국민의 정치적 표현의 자유를 지나치게 제한하고 있다. 선거의 공정성을 확보하기 위하여 선거운동을 할 수 있는 주체를 제한할 수 있다 하더라도 그 제한은 최소한이어야 하고, 선거권을 가진 일반국민이 선거운동을 자유롭게 할 수 있도록 하여야 함은 국민주권의 원칙상 당연한 요청이다. 그럼에도 위 법률조항은 원칙적으로 전 국민에 대하여 선거운동을 금지한 다음 후보자의 가족, 정당이나 후보자에 의하여 선임되어 선거관리위원회에 신고된 극소수의 선거관계인들만이 선거운동을 할 수 있게 하고 있다.

법은 선거운동의 기간을 제한하고 있고(제34조), 법정 선거운동방법 외의 일체의 선거운동을 금지하고 있으면서(제35조) 개개의 선거운동방법에 대하여도 상세히 규제하고 있다(제43조 내지 제78조). 또한 제 7 장에서는 선거비용을 제한하고 있으며, 제141조 내지 제144조에서 금권의 개입을 봉쇄하는 규정을, 제147조 내지 제150조, 제154조 내지 제156조에서 권력 기타 물리적인 불법행동을 저지하는 규정을, 제159조 내지 제161조의2에서 허위사실유포 등을 처벌하는 규정을 각 두고 있다. 이러한 규정들만으로도 그 법집행을 충실히 한다면 공정선거를 이루는 데 부족함이 없다 할 것인데도 이에 더하여 일반국민의 선거운동을 포괄적으로 금지한 것은 필요한 최소한도에 그쳐야 한다는 기본권 제한의 원칙에 위배된 것이라 아니할 수 없다.

선거의 공정성도 중요한 공익임에는 틀림없지만 주권자인 국민의 정치적 표현의 자유 또한 민주주의에서는 높은 가치를 지닌 기본권이다.

선거운동에 대한 지나친 규제는 기득권자의 기득권을 옹호하는 반면, 지명도가 낮은 신참 후보자의 진출을 억제하는 부작용을 낳기 쉽고, 규제와 처벌에 치우친 선거법은 모든 유권자와 후보자를 잠재적인 범법자로 만들어 선거 후 법적 처리의 차별성을 통해 정치적으로 악용될 위험성을 지닌다. 후보자와 유권자의 접촉이 차단되면 유권자는 후보자의 면면을 잘 모르는 상태에서 투표에 임하여 국민의 진정한 대표자를 선출하는 데 지장을 주며, 무관심한 가운데 투표가 치러지게 되어 투표율이 낮게 되는 요인이 된다. 이러한 사정들을 아울러 고려하여 볼 때 선거의 공정성이라는 공익이 선거운동의 형태로 나타나는 참정권, 정치적 표현의 자유 등 국민의 기본권을 전면적으로 희생하여도 좋을 만큼 우월하다고 볼 수 없을 뿐만 아니라 그러한 희생의 대가가 치러진다 하여 바로 선거의 공정성이 확보된다는 보장도 없다.

그러므로 법 제36조 제1항 본문 및 그 벌칙조항인 제162조 제1항 제1호 중 제36조 제1항 본문 부분은 입법형성권의 한계를 넘어 국민의 선거운동의 자유를 지나치게 제한함으로써 국민의 참정권과 정치적 표현의 자유의 본질적 내용을 침해하는 것이므로, 헌법 제21조 제1항, 제24조의 각 규정에 위배되고, 나아가 헌법상의 국민주권주의 원칙과 자유선거의 원칙에도 각 위반되는 요소가 많은 규정이라 아니할 수 없다.

그러나 법 제36조 제1항 본문은 부분적으로 합헌적인 요소도 간직하고 있음을 간과할 수 없다. 즉, 선거권이 없거나 어떠한 사람에게 선거운동을 허용할 때 그 자체로서 선거운동의 공정성을 해칠 우려가 있다고 한다면 그러한 사람들에 대한 선거운동의 금지부분은 타당한 것이고, 그 해당 부분까지 위헌이라 할 수 없다. 따라서 대한민국 국민이 아닌 자라든가 미성년자와 같이 선거권이 없거나 일반국민들과는 달리 선거운동을 허용함으로써 선거의 공정성을 해칠 우려가 있는 일정 범위의 사람, 즉 공익을 대표하는 사람, 직무의 성질상 정치적 중립성이 요청되는 사람 등에게는 선거운동이 허용되어서는 아니 된다 할 것이다.

우리 재판소가 법 제36조 제1항 본문 전체에 대하여 단순위헌결정을 하게 되면 이러한 일부 합헌적 부분까지 싸잡아 실효되게 되는 결과에 이르게 되어 위에서 지적한 선거권이 없는 사람과 정치활동이 금지된 공무원 등 일정범위의 공익관련자들마저 선거운동을 할 수 있게 되어 오히려 선거의 공정성을 해칠 우려가 있다. 따라서 법 제36조 제1항 본문은 선거권이 없는 사람과 선거의 공정을 해할 우려가 있는 일정 범위의 사람들에 대하여 선거운동을 금지하는 것은 합헌이라 할 것이고, 선거의 공정을 해칠 우려가 없는 선거권을 가진 일반국민까지 선거운동을 금지하여 이들의 선거운동의 기회를 박탈하는 것은 헌법에 위반된다고 할 것이다.

문제는 위 법률조항 중 위헌의 범위를 어떻게 가릴 것인가이다. 즉, 선거운동이 금지되는 사람의 범위를 어느 정도로 정할 것인가의 문제로서 이는 헌법에 위반되지 아니하는 범위 안에서 입법자의 형성의 자유에 속하는 사항이기 때문에 우리

재판소가 창설적으로 이를 가려 판단할 수는 없다. 따라서 헌법재판소는 법 제36조 제 1 항 본문에 대하여는 단순위헌이 아닌 헌법불합치를 선언함으로써 입법자가 헌법의 가치에 적합하게 이를 개정할 것을 촉구할 수밖에 없는 경우라 하겠다.

그런데 마침 입법자는 이 사건 심판 계속중인 1994. 3. 16. 법률 제4739호로 공직선거및선거부정방지법(이하 "신법"이라 한다)을 제정하여 이미 공포·시행하게 되고, 이로써 법은 폐지되었다. 신법은 "최근에 있었던 지방의회의원선거, 국회의원선거, 대통령선거를 거치면서 국민의 민주주의에 대한 이해와 민주시민으로서의 자질이 이 땅에 공명선거의 뿌리를 내릴 수 있겠다는 확신을 갖기에 이르러"(중앙선거관리위원회 선거법 제정의견 참조) 규제에 치우친 지난날의 선거관계법을 보다 자유롭게 선거운동을 할 수 있도록 허용하는 내용으로 개정된 것으로서 특히 선거운동 제한의 체계에 있어서도 보다 헌법적 요청에 부흥하여 선거운동의 주체에 관하여 원칙적으로 "누구든지 자유롭게 선거운동을 할 수 있"게 한 다음, 공무원 등 선거운동이 금지되는 사람들을 구체적·제한적으로 열거하고 있다(제58조 제 2 항, 제60조 제 1 항).

입법자가 법 제36조 제 1 항을 위와 같이 개정하여 선거운동의 주체의 폭을 넓히는 한편 선거의 공정성 보장을 위하여 선거운동이 금지되는 사람들의 범위를 구체적으로 열거하여 제한함으로써 헌법재판소는 지금에 이르러 입법자의 의도를 충분히 알 수 있게 되었으므로 구태여 헌법불합치선언을 할 필요성이 없게 되었고, 또한 국민의 대표기관인 입법자의 입법형성의 자유를 존중하는 뜻에서 합헌의 범위를 일응 합헌성이 추정되는 신법 제60조 제 1 항에 열거한 자, 즉 별지목록에 적은 자로 한정하여 원용함이 상당하다 할 것이다.

여기에서 한 가지 첨언할 것은, 이 사건에서 비록 위에서 본 바와 같이 위헌으로 선고되는 법률조항이 있다고 하여 이미 여·야 합의로 성립·시행되었던 구 대통령선거법에 의하여 치러진 대통령선거의 정치적·민주적 정당성에 흠집이 생긴다고는 단언할 수 없다는 점이다. 어느 대통령선거 및 그에 기초하여 탄생한 정권의 민주적 정당성의 구비 여부는 선거를 둘러싼 정권창출의 정치적 전 과정에 대한 국민 총의의 향배에 달려 있다고 할 것이므로 선거관계법 중의 어느 한 조항에 대하여 사후 위헌선언된다고 하여 함부로 그러한 정당성이 상실된다고는 할 수 없기 때문이다.

### ▣ 결 론

그렇다면, 법 제36조 제 1 항 본문과 그 벌칙조항인 제162조 제 1 항 제 1 호 중 제36조 제 1 항 본문 부분은 각 신법 제60조 제 1 항에 규정된 자(별지목록에 적은 자)

이외의 사람들에까지 선거운동을 금지하고, 이를 위반한 자를 처벌하는 것은 헌법에 위반된다 할 것이고, 법 제34조와 그 벌칙조항인 제162조 제 1 항 제 1 호 중 제34조 부분은 헌법에 위반되지 아니한다고 할 것이므로 주문과 같이 결정한다.

이 결정은 주문 제 1 항 부분에 관하여 재판관 변정수의 보충의견과 재판관 김진우, 재판관 한병채의 반대의견이 있는 외에는 관여재판관 전원의 의견 일치에 따른 것이다.

### ▶ 해 설

이 사건에서 헌법재판소는 선거운동의 자유를 자유선거의 원칙, 정치적 표현의 자유, 선거권에 포함되는 것이라고 하여 이를 헌법적 근거로 하고 있다. 그리고 이러한 논리에 의하여 선거운동의 자유는 헌법상의 자유가 된다.

자유선거원칙은 우리 헌법상 명문규정으로 정하고 있지는 않으나 이는 헌법상의 선거원칙으로 인정된다. 헌법재판소도 이 사건에서 자유선거원칙을 헌법에서 도출하는 것을 시도하고 있다.

### ▶ 질 문

1. 선거운동의 자유가 인정되어야 하는 이유는 무엇인가?
2. 자유선거의 원칙은 무엇인가?
3. 자유선거의 원칙에서 선거운동의 자유가 도출될 수 있는가?
4. 선거운동의 자유는 헌법상의 권리인가 아니면 법률상의 권리인가?
5. 우리 공직선거법상 선거운동의 자유와 공정 사이에 어디에 더 중점이 주어져 있다고 생각하는가? 이러한 태도는 헌법상 타당한가?

## 나. 선거운동의 개념

### ▶ 개 요

우리법체계에서 선거운동의 개념이 문제가 되는 것은 선거운동에서 자유선거운동의 방식을 취하지 않고 법에서 선거운동을 구체적으로 정하여 이를 관리·통제하는 방식을 취하고 있기 때문에, 어떤 것이 선거운동이며 어떤 것이 선거운동이 아닌가 하는 것이다.

원래 선거운동이라 함은 특정 후보자의 당선 내지 이를 위한 득표에 필요한 모든 행위 또는 특정 후보자의 낙선에 필요한 모든 행위 중 당선 또는 낙선을 위한 것이라는 목적의사가 객관적으로 인정될 수 있는 능동적·계획적 행위를 말한다(憲 1994. 7. 29.-93헌가4등 참조). 따라서 선거운동은, 논의의 편의상, 당선을 목적으로 하는 당선운동과 낙선을 목적으로 하는 낙선운동으로 나누어 볼 수 있고, 낙선운동은 다시 이를 나누어 당선을 목적으로 하여 운동하는 후보자측이, 경쟁 후보자의 낙선을 위하여 수행하는 후보자편의 낙선운동과 당선의 목적 없이 오로지 특정 후보자의 낙선만을 목적으로 하여 후보자편 이외의 제3자가 벌이는 제3자편의 낙선운동으로 분류할 수 있다. 후보자편의 낙선운동은 성질상 당선운동의 한 형태로 보아야 할 것이고 제3자편의 낙선운동은 특정 후보자의 당선을 직접 목적으로 하는 것이 아니라는 점에서 이를 후보자편의 낙선운동과 일응 의미상으로 구별하여 생각해 볼 수 있다.

## ▶ 핵심판례

### 憲 2001. 8. 30.-2000헌마121등 [낙선운동 사건]

[사건의 개요]

청구인 1은 2000. 4. 13. 실시된 제16대국회의원총선거에서 공천부적격 후보자들이 당선되지 못하도록 시민단체들이 벌이고자 한 낙선운동조차 허용하지 아니한 공직선거및선거부정방지법(이하 "공선법"이라 한다) 제58조, 제59조는 국민의 정치적 의사표현의 자유와 참정권 등을 침해하는 것이라고 주장하고, 청구인 2는 제16대 국회의원총선거의 후보자로 공천받은 변호사인데 현역 국회의원인 후보자에 대하여만 의정보고회와 의정보고서라는 형식을 통하여 선거운동기간 전에도 사실상의 선거운동이 가능하도록 허용하는 공선법 제59조, 제111조 제1항, 제254조 제2항·제3항은 위 청구인의 평등권과 공무담임권을 침해하고 기회균등의 원칙에 반한다고 주장하면서 해당 조항에 대하여 헌법소원심판을 청구하였다.

[심판의 대상]

**공직선거및선거부정방지법**(2000. 2. 16. 법률 제6265호로 개정된 것) 제58조(정의등) ① 이 법에서 "선거운동"이라 함은 당선되거나 되게 하거나 되지 못하게 하기 위한 행위를 말한다. 다만, 다음 각 호의 1에 당하는 행위는 선거운동으로 보지 아니한다.

1. 선거에 관한 단순한 의견개진 및 의사표시
3. 정당의 후보자 추천에 관한 단순한 지지·반대의 의견개진 및 의사 표시

제59조(선거운동기간) 선거운동은 당해 후보자의 등록이 끝난 때부터 선거일 전일까지에 한하여 이를 할 수 있다.

제111조(의정활동보고) ① 국회의원 또는 지방의회의원은 보고회 등 집회·보고서(인쇄물, 녹음·녹화물 및 전산자료 복사본을 포함한다)·개인용 컴퓨터 또는 전화(컴퓨터를 이용한 자동송신장치를 설치한 전화의 경우를 제외한다)를 통하여 의정활동(선거구활동 기타 업적의 홍보에 필요한 사항을 포함한다)을 선거구민(행정구역 또는 선거구역의 변경으로 새로 편입된 구역의 선거구민을 포함한다)에게 보고할 수 있다. 다만, 대통령선거·국회의원선거·지방의회의원선거 및 지방자치단체의 장 선거의 선거기간개시일부터 선거일까지 직무상의 행위 기타 명목 여하를 불문하고 의정활동을 보고할 수 없다.

제254조(선거운동기간위반죄) ② 선거운동기간 전에 다음 각 호의 1에 해당하는 행위를 한 자는 이 법에 다른 규정이 있는 경우를 제외하고는 2년 이하의 징역 또는 400만원 이하의 벌금에 처한다.

1. 벽보·현수막·에드벌룬·표지판·선전탑·광고판 기타 명칭의 여하를 불문하고 선전시설물이나 용구 또는 각종 인쇄물을 사용하여 선거운동을 하거나 하게 한 자
2. 방송·신문·통신 또는 잡지 기타 간행물을 이용하여 선거운동을 하거나 하게 한 자
3. 정견발표회·좌담회·토론회·향우회·동창회 또는 반상회 기타의 집회를 개최하여 선거운동을 하거나 하게 한 자
4. 선거운동을 위한 기구를 설치하거나 사조직을 만들어 선거운동을 하거나 하게 한 자
5. 호별방문하여 선거운동을 하거나 하게 한 자

③ 제 2 항에 규정된 방법 외의 방법으로 선거운동기간 전에 선거운동을 하거나 하게 한 자는 1년 이하의 징역 또는 200만원 이하의 벌금에 처한다.

이 사건에서 헌법재판소는 "청구인들의 심판청구를 기각한다"라고 결정하고, 그 이유를 다음과 같이 설시하였다.

■ 당선운동과 낙선운동의 불가분리성

복수의 후보자 중에서 1인만을 선출하는 선거에 있어서 특정 후보자의 당선은 다른 후보자들의 낙선과 표리를 이루어 양자는 불가분리의 관계에 있다. 특정 후보자가 다른 후보자의 낙선없이 당선된다는 것은 불가능하기 때문이다. 따라서 당선운동은 그 운동의 한 형태로 낙선운동을 항상 포함하고 또한 당선운동은 언제나 낙선운동으로서의 의미를 함께 가지게 된다.

그런데 우선 첫째로 청구인 1과 같은 제 3 자편의 낙선운동이 실제로 선택하는 운동의 방법이나 형식은, 그것이 단순한 의견개진이나 의사표시의 수준을 넘어서서 의도적이고 조직적이며 계획적인 운동의 수준에 이르는 것인 이상, 후보자편의 낙선운동이 취하는 운동의 방법, 형식과 다를 것이 없다. 또한 둘째로 제 3 자편의 낙

선운동의 효과는 경쟁하는 다른 후보자의 당선에 크든 작든 영향을 미치게 되고 경우에 따라서는 제 3 자편의 낙선운동이 그 명분 때문에 후보자편의 낙선운동보다도 훨씬 더 큰 영향을 미칠 수도 있다. 이러한 점들을 생각할 때에, 제 3 자편의 낙선운동은 후보자측이 자기의 당선을 위하여 경쟁 후보자에 대하여 벌이는 낙선운동과 조금도 다를 것이 없다. 제 3 자편의 낙선운동의 표적이 된 후보자와 경쟁관계에 있는 후보자의 입장에서 볼 때에는 제 3 자편의 낙선운동은 자기의 선거운동을 대신 하여 주는 결과가 된다. 그렇다면 제 3 자편의 낙선운동과 후보자편의 당선운동(후보자편의 낙선운동을 포함한다)은 운동의 방법이 동일하고 효과가 동일하여 양자는 불가분리의 관계에 있어 이를 구별할 만한 본질적인 차이가 없다.

다만, 제 3 자편의 낙선운동은 그 주관적인 의사에 있어서 특정 후보자의 당선을 위한다는 목적이 없고 단지 부적격 후보자의 당선을 막는다는 공익적 목적을 가지고 있다는 점에서 후보자편의 낙선운동과 일응 구별된다. 그러나 제 3 자편의 낙선운동이 그 주관적인 목적과는 관계없이 실제의 행동방식과 효과에 있어서는 다른 후보자의 당선을 위하여 하는 선거운동과 다를 것이 없는데 이 점은 이미 위에서 본 바와 같다. 결국 부적격 후보자에 대한 낙선운동은 적격 후보자에 대한 당선운동이 되고 만다. 행위자의 내심의 목적이 다르다고 하는 것이 실제의 결과에 있어서는 그에 상응하는 차이를 가질 수 없는 경우에 해당하는 셈인데 이러한 경우 그 목적의 차이라고 하는 것은 행위의 본질적 요소가 되지 못한다고 보는 것이 합당하다.

따라서 제 3 자편의 낙선운동과 후보자편의 낙선운동이 본질적으로 다르다는 전제 위에 서 있는 청구인 1의 위헌주장은 더 살필 필요없이 이유없다 할 것이다.

■ 정치적 의사표현의 자유에 대한 보장

제 3 자편의 낙선운동까지도 선거운동에 포함됨으로 말미암아 이러한 낙선운동의 시기나 방법 등에 관하여 공선법에 의한 여러 가지 제약이 가해지는데 이것은 국민의 기본권인 정치적 의사표현의 자유와 참정권을 과도하게 제한한다고 청구인 1은 주장한다.

이미 위에서 본 바와 같이 이러한 주장은 제 3 자편의 낙선운동과 후보자편의 낙선운동이 본질적으로 다르다는 전제 위에 서 있는 것이어서 그러한 전제가 부정되는 이상 더 나아가 판단할 필요도 없는 것이긴 하지만 한편 위 주장은, 공선법의 규제를 받아야 하는 선거운동의 범위를 제 3 자편의 낙선운동까지를 포함하도록 지나치게 넓게 확장시킴으로써 국민의 정치적 의사표현의 자유 내지 참정권을 과도하게 제한한다는 주장으로도 볼 수 있으므로 이러한 측면에 관하여 마저 검토한다.

헌법 제37조 제 2 항에 의하면 국민의 기본권을 법률로써 제한하는 것이 가능하다고 하더라도 그 본질적 내용을 침해할 수 없고 또한 과잉금지의 원칙을 어겨서도 아니 된다. 과잉금지의 원칙은 국민의 기본권을 제한함에 있어서 목적의 정당성, 방법의 적정성, 피해의 최소성, 법익의 균형성이 인정되어야 함을 의미하며 그 어느 하나라도 인정되지 아니하면 위헌이 된다는 헌법상의 원칙을 말한다(憲 1997. 3. 27.-95헌가17, 판례집9-1, 219, 234 참조).

공선법 제58조 제 1 항 본문은 당선되지 못하게 하기 위한 행위 모두를 선거운동으로 규정한 결과 공선법상의 여러 제약을 받게 되어 일견 국민의 정치적 표현의 자유 내지 참정권이 제한되고 있는 것으로 볼 수 있다.

공선법은 제 1 조에서 정하고 있는 바와 같이 "선거가 국민의 자유로운 의사와 민주적인 절차에 의하여 공정히 행하여지도록 하고, 선거와 관련된 부정을 방지하는 것"을 목적으로 하고 있고 제58조 제 2 항에서 "누구든지 자유롭게 선거운동을 할 수 있다. 그러나 이 법 또는 다른 법률의 규정에 의하여 금지 또는 제한되는 경우에는 그러하지 아니하다"라고 규정하면서 법 제59조부터 제118조에 걸쳐 선거운동의 주체, 기간, 방법 등에 관한 자세한 규정을 두어 선거의 공정을 추구하고 있다. 그런데 청구인 1이 주장하는 유권자운동으로서의 낙선운동은 특정인의 당선을 목적으로 함이 없이 부적격후보자의 낙선만을 목적으로 하고 있다는 점에서 특정인의 당선을 목적으로 경쟁후보가 당선되지 못하게 하는 선거운동과 의미상으로는 일응 구별되기는 하지만 이 양자가 실제 선거결과에 미치는 영향은 그 차이를 인정할 수 없다. 객관적으로 구별해내기 어려운 당선의 목적 유무라는 주관적 사유로 양자의 규제를 달리 한다면 공선법의 적용에 큰 어려움을 초래하여 이 법의 목적을 사실상 달성하기 어렵게 할 것이다. 또한 당선의 목적유무라는 것은 객관적으로 명백하게 판정하기 어려운 기준인데 이에 따라 차별적 규제를 한다면, 일부 후보자들이 제 3 자편의 낙선운동을 상대 후보자를 비방하는 데 암묵적으로 악용할 우려가 있다. 나아가 이러한 불분명한 기준의 도입은 단속기관의 자의가 개입할 여지를 열어주어 선거의 공정을 해할 우려도 있다. 따라서 특정후보자를 당선시킬 목적의 유무에 관계없이, 당선되지 못하게 하기 위한 행위 일체를 선거운동으로 규정하여 이를 규제하는 것은 불가피한 조치로서 그 목적의 정당성과 방법의 적정성이 인정된다.

한편 공선법은 청구인 1과 같은 시민단체의 선거운동을 보장하기 위한 여러 규정을 두고 있다. 즉 동법 제87조에서 후보자 등의 초청대담·간담회를 개최할 수 있는 단체가 그 명의 또는 그 대표의 명의로 선거운동을 할 수 있게 하였으므로 시민단체는 선거운동기간중 도로·시장·점포·다방·대합실 기타 다수인이 왕래하는 공개된 장소에서 선거운동을 할 수 있고(동법 제106조 제2항), 컴퓨터통신의 게시판·자료실 등 정보저장장치에 선거운동을 위한 정보를 게시하여 선거구민이 열람하게 하거나 대화방·토론실에 참여하여 선거운동을 할 수도 있다(동법 제82조의3 제1항). 나아가 선거운동기간 전에도 동법 제58조 제1항 단서 제3호에 의하여 정당의 후보자 추천에 관한 단순한 지지·반대의 의견개진 및 의사표시를 할 수도 있다. 이와 같이 공선법은 시민단체가 공직선거에 임하여 객관적 자료를 제공하여 공직후보자에 대한 국민의 알 권리를 충족시키고 유권자의 대표자 선택을 도울 수 있는 길을 열어두어 법익침해를 최소화하기 위한 배려를 하고 있다.

이처럼 비록 이 사건 법률조항이 특정 후보자의 당선을 위한다는 목적이 없는 제3자편의 낙선운동도 선거운동으로 규정하여 그에 따른 규제를 하고 있다 할지라도 국민의 정치적 의사표현의 자유에 대한 제한이 최소한에 그치도록 위에서 본 바와 같은 여러 보완조항을 두고 있음에 비추어 볼 때 이 규정으로 인한 표현의 자유에 대한 제한과 선거의 공정이라는 공익 사이에 균형이 유지되고 있다고 할 것이다. 따라서 제3자편의 낙선운동을 선거운동에 포함시키고 있는 이 사건 법률조항은 국민의 정치적 의사표현의 자유나 참정권을 침해한 것이라고 할 수 없다.

▣ 소　결

제3자편의 낙선운동과 후보자편의 당선운동을 똑같은 선거운동으로 규정하여 공선법상의 여러 가지 규제를 동일하게 가하는 것 자체는, 위 두 가지가 본질적으로 동일한 것에 속하므로 위헌의 문제는 야기하지 않는다. 다만, 제3자편의 낙선운동을 포함하는 선거운동 일반에 대한 규제의 일부, 예컨대 사전선거운동의 금지와 같은 것에 대하여 뒤에서 보는 바와 같이 위헌의 문제가 거론될 수 있음은 물론이지만 이것은 별개의 문제이므로 따로 검토한다.

## ▶ 해　설

이 사건에서 보면, 청구인 1의 위와 같은 주장은 결국, 같은 선거운동이라도 제3자편의 낙선운동은 후보자편의 낙선운동 내지 당선운동과는 본질적으로 다른 것임에도 불구하고 이를 같은 선거운동으로 보아 똑같이 규제하는 것은 헌법에 어긋난다는 데에 귀착한다. 그러므로 쟁점은 제3자편의 낙선운동이 후보자편의 당선운동과 본질적으로 다른 것인가 또는 본질적으로 동일한 것인가 하는 것이다. 헌법재판소는 선거운동의 개념에 있어서는 제3자편의 낙선운동과 후보자편의 당선운동을 똑같은 선거운동으로 규정하여 공선법상의 여러 가지 규제를 동일하게 가하는 것 자체는, 위 두 가지가 본질적으로 동일한 것이라고 하였고, 따라서 위헌의 문제는 생기지 않는다고 판시하였다.

### ▶ 질 문

1. 이 사건에서 선거운동의 개념을 어떻게 확정하였는가? 그 이유는 무엇인가?
2. 선거운동의 개념 확정이 필요한 이유는 무엇인가?
3. 자유선거운동의 방식에서도 이러한 선거운동의 개념을 확정할 필요가 있는가?
4. 선거관리위원회와 같은 기구가 필요한가? 필요치 않다면 어떤 대안이 가능한가?

## 2. 선거운동의 기회균등

### ▶ 개 요

선거운동이 보장되는 이상 그 선거운동의 기회가 균등하게 보장되지 않으면 안 된다. 이는 선거운동에서의 평등의 보호이고, 정치적 표현의 자유를 보장함에 있어 평등의 보호이다.

선거운동의 기회균등이 이와 같이 선거운동의 기회에서의 평등의 보호라는 성질을 가지므로 이러한 것에서 발생하는 차별은 불합리한 것인 경우에 문제가 된다. 평등의 보호가 말하는 합리적 차별은 금지되지 않는다는 의미이다.

### ▶ 핵심판례

憲 1996. 3. 28.-96헌마9등 [무소속후보자 사건]

[사건의 개요]

1996. 4. 11. 실시될 제15대 국회의원선거에, 청구인 송○호는 경남 울산시 중구선거구에서 통합민주당의 추천으로 후보자가 되고자 하는 자, 청구인 김○원은 부산광역시 영도구선거구에서, 청구인 김○현은 서울특별시 광진구갑선거구에서, 청구인 지○호는 경기도 의정부시선거구에서 각 정당의 추천없이 후보자가 되고자 하는 자들이다.

청구인 송○호, 지○호는 현행 공직선거및선거부정방지법(1994. 3. 16. 법률 제4739호로 제정, 1995. 12. 30. 법률 제5127호로 최종개정: 이하 "이 법"이라 한다) 제150조 제3항 내지 제 5 항이 투표용지에 게재할 후보자의 순위(이하 "후보자기호"라 한다)를 정함에 있어서 국회에서 다수의석을 가진 정당의 추천을 받은 후보자를 우선하도록 규정(이하 "정당 의석 우선제도"라 한다)하고 있어 평등권과 공무담임권을 침해한다고 주장한다.

청구인 김○원, 김○현, 지○호는 이 법 제89조 제 1 항이 선거사무소 또는 선거연락소 외에는 선거추진위원회·후원회 기타 명칭의 여하를 불문하고 이와 유사한 기관을 설치하는 것(이하 "유사기관의 설치"라 한다)을 금지하면서 같은 항 단서에서 정당에게는 예외적으로 선거대책기구의 설치를 허용하는 것은 평등권과 공무담임권을 침해하고, 같은 조 제 2 항이 정당이나 후보자가 운영하는 기관으로 하여금 선거일전 180일부터 선거일까지 선전을 금지하는 것은 표현의 자유를 침해한다고 주장한다.

청구인 김○원은 이 법 제93조 제 3 항이 선거운동을 하도록 권유·약속하기 위하여 선거구민에 대하여 신분증명서 기타 인쇄물을 발급·징구하는 것(이하 "선거운동용신분증명서 등의 발급"이라 한다)을 금지하고 있어, 정당의 추천으로 입후보하거나 후보자가 되고자 하는 자(이하 "정당후보자"라 한다)가 당원을 선거운동원으로 활용할 수 있는데 비하여, 자원봉사자만을 활용해야 하는 무소속후보자에게 불리한 결과를 초래함으로써 평등권과 표현의 자유를 침해한다고 주장한다.

청구인 김○원, 송○호는 이 법 제111조가 보고회 등 집회나 보고서를 통하여 의정활동을 선거구민에게 보고하는 것(이하 "의정활동보고"라 한다)을 선거기간개시일부터 선거일까지만 제한하고 있어, 현역 국회의원으로서 후보자가 되고자 하는 자(이하 "현역의원후보자"라 한다)에게는 의정활동보고를 통한 사실상의 사전선거운동의 기회를 제공하므로 현역국회의원이 아닌 자로서 국회의원의 후보자가 되고자 하는 자(이하 "원외후보자"라 한다)에게 선거운동의 기회를 균등히 보장하지 아니하는 결과를 초래하여 평등선거의 원칙과 선거운동의 기회균등 보장원칙에 위반되고 평등권과 공무담임권 및 표현의 자유를 침해한다고 주장한다.

이에 청구인 송○호는 1996. 1. 10, 김○원은 2. 29, 김○현은 3. 7, 지○호는 3. 12. 각 이 사건 헌법소원심판을 청구하였다.

[심판의 대상]

**공직선거및선거부정방지법** 제150조(투표용지) ③ 후보자의 게재순위를 정함에 있어서는 후보자등록마감일 현재 국회에서 의석을 갖고 있는 정당의 추천을 받은 후보자, 국회에서 의석을 갖고 있지 아니한 정당의 추천을 받은 후보자, 무소속후보자의 순으로 한다. 다만, 자치구·시·군의회의원선거에 있어서 후보자의 게재순위는 추첨에 의한다.

④ 제 3 항의 규정에 의하여 관할선거구선거관리위원회가 후보자의 게재순위를 정함에 있어서는 후보자등록마감일 현재 국회에 의석을 갖고 있는 정당의 추천을 받은 후보자 사이의 게재순위는 국회에서의 다수의석순으로 하며, 국회에서 의석을 갖고 있지 아니한 정당의 추천을 받은 후보자 사이의 게재순위는 그 소속정당의 명칭의 가, 나, 다순에 의하고, 무소속후보자 사이의 게재순위는 후보자성명의 가, 나, 다순에 의한다.

⑤ 제 4 항의 경우에 같은 게재순위에 해당하는 정당 또는 후보자가 2 이상이 있을 때에는 소속정당의 대표자나 후보자 또는 그 대리인의 참여하에 관할선거구선거관리위원회에서 후보자등록마감 후에 추첨하여 결정한다. 다만, 추첨개시시각에 소속정당의 대표자나 후보자 또는 그 대리인이 참여하지 아니하는 경우에는 관할선거구선거관리위원회위원장 또는 그가 지명한 자가 그 후보자를 대리하여 추첨할 수 있다.
제89조(유사기관의 설치금지) ① 제61조(선거운동기구의 설치) 제 1 항 · 제 2 항의 규정에 의한 선거사무소 또는 선거연락소 외에는 후보자(후보자가 되고자 하는 자를 포함한다)를 위하여 선거추진위원회 · 후원회 또는 휴게소 기타 명칭의 여하를 불문하고 이와 유사한 기관 · 단체 또는 시설을 설립하거나 설치할 수 없다. 다만, 정당의 중앙당 · 당지부 또는 지구당의 사무소에 설치되는 각 1개의 선거대책기구와 정치자금에관한법률에 의한 후원회는 그러하지 아니하다.
② 정당이나 후보자가 설립 · 운영하는 기관 · 단체 또는 시설은 선거일전 180일(보궐선거 등에 있어서는 그 선거의 실시사유가 확정된 때)부터 선거일까지 당해 선거구민을 대상으로 선거에 영향을 미치는 행위를 하거나, 그 기관 · 단체 또는 시설의 설립이나 활동내용을 선거구민에게 알리기 위하여 정당 또는 후보자의 명의나 그 명의를 유추할 수 있는 방법으로 벽보 · 현수막 · 방송 · 신문 · 통신 · 잡지 또는 인쇄물을 이용하거나 기타의 방법으로 선전할 수 없다. 다만, 정치자금에관한법률 제 6 조의5(집회에 의한 모금) 또는 같은 법 제 6 조의6(광고에 의한 모금)의 규정에 의한 집회와 광고에 의한 모금을 위한 고지와 광고는 그러하지 아니하다.
제93조(탈법방법에 의한 문서 · 도화의 배부 · 게시 등 금지) ③ 누구든지 선거운동을 하도록 권유 · 약속하기 위하여 선거구민에 대하여 신분증명서 · 문서 기타 인쇄물을 발급 · 배부 또는 징구하거나 하게 할 수 없다.
제111조(의정활동 등 보고의 제한) 국회의원 또는 지방의회의원 및 지방자치단체의 장은 대통령선거 · 국회의원선거 · 지방의회의원 및 지방자치단체의 장의 선거의 선거기간개시일부터 선거일까지 직무상의 행위 기타 명목여하를 불문하고 보고회 등 집회나 보고서(인쇄물 · 시설물 · 녹화물 등을 포함한다)를 통하여 의정활동, 시 · 도정 또는 자치구 · 시 · 군정활동(선거구활동 기타 업적의 홍보에 필요한 사항을 포함한다)을 선거구민에게 보고할 수 없다.

이 사건에서 헌법재판소는 "청구인들의 심판청구를 모두 기각한다"라고 결정하고, 그 이유를 다음과 같이 설시하였다.

■ 선거운동과 정당제도

대의제민주주의에 바탕을 둔 우리 헌법의 통치구조에서 선거제도는 국민의 주권행사 내지 참정권행사의 과정으로서 국가권력의 창출과 국가 내에서 행사되는 모든 권력의 최후적 정당성을 국민의 정치적인 합의에 근거하게 하는 통치기구의 조직원리이다. 따라서 선거제도에 있어서 모든 국민이 평등하게 참여할 수 있는 기회를 보장하는 것은 필수 불가결한 요소이다.

우리 헌법은 평등선거의 원칙(제41조 제1항, 제67조 제1항)을 규정하는 동시에, 평등선거 원칙의 핵심적 내용은 선거운동의 기회균등 보장(제116조 제1항)을 별도로 명문화하고 있다.

한편 우리 헌법은 정당제민주주의를 바탕으로 하여 정당설립의 자유를 규정함으로써(제8조 제1항) 정당활동의 자유를 포함한 정당의 자유를 광범위하게 보장하고 있으며, 이에 따라 정당법은 "정당은 헌법과 법률에 의하여 활동의 자유를 가진다(제30조)"라고 규정함으로써 이를 구체화하고 있다.

그러므로 헌법상 선거운동의 기회균등 원칙은 무소속후보자를 포함한 모든 후보자에게 균등한 선거운동의 기회를 부여하고 불합리한 차별을 받지 않도록 보장하는 것이라고 할 것이나, 위에서 본 정당제도와 관련하여 정당의 본질적 기능과 기본적 활동을 보장하기 위한 합리적이고 상대적인 차별은 허용된다 할 것이다.

▣ 선거운동과 표현의 자유

대의제민주정치는 주권자인 국민이 정치과정에 참여하는 기회가 가능한 한 폭넓게 보장될 것을 요구한다. 따라서 국민의 주권행사 내지 참정권행사의 의미를 지니는 공직선거과정에서의 참여행위와 특히 선거운동은 자유롭게 행하여질 수 있도록 최대한 보장하여야 한다(憲 1995. 5. 25.-93헌마23 참조). 그리고 국민의 주권행사에 있어서 표현의 자유는 핵심이 되는 기본권이므로 선거운동에 있어서 표현의 자유는 최대한 보장되어야 한다. 즉 후보자의 입장에서는 선거권자에게 자신을 자유롭게 알릴 수 있어야 하고, 선거권자의 입장에서는 후보자에 관한 정보에 자유롭게 접근할 수 있어야 할 것이다.

그러나 선거는 자유로와야 하지만 동시에 공정하게 행하여지지 않으면 안 되며 선거의 공정성을 확보하기 위하여는 어느 정도 선거운동에 대한 규제가 행하여지지 않을 수 없다(위 93헌마23 결정 참조).

## ▣ 이 법 제150조 제3항 내지 제5항(후보자기호결정방법)의 위헌 여부

### ■ 평등권의 침해 여부

● 정당·의석우선제도로 인한 차별의 유무

국회에서 특히 다수의석을 가진 정당후보자는 선거운동기간 개시 전이라도 자신의 기호를 알 수 있으므로 미리 기호를 게재한 홍보물을 제작할 수 있는데 반하여, 미리 기호를 알 수 없는 후보자는 후보자등록이 마감되고 기호가 결정된 이후에야 비로소 선거운동의 준비를 할 수 있으므로 불리한 입장에 있다. 또 정당이나 후보자는 기호를 활용하여 선거권자로 하여금 자신을 쉽게 인식시킬 수 있고, 일반적으로 상징조작이 용이한 상순위 기호를 선호하는데, 다수의석을 가진 정당후보자는 상순위 기호를 부여받게 되므로 선거운동에 있어서도 유리한 면이 없지 않다 할 것이다.

따라서 현행 정당·의석우선제도는 선거운동의 준비나 선거운동에 있어서 다수의석을 가진 정당후보자에게 유리하고, 소수의석을 가진 정당이나 의석이 없는 정당후보자 및 무소속후보자에게는 상대적으로 불리하여 차별을 두었다고 할 수 있다.

● 정당·의석우선제도로 인한 차별이 평등권을 침해하는지 여부

그러나 위에서 본 바와 같이 정당제민주주의에 바탕을 둔 우리 헌법은 정당설립의 자유와 복수정당제를 보장하고(헌법 제8조 제1항), 정당의 목적·조직·활동이 민주적인 한 법률이 정하는 바에 의하여 국가의 보호를 받으며, 정당운영에 필요한 자금도 보조받을 수 있도록 하는 등(같은조 제2항 내지 제4항) 정당을 일반결사에 비하여 특별히 두텁게 보호하고 있다. 그리고 정당이 국민의 정치적 의사형성에 참여하는 가장 중요한 형태는 공직선거에 있어서 후보자를 추천·지지함으로써 행하는 선거를 통한 참여라고 할 것이고, 여기에 정당 본래의 존재의의가 있다 할 것이다(憲 1991. 3. 11.-91헌마21). 따라서 공직선거에 있어서 정당후보자에게 무소속후보자보다 우선순위의 기호를 부여하는 제도는 정당제도의 존재 의의에 비추어 그 목적이 정당하다 할 것이다. 또 정당·의석을 우선함에 있어서도 국회에 의석을 가진 정당의 후보자, 의석이 없는 정당의 후보자, 무소속후보자의 순으로 하고, 국회에 의석을 가진 정당후보자 사이에는 의석순으로 하며, 의석이 없는 정당후보자 및 무소속후보자 사이의 각 순위는 정당명 또는 후보자성명의 "가, 나, 다"순 등 합리적 기준에 의하고 있으므로 그 방법도 상당하다 할 것이다. 그러므로 위 조항은 평등권을 침해한다고 볼 수 없다.

■ 공무담임권의 침해 여부

위 조항은 후보자선택을 제한하거나 다수의석을 가진 정당후보자 이외의 후보자나 무소속후보자의 당선기회를 봉쇄하는 것이 아니며, 단지 후보자에 대한 투표용지 게재순위를 결정하는 방법에 관한 규정일 뿐, 공무담임권과는 직접 관련이 없다 할 것이므로, 공무담임권을 침해하는 것이라고 볼 수 없다.

▣ 이 법 제89조(유사기관의 설치금지 등)의 위헌 여부

■ 평등권의 침해 여부

● 유사기관 설치금지 등의 입법목적

위 조항은 정당 또는 후보자가 선거운동 기타 선거에 관한 사무를 처리하기 위하여 설치할 수 있는 선거사무소와 선거연락소 외에는 유사기관의 설치를 금지하고, 또 이미 설치된 경우도 선거일 전 180일부터 선거일까지는 선전행위 등을 금지하고 있는바, 이는 법정 선거운동기구 이외의 선거운동기구의 난립으로 야기될 과열경쟁과 낭비를 방지하고 후보자간에 선거운동의 균등한 기회를 보장함으로써 선거의 공정성을 확보하기 위한 규정이다.

● 정당에 대한 예외규정의 입법목적

그런데 위 제1항 단서에서 정당의 중앙당·당지부 또는 지구당의 사무소에 각 1개의 선거대책기구는 설치할 수 있도록 예외를 허용하고 있는바, 이는 앞에서 본 바와 같이 정당제민주주의에서 정당의 활동을 보호하기 위한 규정이다. 정당의 궁극적 목적이 선거에서의 승리를 통한 집권에 있으므로 선거에 있어서 후보자의 추천과 지지는 필수적인 요청일 뿐만 아니라 정당은 전국적인 조직을 가지고 있어, 선거에 당해서 전국에 걸쳐 선거운동의 준비 등 선거에 관한 사무를 총괄적으로 처리하기에는 평상적인 운용체제가 적합하지 않기 때문이다. 따라서 위 규정의 입법목적은 정당성이 인정된다 할 것이다.

● 후보자간의 불평등 여부

위 조항으로 말미암아 무소속후보자에게는 선거운동기구의 설치가 허용되지 않으므로 정당후보자에 비하여 선거운동의 자유가 상대적으로 제한된다고 볼 수도 있으나, 선거운동이 아닌 입후보와 선거운동을 위한 준비행위는 선거운동기간 개시 전이라도 누구에게나 허용되므로(법 제58조 제1항 단서), 선거운동의 준비에 있어서는 불평등이 없다 할 것이고, 또 정당후보자라도 위에서 허용된 선거대책기구를 이용하여 실질적인 선거운동을 할 경우에는 유사기관을 설치한 것이 되어 처벌받게 된다. 다만 그로 인하여 어느 정도의 차별이 생긴다 하더라도 그것은 위에서 본 바와 같이 정당의 활동을 특별히 보호함으로써 생기는 결과라 할 것이므로 위와 같은 차별은 합리적인 근거가 있다 할 것이다. 따라서 위 조항이 헌법상 평등선거의 원칙이나 선거운동의 기회균등의 원칙에 반하거나 평등권을 침해한다고 할 수 없다.

■ 공무담임권의 침해 여부

위 조항은 무소속후보자의 선거운동의 준비행위를 금지하거나 법정 선거운동을 제한하는 것이 아니며, 또 무소속후보자의 당선기회를 봉쇄하는 것도 아니어서 공무담임권과는 직접 관련이 없다 할 것이므로 공무담임권을 침해하는 것이라고 볼 수 없다.

■ 표현의 자유의 침해 여부

위 제2항의 규정으로 말미암아 후보자가 선거권자에게 자신을 알릴 수 있는 표현의 자유가 제한될 소지가 있다고 하더라도, 위 조항은 정당이나 후보자가 설립·운용하는 기관·단체 등을 이용한 과당경쟁과 낭비를 방지하고 선거운동의 균등한 기회를 보장함으로써 선거의 공정성을 확보하고자 하는 것이므로 그 입법목적이 정당하고, 정당후보자나 무소속후보자를 구분하지 아니하고 선거운동의 시기와 방법을 일률적으로 규제하는 것으로서 그 방법 역시 상당하다 할 것이다. 그러므로 위 조항은 표현의 자유를 침해한다고 볼 수 없다.

▣ 이 법 제93조 제3항(선거운동용신분증명서 등 발급금지)의 위헌 여부

■ 평등권의 침해 여부

• 입법목적

이 법은 원칙적으로 선거운동을 자유롭게 할 수 있도록 허용하고 있으나 홍보물에 의한 선거운동은 이를 전면적으로 허용하면 과당경쟁으로 막대한 선거비용이 지출되고 선거의 공정을 해칠 우려가 있으므로 이를 규제하고, 탈법적 방법에 의한 문서의 배부 등 행위를 금지하는 한편, 위 조항은 선거운동용신분증명서 등의 발급을 금지하고 있다.

이는 이 법에 의하여 선거운동이 금지된 일정한 자를 제외하고는 누구든지 선거운동을 할 수 있게 된 결과, 자원봉사자의 모집 등을 빙자하여 선거구민을 상대로 자원봉사활동의뢰서, 자원봉사자증명서 기타 인쇄물을 발급하거나 징구하는 등의 탈법적 방법으로 선거운동을 하는 것을 방지하여 선거의 공정성을 확보하기 위한 규정이며 그 목적이 정당하다 할 것이다.

• 평등권의 침해 여부

선거운동의 현실에 있어서 정당후보자는 당원을 선거운동원으로 활용할 수 있고, 당원은 당원증을 가지고 있기 때문에 당연히 선거운동을 할 수 있는 것으로 알고 있으며, 정당후보자와 보다 강한 유대감을 가질 수 있는 반면, 무소속후보자

의 선거운동원은 위 조항으로 말미암아 선거운동원이라는 신분증명서를 발급받을 수 없으므로 선거운동을 할 수 없는 것으로 오인하여 선거운동의 자유가 사실상 위축되고 후보자와의 유대감도 상대적으로 약하다.

그러나 당원은 소속 정당의 정강정책에 공감하거나 그 정당을 선호하여 일정한 절차(정당법 제20조)를 거쳐 입당한 사람이므로 당원이 소속당 후보자에 대하여 갖는 유대감이 보다 강한 것은 오히려 당연하며, 또 선거운동용신분증명서가 없다고 활동이 위축되는 것은 법의 오해에서 비롯된 심리상태에 불과하다. 그러므로 무소속 후보자에게 선거운동용신분증명서 등의 발급을 허용할 것인지의 여부는 입법자의 입법형성의 자유에 속하는 사항이라 할 것이다. 따라서 위 조항은 평등선거의 원칙과 선거운동의 기회균등의 보장원칙에 위배되거나 평등권을 침해한다고 볼 수 없다.

■ 표현의 자유의 침해 여부

위 조항은 위에서 본 바와 같이 탈법적인 선거운동을 방지함으로써 선거의 공정성을 확보하기 위한 것으로서 그 입법목적이 정당하고 규제방법도 상당하므로 표현의 자유를 침해한다고 볼 수 없다.

▣ 이 법 제111조(의정활동보고)의 위헌 여부

우리 헌법상 선거운동은 각급 선거관리위원회의 관리하에 법률이 정하는 범위 안에서 하되, 균등한 기회가 보장되어야 한다(헌법 제116조 제 1 항).

선거운동이라 함은 당선되거나 되게 하거나 되지 못하게 하기 위한 행위를 말하고(법 제58조 제 1 항) 누구든지 자유롭게 선거운동을 할 수 있으나(법 제58조 제 2 항), 이러한 선거운동은 당해 후보자의 등록이 끝난 때부터 선거일 전일까지에 한하여 할 수 있고(법 제59조) 누구라도 위 선거운동기간 전에 선거운동을 하여서는 아니되며 그럼에도 불구하고 선거운동을 하였을 경우에는 형사처벌을 받게 된다(법 제254조 제 2 항 · 제 3 항).

이 법은 선거가 국민의 자유로운 의사와 민주적인 절차에 의하여 공정히 행하여지도록 함을 목적으로 하면서(법 제 1 조) 그와 같은 목적의 달성을 위하여 국회의원 선거기간중(즉 선거기간 개시일로부터 선거일까지)에는 국회의원의 의정활동보고(법 제111조)를 금지하고 있다. 국회의원의 의정활동보고는 국회의원이 국민의 대표로서 행한 의회에서의 정치적 활동을 자신을 선출한 선거구민에게 직접 보고하는 행위로서 국회의원이 주권자인 국민의 의사를 대변하여 대의정치가 구현되도록 하는 기능을 가지는 것이다. 따라서 이는 국회의원의 정치적 책무이고 고유한 직무활동이므로 특별한 사정이 없는 한 자유롭게 허용됨이 상당하다.

그럼에도 불구하고 위 조항이 선거운동기간중 국회의원의 의정활동보고를 금지하고 있는 것은 선거운동의 방법과 횟수 등에 대하여 엄격한 제한을 가하고 있는 법조항들의 실효성을 확보하기 위하여 국회의원의 의정활동보고가 위와 같은 선거운동의 제한을 회피하는 탈법수단으로 악용될 가능성을 사전에 차단함으로써 선거의 공정이라는 궁극적인 법목적의 실현을 도모하기 위한 것이라고 할 수 있을 것이다.

한편 위 조항에 의하여 금지되는 것은 선거운동기간중에 행하여지는 국회의원의 의정활동보고이고 선거기간 개시 전에 행하여지는 의정활동보고에는 그 시기와 횟수 등에 아무런 제한이 없으므로, 국회의원은 비록 그가 선거기간 개시일 이전에 이미 당해 선거의 후보자가 될 것으로 예정되고 또 그 사실이 대외적으로 공표되어 있는 경우라고 하더라도 불특정 또는 다수의 선거구민을 상대로 자신의 의정활동상황 보고를 계속 할 수 있는 것이다.

이에 대하여 청구인들은 위 조항이 선거운동기간 개시 전의 의정활동보고에 대하여 아무런 제한없이 이를 허용하는 결과 국회의원인 예비후보자가 의정활동보고라는 구실로 사실상의 사전선거운동을 하는 것이 가능하게 되고 또 그에 대한 단속의 손길도 제대로 미치지 아니하기 때문에 국회의원인 예비후보자가 사전선거운동의 엄격한 제한을 받는 국회의원이 아닌 예비후보자에 비하여 훨씬 더 많은 선거운동의 기회를 갖게 되는 불평등이 필연적으로 생겨난다고 주장한다. 그러나 위 조항의 해석상 선거운동기간 전에 허용되는 것은 어디까지나 국회의원이 국민의 대표로서의 지위에서 행하는 순수한 의정활동보고일 뿐이고 의정활동보고라는 명목하에 이루어지는 형태의 선거운동이 아니다. 왜냐하면 선거운동기간 전에 이루어지는 정치적 집회가 아무리 의정활동보고라는 형식과 명칭을 갖추었다고 하더라도 그 내용이 당해 선거에 있어 당해 국회의원으로 하여금 당선되거나 당선되게 하거나 다른 예비후보자들이 당선되지 못하게 하는 선거운동의 실질을 갖추고 있는 한 그것이 허용될 수 없음은 사전선거운동을 금지하고 그에 대한 형사처벌을 규정하고 있는 법규정의 취지에 비추어 명백하기 때문이다. 그러므로 국회의원이 행하는 사실상의 사전선거운동이 제대로 단속되지 아니함으로써 생겨나는 선거운동기회의 불균형은 집행의 불공정 내지는 불철저로 인한 사실상의 불평등일 뿐 위 조항의 규정으로 인한 법률상의 불평등이라고 볼 수 없다. 다만 국회의원이 그 직무상 행하는 의정활동보고라고 하더라도 그것은 필연적으로 국회의원 개인의 정치적 활동이나 업적에 대한 선전을 포함하게 되어 있으므로, 그 범위 내에서 국회의원인 예비후보자와 국회의원이 아닌 예비후보자 사이에 개별적인 정치활동이나 그 홍보의 기회라는 면에서 현실적인 불균형이 생겨날 가능성이 있은 것은 사실이나 이는 이 법이 국회의원이 가지는 고유한 권능과 자유를 선거의 공정을 해치지 아니하는 범위 내에서 가능한 한 넓게 인정하고 보호하는 결과 생겨나는 사실적이고 반사적인 효과에 불과한 것이다. 결국 선거운동의 공정이라는 법 목적의 달성을 위하여 국회의원이 가지는 고유한 권능과 자유를 어느 정도로 제한할 것인가의 여부는 입법자의 광범위한 형성의 재량에 속하는 사항이라고 할 것이고, 위 조항이 선거운동기간이 개시된 후에 한하여 국회의원의 의정활동보고를 금지하였다고 하더라도 그를 통하여 국회의원이 아닌 예비후보자에게는 금지되어 있는 선거운동기간 개시 전의 선거운동을 허용하는 것이 아닌 한 이를 일컬어 명백히 자의적인 입법이라고 할 수 없다.

과연 그렇다면 위 조항이 선거운동기간의 개시 이후에만 한정하여 국회의원의 의정활동보고를 금지하고 있다고 하여 그로 인하여 청구인들과 같은 국회의원이 아닌 예비후보자를 국회의원인 예비후보자에 비하여 불합리하게 차별 대우하는 자의적인 입법으로서 청구인들의 평등권이나 공무담임권 및 선거구민의 표현의 자유를 침해하고 선거운동의 기회균등을 보장한 헌법 제116조 제 1 항에 반하는 위헌규정이라고 할 수 없다.

따라서 이 법 제89조 제 1 항 · 제 2 항, 제93조 제 3 항, 제111조, 제150조 제 3 항 · 제 4 항 · 제 5 항이 청구인들의 기본권을 침해한다고 볼 수 없으므로 청구인들의 이 사건 심판청구를 모두 기각하기로 하여 주문과 같이 결정한다.

## ▶ 해 설

선거를 앞두고 선거운동을 하는 행위를 제한하여 이를 관리하는 것이 우리 헌법상의 제도이다. 이러한 우리 헌법상의 제도와 달리 선거운동에 제한을 가하지 않을 수도 있다. 가령 나중에 국회의원의 선거에 출마할 것을 생각하는 사람이 미리 다양한 활동을 하는 경우에 어떤 행위를 선거운동이라고 하고 어떤 행위를 선거운동이 아니라고 할 것인가 하는 점을 구별하는 것이 쉽지도 않다. 현역 국회의원은 의정보고라는 등의 모습으로 주민과 접촉을 다양하게 하지만, 다음 선거에서 새로 도전할 사람에게는 이러한 행위도 하기 어렵게 된다. 그런데 누구나 언제나 선거를 위한 활동을 할 수 있게 하면 결국 돈을 많이 가진 사람이 유리할 수도 있다. 모든 활동에 자금이 소요되는데 선거를 위하여 이러한 활동을 자유로이 하게 하면 자금을 많이 가지고 있는 사람이 결국 유리하게 되어 자금이 많은 사람들이 국회의원에 당선되는 결과를 가져와 나중에는 정치가 금권정치로 변질될 우려도 있다.

이러한 문제를 해결하기 위하여 선거운동에서 제한을 가하고 이를 관리하고자 하는 방식이 현재 우리나라의 방식이다. 이러한 선거운동의 방식에 대한 제한은 여러 가지 길이 있다. 정치자금만 통제하는 방법도 있고, 우리와 같이 정치자금뿐만 아니라 각종의 행위를 통제하는 방법이 있다.

이 사건에서 문제가 되는 것이 선거운동을 관리하고 통제하는 방식을 취하는 상태에서 정당소속 국회의원과 무소속 후보자의 경우에 선거운동의 기회라는 면에서 차별이 있지 않는가 하는 점이다. 다수의 의견은 당시의 제도가 헌법에 위반되지 않는다고 하였고, 4인의 재판관은 위헌이라는 의견을 취하였다. 이 사건에서 4인의 재판관이 취한 위헌의견의 내용은 다음과 같다.

「우리는 위 조항은 위헌규정이라 인정하므로 이에 관한 우리의 의견을 밝힌다.

우리 헌법은 제11조 제1항에서 모든 국민은 법 앞에 평등하며 누구든지 사회적 신분에 의하여 정치적 생활의 영역에 있어서 차별을 받지 아니한다고 규정함으로써 정치적 생활영역에 있어서도 평등의 원칙이 그대로 적용됨을 선언하고, 특히 선거운동에 관하여는 제116조 제1항에서 "선거운동은 각급 선거관리위원회의 관리하에 법률이 정하는 범위 안에서 하되, 균등한 기회가 보장되어야 한다"고 규정함으로써 선거운동에 있어서의 기회균등의 보장을 요구하고 있다.

이 법은 이러한 헌법규정의 취지에 따라 선거의 공정 및 선거운동의 기회균등의 보장을 위하여 선거운동의 주체, 기간, 방법 및 비용 등에 관하여 여러 가지 규제를 하고 있는데, 그 중 선거운동의 기간에 관하여는 제59조에서 "선거운동은 당해 후보자의 등록이 끝난 때부터 선거일 전일까지에 한하여 이를 할 수 있다"고 규정함으로써 이 선거운동기간 전의 이른바 사전선거운동을 금지하고 이를 위반하였을 경우에는 형사처벌을 받도록 하고 있다(법 제254조). 한편 이 법 제58조는 "이 법에서 '선거운동'이라 함은 당선되거나 되게 하거나 되지 못하게 하기 위한 행위를 말한다"고 규정하고 있으므로 특정선거에 있어서 특정한 후보자(후보자가 되고자 하는 자를 포함한다)의 당선 또는 낙선을 목적으로 하는 일체의 행위가 모두 선거운동이 되며, 당선 또는 낙선을 목적으로 하여 행하여지는 이상 그것이 직접적이거나 간접적이거나를 묻지 않는다고 풀이된다. 따라서 어떤 특정신분의 사람들에게만 합리적 이유 없이 직접 또는 간접의 사전선거운동을 사실상 가능하게 하는 법률조항이 있다면 이는 앞서 본 헌법규정들에 반하는 위헌규정이라고 볼 수밖에 없다.

위 조항은 "국회의원은 …… 국회의원선거의 선거기간개시일부터 선거일까지 직무상의 행위 기타 명목여하를 불문하고 보고회 등 집회나 보고서(인쇄물·시설물·녹화물 등을 포함한다)를 통하여 의정활동 …… 을 선거구민에게 보고할 수 없다"고 규정하고 있다. 원래 국회의원의 의정활동보고는 대의민주제도의 기본원리에 기초한 것으로서 국회의원이 자신을 선출해 준 선거구민에 대하여 자신이 국회의원으로서 행한 활동내용을 보고하는 직무상의 행위임에도 불구하고, 위 조항은 그러한 활동이 선거기간 중에 행하여질 경우에는 선거의 공정을 해할 우려가 있다고 보아 이를 금지한 것으로 이해된다.

그런데 위 조항에 의하면 국회의원의 의정활동보고는 당해 선거의 선거기간개시일부터["선거기간"이라 함은 후보자등록신청개시일부터 선거일까지를 말하고 "선거운동기간"은 후보자등록이 끝난 때부터 선거일의 전일까지를 말하는바, 후보자등록기간은 후보자등록신청개시일(국회의원선거의 경우에는 선거일전 16일)부터 2일간이나 통상 등록신청개시일에 등록을 하게 되므로 선거운동기간은 선거기간에서 1일(선거일)을 뺀 기간으로 보면 되고 따라서 통상의 경우 "선거기간개시일"과 "선거운동기간의 개시일"은 같은 날이다. 법 제33조 제1항·제3항, 제59조, 제49조 제1항, 제111조 참조] 선거일까지만 이를 할 수 없도록 금지되어 있으므로 그 반대해석으로서 선거기간의 개시 전이면 언제든지 이를 할 수 있고 그 횟수, 장소, 방법, 내용 등에 관하여서도 이 법에 특별한 제한규정이 없다. 따라서 국회의원은 선거기간의 개시 전이면 그때 그가 이미 당해 선거의 후보자로서 지명되거나 예정되고 그 사실이 대외적으로 공표된 경우(이하 "예비후보자"라 한다)라도 의정활동보고의 방법으로서 불특정 다수의 선거구민을 상대로 자신의 국회의원으로서의 활동상황을 홍보하는 각종 보고집회나 홍보물의 배포 등이 가능하다.

그러나 선거기간개시일의 전이라 할지라도 선거가 임박한 시기에 있어서 예비후보자가 행하는 이러한 의정활동보고는, 그 선거에서의 자신의 당선에 직접·간접으로 필요하거나 유리한 홍보행위로서 선거운동(법 제58조 제1항 참조)으로서의 성격을 띠고 있다 할 것이고, 백보를 양보하더라도 의정활동보고로서의 성격과 선거운동으로서의 성격을 아울러 갖는 정치활동이라고 봄이 상당하며 이 두 성격의 경계는 매우 모호하다.

따라서 위 조항에 의하면, 예비후보자로서의 지위를 겸하는 국회의원의 경우에 있어서는 예비후보자의 입장에서 선거운동기간 전에 사실상의 선거운동을 하면서도 명목상은 국회의원의 지위에서 한 의정활동보고이었다는 변명이 가능하게 되고, 그 당연한 결과로서 예비후보자의 지위를 겸한 국회의원은, 국회의원이 아니어서 의정활동보고를 할 수 없고 또 법(제59조, 제254조)에 의하여 선거기간 개시 전의 사전선거운동이 엄격하게 제한되는 일반의 예비후보자에 비하여, 사실상 더 긴 기간 동안 더 많은 선거운동의 기회를 갖게 되는 불균형이 생긴다.

물론, 이러한 불균형은 국회의원에게 부여된 정치적 활동의 자유를 보장하는 반사적 결과라는 측면도 있다. 그러나 이 법은 선거의 공정이라는 공익을 위하여 선거기간중의 의정활동보고를 금지함으로써 이미 위와 같은 자유를 제한하기로 하고 있고, 국회의원이 예비후보자로서 확정되고 공표된 시점 이후에 행하는 의정활동보고가 사실상 선거운동의 성격을 띠고 있는 것이라면, 적어도 "선거의 공정을 해할 우려"라는 관점에 있어서는 그 명목이 선거기간 개시 전의 의정활동보고라 하여 선거기간 개시 후의 본래의 선거운동과 실질적으로는 아무것도 다를 것이 없다.

더욱이 위 조항은 구법(1995. 12. 30. 법률 제5127호로 개정되기 전의 공직선거및선거부정방지법, 이하 같다) 제111조가 선거일 전 30일(이 사건 국회의원선거의 경우는 1996. 3. 12.이다. 이하 설명의 편의상 1996. 4. 11. 실시키로 되어 있는 이 사건 국회의원선거와 관련된 일정을 표시한다)부터 선거일(1996. 4. 11)까지 의정활동보고를 금지하였던 것을, 선거기간개시일(1996. 3. 26)부터 선거일(1996. 4. 11)까지만 금지한다고 규정함으로써 의정활동보고의 허용기간을 14일간 연장하고 있다. 얼핏보면 이는 입법자의 형성의 자유에 속하는 영역으로서 이 정도의 기간의 차이를 두고 헌법재판소가 관여할 문제가 아니라고 볼는지도 모른다. 그러나 실질적·기능적 측면에서 보면 구법규정과 이 법의 규정 사이에는 단순한 양적(기간상) 차이가 아니라 "질적 차이"가 있음에 유의하여야 한다. 왜냐하면 국회의원인 예비후보자의 경우 구법규정에 의하면 의정활동보고의 허용기간과 선거운동기간 사이에 일정한 간격(대개의 경우 14일)이 있었음에 반하여, 이 법의 규정에 의하면 이러한 간격이 없이(즉 통상 선거기간개시일인 1996. 3. 26. 후보자 등록신청을 하게 되므로) 선거기간개시일의 전일(1996. 3. 25)까지는 의정활동보고라는 명목으로, 선거기간개시일(1996. 3. 26)부터는 본래의 선거운동으로 계속하여 실질적인 선거운동을 할 수 있다는 점에서, 후보자등록기간(1996. 3. 26. 및 3.27.의 2일간, 법 제49조 제1항)의 첫날 등록한 경우라도 16일의 선거운동기간 동안만 선거운동을 할 수 있는 원외후보자와의 사이에, 사실상 선거운동의 출발시점을 달리하게 되기 때문이다.

그러므로 위 조항이 선거기간중의 의정활동보고만을 금지하고 선거기간 개시 전의 의정활동은 아무런 시기의 제한 없이 이를 허용함으로써 생겨나는 위와 같은 선거운동기회의 불균형은 "선거의 공정"이라는 법목적과 우리의 선거현실에 비추어 도저히 합리적 근거가 있다고 보기 어렵다.

그렇다면 결국 위 조항(국회의원의 의정활동보고에 관한 부분)은 일반의 예비후보자를 국회의원인 예비후보자에 비하여 합리적인 근거없이 불리하게 차별대우하고 선거운동에 있어서의 기회균등을 박탈한 것으로서, 평등의 원칙을 선언한 헌법 제11조 제1항과 선거운동에 있어서의 기회균등의 보장을 명한 제116조 제1항에 반하는 위헌규정이고, 그로 말미암아 일반의 예비후보자인 청구인들의 평등권과 공무담임권이 침해된 것이라 아니할 수 없다.

다만, 위 조항은 의정활동보고 등의 금지기간에 관하여 규정하고 있으므로 이 조문에 대하여 단순위헌선고를 하는 경우에는 위 조항에 의한 금지조차 풀리게 되어 더욱 심한 위헌상태에 이르게 되고 그렇다고 선거기간개시 전의 어느 일정시점부터 의정활동보고를 할 수 없도록 제한하는 것은 우리 재판소가 국회의 입법형성권을 침해하는 것이 되므로, 이 경우의 주문형태로서는 헌법불합치의 선언을 함과 동시에 일정시점까지 위 조항의 개정을 명하는 것이 상당하다고 본다.」

선거운동기회의 평등도 절대적인 평등을 의미하는 것이 아니라 합리적인 차이는 인정되는 것이다. 헌법재판소도 1998. 8. 27.-97헌마372 [대통령선거방송토론회 사건]에서 이에 대하여 "헌법 제11조 제 1 항에서 규정하고 있는 평등의 원칙은 일체의 차별적 대우를 부정하는 절대적 평등을 의미하는 것이 아니라 입법과 법의 적용에 있어서 합리적인 근거가 없는 차별을 하여서는 아니된다는 상대적 평등을 뜻하므로 합리적인 근거가 있는 차별은 평등의 원칙에 반하는 것이 아니며, 선거운동의 기회균등원칙도 일반적 평등원칙과 마찬가지로 절대적이고도 획일적인 평등 내지 기회균등을 요구하는 것이 아니라 합리적 근거없는 자의적 차별 내지 차등만을 금지하는 것으로 이해하여야 한다"라고 판시하였다.

### ▶ 질 문

1. 선거운동을 통제하는 것이 타당한가?
2. 선거운동을 통제하는 경우에도 원칙적으로는 자유로 인정하고, 문제가 되는 경우만 제한하는 방식이 있고, 처음부터 선거운동을 국가가 적극적으로 관리한다는 관점에서 모든 행위를 열거적으로 제한하는 방식이 있다. 우리의 제도는 기본적으로 후자의 관점에서 전개되어 왔다. 어느 방식이 타당한가?
3. 선거운동의 기회를 균등하게 보장한다는 면에서 이 사건 다수의견과 소수의견 중 어느 것이 합당한가?

## Ⅳ. 청 원 권

제26조 ① 모든 국민은 법률이 정하는 바에 의하여 국가기관에 문서로 청원할 권리를 가진다.
② 국가는 청원에 대하여 심사할 의무를 진다.

### ▶ 개 요

청원권이란 '국가기관에 대해 의견이나 희망을 진술할 권리'를 말한다. 위의 헌법 제26조가 청원권의 헌법적 근거조항인 이외에, 헌법 제89조 제15호는 "정부에 제출 또는 회부된 정부의 정책에 관계되는 청원의 심사"를 국무회의의 심의사항으로 규정하고 있다.

청원권 행사의 방식과 절차, 청원할 기관, 효과 등에 대해서는 헌법 이외에도 청원법, 국회법, 지방자치법에서 상세한 규정을 두고 있다. 특히 청원권 행사의 효과에 대해 위의 헌법 제26조 제2항이 국가에 의한 심사의무를 규정하고 있는 이외에 청원법은 수리한 청원에 대한 성실·공정·신속한 심사의무와 청원의 결과에 대해 통지해주어야 할 결과통지의무를 부과하여(청원법 제9조 제2항 및 제3항) 헌법의 규정보다 청원권을 보다 구체화하고 있다. 청원에 따른 국가의 처리 내용이 청원인의 기대에 미치지 못하는 경우에 헌법상의 청원권을 근거로 하여 국가기관에 대한 쟁송이 가능한가가 문제된다. 헌법재판소는 이에 대해 헌법소원심판의 대상이 되지 못한다고 판시했다(憲 1997. 7. 16.-93헌마239).

## ▶ 핵심판례

### 憲 2006. 6. 29.-2005헌마604 [국회 청원 절차 사건]

[사건의 개요]

甲 전자주식회사의 소액주주로 구성된 甲 전자 소액주주운동본부는 위 회사의 주주총회 결의의 무효를 구하는 소송을 제기하여 기각되었고, 그 소송에서 보조참가한 위 운동본부 대표자였던 청구인의 항소 및 상고도 기각되었다. 그러자 청구인은 위 대법원의 기각판결에 법률의 적용과 해석상 오류가 있다고 하여 위 판결에 관여한 대법관들을 탄핵하기 위한 청원서를 국회에 제출하려고 하였다. 그러나 국회법 제123조 제1항에 의한 국회의원의 소개를 얻지 못하여 청원서를 접수하지 못하게 되자, 위 청원서를 접수하지 않은 피청구인의 부작위와 위 국회법 조항의 위헌확인을 구하는 이 사건 헌법소원심판을 청구하였다.

[심판의 대상]

**국회법**(1991. 5. 31. 법률 제4385호로 개정된 것) 제123조(청원서의 제출) ① 국회에 청원하려고 하는 자는 의원의 소개를 얻어 청원서를 제출하여야 한다.

※ 관련조문

국회법(2006. 2. 21. 법률 제7849호로 개정된 것) 제58조(위원회의 심사) ① 위원회는 안건을 심사함에 있어서 먼저 그 취지의 설명과 전문위원의 검토보고를 듣고 대체토론(안건 전체에 대한 문제점과 당부에 관한 일반적 토론을 말하며 제안자와의 질의·답변을 포함한다)과 축조심사 및 찬반토론을 거쳐 표결한다.

② 상임위원회는 안건을 심사함에 있어서 제57조 제2항의 규정에 의한 상설소위원회에 회부하여 이를 심사·보고하도록 한다. 다만, 필요한 경우 제57조 제1항의 규정에 의한 소위원회에 이를 회부할 수 있다.

③ 위원회가 안건을 소위원회에 회부하고자 하는 때에는 제1항의 규정에 의한 대체토론이

끝난 후가 아니면 회부할 수 없다.
④ 제1항 및 제3항의 규정에 불구하고 소위원회에 회부되어 심사 중인 안건과 직접 관련된 안건이 위원회에 새로이 회부된 경우 위원장이 간사와 협의를 거쳐 필요하다고 인정하는 때에는 이를 바로 해당 소위원회에 회부하여 함께 심사하게 할 수 있다.
⑤ 제1항의 규정에 의한 축조심사는 위원회의 의결로 이를 생략할 수 있다. 다만, 제정법률안 및 전부개정법률안에 대하여는 그러하지 아니하다.
⑥ 위원회는 제정법률안 및 전부개정법률안에 대하여는 공청회 또는 청문회를 개최하여야 한다. 다만, 위원회의 의결로 이를 생략할 수 있다.
⑦ 위원회는 안건이 예산상의 조치를 수반하는 경우에는 정부의 의견을 들어야 한다.
⑧ 제1항의 규정에 의한 전문위원의 검토보고서는 특별한 사정이 없는 한 당해 안건의 위원회상정일 48시간 전까지 소속위원에게 배부되어야 한다.
⑨ 제5항 단서 및 제6항의 규정은 법제사법위원회의 체계·자구심사에 있어서는 이를 적용하지 아니한다.
제123조(청원서의 제출) ① 국회에 청원하려고 하는 자는 의원의 소개를 얻어 청원서를 제출하여야 한다.
② 청원서에는 청원자의 주소·성명(법인의 경우에는 그 명칭과 대표자의 성명)을 기재하고 서명·날인하여야 한다.
③ 재판에 간섭하거나 국가기관을 모독하는 내용의 청원은 이를 접수하지 아니한다.
국회법 제125조(청원심사·보고 등) ① 위원회는 청원심사를 위하여 청원심사소위원회를 둔다.
② 위원장은 폐회중이거나 기타 필요한 경우 청원을 바로 청원심사소위원회에 회부하여 심사보고하게 할 수 있다.
③ 청원을 소개한 의원은 소관위원회 또는 청원심사소위원회의 요구가 있을 때에는 청원의 취지를 설명하여야 한다.
④ 위원회는 그 의결로 위원 또는 전문위원을 현장이나 관계기관 등에 파견하여 필요한 사항을 파악하여 보고하게 할 수 있다.
⑤ 위원회에서 본회의에 부의하기로 결정한 청원은 의견서를 첨부하여 의장에게 보고한다.
⑥ 위원회에서 본회의에 부의할 필요가 없다고 결정한 청원은 그 처리결과를 의장에게 보고하고, 의장은 청원인에게 통지하여야 한다. 다만, 폐회 또는 휴회기간을 제외한 7일 이내에 의원 30인 이상의 요구가 있을 때에는 이를 본회의에 부의한다.
⑦ 청원심사에 관하여 기타 필요한 사항은 국회규칙으로 정한다.

이 사건에서 헌법재판소는 "이 사건 심판청구를 기각한다"라고 결정하고 그 이유를 다음과 같이 설시하였다.

■ 청원권 침해 여부

헌법은 제26조 제1항에서 "모든 국민은 법률이 정하는 바에 의하여 청원할 권리를 가진다"라고 하여 청원권을 보장하고 있다. 청원권은 공권력과의 관계에서 일어나는 여러 가지 이해관계, 의견, 희망 등에 관하여 적법한 청원을 한 모든 국민에게 국가기관인 그 주관관서가 청원을 수리할 뿐만 아니라 이를 심사하여 청원자에게 그 처리결과를 통지할 것을 요구할 수 있는 권리를 말한다. 헌법재판소는 지방의회에 제출하는 청원서에 대하여 이 법과 동일한 제한을 두고 있는 지방자치법 제65조 제1항 위헌확인 사건에서 "청원권의 구체적 내용은 입법활동에 의하여 형성되며 입법형성에는 폭넓은 재량권이 있으므로 입법자는 지방의회에 제출되는 청원서에 대하여 청원의 내용과 절차는 물론 청원의 심사·처리를 공정하고 효율적으로 행할 수 있게 하는 합리적인 수단을 선택할 수 있는 것이다"라고 판시한 바도 있다.

이 사건 법률조항이 의회에 청원을 할 때에 의원의 소개를 얻도록 한 것은 무책임한 청원서의 제출을 규제하여 그 남용을 예방하고 의원이 미리 청원의 내용을 확인하여 그 후 이루어질 심사의 실효성을 확보하려는 데에 그 목적이 있다. 국회의 민원처리절차는 크게 의원의 소개를 요하는 청원과 의원의 소개를 요하지 않는 진정으로 나누어져 처리된다. 청원은 일반의안과 같이 소관위원회의 심사를 거쳐야 하며 심사절차도 일반의안과 동일한 절차를 밟는데, 소개의원은 필요할 경우 국회법 제125조 제3항에 의해 청원의 취지를 설명해야 하고 질의가 있을 경우 답변을 해야 한다. 그러므로 청원서 제출단계에서부터 의원의 관여가 필요하며, 국회의원 중 청원의 소개의원이 되려는 의원이 단 한 명도 없다면 결국 그 청원에 대해 찬성하는 의원이 아무도 없다는 것을 의미한다 할 것이므로 이러한 경우에까지 청원서를 제출할 수 있도록 하여 이를 심사할 실익은 없다 할 것이다. 의회가 모든 민원을 청원으로 접수한 후 청원심사위원회 등 예비심사제도를 통해 무의미한 청원을 선별해 낸 후 심사하는 방식으로도 입법목적을 달성할 수 있겠으나 입법자는 청원권의 구체적 입법형성에 있어서 광범위한 재량권을 가지고 있기 때문에 국회가 '민원처리장화'되는 것을 방지하기 위하여 적절한 수단을 선택할 수 있다 할 것이므로 의원의 소개를 청원서 제출의 요건으로 규정하여 의원의 소개를 얻은 민원은 일반의안과 같이 처리하고, 그 외 의원의 소개를 얻지 못한 민원은 진정으로 처리하는 방식을 택하는 것은 입법자에게 부여된 입법재량이라 할 것이다.

그렇다면 이 사건 법률조항은 불필요한 청원을 억제하여 청원의 효율적인 심사를 제고하기 위한 것으로서 국회는 의원의 소개를 얻지 못한 민원들을 진정으로 접수하여 처리하고 있고, 청원의 소개의원은 1인으로 족한 점 등을 감안할 때 입법형성의 재량의 범위를 넘어 기본권을 침해하였다고 볼 수 없다.

■ 평등원칙 침해 여부

행정부 등에 대한 청원은 대개 단독 행정기관이 행한 행정처분에 대하여 그 시정을 요구하는 것으로서 민원사항의 접수 및 처리에 있어서도 당해 기관이 단독으로 의사결정을 할 수 있기 때문에 합의제 기관인 국회에 대한 청원과는 달리 취급할 수 있다. 또한 의원의 소개가 없는 민원의 경우 국회가 '진정'으로 접수하여 처리하고 있다. 그러므로 국회에 대한 청원을 행정부 등 다른 국가기관에 대한 청원과 달리 취급한다고 하여 이러한 차별입법이 자의적이라거나 합리성이 없는 것이라고 볼 수 없다.

## ▶ 해 설

국회에 청원을 할 때에 국회의원의 소개를 얻어 청원서를 제출하도록 규정한 국회법 제123조 제 1 항에 대해 헌법재판소가 국회 입법형성의 재량의 범위를 넘어 기본권을 침해했다고 볼 수 없다며 합헌결정을 내린 사건이다. 이 사건 법률조항이 무책임한 청원서의 제출을 규제하여 그 남용을 예방하고 의원이 미리 청원의 내용을 확인하여 그 후 이루어질 심사의 실효성을 확보하려는 데에 목적이 있다는 점 등을 합헌의 근거로 제시했다. 이러한 합헌의 다수의견에 대해 송인준, 주선회 재판관은 반대의견인 위헌의견을 통해, 소개 여부를 의원 개인의 판단에 맡겨 놓고 청원권의 행사에 의원의 동의를 얻도록 하고 있는 것은 청원권을 사실상 박탈하고 본질적인 내용을 침해하고 있다고 주장하면서 다수의견이 합헌의 근거로 들고 있는 청원의 남발 방지는 예비심사제도 등을 통해 이룰 수 있다는 의견을 개진했다. 헌법이 규정하고 있는 청구권적 기본권의 하나인 청원권을 위헌심사의 근거로 사용한 몇 안 되는 헌법재판소 결정들 중의 하나라는 점에서 주목을 요한다.

## ▶ 질 문

1. 헌법재판소는 이 사건 법률조항이 의회에 청원을 할 때에 의원의 소개를 얻도록 한 목적이 무엇이라고 보았는가?

2. 의회가 모든 민원을 청원으로 접수한 후 청원심사위원회 등 예비심사제도를 통해 무의미한 청원을 선별해 낸 후 심사하는 방식으로도 입법목적을 달성할 수 있다는 위헌논리에 대해 헌법재판소는 어떻게 판단하고 있는가?

# 12.

# 제12장 | 청구권적 기본권

기본권의 분류에서 '청구권적 기본권'이라 함은 국민이 국가에 대해 일정한 행위를 적극적으로 청구할 수 있는 주관적 공권을 의미한다. 따라서 이 청구권적 기본권은 기본권 자체가 권리의 목적이 아닌 '수단적 권리'라는 특성을 가진다. 즉, '기본권 보장을 위한 기본권'인 것이다. 이 청구권적 기본권에 대해 우리 헌법은 제26조에서 제30조에 걸쳐 비교적 상세한 규정들을 두고 있다. 헌법 제26조의 청원권, 제27조의 재판청구권, 제28조의 형사보상청구권, 제29조의 국가배상청구권, 제30조의 범죄피해자구조청구권이 그것이다. 그 외에 헌법 제23조 제3항에 근거한 손실보상청구권도 이 청구권적 기본권에 포함된다.

그런데 청원권에 대해서는 이미 '제11장. 국정참여의 자유'에서 살펴보았고, 손실보상청구권, 형사보상청구권, 범죄피해자구조청구권은 이를 직접적으로 다룬 중요한 판례가 아직 없기 때문에 다음에서는 재판청구권과 국가배상청구권에 대해 관련 판례들을 중심으로 자세히 살펴본다.

# Ⅰ. 재판청구권

우리 헌법은 제27조 제 1 항에서 "모든 국민은 헌법과 법률이 정한 법관에 의하여 법률에 의한 재판을 받을 권리를 가진다"라는 조항을 통해 재판청구권을 보장하고 있다. 이 때 헌법이 보장하는 재판청구권이란 '헌법과 법률이 정한 법관에 의하여 객관적인 법률에 따라 공정하고 신속한 공개재판을 받을 권리'를 말한다. 즉, 절차법이 정한 절차에 따라 실체법이 정한 내용대로 합헌적인 재판을 받을 권리가 재판청구권인 것이다.

## 1. 제소기회 등의 제한

### ▶ 개 요

재판청구권은 법적 분쟁의 해결을 가능하게 하는 적어도 한번의 권리구제절차가 개설될 것을 요청할 뿐 아니라, 그를 넘어서 소송절차의 형성에 있어서 실효성 있는 권리보호를 제공하기 위하여 그에 필요한 절차적 요건을 갖출 것을 요청한다. 비록 재판절차가 국민에게 개설되어 있다 하더라도, 절차적 규정들에 의하여 법원에의 접근이 합리적인 이유로 정당화될 수 없는 방법으로 어렵게 된다면, 재판청구권은 사실상 형해화될 수 있다.

### ▶ 핵심판례

憲 2006. 2. 23.-2005헌가7 [교원징계재심결정 불복금지 사건 2]

[사건의 개요]

제청신청인은 A대학교를 설치·운영하는 학교법인이고, 당해 사건 피고(교육인적자원부 교원징계재심위원회) 보조참가인인 甲은 1996. 3. 1. 위 대학교 조형예술학부 공예학과에 전임강사로 임용되어 조교수로 근무하다가 2004. 8. 31. 그 임용기간이 만료될 예정이었던 자이다. 제청신청인 산하에 설치된 교원인사위원회는 2004. 6. 23. 甲에 대한 재임용 여부를 심사한 결과, 동료 교수와의 갈등에 학생들을 끌어들여 정상적인 학사운영을 저해하는 등 교수로서의 품위와 명예를 실추시켰다는 이유로 재임용을 하지 않기로 의결하고 이를 甲에게 통지하였다. 이에 甲은 '교원 지위 향상을 위한 특별법' 제 9 조 제 1 항에 근거하여 재임용거부처분의 취소를 구하는 재심을 청구하였고, 당해 사건 피고는 제청신청인의 재임용거부행위가 위 특별법 제 7 조 제 1 항의 '의사에 반하는 불리한 처분'에 해당한다며 위 재심청구를 인용하는 결정을 하였으며 이 결정은 甲에게 송달되었다.

그러자 제청신청인은 서울행정법원에 위 재심결정의 취소를 구하는 행정소송을 제기함과 동시에 재심결정에 대한 제소권한을 교원으로 한정한 위 특별법 제10조 제 3 항에 대하여 위헌심판 제청신청을 하였고, 위 법원은 이 제청신청을 받아들여 위 특별법 조항에 대한 위헌제청결정을 하였다.

[심판의 대상]

**교원 지위 향상을 위한 특별법**(2001. 1. 29. 법률 제6400호로 개정된 것) 제10조(재심결정) ③ 교원은 재심위원회의 결정에 대하여 그 결정서의 송달을 받은 날부터 60일 이내에 행정소송법이 정하는 바에 의하여 소송을 제기할 수 있다.

**교원 지위 향상을 위한 특별법**(2005. 1. 27. 법률 제7354호로 개정된 것) 제10조(소청심사결정) ③ 교원은 심사위원회의 결정에 대하여 그 결정서의 송달을 받은 날부터 60일 이내에 행정소송법이 정하는 바에 의하여 소송을 제기할 수 있다.

이 사건에서 헌법재판소는 "교원지위향상을위한특별법(2001. 1. 29. 법률 제6400호 및 2005. 1. 27. 법률 제7354호로 개정된 것) 제10조 제 3 항은 각 헌법에 위반된다"라고 결정하고 그 이유를 다음과 같이 설시하였다.

■ 재심결정에 대한 불복절차를 형성하는 입법형성권의 범위와 그 한계

헌법 제27조 제 1 항은 "모든 국민은 …… 법률에 의한 재판을 받을 권리를 가진다"라고 규정하여 법원이 법률에 기속된다는 당연한 법치국가적 원칙을 확인하고, '법률에 의한 재판, 즉 절차법이 정한 절차에 따라 실체법이 정한 내용대로 재판을 받을 권리'를 보장하고 있다. 그런데 이러한 재판청구권의 실현은 재판권을 행사하는 법원의 조직과 소송절차에 관한 입법에 의존하고 있기 때문에 입법자에 의한 재판청구권의 구체적 형성은 불가피하며, 따라서 입법자는 소송요건과 관련하여 소송의 주체·방식·절차·시기·비용 등에 관하여 규율할 수 있다. 그러나 헌법 제27조 제 1 항은 권리구제절차에 관한 구체적 형성을 완전히 입법자의 형성권에 맡기지는 않는다. 입법자가 단지 법원에 제소할 수 있는 형식적인 권리나 이론적인 가능성만을 제공할 뿐, 권리구제의 실효성이 보장되지 않는다면 권리구제절차의 개설은 사실상 무의미할 수 있기 때문이다. 그러므로 재판청구권은 법적 분쟁의 해결을 가능하게 하는 적어도 한번의 권리구제절차가 개설될 것을 요청할 뿐 아니

라, 그를 넘어서 소송절차의 형성에 있어서 실효성 있는 권리보호를 제공하기 위하여 그에 필요한 절차적 요건을 갖출 것을 요청한다. 비록 재판절차가 국민에게 개설되어 있다 하더라도, 절차적 규정들에 의하여 법원에의 접근이 합리적인 이유로 정당화될 수 없는 방법으로 어렵게 된다면, 재판청구권은 사실상 형해화될 수 있으므로, 바로 여기에 입법형성권의 한계가 있다.

▣ 입법형성권의 한계를 넘어 학교법인의 재판청구권 등 침해

이 사건 법률조항은 국·공립학교 교원과 사립학교 교원의 징계 등 불리한 처분에 대한 불복절차를 통일적으로 규정함으로써 국가의 학교법인에 대한 감독권 행사의 실효성을 보장하고, 감독권의 행사로서 재심위원회의 재심결정에도 불복하는 경우 사립학교 교원에게 행정소송을 제기할 수 있게 함으로써 사립학교 교원의 신분보장과 지위향상에 그 입법목적이 있으며 이는 헌법 제31조 제6항이 정하는 교원지위 법정주의에 근거한 것으로서 그 정당성을 긍정할 수 있다. 또한 이 사건 법률조항이 제정되기 전에는 교원이 국·공립학교 교원인지 또는 사립학교 교원인지 여부에 따라 재심절차를 달리 규정하였고 사립학교 교원의 경우에는 학교법인이 사실상 인사권한과 그에 대한 재심권한을 동시에 보유하는 점을 악용하여 이를 자의적으로 행사함으로써 그 신분이 매우 불안정한 상황에 있었던 현실에서, 사립학교 교원의 신분을 국·공립학교 교원과 동일한 수준으로 보장하려는 취지에서 이 사건 법률조항은 재심결정에 대하여 교원에게만 제소권한을 부여하고 학교법인에게는 이를 금지하고 있고, 이로써 재심절차에서 교원의 청구가 인용되는 경우 교원은 확정적·최종적으로 징계 등 불리한 처분에서 벗어나게 되므로 그 수단의 적절성도 인정된다.

그러나 사립학교 교원에 대한 불리한 처분을 둘러싼 법률상 분쟁의 당사자로서 학교법인은 재심절차에서 피청구인의 지위에 있고, 이로 인하여 재심결정의 기속력을 직접 받게 되므로 교원과 마찬가지로 학교법인도 재심결정의 기속력에서 벗어날 수 있는 권리구제절차가 필연적으로 요청된다. 물론 그동안 열악한 상태에 놓여있던 사립학교 교원의 신분보장과 그 지위향상을 위하여 필요한 범위에서 재심결정에 대한 학교법인의 재판청구권을 제한할 필요성을 부인할 수는 없지만, 그러한 경우에도 권리구제를 위한 학교법인의 법원에의 접근을 완전히 배제하는 것은 이를 정당화할 특별한 사정이 없는 한 허용되지 않는다.

학교법인의 징계 등 불리한 처분에 대하여 교원이 교원지위법이 정한 절차에 따라 재심절차와 행정소송절차를 반드시 거쳐야 하는 것은 아니고, 그 선택에 따라

서 재심절차를 거쳤는지 여부에 관계없이 원래의 법률관계인 사법관계에 따른 권리구제절차로서 민사소송을 제기할 수 있고 이 경우 학교법인은 응소하거나 또는 그 소송의 피고로서 재판절차에 참여함으로써 자신의 침해된 권익을 구제받을 수 있다. 그러나 이는 교원이 교원지위법이 정하는 재심절차와 행정소송절차를 포기하고 민사소송을 제기하는 경우에 비로소 가능한 것이므로 이를 들어 학교법인에게 자신의 침해된 권익을 구제받을 수 있는 실효적인 권리구제절차가 제공되었다고 보기는 어렵다. 또한 학교법인이 적극적으로 징계 등 처분이 유효함을 전제로 제기하는 교원지위부존재확인 등 민사소송절차도 교원이 처분의 취소를 구하는 재심을 따로 청구하거나 또는 재심결정에 불복하여 행정소송을 제기하는 경우에는 민사소송의 판결과 재심결정 또는 행정소송의 판결이 서로 모순·저촉될 가능성이 상존하므로 간접적이고 우회적인 권리구제수단에 불과하다. 한편, 학교법인에게 재심결정에 불복할 제소권한을 부여한다고 하여 이 사건 법률조항이 추구하는 사립학교 교원의 신분보장에 특별한 장애사유가 생긴다든가 그 권리구제에 공백이 발생하는 것도 아니다.

따라서 이 사건 법률조항은 사립학교 교원의 징계 등 불리한 처분에 대한 권리구제절차를 형성하면서 분쟁의 당사자이자 재심절차의 피청구인인 학교법인에게는 효율적인 권리구제절차를 제공하지 않으므로 학교법인의 재판청구권을 침해한다. 또한 학교법인은 그 소속 교원과 사법상의 고용계약관계에 있고 재심절차에서 그 결정의 효력을 받는 일방 당사자의 지위에 있음에도 불구하고 이 사건 법률조항은 합리적인 이유 없이 학교법인의 제소권한을 부인함으로써 헌법 제11조의 평등원칙에 위배되고, 사립학교 교원에 대한 징계 등 불리한 처분의 적법 여부에 관하여 재심위원회의 재심결정이 최종적인 것이 되는 결과 일체의 법률적 쟁송에 대한 재판권능을 법원에 부여한 헌법 제101조 제 1 항에도 위배될 뿐 아니라, 행정처분인 재심결정의 적법 여부에 관하여 대법원을 최종심으로 하는 법원의 심사를 박탈함으로써 헌법 제107조 제 2 항에도 아울러 위배된다.

## ▶ 해 설

헌법재판소가 만장일치의견으로, 교원징계재심결정에 대해 교원에게만 행정소송을 제기할 수 있도록 하고 학교법인에게는 이를 금지한 '교원 지위 향상을 위한 특별법' 제10조 제 3 항에 대해, 종전의 판례 입장을 변경하여 학교법인의 재판청구권 등을 침해한다는 이유로 위헌을 선언한 사건이다. 헌법재판소는 약 8년 전인 1998. 7. 16.-95헌바19등 결정에서는 이와 견해를 달리하여 이 사건 법률조항에 대해 합헌결정을 내린 바 있었다. 이 1998년의 합헌결정에서는 사립학교 교원의 경우 학교법인이 사실상 인사권한과 그에 대한 재심권한을 동시에 보유하는 점을 악용하여 이를 자의적으로 행사함으로써 사립학교 교원의 신분이 매우 불안정한 상황에 있었던 당시까지의 열악한 현실을 깊이 고려했고, 따라서 사립학교 교원의 신분보장과 그 지위향상을 위하여 필요한 범위에서 재심결정에 대한 학교법인의 재판청구권을 제한할 필요성이 크다고 보았다.

### ▶ 질 문

1. 이 사건에서 헌법재판소는 재판청구권의 구체화와 관련한 국회 입법형성권의 한계가 무엇이라고 보고 있는가?
2. 헌법재판소는 왜 이 사건 법률조항이 입법형성권의 한계를 넘어 학교법인의 재판청구권을 침해한다고 보았는가?

## 2. 상소권 제한

제107조 ① 법률이 헌법에 위반되는 여부가 재판의 전제가 된 경우에는 법원은 헌법재판소에 제청하여 그 심판에 의하여 재판한다.
② 명령·규칙 또는 처분이 헌법이나 법률에 위반되는 여부가 재판의 전제가 된 경우에는 대법원은 이를 최종적으로 심사할 권한을 가진다.

### ▶ 개 요

헌법은 제101조 제1항에서 사법권을 정하고 제2항에서 각급법원이 존재함과 대법원이 최고법원임을 정하고 있다. 이 규정에 의하면, 심급상 대법원은 최고법원이므로 최종심의 법원임이 분명하고, 그 이하 심급은 헌법이 명시적으로 정하고 있지 않기 때문에 법률에 의해 정해진다. 따라서 심급제도의 존재는 헌법사항이지만, 3심인가 4심인가의 문제는 헌법사항이 아니라 법률정책적인 문제이고, 어느 경우든 최종심의 관할은 대법원이 가진다.

상소할 수 있는 권리, 즉 상소권이 기본권으로 보장되는 것인가 하는 문제가 있다. 헌법이 단심재판을 특별히 헌법 제110조 제4항에서 명시해 제한하고 있고, 제1심의 재판을 받고 이에 대해 불복하는 것은 재판에는 오판의 가능성이 상존하고 이를 회피하는 것이 정의에 합치한다는 재판의 본질에 비추어 볼 때 허용되어야 하는 것이므로 상소권은 기본권으로 보장되는 것이다. 제 2 심 재판을 받을 권리는 헌법 제27조 제 1 항 및 위의 헌법 제101조 제 1 항과 제 2 항을 근거로 하는 것이다. 그러나 제 2 심 재판이나 그 이상의 재판에 대한 상소권은 법률정책적인 사항에 해당해 이것은 법률상의 권리는 될 수 있어도 헌법상의 기본권은 되지 못한다. 제 2 심을 어느 법원이 관장하는가는 최종심이 2심인 구조하에서는 대법원이 관장하지만 그렇지 않은 경우에는 법률정책적으로 정한다.

### ▶ 핵심판례

憲 1993. 11. 25.-91헌바8 [강제집행정지 불복신청금지 사건]

[사건의 개요]

청구인 甲은 서울민사지방법원에 청구외 乙건설주식회사를 상대로 손해배상청구소송을 제기한 결과 乙회사는 청구인에게 금 13억원을 지급하라는 가집행선고부 청구인 일부승소 판결이 선고되었다. 위 판결에 대해 원·피고 쌍방이 항소하였고, 乙회사는 위 판결정본에 기한 강제집행의 정지신청을 하여 서울민사지방법원은 청구외 회사에게 보증으로 금 2억원을 공탁할 것을 조건으로 위 청구인 승소금액 중 1/3부분에 대한 강제집행을 정지하는 결정을 하였다. 위 사건의 항소심인 서울고등법원은 1심 판결의 내용을 변경하여 乙회사는 청구인에게 금 25억원 및 그 지연이자를 지급하라는 가집행선고부 청구인 일부승소판결을 선고하였다. 위 항소심 판결에 대하여도 역시 쌍방이 상고를 하였고, 乙회사는 서울고등법원에 위 항소심 판결정본에 기한 강제집행의 정지신청을 한 결과 동 법원은 乙회사에게 보증으로 금 4억원을 공탁할 것을 조건으로 위 판결에 기한 강제집행을 상고심 판결선고시까지 정지한다는 결정을 하였다. 甲은 위 강제집행정지결정은 乙회사의 그 신청이유가 법률상 이유도 되지 않고 주장사실에 대한 아무런 소명이 없는데도 불구하고, 그 정지를 위한 담보로 지연이자까지 포함하면 금 40여억원에 이르는 청구인 승소금액의 1/10에 지나지 않는 4억원만의 공탁을 조건으로 내려진 것으로서 지극히 부당하다는 이유로 대법원에 항고를 제기하였다. 甲은 대법원에 위 항고를 제기하면서 가집행선고부 판결에 기한 강제집행정지의 재판에 대하여는 불복을 신청하지 못한다는 취지의 민사소송법 제474조, 제473조 제 3 항의 규정은 헌법 제27조, 제101조 제 2 항에 위반된다고 주장하여 위 규정 등에 대한 위헌여부심판을 제청하였으나 대법원에서 이를 기각하자 甲은 헌법재판소에 이 사건 헌법소원을 제기하였다.

[심판의 대상]

**민사소송법** 제473조(재심 또는 상소추완신청에 인한 집행정지) ③ 제 1 항 및 제 2 항의 재판은 변론없이 할 수 있다. 이 재판에 대하여는 불복을 신청하지 못한다.
제474조(상소제기로 인한 집행정지) 가집행선고 있는 판결에 대하여 상소의 제기가 있는 경우에는 제473조의 규정을 준용한다.

이 사건에서 헌법재판소는 "민사소송법(개정 1990. 1. 13. 법률 제4201호) 제474조 및 같은법 제473조 제 3 항 후문은 헌법에 위반되지 아니한다"라고 결정하고 그 이유를 다음과 같이 설시하였다.

▣ 재판받을 권리의 침해 여부

헌법 제27조 제 1 항은 "모든 국민은 헌법과 법률이 정한 법관에 의하여 법률에 의한 재판을 받을 권리를 가진다"라고 규정하고 있다. 이 조항의 전단 부분인 "헌법과 법률이 정한 법관에 의하여" 재판을 받을 권리라 함은 생각건대 헌법과 법률이 정한 자격과 절차에 의하여 임명되고(헌법 제104조, 법원조직법 제41조 내지 제43조), 물적 독립(헌법 제103조)과 인적 독립(헌법 제106조, 법원조직법 제46조)이 보장된 법관에 의한 재판을 받을 권리를 의미한 것이라 봄이 상당하고, 반드시 사건의 경중을 가리지 않고 모든 사건에 대하여 대법원 또는 상급법원을 구성하는 법관에 의한 균등한 재판을 받을 권리라고 보여지지는 않는다. 나아가 후단의 "법률에 의한" 재판을 받을 권리라 함은 법관에 의한 재판은 받되 법대로의 재판 즉 절차법이 정한 절차에 따라 실체법이 정한 내용대로 재판을 받을 권리를 보장하자는 취지라고 할 것이고, 이는 재판에 있어서 법관이 법대로가 아닌 자의와 전단에 의하는 것을 배제한다는 것이지 여기에서 곧바로 상급심 재판을 받을 권리가 발생한다고 보기는 어렵다고 할 것이다. 재판이란 사실확정과 법률의 해석적용을 본질로 함에 비추어 법관에 의하여 사실적 측면과 법률적 측면의 한 차례의 심리검토의 기회는 적어도 보장되어야 할 것이며, 또 그와 같은 기회에 접근하기 어렵도록 제약이나 장벽을 쌓아서는 안 된다고 할 것으로, 만일 그러한 보장이 제대로 안 되면 재판을 받을 권리의 본질적 침해의 문제가 생길 수 있다고 할 것이다. 그러나 모든 사건에 대해 똑같이 세 차례의 법률적 측면에서의 심사기회의 제공이 곧 헌법상의 재판을 받을 권리의 보장이라고는 할 수 없을 것이다. 국가에 따라서는 국민에게 상소심에서 재판을 받을 권리를 헌법상 명문화한 예도 있다. 그러나 그와 같은 명문규정이 없고 상소문제가 일반 법률에 맡겨진 것이 우리 법제라면 헌법 제27조에서 규정한 재판을 받을 권리에 모든 사건에 대해 상소법원의 구성법관에 의한, 상소심

절차에 의한 재판을 받을 권리까지도 당연히 포함된다고 단정할 수 없을 것이고, 모든 사건에 대해 획일적으로 상소할 수 있게 하느냐 않느냐는 특단의 사정이 없는 한 입법정책의 문제라고 할 것으로 결국 재판을 받을 권리의 침해라는 논지는 받아들일 수 없다.

▣ 평등권 침해 여부

상급심에서의 재판을 받을 권리가 헌법상 제한이 불가능한 기본권이라고 할 수는 없다. 어느 정도까지 상급심의 판단을 받을 기회를 부여할 것인가의 문제는 각 사건유형의 성질과 경중에 따라 입법자가 법률로써 제한할 수 있는 문제라고 할 것이다. 다만 우리나라 민사소송법은 판결에 대하여서는 항소와 상고, 결정·명령에 대하여서는 항고와 재항고를 인정하는 등 3심제도를 원칙적으로 하고 있다고 할 것이므로, 만일 이 사건 규정이 합리적인 이유도 없이 집행정지재판에 대하여 타사건의 재판에 비교할 때 자의적으로 3심제도를 근간으로 한 상소를 배제하고 있는 것이라면 이는 집행정지사건의 재판 당사자에 대하여 헌법 제11조 제1항의 평등권을 침해하는 것이 될 수 있다고 할 것이다. 그러므로 나아가 이 사건 규정이 합리적인 이유 없이 자의적으로 상소를 제한하고 있는 규정인지의 여부에 관하여 살피건대, 이 사건 규정은 간추려 아래와 같은 두 가지 이유에서 그 합리성이 인정된다고 할 것이므로 위 헌법규정에 위반되지 않는다고 판단된다.

첫째, 판결절차가 심리의 공평, 신중을 주안으로 하여 실체적 권리 유무의 종국적 확정에 그 목적이 있다면, 집행절차는 정확, 신속을 제일로 하여 권리의 만족 내지 이행청구권의 실현을 목적으로 하고 있다고 할 것이다. 그런데 가집행선고부 판결이 선고된 경우 그 판결에 기한 집행의 정지허용 여부의 문제는 이제 집행절차의 문제로서 신속성의 요구가 보다 강하다고 할 것이다. 그렇기 때문에 집행정지재판에 있어서의 증거자료는 소명으로써 족하고, 재판은 변론 없이 할 수 있도록 규정되어 있으며, 또 실제에 있어서도 변론 없이 재판하는 사례가 보편화되어 있다. 위와 같이 판결이 미확정인 경우 그에 대한 가집행허용 여부가 신속 내지 긴급히 확정지어져야 한다면, 집행정지재판에 대하여서는 불복을 허용하지 않는 것이 합리적이라고 할 수 있을 것이다. 따라서 가집행선고부 판결에 대하여 상소를 제기하면서 한 차례 더 가집행의 필요 여부에 대하여 법원의 판단을 받을 수 있도록 한 이 사건 심판대상규정은 위 가집행선고제도의 본래 취지를 관철시키기 위한 것으로서 그 합리성이 인정된다고 할 것이다.

둘째, 이 사건 규정이 비록 가집행선고부 판결에 대한 집행정지의 재판에 대하여 불복을 신청할 수 없다고 규정하고 있으나, 위 재판에 대하여 대법원에 불복할 수 있는 기회를 근본적으로 박탈하고 있는 것은 아니라는 점이다. 즉 민사소송법 제420조는 통상의 불복방법이 없는 결정·명령에 대하여도 재판에 영향을 미친 헌법 또는 법률의 위반이 있는 때에는 대법원에 불복할 수 있도록 이른바 특별항고 제도를 두고 있기 때문이다. 이는 결정·명령이 헌법 또는 법률에 위반되는 경우에 사안의 중대성에 비추어 대법원에 항고하여 시정할 수 있도록 하기 위한 것인데, 이에 의하여 헌법국가의 이념 내지 법치국가의 원리는 구현될 수 있게 되어 있는 것이라고 할 수 있는 것이다.

### ▶ 해 설

헌법재판소가 만장일치의견으로, 가집행선고부 판결에 대한 상소의 경우의 집행정지신청에 대한 재판에 대하여는 불복을 신청하지 못한다는 취지의 민사소송법 제473조 및 제474조 규정에 대해 국민의 재판받을 권리나 평등권을 침해하지 않아 합헌이라고 결정한 사건이다. 헌법재판소는 1992. 6. 26.-90헌바25 소액사건심판법 제 3 조에 대한 헌법소원사건 결정에서도 소액사건에 대한 상고 및 재항고 이유를 제한한 법규정에 대해 같은 이유로 합헌결정을 내린 바 있다. 재판받을 권리와 관련하여 최고법원인 대법원의 재판을 포함하여 상급법원의 재판을 받을 권리가 헌법상 절대로 제한이 불가능한 국민의 기본권은 아니라는 점이 이 결정의 핵심법리이다.

### ▶ 질 문

1. 이 사건 결정에서 헌법재판소는 어떤 경우가 재판을 받을 권리의 본질적 침해의 문제가 생길 수 있는 경우라고 보았는가?
2. 이 사건 결정에서 헌법재판소가, 헌법 제27조에서 규정한 재판을 받을 권리에 모든 사건에 대해 상소법원의 구성법관에 의한, 상소심 절차에 의한 재판을 받을 권리까지도 당연히 포함된다고 단정할 수 없을 것이라고 본 근거는 무엇인가?

## 3. 법관에 의한 재판을 받을 권리

### ▶ 개 요

국민은 헌법과 법률이 정한 법관에 의한 재판을 받을 권리를 가진다. 여기서 '헌법과 법률이 정한 법관'이란 '법관의 자격·임명절차가 헌법·법률에 따라 이루어지고 신분 보장과 직무상 독립이 보장된 법관'을 말한다. 또한 '헌법과 법률이 정한 법관'이란 개별 사건을 담당할 법관이 법규범에 의해 사전에 정해져야 함을 의미하기도 한다. 외부 세력이나 법원 내부의 압력·영향 등에 의해 사건마다 임의로 법원을 구성하거나 사건을 특정 법원 또는 법관에게만 맡긴다면 재판의 독립성과 공정성은 보장될 수 없다. 따라서 사건배당을 어떤 방법으로 하느냐 하는 문제는 헌법적인 문제가 된다. 사건을 법원장이 임의로 특정 법관에게 배당하는 것은 재판의 독립과 공정성에 어긋난다.

### ▶ 핵심판례

憲 1995. 9. 28.-92헌가11 [특허심판 사건]

[사건의 개요]

위헌제청신청인 甲은 특허청에 「수압을 이용, 중력을 동력으로 바꾸는 장치」에 대하여 특허출원을 하였으나 거절사정을 받고 위 거절사정에 대한 항고심판을 청구하였으나 청구기각의 심결을 받았다. 이에 甲은 대법원에 상고를 하였으나 대법원도 신청인의 상고를 기각하였다. 한편, 신청인은 위 항고심판청구와는 별도로 서울고등법원에 특허청장을 상대로 위 거절사정처분의 취소를 구하는 행정소송을 제기함과 동시에 특허청의 항고심판심결에 대하여는 곧바로 대법원에 상고하도록 되어있는 현행 특허법 제186조 제1항의 위헌 여부가 위 행정소송의 적법 여부의 전제가 된다고 주장하면서 같은 법원에 위 조항에 대한 위헌제청신청을 하였다. 법원은 이를 받아 들여 이 사건 위헌제청을 하였다.

[심판의 대상]

**구 특허법**(1995. 1. 5. 법률 제4892호로 개정되기 전의 것) 제186조(상고대상 등) ① 항고심판의 심결을 받은 자 또는 제170조 제1항의 규정에 의하여 준용되는 제51조 제1항의 규정에 의한 각하결정을 받은 자가 불복이 있는 때에는 그 심결이나 결정이 법령에 위반된 것을 이유로 하는 경우에 한하여 심결 또는 결정등본을 송달받은 날부터 30일 이내에 대법원에 상고할 수 있다.

**구 의장법**(1995. 1. 5. 법률 제4894호로 개정되기 전의 것) 제75조(특허법의 준용) 특허법 제179조·제180조·제182조 내지 제185조의 규정은 재심에 관하여, 제186조 내지 제191조의 규정은 소송에 관하여 이를 각 준용한다.

이 사건에서 헌법재판소는 "특허법 제186조 제1항 및 의장법 제75조 중 특허법 제186조 제1항을 준용하는 부분은 헌법에 합치되지 아니한다. 다만, 위 두 법률조항은 특허법 중 개정법률(1995. 1. 5. 개정. 법률 제4892호) 및 의장법 중 개정법률(1995. 1. 5. 개정. 법률 제4894호)이 시행되는 1998. 3. 1.의 전일까지 이 사건 위헌여부심판 제청의 각 당해 사건을 포함한 모든 특허 및 의장 쟁송사건에 대하여 그대로 적용된다"라고 결정하고 그 이유를 다음과 같이 설시하였다.

■ 재판청구권의 본질적 내용 침해

헌법 제27조 제1항은 "모든 국민은 헌법과 법률이 정한 법관에 의하여 법률에 의한 재판을 받을 권리를 가진다"라고 규정함으로써 모든 국민은 헌법과 법률이 정한 자격과 절차에 의하여 임명되고, 물적 독립과 인적 독립이 보장된 법관에 의하여 합헌적인 법률이 정한 내용과 절차에 따라 재판을 받을 권리를 보장하고 있다. 따라서 법관에 의한 재판을 받을 권리를 보장한다고 함은 결국 법관이 사실을 확정하고 법률을 해석·적용하는 재판을 받을 권리를 보장한다는 뜻이고, 그와 같은 법관에 의한 사실확정과 법률의 해석적용의 기회에 접근하기 어렵도록 제약이나 장벽을 쌓아서는 안 된다고 할 것이며, 만일 그러한 보장이 제대로 이루어지지 않는다면 헌법상 보장된 재판을 받을 권리의 본질적 내용을 침해하는 것으로서 우리 헌법상 허용되지 않는다.

그런데 특허법 제186조 제1항은 특허청의 항고심판절차에 의한 항고심결 또는 보정각하결정에 대하여 불복이 있는 경우에도 법관에 의한 사실확정 및 법률적용의 기회를 주지 않고 단지 그 심결이나 결정이 법령에 위반된 것을 이유로 하는 경우에 한하여 곧바로 법률심인 대법원에 상고할 수 있도록 하고 있다. 따라서 특허청의 심판절차에 의한 심결이나 보정각하결정은 특허청의 행정공무원에 의한 것으로서 이를 헌법과 법률이 정한 법관에 의한 재판이라고 볼 수 없다. 그렇다면 결국 특허법 제186조 제1항은 법관에 의한 사실확정 및 법률적용의 기회를 박탈한 것으로서 헌법상 국민에게 보장된 "법관에 의한" 재판을 받을 권리의 본질적 내용을 침해하는 위헌규정이라 할 것이다.

### ▣ 헌법 제101조 제 1 항 및 제107조 제 3 항 위배

헌법 제101조 제 1 항, 제 2 항은 "사법권은 법관으로 구성된 법원에 속한다. 법원은 최고법원인 대법원과 각급법원으로 조직된다"라고 규정하고 있고 헌법 제107조 제 3 항 전문은 "재판의 전심절차로서 행정심판을 할 수 있다"라고 규정하고 있다. 이는 우리 헌법이 국가권력의 남용을 방지하고 국민의 자유와 권리를 확보하기 위한 기본원리로서 채택한 3권분립주의의 구체적 표현으로서 일체의 법률적 쟁송을 심리 재판하는 작용인 사법작용은 헌법 그 자체에 의한 유보가 없는 한 오로지 대법원을 최고법원으로 하는 법원만이 담당할 수 있고 또 행정심판은 어디까지나 법원에 의한 재판의 전심절차로서만 기능하여야 함을 의미한다.

그런데 특허청의 항고심판심결이나 결정은 그 판단주체로 보아 행정심판임이 분명하고 이러한 행정심판에 대하여는 법원에 의한 사실적 측면과 법률적 측면의 심사가 가능하여야만 비로소 특허사건에 대한 사법권 내지는 재판권이 법원에 속한다고 할 수 있을 것인데, 특허법 제186조 제 1 항이 이러한 행정심판에 대한 법원의 사실적 측면과 법률적 측면에 대한 심사를 배제하고 대법원으로 하여금 특허사건의 최종심 및 법률심으로서 단지 법률적 측면의 심사만을 할 수 있도록 하고 재판의 전심절차로서만 기능해야 할 특허청의 항고심판을 사실확정에 관한 한 사실상 최종심으로 기능하게 하고 있는 것은, 일체의 법률적 쟁송에 대한 재판기능을 대법원을 최고법원으로 하는 법원에 속하도록 규정하고 있는 헌법 제101조 제 1 항 및 제107조 제 3 항에 위반된다.

### ▣ 평등원칙 위반

특허법 제186조 제 1 항이 채택한 차별의 수단 즉 특허분쟁 사건에 있어서는 사실관계의 확정을 특허청 내부의 행정심판기관에 일임하고 법원에 의한 사실확정을 배제한 것은, 그 입법목적의 달성과 필연적 혹은 실질적 관련성이 희박하고 그 정도 또한 적정하지 않다. 왜냐하면 법원에 의한 사실심리기회의 박탈은 오히려 과학발명가들의 권리보호에 역행하는 결과를 초래할 수도 있기 때문이다. 따라서 그 차별의 합리성을 인정하기 어려우므로 심판대상 조항은 평등의 원칙을 규정한 헌법 제11조 제 1 항에 위반된다.

### ▣ 헌법불합치결정과 법조항 잠정적용

현행 특허쟁송제도에 위헌적인 요소를 제거한 합헌적인 특허쟁송제도의 방안은 여러 가지가 있을 수 있고, 그 여러 가지의 방안들 중에서 어느 것을 선택할 것인가 하는 것은 결국 입법자의 정책적인 결단에 맡겨진 문제라고 할 것이므로 헌법재판소의 결정이 있기 전에 명백히 밝혀진 입법자의 의사가 있다면 그것이 또 다른 위헌성을 내포하고 있지 않는 한 존중되어야 할 것이다. 그런데 입법자는 스스로 심판대상 법률조항 및 이에 근거한 현행 특허쟁송제도에 관한 관련 법규정들을 헌법합치적으로 개정하였다. 즉 입법자는 1994. 7. 27. 법률 제4765호로 법원조직법을 개정하여 "특허법원"을 설치하고 특허법원으로 하여금 특허쟁송의 제 1 심 사건을 심판하게 하는 한편, 1995. 1. 5. 법률 제4892호로 특허법을 개정하여 현재 특허청 내에 설치되어 있는 심판소와 항고심판소를 통합하여 "특허심판원"을 설치함으로써 행정부 내에서의 2단계 심판을 1단계로 줄이고, 특허심판원의 심결 등에 대한 불복의 소는 "특허법원"의 전속관할로 하였으며, 상표법, 의장법, 실용신안법의 각 준용규정도 모두 개정하였다. 다만 입법자는 위 각 개정법의 시행일을 1998. 3. 1.로 정함으로써 위 시점 이전까지는 현행 특허쟁송제도를 유지하도록 하고 있다.

만약 이 사건의 당해사건과 이 사건 결정이 선고되는 시점에 법원에 계속중인 모든 특허 및 의장쟁송사건에 대하여 심판대상 법률조항의 적용이 배제되고 행정소송법의 규정에 따른 절차가 진행되어야 한다면 현실적으로 재판을 담당할 준비를 갖추지 못한 일반법원에 대하여 재판의 담당을 강제하는 결과로 되어 버릴 가능성이 크다. 그러므로 당재판소는, 심판대상 법률조항이 헌법에 불합치함을 선언하면서도, 합헌적인 개정법률이 시행될 때까지는 이를 잠정적으로 그대로 계속 적용할 것을 명함과 동시에, 헌법불합치선언이 당해 사건 등에 미칠 효과로 인한 법률적 혼란과 충격을 막기 위하여 이 사건 위헌여부심판제청의 당해 사건을 포함한 모든 특허 및 의장쟁송사건에 대하여 위 심판대상 법률조항의 적용을 명한다.

## ▶ 해 설

일반 행정소송에서는 사실심인 고등법원의 재판과 법률심인 대법원의 재판을 거칠 수 있는 반면, 특허쟁송에서는 특허청의 심판과 항고심판에서 사실심이 모두 끝나고 고등법원의 재판을 거치지 않고 곧바로 법률심인 대법원의 재판을 받게 한 법률규정에 대해 헌법불합치결정과 잠정적용명령을 내린 사건이다. 변형결정의 사용에 반대한 조승형 재판관의 반대의견도 있었다. 헌법재판소가 재판청구권 중 '법관에 의한 재판을 받을 권리'의 본질적 내용은 법률 해석 및 적용뿐만 아니라 사실확정까지 법관에 의할 것을 요구한다고 보고 있음에 주목을 요한다.

### ▶ 질 문

1. 이 사건 결정에서 헌법재판소가 특허청의 심판절차에 의한 심결이나 보정각하결정을 헌법과 법률이 정한 법관에 의한 재판이라고 볼 수 없다고 한 근거는 무엇인가?
2. 이 사건 결정에서 헌법재판소가 특허법 제186조 제1항이 헌법 제101조 제1항 및 제107조 제3항에 위반된다고 본 근거는 무엇인가?

## 4. 공정한 (공개)재판을 받을 권리

### ▶ 개 요

헌법에는 공정한 재판을 받을 권리에 관한 명문의 규정이 없다. 그러나 법치주의의 이념인 정의에 비추어 볼 때, 법원에 의한 재판이 공정해야 한다는 것은 본질적이고 필연적인 것이므로 공정한 재판을 받을 권리는 헌법 제27조의 재판청구권과 사법의 독립을 정하고 있는 규정에 의해 보장된다고 할 것이다. 재판의 절차가 공정해야 할 뿐 아니라 이를 보장할 수 있는 법원의 구성에 있어서도 공정성이 보장되어야 한다. 법관의 제척, 기피, 회피도 공정한 재판을 보장하기 위한 제도이다. 헌법재판소도 공정한 재판을 받을 권리를 기본권이라 판시한 바 있다(예를 들어 憲 1996. 12. 26.-94헌바1).

공정한 재판을 받을 권리는 원칙적으로 당사자주의와 구두변론주의가 보장되어 당사자의 공격·방어권이 충분히 보장되는 재판을 받을 권리를 핵심내용으로 한다. 또한 헌법재판소는 공정한 재판을 받을 권리에는 법관이 주재하는 공개된 법정에서 모든 증거자료가 조사·진술되고 이에 대해 검사와 피고인이 서로 공격·방어할 수 있는 공평한 기회가 보장되는 재판을 받을 권리가 포함된다고 보았다(예를 들어 憲 2008. 1. 10.-2007헌마1468).

### ▶ 핵심판례

憲 1996. 12. 26.-94헌바1 [증거보전절차 증인신문 사건]

[사건의 개요]

청구인 甲은 서울형사지방법원에 특수공무집행방해치사 등 피고사건으로 기소되었다. 그 이전에 위 법원은 형사소송법 제221조의2 제2항에 따라 검사의 청구에 의하여 사건의 목격자인 청구외 乙에 대해 증인신문을 하였다. 검사는 이때 작성된 조서를 위 형사사건에서 증거로 제출하였고 법원은 이를 증거로 채택하는 결정을 하였다. 이에 甲은 위 형사사건 계속중 乙에 대한 증인신문의 근거가 되었던 형사소송법 제221조의2 제 2 항 및 제 5 항이 피고인의 반대신문권을 보장하지 않고 있음에도 불구하고 이때 작성된 조서는 형사소송법 제311조에 의하여 증거능력이 인정되므로, 결과적으로 위 형사소송법 규정은 적법절차, 변호인의 조력을 받을 권리, 공정한 재판을 받을 권리, 공개재판을 받을 권리 및 무죄로 추정될 권리를 보장하고 있는 헌법 제12조 제 1 항·제 4 항, 헌법 제27조 제 1 항·제 3 항·제 4 항 및 헌법 제37조를 침해하고 있고 그 위헌여부가 재판의 전제가 된다고 하여, 같은 법원에 위 형사소송법 규정에 대하여 위헌여부 심판의 제청을 신청하였다. 그러나 이 신청이 기각되자 甲은 헌법재판소법 제68조 제 2 항에 따라 이 사건 헌법소원심판을 청구하였다.

[심판의 대상]

**형사소송법** 제221조의2(증인신문의 청구) ② 전조의 규정에 의하여 검사 또는 사법경찰관에게 임의의 진술을 한 자가 공판기일에 전의 진술과 다른 진술을 할 염려가 있고 그의 진술이 범죄의 증명에 없어서는 아니될 것으로 인정될 경우에는 검사는 제 1 회 공판기일 전에 한하여 판사에게 그에 대한 증인신문을 청구할 수 있다.

⑤ 판사는 수사에 지장이 없다고 인정할 때에는 피고인·피의자 또는 변호인을 제 1 항 또는 제 2 항의 청구에 의한 증인신문에 참여하게 할 수 있다.

이 사건에서 헌법재판소는 "형사소송법 제221조의2 제 2 항 및 제 5 항 중 같은조 제 2 항에 관한 부분은 헌법에 위반된다"라고 결정하고 그 이유를 다음과 같이 설시하였다.

▣ '재판의 전제성' 충족해 적법한 헌법소원심판 청구임

헌법 제107조 제 1 항에 의한 위헌법률심판이나 헌법재판소법 제68조 제 2 항에 의한 헌법소원심판은 심판대상이 된 법률조항이 헌법에 위반되는 여부가 관련사건에서 재판의 전제가 된 경우에 한하여 청구될 수 있다. 여기서 "재판"이라 함은 판결·결정·명령 등 그 형식 여하와 본안에 관한 재판이거나 소송절차에 관한 재판이거나를 불문하며, 심급을 종국적으로 종결시키는 종국재판뿐만 아니라 중간재판도 이에 포함된다. 형사소송법 제295조에 의하여 법원이 행하는 증거채부결정도 당해 소송사건을 종국적으로 종결시키는 재판은 아니라고 하더라도, 그 자체가 법원의 의사결정으로서 헌법 제107조 제 1 항과 헌법재판소법 제68조 제 2 항에 규정된 재판에 해당된다고 할 것이다. 이 사건 제 2 항 및 제 5 항은 관련사건에서 법원의 증거채부결정에 직접 적용되는 법률조항은 아니나 증거채부결정의 대상이 된 조서의 증거능력에 영향을 미침으로써, 그 위헌 여부에 따라 법원이 그 조서를 증

거로 채택할 수 있느냐 없느냐의 증거채부결정의 결과를 좌우하고 있다 할 것이다. 그렇다면 이 사건 법률조항들을 심판대상으로 하는 이 사건 헌법소원심판은 적법하다.

▣ 형사소송법 제221조의2 제 5 항은 적법절차원칙 및 공정한 재판을 받을 권리 침해

헌법은 제27조의 재판청구권 중 공정한 재판을 받을 권리 속에는 신속하고 공개된 법정의 법관의 면전에서 모든 증거자료가 조사·진술되고 이에 대하여 피고인이 공격·방어할 수 있는 기회가 보장되는 재판, 즉 원칙적으로 당사자주의와 구두변론주의가 보장되어 당사자가 공소사실에 대한 답변과 입증 및 반증하는 등 공격·방어권이 충분히 보장되는 재판을 받을 권리가 포함되어 있다. 그렇다면 형사재판의 증거법칙과 관련하여서는 소극적 진실주의가 헌법적으로 보장되어 있다 할 것이다.

피고인 등의 앞에서 증인신문을 할 경우 수사기관에서 행한 진술이 번복될 염려가 있다는 것은 오히려 피고인 등에게 반대신문권을 보장할 필요가 더욱 커진다는 것을 의미할 뿐 이러한 사정이 피고인 등의 절차참여를 배제하는 이유가 될 수는 없다 할 것이다. 가사 그 진술의 번복 가능성이 피고인이나 피의자 측의 협박 또는 회유 등에 기인하는 것이라 하더라도 이러한 경우를 위하여는 증인의 신변에 대하여 적절한 안전조치 등을 취할 수 있도록 하는 제도 등 국민의 기본권을 보다 덜 제한하는 제도를 마련하는 것이 적법절차의 원칙을 준수하는 합당한 조치일 것이다. 그렇다면 이 사건 제 5 항은 피고인들의 공격·방어권을 과다히 제한하는 것으로써 그 자체의 내용이나 대법원의 제한적 해석에 의하더라도 그 입법목적을 달성하기에 필요한 입법수단으로서의 합리성 내지 정당성이 인정될 수는 없다 할 것이다. 결국 이 사건 제 5 항은 형사절차에서 피고인 등에게 당사자로서의 지위를 보장하고 있는 헌법상의 적법절차의 원칙 및 청구인의 공정한 재판을 받을 권리를 침해하고 있다 할 것이다.

▣ 형사소송법 제221조의2 제 2 항도 적법절차원칙 및 공정한 재판을 받을 권리 침해

이 사건 제 2 항의 증인신문절차가 진술증거를 강제적으로 수집할 수 있는 절차를 규정하는 것이므로, 그 증인신문절차의 참여권 및 반대신문권을 규정하고 있는 이 사건 제 5 항은 이 사건 제 2 항의 증인신문절차의 핵심적 구성부분이라고 보아

야 한다. 이 사건 제5항이 위헌으로 인정될 경우에는 이 사건 제2항의 증인신문절차 전체의 내적 평형이 무너짐으로써 그 제도를 만든 입법자의 의도가 왜곡되기에 이른다고 보아야 하기 때문이다. 따라서 이 사건 제5항을 위헌선언하면서 이 사건 제2항을 유효한 것으로 남겨둘 필요성은 없다고 할 것이므로 이 사건 제5항과 함께 이 사건 제2항도 위헌선언함이 타당하다.

이 사건 제2항의 증인신문제도는 수사단계에서 임의의 진술을 하였는데도 법정에서 다른 진술을 할 염려가 있다는 이유만으로 검사가 다시 같은 수사단계에서 미리 판사로 하여금 증인신문을 하게 하여 증거를 확보하려는 것으로서, 증인이 공판기일에서 법관의 면전에서 자유스럽게 진술하는 것을 제약함과 동시에 법관이 공판기일에 법정에서 직접 조사한 증거에 의하여 심증을 형성하는 것을 제약하여 결국 법관이 직접 조사하지 아니한 상태에서 행하여진 증인신문조서의 기재에 의하여 바로 심증을 형성하게 함으로써 증거가치판단의 진실성을 담보함에 흠을 가져오는 결과를 초래할 것이다.

피고인이나 변호인의 반대신문권은 형식적·절차적인 것이 아니라 실질적·효과적인 것이어야 한다. 그런데 만일 제1회 공판기일 전에는 변호인의 소송서류에 대한 열람·등사청구권이 없다고 한다면 이 사건 제2항의 절차에 변호인 등이 참여하게 하여도 효과적인 반대신문을 하기가 어렵다 할 것이고, 변호인 등이 이러한 반대신문을 제대로 할 수 없다면 이는 결국 법관의 심증형성에 영향을 미치게 된다 할 것이다. 이는 헌법이 보장하는 적법한 절차 내지 공정한 재판을 받을 권리의 형사소송법적 표현인 공판중심주의 내지 자유심증주의의 기본적 내용을 현저히 훼손함으로써, 법관의 올바른 자유심증을 형성하는 데에 공정성과 합리성을 심각하게 제약하는 것이고, 결국 헌법상 보장된 법관의 독립성을 현저히 저해하는 효과를 가져오는 것이라 할 수밖에 없다.

이처럼 중대한 기본권 제한을 그 법적 효과로 내포하고 있는 이 사건 제2항의 증인신문절차의 규정을 두는 것은 위와 같은 수사활동의 원활화라는 단순한 입법목적만으로는 그 합리성이나 필요성이 있다고 할 수 없는 것이다. 즉, 이 사건 제2항은 그 입법목적으로 달성하려는 공익에 비하여 훨씬 큰 기본권 제한을 수단으로 하고 있다는 점에서 과잉된 입법이다. 결국, 이 사건 제2항은 범인필벌의 요구만을 앞세워 과잉된 입법수단으로 증거수집과 증거조사를 허용함으로써 법관의 합리적이고 공정한 자유심증을 방해하여 헌법상 보장된 법관의 독립성을 침해할 우려가 있고, 결과적으로 적법절차의 원칙 및 공정한 재판을 받을 권리에 위배되는 것으로서 헌법에 위반된다 할 것이다.

### ▶ 해　　설

헌법재판소가 제1회 공판기일 전 증인신문절차에 피고인 등의 참여를 임의적인 것으로 규정한 형사소송법 제221조의2 제2항과 제5항에 대해 적법절차원칙과 공정한 재판을 받을 권리 침해를 이유로 위헌결정을 내린 사건이다. 헌법재판소가 재판의 전제성에서 '재판'에 판결, 결정, 명령 등 그 형식 여하와 본안에 관한 재판이거나 소송절차에 관한 재판이거나를 불문하며 심급을 종국적으로 종결시키는 종국재판뿐만 아니라 중간재판도 이에 포함시키고 있음에 주목을 요한다. 이러한 이유로 증거채부결정의 대상이 된 조서의 증거증력에 영향을 미치는 이 사건 조항들에 대한 위헌법률심사형 헌법소원이 가능한 것이다.

### ▶ 질　　문

1. 이 사건 제5항이 피고인들의 공격·방어권을 과다히 제한하는 것으로써 입법수단으로서의 합리성 내지 정당성이 인정될 수 없다고 본 근거는 무엇인가?
2. 헌법재판소가 이 사건 제2항의 절차에 변호인 등이 참여하게 하여도 효과적인 반대신문을 하기가 어렵다고 본 근거는 무엇인가?

## 5. 신속한 재판을 받을 권리

제27조 ③ 모든 국민은 신속한 재판을 받을 권리를 가진다.

### ▶ 개　　요

신속한 재판을 받을 권리의 '신속한 재판'이란 재판의 기간을 가지고 그 신속여부를 판단하지만, 일반적으로는 적정한 재판을 하는데 필요한 기간을 넘어 부당하게 지연됨이 없는 재판을 말한다. 헌법재판소는 신속한 재판을 받을 권리가 기본권임을 인정하면서도(憲 1997. 11. 27.-94헌마60), 법률에 의한 구체적 형성없이는 신속한 재판을 위한 어떤 직접적이고 구체적인 청구권도 발생하지 않는다고 판시하였다(憲 1999. 9. 16.-98헌마75).

## ▶ 핵심판례

### 憲 1992. 4. 14.-90헌마82 [구속기간 연장 사건 1]

[사건의 개요]

청구인들은 국가보안법위반 등의 혐의로 구속되어 치안본부 대공분실에서 수사를 받으면서 국가보안법 제19조 제1항에 의해 구속기간이 1차 연장되었다. 서울지방검찰청에 송치되어 수사를 받던 중에도 구속기간이 1차 연장되고 국가보안법 제19조 제2항에 의하여 다시 구속기간이 2차 연장되었다가 국가보안법 제7조 위반으로 서울형사지방법원에 공소제기되었다. 청구인들은 법원에 사건이 계속 중 서울 구치소에 수감되어 있으면서 국가보안법 제19조의 위헌을 주장하면서 이 사건 헌법소원심판을 청구하였다.

[심판의 대상]

**국가보안법** 제19조(구속기간의 연장) ① 지방법원판사는 제3조 내지 제10조의 죄로서 사법경찰관이 검사에게 신청하여 검사의 청구가 있는 경우에 수사를 계속함에 상당한 이유가 있다고 인정한 때에는 형사소송법 제202조의 구속기간의 연장을 1차에 한하여 허가할 수 있다.

② 지방법원판사는 제1항의 죄로서 검사의 청구에 의하여 수사를 계속함에 상당한 이유가 있다고 인정한 때에는 형사소송법 제203조의 구속기간의 연장을 2차에 한하여 허가할 수 있다.

③ 제1항 및 제2항의 기간의 연장은 각 10일 이내로 한다.

이 사건에서 헌법재판소는 "국가보안법(1980. 12. 31. 법률 제3318호, 개정 1991. 5. 31. 법률 제4373호) 제19조 중 제7조 및 제10조의 죄에 관한 구속기간연장부분은 헌법에 위반된다"라고 결정하고 그 이유를 다음과 같이 설시하였다.

▣ 과잉금지의 원칙을 위배한 신체의 자유, 무죄추정의 원칙 및 신속한 재판을 받을 권리 침해 여부

형사소송법상의 구속기간은 헌법상의 무죄추정의 원칙에서 파생되는 불구속수사원칙에 대한 예외로 설정된 기간으로서 이 구속기간을 더 연장하는 것은 예외에 대하여 또 다시 특례를 설정하는 것이 되므로 그 예외의 범위를 확장하는 데에는 국가안전보장과 질서유지라는 공익과 국민의 기본권보장이라는 상충되는 긴장관계의 비례성 형량에 있어서 더욱 엄격한 기준이 요구되며 따라서 그 예외의 확장은 극히 최소한에 그쳐야 한다. 국가보안법 제7조(찬양 · 고무) 및 제10조(불고지)의 죄

는 구성요건이 특별히 복잡한 것도 아니고 사건의 성질상 증거수집이 더욱 어려운 것도 아님에도 불구하고 국가보안법 제19조가 제7조 및 제10조의 범죄에 대해서까지 형사소송법상의 수사기관에 의한 피의자구속기간 30일보다 20일이나 많은 50일을 인정한 것은 국가형벌권과 국민의 기본권과의 상충관계 형량을 잘못하여 불필요한 장기구속을 허용하는 것이다. 따라서, 헌법 제37조 제2항의 기본권 제한입법의 원리인 과잉금지의 원칙을 현저하게 위배하여 피의자의 신체의 자유, 무죄추정의 원칙 및 신속한 재판을 받을 권리를 침해한 것이다.

## ▶ 해 설

1990년 4월 2일 국가보안법 제7조(찬양·고무 등)에 대해 헌법재판소가 한정합헌결정(憲 1990. 4. 2.-89헌가113)을 내린 후 1991년 5월 31일에 국회가 이러한 헌법재판소의 결정취지를 반영해 국가보안법 제7조뿐만이 아니라 제1조를 비롯해 국가보안법상의 많은 조항들을 개정·보완한다. 이 사건은 이러한 1991년 국가보안법 개정 후의 사건이라는 점에 일단 유념할 필요가 있다.

이 사건 위헌결정으로 위헌무효가 선언된 것은 국가보안법 제19조 전체가 아니라 국가보안법 제19조 중 제7조와 제10조의 죄에 관한 구속기간 연장부분뿐이라는 점에도 주목을 요한다. 이렇듯 법조문의 어떤 적용례에 대해서만 위헌선언을 하는 것을 헌법학에서는 적용위헌(질적 일부위헌결정)이라 부른다. 헌법재판소는 제3조(반국가단체의 구성), 제4조(목적수행), 제5조(자진지원·금품수수), 제6조(잠입·탈출), 제8조(회합·통신), 제9조(편의제공)의 죄에 있어서는 수사에 착수해 공소제기 여부의 결정을 하기까지 소요되는 시간과 노력의 정도는 구체적 사건의 사안의 경중 및 수사의 난이도 등에 따라 다르겠지만 구성요건의 내용으로 볼 때 사건에 따라서는 수사에 착수해 공소제기 여부의 결정을 하기까지는 일반 형사사건에서보다는 비교적 시간과 노력이 더 필요할 수도 있다는 요지로 판시하여 이 죄들에 관한 구속기간 연장부분에 대해서는 위헌선언을 하지 않은 것이다.

## ▶ 질 문

1. 헌법재판소가 이 사건 결정에서 형사소송법상의 구속기간을 더 연장하는 것이 예외에 대하여 또 다시 특례를 설정하는 것이 된다고 본 근거는 무엇인가?
2. 헌법재판소는 이 결정에서 국가보안법 제19조가 제7조 및 제10조의 범죄에 대

해서까지 형사소송법상의 수사기관에 의한 피의자구속기간 30일보다 20일이나 많은 50일을 인정한 것이 어떤 이유로 신속한 재판을 받을 권리를 과잉금지원칙에 위배되게 침해하고 있다고 보았는가?

## 6. 소송비용 부담

### ▶ 개 요

사인의 권리보호와 사법질서 유지를 위해 민사소송제도를 설치한 국가가 원칙적으로 법원의 물적 시설이나 인건비를 부담하는 것은 법치국가의 이념에 비추어 당연하지만, 개개의 소송수행에 필요한 비용까지 모두 국가가 부담하는 것은 민사소송의 본질에서나 국가재정의 관점에서도 바람직하지 않다. 즉, 개개의 소송수행을 위해 지출되는 비용은 당사자의 부담으로 하는 것이 법원의 재정조달을 위한 적정한 해결책이 될 수 있다. 이것이 불필요하고 성공가능성이 없는 소송을 제기하는 것을 막을 수 있고, 남소에 따른 법원의 과중한 업무부담으로 인해 법원에 의한 권리구제의 양질성과 효율성이 저하되는 것도 방지하며, 법적 안정성도 보증함으로써 넓은 의미에서는 국민의 권리보호와 법적 생활의 안정에 기여하기 때문이다(예를 들어 憲 1994. 2. 24.-93헌바10 등).

### ▶ 핵심판례

憲 2002. 4. 25.-2001헌바20 [변호사 보수 소송비용 산입 사건]

[사건의 개요]

청구인은 청구 외 삼성생명보험주식회사에 대한 보험금청구소송의 제1심에서 청구기각판결을, 항소심에서는 일부승소판결을 각 선고받고 대법원에 상고하였으나, 상고가 기각되었다. 판결이 확정된 후 위 회사는 청구인을 피신청인으로 하여 법원에 소송비용액확정결정을 신청하였고, 법원은 위 회사가 항소심 및 상고심에서 지출한 변호사보수 중 금 3,051,200원이 소송비용에 산입되는 것으로 하여 청구인이 부담할 소송비용액을 금 3,156,014원으로 확정하였다. 이에 청구인은 위 법원에 즉시항고를 제기하는 한편, 위 회사가 지출한 변호사보수를 소송비용에 산입하도록 규정한 구 민사소송법 제99조의2가 청구인의 재판청구권 등을 침해하여 위헌이라고 주장하면서 위 법원에 위헌제청을 신청하였다. 그러나 법원은 즉시항고를 기각하면서 같이 위헌제청신청도 기각하였고, 청구인은 같은 해 이 사건 헌법소원심판을 청구하였다.

[심판의 대상]

**구 민사소송법**(1990. 1. 13. 법률 제4201호로 개정되고, 2002. 1. 26. 법률 제6626호로 개정되기 전의 것) 제99조의2(변호사 보수와 소송비용) ① 소송대리를 한 변호사에게 당사자가 지급한 또는 지급할 보수는 대법원규칙으로 정하는 금액의 범위 안에서 이를 소송비용으로 한다.

※ 관련조문

구 민사소송법 제89조(소송비용부담의 원칙) 소송비용은 패소한 당사자의 부담으로 한다.

제95조(각 심급의 소송비용의 재판) 법원은 사건을 완결하는 재판에서 직권으로 그 심급의 소송비용전부에 대하여 재판하여야 한다. 다만, 사정에 따라 사건의 일부나 중간쟁의에 관한 재판에서 그 비용의 재판을 할 수 있다.

제100조(소송비용액 확정결정) ① 법원이 소송비용의 부담을 정한 재판에 그 수액을 정하지 아니한 때에는 제1심수소법원은 그 재판의 확정 후 당사자의 신청에 의하여 결정으로 정한다.

이 사건에서 헌법재판소는 "구 민사소송법 제99조의2 제1항은 헌법에 위반되지 아니한다"라고 결정하고 그 이유를 다음과 같이 설시하였다.

▣ 변호사보수를 소송비용에 산입하는 구 민사소송법 조항의 취지

우리의 경우에도 이 사건 법률조항이 제정되기 전에는 변호사보수의 소송비용산입에 대한 명문의 규정이 없어 변호사보수는 소송을 변호사에게 위임한 각 당사자의 부담으로 하였으나, 입법론으로는 이를 소송비용에 산입하여 패소한 당사자의 부담으로 하여야 한다는 주장이 강력히 제기되었고, 대법원도 부당제소·부당항쟁·부당응소 등의 경우에는 변호사보수를 배상하여야 한다고 판시하여 제한적으로나마 이러한 주장을 뒷받침하였다. 이러한 주장과 판례의 추세에 따라 민사소송에 관한 임시조치법이 폐지되고 새로 제정된 소송 촉진 등에 관한 법률 제16조 제1항에서는 "소송대리를 한 변호사에게 당사자가 지급한 또는 지급할 보수는 대법원규칙으로 정하는 금액의 범위 안에서 이를 소송비용으로 한다"라고 하여 변호사보수를 소송비용에 산입하는 규정을 신설하였고, 1990년에 법률 제4201호로 법을 개정하면서 위 조항을 법으로 편입시켜 변호사보수의 소송비용산입이 제도적으로 정착되게 되었다. 그러므로 이 사건 법률조항은 변호사보수를 소송비용에 산입하는 근거조항으로서 변호사에게 소송을 위임한 당사자가 지급한 또는 지급하기로 약정한 변호사보수를 승소한 경우에 패소자로부터 상환받을 수 있게 하는 데 그 취지

가 있다.

■ 재판청구권에 대한 과잉금지원칙에 위배되는 제한인지 여부

이 사건 법률조항이 변호사보수를 소송비용에 산입하여 패소한 당사자의 부담으로 한 것이 정당한 권리실행을 위하여 소송제도를 이용하려는 자, 특히 자력이 부족한 자의 법원에의 접근을 과잉금지의 원칙에 반하여 필요 이상으로 곤란하게 함으로써 재판청구권을 침해하는 것인지 여부에 관하여 본다.

첫째, 목적의 정당성과 수단의 적절성은 있다. 이 사건 법률조항은 변호사보수를 소송비용에 산입하여 패소한 상대방으로부터 이를 상환받게 함으로써 정당한 권리행사를 위하여 소송을 제기하거나 부당한 제소에 대하여 응소하려는 당사자를 위하여 실효적인 권리구제를 보장하고, 남소와 남상소를 방지하여 사법제도의 적정하고 합리적인 운영을 도모하려는 데에 그 취지가 있다고 할 것이므로 그 입법목적이 정당하고, 이로써 정당한 권리실행을 위하여 소송을 제기하거나 응소한 사람의 경우 지출한 변호사비용을 상환받을 수 있게 되는 반면, 패소할 경우 비교적 고액인 변호사비용의 부담으로 인하여 부당한 제소 및 방어와 상소를 자제하게 되어 입법목적의 달성에 실효적인 수단이 된다고 할 것이므로 방법의 적정성도 인정된다. 청구인은 변호사강제주의를 취하지 않은 우리 소송제도에 있어 이 사건 법률조항이 추구하는 입법목적의 정당성에 의문을 제기하나, 부당한 제소나 응소로부터의 정당한 권리자의 보호, 남소와 남상소의 방지는 중대한 입법목적이라고 하지 않을 수 없고 각국의 입법례도 이러한 추세에 있다.

둘째, 최소침해성과 법익의 균형성도 존재한다. 이 사건 법률조항은 당사자와 변호사 사이에 지급하기로 약정한 또는 이미 지급한 변호사보수를 무제한적으로 소송비용에 산입하여 패소한 당사자로부터 이를 상환받을 수 있게 한 것이 아니라 대법원규칙이 정하는 금액의 범위 안에서 이를 소송비용으로 산입하도록 규정하고 있는데, 이에 근거하여 제정된 '변호사 보수의 소송비용 산입에 관한 규칙'은 다음과 같이 보수의 기준과 감액에 관한 규정을 두어 패소한 당사자가 부담하게 될 변호사보수를 제한하고 있다. 즉, 변호사보수규칙 제 3 조는 소송비용에 산입될 변호사의 보수를 당사자가 보수계약에 의하여 지급한 또는 지급할 보수액의 범위 내에서 각 심급단위로 소송물의 가액에 따라 일정한 비율에 의하여 산정하고, 통상적인 소송에 비하여 그 내용이나 절차에 있어 간이한 변론을 거친 가압류·가처분명령의 신청, 그 명령에 대한 이의 또는 취소의 신청사건에 있어서는 위 산정가액의 2분의 1로 하며, 제 5 조에서는 통상적인 소송사건이라 하더라도 피고의 전부자

백 또는 의제자백에 의한 판결의 경우와 소송이 화해, 청구의 포기, 인낙 기타 재판에 의하지 않고 완결한 경우에는 위 기준에 의하여 산정한 금액의 2분의 1로 감액하고, 제 6 조에서는 위의 기준들에 의하여 산정한 금액의 전부를 소송비용에 산입하는 것이 현저히 부당하다고 인정되는 경우에는 법원이 상당한 정도로 감액할 수 있게 하고 있다. 나아가 대법원도 소송대리인으로 선임된 변호사가 변론이나 증거조사 등 소송절차에 전혀 관여한 적이 없다면 그에 대하여 보수가 지급되었다고 하더라도 소송비용에 포함될 수 없다고 하여 변호사보수가 실제 소송수행과정에서 필요적 비용으로 인정되는 경우에만 이를 소송비용에 산입하도록 제한하고 있다.

그러므로 변호사보수를 소송비용에 산입함으로써 자신의 정당한 권리실행을 위하여 제소하거나 응소하려는 자가 패소할 경우의 변호사비용의 상환을 염려하여 소송제도의 이용을 꺼리게 될 것을 방지하기 위하여 이 사건 법률조항과 이에 근거한 변호사보수규칙은 소송비용에 포함되는 변호사보수를 구체적인 소송의 유형에 따라 차등을 두어 따로 정하고, 같은 소송의 유형이라도 사건처리의 경과와 난이도 및 변호인의 노력 정도에 따라 법원이 재량으로 변호사보수로 산정될 금액을 감액할 수 있도록 하여 패소한 당사자가 부담하게 되는 구체적인 소송비용의 상환범위를 당사자가 수인할 수 있는 범위 내에서 이 사건 법률조항의 입법목적을 실현할 수 있도록 합리적으로 제한하고 있다고 보인다. 나아가 비록 변호사보수를 소송비용에 산입함으로써 특히 경제적인 능력이 부족한 사람들의 법원에의 접근을 일부 제한하게 되는 점은 부인할 수 없다고 할 것이지만, 이 사건 법률조항은 정당한 권리실행을 위하여 소송제도를 이용하려는 사람들에게 실효적인 권리구제수단을 마련하고 사법제도를 적정하고 합리적으로 운영하기 위한 중대한 공익을 추구하고 있다고 할 것이므로 피해의 최소성과 법익의 균형성도 갖추고 있다. 그렇다면 이 사건 법률조항은 과잉금지원칙에 위배하여 청구인의 재판청구권을 침해하였다고 볼 수 없다.

## ▶ 해 설

헌법재판소가 대법원규칙으로 정하는 금액의 범위 안에서 변호사비용을 패소한 당사자가 부담하는 소송비용으로 하고 있는 구 민사소송법 제99조의2에 대해 합헌결정을 내린 사건이다. 목적의 정당성, 수단의 적절성, 최소침해성, 법익의 균형성을 일일이 적용한 후 이 사건 법률조항이 재판청구권을 제한함에 있어 과잉금지원칙에 위배되지 않는다고 판단했다. 특히 이 사건 법률조항으로 인해 변호사보수를 소송비용에 산입함으로써 경제적 능력이 부족한 사람들이 법원에 접근하는 것을 일부 꺼리게 된다는 점과, 정당한 권리실행을 위하여 소송제도를 이용하려는 사람들에게 이 사건 법률조항이 실효적인 권리구제수단을 마련하고 사법제도를 적정하고 합리적으로 운영하게 한다는 점을 비교한 결과, 헌법재판소가 후자에서 오는 이익이 더 크다고 법익형량을 하고 있는 점에 주목을 요한다.

### ▶ 질 문

1. 이 사건 결정에서 헌법재판소가 이 사건 법률조항이 청구인의 재판청구권을 제한함에 있어 과잉금지원칙 중 목적의 정당성과 수단의 적절성을 충족한다고 본 근거는 무엇인가?
2. 이 사건 결정에서 헌법재판소가 이 사건 법률조항이 청구인의 재판청구권을 제한함에 있어 과잉금지원칙 중 최소침해성과 법익의 균형성도 충족한다고 본 근거는 무엇인가?

## Ⅱ. 국가배상청구권

> 제29조 ① 공무원의 직무상 불법행위로 손해를 받은 국민은 법률이 정하는 바에 의하여 국가 또는 공공단체에 정당한 배상을 청구할 수 있다. 이 경우 공무원 자신의 책임은 면제되지 아니한다.
> ② 군인·군무원·경찰공무원 기타 법률이 정하는 자가 전투·훈련 등 직무집행과 관련하여 받은 손해에 대하여는 법률이 정하는 보상 외에 국가 또는 공공단체에 공무원의 직무상 불법행위로 인한 배상은 청구할 수 없다.

### ▶ 개 요

헌법 제29조 제 1 항은 국민의 기본권으로서 국가배상청구권을 규정하고 있지만, 제 2 항에서 군인·군무원·경찰공무원 기타 법률이 정하는 자에 대해서는 전투·훈련 등 직무집행과 관련해 받은 손해에 대해서는 법률이 정한 보상을 받으면 국가배상청구권을 행사할 수 없게 이를 제한하고 있다. 그런데 국가배상법 제 2 조 제 1 항 단서가 향토예비군도 이러한 국가배상청구권 제한 대상자로 규정함으로써 헌법 제29조 제 2 항의 "군인·군무원·경찰공무원 기타 법률이 정하는 자" 중 "기타 법률이 정하는 자"에 향토예비군도 포함되게 되었다.

### ▶ 핵심판례

憲 1996. 6. 13.-94헌바20 [향토예비군대원 국가배상금지 사건]

[사건의 개요]

청구인들은 청구외 망 이규선 등 12명의 부모, 배우자, 자녀, 형제자매들이다. 청구외 망 이규선 등 12명은 향토예비군대원으로서 경기 연천군에 있는 포병진지에서 동원훈련소집 중 포탄용 폭약폭발사고로 현장에서 사망했다. 청구인들은 위 폭약폭발사고는 현역군인들의 안전주의의무 위반으로 발생했다고 주장하여 인천지방법원에 국가를 상대로 한 손해배상청구소송을 제기하고 같은 법원에 향토예비군대원의 국가배상청구권을 제한하는 근거조항인 헌법 제29조 제 2 항 중 '기타 법률이 정하는 자' 부분 및 국가배상법 제 2 조 제 1 항 단서 규정 중 '향토예비군대원' 부분에 대한 위헌심판제청신청을 하였으나, 법원이 이 신청을 기각하였다. 이에 청구인들은 헌법재판소법 제68조 제 2 항에 따라 이 사건 헌법소원심판을 청구하였다.

[심판의 대상]

**헌법** 제29조 ② 군인·군무원·경찰공무원 기타 법률이 정하는 자가 전투·훈련 등 직무집행과 관련하여 받은 손해에 대하여는 법률이 정하는 보상 외에 국가 또는 공공단체에 공무원의 직무상 불법행위로 인한 배상은 청구할 수 없다.

**국가배상법**(1967. 3. 3. 법률 제1899호로 제정되어 1981. 12. 17. 법률 제3464호로 개정된 것) 제 2 조(배상책임) ① 국가 또는 지방자치단체는 공무원이 그 직무를 집행함에 당하여 고의 또는 과실로 법령에 위반하여 타인에게 손해를 가하거나, 자동차손해배상보장법의 규정에 의하여 손해배상의 책임이 있는 때에는 이 법에 의하여 그 손해를 배상하여야 한다. 다만, 군인·군무원·경찰공무원 또는 향토예비군대원이 전투·훈련 기타 직무집행과 관련하거나 국방 또는 치안유지의 목적상 사용하는 시설 및 자동차·함선·항공기 기타 운반기구 안에서 전사·순직 또는 공상을 입은 경우에 본인 또는 그 유족이 다른 법령의 규정에 의하여 재해보상금·유족연금·상이연금 등의 보상을 지급받을 수 있을 때에는 이 법 및 민법의 규정에 의한 손해배상을 청구할 수 없다.

이 사건에서 헌법재판소는 "1. 청구인들의 헌법 제29조 제 2 항 중 '기타 법률이 정하는 자' 부분에 대한 심판청구를 각하한다. 2. 국가배상법 제 2 조 제 1 항 단서 중 '향토예비군대원' 부분은 헌법에 위반되지 아니한다"고 결정하고 그 이유를 다음과 같이 설시하였다.

▣ 헌법 제29조 제 2 항 중 "기타 법률이 정하는 자" 부분

헌법 제111조 제 1 항 제 1 호, 제 5 호 및 헌법재판소법 제41조 제 1 항, 제68조 제 2 항은 위헌심사의 대상이 되는 규범을 '법률'로 명시하고 있으며, 여기서 "법률"이라 함은 국회의 의결을 거쳐 제정된 이른바 형식적 의미의 법률을 의미한다. 따라서 헌법의 개별규정 자체가 위헌심사의 대상이 될 수 없음은 위 각 규정의 문언에 의하여 명백하다. 헌법규범 상호간의 우열은 추상적 가치규범의 구체화에 따른 것으로서 헌법의 통일적 해석을 위하여 유용한 정도를 넘어 헌법의 어느 특정 규정이 다른 규정의 효력을 전면 부인할 수 있는 정도의 효력상의 차등을 의미하는 것이라고는 볼 수 없다. 더욱이 헌법개정의 한계에 관한 규정을 두지 않고 헌법의 개정을 법률의 개정과는 달리 국민투표에 의하여 이를 확정하도록 규정하고 있는(헌법 제130조 제 2 항) 현행의 우리 헌법상으로는 과연 어떤 규정이 헌법핵 내지는 헌법제정규범으로서 상위규범이고 어떤 규정이 단순한 헌법개정규범으로서 하위규범인지를 구별하는 것이 가능하지 않으며, 달리 헌법의 각 개별규정 사이에 그 효력상의 차이를 인정하여야 할 아무런 근거도 찾을 수 없다.

나아가 헌법은 그 전체로서 주권자인 국민의 결단 내지 국민적 합의의 결과라고 보아야 할 것으로, 헌법의 개별규정을 헌법재판소법 제68조 제 1 항 소정의 "공권력 행사"의 결과라고 볼 수도 없다. 결국 위 헌법조항 부분에 대한 이 사건 심판청구는 위헌심사의 대상이 될 수 없는 헌법의 개별규정에 대한 것으로서 부적법한 것이다.

▣ 국가배상법 제 2 조 제 1 항 단서 중 '향토예비군 대원' 부분

국가배상법 제 2 조 제 1 항 단서 부분은 '향토예비군대원'을 헌법 제29조 제 2 항 중 "기타 법률이 정하는 자"의 하나로 규정함으로써 직무집행과 관련하여 사망하거나 상해를 입은 향토예비군대원의 국가배상청구권 행사를 금지하고 있다. 국가배상청구권은 그 요건에 해당하는 사유가 발생한 개별 향토예비군대원에게는 금전청구권으로서의 재산권임이 분명하므로, 심판대상조항부분은 결국 헌법 제23조 제 1 항에 의하여 향토예비군대원에게 보장되는 재산권을 제한하는 의미를 갖는다. 그러

므로 심판대상조항부분이 기본권제한입법으로서 헌법상 요구되는 과잉금지의 원칙에 위반되는지의 여부를 본다.

첫째, 목적의 정당성을 보자. 향토예비군대원이 동원되어 임무수행 중에 사망하거나 상해를 입을 경우에 국가가 법령이 정하는 바에 따라 재해보상금, 유족연금, 상이연금 등의 보상을 실시하고 있다. 그런데 이러한 보상을 받는 외에 국가에 대하여 국가배상법이나 민법규정에 의한 손해의 배상을 청구할 수 있다면, 당해 향토예비군대원은 동일한 사유로 인하여 이중의 보상을 받게 되고, 국가로서는 직무상 당연히 예상되는 위험에 대비한 사회보장적 보상제도를 유지하면서 동시에 손해배상의 책임까지 부담하게 되는 이중의 재정적 지출을 감수하여야 할 것이므로 임무수행 중 상해를 입거나 사망한 개별향토예비군대원의 국가배상청구권을 금지하고자 하는 것으로서 그 목적의 정당성이 인정된다고 할 것이다.

둘째, 수단의 상당성을 보자. 역동하는 국내외 정세와 남북간의 군사적 긴장관계 및 앞서 본 바와 같은 향토예비군의 임무가 갖는 고도의 위험성을 고려할 때 다수의 향토예비군대원이 임무의 수행 중 동시에 혹은 연속적으로 발생되는 사상사고 내지는 재난의 발생가능성은 모름지기 상존하고 있다고 할 것이므로, 비록 그간에 현실적으로 발생한 사상자의 수가 적다고 하더라도 심판대상조항부분은 위와 같이 예상되는 대형사고의 동시다발과 그로 인한 국가재정의 과중한 부담에 대응하기 위한 수단을 정한 것으로서 그 상당성이 인정된다.

셋째, 침해의 최소성을 보자. 국가배상법에 의한 손해배상은 가동기간을 기준으로 하여 결정되고 일시적인 지급으로 종료되는 것에 비하여 '국가유공자 예우 등에 관한 법률'에 의한 연금 등은 당해 향토예비군대원이 사망한 경우에는 유족의 사망시까지, 장애를 입은 경우에는 자신의 사망시까지 지급되고, 일정한 경우 연금의 수급권이 유족에게 승계되기도 하는 이점이 있을 뿐만 아니라, 당해 향토예비군대원과 그 유족에게는 국가유공자로서의 명예와 아울러 각종의 교육보호·취업보호·의료보험 등의 혜택이 제공된다는 사정을 고려한다면, 현실적으로 수령하는 연금 등의 합계액이 국가배상을 통하여 수령하게 될 배상금액에 비하여 적다고 하여 반드시 양자를 수치상으로만 비교하여 연금 등을 수령하는 것이 국가배상청구권을 행사하는 것보다 불리하다고 단정할 수 없고, 따라서 그러한 사정만으로 심판대상조항부분이 취한 수단이 비례의 원칙에 반한다거나 권리 침해의 최소성을 결하였다고 볼 수 없다.

넷째, 법익의 균형성을 보자. 심판대상조항은 헌법 제29조 제2항의 명시적인 위임에 따라 임무수행 중 사고를 당한 향토예비군대원에 대한 이중의 보상으로 인한 일반인들과의 불균형을 시정하고 국가재정의 지출부담을 절감한다는 공공의 이익을 보호하기 위하여 다른 법령의 규정에 의하여 재해보상금 등을 지급받을 수 있는 권리가 보장된 향토예비군대원의 개별적인 국가배상청구권의 행사를 금지하는 것이므로 그로 인하여 보호되는 법익과 침해되는 법익간에 입법자의 자의라고 할 정도의 불균형이 있다고 볼 수 없다.

그렇다면 심판대상조항부분은 기본권제한규정으로서 헌법상 요청되는 과잉금지의 원칙에 반한다고 볼 수 없고, 나아가 그 자체로서 평등의 원리에 반한다거나 향토예비군대원의 재산권의 본질적인 내용을 침해하는 위헌규정이라고 할 수도 없다.

## ▶ 해 설

조승형 재판관이 국가배상법 제 2 조 제 1 항 단서의 '향토예비군대원' 부분은 합헌결정이 아니라 기각결정을 내려야 한다는 별개의견을 제시한 것을 제외하고는 재판관들이 일치된 의견으로 각하 및 합헌결정을 내렸다. 이 결정은 헌법규정들 상호간에는 상하의 효력상의 차이를 인정할 수 없다고 보아 위헌헌법심사를 부정했고, 헌법은 그 전체로서 주권자인 국민의 결단의 결과라 보아야 할 것이므로 헌법의 개별규정을 헌법재판소법 제68조 제 1 항 소정의 "공권력 행사"의 결과라고 볼 수도 없다는 입장을 밝힌 점에 주목을 요한다.

## ▶ 질 문

1. 이 결정에서 헌법재판소가 국가배상법 중 "향토예비군대원" 부분에서, 국가배상청구권은 그 요건에 해당하는 사유가 발생한 개별 향토예비군대원에게는 재산권이 되고, 따라서 심판대상조항부분은 결국 헌법 제23조 제 1 항에 의하여 향토예비군대원에게 보장되는 재산권을 제한하는 의미를 갖게 된다고 본 근거는 무엇인가?
2. 이 결정에서 헌법재판소가 국가배상법 중 "향토예비군 대원" 부분이 국가배상청구권에 대한 제한으로서 '침해의 최소성'을 결하지 않고 있다고 본 근거는 무엇인가?

# 13.

# 제13장 | 사회적 기본권

인간다운 생활권, 교육을 받을 권리, 근로의 권리, 근로3권은 사회권이라 불린다. 이 사회권은 20세기부터 사회국가사상에 기초하여 특히 사회적·경제적 약자의 보호를 위하고 실질적 평등을 실현하기 위한 보장으로서의 인권을 의미한다. 이러한 역사적 배경에 특징을 두고 있다. 사회권은 입헌주의의 초기에 형성된 자유권·평등권·참정권과는 달리, 1919년 바이마르 헌법에 비교적 새로운 권리로서 등장하였다. 자본주의의 모순을 해결하기 위해 종래의 소극국가에서 적극국가로 전환하는 과정에서 국가에 대한 정책적 요구의 필요성이 증대되었다. 그리고 "인간다운 생활권"을 불가결한 인권으로서 인식하게 되었다. 바이마르 헌법 제151조에 "경제생활의 질서는 모든 국민에게 인간다운 생활을 보장하는 목적을 가지고, 정의의 원칙에 적합하지 않으면 안 된다"고 규정되었다. 이는 전통적인 경제적 자유가 인간다운 생활권의 견지에서 일정한 제약을 받게 된다는 것을 천명한 것이다.

사회권의 내용은 국민이 인간다운 생활권을 영위하는 것을 보장하는 것이고, 법적으로 보면은 국가에 대해 일정한 작위를 요구하는 권리(작위청구권)이다. 이러한 점에서 국가개입의 배제를 목적으로 하는 권리(부작위청구권)인 자유권과 성질상 다르다. 하지만 사회권에도 공권력에 의한 부당한 침해가 있는 경우에는 이를 배제(부작위)하기 위해 법원에 청구할 수 있는 자유권적 측면이 존재한다.

# Ⅰ. 인간다운 생활을 할 권리

제34조 ① 모든 국민은 인간다운 생활을 할 권리를 가진다.
② 국가는 사회보장·사회복지의 증진에 노력할 의무를 진다.
③ 국가는 여자의 복지와 권익의 향상을 위하여 노력하여야 한다.
④ 국가는 노인과 청소년의 복지향상을 위한 정책을 실시할 의무를 진다.
⑤ 신체장애자 및 질병·노령 기타의 사유로 생활능력이 없는 국민은 법률이 정하는 바에 의하여 국가의 보호를 받는다.
⑥ 국가는 재해를 예방하고 그 위험으로부터 국민을 보호하기 위하여 노력하여야 한다.

## 1. 법적 성격과 내용

### ▶ 개 요

제 1 차 대전 이후 경제적 공황기를 거치면서 나타난 빈부격차, 사회적 부정의 문제들을 헌법적 차원에서 해결해 보려는 노력을 한 결과 국가에 대한 국민의 생존보장을 요구하는 권리들을 보장하게 되었다. 그러므로 인간다운 생활권으로 대표되는 사회적 기본권은 생활고를 겪는 경제적 약자가 인간적 생존의 최소한을 확보하는데 있어서 필요한 최소한의 재화를 국가에게 요구할 수 있는 권리를 내용으로 한다.

인간다운 생활권의 법적 성격에 관해서는 프로그램 규정설, 추상적 권리설, 불완전 구체적 권리설, 구체적 권리설이 대립하나 구체적 권리설이 다수설이다.

인간다운 생활을 할 권리의 법적 성격에 비추어 볼 때 그 규범력이 미치는 범위는 '최소한의 물질적 생존'의 보장에 필요한 급부에의 요구권으로 한정될 뿐, 그것으로부터 그 이상의 급부를 내용으로 하는 구체적 권리가 직접 도출되어 나오는 것은 아니다.

신체장애 · 질병 · 노령 기타 노동능력의 상실로 인하여 스스로 생계와 생활을 유지할 능력이 없는 사람은 생존의 최소한 수준에서 국가에 대해서 직접 그 보호를 요구할 수 있다. 헌법재판소는 국가가 인간다운 생활을 보장하기 위해 필요한 입법을 전혀 하지 아니하였다든가 그 내용이 현저히 불합리하여 헌법상 용인될 수 있는 재량의 범위를 명백히 일탈한 때에 해당하는 경우에 한하여 헌법에 위반된다고 한다(憲 1997. 5. 29.-94헌마33; 2001. 4. 26.-2000헌마390; 2004. 10. 28.-2002헌마328).

### ▶ 핵심판례

憲 1997. 5. 29.-94헌마33 [생계보호기준 사건]

[사건의 개요]

청구인들은 부부이고 생활보호법 제6조 제1항 및 동법 시행령 제6조 제1호 소정의 '거택보호대상자'로서, 보건복지부장관이 고시한 1994년 생활보호사업지침상의 '94년 생계보호기준'에 의하여 생계보호급여를 받고 있었다. 거택보호대상자에게 지급되는 생계보호금은 매월 1인당 65,000원 정도(주식비, 부식비, 연료비 등을 합한 것)였다. 이에 청구인들은 '94년 생계보호기준'에 의한 보호급여 수준은 최저생계비에도 훨씬 미치지 못하여 헌법상 보장된 청구인들의 행복추구권과 인간다운 생활을 할 권리를 침해하고 있다는 이유로 위 '94년 생계보호기준'에 대한 헌법소원심판을 청구하였다.

[심판의 대상]

이 사건의 심판대상은 생활보호법에 근거한 보건복지부장관 고시인 "94년 생계보호기준" 1인 월 65,000원이다.

이 사건에서 헌법재판소는 "청구인들의 심판청구를 모두 기각한다"라고 결정하고, 이유를 다음과 같이 설시하였다.

▣ 생활능력 없는 국민에 대한 국가의 보호의무

▪ 자본주의경제의 발달과정에 있어서 빈곤은 더 이상 개인적인 물질적 결핍의 문제가 아니라 사회의 안정을 위협하는 사회 전체의 문제이고, 경제의 성장에 의하여 자연적으로 해결될 수 있는 것도 아니라는 인식이 자리잡아 가면서, 빈곤문제는 국가의 과제로 인식되었다. 이러한 인식으로부터 현대의 여러 국가는 모든 국민에게 생활의 기본적 수요를 충족시켜 줌으로써 건강하고 문화적인 생활을 보

장하는 것이 국가의 책무라고 하는 사회국가원리를 헌법에 규정하게 되었고, 우리 헌법도 第34조 제1항·제2항에서 모든 국민은 인간다운 생활을 할 권리를 가지며 국가는 사회보장·사회복지의 증진에 노력할 의무를 진다고 규정하고 여러 가지 "사회적 기본권"을 폭넓게 규정함으로써 사회국가원리를 헌법적으로 수용하면서 특히 第34조 제5항에서는 "신체장애자 및 질병·노령 기타의 사유로 생활능력이 없는 국민은 법률이 정하는 바에 의하여 국가의 보호를 받는다"고 규정함으로써 생활능력이 없는 국민에 대한 국가의 보호의무를 명시하고 있다.

■ 모든 국민은 인간다운 생활을 할 권리를 가지며 국가는 생활능력없는 국민을 보호할 의무가 있다는 헌법의 규정은 입법부와 행정부에 대하여는 국민소득, 국가의 재정능력과 정책 등을 고려하여 가능한 범위 안에서 최대한으로 모든 국민이 물질적인 최저생활을 넘어서 인간의 존엄성에 맞는 건강하고 문화적인 생활을 누릴 수 있도록 하여야 한다는 행위의 지침, 즉 행위규범으로서 작용하지만, 헌법재판에 있어서는 다른 국가기관, 즉 입법부나 행정부가 국민으로 하여금 인간다운 생활을 영위하도록 하기 위하여 객관적으로 필요한 최소한의 조치를 취할 의무를 다하였는지 여부를 기준으로 국가기관의 행위의 합헌성을 심사하여야 한다는 통제규범으로 작용하는 것이다. 그러므로 국가가 인간다운 생활을 보장하기 위한 헌법적 의무를 다하였는지의 여부가 사법적 심사의 대상이 된 경우에는 국가가 생계보호에 관한 입법을 전혀 하지 아니하였든가, 그 내용이 현저히 불합리하여 헌법상 용인될 수 있는 재량의 범위를 명백히 일탈한 경우에 한하여 헌법에 위반된다고 할 수 있다.

▣ 이 사건 생계보호기준의 위헌 여부

■ 국민의 인간다운 생활을 할 권리를 보장하기 위하여 국가가 시행하는 사회보장의 방법에는, 국민 스스로의 기여를 기초로 생활의 여러 가지 위험에 대비하도록 하는 "사회보험"과 국민의 자기기여를 전제로 하지 않고 국가가 순수한 사회정책적 목적에서 지급하는 "사회부조"의 방법 등이 있다. 그런데 생활보호법에 근거하여 보건복지부장관이 정한 생계보호기준에 따라 행하여지는 생계보호는 보호대상자에 대하여 의복·음식물 기타 일상생활의 수요를 충족하는데 필요한 금품을 지급하여 그 생계를 유지하게 하는 것으로서(생활보호법 제8조) 사회부조의 전형적인 한 형태이다. 국가가 행하는 생계보호가 헌법이 요구하는 객관적인 최소한도의 내용을 실현하고 있는지의 여부는 결국 국가가 국민의 "인간다운 생활"을 보장함에 필요한 최소한도의 조치는 취하였는가의 여부에 달려있다고 할 것인바, "인간다

운 생활"이란 그 자체가 추상적이고 상대적인 개념으로서 그 나라의 문화의 발달, 역사적·사회적·경제적 여건에 따라 어느 정도는 달라질 수 있는 것일 뿐만 아니라, 국가가 이를 보장하기 위한 생계보호 수준을 구체적으로 결정함에 있어서는 국민 전체의 소득수준과 생활수준, 국가의 재정규모와 정책, 국민 각 계층의 상충하는 갖가지 이해관계 등 복잡하고도 다양한 요소들을 함께 고려하여야 한다. 따라서 생계보호의 구체적 수준을 결정하는 것은 입법부 또는 입법에 의하여 다시 위임을 받은 행정부 등 해당기관의 광범위한 재량에 맡겨져 있다고 보아야 한다.

그러므로 국가가 인간다운 생활을 보장하기 위한 헌법적 의무를 다하였는지의 여부가 사법적 심사의 대상이 된 경우에는, 국가가 생계보호에 관한 입법을 전혀 하지 아니하였다든가 그 내용이 현저히 불합리하여 헌법상 용인될 수 있는 재량의 범위를 명백히 일탈한 경우에 한하여 헌법에 위반된다고 할 수 있다. 한편, 국가가 국민의 인간다운 생활을 보장하기 위하여 행하는 사회부조에는 생활보호법에 의한 생계보호(이 사건 생계보호) 외에 다른 법령에 의하여 행하여지는 것도 있으므로(생활보호법 제4조 제2항 참조) 국가가 행하는 생계보호의 수준이 그 재량의 범위를 명백히 일탈하였는지의 여부, 즉 인간다운 생활을 보장하기 위한 객관적 내용의 최소한을 보장하고 있는지의 여부는 생활보호법에 의한 생계보호급여만을 가지고 판단하여서는 아니 되고 그 외의 법령에 의거하여 국가가 생계보호를 위하여 지급하는 각종 급여나 각종 부담의 감면 등을 총괄한 수준을 가지고 판단하여야 한다.

■ 그런데 보건복지부장관의 사실조회회신에 의하면, 1994년도를 기준으로 볼 때 거택보호대상자에게는 청구인들이 주장하는 매월 1인당 금 65,000원 정도(주식비, 부식비, 연료비 등을 합한 것)의 생계보호 이외에도 월동대책비로 1인당 1년에 61,000원, 생활보호대상자 중 70세 이상의 노인에게는 노인복지법에 의한 노령수당으로 1인당 월 15,000원이 각 지급되었고, 65세 이상 노인 전체에 대하여는 매월 1인당 3,600원 상당의 버스승차권이 지급되었으며, 생활보호법은 보호의 수준에 관하여 건강하고 문화 생활보호대상자에 대하여는 각 지방자치단체의 급수조례 및 하수도조례에 의하여 상하수도 사용료가 감면되며(서울특별시의 경우 매월 기본사용료 각 2,500원 면제), 한국방송공사법 시행령에 의거 월 2,500원의 텔레비전 수신료가 면제되고, 한국통신공사 이용약관에 의거하여 전화 사용료 월 6,000원(기본요금+통화 150회)까지는 면제되는 등 각종 급여와 부담감면이 행하여지고 있음을 알 수 있고, 한편 청구인들과 같이 2인이 1가구를 구성하는 경우의 1994년도 최저생계비는 1인당 매월 대도시에서는 190,000원 정도, 중소도시에서는 178,000원 정도, 농어촌에서는 154,000원 정도임을 알 수 있다.

> ■ 그렇다면 위에서 본 생계보호기준의 구체적 결정에 있어 고려할 여러 가지 요소들에 비추어, 이 사건 생계보호기준이 청구인들의 인간다운 생활을 보장하기 위하여 국가가 실현해야 할 객관적 내용의 최소한도의 보장에도 이르지 못하였다거나 헌법상 용인될 수 있는 재량의 범위를 명백히 일탈하였다고는 보기 어렵고(보건복지부장관의 사실조회회신에 의하면, 생계보호의 지원내용도 1인당 월평균 1995년에는 78,000원 정도, 1996년에는 107,000원 정도로 점차 향상시켰고 1998년까지는 최저생계비수준을 완전히 보장할 수 있도록 사회복지장기발전계획을 수립·시행하고 있으며, 보건복지부의 전체예산 중 사회보장 부분에 투자된 예산액은 1994년도의 경우 약 87% 정도임을 알 수 있다), 따라서 비록 위와 같은 생계보호의 수준이 일반 최저생계비에 못미친다고 하더라도 그 사실만으로 곧 그것이 헌법에 위반된다거나 청구인들의 행복추구권이나 인간다운 생활을 할 권리를 침해한 것이라고는 볼 수 없다 할 것이다.

## ▶ 해 설

### 양로시설에 입소한 국가유공자의 연금지급 정지

인간다운 생활권의 제한과 관련된 이 사건(憲 2000. 6. 1.-98헌마216)은 국가 등의 양로시설 등에 입소하는 국가유공자에게 부가연금, 생활조정수당 등의 지급을 정지하도록 한 국가유공자등예우및지원에관한법률 제20조 제 2 항 및 동 시행령 제31조 제 2 항의 위헌 여부에 관한 것이다. 이에 대해 헌법재판소는 합헌결정을 내리며, 이 사건 규정에 의하여 일부 연금이나 수당이 지급정지된다고 하여도 청구인들에게 기본연금이 계속 지급되며, 더구나 양로시설에서 무상으로 생활할 수 있게 된다는 점, 그리고 인간다운 생활이라고 하는 개념이 사회의 경제적 수준 등에 따라 달라질 수 있는 상대적 개념이라는 점을 고려하면, 이 사건 규정으로 인하여 헌법 제34조 제 1 항의 인간의 존엄에 상응하는 최소한의 물질생활의 보장을 내용으로 하는 인간다운 생활을 할 권리를 침해하였다고 볼 수는 없다고 판시하였다.

### 저상버스도입의무 불이행

인간다운 생활권과 관련된 이 사건(憲 2002. 12. 18.-2002헌마52)은 피청구인인 보건복지부장관이 저상버스를 도입하지 않고 있는 부작위가 청구인의 기본권을 침해하는지의 여부이다. 이에 대해 헌법재판소는 각하결정을 하면서, 장애인의 복지를 향상해야 할 국가의 의무가 다른 다양한 국가과제에 대하여 최우선적인 배려를 요청할 수 없을 뿐 아니라, 나아가 헌법의 규범으로부터는 '장애인을 위한 저상버스의 도입'과 같은 구체적인 국가의 행위의무를 도출할 수 없고, 국가에게 헌법 제34조에 의하여 장애인의 복지를 위하여 노력을 해야 할 의무가 있다는 것은, 장애인도 인간다운 생활을 누릴 수 있는 정의로운 사회질서를 형성해야 할 국가의 일반적인 의무를 뜻하는 것이지, 장애인을 위하여 저상버스를 도입해야 한다는 구체적 내용의 의무가 헌법으로부터 나오는 것은 아니라고 판시하였다.

### 사회적 기본권과 국가목표조항

헌법학의 독립된 카테고리로서의 국가목표규정은 "주관적 권리를 시민에게 부여하지 않고, 국가권력을 특정의 목표를 수행하도록 법적 구속력을 가지며, 의무를 부과하는 헌법규범"으로 독일에서 인정되는 것으로 연방헌법 제20조 사회국가, 제20a조 환경국가조문이 있다. 독일 연방헌법에 국가목표규정이라는 직접적인 명문의 규정은 없으나, 이를 국가목표규정으로 보는 것에는 이론이 없다.

우리 헌법 제31조에 "모든 국민은 능력에 따라 균등하게 교육을 받을 권리를 가진다," 제32조에 "모든 국민은 근로의 권리를 가진다," 제33조에 "근로자는 근로조건의 향상을 위하여 자주적인 단결권·단체교섭권 및 단체행동권을 가진다," 제34조에 "모든 국민은 인간다운 생활을 할 권리를 가진다," 제35조에 "모든 국민은 건강하고 쾌적한 환경에서 생활할 권리를 가지며"라는 사회권에 대해 규정하고 있다. 현행 우리 사회권의 특징은 그 형태가 독일과 차이점이 존재하는데, 독일의 경우 사회국가라는 국가목표를 정하는 데 그치지만 우리의 경우 하나의 기본권으로서 표현하고 있다.

사회국가원리와 관계하여 특히 헌법 제34조는 "모든 국민은 인간다운 생활을 할 권리를 가진다"라고 규정하여 사회국가의 이념을 기본권으로 두고 있다. 이러한 사회국가의 원리는 많은 국가목표규정을 통해 실현된다. 우리 헌법 제34조 제 2 항에는 "국가는 사회보장·사회복지의 증진에 노력할 의무를 진다"라고 규정되어 있고, 제32조는 "모든 국민은 근로의 권리를 가진다. 국가는 사회적·경제적 방법으로 근로자의 고용의 증진과 적정임금의 보장에 노력하여야 하며……"라고 규정하여 근로환경의 조성을 국가의 의무로 두고 있다. 제34조 제 3 항은 "국가는 여자의 복지와 권익의 향상을 위하여 노력하여야 한다"라고 규정하여 사회국가의 실현과 여성의 실질적 평등권을 보장하는 내용을 담고 있다. 또한 제34조 제 3 항에도 "국가는 노인과 청소년의 복지향상을 위한 정책을 실시할 의무를 진다"라고 규정하여, 국가의 소수보호를 위한 사회정의의 실현에 관한 규정을 두고 있다.

우리 헌법은 사회국가실현을 위한 국가의 경제적 목표규정으로 중소기업과 농·어민 보호규정을 두고 있다. 제123조 제4항은 "국가는 농수산물의 수급균형과 유통구조의 개선에 노력하여 가격안정을 도모함으로써 농·어민의 이익을 보호한다"라고 규정하고, 동조 제5항은 "국가는 농·어민과 중소기업의 자조조직을 육성하여야 하며, 그 자율적 활동과 발전을 보장한다"라고 규정하고 있다.

사회국가의 생활환경을 마련하기 위해 필요한 교육에 관한 국가목표도 규정하고 있다. 헌법 제31조는 "국가는 평생교육을 진흥하여야 한다"라고 규정하여 재교육 및 실업자의 직업 전환을 위한 국가의 노력을 규정하고 있다. 이 규정은 사회국가뿐만 아니라 교육권(제31조), 직업선택의 자유권(제15조)의 객관적 질서의 구체적 내용을 형성한다고 볼 수 있다.

이러한 국가목표조항은 "주관적 권리를 시민에게 부여하지 않고, 국가권력(입법·행정·사법)을 특정의 목표를 수행하도록 법적 구속력 가지며, 의무를 부과하는 헌법규범"으로 정의할 수 있다. 또한 국가목표조항은 적극적 입법형성을 요구하는 특성을 지니기 때문에 기본권의 방어권성과 구별된다. 방어권은 시민의 주관적 권리로서 구성되어 있고, 이는 국가의 작위가 아니라 국가의 침해부작위를 요구한다. 부작위를 요청하는 방어권과 작위를 요구하는 국가목표조항은 긴장관계에 있으며, 후자는 전자의 현실적인 제 전제를 창설·촉진하는 것이며 양자는 보완관계 및 상호간에 효력을 강화하는 관계에 놓인다.

### ▶ 질 문

1. 추상적 권리설과 구체적 권리설의 차이는 무엇인가?
2. 인간다운 생활권의 헌법적 한계는 무엇인가?

## 2. 사회보장수급권

### ▶ 개 요

헌법 제34조에는 국가의 사회보장 증진의무, 여성의 복지향상의무, 노인과 청소년의 복지향상의무, 신체장애자 등 생활능력 없는 자 보호의무 등이 규정되어 있는데, 이러한 국가의 의무는 법적 구속력을 지닌 것으로 입법, 행정, 사법을 기속한다. 그러므로 국가는 우선적으로 이를 실현할 사회보장법률 제정의무를 지닌다. 또한 이 규정은 최소한의 사회보장수급권의 보장을 헌법이 전제하고 있다고 볼 수 있다.

사회보장수급권은 사회적 위험으로 말미암아 요보호상태에 있는 개인이 인간다운 생활을 영위하기 위하여 국가에 대해 일정한 내용의 적극적 급부를 요구할 수 있는 권리를 말하며, 여기에는 사회보험수급권, 공공부조청구권, 사회보상청구권, 사회복지청구권이 속한다.

사회보장수급권은 인간다운 생활권 등의 보장에서 도출되는 사회적 기본권의 하나이며, 이와 같이 사회적 기본권의 성격을 가지는 사회보장수급권은 국가에 대하여 적극적으로 급부를 요구하는 것이므로 헌법규정만으로는 이를 실현할 수 없고, 법률에 의한 형성을 필요로 한다. 그러나 사회적 기본권의 최소한도의 내용마저 해당법률이 보장하지 않는 경우에는 헌법에 위반된다.

사회보장수급권에는 사고가 발생한 경우에 그 위험부담을 다수인에게 분산시킴으로써 경제적 약자를 보호하는 사회보험(국민건강보험, 연금보험, 재해보험, 고용보험), 국가유공자 등이 상해 등 피해를 입은 경우 이들의 생활보장을 위한 사회보상(국가유공자등예우및지원에관한법률 등), 국가가 공적서비스를 제공하여 생활의 어려움을 돕는 사회복지(아동복지법, 한부모가족지원법, 노인복지법, 장애인복지법 등), 국가가 직접 최저생활에 필요한 급여를 제공하는 공적부조(국민기초생활보장법)가 포함된다.

### ▶ 핵심판례

憲 2003. 12. 18.-2002헌바1 [경과실에 의한 범죄 보험급여제한 사건]

[사건의 개요]

청구인은 자신의 승용차를 운전하다가 마주오던 청구외 갑이 운전하는 택시와 충돌하여 그에게 상해를 입히고 자신도 경추골절로 인한 하반신불구의 부상을 입고 치료를 받았다. 국민건강보험공단은 청구인에게 위 부상에 대한 보험금을 지급하였다가 청구인의 부상이 혈중알콜농도 0.130%의 음주상태에서 운전하다가 중앙선을 침범한 자신의 범죄행위에 기인한 것이므로 보험금을 지급할 수 없는 경우에 해당한다는 이유로 청구인으로부터 위 보험금 상당액을 환수한다는 처분을 하였다.

청구인은 자신의 행위가 고의나 중과실에 의한 것임을 부인하면서 국민건강보험공단 울산지사장을 상대로 울산지방법원에 위 처분의 취소를 구하는 소를 제기하고 그 계속 중 위 처분의 근거가 된 심판대상 법조항에 대하여 기본권침해를 이유로 한 위헌심판제청을 신청하였으나 이것이 기각되자 헌법소원을 제기하였다.

[심판의 대상]

**구 국민의료보험법** 제41조(급여의 제한) ① 보험자는 보험급여를 받을 자가 자신의 범죄행위에 기인하거나 또는 고의로 사고를 발생시켰을 때에는 당해 보험급여를 하지 아니한다.

이 사건에서 헌법재판소는 "구 국민의료보험법(1999. 12. 31. 법률 제6093호로 개정된 국민건강보험법 부칙 제2조에 의하여 2000. 7. 1.자로 폐지되기 전의 것) 제41조 제1항의 '범죄행위'에 고의와 중과실에 의한 범죄행위 이외에 경과실에 의한 범죄행위가 포함되는 것으로 해석하는 한 이는 헌법에 위반된다"라고 결정하고, 이유를 다음과 같이 설시하였다.

▣ 의료보험수급권의 법적 성질

의료보험제도는 피보험자인 국민이 납부하는 기여금 형태의 보험료와 국고부담을 재원으로 하여, 국민에게 발생하는 질병·상해·분만·사망 등 상당한 재산상 부담이 되는 사회적 위험을 보험방식에 의하여 대처하는 사회보험제도(사회보장기본법 제3조 제2호, 구 국민의료보험법 제1조)이므로 이 제도에 따른 의료보험수급권은 이른바 사회보장수급권의 하나에 속한다. 원래 사회보장기본법에서는 "모든 국민은 사회보장에 관한 관계법령이 정하는 바에 의하여 사회보장의 급여를 받을 권리를 가진다"라고 규정하고 있는데(사회보장기본법 제9조) 이러한 사회보장수급권은 헌법 제34조 제1항에 의한 인간다운 생활을 보장하기 위한 사회적 기본권 중의 핵심적인 것이고 의료보험수급권은 바로 이러한 사회적 기본권에 속한다.

그런데 이와 같이 사회적 기본권의 성격을 가지는 의료보험수급권은 국가에 대하여 적극적으로 급부를 요구하는 것이므로 헌법규정만으로는 이를 실현할 수 없고 법률에 의한 형성을 필요로 한다. 의료보험수급권의 구체적 내용, 즉 수급요건·수급권자의 범위·급여금액 등은 법률에 의하여 비로소 확정된다(憲 1999. 4. 29.-97헌마333, 판례집 11-1, 503, 513 참조). 구 국민의료보험법은 제4장에서 보험급여의 내용을 구체적으로 규정하고 있는바 피보험자 및 피부양자의 질병, 부상, 분만에 대하여 보험급여를 한다고 규정하고 그 내용, 의료보험의 개시시기, 비용의 일부부담에 대하여 규정하고 있다. 따라서 의료보험수급권은 법률에 의하여 이미 형성된 구체적인 권리라고 할 것이다. 헌법재판소는 구 의료보험법 제31조 제1항이 규정하는 "이른바 분만급여청구권은 위와 같은 사회보장제도 중 사회보험으로서의 의료보험급여의 일종으로 의료보험법이라는 입법에 의하여 구체적으로 형성된 권리이다"라고 판시한 바 있다(憲 1997. 12. 24.-95헌마390, 판례집 9-2, 828). 그러므로 구 국민의료보험법 제41조가 보험급여의 제한이라고 하여 “보험자는 보험급여를 받을 자가 자신의 범죄행위에 기인하거나 또는 고의로 사고를 발생시켰을 때에는 당해 보험급여를 하지 아니한다”라고 규정하고 있는 것은 이미 구체적으로 형성된 권리에 대한 제한의 의미를 갖는다.

한편 의료보험법상의 보험급여는 가입자가 기여금의 형태로 납부한 보험료에 대한 반대급부의 성질을 갖는 것이고 본질상, 보험사고로 초래되는 가입자의 재산상의 부담을 전보하여 주는 경제적 유용성을 가지므로 의료보험수급권은 재산권의 성질을 갖는다. 구 국민의료보험법 제57조는 “국고는 매년도 예산의 범위 안에서 대통령령이 정하는 바에 의하여 공단에 대하여 의료보험사업에 필요한 비용의 일부를 부담할 수 있다”라고 규정하고 동법 시행령 제32조 제1항은 공단의 관리운영비용, 지부의 설치비용, 천재·지변 등으로 발생한 결산상 부족금의 보전, 보험재정안정사업의 실시로 인한 공단의 비용, 지역피보험자의 보험급여에 소요되는 비용 등을 일부 부담할 수 있다고 규정한다. 그러나 의료보험의 보험재정은 가입자가 납부하는 보험료에 의하여 대부분 형성되고 국고의 지원은 위에서 본 것처럼 원칙적으로 관리재정에 대한 것이므로 국고의 일부 지원이 있다는 사실은 의료보험수급권의 재산권적 성질을 인정하는데 장애가 되지 않는다. 법률에 의하여 구체적으로 형성된 의료보험수급권에 대하여 헌법재판소는 이를 재산권의 보장을 받는 공법상의 권리로서(憲 2000. 6. 29.-99헌마289, 판례집 12-1, 913, 950 참조) 헌법상의 사회적 기본권의 성격과 재산권의 성격을 아울러 지니고 있다고 보므로(憲 1999. 4. 29.-97헌마333, 판례집 11-1, 503, 512 참조) 보험급여를 받을 수 있는 가입자가 만일 계쟁조항에 의하여 보험급여를 받을 수 없게 된다면 이것은 헌법상의 재산권과 사회적 기본권에 대한 제한이 된다.……

▣ 사회적 기본권의 침해

계쟁조항이 초래하는 과도한 제한은 보험의 본질과 조화되지 않는 측면이 있다.

▪과실범은 법률에 특별한 규정이 있는 경우에 한하여 이를 처벌하고(형법 제14조) 그 법정형도 고의범에 비하여 가볍다. 과실범 중에서도 일정한 경우에는 중과실을 경과실과 구별하여 따로 보다 무거운 형을 정하고 있으므로 결국 경과실의 범죄에 대하여는 고의범이나 중과실범에 비하여 법정형을 가볍게 하고 있는 것인데 그 이유는 그것이 경과실에 의하여 우연히, 우발적으로, 발생한 것이어서 그에 대한 비난가능성이 크지 않다는데 있다. 결국 경과실의 범죄로 인한 사고는 개념상 우연한 사고의 범위를 벗어나지 않는다. 따라서 경과실의 범죄로 인하여 우연하게 발

생한 사고를 보험사고에서 제외하는 것은 우연한 사고로 인한 손해를 대수의 법칙에 의하여 분산시킨다는 보험의 본질에 어긋난다.

■ 물론 고의나 중과실에 의한 범죄행위 자체와 그로 인하여 발생한 질병이나 부상 등의 보험사고와는 구별되는 것이므로 범죄행위가 고의나 중과실에 의한 것이라고 하여 그로 인한 보험사고까지도 고의나 중과실에 의한 것, 바꾸어 말하면 우연성이 없는 것이라고 말할 수는 없다. 그러나 보험사고발생의 계기를 이루는 고의의 범죄행위 자체는 원래 우연성이 없는 것이고 이러한 비우연성(非偶然性)의 범죄를 계기로 하여 발생한 보험사고 중 적어도 위와 같은 비우연성의 범죄와 상당한 인과관계에 있는 보험사고는 전체적으로 볼 때 사실의 측면에서도 역시 그 우연성이 인정되지 않는다고 볼 수 있다. 또한 고의범에 기인한 보험사고는, 그 사고발생의 계기가 되는 범죄행위라는 것이 보험공동체에 대하여 위해를 끼치지 않도록 성실하고 책임있게 행동하여야 할 보험공동체의 일원으로서의 의무를 고의로 어긴 것이므로, 그에 대한 제재적 차원의 가치판단에서 보아도 그로 인한 사고의 우연성을 부정하는 것이 합당하다. 한편 중과실에 의한 범죄로 인하여 발생하는 보험사고는 어느 정도는 고의범과 달리 우연히 발생한 것이라고 볼 측면이 없지는 않다. 원래가 중과실에 의한 범죄는 고의범과 경과실범의 중간영역에 위치한다고 볼 수 있는 측면이 사실상 존재한다. 그러므로 중과실에 의한 범죄를, 그 발생의 우연성을 기준으로 할 때, 보험의 분야에서 이를 고의범과 같이 취급할 것인지 또는 경과실범과 같이 취급할 것인지를 결정하는 것은 결국은 입법정책의 재량문제라고 할 것이다. 이러한 입장에서 보면 중과실에 의한 범죄를 고의범과 같이 취급하여 이에 기인하는 보험사고에 대하여 급여를 배제하는 것은 입법재량의 범위 내에 있는 것이고 이것이 입법재량의 한계를 현저히 일탈하여 보험의 본질을 침해하는 것이라고 볼 특별한 사정은 찾아 볼 수 없다.

■ 이에 반하여 경과실의 범죄로 인한 사고는 앞에서 본 바와 같이 개념상 우연한 사고의 범위를 벗어나지 않는다. 경과실에 의한 범죄 자체가 우연적인 요소가 강한 것인데 여기서 한 걸음 더 나아가 이것이 계기가 되어 보험사고의 발생에까지 이르게 된다는 것은 더욱 그 우연성을 크게 보지 않을 수 없기 때문이다.

그러므로 경과실로 인한 범죄행위에 기인하는 보험사고에 대하여 의료보험급여를 부정하는 것은 보험의 본질과 목적에 어긋나는 것이다.

위와 같이 의료보험급여의 배제가 보험의 본질과 목적에 어긋난다고 하는 것은 다른 한편으로는, 사회보장급여를 절실히 필요로 하는 곳에 오히려 이를 제공하지 않게 된다는 것을 의미한다. 의료보험을 포함하는 사회보장제도는, 그 발생여부가 확실치 않거나 또는 그 발생시기를 확실히 하기 어려운 사회생활상의 우연한 위험으로부터 경제적 능력이 충분치 않은 다수의 국민을 보호하기 위하여 원래 만들어진 제도이므로, 예측하지 못한 우연한 위험이 발생한 때에 사회보장으로서의 의료보험의 실시가 가장 절실하게 필요하다. 경과실의 범죄행위에 기인한 보험사고는 의료보험을 가장 절실하게 필요로 하는 바로 이러한 우연한 위험의 하나에 속하는 것이다. 그러므로 이러한 경우에 오히려 의료보험의 수급권을 부정하는 것은 사회보장제도의 목적 내지 필요성에 어긋나는 것이다.

■ 의료보험수급권은 법률에 의하여 구체적으로 형성되는 권리이고 의회는 그 형성에 있어서 넓은 재량을 갖는다(憲 1999. 4. 29.-97헌마333, 판례집 11-1, 503, 513 참조). 그러나 그 재량은 제도의 본질을 침해하여서는 안 된다는 헌법상의 한계를 갖는 것이고 만일 이러한 재량의 한계를 현저히 일탈할 경우에는 그 법률은 위헌이 된다. 더구나 헌법 제34조 제 2 항은 국가는 사회보장과 사회복지의 증진에 노력할 의무를 진다고 규정하고 있으므로 의회의 입법재량이 이러한 헌법상의 의무에 역행하는 방향으로 행사되어서는 안 될 것이다.

따라서 의료보험수급권을 법률로 형성함에 있어서 의회가 비록 폭넓은 재량권을 가진다는 점을 고려한다고 하더라도 계쟁조항이 경과실의 범죄행위에 기인한 보험사고의 경우에까지 의료보험의 수급권을 부정하는 것은 위에서 본 바와 같이 우연한 사고로 인한 위험으로부터 다수의 국민을 보호하고자 하는 사회보장제도로서의 의료보험의 본질에 반하고, 의료보험을 절실히 필요로 하는 다수 국민의 우연한 위험에 대하여 그 보호를 거절하는 것이 되어 사회보장의 증진에 노력할 국가의 책임에 역행하는 것이므로 이러한 입법은 재량의 범위를 현저히 일탈하여 위헌이라고 할 것이다.

■ 요컨대 범죄행위로 인하여 발생한 보험사고에 대하여 보험급여를 하지 않는다고 규정한 계쟁조항의 '범죄행위'에 경과실에 의한 범죄까지 포함된다고 해석하는 경우에는, 경과실에 의하여 우연히 발생한 보험사고에 대한 보험급여를 부정하게 되는데, 이것은 의료보험수급권이라는 재산권을 과도하게 제한하여 헌법에 위반된다. 뿐만 아니라 이것은 사회적 기본권으로서의 의료보험수급권의 본질을 침해하여 역시 헌법에 위반된다.

그렇다면 구 국민의료보험법 제41조 제 1 항의 "범죄행위"에 '고의'와 '중과실'로 인한 범죄행위 이외에 '경과실'에 의한 범죄행위도 포함되는 것으로 해석하는 한 이는, 다른 점에 대하여 더 판단할 것도 없이, 헌법에 위반되므로 주문과 같이 결정한다. 이 결정은 아래와 같은 재판관 김영일의 반대의견이 있는 외에는 다른 관여 재판관 전원의 일치된 의견에 의한 것이다.

## ▶ 해 설

### 반대의견

위 사건에서는 다수의견의 위헌결정에 대해 1인의 반대의견이 개진되었다.

이 견해에 의하면 구 국민의료보험법상 범죄행위에 기인한 보험사고에 대하여 의료보험수급권을 제한하는 경우 고의에 의한 범죄행위로 한정할 것인지, 중과실에 의한 범죄행위까지만 포함할 것인지, 고의·과실을 불문하고 모든 범죄행위를 다 포함할 것인지의 여부는 의료보험수급권의 성격상 전체적으로 입법자의 광범위한 재량에 맡겨진 영역이고, 이 사건 법률조항에서 위와 같이 특별히 어느 범죄행위에 제한을 두지 않고 모든 범죄행위에 기인한 보험사고를 대상으로 하고 있는 것이 명백히 자의적인 입법으로서 입법자의 재량범위를 넘어 청구인의 재산권 및 사회보장수급권을 침해하는 것이라고 볼 수 없다고 한다.

### 산재보험수급권

사회보장수급권의 한계와 관련한 이 사건(憲 2003. 7. 24.-2002헌바51)은 산재보험법 제5조 단서, 같은법 시행령 제3조 제1항 제3호에서 '사업의 위험률·규모 및 사업장소 등을 참작하여 건설공사 중 주택건설촉진법에 의한 주택사업자 또는 건설산업기본법에 의한 건설업자가 아닌 자가 시공하는 공사로서 연면적이 330m$^2$ 이하인 건축물의 건축 또는 대수선공사에 관한 공사'를 산재보험이 당연적용되는 사업에서 제외한 부분의 위헌 여부에 관한 것이다. 이에 대해 헌법재판소는 합헌결정을 내리며, 근로자에게 인정되는 보험수급권도 입법재량권의 행사에 따라 제정되는 산업재해보상보험법에 의하여 비로소 구체화되는 법률상의 권리라고 볼 것인바, 그렇다면 처음부터 적용제외사업에 종사함으로써 위 법 소정의 수급자격을 갖추지 못한 근로자로서는 헌법상의 인간다운 생활을 할 권리나 산업재해보상보험법에 기한 권리를 내세워 국가에 대하여 적용대상사업 획정과 관련한 적극적 행위를 요구할 지위에 있다고 볼 수 없으므로, 이 사건 법률조항은 헌법 제34조에 위반되지 않는다고 판시하였다.

▶ 질 문

1. 자유권과 사회권적 기본권의 차이점을 설명하시오.
2. 인간다운 생활권에서 사회보장수급권이 직접 도출되는가?

# Ⅱ. 교육받을 권리

제31조 ① 모든 국민은 능력에 따라 균등하게 교육을 받을 권리를 가진다.
② 모든 국민은 그 보호하는 자녀에게 적어도 초등교육과 법률이 정하는 교육을 받게 할 의무를 진다.
③ 의무교육은 무상으로 한다.
④ 교육의 자주성·전문성·정치적 중립성 및 대학의 자율성은 법률이 정하는 바에 의하여 보장된다.
⑤ 국가는 평생교육을 진흥하여야 한다.
⑥ 학교교육 및 평생교육을 포함한 교육제도와 그 운영, 교육재정 및 교원의 지위에 관한 기본적인 사항은 법률로 정한다.

## 1. 학습권(수학권)

▶ 개 요

헌법이 정하는 교육을 받을 권리란 국민이 능력에 따라 균등하게 교육받는 것을 공권력에 의하여 부당하게 침해받지 않는 것과 능력에 따라 균등하게 교육을 받을 수 있도록 국가가 적극적으로 배려를 하여 줄 것을 요구할 수 있는 권리를 말한다.

헌법 제31조 제1항에서 정하고 있는 학습권의 능력이라 함은 일신에 전속한 수학능력을 의미한다. 그러므로 수학능력이 아닌 교육외적 요소(성별, 사회적 신분, 경제적 능력, 부모의 지위, 종교, 거주지역)에 따라 취학기회를 주는 것은 금지된다. 또한 수학능력에 대한 공개경쟁입학시험을 통해 교육받을 권리를 제한적으로 부여하거나 대학이 정하는 일정한 기준에 미달하는 자에 대하여 입학을 불허하는 것은 합헌이다.

그런데 능력에 따라 교육을 받는다는 것은 능력에 상응하는 교육을 받을 권리를 의미하고, 능력이 있는 자만 교육을 받을 권리가 있다는 것을 뜻하는 것은 아니다. 국가는 장애인 등의 교육여건을 개선하는 데도 노력해야 하고 영재나 지진아에게도 그 능력에 맞는 교육의 기회를 제공해야 한다. 교육은 학교교육, 사회교육, 가정교육, 평생교육 등을 의미하지만 헌법 제31조 제1항의 학습권에서 헌법적 권리로 보장하는 교육은 학교교육을 뜻한다. 한편 이러한 권리도 법률에 의해 구체화되는 것이므로 헌법 제31조 제1항에서 보장하는 교육의 기회균등권으로부터 국민이 직접 실질적 평등교육을 위한 교육비를 청구할 권리가 도출되는 것은 아니다.

국가의 교육권한 또는 교육책임은 학교교육이라는 제도교육을 통하여 행사되고 이행되는데, 이 경우 부모의 교육권과의 위상문제가 제기될 수 있다. 이 경우 일반적으로 자녀의 양육과 교육에 있어서 부모의 교육권은 교육의 모든 영역에서 존중되어야 하며, 다만 학교교육의 범주 내에서는 국가의 교육권한이 헌법적으로 독자적 지위를 부여받음으로써 부모의 교육권과 함께 자녀의 교육을 담당하지만, 학교 밖의 교육영역에서는 원칙적으로 부모의 교육권이 우위를 차지한다.

### ▶ 핵심판례

憲 1992. 10. 1.-92헌마68 [서울대 입시요강 사건]

[사건의 개요]

교육부로부터 대학입학시험제도개선안을 통보받은 서울대학교는 1년간의 연구·검토 끝에 "'94학년도 대학입학고사 주요요강"을 발표하였는데 교육부가 마련한 네 가지 입시유형 중 제4유형을 선택한 것으로서 고등학교 내신성적 반영비율을 40%로 하고, 대학수학능력시험성적 반영비율을 20%로 하며, 대학별 고사의 반영비율을 40%로 하되 인문계열의 경우 국어(논술), 영어, 수학 1 등 3과목을 필수과목으로 하고 한문, 프랑스어, 독일어, 중국어, 에스파냐어 등 5과목을 선택과목으로 정하여 그 중 1과목을 선택하도록 하는 등을 내용으로 한 것이다. 대원외국어고등학교 일본어과 1학년에 재학 중이어서 1995학년도 대학입학고사에 응시예정인 청구인 등은 서울대학교가 대학별 고사방법을 정함에 있어 인문계열의 선택과목에서 일본어를 제외시킨 것이 기본권을 침해하였다고 주장하며 헌법소원을 제기하였다.

[심판의 대상]

서울대학교는 1992. 4. 2. "'94학년도 대학입학고사 주요요강"을 발표하였는데, 교육부가 마련한 네 가지 입시유형 중 제4유형을 선택한 것으로서 고등학교 내신성적 반영비율을 40%로 하고 대학수학능력시험성적 반영비율을 20%로 하며(예술계열은 별도), 대학별 고사의 반영비율을 40%로 하되 인문계열의 경우(그 밖의 계열은 청구인들과 관계없으므로 언급하지 아니한다) 국어(논술), 영어, 수학 1 등 3과목을 필수과목으로 하고 한문, 프랑스어, 독일어, 중국어, 에스파냐어 등 5과목을 선택과목으로 정하여 그 중 1과목을 선택하도록 하는 등을 내용으로 한 것이다.

이 사건에서 헌법재판소는 "심판청구를 기각한다"라고 결정하고, 이유를 다음과 같이 설시하였다.

▣ 서울대학교가 "'94학년도 대학입학고사 주요요강"에서 인문계열 대학별고사의 선택과목은 한문, 불어, 독어, 중국어, 에스파냐어 등 5과목 중 1과목으로 정하고 일본어를 선택과목에서 제외한 것이 헌법에 위반되는지의 여부에 대하여 본다.

■ 헌법 제31조 제4항은 "교육의 자주성·전문성·정치적 중립성 및 대학의 자율성은 법률이 정하는 바에 의하여 보장된다"라고 규정하여 교육의 자주성·대학의 자율성을 보장하고 있는데 이는 대학에 대한 공권력 등 외부세력의 간섭을 배제하고 대학구성원 자신이 대학을 자주적으로 운영할 수 있도록 함으로써 대학인으로 하여금 연구와 교육을 자유롭게 하여 진리탐구와 지도적 인격의 도야(陶冶)라는 대학의 기능을 충분히 발휘할 수 있도록 하기 위한 것이며, 교육의 자주성이나 대학의 자율성은 헌법 제22조 제1항이 보장하고 있는 학문의 자유의 확실한 보장수단으로 꼭 필요한 것으로서 이는 대학에게 부여된 헌법상의 기본권이다. 따라서 국립대학인 서울대학교는 다른 국가기관 내지 행정기관과는 달리 공권력의 행사자의 지위와 함께 기본권의 주체라는 점도 중요하게 다루어져야 한다. 여기서 대학의 자율은 대학시설의 관리·운영만이 아니라 학사관리 등 전반적인 것이라야 하므로 연구와 교육의 내용, 그 방법과 그 대상, 교과과정의 편성, 학생의 선발, 학생의 전형도 자율의 범위에 속해야 하고 따라서 입학시험제도도 자주적으로 마련될 수 있어야 한다.

다만 이러한 대학의 자율권도 헌법상의 기본권이므로 기본권 제한의 일반적 법률유보의 원칙을 규정한 헌법 제37조 제2항에 따라 국가안전보장·질서유지·공공복리 등을 이유로 제한(필요, 최소한의 한도에서)될 수 있는 것이며, 대학입학방법을 규정하고 있는 교육법 제111조의2 및 교육법 시행령 제71조의2의 규정은 바로 헌법 제37조 제2항에 의한 대학자율권 규제법률이다.

■ 교육법 시행령 제71조의2가, 그와 같은 내용으로 개정될 것을 전제로 하여 교육부가 새로 마련한 대학입학시험제도개선내용(94학년도부터 시행예정)에 의하면 서울대학교가 선택한 제4유형은 고등학교 내신성적(40% 이상 반영)+대학수학능력시험성적+대학별 고사로 하도록 되어 있고 대학별 고사의 고사과목이나 방법에는 고

등학교 교과과목에 포함되어 있지 않은 과목을 고사과목에 포함시킬 수 없다는 제한 외에는 그 밖에 아무런 제한을 두고 있지 아니하며 다만 교육부는 대학입학시험제도개선내용을 각 대학에 통보하면서 수험생의 부담을 덜어 주기 위하여 고사실시과목수를 3과목 이내로 하도록 권장하고 있을 뿐이다. 그러므로 대학별 고사를 실시키로 한 서울대학교가 대학별 고사과목을 어떻게 정할 것인가, 영어 이외의 외국어를 선택과목으로 하기로 정하였다면 그러한 외국어의 범위를 어떻게 정할 것인가는 고등학교 교과과목의 범위 내에서 서울대학교의 자율에 맡겨진 것이므로 서울대학교가 인문계열의 대학별 고사과목을 정함에 있어, 국어(논술), 영어, 수학 1을 필수과목으로 하고 한문 및 불어, 독어, 중국어, 에스파냐어 등 5과목 중 1과목을 선택과목으로 정하여 일본어를 선택과목에서 제외시킨 것은 교육법 제111조의2 및 앞으로 개정될 교육법 시행령 제71조의2의 제한범위 내에서의 적법한 자율권행사라 할 것이다.

■ 고등학교 교육과정의 외국어 교과 중에 일본어과목이 독일어, 프랑스어, 에스파냐어, 중국어 등 과목과 함께 선택과목의 하나로 채택되어 있고 고등학교 중 일본어를 가르치고 있는 학교가 많고 심지어 독일어, 프랑스어, 에스파냐어, 중국어 등 과목을 완전히 배제한 채 외국어 선택과목으로는 오로지 일본어 하나만을 가르치고 있는 고등학교도 상당수이며 현재 고등학교에서 일본어를 외국어 선택과목으로 배우고 있는 학생들 중 94학년도에 대학진학 예정인 2학년생과 95학년도에 대학진학 예정인 1학년생은 그들이 서울대학교 인문계열 진학을 희망할 경우 일본어를 선택과목으로 시험을 치를 수 없게 되어 고등학교에서 독일어, 프랑스어, 에스파냐어, 중국어 중 하나를 외국어 선택과목으로 배우고 있는 학생들보다 불리한 입장에 놓이게 되었다고 주장할 수도 있을 것이다. 그러나 이러한 불이익은 서울대학교가 학문의 자유와 대학의 자율권이라고 하는 기본권의 주체로서 자신의 주체적인 학문적 가치판단에 따른, 법률이 허용하는 범위 내에서의 적법한 자율권행사의 결과 초래된 반사적 불이익이어서 부득이한 일이다. 대학인에게 보장된 학문의 자유(강학의 자유)나 대학의 자율권도 교육의 기회균등 못지않게 중요하고 청구인들과 서울대학교와의 관계는 기본권 주체와 공권력 주체와의 관계뿐만 아니라 아울러 기본권 주체 상호간의 관계이기도 하기 때문이다. 더구나 서울대학교는 일본어를 선택과목에서 뺀 대신 고등학교 교육과정의 필수과목으로서 모든 고등학교에서 가르치고 있는 한문을 다른 외국어와 함께 선택과목으로 채택하였을 뿐더러 "'94학년도 대학입학고사 주요요강"을 적어도 2년간의 준비기간을 두고 발표함으로써 청구인 등 고등학교에서 일본어를 배우고 있는 1·2학년생 학생들(요강 발표

> 당시의)로 하여금 2년 후 또는 3년 후에 서울대학교 입학시험을 치르는데 그다지 지장이 없도록 배려까지 하고 있으므로 서울대학교가 일본어를 시험과목에서 배제하였다고 해서 그들이 갖는 교육의 기회균등이 침해되었다고 말할 수도 없을 것이다.

## ▶ 해 설

### 교육을 받을 권리의 성격

헌법재판소는 "94학년도에 대학진학 예정인 2학년생과 95학년도에 대학진학 예정인 1학년생은 그들이 서울대학교 인문계열 진학을 희망할 경우 일본어를 선택과목으로 시험을 치를 수 없게 되어 고등학교에서 독일어, 프랑스어, 에스파냐어, 중국어 중 하나를 외국어 선택과목으로 배우고 있는 학생들보다 불리한 입장에 놓이게 되었다고 주장할 수도 있을 것이다. 그러나 이러한 불이익은 서울대학교가 학문의 자유와 대학의 자율권이라고 하는 기본권의 주체로서 자신의 주체적인 학문적 가치판단에 따른, 법률이 허용하는 범위 내에서의 적법한 자율권행사의 결과 초래된 반사적 불이익이어서 부득이한 일이다"라고 하여 청구인의 기본권침해를 단순한 반사적 불이익이라고 주장하고 있다. 이러한 태도는 헌법 제31조의 교육권에 대한 잘못된 인식이며, 이 사건을 기본권충돌의 시각에서 보는 헌법재판소의 판시와 정면 배치되는 자기 모순적인 태도이다.

위 결정에서 헌법재판소는 기본권충돌을 해결하는 보다 더 정치한 방법론을 체계화할 필요가 있었던 것으로 평가된다.

### 반대의견

위 결정에서 보여준 다수의견의 논지와는 다르게 서울대 입시계획은 청구인의 기본권을 침해한다는 2인의 반대의견이 개진되었다. 이 견해에 의하면 서울대학교의 94학년도 대학입학고사주요요강은 그것이 1994년부터 시행된다면 청구인들은 물론 청구인 이외에도 현재 고등학교에서 일본어를 공부하고 있는 선의의 1학년, 2학년 학생, 특히 그 중에서도 일본어를 선택과목으로 하여 대학에 진학하고자 하는 학생들에 대하여 법치국가원리에서 파생되는 신뢰보호의 원칙에 위배하여 헌법 제11조, 제31조 제 1 항에 의하여 보장되고 있는 취학기회의 균등 내지 수학권을 침해하는 것이어서 그 시행시기는 1996년도 이후로 미루어져야 온당하다고 할 것이며 그렇지 않고 1994년도부터 강행된다면 충분한 경과조치의 미비로 위헌적인 공권력의 행사가 된다고 한다.

### 서울대학교 2009학년도 대학신입학생 입학전형

학생의 교육을 받을 권리와 대학의 자치권과의 상충에 관련한 이 사건(憲 2008. 9. 25.-2008헌마456)의 청구인들은 군에 소재하는 고등학교 3학년에 재학 중인 학생들로서 서울대학교의 2009년도 대학 신입학생 입학전형 중 농·어촌학생특별전형에 지원하려는 학생들이다. 서울대는 2008. 3. 17. 공고된 '2009학년도 대학 신입학생 입학전형 안내'에서 농·어촌학생특별전형의 지원 자격에 2008년도 제2기 신활력지역으로 선정된 시 지역을 포함하였다. 이에 대해 청구인들은 서울대학교가 위 안내에서 농·어촌학생특별전형의 지원 자격에 2008년도 제2기 신활력지역으로 선정된 시 지역을 포함한 것과 이에 대하여 아무런 시정조치를 취하지 않은 교육과학기술부 장관의 행정부작위로 인하여 자신들의 균등하게 교육을 받을 권리, 평등권, 행복추구권이 침해당하였다고 주장하면서 위 지원자격 확대의 취소 등을 구하는 헌법소원심판을 청구하였다.

이에 대해 헌법재판소는 각하결정을 하면서, 헌법 제31조 제1항에 의하여 모든 국민에게 균등한 교육을 받게 하고 특히 경제적 약자가 실질적인 평등교육을 받을 수 있도록 적극적 정책을 실현해야 하는 국가의 적극적인 의무가 인정된다고 하더라도, 그로부터 농·어촌학생특별전형과 같은 특정한 대학입시제도에 있어서 자신의 교육시설 참여 기회가 축소될 수도 있다는 우려로 인하여 타인의 교육시설 참여 기회를 제한할 것을 청구할 수 있는 권리가 도출된다거나, 자신의 교육시설 참여 기회가 축소될 수 있음을 이유로 지원 자격을 확대하지 않도록 요구하는 것이 본래 균등한 취학기회 보장을 목표로 하는 교육을 받을 권리의 내용이라고 볼 수는 없다고 판시하였다.

#### ▶ 질 문

1. 학습권의 헌법적 근거는 어디에서 도출되는가?
2. 대학의 자율성과 학습권의 충돌시 그 해결방법은 무엇인가?

## 2. 부모의 자녀교육권과 교육참여권

#### ▶ 개 요

자녀의 양육과 교육은 일차적으로 부모의 천부적인 권리인 동시에 부모에게 부과된 의무이기도 하다. '부모의 자녀에 대한 교육권'은 비록 헌법에 명문으로 규정되어 있지는 아니하지만, 이는 모든 인간이 누리는 불가침의 인권으로서 혼인과 가족생활을 보장하는 헌법 제36조 제1항, 행복추구권을 보장하는 헌법 제10조 및 "국민의 자유와 권리는 헌법에 열거되지 아니한 이유로 경시되지 아니한다"고 규정하는 헌법 제37조 제1항에서 나오는 중요한 기본권이다. 부모는 자녀의 교육에 관하여 전반적인 계획을 세우고 자신의 인생관·사회관·교육관에 따라 자녀의 교육을 자유롭게 형성할 권리를 가지며, 부모의 교육권은 다른 교육의 주체와의 관계에서 원칙적인 우위를 가진다.

그러나 부모는 헌법 제36조 제1항에 의하여 자녀교육에 대한 독점적인 권리를 부여받는 것은 아니다. '교육을 받을 권리'란, 국민이 위 헌법규정을 근거로 하여 직접 특정한 교육제도나 학교시설을 요구할 수 있는 권리라기보다는 모든 국민이 능력에 따라 균등하게 교육을 받을 수 있는 교육제도를 제공해야 할 국가의 의무를 규정한 것이다. 즉, '교육을 받을 권리'란, 모든 국민에게 저마다의 능력에 따른 교육이 가능하도록 그에 필요한 설비와 제도를 마련해야 할 국가의 과제와 아울러 이를 넘어 사회적·경제적 약자도 능력에 따른 실질적 평등교육을 받을 수 있도록 적극적인 정책을 실현해야 할 국가의 의무를 뜻한다.

학부모의 교육권과 교육제도에 관한 국가의 책임은 상호간에 조화와 조정을 필요로 한다. 미성년자인 학생의 교육문제에 관하여는 다양한 견해가 있을 수 있으므로 토론과 협의를 거쳐 최선의 교육과정을 마련하는 것이 목표달성을 위한 하나의 중요한 조건이다. 국가가 주도하는 교육과정에 학부모가 어떤 형태로든 참여해야 할 당위성을 수긍하는 이유가 바로 여기에 있다.

부모의 교육권과 교원의 교육권은 상호간 충돌하는 경우가 발생한다. 헌법재판소는 '국정교과서제도 합헌결정(憲 1992. 11. 12.-89헌마88)'에서 교원의 수업권보다 국민의 수학권에 우위를 인정하고 있다. 그러나 이러한 충돌은 사건에 따라 다르게 평가될 수 있으므로 사례의 사실관계에 따라 법익형량의 원칙을 적용하여 차별적으로 접근하여 해결하는 것이 바람직하다.

### ▶ 핵심판례

#### 憲 2000. 4. 27.-98헌가16 [과외교습금지 사건]

[사건의 개요]

청구외 이○○는 서울지방법원에 학원의설립·운영에관한법률 위반으로 공소제기되었는데, 그 공소사실의 요지는 '피고인은 "하누리교육"의 대표로서 피씨(PC) 통신업체인 천리안, 미래텔에 개설한 "하누리방"을 통하여 회원으로 가입한 자들에게 과외교습을 하고, 지도교사로 하여금 교습비를 내고 가입한 회원의 집을 방문지도하게 하는 방식으로 과외교습을 함으로써 위 법률 제22조 제1항 제1호, 제3조에 위반하였다'는 것이다.

위 법원은 그 소송계속 중 갑에게 적용될 학원의설립 · 운영에관한법률 제22조 제1항 제1호, 제3조에 헌법위반의 의심이 있다고 하여 직권으로 위헌여부의 심판을 제청하였다.

[심판의 대상]

**학원의설립·운영에관한법률** 제3조(과외교습) 누구든지 과외교습을 하여서는 아니 된다. 다만, 다음 각 호의 1에 해당하는 경우에는 그러하지 아니하다.

1. 학원 또는 교습소에서 기술 · 예능 또는 대통령령이 정하는 과목에 관한 지식을 교습하는 경우
2. 학원에서 고등학교 · 대학 또는 이에 준하는 학교에의 입학이나 이를 위한 학력인정에 관한 검정을 받을 목적으로 학습하는 수험준비생에게 교습하는 경우
3. 대학 · 교육대학 · 사범대학 · 전문대학 · 방송통신대학 · 개방대학 · 기술대학 또는 개별 법률에 의하여 설립된 대학 및 이에 준하는 학교에 재적중인 학생(대학원생을 포함한다)이 교습하는 경우

제22조(벌칙) ① 다음 각 호의 1에 해당하는 자는 1년 이하의 징역 또는 300만원 이하의 벌금에 처한다.

1. 제3조의 규정에 위반하여 과외교습을 한 자

이 사건에서 헌법재판소는 "학원의설립 · 운영에관한법률 제3조, 제22조 제1항 제1호(각 1995. 8. 4. 법률 제4964호로 전문개정된 이후의 것)는 헌법에 위반된다"라고 결정하고, 이유를 다음과 같이 설시하였다.

▣ 헌법의 교육이념

▪ 부모의 자녀교육권

헌법 제36조 제1항은 "혼인과 가족생활은 개인의 존엄과 양성의 평등을 기초로 성립되고 유지되어야 하며, 국가는 이를 보장한다"고 하여 혼인 및 그에 기초하여 성립된 부모와 자녀의 생활공동체인 가족생활이 국가의 특별한 보호를 받는다는 것을 규정하고 있다. 이 헌법규정은 소극적으로는 국가권력의 부당한 침해에 대한 개인의 주관적 방어권으로서 국가권력이 혼인과 가정이란 사적인 영역을 침해하는 것을 금지하면서, 적극적으로는 혼인과 가정을 제3자 등으로부터 보호해야 할 뿐 아니라 개인의 존엄과 양성의 평등을 바탕으로 성립되고 유지되는 혼인 · 가족제도를 실현해야 할 국가의 과제를 부과하고 있다.

혼인과 가족의 보호는 헌법이 지향하는 자유민주적 문화국가의 필수적인 전제조

건이다. 개별성·고유성·다양성으로 표현되는 문화는 사회의 자율영역을 바탕으로 하고, 사회의 자율영역은 무엇보다도 바로 가정으로부터 출발하기 때문이다. 헌법은 가족제도를 특별히 보장함으로써, 양심의 자유, 종교의 자유, 언론의 자유, 학문과 예술의 자유와 같이 문화국가의 성립을 위하여 불가결한 기본권의 보장과 함께, 견해와 사상의 다양성을 그 본질로 하는 문화국가를 실현하기 위한 필수적인 조건을 규정한 것이다. 따라서 헌법은 제36조 제1항에서 혼인과 가정생활을 보장함으로써 가족의 자율영역이 국가의 간섭에 의하여 획일화·평준화되고 이념화되는 것으로부터 보호하고자 하는 것이다.

그런데 가족생활을 구성하는 핵심적 내용 중의 하나가 바로 자녀의 양육과 교육이다. 자녀의 양육과 교육은 일차적으로 부모의 천부적인 권리인 동시에 부모에게 부과된 의무이기도 하다. 부모가 자녀의 교육에 관하여 스스로 자유롭고 독자적으로 결정할 수 있는 경우에만, 가족은 자유민주적 문화국가에서의 자녀의 양육 및 교육이란 과제를 이행할 수 있고, 문화국가가 요구하는 교육의 다양성을 보장할 수 있다.

'부모의 자녀에 대한 교육권'은 비록 헌법에 명문으로 규정되어 있지는 아니하지만, 이는 모든 인간이 국적과 관계없이 누리는 양도할 수 없는 불가침의 인권으로서 혼인과 가족생활을 보장하는 헌법 제36조 제1항, 행복추구권을 보장하는 헌법 제10조 및 "국민의 자유와 권리는 헌법에 열거되지 아니한 이유로 경시되지 아니한다"라고 규정하는 헌법 제37조 제1항에서 나오는 중요한 기본권이다. 헌법재판소는 부모의 중등학교선택권을 제한한 것과 관련하여 "부모는 아직 성숙하지 못하고 인격을 닦고 있는 초·중·고등학생인 자녀를 교육시킬 교육권을 가지고 있으며, 그 교육권의 내용 중 하나로서 자녀를 교육시킬 학교선택권이 인정된다"라고 판시한 바 있고, 국정교과서제도와 관련된 사건에서도 학교교육에서 교사의 가르치는 권리는 "자연법적으로는 학부모에게 속하는 자녀에 대한 교육권을 신탁받은 것이고, 실정법상으로는 공교육의 책임이 있는 국가의 위임에 의한 것이다"라고 밝힘으로써 이미 몇 개의 결정을 통하여 부모의 자녀교육권을 인정하였다.

부모의 자녀교육권은 다른 기본권과는 달리, 기본권의 주체인 부모의 자기결정권이라는 의미에서 보장되는 자유가 아니라, 자녀의 보호와 인격발현을 위하여 부여되는 기본권이다. 다시 말하면, 부모의 자녀교육권은 자녀의 행복이란 관점에서 보장되는 것이며, 자녀의 행복이 부모의 교육에 있어서 그 방향을 결정하는 지침이 된다.

■ 교육에 대한 국가의 책임

부모는 헌법 제36조 제 1 항에 의하여 자녀교육에 대한 독점적인 권리를 부여받는 것은 아니다. 헌법 제31조 제 1 항은 "모든 국민은 능력에 따라 균등하게 교육을 받을 권리를 가진다"라고 규정하여 국민의 교육을 받을 권리를 보장하고 있다. 교육을 받을 권리는 국민이 인간으로서의 존엄과 가치를 가지며 행복을 추구하고(헌법 제10조) 인간다운 생활을 영위하는데(헌법 제34조 제 1 항) 필수적인 전제이자 다른 기본권을 의미있게 행사하기 위한 기초이고, 민주국가에서 교육을 통한 국민의 능력과 자질의 향상은 바로 그 나라의 번영과 발전의 토대가 되는 것이므로, 헌법이 교육을 국가의 중요한 과제로 규정하고 있는 것이다.

헌법은 제31조 제 1 항에서 '교육을 받을 권리'를 보장함으로써 국가로부터 교육에 필요한 시설의 제공을 요구할 수 있는 권리 및 각자의 능력에 따라 교육시설에 입학하여 배울 수 있는 권리를 국민의 기본권으로서 보장하면서, 한편, 국민 누구나 능력에 따라 균등한 교육을 받을 수 있게끔 노력해야 할 의무와 과제를 국가에게 부과하고 있는 것이다. '교육을 받을 권리'란, 국민이 위 헌법규정을 근거로 하여 직접 특정한 교육제도나 학교시설을 요구할 수 있는 권리라기보다는 모든 국민이 능력에 따라 균등하게 교육을 받을 수 있는 교육제도를 제공해야 할 국가의 의무를 규정한 것이다. 즉, '교육을 받을 권리'란, 모든 국민에게 저마다의 능력에 따른 교육이 가능하도록 그에 필요한 설비와 제도를 마련해야 할 국가의 과제와 아울러 이를 넘어 사회적·경제적 약자도 능력에 따른 실질적 평등교육을 받을 수 있도록 적극적인 정책을 실현해야 할 국가의 의무를 뜻한다.

학교교육의 영역에서도 부모의 교육권이 국가의 교육권한에 의하여 완전히 배제되는 것은 아니다. 학교교육을 통한 국가의 교육 권한은 부모의 교육권 및 학생의 인격의 자유로운 발현권, 자기결정권에 의하여 헌법적인 한계가 설정된다. 그러나 학교교육에 관한 한, 국가는 헌법 제31조에 의하여 부모의 교육권으로부터 원칙적으로 독립된 독자적인 교육권한을 부여받았고, 따라서 학교교육에 관한 광범위한 형성권을 가지고 있다. 그러므로 국가에 의한 의무교육의 도입이나 취학연령의 결정은 헌법적으로 하자가 없다(憲 1994. 2. 24.-93헌마192, 판례집 6-1, 173 참조). 학교제도에 관한 국가의 규율권한과 부모의 교육권이 서로 충돌하는 경우, 어떠한 법익이 우선하는가의 문제는 구체적인 경우마다 법익형량을 통하여 판단해야 하는데, 자녀가 의무교육을 받아야 할지의 여부와 그의 취학연령을 부모가 자유롭게 결정할 수 없다는 것은 부모의 교육권에 대한 과도한 제한이 아니다. 마찬가지로 국가는 교육목표, 학습계획, 학습방법, 학교제도의 조직 등을 통하여 학교교육의 내용과 목표를 정할 수 있는 포괄적인 규율권한을 가지고 있다.

■ 부모의 교육권과 국가의 교육책임과의 관계

자녀의 교육은 헌법상 부모와 국가에게 공동으로 부과된 과제이므로 부모와 국가의 상호연관적인 협력관계를 필요로 한다. 자녀의 교육은 일차적으로 부모의 권리이자 의무이지만, 헌법은 부모 외에도 국가에게 자녀의 교육에 대한 과제와 의무가 있다는 것을 규정하고 있다. 국가의 교육권한 또는 교육책임은 무엇보다도 학교교육이라는 제도교육을 통하여 행사되고 이행된다. 자녀에 대한 교육의 책임과 결과는 궁극적으로 그 부모에게 귀속된다는 점에서, 국가는 제2차적인 교육의 주체로서 교육을 위한 기본조건을 형성하고 교육시설을 제공하는 기관일 뿐이다. 따라서 국가는 자녀의 전반적인 성장과정을 모두 규율하려고 해서는 아니 되며, 재정적으로 가능한 범위 내에서 피교육자의 다양한 성향과 능력이 자유롭게 발현될 수 있는 학교제도를 마련하여야 한다.

따라서 자녀의 양육과 교육에 있어서 부모의 교육권은 교육의 모든 영역에서 존중되어야 한다. 다만, 학교교육의 범주 내에서는 국가의 교육권한이 헌법적으로 독자적인 지위를 부여받음으로써 부모의 교육권과 함께 자녀의 교육을 담당하지만, 학교 밖의 교육영역에서는 원칙적으로 부모의 교육권이 우위를 차지한다.

■ 헌법 제31조와 사교육과의 관계

헌법은 자유권적 기본권의 보장을 통하여 개인이 자유를 행사함으로써 필연적으로 발생하는 사회 내에서의 개인간의 불평등을 인정하면서 다른 한편, 사회적 기본권의 보장을 통하여 되도록 국민 누구나가 자력으로 자신의 기본권을 행사할 수 있는 실질적인 조건을 형성해야 할 국가의 의무, 특히 헌법 제31조의 '교육을 받을 권리'의 보장을 통하여 교육영역에서의 기회균등을 이룩할 의무를 부과하고 있다. 따라서 헌법 제31조의 '능력에 따라 균등한 교육을 받을 권리'는 국가에 의한 교육제도의 정비·개선 외에도 의무교육의 도입 및 확대, 교육비의 보조나 학자금의 융자 등 교육영역에서의 사회적 급부의 확대와 같은 국가의 적극적인 활동을 통하여 사인간의 출발기회에서의 불평등을 완화해야 할 국가의 의무를 규정한 것이다. 그러나 위 조항은 교육의 모든 영역, 특히 학교교육 밖에서의 사적인 교육영역에까지 균등한 교육이 이루어지도록 개인이 별도로 교육을 시키거나 받는 행위를 국가가 금지하거나 제한할 수 있는 근거를 부여하는 수권규범이 아니다. 오히려 국가는 헌법이 지향하는 문화국가이념에 비추어, 학교교육과 같은 제도교육 외에 사적인 교육의 영역에서도 사인의 교육을 지원하고 장려해야 할 의무가 있는 것이다. 경제력의 차이 등으로 말미암아 교육의 기회에 있어서 사인간에 불평등이 존재한다면, 국가는 원칙적으로 의무교육의 확대 등 적극적인 급부활동을 통하여 사인간의 교육기회의 불평등을 해소할 수 있을 뿐, 과외교습의 금지나 제한의 형태로 개인의 기본권행사인 사교육을 억제함으로써 교육에서의 평등을 실현할 수는 없는 것이다.

▣ 이 사건 법률조항의 위헌 여부

■ 기본권제한의 한계로서의 비례의 원칙

과외교습을 금지하는 법 제3조의 위헌성 여부에 관한 판단은 법 제3조가 달성하려는 입법목적에 의하여 부모의 자녀교육권 및 자녀의 인격발현권에 대한 제한이 정당화될 수 있는가에 달려 있다. 즉, 법 제3조에 의하여 제기되는 헌법적 문제는 교육의 영역에서의 자녀의 인격발현권·부모의 교육권과 국가의 교육책임의 경계설정에 관한 문제이고, 이로써 국가가 사적인 교육영역에서 자녀의 인격발현권·부모의 자녀교육권을 어느 정도로 제한할 수 있는가에 관한 것이다. 이러한 측면에서 본다면, 과외교습을 직업으로서 자유롭게 선택할 수 있는 자유에 대한 제한은 오히려 부차적인 문제이다.

학교교육에 관한 한, 국가는 교육제도의 형성에 관한 폭 넓은 권한을 가지고 있지만, 학교교육 밖의 사적인 교육영역에서는 국가의 규율권한에는 한계가 있다. 국가는 개인의 기본권을 보장해야 하므로 국가가 과외교습과 같은 사적으로 이루어지는 교육을 제한하는 경우에는 특히 자녀인격의 자유로운 발현권과 부모의 교육권을 존중해야 한다는 것이 그것이다. 즉, 부모에게는 제도교육이 충족시키지 못하는 자녀교육의 영역에서 부모의 특별한 소망이 실현될 수 있는 기회가 열려 있어야 하며, 자녀에게는 국가의 간섭을 받음이 없이 사교육을 통하여 자신의 다양한 능력, 성향을 발전시킬 수 있는 기회가 보장되어야 한다.

그러나 부모의 교육권, 자녀의 인격발현권, 과외교습을 하고자 하는 자의 직업의 자유가 절대적 기본권이 아니므로 당연히 다른 기본권과 마찬가지로 헌법 제37조 제2항에 의한 제한을 받을 수 있다. 다만, 기본권을 제한하는 경우에는 법치국가적 요청인 비례의 원칙을 준수하여야 한다.

모든 개인은 배움을 통하여 저마다 타고난 소질을 계발하고 인격을 고양하며, 사회공동체에서 자립하여 생활할 수 있는 능력과 소양을 기른다. 그러므로 개인의 배울 자유와 권리는 국가공동체가 경제적·문화적으로 발전하기 위한 초석이며, 개인이 인간으로서의 존엄과 가치를 유지하면서 행복하고 인간다운 생활을 추구하기 위한 가장 중요한 기본권 중의 하나이다. 이 배울 자유는 교습자·교습내용·교습장소·교습비용 등을 자유로이 결정할 수 있는 권리를 그 내용으로 한다.

특히, 사교육의 영역은 앞서 본 바와 같이 사회의 자율영역으로서, 자녀의 인격발현권·부모의 자녀교육권이 국가의 규율권한에 대하여 원칙적으로 우위를 차지한다. 사적으로 가르치고 배우는 행위 그 자체는 타인의 법익이나 공익을 침해하는 사회적으로 유해한 행위가 아니라 오히려 기본권적으로 보장된 행위이자 문화국가가 장려해야 할 행위이다. 다만, 기본권의 행사과정에서 사회적 위험이 발생하는 등 예외적인 경우에 한하여 국가가 개입하여 규율해야 할 필요가 있을 뿐인 것이다.

그러므로 입법자가 과외교습에 대한 규제를 하고자 하는 경우에는 비록 사회적으로 중대한 위험을 방지하기 위하여 과외교습을 제한하는 경우에도 입법목적을 실현하기에 적합한 여러 수단 중에서 되도록 국민의 기본권을 존중하고 최소로 침해하는 수단을 선택해야 하고, 그 규제의 형식은 '원칙적인 금지'가 아닌 '반사회성을 띤 예외적인 경우'에 한하여 이를 금지하는 것으로 하여야 할 것이다.

법 제3조는 과외교습이 그 성질에 비추어 반사회적인 것이 아닐 뿐만 아니라 기본권으로써 보장되는 행위이므로 이를 원칙적으로 허용하되 '반사회성을 띤 예외적인 경우'에 한하여 금지하도록 하여야 할 것임에도, 이를 '원칙적으로 금지하고 예외적으로 허용하는 방식'의 '원칙과 예외'가 전도된 규율형식을 취하고 있다. 뿐만 아니라 그 내용에 있어서도 규제의 편의성만을 강조하여 입법목적달성의 측면에서 보더라도 금지범위에 포함시킬 불가피한 이유가 없는 행위의 유형까지 광범위하게 포함시키고 있다. 따라서 입법자가 선택한 규제수단인 법 제3조는 입법목적의 달성을 위한 최소한의 불가피한 수단이라고 볼 수 없다.

법 제3조와 같은 형태의 사교육에 대한 규율은, 사적인 교육의 영역에서 부모와 자녀의 기본권에 대한 중대한 침해라는 개인적인 차원을 넘어서 공동체를 문화적으로 빈곤하게 만들며, 국가간의 경쟁에서 살아남기 힘든 오늘날의 무한경쟁시대에서 문화의 빈곤은 곧 사회적·경제적인 후진성으로 이어질 수밖에 없다. 따라서 법 제3조가 실현하려는 입법목적의 헌법적 중요성과 그 실현효과에 대하여 의문의 여지가 있고, 반면에 법 제3조에 의한 기본권 제한의 효과가 중대하고 문화국가실현에 현저한 장애가 되므로, 결국 법 제3조는 그 제한을 통하여 얻는 공익적 성과와 제한이 초래하는 효과가 합리적인 비례관계를 현저하게 일탈하고 있다고 하겠다.

그렇다면 법 제3조는 침해의 최소성과 법익의 균형성을 갖추지 못하여 비례의 원칙에 위반되어 국민의 기본권을 과도하게 침해하는 것이므로 비례의 원칙에 반하여 국민의 자녀교육권, 인격의 자유로운 발현권, 직업선택의 자유를 침해하는 위헌적인 규정이다.

법 제22조 제1항 제1호는 법 제3조를 위반한 경우 형벌에 처한다는 형벌조항이므로, 처벌의 전제가 되는 법 제3조가 헌법에 위반된다면 이에 따라 그 형벌규정인 법 제22조 제1항 제1호도 역시 위헌이 될 수밖에 없다. 따라서 법 제22조 제1항 제1호도 헌법에 반한다.

## ▶ 해 설

### 사립학교 운영위원회 의무설치 합헌결정

부모의 학교교육참여권과 사립학교의 자치권의 상충에 관한 이 사건(憲 2001. 11. 29.-2000헌마278)은 1999. 8. 31. 개정된 초·중등교육법이 사립학교에도 학교운영위원회를 의무적으로 설치하도록 한 것이 사학 설립자 및 재단의 재산권을 침해한 것인지 여부와 헌법상 보장된 교육의 자주성, 전문성을 침해하는지 여부에 관한 것이었다. 헌법재판소는 합헌결정을 내리며 다음과 같이 판시하였다.

「일반적으로 부모의 교육권으로부터 바로 학부모의 학교참여권(참가권)이 도출된다고 보기는 어렵겠지만, 학부모가 미성년자인 학생의 교육과정에 참여할 당위성은 부정할 수 없다. 그러므로 입법자가 학부모의 집단적인 교육참여권을 법률로써 인정하는 것은 헌법상 당연히 허용된다고 할 것이다. 한편 교사의 교육권(수업권)은, 이것이 헌법상 권리인지 여부는 다툼이 있으나, 법적으로 보장되어야 할 권리임에는 틀림이 없으며, 오늘날 각국의 교육법제는 교사의 학교운영, 교육과정 결정에 대한 참여를 확대하는 경향이 있다.

한편 지역주민의 학교운영위원회 참여 역시 주민자치라는 민주주의 원리와 무관하지 않으며 학교의 운영에 지역사회의 특성과 요구를 반영할 수 있다는 점에서 장점이 있다. 그러므로 사립학교에도 국·공립학교처럼 의무적으로 운영위원회를 두도록 할 것인지, 아니면 임의단체인 기존의 육성회 등으로 하여금 유사한 역할을 계속할 수 있게 하고 법률에서 규정된 운영위원회를 재량사항으로 하여 그 구성을 유도할 것인지의 여부는 입법자의 광범한 입법형성영역인 정책문제에 속하고, 그 재량의 한계를 현저하게 벗어나지 않는 한 헌법위반으로 단정할 것은 아니다(憲 1999. 3. 25.-97헌마130).

사립학교 학교운영위원회는 자문기관으로서(다만 학교발전기금 부분은 심의·의결기관), 이 사건 조항은 후술하듯이 학교예산 및 결산에 관한 자문은 사학이 요청할 경우에만 행하게 하는 등, 사학의 재산권 행사를 본질적으로 훼손하고 있다고 볼 수 없으므로 사학의 재산에 대한 사용, 수익, 처분의 본질적 내용을 침해한다거나 사유재산제도를 부인하는 것이 아니다.
헌법 제31조가 보호하는 교육의 자주성·전문성·정치적 중립성은 국가의 안정적인 성장 발전을 도모하기 위하여서는 교육이 외부세력의 부당한 간섭에 영향받지 않도록 교육자 내지 교육전문가에 의하여 주도되고 관할되어야 할 필요가 있다는 데서 비롯된 것인바, 비록 심판대상조항에 의하여 사립학교 교육의 자주성·전문성이 어느 정도 제한된다고 하더라도, 그 입법취지 및 학교운영위원회의 구성과 성격 등을 볼 때, 사립학교 학교운영위원회제도가 현저히 자의적이거나 비합리적으로 사립학교의 공공성만을 강조하고 사립학교의 자율성을 제한한 것이라 보기 어렵다.」

### ▶ 질 문

1. 학부모의 교육권은 헌법의 어느 조문에서 도출되는가?
2. 사립학교에 운영위원회를 두어 외부인사의 참여권을 보장하는 것은 사립학교의 자율성을 침해하는가?

## 3. 무상의무교육을 받을 권리

### ▶ 개 요

헌법 제31조 제 2 항은 "모든 국민은 그 보호하는 자녀에게 적어도 초등교육과 법률이 정하는 교육을 받게 할 의무를 진다"라고 규정하고 있다. 이에 따라 현재 모든 국민은 교육기본법과 초·중등교육법이 정하는 6년의 초등교육과 3년의 중등교육을 받을 권리를 누리고 있다. 또한 헌법 제31조 제 3 항은 "의무교육은 무상으로 한다"고 규정하고 있는데, 무상의 범위에 대해서는 학설이 무상범위법정설, 수업료무상설, 취학필수비무상설 등이 대립하나 취학필수비무상설이 다수설이다.

국가는 재정지원을 통해 무상교육의 실현에 노력하여야 하며, 특정한 집단으로부터 그 비용을 추가로 징수하여 충당하는 것은 의무교육의 무상성을 선언한 헌법정신에 위배된다.

## ▶ 핵심판례

### 憲 2005. 3. 31.-2003헌가20 [학교용지부담금 사건]

[사건의 개요]

제청신청인들은 인천 서구 검암지구 등에서 300세대 이상의 아파트 단지의 수분양자들 중 일부이다. 인천광역시 서구청장과 부평구청장은, 위 각 아파트 단지의 개발사업시행자들이 학교용지확보에관한특례법 시행령 제5조의2 제1항의 규정에 따라 제청신청인들이 포함된 분양계약자 내역을 제출하자 제청신청인들에게 학교용지확보에관한특례법 제5조 제1항에 의하여 학교용지부담금을 부과하였다. 이에 제청신청인들은 인천지방법원에 위 부담금부과처분의 취소를 구하는 소송을 제기함과 아울러 특례법 제2조 제2호 및 제5조 제1항에 관하여 위헌법률심판제청신청을 하였고, 위 법원은 이를 받아들여 위헌법률심판제청을 하였다.

[심판의 대상]

**학교용지확보에관한특례법** 제5조(부담금의 부과 · 징수) ① 시 · 도지사는 학교용지의 확보를 위하여 개발사업지역에서 단독주택 건축을 위한 토지(공공용지취득및손실보상에관한특례법에 의한 이주용 택지로 분양받은 토지를 제외한다) 또는 공동주택(임대주택을 제외한다) 등을 분양받는 자에게 부담금을 부과 · 징수할 수 있다.

제2조(정의) 이 법에서 사용하는 용어의 정의는 다음과 같다.

2. "개발사업"이라 함은 주택건설촉진법 · 택지개발촉진법 및 산업입지및개발에관한법률에 의하여 시행하는 사업 중 300세대 규모 이상의 주택건설용 토지를 조성 · 개발하는 사업을 말한다.

이 사건에서 헌법재판소는 "구 학교용지확보에관한특례법(2000. 1. 28. 법률 제6219호로 개정되어 2002. 12. 5. 법률 제6744호로 개정되기 전의 것) 제5조 제1항 중 제2조 제2호가 정한 주택건설촉진법에 의하여 시행하는 개발사업지역에서 …… 공동주택을 분양받은 자에게 학교용지확보를 위하여 부담금을 부과 · 징수할 수 있다는 부분은 헌법에 위반된다"라고 결정하고, 이유를 다음과 같이 설시하였다.

▣ 헌법상 의무교육의 무상원칙(無償原則)과 부담금의 정당성 요건의 검토

■ 헌법은, 모든 국민은 그 보호하는 자녀에게 적어도 초등교육과 법률이 정하는 교육을 받게 할 의무를 지고(헌법 제31조 제2항), 의무교육은 무상으로 한다(헌법 제31조 제3항)고 규정하고 있다. 이에 따라 교육기본법 제8조 제1항은, 의무교육은 6년의 초등교육 및 3년의 중등교육으로 하고, 다만 3년의 중등교육에 대한 의무교

육은 국가의 재정여건을 고려하여 대통령령이 정하는 바에 의하여 순차적으로 실시한다고 규정하고 있다. 그리고 초·중등교육법은, 국가는 의무교육을 실시하기 위한 시설의 확보 등 필요한 조치를 강구하여야 하고(초·중등교육법 제12조 제1항), 지방자치단체는 그 관할구역 안의 의무교육대상자 전원을 취학시키는 데 필요한 초등학교 및 중학교와 초등학교 및 중학교의 과정을 교육하는 특수학교를 설립·경영하여야 한다고 규정하고 있다(초·중등교육법 제12조 제2항). 즉 우리 헌법은, 국민에게 교육의 의무를 부과하면서 동시에 국가에 대하여 피교육아동(被教育兒童)이 교육을 받을 수 있도록 편의를 도모해 주고 경제적으로 어려운 학부모의 교육의무 이행을 가능하도록 하기 위하여 무상의 의무교육을 천명하고 있다. 이러한 의무교육제도는 국민에 대하여 보호하는 자녀들을 취학시키도록 한다는 의무부과의 면보다는 국가에 대하여 인적·물적 교육시설을 정비하고 교육환경을 개선하여야 한다는 의무부과의 측면이 보다 더 중요한 의미를 갖는다.

의무교육에 필요한 학교시설은 국가의 일반적 과제이고, 학교용지는 의무교육을 시행하기 위한 물적 기반으로서 필수조건임은 말할 필요도 없다. 따라서 이를 달성하기 위한 비용은 국가의 일반재정으로 충당하여야 한다. 헌법 제31조 제6항은 교육재정에 관한 기본적인 사항을 법률로 정하도록 하고 있는바, 이는 무상에 의한 교육을 받을 권리의 실효성을 보장하기 위한 최소한의 국가적 책무를 헌법에 정한 것으로서 무상의 의무교육제도가 국민보다는 국가에 대한 의무부과의 측면이 더 강하다는 점을 고려하면, 확보되거나 확보할 일반재정 중 다른 부분을 희생해서라도 헌법과 법률이 정한 의무교육의 무상원칙을 달성하여야 한다는 국가의 의무를 밝힌 것이라고 보아야 한다. 그렇다면, 적어도 의무교육에 관한 한 일반재정이 아닌 부담금과 같은 별도의 재정수단을 동원하여 특정한 집단으로부터 그 비용을 추가로 징수하여 충당하는 것은 의무교육의 무상성을 선언한 헌법에 반한다고 할 것이다.

그리고 의무교육이 아닌 중등교육에 관한 교육재정과 관련하여 재정조달목적의 부담금을 징수할 수 있다고 하더라도 이는 일반적인 재정조달목적의 부담금이 갖추어야 할 요건을 동일하게 갖춘 경우에 한하여 허용될 수 있다고 할 것이다.

■ 헌법재판소는 재정조달목적의 부담금이 헌법적 정당성을 인정받기 위해서는, 부담금은 조세에 대한 관계에서 예외적으로만 인정되어야 하며 일반적 공익사업을 수행하는 데 사용할 목적이라면 부담금을 남용하여서는 안 되고, 부담금 납부의무자는 일반국민에 비해 '특별히 밀접한 관련성'을 가져야 하고, 부담금이 장기적으로 유지되는 경우에 있어서는 그 징수의 타당성이나 적정성이 입법자에 의해 지속

적으로 심사되어야 한다고 밝힌 바 있다(憲 2004. 7. 15.-2002헌바42, 공보 95, 722, 725-726 참조). 다만, 위 부담금의 정당화 요건은 기본권 제한의 한계를 심사함으로써 자연히 고려될 수 있다(憲 2003. 1. 30.-2002헌바5, 판례집 15-1, 86, 95 참조). 따라서 재산권이나 실질적 조세평등의 원칙을 해할 수 있는 학교용지부담금 제도의 위헌 여부는 헌법상 평등원칙, 과잉금지원칙의 위반 여부에 달려 있다고 하겠다.

▣ 평등원칙 위반 여부

▪ 특별한 공익사업 여부

헌법 제31조는, 일반 국민은 교육을 받을 권리가 있다고 하면서 이에 대한 국가의 의무로 의무교육의 무상실시, 평생교육의 진흥, 교육제도 및 운영, 교육재정 등에 관한 법률제정을 규정하고 있다. 학교용지의 확보는 의무교육을 비롯한 일반적인 정규교육기관의 설립 및 운영의 가장 기초적인 물적 기반이므로 이는 국가의 교육에 관한 의무 중 국민 모두를 대상으로 하는 가장 기본적이고 일반적인 공익사업이라는 점을 쉽게 알 수 있고, 따라서 그 비용은 일반재정인 조세에 의하여 충당되어야 함이 원칙이다. 다만 일정한 지역에 주택 공급의 급증으로 학교시설에 대한 수요가 급격히 증가할 경우 이에 따라 필요하게 되는 학교용지의 확보는 일부 지역의 '특별한' 공익사업에 해당될 여지도 있다.

그러나 특례법에 의한 학교용지확보는 특정한 지역의 단순한 학교수요의 증가에 대처하기 위한 것으로만 보기 어렵다. 학교용지확보의 필요성은 2부제 수업의 폐지, 과밀학급완화를 위한 학급 당 학생 수의 감축, 기타 특별활동을 위한 시설의 확보 등 교육여건의 전반적 향상이라는 일반적인 공익사업의 수요증가에 대처하기 위하여도 필요하기 때문이다. 즉 학교용지부담금 제도의 주 목적이 특정한 지역의 신규 학교수요를 충족시키기 위한 것이라고 하여도 실제로 확보된 학교용지부담금이 부수적으로 일반적 공익사업의 재정으로도 사용되는 것이다. 특례법의 입법과정을 살펴보아도 위와 같은 일반적 공익사업에 대한 재정투입을 늘리면서 또는 늘리는 경우 상대적으로 학교용지확보를 위한 부족한 재원을 마련하기 위하여 학교용지부담금제도 신설이 고려되었다는 점이 나타나 있다.

그리고 특례법은 의무교육의 대상이 되는 초등학교 및 교육기본법이 정한 일부 중학교의 신축을 위한 학교용지의 확보비용도 학교용지부담금으로 충당하는 것이 가능하도록 하고 있다. 의무교육은 국가의 일반적 과제 중 다른 부분을 희생해서라도 달성하여야 할 과제이고, 다른 한편으로는 모든 국민이 보호하는 자녀에 대하여 의무교육을 시킬 책무를 부담하고 있는 점을 고려하면, 일반적인 납세의무를 부담하고 있는 국민이 일정한 지역에서 주택을 분양받아 의무교육시설확보의 필요성을 야기하였다고 하더라도 이로 인하여 의무교육시설의 확보가 곧바로 특별한 공익사업으로서 전환된다고 볼 수 없다.

한편 납부의무자의 입장에서 보면, 징수된 학교용지부담금은 지방자치단체(특별시, 광역시, 도)별로 운영되기 때문에 반드시 수분양자들의 자녀들이 다니게 될 학교의 용지확보를 위하여 사용된다고 볼 수도 없다. 특히 초등학교와 중학교의 경우 학교배정 단위지역보다 부담금 부과 단위지역이 훨씬 넓기 때문에 지방자치단체 단위의 학교용지의 확보는 납부의무자 입장에서 사실상 일반적인 공익사업으로서의 성격을 강하게 띨 수밖에 없다.

결국 학교용지부담금은 일반적 공익사업이거나 일반적 공익사업으로서의 성격을 함께 가지고 있는 공익사업을 위한 재정확보수단이고, 학교용지부담금 중 일부는 사실상 일반적 공익사업을 위한 재정에 충당되는 것과 동일한 결과를 낳고 있으므로, 이는 특정한 공익사업에 한하여 그 사업에 충당할 목적으로만 부담금을 부과할 수 있다는 부담금의 정당성 요건을 충분히 만족시키지 못하는 것이 된다.

■ 의무자집단의 동질성 여부

납부의무자들 사이에서는 일정한 동질성을 지니고 있어야만 의무자집단 전체에 대하여 공익사업과의 집단적 관련성 및 나아가 특별한 집단적 책임성 여부의 인정 여부를 검토할 수 있을 것이다. 동질성 요건은 의무자집단이 동질적 요소에 의하여 일반 국민과 구별되어야 할 뿐만 아니라 의무자집단 내부의 납부의무자들 사이에서도 동질성의 정도가 서로 유사하게 유지되어야 한다는 것을 의미한다.

납부의무자들이 신규의 주택을 분양받았다는 점에서 형식적으로 일반 국민과 구별되는 동질성을 가지고 있다고 할 수 있다. 그러나 이 사건 법률조항은 공동주택의 수분양자들에게 학교용지부담금을 부과하는 근거조항이므로 수분양자들 사이의 동질성의 핵심이 되어야 할 내용은 학교용지확보 필요성의 야기 여부이다. 그런데 수분양자들은 공동주택을 동시에 분양받았다는 사실 이외에 주택의 준공 후 실제 거주할 것인지 여부, 초·중등학교에 다니는 자녀가 없는 경우에서부터 초등학교와 중학교에 다니는 자녀만 있는 경우, 고등학교에 다니는 자녀만 있는 경우, 양자 모두 있는 경우, 그리고 각 학교에 다니는 자녀의 수 또한 서로 상이한 경우에 이르기까지 구체적인 사정에 따라 학교용지확보에 관한 이해관계가 서로 다르다. 그리고 일반적으로도 300세대 이상의 개발사업의 공동주택 수분양자들이 학교용지확보에 관하여 유사한 수준의 동질성을 갖출 가능성, 다시 말하면 동일한 수의 학생을 자녀로 둘 가능성은 극히 희박하다.

나아가 이 사건 법률조항에 의한 개발사업의 공동주택 수분양자들이 일반 국민 그 중에서도 특히 특례법이 규정하고 있지 않은 개발사업에 의한 공동주택의 수분양자와 구별할 만한 동질성을 갖추고 있는지 여부에 관하여 살펴본다. 건축법, 도시개발법 등 신규 주택 건설에 관한 다른 법률에 의한 개발사업은 물론이고, 도시재개발법 등 기존 주택의 재개발·재건축에 관한 법률에 의한 개발사업이라고 하더라도 재개발·재건축의 결과 종전 주택수를 초과하는 신규 주택의 공급이 이루어진다면 위 주택의 수분양자는 이 사건 법률조항에 의한 개발사업의 수분양자와 마찬가지로 학교용지확보의 필요성을 제기한다고 할 것이고, 반면에 이 사건 법률조항에 의한 개발사업이라고 하더라도 재건축조합에 의한 개발사업의 경우와 같이 개발사업의 실질이 재건축에 불과하다면 새로운 학교용지확보의 필요성을 거의 야기하지 않는다고 할 것이다.

그렇다면 수분양자 개인의 입장에서 보면, 학교용지확보 필요성에 있어서 수분양자들의 구체적 사정을 거의 고려하지 않은 채 수분양자 모두를 일괄적으로 동일한 의무자집단에 포함시켜 동일한 학교용지부담금을 부과하는 것은 합리적 근거가 없는 차별에 해당하고, 의무자집단 전체의 입장에서 보더라도 일반 국민, 특히 다른 개발사업에 의한 수분양자집단과 사회적으로 구별되는 집단적 동질성을 갖추고 있다고 할 수 없으므로 이 사건 법률조항에 의한 개발사업의 수분양자집단에 대하여만 학교용지부담금을 부과하는 것은 위 집단의 각 구성원들의 평등권을 침해한다고 할 것이다.

■ 밀접한 관련성 여부

납부의무자는 재정조달 대상인 특정한 공익사업에 대하여 일반국민에 비해 특별히 '밀접한 관련성'을 가져야 한다. 그런데 국민이라면 누구라도 의무교육의 혜택을 받을 권리가 헌법상 보장되므로 우연한 사정으로 인하여 의무교육의 수요를 유발하거나 상대적으로 양호한 조건하에서 의무교육을 받게 되었다고 하더라도 이들을 의무교육시설의 신설과 관련하여 특별한 관련성을 가지고 있다고 보기는 어렵다.

의무교육이 아닌 중등교육의 경우라도 위에서 살펴본 바와 같이 학교용지확보는 그 자체가 일반적인 공익사업의 성격도 띠고 있으므로 납부의무자의 공익사업과의 관련성이 약화되어 있다. 그리고 위에서 살펴본 바와 같이 의무자집단 내부에서도 각 납부의무자들이 공익사업과 관련하여 집단적 동질성을 갖추지 못하고 있으므로 밀접한 관련성의 정도도 각 납부의무자들의 구체적 사정에 따라서 차이가 있을 수 밖에 없다.

위 두 가지 점만 보더라도 이 사건 제청신청인들이 모두 학교용지확보사업에 대하여 밀접한 관련성을 가지고 있다고 볼 수 없겠지만, 나아가 이 사건 법률조항이 특정 개발사업에 의한 수분양자들만을 납부의무자들로 선정하고 있는 점이 공익사업과의 밀접한 관련성이라는 요건을 합리적으로 반영하고 있는지 살펴본다.

학교용지확보의 필요성은 신규 주택의 건설 및 공급에 관한 법률이냐 아니면 기존주택의 재개발·재건축에 관한 법률이냐에 따라 각 법률이 정한 수분양자들의 공익사업과의 긴밀성의 정도가 결정된다고 할 수 있으므로 주택관련 법률을 주택의 건설·공급 측면에서 검토할 필요가 있다.

신규 주택 건설에 관한 법률은, 특례법이 규정하고 있는 주택건설촉진법, 택지개발촉진법, 산업입지및개발에관한법률을 비롯하여 일반 건축법, 도시개발방식을 규정한 도시개발법, 임대주택건설촉진법 등으로 나눌 수 있고, 기존주택의 재개발·재건축에 관한 법률은 도시재개발사업을 규정한 도시재개발법, 도시저소득주민의 주거환경개선사업을 목적으로 하는 도시저소득주민의주거환경개선을위한임시조치법 등으로 크게 나눌 수 있다. 그러나 도시재개발법 등 재개발·재건축에 관한 법률이라고 하더라도 위 각 법률에 의한 개발사업의 결과 기존 주택의 재건축뿐만 아니라 추가적인 신규 주택의 공급도 가능하다.

그런데 학교용지확보의 필요성은 신규 주택의 건설·공급의 경우에 생겨나는 것이고, 그 정도는 개발사업의 목적이나 절차에 관계없이 개발사업의 결과로 공급되는 신규 주택의 수에 비례하여 결정된다고 봄이 타당하다. 따라서 건축법, 도시개발법 등 신규 주택 건설에 관한 다른 법률에 의한 개발사업은 물론이고, 기존 주택의 재개발·재건축에 관한 법률에 의한 개발사업이라고 하더라도 재개발·재건축의 결과 종전 주택수를 초과하는 신규 주택의 공급이 이루어진다면 위 주택의 수분양자는 이 사건 법률조항에 의한 개발사업의 수분양자와 마찬가지로 학교용지확보라는 공익사업에 대하여 동일한 관련성을 갖는다고 할 것이다. 반면에, 이 사건 법률조항에 의한 개발사업이라고 하더라도 재건축조합에 의한 개발사업의 경우와 같이 개발사업의 실질이 재건축에 불과하다면 새로운 학교용지확보의 필요성을 거의 야기하지 않을 것이라는 점은 앞서 본 바와 같다.

그럼에도 불구하고 이 사건 법률조항은 학교용지부담금 부과대상 개발사업을 신규 주택의 공급 여부가 아닌 단순히 주택 공급의 근거 법률이 무엇이냐에 따라 정하고 있는바, 이는 합리성이 없는 기준에 의하여 자의적으로 제청신청인들을 불리하게 대우하고 있다고 할 것이다.

한편 부담금관리기본법은 부담금을 재화 또는 용역의 제공과 관계없이 특정 공익사업과 관련한 조세 외의 금전지급의무라고 규정하고 있으므로(부담금관리기본법 제2조), 부담금의 개념요소에 반드시 반대급부의 보장이 요구되는 것은 아니다. 따라서 부담금의 수입이 반드시 납부의무자의 집단적 이익을 위하여 사용되어야 한다고는 볼 수 없다. 그러나 납부의무자의 집단적 이익을 위하여 사용되는 경우에는 부담금부과의 정당성이 제고됨은 말할 필요가 없다.

그런데 이 사건 법률조항에 의하여 확보된 학교용지부담금은 지방자치단체(특별시, 광역시, 도)별로 운영되기 때문에 반드시 수분양자들의 자녀들이 다니게 될 학교의 용지확보를 위하여 사용된다고 볼 수도 없다. 특히 초등학교와 중학교의 경우 학교배정 단위지역보다 부담금 부과 단위지역이 훨씬 넓기 때문에 학교용지확보사업과 납부의무자들의 집단적 이익의 관련성은 더욱 약해진다.

결국, 신규 주택의 수분양자들이 위 공익사업에 대하여 일반 국민들에 비하여 밀접한 관련성을 갖는다고 보기 어려움에도 불구하고 신규 주택의 수분양자들에게만 학교용지확보를 위한 부담금을 부과하는 것은 합리적인 이유가 없는 차별에 해당한다.

따라서 이 사건 법률조항은 평등원칙에 반한다.

▣ 비례원칙 위반 여부

■ 목적의 정당성

학교용지부담금 제도는 학교용지확보를 통한 공공복리의 달성이라는 정당한 목적을 가지고 있다.

■ 방법의 적정성

이 사건 법률조항은 납부의무자에 학교용지확보의 원인제공자가 아닌 자들도 포함시켜 부담금을 부과하고 있고, 의무교육을 위한 시설과 그 이외의 교육시설을 위한 비용을 구별하지 않고 있으며, 징수된 부담금도 형식적으로는 학교용지확보를 위하여 사용되고 있으나 사실상 이를 이용하여 일반교육재정으로 달성해야 할 과제를 동시에 수행하면서 양자를 엄격히 구분하지 않고 있다.

또한 학교용지부담금 부과대상자는 개발된 공동주택의 규모 및 1세대당 분양면적에 관계없이 개발사업으로 공급된 주택의 세대수(300세대)만을 기준으로 결정된다. 즉 개발사업의 규모가 300세대 이상이면 모든 수분양자에 대하여 학교용지부담금을 부과하고, 300세대 미만이면 모든 수분양자에게 이를 부과하지 않는다. 그런데 이와 같은 기준은 299세대 이하인 공동주택의 수분양자와 300세대인 공동주택의 수분양자의 경우에 있어서, 학교용지의 필요성에 대한 원인제공이라는 측면에서 볼 때 실질적으로 중대한 차이가 있다고 보기 어렵다. 나아가 299세대 이하이면서 넓은 평형의 공동주택을 개발하는 사업과 300세대 이상이면서 좁은 평형의 공동주택을 개발하는 사업과 비교할 경우, 납부의무자의 부담능력에 반하는 더욱더 불합리한 방법으로 학교용지부담금을 부과하는 결과에 이르게 된다. 따라서 학교용지부담금 부과기준과 방법이 기본적으로 입법재량의 영역에 속한다고 하더라도, 학교용지부담금 부과에 있어서 형평의 측면을 더 고려하고, 부담금 부과요건을 회피하기 위한 개발사업을 방지하기 위해서 일정 세대수를 부담금 면제대상으로 정하여 나머지에 대하여만 총액 단위로 부과하는 방식 등 다른 방법을 고려해야 할 것이다.

그렇다면, 학교용지부담금은 납부의무자의 선정이나 부과대상 사업의 선정, 부과기준, 징수된 부담금의 사용 등 여러 가지 면에서 납부의무자들과 관련성을 고려하지 않거나 형평을 고려하지 않은 부적절한 방법을 채택하고 있다고 할 것이다.

■ 피해의 최소성 및 법익의 균형성

나아가 학교용지부담금이 피해의 최소성과 법익의 균형성을 갖추고 있는지 여부에 관하여 살펴본다. 부담금의 구체적 수액이나 비율이 어느 정도이어야 합리적인지 또는 법익의 균형성을 넘지 않는 것인지 여부를 결정하는 것은 쉬운 문제가 아니다. 그러나 부담금은 조세 외적인 금전지급의무이므로 조세에 비하여 더욱 예외적이고 최소한으로 허용되어야 할 것이므로 보다 엄격한 피해의 최소성과 법익의 균형성을 갖추어야 할 것이다. 부담금관리기본법 제5조도 부담금부과의 원칙에 관하여, "부담금은 설치목적을 달성하기 위하여 필요한 최소한의 범위 안에서 공정성 및 투명성이 확보되도록 부과되어야 하며, 특별한 사유가 없는 한 동일한 부과대상에 대하여 이중의 부담금이 부과되어서는 아니 된다"라고 규정하고 있다.

특례법상의 수분양자들은 공동주택을 분양받을 경우 일반조세로 취득세, 등록세를 부담할 뿐만 아니라, 등록세에 따른 교육세(등록세액의 20%)를 별도로 부담하고, 여기에 다시 분양가의 일정비율(0.8%)을 학교용지부담금으로 부담하게 된다. 한편 학교용지확보를 위한 재정은 지방자치단체의 일반회계와 교육비특별회계에서 각 1/2씩 부담하도록 되어 있는바(특례법 제4조 제4항), 그 중 일반회계에서 충당되는 비용은 학교용지부담금과 지방세 중 대통령령으로 정하는 세액, 개발이익환수에관한법률에 의한 개발부담금으로 구성된다. 여기서 대통령령으로 정하는 지방세라 함은 취득세 및 등록세를 말하며, 학교용지확보를 위한 경비에서 학교용지부담금과 개발부담금을 뺀 금액이 충당 가능한 지방세액의 최고 한도이다(특례법 시행령 제6조). 그런데 국가가 학교시설 확보라는 공익사업을 시행하기 위하여 목적세로 교육세를, 일반 조세로 취득세·등록세를, 개발사업으로 인한 수익자부담금으로 개발부담금을 각 부과하며, 이와 동일한 목적 달성을 위하여 다시 학교용지부담금을 부과하는 것은 사실상 이중과세나 이중의 부담금부과에 해당한다고 볼 여지도 있다. 또한 확보된 부담금이 전부 납부의무자들이나 그 자녀들의 통학거리에 위치한 학교용지의 확보를 위하여 활용된다고 보기도 어려운 점에 대하여는 앞서 본 바와 같다. 그렇다면 학교용지부담금은 피해의 최소성 요건을 충족하고 있다고 볼 수 없다.

그리고 이 사건 법률조항이 달성하고자 하는 공익사업은 교육시설의 확보라는 매우 중요한 것이기는 하지만, 초등학교와 중학교에 대한 무상의 의무교육이 실시되고 있는 점과 고등학교의 경우 납부의무자의 공익사업과의 관련성이 미약한 상태에서 일반재정부담으로 교육시설의 확보를 위한 교육세, 취득세, 등록세를 부담하고 있음에도 불구하고 다시 추가적인 학교용지부담금을 부과하는 것은 공익사업의 달성과 관련하여 형평에 맞는 몫 이상의 부담이라는 의심이 강하게 들게 하므로 법익의 균형성 요건도 완전히 갖추고 있다고 보기 어렵다.

결국, 이 사건 법률조항은 학교용지부담금 부과에 있어서 방법의 적정성, 피해의 최소성 및 법익균형성을 충실히 갖추지 못함으로써, 헌법 제37조 제2항의 비례의 원칙에 위배된다고 하겠다.

## ▶ 해 설

### 초등학교 개축 후 기부채납

무상의무교육과 관련한 이 사건(憲 2008. 9. 25.-2007헌가9)은 수분양자가 아닌 개발사업자를 부과대상으로 하는 '학교용지 확보 등에 관한 특례법'이 헌법 제31조 제3항의 의무교육 무상원칙에 위배되는지 여부와 동 특례법 제5조 제4항에서 기존 학교건물을 증축하여 기부채납하는 경우를 부담금의 필요적 면제사유로 정하고 있지 아니한 것이 학교건물을 증축하여 기부채납한 자의 평등권을 침해하는지 여부이다. 헌법재판소는 전자에 대해서는 합헌결정을 후자에 대해서는 헌법불합치결정을 하였다.

전자에 대해 헌법재판소는 그 합헌이유에 대해, 개발사업자는 개발사업을 통해 이익을 얻었다는 점에서 학교시설 확보라는 공적 과제와 밀접한 관련성을 가지고 있을 뿐만 아니라 이에 대해 일정한 부담을 져야 할 책임도 가지고 있어 이들에 대한 학교용지부담금 부과는 평등의 원칙에 반하지 않고, 학교용지부담금 제도는 '학교용지 확보를 위한 새로운 재원의 마련'이라는 정당한 입법목적의 달성을 위한 적절한 수단으로서 부담금의 부과율이 지나치게 높아 납부의무자에게 과도한 부담을 지우는 것이라고 볼 수 없고, 교육의 기회를 균등하게 보장해야 한다는 공익과 사인의 재산적 이익을 적절히 형량하고 있어 비례원칙을 준수하고 있다고 할 것이라고 판시하였다.

후자에 대한 헌법불합치결정에서 헌법재판소는 그 이유를 기존학교를 증축하여 기부채납한 경우를 필요적 면제사유로 정하고 있지 아니한 것은 학교용지를 기부채납한 자와 학교건물을 증축하여 기부채납한 자는 위 특례법상 목적 달성에 기여하였다는 점에서 동일하다 할 것인데, 학교용지를 기부채납한 자에 대하여만 이중의 부담을 방지할 수 있는 필요적 면제 규정을 두고, 학교건물을 증축하여 기부채납한 자에 대해서는 이를 위한 일체의 규정을 두지 아니한 것에 합리적 이유를 발견할 수 없어 평등의 원칙에 반하는 것이나, 이에 대하여 단순위헌을 선언할 경우 학교용지를 확보하여 기부채납한 자나 학교신설 수요를 야기하지 아니한 자에게 부담금을 필요적으로 면제하도록 한 규정이 효력을 잃게 되어 법치국가적으로 용인하기 어려운 법적 공백상태가 발생한다 할 것이므로 이에 대하여 잠정 적용을 명하는 헌법불합치 결정을 선고한다고 판시하였다.

### ▶ 질 문

1. 무상교육의 범위는 어디까지인가?
2. 학교용지부담금 사건들의 차이점은 무엇인가?

## 4. 교육의 자주성, 전문성, 정치적 중립성

### ▶ 개 요

교육의 자주성이란 교육내용과 교육기구에 대한 교육자의 자주적 결정권과 행정 권력의 통제로부터의 자유를 의미하는데, 좀 더 구체적으로는 교사의 교육 시설 설치자 및 교육관리기구의 공선제 등을 포함한다. 교육의 자주성에도 내재하는 한계가 존재하는데, 하나는 교원직무의 자주성이 교육을 받을 기본권을 가진 피교육자인 학생들의 권익과 복리증진에 저해가 되어서는 아니 된다는 것이고, 다른 하나는 국가와 사회공동체의 이념과 윤리의 테두리 안에서 직무의 자주성은 제약을 받게 된다는 것이다.

교육의 전문성이란 교육정책의 수립과 집행은 되도록 교육에 관한 전문가가 담당하거나, 그들의 참여하에 이루어져야 함을 의미한다.

교육의 정치적 중립성은 우리 교육기본법 제6조가 규정하고 있는 바와 같이 교육이 교육본래의 목적에 따라 그 기능을 다하도록 운영되어야 하고, 어떠한 정치적·파당적 또는 개인적 편견의 전파를 위한 방편으로 이용되어서는 아니 된다는 것을 의미한다. 교육의 정치적 중립성이 보장되려면 교육내용의 정치적 중립성이나 교사의 정치적 중립성, 교육행정의 정치적 중립성 등이 요구된다.

## ▶ 핵심판례

憲 1992. 11. 12.-89헌마88 [국정 교과서 사건]

[사건의 개요]

청구인은 서울 휘경여자중학교의 교사로 재직하면서 국어과목을 담당하여 학생들을 가르쳐 왔고, 한편으로 회원이 약 1,200명인 "국어교육을 위한 교사모임"의 대표로서 활동하여 왔다. 청구인은 위 교사모임이 창립된 이후 청구인과 같은 위치에서 국어교육을 담당해 온 교사들과 함께 중학교 국어교육에 대한 토론과 연구를 진행하여 왔고, 그 과정에서 토론·연구한 일부의 내용을 모아 위 교사모임을 엮은이로 하여 "통일을 여는 국어교육"이라는 저작물을 출간하고, 위 교사모임을 지은이로 하여 "개편교과서 지침서 중학 국어 1-1"이라는 저작물을 출판하였다. 그리고 가까운 장래에 새로운 형태의 중학교 국어교과서를 저작·출판하기로 하고 그에 관하여 연구·토론하며 저작·출판을 모색하여 왔다.

그런데 교육법 제157조와 대통령령인 교과용도서에관한규정 제5조가 중학교 국어교과서를 1종도서로 정하여 교육부가 저작, 발행, 공급하도록 규정하고 있어, 청구인의 중학교 국어교과서의 저작·출판이 원천적으로 불가능함을 알고 청구인은, 위 법률 및 교과서규정의 각 조항이 기본권을 침해하고 있어 위헌이라고 주장하면서, 헌법재판소법 제68조 제1항에 의거하여 헌법소원심판을 청구하였다.

[심판의 대상]

**교육법** 제157조 ① 대학·교육대학·사범대학·전문대학을 제외한 각 학교의 교과용 도서는 교육부가 저작권을 가졌거나 검정 또는 인정한 것에 한한다.
② 교과용 도서의 저작·검정·인정·발행·공급 및 가격사정에 관한 사항은 대통령령으로 정한다.
**교과용도서에관한규정** 제5조(편찬) 1종 도서는 교육부가 편찬한다. 다만, 교육부장관이

필요하다고 인정하는 1종 도서는 연구기관 또는 대학 등에 위탁하여 편찬할 수 있다.
위 규정에 나오는 용어의 정의는 다음과 같다.
(가) 교과용 도서라 함은 교과서, 지도서 및 인정도서를 말한다(제 2 조 제 1 호).
(나) 교과서라 함은 학교에서 교육을 위하여 사용되는 학생용의 주된 교재를 말하며, 교육부가 저작권을 가진 도서(1종 도서)와 교육부장관의 검정을 받은 도서(2종 도서)로 구분된다(같은 조 제 2 호).
(다) 지도서라 함은 학교에서 교육을 위하여 사용되는 교사용의 주된 교재를 말하며, 교육부가 저작권을 가진 도서(1종 도서)와 교육부장관의 검정을 받은 도서(2종 도서)로 구분한다(같은 조 제 3 호).

이 사건에서 헌법재판소는 "청구인의 심판청구를 기각한다"라고 결정하고, 이유를 다음과 같이 설시하였다.

▣ 교육에 대한 헌법의 이념 및 원리

■ 교육제도 법률주의

헌법 제31조 제 1 항은 "모든 국민은 능력에 따라 균등하게 교육을 받을 권리를 가진다"라고 규정하여 국민의 교육을 받을 권리(이하 "수학권"(修學權)이라 약칭한다)를 보장하고 있는데, 그 권리는 통상 국가에 의한 교육조건의 개선·정비와 교육기회의 균등한 보장을 적극적으로 요구할 수 있는 권리로 이해되고 있다. 수학권의 보장은 국민이 인간으로서 존엄과 가치를 가지며 행복을 추구하고(헌법 제10조 전문) 인간다운 생활을 영위하는데(헌법 제34조 제 1 항) 필수적인 조건이자 대전제이며, 헌법 제31조 제 2 항 내지 제 6 항에서 규정하고 있는 교육을 받게 할 의무, 의무교육의 무상, 교육의 자주성·전문성·중립성보장, 평생교육진흥, 교육제도 및 교육재정, 교원지위 법률주의 등은 국민의 수학권의 효율적인 보장을 위한 규정이라고 해도 과언이 아니다.

원래 부모들이 각 자녀에 대한 친권자로서 사적 시설에서 양육 및 보호·감독의 일환으로 행하는 사(私)교육은 근대사회의 정치·경제·사회·문화의 급진적인 발달과 다원화에 따른 교육수요에 부응할 수 없게 되어 공공의 교육전문시설에서 교육전문가에 의하여 조직적·계획적으로 시행되어야 할 필요성이 생겨나게 되었는데, 학교라는 것은 그러한 배경하에서 생겨난 공교육기관이라 할 것이다.

국가나 공공단체가 헌법상 보장된 국민의 수학권을 실질적으로 보장하기 위한 한도 내에서 적극적·능동적으로 주도하고 관여하는 교육체계를 공교육제도라고 할 때, 국가나 공공단체는 교원·학제·교제·교육시설환경 등 제반사항에 대하여 적극적으로 계획을 수립하고 이를 시행하는 의무와 책임을 지는 것이며 그 특성은 초·중·고교 등 보통교육의 분야에서 두드러지게 나타나는 것이다. 통치자와 피치자가 이념적으로 자동적(自同的)인 민주국가에서 수학권의 보장을 통한 국민의 능력과 자질의 향상은 바로 그 나라의 번영과 발전의 토대요 원동력이므로 현대의 모든 민주국가는 교육의 진흥과 창달을 행정의 주요한 지표로 수립하고 있으며 헌법도 제31조 제 1 항에서 이를 명시하고 있는 것이다.

그런데 헌법은 국민의 수학권(헌법 제31조 제 1 항)의 차질없는 실현을 위하여 교육제도와 교육재정 및 교원제도 등 기본적인 사항이 법률에 의하여 시행되어야 할 것을 규정(헌법 제31조 제 6 항)하는 한편 교육의 자주성·전문성·정치적 중립성(및 대학의 자율성)도 법률이 정하는 바에 의하여 보장되어야 할 것을 규정(헌법 제31조 제 4 항)하고 있는데, 위와 같은 넓은 의미의 "교육제도 법률주의"는 후술하는 바와 같이 국가의 백년대계인 교육이 일시적인 특정정치 세력에 의하여 영향을 받거나 집권자의 통치상의 의도에 따라 수시로 변경되는 것을 예방하고 장래를 전망한 일관성이 있는 교육체계를 유지·발전시키기 위한 것이며 그러한 관점에서 국민의 대표기관인 국회의 통제하에 두는 것이 가장 온당하다는 의회민주주의 내지 법치주의 이념에서 비롯된 것이다. 이는 헌법이 한편으로는 수학권을 국민의 기본권으로서 보장하고 다른 한편으로 이를 실현하는 의무와 책임을 국가가 부담하게 하는 교육체계를 교육제도의 근간으로 하고 있음을 나타내는 것이라고 할 수 있는 것이다.

■ 교과서제도 법률주의

교과서라 함은 교육목표를 달성하기 위하여 교과가 포함하는 지식체계를 쉽고 체계적으로 간결·명확하게 편집하여 학생들의 학습의 기본자료가 되도록 한 학생용 도서를 말한다. 따라서 전문지식을 추구하는 대학 이상의 교육과정에서는 교과서제도는 적합하지 아니한 것이다.

그런데 헌법은 교육제도 법률주의를 명시하고 있기 때문에 교육제도의 일환인 교과서제도에 대하여서도 법률주의의 원칙에 따를 수밖에 없는 것은 너무나 당연하다. 헌법 제31조 제 6 항을 근거로 하여 교육법 제157조가 교과서제도에 관하여 상세히 규정하고 있는데, 대학·교육대학·사범대학·전문대학을 제외한 각 학교의 교과용도서는 교육부가 저작권을 가졌거나(국정) 검정 또는 인정한 것에 한하고 교과용도서의 저작·검정·인정·발행·공급 및 가격사정에 관한 사항은 대통령령으로 정하게 하고 있는 것이다.……

초·중·고교교육에 있어서 교과용도서에 국가가 관여하는 이유는 초·중·고교의 교육이 가지는 특성과 그에 따르는 국가의 책무 때문이다. 일반적으로 초·중·고교교육 등 보통교육의 단계에서는 전문적인 지식의 습득이나 세계관, 사회관, 인생관 등에 대한 심오한 진리를 탐구하는 것보다는 각자가 사회의 구성원으로서 독자적인 생활영역을 구축하는데 필요한 기본적인 품성과 보편적인 자질을 배양하는데 중점을 두고 있기 때문에(교육법 제93조, 제94조, 제100조, 제101조, 제104조, 제105조 참조) 보통교육의 과정에 있어서는 학교의 지역별·공사(公私)별·교육환경별 차이, 교원의 자질별·능력별 차이, 교과의 과목별·내용별 차이 등을 가능한 한 축소시켜 피교육자에게 질적으로나 양적으로 균등한 교육을 제공하는 것이 바람직하다고 할 수 있다.

### ▣ 기본권의 침해 여부

#### ■ 교육의 자주성·전문성·정치적 중립성과의 관계

헌법 제31조 제4항은 "교육의 자주성·전문성·정치적 중립성(및 대학의 자율성)은 법률이 정하는 바에 의하여 보장된다"라고 규정하고 있는데, 이는 "교육제도와 그 운영에 관한 기본적인 사항은 법률로 정한다"(헌법 제31조 제6항)라는 규정과 마찬가지로 넓은 의미의 교육제도 법률주의를 규정한 것이지만, 각 보호하고자 하는 이념과 가치는 서로 다르기 때문에 합리적인 해석이 필요한 것이다.

교육의 자주성·전문성·정치적 중립성을 헌법이 보장하고 있는 이유는 교육이 국가의 백년대계의 기초인만큼 국가의 안정적인 성장 발전을 도모하기 위해서는 교육이 외부세력의 부당한 간섭에 영향받지 않도록 교육자 내지 교육전문가에 의하여 주도되고 관할되어야 할 필요가 있다는 데서 비롯된 것이라고 할 것이다. 그러기 위해서는 교육에 관한 제반정책의 수립 및 시행이 교육자에 의하여 전담되거나 적어도 그의 적극적인 참여하에 이루어져야 함은 물론 교육방법이나 교육내용이 종교적 종파성과 당파적 편향성에 의하여 부당하게 침해 또는 간섭당하지 않고 가치중립적인 진리교육이 보장되어야 할 것이다. 특히 교육의 자주성이 보장되기 위하여서는 교육행정기관에 의한 교육내용에 대한 부당한 권력적 개입이 배제되어야 할 이치인데, 그것은 대의정치(代議政治), 정당정치하에서 다수결의 원리가 지배하는 국정상의 의사결정방법은 당파적인 정치적 관념이나 이해관계라든가 특수한 사회적 요인에 의하여 좌우되는 경우가 많기 때문이다. 인간의 내면적 가치증진에 관련되는 교육문화 관련분야에 있어서는 다수결의 원리가 그대로 적용되는 것이 바람직하지 않다는 의미에서 국가의 교육내용에 대한 권력적 개입은 가급적 억제되는 것이 온당하다고 본다면, 국정 교과서제도는 교육부에 의하여 교과서 편찬이 주도될 뿐만 아니라 그 교과서만이 교재로 허용되고 있다는 점에서 정부의 행정관료에 의하여 교과내용 내지 교육내용이 영향을 받을 소지가 있다는 점에서 교육의 자주성을 보장하고 있는 위 헌법의 규정과 모순될 수 있는 것이다.

교과서의 국정제도는 국가가 교과서를 독점하는 체제인 만큼 검·인정제도보다도 훨씬 교과서 발행방법이 폐쇄적이라 할 수 있고, 그것이 개방되고 있는 자유발행제도와 비교할 때 다음과 같은 문제점이 지적될 수 있는 것이다.

첫째, 학생들의 창의력 개발이 활성화되지 않고 경우에 따라 저해되거나 둔화될 우려가 있다는 지적이다. 오늘날과 같이 급변하는 세계정세와 일신하는 첨단과학기술, 폭증하는 각종 지식과 정보의 홍수 속에서 당면한 개인적·사회적 문제를 신속·적절하게 해결함에 있어서는 각자의 창의력의 개발이 필수적이라고 할 수 있는데, 이러한 사고력을 길러주는데 있어서는 무엇보다도 교과서의 내용이 그러한 방향으로 집필되어야 하겠지만 다양한 사고방식이 수용될 수 있도록 교과서 발행제도가 개방될 필요가 있다는 것이다.

교과서가 국가에 의하여 독점되면 그러한 교과서를 통해 양성되는 학생들의 사고력을 획일화·정형화하기 쉽고 따라서 그것을 학생들의 다양한 사고방식의 개발을 억제하게 될 위험이 있다는 것이다.

둘째, 상황변화에 능동적·탄력적으로 대처하기 어렵다는 지적이다. 국정이건 검정이건 교과서 발행에 국가가 직접 관여하게 되면 교과서에 수록된 내용을 획일적·통일적으로 교육하는데 있어서는 편리하고 효과적일 수 있겠지만 새로운 상황변화가 생기더라도 기존의 결정사항을 혁신하고 변경하는 것보다는 이를 그대로 답습해서 시행하는 것을 선호하는 공직사회의 풍토 때문에 교과서 내용의 자발적 수정이나 혁신은 용이하지 않으며 거기에는 스스로 한계가 있다는 것이다.

환언하면 교과서의 국정제가 계속되는 한, 현상의 변경보다는 현상의 유지를 바라는 관료적 타성에서 기인하는 교과서내용의 경직성은 쉽사리 시정되거나 극복되기 어려우며 특히 교과서에 대하여 행정부가 필요 이상의 강력한 통제권과 감독권을 갖고 있어 고위관료나 정치가들의 견해나 영향이 강하게 작용된 경우에는 더욱 어렵다는 것이다.

셋째, 자유민주주의의 기본이념과 모순되거나 역행하는 것이라는 지적이다. 자유민주주의는 각 개인으로 하여금 위로부터 일방적으로 결정된 내용에 무조건 추종 또는 순응하도록 하는 것보다는 자율과 참여에 의하여 그들 스스로 결정하고 그 결정의 결과에 대하여 책임을 질 줄 알도록 하는 것을 중시하는데, 교과서 문제에 있어서 중앙정부의 일방적인 결정에 의하여 획일화를 강제하는 것은 자유민주주의 기본이념에 부합하는 조처라 하기 어렵다는 것이다.

넷째, 교사와 학생의 교재선택권이 보장되지 못하고 그 결과 교과용도서의 개발이 지연되거나 침체될 우려가 있다는 지적이다. 과거에는 출판사가 영세하고 학자들의 학문적 연구도 활발하지 못한 시대도 있었기 때문에 국가에 의한 교과서의 독점이 합리화될 수 있었겠으나, 오늘날은 능력있는 출판사도 많아졌고 학문적 연구도 왕성하여 교과서 발행에 대한 문호를 개방한다고 하더라도 우려될 것이 없다는 것이다. 요컨대 우리 사회의 폭넓은 생활수준의 향상과 보다 양질의 교육문화를 향수하고자 하는 국민적 욕구를 해결하기 위하여서는 국가가 더 이상 교과서를 독점하고 있는 것은 바람직하지 않다는 것이다.

다섯째, 교과서 중심의 주입식 교육 내지 암기식 교육이 행하여지기 쉽다는 지적이다. 원래 교과서에 수록되는 내용은 집필자의 사상, 철학, 가치관, 지식의 소산이라 할 수 있기 때문에 집필자의 성분이나 성향에 따라 똑같은 표제에 대한 집필의 결과가 판이해질 수 있는 것이다.

그런데 교과서를 국가가 독점하게 되면 교과서의 내용에 수록되어 있는 것은 무조건 정당한 것이라는 것이 전제되고 또 강조되어야 할 것이고 그 결과 교과서 중심의 주입식 교육 내지 암기식 교육이 행하여지기 쉽다는 것이다. 즉 교과서에 수록된 것 이외에는 전부 배척하는 풍토가 조성되어 가치관의 경직화가 초래되고, 인문·사회과학에는 정답이 복수로 있을 수 있다는 것을 전제로 할 때, 학생 스스로 연구하여 정답을 찾아내는 기풍은 진작될 여지가 없게 된다는 것이다. 그러한 현상은 일교과일책주의(一敎科一冊主義)일 때 더욱 심화될 수 있으며 특히 국가가 교과서의 편찬에 있어서 공교육 담당자로서의 우월적 지위만을 앞세워 적정하고도 공정한 태도를 견지하지 못할 때 그 폐단은 훨씬 확대될 수 있다는 것이다.

그러나 공교육제도를 시행하는 의무와 책임을 지고 있는 국가가 교육정책이 입안 및 실현에 방관자적인 위치에 안주할 수는 없는 것이며, 교육의 내용 내지 교과서 문제에 대하여서도 어떤 형태로 간여하는 것은 부득이하다고 아니할 수 없는 것이다.

환언하면 교과서는 심신이 미숙한 학생으로 하여금 그 사용을 의무화하고 있는 것이므로, 그 내용에 있어서 일정수준의 유지와 아울러 학생의 지능이나 연령에 상응하는 교육적 배려가 불가피하며 학생들의 수학권의 내실있는 보장, 교육내용의 객관성·전문성·적정성의 유지, 공교육에 대한 기준설정과 운영에 대한 국가의 책임과 의무를 완수하기 위하여 국가는 교과용도서의 발행에 어떠한 형태로 관여할 수밖에 없는 것이고, 관여의 방법의 하나로서 검·인정제도 외에 국정교과서제도를 채택할 수도 있다고 할 것이다.

■ 결국 현행 교과서제도는 교육의 자주성·전문성·정치적 중립성의 정신에 입각해서 바람직한 제도라고 하기는 어렵지만 국가는 문화복지정책의 일환으로 교육정책을 입안, 연구, 시행할 책임이 있음을 전제로 할 때 그 범위는 단순히 교육의 외적 제 조건의 정비·확보에 그치는 것이 아니라 수학권의 보호와 사회공공의 이익의 증진을 위하여 필요하다고 인정되는 상당한 범위 내에서 교육내용에 대한 결정권을 포함한다고 할 것이며, 의회민주주의 제도하에서 그 기준은 국회가 법률의 형태로 제정할 수밖에 없다고 할 것이고 그 헌법적 근거는 제31조 제2항·제4항·제6항 및 제3조 제2항이라고 할 것이다.……

국정제도가 바람직한 것인가 하는 것은 헌법이 지향하고 있는 교육이념과 국내외의 제반교육여건, 특히 남북긴장관계가 아직도 지속되고 있는 현실여건 등에 비추어 교과과목의 종류에 따라 구체적·개별적으로 검토해 볼 필요가 있을 것이다. 교과서의 국정제도하에서도 운용의 여하에 따라서는 오히려 교육의 자주성·전문성·정치적 중립성을 제고시킬 수도 있을 것이니 예컨대 특정과목 교과서의 저작·발행에 비용은 많이 드는 반면 수요는 적어 어느 누구도 그러한 교과서를 집필·발행하려고 하지 않는 경우라든지 사인에게 맡기는 경우 그에 관한 연구가 충실하지 못하게 될 가능성이 높은 경우(예컨대, 현재 중학교 1종 교과서로 되어 있는 가정, 농업, 공업, 상업, 수산업, 가사)가 그에 해당할 수 있을 것이며, 국가가 이러한 교과의 교과서 저작·발행에 책임을 져주는 것은 국민의 수학권을 실현시키는데 오히려 충실한 것이고 헌법 제10조가 국가에 부과하고 있는 국가의 기본권보장의무를 성실히 수행하는 것이 될 것이다.

그러나 이러한 사정이 인정되는 경우 이외에는 국정제도보다는 검·인정제도를, 검·인정제도보다는 자유발행제를 채택하는 것이 교육의 자주성·전문성·정치적 중립성을 보장하고 있는 헌법의 이념을 고양하고 아울러 교육의 질을 제고할 수도 있을 것이다. 따라서 국정제도를 채택하고 있다고 하더라도 교과내용의 다양성과 학생들의 지식습득의 폭을 넓혀주기 위해서는 반드시 하나의 교과서만 고집할 필요는 없을 것이고, 교과서의 내용에도 학설의 대립이 있고, 어느 한쪽의 학설을 택하는 데 문제점이 있는 경우, 예컨대 국사의 경우 어떤 학설이 옳다고 확정할 수 없고 다양한 견해가 나름대로 설득력을 지니고 있는 경우에는 다양한 견해를 소개하는 것이 바람직하다고 할 것이다.……

국정교과서제도는 교과서라는 형태의 도서에 대하여 국가가 이를 독점하는 것이지만, 국민의 수학권의 보호라는 차원에서 학년과 학과에 따라 어떤 교과용 도서에 대하여 이를 자유발행제로 하는 것이 온당하지 못한 경우가 있을 수 있고 그러한 경우 국가가 관여할 수밖에 없다는 것과 관여할 수 있는 헌법적 근거가 있다는 것을 인정한다면 그 인정의 범위 내에서 국가가 이를 검·인정제로 할 것인가 또는 국정제로 할 것인가에 대하여 재량권을 갖는다고 할 것이다. 따라서 중학교의 국어교과서에 관한 한, 교과용도서의 국정제는 학문의 자유나 언론·출판의 자유를 침해하는 제도가 아님은 물론 교육의 자주성·전문성·정치적 중립성과도 무조건 양립되지 않는 것이라 하기 어려우므로 청구인의 심판청구를 기각하기로 하여 주문과 같이 결정한다.

## ▶ 해 설

### 교육위원 선거에서의 선거운동의 제한

교육제도의 특성과 관련한 이 사건(憲 2003. 3. 30.-99헌마113)은 교육위원의 선거에 있어서 선거공보의 발행·배포와 소견발표회의 개최 이외에 일체의 선거운동을 금지하고 있는 구 지방교육자치에관한법률 제5조의4 및 이 규정을 위반한 자에 대하여 2년 이하의 징역 또는 벌금에 처하도록 규정한 같은 법 제53조가 헌법 제11조(평등권)·제21조(언론의 자유)·제25조(공무담임권) 등에 위반되는지 여부이다.

이에 대해 헌법재판소는 합헌결정을 하면서, 지방교육자치는 민주주의·지방자치·교육자주라고 하는 세 가지 헌법적 가치를 골고루 만족시킬 수 있어야 하므로 지방교육자치기관의 구성에 있어 이 가운데 민주주의의 요구만을 절대시하는 것은 헌법적으로 허용될 수 없다 할 것인바, 이 사건 법률조항의 선거운동제한은 교육위원의 자주성·전문성을 고려하여 그 선출관련 비리를 원천 봉쇄함으로써 공정성을 제고하려는 데 목적이 있는 것으로서 이를 위하여 채택된 입법수단이 과잉금지의 원칙을 위배하였다고 보기 어려울 뿐만 아니라, 이 사건 법률조항의 선거운동제한이 다른 선거법에 비하여 엄격한 것은 사실이지만 적어도 그러한 제한이 교육위원·교육감선거에 있어 모든 후보자·선거인들에게 동등하게 적용되는 한 평등권을 침해하였다고 볼 수 없다고 판시하였다.

### 初·중등학교 교원의 교육위원 겸직금지

교육제도의 특성과 관련한 이 사건(憲 1993. 7. 29.-91헌마69)은 初·중등학교 교원의 교육위원 겸직금지를 규정한 지방교육자치 제 9 조 제 1 항 제 2 호가 교육의 전문성을 보장한 헌법 제31조 제 4 항에 위반되는지 여부에 관한 것이다.

이에 대해 헌법재판소는 합헌결정을 하면서, "지방교육자치에관한법률은 별도로 교육위원 정수의 2분의 1 이상과 집행기관인 교육감의 자격을 일정기간 이상 교육 관련 경력이 있는 자로 제한하여(동법 제 8 조, 제32조 제 2 항) 교육의 자주성, 전문성이 충분히 보장되도록 규정하고 있으므로 동법 제 9 조 제 1 항 제 2 호가 교육위원과 初·중등학교 교원의 겸직을 금지하였다고 하여도 그것만으로 교육의 전문성을 보장한 헌법 제31조 제 4 항에 위반된다고 할 수 없다"라고 판시하였다.

### ▶ 질 문

1. 교육의 자주성의 입장에서 본 교과서 검정제도의 문제점은 무엇인가?
2. 초·중·고등학교의 교사의 정치적 활동금지는 어떤 문제점이 존재하는가?

## 5. 대학의 자율성

대학의 자율성은 헌법 제31조 제 4 항에서 "…… 대학의 자율성은 법률이 정하는 바에 의하여 보장된다"라고 규정되어 있지만, 그 근거를 제22조 제 1 항의 학문의 자유에서 구하는 것이 일반적인 학계의 입장이다. 학문의 자유의 헌법적 규정이 연혁적으로 대학의 자유에서 유래하고 있기 때문이다. 즉 제31조 제 4 항의 규정이 없더라도 대학의 자율성은 학문의 자유의 규정에 당연히 포함되는 내용이다. 제31조 제 4 항은 교육을 받을 권리를 규정하면서 대학의 자율성을 재확인한 것에 지나지 않는다.

대학의 자유란 대학의 운영에 관한 모든 사항을 외부의 간섭없이 자율적으로 결정할 수 있는 자유를 말한다. 즉 대학이 인사, 학사, 시설, 재정 등 대학과 관련된 모든 사항을 자주적으로 결정하고 운영할 자유를 말한다. 대학의 자율성없이 자유로운 연구와 교수라는 대학의 임무는 실현되기 어렵고 학문의 자유도 실현될 수 없다.

대학의 자율성은 대학에 대한 공권력 등 외부세력의 간섭을 배제하고 대학구성원 자신이 대학을 자주적으로 운영할 수 있도록 함으로써 대학인으로 하여금 연구와 교육을 자유롭게 하여 진리탐구와 지도적 인격의 도야라는 대학의 기능을 충분히 발휘할 수 있도록 하기 위한 대학의 헌법상의 기본권이다.

## ▶ 핵심판례

### 憲 2006. 4. 27.-2005헌마1047 [국립대 총장후보자 선정 사건]

[사건의 개요]

대학교의 교수회 및 대학평의회의 장인 청구인들은 총장선거를 치루거나 선거를 예정하고 있다. 이들은 심판대상 법률조항들이 헌법상 보장된 청구인들의 기본권과 대학의 자율성 등을 침해하였다고 주장하며 그 위헌확인을 구하는 헌법재판소법 제68조 제1항의 헌법소원을 제기하였다.

[심판의 대상]

**교육공무원법** 제24조(대학의 장의 임용) ④ 위원회는 해당 대학이 정하는 바에 따라 다음 각 호의 어느 하나의 방법에 의하여 대학의 장 후보자를 선정하여야 한다.

1. 위원회에서의 선정
2. 해당 대학 교원의 합의된 방식과 절차에 따른 선정

⑥ 제1항의 규정에도 불구하고 대학의 장 임기만료 후 3월 이내에 해당 대학이 대학의 장 후보자를 추천하지 아니하는 경우 해당 대학의 장은 교육인적자원부장관의 제청으로 대통령이 임용한다.

⑦ 위원회의 구성·운영 등에 관하여 필요한 사항은 대통령령으로 정하되, 위원의 일정비율 이상은 여성으로 한다.

제24조의2(선거운동의 제한) ④ 누구든지 대학의 장 후보자 선정 선거와 관련하여 다음 각 호의 방법 외의 행위를 할 수 없다.

1. 선전벽보의 부착
2. 선거공보의 배부
3. 소형인쇄물의 배부
4. 합동연설회 또는 공개토론회의 개최
5. 전화·컴퓨터 통신을 이용한 지지호소

제24조의3(대학의 장 후보자 추천을 위한 선거사무의 위탁) ① 대학의 장 후보자를 추천함에 있어서 제24조 제4항 제2호의 규정에 따라 해당 대학 교원의 합의된 방식과 절차에 따라 직접선거에 의하는 경우 해당 대학은 선거관리에 관하여 그 소재지를 관할하는 「선거관리위원회법」에 의한 구·시·군선거관리위원회(이하 "구·시·군선거관리위원회"라 한다)에 위탁하여야 한다.

이 사건에서 헌법재판소는 "청구인들의 심판청구를 모두 기각한다"라고 결정하고, 이유를 다음과 같이 설시하였다.

▣ 대학의 자율과 위헌 심사기준

헌법 제31조 제4항은 "교육의 자주성·전문성·정치적 중립성 및 대학의 자율성은 법률이 정하는 바에 의하여 보장된다"라고 규정하여 대학의 자율성을 보장하고 있는데 이는 대학에 대한 공권력 등 외부세력의 간섭을 배제하고 대학구성원 자신이 대학을 자주적으로 운영할 수 있도록 함으로써 대학인으로 하여금 연구와 교육을 자유롭게 하여 진리탐구와 지도적 인격의 도야라는 대학의 기능을 충분히 발휘할 수 있도록 하기 위한 것이며, 교육의 자주성이나 대학의 자율성은 헌법 제22조 제1항이 보장하고 있는 학문의 자유의 확실한 보장수단으로 꼭 필요한 것으로서 이는 대학에게 부여된 헌법상의 기본권이다(憲 1992. 10. 1.-92헌마68등, 판례집 4, 659, 670).

그러나 대학의 자율도 헌법상의 기본권이므로 기본권제한의 일반적 법률유보의 원칙을 규정한 헌법 제37조 제2항에 따라 제한될 수 있고, 대학의 자율의 구체적인 내용은 법률이 정하는 바에 의하여 보장되며, 또한 국가는 헌법 제31조 제6항에 따라 모든 학교제도의 조직, 계획, 운영, 감독에 관한 포괄적인 권한, 즉 학교제도에 관한 전반적인 형성권과 규율권을 부여받았다고 할 수 있고, 다만 그 규율의 정도는 그 시대의 사정과 각급 학교에 따라 다를 수밖에 없는 것이므로 교육의 본질을 침해하지 않는 한 궁극적으로는 입법권자의 형성의 자유에 속하는 것이라 할 수 있다(憲 1991. 7. 22.-89헌가106, 판례집 3, 387, 416-417; 2000. 4. 27.-98헌가16등, 판례집 12-1, 427, 449). 따라서 이 사건 법률조항이 대학의 자유를 제한하고 있다고 하더라도 그 위헌 여부는 입법자가 기본권을 제한함에 있어 헌법 제37조 제2항에 의한 합리적인 입법한계를 벗어나 자의적으로 그 본질적 내용을 침해하였는지 여부에 따라 판단되어야 할 것이고(憲 2001. 1. 18.-99헌바63, 판례집 13-1, 60, 70 참조), 다만 법 제24조 제7항에 대하여는 포괄위임입법금지의 원칙 등이 그 심사기준이 될 것이다.

▣ 대학의 자율의 침해 여부

■ 법 제24조 제4항

청구인들은 해당 대학 교원의 합의가 존재하지 않거나 혹은 관련 위탁선거관리규칙(2005. 10. 28. 선거관리위원회규칙 제247호)에서 정한 기간 내에 합의를 도출할 수 없다면 총장선거의 방식으로 '위원회에서의 선정'을 택하지 않을 수 없고, 위원회에서의 선정에 대하여는 아무런 제한이 없다는 점에서 위 조항이 대학의 장 후보자 선정을 간선제에 의하도록 강요하여 대학의 자율을 침해하고 있다고 주장한다.

위원회에서의 선정은 직접선출의 방식에 비하여 적시에 신속하게 그리고 다양한 후보군을 대상으로 탄력적으로 의사결정이 이루어질 수 있는 장점이 있으므로 대학이 총장후보자 선출과 관련하여 선택할 수 있는 방법의 하나로 규정될 필요가 있는 점, 직선제에 의하는 경우 법 제24조의3에 의하여 그 선거관리를 선거관리위원회에 위탁하여야 하고 통상 후보자 선출을 위한 선거는 총장 임기만료 전의 일정한 시점에서 실시되어야 하므로 직접선거 실시여부에 대한 결정이나 선거관리위원회에 대한 선거관리 위탁이 위 선거실시시점 이전에 미리 이루어져야만 하고 따라서 직접선거방식의 결정과 관련하여서는 일정한 시간상의 제한 설정이 불가피한 점에 비추어 위 규정의 목적의 정당성은 인정된다.

그리고 위원회에서의 선정은 원칙적인 방식이 아닌 교원의 합의된 방식과 선택적이거나 혹은 실제로는 보충적인 방식으로 규정되어 있는 점, 대학의 장 후보자 선정과 관련하여 대학에게 반드시 직접선출 방식을 보장하여야 하는 것은 아니며, 다만 대학교원들의 합의된 방식으로 그 선출방식을 정할 수 있는 기회를 제공하면 족하다고 할 것인데, 위 규정은 대학의 장 후보자 선정을 위원회에서 할 것인지, 아니면 교원의 합의된 방식에 의할 것인지를 대학에서 우선적으로 결정하도록 하여 이를 충분히 보장하고 있는 점, 또한 이 규정은 개정 전 교육공무원임용령(1991. 8. 8. 대통령령 제13448호로 개정되고, 2005. 9. 14. 대통령령 제19043호로 개정되기 전의 것) 제12조의3 제4항과 동일한 내용으로서 청구인들이 속한 각 대학은 개정 전 위 시행령에 근거하여 직선제의 방식으로 대학의 장 후보자를 선출해 온 점을 고려하면, 이전의 시행령의 내용을 그대로 담고 있는 위 법률규정이 대학에게 총장후보자 선출에 있어서 새로운 제한을 추가하거나 가중한 것이라고 볼 수 없으므로 위 규정이 매우 자의적인 것으로서 합리적인 입법한계를 일탈하였거나 대학의 자율의 본질적인 부분을 침해하였다고 볼 수 없다.

■ 법 제24조 제6항

국립대학에서 총장 후보자 선정이 이루어지지 못하는 경우에는 인사나 재정 등 대학운영에 관한 여러 결정이 적시에 이루어질 수 없어 대학행정의 공백이나 차질이 예상되고 이에 따라 교수·부교수 제청예정자나 전임강사·조교 등의 임용예정자들의 학문의 자유는 물론 학생들의 교육받을 권리 등이 침해받게 될 가능성이 있으므로 이를 방지하기 위한 위 규정은 목적의 정당성이 인정된다.

그리고 국립대학에서 총장이 임명되지 못하는 경우에 대통령이 교육인적자원부장관의 제청으로 총장을 임용하는 것은 그 공백상태를 해결하기 위한 적절한 수단이며 이 경우 임시적 지위를 갖는 총장을 임용하는 일시적인 임용형태를 취할 것인지 아니면 통상의 총장지위를 갖는 정식의 임용형태를 취할 것인지는 입법자의 재량사항에 속한 것으로 볼 수 있는 점, 또한 총장 임기만료 후 3개월이 경과한 경우에만 대통령이 위의 권한을 행사하도록 함으로써 대학에게 그 총장후보자의 선출에 대한 자율권을 행사할 충분한 기간과 기회를 제공하고 있는 점, 대학의 자율도 국민의 교육받을 권리를 존중하여 가능한 한 이를 침해하여서는 안 되며, 대학이 총장의 임기만료 후에도 만연히 대학의 장 후보자를 선출하지 아니한 채 국가가 관여하는 것을 배제해 달라고 주장하는 것은 합리적인 대학의 자율의 범위라고 볼 수 없는 점, 국립대학의 총장은 구성원의 대표로서의 성격 외에도 국가행정관청의 장으로서의 성격도 겸하고 있으므로 국립대학의 총장 미임명으로 인한 국가행정의 공백이나 불안정상태를 막을 긴급한 필요가 있는 점 등을 고려할 때 위 규정이 매우 자의적인 것으로서 합리적인 입법한계를 일탈하였거나 대학의 자율의 본질적인 부분을 침해하였다고 볼 수 없다.

■ 법 제24조의2 제 4 항

위 규정은 대학의 장 후보자 선출과정에서의 과도한 선거운동을 제한함으로써 선거운동의 투명성과 공정성을 확보할 것을 목적으로 하는 점에서 그 입법목적의 정당성이 인정된다.

그리고 위 규정에서 허용한 선거운동방법이 입후보자들의 의사를 전달하거나 선거권자가 입후보자에 대한 정보를 얻는데 매우 제한적이어서 불충분한 것으로는 볼 수 없으며, 여기에서 허용한 선거운동방법은 과열·혼탁 선거의 염려가 비교적 적은 공정한 선거운동 방법인 점, 헌법 제41조 제 1 항과 제67조 제 1 항에서 국민의 보통·평등·직접·비밀 선거제도를 규정하고 있는바, 이는 국민의 대표기관을 선출하는 선거절차에 관한 원칙으로서 대학의 장 후보자가 비록 대학구성원들의 대표자의 의미를 갖고 있으나 이는 총장 후보자에 불과하고 국민의 대표기관으로 볼 수 없어 위의 원칙이 직접 적용된다고 보기 어렵고, 가령 적용된다고 하더라도 위 규정의 내용이 위와 같은 선거원칙을 실질적으로 해친다고 볼 수 없는 점, 공직선거법(제57조의3 제 1 항)과 지방교육자치에 관한 법률(제78조)에 의하면, 정당에서 공직선거후보자를 추천하기 위한 당내선거와 지방교육자치제도에 따른 교육위원 및 교육감선거와 관련하여서도 허용된 선거방법 외의 선거운동은 금지하고 있는 점 등에 비추어 볼 때 위 규정이 매우 자의적인 것으로서 합리적인 입법한계를 일탈하였거나 대학의 자율의 본질적인 부분을 침해하였다고 볼 수 없다.

■ 교육공무원법 제24조의3 제 1 항(선관위 위탁규정)

대학의 장 후보자 선정을 위한 직접선거 과정에서 과열·혼탁된 선거운동의 부작용을 막고 장기적으로 공정한 선거관리를 통하여 대학의 신뢰성을 제고하기 위한 것으로 목적의 정당성은 인정된다.

그리고 국가의 예산과 공무원이라는 인적조직에 의하여 운용되는 국립대학에서 선거관리를 공정하게 하기 위하여 중립적 기구인 선거관리위원회에 선거관리를 위탁하는 것은 선거의 공정성을 확보하기 위한 적절한 방법인 점, 선거관리위원회에 위탁하는 경우는 대학의 장 후보자를 선정함에 있어서 교원의 합의된 방식과 절차에 따라 직접선거에 의하는 경우로 한정되어 있는 점, 선거에 관한 모든 사항을 선거관리위원회에 위탁하는 것이 아니라 선거관리만을 위탁하는 것이고 그 외 선거권, 피선거권, 선출방식 등은 여전히 대학이 자율적으로 정할 수 있는 점, 중앙선거관리위원회에서 위 선거관리와 관련한 규칙을 제정하고자 하는 경우 대학들은 교육인적자원부장관을 통하여 그 의견을 개진할 수 있는 점(교육공무원법 제24조의3 제 2 항), 선거관리위원회는 공공단체의 직접선거와 관련하여 조합원이 직접 투표로 선출하는 조합장선거(농업협동조합법 제51조 제 4 항)와 교육위원 및 교육감선거(지방교육자치에 관한 법률 제51조 제 1 항)의 경우에도 그 선거사무를 관리하고 있는 점을 고려하면, 위 규정이 매우 자의적인 것으로서 합리적인 입법한계를 일탈하였거나 대학의 자율의 본질적인 부분을 침해하였다고 볼 수 없다.

■ 소 결

그렇다면, 이 사건 법률조항들(법 제24조 제 7 항 제외)이 청구인들의 대학의 장 선출에 참여할 권리를 제한하고 있다고 하더라도 이는 공공복리를 위하여 필요한 권리를 제한한 경우에 해당하는 것으로서 합리적인 입법한계 내의 규정들이라고 할 것이므로 과잉금지의 원칙에 위반하여 대학의 자율을 침해하는 것으로 볼 수는 없다.

## ▶ 해 설

### 판례평석

총장의 임기만료 후 3월이 경과하였음에도 불구하고 후임 총장후보자를 추천하지 못할 경우에는 교육인적자원부장관이 일방적으로 제청할 수 있도록 한 것은 예외적인 상황에 대응한 적법한 규정이라고 볼 수도 있다. 그러나 총장 임기가 4년이라는 비교적 장기인 점에 비추어 보더라도 3월 이내에 후임자를 추천하지 않았다는 이유만으로 정부에서 일방적으로 총장을 임명할 수 있다는 것은 대학의 자율이나 자치의 본질적 내용을 침해할 우려가 있다.

총장공백이 바람직한 것은 아니라 할지라도 총장직무대행제도가 마련되어 있는 상황에서 정부가 일방적으로 개입하는 것은 대학의 자율과 자치능력을 과소평가함으로써 헌법 제37조 제 2 항에서 요구되는 비례의 원칙에도 어긋난 규정이라 아니할 수 없다(성낙인, "대학의 자치(자율)와 국립대학 총장선거: 헌재 2005헌마1047사건을 중심으로," 서울대 법학 48권 1호(142호), 2007, 146-147면).

### 사립학교 교원의 선거범죄로 인한 당연퇴직

대학의 자치권의 한계와 관련한 이 사건(憲 2008. 4. 24.-2005헌마857)은 사립학교 교원이 선거범죄로 100만원 이상의 벌금형을 선고받아 그 형이 확정되면 당연퇴직되도록 규정한 "사립학교법 제57조 중 국가공무원법 제33조 제 1 항 제 6 호의 '다른 법률에 의하여 자격이 정지된 자' 가운데 '구 공직선거법 제266조 제 1 항 제 4 호 중 100만원 이상의 벌금형의 선고를 받아 그 형이 확정된 자' 부분"이 직업선택의 자유 및 대학의 자율을 침해하는지 여부이다.

이에 대해 헌법재판소는 합헌결정을 내리면서, 선거범죄로 형사처벌을 받은 사립학교 교원에 대하여 신분상 불이익을 가하는 이 사건 법률조항은 선거의 공정성을 해친 자에게 일정한 불이익을 줌으로써 선거의 공정성을 확보함과 동시에 교원직무의 윤리성·사회적 책임성을 제고하기 위한 법적 조치로서 그 입법목적의 정당성이 인정되고, 이 사건 법률조항이 선거와 관련한 교원의 불법적 개입을 억제하고 교직의 윤리성을 제고하고자 사립학교 교원을 교직에서 배제하도록 한 것은 그 입법목적을 달성하기 위한 효과적이고 적절한 수단이라고 볼 것이며, 사립학교 교직원의 사회적 지위와 영향력에 비추어 선거에 대한 교원의 불법적 개입을 억제할 필요성이 크다는 점, 법관이 100만원 이상의 벌금형을 양정함에 있어서 형사처벌뿐만 아니라 교직의 계속 수행 여부에 대한 합리적 평가를 하게 될 것이라는 점, 위와 같은 입법목적을 달성하기 위하여 달리 덜 제약적인 대체적 입법수단이 명백히 존재하지 않는 점 등을 종합하면, 이 사건 법률조항이 피해최소성의 원칙에 위배된다고 볼 수 없고, 이 사건 법률조항은 선거의 공정성을 보장하고 교직의 윤리성·사회적 책임성을 유지하기 위한 중대한 공익을 추구하기 위한 것이므로 법익의 균형성에 위배된다고도 볼 수 없다. 따라서 이 사건 법률조항이 청구인의 직업선택의 자유 및 사립대학의 자율성을 침해하지 아니한다고 판시하였다.

### ▶ 질 문

1. 국립대 교수의 기본권으로서 총장선출권은 인정되는가?
2. 대학의 자율성은 교수의 전권인가?

## 6. 교원지위(교육제도)법정주의

### ▶ 개 요

헌법 제31조 제6항은 "학교교육 및 평생교육을 포함한 교육제도와 그 운영, 교육재정 및 교원의 지위에 관한 기본적인 사항은 법률로 정한다"라고 규정하고 있다.

헌법은 교육의 주체인 교육자의 중요성을 고려하여 교원의 지위에 관한 기본적인 사항도 법률로 정하도록 하고 있다. 여기서 말하는 교원의 지위란 교원의 직무의 중요성 및 그 직무수행능력에 대한 인식의 정도에 따라서 그들에게 주어지는 교원의 근무조건·보수 및 그 밖의 물적 급부 등을 말한다. 이러한 상항을 법률에 정함에 있어서는 교육의 본질을 침해하지 아니하는 한 입법자의 입법형성의 자유에 속한다. 헌법 제31조 제6항은 단순히 교원의 권익을 보장하기 위한 규정이라거나 교원의 지위를 행정권력에 의한 부당한 침해로부터 보호하는 것만을 목적으로 한 규정이 아니고, 국민의 교육을 받을 기본권을 실효성 있게 보장하기 위한 것까지 포함하여 교원의 지위를 법률로 정하도록 한 것이다. 그러므로 교원의 의무에 관한 사항도 포함될 수 있다.

법률로 정해야 하는 교원의 지위에 관한 기본적인 사항은 교육의 자주성이나 전문성, 정치적 중립성을 지키면서 교원이 교육행위를 수행하는데 있어서 필요한 중요한 사항을 말한다. 그러므로 입법자가 법률로 정하여야 할 기본적인 사항에는 무엇보다도 교원의 신분이 부당하게 박탈되지 않도록 하는 최소한의 보호의무에 관한 사항이 포함된다.

### ▶ 핵심판례

憲 2003. 2. 27.-2000헌바26 [대학교원 기간임용제 사건]

[사건의 개요]

청구인은 10년간 학교법인 A학원이 경영하는 B대학교 경영학과 교수로 임용되었으나 휴직되었다가 직권면직되자, 위 학교법인을 상대로 소송을 제기하여 '학교법인 A학원은 청구인에게 복직시킬 때까지의 임금을 지급하라'는 내용의 일부승소판결을 받았고, 이 판결은 대법원에서 확정되었으나, 위 학교법인이 청구인을 복직시키지 않았기 때문에 위 임용기간의 만료로 교수로서의 신분회복이 불가능하게 되었다. 이에 청구인은 위 학교법인의 자신에 대한 무효의 면직처분 및 복직불조치의 위법을 이유로 C지방법원에 97가합2514호로 임금 또는 임금상당의 손해배상, 퇴직급여 또는 퇴직급여 상당의 손해배상 또는 위자료를 청구하는 소송을 제기하였고, 상고심계속 중에 구 사립학교법 제53조의2 제3항에 대하여 위헌제청신청을 하였으나 대법원이 상고를 기각하면서 위 신청에 대하여도 기각결정을 하자 헌법재판소법 제68조 제2항에 따라 이 사건법률규정이 헌법 제31조 제6항의 교원지위법정주의를 위반하고 청구인의 기본권들을 침해한다고 주장하며 헌법소원심판을 청구하였다.

[심판의 대상]

**구 사립학교법** 제53조의2(학교의 장이 아닌 교원의 임면) ③ 대학교육기관의 교원은 당해 학교법인의 정관이 정하는 바에 따라 기간을 정하여 임면할 수 있다.

이 사건에서 헌법재판소는 "구 사립학교법 제53조의2 제3항(1990. 4. 7. 법률 제4226호로 개정되고, 1997. 1. 13. 법률 제5274호로 개정되기 전의 것)은 헌법에 합치하지 아니한다"라고 결정하고, 이유를 다음과 같이 설시하였다.

▣ 이 사건의 경우 청구인의 주장취지 및 앞에서 살펴본 입법자의 동기를 고려하면 이 사건 법률조항의 위헌 여부는 교원지위법정주의와 가장 밀접한 관계에 있다고 할 것이다. 따라서 이 사건 법률조항이 교원지위법정주의에 위반되는지 여부를 먼저 살핀다.

■ 교육은 개인의 잠재적인 능력을 계발하여 줌으로써 개인이 각 생활영역에서 개성을 신장할 수 있도록 해 준다. 특히 산업이 고도로 분업화되고 발전된 현대사회에 있어서 교육은 각 개인에게 삶의 수요를 자주적으로 충족하기 위한 직업활동에 필요한 각종 능력과 자격을 갖춤에 있어서 불가결한 전제가 되고 있다. 그렇기 때문에 평등한 교육기회의 보장은 직업생활과 경제생활에 있어서 실질적인 평등을 실현시키기 위한, 즉 사회국가 실현을 위한 중요한 수단이 된다. 또한 교육은 국민으로 하여금 민주시민의 자질을 길러줌으로써 민주주의가 원활히 기능하기 위한 정치문화의 기반을 조성할 뿐만 아니라, 학문연구결과 등의 전수의 장이 됨으로써 우리 헌법이 지향하고 있는 문화국가의 실현을 위한 기본적 수단이다.

교육이 수행하는 이와 같은 중요한 기능에 비추어 우리 헌법은 제31조에서 국민에게 능력에 따라 균등하게 교육을 받을 권리를 보장하는 한편(제1항), 그 보호하는 자녀에게 적어도 초등교육과 법률이 정하는 교육을 받게 할 의무를 부과하고(제

2항), 의무교육의 무상제공과 평생교육진흥을 국가의 의무로 부과하며(제3항·제5항), 교육의 자주성·전문성·정치적 중립성 및 대학의 자율성을 보장하고(제4항), 나아가 학교교육 및 평생교육을 포함한 교육제도와 그 운영, 교육재정 및 교원의 지위에 관한 기본적 사항을 법률로 정하도록(제6항) 한 것이다.

■ "교원의 지위에 관한 기본적인 사항은 법률로 정한다"라고 규정한 헌법 제31조 제6항의 구체적인 내용을 대학교원과 관련하여 보면 다음과 같다.

대학의 전임 '교원'은 대학, 산업대학, 교육대학, 전문대학, 방송·통신대학, 기술대학 등 각 학교에서 학생을 직접 교육·지도하고 학문을 연구하거나 또는 학문연구만을 전담하는 사람으로서 교수·부교수·조교수·전임강사 등으로 구분된다(교육기본법 제9조, 고등교육법 제2조, 제14조, 제15조). 그리고 국·공립대학의 교원뿐만 아니라, 사립대학의 교원도 헌법 제31조 제6항이 의미하는 교원의 개념에 포함됨은 물론이다. 또한 교원의 '지위'라 함은 교원의 직무의 중요성 및 그 직무수행능력에 대한 인식의 정도에 따라서 그들에게 주어지는 사회적 대우 또는 근무조건·신분보장·보수 및 그 밖의 물적 급부 등을 모두 포함하는 것이다(憲 1991. 7. 22.-89헌가106, 판례집 3, 387, 417).

교원의 지위에 관한 '기본적인 사항'은 다른 직종의 종사자들의 지위에 비하여 특별히 교원의 지위를 법률로 정하도록 한 헌법규정의 취지나 교원이 수행하는 교육이라는 직무상의 특성에 비추어 볼 때 교원이 자주적·전문적·중립적으로 학생을 교육하기 위하여 필요한 중요한 사항이라고 보아야 한다. 그러므로 입법자가 법률로 정하여야 할 기본적인 사항에는 무엇보다도 교원의 신분이 부당하게 박탈되지 않도록 하는 최소한의 보호의무에 관한 사항이 포함된다. 교원으로서의 신분이 공권력, 사립학교의 설립자 내지 기타 임면권자의 자의적인 처분에 노출되는 경우에는 교원이 피교육자인 학생을 교육함에 있어서 임면권자의 영향을 물리치기 어려울 것이며, 그렇게 되면 교육이 외부세력의 정치적 영향에서 벗어나 교육자 내지 교육전문가에 의하여 주도되고 관할되어야 한다는 헌법원칙(교육의 자주성·전문성·정치적 중립성)에 반하게 되는 결과를 초래할 수 있기 때문이다. 이 점은 특히 일반적으로 수용되는 기존의 지식 내지 인식의 결과를 단순히 전달하는 데 그치지 아니하고 이에 대한 비판적 검증의 바탕 위에서 새로운 인식을 모색하는 학문연구와 교수활동을 과제로 하는 대학교원에 있어서 더욱 큰 의미를 갖는다.

위 헌법조항에서 말하는 '법률'이라 함은 국민의 대표자로서 민주적 정당성을 가진 국회가 제정하는 형식적 의미의 법률을 의미한다. 헌법이 교육의 물적 기반인 교육제도 이외에도 인적 기반인 교원의 지위를 특별히 국회가 제정하는 법률로 정하도록 한 것은 그에 관한 사항을 행정부의 결정에 맡겨두거나 전적으로 사적자치의 영역에만 귀속시킬 수 없을 만큼, 교육을 담당하는 교원들의 지위에 관한 문제가 교육본연의 사명을 완수함에 있어서 중대한 의미를 갖는다고 보았기 때문이다.

요컨대 위와 같은 교원지위법정주의 정신에 비추어 볼 때, 입법자가 법률로 정하여야 할 교원지위의 기본적 사항에 교원의 신분이 부당하게 박탈되지 않도록 하는 최소한의 보호의무에 관한 사항이 포함된다는 것을 확인할 수 있다.

▣ 이 사건 법률조항이 대학교원의 신분보장에 관한 교원지위법정주의를 충족하고 있는지 여부를 본다.

■ 이 사건 법률조항은 사립대학의 학교법인이 정관이 정하는 바에 의하여 그 교원을 '기간을 정하여' 임면할 수 있도록, 따라서 임용기간의 만료시에 그 교원의 적격성여부를 심사하여 다시 임용할 것인지의 여부를 결정할 수 있는 제도를 채택할 수 있도록 허용하고 있다. 대학교원을 임용함에 있어 기간임용제는 정년보장제에 비하여 대학교원의 지위를 상대적으로 덜 보장하지만 정년보장제와 기간임용제는 국가가 문화국가의 실현을 위한 학문진흥의 의무를 이행함에 있어서나 국민의 교육받을 권리를 실현하는 방법면에서 각각 장단점을 가지고 있다.

따라서 두 제도 중 어느 쪽을 택할 것인가에 대한 선택재량은 입법자에게 있으므로 입법자가 국민의 교육받을 권리에 대한 실효성 확보를 위해 기간임용제를 채택하였다고 하더라도 그 자체로 이를 위헌이라고 할 수는 없다. 그런데 이 사건 법률조항은 임용기간이 만료되는 교원을 별다른 하자가 없는 한 다시 임용하여야 하는지의 여부 및 재임용대상으로부터 배제하는 기준이나 요건 및 그 사유의 사전통지 절차에 관하여 아무런 지침을 포함하고 있지 않을 뿐만 아니라, 부당한 재임용거부의 구제에 관한 절차에 대해서도 아무런 규정을 두고 있지 않다.

■ 그렇기 때문에 이 사건 법률조항은, 정년보장으로 인한 대학교원의 무사안일을 타파하고 연구분위기를 제고하는 동시에 대학교육의 질도 향상시킨다는 기간임용제 본연의 입법목적에서 벗어나, 사학재단에 비판적인 교원을 배제하거나 기타 임면권자 개인의 주관적 목적을 위하여 악용될 위험성이 다분히 존재한다.

첫째, 재임용여부에 관한 결정은 인사에 관한 중요사항이므로 교원인사위원회의 심의를 받아야 하나 현행 사립학교법(제53조의2 제4항)과 같이 교원의 임기만료시에 교원인사위원회의 심의를 거쳐 당해 교원에 대한 재임용여부를 결정하도록 하는 의무규정도 없었던 구법하에서는(大 2000. 5. 18.-95재다199 전원재판부, 공2000하, 1473 참조), 교원인사위원회의 심의과정을 거치지 않거나 형식적인 절차만 거친 경우가 많

않고 심지어는 교원인사위원회에서는 재임용 동의가 있었음에도 불구하고 특별한 이유없이 최종 임면권자에 의해 재임용이 거부되기도 하였다. 이는 교원인사위원회의 구성자체가 학교법인 정관의 규정에 맡겨져 있으므로(사립학교법 제53조의3 제2항) 학교법인이 교원인사위원회의 구성에 강력한 영향력을 발휘할 수 있는 여지가 많으며, 그러한 한 교원인사위원회가 기간임용제의 자의적 운영을 방지할 수 있는 장치가 되지 못하고 있음을 보여주는 것이라고 할 수 있다.

둘째, 이 사건 법률조항이 재임용의 거부사유 및 구제절차에 대하여 아무런 언급을 하지 않고 있기 때문에 사립대학의 정관이 교원의 연구실적, 교수능력과 같은 비교적 객관적인 기준을 재임용 거부사유로 정하지 아니하고 자의가 개입될 수 있는 막연한 기준에 의하여 재임용을 거부하는 경우에는 피해 교원을 실질적으로 구제할 수 있는 대책이 없다. 즉, 교육부교원징계재심위원회는 학교법인의 정관이나 임용계약에서 정해진 임용기간 준수여부 이외에는 재임용거부가 동 위원회의 재심사항이 되지 않는다고 하였고(교육부교원징계 재심위원회 94-203 재임용거부처분취소청구 사건, 96-94 재임용만료통보무효확인청구 사건 등), 대법원도 이 사건 법률조항의 규정에 의하여 기간을 정하여 임용된 사립대학의 교원은 학교법인의 정관이나 인사규정에 재임용의무를 부여하는 근거규정이 없다면 재임용계약을 체결하지 못한 이상 재임용거부결정 등 특별한 절차를 거치지 않더라도 임용기간의 만료로 당연히 교원으로서의 신분을 상실하므로, 그 후 학교법인 등이 그 교원에 대하여 한 재임용제외처분 및 통지는 임기만료로 당연퇴직됨을 확인하고 알려주는 데 그칠 뿐 이로 인하여 그 교원과 학교법인 사이에 어떠한 법률효과가 발생하는 것이 아니어서 이에 대한 무효확인을 구할 소의 이익이 없다고 보고 있다(大 1997. 6. 10.-97다3132, 공1997하, 2132).

셋째, 절대적이고 통제받지 않는 자유재량은 남용을 불러온다는 것이 인류역사의 경험이라는 점에서 볼 때, 자의적인 재임용거부로부터 대학교원을 보호할 수 있도록 구제수단을 마련해 주는 것은 국가의 최소한의 보호의무에 해당한다. 즉, 임면권자가 대학교원을 왜 재임용하지 않으려 하는지 이유를 밝히고 그 이유에 대하여 당해 교원이 해명할 기회를 주는 것은 적법절차의 최소한의 요청인 것이다. 그런데 닫혀진 문 안에서 비밀스럽게 재임용거부결정이 이루어지고 이를 당해 교원에게 고지하지도 않는 경우에는 이러한 자의적인 결정에 대한 견제수단이 없게 되는 것이다.

넷째, 대학교원을 재임용하지 않기로 하는 결정이 내려지는 경우에는 그에 합당한 이유가 있어야 한다는 점과 그와 같이 재임용거부에 대한 합당한 이유가 있는 경우 임면권자는 그 이유의 공개를 두려워할 필요가 없다는 점에서 볼 때, 재임용 심사의 과정에서 임면권자에 의한 자의적인 평가를 배제하기 위하여 객관적인 기준의 재임용 거부사유와 재임용에서 탈락하게 되는 교원에게 자신의 입장을 진술하고 평가결과에 이의를 제기할 수 있는 기회를 주는 것은 임면권자에게 지나친 부담이 아니라고 할 것이며, 나아가 재임용이 거부되는 경우에 이의 위법여부를 다툴 수 있는 구제절차를 마련하는 것은 대학교원에 대한 기간임용제를 통하여 추구하려는 입법목적을 달성하는 데에도 아무런 장애가 되지 않는다고 할 것이다.

■ 앞에서 본 바와 같이 선진외국의 경우 기간임용 및 재임용제도가 없는 나라가 많고, 기간임용제를 채택하는 경우에도 일정한 직급 이상부터는 정년을 보장하고 있다. 한편, 공법관계에까지 계약관계가 광범위하게 적용되고 있는 영국이나 미국의 경우 기간임용의 방식으로 대학교원을 임용하고 있으나, 이들 나라에서는 교수들의 단체와 대학단체간의 협상과 타협을 통하여 기간임용의 장점을 살리면서도 단점을 보완할 수 있도록 객관적인 기준과 절차가 갖추어져 있다. 뿐만 아니라, 일단 시보임용기간을 성공적으로 넘기면 자유로운 학문연구에 필수적인 확실한 신분보장을 위하여 종신임용 내지는 정년을 보장하고 있다.

그런데 다른 대학으로의 이적이 사실상 어려운 우리나라의 현실에서 정년에 이르기까지 계속적으로 재임용을 받아야 하는 경우에는 대학교원이 고령화될수록 다른 직종에서의 구직가능성이 그만큼 줄어들기 때문에 재임용에서 탈락하지 않으려면 임면권자의 눈치를 살피지 않을 수 없게 된다. 또한 재임용을 위한 심사기준도 모호하여 주관적 평가가 개입될 소지도 많으며 부당한 재임용거부에 대한 사전 및 사후의 구제절차도 없는 경우에는 자유로운 학문에 필요한 독립성은 그에 비례하여 심각하게 위협받게 되는 것이다. 이는 이 사건 법률조항이 임면권자가 당해 대학교원의 철학적·정치적·이데올로기적 신념의 표현을 문제삼아 그의 재임용을 거부하는 것을 허용하는 근거로 보는 경우에 더욱 두드러진다고 할 것이다.

▣ 이상 본 바와 같이 객관적인 기준의 재임용 거부사유와 재임용에서 탈락하게 되는 교원이 자신의 입장을 진술할 수 있는 기회 그리고 재임용거부를 사전에 통지하는 규정 등이 없으며, 나아가 재임용이 거부되었을 경우 사후에 그에 대해 다툴 수 있는 제도적 장치를 전혀 마련하지 않고 있는 이 사건 법률조항은, 현대사회에서 대학교육이 갖는 중요한 기능과 그 교육을 담당하고 있는 대학교원의 신분의 부당한 박탈에 대한 최소한의 보호요청에 비추어 볼 때 헌법 제31조 제6항에서 정하고 있는 교원지위법정주의에 위반된다고 볼 수밖에 없다.

## ▶ 해 설

### 반대의견

위와 같은 다수의견에 대해 2인의 반대의견이 개진되었다. 이에 의하면 헌법 제31조 제6항은 단순히 교원의 권익을 보장하기 위한 규정이라거나 교원의 지위를 공권력 등에 의한 부당한 침해로부터 보호하는 것만을 목적으로 한 규정이라고 볼 것은 아니고, 국민의 교육을 받을 기본권을 실효성 있게 보장하기 위한 것까지도 포함하여 교원의 지위를 법률로 정하도록 한 것이라고 보아야 할 것이므로, 이 헌법조항을 근거로 하여 제정되는 법률에는 교원의 신분보장, 경제적·사회적 지위보장 등 교원의 권리에 해당하는 사항뿐만 아니라 국민의 교육을 받을 권리를 저해할 우려있는 행위의 금지 등 교원의 의무에 관한 사항도 규정할 수 있는 것이고, 나아가 교원의 기본권을 제한하는 사항까지도 규정할 수 있다. 이 사건 법률조항에 따라 사립대학의 학교법인은 교원을 임용함에 있어 정년보장제를 채택할 수도 있고 기간임용제를 채택할 수도 있으며, 기간임용제를 채택하는 경우에도 ① 임용기간이 만료되면 원칙적으로 교원을 재임용하여야 하는 방식을 채택할 수도 있고, ② 임용기간이 만료되면 교원으로서의 신분관계가 당연히 종료되고 교원을 재임용할 것인지 여부가 오로지 임용권자의 판단에 따르는 방식을 채택할 수도 있는 등, 다양한 임용방식 중 당해 대학에 가장 적합하다고 판단되는 방식을 자유로이 선택할 수 있는데, 이는 입법자가 국·공립대학과는 다른 사립대학의 특수성을 배려하고 개개의 사립대학교육의 자주성과 사립대학의 자율성을 최대한 보장하기 위하여 마련한 제도로서, 그 입법취지를 충분히 수긍할 수 있다. 그렇다면, 다수의견이 내세우는 사전적·사후적 장치가 사립대학교원의 지위를 더욱 두텁게 보호하기 위한 것임을 이해한다고 하더라도, 그러한 장치를 두지 아니하였다 하여 이 사건 법률조항이 교원지위법정주의의 본질을 훼손하여 헌법에 합치되지 아니한다고는 볼 수 없다고 한다.

### 재임용탈락 교수의 재심청구

교육제도의 법정주의와 관련한 이 사건(憲 2003. 12. 18.-2002헌바14)은 임용기간이 만료한 대학교원에 대한 재임용거부를 재심청구의 대상으로 명시하지 않은 교원지위향상을위한특별법 제9조 제1항 전문("교원이 징계처분 기타 그 의사에 반하는 불리한 처분에 대하여 불복이 있을 때에는 그 처분이 있은 것을 안 날부터 30일 이내에 재심위원회에 재심을 청구할 수 있다")이 헌법 제31조 제6항 소정의 교원지위법정주의에 위반되는지 여부이다.

이에 대해 헌법재판소는 헌법불합치결정을 내리며, 임기만료 교원에 대한 재임용거부는 이 사건 교원지위법조항 소정의 "징계처분 기타 그 의사에 반하는 불리한 처분"에 버금가는 효과를 가진다고 보아야 하므로 이에 대하여는 마땅히 교육인적자원부 교원징계재심위원회의 재심사유, 나아가 법원에 의한 사법심사의 대상이 되어야 함에도 불구하고 이 사건 교원지위법조항은 이에 대하여 아무런 규정을 두고 있지 아니하므로, 입법자가 법률로 정하여야 할 교원지위의 기본적 사항에는 교원의 신분이 부당하게 박탈되지 않도록 하는 최소한의 보호의무에 관한 사항이 포함되어야 한다는 헌법 제31조 제6항 소정의 교원지위법정주의에 위반된다고 할 것이라고 판시하였다.

### 교원지위향상을위한특별법의 사립대학 교원의 보수규정

교원지위의 법정제도와 관련한 이 사건(憲 2006. 5. 25.-2004헌바72)은 사립학교 교원의 보수에 관한 훈시규정인 교원지위향상을위한특별법 제3조 제2항 중 대학교원의 보수에 관한 부분("사립학교법 제2조의 규정에 의한 학교법인 및 사립학교 경영자는 그가 설치·경영하는 학교교원의 보수를 공무원인 교원의 보수수준으로 유지하여야 한다")이 헌법상 교원지위법정주의에 어긋나거나, 평등원칙에 위배되는지 여부에 관한 것이다. 헌법재판소는 합헌결정을 내리면서, 사립대학을 운영하는 학교법인과 교원의 관계는 기본적으로 사법상의 계약관계로서 사적자치의 원칙이 적용되는 영역인 점, 사립대학교원의 보수에 관한 규정을 효력규정으로 하는 경우에는 사립대학의 자율성을 침해하며 재정형편이 열악한 소규모 사립대학의 폐교와 이에 따른 교원의 실직으로 이어질 수도 있는 점 등을 감안하면, 훈시규정으로 되어 있는 교원지위법 제3조 제2항 중 대학교원의 보수에 관한 부분은 사립대학의 자율성과 국가의 적절한 감독권을 조화시킬 수 있도록 입법형성권의 범위 내에서 적정하게 제정된 것으로 보이므로, 헌법상 교원지위법정주의에 어긋난다고 할 수 없으며, 사립대학교원과 국·공립대학교원의 차별취급은 사법상의 계약관계와 공법상의 법률관계 사이의 차이에서 비롯된 것이고 학교법인의 자율권 보장을 위한 불가피한 수단이다. 따라서 사립대학교원이 개별적 고용계약에 따라 국·공립대학교원에 비하여 낮은 수준의 보수를 받게 되더라도, 이는 합리적이고 정당한 사유가 있는 차별에 해당하므로 헌법상 평등원칙에 위배되지 않는다고 판시하였다.

## ▶ 질 문

1. 교육제도의 법정주의에 대해 설명하시오.
2. 사립학교 교원과 국립학교 교원의 차이는 어디에 있는가?

# Ⅲ. 근로의 권리

> 第32条 ① 모든 국민은 근로의 권리를 가진다. 국가는 사회적·경제적 방법으로 근로자의 고용의 증진과 적정임금의 보장에 노력하여야 하며, 법률이 정하는 바에 의하여 최저임금제를 시행하여야 한다.
> ② 모든 국민은 근로의 의무를 진다. 국가는 근로의 의무의 내용과 조건을 민주주의원칙에 따라 법률로 정한다.
> ③ 근로조건의 기준은 인간의 존엄성을 보장하도록 법률로 정한다.
> ④ 여자의 근로는 특별한 보호를 받으며, 고용·임금 및 근로조건에 있어서 부당한 차별을 받지 아니한다.
> ⑤ 연소자의 근로는 특별한 보호를 받는다.
> ⑥ 국가유공자·상이군경 및 전몰군경의 유가족은 법률이 정하는 바에 의하여 우선적으로 근로의 기회를 부여받는다.

### ▶ 개 요

헌법 第32조는 "① 모든 국민은 근로의 권리를 가진다. 국가는 사회적·경제적 방법으로 근로자의 고용의 증진과 적정임금의 보장에 노력하여야 하며, 법률이 정하는 바에 의하여 최저임금제를 시행하여야 한다"고 하여 근로의 권리에 관한 일반규정과 국가목표규정을 두고 있다.

또한 헌법 第32조는 "③ 근로조건의 기준은 인간의 존엄성을 보장하도록 법률로 정한다"고 하여 근로조건에 관한 절대적 최저기준을 정하고 있으며, "④ 여자의 근로는 특별한 보호를 받으며, 고용·임금 및 근로조건에 있어서 부당한 차별을 받지 아니한다. ⑤ 연소자의 근로는 특별한 보호를 받는다. ⑥ 국가유공자·상이군경 및 전몰군경의 유가족은 법률이 정하는 바에 의하여 우선적으로 근로의 기회를 부여 받는다"라고 하여 여성과 연소자의 근로에 대한 특별한 보호 및 국가유공자 등의 유가족의 근로에 대한 우선기회 부여를 헌법적으로 보장하고 있다.

근로의 권리는 기본적으로 근로의 자유를 의미한다. 따라서 자유권으로서의 성격을 가지는 것은 당연하다. 따라서 소득이 대가로 주어지는 경우라도 국민을 강제노역에 동원하지는 못한다. 또한 근로의 권리는 국가에게 취업의 기회를 배려해 줄 것을 요구할 수 있는 권리이므로 사회권으로서의 성격도 가지고 있다. 그러나 전자의 성격이 후자보다 강한 것이 특징이다. 이에 반해 헌법재판소는 근로의 권리의 본질을 사회적 기본권에서 찾고 있다.

## ▶ 핵심판례

### 憲 2007. 8. 30.-2004헌마670 [외국인산업기술연수생 근로기본권 사건]

[사건의 개요]

노동부예규인 '외국인산업기술연수생의 보호 및 관리에 관한 지침'의 일부 조항은 외국인 산업기술연수생에 대하여 폭행 및 강제근로금지, 최저임금수준의 보장, 산업안전보건의 확보 등은 그 보호대상으로 규정하였으나, 근로기준법상 퇴직금제도, 임금채권의 우선변제, 연차유급휴가, 임산부의 보호 등은 그 보호대상에서 제외하고 있었다. 산업연수생 신분으로 입국한 청구인은 이 사건 노동부예규가 산업연수생을 내국인근로자나 산업연수생 아닌 외국인 근로자와 차별함으로써 평등권을 침해한다고 주장하며 이 사건 노동부예규의 위헌확인을 구하는 이 사건 헌법소원심판청구를 하였다.

[심판의 대상]

**'외국인산업기술연수생의 보호 및 관리에 관한 지침'** 제4조(연수생의 지위) 연수생은 출입국관리법령에 의한 연수생 신분의 체류자격을 가지되 연수과정에서 현장연수의 특성상 사실상의 노무를 제공함으로써 임금·수당 등 여하한 명칭으로든지 근로의 대상을 지급받고 있는 경우에는 이 지침이 정하는 한도 내에서 근로자로서의 권리의무를 갖는다.

제8조(연수생의 보호) ① 연수생은 근로기준법, 최저임금법, 산업안전보건법, 산업재해보상보험법 및 의료보험법의 기본적 입법정신에 준거하여 다음 각 호의 사항에 관한 보호를 받는다.

1. 폭행 및 강제근로금지
2. 연수수당의 정기·직접·전액·통화불 지급 및 금품청산
3. 연수기간, 휴게·휴일, 시간외·야간 및 휴일연수
4. 최저임금수준의 보장
5. 산업안전보건의 확보
6. 산업재해보상보험 및 의료보험 혜택

제17조(지도감독과 제재) ① 지방노동관서의 장은 사업주가 이 지침을 준수하도록 행정지도하여야 한다.

② 지방노동관서의 장은 사업주가 제1항의 규정에 의한 행정지도를 이행하지 아니하는 경우에는 해당 사업장에 대해 연수생 배정중지 등 필요한 조치를 연수추천단체의 장에 요청할 수 있으며, 연수추천단체의 장은 정당한 이유없이 이를 거부할 수 없다.

③ 지방노동관서의 장은 제1항의 규정에 의한 행정지도에도 불구하고 사업주가 계속 이를

위반한 때에는 특별감독을 실시할 수 있으며, 특별감독 결과 근로기준법 제6조·제7조·제36조·제42조·제49조·제53조 내지 제55조·제104조 내지 제116조, 최저임금법, 산업안전보건법 및 산업재해보상보험법 위반사항에 대하여는 관계법령에 따라 조치하여야 한다.

이 사건에서 헌법재판소는 "1. 외국인산업기술연수생의 보호 및 관리에 관한 지침(1998. 2. 23. 노동부 예규 제369호로 개정된 것) 제4조, 제8조 제1항 및 제17조는 헌법에 위반되고, 청구인의 나머지 심판청구를 모두 각하한다"라고 결정하고, 이유를 다음과 같이 설시하였다.

▣ 평등권 침해 여부

▪ 쟁점의 정리

이 사건 노동부 예규는 앞에서 본 바와 같이 산업연수생에 대하여 근로기준법상 일부 사항에 관하여만 보호대상으로 규정하고 나머지 사항들을 보호대상에서 배제하고 있는바, 이것이 실질적 근로자인 산업연수생을 다른 근로자와 차별함으로써 헌법상의 평등원칙을 위반하였는지 여부가 이 사건의 쟁점이고, 그 전제로서 외국인 산업연수생을 근로기준법상의 근로자로 인정할 수 있는지가 문제된다.

▪ 외국인 산업연수생의 근로자성

근로기준법상 "근로자"라 함은 직업의 종류를 불문하고 사업 또는 사업장에 임금을 목적으로 근로를 제공하는 자이므로(제14조), 명목이 산업연수생이라 할지라도 근로의 실질관계에 의해 사용·종속관계가 인정되는지를 따져서 근로자성을 인정하여야 할 것이다. 먼저 이 사건 노동부 예규 제4조는 "연수생은 출입국관리법령에 의한 연수생 신분의 체류자격을 가지되 연수과정에서 현장연수의 특성상 사실상의 노무를 제공함으로써 임금·수당 등 여하한 명칭으로든지 근로의 대상을 지급받고 있는 경우에는 이 지침이 정하는 한도 내에서 근로자로서의 권리의무를 갖는다"라고 규정하여 산업연수생의 근로자로서의 권리를 부분적으로 인정하고 있다.

그리고 대법원도 "외국인 산업연수생이 산업기술의 연수에만 그치는 것이 아니고 대상 업체가 지시하는 바에 따라 소정시간 근로를 제공하고 그 대가로 일정액의 금품을 지급받기로 하였으며, 이에 따라 당해 외국인이 대상 업체의 사업장에서 실질적으로 대상 업체의 지시·감독을 받으면서 근로를 제공하고 수당 명목의 금품을 수령하여 왔다면 당해 외국인도 근로기준법 제14조 소정의 근로자에 해당한다"라고 하여 산업연수생의 근로자성을 인정하여 오고 있다(大 1995. 12. 22.-95누2050; 1997. 10. 10.-97누10352; 2005. 11. 10.-2005다50034 참조). 결국 이와 같은 사정을 종합해 보면, 외국인 산업연수생이 사용종속관계에서 사실상 노무를 제공하고 그에 대한 대가로 금품을 수수하고 있다면 실질적 근로자성을 갖고 있다고 할 것이다.

■ 평등원칙

헌법 제11조는 "모든 국민은 법앞에 평등하다. 누구든지 성별·종교 또는 사회적 신분에 의하여 정치적·경제적·사회적·문화적 생활의 모든 영역에 있어서 차별을 받지 아니한다"라고 규정하고 있어 헌법상으로는 '국적'에 의한 차별이 명시적으로 규정되어 있지는 않다. 그런데 근로관계에 있어서 헌법상 평등원칙을 구체화한 근로기준법 제 5 조는 "사용자는 근로자에 대하여 …… 국적·신앙 또는 사회적 신분을 이유로 근로조건에 대한 차별적 처우를 하지 못한다"라고 규정하여 '국적'에 의한 차별을 명시적으로 금지하고 있고, 이를 위반하는 경우에는 500만원 이하의 벌금에 처하도록 규정되어 있다(근로기준법 제115조).

그리고 우리나라가 비준하여 1990. 7. 10.부터 적용(조약 제1006호)된 '국제연합(UN)의 경제적·사회적 및 문화적 권리에 관한 국제규약'(이른바 '사회권규약' 또는 'A규약')은, "이 규약의 각 당사국은 이 규약에서 선언된 권리들이 인종, 피부색, 성, 언어, 종교, 정치적 또는 기타의 의견, 민족적 또는 사회적 출신, 재산, 출생 또는 기타의 신분 등에 의한 어떠한 종류의 차별도 없이 행사되도록 보장할 것을 약속한다"라고 규정하고 있고(제 2 조 제 2 항), 이러한 사회권규약에 의하여 보장되는 권리에는 '동등한 가치의 노동에 대한 동등한 보수를 포함한 근로조건을 향유할 권리'(제 7 조) 등이 포함되어 있으므로, 이러한 규약의 내용은 우리 헌법의 해석에서 고려되어야 할 것이다. 다만 사회권규약은, 체약국이 입법조치 기타 모든 적절한 방법에 의하여 권리의 완전한 실현을 점진적으로 달성하기 위하여 자국의 가용자원이 허용하는 최대한도까지 조치를 취할 것을 약속하도록 하면서(제 2 조 제 1 항), "이 규약의 당사자국은 국가가 이 규약에 따라 부여하는 권리를 향유함에 있어서, 그러한 권리의 본질과 양립할 수 있는 한도 내에서, 또한 오직 민주사회에서의 공공복리증진의 목적으로 반드시 법률에 의하여 정하여지는 제한에 의해서만, 그러한 권리를 제한할 수 있음을 인정한다"라고 규정하여(제 4 조) 일반적 법률유보조항을 두고 있는바, 이는 우리 헌법 제37조 제 2 항에 의한 제한과 궤를 같이 한다고 할 것이다.

■ 심사기준

헌법 제11조 제 1 항이 규정하고 있는 평등의 원칙은 일체의 차별적 대우를 부정하는 절대적 평등을 의미하는 것이 아니라 법의 적용이나 입법에 있어서 불합리한 조건에 의한 차별을 하여서는 안 된다는 것을 뜻하고, 따라서 합리적 근거 없이 차별하는 경우에 한하여 평등의 원칙에 위반된다(憲 1994. 2. 24.-92헌바43, 판례집 6-1, 72, 76; 1998. 9. 30.-98헌가7등, 판례집 10-2, 505; 2001. 11. 29.-99헌마494, 판례집 13-2, 714, 727 참조). 한편 앞에서 본 바와 같이 이 사건 노동부 예규는 근로의 권리를 어느 범위까지 보호할 것인가에 관한 것인바, 이는 헌법에서 특별히 평등을 요구하는 부분이 아니고 특히 근로의 권리는 사회권적 기본권으로서의 성격이 강하여 그 보호범위를 제한하는 것이 기본권에 대한 중대한 침해가 된다고 보기도 어려우므로 평등권심사에 있어서의 완화된 심사기준인 자의(恣意)금지원칙에 따라 판단하여야 할 것이다.

■ 차별의 발생

일반 근로자는 내·외국인에 관계없이 근로기준법상 모든 보호를 받는데 반하여, 산업연수생은 이 사건 노동부 예규 제 4 조(연수생의 지위), 제 8 조(연수생의 보호) 제 1 항, 제17조(지도감독과 제재)에 의하여, 실질적 근로관계에 있는지 여부에 불문하고, 근로기준법상 ① 폭행 및 강제근로금지(제 6 조 및 제 7 조), ② 연수수당의 정기·직접·전액·통화불 지급 및 금품청산(제36조, 제42조), ③ 연수기간, 휴게·휴일, 시간외·야간 및 휴일연수(제49조, 제53조, 제54조, 제55조)에 관한 보호만을 받을 뿐, 그 밖에 퇴직급여(제34조), 임금채권 우선변제(제37조), 연차유급휴가(제59조), 임산부의 보호(제72조) 등 주요사항에 관하여는 보호를 받지 못함으로써, 일반 국내·외 근로자(외국인 취업연수생 및 피고용허가자 포함)와 산업연수생 사이에 차별이 발생한다.

▣ 판　　단

인간의 존엄에 상응하는 근로조건의 기준이 무엇인지를 구체적으로 정하는 것은 일차적으로 입법자의 형성의 자유에 속하고, 이는 근로자보호의 필요성, 사용자의 법 준수능력, 국가의 근로감독능력 등을 모두 고려하여 입법정책적으로 결정할 문제이지만, 그 차별에는 합리적 근거가 있어야 하고, 자의적(恣意的)이어서는 안 된다.

살피건대, 위와 같은 차별의 근거로서, ① 근로의 권리와 같은 사회권적 기본권의 영역에서는 차별이 폭넓게 인정될 수 있다는 점, ② 외국인 산업연수생은 그 체류목적이 '연수'로서 일반 외국인 근로자와도 구별된다는 점, ③ 산업연수생은 국내 근로자에 비하여 언어문제 등으로 생산성이 낮다는 점, ④ 국내 고용시장의 안정을 위하여 외국인 근로자에 대한 차별이 불가피하다는 점, ⑤ 외국인 산업연수생에 대한 임금 수준이 생산성에 비하여 높으므로 근로기준법상 일부 조항을 적용하지 않더라도 전체적으로 평등권을 침해하지 않는다는 점, ⑥ 외국인 산업연수생의 취업 전 연수기간인 1년은 한국어와 기술을 습득하기 위하여 필요한 적응기간이라는 점 등이 주장되고 있다.

그러나 위와 같은 목적을 달성하기 위하여, 정부가 사업주로 하여금 산업연수생을 순수하게 '연수' 목적으로만 사용하도록 철저하게 지도감독하거나, 사실상 노무를 제공하게 허용하려면 산업연수생의 임금을 생산성에 맞게 책정하거나, 국내 고용시장의 안정을 위하여 외국인 근로자의 체류기간을 한정하는 것은 별론으로 하고, 산업연수생이 연수라는 명목하에 사업주의 지시·감독을 받으면서 사실상 노무를 제공하고 수당 명목의 금품을 수령하는 등 실질적인 근로관계에 있는 경우에도, 근로기준법이 보장한 근로기준 중 주요사항을 외국인 산업연수생에 대하여만 적용되지 않도록 하는 것은 합리적인 근거를 찾기 어렵다. 특히 연수업체는 이 사건 중소기업청 고시가 정한 요건(중소기업기본법 제 2 조 해당, 산업연수생에 대한 숙박시설 제공 능력 등)을 갖추어야 하고(제28조), 연수업체의 규모에 상응한 인원만을 배정받을 수 있어(제32조 제 2 항, [별표 2]), 사용자의 법 준수능력이나 국가의 근로감독능력 등 사업자의 근로기준법 준수와 관련된 제반 여건이 갖추어졌다 할 것이므로, 이러한 사업장에서 실질적 근로자인 산업연수생에 대하여 일반 근로자와 달리 근로기준법의 일부 조항의 적용을 배제하는 것은 자의적인 차별이라 아니할 수 없다.

그 밖에 이 사건 노동부 예규에 의하여 적용이 제한되는 근로기준법상 권리들이 실질적 근로자인 외국인 산업연수생에게 적용되지 않아야 한다고 볼 만한 합리적 이유가 없다.

한편 앞에서 본 바와 같이 근로기준법 제 5 조와 사회권규약 제 4 조에 따라 '동등한 가치의 노동에 대한 동등한 보수를 포함한 근로조건을 향유할 권리'를 제한하기 위하여는 법률에 의하여만 하는바, 이를 법률이 아닌 행정규칙에서 규정하고 있으므로 위 법률유보의 원칙에도 위배된다.

그렇다면 이 사건 노동부 예규는 청구인의 평등권을 침해한다고 할 것이다.

근로의 권리가 "일할 자리에 관한 권리"만이 아니라 "일할 환경에 관한 권리"도 함께 내포하고 있는바, 후자는 인간의 존엄성에 대한 침해를 방어하기 위한 자유권적 기본권의 성격도 갖고 있어 건강한 작업환경, 일에 대한 정당한 보수, 합리적인 근로조건의 보장 등을 요구할 수 있는 권리 등을 포함한다고 할 것이므로 외국인 근로자라고 하여 이 부분에까지 기본권 주체성을 부인할 수는 없다. 즉 근로의 권리의 구체적인 내용에 따라, 국가에 대하여 고용증진을 위한 사회적·경제적 정책을 요구할 수 있는 권리는 사회권적 기본권으로서 국민에 대하여만 인정해야 하지만, 자본주의 경제질서하에서 근로자가 기본적 생활수단을 확보하고 인간의 존엄성을 보장받기 위하여 최소한의 근로조건을 요구할 수 있는 권리는 자유권적 기본권의 성격도 아울러 가지므로 이러한 경우 외국인 근로자에게도 그 기본권 주체성을 인정함이 타당하다.

산업연수생이 연수라는 명목하에 사업주의 지시·감독을 받으면서 사실상 노무를 제공하고 수당 명목의 금품을 수령하는 등 실질적인 근로관계에 있는 경우에도, 근로기준법이 보장한 근로기준 중 주요사항을 외국인 산업연수생에 대하여만 적용되지 않도록 하는 것은 합리적인 근거를 찾기 어렵다. 특히 중소기업청 고시에 의하면 사용자의 법 준수능력이나 국가의 근로감독능력 등 사업자의 근로기준법 준수와 관련된 제반 여건이 갖추어진 업체만이 연수업체로 선정될 수 있으므로, 이러한 사업장에서 실질적 근로자인 산업연수생에 대하여 일반 근로자와 달리 근로기준법의 일부 조항의 적용을 배제하는 것은 자의적인 차별이라 아니할 수 없다.

근로기준법 제5조와 '국제연합의 경제적·사회적 및 문화적 권리에 관한 국제규약' 제4조에 따라 '동등한 가치의 노동에 대하여 동등한 근로조건을 향유할 권리'를 제한하기 위하여는 법률에 의하여만 하는바, 이를 행정규칙에서 규정하고 있으므로 위 법률유보의 원칙에도 위배된다.

## ▶ 해 설

### 산재보험이 제외되는 국가등의 사업

근로의 권리와 관련한 이 사건(憲 1996. 8. 29.-95헌바36)은 구 산업재해보상보험법 제4조 단서가 "이 법은 모든 사업 또는 사업장에 적용한다. 다만, 사업의 위험률, 규모 및 사업장소 등을 참작하여 대통령령으로 정하는 사업은 그러하지 아니하다"라고 규정하고, 이에 의해 시행령 제2조 제1항 제3호는 국가 또는 지방자치단체가 직접 행하는 사업을 위 법의 적용대상에서 제외하고 있다. 산재보험 대상에서 이러한 국가등의 사업이 제외되는 것이 인간의 존엄성을 보장하는 근로조건의 기준을 명령하는 헌법 제32조 제3항에 위배되는지 여부이다.

이에 대해 헌법재판소는 합헌결정을 내리면서, 산업재해보상보험법은 모든 근로자의 업무상 재해를 신속하고 공정하게 보상하여 근로자의 보호에 기여하는 것을 그 이상으로 하고 있지만, 보험기술적인 측면에서 실제로 어떠한 범위의 사업을 강제적용대상으로 할 것인지, 또는 어떠한 범위의 사업을 적용제외대상으로 할 것인지는 입법권자가 가지는 입법재량의 영역에 속하는 문제로서 그 기준이 현저하게 불합리하지 아니하는 한 근로조건에 관한 기준이 인간의 존엄성을 보장할 수 있어야 한다는 헌법 제32조 제3항의 규정에 위반된다고 볼 수 없다고 판시하였다.

### 사용자의 근로조건 명시의무 합헌결정

근로의 권리와 관련한 이 사건(憲 2006. 7. 27.-2004헌바77)은 근로계약 체결시 사용자에게 근로조건의 명시의무를 규정하면서 이 경우 임금의 구성항목, 계산방법 및 지불방법에 관한 사항의 '명시방법'에 대해서는 대통령령에 위임을 한 근로기준법 제24조 제2문이 포괄위임으로써 죄형법정주의원칙에 위배되는지 여부와 근로기준법 제24조의 규정을 위반한 자에 대하여 '500만원 이하의 벌금형'에 처하도록 규정하고 있는 제115조 제1호 중 '제24조에 관한 부분'이 과잉금지의 원칙에 위배되는지 여부이다.

이에 대해 헌법재판소는 합헌결정을 내리면서 이 사건 법률조항은 대통령령으로 위임되어 규정될 내용이 여러 근로조건들 중 임금에 관한 사항이라는 점, 임금에 관한 사항 중에서도 구체적으로 "임금의 구성항목, 계산방법 및 지불방법에 관한 사항"의 '명시방법'뿐이라는 점을 명료히 규정함으로써 이미 법률로 대통령령에 위임될 내용과 범위 그리고 그 한계를 상세히 규정하고 있고, 다른 근로조건에 비해 임금관련 사항은 그 명시방법을 좀 더 명확하게 할 것을 요구할 수 있다는 점이 예측되고, 명시의 방법이라는 것도 구두, 서면, 내용증명, 공증 등 그 해석의 여지가 제한적이고 한정적이라고 할 수 있기에 대통령령에 규정될 내용에 대해서는 그 구체적인 예측이 가능하다고 할 수 있어, 이 사건 법률조항이 임금관련 사항의 명시방법을 직접 법률에 규정하지 않았다는 이유만으로 포괄위임으로서 죄형법정주의원칙에 위반된다고 볼 수는 없다고 판시하였다. 또한 헌법재판소는 이 사건 처벌규정이 500만원 이하의 벌금형을 규정하고 있는 것이 그 범죄에 대한 형벌 본래의 목적과 기능을 달성함에 있어 필요한 정도를 일탈하여 헌법상의 비례의 원칙이나 과잉금지의 원칙에 위배된다고 보기 어렵다고 결정하였다.

### 직장존속보장청구권 인정 여부

정부는 1998. 8.경 "정부출연·위탁기관 경영혁신 추진계획"에 의하여, 청구외 한국식품위생연구원과 한국보건의료관리연구원을 통폐합하여 한국보건산업진흥원을 설립하고, 정원을 기존의 연구원 197명에서 137명으로 감원하고, 경상비도 20% 삭감한다는 계획을 세웠고, 이에 따라 진흥원의 설립을 위하여 1999. 1. 21. 법률 제5671호로 한국보건산업진흥원법이 제정되었다. 이 사건(憲 2002. 11. 18.-2001헌바50)은 이 법률 부칙 제3조에 국가보조 연구기관을 통폐합함에 있어 재산상의 권리·의무만 승계시키고, 근로관계의 당연승계 조항을 두지 아니하여 직원선정에서 배제된 청구인들이 복직을 요구하며 소를 제기하여 서울행정법원에서 승소하였고, 고등법원에 소송 계류 중 해당 부칙조항에 대해 위헌법률심판을 제기하고, 기각당하자 헌법 제32조 제1항의 근로의 권리의 침해를 하였다며 위헌심사형 헌법소원을 제기한 것이다.

헌법재판소는 이에 대해 합헌결정을 내리고, 근로의 권리는 사회적 기본권으로서, 국가에 대하여 직접 일자리(직장)를 청구하거나 일자리에 갈음하는 생계비의 지급청구권을 의미하는 것이 아니라, 고용증진을 위한 사회적·경제적 정책을 요구할 수 있는 권리에 그치고, 근로의 권리를 직접적인 일자리 청구권으로 이해하는 것은 사회주의적 통제경제를 배제하고, 사기업 주체의 경제상의 자유를 보장하는 우리 헌법의 경제질서 내지 기본권규정들과 조화될 수 없으며, 근로의 권리로부터 국가에 대한 직접적인 직장존속청구권을 도출할 수도 없고, 직업의 자유에서 도출되는 보호의무와 마찬가지로 사용자의 처분에 따른 직장 상실에 대하여 최소한의 보호를 제공하여야 할 의무를 국가에 지우는 것으로 볼 수는 있을 것이나, 이 경우에도 입법자가 그 보호의무를 전혀 이행하지 않거나 사용자와 근로자의 상충하는 기본권적 지위나 이익을 현저히 부적절하게 형량한 경우에만 위헌 여부의 문제가 생길 것이라고 판시하였다.

### ▶ 질 문

1. 근로의 권리의 헌법적 성격은 무엇인가?
2. 외국인의 근로의 권리는 우리 헌법에서 직접 도출될 수 있는가?
3. 외국인에게도 인정되어야 할 근로의 권리의 내용은 무엇인가?
4. 근로의 권리에서 직장존속보존청구권이 도출되는가?

## Ⅳ. 혼인과 가족생활을 형성할 권리

제36조 ① 혼인과 가족생활은 개인의 존엄과 양성의 평등을 기초로 성립되고 유지되어야 하며, 국가는 이를 보장한다.

② 국가는 모성의 보호를 위하여 노력하여야 한다.
③ 모든 국민은 보건에 관하여 국가의 보호를 받는다.

## ▶ 개 요

헌법 제36조 제 1 항은 혼인과 가족생활을 스스로 결정하고 형성할 수 있는 자유를 기본권으로서 보장하고, 혼인과 가족에 대한 제도를 보장한다. 그리고 헌법 제36조 제 1 항은 혼인과 가족에 관련되는 공법 및 사법의 모든 영역에 영향을 미치는 헌법원리 내지 원칙규범으로서의 성격도 가지는데, 이는 적극적으로는 적절한 조치를 통해서 혼인과 가족을 지원하고 제 3 자에 의한 침해 앞에서 혼인과 가족을 보호해야 할 국가의 과제를 포함하며, 소극적으로는 불이익을 야기하는 제한조치를 통해서 혼인과 가족을 차별하는 것을 금지해야 할 국가의 의무를 포함한다. 이러한 헌법 원리로부터 도출되는 차별금지명령은 헌법 제11조 제 1 항에서 보장되는 평등원칙을 혼인과 가족생활영역에서 더욱더 구체화함으로써 혼인과 가족을 부당한 차별로부터 특별히 더 보호하려는 목적을 가진다.

그러므로 헌법의 이 조항은 소극적으로는 국가권력의 부당한 침해에 대한 개인의 주관적 방어권으로서 국가권력이 혼인과 가정이란 사적인 영역을 침해하는 것을 금지하면서, 적극적으로는 혼인과 가정을 제 3 자등으로부터 보호해야 할 뿐이 아니라 개인의 존엄과 양성의 평등을 바탕으로 성립되는 혼인·가족제도를 실현해야 할 국가의 과제를 부과하고 있다.

헌법은 국가사회의 최고규범이므로 가족제도가 비록 역사적·사회적 산물이라는 특성을 지니고 있다 하더라도 헌법의 우위로부터 벗어날 수 없으며, 가족법이 헌법이념의 실현에 장애를 초래하고, 헌법규범과 현실과의 괴리를 고착시키는데 일조하고 있다면 그러한 가족법은 수정되어야 한다.

## ▶ 핵심판례

### 憲 2005. 2. 3.-2001헌가9 [호주제 사건]

[사건의 개요]

제청신청인들은 혼인하였다가 이혼하고 일가를 각 창립한 자들로서, 전 부(夫)와의 사이에 태어난 그들 자(子)의 친권행사자이며 양육자인데도 그들 자(子)의 호적은 부(父)인 전 부(夫)가 호주로 있는 가(家)에 편제되어 있다. 신청인들은 그들의 자(子)를 자신의 가(家)

에 입적시키기 위하여 관할 호적관청에 각기 입적신고를 하였으나 호적관청은 민법 제781조 제1항 본문을 들어 입적신고를 받아들이지 아니하였다.

이에 신청인들은 당해사건 법원에 각 호적관청의 처분에 대한 불복을 신청하였고, 그 재판 계속 중에 민법 제778조, 제781조 제1항 본문이 위헌이라고 주장하면서 위헌법률심판제청신청을 하였는데, 당해사건 법원은 민법 제781조 제1항 본문 중 후단에 대한 신청은 받아들여 헌법재판소에 위헌법률심판을 제청하고, 나머지 조항에 대한 신청은 모두 각하하였다.

[심판의 대상]

**민법** 제778조(호주의 정의) 일가의 계통을 계승한 자, 분가한 자 또는 기타 사유로 인하여 일가를 창립하거나 부흥한 자는 호주가 된다.

제781조(자의 입적, 성과 본) ① 자는 부의 성과 본을 따르고 부가에 입적한다. <u>다만, 부가 외국인인 때에는 모의 성과 본을 따를 수 있고 모가에 입적한다.</u>

제826조(부부간의 의무) ③ 처는 부의 가에 입적한다. 그러나 처가 친가의 호주 또는 호주승계인인 때에는 부가 처의 가에 입적할 수 있다.

이 사건에서 헌법재판소는 "1. 민법 제778조, 제781조 제1항 본문 후단, 제826조 제3항 본문은 헌법에 합치되지 아니한다. 2. 위 법률조항들은 입법자가 호적법을 개정할 때까지 계속 적용된다"라고 결정하고, 이유를 다음과 같이 설시하였다.

▣ 민법 제778조 등과 호주제의 관계

헌법재판소는 심판대상이 된 법률조항의 위헌 여부만을 판단한다. 그런데 어떤 법률조항은 법률 내에서 고립하여 존재하는 것이 아니라, 다른 법률조항들을 전제로 하거나 조건으로 하기도 하고, 다른 법률조항들과 결부하여 하나의 법률효과를 지향하기도 한다. 그러한 법률조항의 의미와 기능은 체계적 관련성 속에서만 올바로 이해될 수 있다. 특히 민법 제778조와 같이 어떤 법제도의 근거조항인 경우 더욱 그러하다. 호주제는 민법 제4편 제2장 '호주와 가족'을 중심으로 한 여러 법률조항들이 그물망처럼 서로 연결되어 구성된 제도이다. 민법 제778조는 그러한 호주제의 근거조항으로서 핵심적 위상을 차지하고 있는 조항이다. 따라서 민법 제778조는 호주제와의 관련성을 떠나서는 고립적으로 그 위헌 여부를 제대로 판단할 수 없다.

한편 민법 제781조 제1항 본문 후단 및 제826조 제3항 본문 또한 호주제의 골격을 구성하는 주요 법률조항들이고 민법 제778조와도 불가분의 밀접한 관계에 있다.

그렇다면 이 사건 심판대상조항들의 위헌 여부는 결국 호주제라는 제도 자체의 위헌 여부로 귀착된다고 할 것이므로, 이 사건에서는 호주제 전반의 내용, 위헌 여부를 살펴보고 이와 결부시켜서 심판대상조항들의 위헌 여부를 판단함이 상당하다.

■ 호주제의 개념

호주제의 개념을 정의한 법률조항은 따로 없다. 호주제란 민법 제 4 편 제 2 장 '호주와 가족', 동편 제 8 장 '호주승계'를 중심으로 일정한 법률조항들을 묶어, 이러한 법률조항들의 연결망이 형성하는 법적 상태를 지칭하는 말이나, 민법의 개별 조항들이 담고 있는 내용들을 종합하여 보면 결국 '호주제'란 '호주를 정점으로 가(家)라는 관념적 집합체를 구성·유지하고, 이러한 가를 원칙적으로 직계비속남자에게 승계시키는 제도'라고 집약하여 정리할 수 있고, 이를 달리 말하여 보면 남계혈통을 중심으로 가족집단을 구성하고 이를 대대로 영속시키는데 필요한 여러 법적 장치라고도 할 수 있다. 호주제가 단순히 집안의 대표자를 정하여 이를 호주라는 명칭으로 부르고 호주를 기준으로 호적을 편제하는 제도는 아니다.

▣ 헌법과 전통

호주제를 비롯한 가족제도에 관하여는 그것이 민족의 역사와 문화에 뿌리박은 전통이므로 이를 함부로 합리성의 잣대로 평가하거나 남녀평등의 도식으로 재단하여서는 아니 되고, 그와 같이 하였을 경우 규범과 국민들의 의식간에 괴리만 부채질하게 된다는 논리가 있을 수 있다. 그러므로 헌법과 전통, 헌법과 가족법간의 관계에 관하여 살펴본다.

■ 헌법과 가족법

헌법은 모든 국가질서의 바탕이 되고 한 국가사회의 최고의 가치체계이므로 다른 모든 법적 규범이나 가치보다 우선하는 효력을 가진다는 점에 대하여는 이론이 있을 수 없다. 헌법은 한 국가의 최고규범으로서 입법·행정·사법과 같은 모든 공권력의 행사가 헌법에 의한 제약을 받는 것은 물론, 사법(私法)상의 법률관계도 직·간접적으로 헌법의 영향을 받게 된다. 헌법재판소는 일찍이 "헌법은 국민적 합의에 의해 제정된 국민생활의 최고 도덕규범이며 정치생활의 가치규범으로서 정치와 사회질서의 지침을 제공하고 있기 때문에 민주사회에서는 헌법의 규범을 준수하고 그 권위를 보존하는 것을 기본으로 한다"라고 설파한 바 있다(憲 1989. 9. 8.-88헌가6, 판례집 1, 199, 205).

가족제도는 민족의 역사와 더불어 생성되고 발전된 역사적·사회적 산물이라는 특성을 지니고 있기는 하나, 그렇다고 하여 가족제도나 가족법이 헌법의 우위로부터 벗어날 수 있는 특권을 누릴 수 없다. 만약 이것이 허용된다면 민법의 친족상속편에 관한 한 입법권은 헌법에 기속되지 않으며, 가족관계의 가치질서는 헌법의 가치체계로부터 분리될 수 있다는 결론에 이르게 되는데 이것이 입헌민주주의에서 용납될 수는 없다.

만약 헌법이 가족생활이나 가족제도에 관하여 중립적인 태도를 취하고 있다면 다른 헌법규정과 저촉되지 않는 한 전통적 가족제도는 가급적 존중함이 바람직할 것이다. 그러나 헌법이 가족생활에 관하여 중립을 지키지 않고 스스로 어떤 이념·가치·제도를 채택하고 있다면 그것이 가족생활·가족제도에 관한 최고규범이 되어야 함은 물론이다. 오늘날 헌법은 가족생활관계도 이를 단순히 사인(私人)간의 사적 문제로만 파악하지 않고 그것이 국민생활 내지 국가생활의 한 요소가 될 수 있다는 것을 인정하고 이를 헌법사항에 포함시키기에 이르렀다. 그리하여 오늘날 많은 국가의 헌법에서 가족생활관계에 대해서도 그 근본이 되는 원칙을 헌법의 한 내용으로 다루고 있다. 우리 헌법도 제36조 제 1 항에서 혼인과 가족생활에 관한 규정을 두고 있다.

특히 정치·사회적 변혁기에 새로운 정치·사회질서, 새로운 가치와 이념을 지향하면서 제정된 헌법(우리의 제헌헌법이 이에 해당한다)의 경우, 헌법에 부합하지 않는 전래의 제도를 헌법에 맞게 고쳐나가라는 헌법제정권자의 의사가 표출되기도 한다. 물론 이 과정에서 국민의 법감정이나 정서와 헌법규범간의 괴리현상이 나타날 수 있다. 새로운 헌법이념의 채택에도 불구하고 고래로부터 이어져 온 의식은 쉽게 변하지 않을 수 있기 때문이다. 그러나 가족법의 역할은 사회현상이나 국민의 법감정을 단순히 반영하는데 그치는 것이 아니다. 공동체의 최고가치질서인 헌법이념을 적극적으로 계도하고 확산시키는 역할 또한 가족법의 몫이다. 그런데 가족법이 이러한 역할을 수행하기는커녕 헌법이념의 확산에 장애를 초래하고, 헌법규범과 현실과의 괴리를 고착시키는데 일조하고 있다면 그러한 가족법은 수정되어야 한다.

■ 전통과 민주적 가족제도: 헌법 제 9 조와 제36조 제 1 항의 관계

헌법 전문은 "유구한 역사와 전통에 빛나는 우리 대한국민"을 강조하고 있으며, 헌법 제 9 조는 "국가는 전통문화의 계승·발전과 민족문화의 창달에 노력하여야 한다"라고 규정하고 있다. 한편 헌법 제36조 제 1 항은 "혼인과 가족생활은 개인의 존엄과 양성의 평등을 기초로 성립되고 유지되어야 하며, 국가는 이를 보장한다"라고 규정하고 있다. 여기서 헌법 제 9 조와 제36조 제 1 항간의 관계를 어떻게 설정

할 것인지, 어떻게 조화롭게 해석할 것인지 문제되는바, 그 해답의 단초는 헌법 제36조 제1항의 특별한 입헌취지에 더하여 전통 내지 전통문화의 헌법적 의미를 조명하는 데에서 찾을 수 있다.

헌법 제36조 제1항의 연혁을 살펴보면, 제헌헌법 제20조에서 "혼인은 남녀동권(男女同權)을 기본으로 하며, 혼인의 순결과 가족의 건강은 국가의 특별한 보호를 받는다"라고 규정한 것이 그 시초로서, 헌법제정 당시부터 평등원칙과 남녀평등을 일반적으로 천명하는 것(제헌헌법 제8조)에 덧붙여 특별히 혼인의 남녀동권을 헌법적 혼인질서의 기초로 선언한 것은 우리 사회 전래의 혼인·가족제도는 인간의 존엄과 남녀평등을 기초로 하는 혼인·가족제도라고 보기 어렵다는 판단하에 근대적·시민적 입헌국가를 건설하려는 마당에 종래의 가부장적인 봉건적 혼인질서를 더 이상 용인하지 않겠다는 헌법적 결단의 표현으로 보아야 할 것이다. 이러한 헌법의 의지는 1980년 헌법에서 더욱 강화되었다. 양성평등 명령이 혼인관계뿐만 아니라 모든 가족생활로 확장되었고, 양성평등에 더하여 개인의 존엄까지 요구하였다. 여기에 현행 헌법은 국가의 보장의무를 덧붙임으로써 이제 양성평등과 개인의 존엄은 혼인과 가족제도에 관한 최고의 가치규범으로 확고히 자리잡았다.

한편, 헌법 전문과 헌법 제9조에서 말하는 '전통', '전통문화'란 역사성과 시대성을 띤 개념으로 이해하여야 한다. 과거의 어느 일정 시점에서 역사적으로 존재하였다는 사실만으로 모두 헌법의 보호를 받는 전통이 되는 것은 아니다. 전통이란 과거와 현재를 다 포함하고 있는 문화적 개념이다. 만약 전통의 근거를 과거에만 두는 복고주의적 전통개념을 취한다면 시대적으로 특수한 정치적·사회적 이해관계를 전통이라는 이름하에 보편적인 문화양식으로 은폐·강요하는 부작용을 낳기 쉬우며, 현재의 사회구조에 걸맞는 규범 정립이나 미래지향적 사회발전을 가로막는 장애요소로 기능하기 쉽다. 헌법재판소는 이미 "헌법 제9조의 정신에 따라 우리가 진정으로 계승·발전시켜야 할 전통문화는 이 시대의 제반 사회·경제적 환경에 맞고 또 오늘날에 있어서도 보편타당한 전통윤리 내지 도덕관념이라 할 것이다"(憲 1997. 7. 16.-95헌가6등, 판례집 9-2, 1, 19)라고 하여 전통의 이러한 역사성과 시대성을 확인한 바 있다.

따라서 우리 헌법에서 말하는 '전통'·'전통문화'란 오늘날의 의미로 재해석된 것이 되지 않으면 안 된다. 그리고 오늘날의 의미를 포착함에 있어서는 헌법이념과 헌법의 가치질서가 가장 중요한 척도의 하나가 되어야 할 것임은 두 말할 나위가 없고 여기에 인류의 보편가치, 정의와 인도의 정신 같은 것이 아울러 고려되어야 할 것이다. 따라서 가족제도에 관한 전통·전통문화란 적어도 그것이 가족제도에 관한 헌법이념인 개인의 존엄과 양성의 평등에 반하는 것이어서는 안 된다는 자명한 한계가 도출된다. 역사적 전승으로서 오늘의 헌법이념에 반하는 것은 헌법 전문에서 타파의 대상으로 선언한 '사회적 폐습'이 될 수 있을지언정 헌법 제9조가 '계승·발전'시키라고 한 전통문화에는 해당하지 않는다고 보는 것이 우리 헌법의 자유민주주의원리, 전문, 제9조, 제36조 제1항을 아우르는 조화적 헌법해석이라 할 것이다. 결론적으로 전래의 어떤 가족제도가 헌법 제36조 제1항이 요구하는 개인의 존엄과 양성평등에 반한다면 헌법 제9조를 근거로 그 헌법적 정당성을 주장할 수는 없다.

▣ 호주제의 위헌성

■ 양성평등원칙 위반

• 성역할에 관한 고정관념에 기초한 차별

헌법 제36조 제1항은 혼인과 가족생활에서 양성의 평등대우를 명하고 있으므로 남녀의 성을 근거로 하여 차별하는 것은 원칙적으로 금지되고, 성질상 오로지 남성 또는 여성에게만 특유하게 나타나는 문제의 해결을 위하여 필요한 예외적 경우에만 성차별적 규율이 정당화된다. 과거 전통적으로 남녀의 생활관계가 일정한 형태로 형성되어 왔다는 사실이나 관념에 기인하는 차별, 즉 성역할에 관한 고정관념에 기초한 차별은 허용되지 않는다.

호주제는 남계혈통을 중심으로 인위적 가족집단인 가를 구성하고 이를 승계한다는 것이 그 본질임은 위에서 본 바와 같다. 인위적 가족집단인 가를 구성·유지하는 것이 정당한지 여부를 차치하고서, 남계혈통 위주로 가를 구성하고 승계한다는 것은 성에 따라 아버지와 어머니를, 남편과 아내를, 아들과 딸을, 즉 남녀를 차별하는 것인데, 이러한 차별을 정당화할 만한 사유가 없다.……

호주제의 남녀차별은 가족 내에서의 남성의 우월적 지위, 여성의 종속적 지위라는 전래적 여성상에 뿌리박은 차별로서 성역할에 관한 고정관념에 기초한 차별에 지나지 않는다.

• 호주승계 순위의 차별

민법 제778조는 민법 제984조와 결합하여 호주 지위의 승계적 취득에 있어 철저히 남성우월적 서열을 매김으로써 남녀를 차별적으로 취급하고 있다. 남자라는 이유만으로 어머니와 누나들을 제치고 아들이, 또한 할머니·어머니를 제치고 유아인 손자가 호주의 지위를 차지하게 된다. 미혼의 딸도 아들이나 손자가 없을 경우에는 호주가 될 수 있으나, 나중에 혼인하게 되면 남편 또는 시아버지가 호주인 가의 가족원으로 입적되므로 평생을 미혼으로 지내지 않는 한 호주의 지위를 계속 유지한다는 것은 불가능하다. 호주제는 모든 직계비속남자를 정상적 호주승계자로 놓고 고안된 제도이며, 여자들은 남자들이 없을 경우 일시적으로 가를 계승시키기 위하여 보충적으로 호주 지위가 주어지는 잔여범주로서 존재하는 것이다.

• 혼인시 신분관계 형성의 차별

혼인이란 남녀가 평등하고 존엄한 개인으로서 자유로운 의사의 합치에 의하여 생활공동체를 이루는 것이어야 하므로 부부관계라는 생활공동체에 있어 남녀는 동등한 지위를 유지하여야 한다. 그런데 민법 제826조 제 3 항 본문에 의하여 여자는 혼인하면 법률상 당연히 부(夫)의 가에 입적하게 되는바, 이 조항은 민법 제789조와 결합하여 다음과 같은 법률효과를 일으킨다.

첫째, 부(夫)가 호주의 직계비속장남자인 경우에, 부는 법정분가하지 않고 그대로 자신의 가에 머무는 반면, 처는 종래 소속되어 있던 자신의 가를 떠나 부의 가의 새로운 가족원이 된다(대개의 경우 친정아버지가 호주인 가에서 시아버지가 호주인 가로의 전입을 의미한다).

둘째, 부(夫)가 호주의 직계비속장남자가 아닌 경우에, 부는 법정분가하면서 새로운 가의 호주가 되는 반면, 처는 부의 가에 입적되므로 입부혼을 제외하고는 그 가의 가족원이 될 뿐 호주지위를 획득할 수 없다. 부부는 혼인관계의 대등한 당사자로서 부부공동체에 있어 동등한 지위와 자격을 누려야 할 것임에도 불구하고 이러한 처의 입적제도는 처의 부에 대한 수동적·종속적 지위를 강제한다.

처의 입적제도는 호주승계에 있어서 여자의 열등적 지위와 결합하여 여성으로 하여금 어려서는 아버지(때로는 오빠 또는 남동생)의 가에, 혼인하여서는 남편의 가에, 늙어서는 아들의 가에 귀속토록 하고 있는데, 이는 여성에 대한 봉건적 삼종지의(三從之義)의 한 모습을 오늘날에 재현하고 있는 것이라 할 수 있을지언정 개개의 여성을 존엄한 독립적 인격체로서 존중하라는 헌법 제36조 제 1 항에서 예정하고 있는 여성의 모습과는 거리가 멀다.……

• 자녀의 신분관계 형성의 차별

1) 부가입적(父家入籍)원칙의 문제

민법 제781조 제 1 항 본문 후단은 "자는 …… 부가에 입적한다"라고 규정하고 있다. 이 조항에 따라 혼인중의 자(子)는 출생에 의하여 당연히 부가(父家)에 입적한다. 입부혼(入夫婚)의 경우에는 반대로 부부간의 자는 모가(母家)에 입적한다(민법 제826조 제 4 항). 부가 외국인인 때에도 모가에 입적한다(민법 제781조 제 1 항 단서). 혼인외의 자는 부가 인지함으로써 부가에 입적한다. 부의 인지가 없는 혼인외의 자는 모가에 입적한다(민법 제781조 제 2 항).

이와 같이 현행 민법은 극히 예외적 경우를 제외하고는 자를 부가에 입적하는 것으로 규정하고 있다.

자녀가 태어나면 당연히 부가(父家)에 입적된다는 것은 그 자체로 가의 존재를 전제로 하여 자녀를 부계혈통만을 잇는 존재로 간주하겠다는 부계혈통 우위의 사고에 기초한 것인데, 이는 자녀가 부모의 양계혈통을 잇는 존재라는 자연스럽고 과학적인 순리에 반하며, 부에 비하여 모의 지위를 열위에 둠으로써 부당히 차별하는 것이다. 모가에 입적할 수 있는 예외적 규정을 두고 있지만 이는 모두 부가로의 입적이 불가능한 경우로 한정되어 그 범위가 너무 협소하므로 원칙적인 남녀차별성을 치유할 수 없다.

자를 부가에 입적시킨다는 이 민법조항의 본질적인 의의는 단순히 호적법상 호적편제의 기준에 그치는 것이 아니라 남계혈통을 통한 가의 계승이라는 호주제의 관철에 있다. 대부분 호주의 지위를 겸하고 있는 부의 가에 자녀를 편입시키는 것은 '호주 중심의 가의 구성'을 위한 불가결의 요소를 이루며, 또한 '후손을 통한 가의 계승'이라는 호주제의 또 다른 내용을 실현하기 위한 전제가 된다.

2) 부모가 이혼한 경우의 문제

자(子)에 대한 신분법적 규율은 첫째로, 자의 복리향상에 그 목적을 두어야 하고, 둘째, 가능한 한 친자관계 당사자의 자율적 결정을 존중하는 것이어야 한다. 그런데 일률적으로 자를 부가(父家)에 입적하도록 함으로써 부모가 이혼한 경우에 대단히 심각한 문제가 야기된다. 부모가 이혼한 경우에는 모가 자녀를 양육하는 경우가 훨씬 더 많으며, 우리 사회의 이혼율 증가와 더불어 이혼 후 모가 자녀와 함께 사는 모자가정의 수가 점점 더 늘어나고 있다.

그런데 현실적으로 모(母)가 자녀의 친권자와 양육자로 지정되어 생활공동체를 형성하더라도 자녀는 민법 제781조 제 1 항 본문 후단에 따라 여전히 부(父)의 호적에 남아 있게 된다. 즉, 법적인 가족관계는 부자간에 있을 뿐이지, 모자간에는 존재하지 않는다. 단지 부(夫)의 혈족 아닌 처의 직계비속만이 친가복적이나 일가창립을 통하여 모와 동적(同籍)할 수 있을 뿐이다(민법 제787조 제 1 항).

그리하여 부의 양육권 포기, 재혼 등으로 부와 자녀간의 교류가 전혀 단절되어 있더라도, 자녀학대, 성추행, 폭행 등으로 가정파탄의 원인을 부가 제공한 경우에도, 당사자인 자녀가 아무리 부가를 떠나 모가에의 입적을 원하더라도, 부 스스로 자녀의 모가입적을 분명히 원하는 경우에도 그 자녀는 여전히 부가에 소속되고 그 부가 자녀들의 호주가 된다. 반면 모는 주민등록상의 '동거인'에 불과하게 된다.

모와 자녀가 현실적 가족생활대로 법률적 가족관계를 형성하지 못하여 비정상적 가족으로 취급됨으로써 사회생활을 하는데 여러모로 불편할 뿐 아니라 극심한 정신적 고통을 겪게 된다. 이러한 결과는 헌법에 반함은 물론 오늘날의 가족현실에도 전혀 부합하지 않는다.

3) 인수입적(引收入籍)의 문제

처가 부(夫)의 혈족이 아닌 직계비속을 가에 입적시키려면 부의 동의가 있어야 하며, 이 경우에 그 직계비속이 타가(他家)의 가족인 때에는 그 호주의 동의를 얻어야 한다(민법 제784조). 그리하여 이혼 후 자녀를 양육하여 오다가 재혼한 처가 전부(前夫) 소생의 자녀들과 함께 살더라도 재혼한 부(夫)의 동의가 없으면 자녀들과 각기 다른 가의 구성원이 될 수밖에 없다. 설령 재혼한 부가 동의하더라도, 전부(前夫)가 동의하지 않으면 자녀들은 전부(前夫)의 가를 떠날 수 없다.

재혼율, 특히 여성의 재혼율이 점차 높아지고 있는 상황에서 이런 문제 또한 심각한 사회문제로 대두되고 있다.

부(夫)가 처의 혈족이 아닌 직계비속을 입적함에는 처의 동의라는 제한이 없는데 비하여, 처의 경우 위와 같은 제한을 둔 것은 부계혈족 아닌 혈족의 부가(夫家)입적을 제한하려는 것이고(제784조 제1항의 경우), 또한 가계계승을 고려한 것으로서(동조 제2항의 경우) 역시 남계혈통만을 중시하는 호주제의 정신과 맞닿아 있다.

4) 미혼모의 경우의 문제

미혼모가 자녀를 출산한 경우 부가 인지하지 않으면 모가에 입적한다(민법 제781조 제2항). 그러나 생부가 인지하면 모나 자녀의 의사에 상관없이 부의 가에 입적된다. 생부가 모와 혼인할 의사가 없고, 자녀를 양육하지도 않고, 그럴 의사가 없더라도, 생부의 일방적 행위에 의하여 자녀는 가족관계의 엄청난 변화를 감수하여야 하는데, 이 또한 남성우월적 사고에 터잡은 것이다.

■ 개인의 존엄 위반

헌법 제36조 제1항은 혼인과 가족생활은 개인의 존엄을 존중하는 가운데 성립되고 유지되어야 함을 분명히 하고 있다. 혼인과 가족생활은 인간생활의 가장 본원적이고 사적(私的)인 영역이다. 이러한 영역에서 개인의 존엄을 보장하라는 것은 혼인·가족생활에 있어서 개인이 독립적 인격체로서 존중되어야 하고, 혼인과 가족생활을 어떻게 꾸려나갈 것인지에 관한 개인과 가족의 자율적 결정권을 존중하라는 의미이다. 혼인과 가족생활을 국가가 결정한 이념이나 목표에 따라 일방적으로 형성하는 것은 인간의 존엄성을 최고의 가치로 삼고 민주주의원리와 문화국가원리에 터잡고 있는 우리 헌법상 용납되지 않는다. 국가는 개인의 생활양식, 가족형태의 선택의 자유를 널리 존중하고, 인격적·애정적 인간관계에 터잡은 현대 가족관계에 개입하지 않는 것이 바람직하다(憲 2000. 4. 27.-98헌가16등, 판례집 12-1, 427, 445, 446 참조).

따라서 혼인·가족제도가 지닌 사회성·공공성을 이유로 한 부득이한 사유가 없는 한, 혼인·가족생활의 형성에 관하여 당사자의 의사를 무시하고 법률의 힘만으로 일방적으로 강제하는 것은 개인의 존엄에 반하는 것이다.

그런데 호주제는 당사자의 의사와 자결권을 무시한 채 남계중심의 가제도의 구성을 강제하고 이를 유지하기 위하여 신분당사자의 법률관계를 일방적으로 형성한다.

첫째, 대한민국 국민은 예외 없이 호주이든, 가족이든 법률상의 가족단체인 가에 소속되어야 한다.

둘째, 개인의 의사에 반하여 호주의 지위를 강제로 부여한다. 호주가 되면 가의 대표자로서의 지위, 일가의 계통을 계승하는 자의 지위에 놓이게 되며, 몇 가지 호주로서의 권한도 부여받게 된다. 이는 법률상 무의미한 지위라고 할 수 없다. 그런데 민법 제778조의 요건이 충족되면 본인의 의사와 무관하게 법률상 당연히 호주로 되어, 자신과 가족에 관하여 의미있는 신분법상의 지위를 강요당하게 된다(다만, 승계취득의 경우 적극적으로 포기권을 행사한다면 호주의 지위를 면할 수 있다). 당해사건 제청신청인들의 사례는 이러한 문제점을 잘 보여준다. 부부 어느 쪽도 호주가 되길 원치 않았음에도 불구하고 그러한 무호주선택권은 인정되지 않고 혼인으로 인한 법정분가의 효과로 부(夫)에게 호주의 지위가 강제되었던 것이다.

셋째, 모든 개인은 가족 내에서 평등하고 존엄한 개체로서가 아니라 호주와의 관계를 통하여 가족 내의 신분적 지위가 자리매김된다. 물론 여기에서 호주는 중심적 존재로서, 나머지 가족원은 주변적 존재로서 위계화된 가족질서 내에 배치된다.

이와 같이 호주제는 개인을 독립적 인격체로서 존중하는 것이 아니라 오로지 남계혈통 중심의 가의 유지와 계승이라는 목적을 위한 대상적·도구적 존재로 파악하고 있다. 호주제는 혼인과 가족생활 당사자의 복리나 선택권을 무시한 채 가의 유지와 계승이라는 관념에 뿌리박은 특정한 가족관계의 형태를 법으로써 일방적으로 규정하고 강요하는 것인데, 이는 혼인과 가족생활에서 개인의 존엄을 존중하라는 헌법 제36조 제 1 항의 요구에 부합하지 않는다. ……

■ 심판대상조항들의 위헌성

이상 살펴본 바와 같이 호주제는 헌법 제36조 제 1 항에 위반된다. 심판대상조항인 민법 제778조, 제781조 제 1 항 본문 후단, 제826조 제 3 항 본문은 호주제의 핵심적 구성부분을 이루는 법규범이다. 위 법률조항들은 혹은 독자적으로 혹은 서로 결부하여, 혹은 다른 호주제 관련조항들과의 체계적 연관성을 통하여 호주제를 존속시키며 구체적으로 실현시키고 있으므로 위에서 본 바와 같은 호주제가 지닌 위헌성을 심판대상조항들은 고스란히 지니고 있다.

결론적으로, 민법 제778조는 당사자의 의사와 자결권을 외면한 채 법률로 호주의 지위를 강요한다는 점에서 개인의 존엄에 반할 뿐만 아니라 호주 지위의 획득에 있어 남녀를 차별하고 있으며, 민법 제781조 제 1 항 본문 후단 및 민법 제826조 제 3 항 본문은 당사자의 의사와 자율적 선택권을 무시한 채 혼인 및 자녀에 관한 신분관계를 일방적으로 형성한다는 점에서 개인의 존엄에 반하고 나아가 정당한 이유 없이 남녀를 차별한다.

이상과 같은 이유로 심판대상조항들은 헌법에 위반된다.

## ▶ 해 설

위와 같은 다수의견에 대해 2인의 반대의견이 개진되었다. 이들의 주장의 핵심내용은 다음과 같다.

「현행법상의 호주제는 고대 이래 조선 중기까지 이어져온 우리 고유의 합리적 부계혈통주의의 전통을 이어받아 부계혈통주의의 존립을 위한 극히 기본적인 요소만을 담고 있는 것으로서, 일제 잔재로서의 색채를 불식하고 우리 고유의 관습으로 복귀한 것으로 평가할 수 있으며, 혼인과 가족관계를 규율하는 가족법은 전통성·보수성·윤리성을 강하게 가질 수밖에 없어서 혼인과 가족관계에 관한 헌법규정을 해석함에 있어서는 가족법의 전통적 성격을 고려하지 않을 수 없고, 특히 가족법의 영역에서 도식적인 평등의 잣대로 우리의 전통문화를 함부로 재단함으로써 전통가족문화가 송두리째 부정되고 해체되는 결과를 초래하여서는 아니되는바, 현행법상의 호주제는 전통 가족제도의 핵심인 부계혈통주의에 입각한 가의 구성 및 가통의 계승을 위한 제도로서 이를 위하여 마련된 처의 부가입적 원칙, 자의 부가입적 원칙 및 호주승계제도는 우리 사회의 오랜 전통과 현실에 기초한 것일 뿐만 아니라 여성에 대한 실질적 차별을 내용으로 하고 있는 것으로 보기 어렵다는 점에서 평등원칙에 위반되지 아니하며, 호주제가 신분관계를 일방적으로 형성되는 측면이 있다고 하더라도 이는 가족제도를 법제화하는 과정에서 부득이한 것일 뿐만 아니라 임의분가, 호주승계권의 포기 등 이를 완화하는 제도를 두고 있으므로 개인의 존엄을 존중하지 않는 것이라 보기도 어려우므로 결국 헌법 제36조 제 1 항에 위반되지 아니한다.」

### 간통죄 합헌결정

헌법상 가족제도 규정의 영향과 관련한 이 사건(憲 2008. 10. 30.-2007헌가17)은 배우자 있는 자의 간통행위 및 그와의 상간행위를 처벌하는 형법 제241조의 위헌 여부에 관한 것이다.

헌법재판소의 견해는 재판관 4(합헌): 재판관 4(위헌): 재판관 1(헌법불합치)로 나뉘었는데, 다수의견에 의하면, 이 사건 법률조항은 혼인관계를 보호하고, 사회질서를 유지하기 위하여 간통 및 상간행위를 제재하는 것으로 정당한 입법목적 달성을 위한 적절한 수단이고, 다만 '형벌'의 제재 규정이 지나친 것인지 문제되나, 이는 기본적으로 입법형성의 자유에 속하는 것이며, 간통이 사회질서를 해치고 타인의 권리를 침해하는 경우에 해당한다고 보는 우리의 법의식과 간통 및 상간행위에 대한 사전예방의 강한 요청에 비추어 간통 및 상간행위를 형사처벌하기로 한 입법자의 판단이 자의적인 것이라 할 수 없고, 이 사건 법률조항으로 인하여 침해되는 사익은 특정한 관계에서의 성행위 제한으로 경미함에 비하여 달성되는 공익은 높은 중요성이 있어 법익균형성 역시 인정되므로 이 사건 법률조항이 과잉금지원칙에 위배하여 개인의 성적 자기결정권, 사생활의 비밀과 자유를 침해한다고 볼 수 없고, 이 사건 법률조항은 법정형으로 징역형만을 규정하고 있으나 지나치게 과중한 형벌을 규정하고 있다고 보기 어렵다고 판시하였다.

이에 대하여 형법 제241조는 헌법상 과잉금지 원칙에 위배하여 개인의 성적 자기결정권과 사생활의 비밀과 자유를 침해한다는 재판관 3인(재판관 김종대, 재판관 이동흡, 재판관 목영준)의 위헌의견, 위 조항은 간통 및 상간행위의 유형 중 단순히 도덕적 비난에 그쳐야 할 행위 또는 비난가능성이 없거나 근소한 행위에까지 형벌을 부과하여 국가형벌권을 과잉행사한 것이라는 재판관 1인(재판관 김희옥)의 헌법불합치의견, 위 조항이 간통 및 상간행위를 형사처벌하는 것 자체는 헌법에 반하지 아니하나, 법정형으로 징역형만을 규정한 것은 책임과 형벌간 비례원칙에 반한다는 재판관 1인(재판관 송두환)의 위헌의견이 있다.

비록 위헌의견이 다수이긴 하나 법률의 위헌선언에 필요한 정족수 6인에 미달하므로 합헌결정을 선고하였다.

### 친생부인의 소 제척기간 사건

인간의 존엄과 양성평등의 가족제도 구현과 관련한 이 사건(憲 1997. 3. 27.-95헌가14)은 민법 제847조 제1항은 친생부인의 소의 제척기간과 그 기산점에 관하여 '그 출생을 안 날로부터 1년 내'라고 규정하고 있는데 이에 대한 위헌 여부에 관한 것이다. 이에 대해 헌법재판소는 헌법불합치결정을 내리고, 일반적으로 친자관계의 존부는 특별한 사정이나 어떤 계기가 없으면 이를 의심하지 아니하는 것이 통례임에 비추어 볼 때, 친생부인의 소의 제척기간의 기산점을 단지 그 '출생을 안 날로부터'라고 규정한 것은 부에게 매우 불리한 규정일 뿐만 아니라, '1년'이라는 제척기간 그 자체도 그 동안에 변화된 사회현실여건과 혈통을 중시하는 전통관습 등 여러 사정을 고려하면 현저히 짧은 것이어서, 결과적으로 위 법률조항은 입법재량의 범위를 넘어서 친자관계를 부인하고자 하는 부로부터 이를 부인할 수 있는 기회를 극단적으로 제한함으로써 자유로운 의사에 따라 친자관계를 부인하고자 하는 부의 가정생활과 신분관계에서 누려야 할 인격권, 행복추구권 및 개인의 존엄과 양성의 평등에 기초한 혼인과 가족생활에 관한 기본권을 침해하는 것이라고 판시하였다. 그 후 이 규정은 "친생부인의 소는 부 또는 처가 다른 일방 또는 자를 상대로 하여 그 사유가 있음을 안 날부터 2년 내에 이를 제기하여야 한다"라고 개정되었다.

## ▶ 질 문

1. 헌법의 제도보장이론을 헌법조문의 가족제도에 적용하면 어떠한 문제점이 발생하는가?
2. 헌법상 가족제도와 전통의 상관관계에 대해 설명하시오.
3. 호주제에 관한 찬반론에 대해 설명하시오.

## 공저자약력


**정 종 섭**

서울대학교 법과대학 졸업
제24회 사법시험 합격, 법학박사
헌법재판소 헌법연구관
건국대학교 교수 역임
현재 서울대학교 법학전문대학원 교수

[주요 저서]
憲法學原論
憲法訴訟法
憲法과 政治制度
憲法과 基本權
憲法研究 1~5권

**박 종 보**

서울대학교 법과대학, 동 대학원 졸업
법학박사(서울대)
한남대학교 교수 역임
사법시험, 행정고시, 입법고시 위원
현재 한양대학교 법학전문대학원 교수

[주요 저역서]
저작권에서 배급계약까지(역)
초중등학교에서의 종교교육 개선방안 연구(공저)
헌법주석서 Ⅰ, Ⅱ, Ⅲ, Ⅳ(공저)

**명 재 진**

연세대학교 법과대학 졸업
법학박사(독일 BONN대학 대학원)
헌법재판소 비서관
사법시험, 행정고시, 입법고시 위원
현재 충남대학교 법학전문대학원 교수

[주요 저서]
생명과학기술의 응용과 기본권보호적 한계
헌법재판실무제요

**임 지 봉**

서울대학교 법과대학, 동 대학원 졸업
법학박사(UC 버클리 로스쿨)
건국대학교 법과대학 조교수 역임
사법시험, 행정고시, 외무고시, 입법고시, 7급 공무원 시험, 서울시 등 지방공무원시험, 독학사시험 위원
현재 서강대학교 법학전문대학원 교수 겸 법학연구소장

[주요 저서]
사법적극주의와 사법권 독립
기본권 영역별 위헌심사의 기준과 방법
헌법주석서
Legal Reform in Korea
Litigation in Korea



로스쿨 기본권

2010년 2월 15일 초판 인쇄
2010년 2월 25일 초판 발행

공저자 정종섭 · 박종보 · 명재진 · 임지봉
발행인 안 종 만
발행처 (株) 博英社
서울특별시 종로구 평동 13-31번지
전화 (733) 6771 FAX (736) 4818
등록 1959. 3. 11. 제300-1959-1호(倫)

저자와 협의하여 인지첩부를 생략함

www.pakyoungsa.co.kr e-mail: pys@pakyoungsa.co.kr





정 가 45,000원 ISBN 978-89-7189-119-3